周易图像汇编

第五册

陈居渊 刘舫 编撰

復旦大學出版社

万年淳(1761—1835)

原名康,派名国翰,号弹峰,清湖南华容人。乾隆五十七年(1792)举人,嘉庆八年(1803)以万康之名编修《巴陵县志》。道光元年(1821)始,历任安徽霍山、英山(今属湖北)、巢县(今安徽巢湖市)知县,两署六安知州,后辞归。著有《易拇》十五卷、《西汉八大家文选》八卷、《古礼失遗》二十四卷、《三史抉》、《四书翼》、《通书正本》四卷、《楚辞注解》四卷等。现存有《周易》图像一百二十幅。

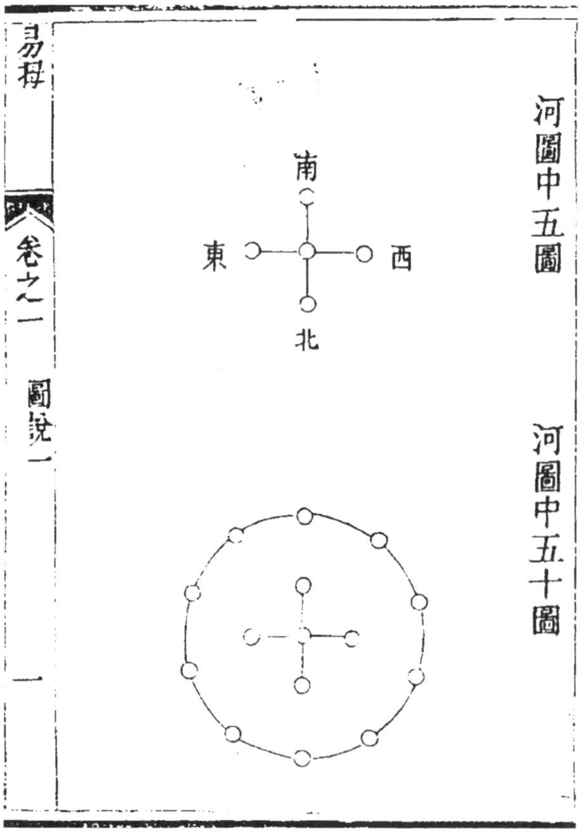

图 1　河图中五图
图 2　河图中五十图
(万年淳《易拇》)

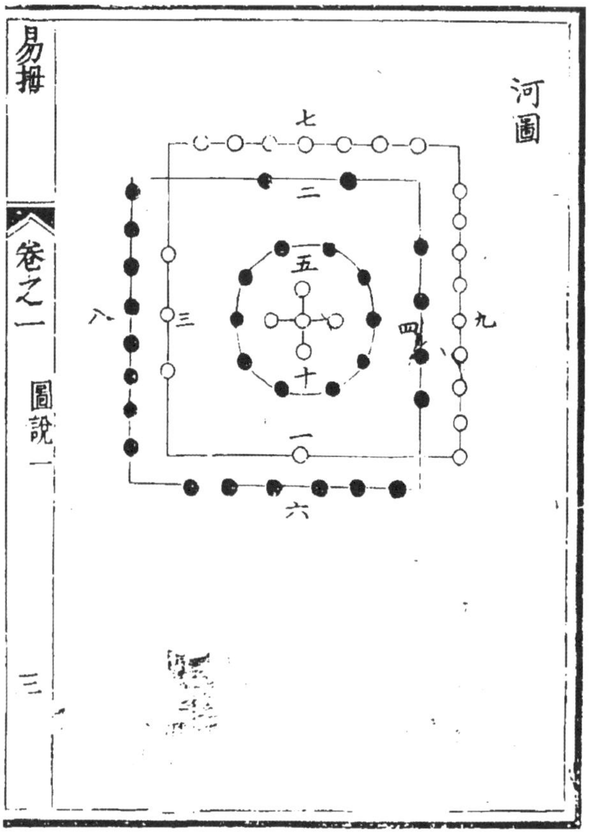

图 3　河图
(万年淳《易拇》)

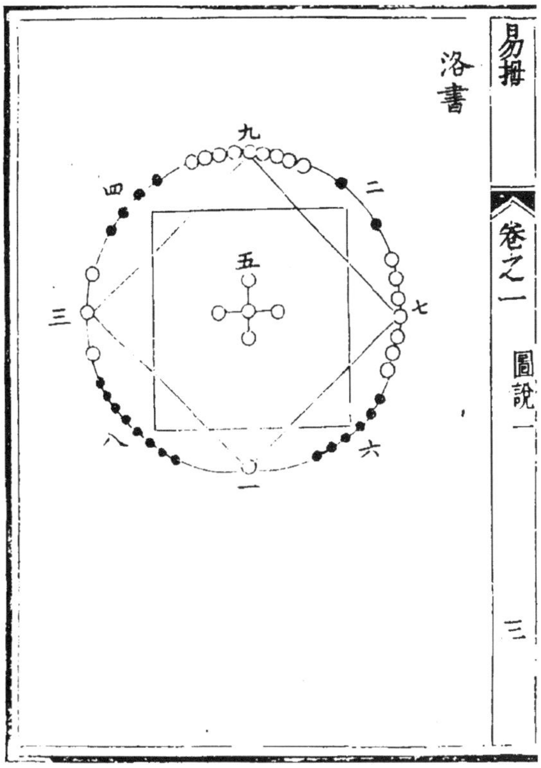

图 4　洛书
（万年淳《易拇》）

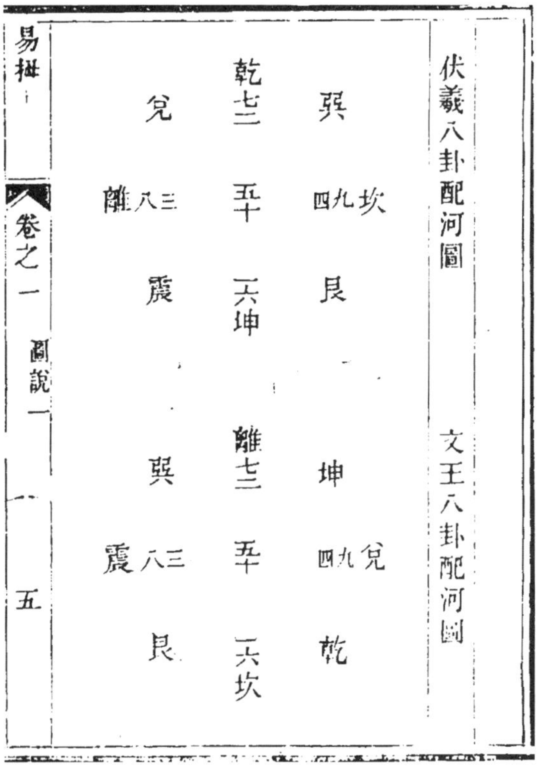

图 5　伏羲八卦配河图
图 6　文王八卦配河图
（万年淳《易拇》）

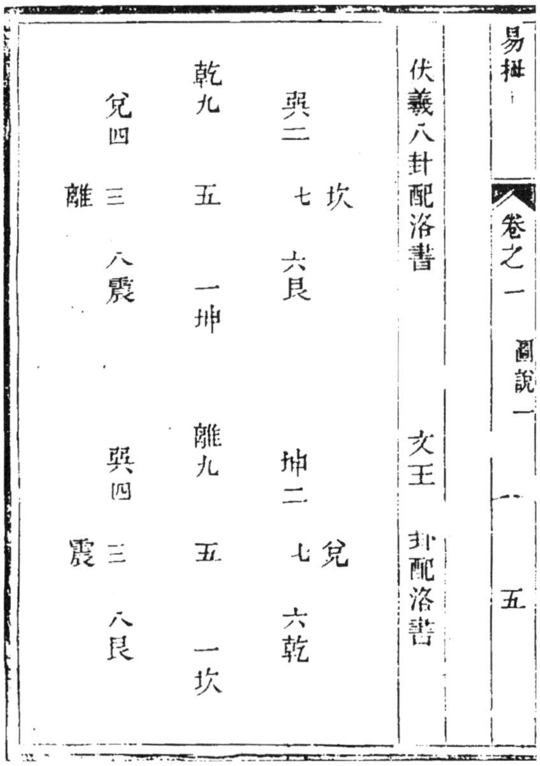

图 7　伏羲八卦配洛书
图 8　文王八卦配洛书
（万年淳《易拇》）

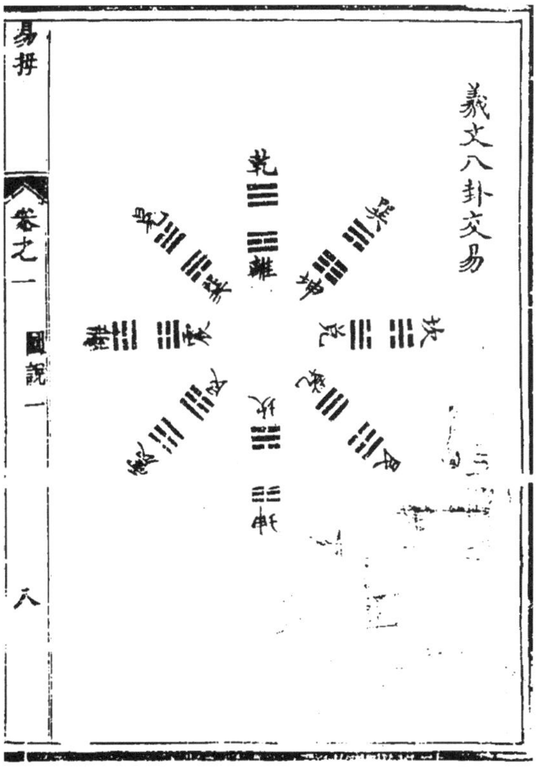

图 9　羲文八卦交易图
（万年淳《易拇》）

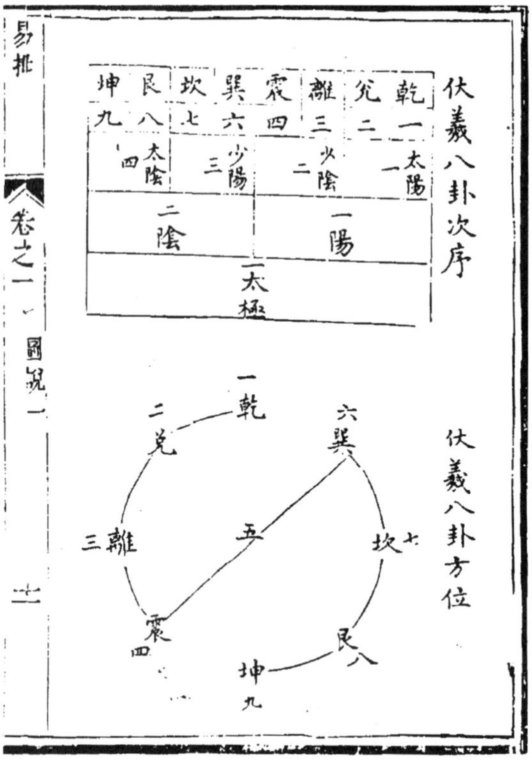
易拇
卷之一 圖說一
十二
伏羲八卦次序
乾一 兌二 離三 震四 巽六 坎七 艮八 坤九
一太陽 二少陰 三少陽 四太陰
一陽 二陰
一太極
伏羲八卦方位
一乾 二兌 三離 四震 五 六巽 七坎 八艮 九坤

图 10 伏羲八卦次序图

图 11 伏羲八卦方位图

（万年淳《易拇》）

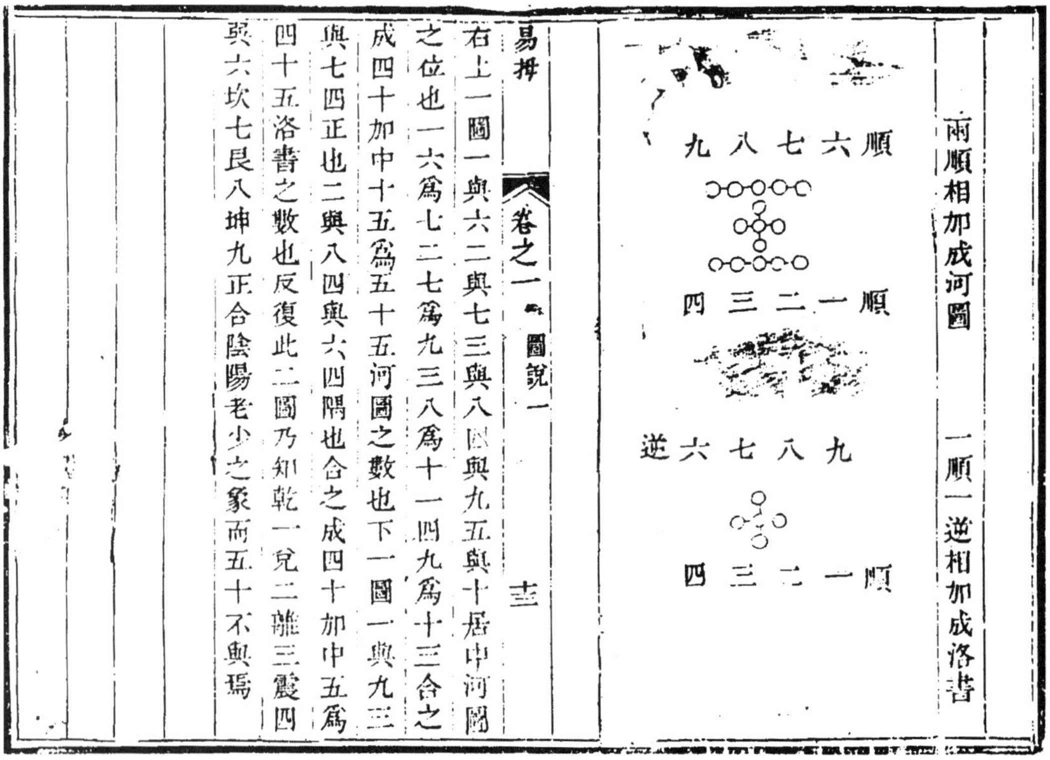
兩順相加成河圖
順六七八九
順一二三四
一順一逆相加成洛書
逆 六 七 八 九
順一二三四
易拇
卷之一 圖說一
十三
右上一圖一與六二與七三與八四與九五與十居中河圖之位也一六爲七二七爲九三八爲十一四九爲十三合之成四十加中十五爲五十五河圖之數也下一圖一與九三與七四正也二與八四與六四隅也合之成四十加中五爲四十五洛書之數也反復此二圖乃知乾一兌二離三震四巽六坎七艮八坤九正合陰陽老少之象而五十不與焉

图 12 两顺相加成河图

图 13 一顺一逆相加成洛书图

（万年淳《易拇》）

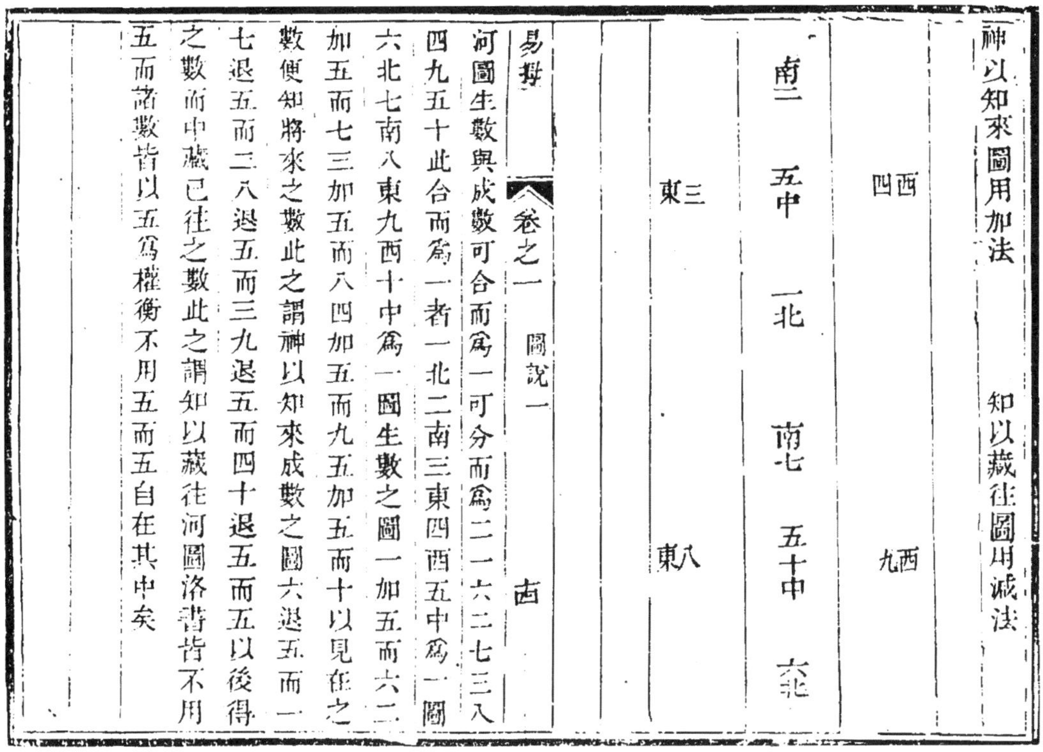
神以知來圖用加法　知以藏往圖用減法

易拇　卷之一　圖說一　十四

河圖生數與成數可合而爲一可分而爲二一六二七三八四九五十此合而爲一者一北二南三東四西五中爲一圖六北七南八東九西十中爲一圖生數之圖一加五而六二加五而七三加五而八四加五而九五加五而十以見往之數便知將來之數此之謂神以知來成數之圖六退五而一七退五而二八退五而三九退五而四十退五而五以後得之數而中藏已往之數此之謂知以藏往河圖洛書皆不用五而諸數皆以五爲權衡不用五而五自在其中矣

图 13　神以知来图用加法图

图 14　知以藏往图用减法图

（万年淳《易拇》）

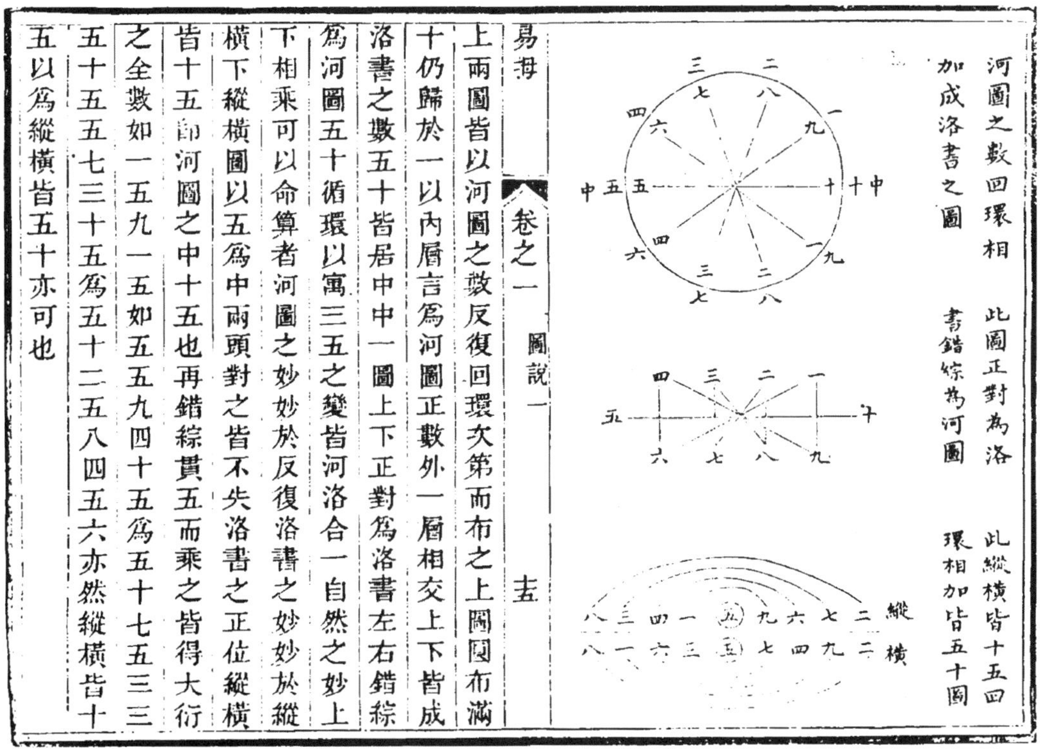
河圖之數回環相加成洛書之圖

此圖正對爲洛書錯綜爲河圖

此縱橫皆十五回環相加皆五十圖

易拇　卷之一　圖說一　十五

上兩圖皆以河圖之數反復回環交第而布之上圖圓布滿十仍歸於一以內層言爲河圖正數外一層相交上下皆成洛書之數五十皆居中中一圖上下正對爲洛書左右錯綜爲河圖五十循環以寓三五之變皆河洛合一自然之妙上下相乘可以命算者河圖之妙妙於反復洛書之妙妙於縱橫下縱橫圖以五爲中兩頭對之皆不失洛書之正位縱橫皆十五即河圖之中十五也再錯綜貫五而乘之皆得大衍之全數如一五九一五如五五九四十五爲五十七五三三五十五五七三十五爲五十二五八四五六亦然縱橫皆十五以爲縱橫皆五十亦可也

图 15　河图之数回环相加成洛书之图

图 16　洛书错综为河图

图 17　纵横皆十五四环相加皆五十图

（万年淳《易拇》）

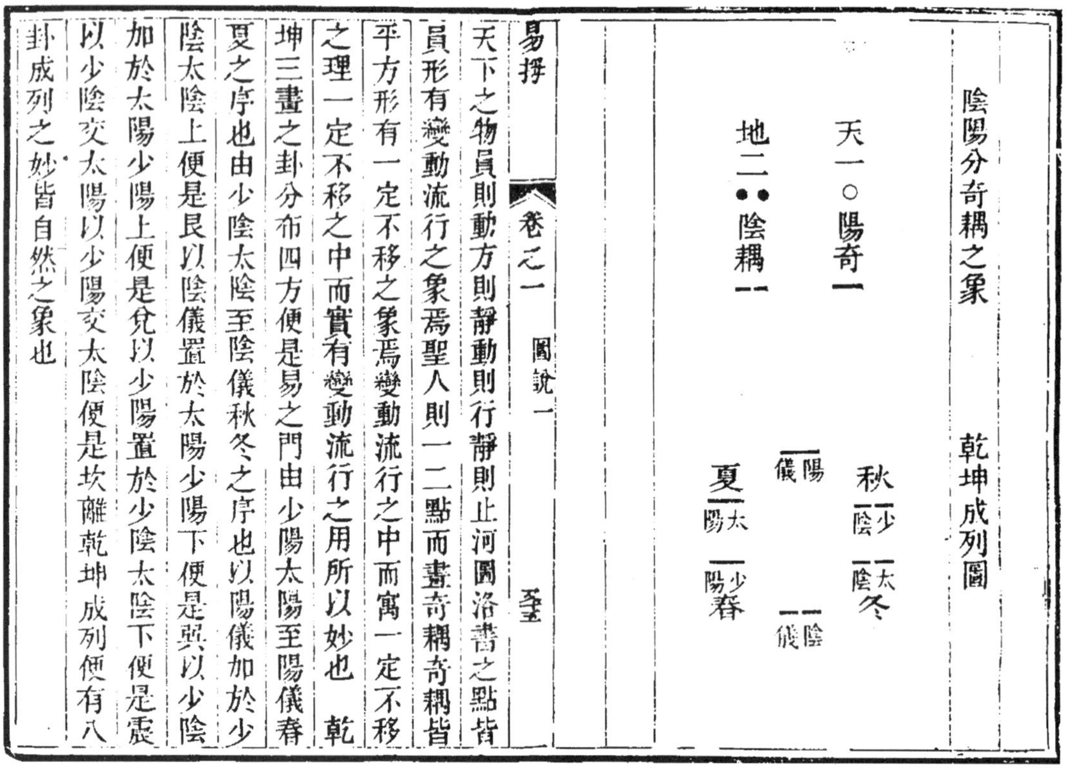

陰陽分奇耦之象
天一○陽奇一
地二●●陰耦一一
乾坤成列圖
秋 少陰
太陰 冬
陽儀
陰儀
夏 太陽
少陽 春

易拇　卷之一　圖說一

天下之物員則動方則靜動則行靜則止河圖洛書之點皆員形有變動流行之象焉聖人則一二點而畫奇耦奇耦皆平方形有一定不移之象焉變動流行之中而寓一定不移之理一定不移之中而實有變動流行之用所以妙也　乾坤三畫之卦分布四方便是易之門由少陽太陽至陽儀春夏之序也由少陰太陰至陰儀秋冬之序也以陽儀加於少陰太陰上便是艮以陰儀置於太陽少陽下便是巽以少陰加於太陽少陽上便是兌以少陽置於少陰太陰下便是震以少陰交太陽以少陽交太陰便是坎離乾坤成列便有八卦成列之妙皆自然之象也

图 18　阴阳分奇偶之象图

图 19　乾坤成列图

（万年淳《易拇》）

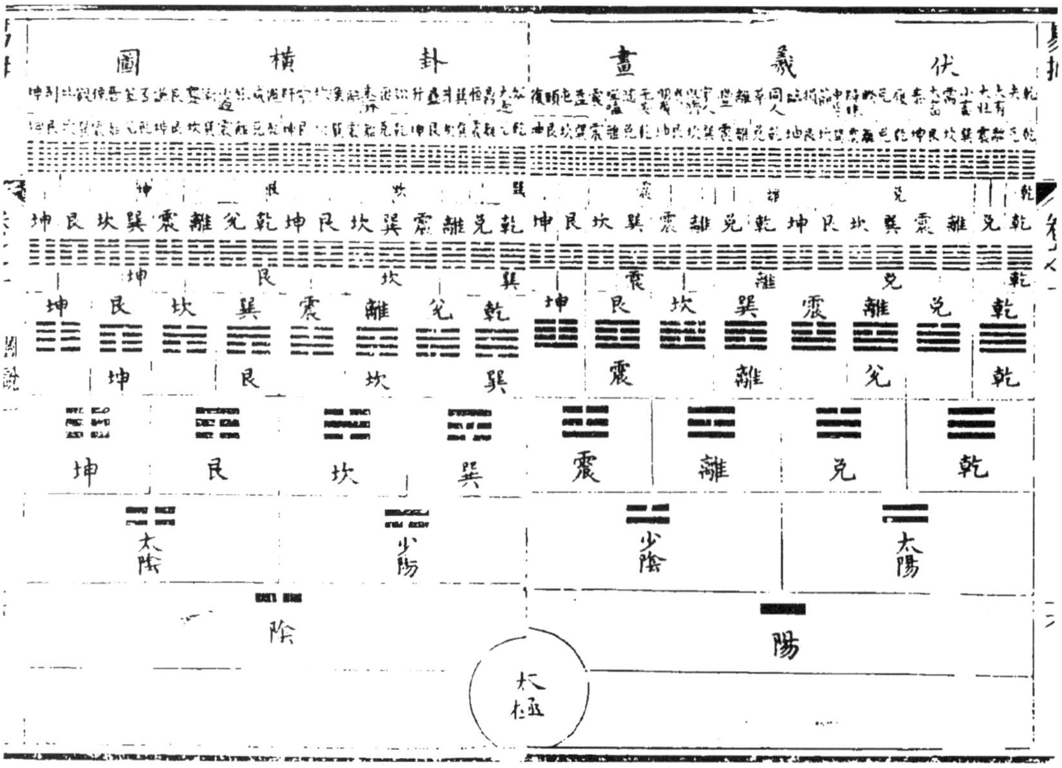

伏羲畫卦橫圖
乾 兌 離 震 巽 坎 艮 坤
太陽 少陰 少陽 太陰
陽 陰
太極

图 20　伏羲画卦横图

（万年淳《易拇》）

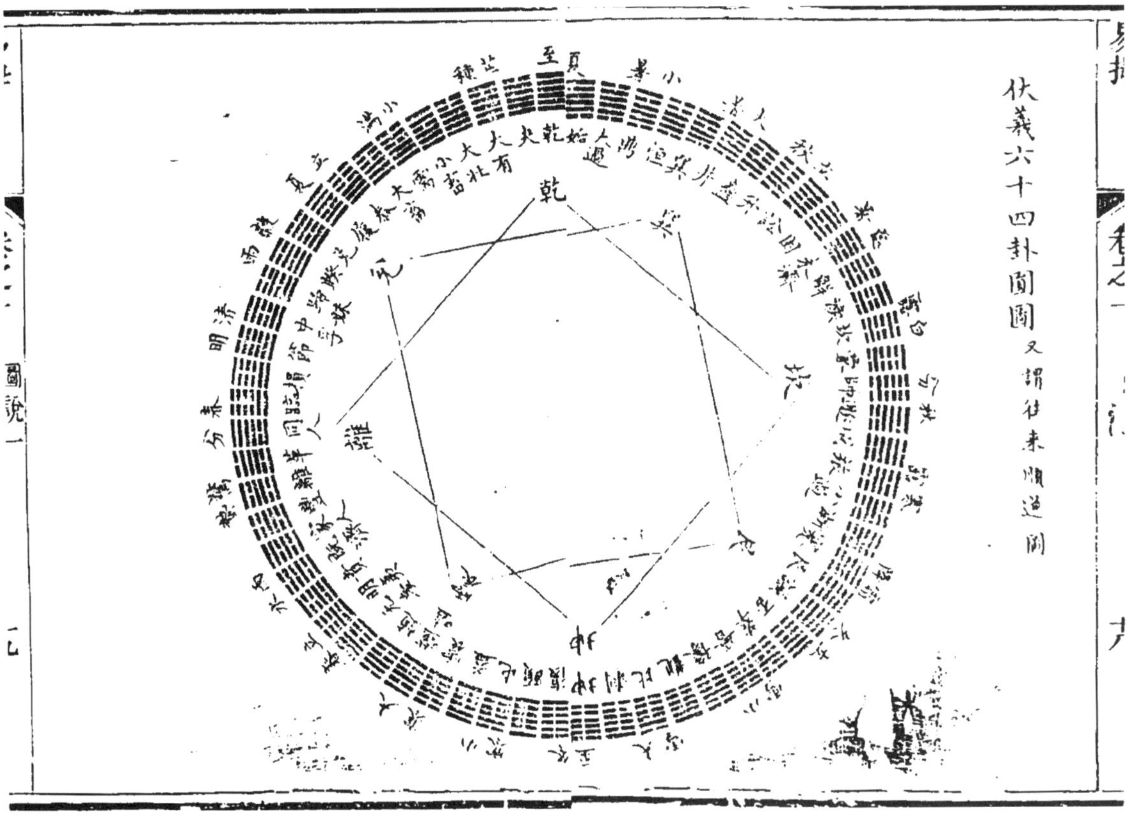

图 21　伏羲六十四卦圆图
（万年淳《易拇》）

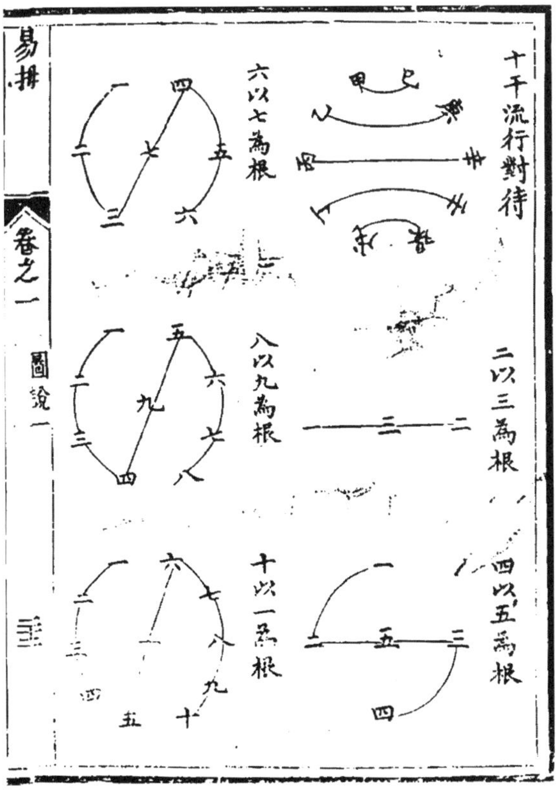

图 22　十干流行对待图
（万年淳《易拇》）

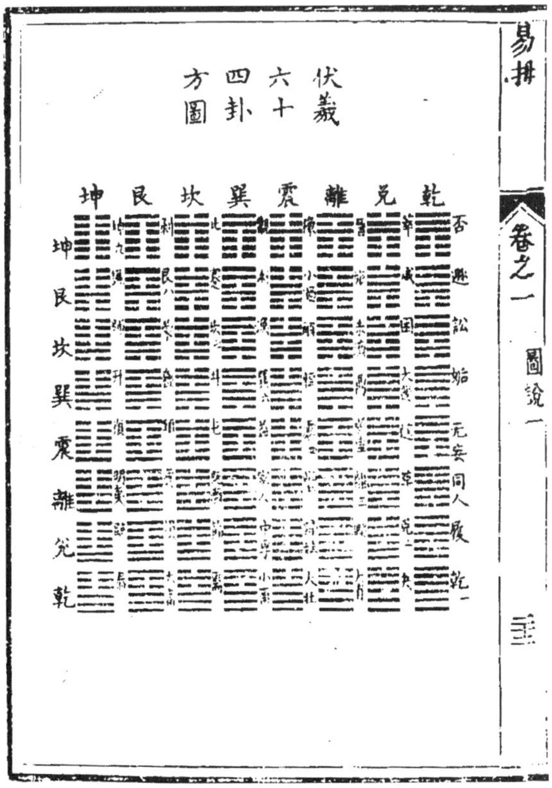

图 23　伏羲六十四卦方图
（万年淳《易拇》）

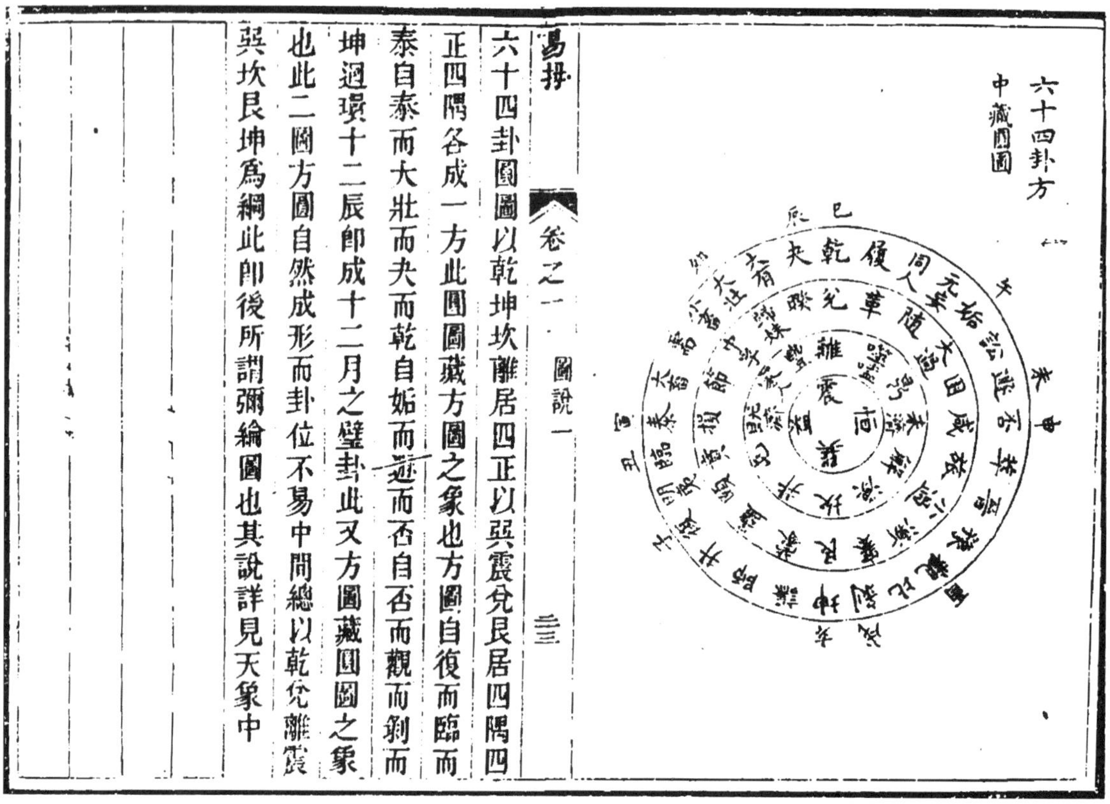
六十四卦方中藏圓圖

易拇　卷之一　圖說一

六十四卦圓圖以乾坤坎離居四正以巽震兌艮居四隅四正四隅各成一方此圓圖藏方圖之象也方圖自復而臨而泰自泰而大壯而夬而乾自姤而遯而否自否而觀而剝而坤迴環十二辰即成十二月之壁卦此又方圖藏圓圖之象也此二圖方圓自然成形而卦位不易中間總以乾兌離震巽坎艮坤爲綱此即後所謂彌綸圖也其說詳見天象中

图 24　六十四卦方中藏圆图

（万年淳《易拇》）

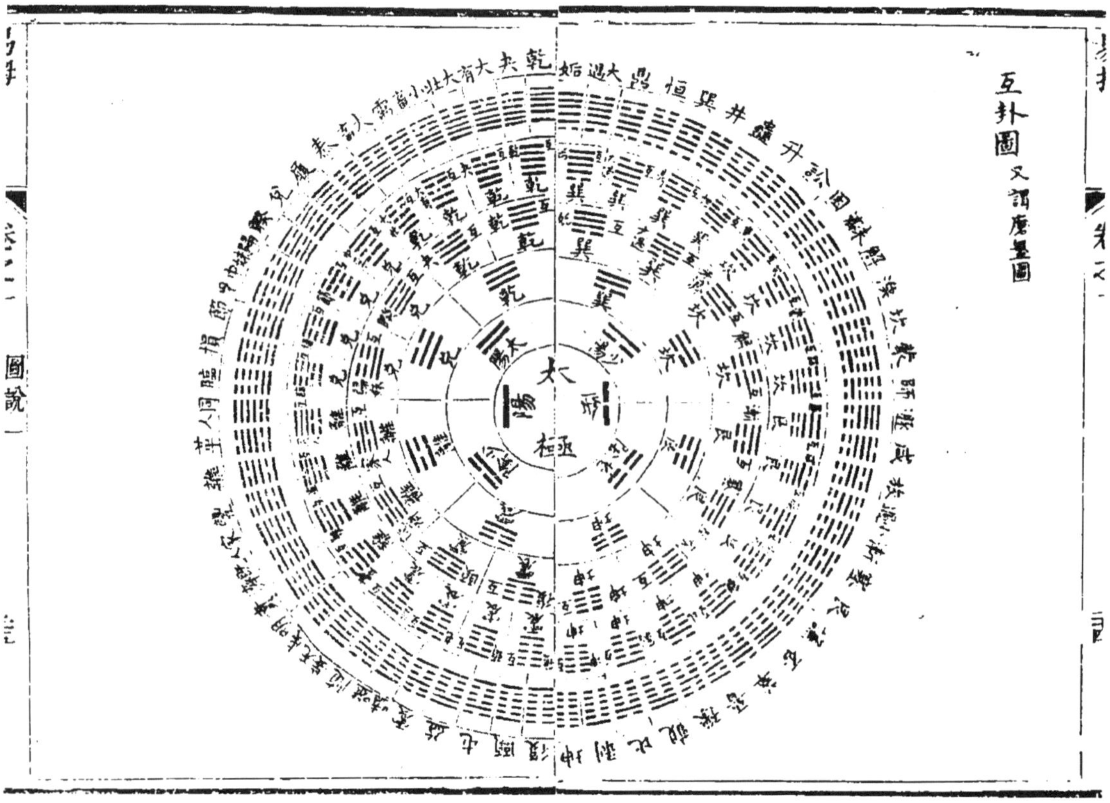
互卦圖　又謂磨墨圖

图 25　互卦图

（万年淳《易拇》）

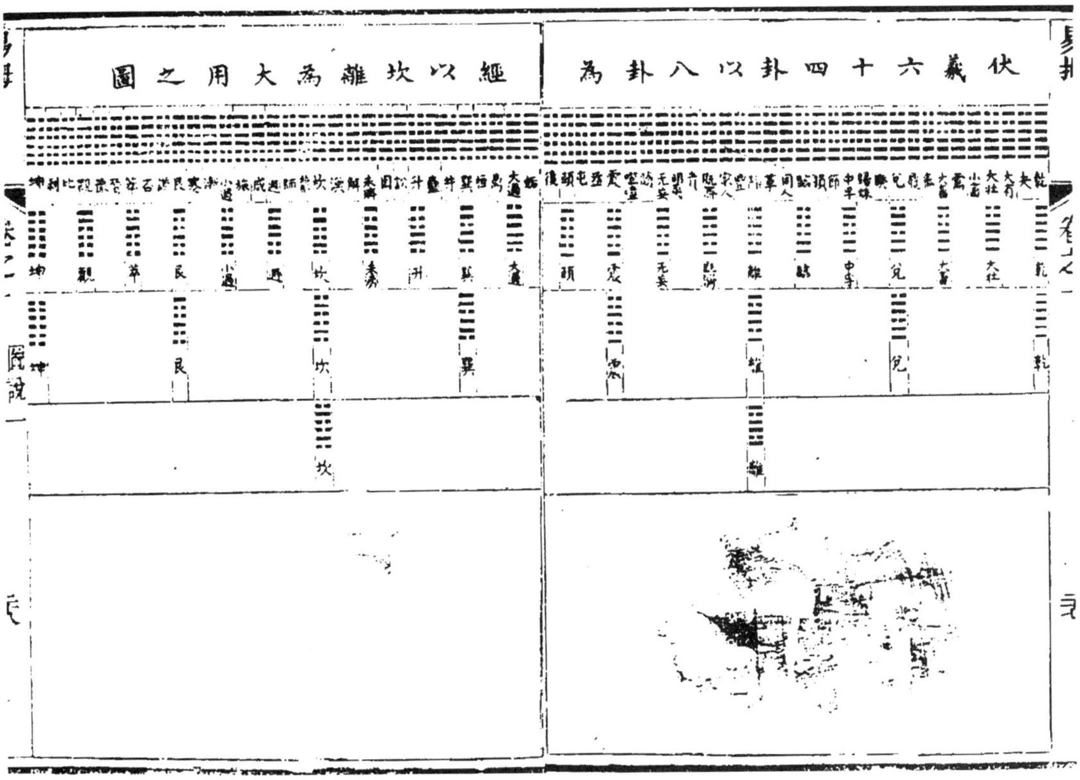

图 26　伏羲六十四卦以八卦为经以坎离为大用之图
（万年淳《易拇》）

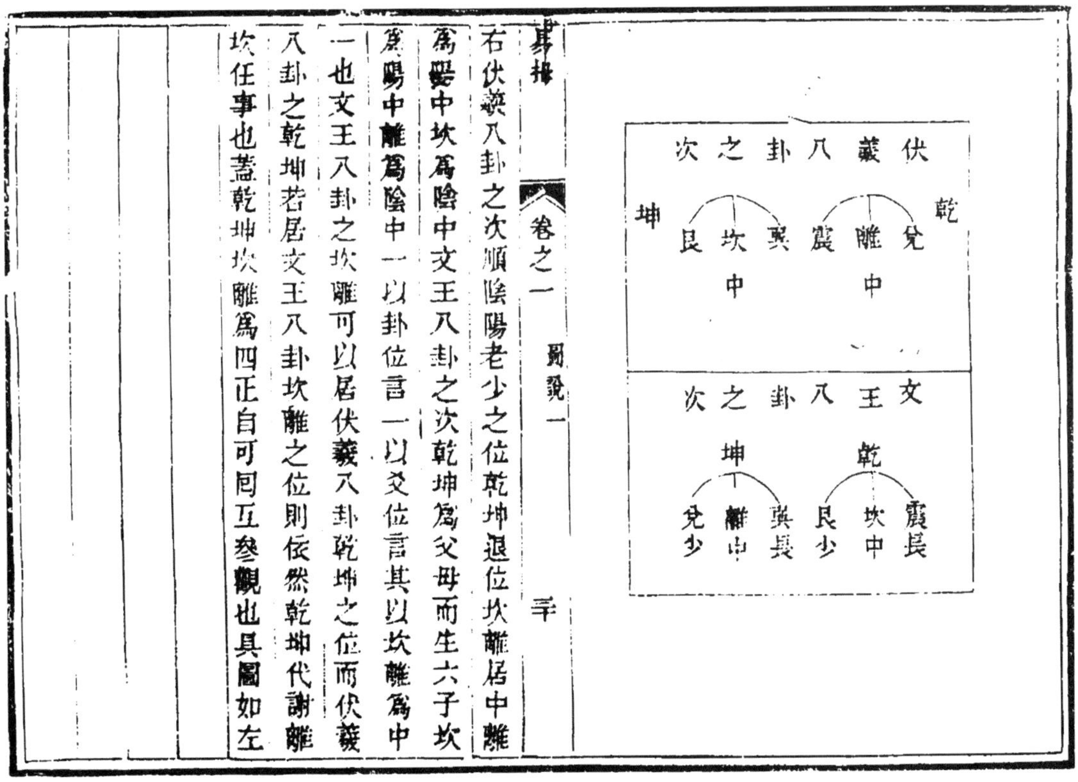
易拇　卷之一　圖說一

右伏羲八卦之次順陰陽老少之位乾坤退位坎離居中離爲陽中坎爲陰中文王八卦之次乾坤爲父母而生六子坎爲陽中離爲陰中一以卦位言一以爻位言其以坎離爲中一也文王八卦之坎離可以居伏羲八卦乾坤之位而伏羲八卦之乾坤若居文王八卦坎離之位則依然乾坤代謝離坎任事也蓋乾坤坎離爲四正自可同互參觀也具圖如左

图 27　伏羲八卦之次图
图 28　文王八卦之次图
（万年淳《易拇》）

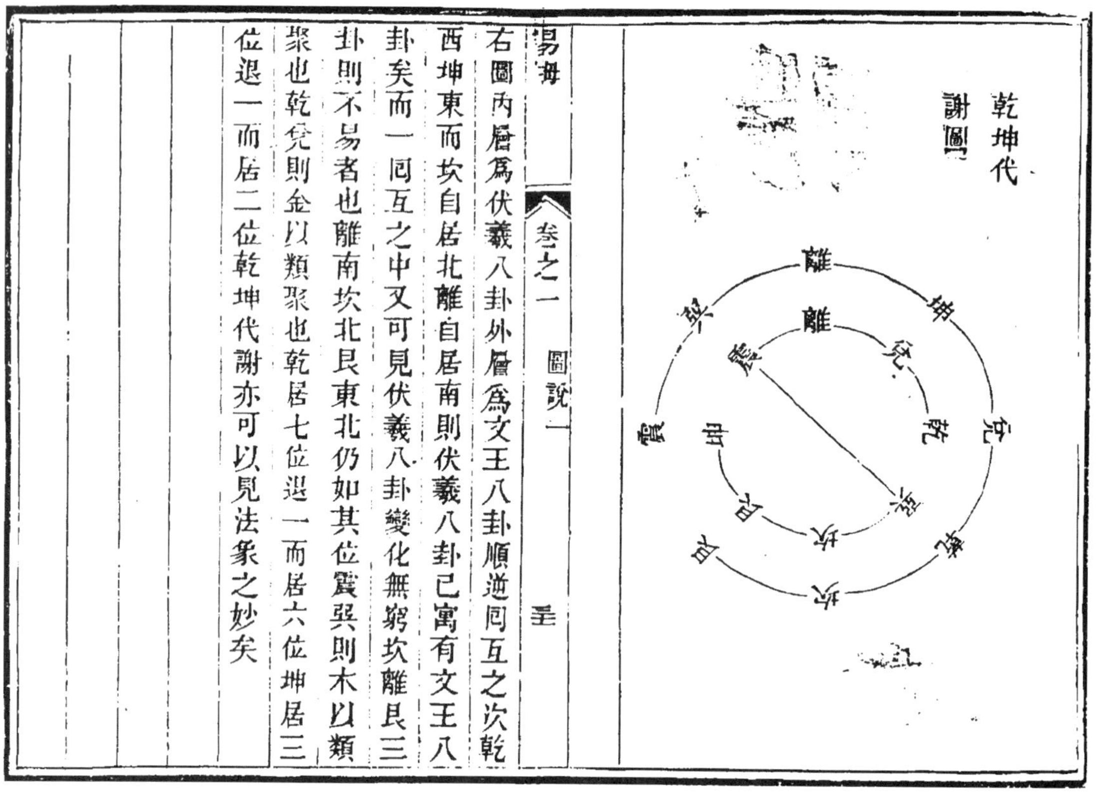
乾坤代謝圖
離
坤
兌
乾
坎
艮
震
巽
離
兌
乾
巽
坎
艮
坤
震
易拇
卷之一
圖說一
右圖內層爲伏羲八卦外層爲文王八卦順逆同互之次乾
西坤東而坎自居北離自居南則伏羲八卦已寓有文王八
卦矣而一同互之中又可見伏羲八卦變化無窮坎離艮三
卦則不易者也離南坎北艮東北仍如其位震巽則木以類
聚也乾兌則金以類聚也乾居七位退一而居六位坤居三
位退一而居二位乾坤代謝亦可以見法象之妙矣

图 29　乾坤代谢图

（万年淳《易拇》）

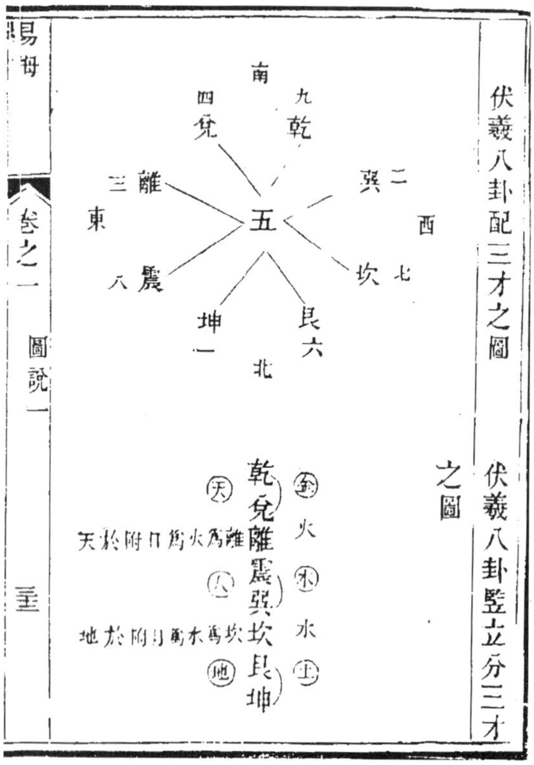
伏羲八卦配三才之圖
南
四 兌
九 乾
二 巽
西
三 離
東
五
坎 七
八 震
坤 一
艮 六
北
伏羲八卦竪立分三才之圖
乾
兌
離
震
巽
坎
艮
坤
天
金
火
木
人
水
土
地
易拇
卷之一
圖說一

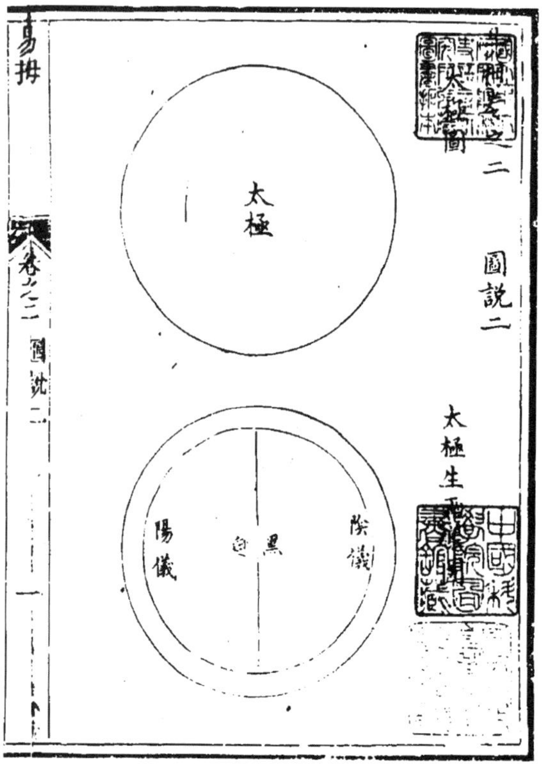
易拇
卷之二
圖說二
太極
陽儀
陰儀
白
黑

图 30　伏羲八卦配三才之图

图 31　伏羲八卦竖立分三才图

（万年淳《易拇》）

图 32　太极图

图 33　太极生两仪图

（万年淳《易拇》）

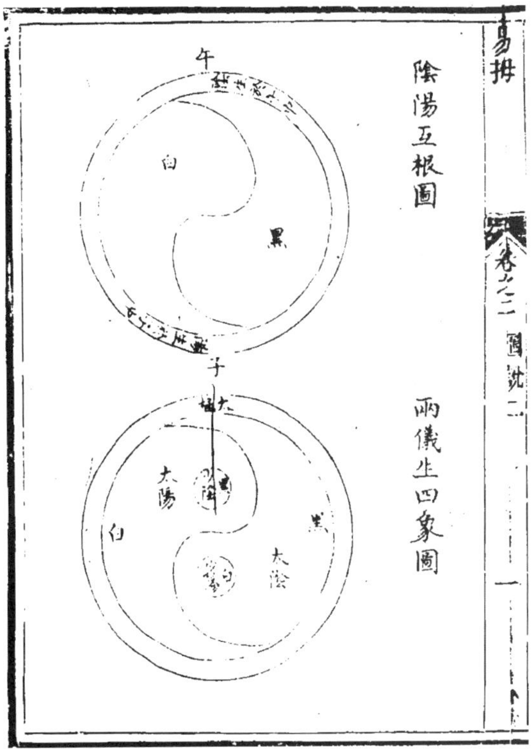

图 34　阴阳互根图
图 35　两仪生四象图
（万年淳《易拇》）

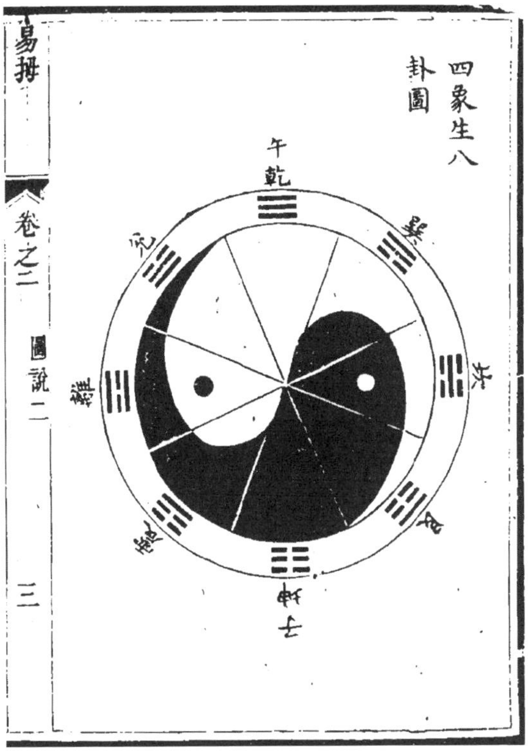

图 36　四象生八卦图
（万年淳《易拇》）

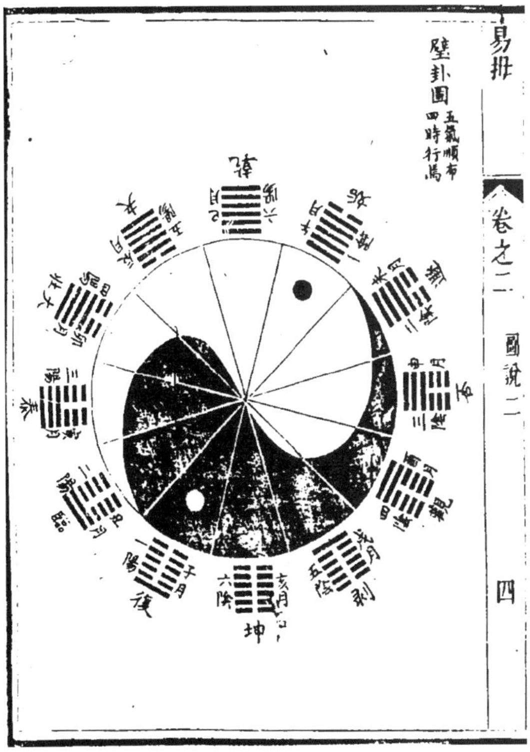

图 37　壁卦图
（万年淳《易拇》）

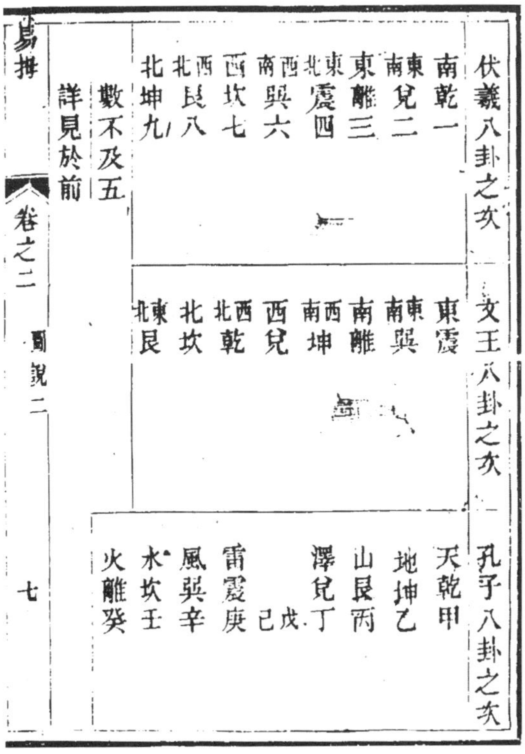
易拇　卷之二　圖說二　七

伏羲八卦之次
南乾一
東南兌二
東離三
東北震四
西南巽六
西坎七
西北艮八
北坤九
數不及五
詳見於前

文王八卦之次
東震
東南巽
南離
西南坤
西兌
西北乾
北坎
東北艮

孔子八卦之次
天乾甲
地坤乙
山艮丙
澤兌丁
戊己
雷震庚
風巽辛
水坎壬
火離癸

图 38　伏羲八卦之次图
图 39　文王八卦之次图
图 40　孔子八卦之次图
（万年淳《易拇》）

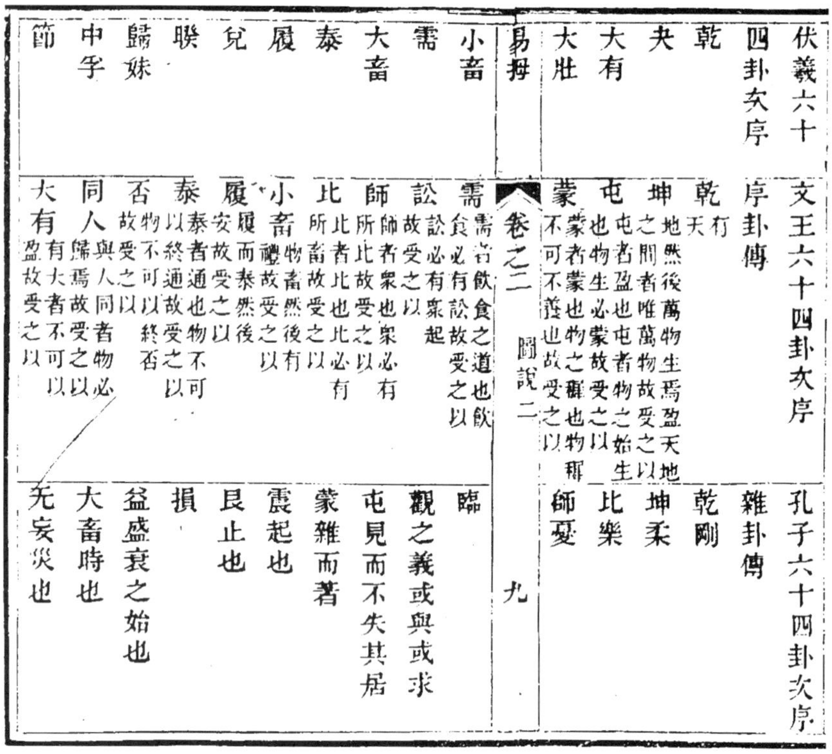

伏羲六十四卦次序
乾 夬 大有 大壯
小畜 需 大畜 泰 履 兌 睽 歸妹 中孚 節

文王六十四卦次序
序卦傳
乾 有天
坤 地然後萬物生焉盈天地之間者唯萬物故受之以
屯 屯者盈也屯者物之始生也物生必蒙故受之以
蒙 蒙者蒙也物之穉也物穉不可不養也故受之以
需 需者飲食之道也飲食必有訟故受之以
訟 訟必有衆起故受之以
師 師者衆也衆必有所比故受之以
比 比者比也比必有所畜故受之以
小畜 物畜然後有禮故受之以
履 履而泰然後安故受之以
泰 泰者通也物不可以終通故受之以
否 物不可以終否故受之以
同人 與人同者物必歸焉故受之以
大有 有大者不可以盈故受之以

孔子六十四卦次序
雜卦傳
乾剛 坤柔 比樂 師憂
臨 觀之義或與或求 屯見而不失其居 蒙雜而著 震起也 艮止也 損 益盛衰之始也 大畜時也 无妄災也

易拇 卷之二 圖說二 九

图 41－1 伏羲六十四卦次序图
图 42－1 文王六十四卦次序图
图 43－1 孔子六十四卦次序图
（万年淳《易拇》）

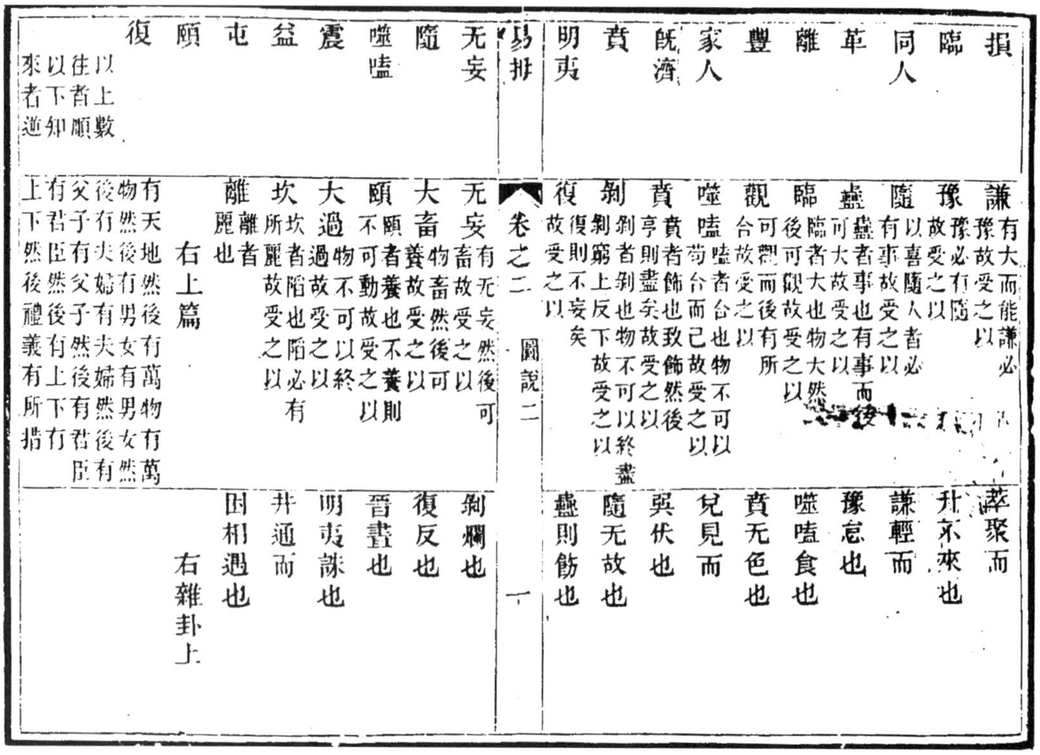

損 臨 同人 革 離 豐 家人 既濟 賁 明夷
无妄 隨 噬嗑 震 益 屯 頤 復
以上數往者順以下知來者逆

謙 有大而能謙必豫故受之以
豫 豫必有隨故受之以
隨 以喜隨人者必有事故受之以
蠱 蠱者事也有事而後可大故受之以
臨 臨者大也物大然後可觀故受之以
觀 可觀而後有所合故受之以
噬嗑 嗑者合也物不可以苟合而已故受之以
賁 賁者飾也致飾然後亨則盡矣故受之以
剝 剝者剝也物不可以終盡剝窮上反下故受之以
復 復則不妄矣故受之以
无妄 有无妄然後可畜故受之以
大畜 物畜然後可養故受之以
頤 頤者養也不養則不可動故受之以
大過 物不可以終過故受之以
坎 坎者陷也陷必有所麗故受之以
離 離者麗也
右上篇
有天地然後有萬物有萬物然後有男女有男女然後有夫婦有夫婦然後有父子有父子然後有君臣有君臣然後有上下有上下然後禮義有所錯

萃聚而 升不來也 謙輕而 豫怠也 噬嗑食也 賁无色也 兌見而 巽伏也 隨无故也 蠱則飭也
剝爛也 復反也 晉晝也 明夷誅也 井通而 困相遇也
右雜卦上

易拇 卷之二 圖說二 十

图 41－2 伏羲六十四卦次序图
图 42－2 文王六十四卦次序图
图 43－2 孔子六十四卦次序图
（万年淳《易拇》）

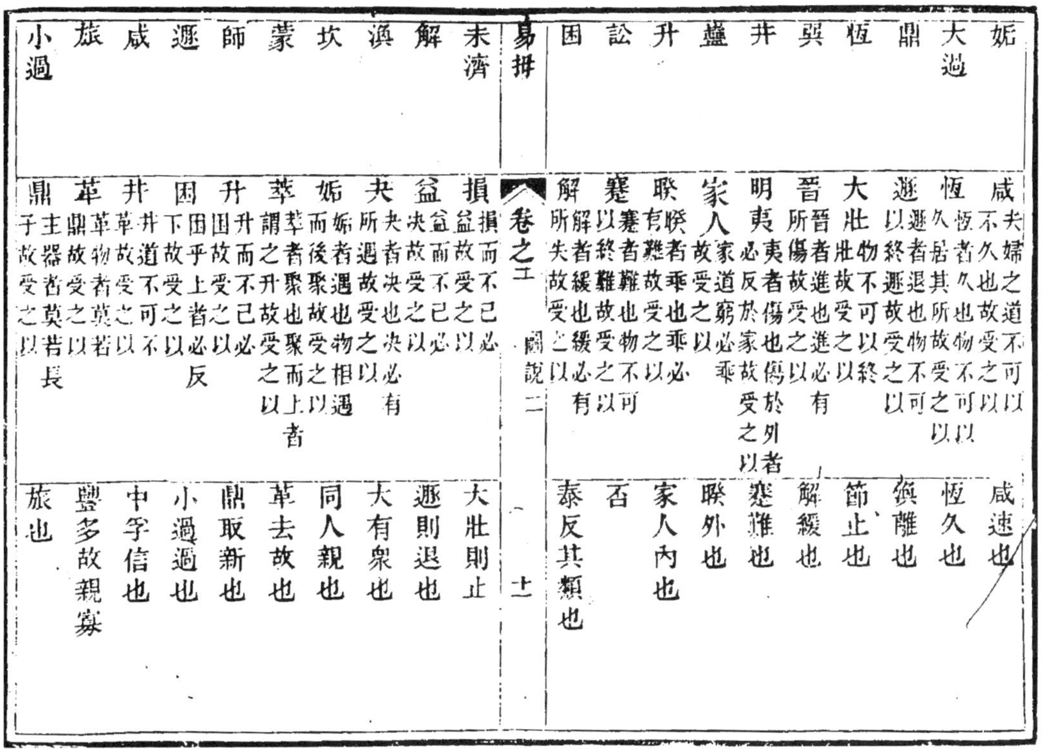

易拇 卷之二 圖說二 十一

姤 大過 鼎 恒 巽 井 蠱 升 訟 困

咸 夫婦之道不可以不久也故受之以恒
恒 恒者久也物不可以久居其所故受之以遯
遯 遯者退也物不可以終遯故受之以大壯
大壯 物不可以終壯故受之以晉
晉 晉者進也進必有所傷故受之以明夷
明夷 夷者傷也傷於外者必反於家故受之以家人
家人 家道窮必乖故受之以睽
睽 睽者乖也乖必有難故受之以蹇
蹇 蹇者難也物不可以終難故受之以解
解 解者緩也緩必有所失故受之以損

咸速也 恒久也 渙離也 節止也 解緩也 蹇難也 睽外也 家人內也 否 泰反其類也

未濟 解 渙 坎 蒙 師 遯 咸 旅 小過

損 損而不已必益故受之以益
益 益而不已必決故受之以夬
夬 夬者決也決必有所遇故受之以姤
姤 姤者遇也物相遇而後聚故受之以萃
萃 萃者聚也聚而上者謂之升故受之以升
升 升而不已必困故受之以困
困 困乎上者必反下故受之以井
井 井道不可不革故受之以革
革 革物者莫若鼎故受之以鼎
鼎 主器者莫若長子故受之以

大壯則止 遯則退也 大有衆也 同人親也 革去故也 鼎取新也 小過過也 中孚信也 豐多故親寡 旅也

图 41－3　伏羲六十四卦次序图

图 42－3　文王六十四卦次序图

图 43－3　孔子六十四卦次序图

（万年淳《易拇》）

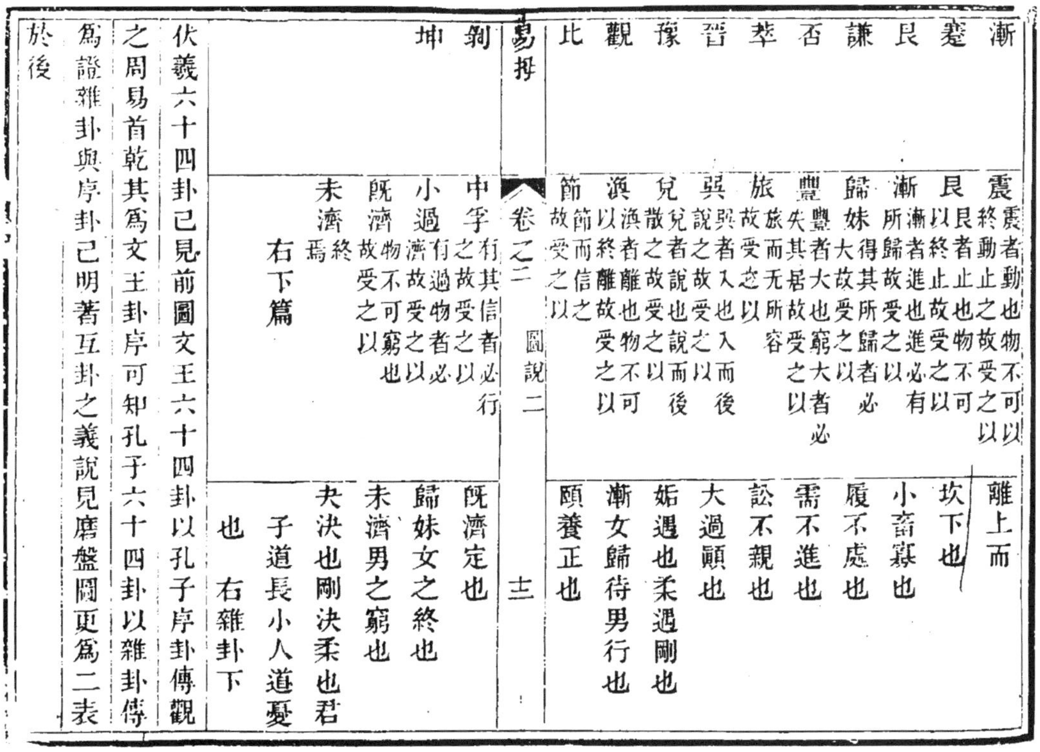

易拇 卷之二 圖說二 十二

漸 蹇 艮 謙 否 萃 晉 豫 觀 比

震 震者動也物不可以終動止之故受之以艮
艮 艮者止也物不可以終止故受之以漸
漸 漸者進也進必有所歸故受之以歸妹
歸妹 得其所歸者必大故受之以豐
豐 豐者大也窮大者必失其居故受之以旅
旅 旅而无所容故受之以巽
巽 巽者入也入而後說之故受之以兌
兌 兌者說也說而後散之故受之以渙
渙 渙者離也物不可以終離故受之以節
節 節而信之故受之以中孚

離上而 坎下也 小畜寡也 履不處也 需不進也 訟不親也 大過顛也 姤遇也柔遇剛也 漸女歸待男行也 頤養正也

剝 坤

中孚 有其信者必行之故受之以小過
小過 有過物者必濟故受之以既濟
既濟 物不可窮也故受之以未濟終焉
未濟

右下篇

既濟定也 歸妹女之終也 未濟男之窮也 夬決也剛決柔也君子道長小人道憂也

右雜卦下

伏羲六十四卦已見前圖文王六十四卦以孔子序卦傳觀之周易首乾其爲文王卦序可知孔子六十四卦以雜卦傳爲證雜卦與序卦已明著互卦之義說見磨盤圖更爲二表於後

图 41－4　伏羲六十四卦次序图

图 42－4　文王六十四卦次序图

图 43－4　孔子六十四卦次序图

（万年淳《易拇》）

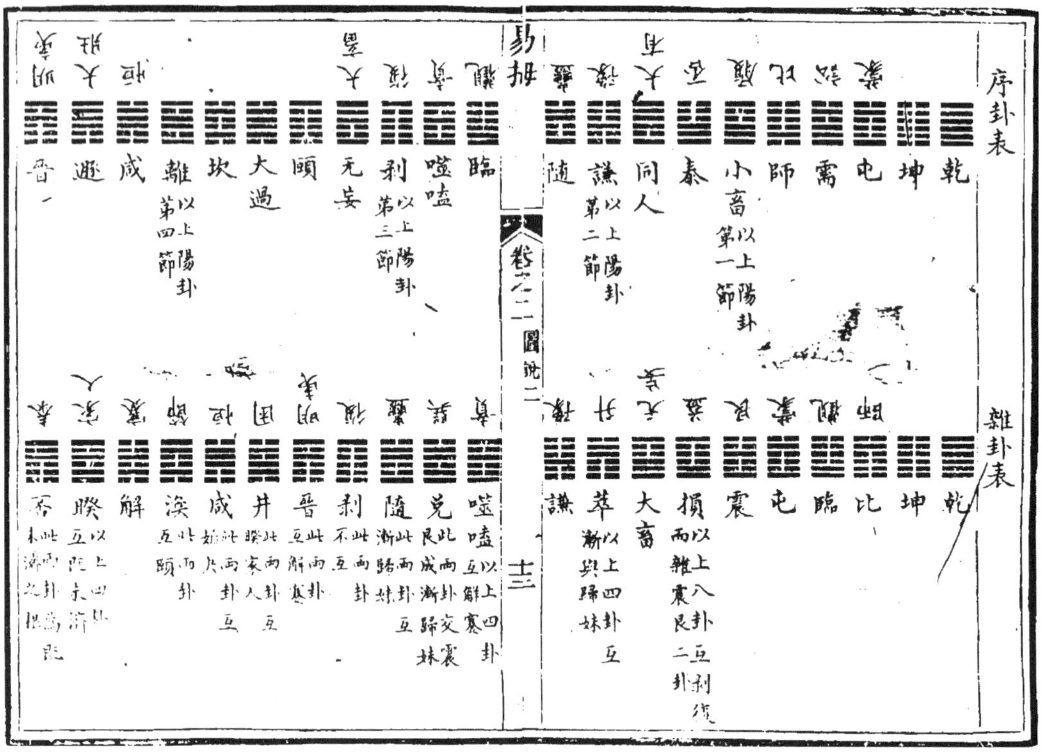

图 44－1　序卦表图

图 45－1　杂卦表图

（万年淳《易拇》）

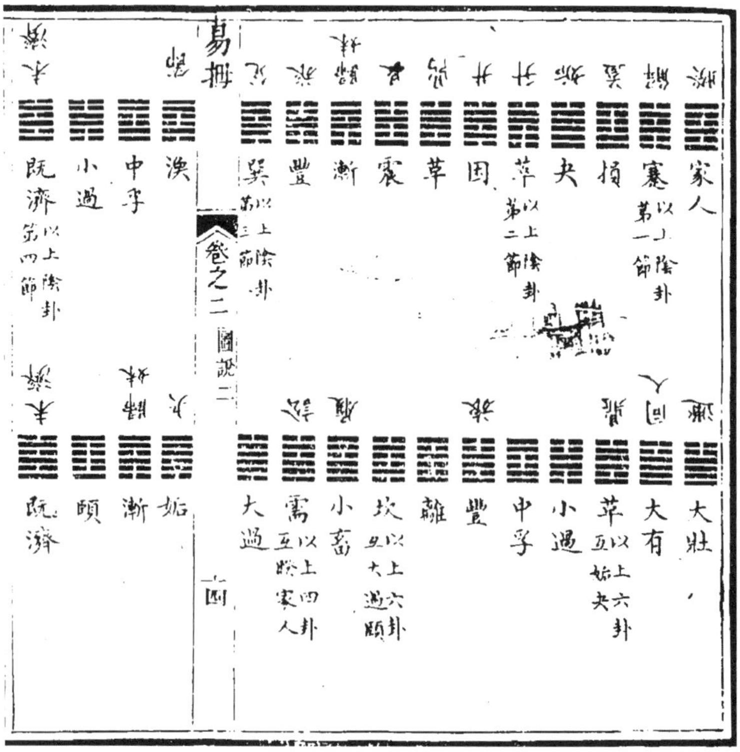

图 44－2　序卦表图

图 45－2　杂卦表图

（万年淳《易拇》）

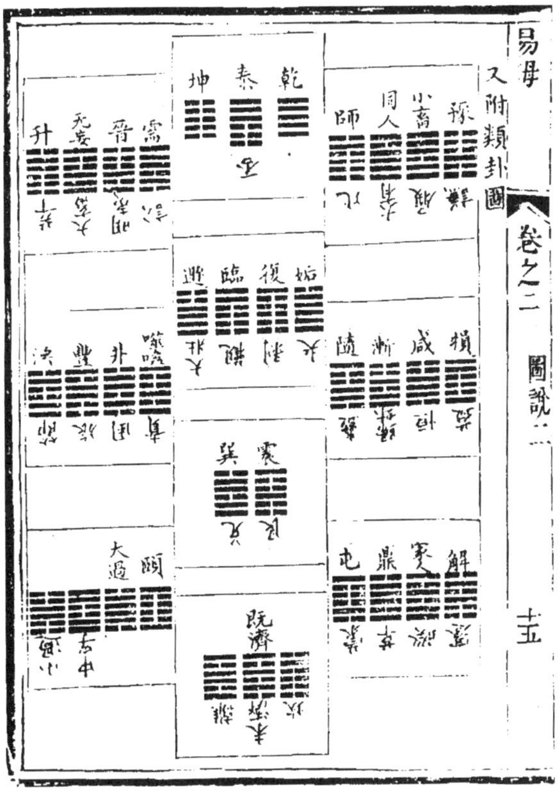

图 46　类卦图
（万年淳《易拇》）

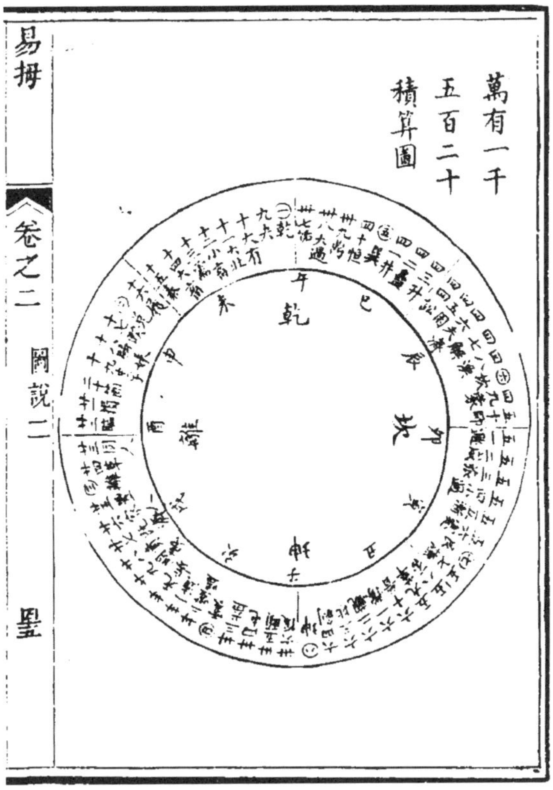

图 47　万有一千五百二十积算图
（万年淳《易拇》）

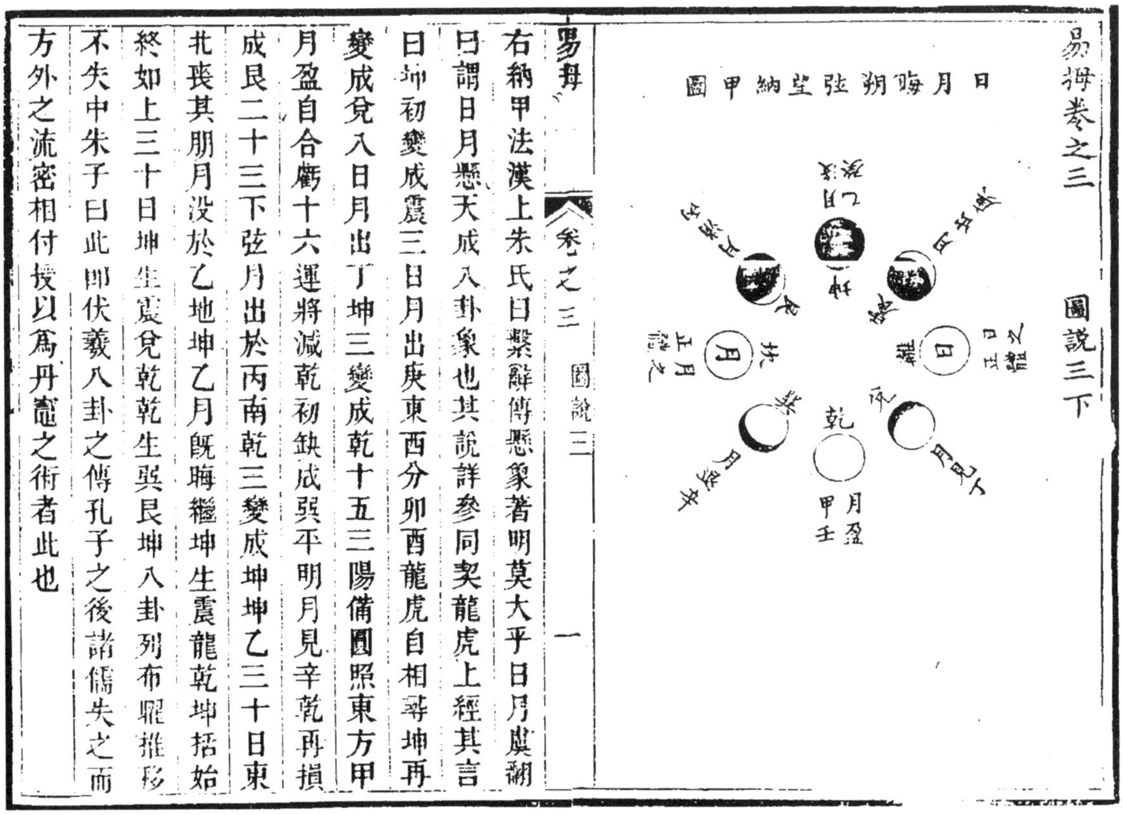

易拇　卷之三　圖說三　一

右納甲法漢上朱氏曰繫辭傳懸象著明莫大乎日月虞翻曰謂日月懸天成八卦象也其說詳參同契龍虎上經其言曰坤初變成震三日月出庚東西分卯酉龍虎自相尋坤再變成兌八日月出丁坤三變成乾十五三陽備圓照東方甲月盈自合虧十六運將減乾初缺成巽平明月見辛乾再損成艮二十三下弦月出於丙南乾三變成坤坤乙三十日東北喪其朋月沒於乙地坤乙月既晦繼坤生震龍乾坤括始終如上三十日坤生震兌乾乾生巽艮坤八卦列布罷推移不失中朱子曰此即伏羲八卦之傳孔子之後諸儒失之而方外之流密相付授以爲丹竈之術者此也

图 48　日月晦朔弦望纳甲图
（万年淳《易拇》）

易拇　卷之三　圖說三　三

孔子納甲八卦直圖

天地山澤　雷風水火

甲乙丙丁戊己庚辛壬癸

坎戊爲月離己爲日日月循環戊己無位

參同契納甲五行圖

庚丁甲壬　辛丙乙癸

金火木水　金火木水

庚丁甲壬爲進氣辛丙乙癸爲退氣

图 49　孔子纳甲八卦直图

图 50　参同契纳甲五行图

（万年淳《易拇》）

納甲分對待圖

易拇　卷之三　圖說三　四

納甲分對待圖淳謹按參同契庚丁甲壬五行一周辛丙乙癸五行又一周如納音甲子至癸巳爲一周甲午至癸亥又爲一周有小成大成之別也此流行之義而又有對待之妙伏羲八卦本係對待而納甲亦分對待乾與坤對故甲與乙對壬與癸對也兌與艮對故丙與丁對也坎與離對故戊與己對也震與巽對故庚與辛對也陰陽五行配合自然乃如此再以伏羲八卦橫圖配之又分東西四卦配之益見其妙具圖如左

图 51　纳甲分对待图

（万年淳《易拇》）

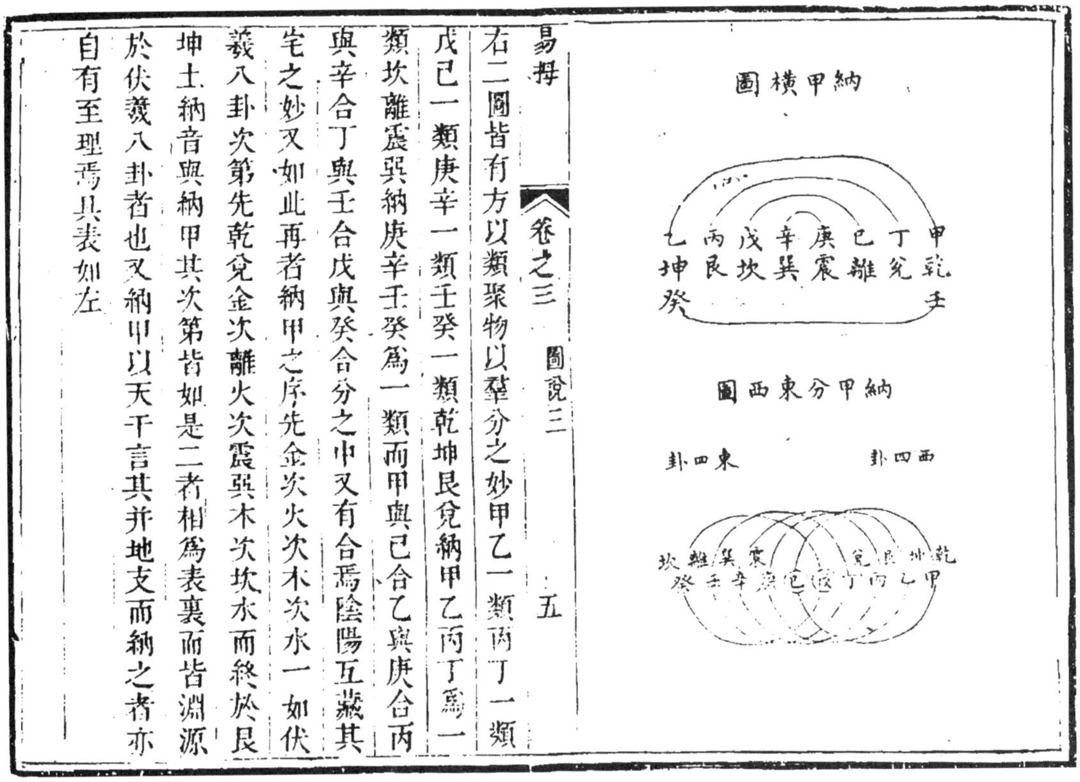

易拇 卷之三 圖說三 五

右二圖皆有方以類聚物以羣分之妙甲乙一類丙丁一類戊己一類庚辛一類壬癸一類乾坤艮兌納甲乙丙丁爲一類坎離震巽納庚辛壬癸爲一類而甲與己合乙與庚合丙與辛合丁與壬合戊與癸合分之中又有合焉陰陽互藏其宅之妙又如此再者納甲之序先金次火次木次水一如伏羲八卦次第先乾兌金次離火次震巽木次坎水而終於艮坤土納音與納甲其次第皆如是二者相爲表裏而皆淵源於伏羲八卦者也又納甲以天干言其并地支而納之者亦自有至理焉具表如左

图 52　纳甲横图

图 53　纳甲分东西图

（万年淳《易拇》）

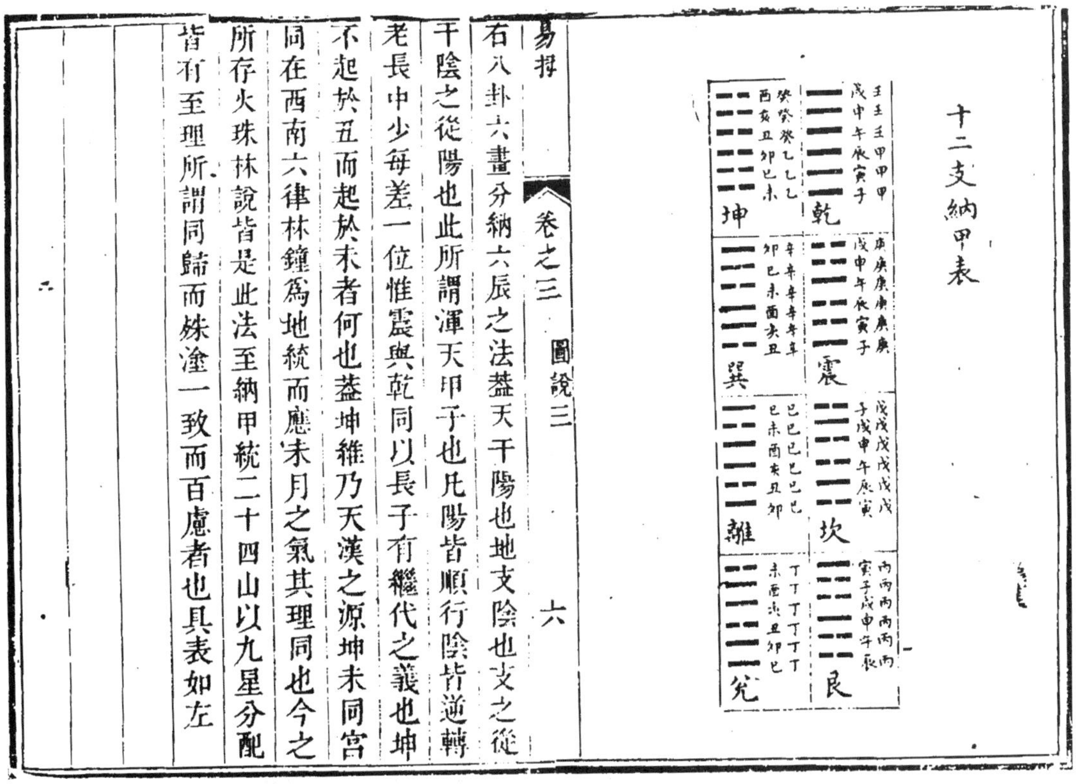

十二支納甲表

卦	納甲
乾	壬戌 壬申 壬午 甲辰 甲寅 甲子
坤	癸酉 癸亥 癸丑 乙卯 乙巳 乙未
震	庚戌 庚申 庚午 庚辰 庚寅 庚子
巽	辛卯 辛巳 辛未 辛酉 辛亥 辛丑
坎	戊子 戊戌 戊申 戊午 戊辰 戊寅
離	己巳 己未 己酉 己亥 己丑 己卯
艮	丙寅 丙子 丙戌 丙申 丙午 丙辰
兌	丁未 丁酉 丁亥 丁丑 丁卯 丁巳

易拇 卷之三 圖說三 六

右八卦六畫分納六辰之法葢天干陽也地支陰也支之從干陰之從陽也此所謂渾天甲子也凡陽皆順行陰皆逆轉老長中少每差一位惟震與乾同以長子有繼代之義也坤不起於丑而起於未者何也葢坤維乃天漢之源坤未同宮同在西南六律林鐘爲地統而應未月之氣其理同也今之所存火珠林說皆是此法至納甲統二十四山以九星分配皆有至理所謂同歸而殊塗一致而百慮者也具表如左

图 54　十二支纳甲表

（万年淳《易拇》）

九星配二十四山納甲表

卦	山	星
坎	壬	文曲
	子	破軍
	癸	破軍
離	丙	貪狼
	午	文曲
	丁	武曲
艮	丑	武曲
	艮	貪狼
	寅	文曲
坤	未	廉貞
	坤	輔弼
	申	破軍
震	甲	祿存
	卯	廉貞
	乙	輔弼
兌	庚	廉貞
	酉	武曲
	辛	巨門
巽	辰	破軍
	巽	巨門
	巳	武曲
乾	戌	文曲
	乾	祿存
	亥	廉貞

图 55　九星配二十四山纳甲表图

（万年淳《易拇》）

洪範納音五行表（上爲正五行，下爲洪範五行）

正五行	說	洪範五行
甲木	納乾乾與坤對以坤上下二爻換乾上下二爻化成坎甲化爲水	甲水
卯木	木之正位不變	卯木
乙木	納坤坤與乾對以乾上下二爻換坤上下二爻化成離乙化爲火	乙火
辰土	左右皆木土空水流變爲尾閭而爲水	辰水
巽木	木病於巳退歸辰庫而爲水	巽水
巳火	火因木生未離母位與巽同體仍爲木	巳木
丙火	納艮艮與兌對以兌之下爻換艮之下爻化成離丙仍化火	丙火
午火	火之正位不變	午火
丁火	納兌兌與艮對以艮之上爻換兌之上爻化成乾丁化爲金	丁金

图 56－1　洪范纳音五行表

（万年淳《易拇》）

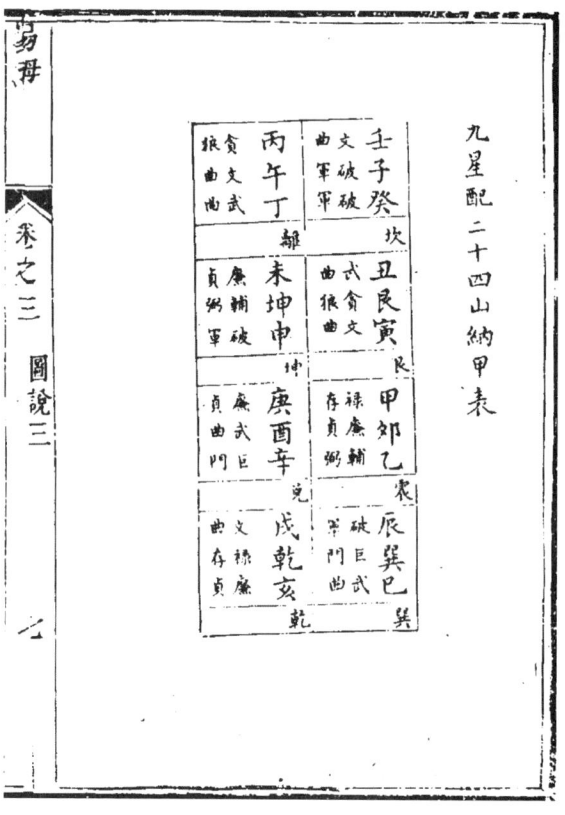

未土未附於坤仍爲土
坤土老母不變
申金金受火克融而爲水
庚金納震震與巽對以巽之下爻換震之下爻化成坤庚化爲土
酉金金之正位不變
辛金納巽巽與震對以震之上爻換巽之上爻化成坎辛化爲水
戌土左右皆金土空金旺變而爲水
乾金老父不化
亥水水因金生未離母位與乾同體仍爲金
壬水納離離與坎對以坎之中爻換離之中爻化成乾金金爲離鎔反爲火

未土 坤土 申水 庚土 酉金 辛水 戌水 乾金 亥金 壬火

易拇　卷之三　圖說三　一

子水水之正位不變
癸水納坎坎與離對以離之中爻換坎之中爻化成坤癸化爲土
丑土丑附於艮仍爲土
艮土土病於寅山變成林而爲木
寅木木因水生未離母位仍爲水

子水 癸土 丑土 艮木 寅水

按二十四山惟四正與老父母不變其隨納甲抽爻換象而變者皆有一定不易之理晉郭氏元經不用正五行而用洪範五行謂之山家五行然用以格龍運爲選擇之要其餘不用也葢墓龍變運取太歲納音與本年墓運納音相生合爲吉墓運納音克歲尤吉忌年月日時之納音克墓具表如左

图 56－2　洪范纳音五行表
（万年淳《易拇》）

墓龍變運表

	甲己	乙庚	丙辛	丁壬	戊癸
八水五土 墓辰	年戊辰 木運忌金	年庚辰 金運忌火	年壬辰 水運忌土	年甲辰 火運忌水	年丙辰 土運忌木
四火 墓戌	年甲戌 火運忌水	年丙戌 土運忌木	年戊戌 木運忌金	年庚戌 金運忌火	年壬戌 水運忌土
四金 墓丑	年乙丑 金運忌火	年丁丑 水運忌土	年己丑 火運忌水	年辛丑 土運忌木	年癸丑 木運忌金
三木 墓未	年辛未 土運忌木	年癸未 木運忌金	年乙未 金運忌火	年丁未 水運忌土	年己未 火運忌水

易拇　卷之三　圖說三　十二

右洪範山家五行忌年月日時納音相克皆有定局惟四金山有二例分冬至前後論葢冬至爲山運轉關之時丑運爲山運轉關之地故其例不同如甲巳年本屬金運忌火冬至後則丁丑水運忌土乙庚年冬至後巳丑火運忌水丙辛年冬至後辛丑土運忌木丁壬年冬至後癸丑木運忌金戊癸年冬至後乙丑金運忌火總由墓運用五子元遁天地之運皆自子始始子終亥一歲已終冬至後丑月歲君未更而墓運已改此即七政自冬至起算之義也舊說惟新建新葬論之修方與附葬者不論不知此義甚大修附所關更緊所謂吉凶悔吝生乎動也

图 57　墓龙变运表
（万年淳《易拇》）

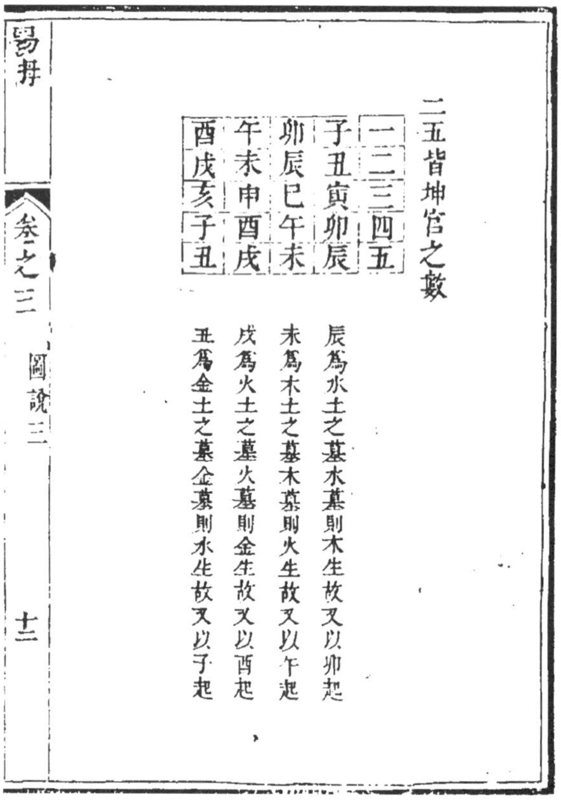

图 58　二五皆坤官之数图
（万年淳《易拇》）

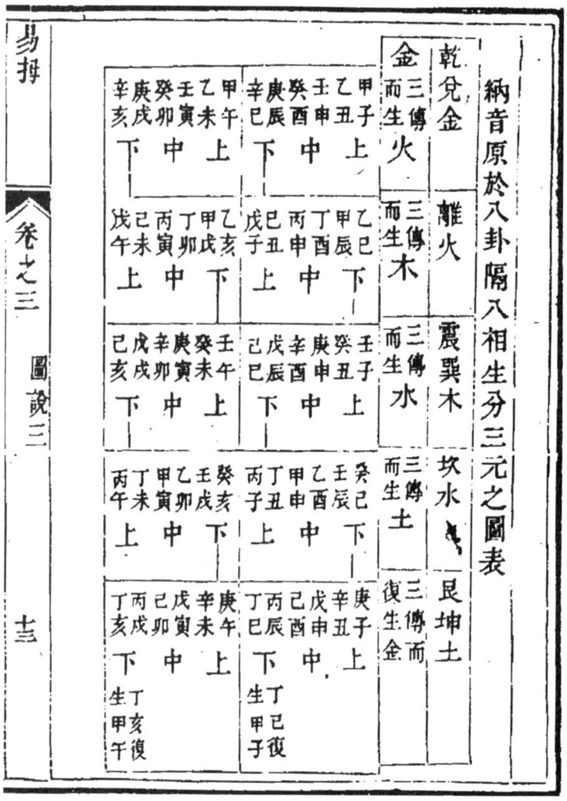

图 59　纳音原于八卦隔八相生分三元之图表
（万年淳《易拇》）

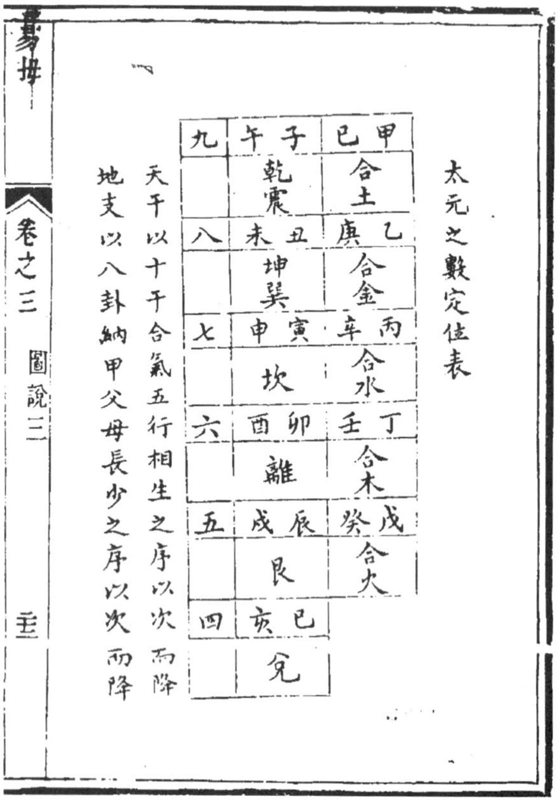

图 60　太元之数定位表
（万年淳《易拇》）

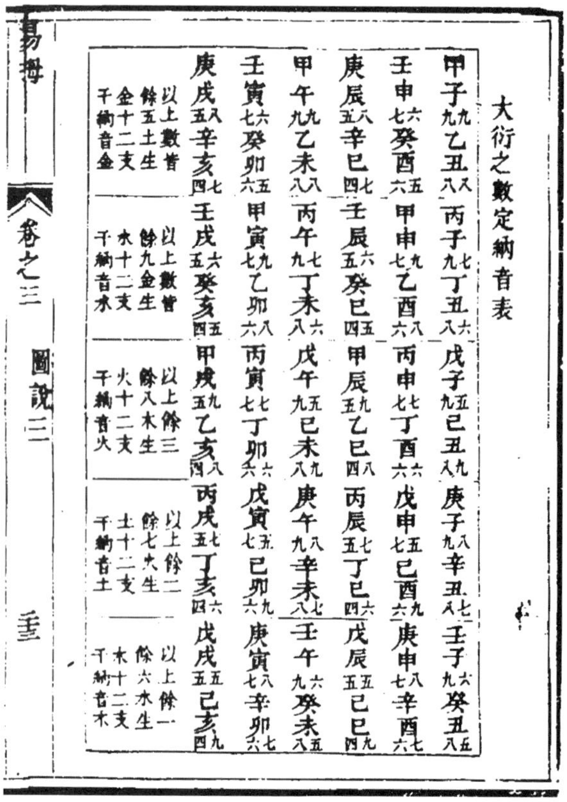

图 61　大衍之数定纳音表
（万年淳《易拇》）

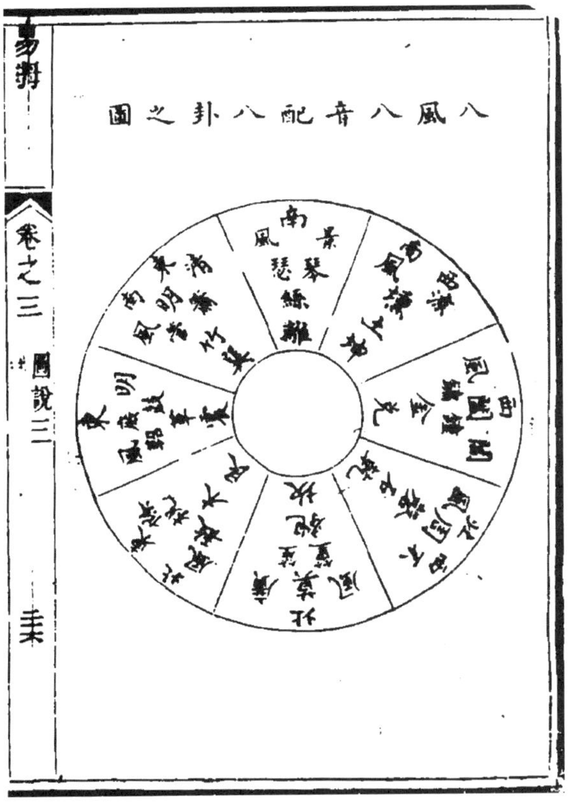

图 62　八风八音配八卦之图

（万年淳《易拇》）

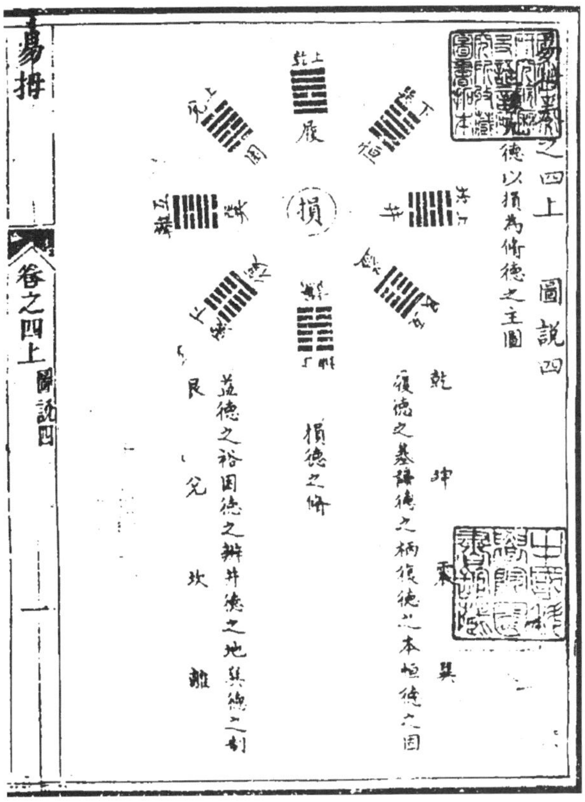

图 63　三陈九德以损为修德之主图

（万年淳《易拇》）

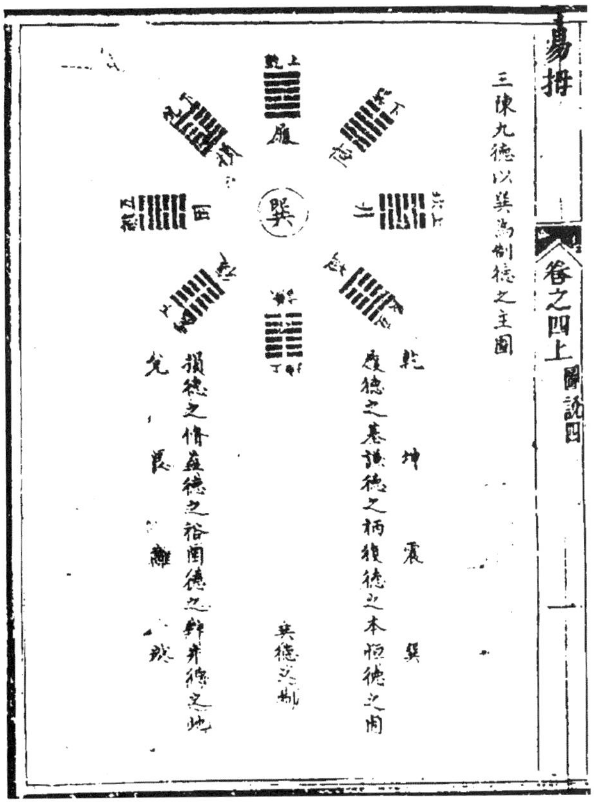

图 64　三陈九德以巽为制德之主图

（万年淳《易拇》）

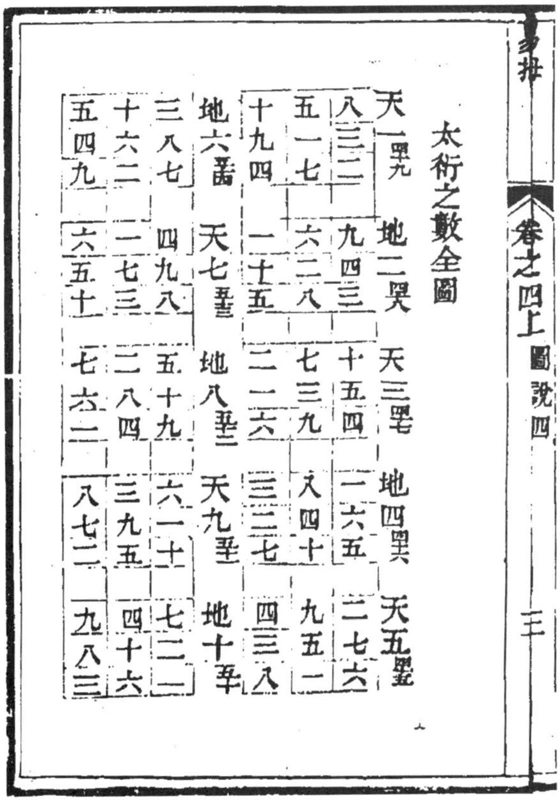

图 65　太衍之数全图

（万年淳《易拇》）

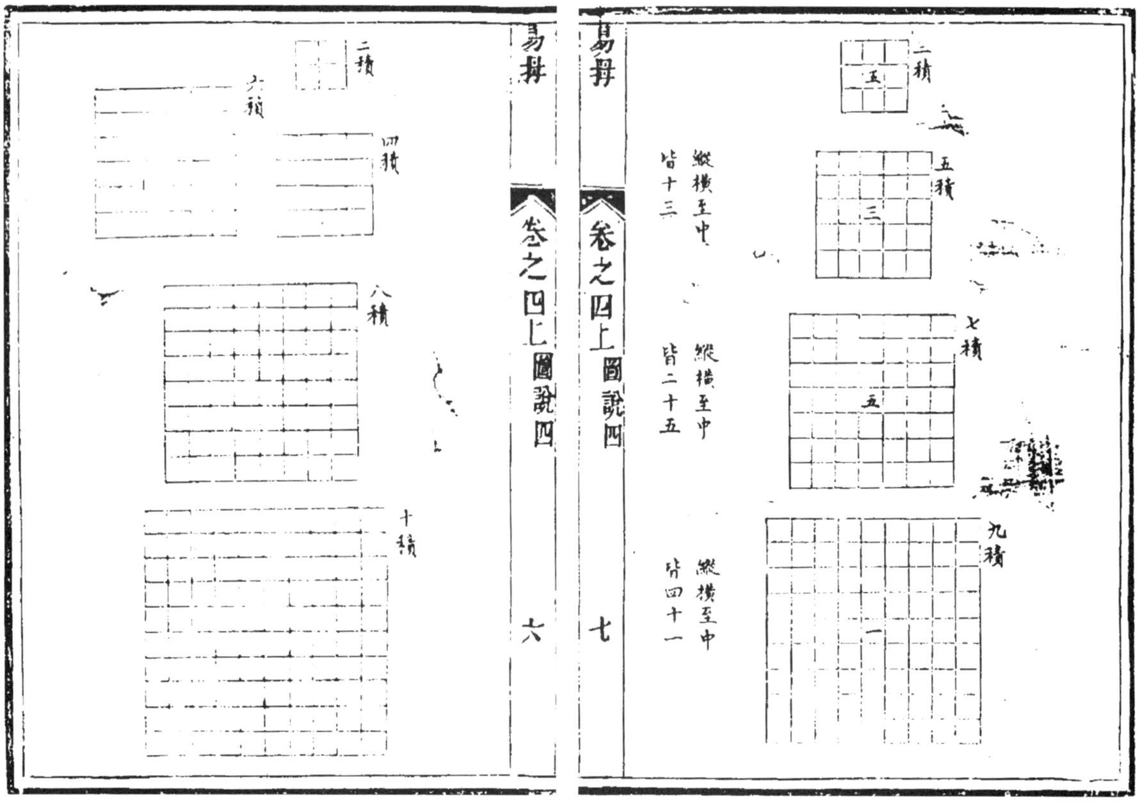

图 66－1　数图
（万年淳《易拇》）

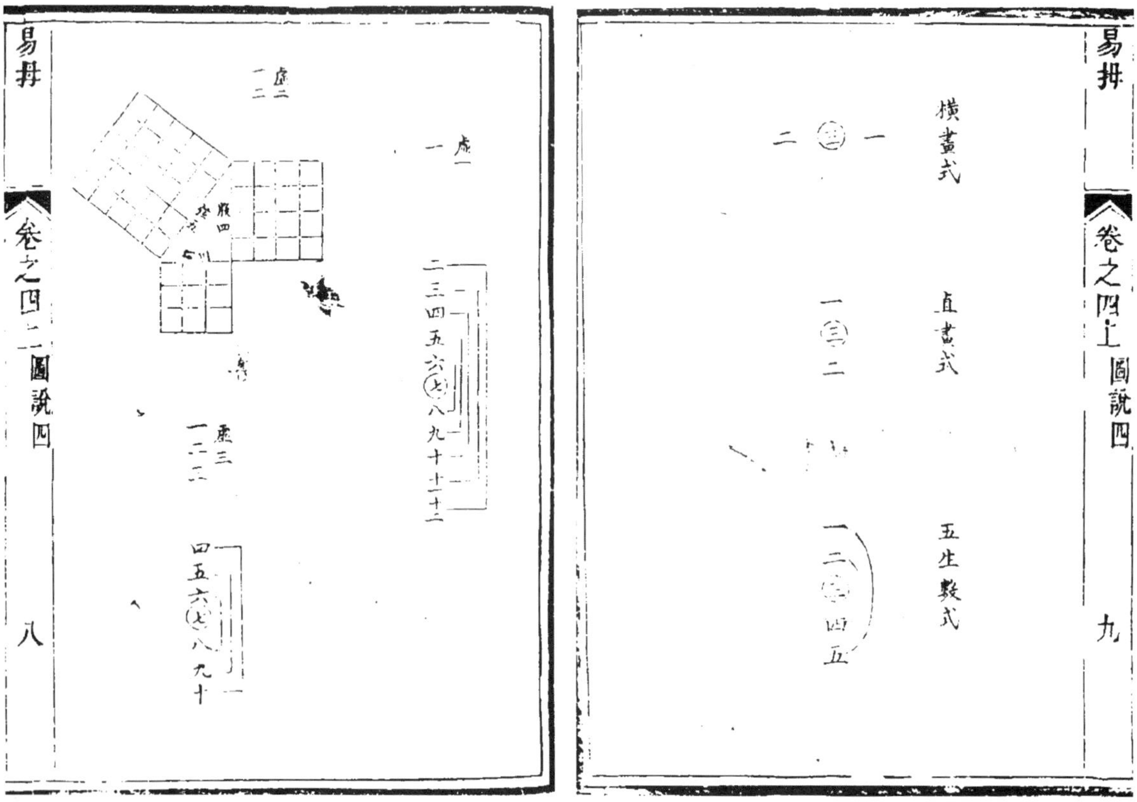

图 66－2　数图
（万年淳《易拇》）

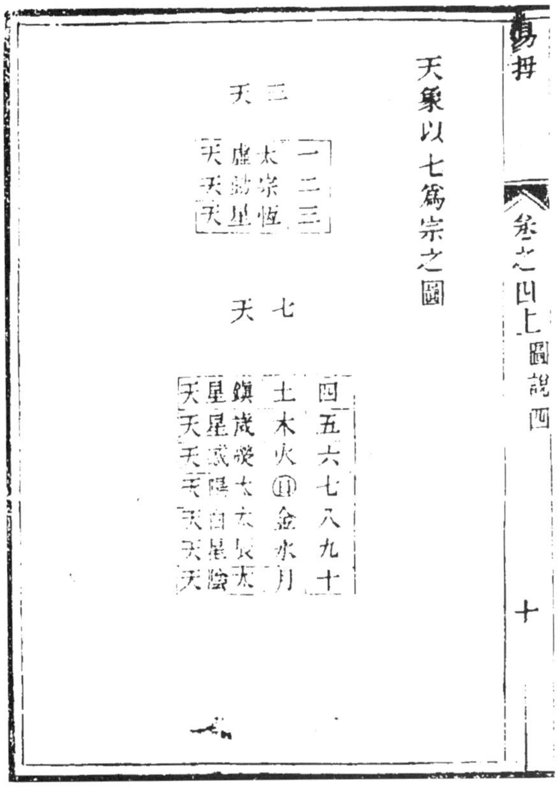

图 67　天象以七为宗之图
（万年淳《易揲》）

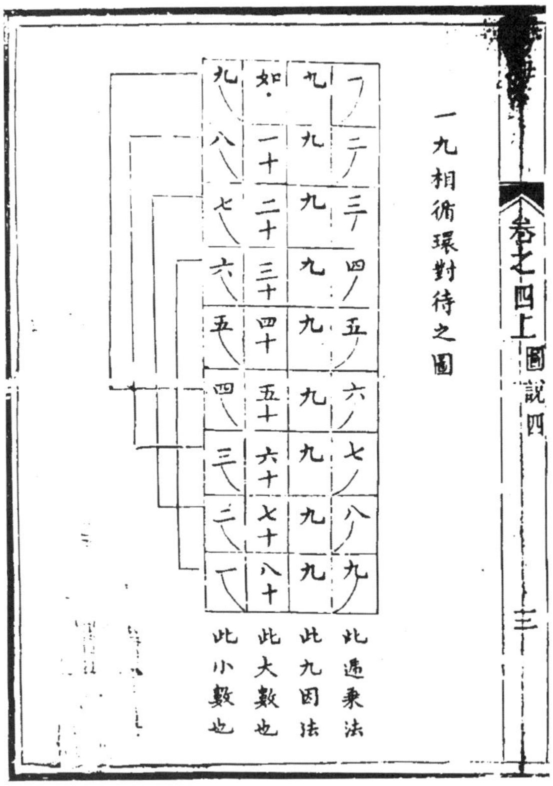

图 68　一九相循环对待之图
（万年淳《易揲》）

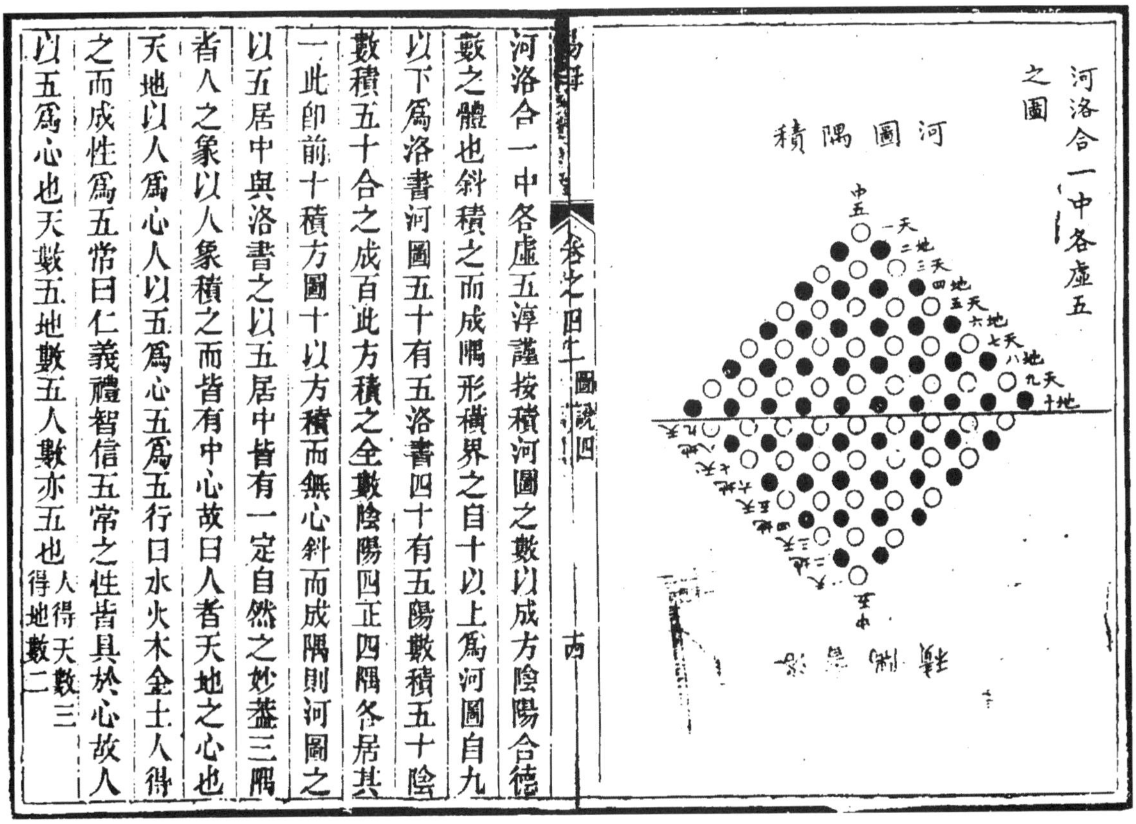

河洛合一中各虛五淳謹按積河圖之數以成方陰陽合德數之體也斜積之而成隅形横界之自十以上爲河圖自九以下爲洛書河圖五十有五洛書四十有五陽數積五十陰數積五十合之成百此方積之全數陰陽四正四隅各居其一此卽前十積方圖十以方積而無心斜而成隅則河圖之以五居中與洛書之以五居中皆有一定自然之妙蓋三隅者人之象以人象積之而皆有中心故曰人者天地之心也天地以人爲心人以五爲心五爲五行曰水火木金土人得之而成性爲五常曰仁義禮智信五常之性皆具於心故人以五爲心也天數五地數五人數亦五也人得天數三得地數二

图 69　河洛合一中各虚五之图
（万年淳《易揲》）

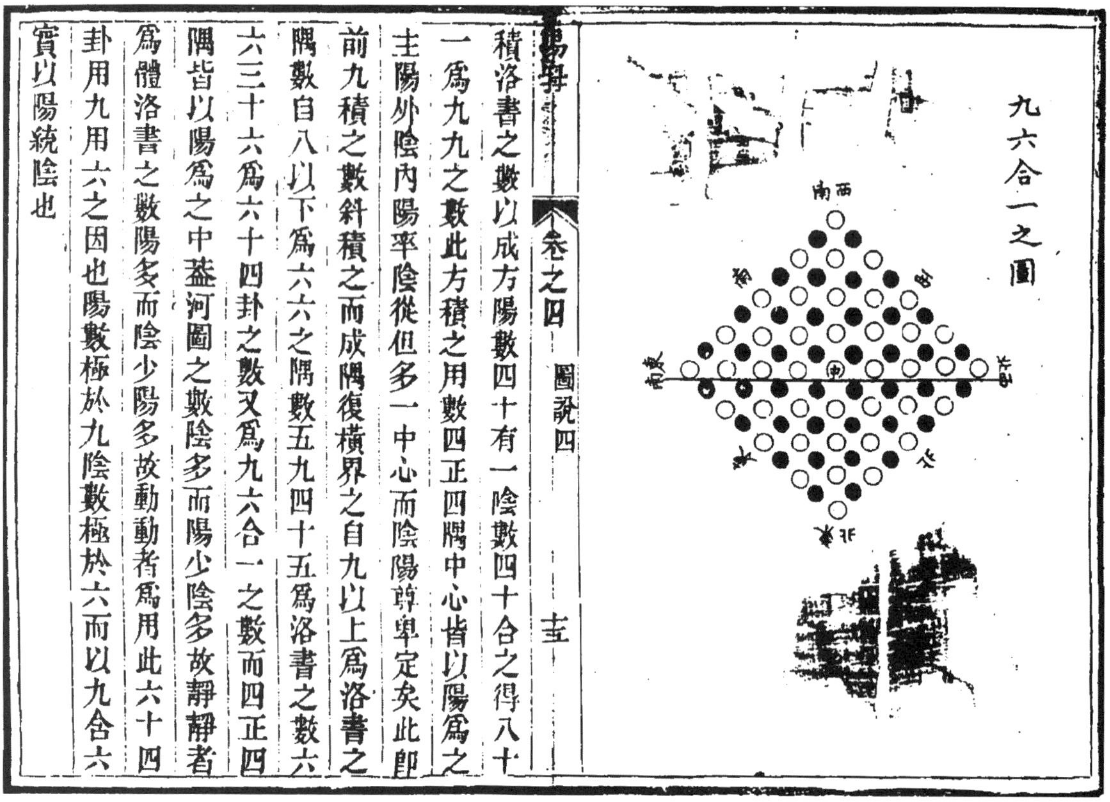
易拇
卷之四
圖說四
九六合一之圖
積洛書之數以成方陽數四十有一陰數四十合之得八十
一爲九九之數此方積之用數四正四隅中心皆以陽爲之
主陽外陰内陽率陰從但多一中心而陰陽尊卑定矣此即
前九積之數斜積之而成隅復横界之自九以上爲洛書之
隅數自八以下爲六六之隅數五九四十五爲洛書之數六
六三十六爲六十四卦之數又爲九六合一之數而四正四
隅皆以陽爲之中葢河圖之數陰多而陽少陰多故靜靜者
爲體洛書之數陽多而陰少陽多故動動者爲用此六十四
卦用九用六之因也陽數極於九陰數極於六而以九合六
實以陽統陰也

图 70　九六合一之图

（万年淳《易拇》）

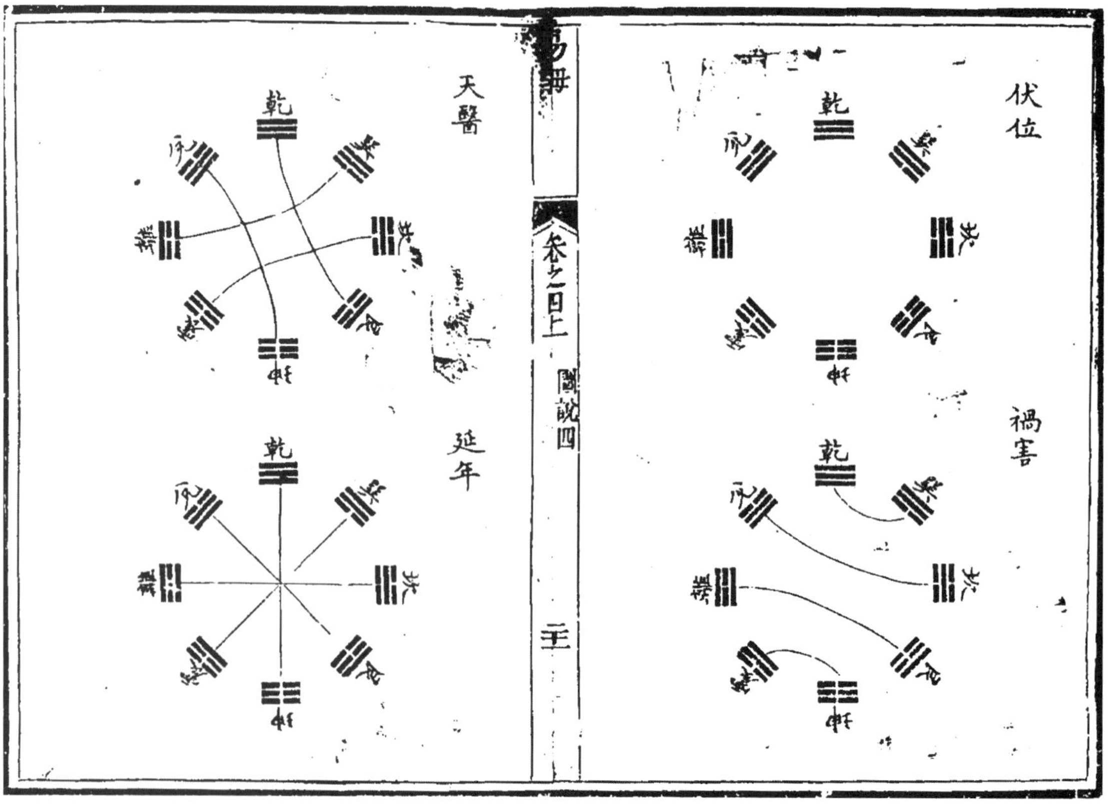
易拇
卷之四上
圖說四
伏位
禍害
天醫
延年
乾
坤
坎

图 71－1　九星八卦之变图

（万年淳《易拇》）

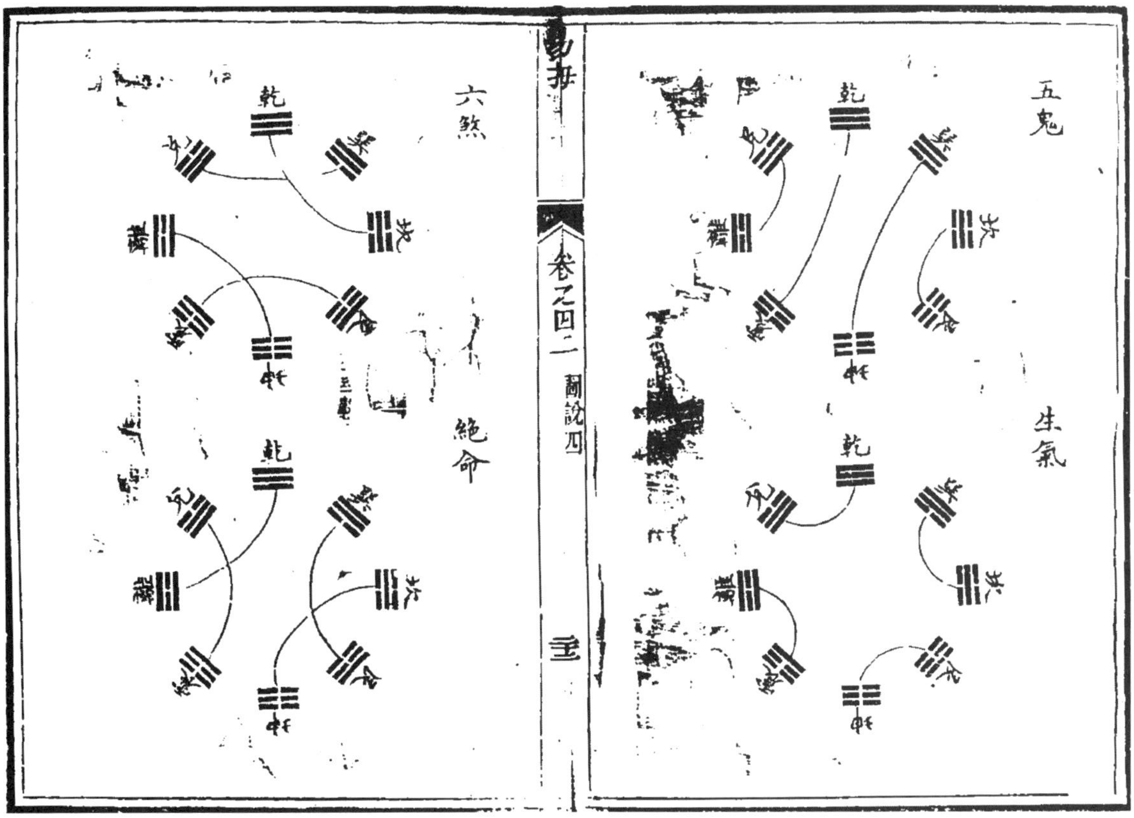

图 71－2　九星八卦之变图
（万年淳《易拇》）

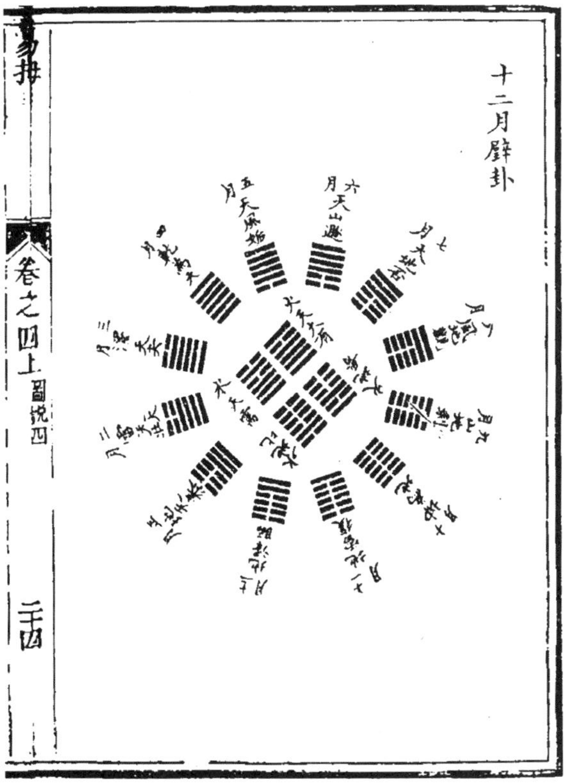

图 72　十二月辟卦图
（万年淳《易拇》）

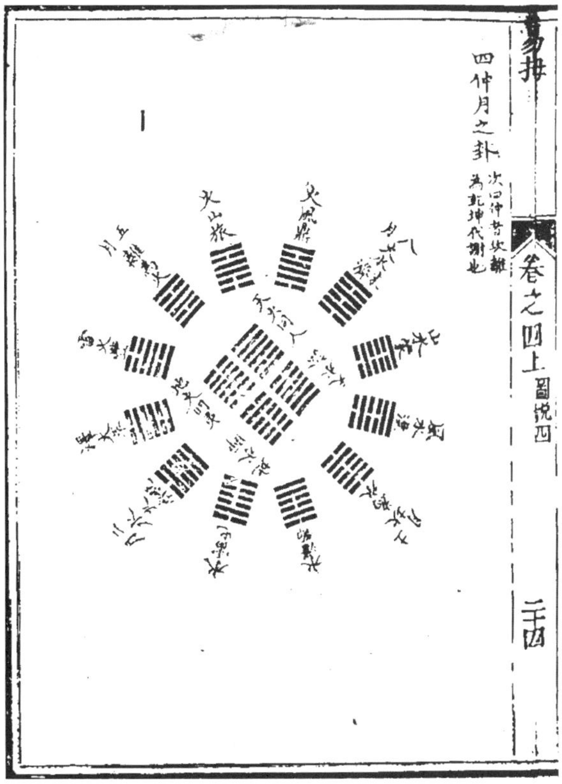

图 73　四仲月之卦图
（万年淳《易拇》）

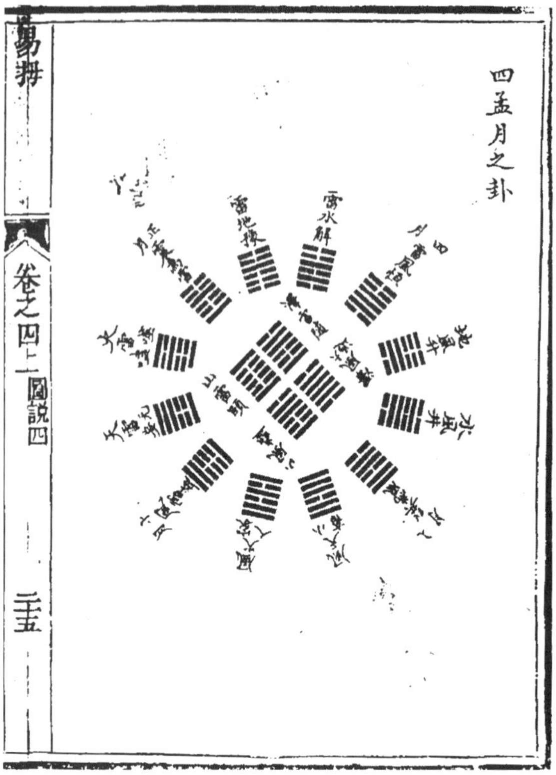

图 74　四孟月之卦图
（万年淳《易拇》）

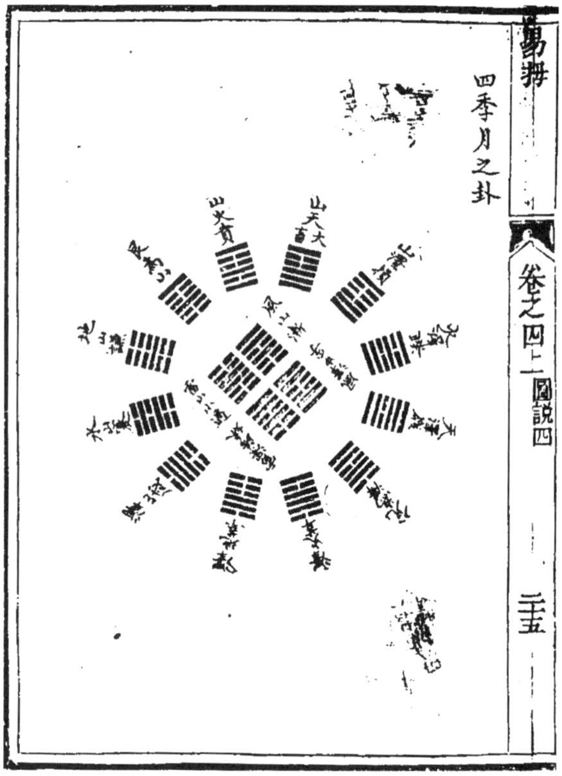

图 75　四季月之卦图
（万年淳《易拇》）

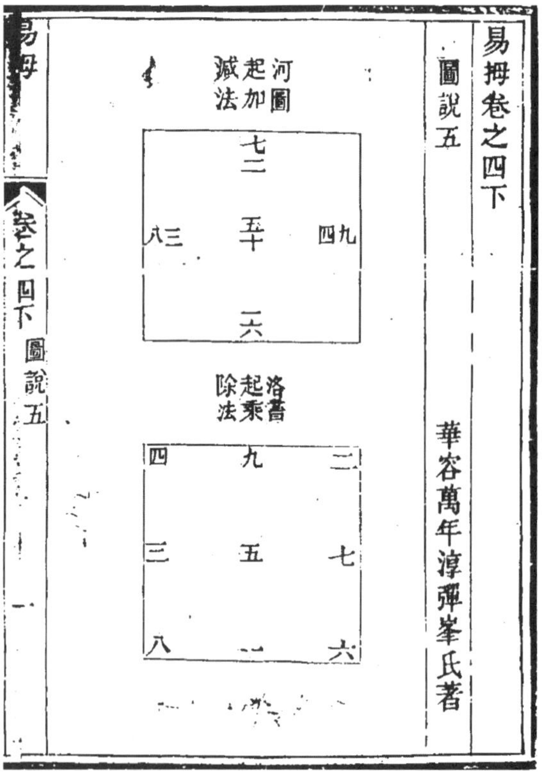

图 76　河图起加减法图
图 77　洛书起乘除法图
（万年淳《易拇》）

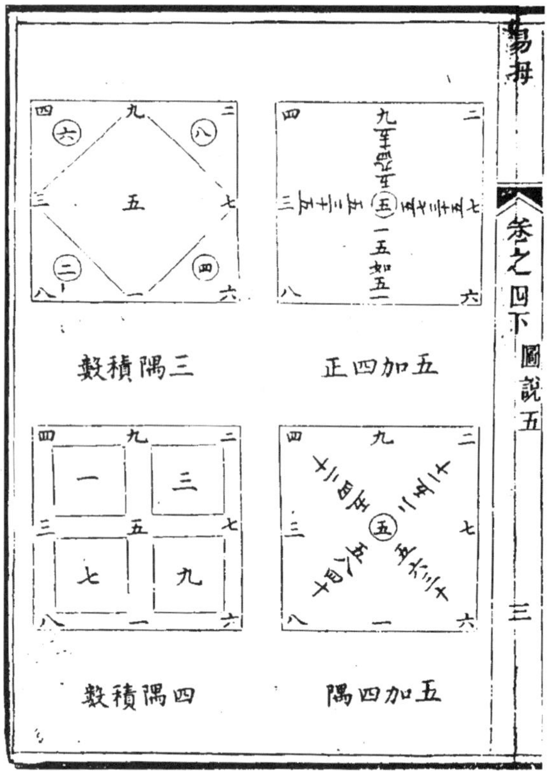

图 78　五加四正、五加四隅、三隅积数、四隅积数图
（万年淳《易拇》）

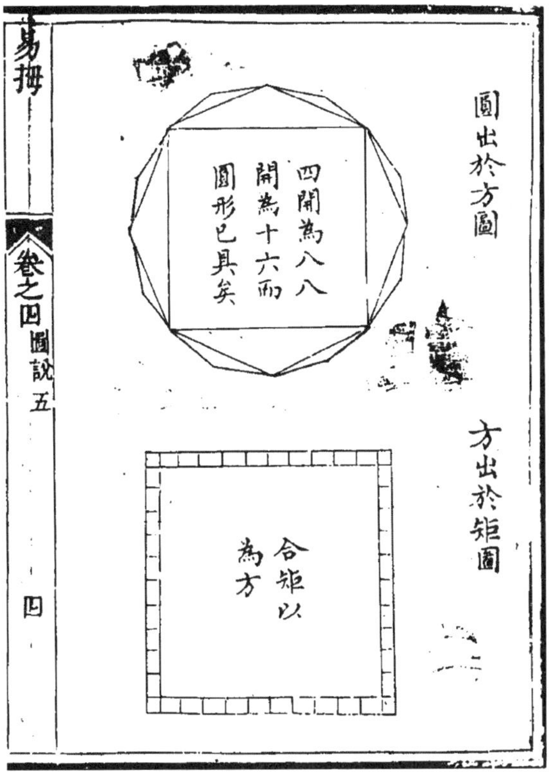
易拇
卷之四 圖說五
四
圓出於方圖
四開為八八開為十六而圓形已具矣
方出於矩圖
合矩以為方

图 79　圆出于方图
图 80　方出于钜图
（万年淳《易拇》）

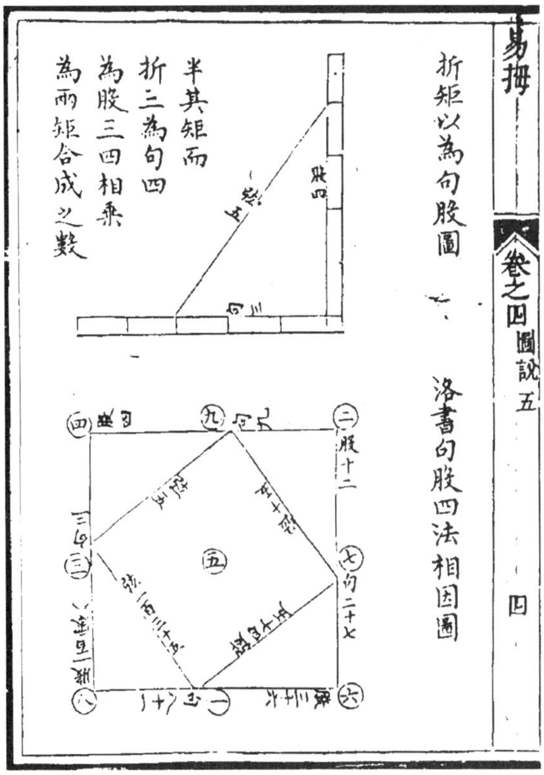
易拇
卷之四 圖說五
四
折矩以為句股圖
半其矩而折三為句四為股三四相乘為兩矩合成之數
洛書句股四法相因圖

图 81　折矩以为勾股图
图 82　洛书勾股四法相因图
（万年淳《易拇》）

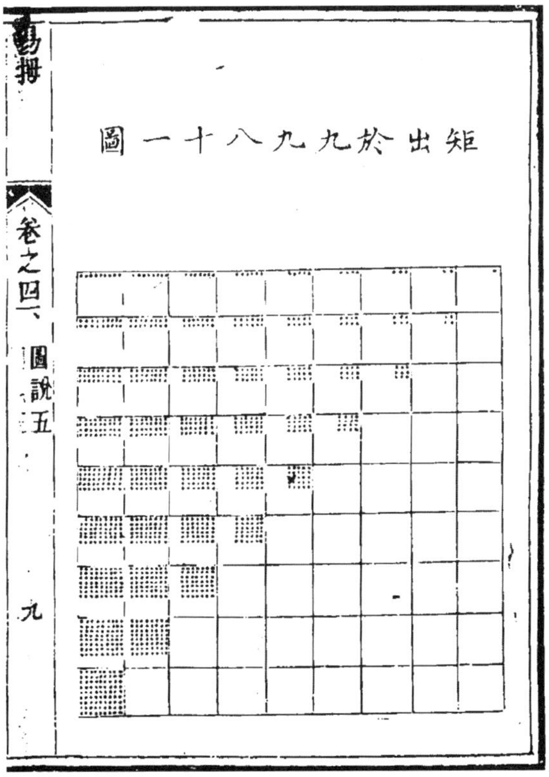
易拇
卷之四 圖說五
九
矩出於九九八十一圖

图 83　矩出于九九八十一图
（万年淳《易拇》）

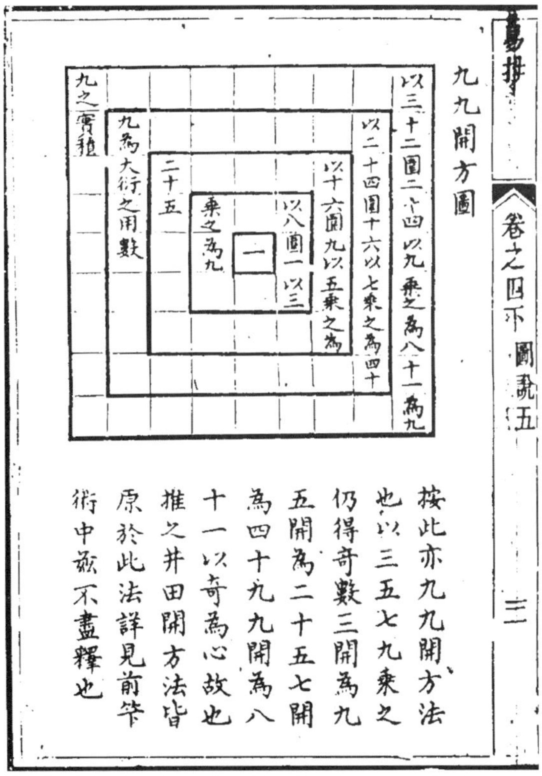
易拇
卷之四下 圖說五
三
九九開方圖
以三十二圍二十四以九乘之為八十一為九
以二十四圍十六以七乘之為四十
以十六圍九以五乘之為
以八圍一以三
乘之為九
一
二十五
九為大衍之用數
九之實積
按此亦九九開方法也以三五七九乘之仍得奇數三開為九五開為二十五七開為四十九九開為八十一以奇為心故也推之井田開方法皆原於此法詳見前笇術中兹不盡釋也

图 84　九九开方图
（万年淳《易拇》）

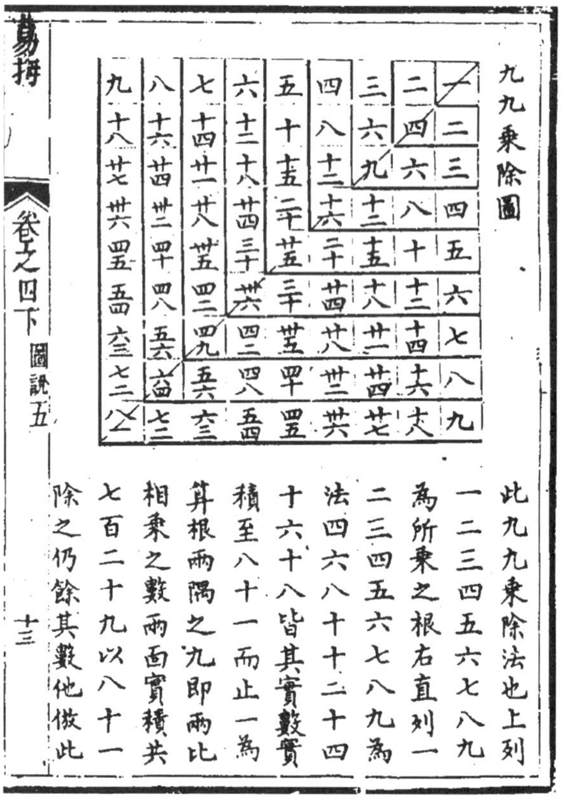
易拇
卷之四下 圖說五
十三
九九乘除圖
此九九乘除法也上列一二三四五六七八九為所乘之根右直列一二三四五六七八九為法四六八十十二十四十六十八皆其實數實積至八十一而止一為算根兩隅之九即兩比相乘之數兩面實積共七百二十九以八十一除之仍餘其數他倣此

图 85　九九乘除图
（万年淳《易拇》）

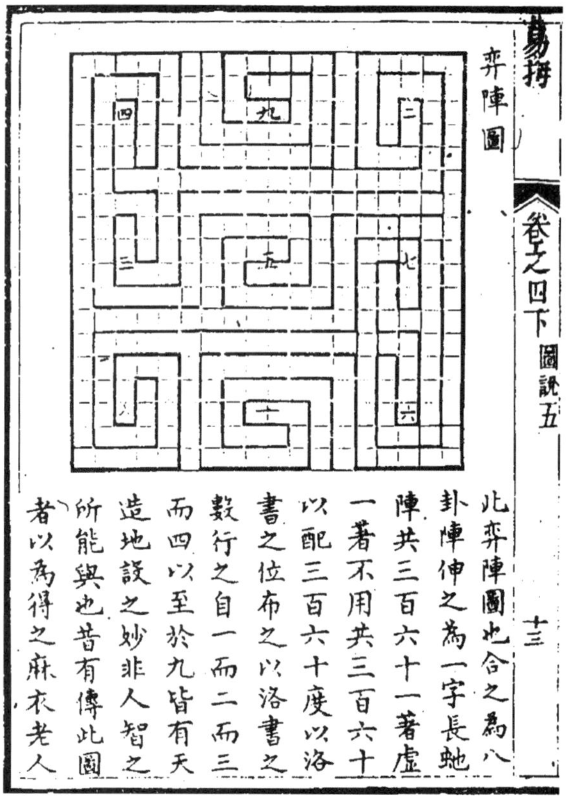
易拇
卷之四下 圖說五
十三
弈陣圖
此弈陣圖也合之為八卦陣伸之為一字長蛇陣共三百六十一著虛一著不用共三百六十以配三百六十度以洛書之位布之以洛書之數行之自一而二而三而四以至於九皆有天造地設之妙非人智之所能與也昔有傳此圖者以為得之麻衣老人

图 86　弈阵图
（万年淳《易拇》）

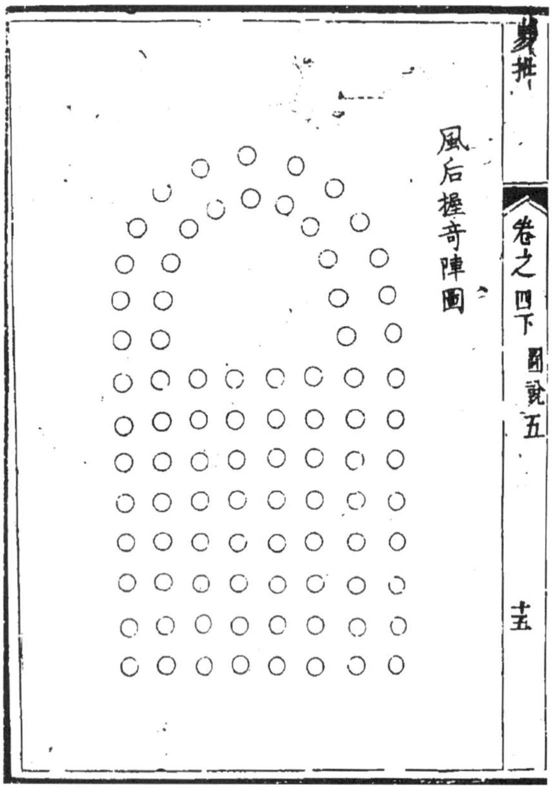
易拇
卷之四下 圖說五
十五
風后握奇陣圖

图 87　风后握奇阵图
（万年淳《易拇》）

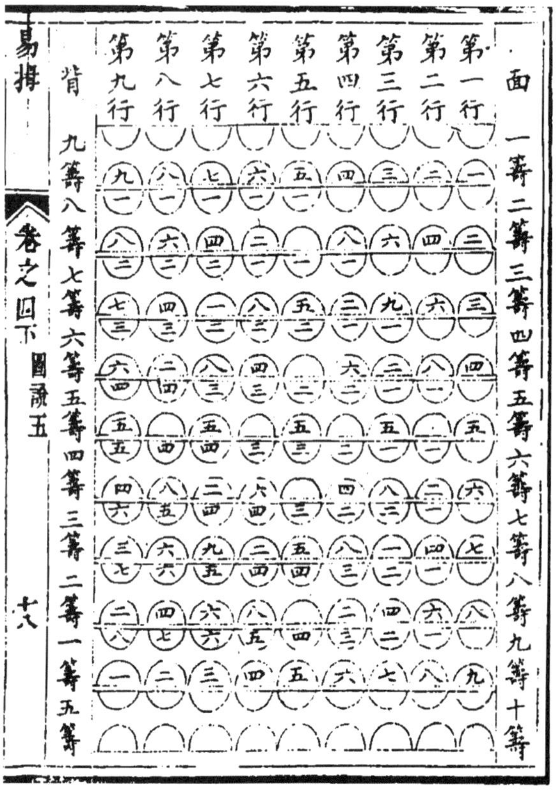
易拇
卷之四下 圖說五
十六
面
一籌二籌三籌四籌五籌六籌七籌八籌九籌十籌
第一行
第二行
第三行
第四行
第五行
第六行
第七行
第八行
第九行
背
九籌八籌七籌六籌五籌四籌三籌二籌一籌五籌

图 88　筹位图
（万年淳《易拇》）

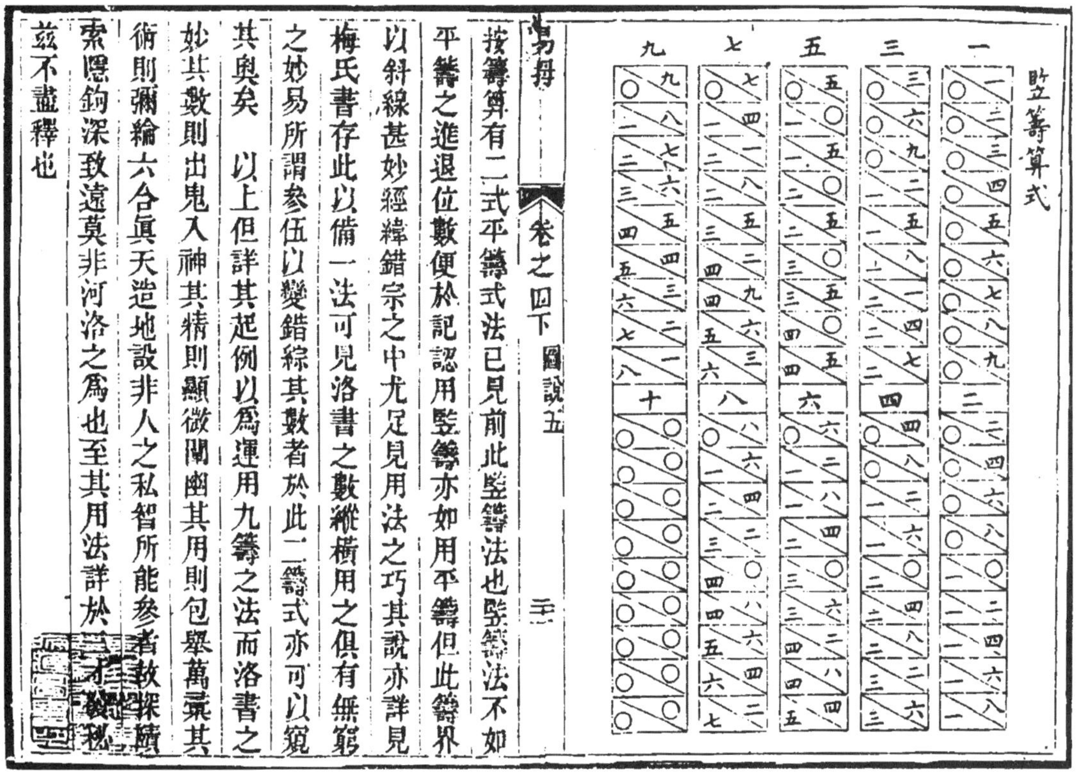
易拇 卷之四下 圖說五 三二

按籌算有二式平籌式法已見前此豎籌法也豎籌法不如平籌之進退位數便於記認用豎籌亦如用平籌但此籌界以斜線甚妙經緯錯宗之中尤足見用法之巧其說亦詳見梅氏書存此以備一法可見洛書之數縱橫用之俱有無窮之妙易所謂參伍以變錯綜其數者於此二籌式亦可以窺其奧矣　以上但詳其起例以爲運用九籌之法而洛書之妙其數則出鬼入神其精則顯微闡幽其用則包舉萬彙其術則彌綸六合眞天造地設非人之私智所能參者故探賾索隱鉤深致遠莫非河洛之爲也至其用法詳於三才發秘茲不盡釋也

图 89　竖筹算式

（万年淳《易拇》）

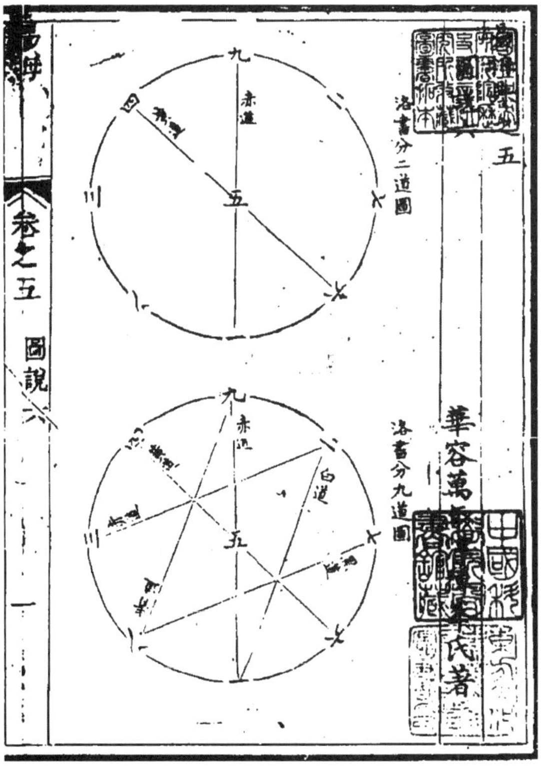

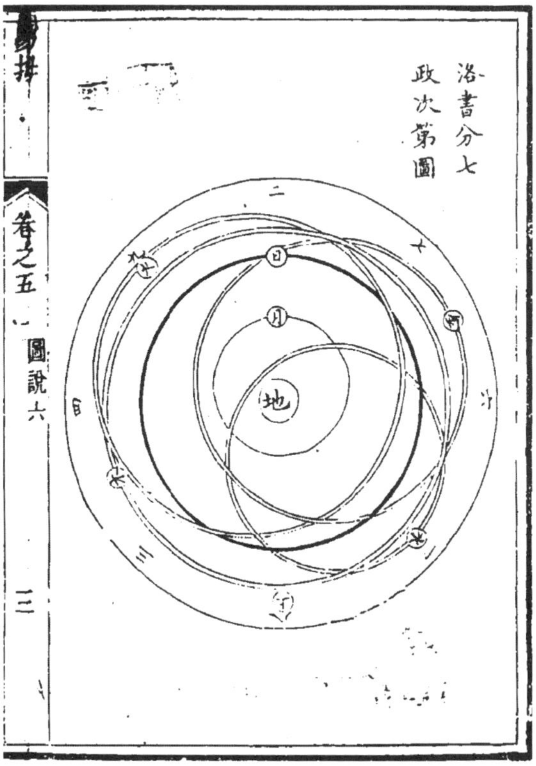

图 90　洛书分二道图

图 91　洛书分九道图

（万年淳《易拇》）

图 92　洛书分七政次第图

（万年淳《易拇》）

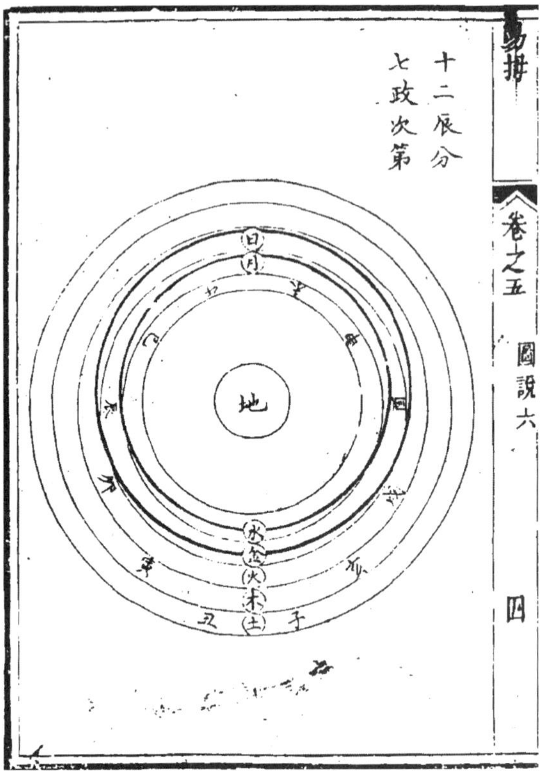

图 93　十二辰分七政次第图

（万年淳《易拇》）

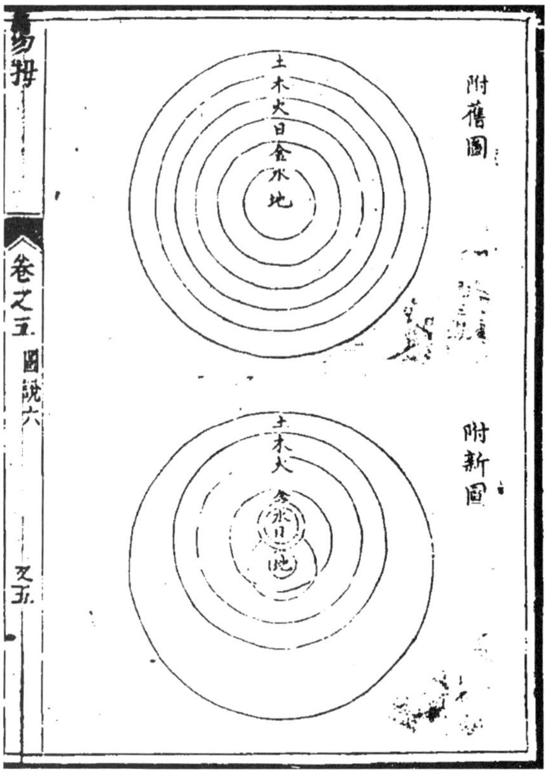

图 94　十二辰分七政次第图旧图

图 95　十二辰分七政次第图新图

（万年淳《易拇》）

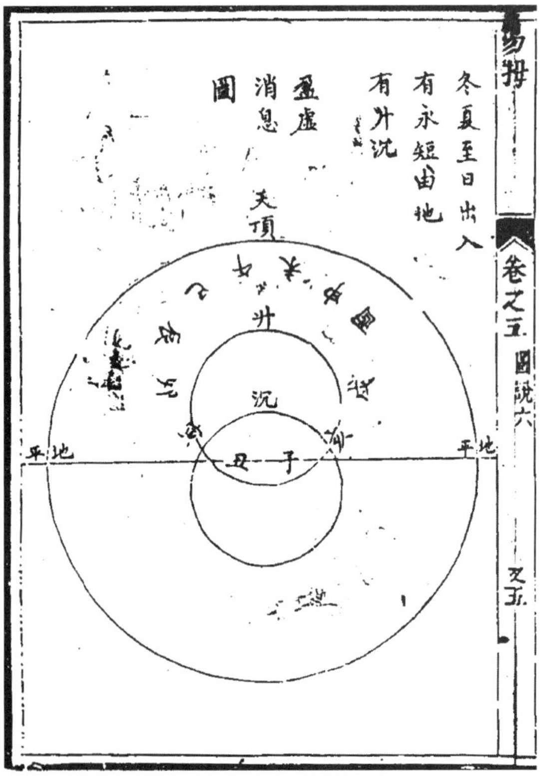

图 96　盈虚消息图

（万年淳《易拇》）

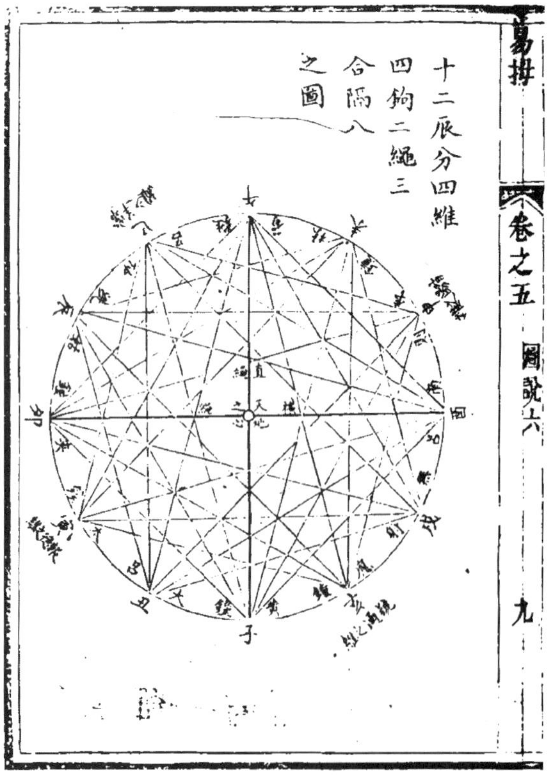

图 97　十二辰分四维四钩二绳三合隔八之图

（万年淳《易拇》）

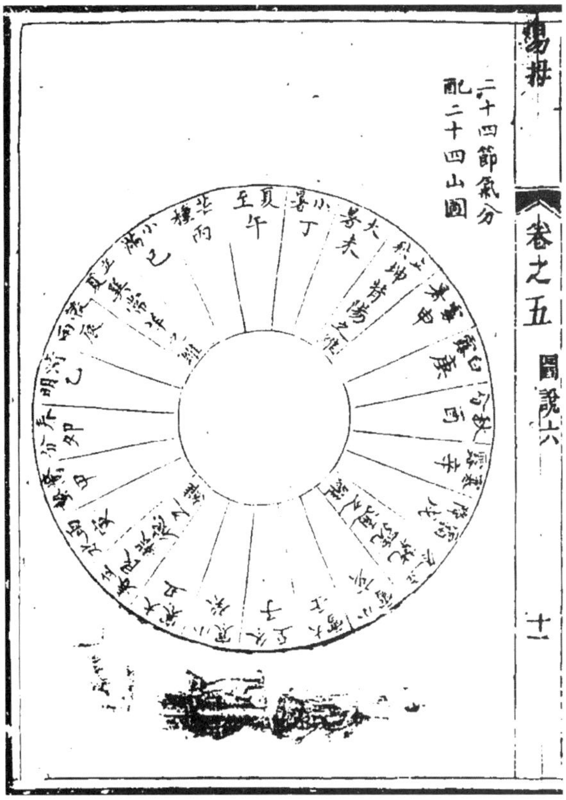

图 98　二十四节气分配二十四山图
（万年淳《易拇》）

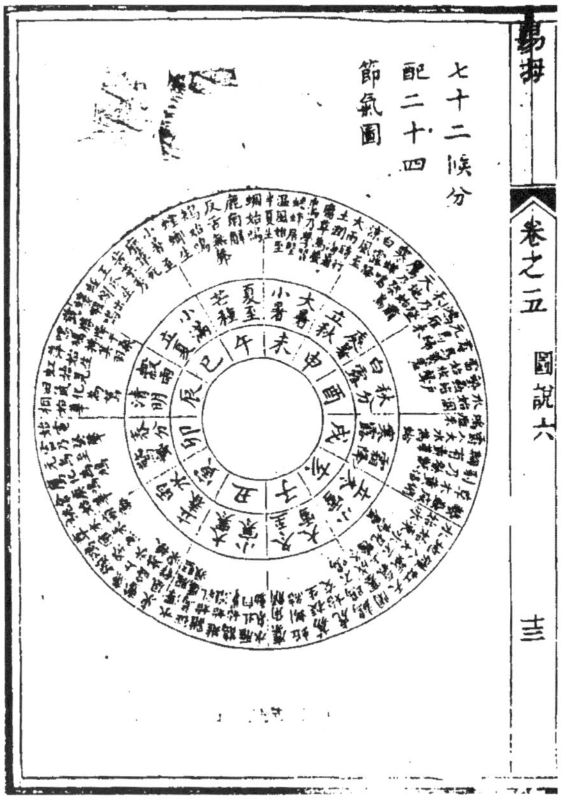

图 99　七十二候分配二十四节气图
（万年淳《易拇》）

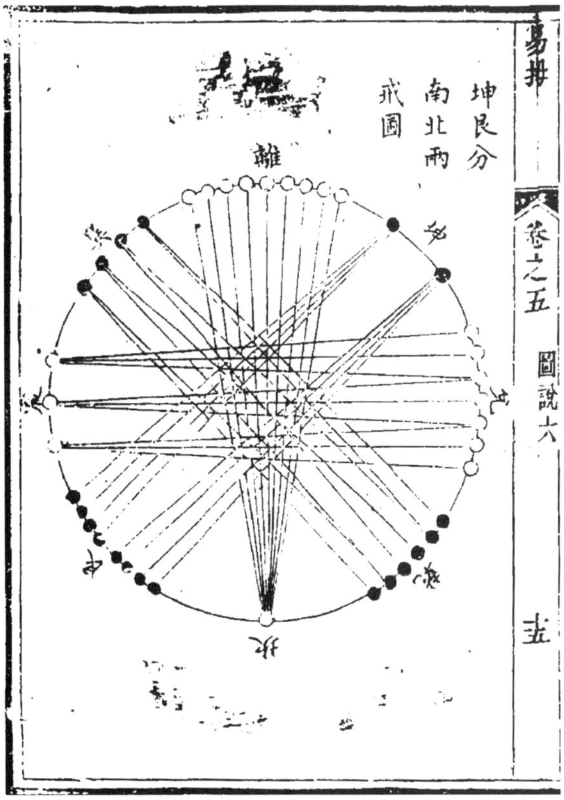

图 100　坤艮分南北两戒图
（万年淳《易拇》）

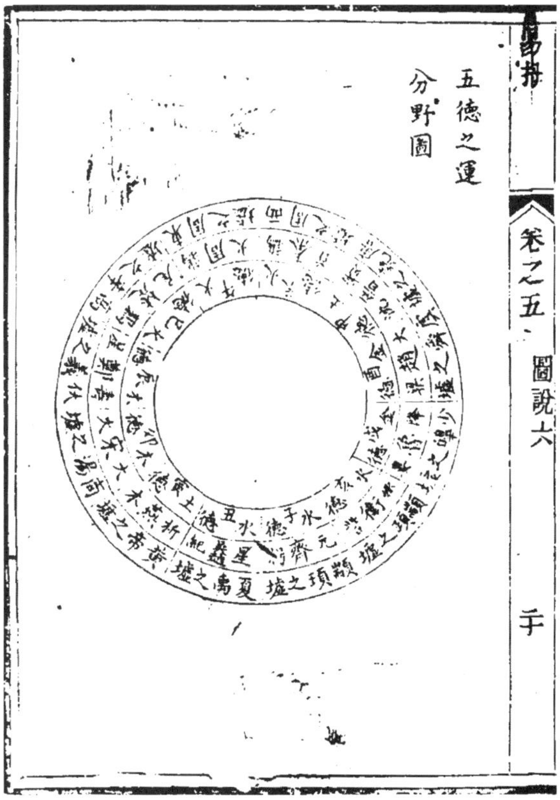

图 101　五德之运分野图
（万年淳《易拇》）

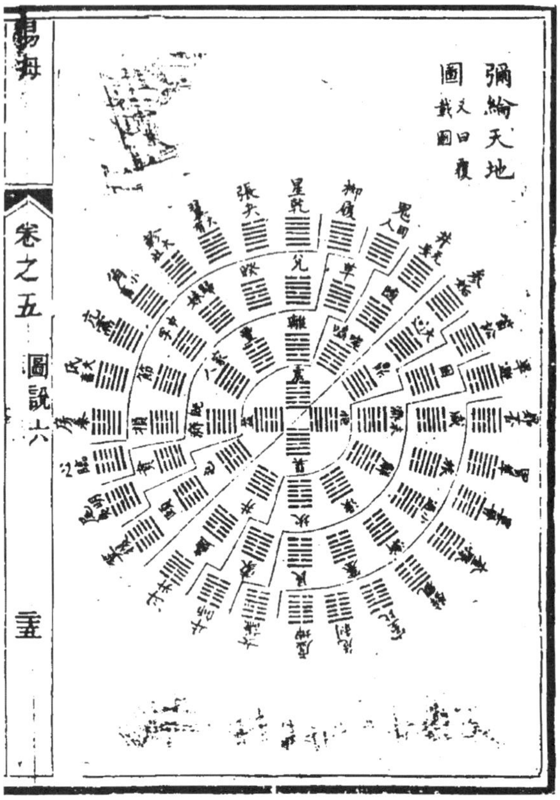

图 102　弥纶天地图
（万年淳《易拇》）

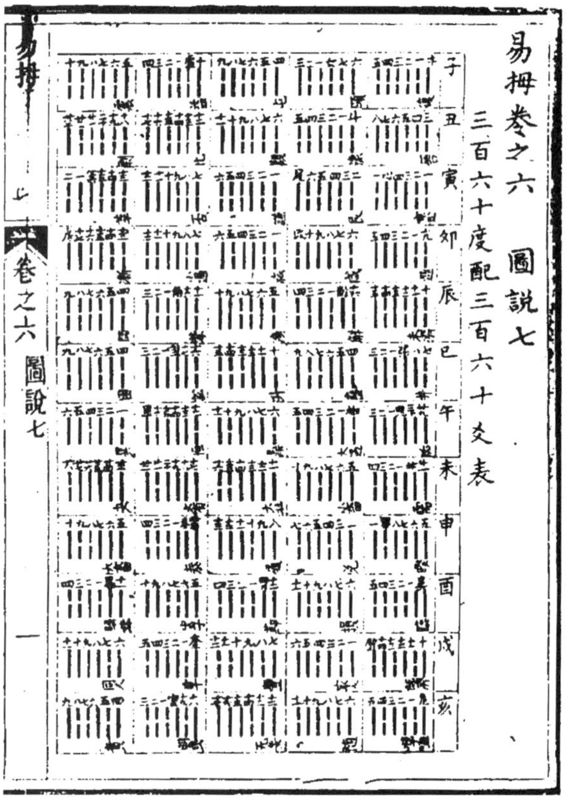

图 103　三百六十度配三百六十爻表图
（万年淳《易拇》）

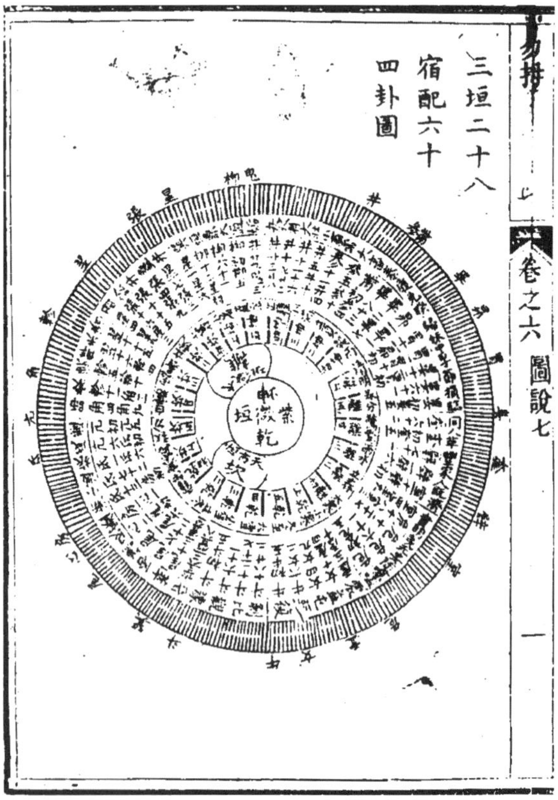

图 104　三垣二十八宿配六十四卦图
（万年淳《易拇》）

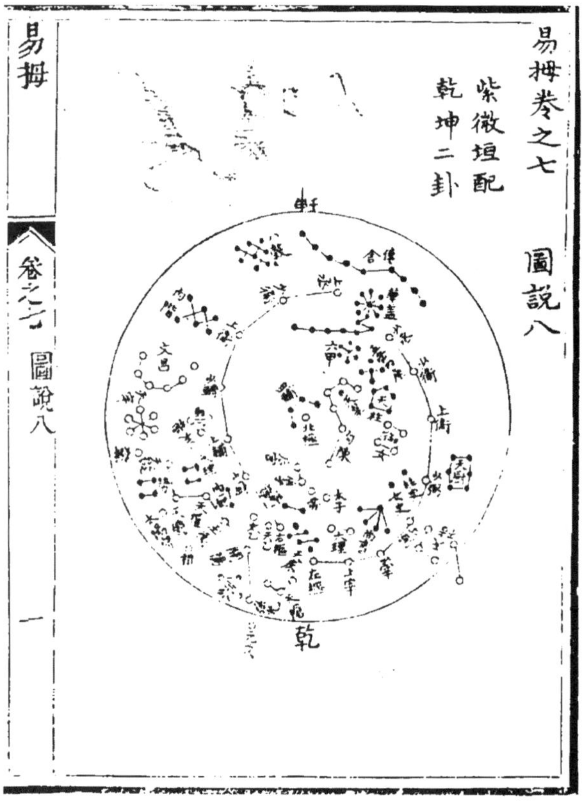

图 105　紫微垣配乾坤二卦图
（万年淳《易拇》）

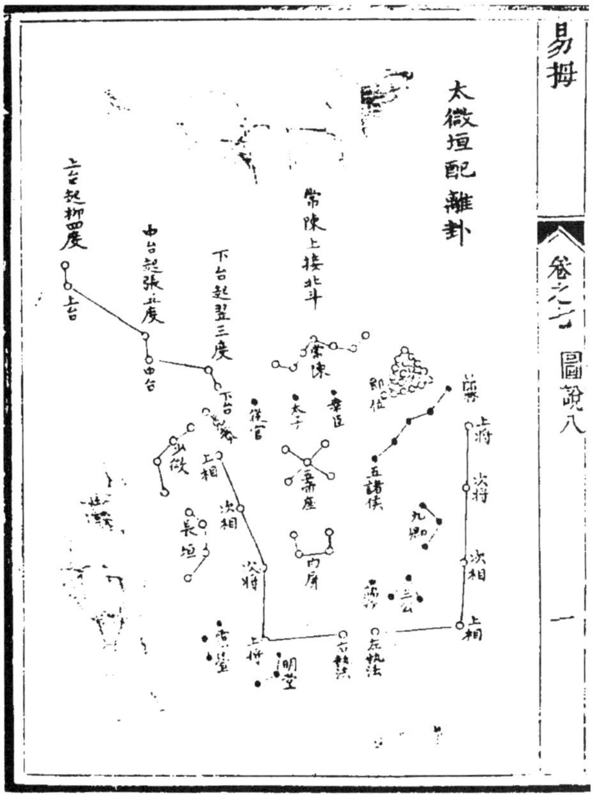

图 106 太微垣配离卦图
（万年淳《易拇》）

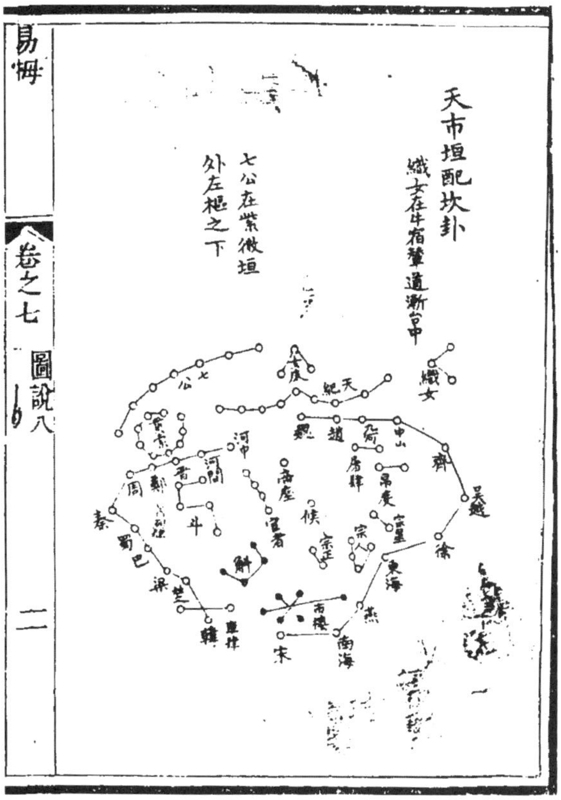

图 107 天市垣配坎卦图
（万年淳《易拇》）

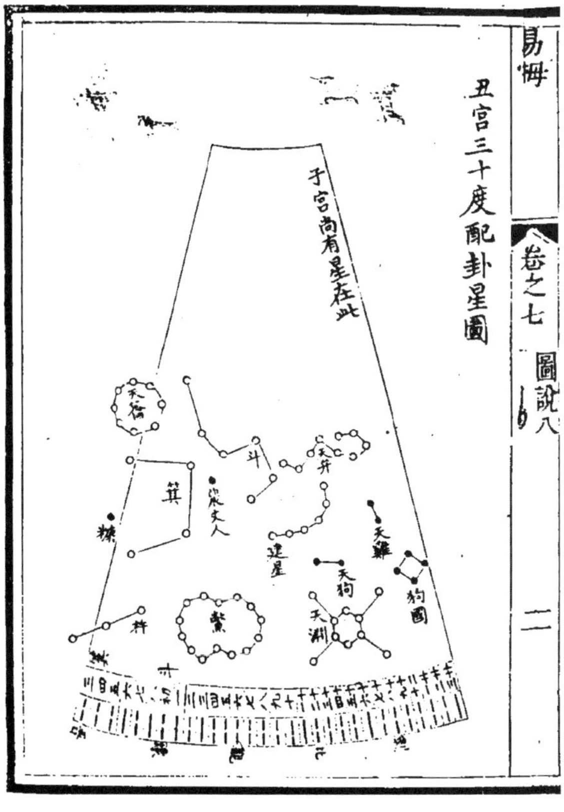

图 108 丑宫三十度配卦星图
（万年淳《易拇》）

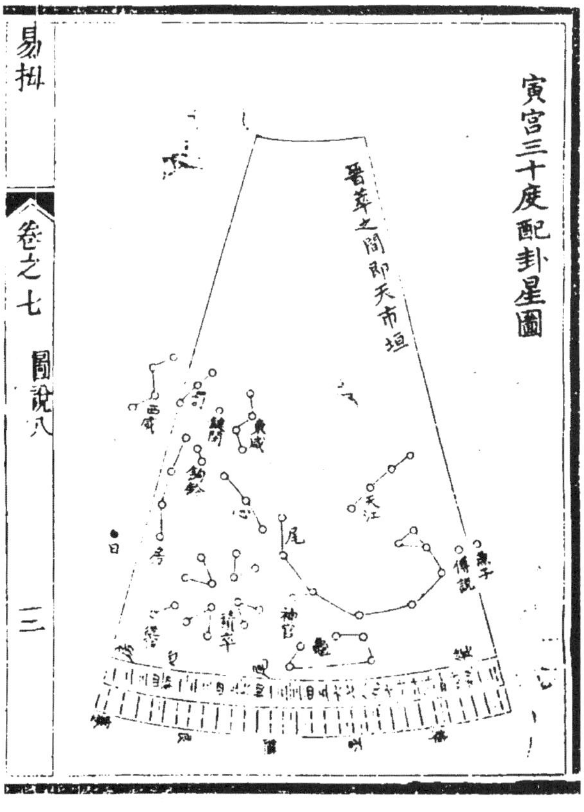

图 109 寅宫三十度配卦星图
（万年淳《易拇》）

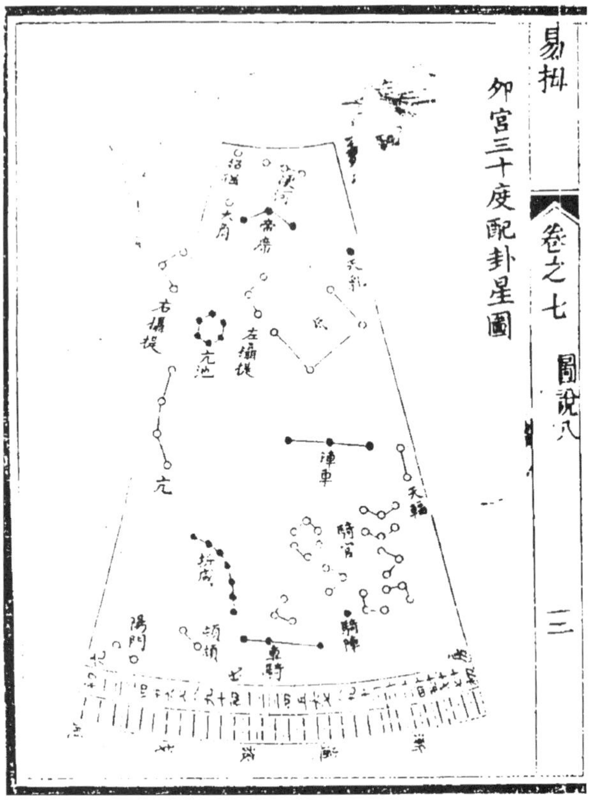

图 110　卯宫三十度配卦星图
（万年淳《易拇》）

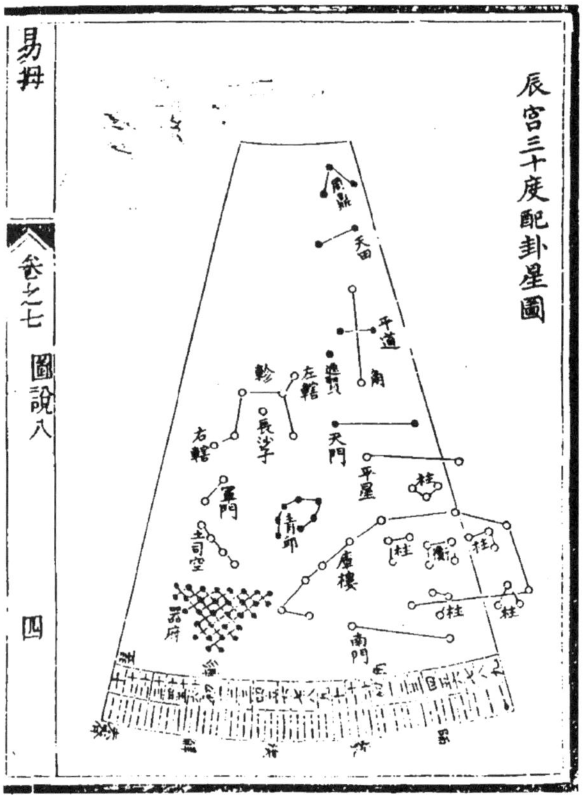

图 111　辰宫三十度配卦星图
（万年淳《易拇》）

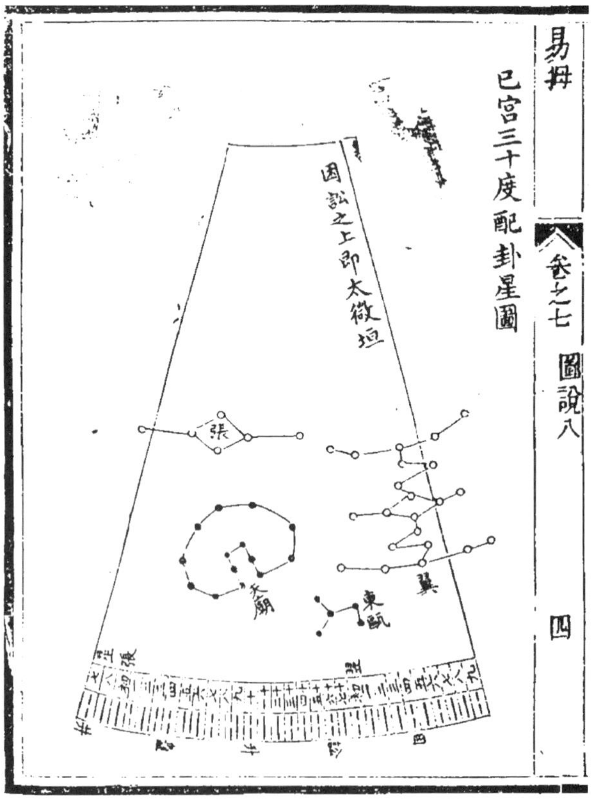

图 112　巳宫三十度配卦星图
（万年淳《易拇》）

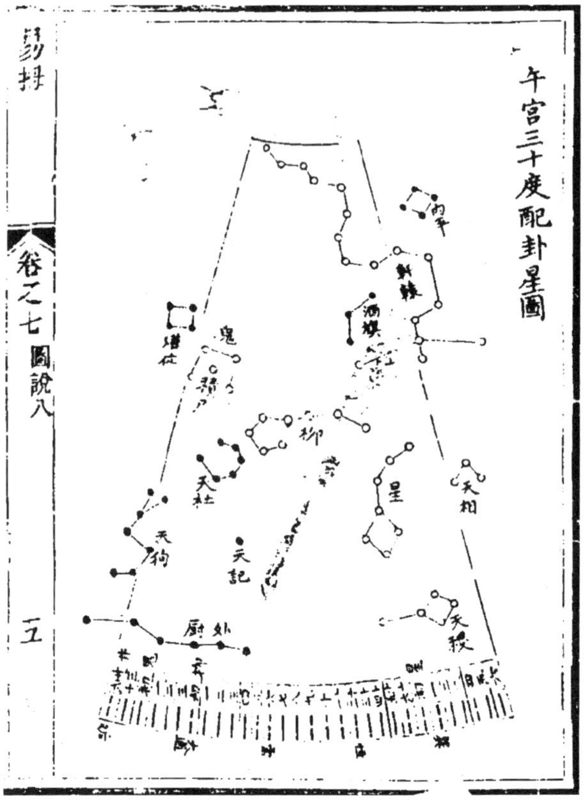

图 113　午宫三十度配卦星图
（万年淳《易拇》）

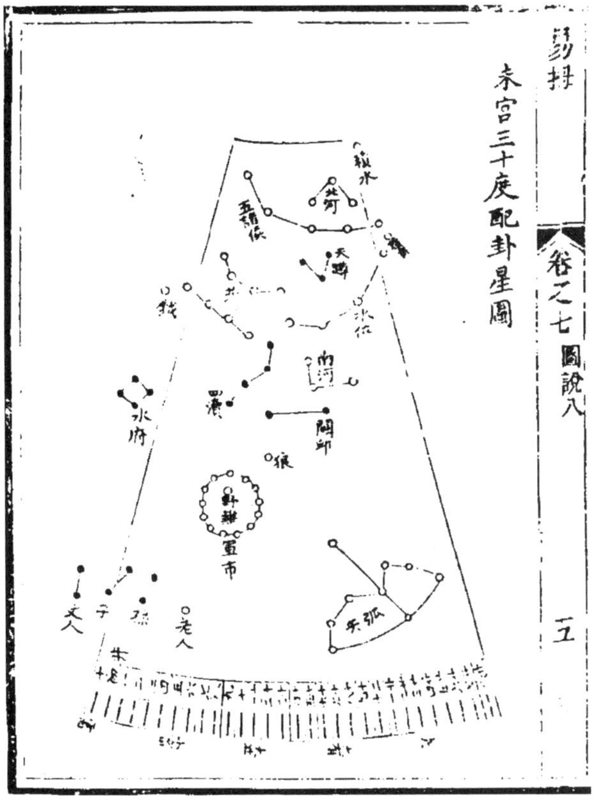

图 114　未宫三十度配卦星图

（万年淳《易拇》）

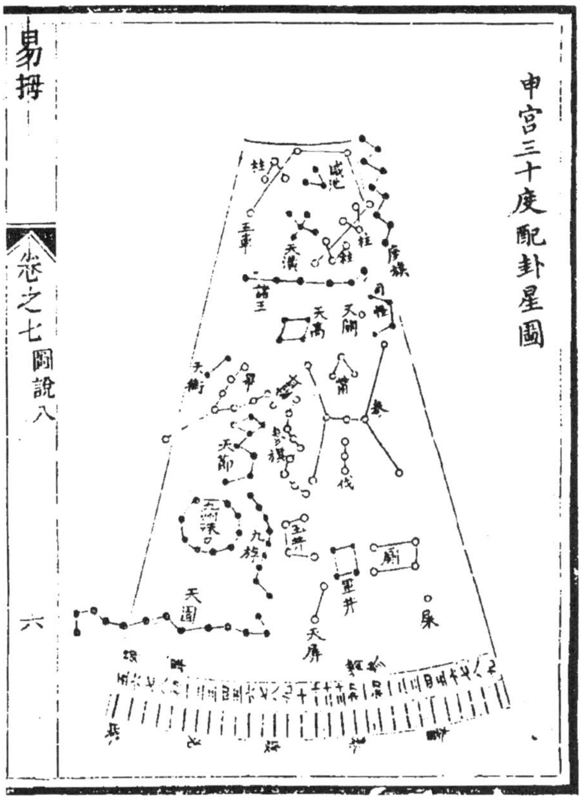

图 115　申宫三十度配卦星图

（万年淳《易拇》）

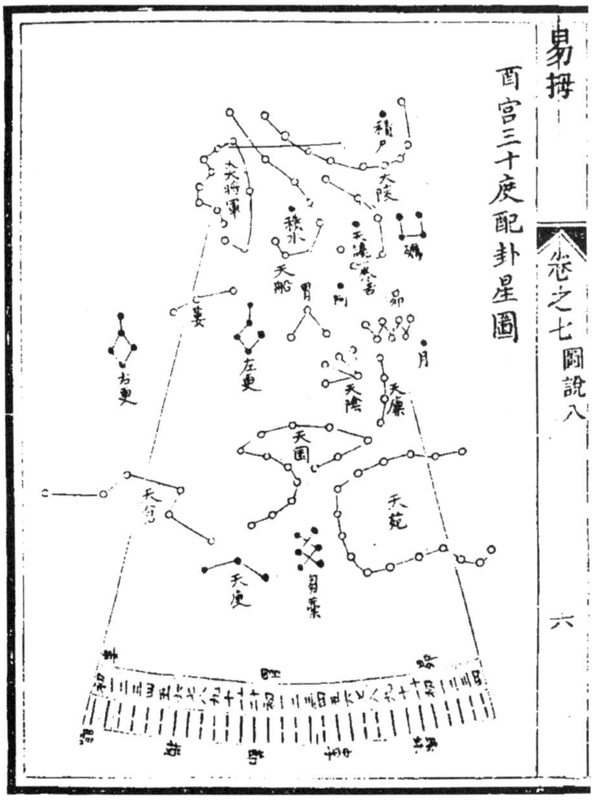

图 116　酉宫三十度配卦星图

（万年淳《易拇》）

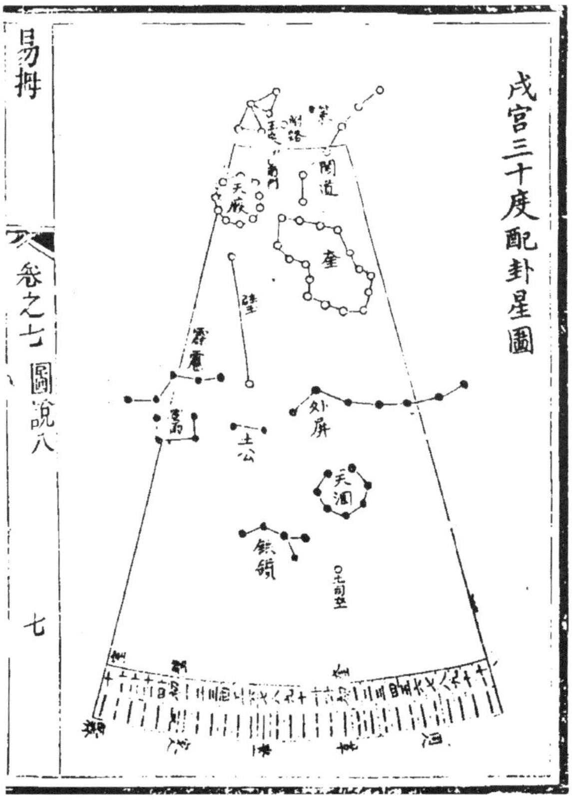

图 117　戌宫三十度配卦星图

（万年淳《易拇》）

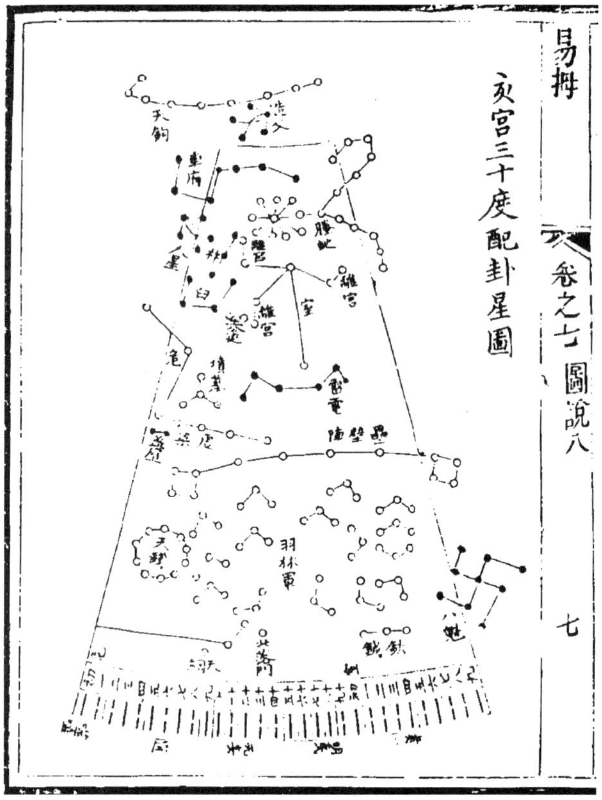

图 118　亥宫三十度配卦星图
（万年淳《易拇》）

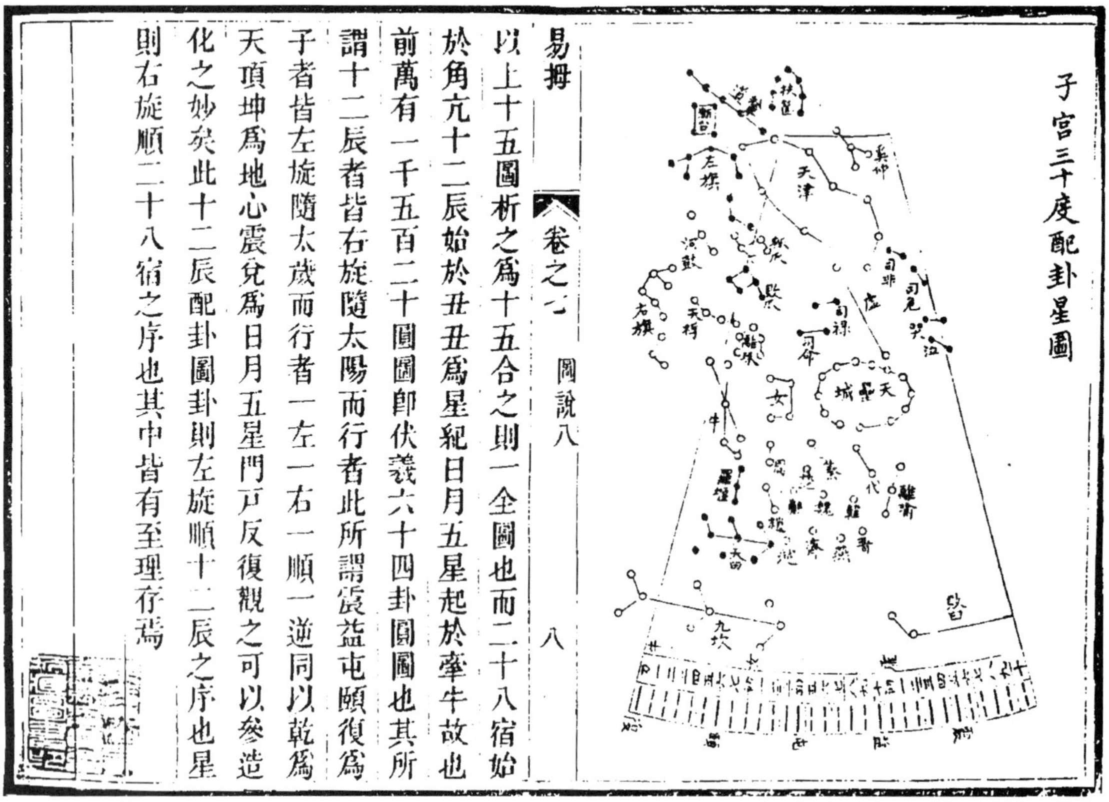
易拇　卷之七　圖說八　八

以上十五圖析之爲十五合之則一全圖也而二十八宿始於角亢十二辰始於丑丑爲星紀日月五星起於牽牛故也前萬有一千五百二十圖圓郎伏羲六十四卦圓圖也其所謂十二辰者皆右旋隨太陽而行者此所謂震益屯頤復爲子者皆左旋隨太歲而行者一左一右一順一逆同以乾爲天頂坤爲地心震兌爲日月五星門戶反復覩之可以參造化之妙矣此十二辰配卦圖卦則左旋順十二辰之序也星則右旋順二十八宿之序也其中皆有至理存焉

图 119　子宫三十度配卦星图
（万年淳《易拇》）

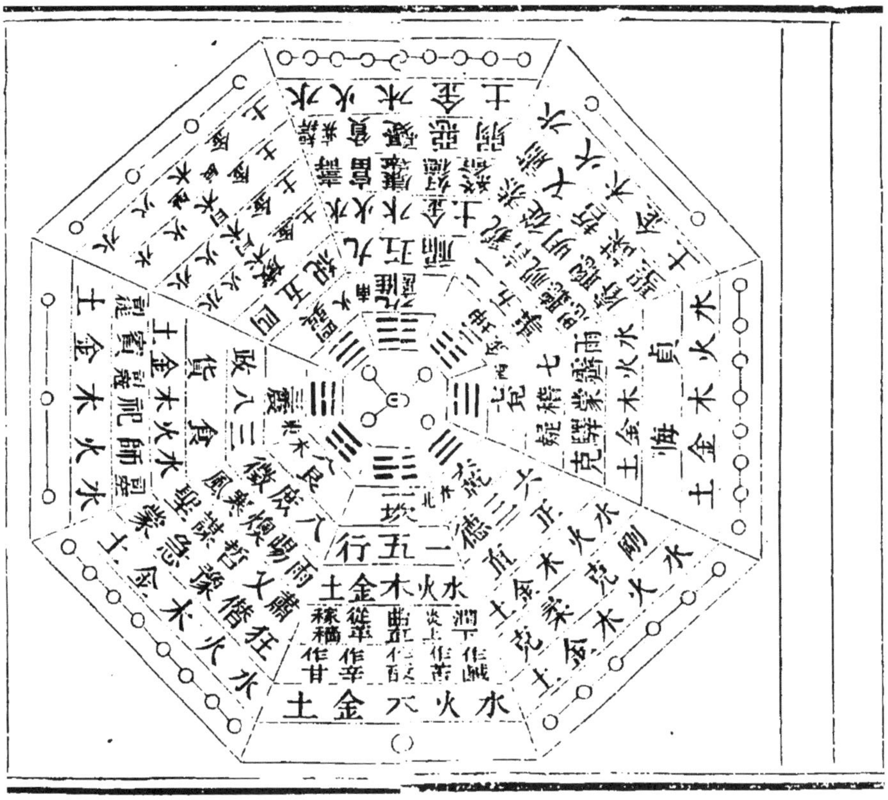

图 120　衍义图

（万年淳《易拇》）

谭秀

生卒年不详，字瀛芝，清潍县（今山东潍坊）人。著有《周易卦象汇参》二卷。现存有《周易》图像一幅。

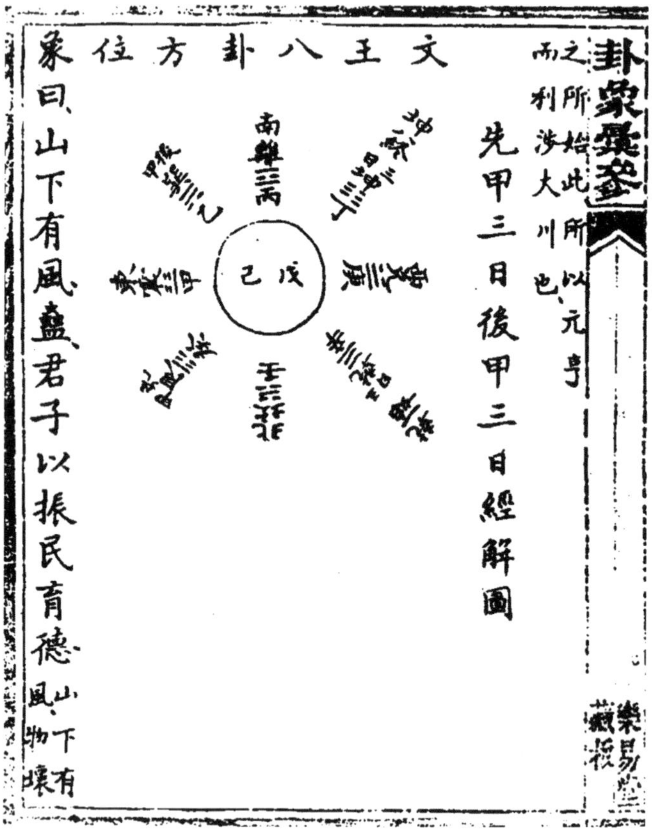
卦象彙參
之所始此所以元亨而利涉大川也
先甲三日後甲三日經解圖
文王八卦方位
象曰山下有風蠱君子以振民育德

图1　文王八卦方位图

（谭秀《周易卦象汇参》）

刘沅(1767—1855)

字止唐,清四川双流人。嘉庆二十一年(1816)举人。双流刘氏自曾祖刘家珍开始,四世研经,三世习《易》,其家学以先天易学为特色。著有《周易恒解》五卷、《书经恒解》六卷、《诗经恒解》六卷、《春秋恒解》八卷、《乾隆临颍县志》八卷、《埙篪集》十卷等多种。现存有《周易》图像六幅。

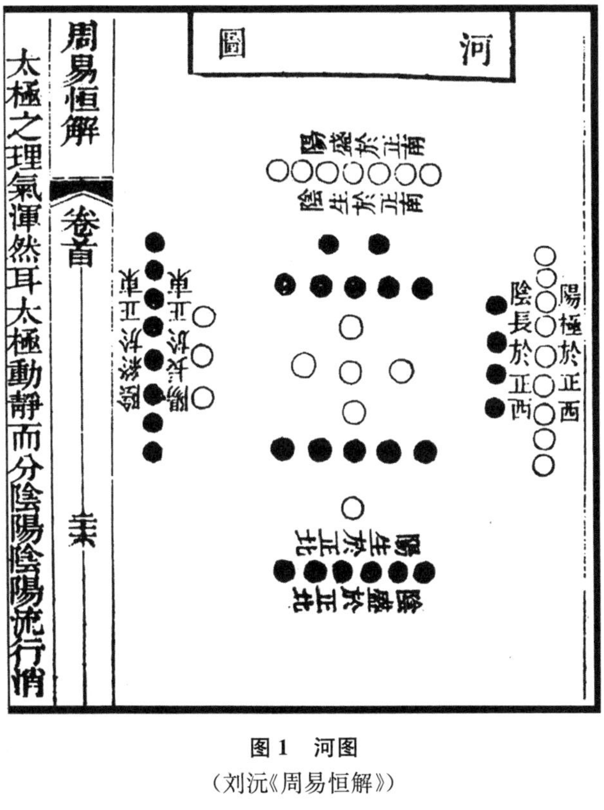

图1　河图
(刘沅《周易恒解》)

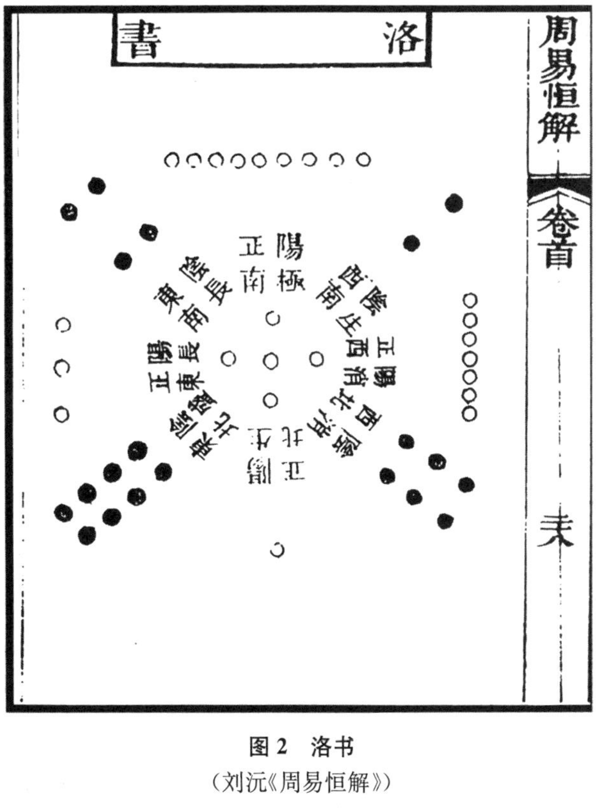

图2　洛书
(刘沅《周易恒解》)

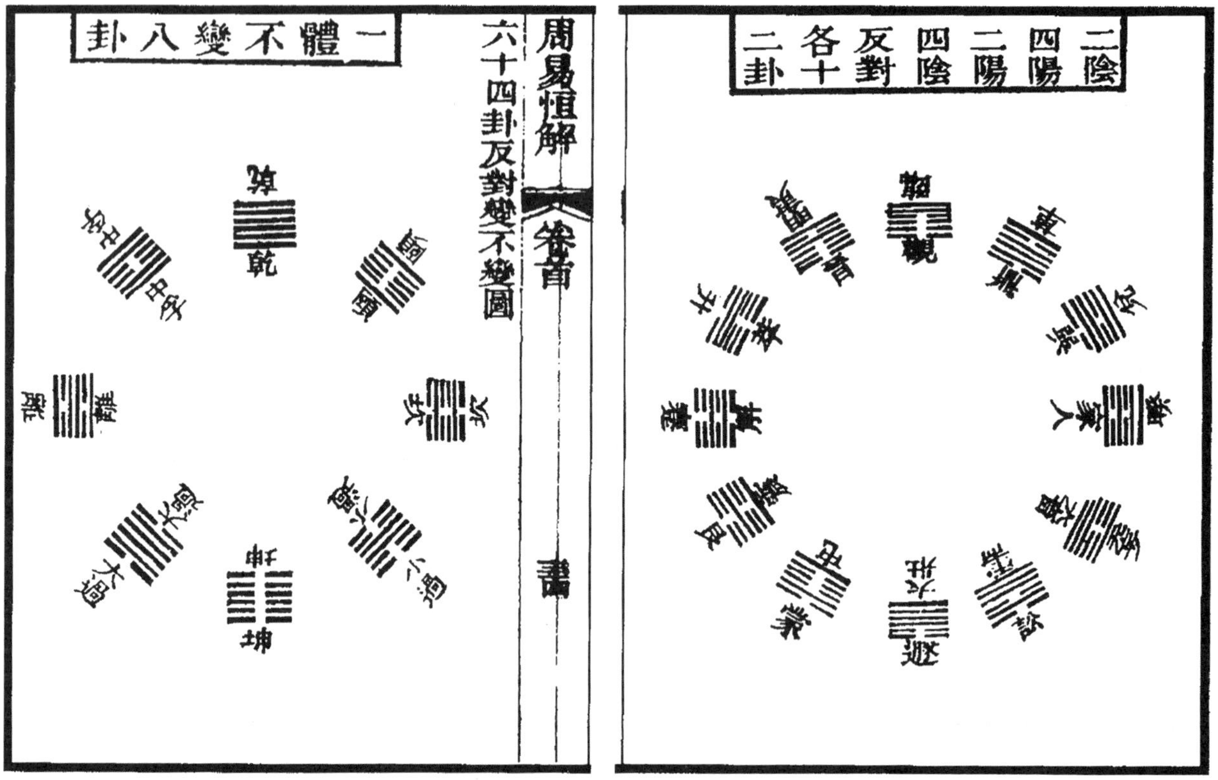

图 3－1　六十四卦反对变不变图
（刘沅《周易恒解》）

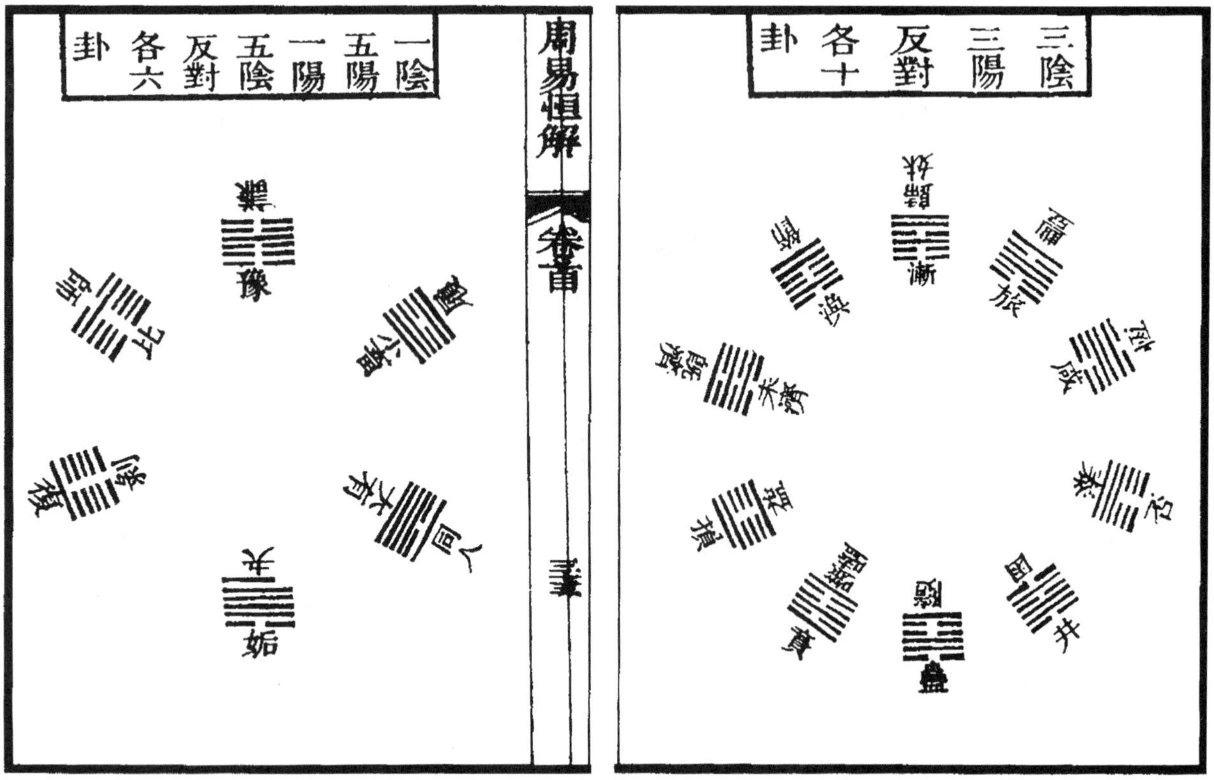

图 3－2　六十四卦反对变不变图
（刘沅《周易恒解》）

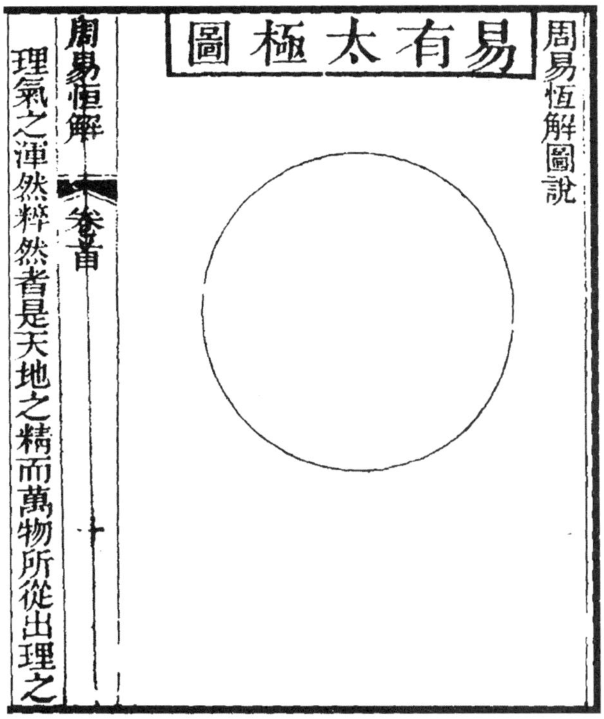

图 4　易有太极图

（刘沅《周易恒解》）

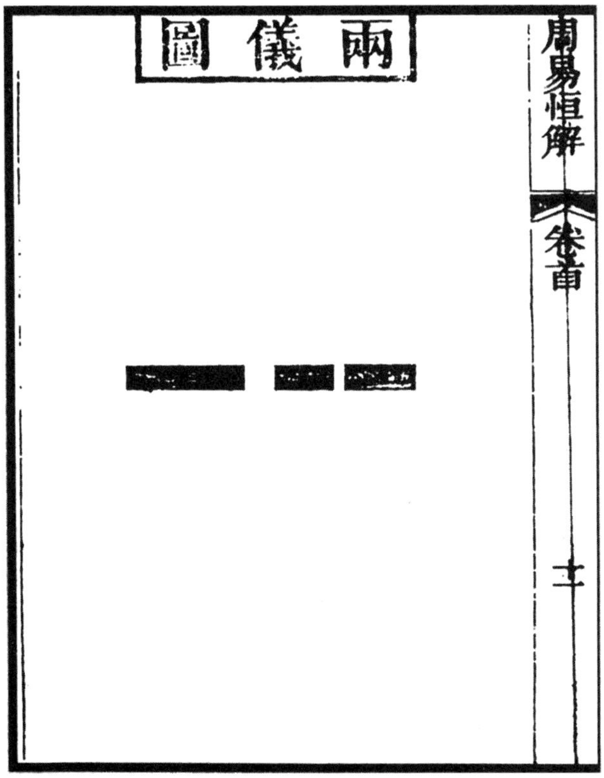

图 5　两仪图

（刘沅《周易恒解》）

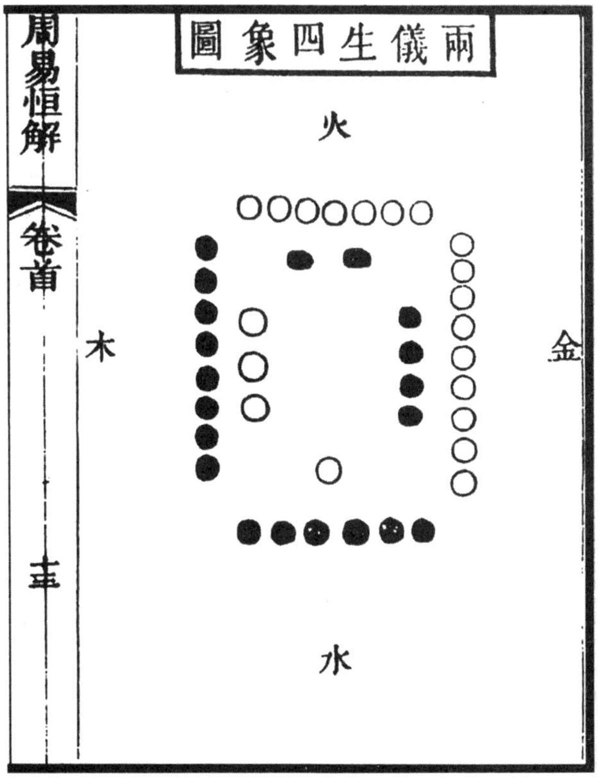

图 6　两仪生四象图

（刘沅《周易恒解》）

李锐(1768—1817)

字尚之,号四香,清江苏苏州人。诸生。幼开敏,有过人之资,从钱大昕学经,精于天文算学,会通中西,与汪莱、焦循并称为“谈天三友”。著有《周易虞氏略例》一卷、《召诰曰名考》、《回回历元考》、《司天通志》、《历法通考》、《方程新术草》、《勾股算数细草》、《弧矢算术细草》、《开方说》等。现存有《周易》图像一幅。

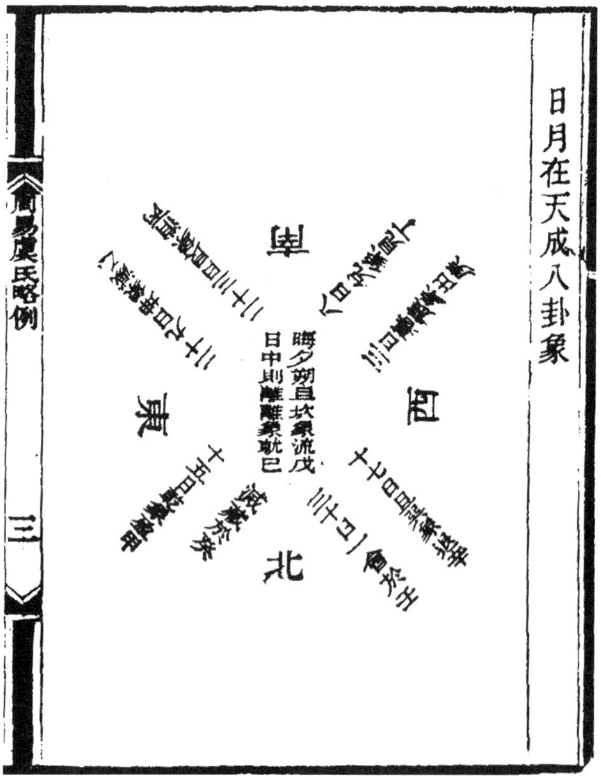

图1　日月在天成八卦象图
(李锐《周易虞氏略例》)

鲍作雨(1772—?)

字瑞昌,号云楼,清浙江瑞安人。幼年聪慧过人,弱冠入衙斋受业,肆力经史,尤致力于《易》。道光元年(1821)举人,先后入福建水师提督许松年幕、定海总兵陈步云幕。道光十二年掌教瑞安莘塍聚星书院,潜心著述。著有《周易择言》六卷、《乐清县志》十六卷、《六吉斋诗钞》五卷等。现存有《周易》图像二幅。

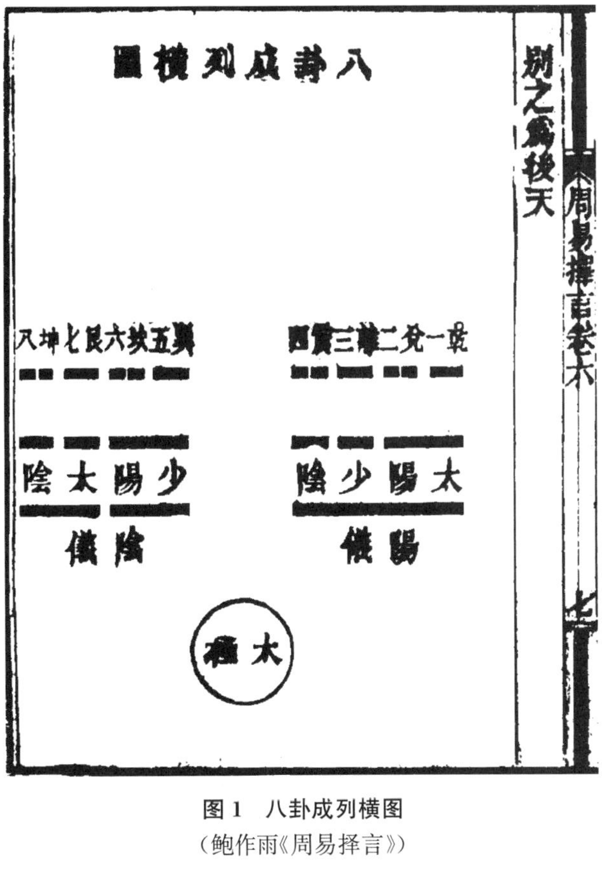

图1 八卦成列横图
(鲍作雨《周易择言》)

图2 出震齐巽图
(鲍作雨《周易择言》)

黎世序(1772—1824)

字景和,号湛溪,初名承德,清河南罗山人。嘉庆元年(1796)中进士,历江西星子、南昌、镇江知府、淮海道员、江南河道总督,尤善治河,道光帝嘉其功,加尚书衔,晋太子太保,谥襄勤,入祀贤良祠。著有《东南河渠提要》一百二十卷、《续行水金鉴》一百五十六卷、《河上易注》十卷、《湛溪文集》等。现存有《周易》图像二十八幅。

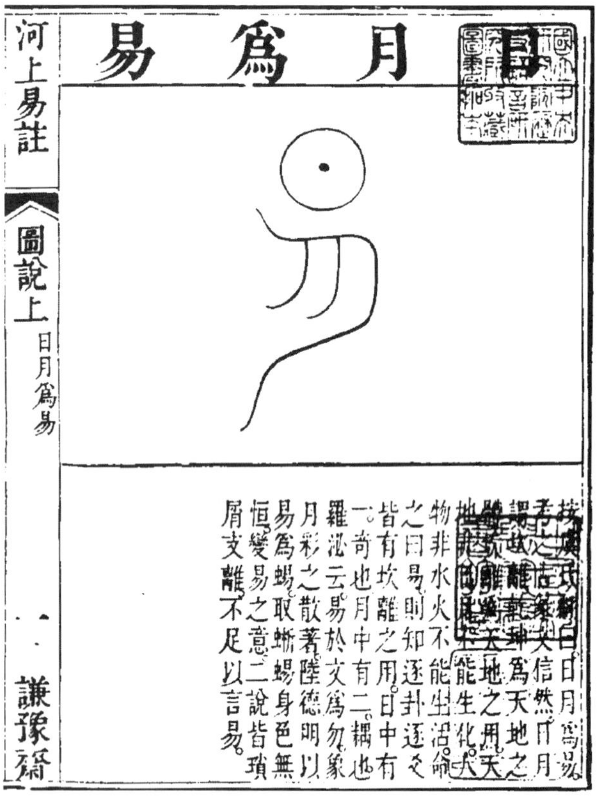
河上易註
日月爲易
圖說上
日月爲易
謙豫齋

图1　日月为易图
(黎世序《河上易注》)

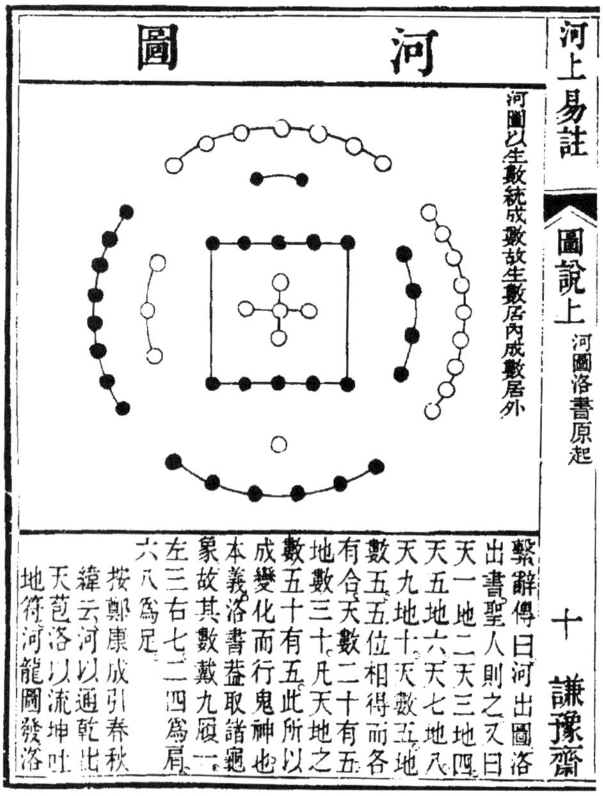
河上易註
河圖
河圖以生數統成數故生數居內成數居外
圖說上
河圖洛書原起
十
謙豫齋
繫辭傳曰河出圖洛出書聖人則之又曰天一地二天三地四天五地六天七地八天九地十天數五地數五五位相得而各有合天數二十有五地數三十凡天地之數五十有五此所以成變化而行鬼神也本義洛書蓋取諸龜象故其數戴九履一左三右七二四爲肩六八爲足
按鄭康成引春秋緯云河以通乾出天苞洛以流坤吐地符河龍圖發洛

图2　河图
(黎世序《河上易注》)

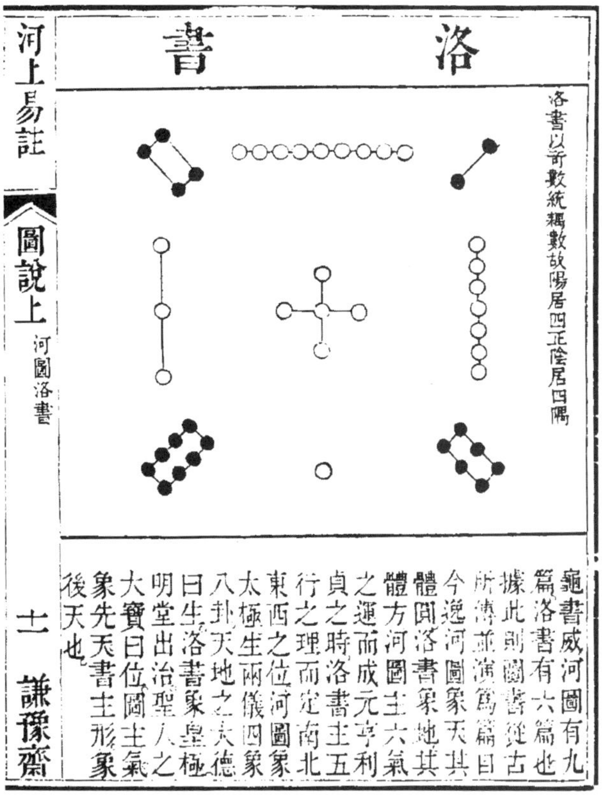
河上易註
圖說上
河圖洛書
十一
謙豫齋
洛書
洛書以奇數統耦數故陽居四正陰居四隅
龜書威河圖有九篇洛書有六篇也據此則圖書從古所傳並演爲篇目今邈河圖象天其體圓洛書象地其體方河圖主六氣之運而成元亨利貞之時洛書主五行之理而定南北東西之位河圖象太極生兩儀四象八卦天地之大德曰生洛書象皇極明堂出治聖人之大寶曰位圖主氣象先天書主形象後天也

图3　洛书

（黎世序《河上易注》）

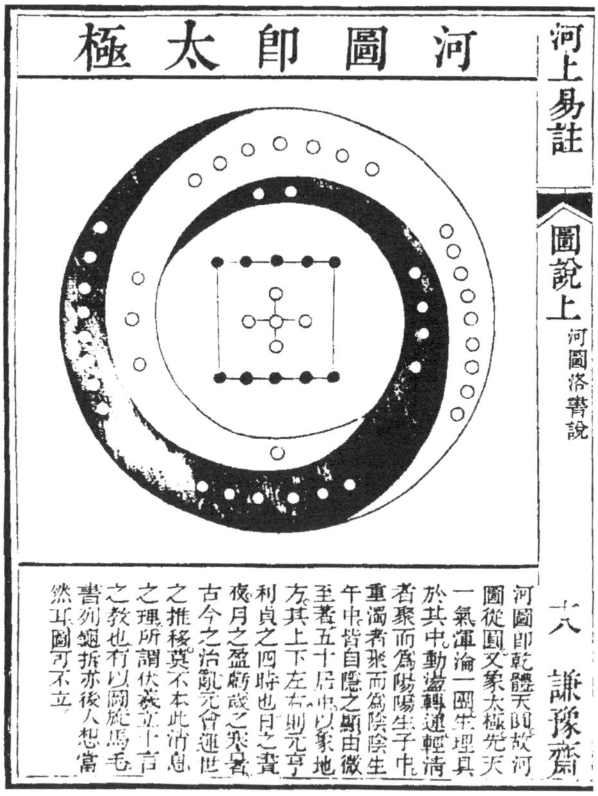
河上易註
圖說上
河圖洛書說
十六
謙豫齋
河圖即太極
河圖即乾體天圓故河圖從圓又象太極先天一氣渾淪一團生理具於其中動盪轉運輕清者聚而爲陽陽生子中重濁者聚而爲陰陰生午中皆自隱之顯由微至著五十居中以象地方其上下左右則元亨利貞之四時也日之晝夜月之盈虧歲之寒暑古今之治亂元會運世之推移莫不本此消息之理所謂伏羲立卦言之教也有以圖旋馬毛書列龜拆亦後人想當然耳圖可不立

图4　河图即太极图

（黎世序《河上易注》）

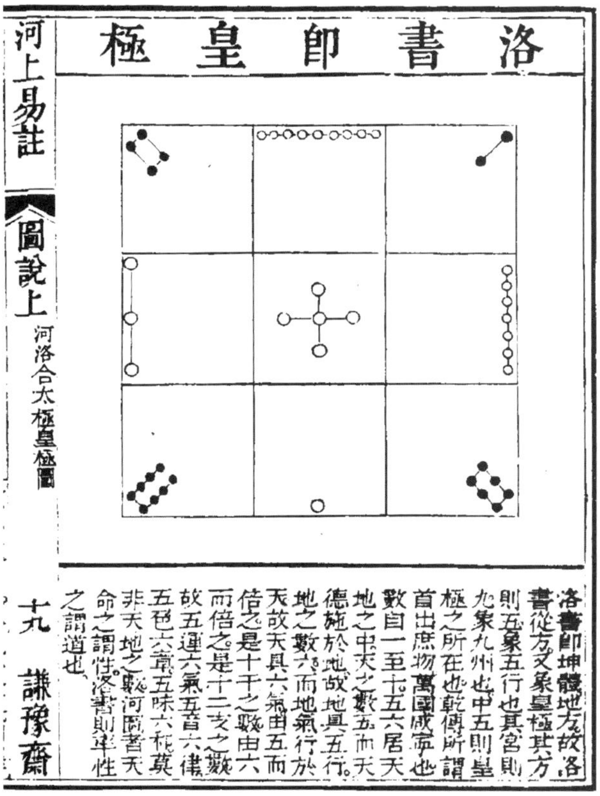
河上易註
圖說上
河洛合太極皇極圖
十九
謙豫齋
洛書即皇極
洛書即坤體地方故洛書從方又象皇極其方則五象五行也其宮則九象九州也中五則皇極之所在也乾傳所謂首出庶物萬國咸寧也數自一至十五六居天地之中天之數五而天德施於地故地具五行地之數六而地氣行於天故天具六氣由五而倍之是十干之數由六而倍之是十二支之數故五運六氣五音六律五色六章五味六穀莫非天地之數河圖者天命之謂性洛書則率性之謂道也

图5　洛书即皇极图

（黎世序《河上易注》）

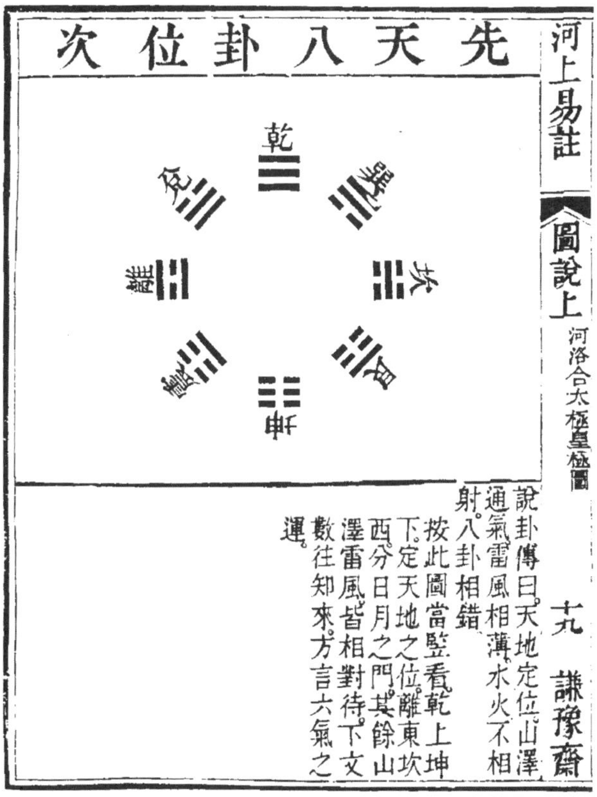
河上易註
圖說上
河洛合太極皇極圖
十九
謙豫齋
先天八卦位次
乾
巽
坎
艮
坤
震
離
兌
說卦傳曰天地定位山澤通氣雷風相薄水火不相射八卦相錯
按此圖當竪看乾上坤下定天地之位離東坎西分日月之門其餘山澤雷風皆相對待下文數往知來方言六氣之運

图6　先天八卦位次图

（黎世序《河上易注》）

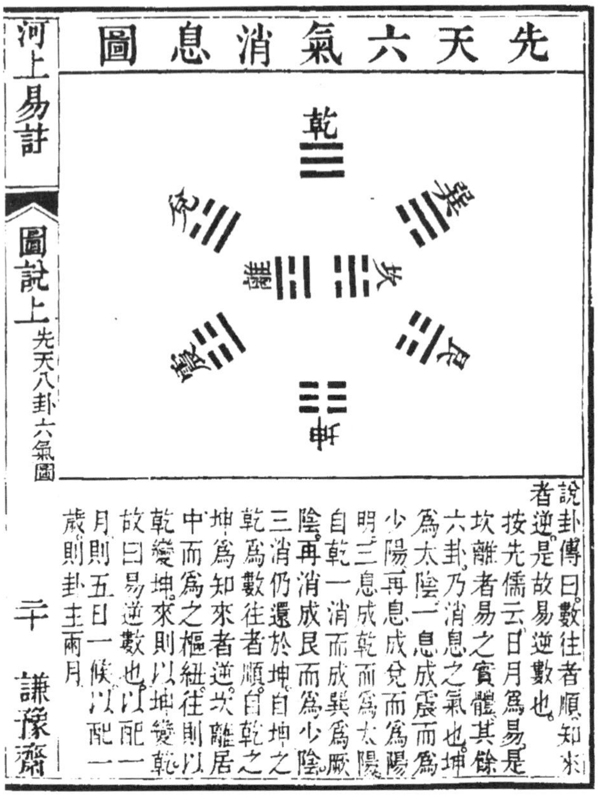

說卦傳曰數往者順知來者逆是故易逆數也。按先儒云日月爲易是坎離者易之實體其餘六卦乃消息之氣也坤爲太陰一息成震而爲少陽再息成兌而爲陽明三息成乾而爲太陽自乾一消而成巽爲厥陰再消成艮而爲少陰三消仍還於坤自坤之乾爲數往者順自乾之坤爲知來者逆坎離居中而爲之樞紐往則以乾變坤來則以坤變乾故曰易逆數也以配一月則五日一候以配一歲則卦主兩月

图 7　先天六气消息图

（黎世序《河上易注》）

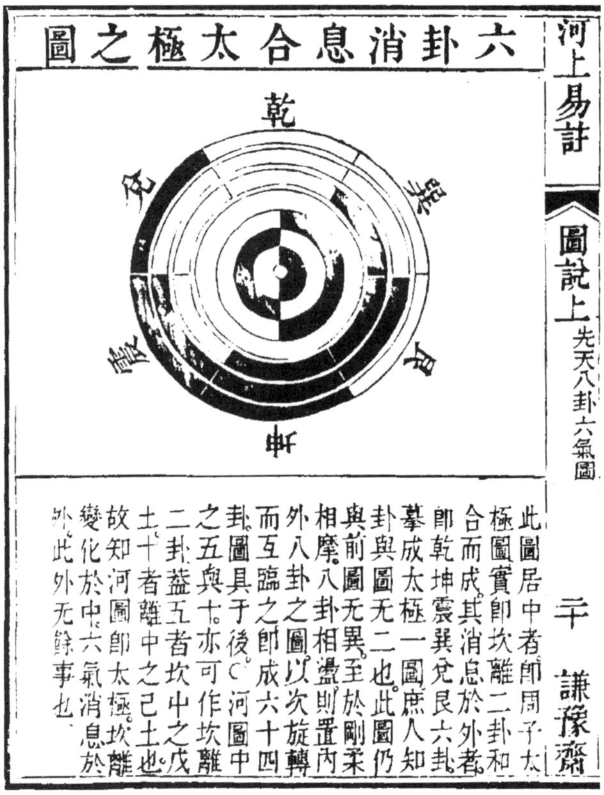

此圖居中者即周子太極圖實即坎離二卦和合而成其消息於外者即乾坤震巽兌艮六卦摹成太極一圖庶人知卦與圖無二也此圖仍與前圖無異至於剛柔相摩八卦相盪則置內外八卦之圖以次旋轉而互臨之即成六十四卦圖具于後〇河圖中之五與十亦可作坎離二卦蓋五者坎中之戊土十者離中之己土也故知河圖即太極坎離變化於中六氣消息於外此外無餘事也

图 8　六卦消息合太极之图

（黎世序《河上易注》）

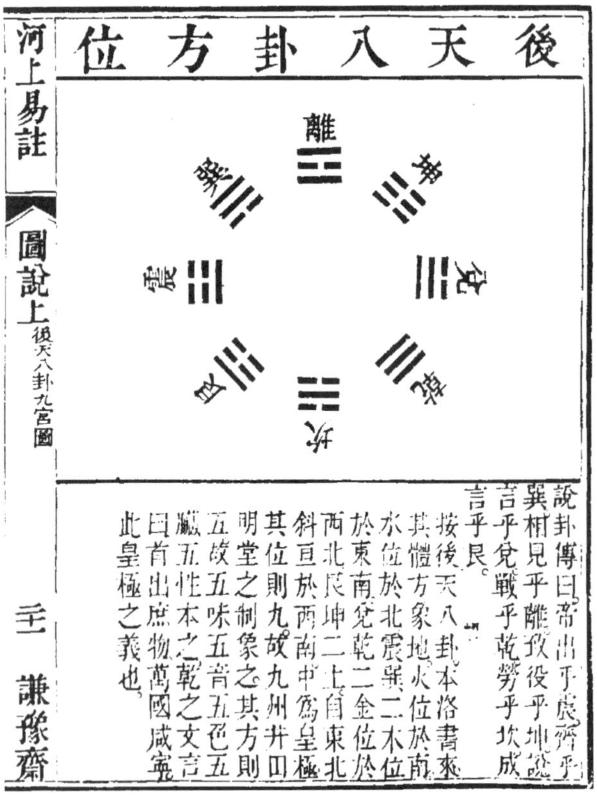

說卦傳曰帝出乎震齊乎巽相見乎離致役乎坤說言乎兌戰乎乾勞乎坎成言乎艮。按後天八卦本洛書來其體方象地火位於南水位於北震巽二木位於東南兌乾二金位於西北艮坤二土自東北斜亘於西南中爲皇極其位則九故九州井田明堂之制象之其方則五故五味五音五色五臟五性本之乾之文言曰首出庶物萬國咸寧此皇極之義也

图 9　后天八卦方位图

（黎世序《河上易注》）

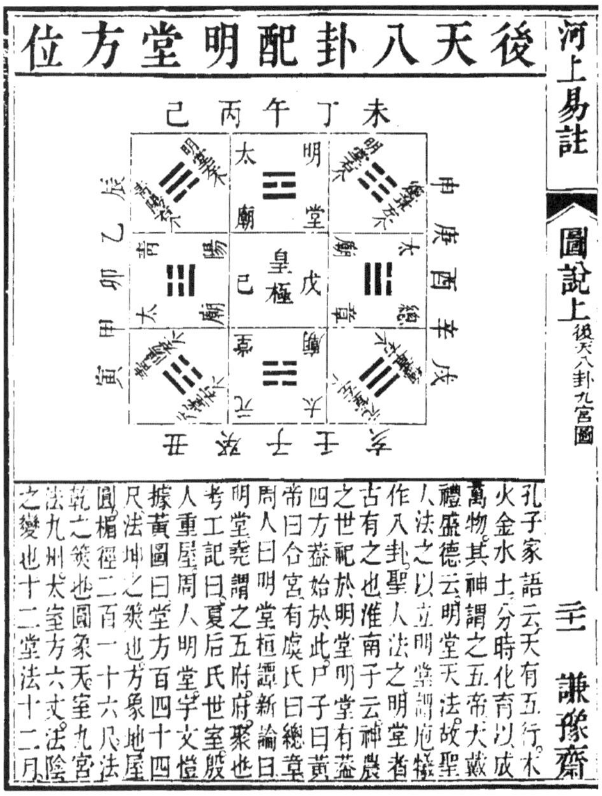

孔子家語云天有五行木火金水土分時化育以成萬物其神謂之五帝大戴禮盛德云明堂天法故聖人法之以立明堂謂庖犧作八卦聖人法之明堂者古有之也淮南子云神農之世祀於明堂明堂有蓋四方蓋始於此尸子曰黃帝曰合宮有虞氏曰總章周人曰明堂桓譚新論曰明堂堯謂之五府府聚也考工記曰夏后氏世室殷人重屋周人明堂宇文愷據黃圖曰堂方百四十四尺法坤之策也方象地屋圓楣徑二百一十六尺法乾之策也圓象天室九宮法九州太室方六丈法陰之變也十二堂法十二月

图 10　后天八卦配明堂方位图

（黎世序《河上易注》）

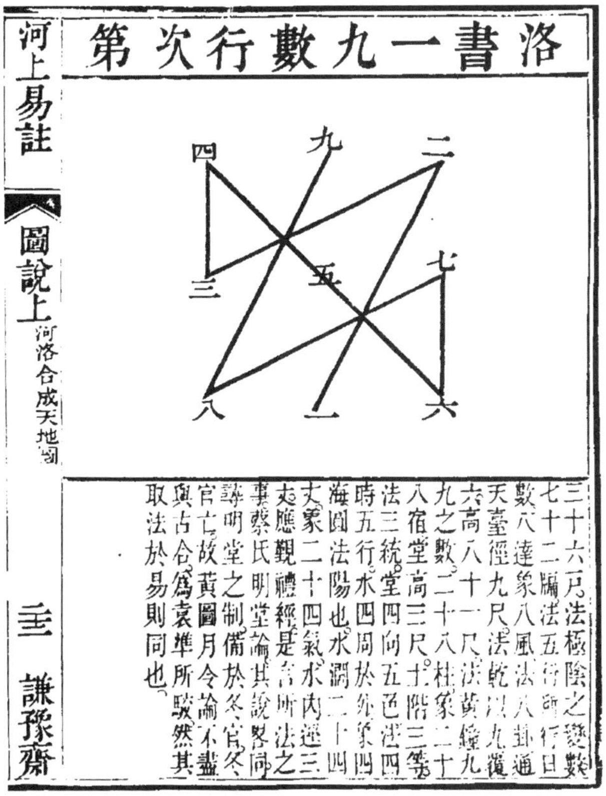

图 11　洛书一九数行次第图
（黎世序《河上易注》）

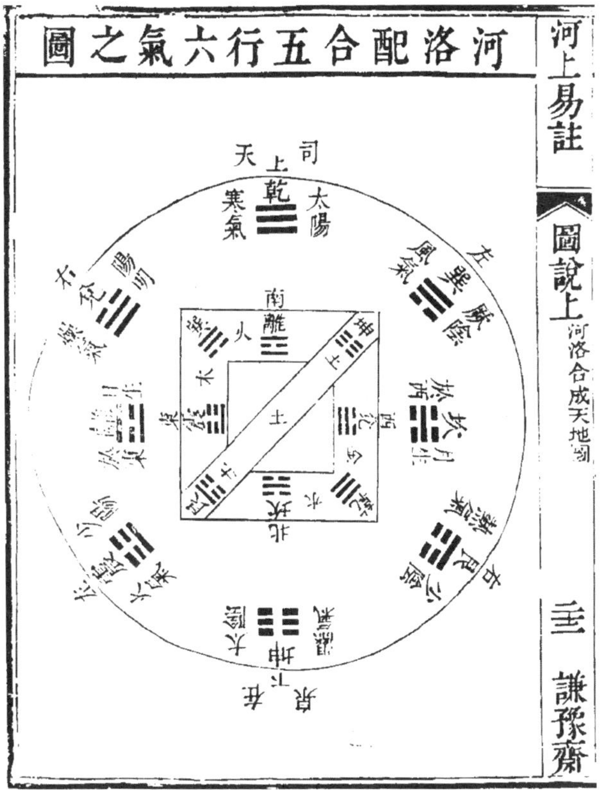

图 12　河洛配合五行六气之图
（黎世序《河上易注》）

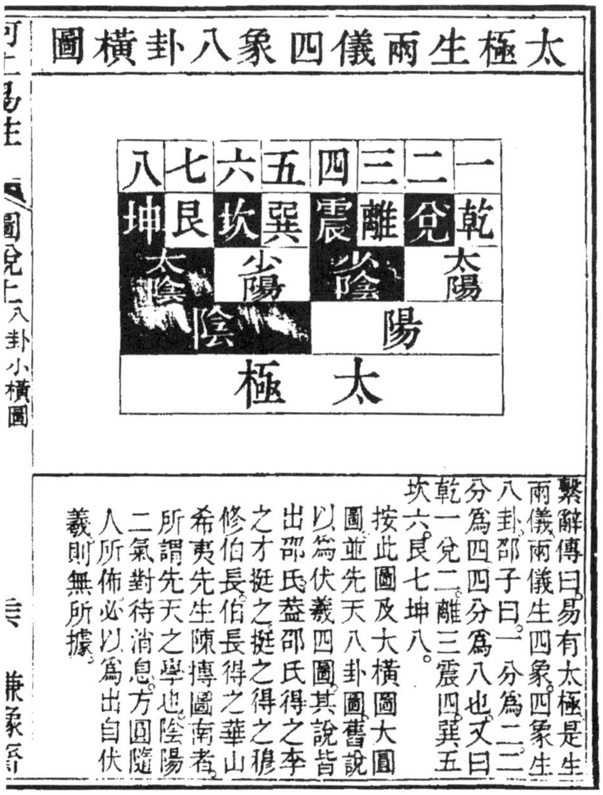

图 13　太极生两仪四象八卦横图
（黎世序《河上易注》）

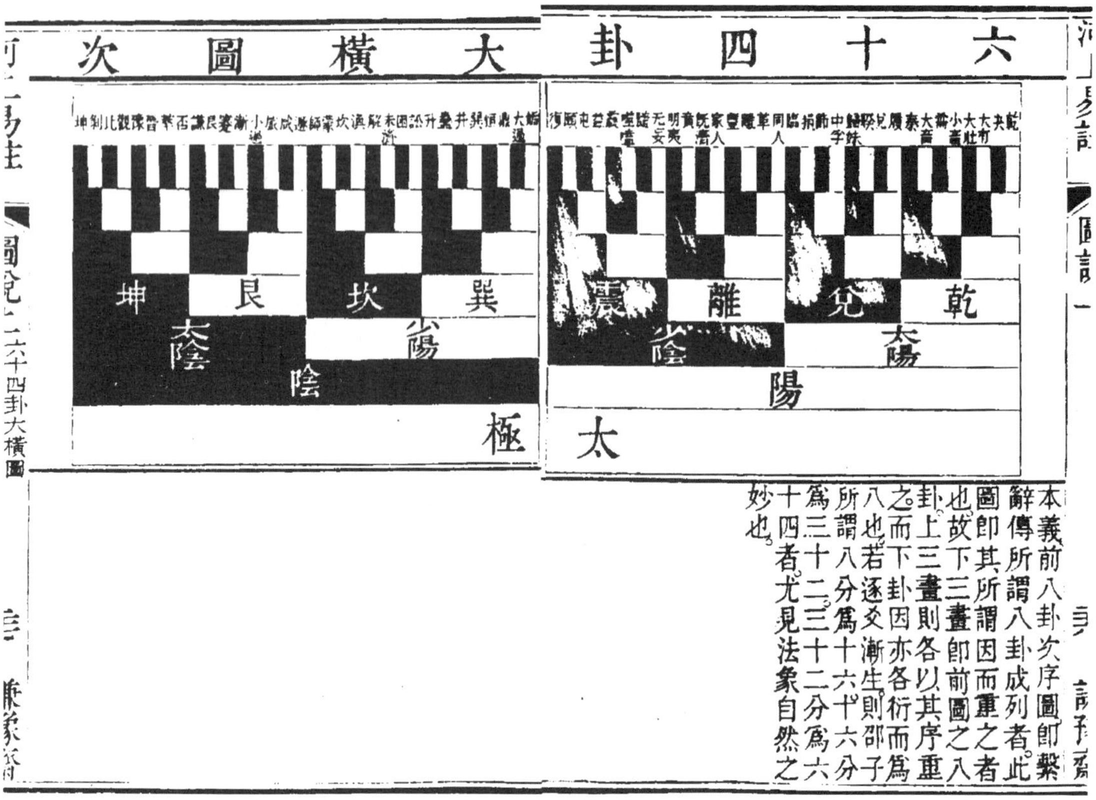

六十四卦大橫圖次
河上易注
圖說一
乾 兌 離 震 巽 坎 艮 坤
太陽 少陰 少陽 太陰
陽 陰
太極
本義前八卦次序圖卽繫辭傳所謂八卦成列者。此圖卽其所謂因而重之者也。故下三畫卽前圖之八卦。上三畫則各以其序重之。而下卦因亦各衍而爲八也。若逐爻漸生。則邵子所謂八分爲十六，十六分爲三十二，三十二分爲六十四者，尤見法象自然之妙也。

图 14　六十四卦大横图次图

（黎世序《河上易注》）

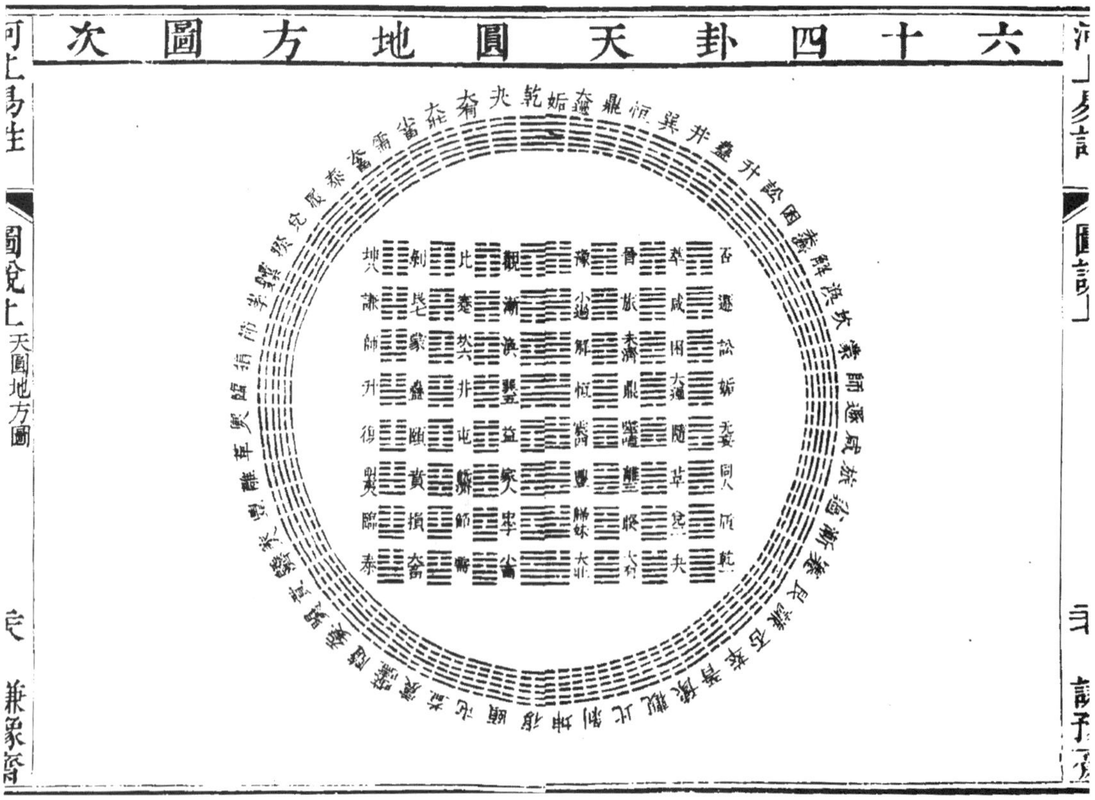

六十四卦天圓地方圖次
河上易注
圖說一

图 15　六十四卦天圆地方图次图

（黎世序《河上易注》）

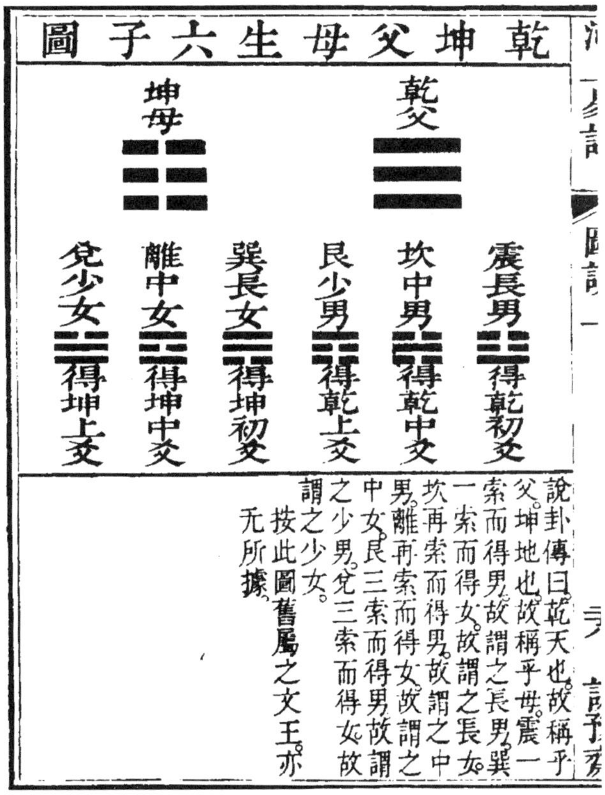
乾坤父母生六子圖
乾父
坤母
震長男 得乾初爻
坎中男 得乾中爻
艮少男 得乾上爻
巽長女 得坤初爻
離中女 得坤中爻
兌少女 得坤上爻
說卦傳曰乾天也故稱乎父坤地也故稱乎母震一索而得男故謂之長男巽一索而得女故謂之長女坎再索而得男故謂之中男離再索而得女故謂之中女艮三索而得男故謂之少男兌三索而得女故謂之少女。
按此圖舊屬之文王亦无所據。

图 16　乾坤父母生六子图

（黎世序《河上易注》）

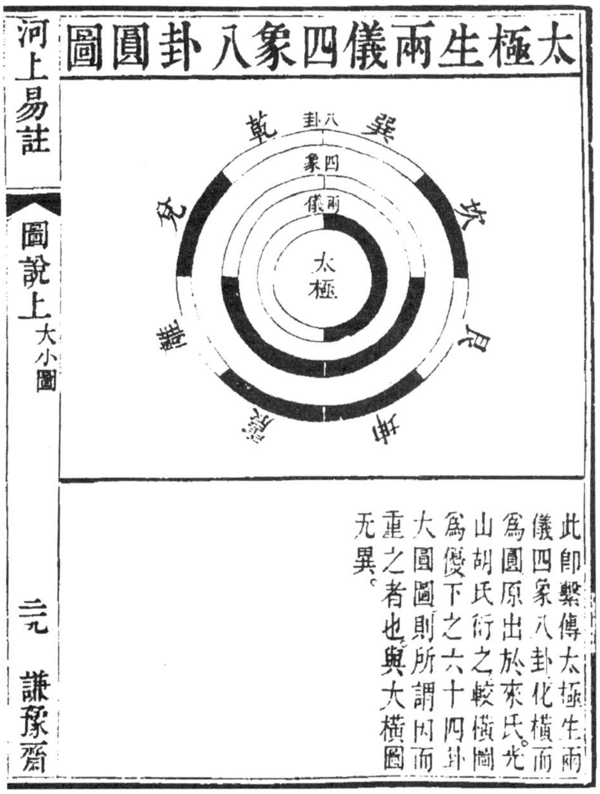
太極生兩儀四象八卦圓圖
河上易註
圖說上
大小圖
謙豫齋
八卦
四象
兩儀
太極
乾
巽
坎
艮
坤
震
離
兌
此即繫傳太極生兩儀四象八卦化橫而爲圓原出於來氏先山胡氏衍之較橫圖爲優下之六十四卦大圓圖則所謂因而重之者也與大橫圖无異。

图 17　太极生两仪四象八卦圆图

（黎世序《河上易注》）

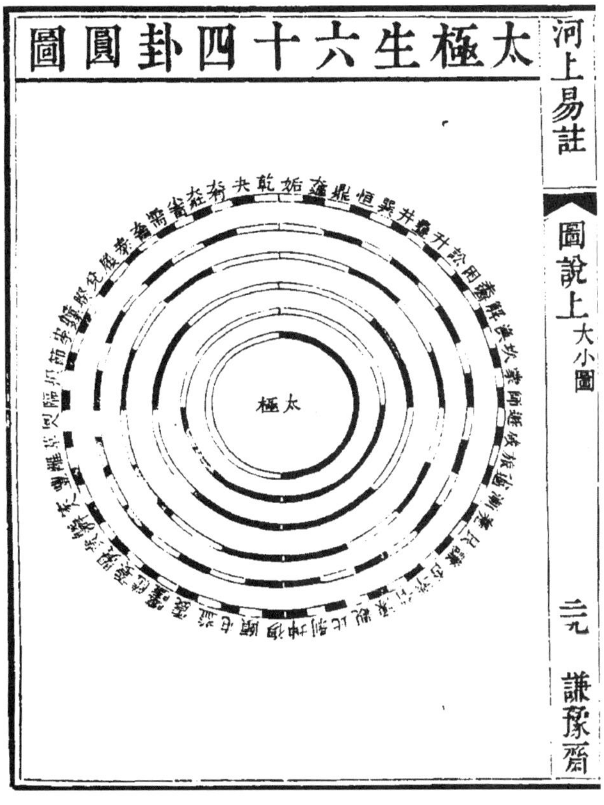
太極生六十四卦圓圖
河上易註
圖說上
大小圖
謙豫齋
太極

图 18　太极生六十四卦圆图

（黎世序《河上易注》）

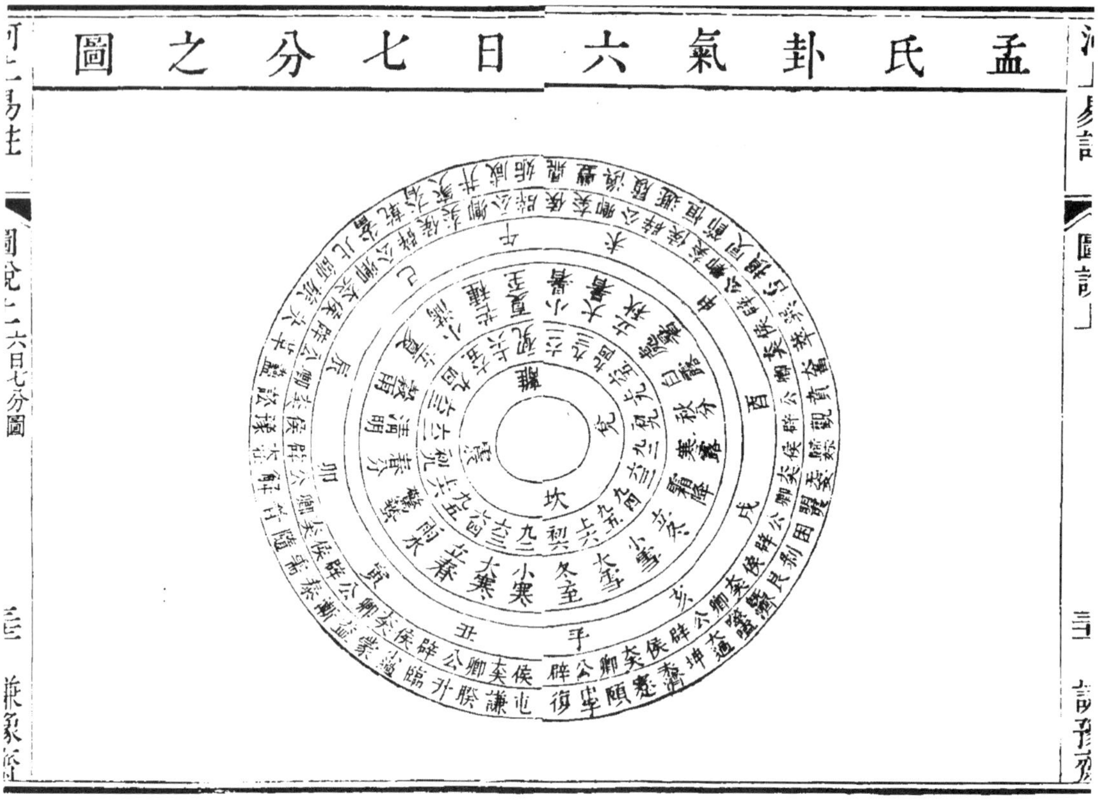

图 19　孟氏卦气六日七分之图

（黎世序《河上易注》）

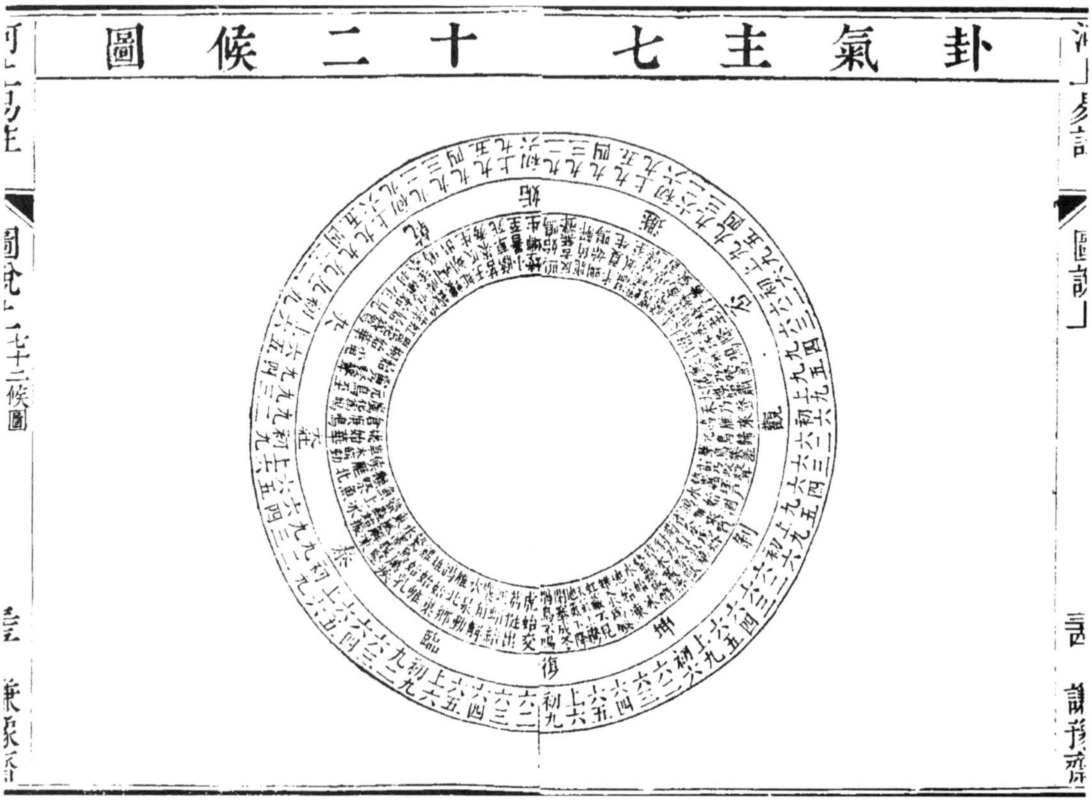

图 20　卦气主七十二候图

（黎世序《河上易注》）

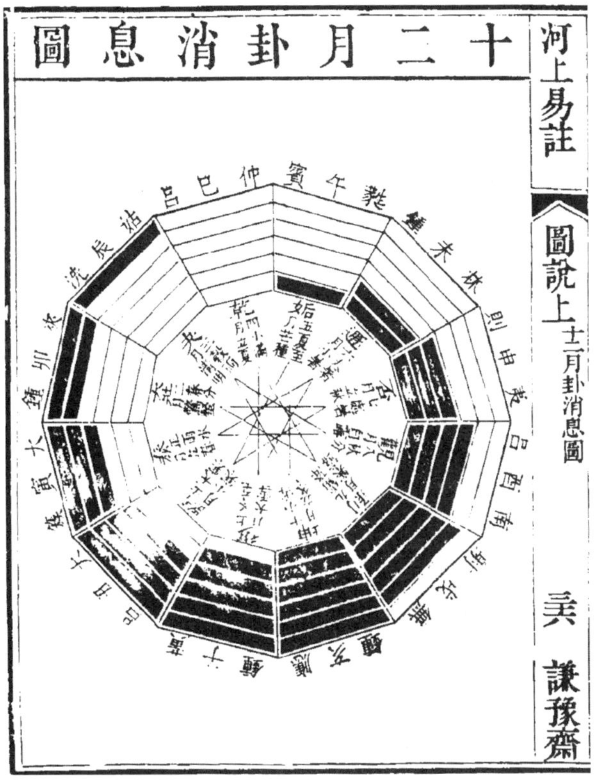

十二月卦消息圖

河上易注　圖說上　十二月卦消息圖　謙豫齋

图 21　十二月卦消息图

（黎世序《河上易注》）

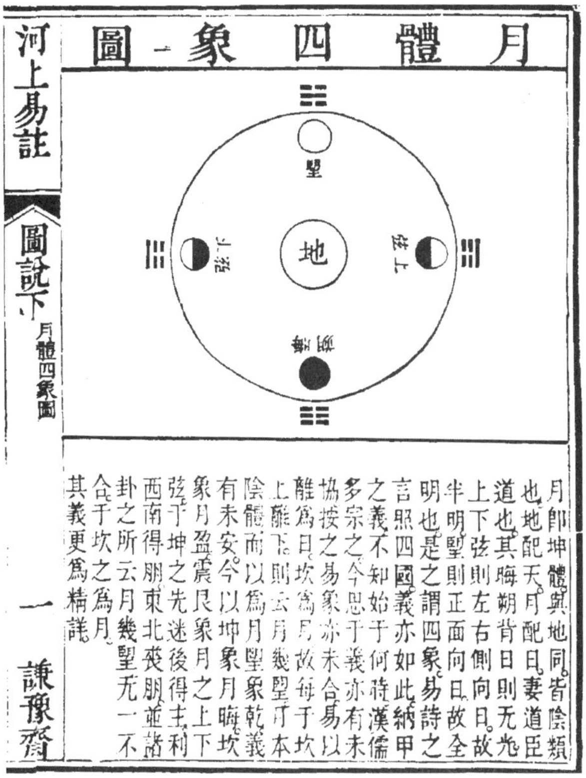

月體四象圖

河上易注　圖說下　月體四象圖　一　謙豫齋

月卽坤體與地同皆陰類也地配天月配日妻道臣道也其晦朔背日則无光上下弦則左右側向日故半明望則正面向日故全明也是之謂四象易詩之言照四國義亦如此納甲之義不知始于何時漢儒多宗之今思于義亦有未協按之易象亦未合易以離爲日坎爲月故每于坎上離下則云月幾望乃本陰體而以爲月望象乾義有未安今以坤象月晦坎象月盈震艮象月之上下弦于坤之先迷後得主利西南得朋東北喪朋並諸卦之所云月幾望无一不合于坎之爲月其義更爲精詳

图 22　月体四象图

（黎世序《河上易注》）

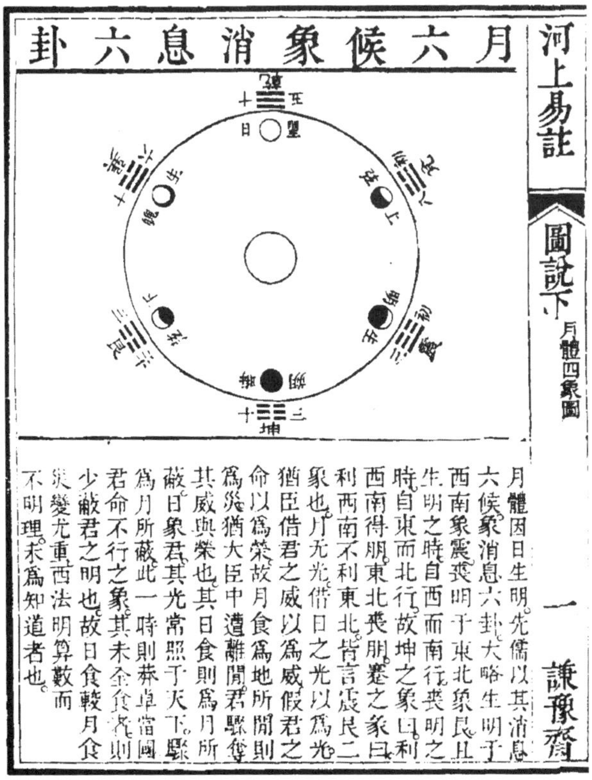

月六候象消息六卦

河上易注　圖說下　月體四象圖　一　謙豫齋

月體因日生明先儒以其消息六候象消息六卦大略生明于西南象震喪明于東北象艮且生明之時自西而南行喪明之時自東而北行故坤之象曰利西南得朋東北喪朋蹇之彖曰利西南不利東北皆言震艮二象也月无光借日之光以爲光猶臣借君之威以爲威假君之命以爲榮故月食爲地所間則爲災猶大臣中遭離間君疑其威與榮也其日食則爲月所蔽日象君其光常照于天下翳爲月所蔽此一時則莽卓當國君命不行之象其未全食者則少蔽君之明也故日食較月食災變尤重西法明算數而不明理未爲知道者也

图 23　月六候象消息六卦图

（黎世序《河上易注》）

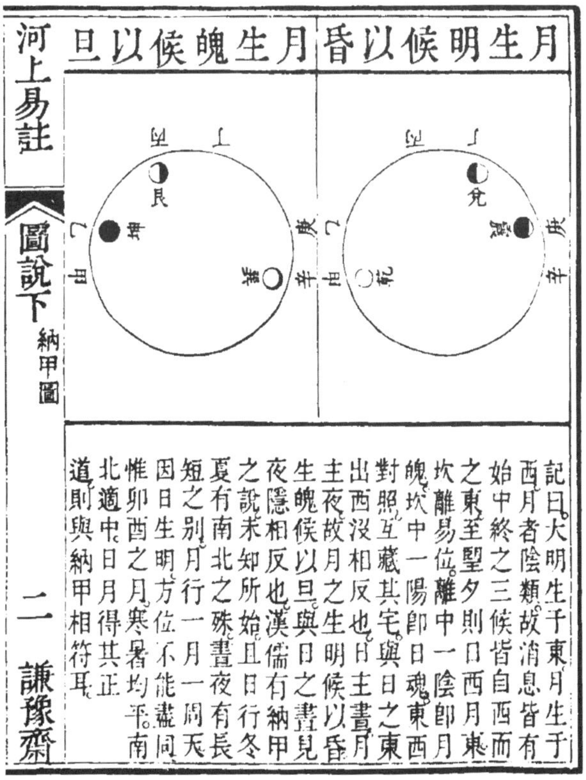

月生明候以昏　月生魄候以旦

河上易注　圖說下　納甲圖　二　謙豫齋

記曰大明生于東月生于西月者陰類故消息皆有始中終之三候皆自西而之東至望夕則日西月東坎離易位離中一陰卽月魄坎中一陽卽日魂東西對照互藏其宅與日之東出西沒相反也日主晝月主夜故月之生明候以昏生魄候以旦與日之晝見夜隱相反也漢儒有納甲之說未知所始且日行冬夏有南北之殊晝夜有長短之別月行一月一周天因日生明方位不能盡同惟卯酉之月寒暑均平南北適中日月得其正道則與納甲相符耳

图 24　月生明候以昏图

图 25　月生魄候以旦图

（黎世序《河上易注》）

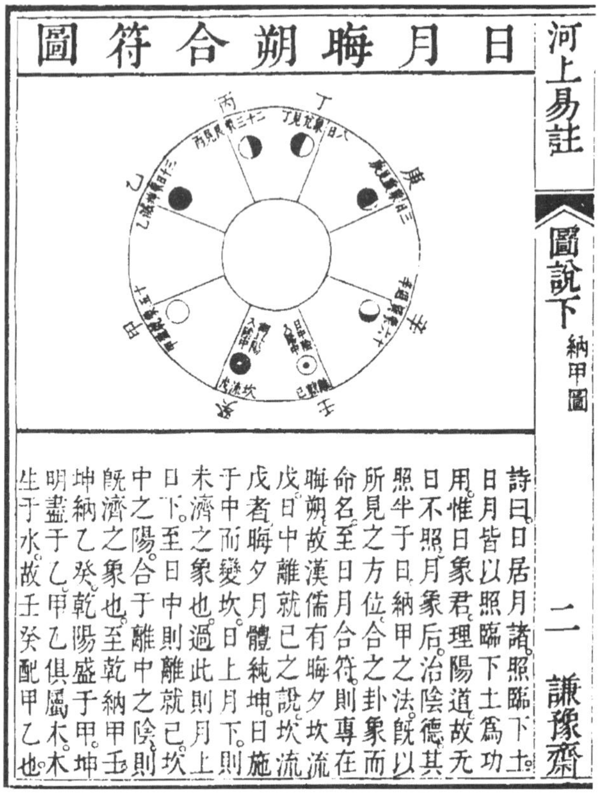

詩曰日居月諸照臨下土日月皆以照臨下土為功用惟日象君理陽道故无日不照月象后治陰德其照半于日納甲之法既以所見之方位合之卦象而命名至日月合符則專在晦朔故漢儒有晦夕坎流戊日中離就已之說坎流戊者晦夕月體純坤日施于中而變坎日上月下則未濟之象也過此則月上日下至日中則離就已坎中之陽合于離中之陰則既濟之象也至乾納甲壬坤納乙癸乾陽盛于甲坤明盡于乙甲乙俱屬木木生于水故壬癸配甲乙也

图 26　日月晦朔合符图
（黎世序《河上易注》）

此圖不知作自何人但世俗醫卜星象家以及市井俚俗所繪太極圖无不如是想亦流傳甚久今詳玩之陽生子中陰生午中由微至著宛成消息六卦其黑中白點白中黑點則坎離互藏其宅也頗具天然之妙來氏竟斷為伏羲所作且引任道遜詩云太極中分一氣旋兩儀四象五行全先天八卦渾淪具萬物何嘗出此圈又云造化根源文字祖圖成太極自天然當時早見周夫子不費鑽研作正傳惟來氏于周闕仍畫八卦不知六氣消息之義且中間黑白二點即係坎離而又增畫坎離二卦未免多贅

图 27　古太极图
（黎世序《河上易注》）

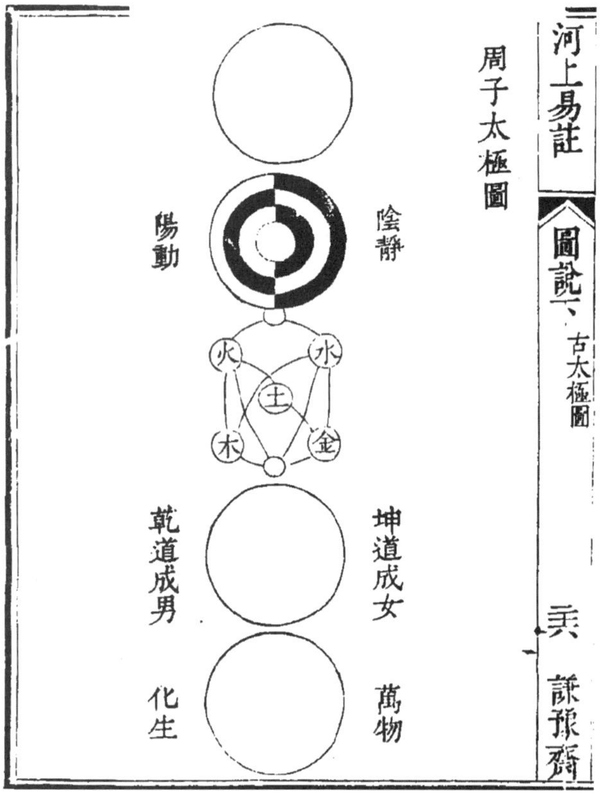

图 28　周子太极图
（黎世序《河上易注》）

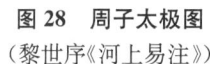

张瓒昭(1773—1849)

原名宝昭,字绚珊,号斗峰,清平江(今湖南岳阳)人。道光十五年(1835)举人,官广东东安县训导,以事去官,归乡建立凤山、石期、柏子、古吴书院,兴办义学。究心经学、天文、舆地及医学,尤精于《易》。著有《经笥质疑易义原则》六卷、《易义附篇》四卷首一卷、《地舆说》一卷、《天文说》一卷、《书义原古》三卷、《诗义原思》二卷、《斗峰文集》等。现存有《周易》图像一幅。

图1　五行图
(张瓒昭《易义附篇》)

蒋珣

生卒年不详，字少泉，清浙江余姚人。嘉庆三年(1793)举人，官瑞安教谕。著有《易义无忘录》《诗义无忘录》《书义无忘录》《春秋义无忘录》，其中《易义无忘录》三卷，还著有《滨海图说》《三径堂诗文稿》等。现存有《周易》图像一幅。

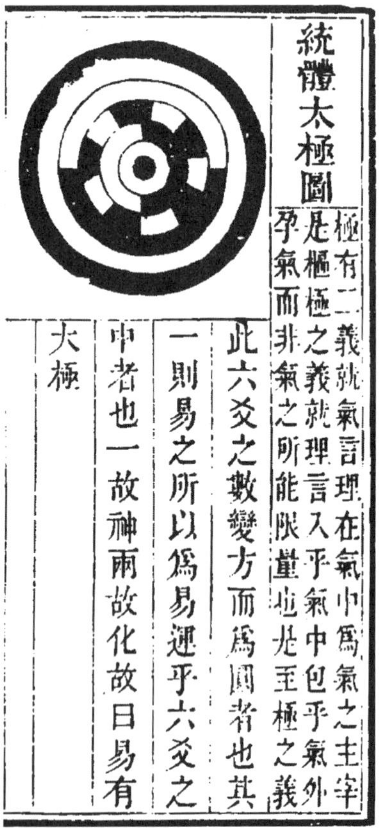
統體太極圖
極有二義就氣言理在氣中爲氣之主宰
是樞極之義就理言入乎氣中包乎氣外
乎氣而非氣之所能限量也是至極之義
此六爻之數變方而爲圓者也其
一則易之所以爲易運乎六爻之
中者也一故神兩故化故曰易有
太極

图1　统体太极图
(蒋珣《易义无忘录》)

张学尹(1775—1851)

字子任,号少衡,清湖南湘阴人。嘉庆十六年(1811)进士。历官福建归化、莆田、闽清、侯官知县及台湾同知,政声卓著。挂官归,主讲宛南、濂溪、石鼓书院。自谓生平穷经,尤长于《春秋》之学。著有《周易辑义》十二卷、《春秋经义》一百二十卷、《诗义钞》八卷、《礼记讲义》六十四卷、《师白山房讲易》十卷、《师白山房诗文集》十二卷等。现存有《周易》图像十幅。

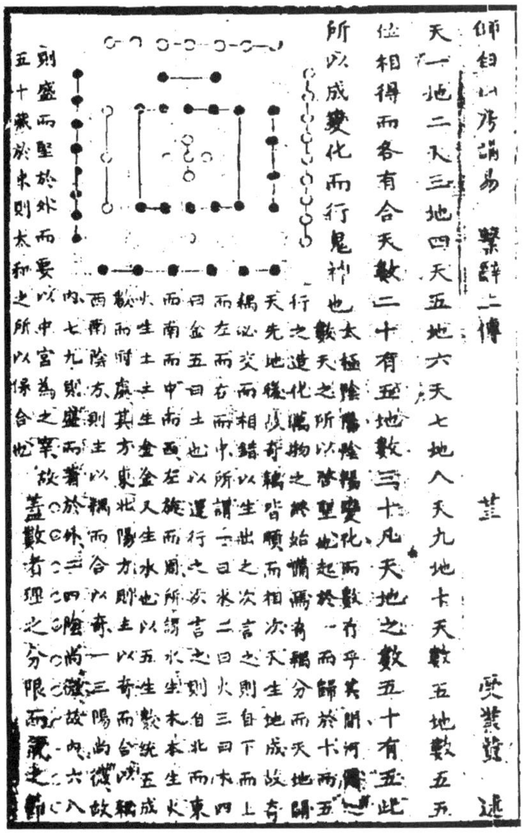
師白山房講易　繫辭上傳
天一地二天三地四天五地六天七地八天九地十天數五地數五五
位相得而各有合天數二十有五地數三十凡天地之數五十有五此
所以成變化而行鬼神也

图 1　河图
(张学尹《师白山房讲易》)

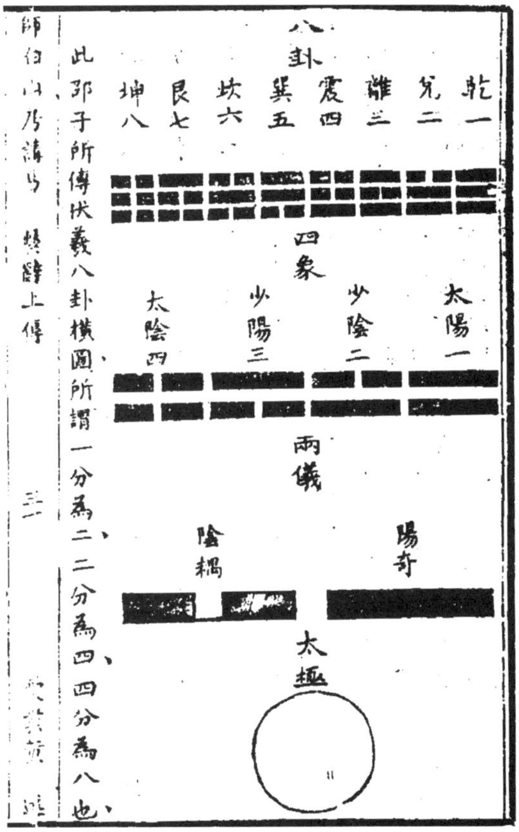
師白山房講易　繫辭上傳
八卦
乾一　兌二　離三　震四　巽五　坎六　艮七　坤八
四象
太陽一　少陰二　少陽三　太陰四
兩儀
陽奇　陰耦
太極
此邵子所傳伏羲八卦橫圖所謂一分為二、二分為四、四分為八也、

图 2　伏羲八卦横图
(张学尹《师白山房讲易》)

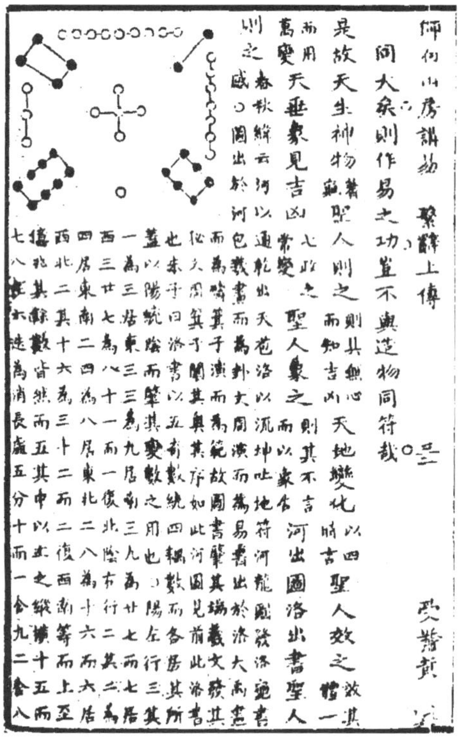

图 3　洛书

（张学尹《师白山房讲易》）

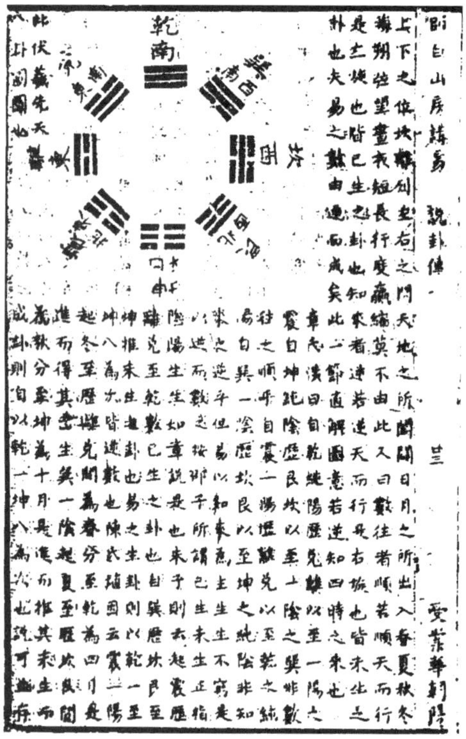

图 4　伏羲先天卦圆图

（张学尹《师白山房讲易》）

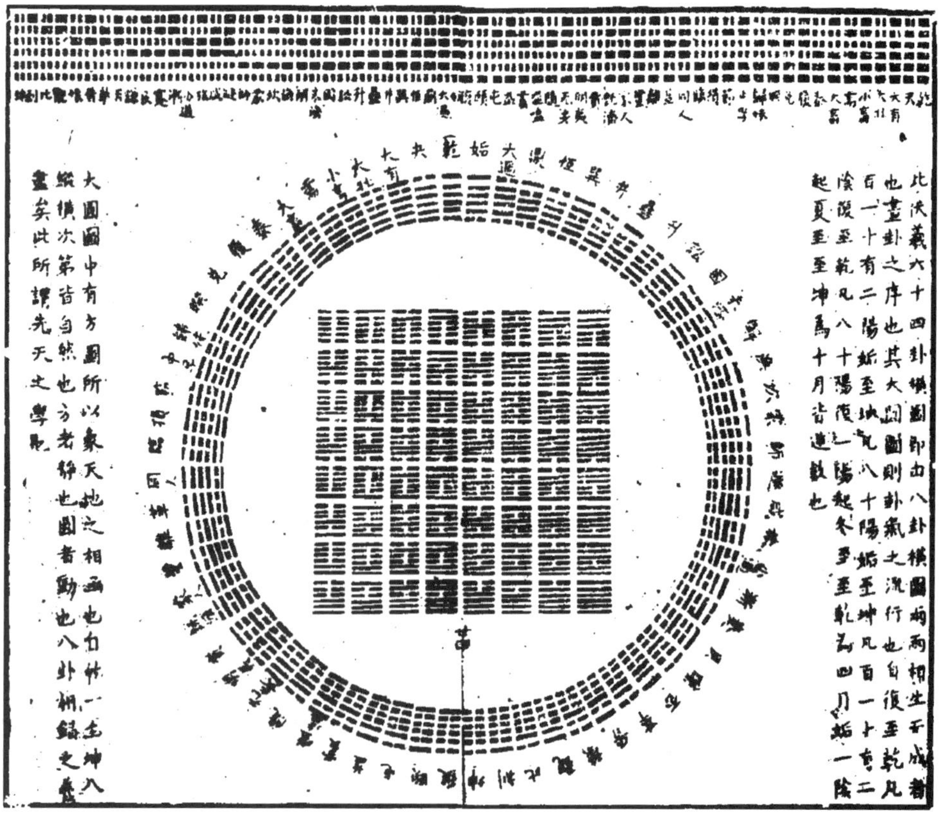

图 5　伏羲六十四卦横图

图 6　伏羲六十四卦方圆图

（张学尹《师白山房讲易》）

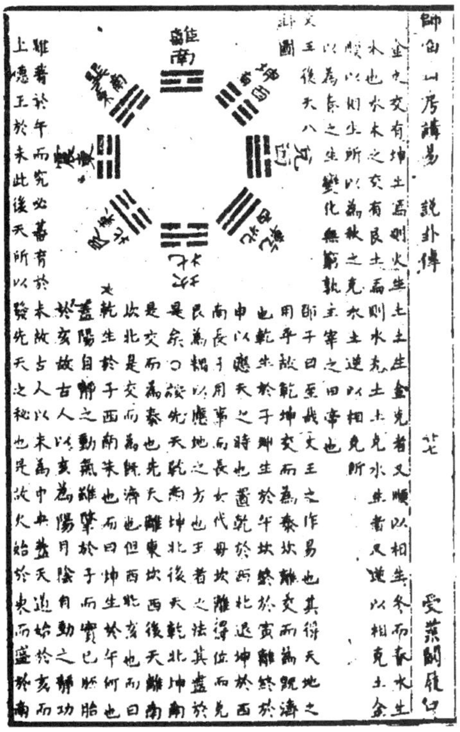

图 7　文王后天八卦图
（张学尹《师白山房讲易》）

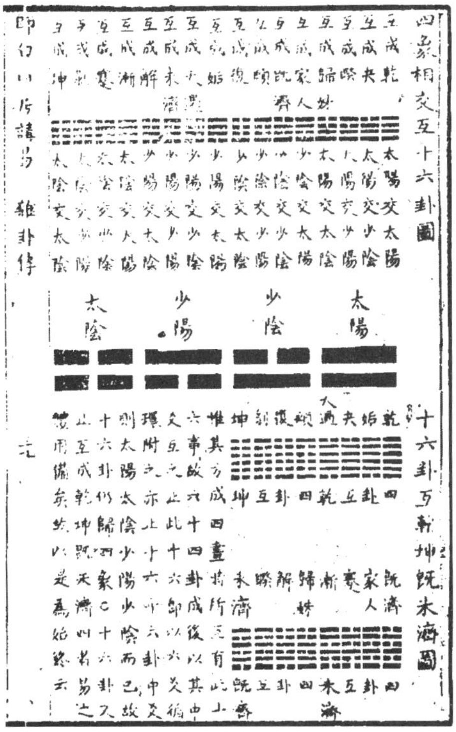

图 8　四象相交互十六卦图
图 9　十六卦互乾坤既未济图
（张学尹《师白山房讲易》）

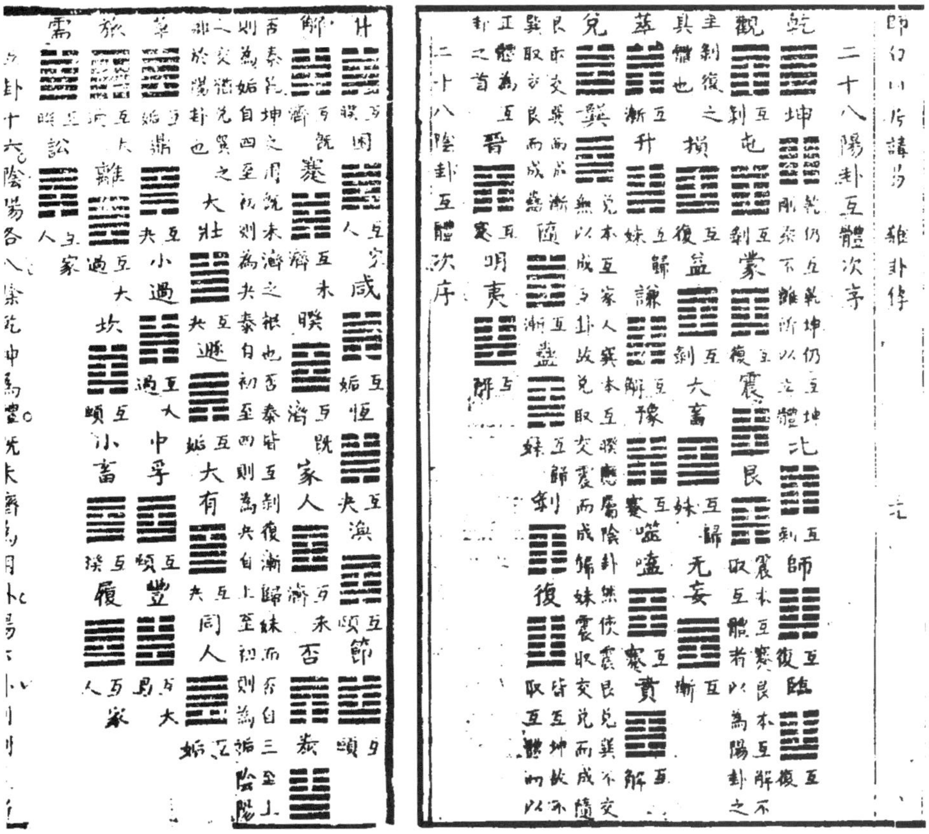

图 10　二十八阳卦互体次序图
（张学尹《师白山房讲易》）

张矩

生卒年不详，字廉方，清湖南巴陵（今湖南岳阳）人。乾隆六十年（1795）举人，为耒阳县学训导。著有《易解简要》六卷。现存有《周易》图像六幅。

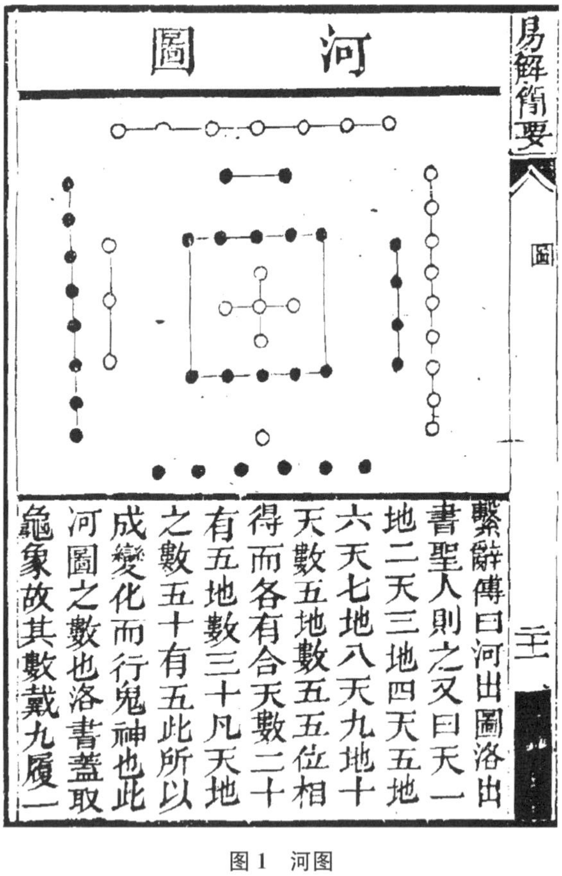
河圖

易解簡要

圖

繫辭傳曰河出圖洛出書聖人則之又曰天一地二天三地四天五地六天七地八天九地十天數五地數五五位相得而各有合天數二十有五地數三十凡天地之數五十有五此所以成變化而行鬼神也此河圖之數也洛書蓋取龜象故其數戴九履一

图1　河图

（张矩《易解简要》）

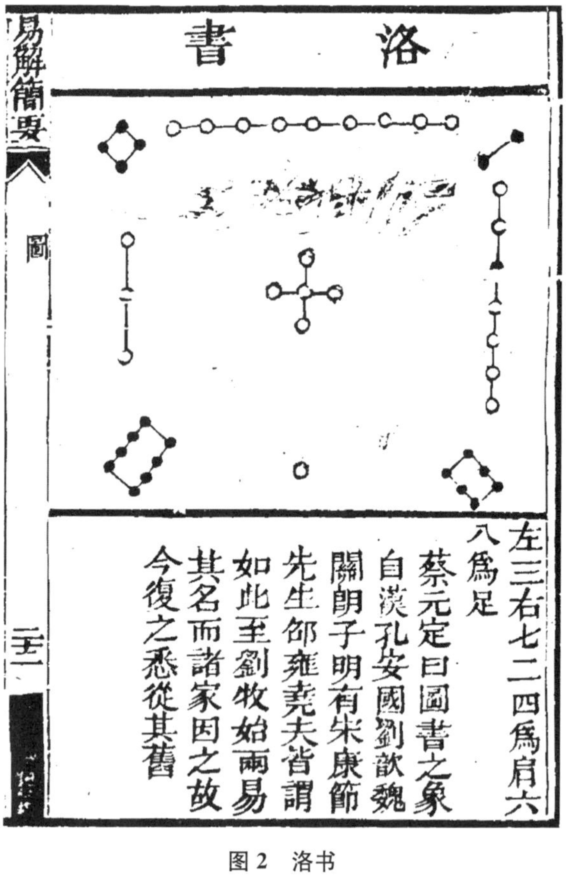
洛書

易解簡要

圖

左三右七二四爲肩六八爲足

蔡元定曰圖書之象自漢孔安國劉歆魏關朗子明有宋康節先生邵雍堯夫皆謂如此至劉牧始兩易其名而諸家因之故今復之悉從其舊

图2　洛书

（张矩《易解简要》）

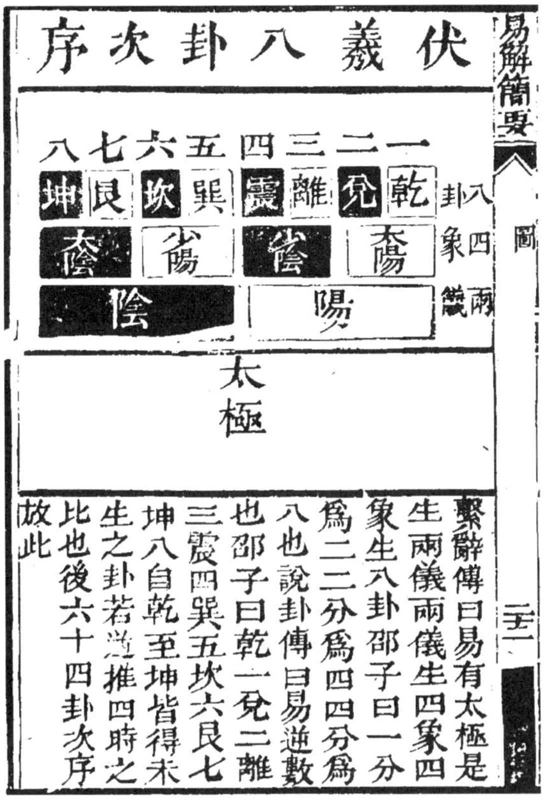
伏羲八卦次序

易解簡要 圖

八卦：一乾 二兌 三離 四震 五巽 六坎 七艮 八坤

四象：太陽 少陰 少陽 太陰

兩儀：陽 陰

太極

繫辭傳曰易有太極是生兩儀兩儀生四象四象生八卦邵子曰一分爲二二分爲四四分爲八也說卦傳曰易逆數也邵子曰乾一兌二離三震四巽五坎六艮七坤八自乾至坤皆得未生之卦若逆推四時之比也後六十四卦次序放此

图 3　伏羲八卦次序图

（张矩《易解简要》）

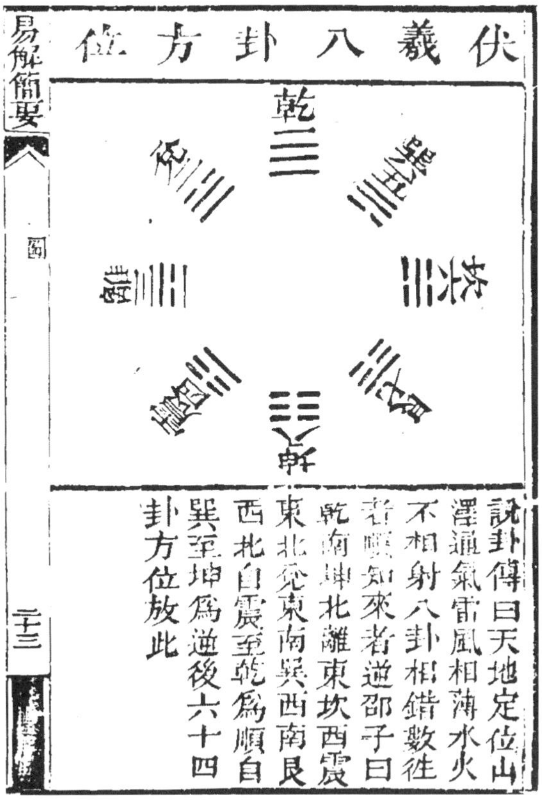
伏羲八卦方位

易解簡要 圖

說卦傳曰天地定位山澤通氣雷風相薄水火不相射八卦相錯數往者順知來者逆邵子曰乾南坤北離東坎西震東北兌東南巽西南艮西北自震至乾爲順自巽至坤爲逆後六十四卦方位放此

图 4　伏羲八卦方位图

（张矩《易解简要》）

文王八卦次序

易解簡要 圖

乾父　坤母

震長男 得乾初爻

坎中男 得乾中爻

艮少男 得乾上爻

巽長女 得坤初爻

離中女 得坤中爻

兌少女 得坤上爻

图 5　文王八卦次序图

（张矩《易解简要》）

文王八卦方位

易解簡要 圖

右見說卦邵子曰此文王八卦乃入用之位後天之學也

图 6　文王八卦方位图

（张矩《易解简要》）

许桂林(1778—1821)

字同叔,号月南,又号月岚,清江苏海州(今江苏连云港)人。嘉庆二十一年(1816)举人。少孤家贫,日以诂经为事。于诸经皆有发明,著有《易确》二十卷、《春秋谷梁传时月日书法释例》六卷、《毛诗后笺》八卷、《春秋三传地名考证》六卷、《汉世别本礼记长义》四卷、《大学中庸讲义》二卷、《四书因论》二卷、《许氏说音》十二卷、《说文后解》十卷、《宣西通》三卷、《算牖》四卷、《味无味斋文集》八卷《外集》四卷《诗集》二十六卷等,凡四十余种百数十卷。现存有《周易》图像五幅。

图1　易图
(许桂林《易确》)

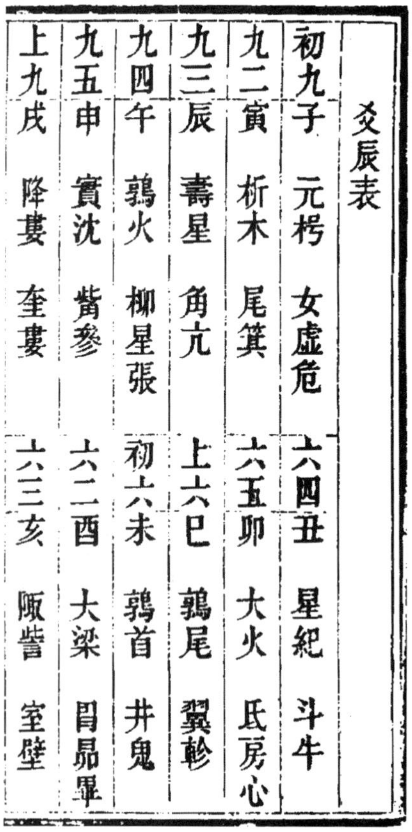

图2　爻辰表图
(许桂林《易确》)

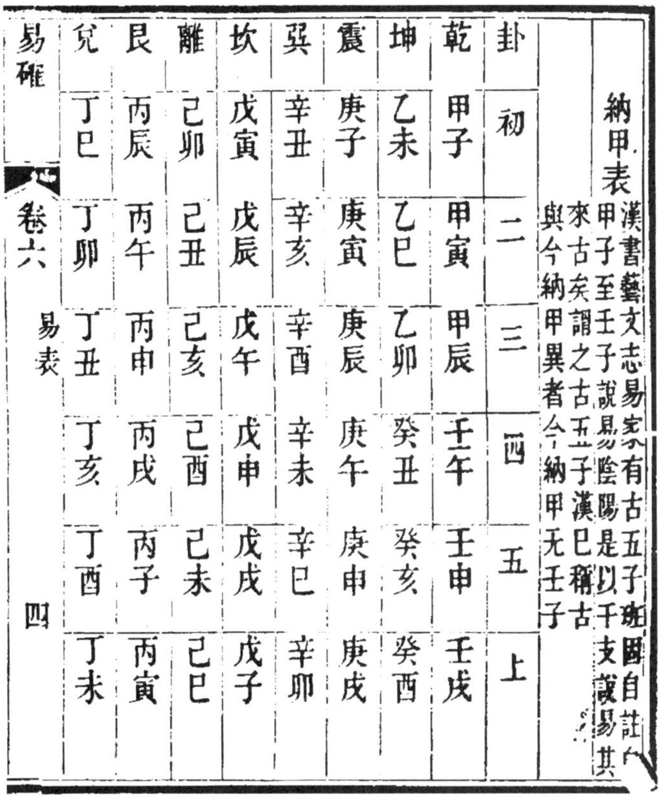

納甲表

漢書藝文志易家有古五子班固自註曰甲子至壬子說易陰陽是以干支說易其來古矣謂之古五子漢已稱古與今納甲異者今納甲无壬子

卦	初	二	三	四	五	上
乾	甲子	甲寅	甲辰	壬午	壬申	壬戌
坤	乙未	乙巳	乙卯	癸丑	癸亥	癸酉
震	庚子	庚寅	庚辰	庚午	庚申	庚戌
巽	辛丑	辛亥	辛酉	辛未	辛巳	辛卯
坎	戊寅	戊辰	戊午	戊申	戊戌	戊子
離	己卯	己丑	己亥	己酉	己未	己巳
艮	丙辰	丙午	丙申	丙戌	丙子	丙寅
兌	丁巳	丁卯	丁丑	丁亥	丁酉	丁未

易確 卷六 易表 四

图 3　纳甲表图

（许桂林《易确》）

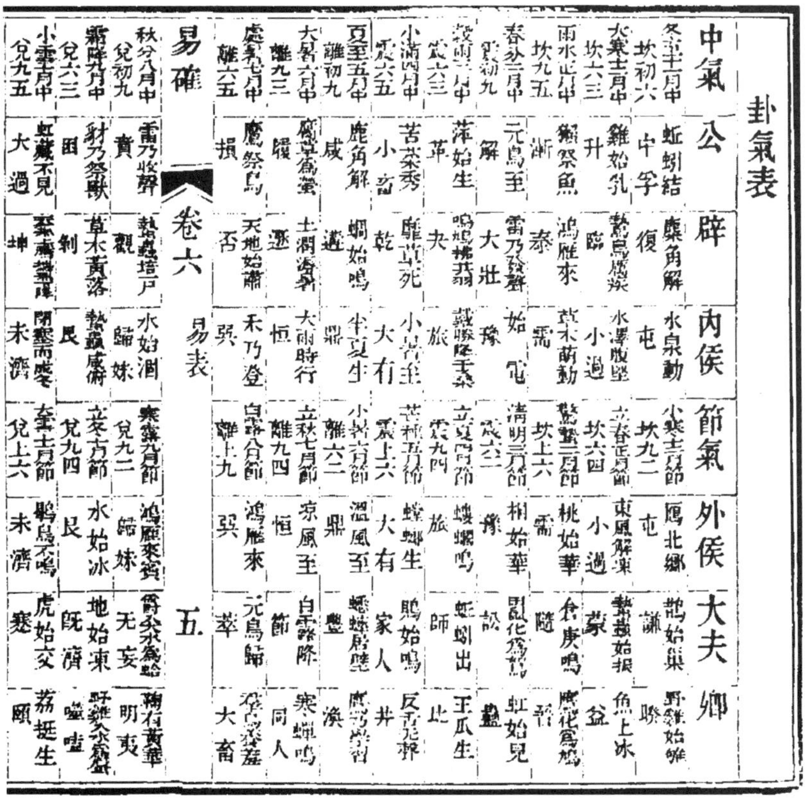

卦氣表

中氣	公	辟	内侯	節氣	外侯	大夫	卿
冬至十一月中 坎初六	蚯蚓結 中孚	麋角解 復	水泉動 屯	小寒十二月節 坎九二	鴈北鄉 屯	鵲始巢 謙	野雞始雊 睽
大寒十二月中 坎六三	雞始乳 升	鷙鳥厲疾 臨	水澤腹堅 小過	立春正月節 坎六四	東風解凍 小過	蟄蟲始振 蒙	魚上冰 益
雨水正月中 坎九五	獺祭魚 漸	鴻雁來 泰	草木萌動 需	驚蟄二月節 坎上六	桃始華 需	倉庚鳴 隨	鷹化爲鳩 晉
春分二月中 震初九	元鳥至 解	雷乃發聲 大壯	始電 豫	清明三月節 震六二	桐始華 豫	田鼠化爲鴽 訟	虹始見 蠱
穀雨三月中 震六三	萍始生 革	鳴鳩拂其羽 夬	戴勝降于桑 旅	立夏四月節 震九四	螻蟈鳴 旅	蚯蚓出 師	王瓜生 比
小滿四月中 震六五	苦菜秀 小畜	靡草死 乾	小暑至 大有	芒種五月節 震上六	螳螂生 大有	鵙始鳴 家人	反舌无聲 井
夏至五月中 離初九	鹿角解 咸	蜩始鳴 姤	半夏生 鼎	小暑六月節 離六二	溫風至 鼎	蟋蟀居壁 豐	鷹乃學習 渙
大暑六月中 離九三	腐草爲螢 履	土潤溽暑 遯	大雨時行 恒	立秋七月節 離九四	涼風至 恒	白露降 節	寒蟬鳴 同人
處暑七月中 離六五	鷹祭鳥 損	天地始肅 否	禾乃登 巽	白露八月節 離上九	鴻雁來 巽	元鳥歸 萃	羣鳥養羞 大畜
秋分八月中 兌初九	雷乃收聲 賁	蟄蟲培戶 觀	水始涸 歸妹	寒露九月節 兌九二	鴻雁來賓 歸妹	雀入大水爲蛤 无妄	菊有黃華 明夷
霜降九月中 兌六三	豺乃祭獸 困	草木黃落 剝	蟄蟲咸俯 艮	立冬十月節 兌九四	水始冰 艮	地始凍 既濟	野雞入大水爲蜃 噬嗑
小雪十月中 兌九五	虹藏不見 大過	天氣上騰地氣下降 坤	閉塞而成冬 未濟	大雪十一月節 兌上六	鶡鳥不鳴 未濟	虎始交 蹇	荔挺生 頤

易確 卷六 易表 五

图 4　卦气表图

（许桂林《易确》）

八宮世應表起乾西北終兌正西唐以上秖此卦位次序也五行乃後世術家所配

	純卦 世上應三	一世 世初應四	二世 世二應五	三世 世三應上	四世 世四應初	五世 世五應二	游魂 世四應初	歸魂 世三應上	
	乾	姤	遯	否	觀	剝	晉	大有	金 皆陽
	坎	節	屯	既濟	革	豐	明夷	師	[illegible]
	艮	賁	大畜	損	睽	履	中孚	漸	土 皆陽
	震	豫	解	恒	升	井	大過	隨	木 皆陽
	巽	小畜	家人	益	无妄	噬嗑	頤	蠱	木 皆陰
	離	旅	鼎	未濟	蒙	渙	訟	同人	皆陰
	坤	復	臨	泰	大壯	夬	需	比	土 皆陰
	兌	困	萃	咸	蹇	謙	小過	歸妹	金 皆陰

图5 八宫世应表图

（许桂林《易确》）

卞斌(1778—1850)

字叔钧,号雅堂,又号乃斋,清浙江归安(今浙江湖州)人。祖籍武进(今常州)。嘉庆六年(1801)进士,补刑部山东、奉天、江西诸员外郎,郎中,司主事,后任常州知府,升任广西左江道。官至光禄少卿,授通议大夫。著有《易经通解》三卷《释义》一卷、《说文笺正》十六卷、《尚书集解》三十卷等。现存有《周易》图像二幅。

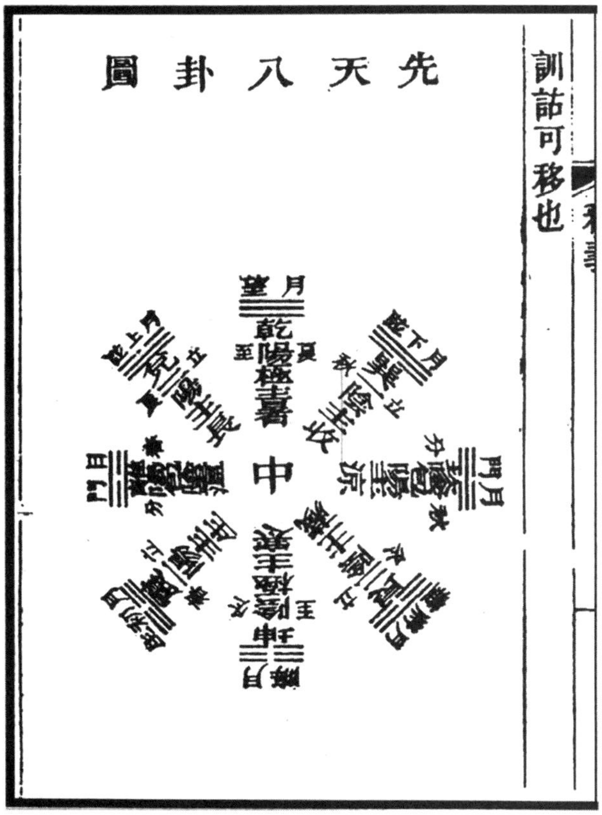

图1　先天八卦图
(卞斌《周易通解释义》)

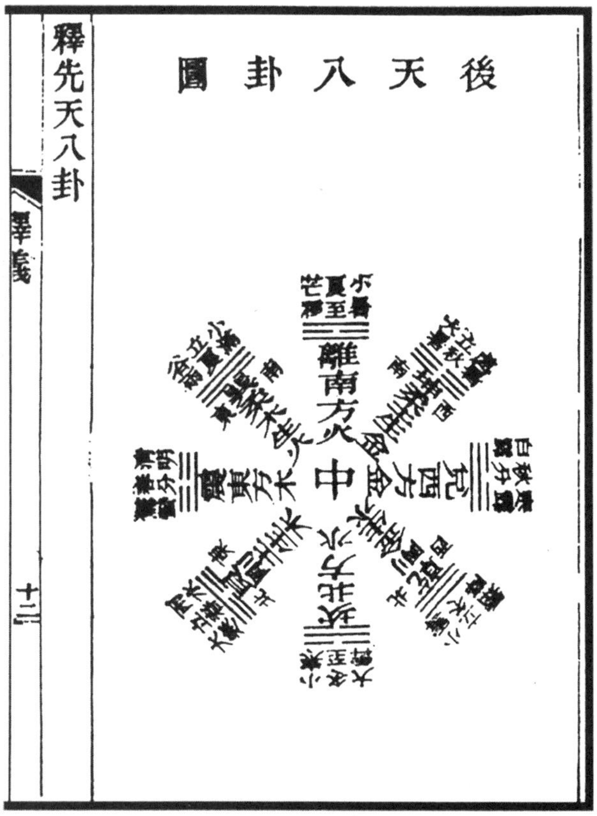

图2　后天八卦图
(卞斌《周易通解释义》)

马之龙(1782—1849)

字子云,回族,清云南丽江人。嘉庆年间(1796—1820)诸生,少慧,不屑举子业,思有以匡济于世,游历十三行省,归寓昆明,博涉佛藏,工诗文,僧徒多从之学诗。著有《卦极图说》《雪楼诗钞》《阳羡茗壶谱》等。现存有《周易》图像五幅。

图1 太极图
(马之龙《卦极图说》)

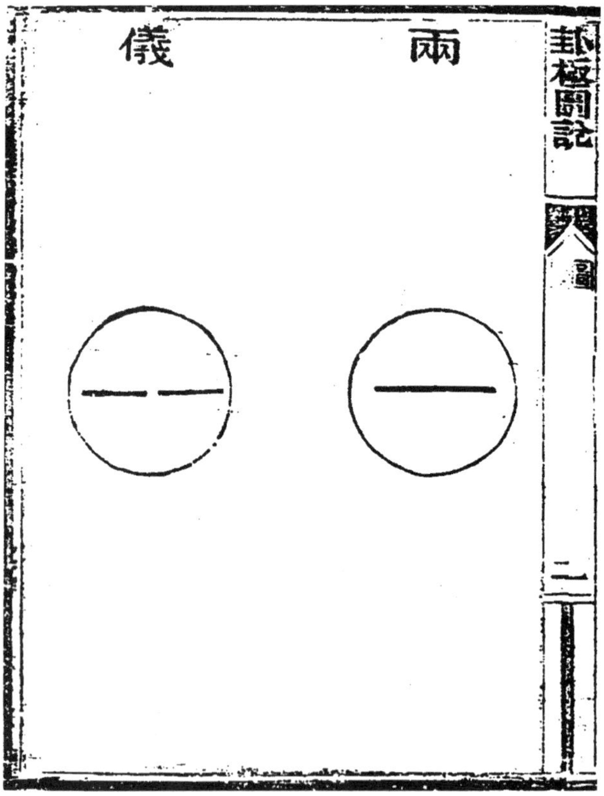

图2 两仪图
(马之龙《卦极图说》)

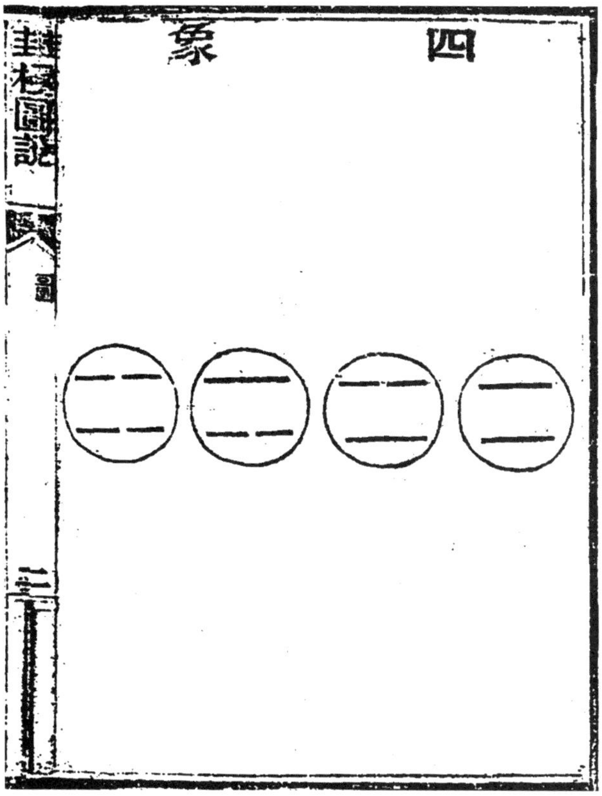

图 3　四象图
（马之龙《卦极图说》）

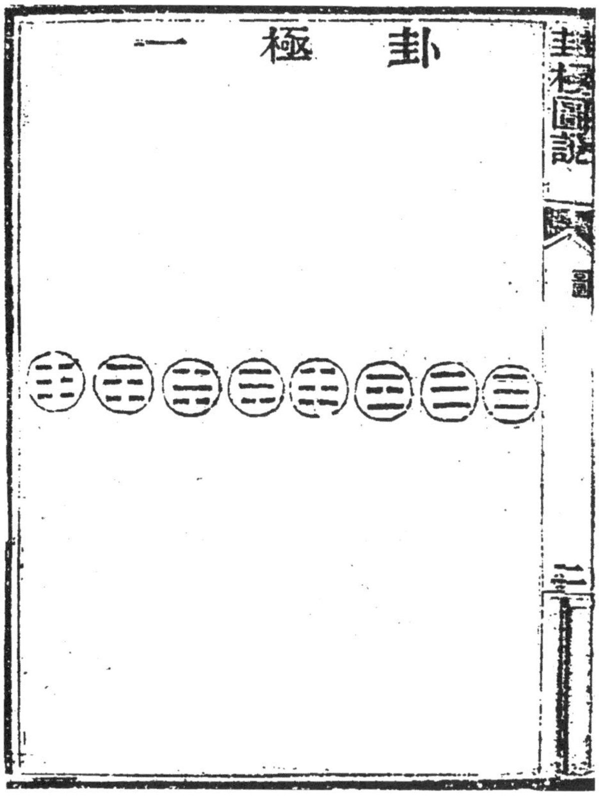

图 4　卦极一图
（马之龙《卦极图说》）

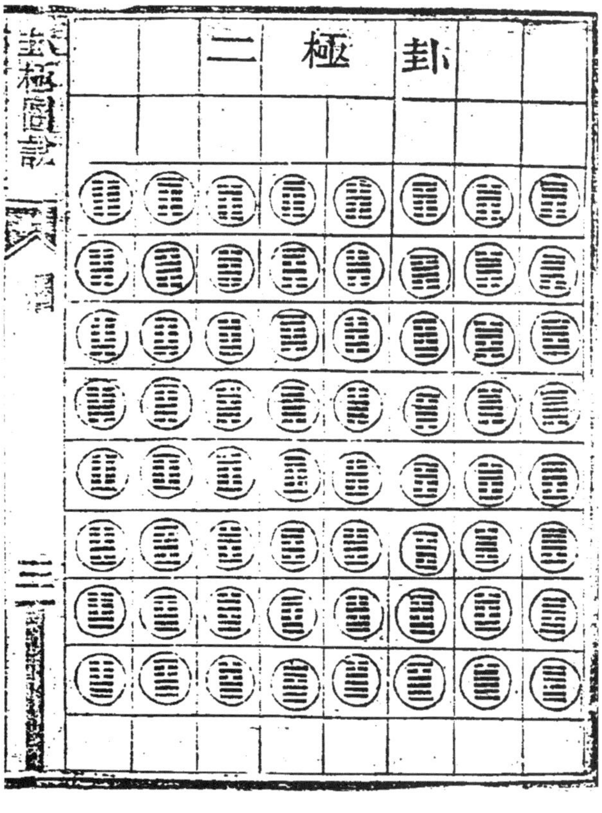

图 5　卦极二图
（马之龙《卦极图说》）

冯道立(1782—1860)

字务堂，号西园，清江苏东台人。道光元年(1821)，入国子监，勤奋好学，博览群书。除经史子集外，对天文、历象、算学、医学、文学、水利都有研究，特别在易学研究领域造诣尤深，名闻大江南北。著有《周易三极图贯》四卷、《易经爻辰贯》二卷。现存有《周易》图像三百三十三幅。

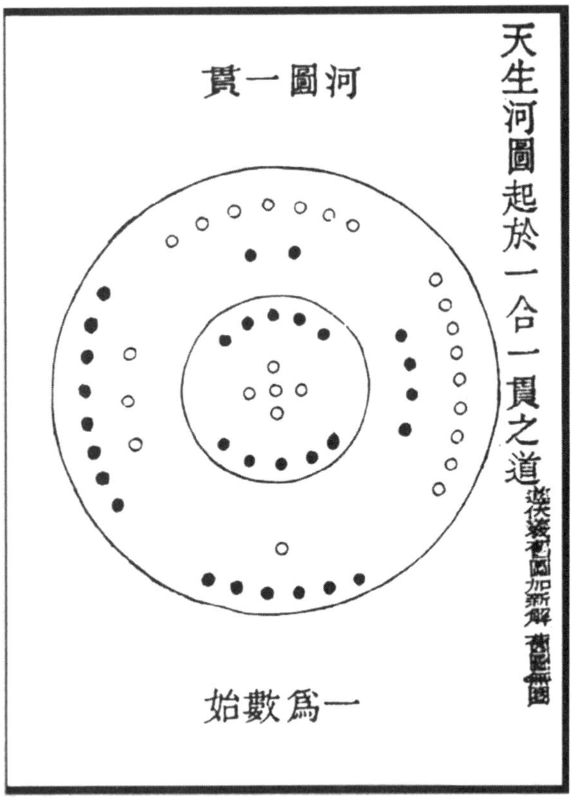

图1　天生河图起于一合一贯之道图
(冯道立《周易三极图贯》)

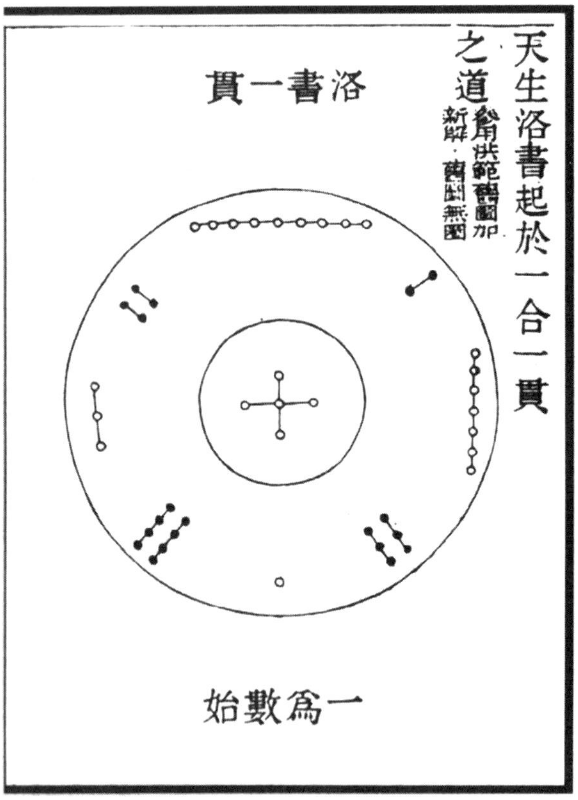

图2　天生洛书起于一合一贯之道图
(冯道立《周易三极图贯》)

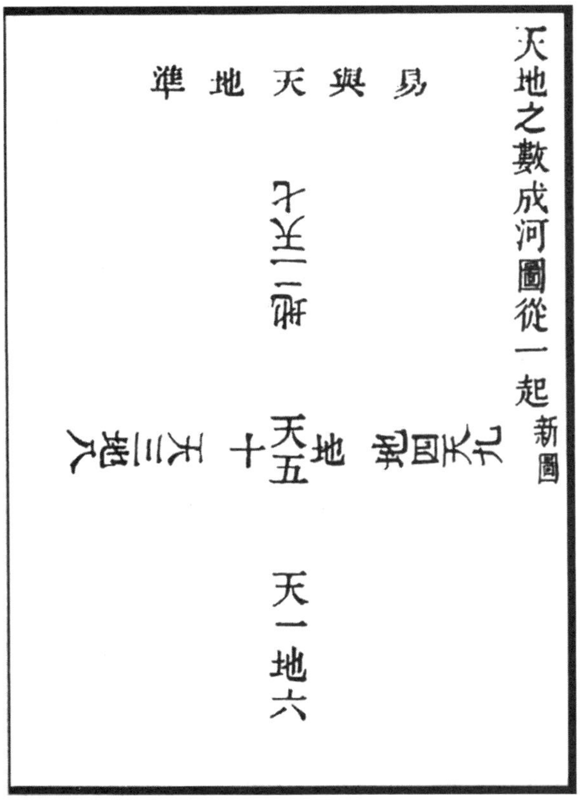

图 3　天地之数成河图从一起图
（冯道立《周易三极图贯》）

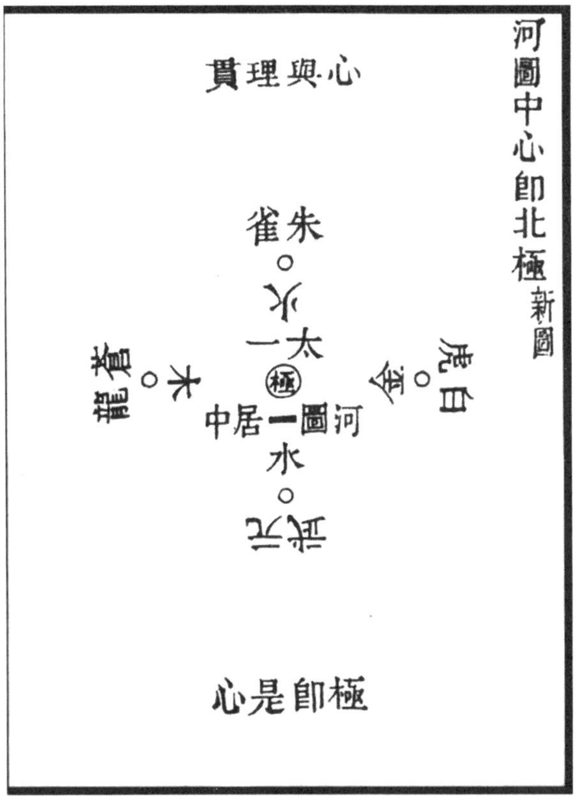

图 4　河图中心即北极图
（冯道立《周易三极图贯》）

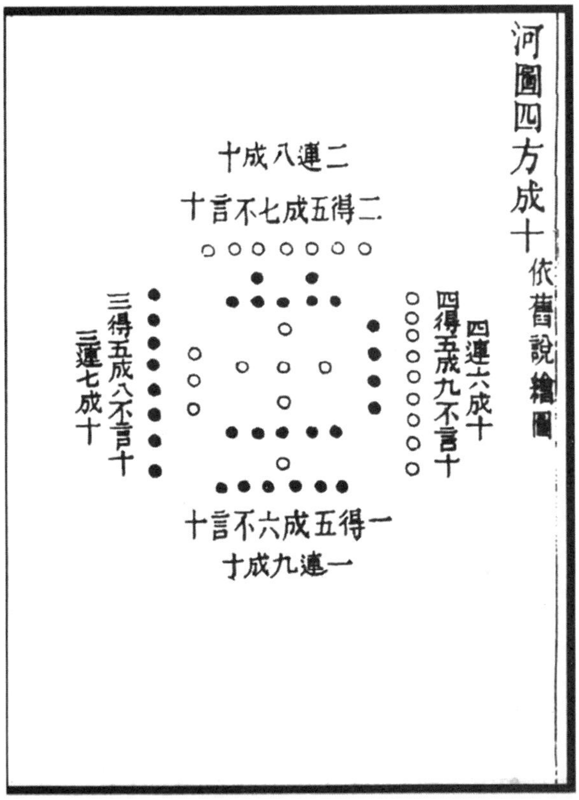

图 5　河图四方成十图
（冯道立《周易三极图贯》）

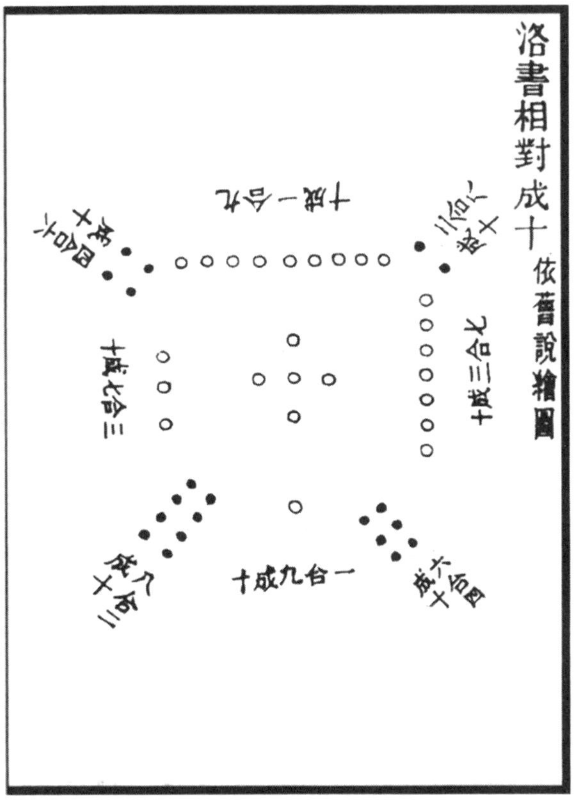

图 6　洛书相对成十图
（冯道立《周易三极图贯》）

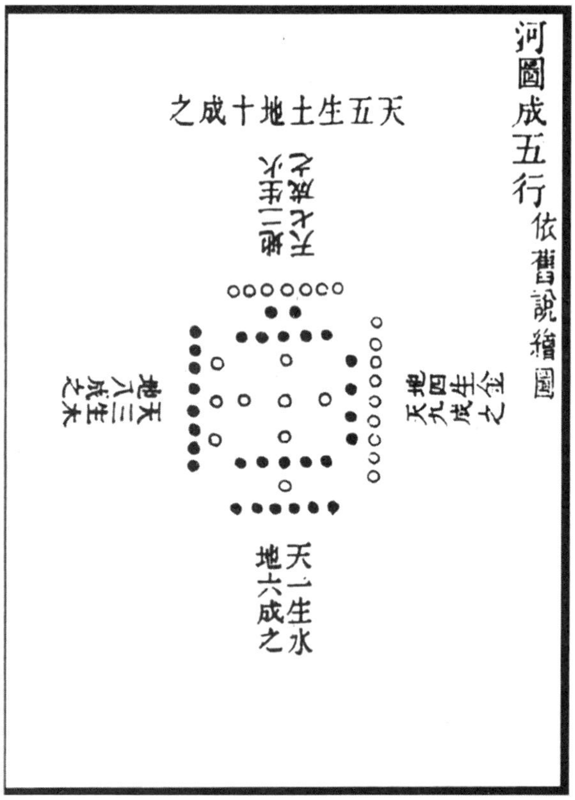

图7　河图成五行图
（冯道立《周易三极图贯》）

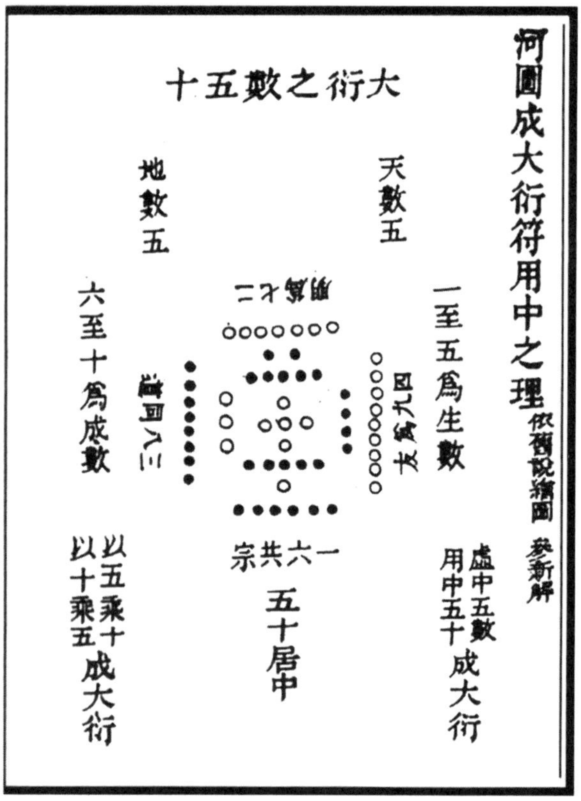

图8　河图成大衍符用中之理图
（冯道立《周易三极图贯》）

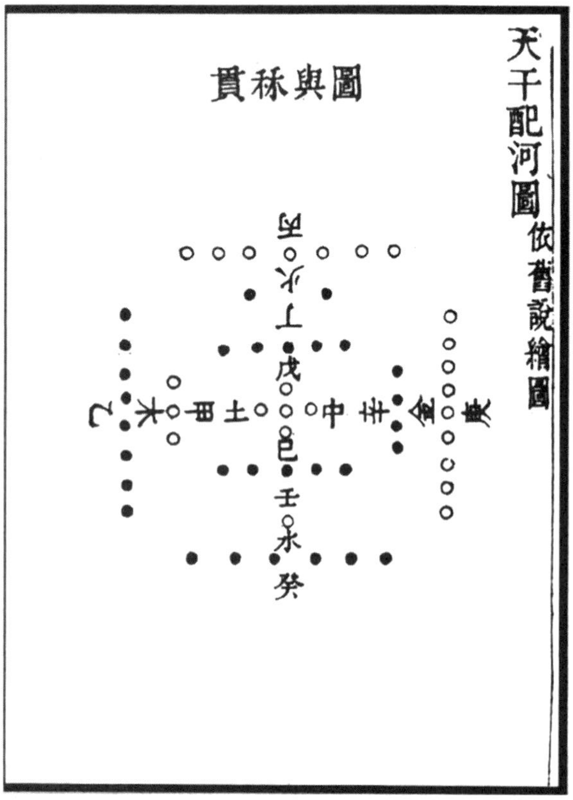

图9　天干配河图图
（冯道立《周易三极图贯》）

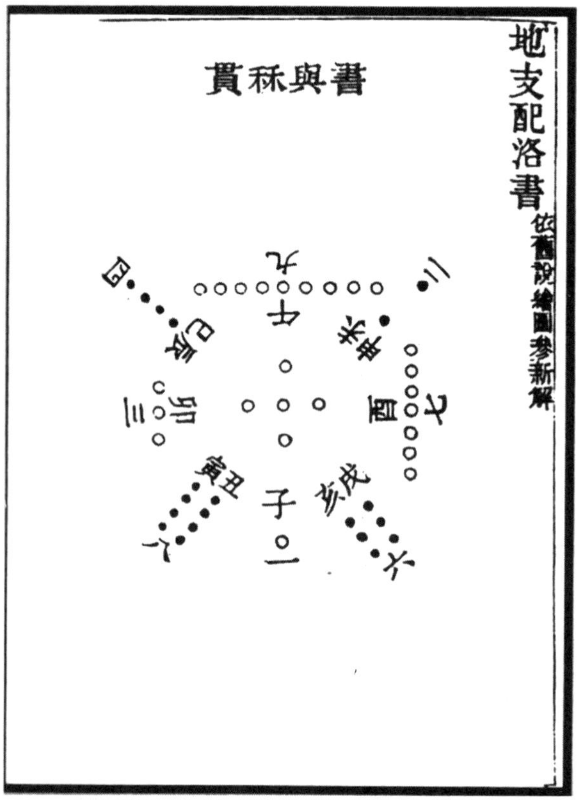

图10　地支配洛书图
（冯道立《周易三极图贯》）

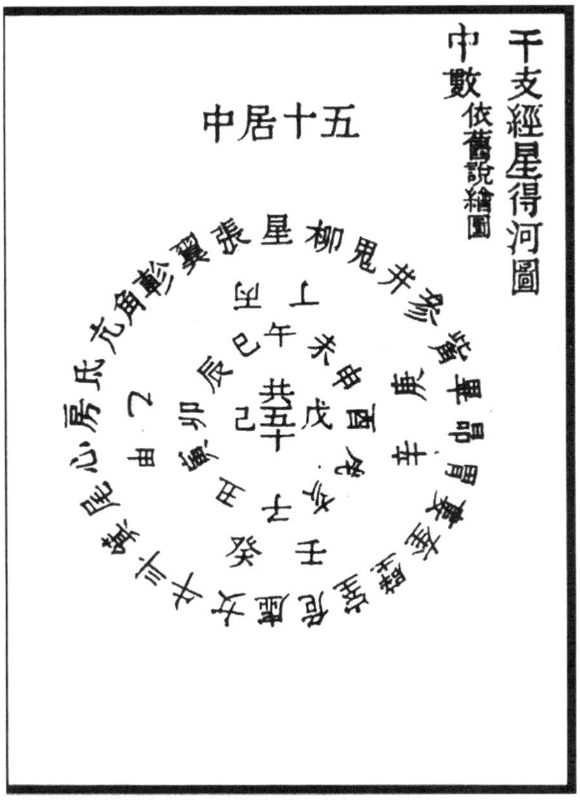

图 11　干支经星得河图中数图
（冯道立《周易三极图贯》）

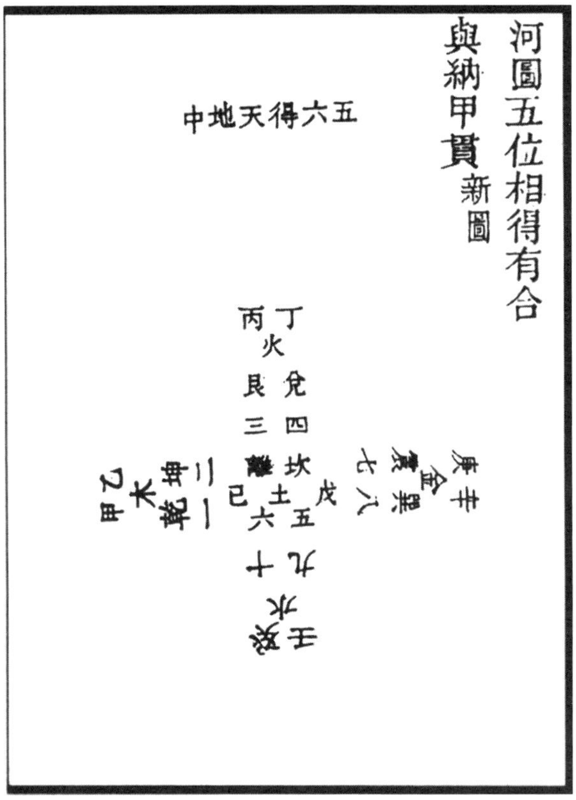

图 12　河图五位相得有合与纳甲贯图
（冯道立《周易三极图贯》）

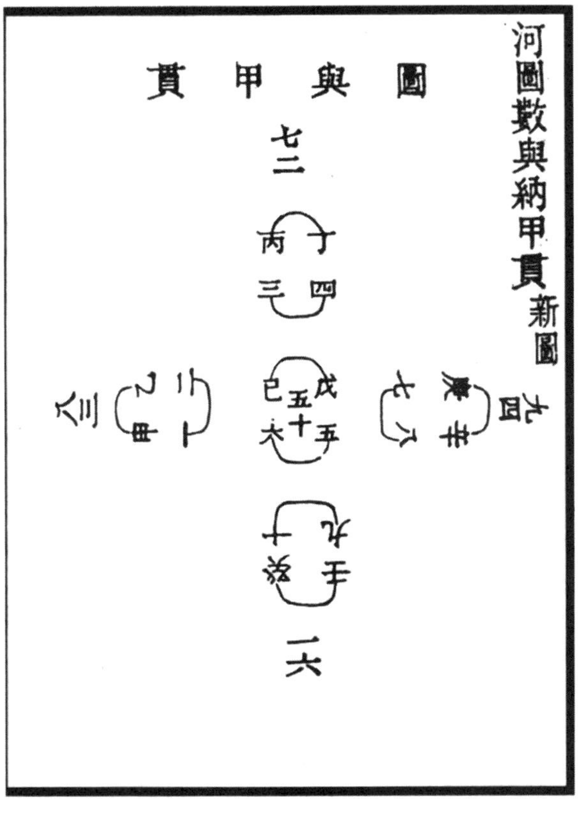

图 13　河图数与纳甲贯图
（冯道立《周易三极图贯》）

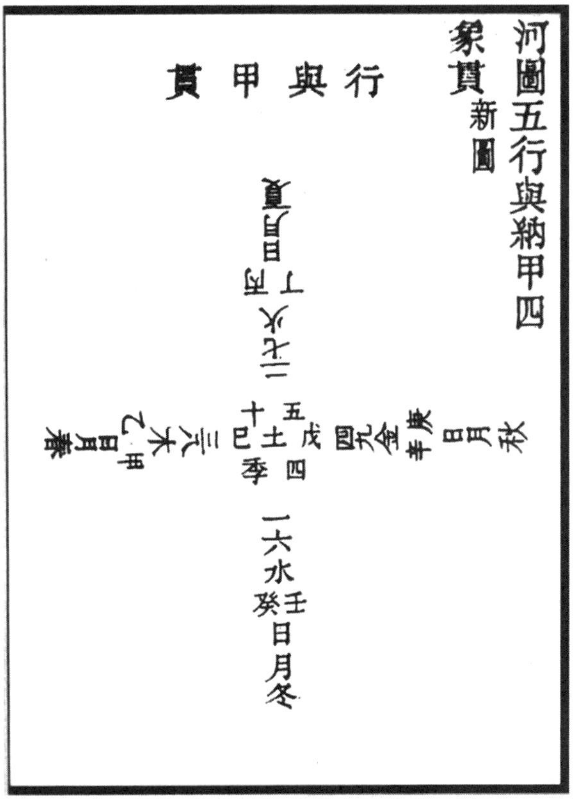

图 14　河图五行与纳甲四象贯图
（冯道立《周易三极图贯》）

明清时期

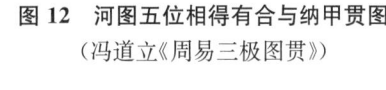

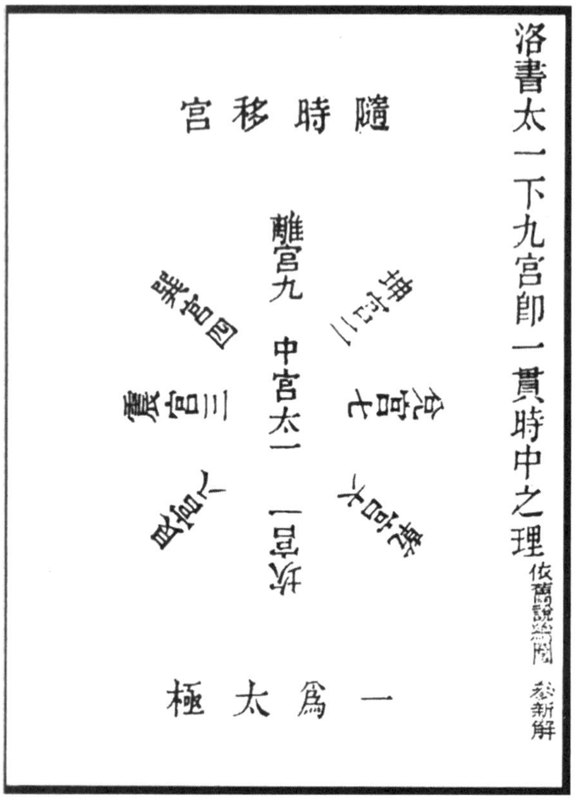

图 15　洛书太一下九宫即一贯时中之理图

（冯道立《周易三极图贯》）

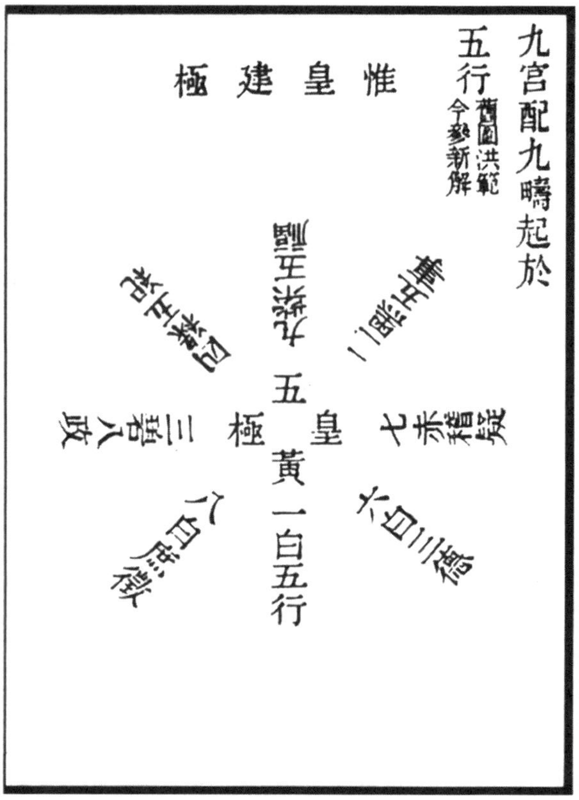

图 16　九宫配九畴起于五行图

（冯道立《周易三极图贯》）

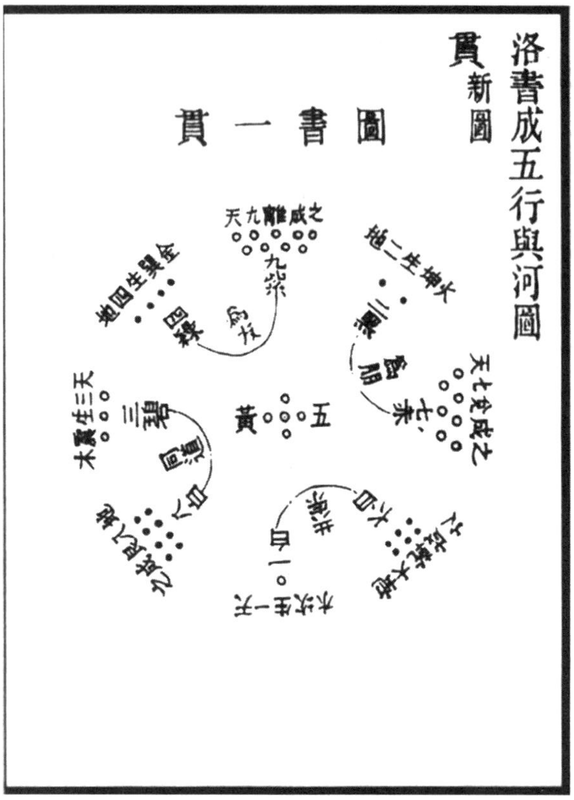

图 17　洛书成五行与河图贯图

（冯道立《周易三极图贯》）

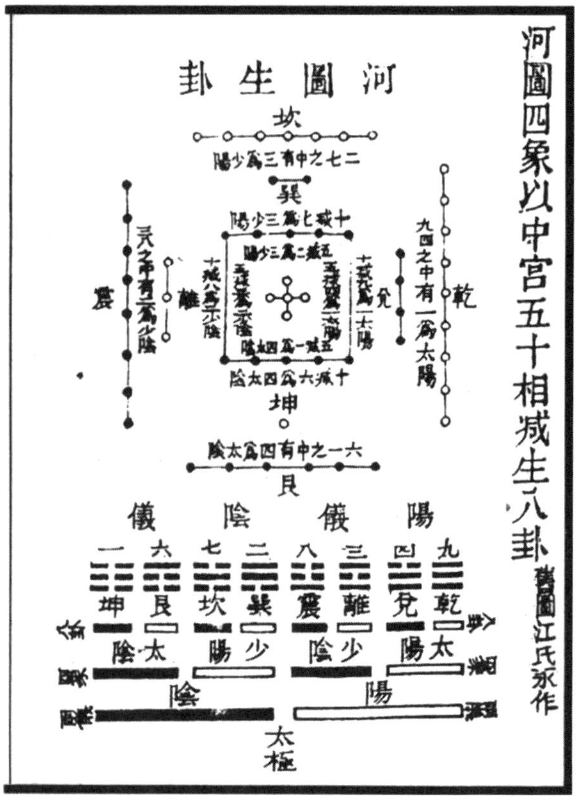

图 18　河图四象以中宫五十相减生八卦图

（冯道立《周易三极图贯》）

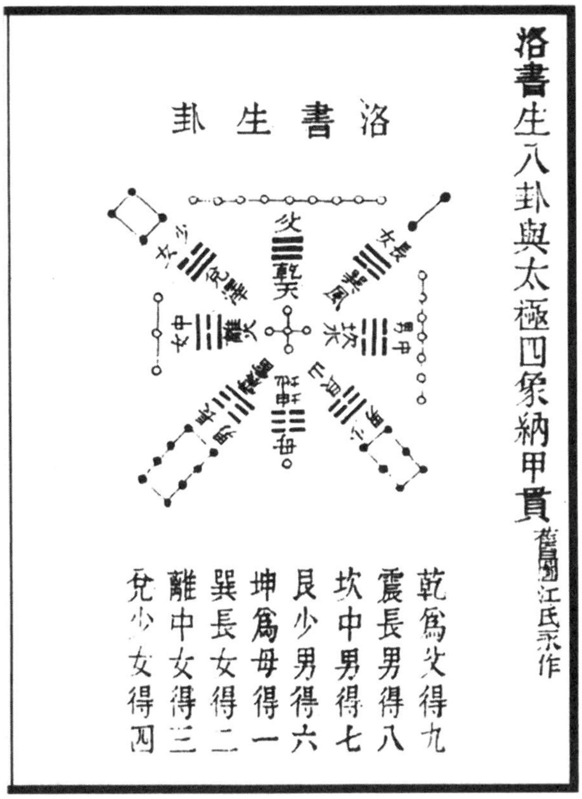

图 19　洛书生八卦与太极四象纳甲贯图
（冯道立《周易三极图贯》）

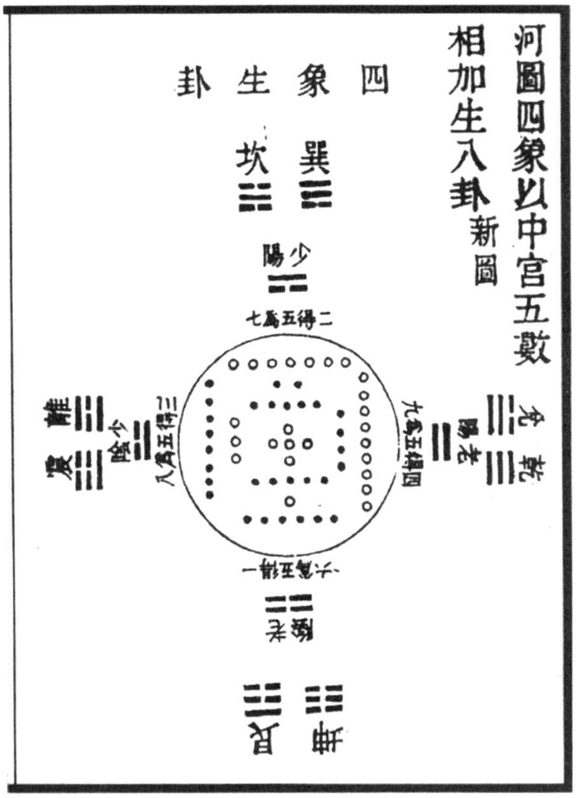

图 20　河图四象以中宫五数相加生八卦图
（冯道立《周易三极图贯》）

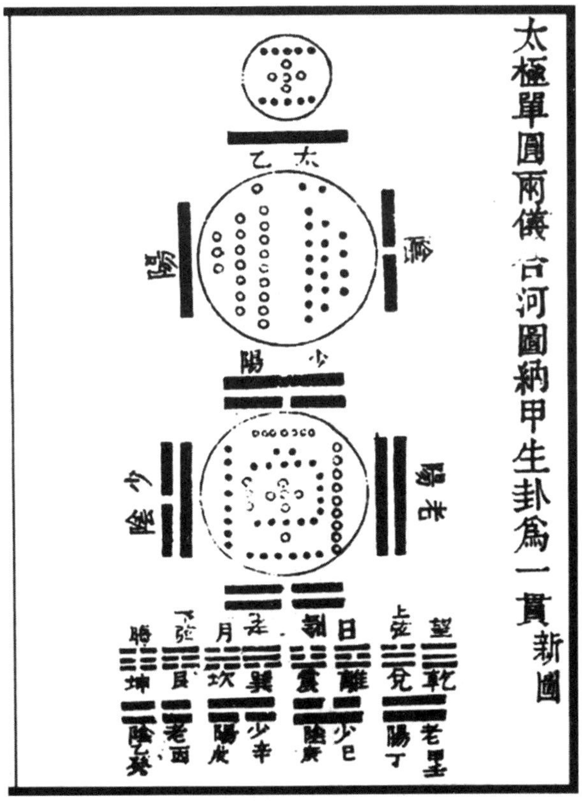

图 21　太极单圆两仪合河图纳甲生卦为一贯图
（冯道立《周易三极图贯》）

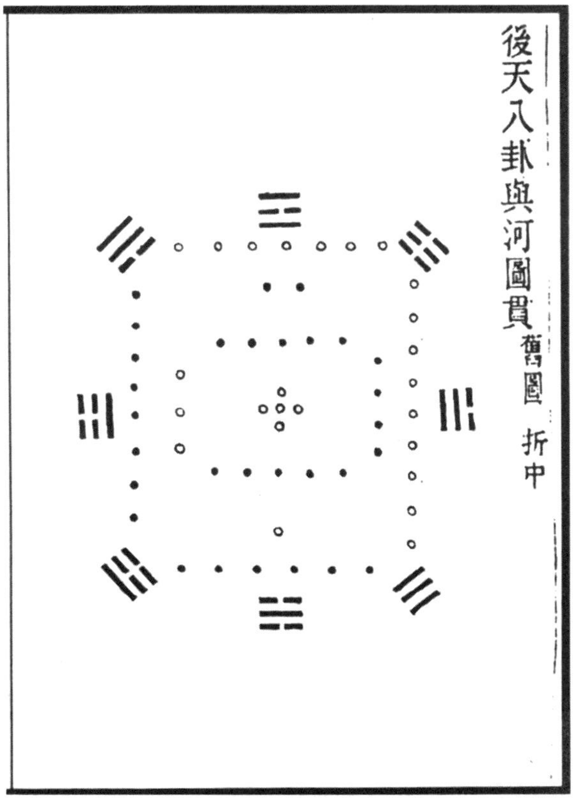

图 22　后天八卦与河图贯图
（冯道立《周易三极图贯》）

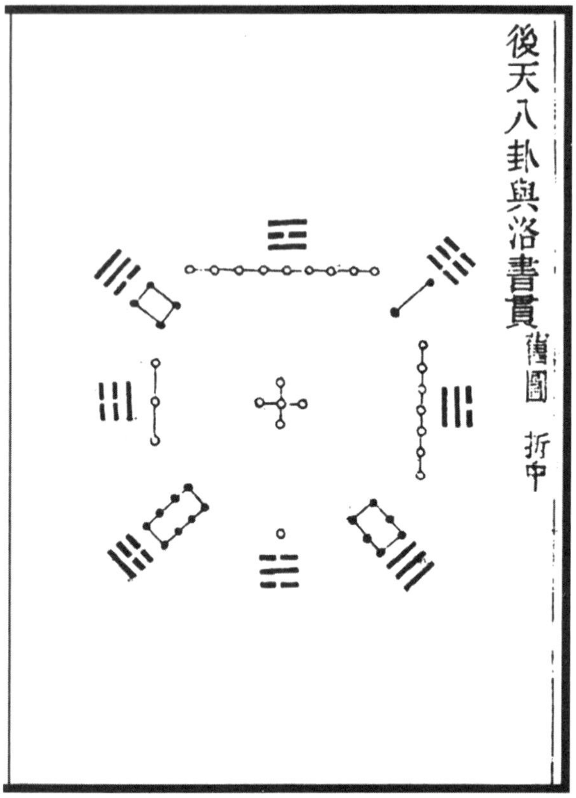

图 23　后天八卦与洛书贯图
（冯道立《周易三极图贯》）

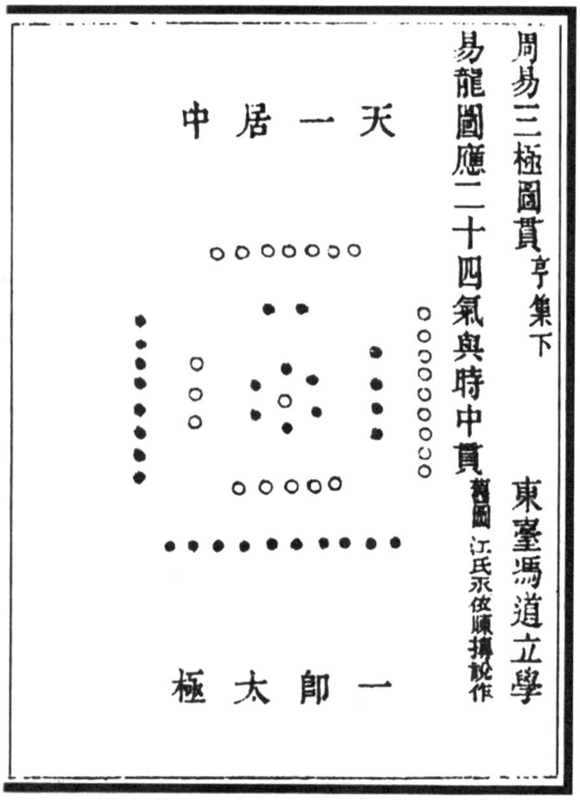

图 24　易龙图应二十四气与时中贯图
（冯道立《周易三极图贯》）

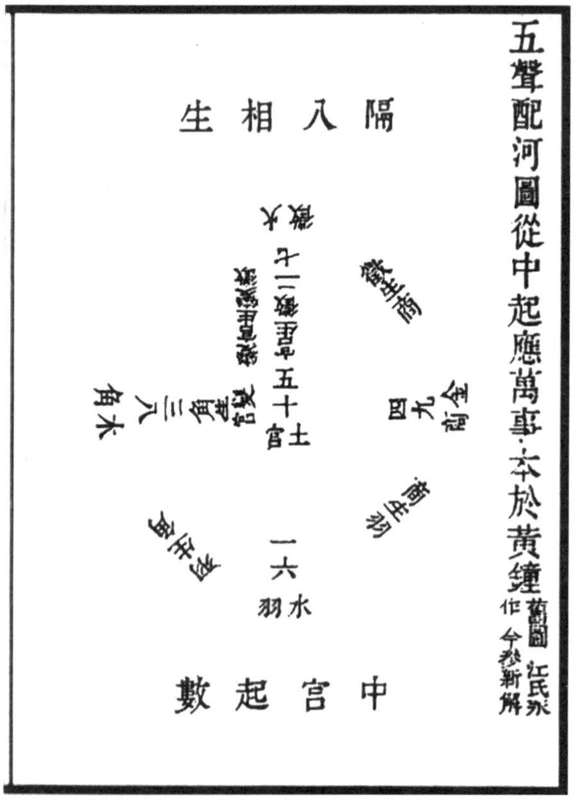

图 25　五声配河图从中起应万事本于黄钟图
（冯道立《周易三极图贯》）

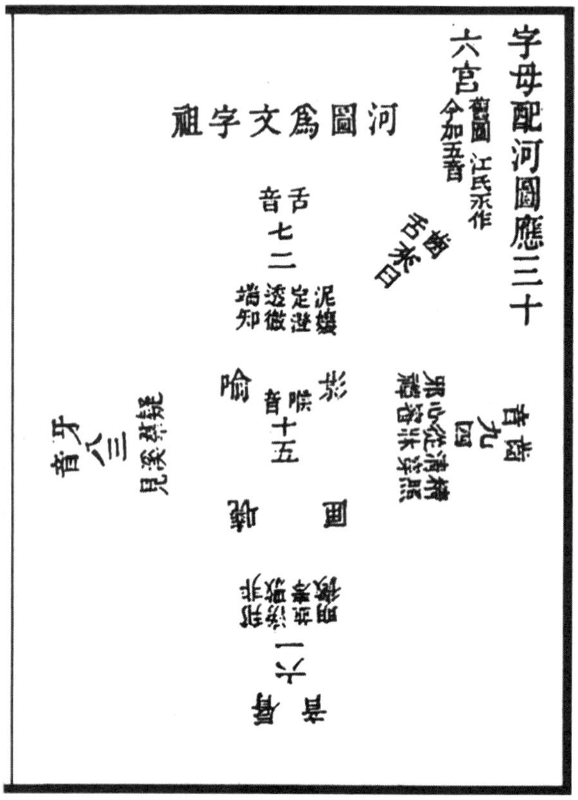

图 26　字母配河图应三十六宫图
（冯道立《周易三极图贯》）

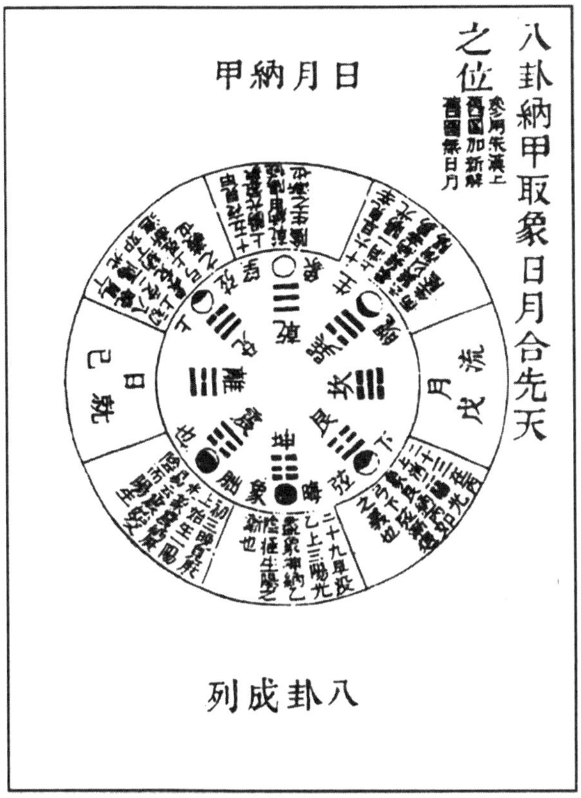

图 27　八卦纳甲取象日月合先天之位图
（冯道立《周易三极图贯》）

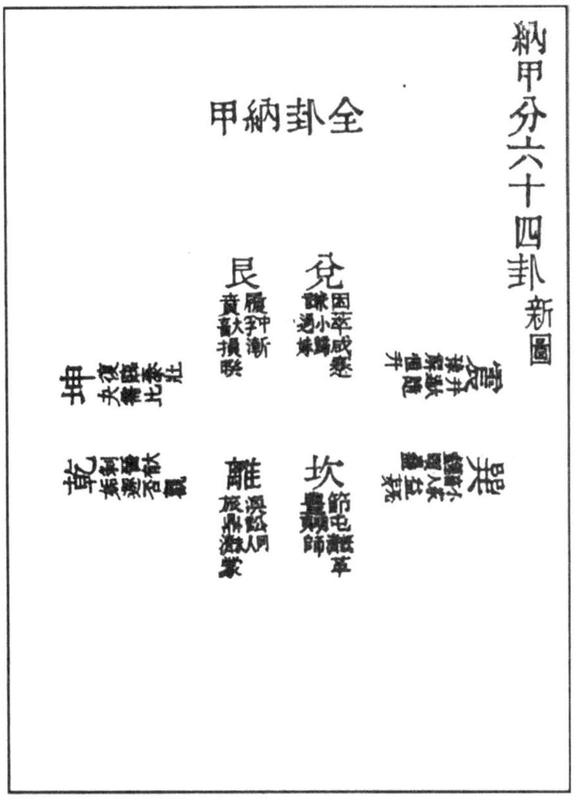

图 28　纳甲分六十四卦图
（冯道立《周易三极图贯》）

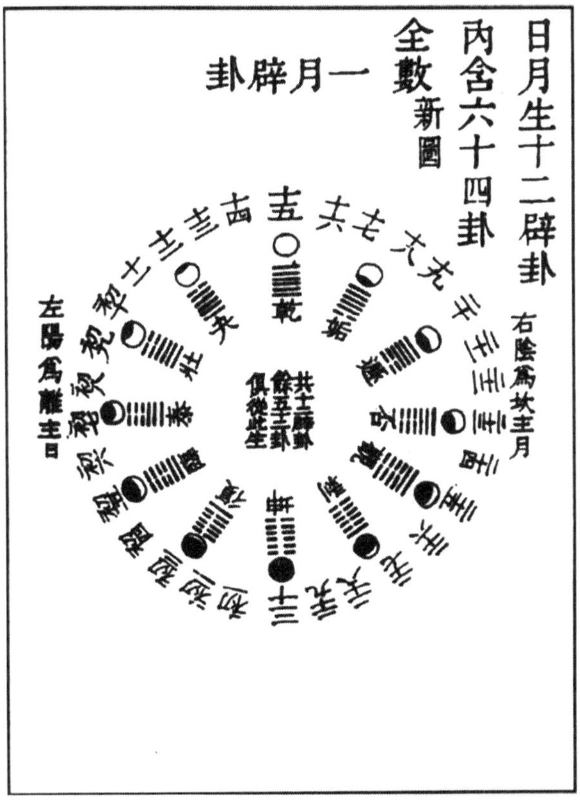

图 29　日月生十二辟卦内含六十四卦全数图
（冯道立《周易三极图贯》）

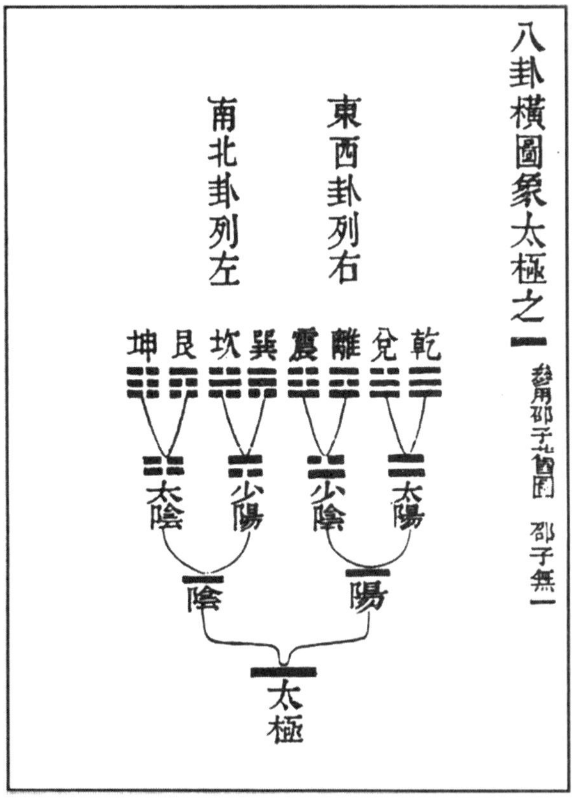

图 30　八卦横图象太极之阳爻图
（冯道立《周易三极图贯》）

图 31　八卦圆图象太极之圆图
（冯道立《周易三极图贯》）

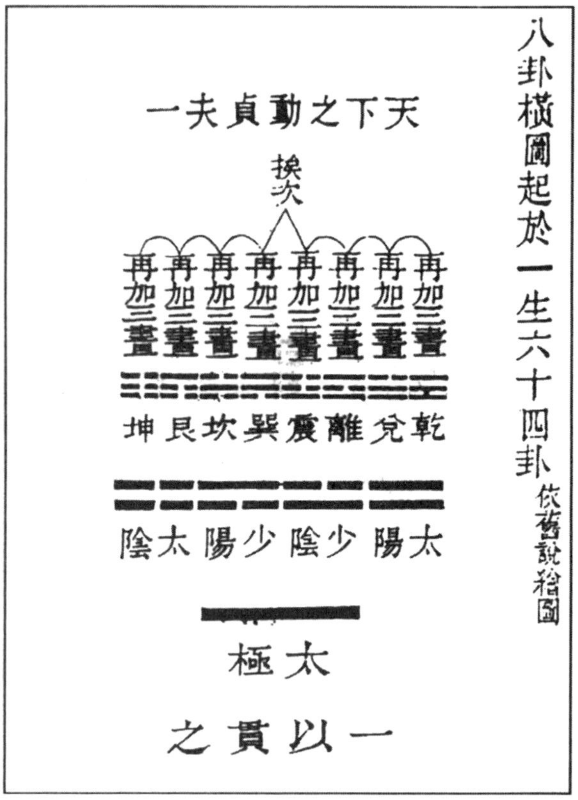

图 32　八卦横图起于一生六十四卦图
（冯道立《周易三极图贯》）

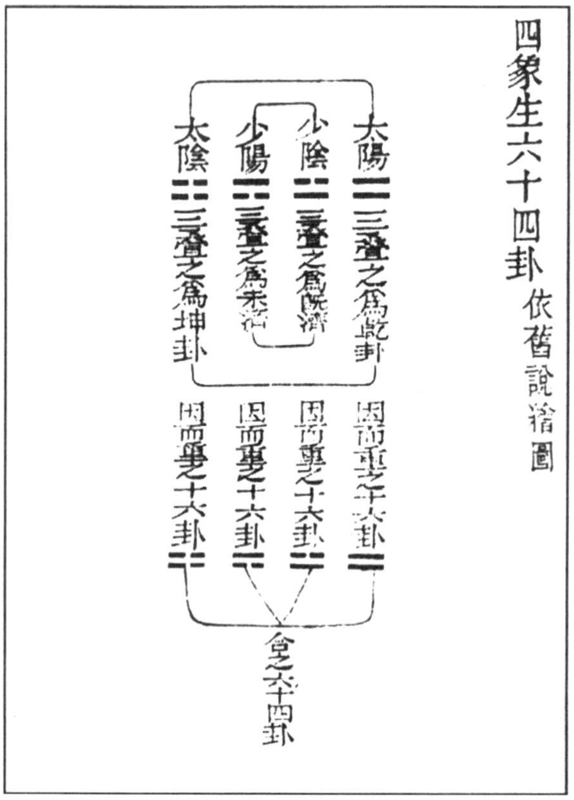

图 33　四象生六十四卦图
（冯道立《周易三极图贯》）

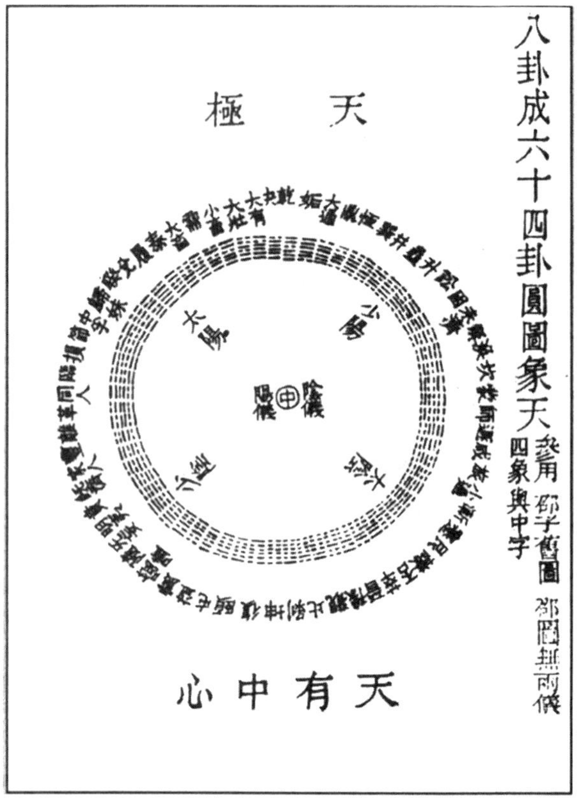

图 34　八卦成六十四卦圆图象天图
（冯道立《周易三极图贯》）

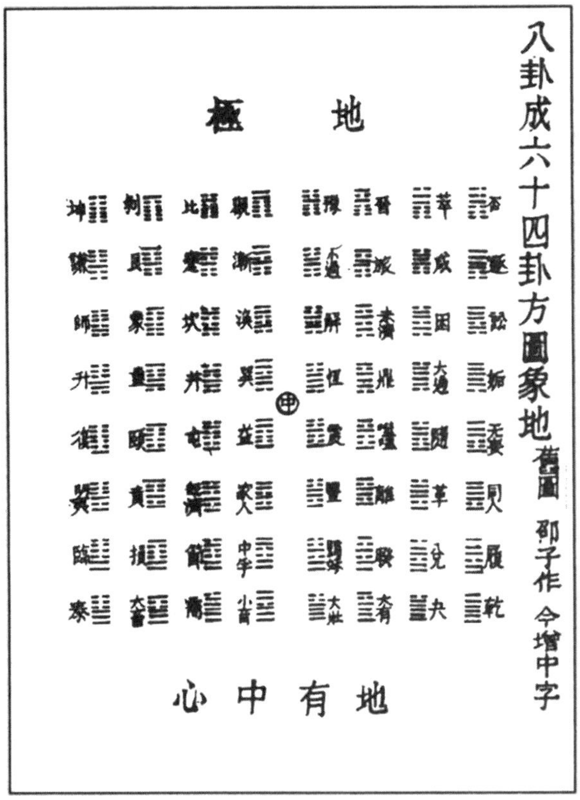

图 35　八卦成六十四卦方图象地图
（冯道立《周易三极图贯》）

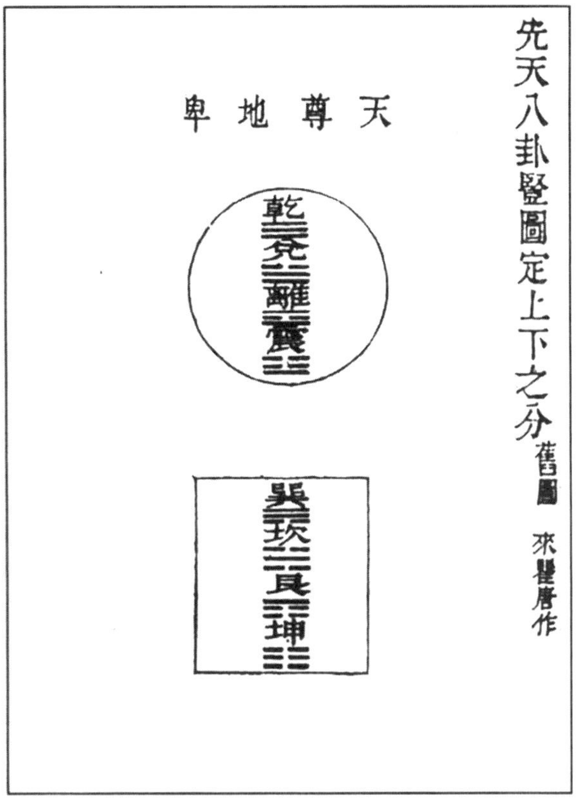

图 36　先天八卦竖图定上下之分图
（冯道立《周易三极图贯》）

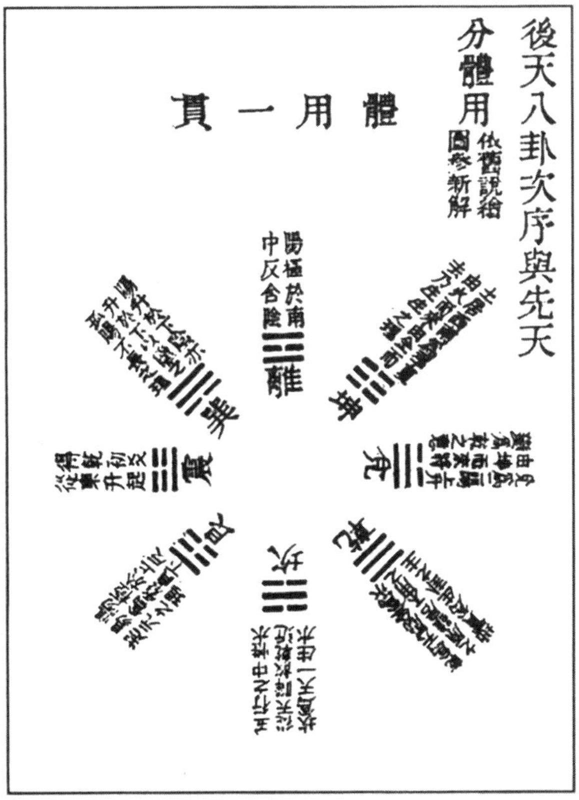

图 37　后天八卦次序与先天分体用图
（冯道立《周易三极图贯》）

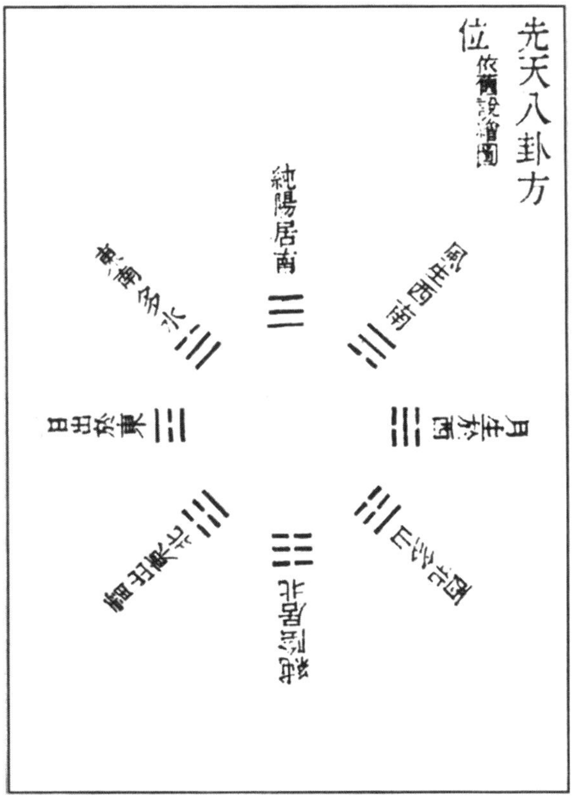

图 38　先天八卦方位图
（冯道立《周易三极图贯》）

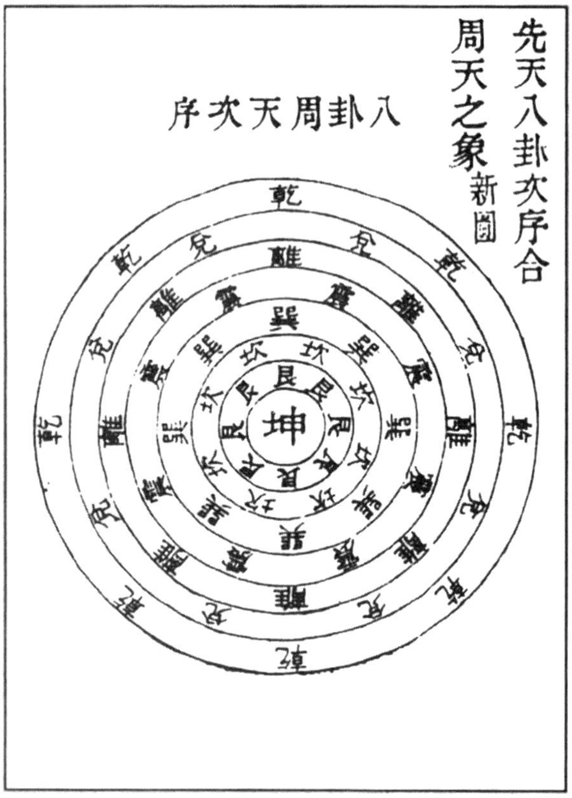

图 39　先天八卦次序合周天之象图
（冯道立《周易三极图贯》）

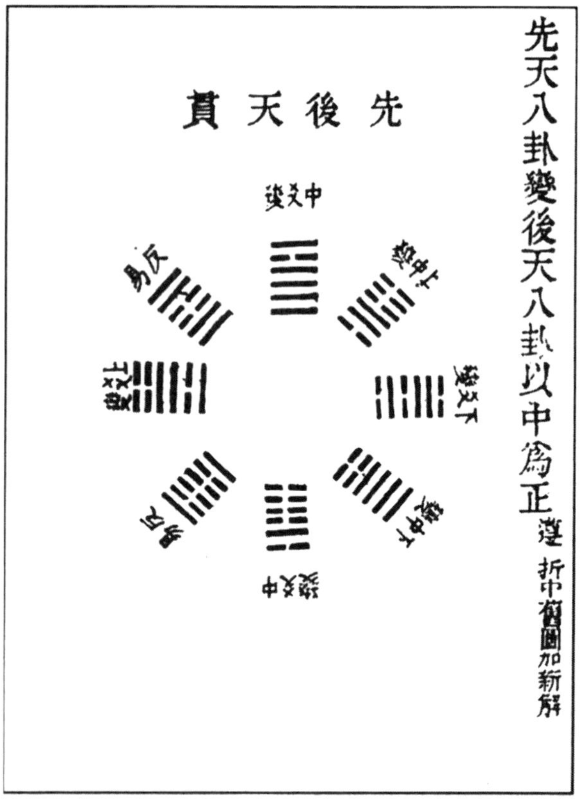

图 40　先天八卦变后天八卦以中为正图
（冯道立《周易三极图贯》）

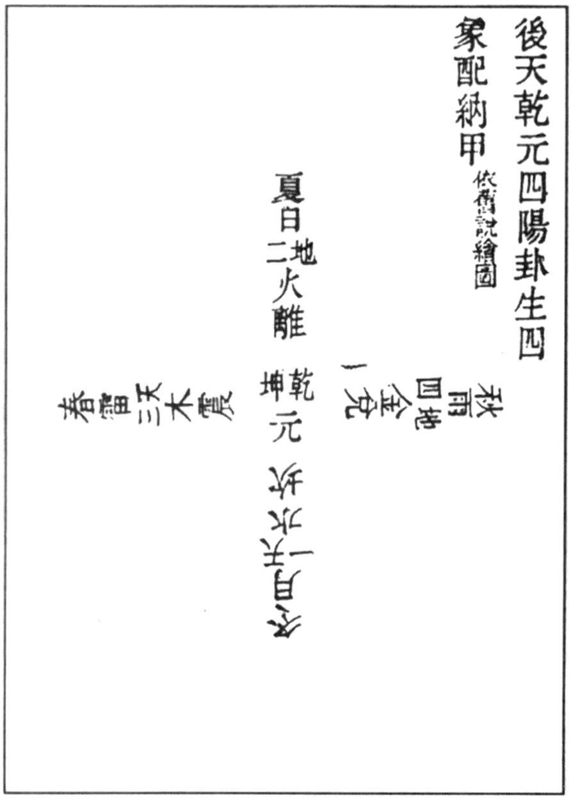

图 41　后天乾元四阳卦生四象配纳甲图
（冯道立《周易三极图贯》）

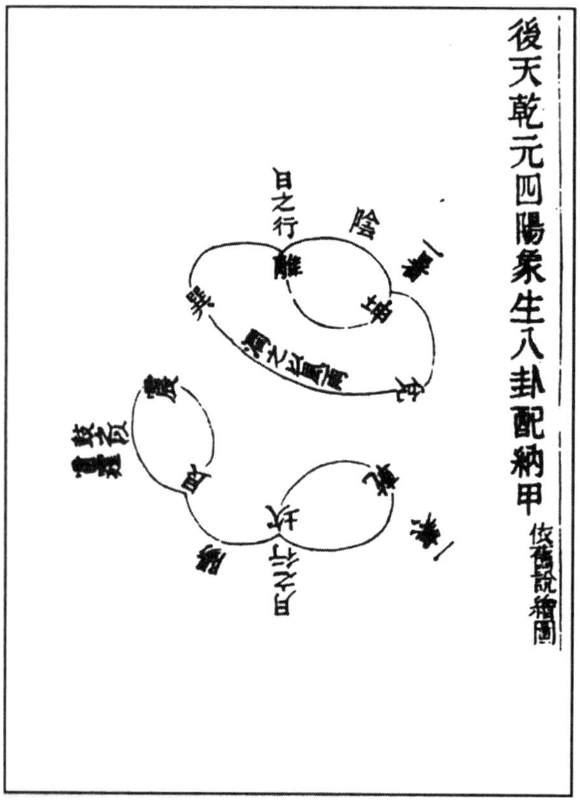

图 42　后天乾元四阳象生八卦配纳甲图
（冯道立《周易三极图贯》）

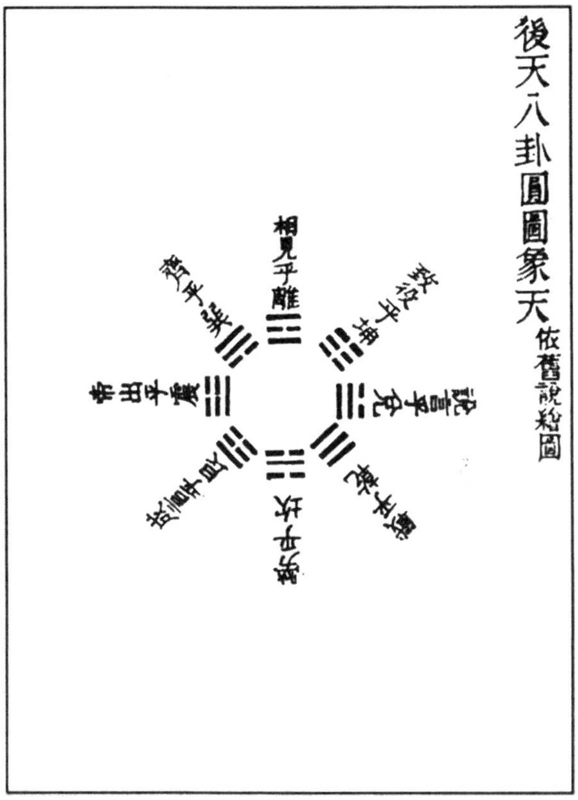

图 43　后天八卦圆图象天图

（冯道立《周易三极图贯》）

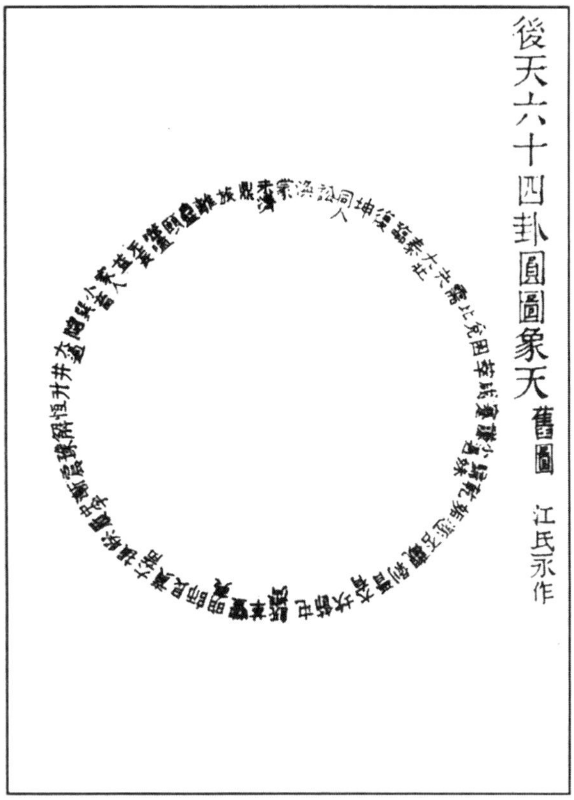

图 44　后天六十四卦圆图象天图

（冯道立《周易三极图贯》）

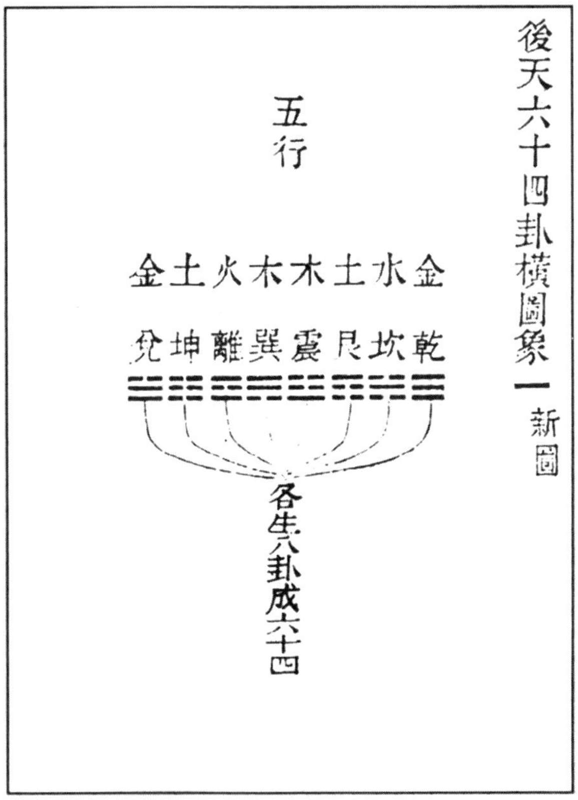

图 45　后天六十四卦横图象阳爻图

（冯道立《周易三极图贯》）

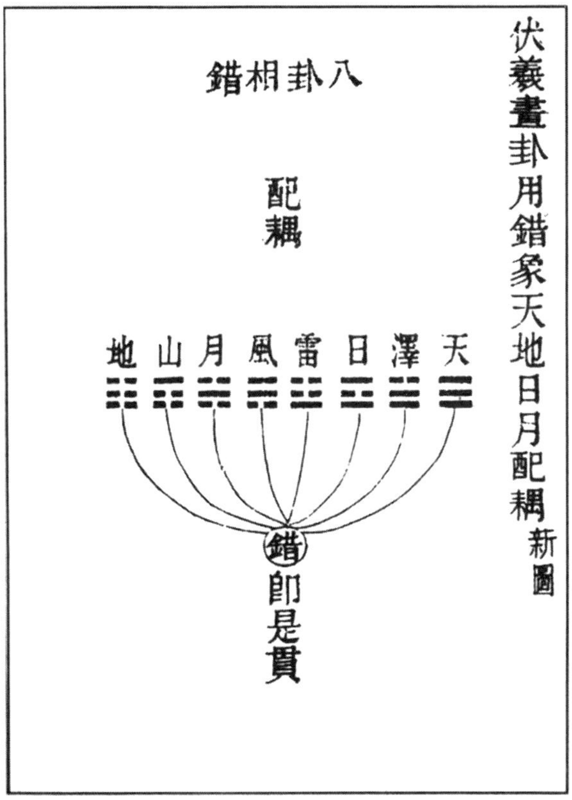

图 46　伏羲画卦用错象天地日月配偶图

（冯道立《周易三极图贯》）

图 47　文王序卦用综象天地日月上下图
（冯道立《周易三极图贯》）

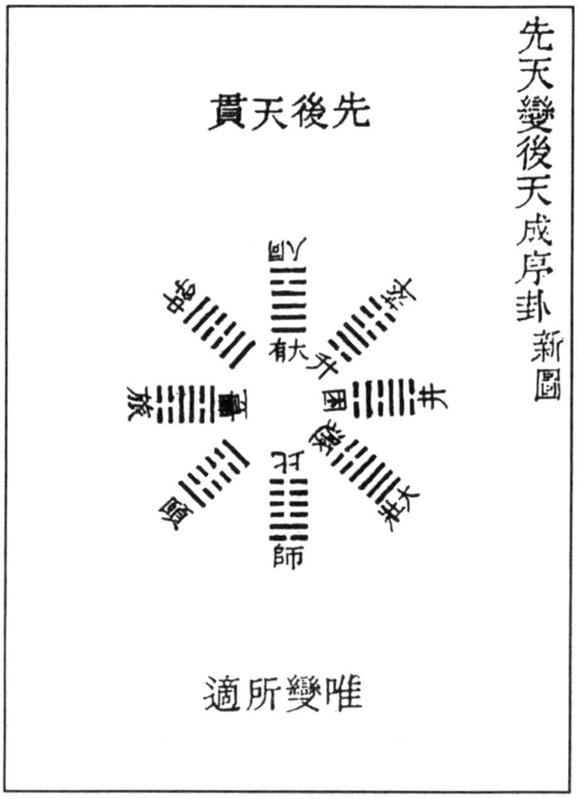

图 48　先天变后天成序卦图
（冯道立《周易三极图贯》）

图 49　纳甲相连成序卦图
（冯道立《周易三极图贯》）

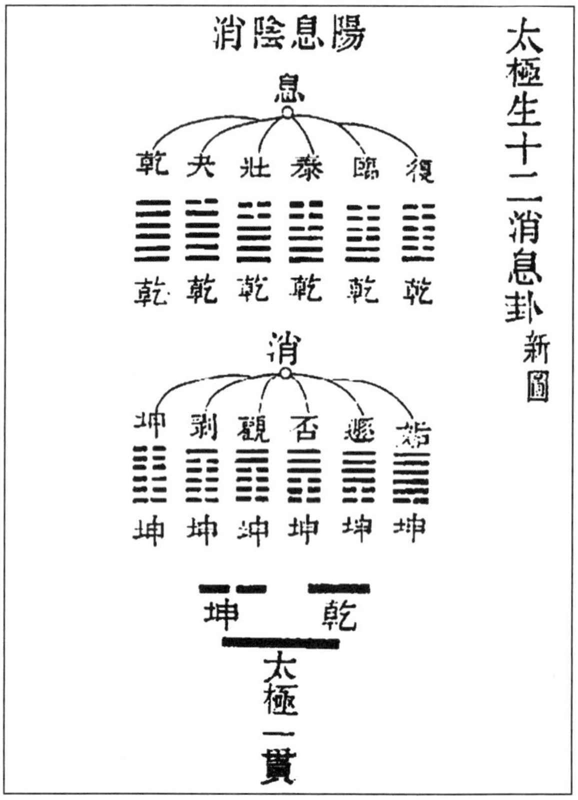

图 50　太极生十二消息卦图
（冯道立《周易三极图贯》）

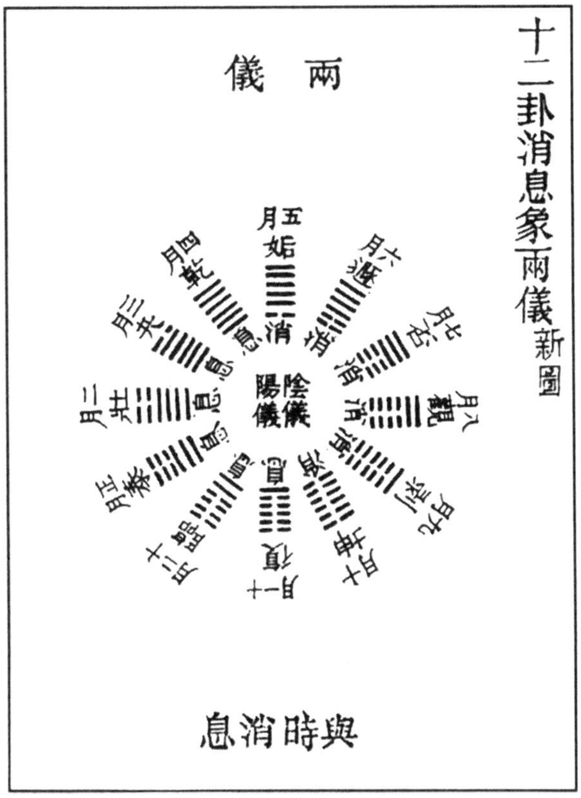

图 51　十二卦消息象两仪图
（冯道立《周易三极图贯》）

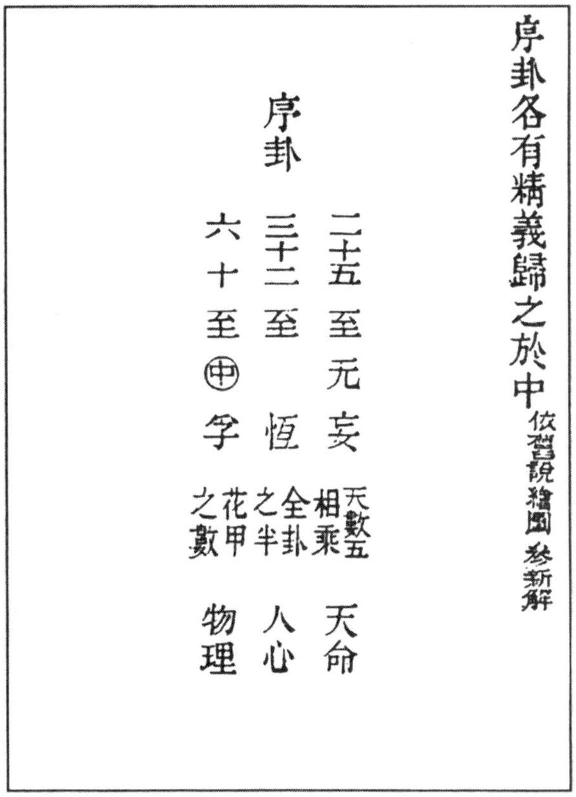

图 52　序卦各有精义归之于中图
（冯道立《周易三极图贯》）

图 53　乾坤六爻为十二消息图
（冯道立《周易三极图贯》）

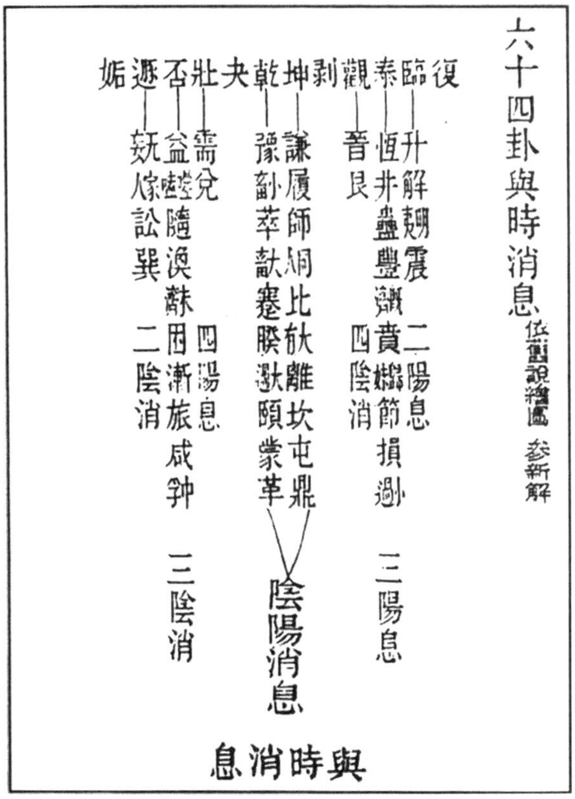

图 54　六十四卦与时消息图
（冯道立《周易三极图贯》）

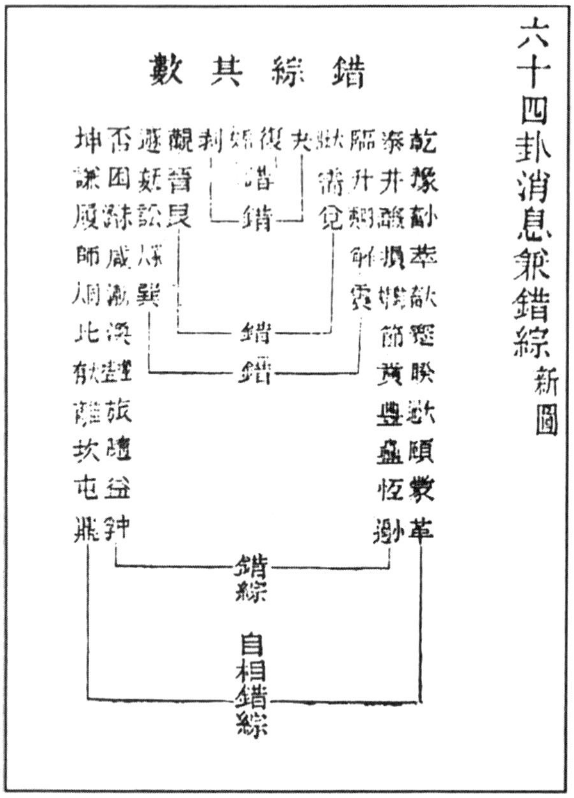

图 55　六十四卦消息兼错综图
（冯道立《周易三极图贯》）

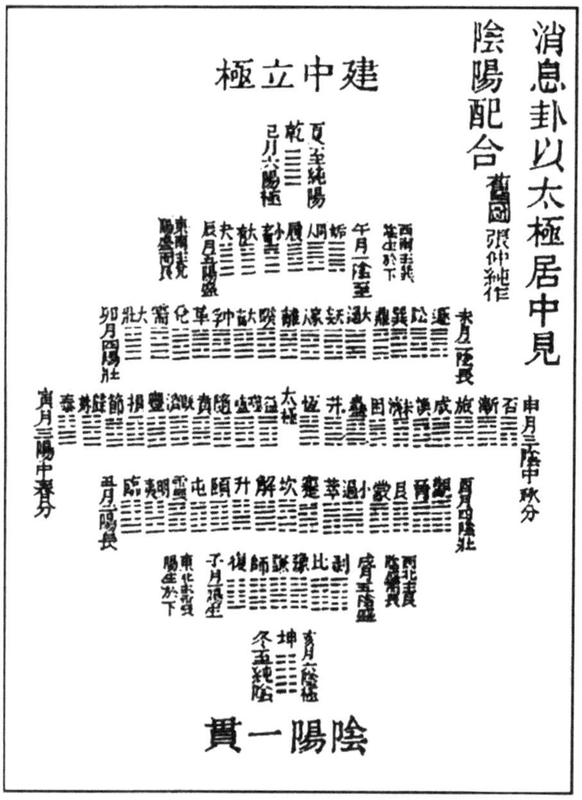

图 56　消息卦以太极居中见阴阳配合图
（冯道立《周易三极图贯》）

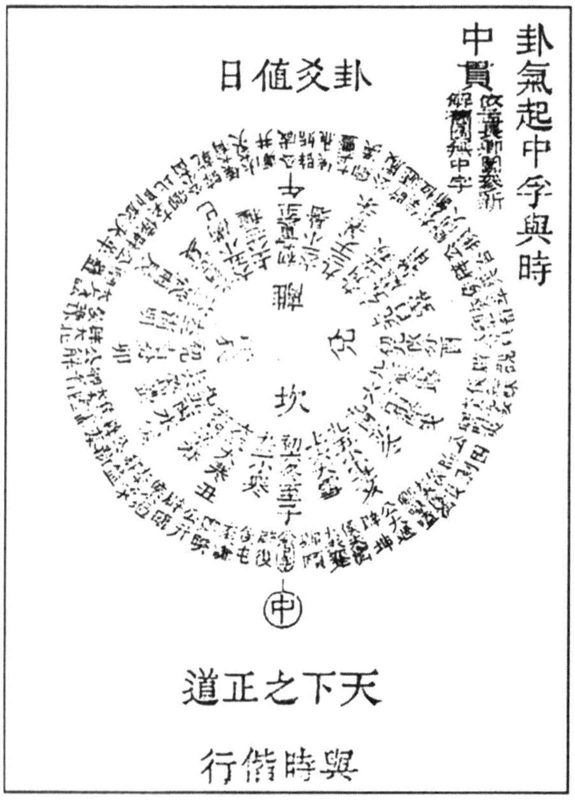

图 57　卦气起中孚与时中贯图
（冯道立《周易三极图贯》）

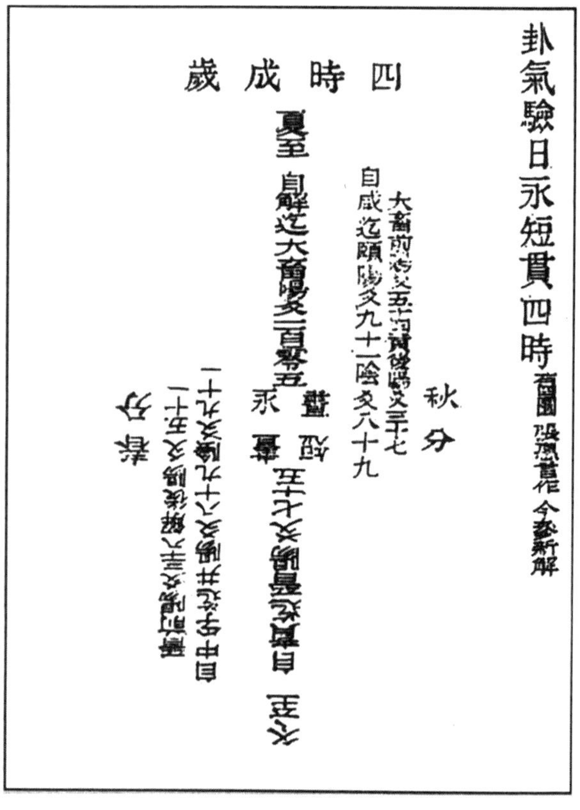

图 58　卦气验日永短贯四时图
（冯道立《周易三极图贯》）

图 59 八卦主二十四气以时为定图
（冯道立《周易三极图贯》）

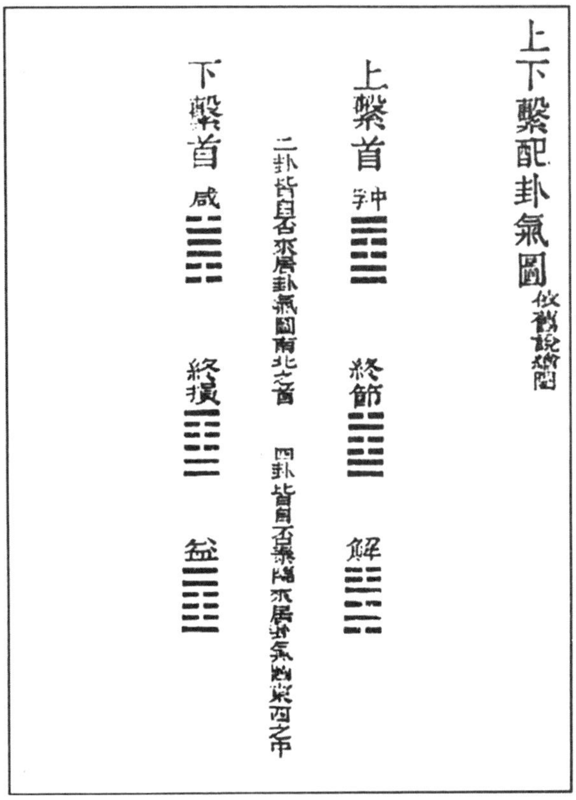

图 60 上下系配卦气图
（冯道立《周易三极图贯》）

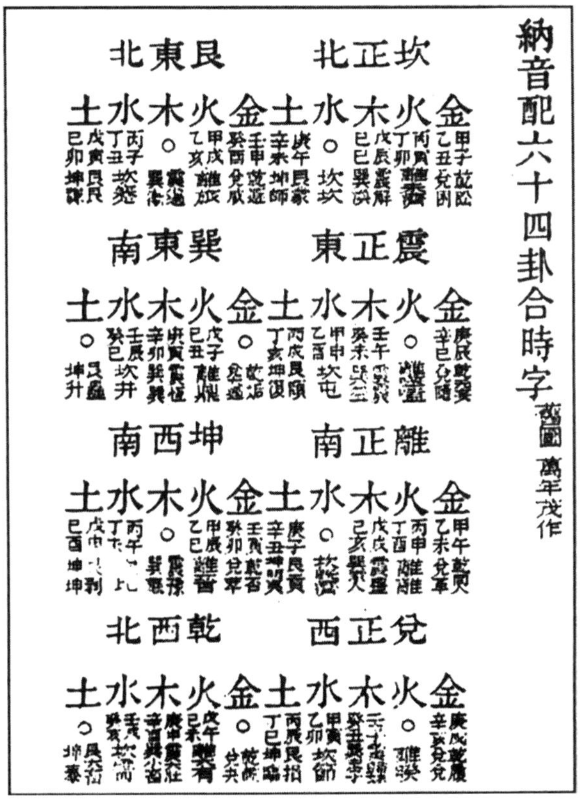

图 61 纳音配六十四卦合时字图
（冯道立《周易三极图贯》）

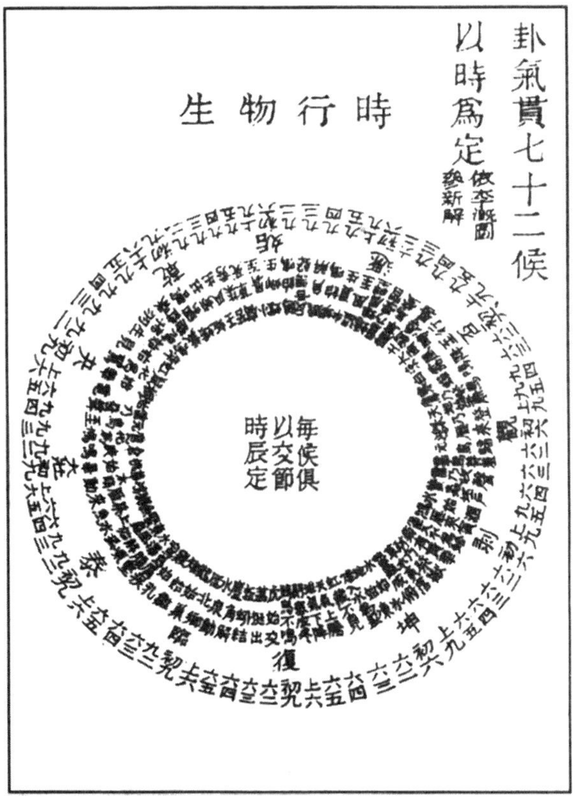

图 62 卦气贯七十二候以时为定图
（冯道立《周易三极图贯》）

图 63　六十四卦贞辰图与时中贯图
（冯道立《周易三极图贯》）

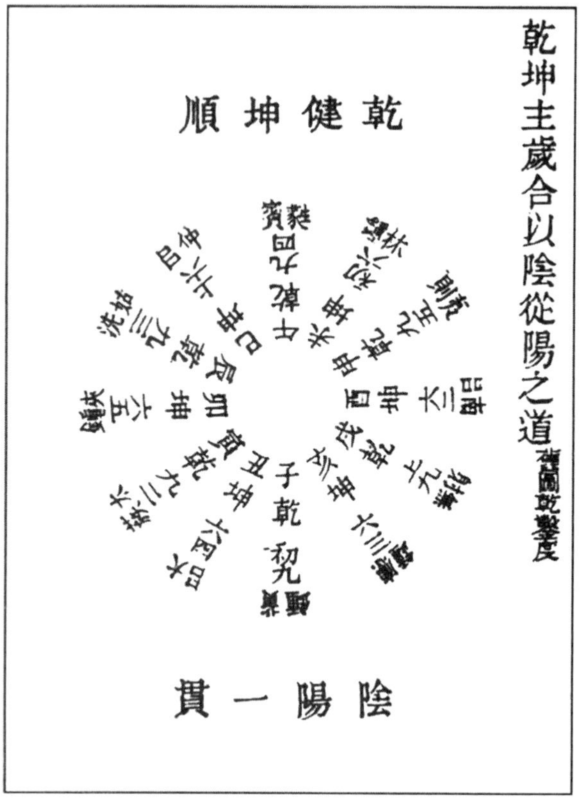

图 64　乾坤主岁合以阴从阳之道图
（冯道立《周易三极图贯》）

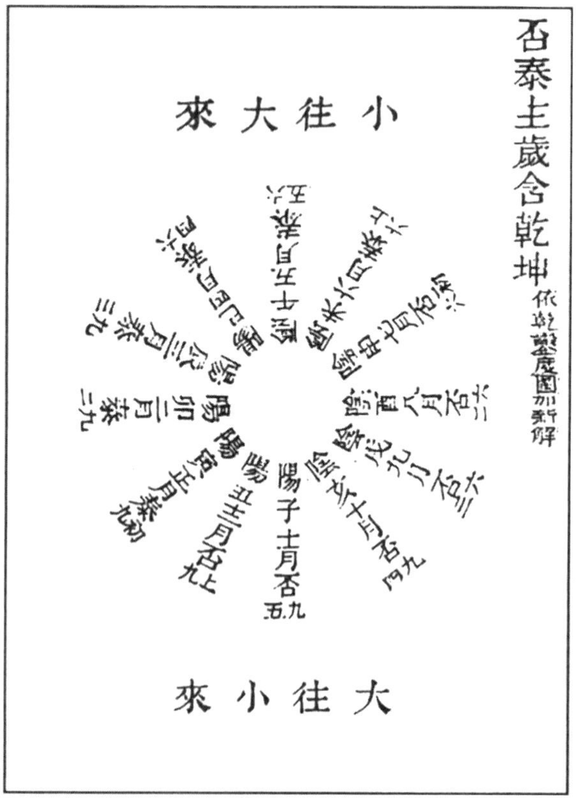

图 65　否泰主岁含乾坤图
（冯道立《周易三极图贯》）

图 66　爻辰应二十八宿见众星共辰图
（冯道立《周易三极图贯》）

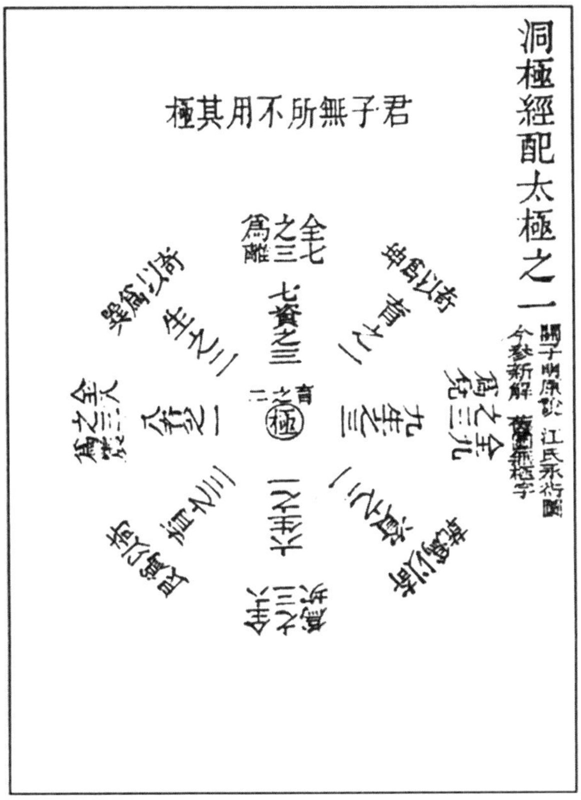

图 67　洞极经配太极之一图
（冯道立《周易三极图贯》）

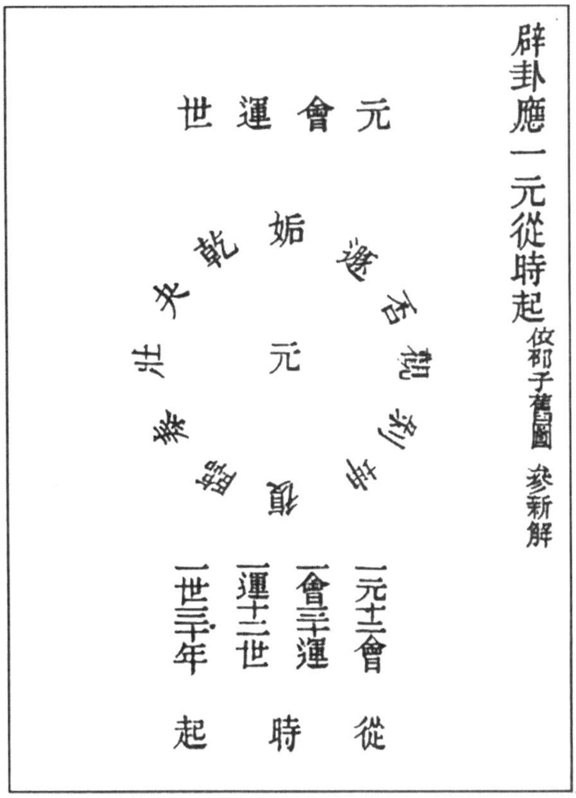

图 68　辟卦应一元从时起图
（冯道立《周易三极图贯》）

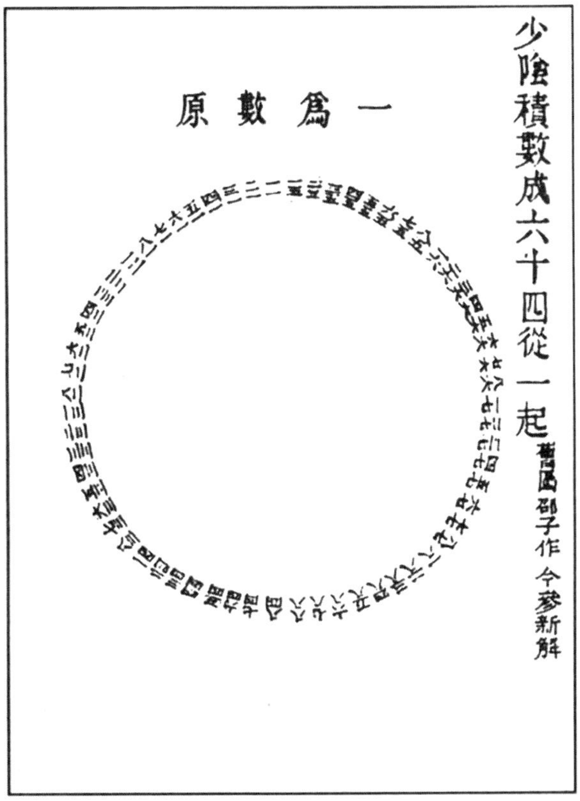

图 69　少阴积数成六十四从一起图
（冯道立《周易三极图贯》）

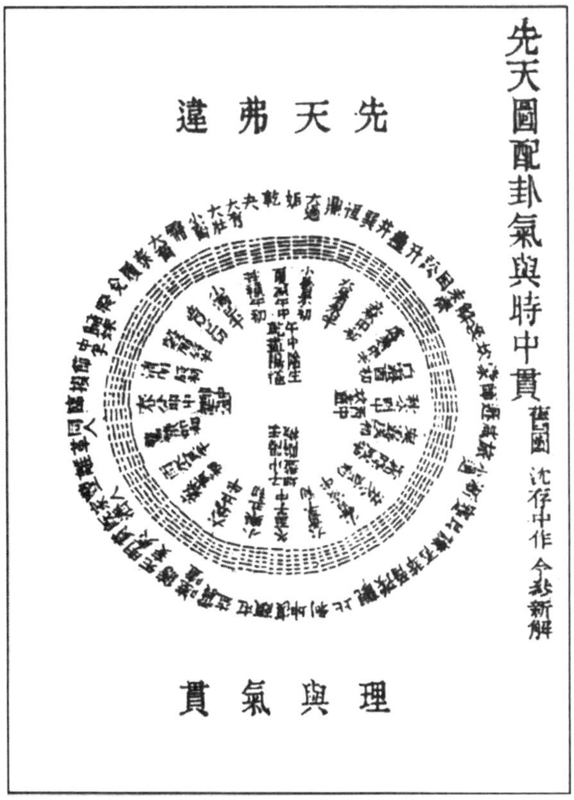

图 70　先天图配卦气与时中贯图
（冯道立《周易三极图贯》）

图 71　六琯验卦气以时为定图
（冯道立《周易三极图贯》）

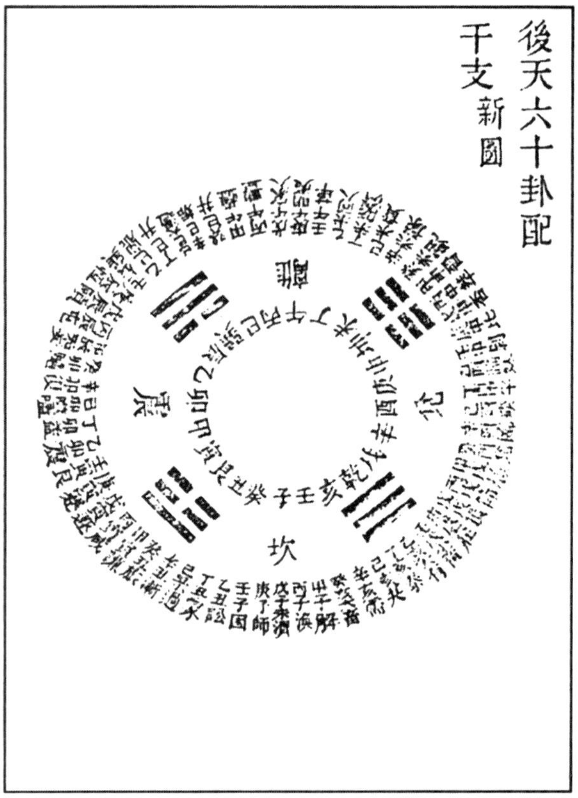

图 72　后天六十卦配干支图
（冯道立《周易三极图贯》）

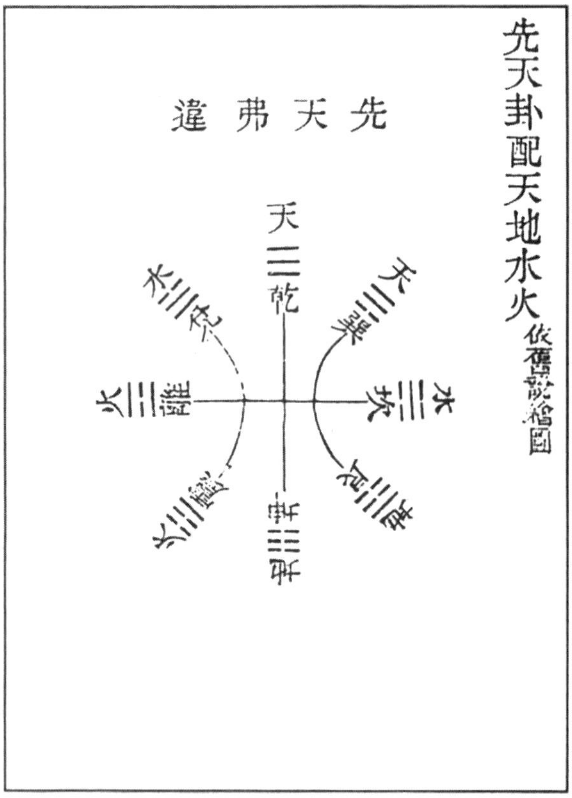

图 73　先天卦配天地水火图
（冯道立《周易三极图贯》）

图 74　后天卦配天地水火图
（冯道立《周易三极图贯》）

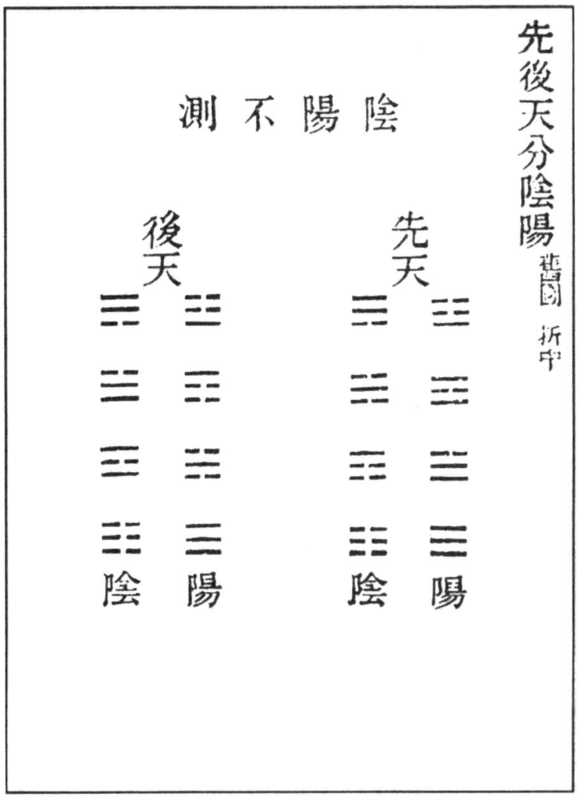

图 75　先后天分阴阳图
（冯道立《周易三极图贯》）

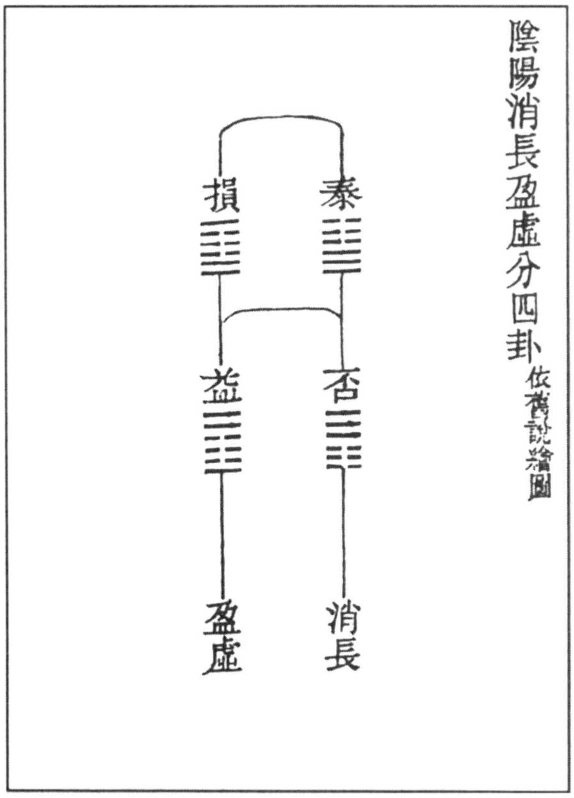

图 76　阴阳消长盈虚分四卦图
（冯道立《周易三极图贯》）

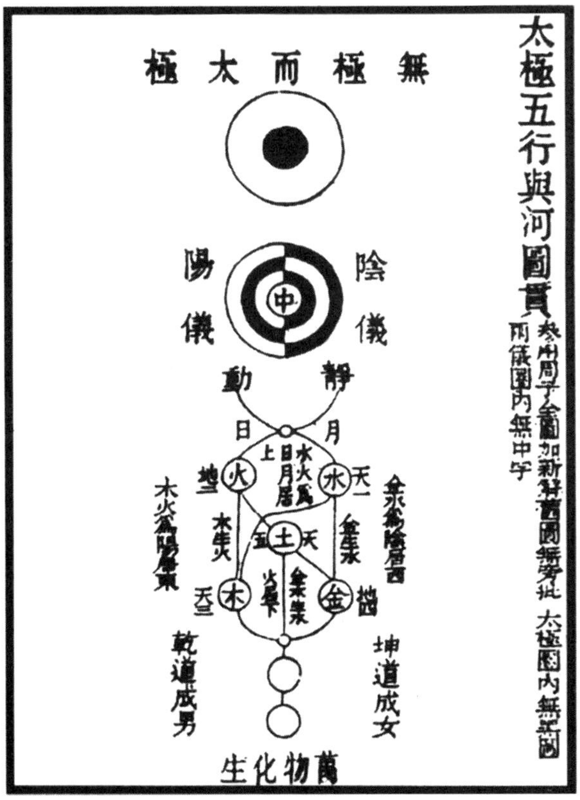

图 77　太极五行与河图贯图
（冯道立《周易三极图贯》）

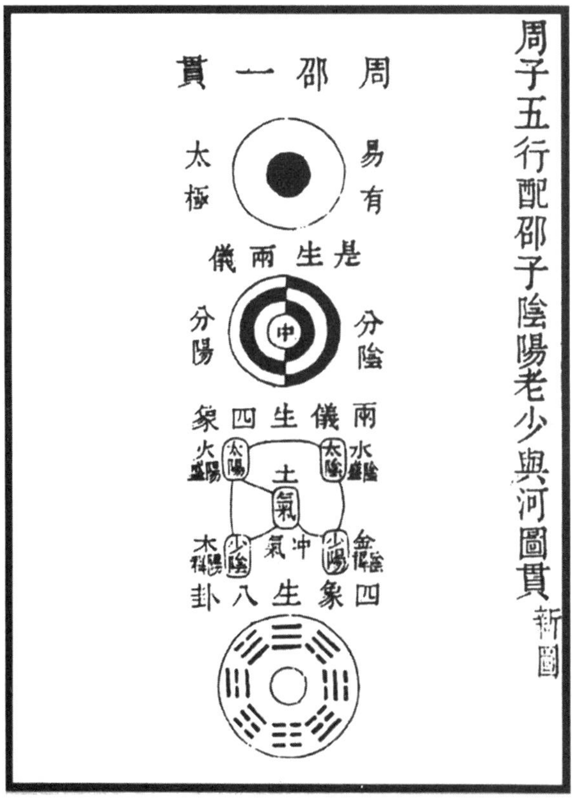

图 78　周子五行配邵子阴阳老少与河图贯图
（冯道立《周易三极图贯》）

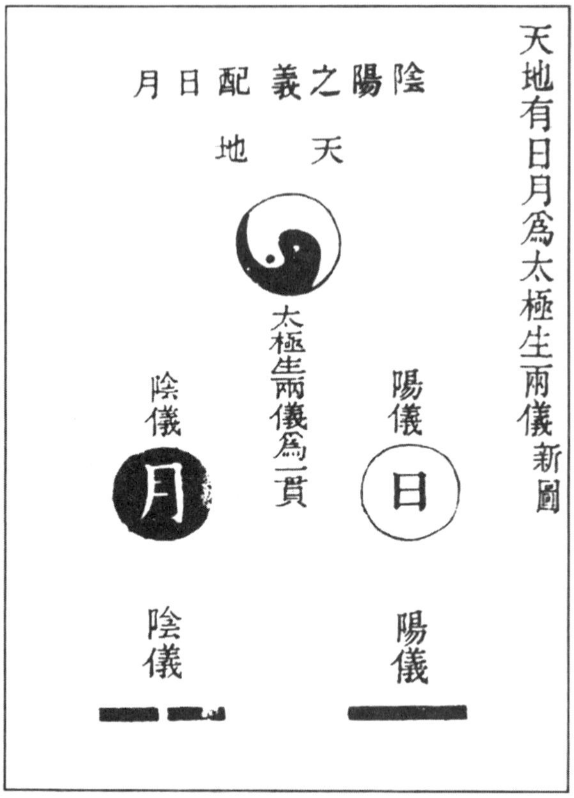

图 79　天地有日月为太极生两仪图
（冯道立《周易三极图贯》）

图 80　太极圆图天地交错为一贯图
（冯道立《周易三极图贯》）

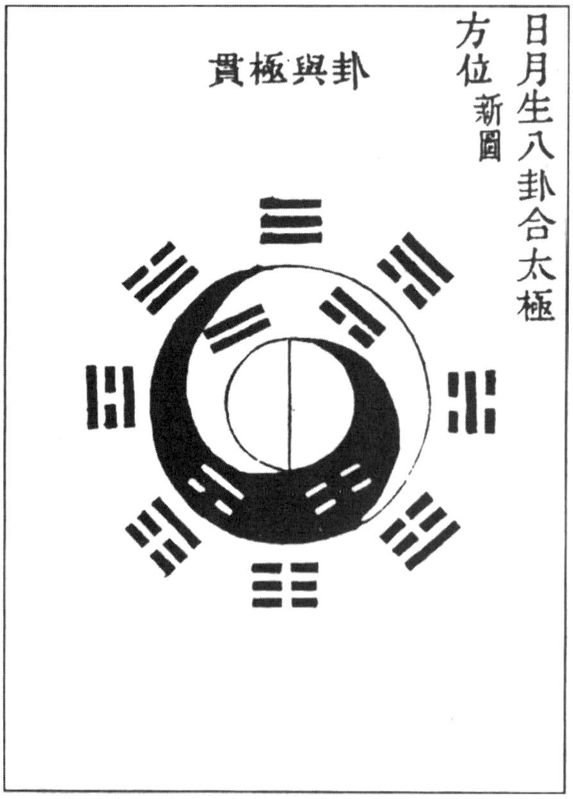

图 81　日月生八卦合太极方位图
（冯道立《周易三极图贯》）

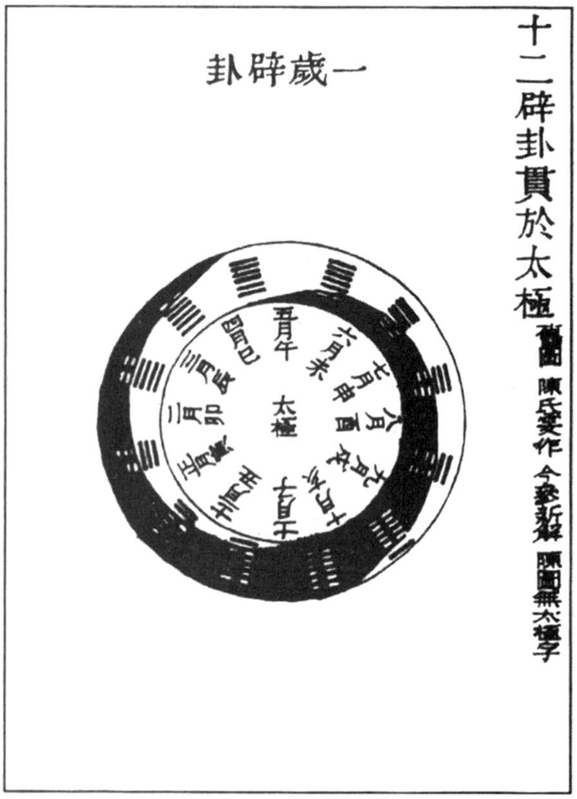

图 82　十二辟卦贯于太极图
（冯道立《周易三极图贯》）

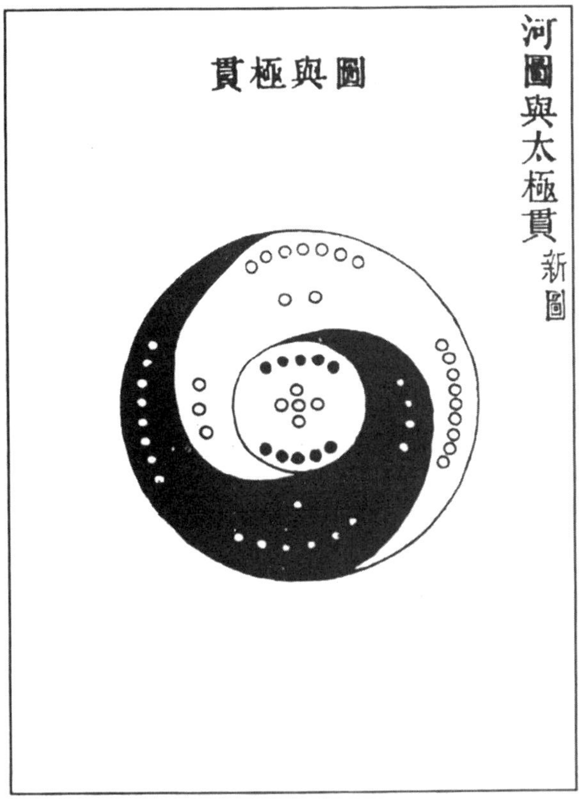

图 83　河图与太极贯图
（冯道立《周易三极图贯》）

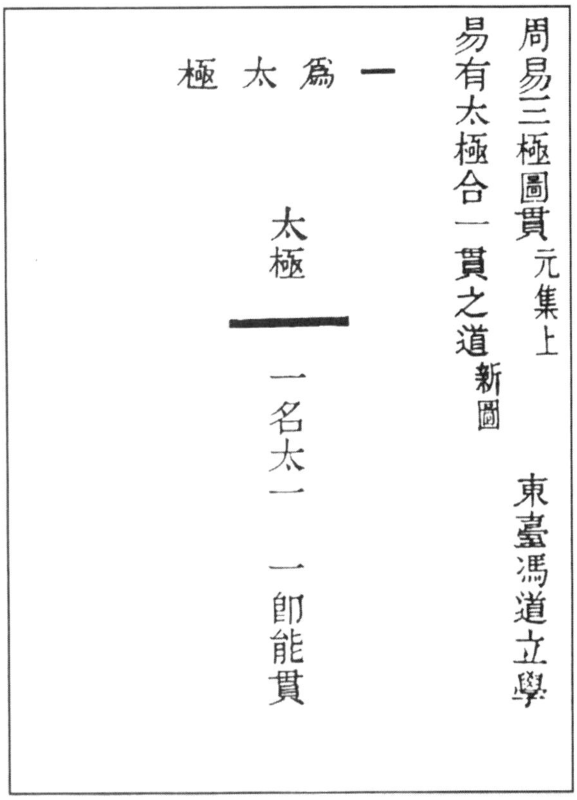

图 84　易有太极合一贯之道图
（冯道立《周易三极图贯》）

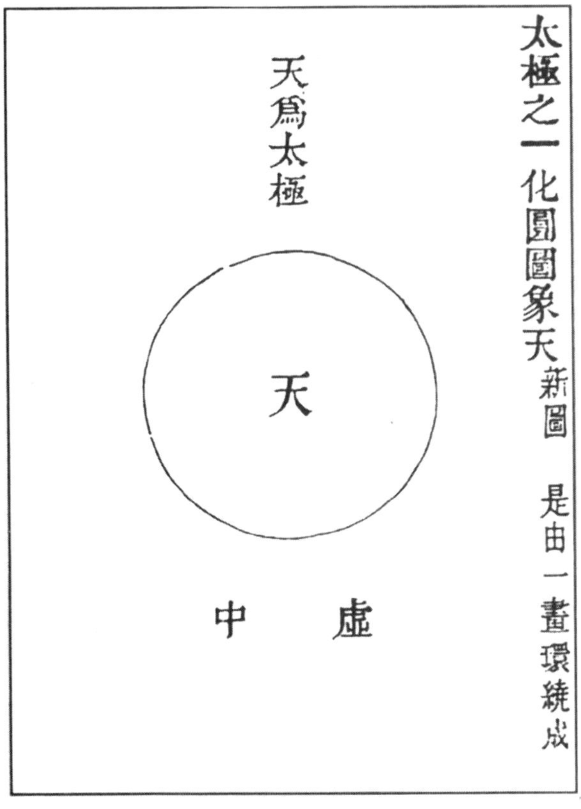

图 85　太极之阳爻化圆图象天图
（冯道立《周易三极图贯》）

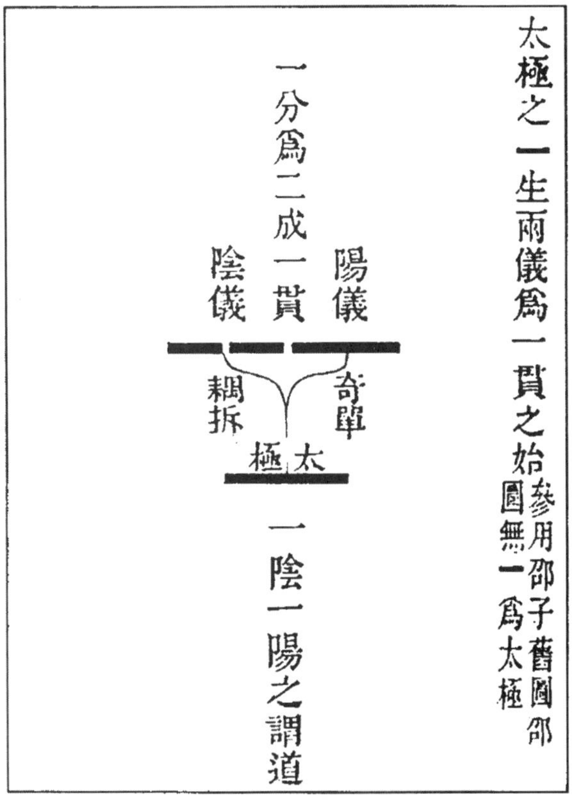

图 86　太极之阳爻生两仪为一贯之始图
（冯道立《周易三极图贯》）

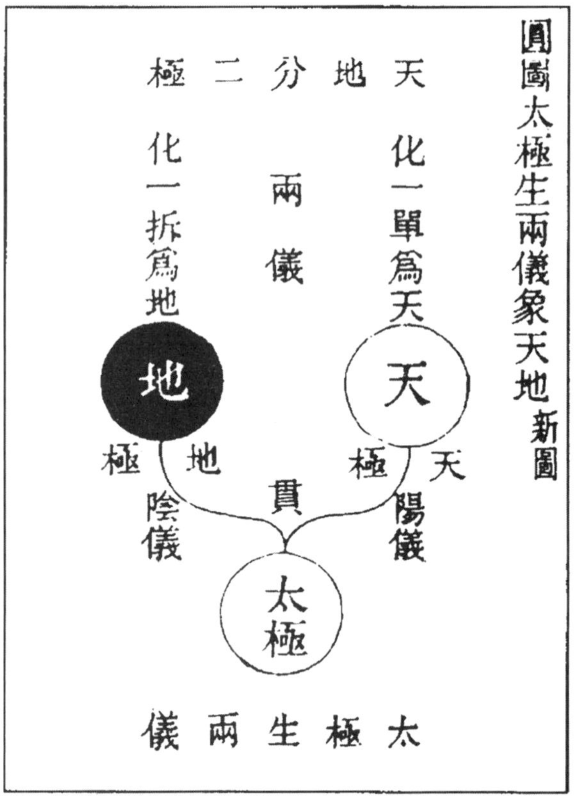

图 87　圆图太极生两仪象天地图
（冯道立《周易三极图贯》）

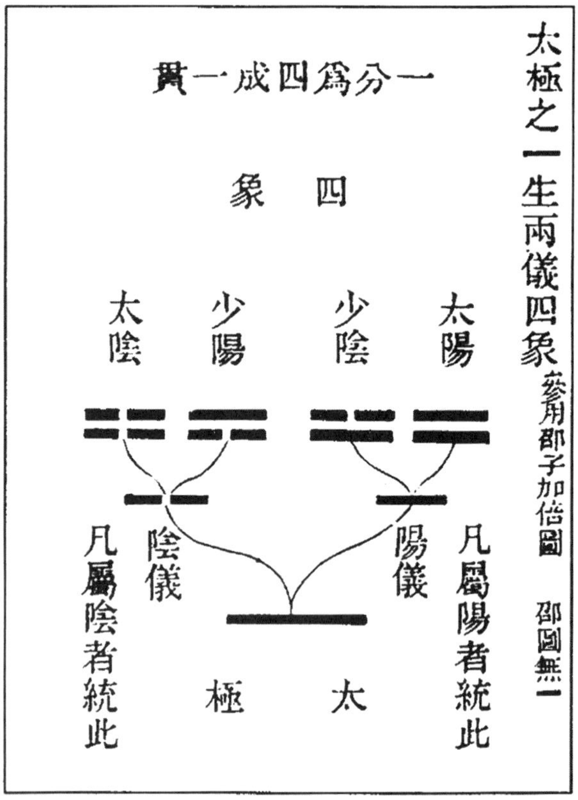

图 88　太极之阳爻生两仪四象图
（冯道立《周易三极图贯》）

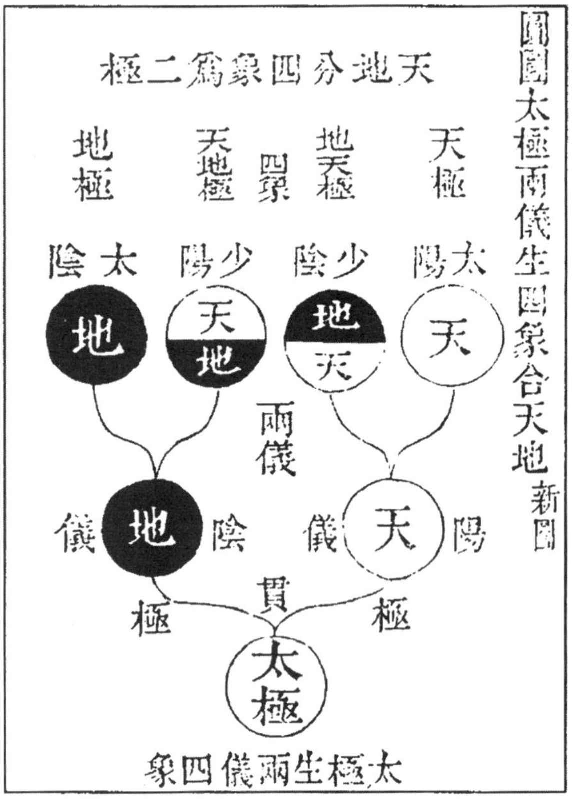

图 89　圆图太极两仪生四象合天地图
（冯道立《周易三极图贯》）

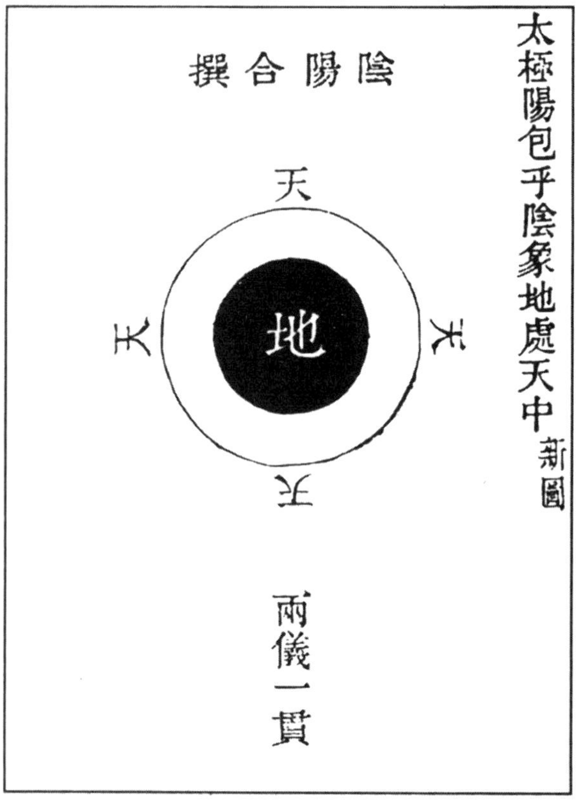

图 90　太极阳包乎阴象地处天中图
（冯道立《周易三极图贯》）

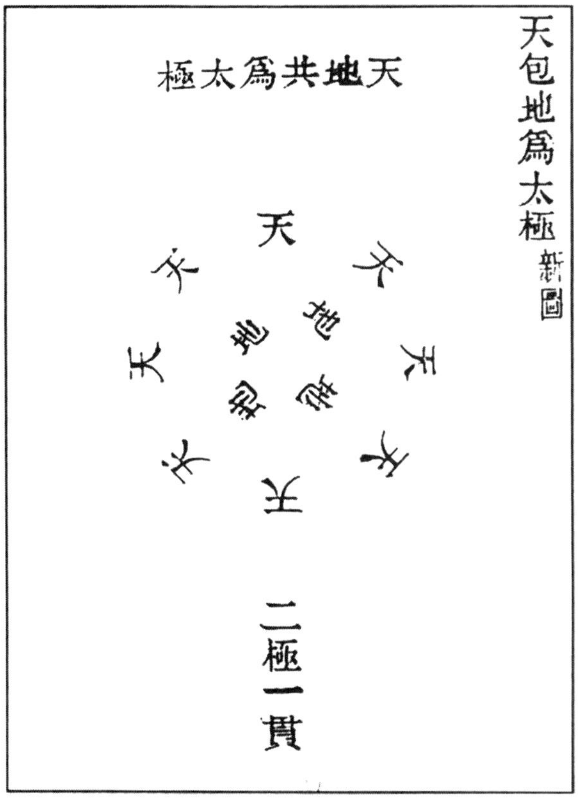

图 91　天包地为太极图
（冯道立《周易三极图贯》）

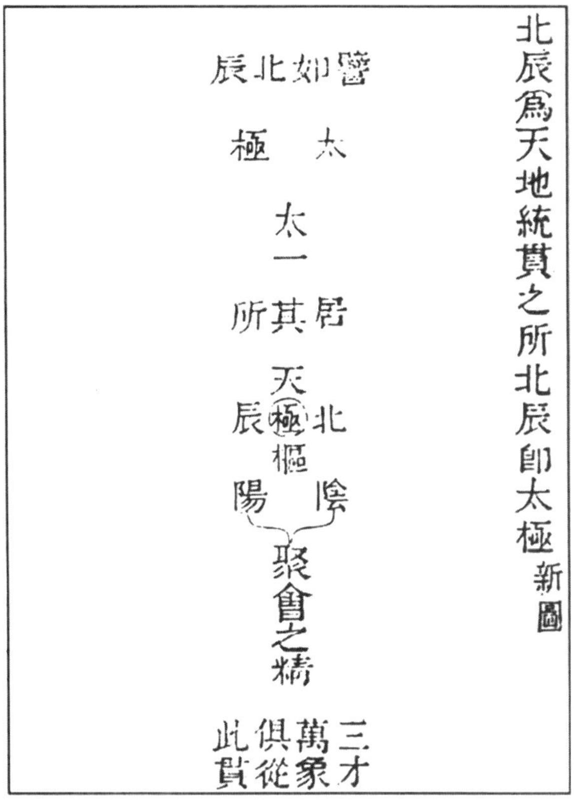

图 92　北辰为天地统贯之所北辰即太极图
（冯道立《周易三极图贯》）

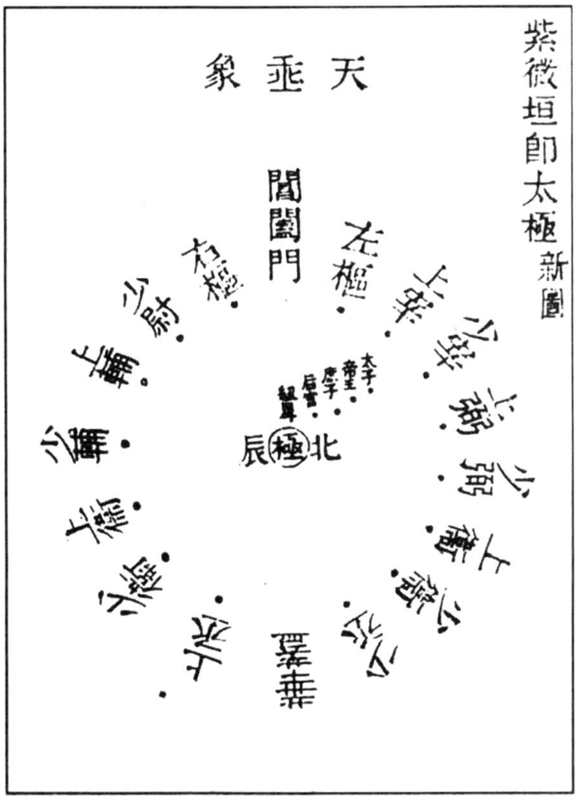

图 93　紫微垣即太极图
（冯道立《周易三极图贯》）

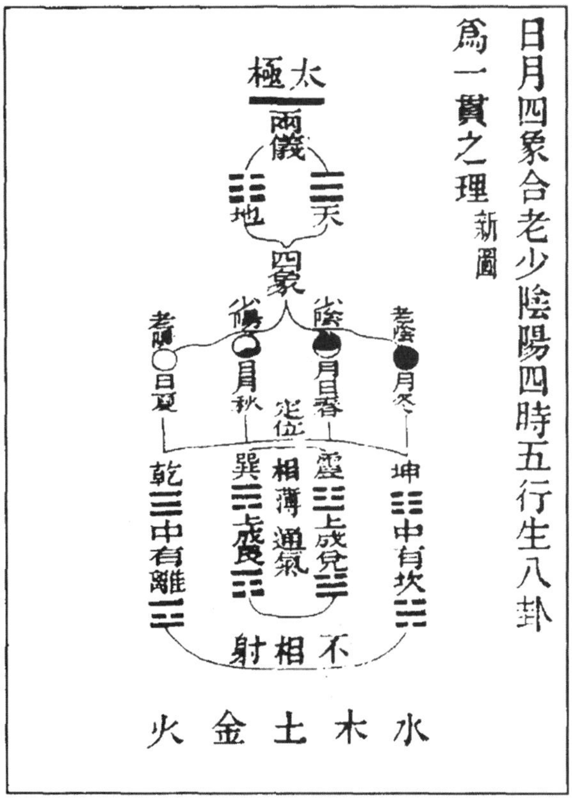

图 94　日月四象合老少阴阳四时五行生八卦为一贯之理图
（冯道立《周易三极图贯》）

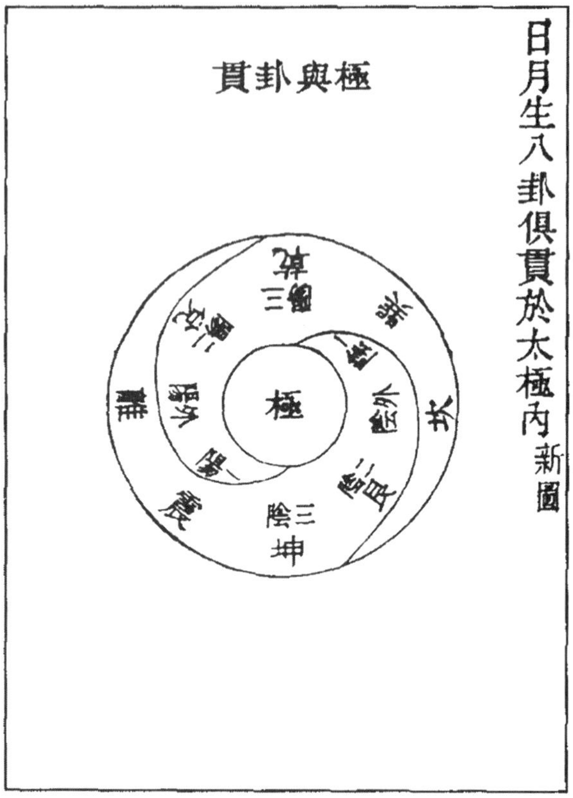

图 95　日月生八卦俱贯于太极内图
（冯道立《周易三极图贯》）

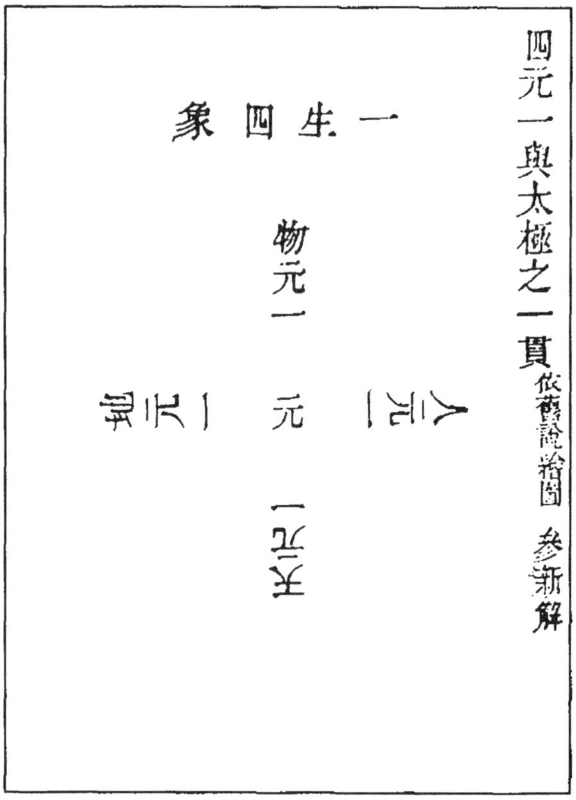

图 96　四元一与太极之一贯图
（冯道立《周易三极图贯》）

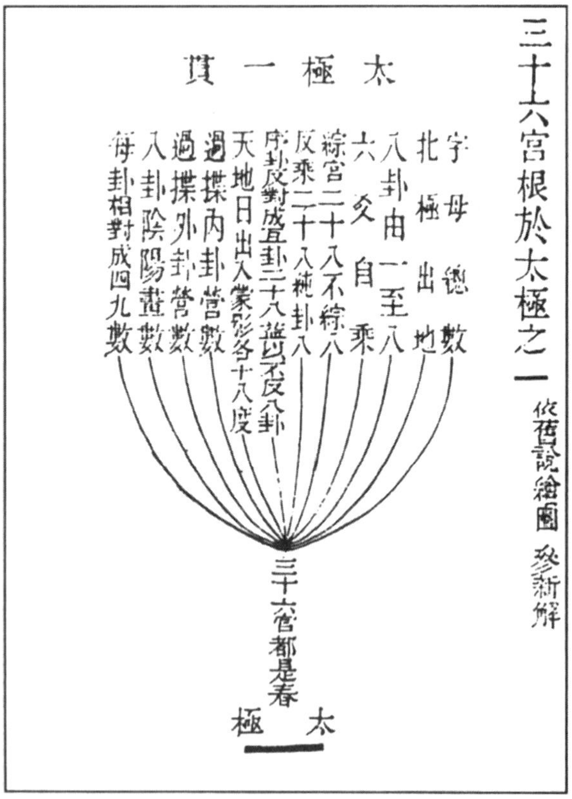

图 97　三十六宫根于太极之阳爻图
（冯道立《周易三极图贯》）

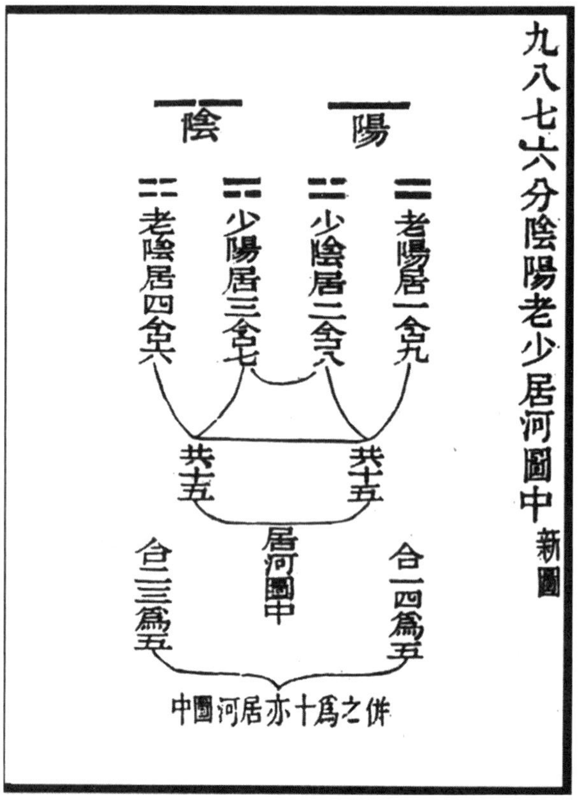

图 98　九八七六分阴阳老少居河图中图
（冯道立《周易三极图贯》）

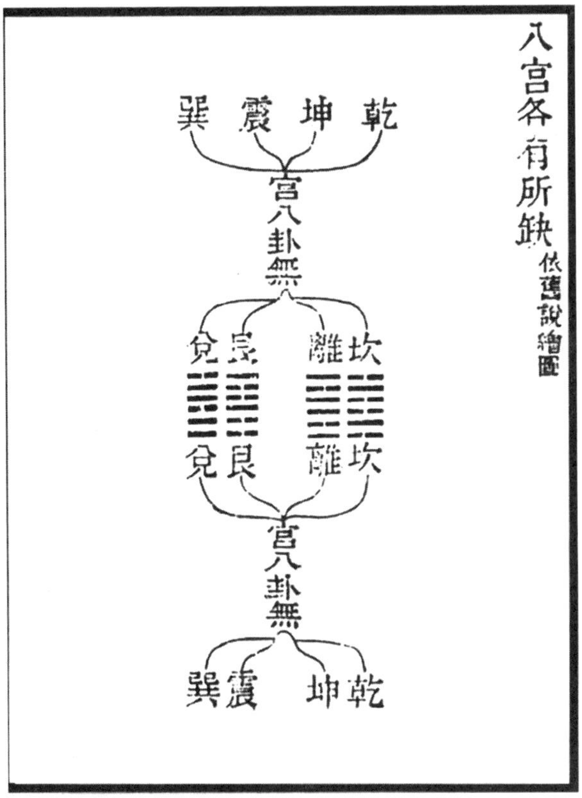

图 99　八宫各有所缺图
（冯道立《周易三极图贯》）

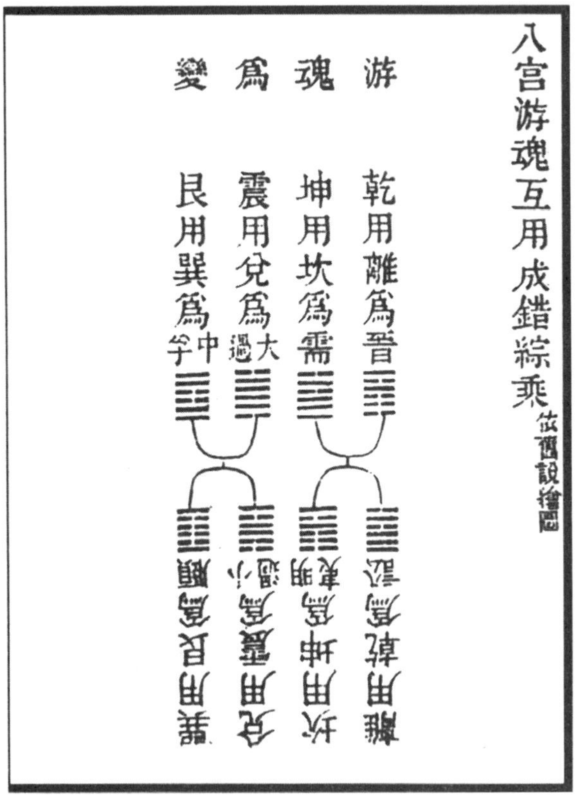

图 100　八宫游魂互用成错综乘图
（冯道立《周易三极图贯》）

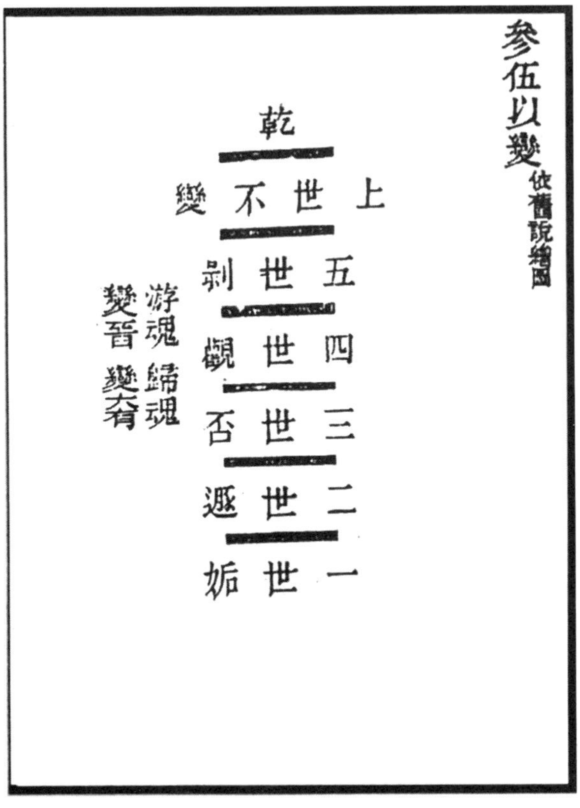

图 101　参伍以变图
（冯道立《周易三极图贯》）

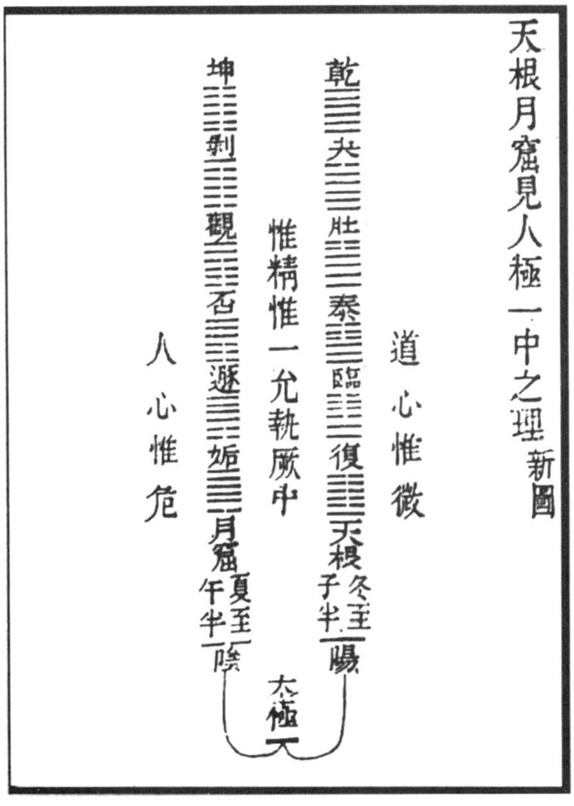

图 102　天根月窟见人极一中之理图
（冯道立《周易三极图贯》）

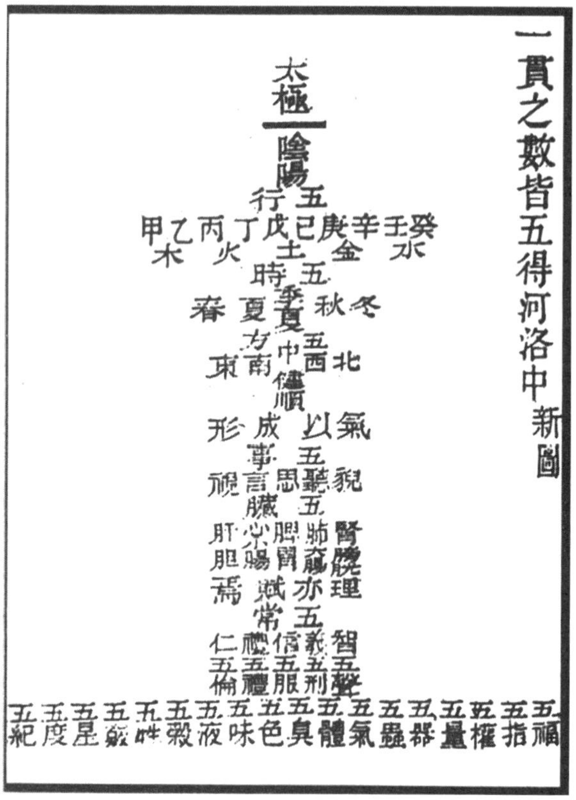

图 103　一贯之数皆五得河洛中图
（冯道立《周易三极图贯》）

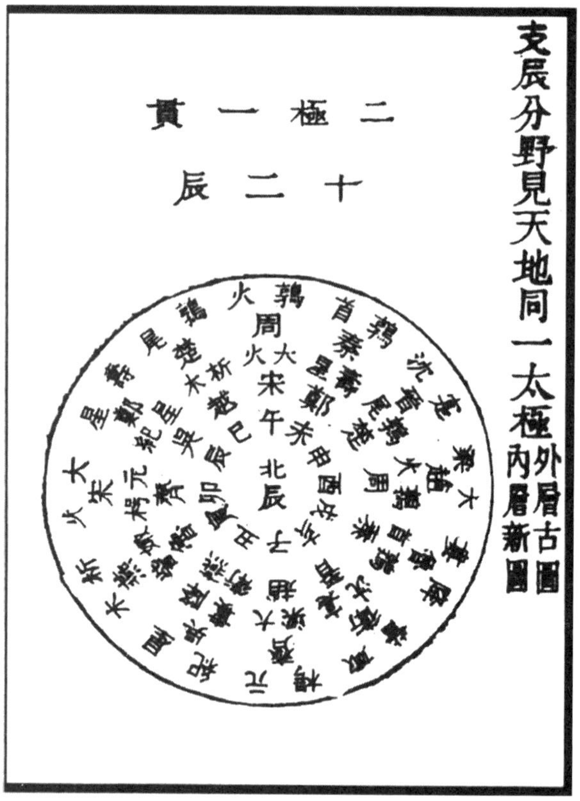

图 104　支辰分野见天地同一太极图
（冯道立《周易三极图贯》）

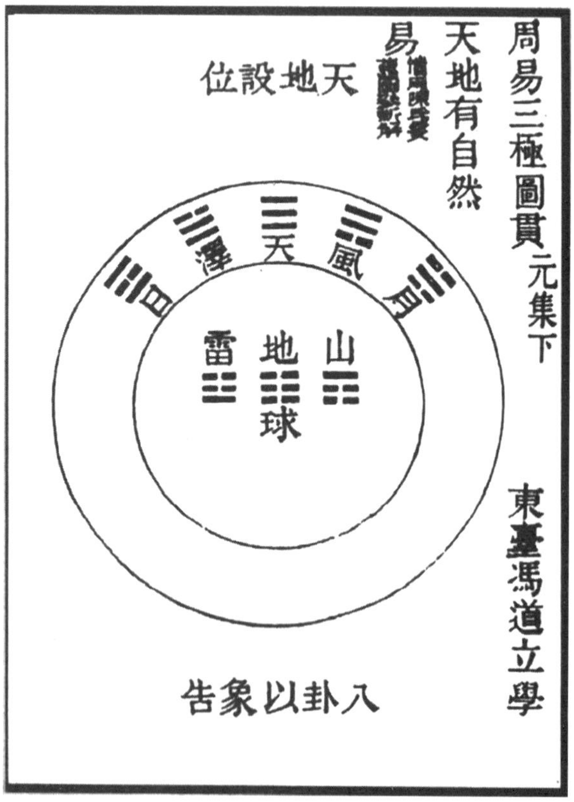

图 105　天地有自然易图
（冯道立《周易三极图贯》）

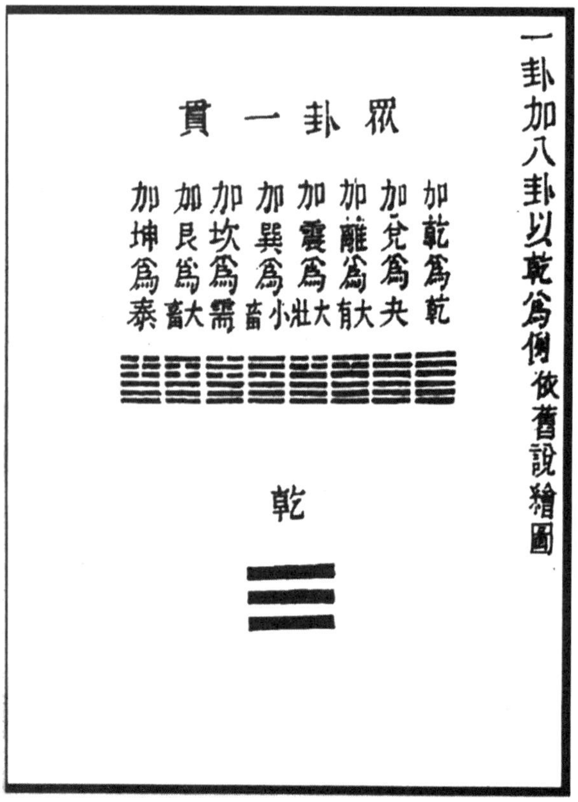

图 106　一卦加八卦以乾为例图
（冯道立《周易三极图贯》）

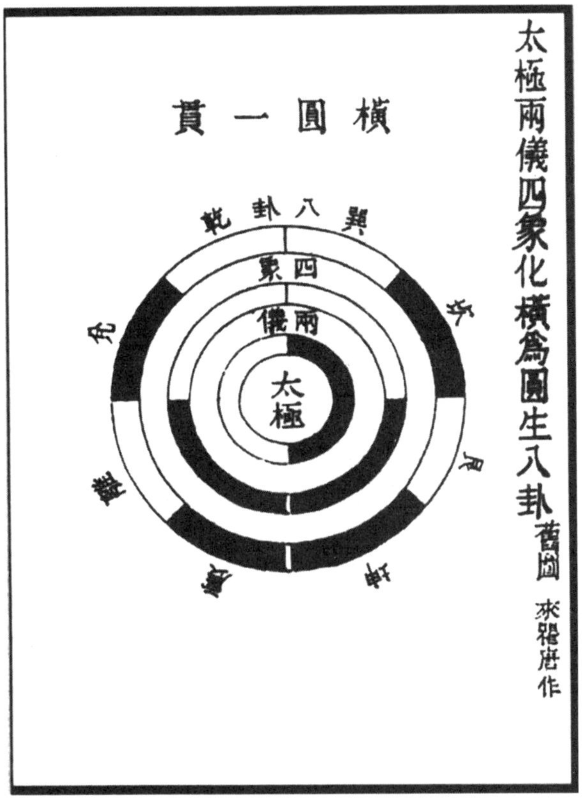

图 107　太极两仪四象化横为图生八卦图
（冯道立《周易三极图贯》）

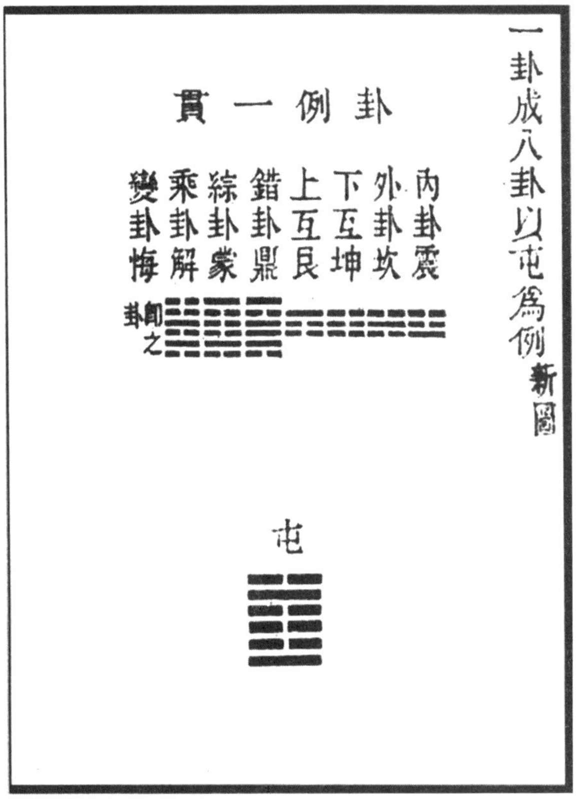

图 108　一卦成八卦以屯为例图
（冯道立《周易三极图贯》）

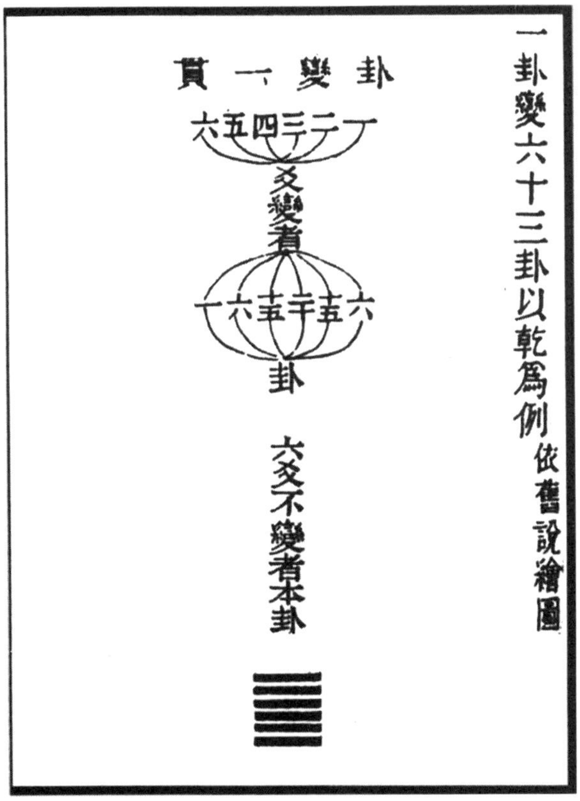

图 109　一卦变六十三卦以乾为例图
（冯道立《周易三极图贯》）

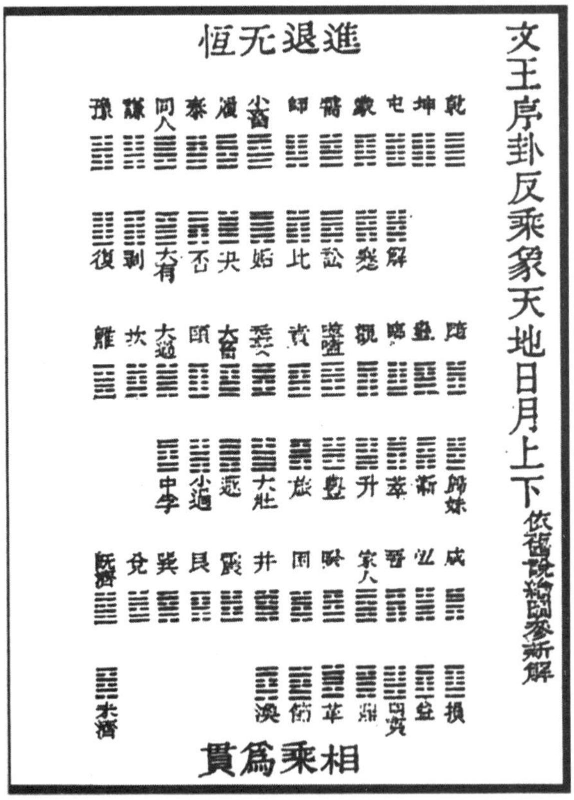

图 110　文王序卦反乘象天地日月上下图
（冯道立《周易三极图贯》）

图 111　不综八卦图
（冯道立《周易三极图贯》）

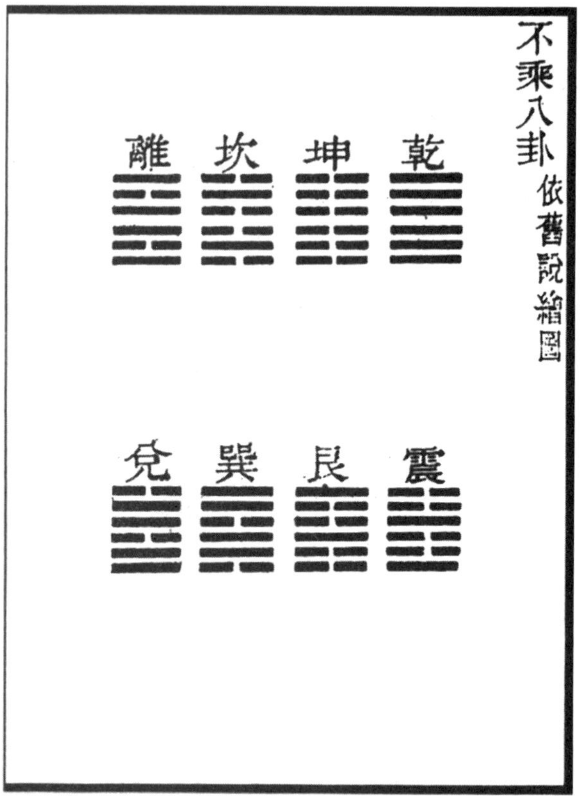

图 112　不乘八卦图
（冯道立《周易三极图贯》）

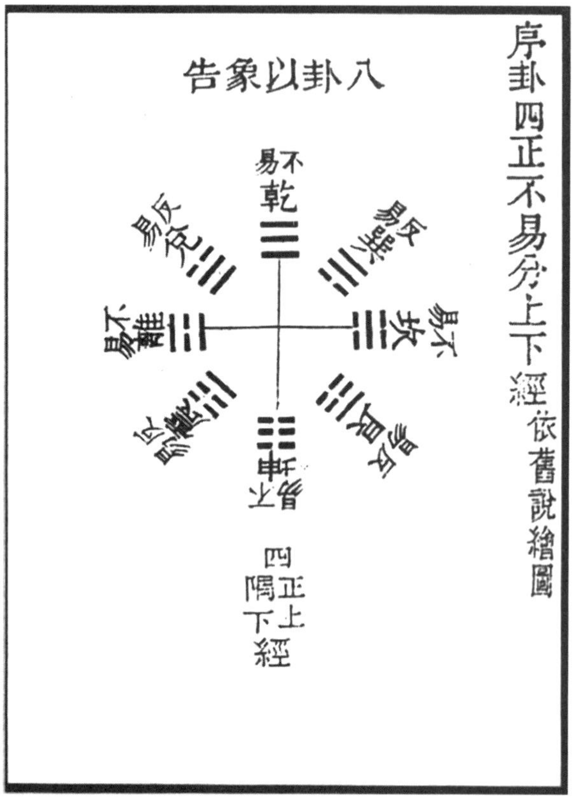

图 113　序卦四正不易分上下经图
（冯道立《周易三极图贯》）

图 114　序卦四隅反易成为易图
（冯道立《周易三极图贯》）

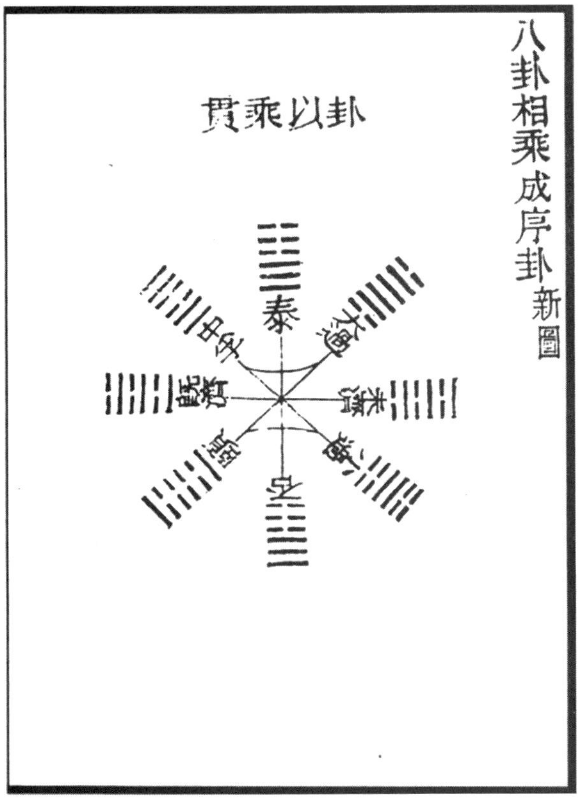

图 115　八卦相乘成序卦图
（冯道立《周易三极图贯》）

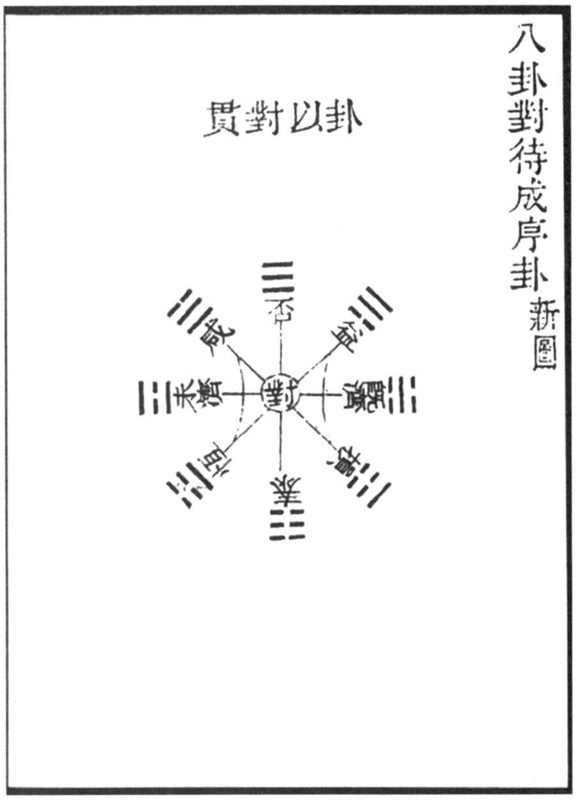

图 116　八卦对待成序卦图
（冯道立《周易三极图贯》）

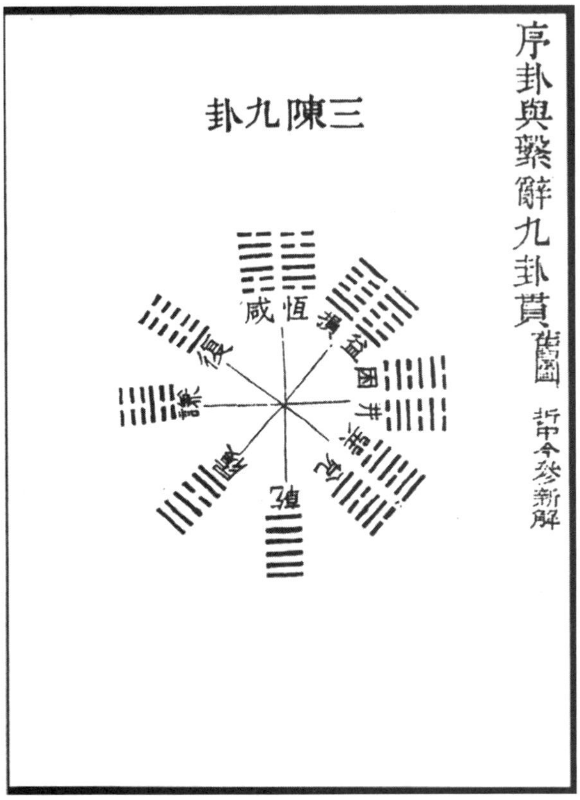

图 117　序卦与系辞九卦贯图
（冯道立《周易三极图贯》）

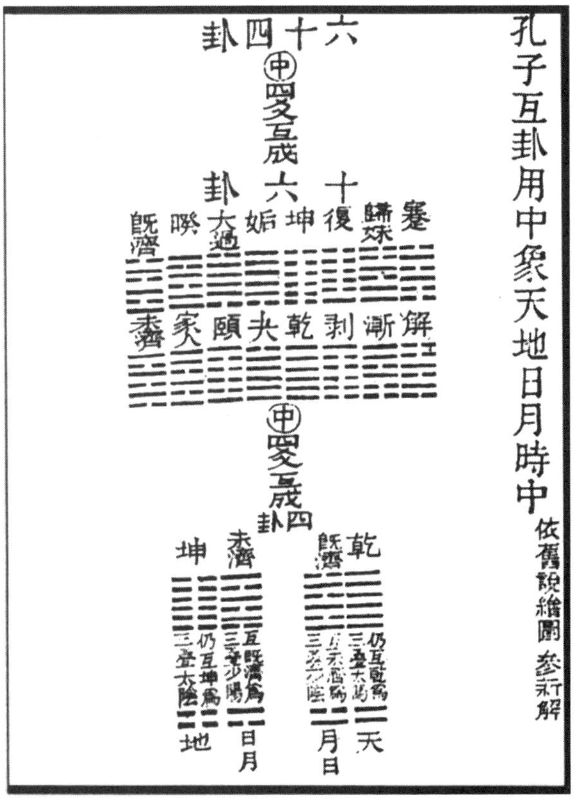

图 118　孔子互卦用中象天地日月时中图
（冯道立《周易三极图贯》）

图 119　阴阳分变成互卦图
（冯道立《周易三极图贯》）

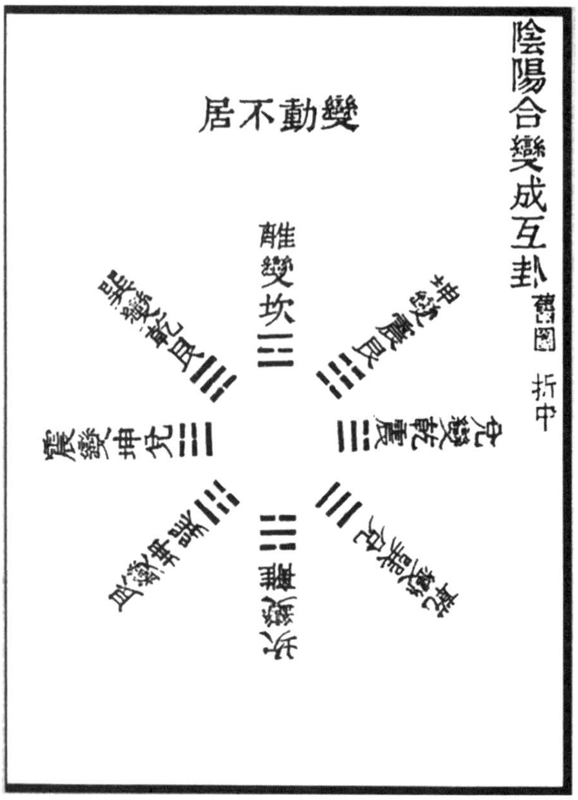

图 120　阴阳合变成互卦图
（冯道立《周易三极图贯》）

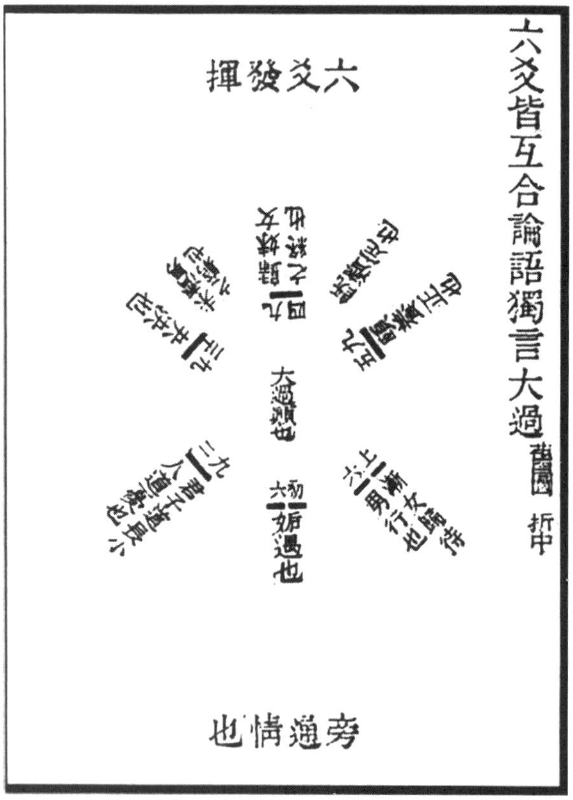

图 121　六爻皆互合论语独言大过图
（冯道立《周易三极图贯》）

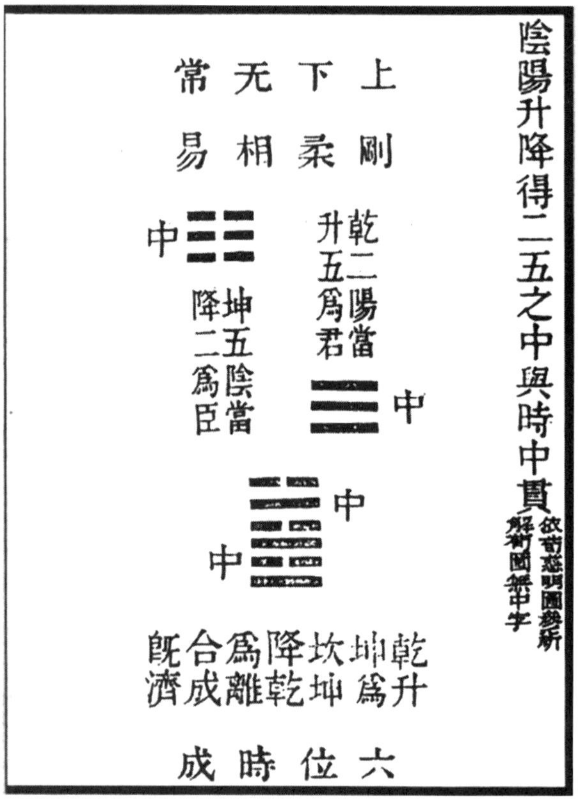

图 122　阴阳升降得二五之中与时中贯图
（冯道立《周易三极图贯》）

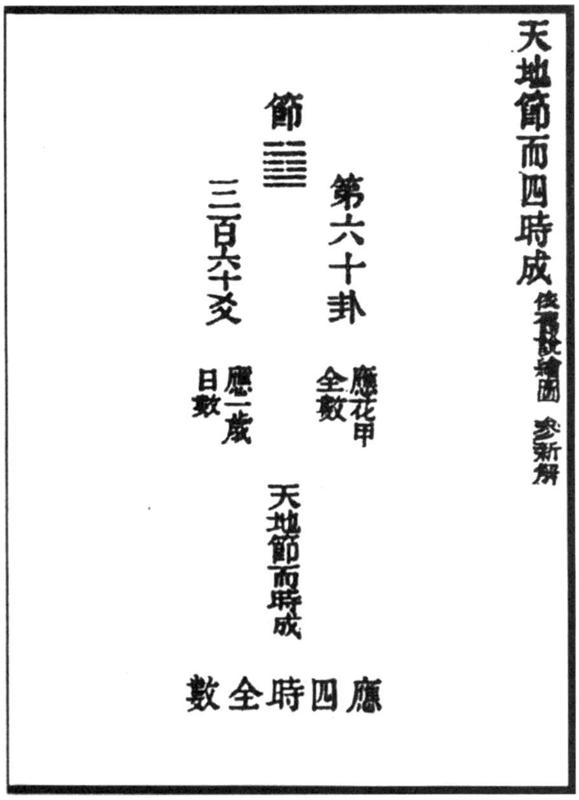

图 123　天地节而四时成图
（冯道立《周易三极图贯》）

图 124　八卦配五行西方缺金图
（冯道立《周易三极图贯》）

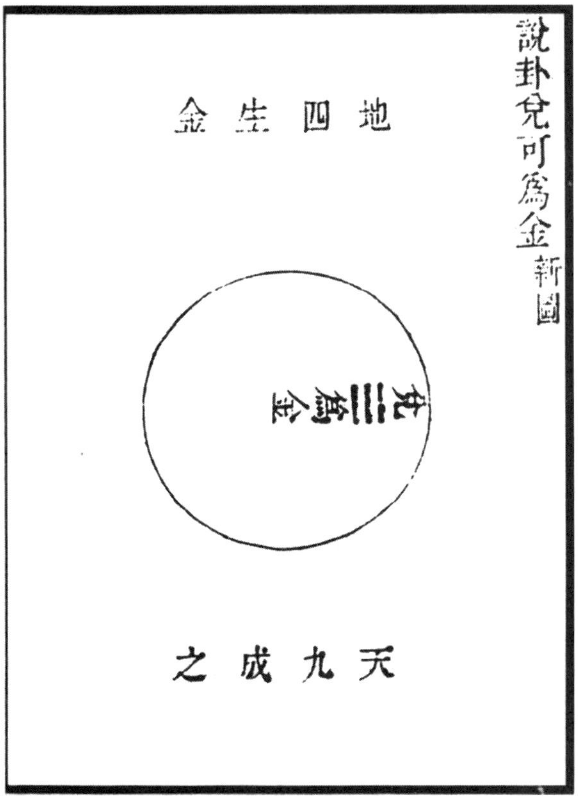

图 125　说卦兑可为金图
（冯道立《周易三极图贯》）

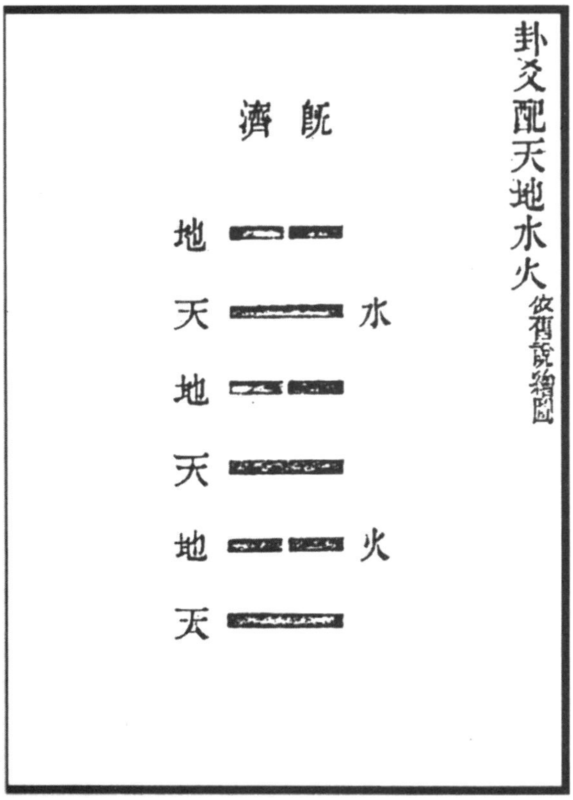

图 126　卦爻配天地水火图
（冯道立《周易三极图贯》）

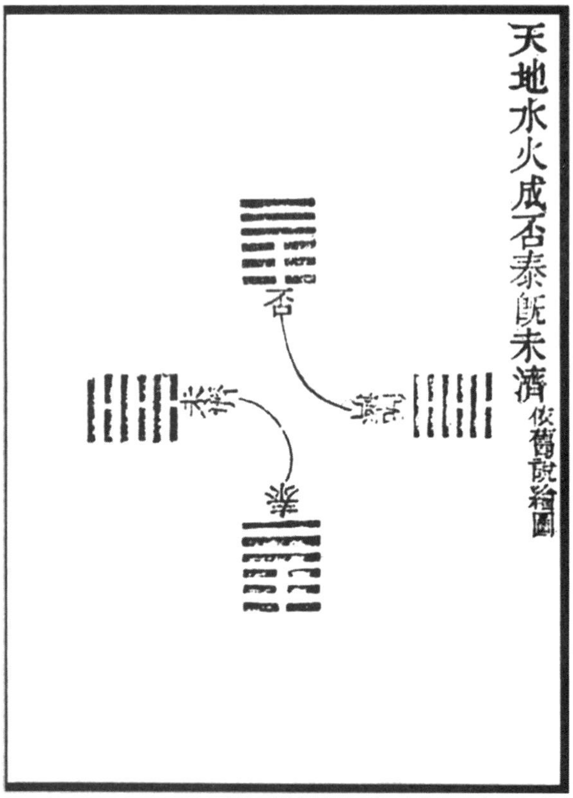

图 127　天地水火成否泰既未济图
（冯道立《周易三极图贯》）

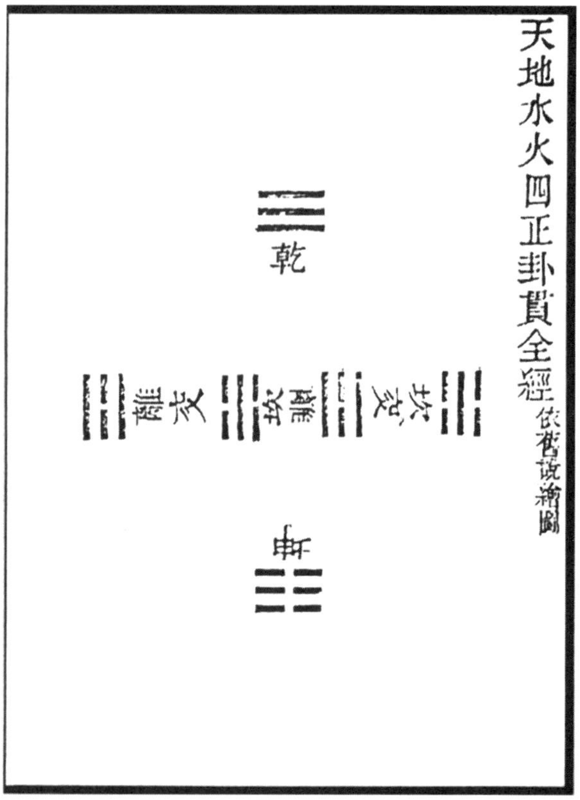

图 128　天地水火四正卦贯全经图
（冯道立《周易三极图贯》）

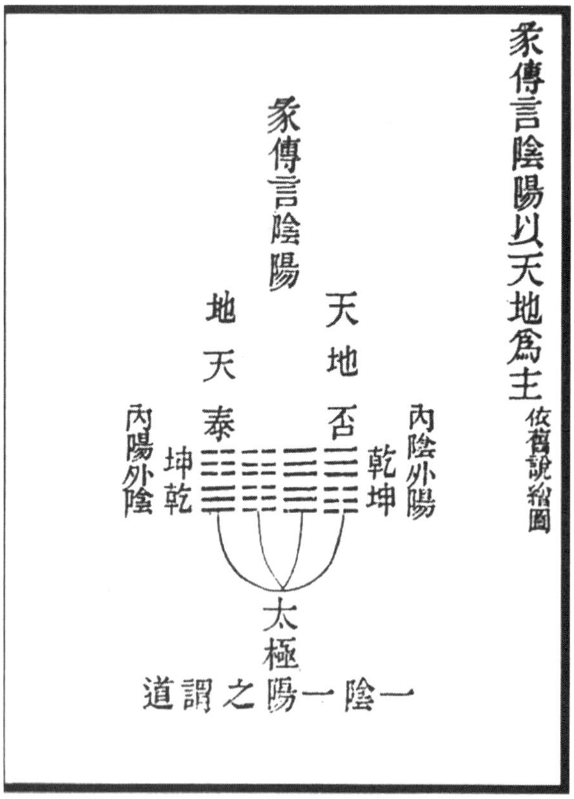

图 129　彖传言阴阳以天地为主图
（冯道立《周易三极图贯》）

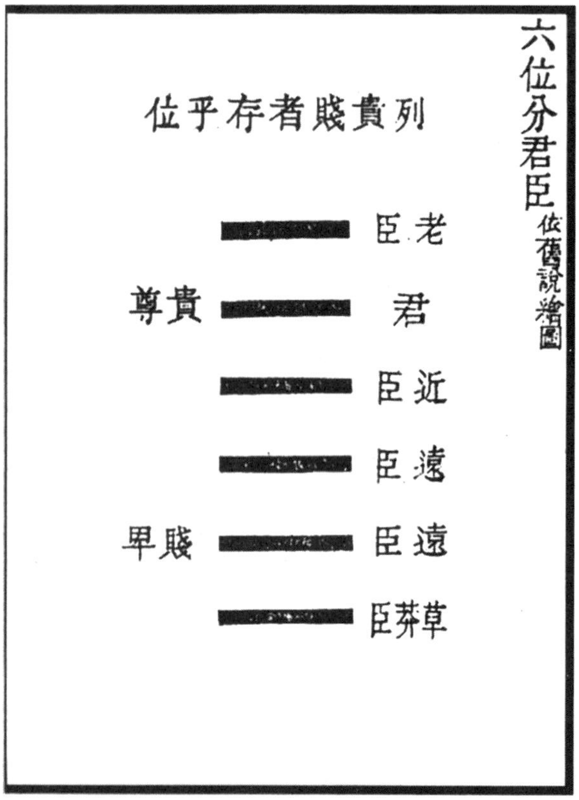

图 130　六位分君臣图
（冯道立《周易三极图贯》）

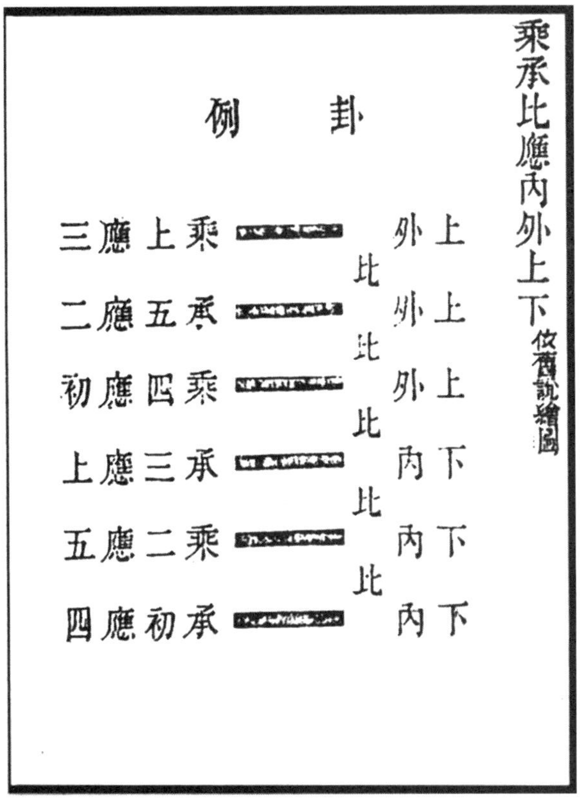

图 131　乘承比应内外上下图
（冯道立《周易三极图贯》）

图 132　天地阴阳旋传分顺逆图
（冯道立《周易三极图贯》）

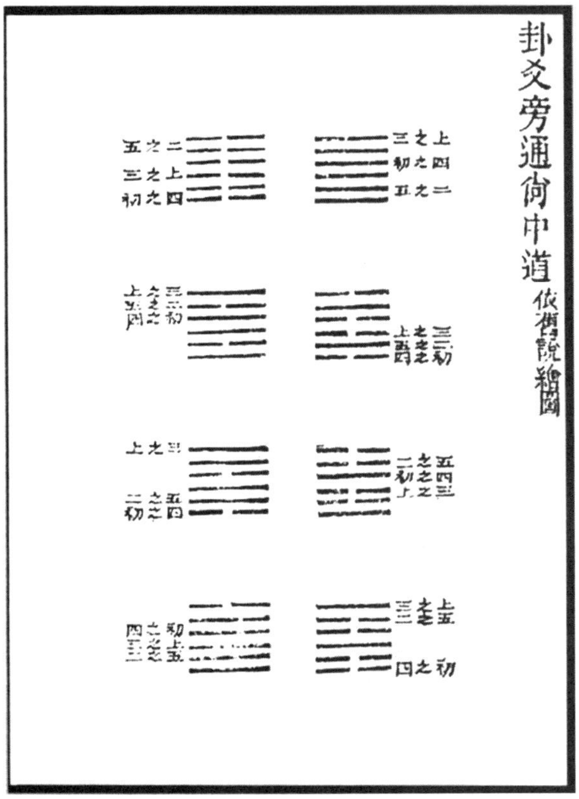

图 133　卦爻旁通尚中道图
（冯道立《周易三极图贯》）

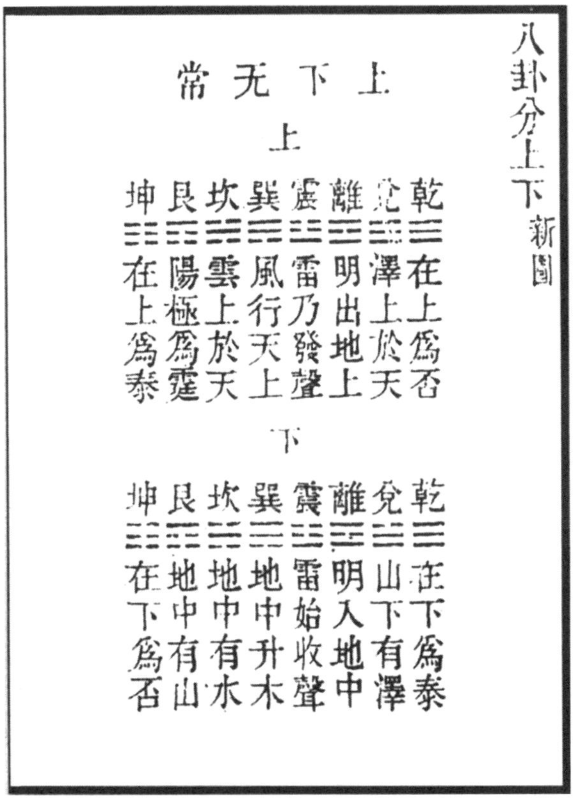

图 134　八卦分上下图
（冯道立《周易三极图贯》）

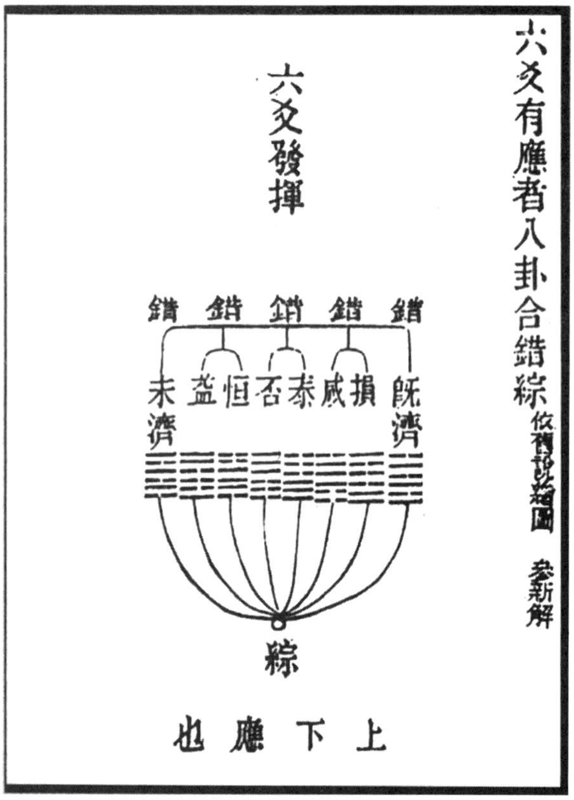

图 135　六爻有应者八卦合错综图
（冯道立《周易三极图贯》）

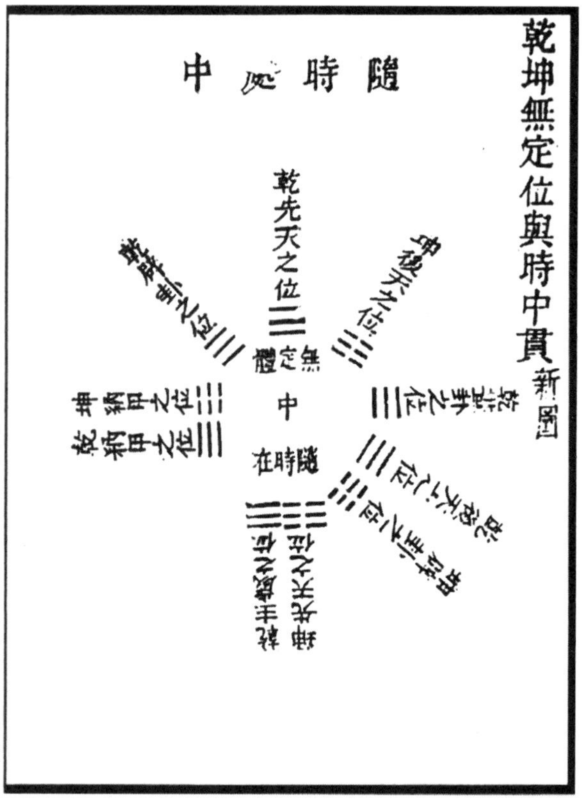

图 136　乾坤无定位与时中贯图
（冯道立《周易三极图贯》）

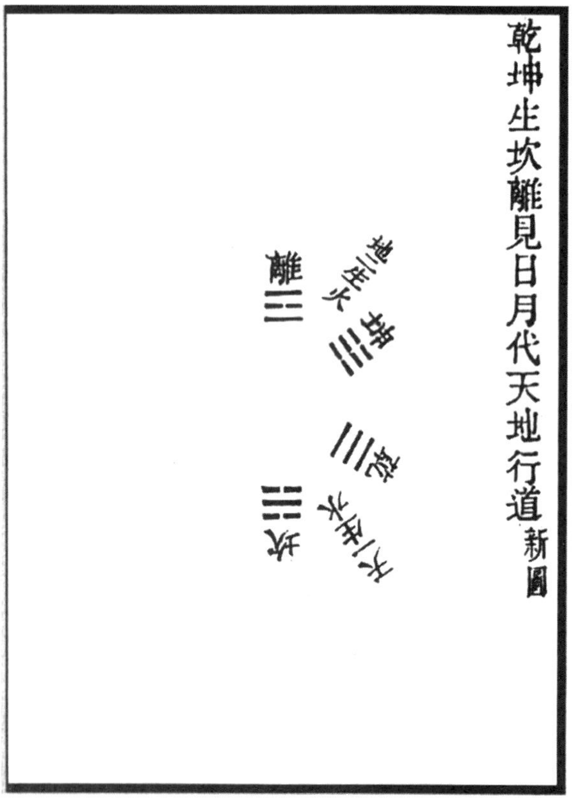

图 137　乾坤生坎离见日月代天地行道图
（冯道立《周易三极图贯》）

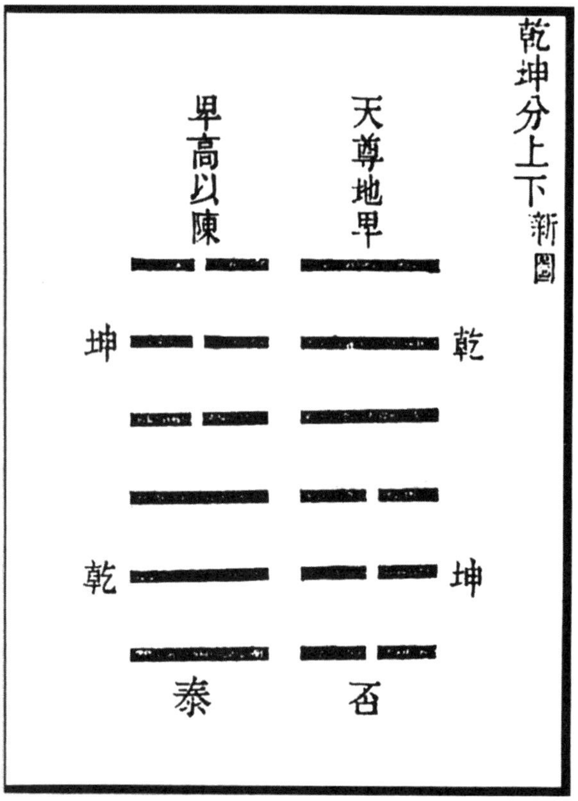

图 138　乾坤分上下图
（冯道立《周易三极图贯》）

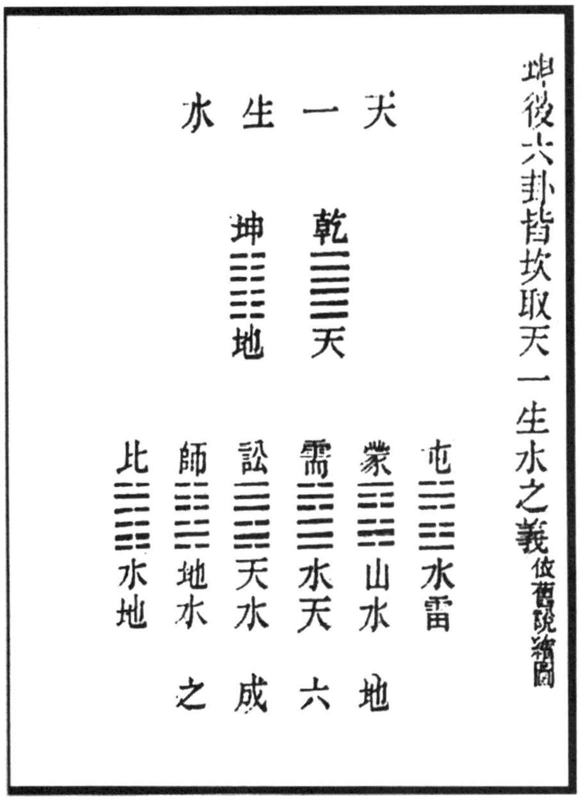

图 139　坤后六卦皆坎取天一生水之义图
（冯道立《周易三极图贯》）

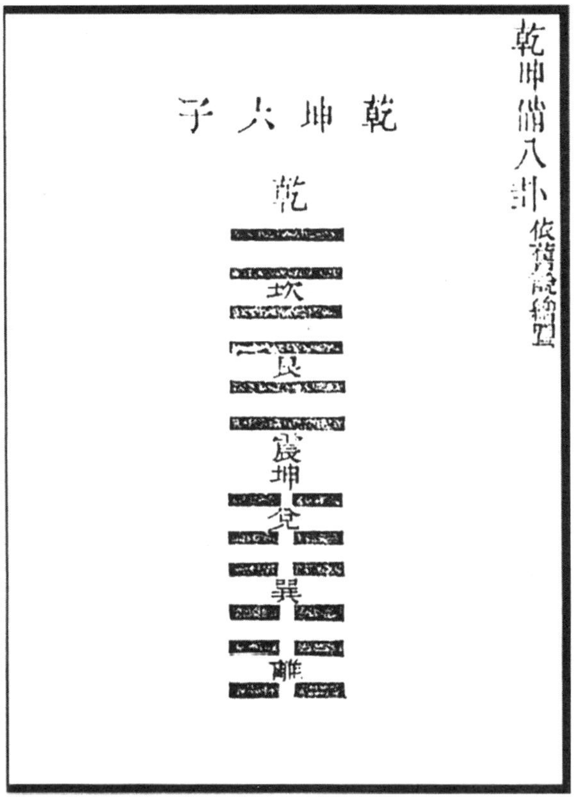

图 140　乾坤备八卦图
（冯道立《周易三极图贯》）

图 141　乾坤含既未济包全经图
（冯道立《周易三极图贯》）

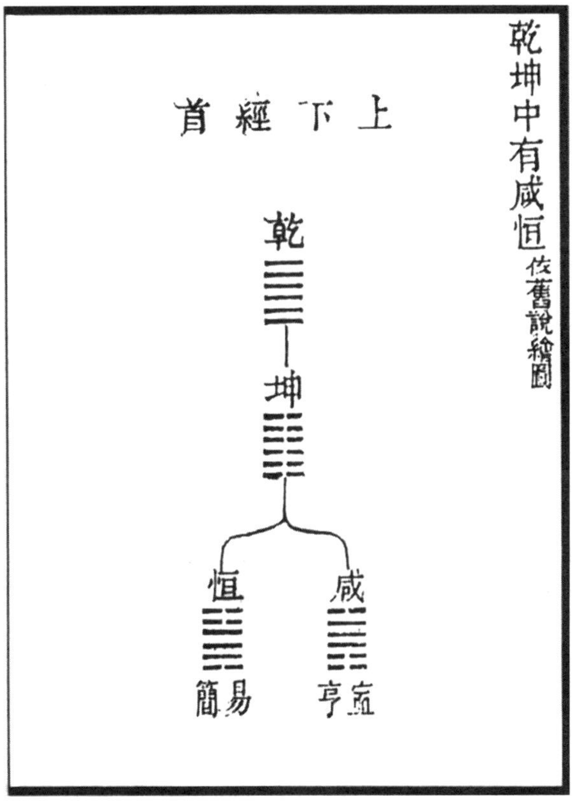

图 142　乾坤中有咸恒图
（冯道立《周易三极图贯》）

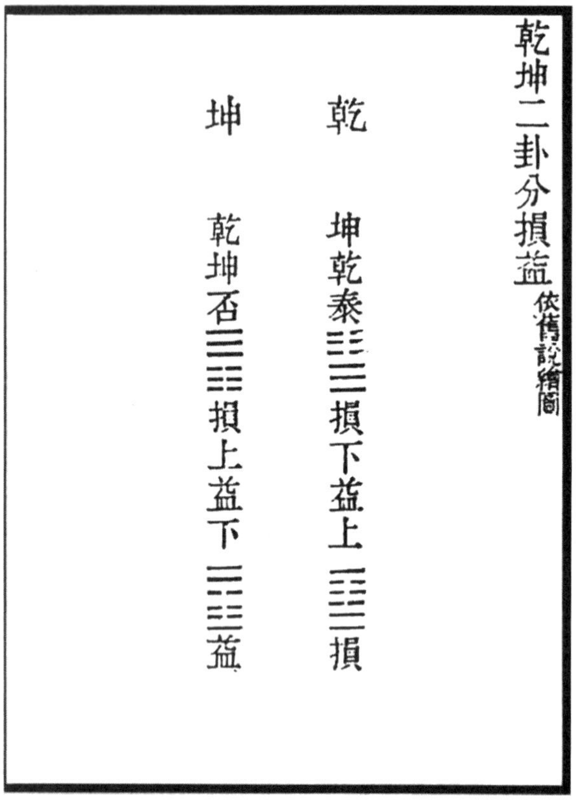

图 143　乾坤二卦分损益图
（冯道立《周易三极图贯》）

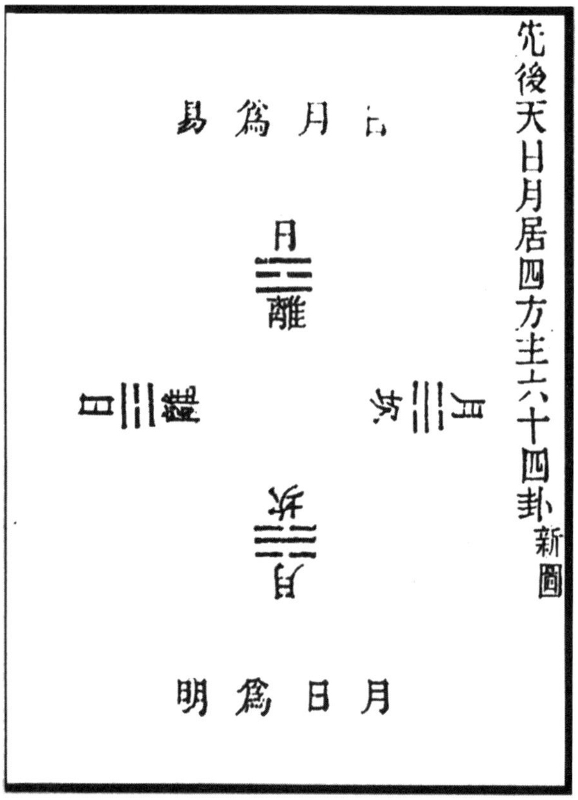

图 144　先后天日月居四方主六十四卦图
（冯道立《周易三极图贯》）

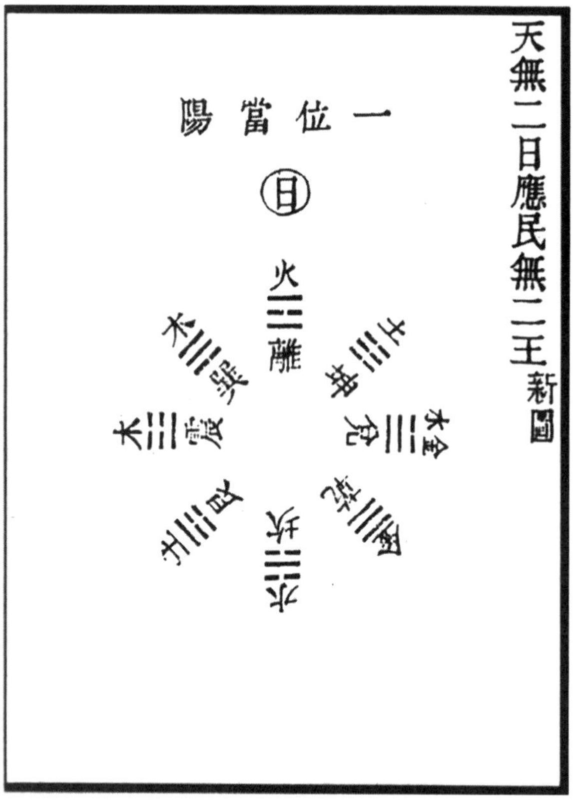

图 145　天无二日应民无二王图
（冯道立《周易三极图贯》）

图 146　日月纳甲与巽蛊庚甲贯图
（冯道立《周易三极图贯》）

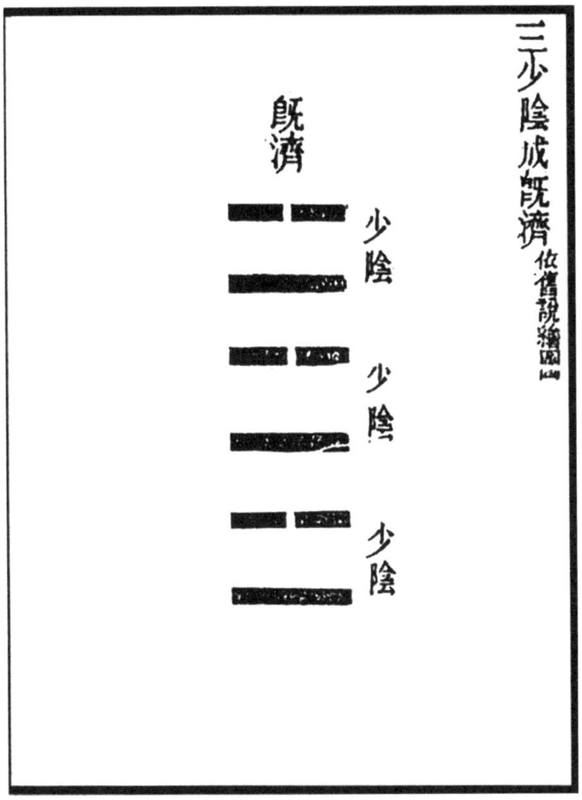

图 147　三少阴成既济图
（冯道立《周易三极图贯》）

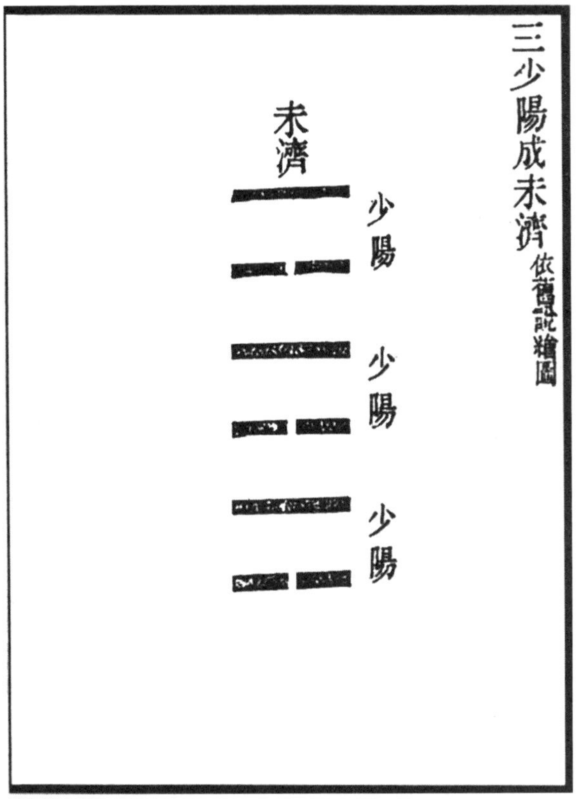

图 148　三少阳成未济图
（冯道立《周易三极图贯》）

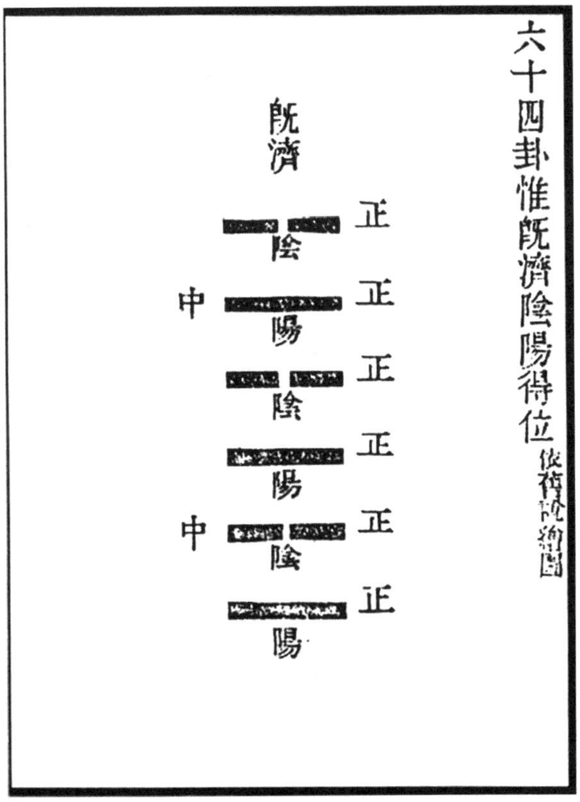

图 149　六十四卦惟既济阴阳得位图
（冯道立《周易三极图贯》）

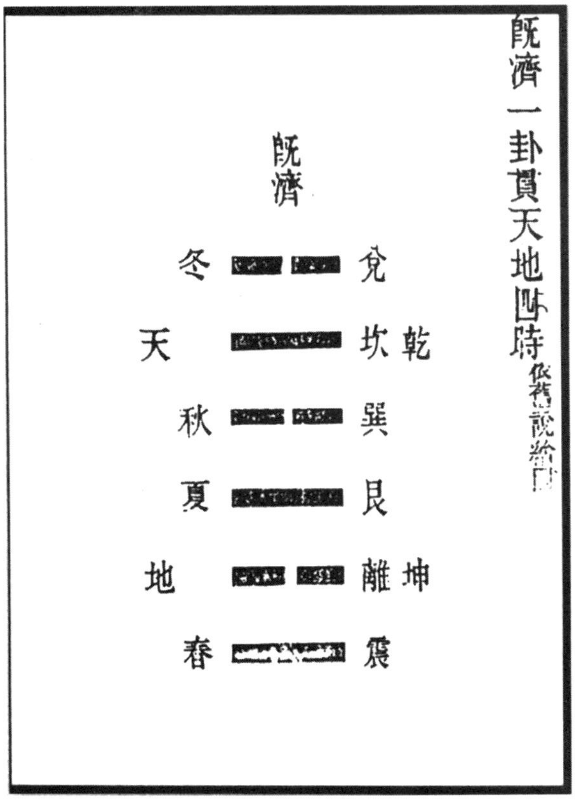

图 150　既济一卦贯天地四时图
（冯道立《周易三极图贯》）

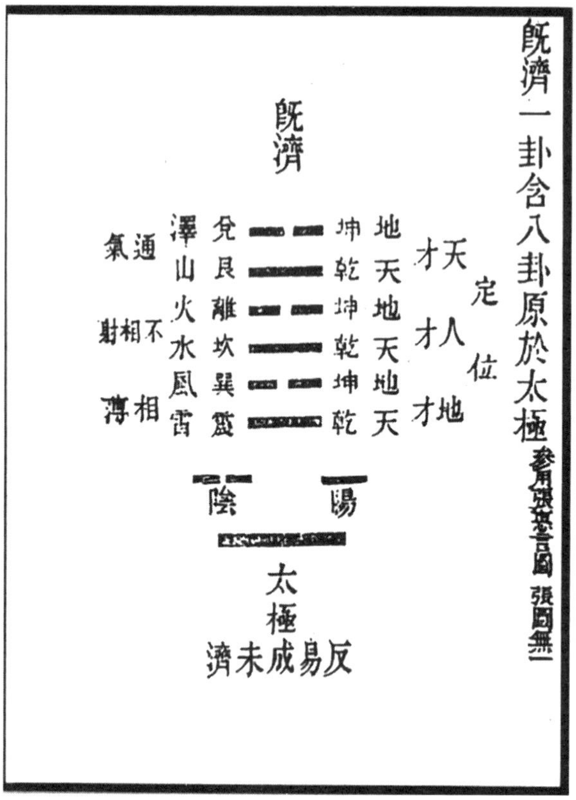

图 151 既济一卦含八卦原于太极图

（冯道立《周易三极图贯》）

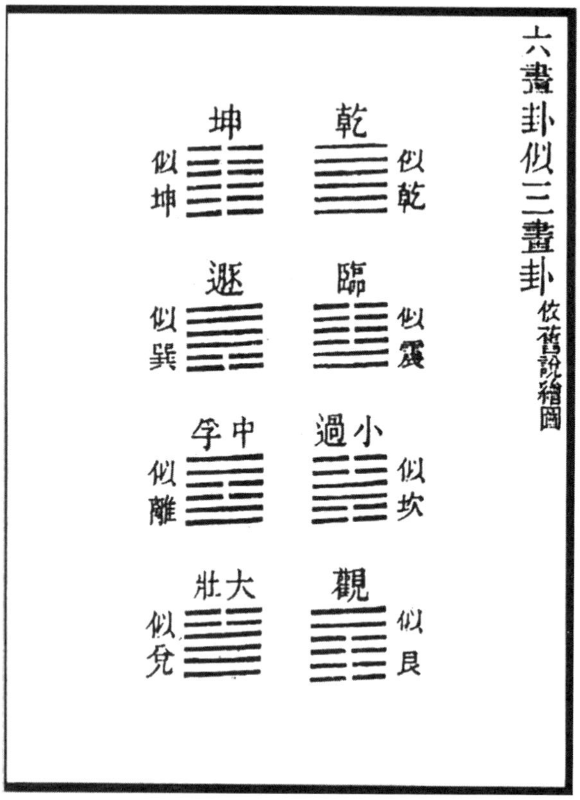

图 152 六画卦似三画卦图

（冯道立《周易三极图贯》）

图 153 否泰含巽艮兑震图

（冯道立《周易三极图贯》）

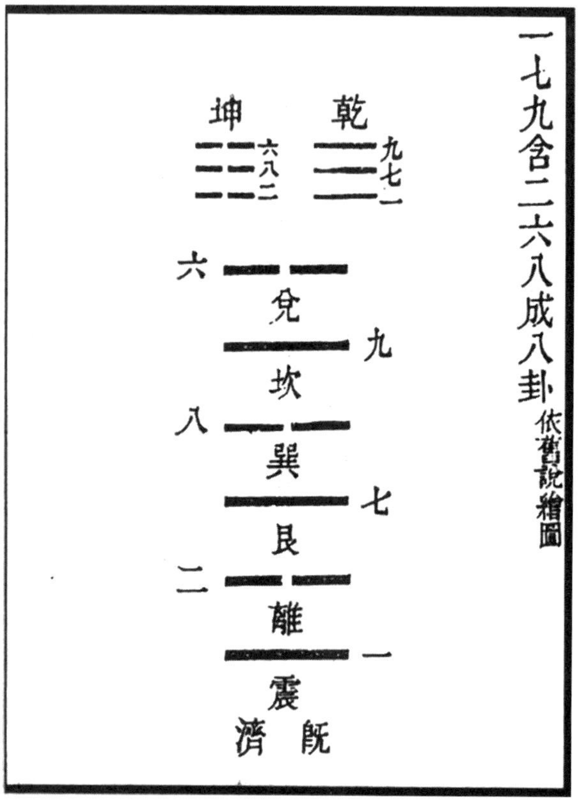

图 154 一七九含二六八成八卦图

（冯道立《周易三极图贯》）

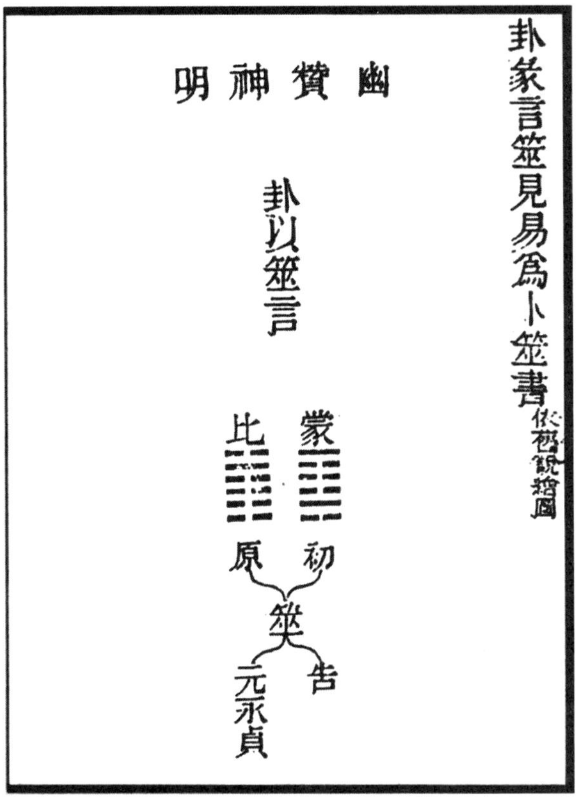

图 155　卦象言筮见易为卜筮书图
（冯道立《周易三极图贯》）

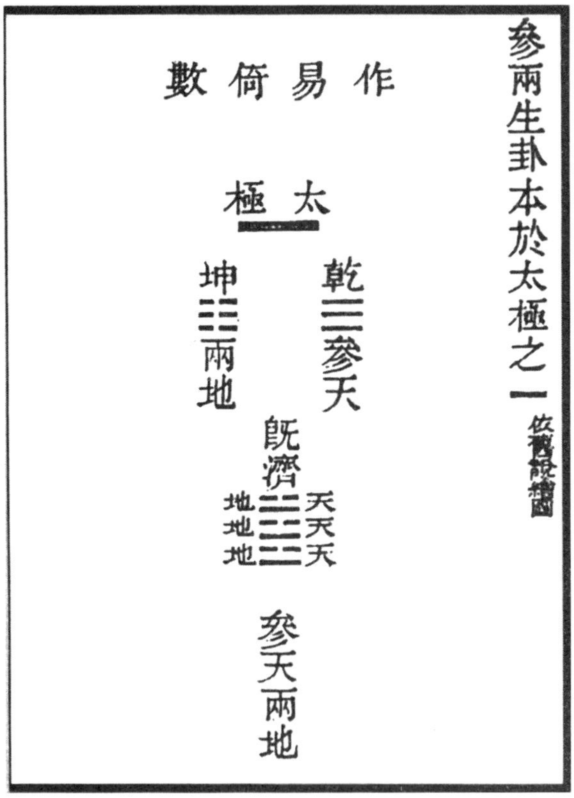

图 156　参两生卦本于太极之阳爻图
（冯道立《周易三极图贯》）

图 157　八卦对待应老阳数图
（冯道立《周易三极图贯》）

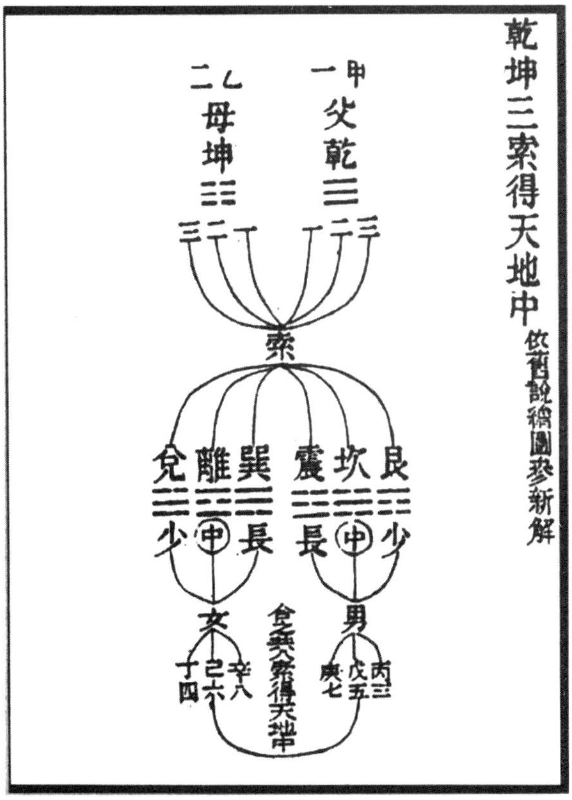

图 158　乾坤三索得天地中图
（冯道立《周易三极图贯》）

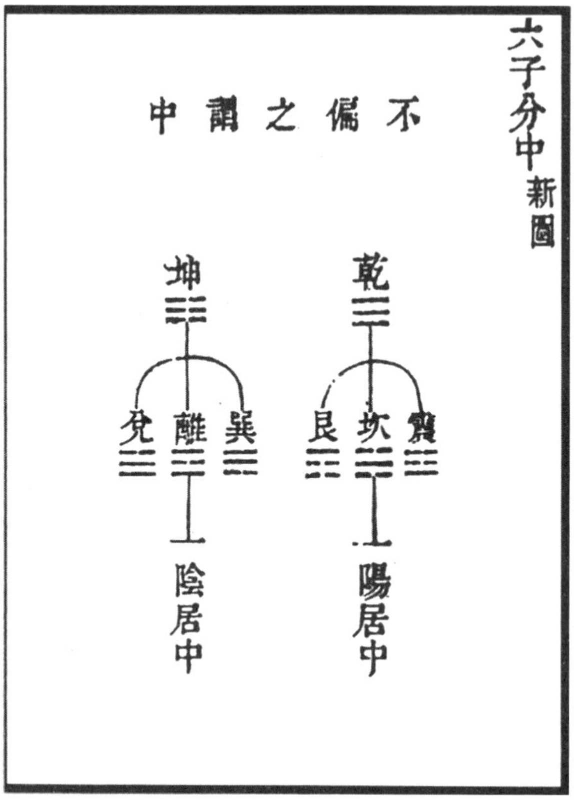

图 159　六子分中图
（冯道立《周易三极图贯》）

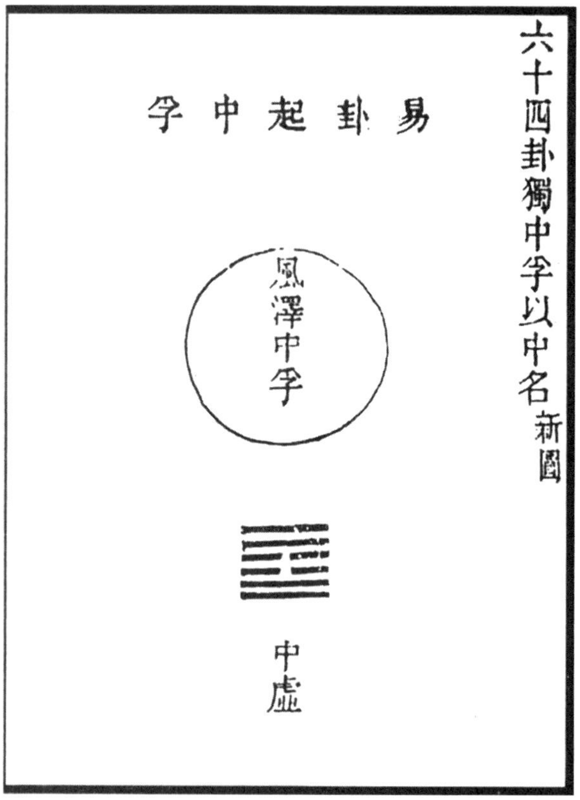

图 160　六十四卦独中孚以中名图
（冯道立《周易三极图贯》）

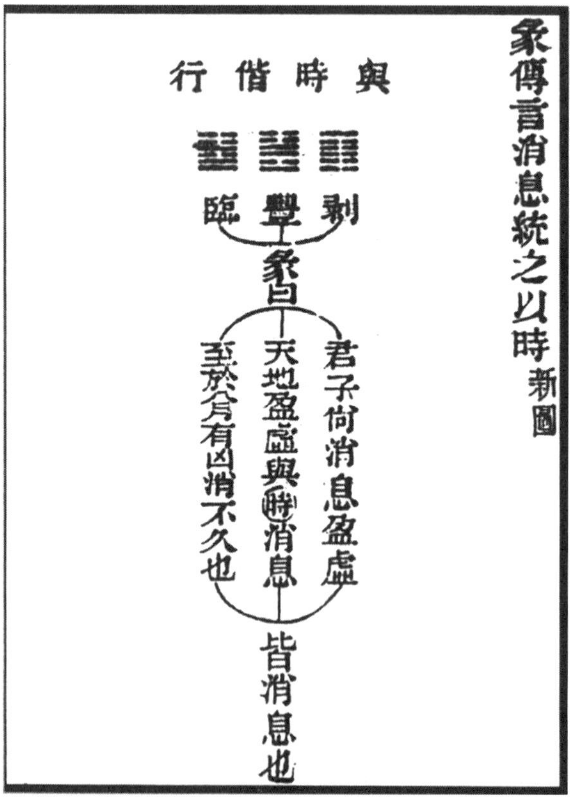

图 161　彖传言消息统之以时图
（冯道立《周易三极图贯》）

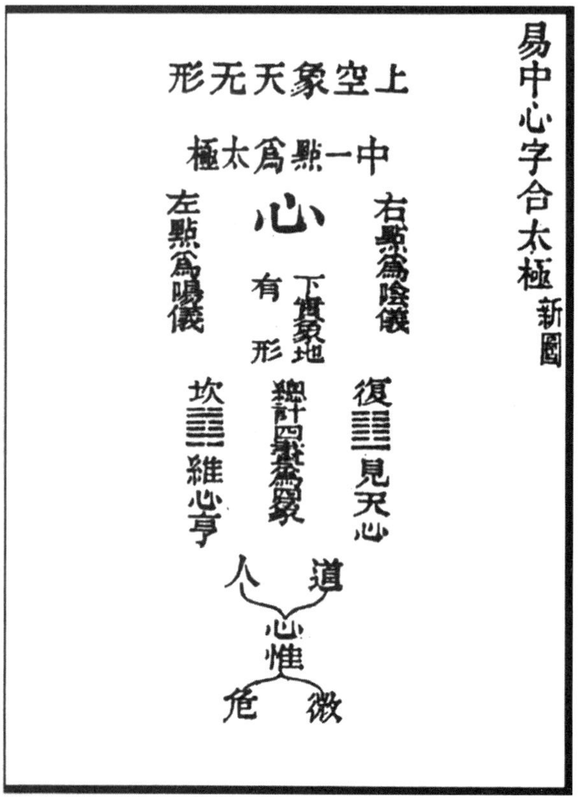

图 162　易中心字合太极图
（冯道立《周易三极图贯》）

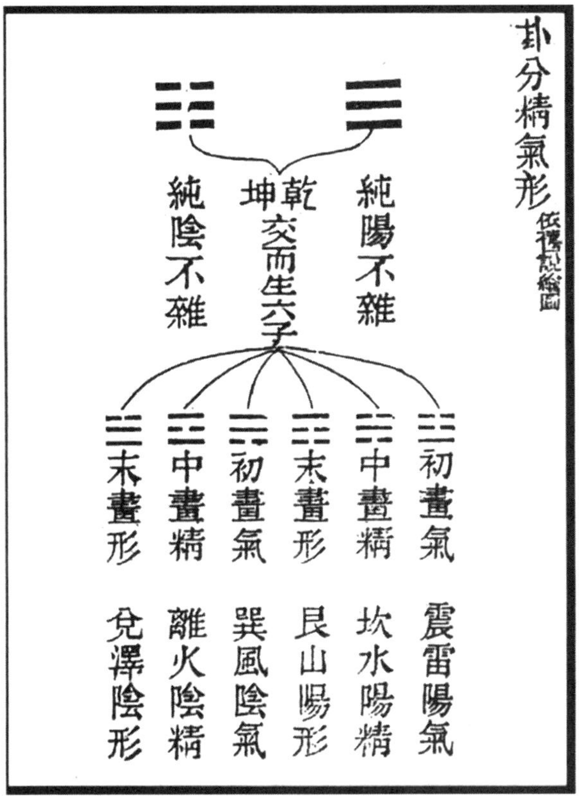

图 163　卦分精气形图

（冯道立《周易三极图贯》）

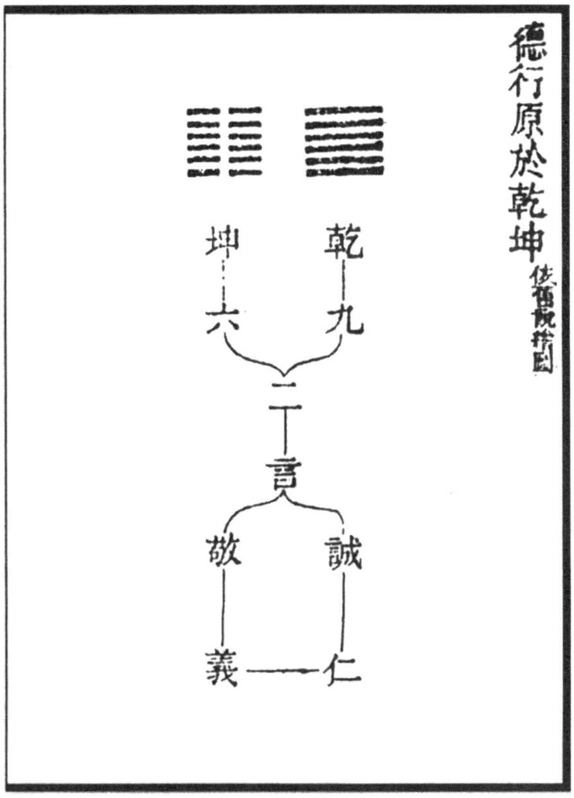

图 164　德行原于乾坤图

（冯道立《周易三极图贯》）

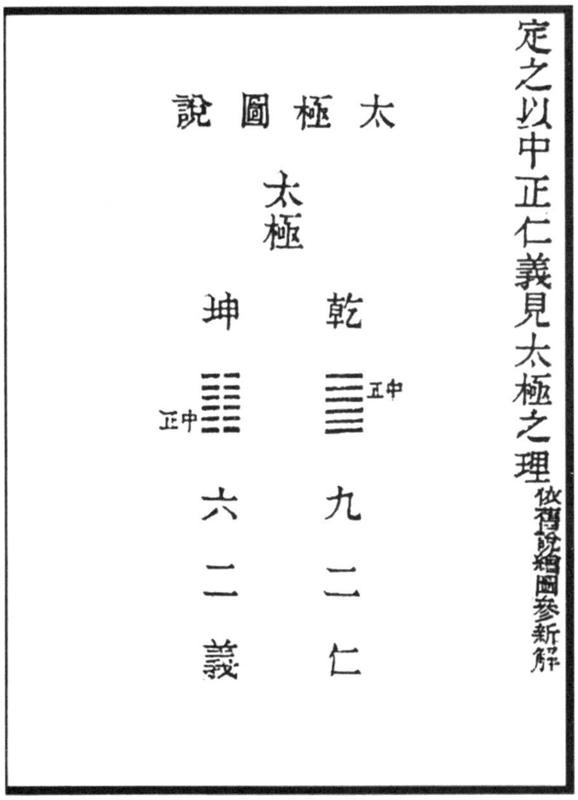

图 165　定之以中正仁义见太极之理图

（冯道立《周易三极图贯》）

图 166　易言天地万物之情图

（冯道立《周易三极图贯》）

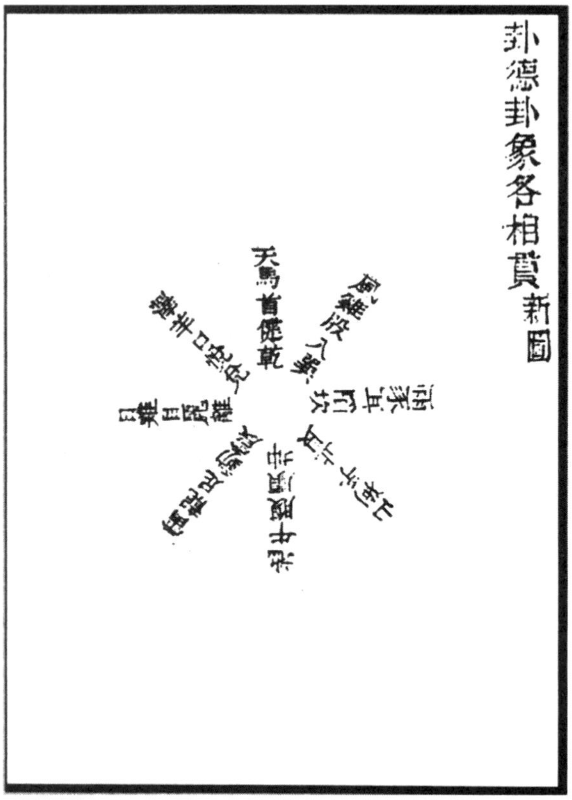

图 167　卦德卦象各相贯图
（冯道立《周易三极图贯》）

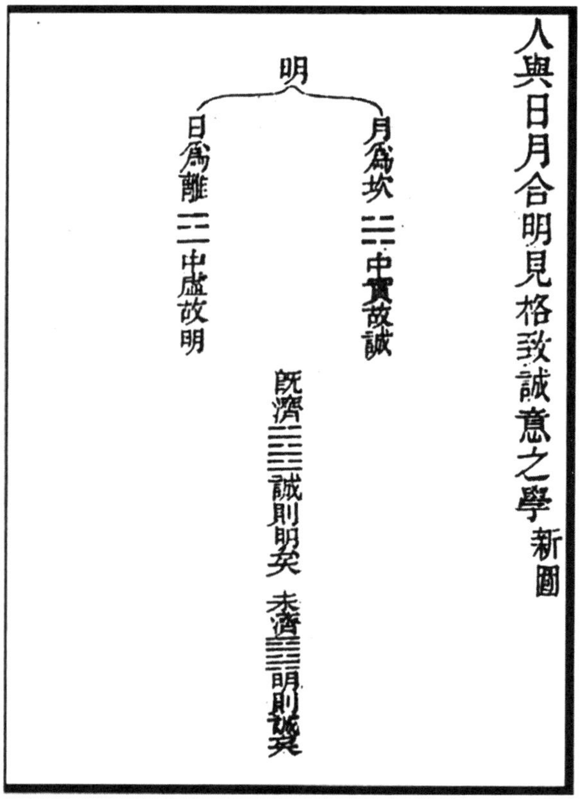

图 168　人与日月合明见格致诚意之学图
（冯道立《周易三极图贯》）

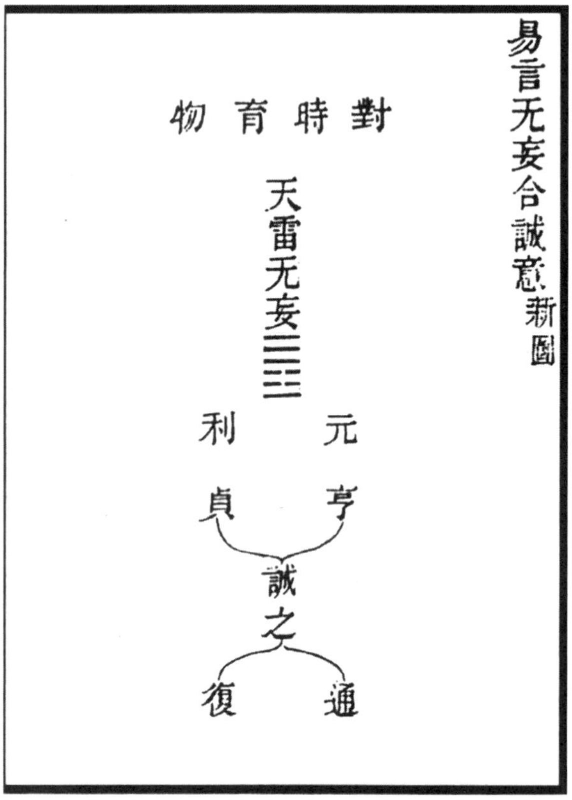

图 169　易言无妄合诚意图
（冯道立《周易三极图贯》）

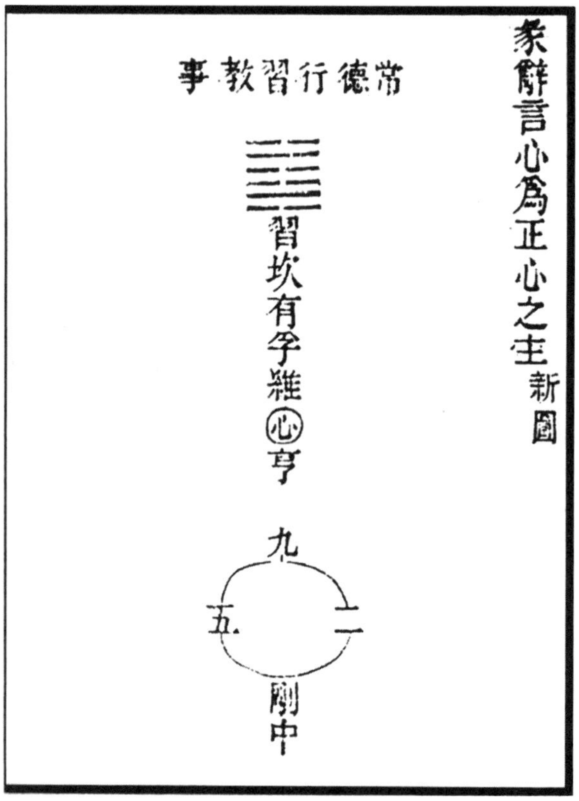

图 170　彖辞言心为正心之主图
（冯道立《周易三极图贯》）

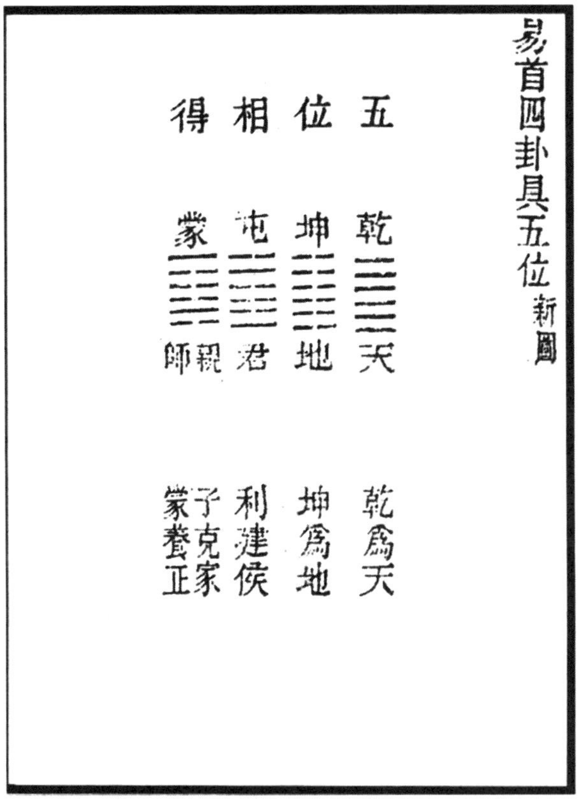

图 171　易首四卦具五位图
（冯道立《周易三极图贯》）

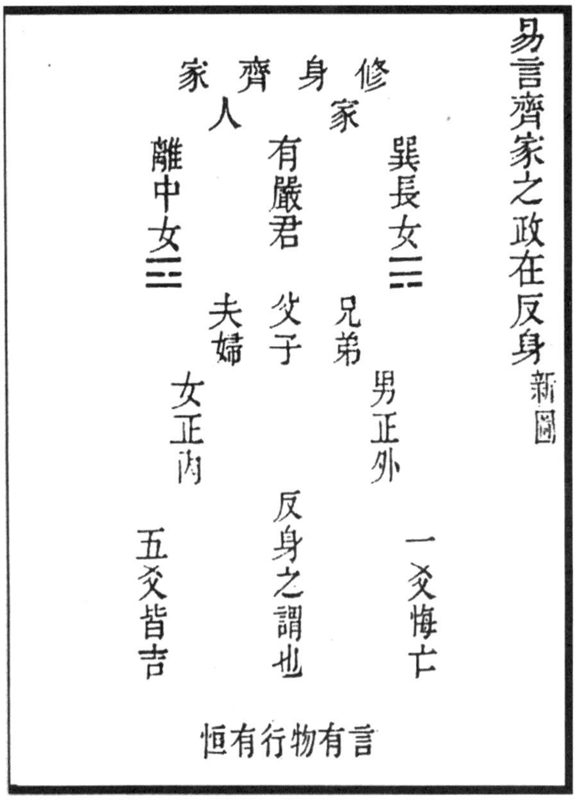

图 172　易言齐家之政在反身图
（冯道立《周易三极图贯》）

图 173　首四卦父母男女图
（冯道立《周易三极图贯》）

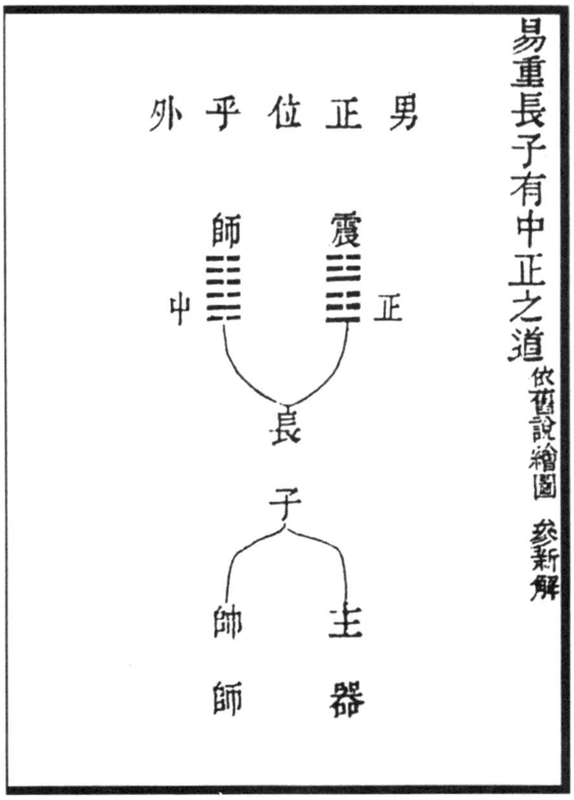

图 174　易重长子有中正之道图
（冯道立《周易三极图贯》）

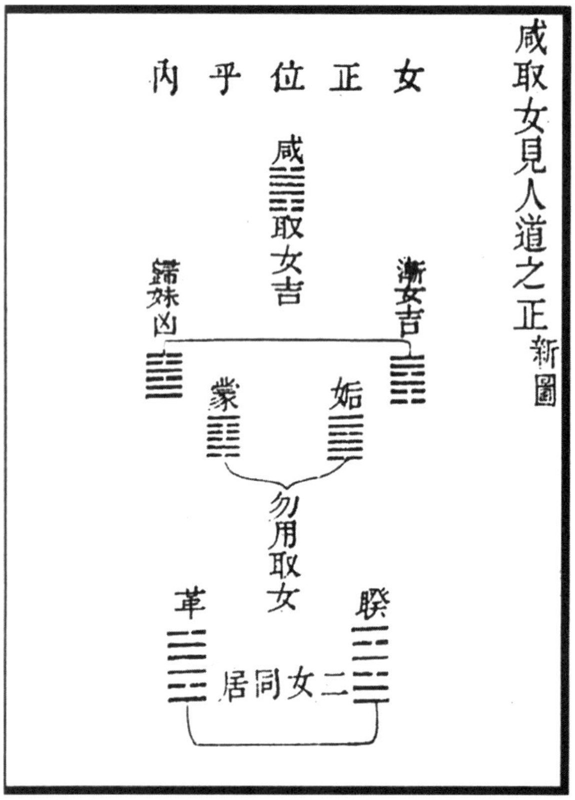

图 175　咸取女见人道之正图
（冯道立《周易三极图贯》）

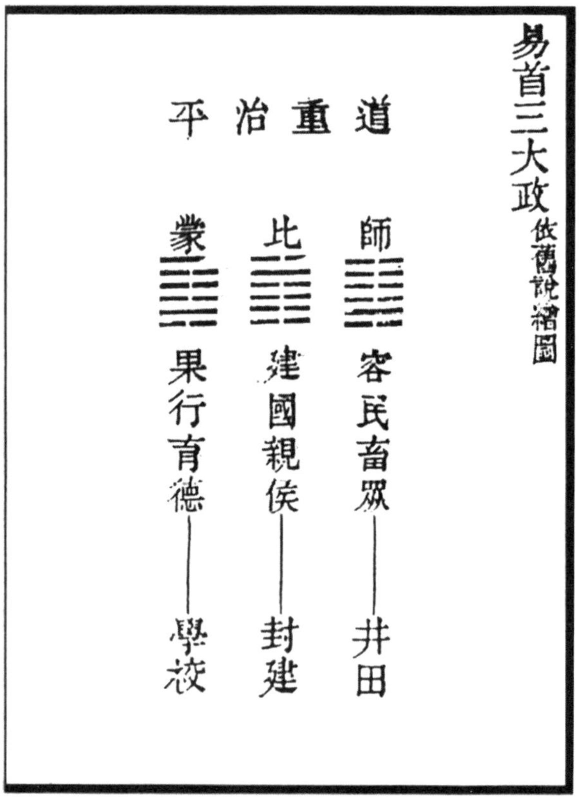

图 176　易首三大政图
（冯道立《周易三极图贯》）

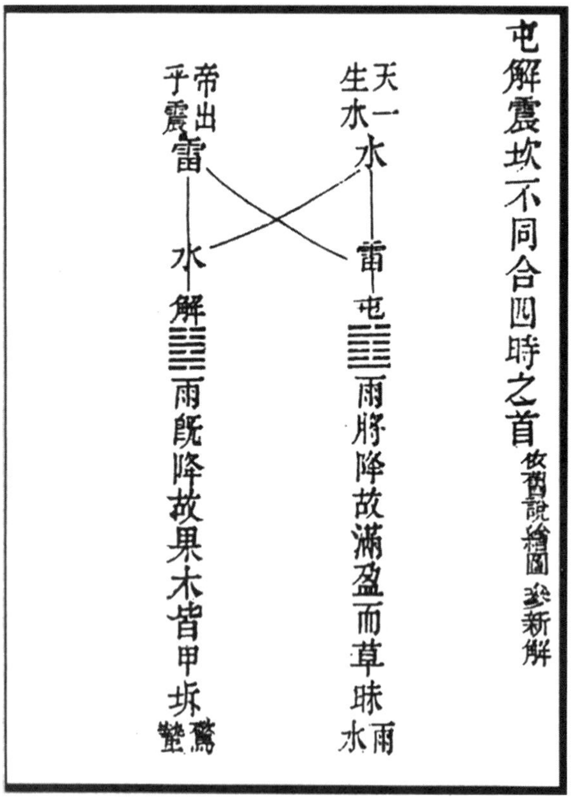

图 177　屯解震坎不同合四时之首图
（冯道立《周易三极图贯》）

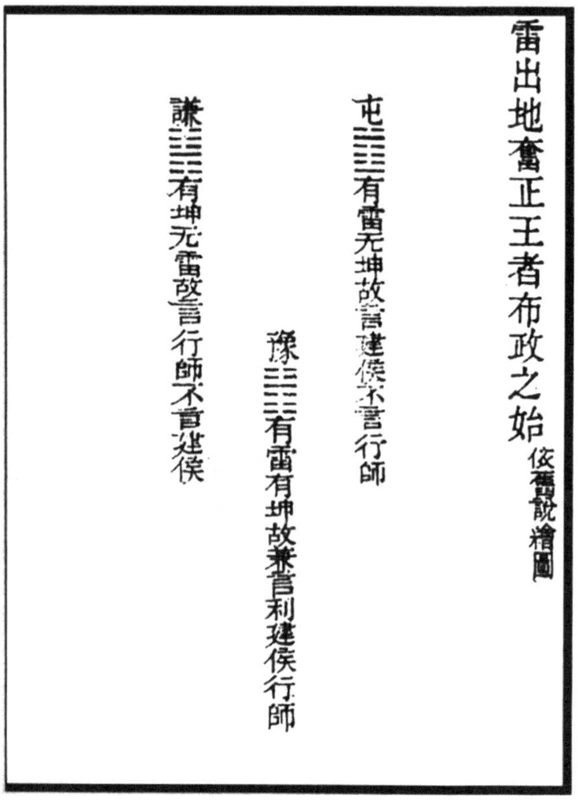

图 178　雷出地奋正王者布政之始图
（冯道立《周易三极图贯》）

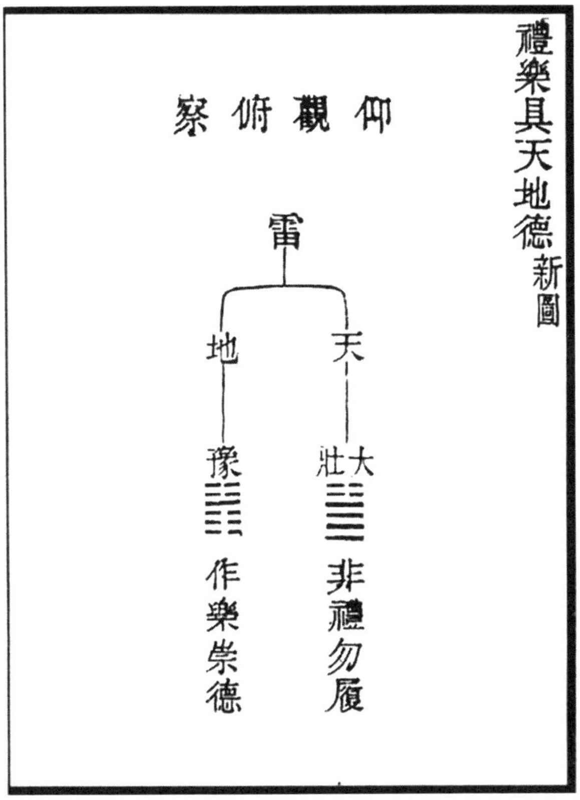

图 179　礼乐具天地德图
（冯道立《周易三极图贯》）

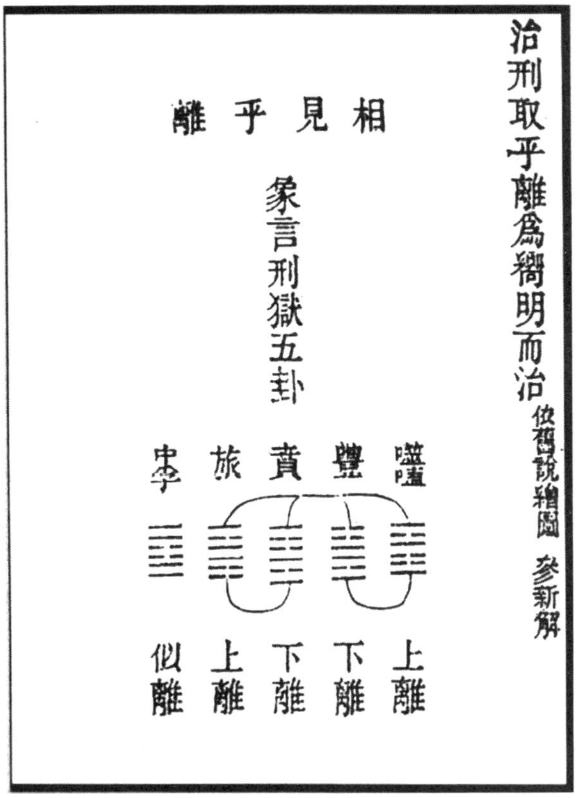

图 180　治刑取乎离为向明而治图
（冯道立《周易三极图贯》）

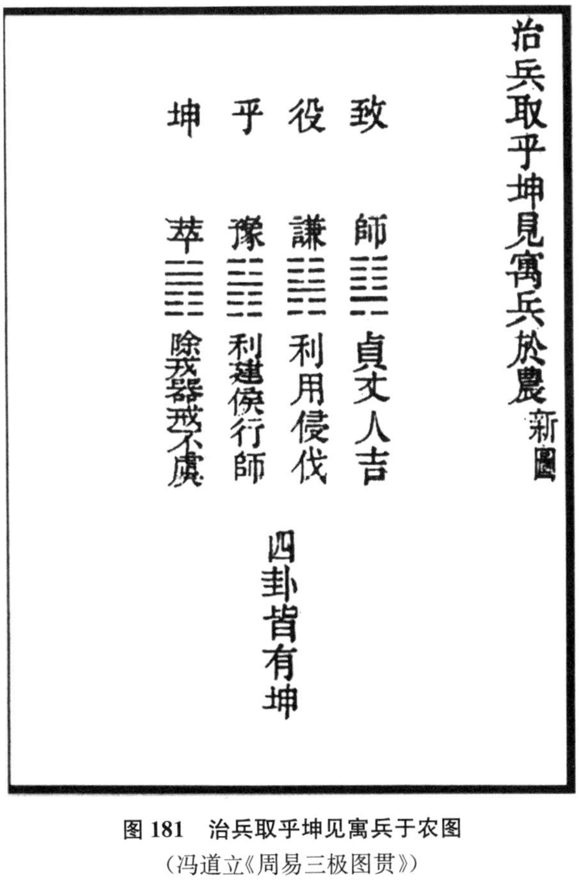

图 181　治兵取乎坤见寓兵于农图
（冯道立《周易三极图贯》）

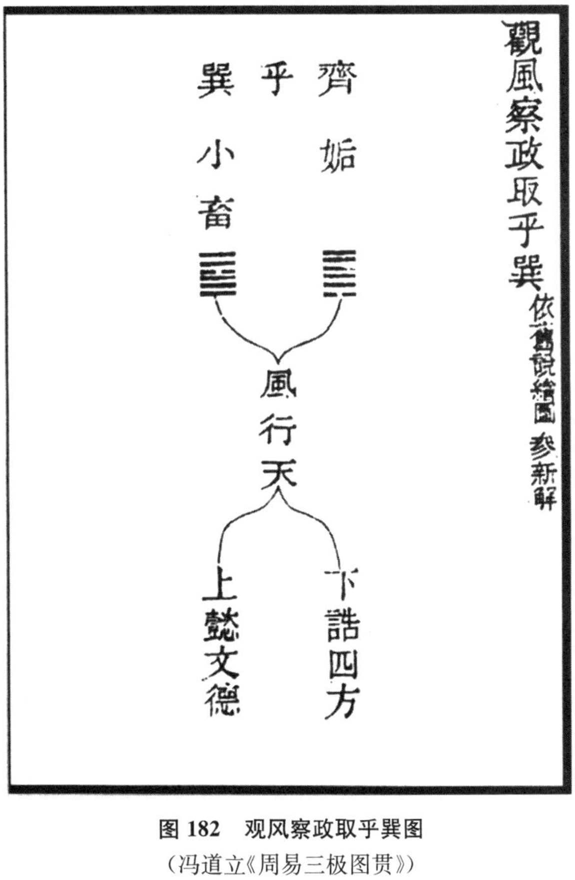

图 182　观风察政取乎巽图
（冯道立《周易三极图贯》）

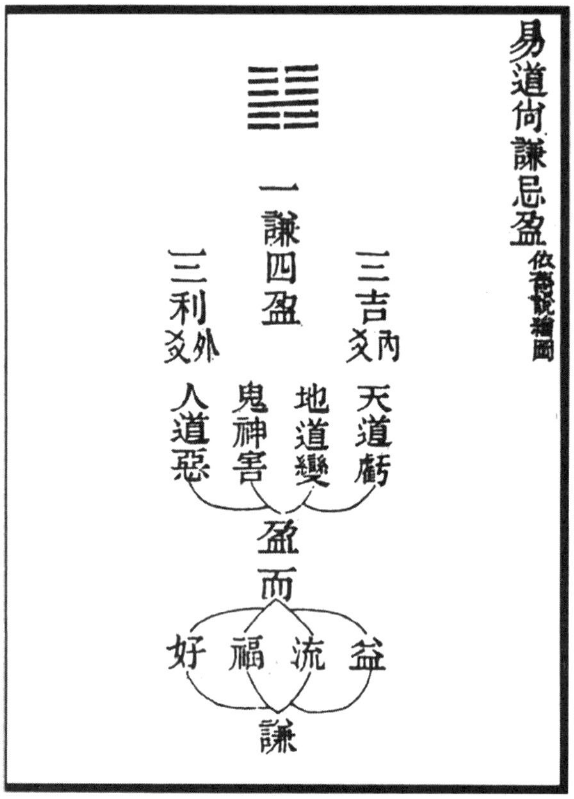

图 183　易道尚谦忌盈图
（冯道立《周易三极图贯》）

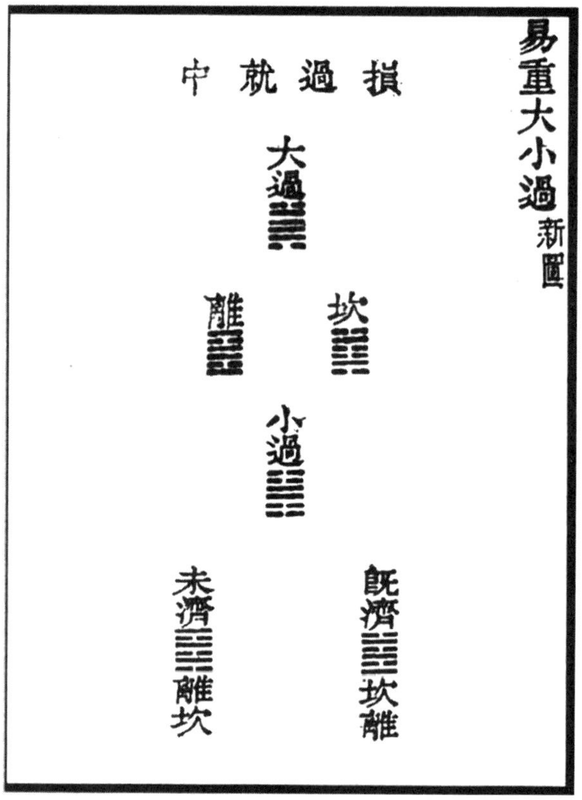

图 184　易重大小过图
（冯道立《周易三极图贯》）

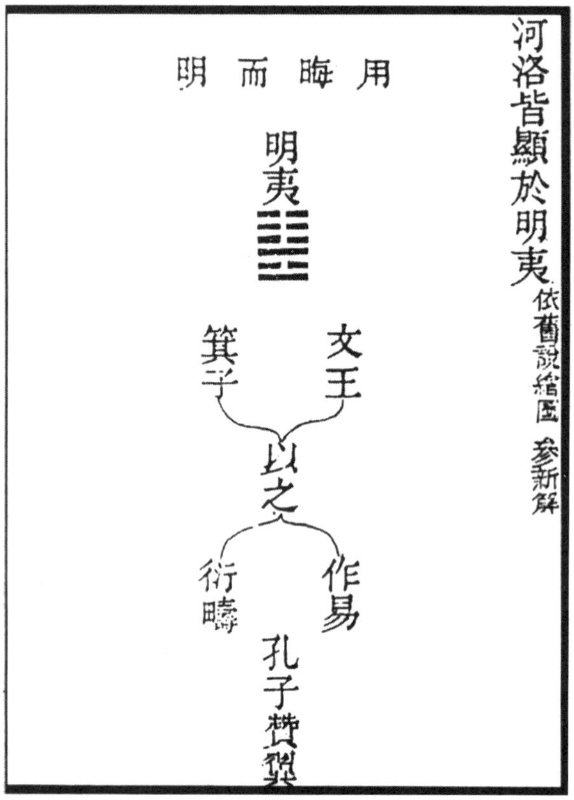

图 185　河洛皆显于明夷图
（冯道立《周易三极图贯》）

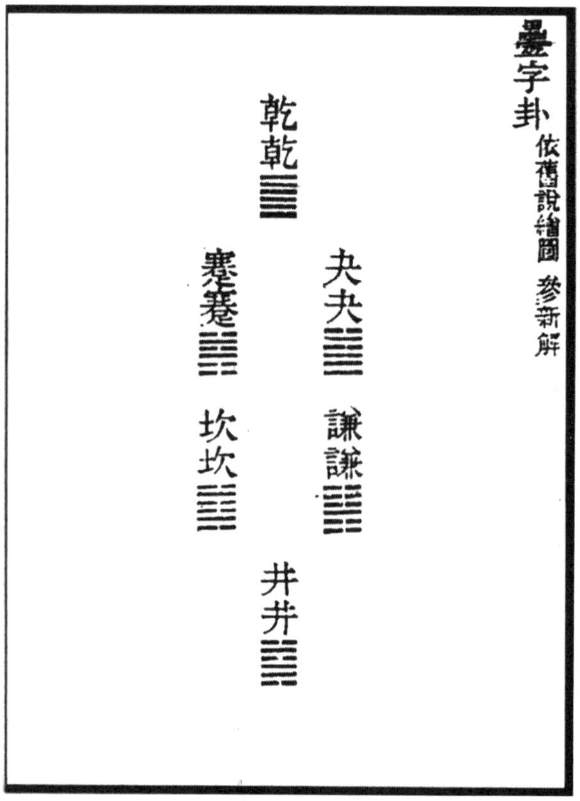

图 186　叠字卦图
（冯道立《周易三极图贯》）

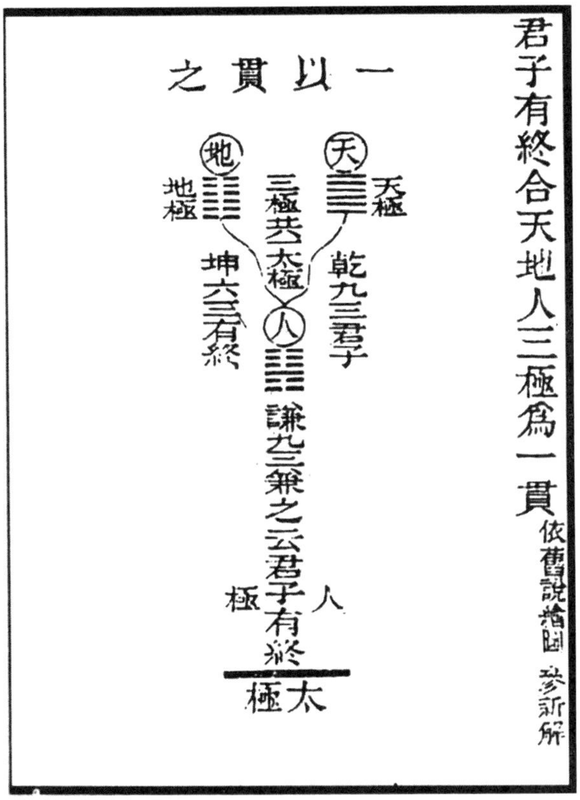

图 187　君子有终合天地人三极为一贯图
（冯道立《周易三极图贯》）

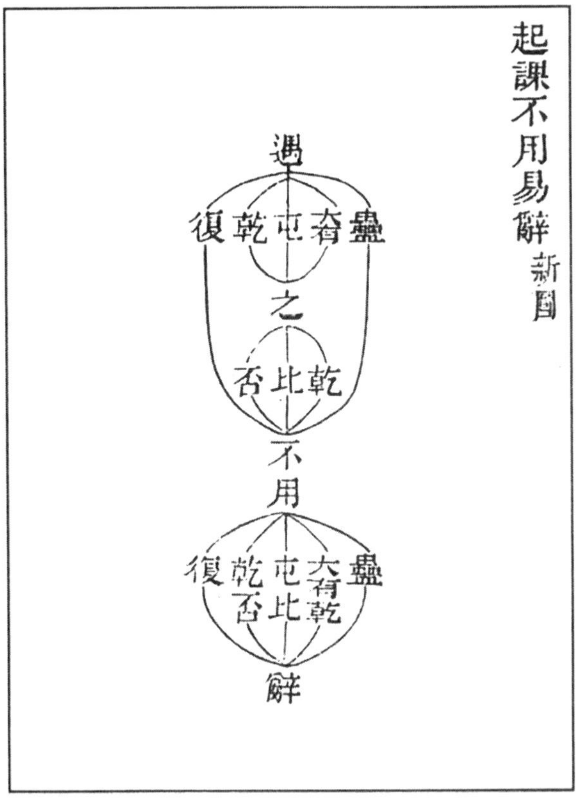

图 188　起课不用易辞图
（冯道立《周易三极图贯》）

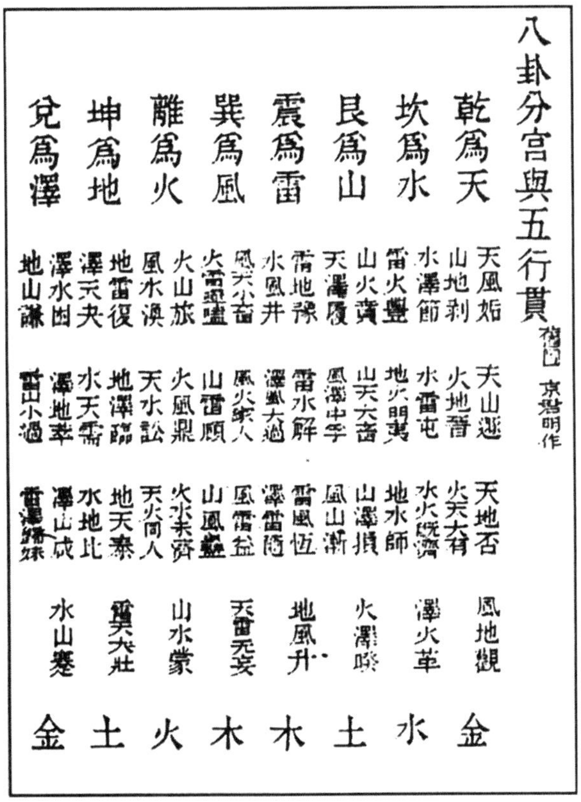

图 189　八卦分宫与五行贯图
（冯道立《周易三极图贯》）

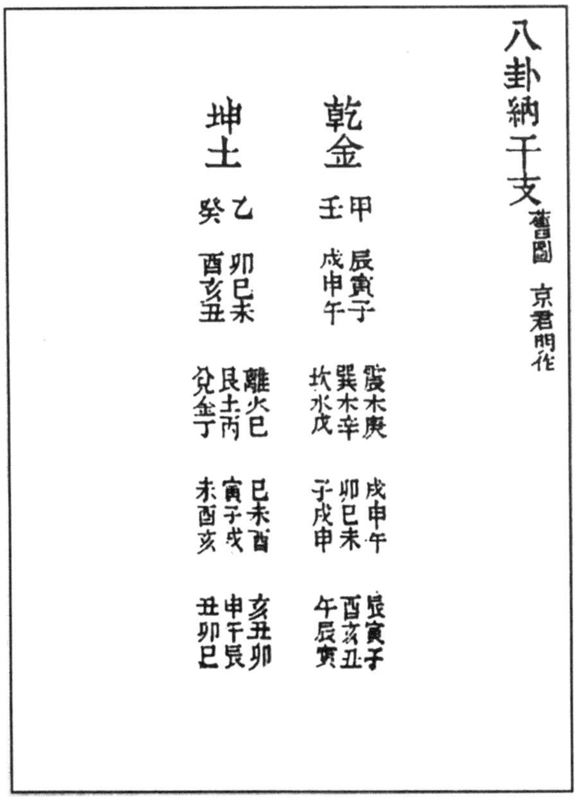

图 190　八卦纳干支图
（冯道立《周易三极图贯》）

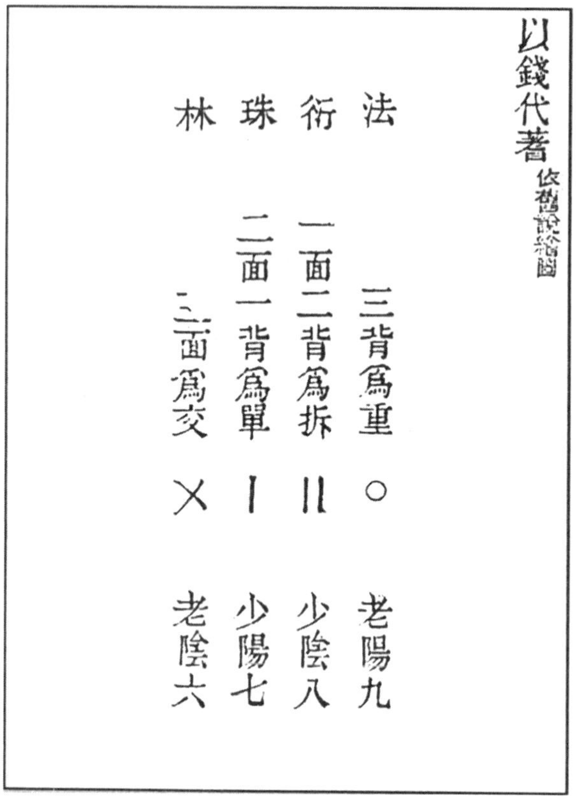

图 191　以钱代蓍图
（冯道立《周易三极图贯》）

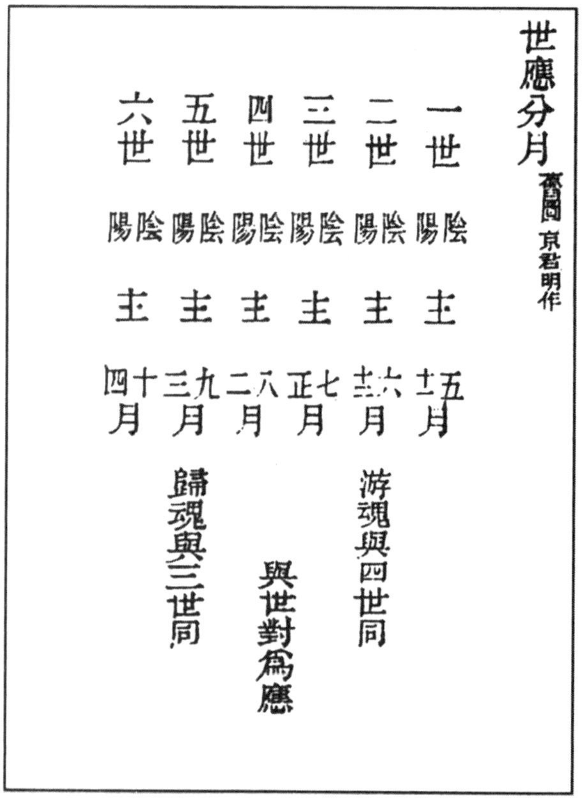

图 192　世应分月图
（冯道立《周易三极图贯》）

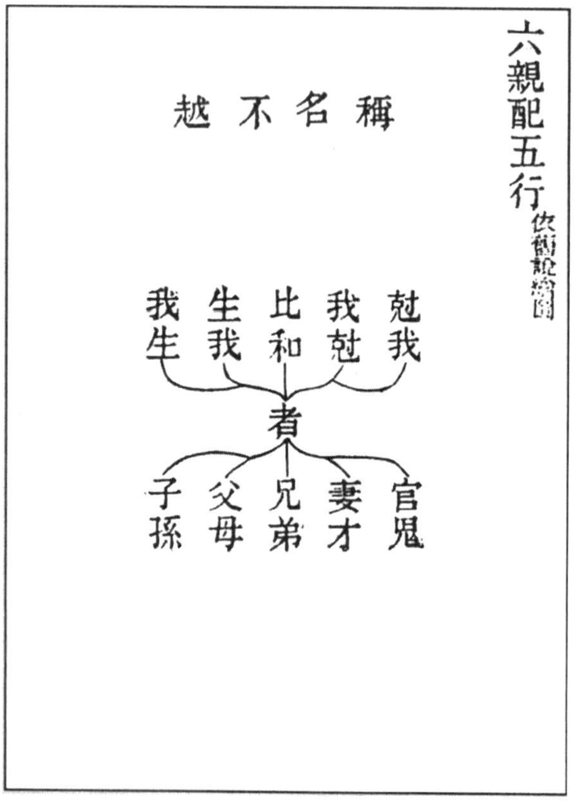

图 193　六亲配五行图
（冯道立《周易三极图贯》）

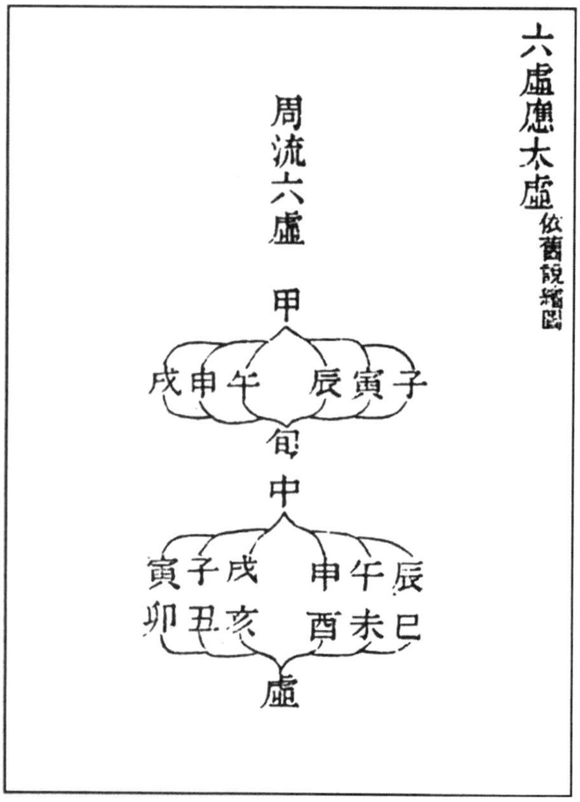

图 194　六虚应太虚图
（冯道立《周易三极图贯》）

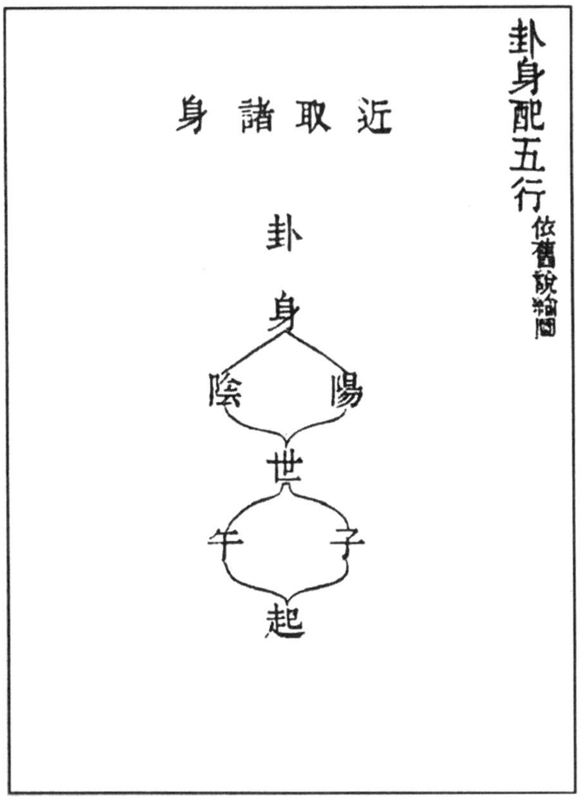

图 195　卦身配五行图
（冯道立《周易三极图贯》）

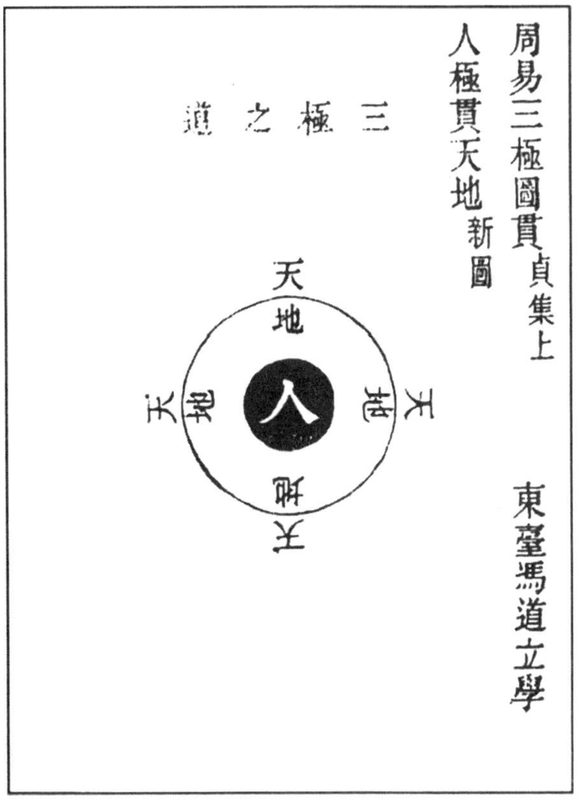

图 196　人极贯天地图
（冯道立《周易三极图贯》）

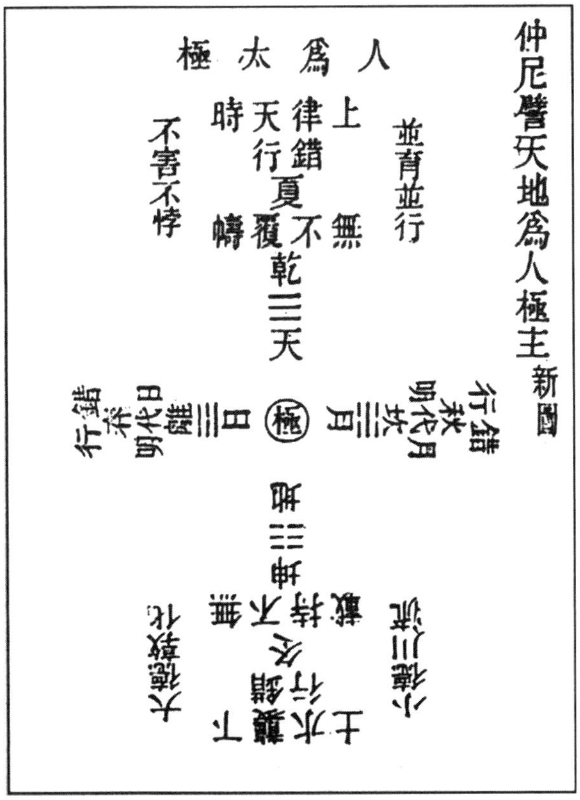

图 197　仲尼譬天地为人极主图
（冯道立《周易三极图贯》）

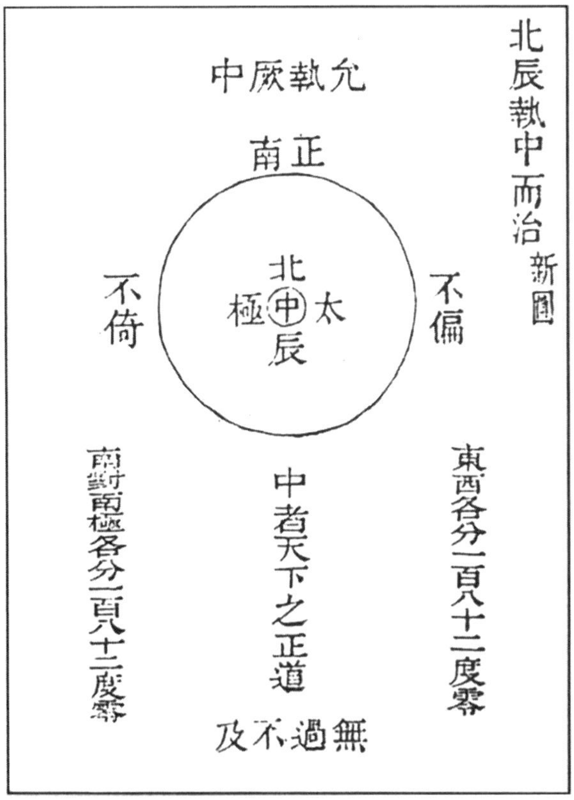

图 198　北辰执中而治图
（冯道立《周易三极图贯》）

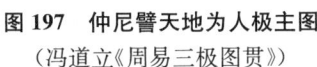

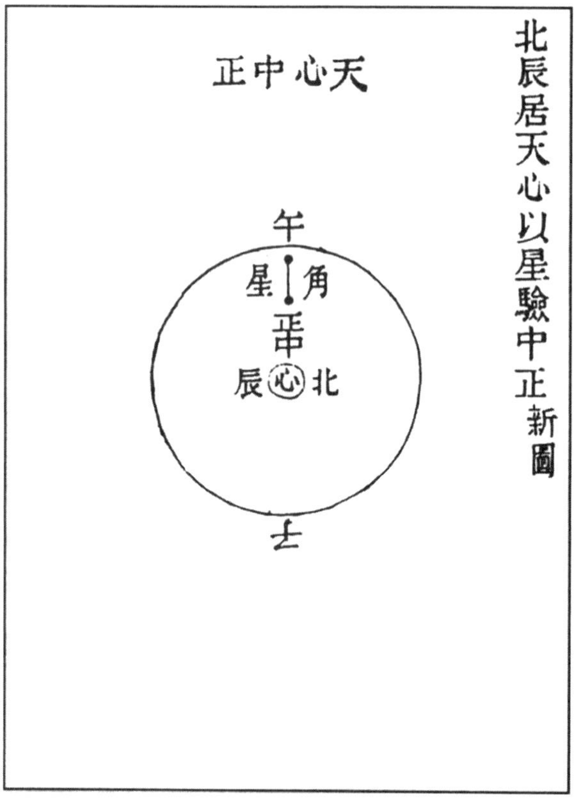

图 199　北辰居天心以星验中正图
（冯道立《周易三极图贯》）

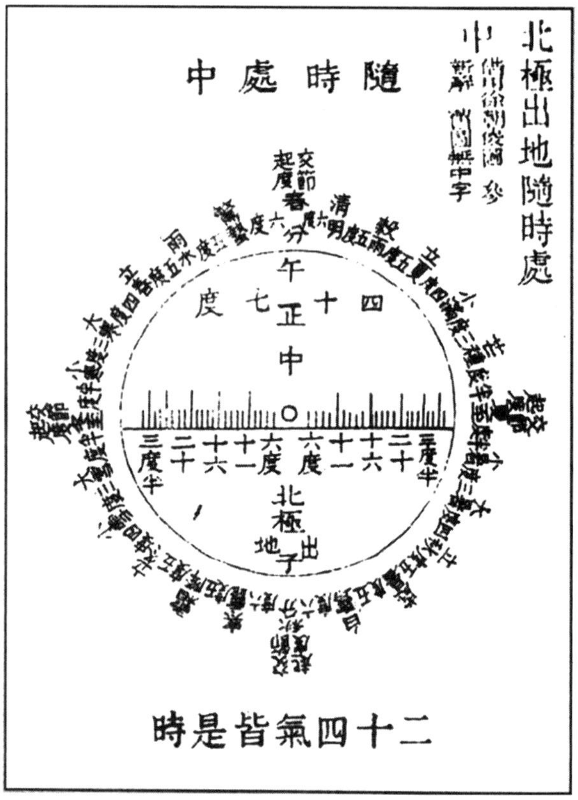

图 200　北极出地随时处中图
（冯道立《周易三极图贯》）

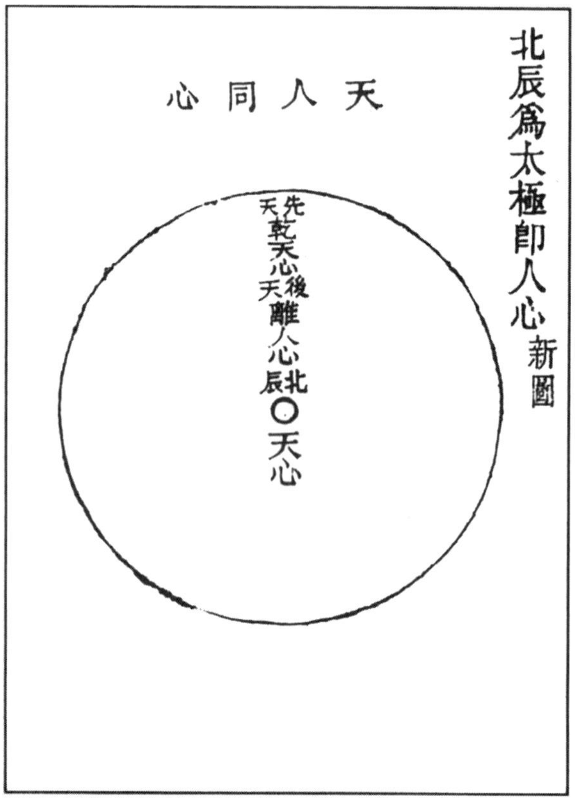

图 201　北辰为太极即人心图
（冯道立《周易三极图贯》）

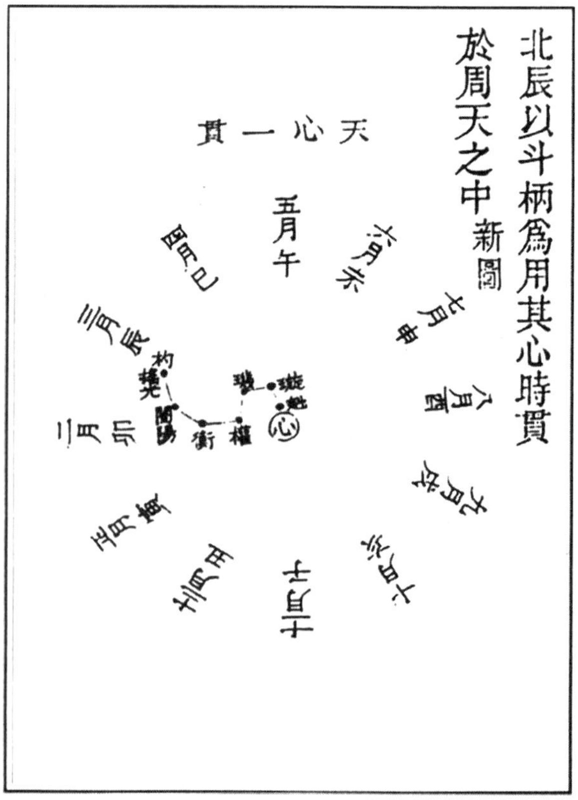

图 202　北辰以斗柄为用其心时贯于周天之中图
（冯道立《周易三极图贯》）

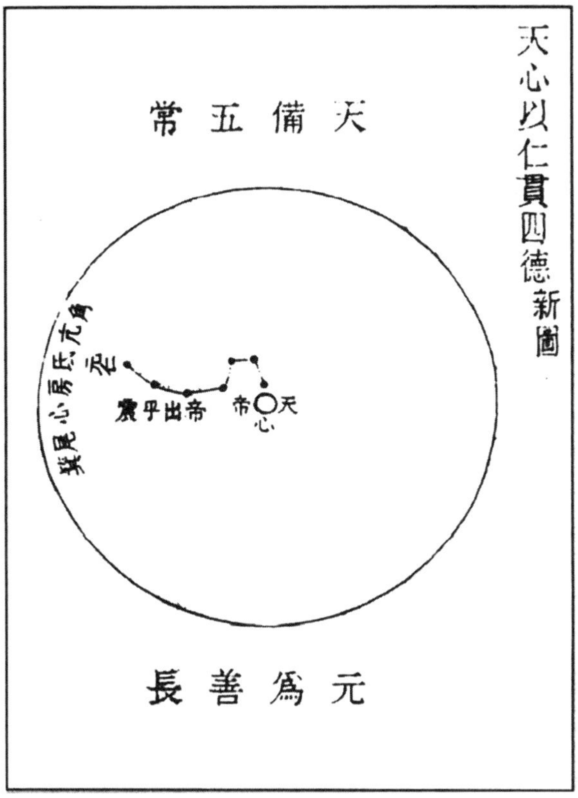

图 203　天心以仁贯四德图
（冯道立《周易三极图贯》）

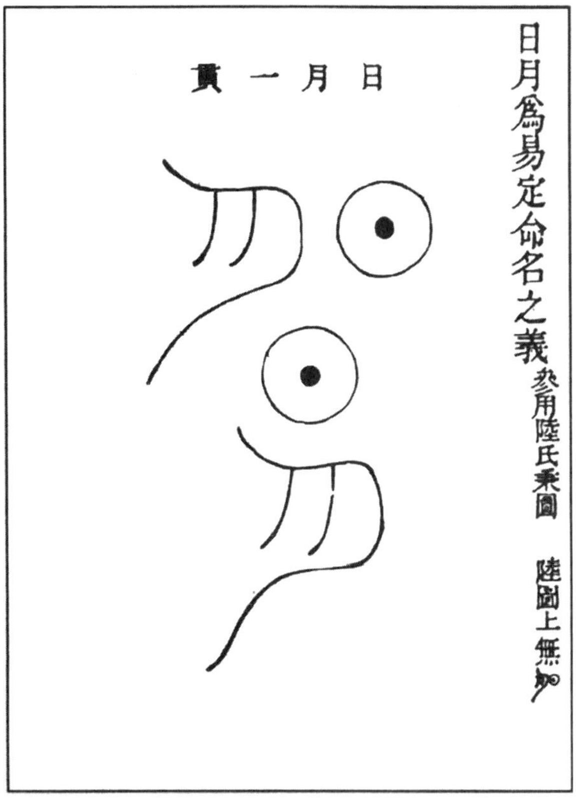

图 204　日月为易定命之义图
（冯道立《周易三极图贯》）

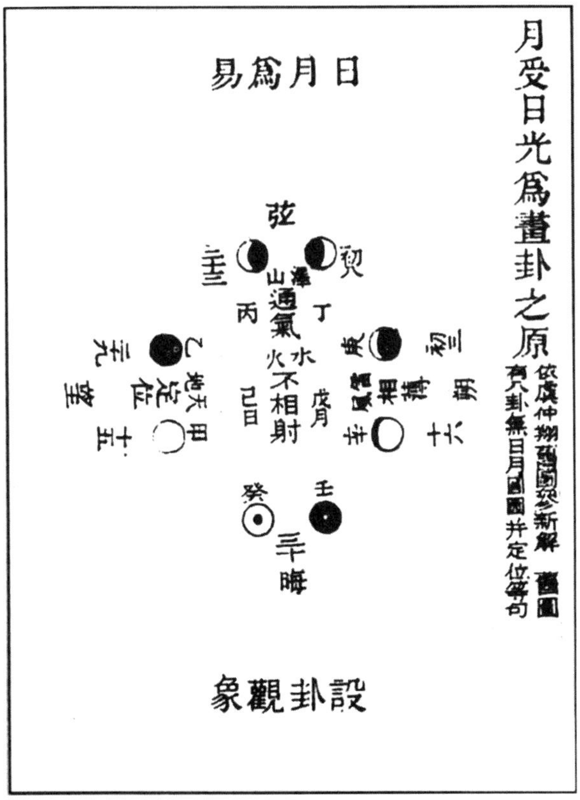

图 205　月受日光为画卦之原图
（冯道立《周易三极图贯》）

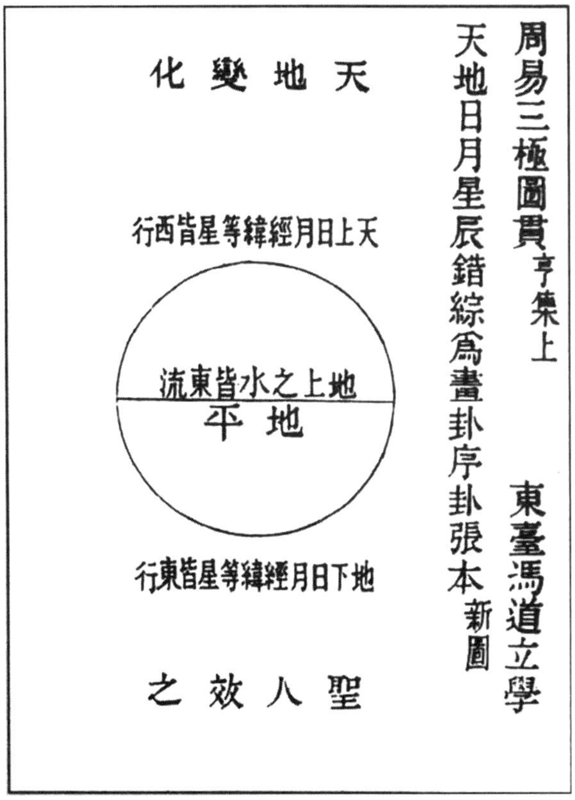

图 206　天地日月星辰错综为画卦序卦张本图
（冯道立《周易三极图贯》）

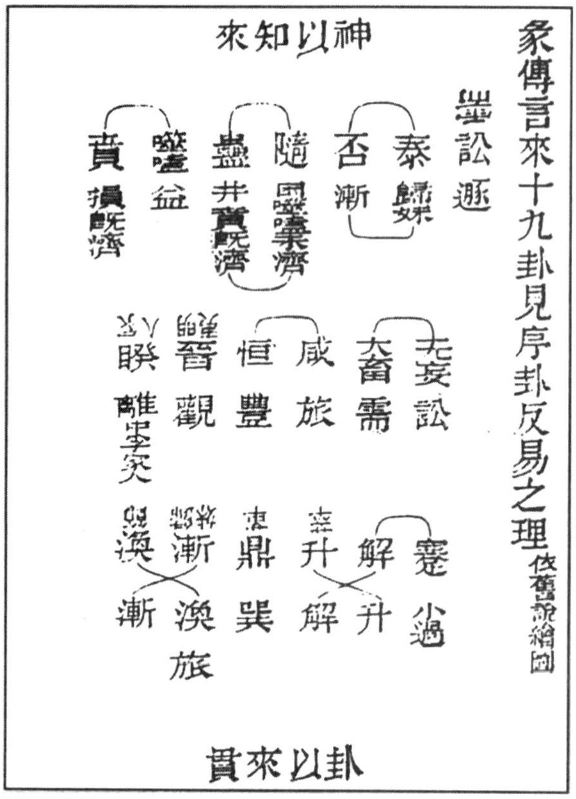

图 207　彖传言来十九卦见序卦反易之理图
（冯道立《周易三极图贯》）

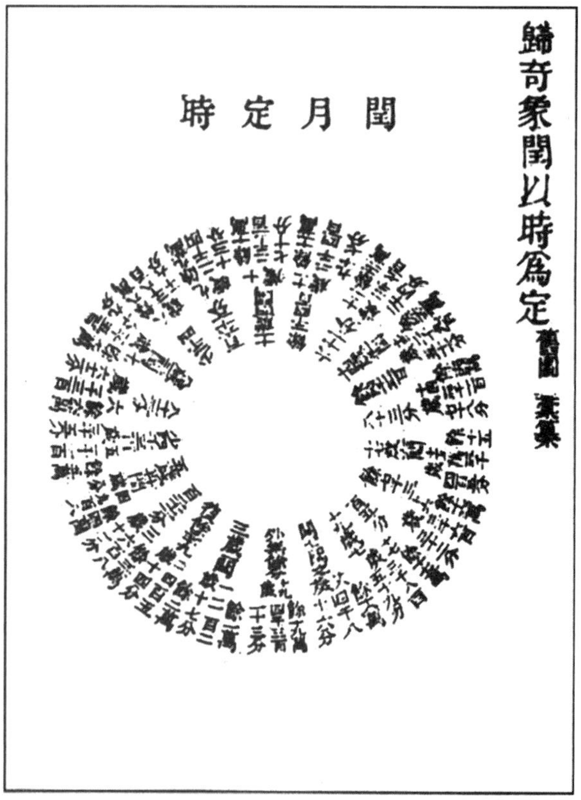

图 208　归奇象闰以时为定图
（冯道立《周易三极图贯》）

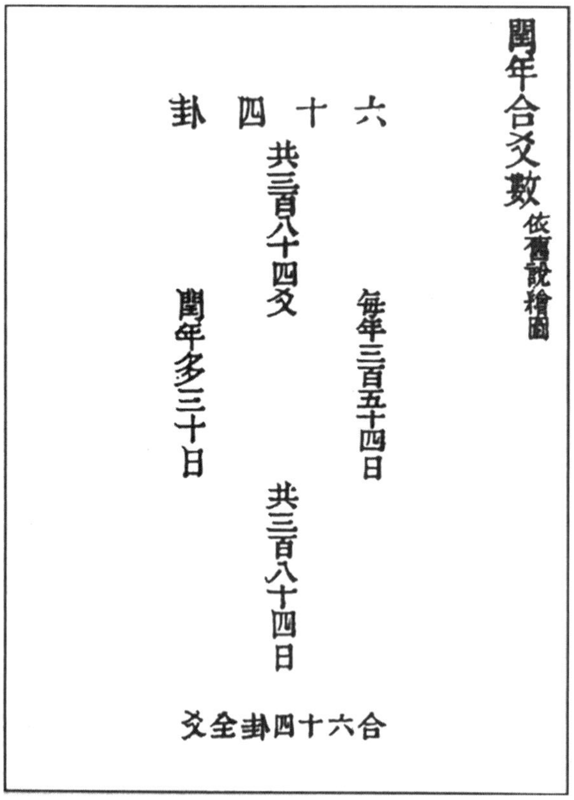

图 209　闰年合爻数图
（冯道立《周易三极图贯》）

图 210　八卦分四时只兑言秋图
（冯道立《周易三极图贯》）

图 211　八卦方位以指南针为定正对两极之中图
（冯道立《周易三极图贯》）

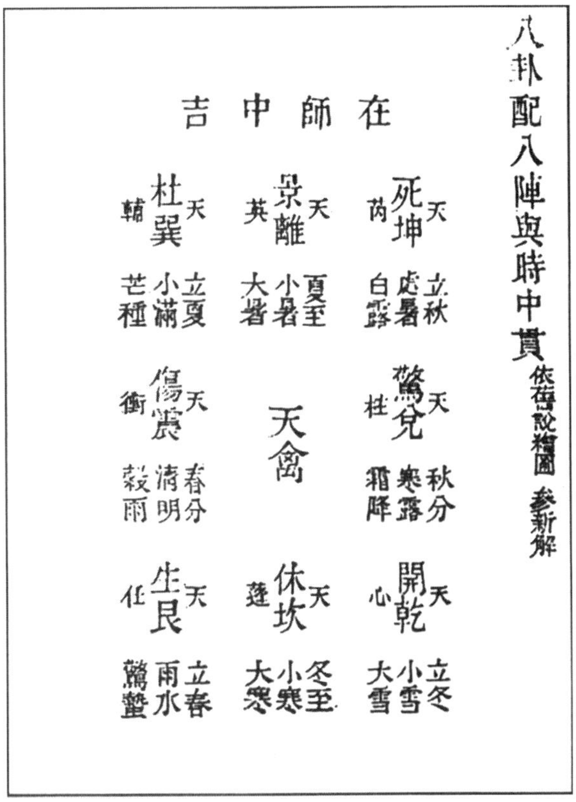

图 212　八卦配八阵与时中贯图
（冯道立《周易三极图贯》）

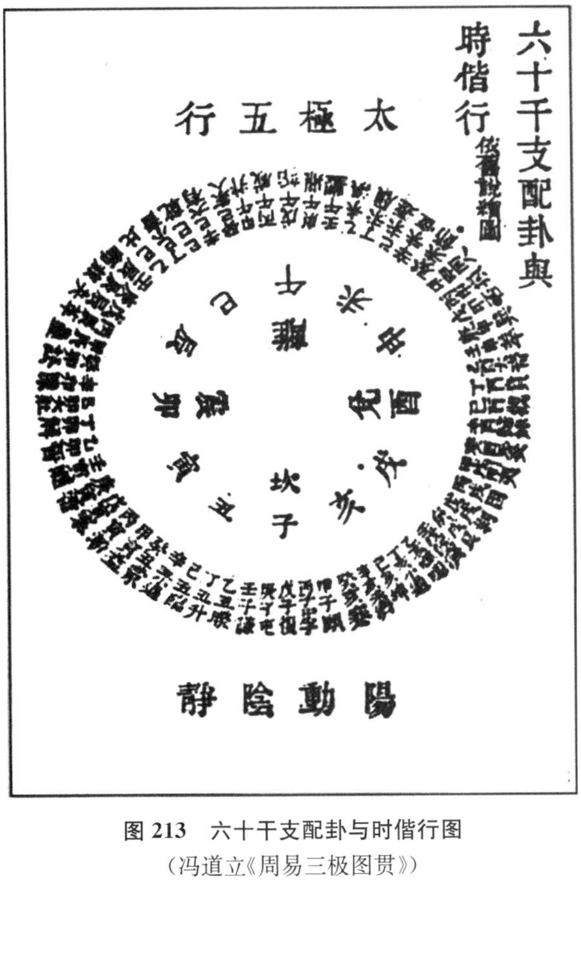

图 213　六十干支配卦与时偕行图
（冯道立《周易三极图贯》）

图 214　八卦相生贯四时图
（冯道立《周易三极图贯》）

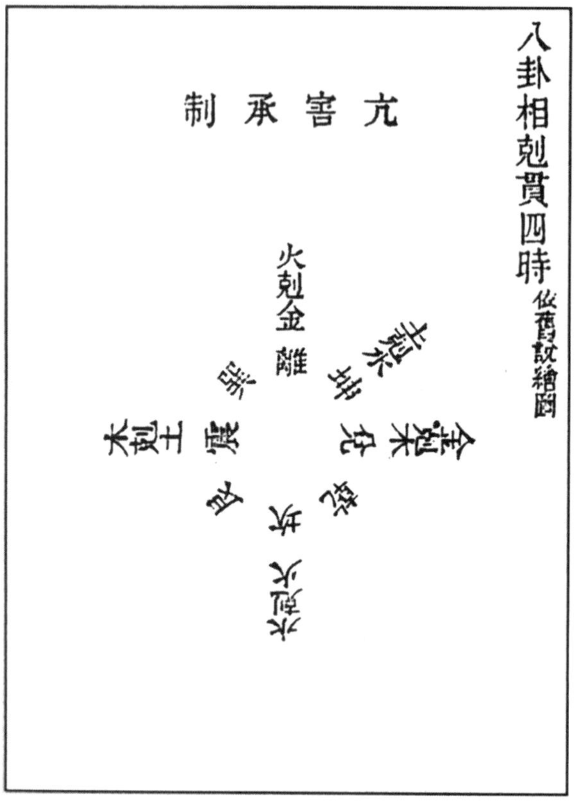

图 215　八卦相克贯四时图
（冯道立《周易三极图贯》）

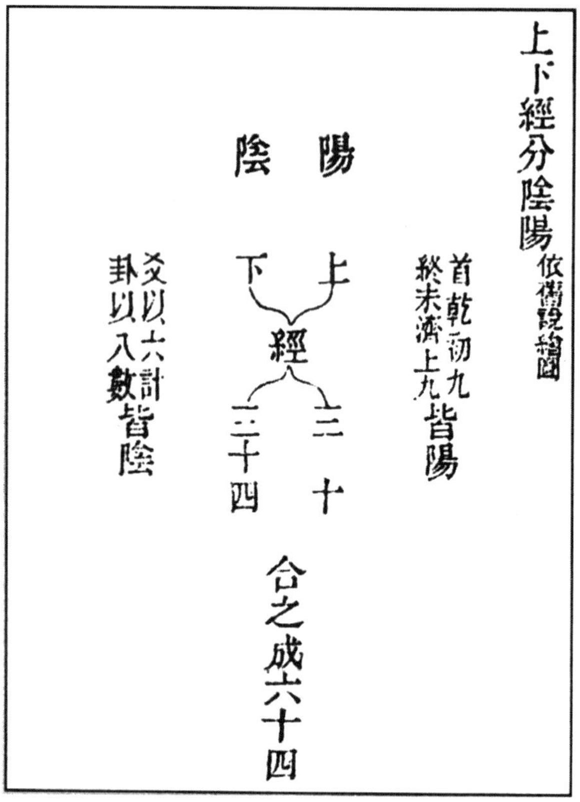

图 216　上下经分阴阳图
（冯道立《周易三极图贯》）

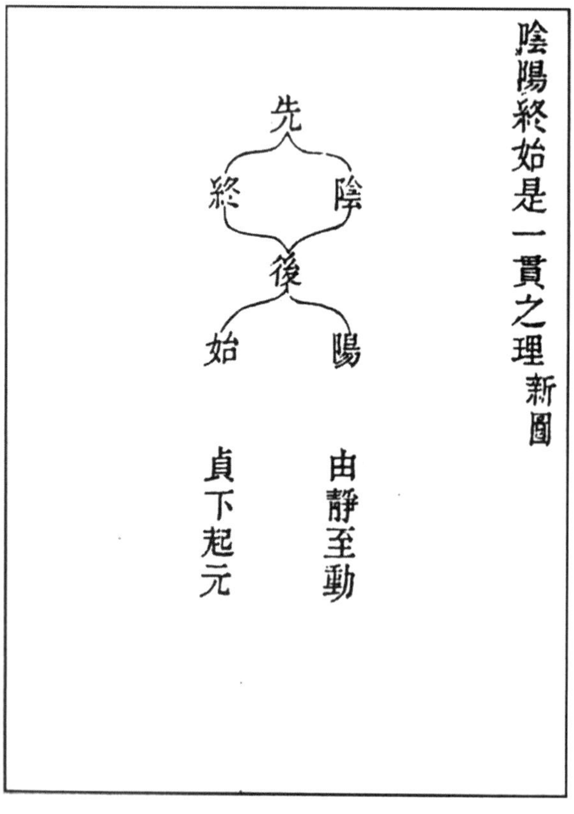

图 217　阴阳始终是一贯之理图
（冯道立《周易三极图贯》）

图 218　太易不列于太学图
（冯道立《周易三极图贯》）

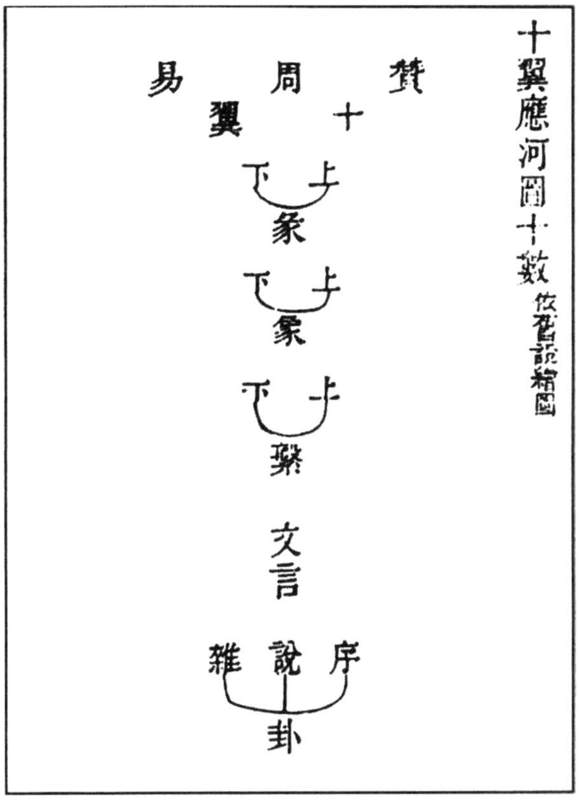

图 219　十翼应河图十数图
（冯道立《周易三极图贯》）

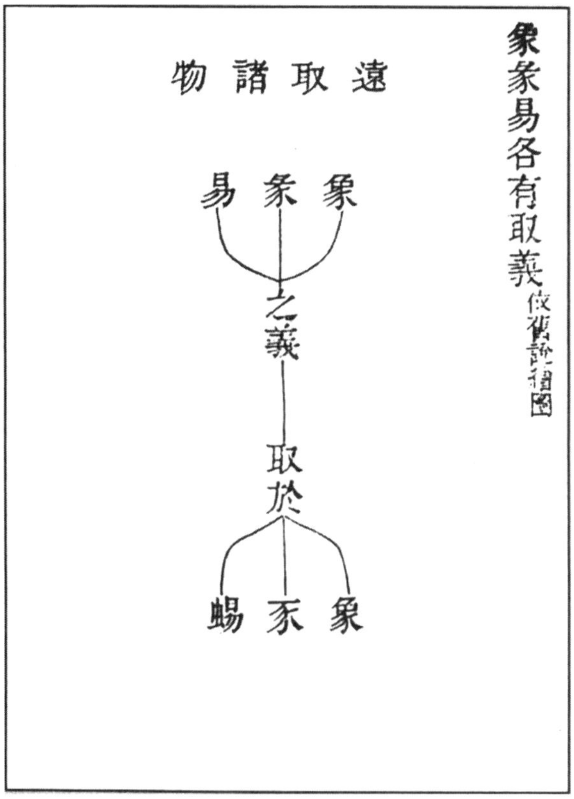

图 220　彖象易各有取义图
（冯道立《周易三极图贯》）

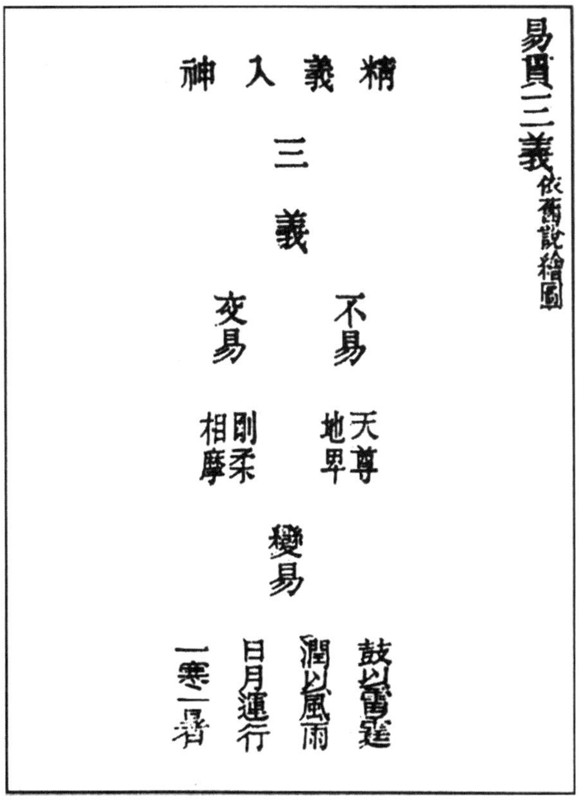

图 221　易贯三义图
（冯道立《周易三极图贯》）

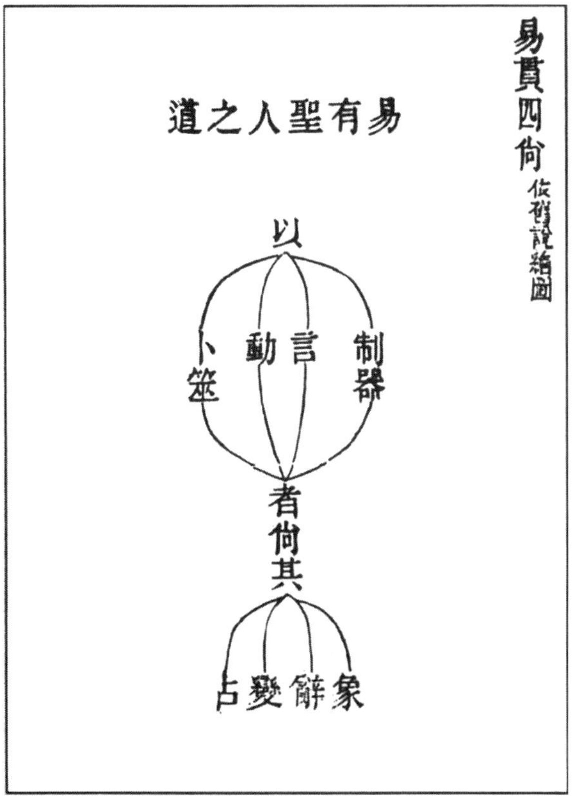

图 222　易贯四尚图
（冯道立《周易三极图贯》）

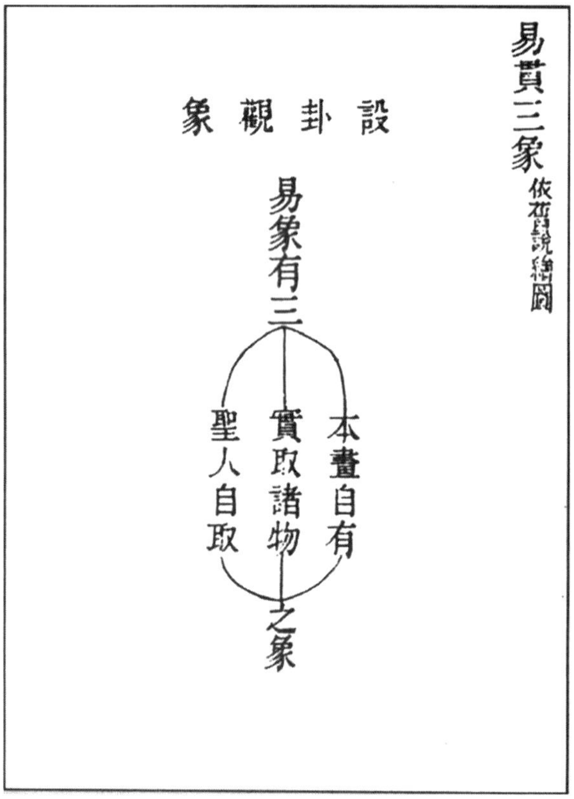

图 223　易贯三象图
（冯道立《周易三极图贯》）

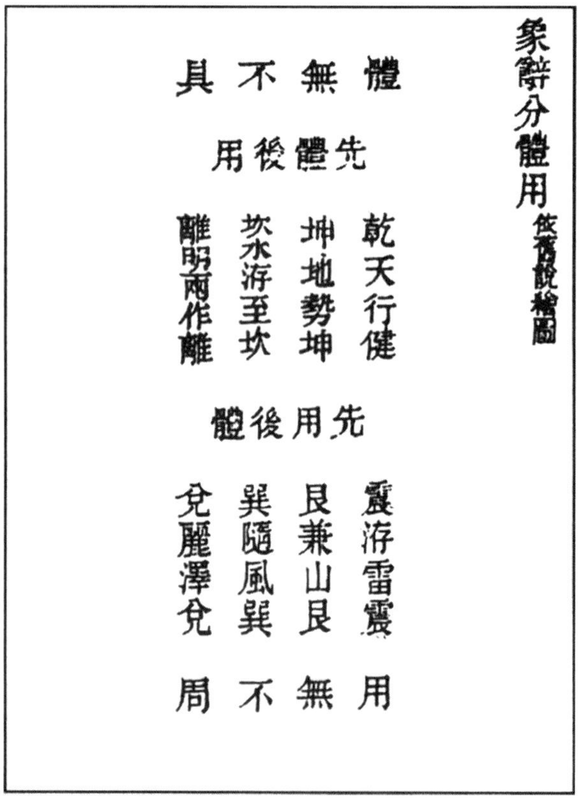

图 224　象辞分体用图
（冯道立《周易三极图贯》）

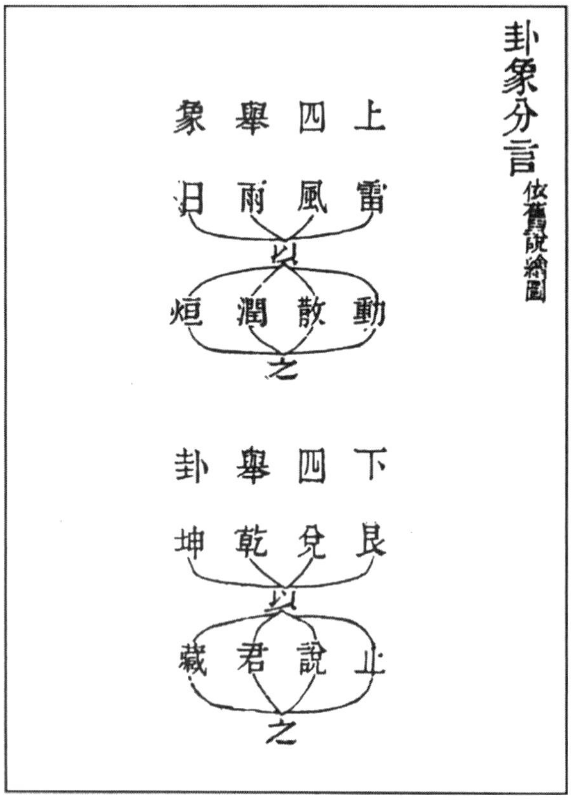

图 225　卦象分言图
（冯道立《周易三极图贯》）

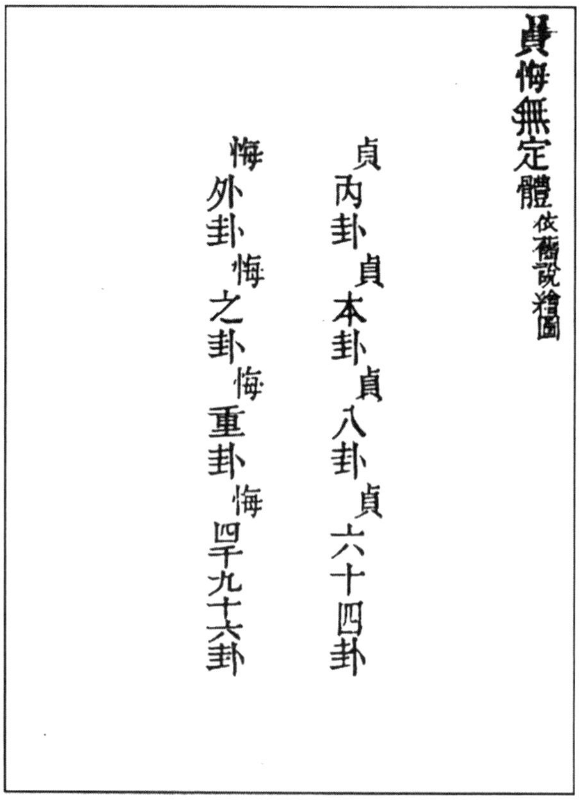

图 226　贞悔无定体图
（冯道立《周易三极图贯》）

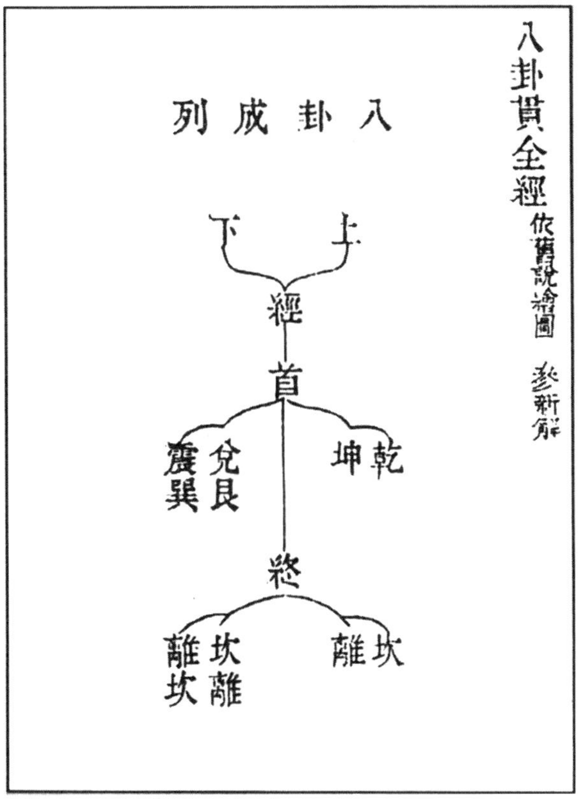

图 227　八卦贯全经图
（冯道立《周易三极图贯》）

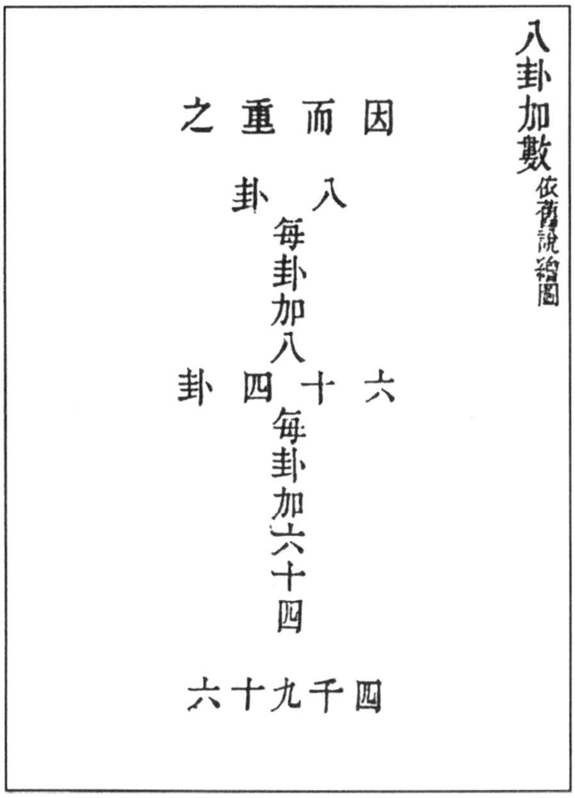

图 228　八卦加数图
（冯道立《周易三极图贯》）

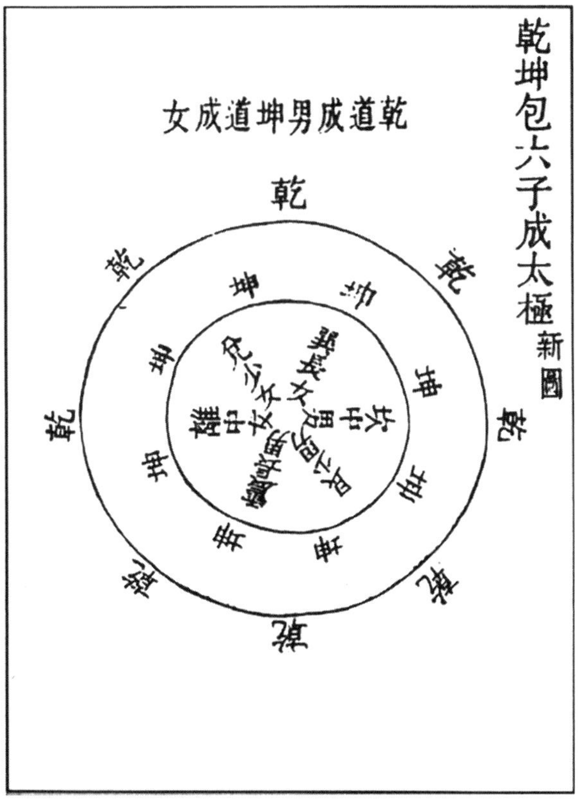

图 229　乾坤包六子成太极图
（冯道立《周易三极图贯》）

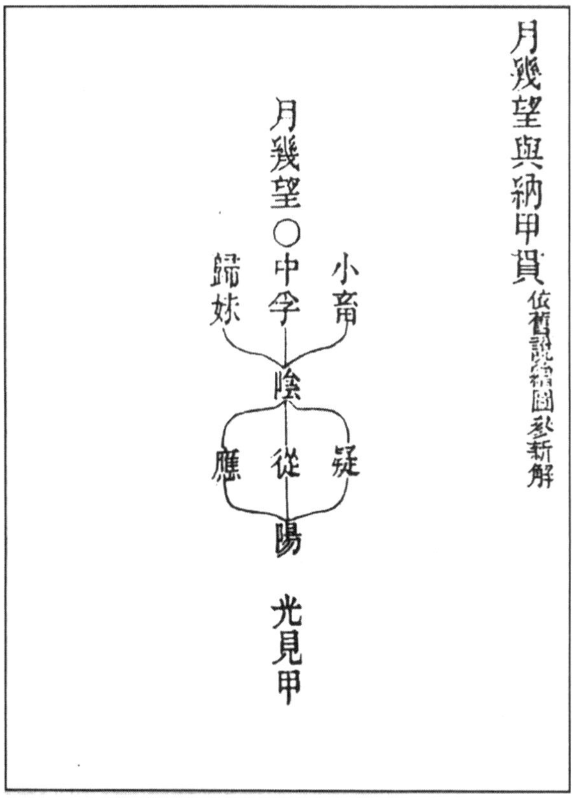

图 230　月几望与纳甲贯图
（冯道立《周易三极图贯》）

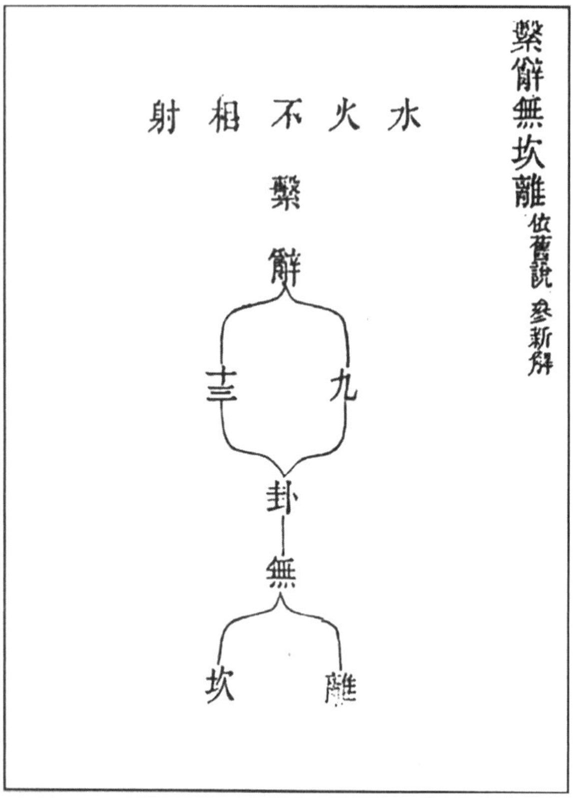

图 231　系辞无坎离图
（冯道立《周易三极图贯》）

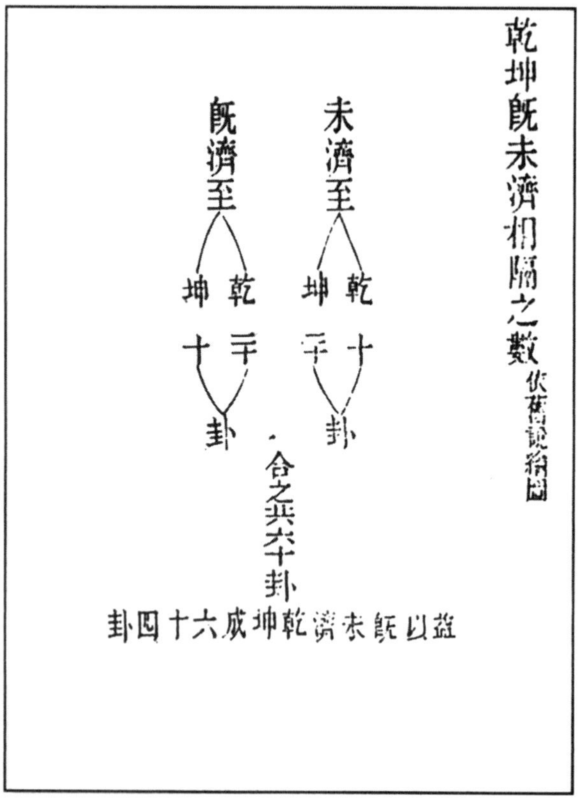

图 232　乾坤既未济相隔之数图
（冯道立《周易三极图贯》）

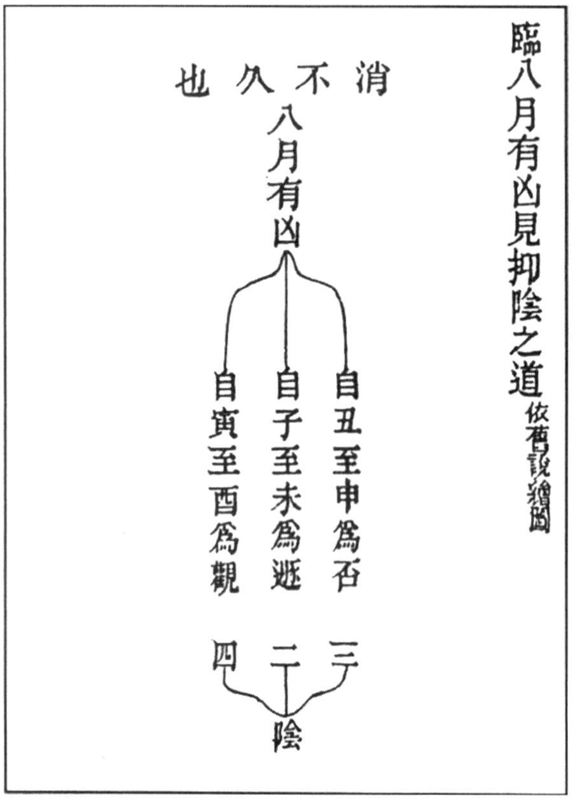

图 233　临八月有凶见抑阴之道图
（冯道立《周易三极图贯》）

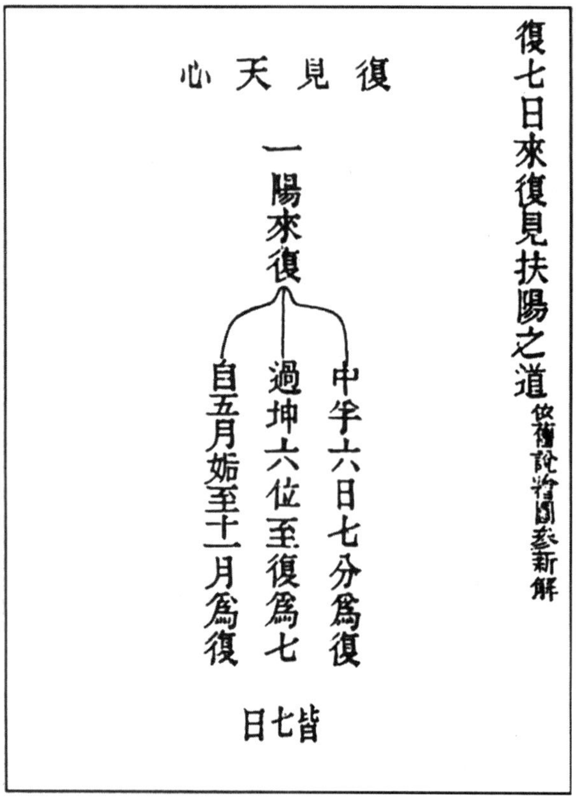

图 234　复七日来复见扶阳之道图
（冯道立《周易三极图贯》）

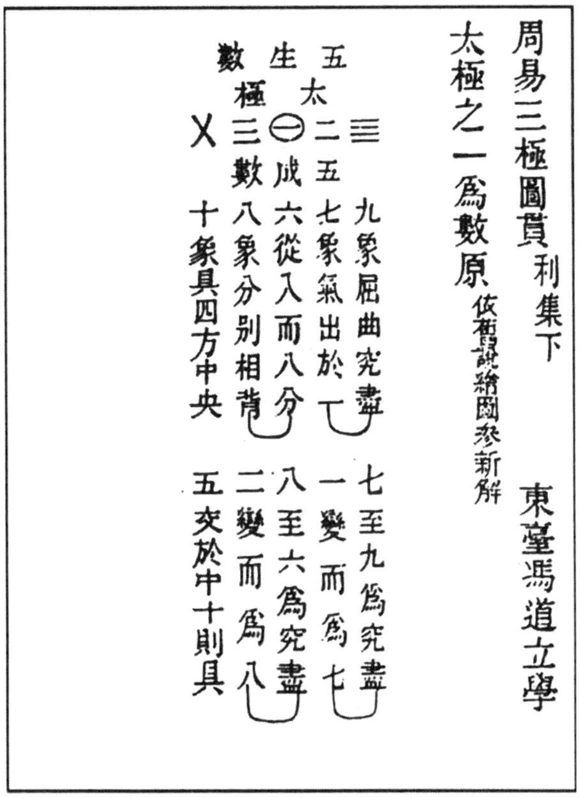

图 235　太极之阳爻为数原图
（冯道立《周易三极图贯》）

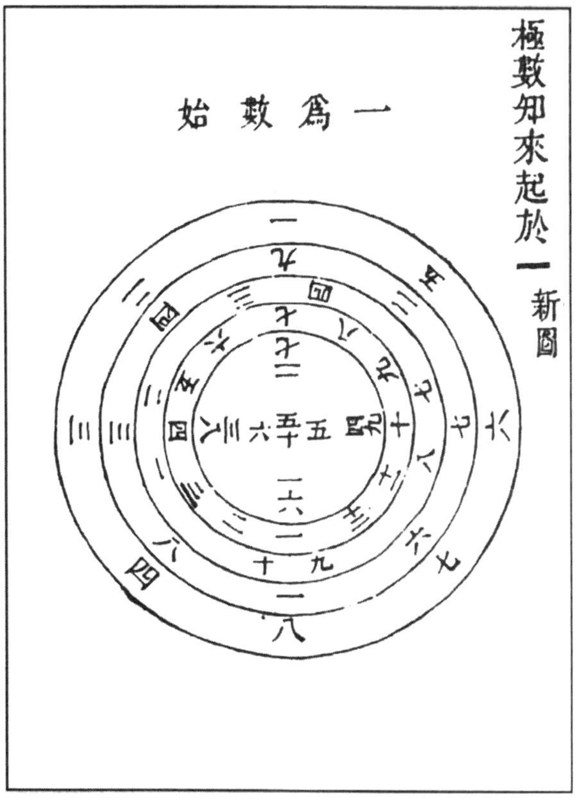

图 236　极数知来起于阳爻图
（冯道立《周易三极图贯》）

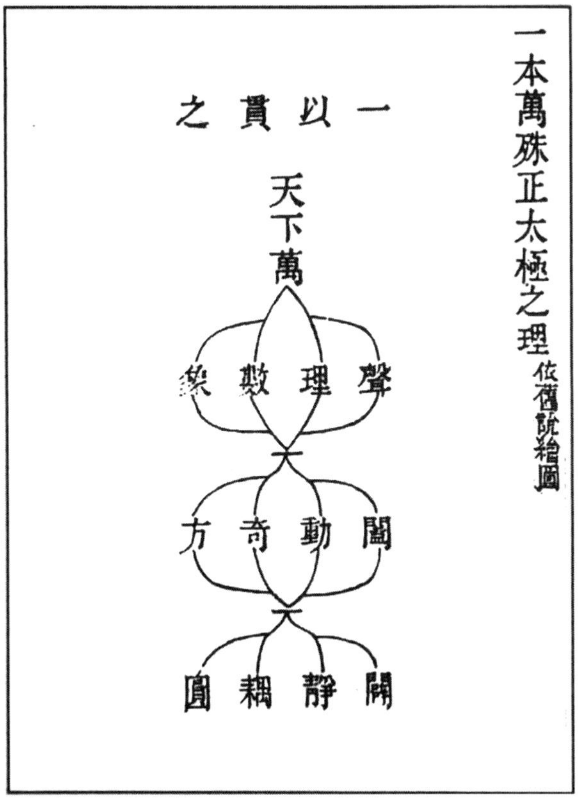

图 237　一本万殊正太极之理图
（冯道立《周易三极图贯》）

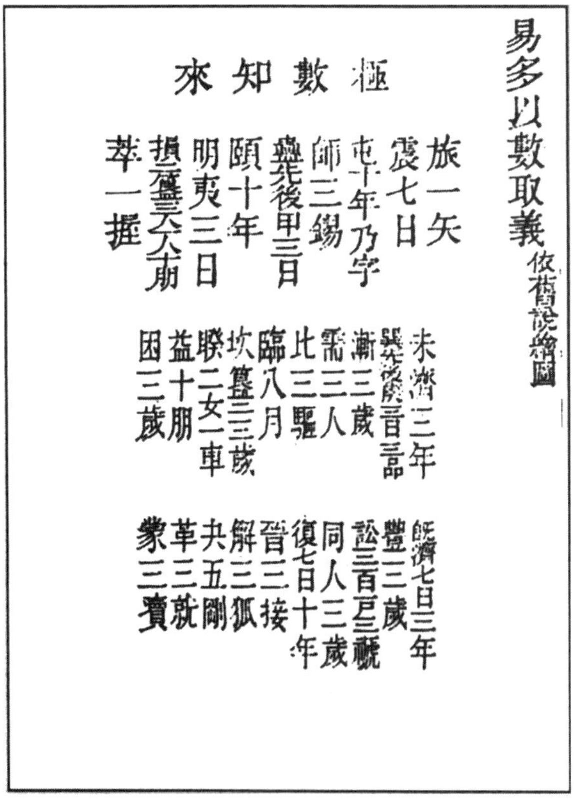

图 238　易多以数取义图
（冯道立《周易三极图贯》）

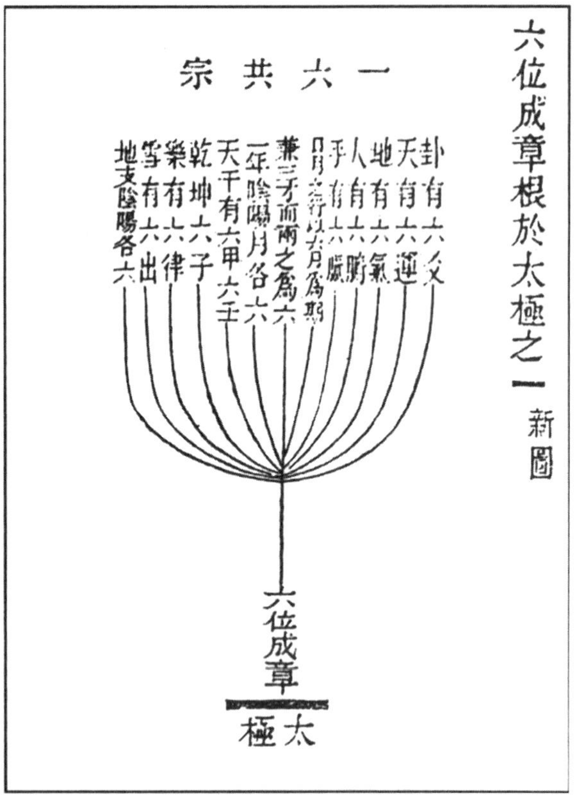

图 239　六位成章根于太极之阳爻图
（冯道立《周易三极图贯》）

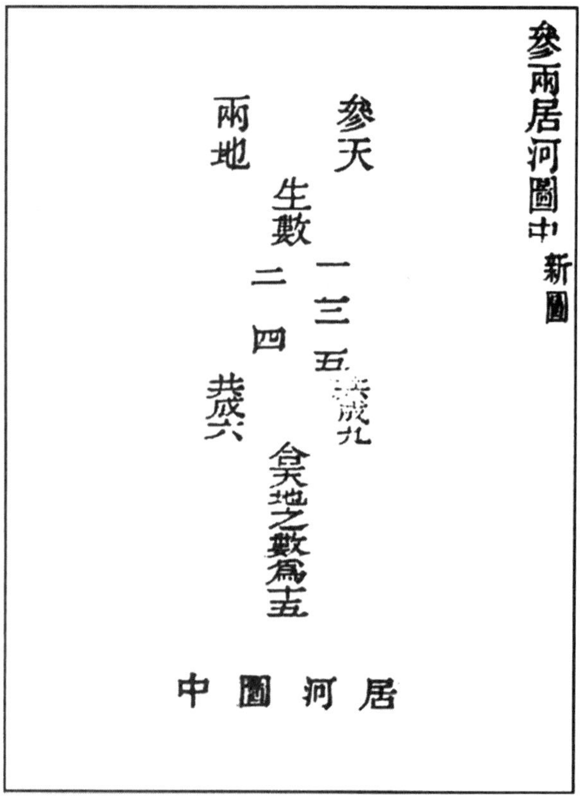

图 240　参两居河图中图
（冯道立《周易三极图贯》）

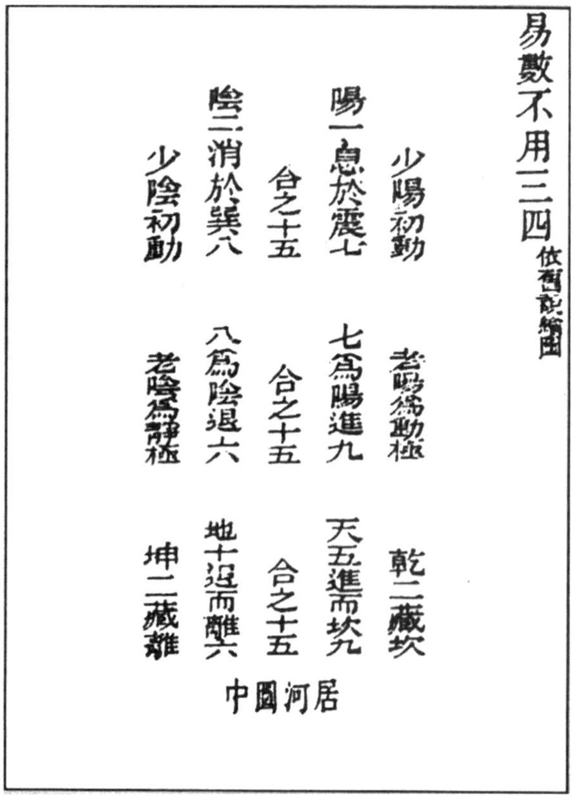

图 241　易教不用三四图
（冯道立《周易三极图贯》）

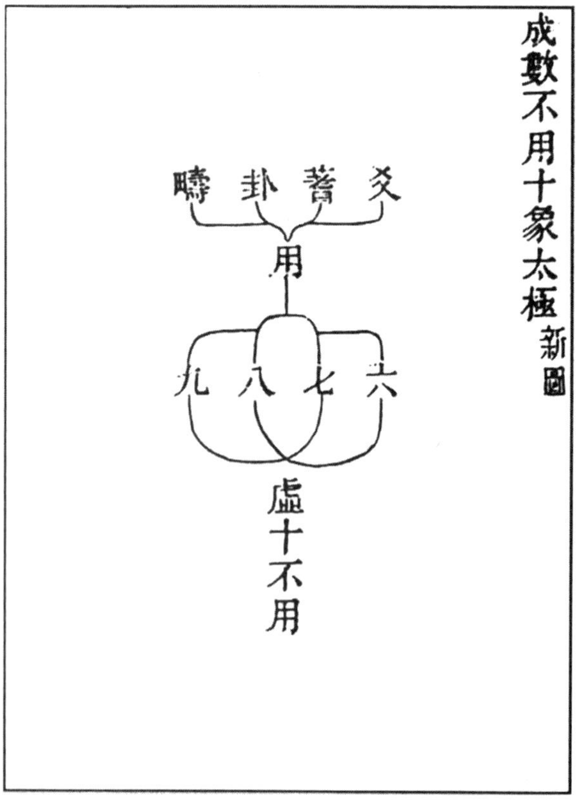

图 242　成数不用十象太极图
（冯道立《周易三极图贯》）

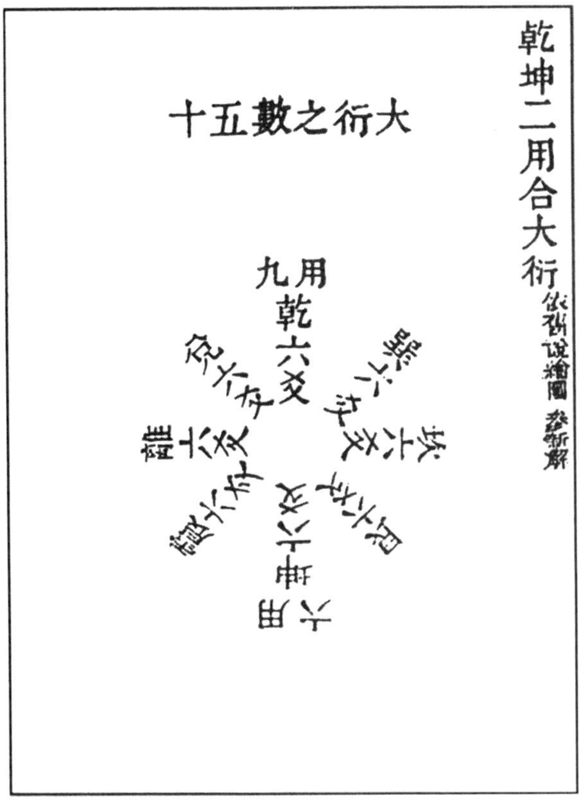

图 243　乾坤二用合大衍图
（冯道立《周易三极图贯》）

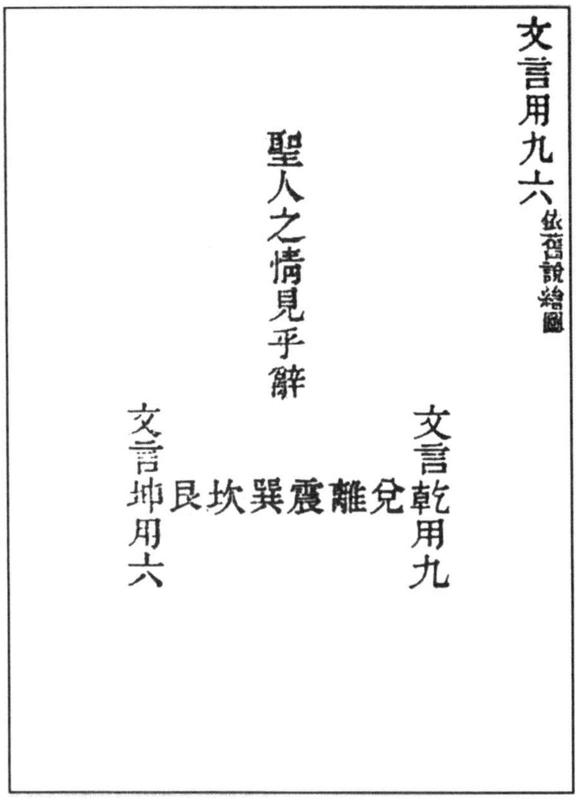

图 244　文言用九六图
（冯道立《周易三极图贯》）

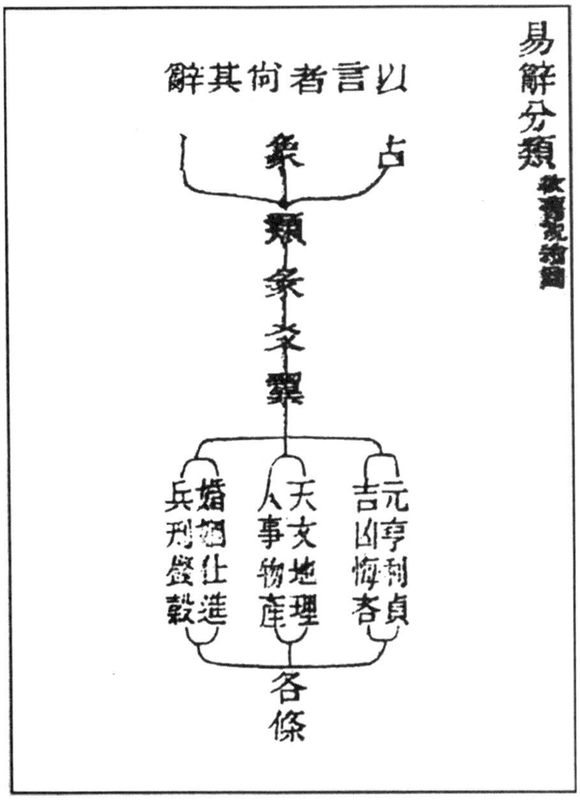

图 245　易辞分类图
（冯道立《周易三极图贯》）

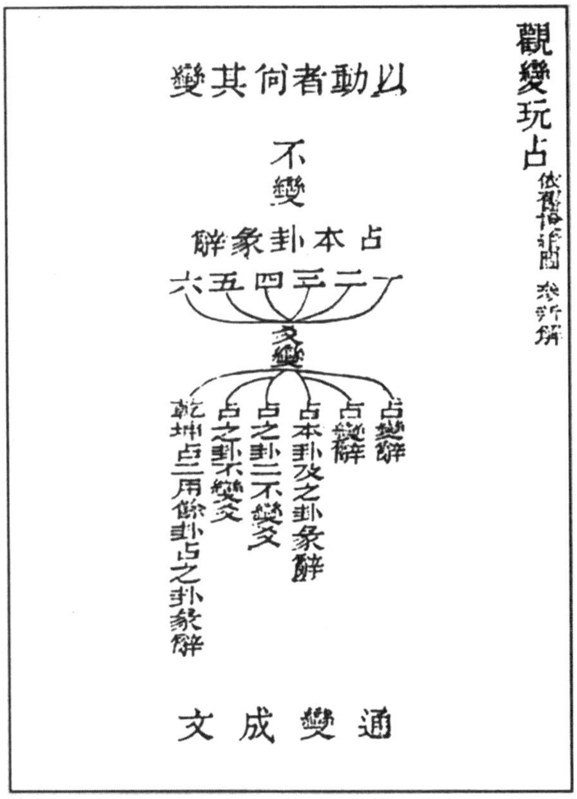

图 246　观变玩占图
（冯道立《周易三极图贯》）

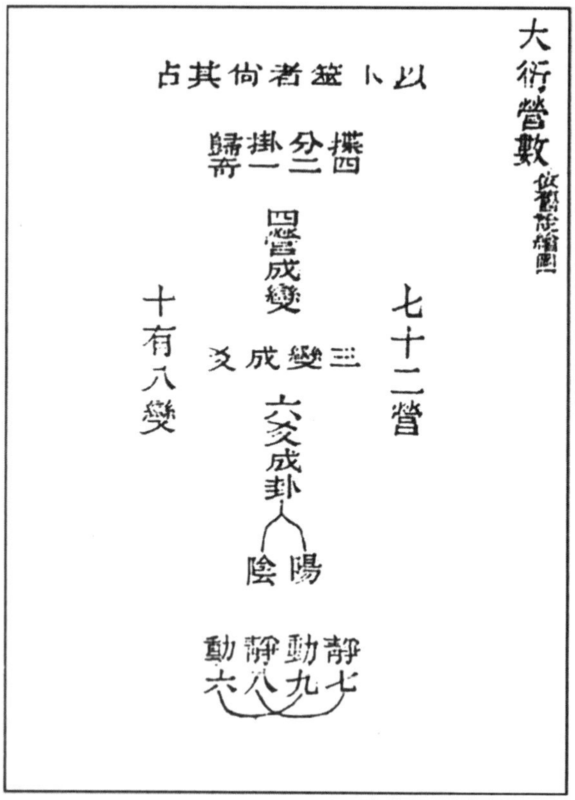

图 247　大衍营数图
（冯道立《周易三极图贯》）

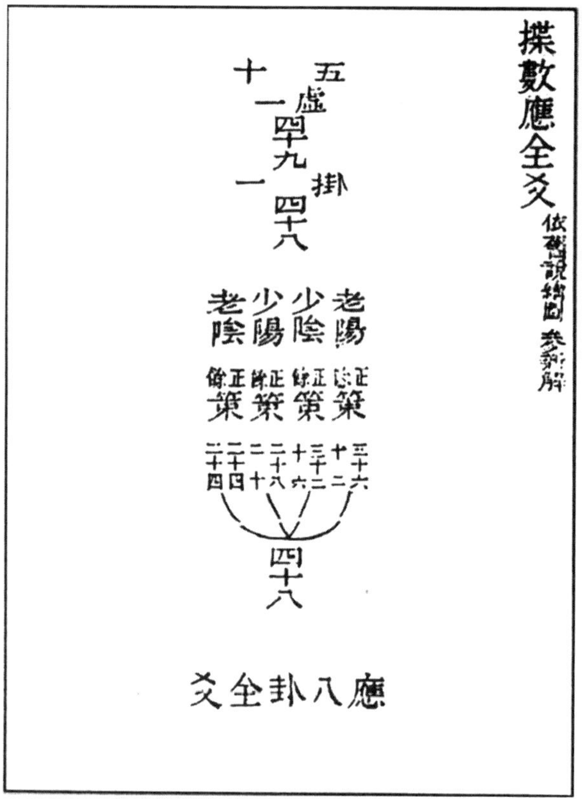

图 248　揲数应全爻图
（冯道立《周易三极图贯》）

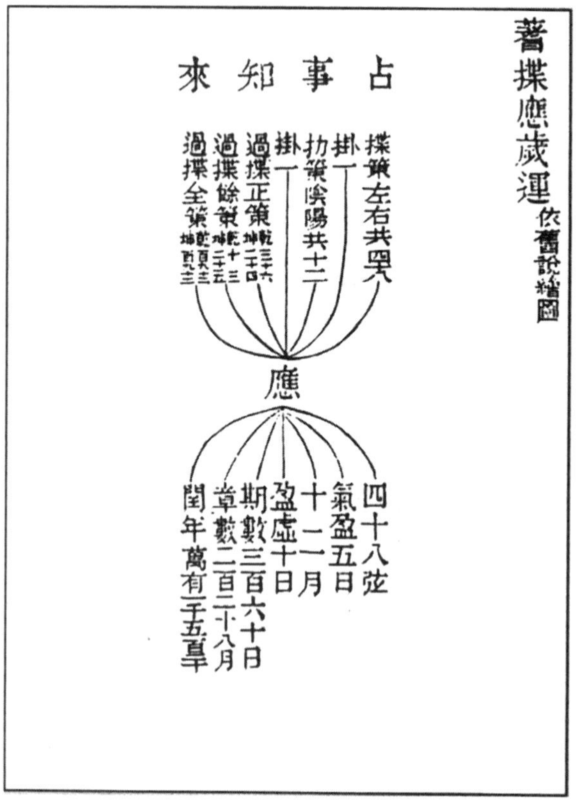

图 249　蓍揲应岁运图
（冯道立《周易三极图贯》）

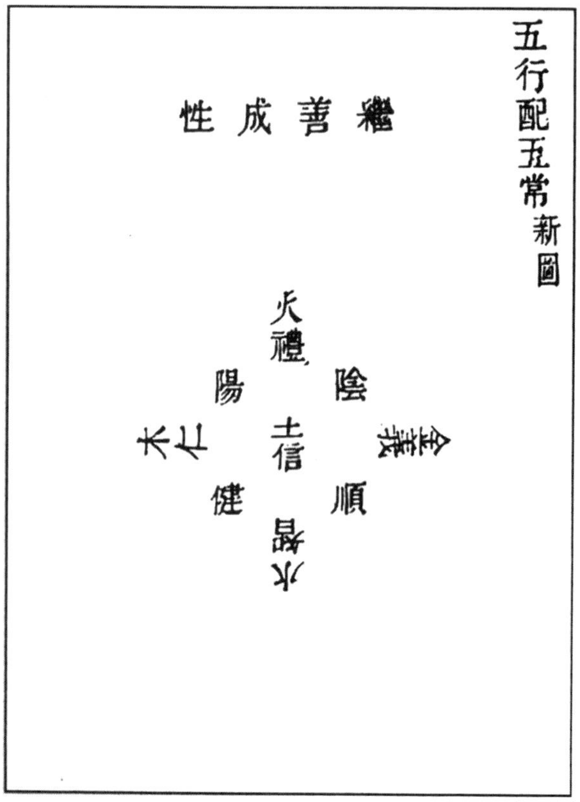

图 250　五行配五常图
（冯道立《周易三极图贯》）

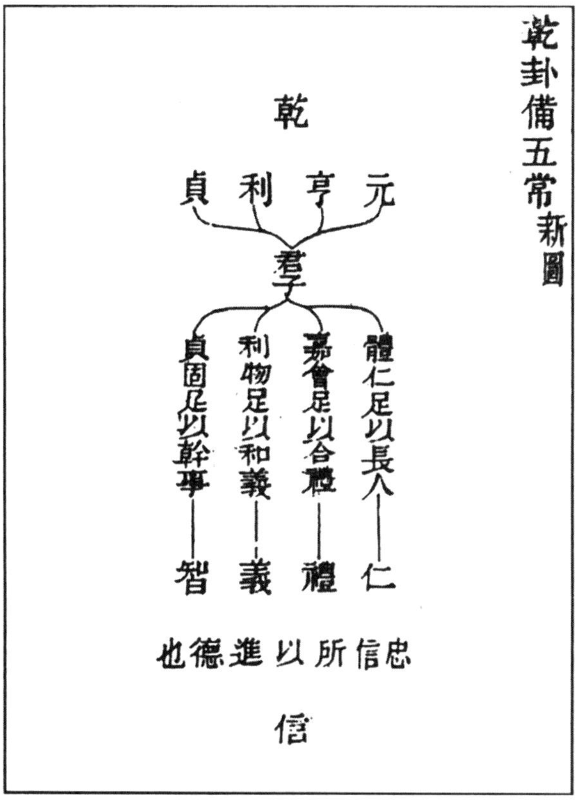

图 251　乾卦备五常图
（冯道立《周易三极图贯》）

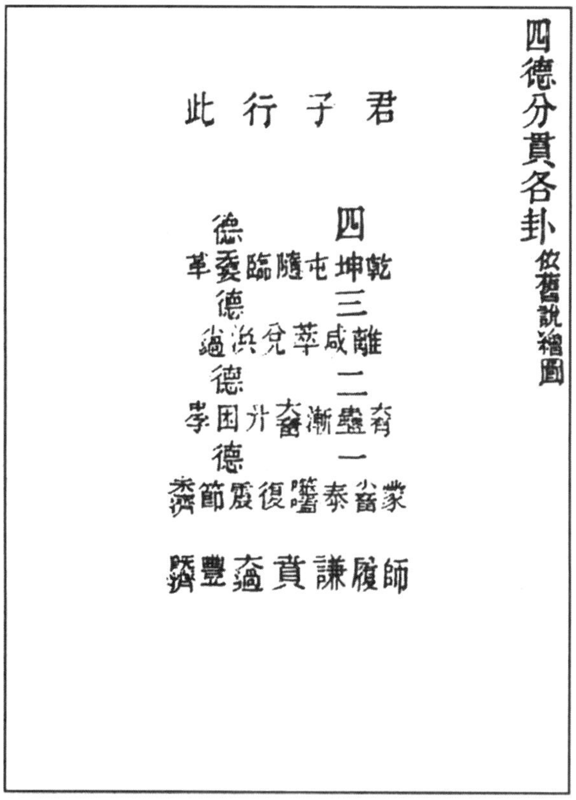

图 252　四德分贯各卦图
（冯道立《周易三极图贯》）

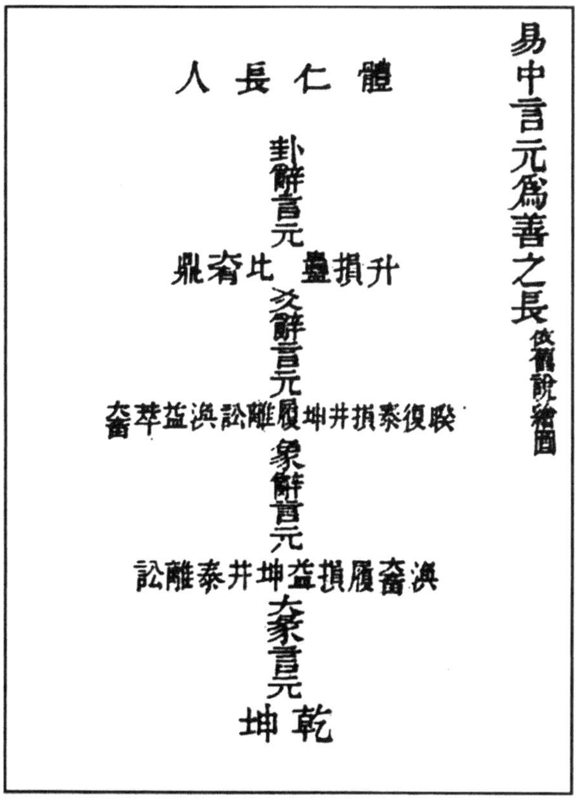

图 253　易中言元为善之长图
（冯道立《周易三极图贯》）

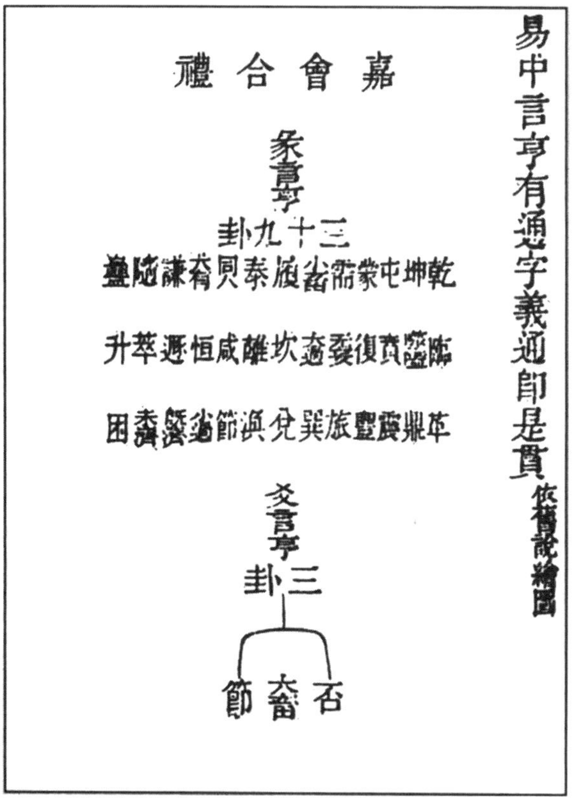

图 254　易中言亨有通字义通即是贯图
（冯道立《周易三极图贯》）

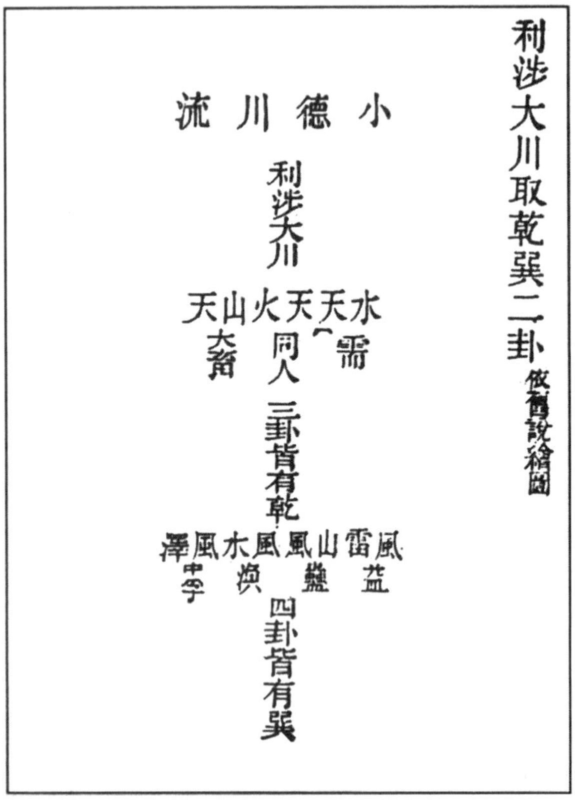

图 255　利涉大川取乾巽二卦图
（冯道立《周易三极图贯》）

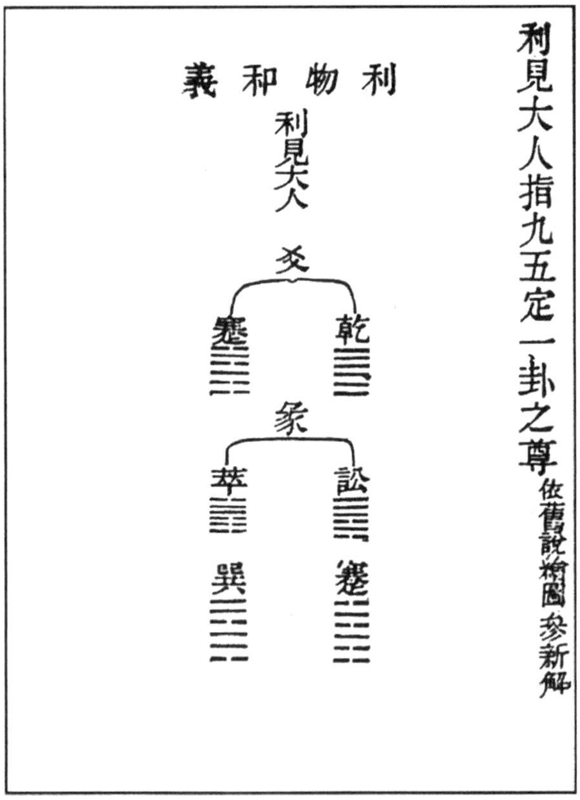

图 256　利见大人指九五定一卦之尊图
（冯道立《周易三极图贯》）

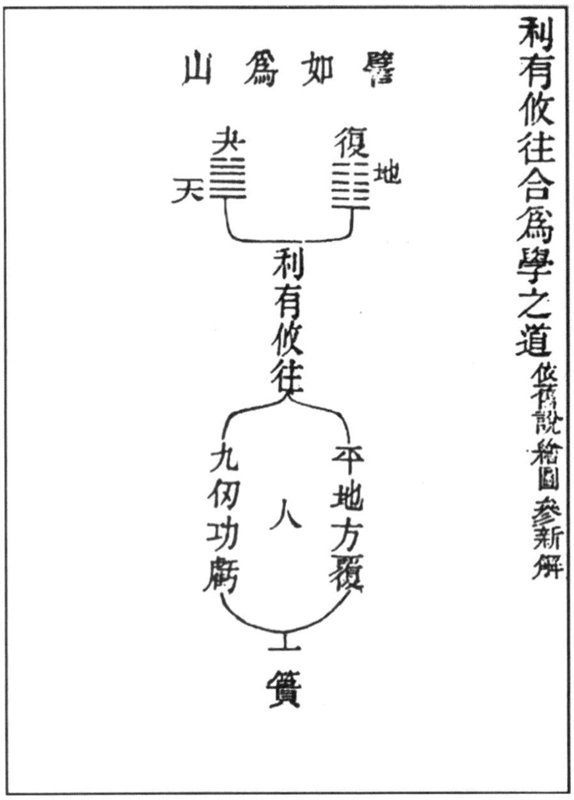

图 257　利有攸往合为学之道图
（冯道立《周易三极图贯》）

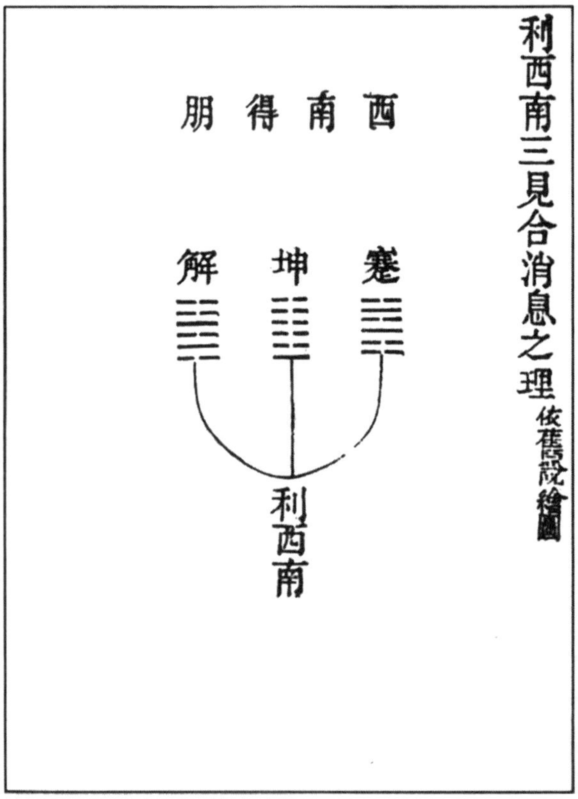

图 258　利西南三见合消息之理图
（冯道立《周易三极图贯》）

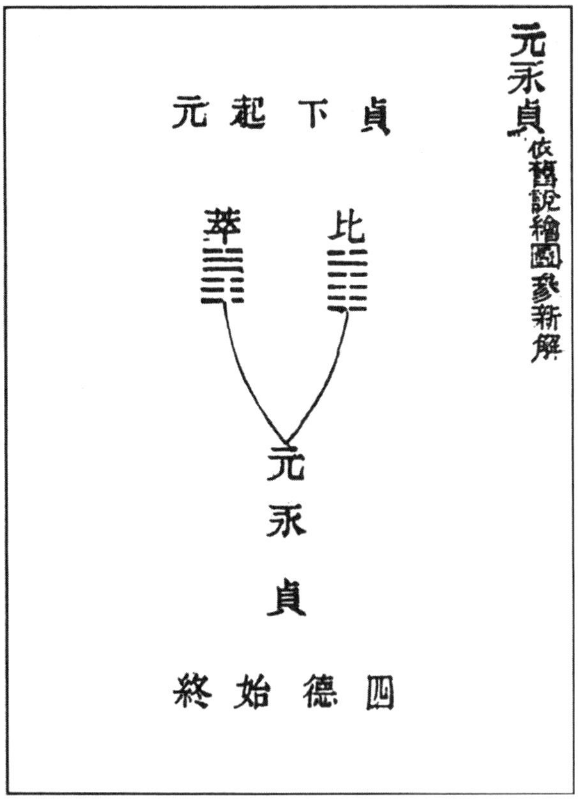

图 259 元永贞图
（冯道立《周易三极图贯》）

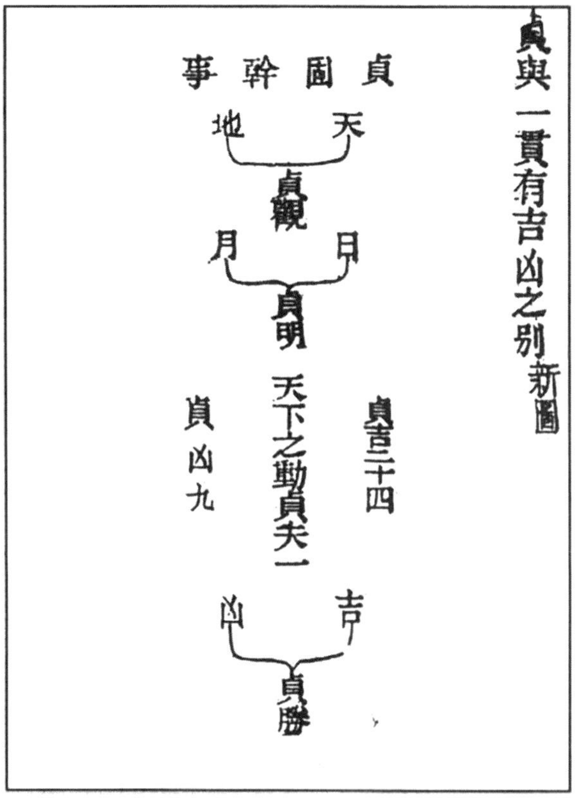

图 260 贞与一贯有吉凶之别图
（冯道立《周易三极图贯》）

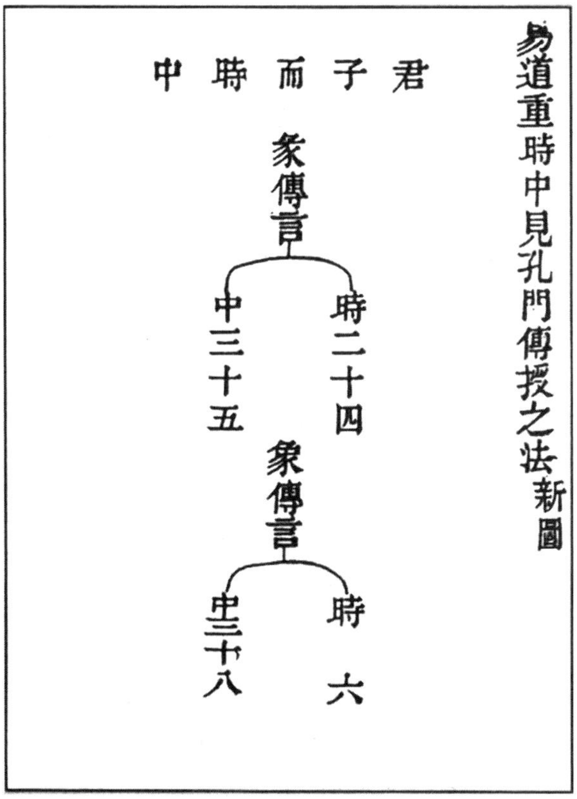

图 261 易道重时中见孔门传授之法图
（冯道立《周易三极图贯》）

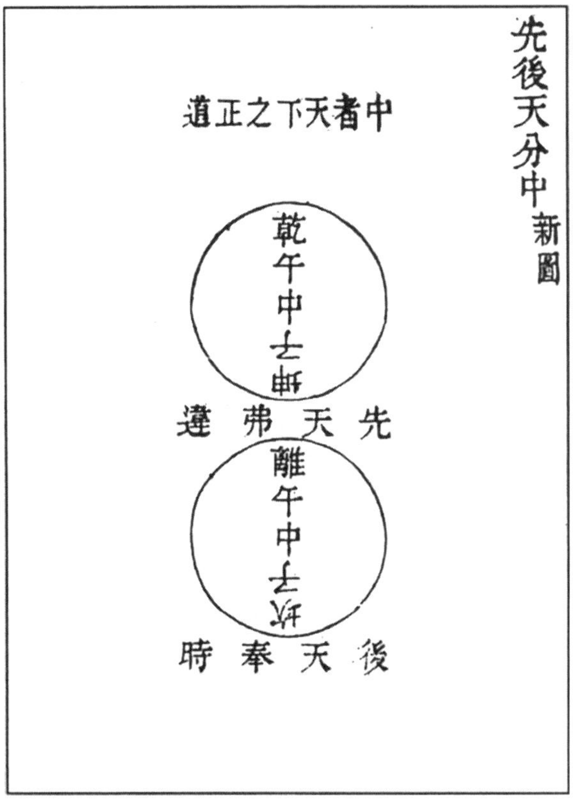

图 262 先后天分中图
（冯道立《周易三极图贯》）

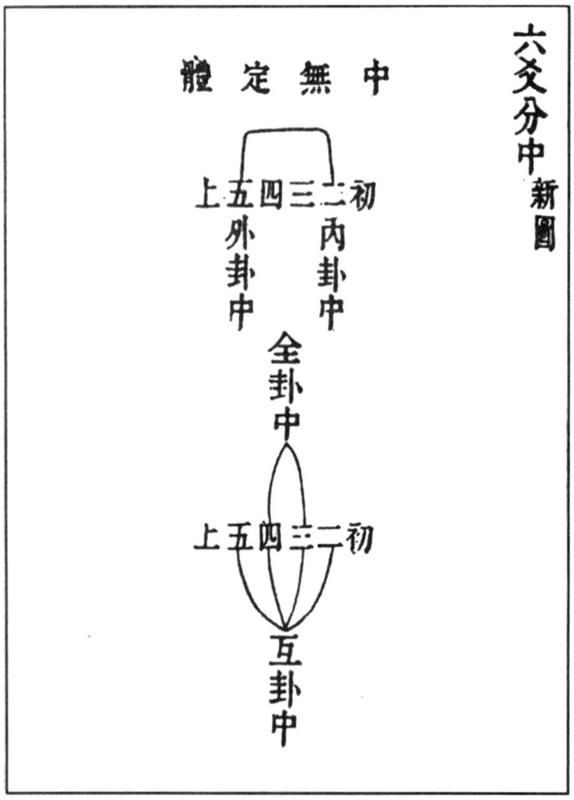

图 263　六爻分中图
（冯道立《周易三极图贯》）

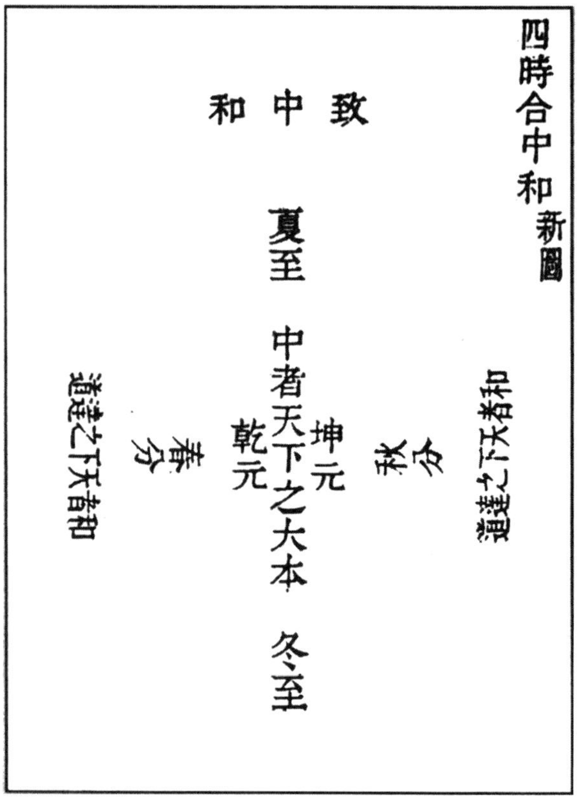

图 264　四时合中和图
（冯道立《周易三极图贯》）

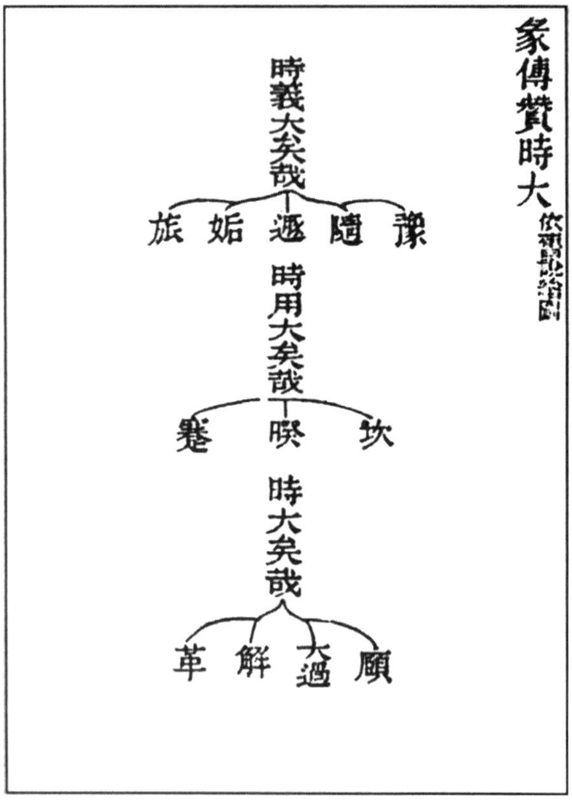

图 265　彖传赞时大图
（冯道立《周易三极图贯》）

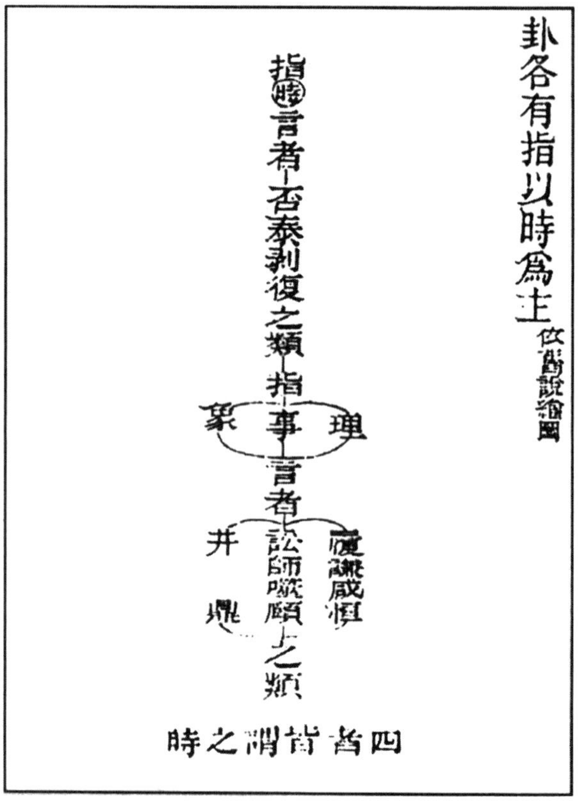

图 266　卦各有指以时为主图
（冯道立《周易三极图贯》）

图 267　人为天地心图
（冯道立《周易三极图贯》）

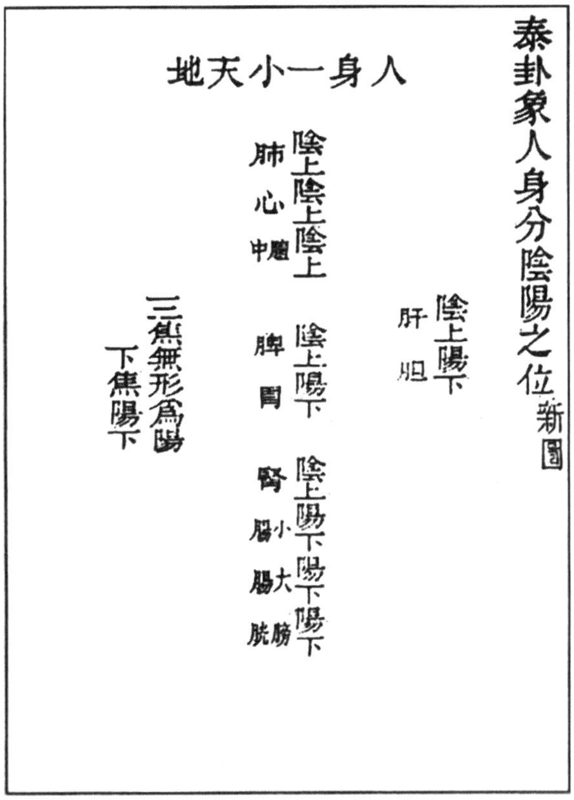

图 268　泰卦象人身分阴阳之位图
（冯道立《周易三极图贯》）

图 269　五运应太极合人身图
（冯道立《周易三极图贯》）

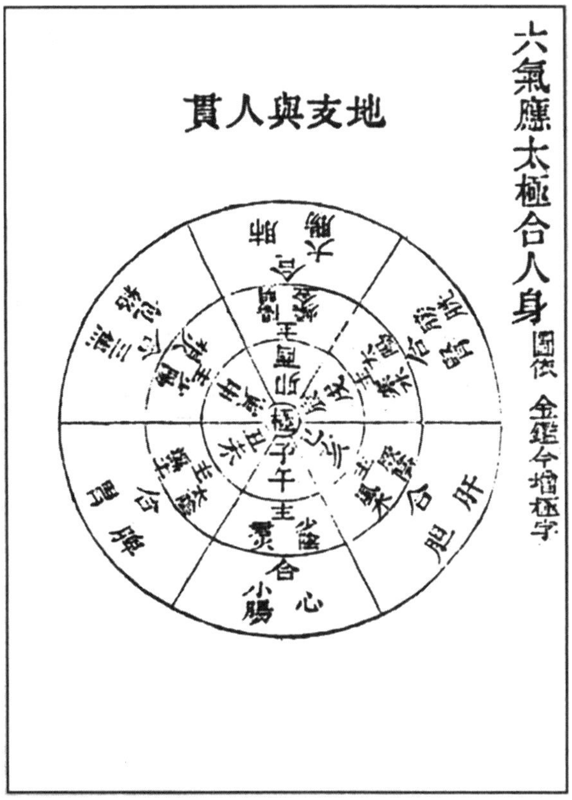

图 270　六气应太极合人身图
（冯道立《周易三极图贯》）

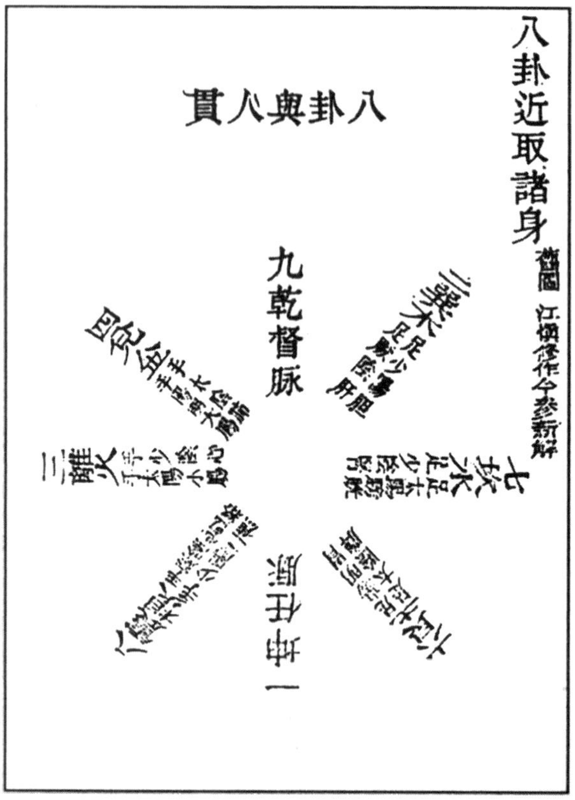

图 271　八卦近取诸身图
（冯道立《周易三极图贯》）

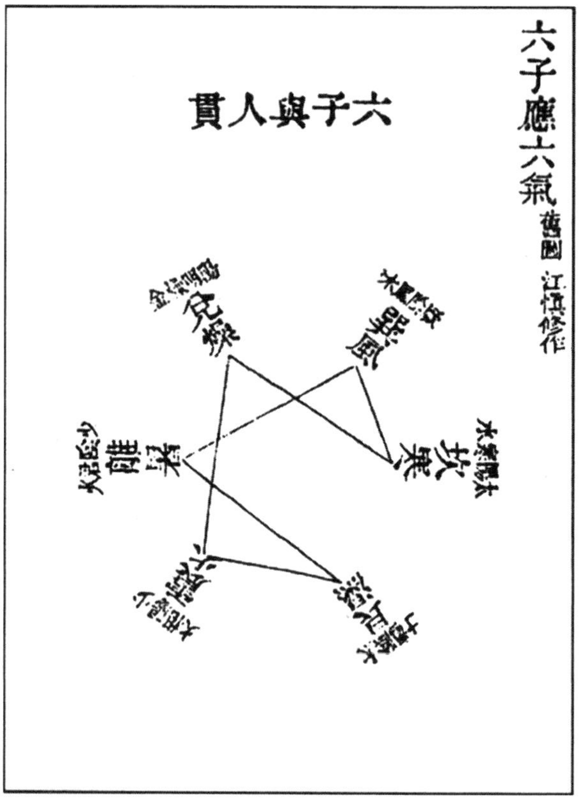

图 272　六子应六气图
（冯道立《周易三极图贯》）

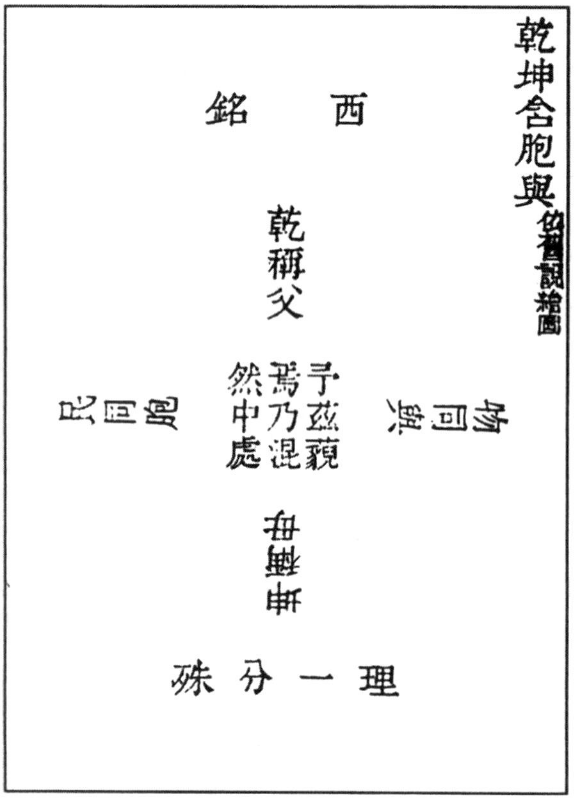

图 273　乾坤含胞与图
（冯道立《周易三极图贯》）

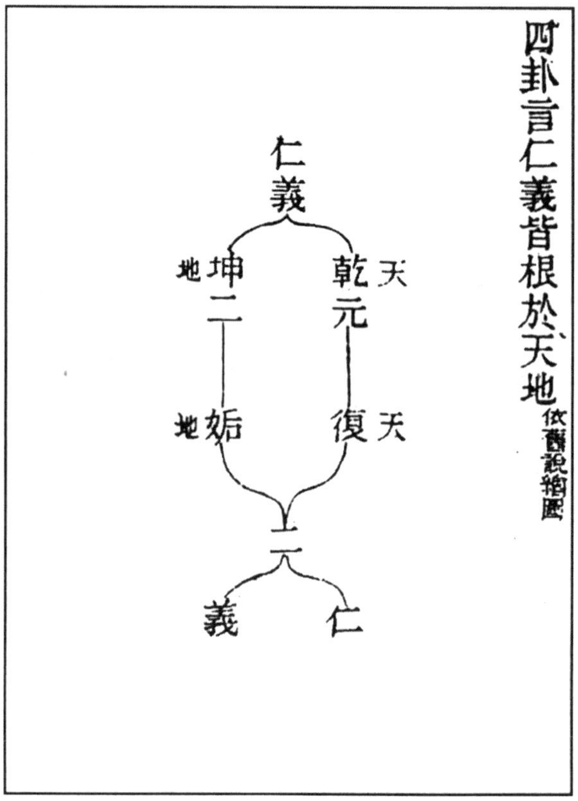

图 274　四卦言仁义皆根于天地图
（冯道立《周易三极图贯》）

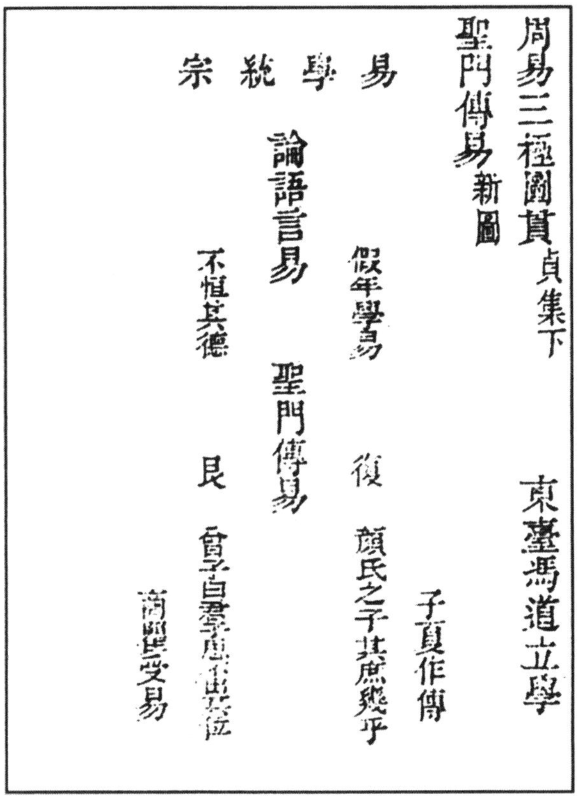

图 275　圣门传易图

（冯道立《周易三极图贯》）

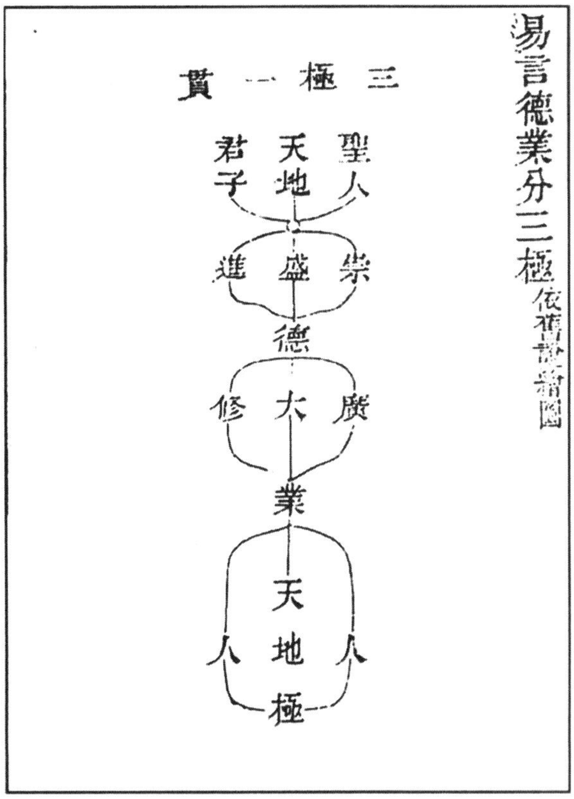

图 276　易言德业分三极图

（冯道立《周易三极图贯》）

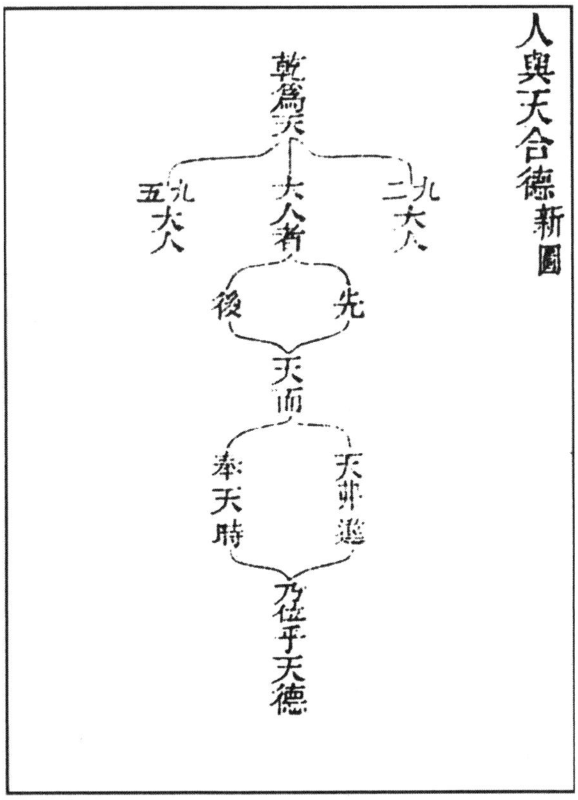

图 277　人与天合德图

（冯道立《周易三极图贯》）

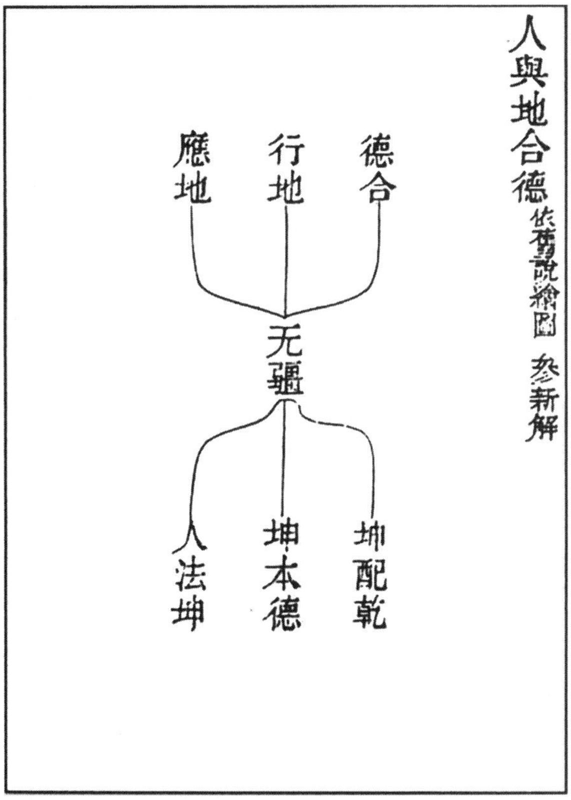

图 278　人与地合德图

（冯道立《周易三极图贯》）

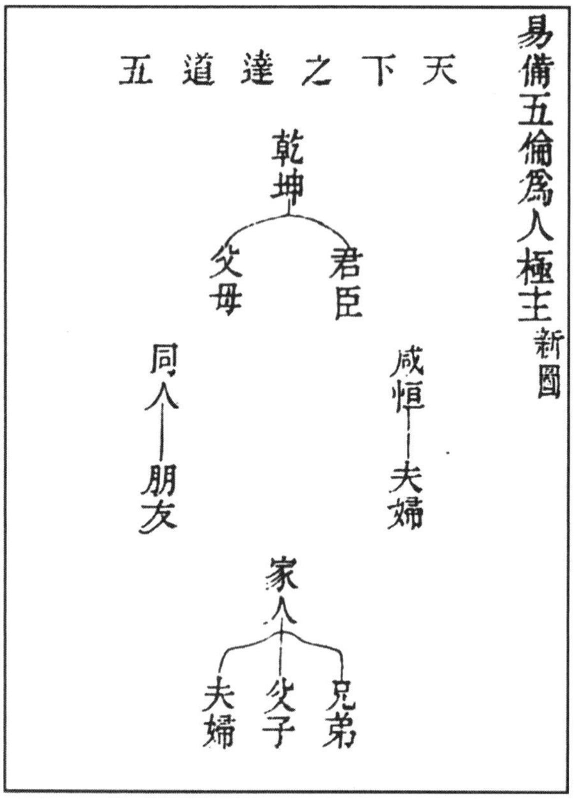

图 279　易备五伦为人极主图
（冯道立《周易三极图贯》）

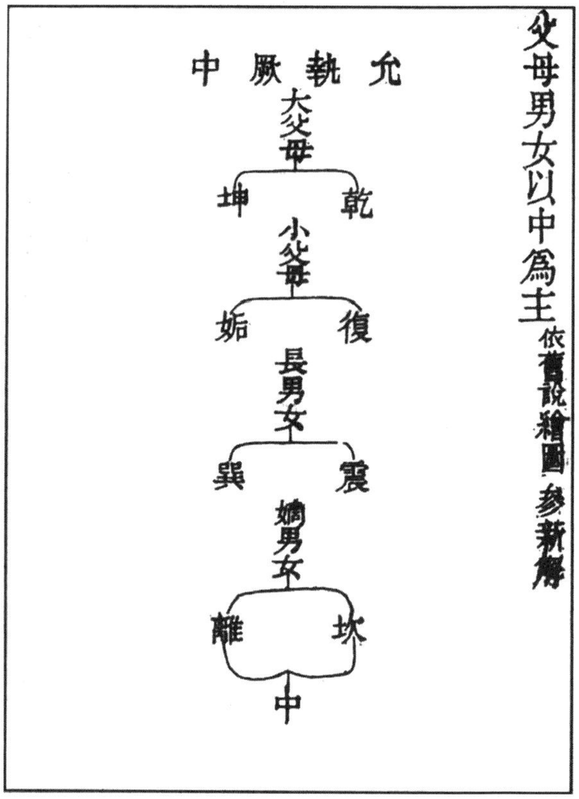

图 280　父母男女以中为主图
（冯道立《周易三极图贯》）

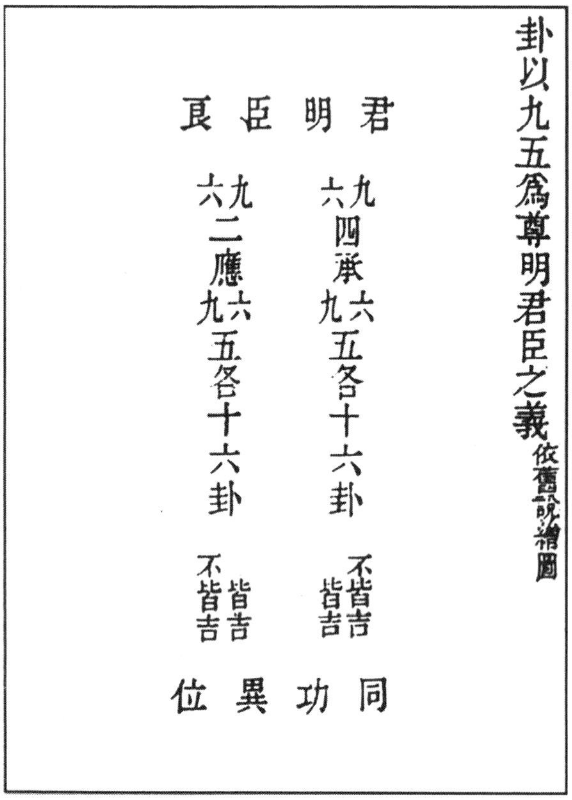

图 281　卦以九五为尊明君臣之义图
（冯道立《周易三极图贯》）

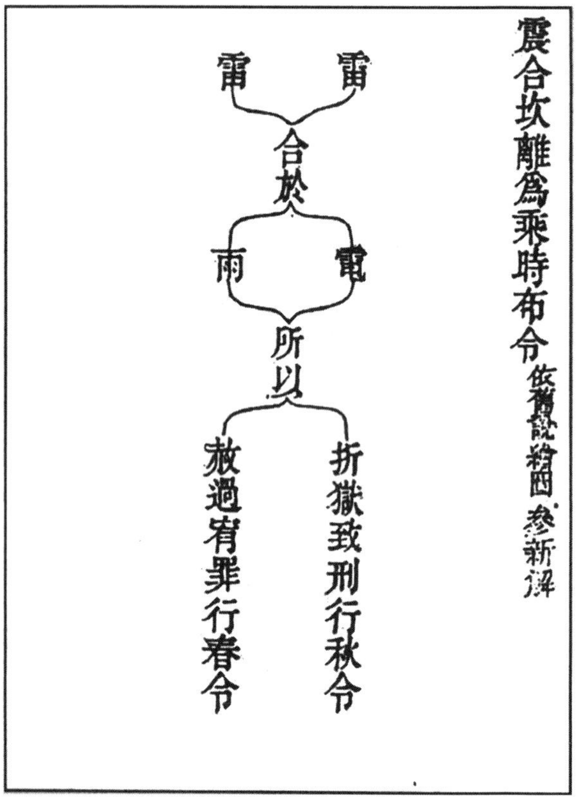

图 282　震合坎离为乘时布令图
（冯道立《周易三极图贯》）

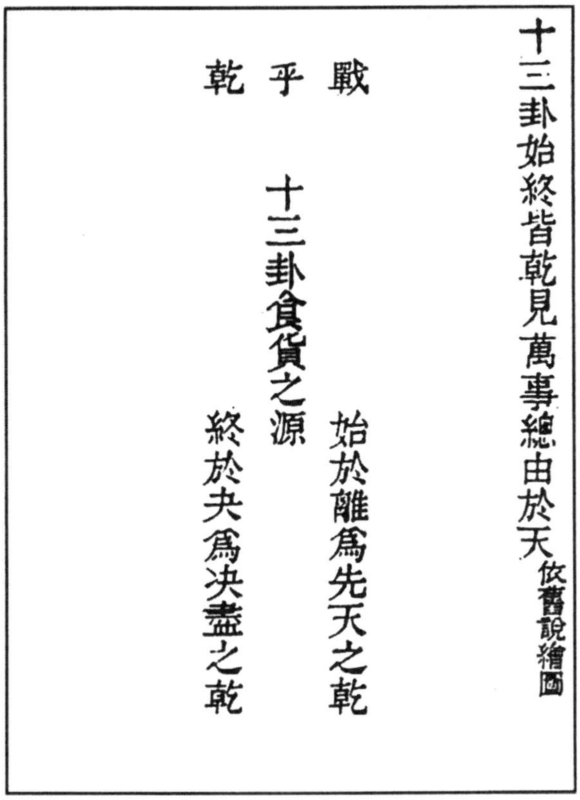

图 283　十三卦始终皆乾见万事总由于天图
（冯道立《周易三极图贯》）

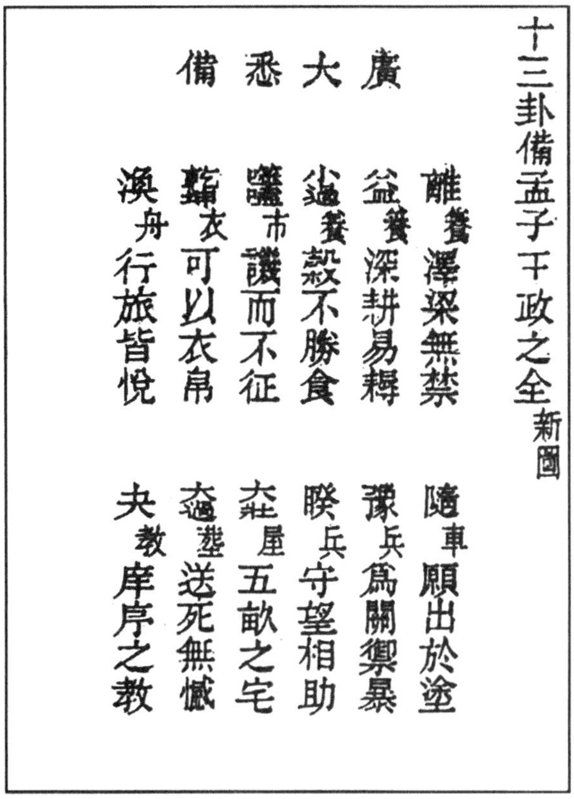

图 284　十三卦备孟子王政之全图
（冯道立《周易三极图贯》）

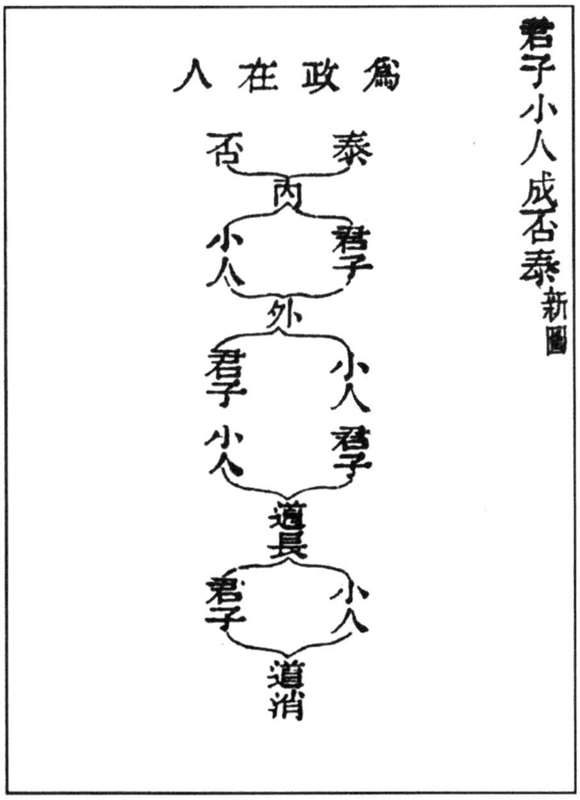

图 285　君子小人成否泰图
（冯道立《周易三极图贯》）

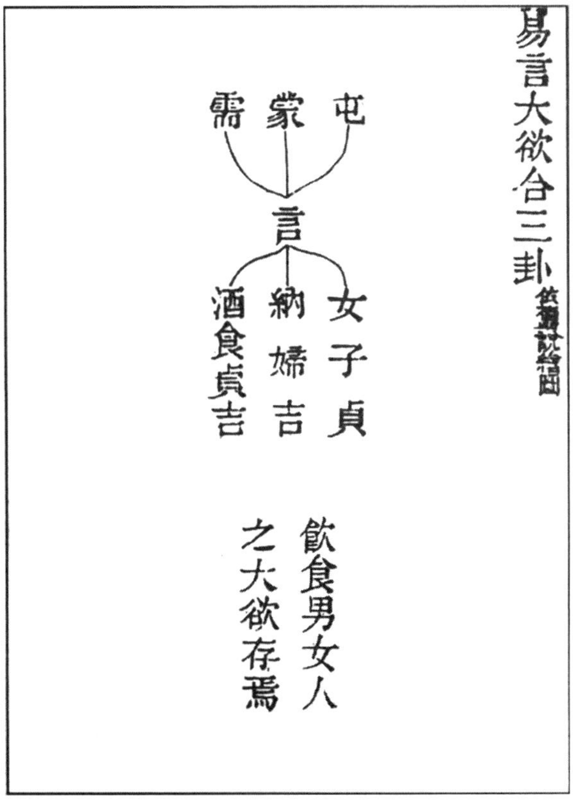

图 286　易言大欲合三卦图
（冯道立《周易三极图贯》）

明清时期

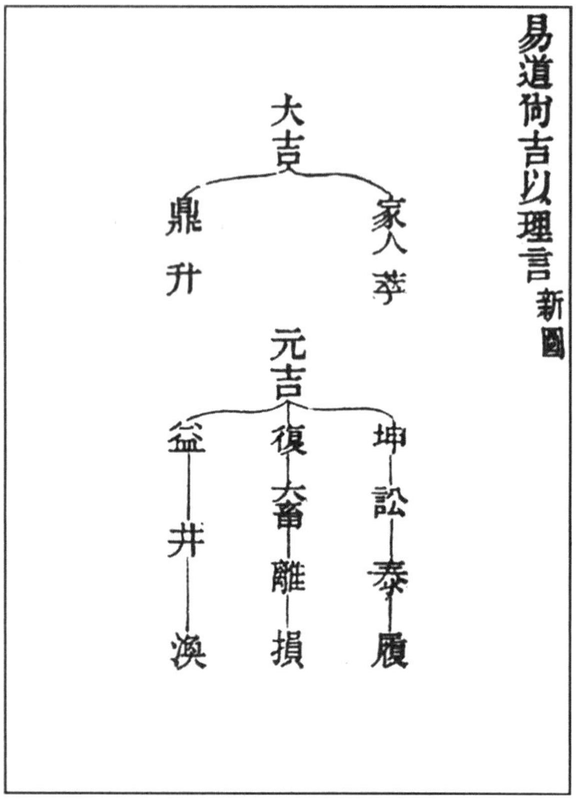

图 287　易道尚吉以理言图
（冯道立《周易三极图贯》）

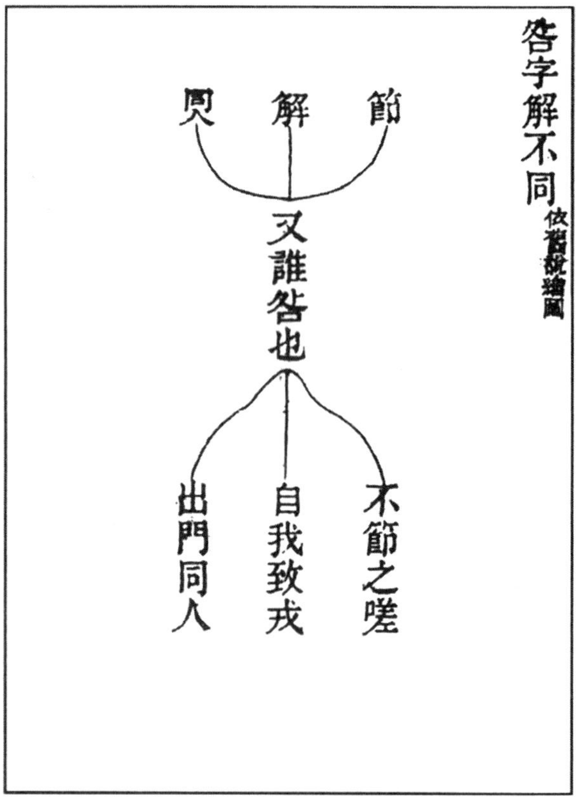

图 288　咎字解不同图
（冯道立《周易三极图贯》）

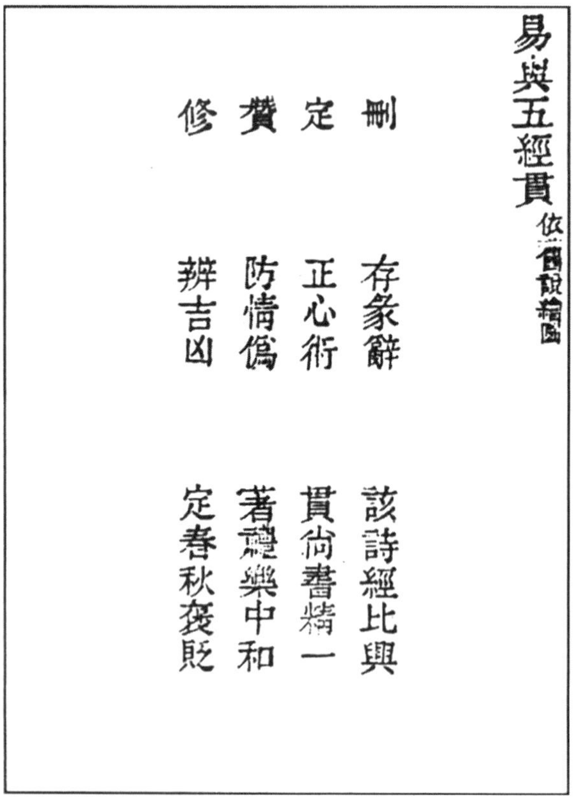

图 289　易与五经贯图
（冯道立《周易三极图贯》）

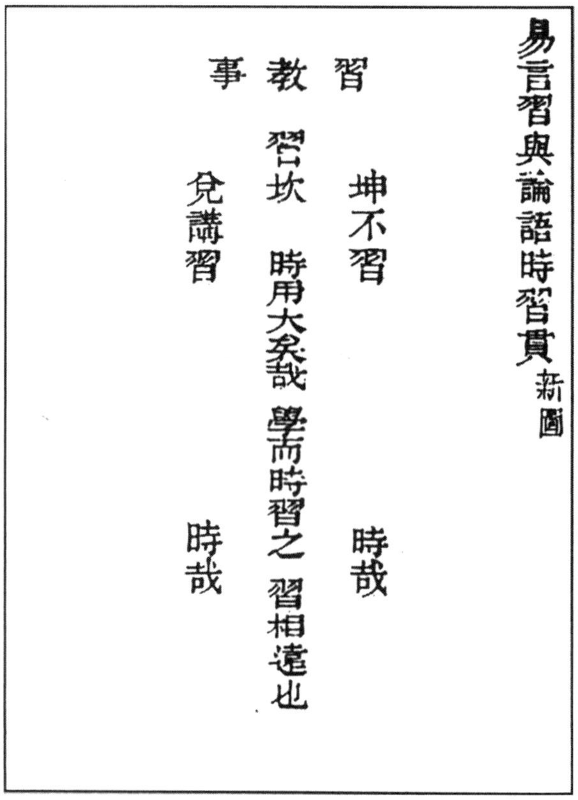

图 290　易言习与论语时习贯图
（冯道立《周易三极图贯》）

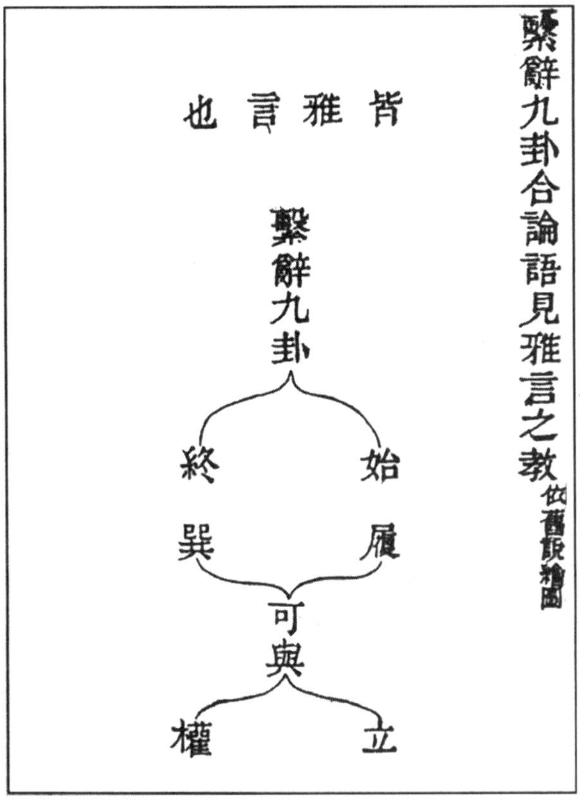

图 291　系辞九卦合论语见雅言之教图
（冯道立《周易三极图贯》）

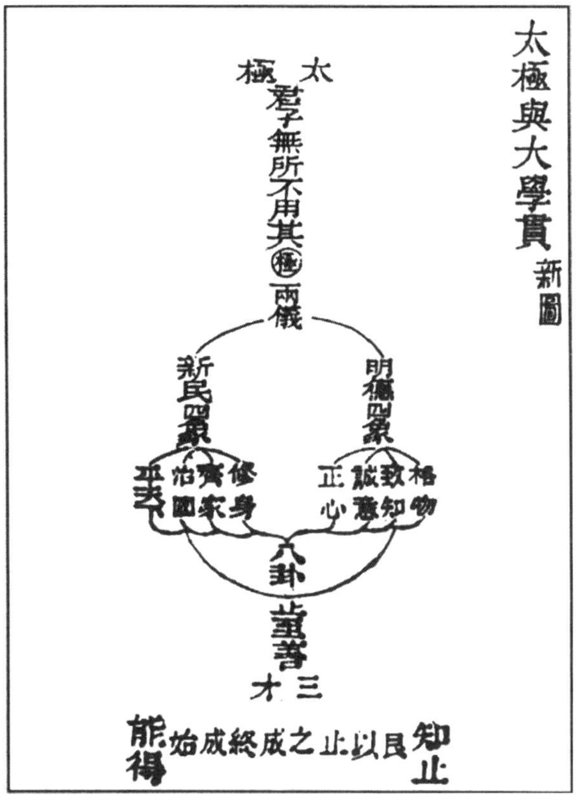

图 292　太极与大学贯图
（冯道立《周易三极图贯》）

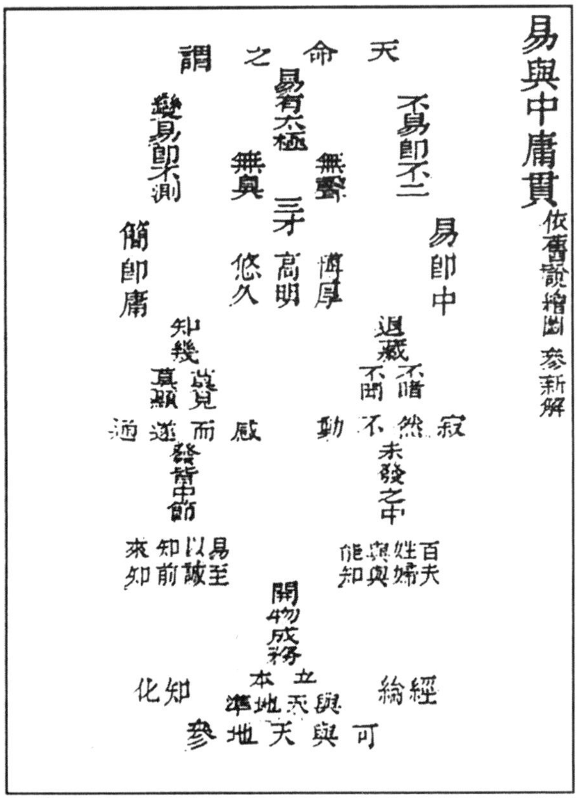

图 293　易与中庸贯图
（冯道立《周易三极图贯》）

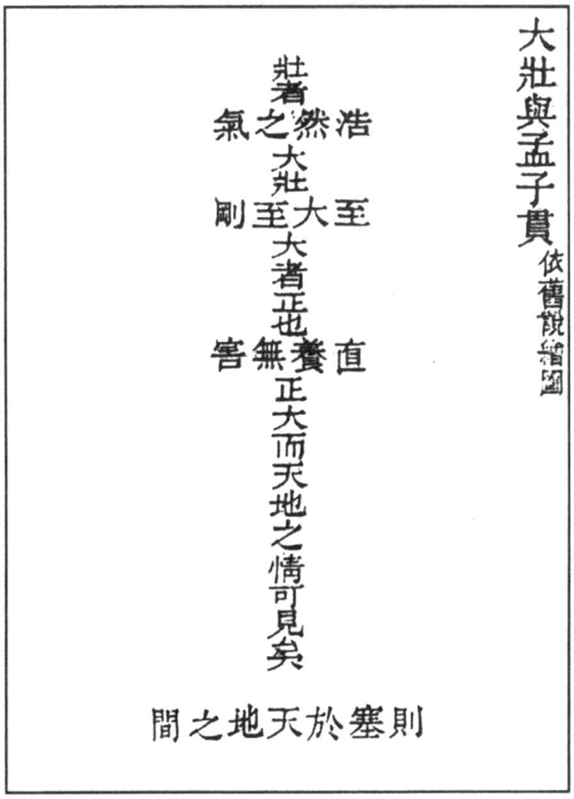

图 294　大壮与孟子贯图
（冯道立《周易三极图贯》）

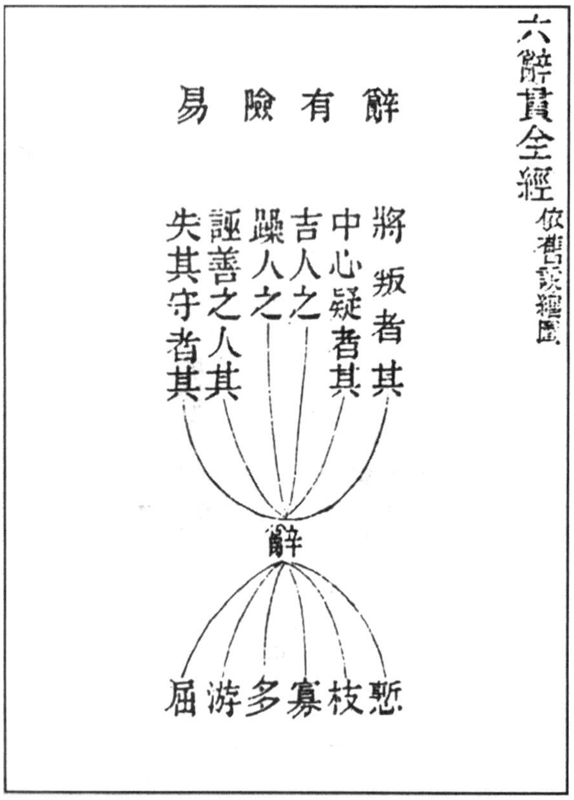

图 295　六辞贯全经图

（冯道立《周易三极图贯》）

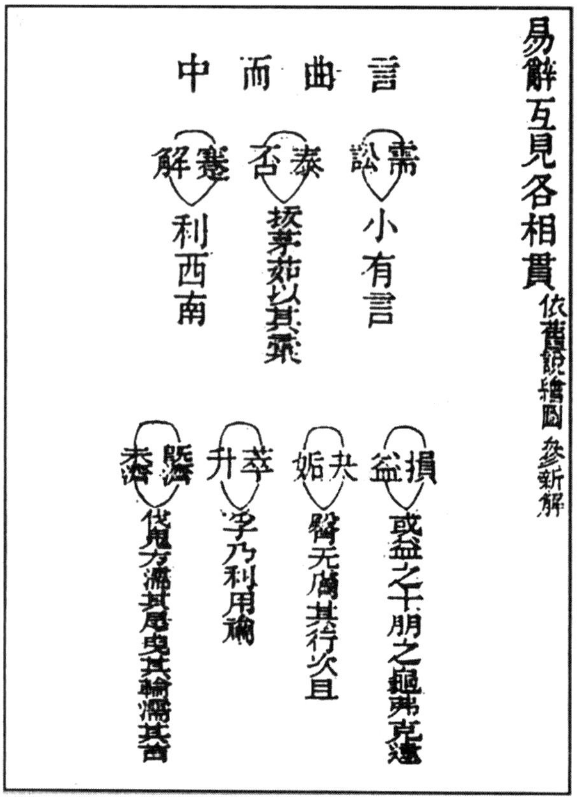

图 296　易辞互见各相贯图

（冯道立《周易三极图贯》）

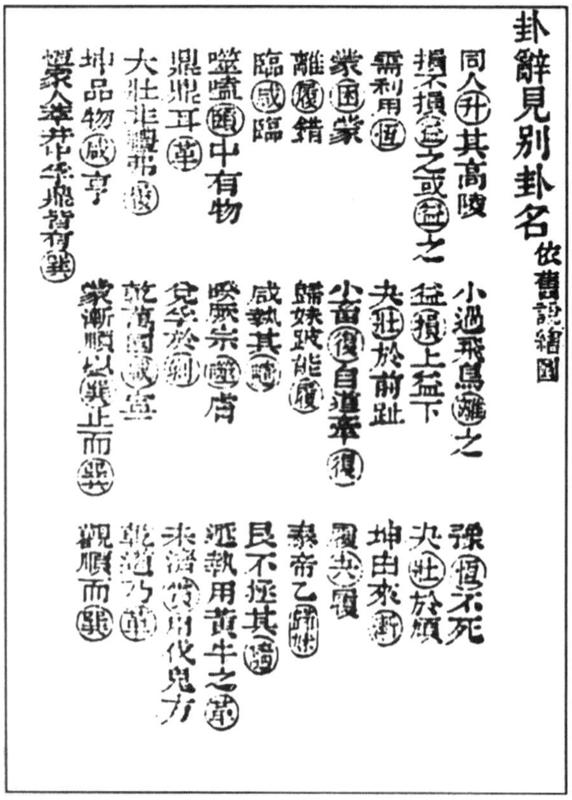

图 297　卦辞见别卦名图

（冯道立《周易三极图贯》）

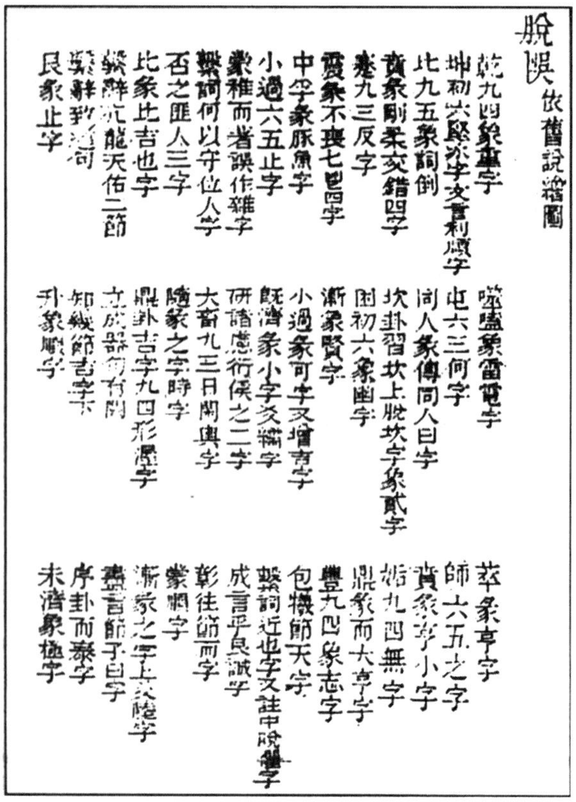

图 298　脱误图

（冯道立《周易三极图贯》）

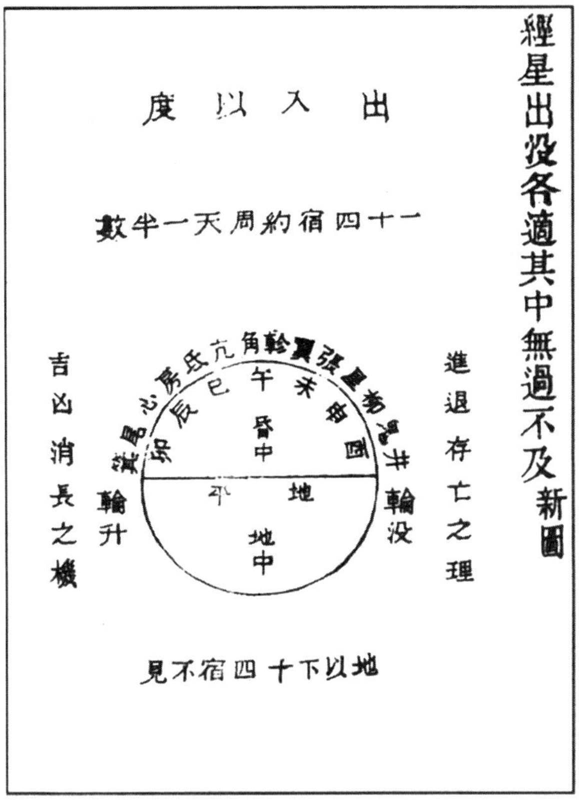

图 299　经星出没各适其中无过不及图
（冯道立《周易三极图贯》）

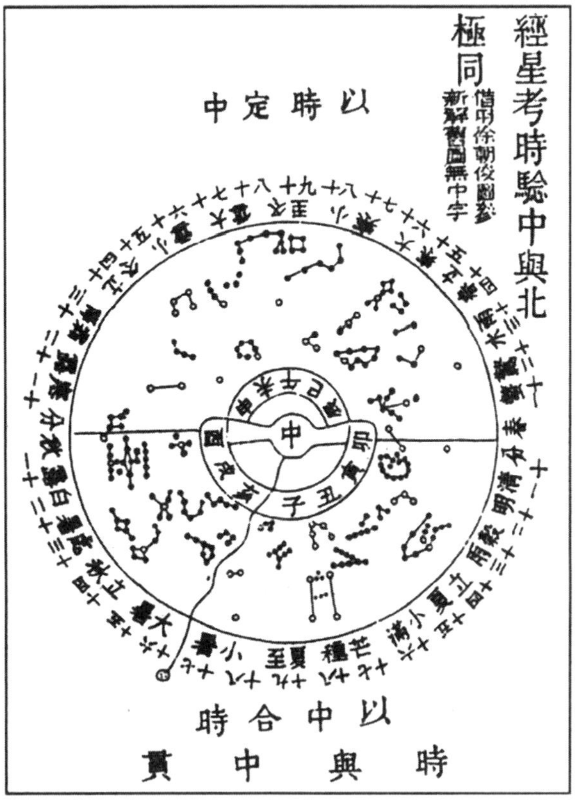

图 300　经星考时验中与北极同图
（冯道立《周易三极图贯》）

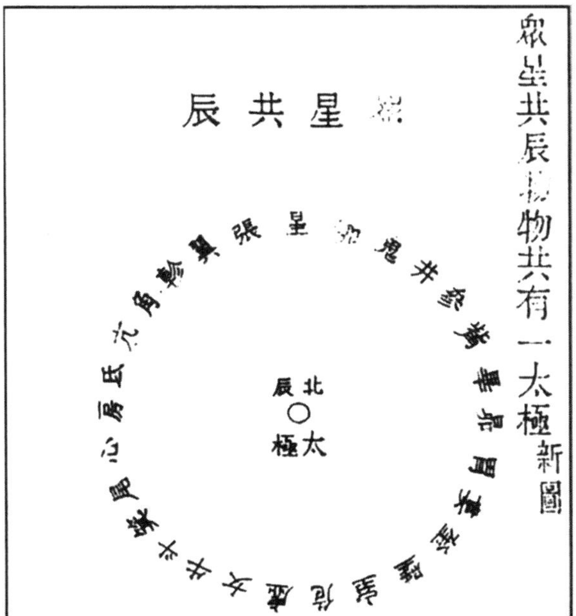

图 301　众星共辰物物共有一太极图
（冯道立《周易三极图贯》）

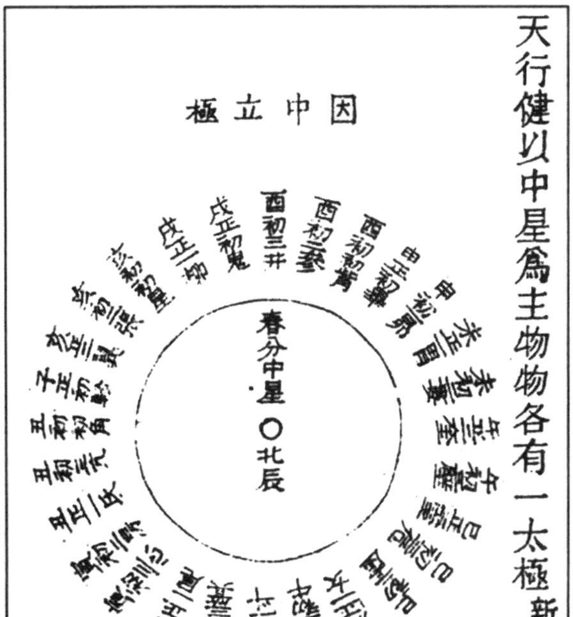

图 302　天行健以中星为主物物各有一太极图
（冯道立《周易三极图贯》）

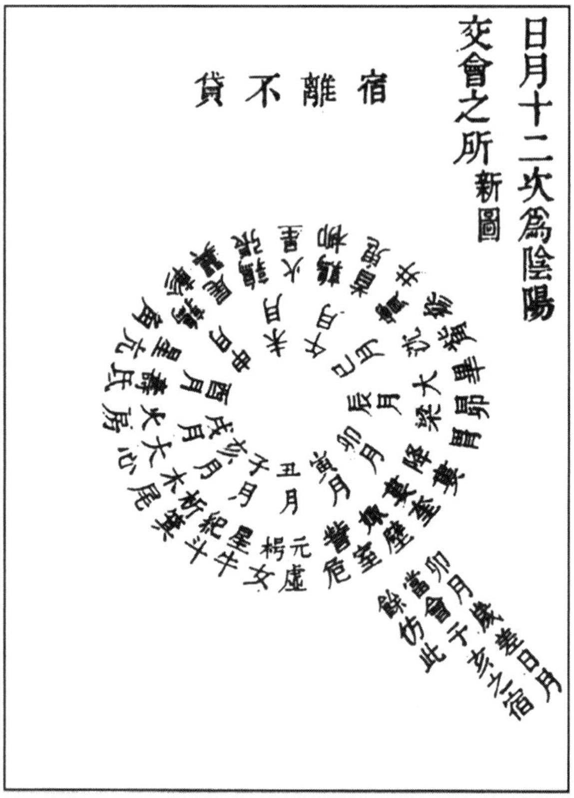

图 303　日月十二次为阴阳交会之所图
（冯道立《周易三极图贯》）

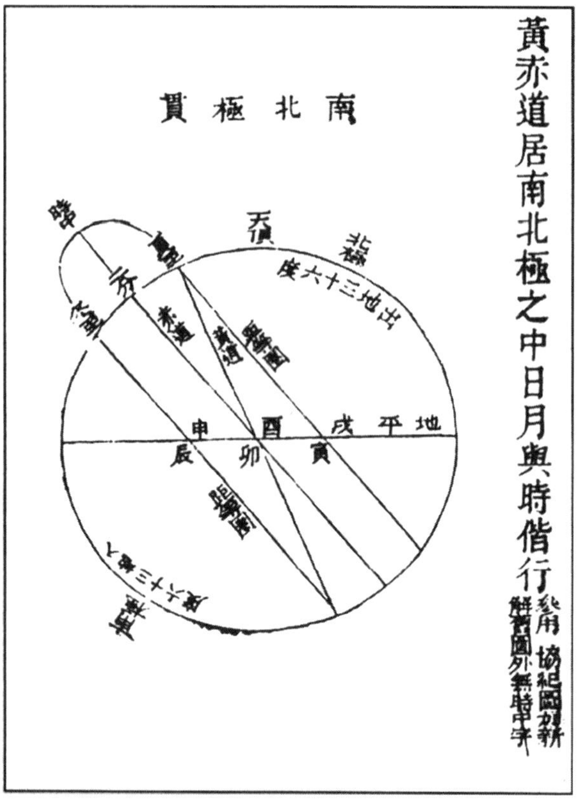

图 304　黄赤道居南北极之中日月与时偕行图
（冯道立《周易三极图贯》）

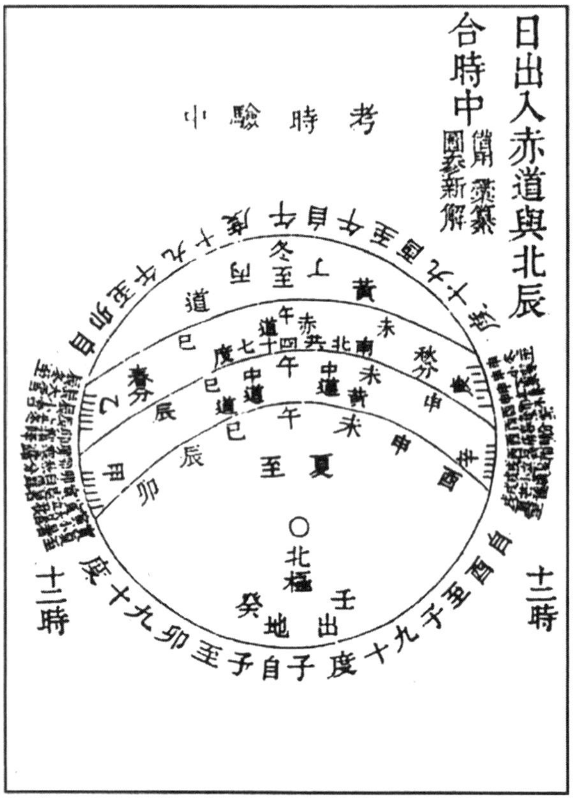

图 305　日出入赤道与北辰合时中图
（冯道立《周易三极图贯》）

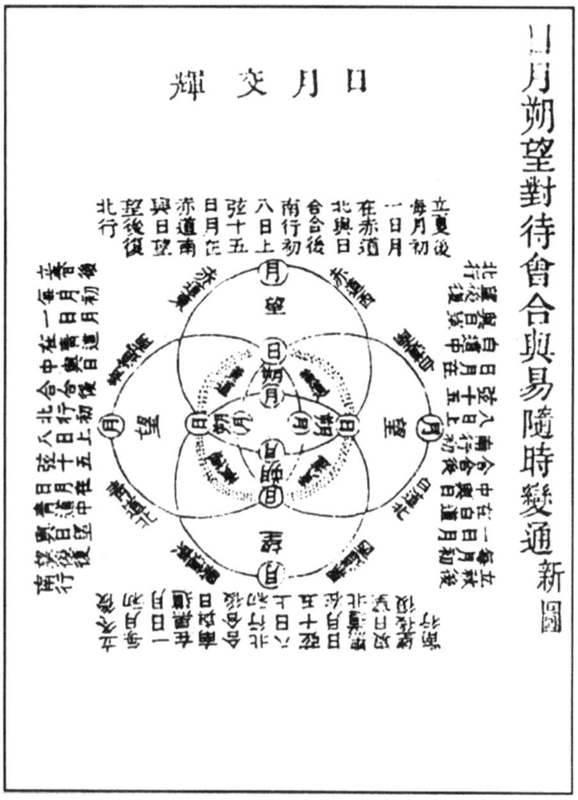

图 306　日月朔望对待会合与易随时变通图
（冯道立《周易三极图贯》）

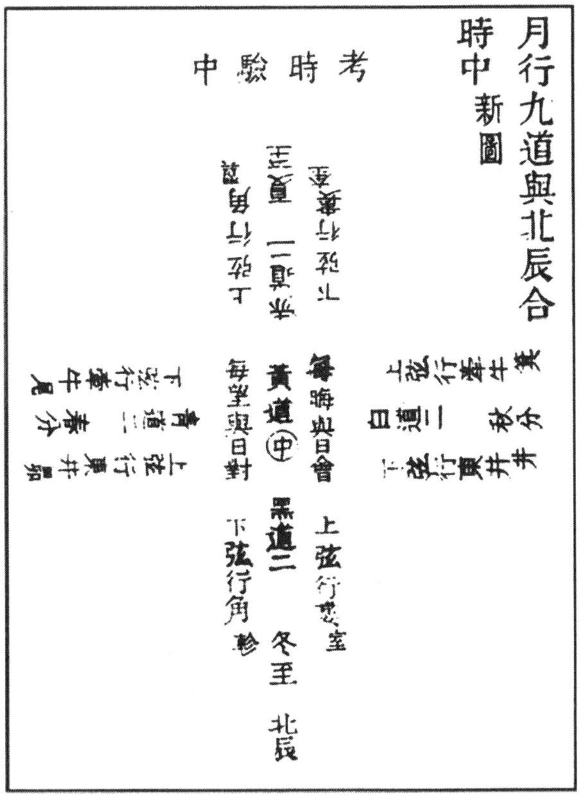

图 307　月行九道与北辰合时中图

（冯道立《周易三极图贯》）

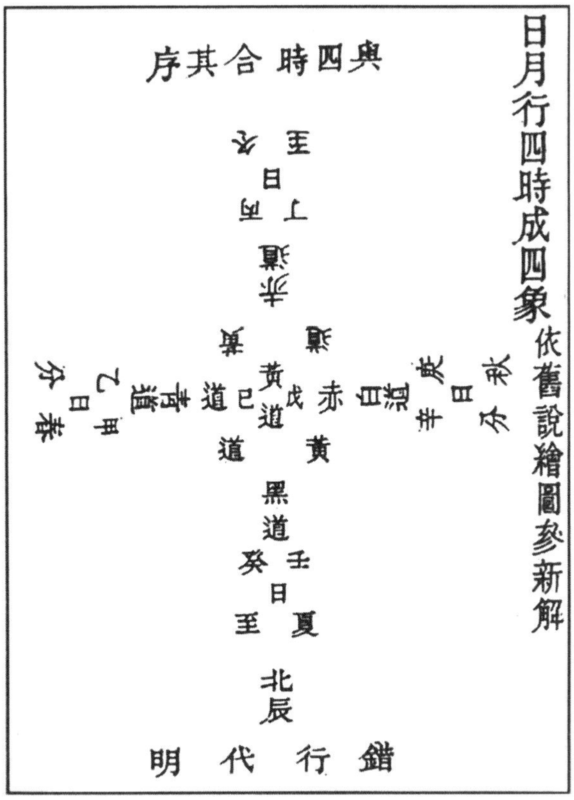

图 308　日月行四时成四象图

（冯道立《周易三极图贯》）

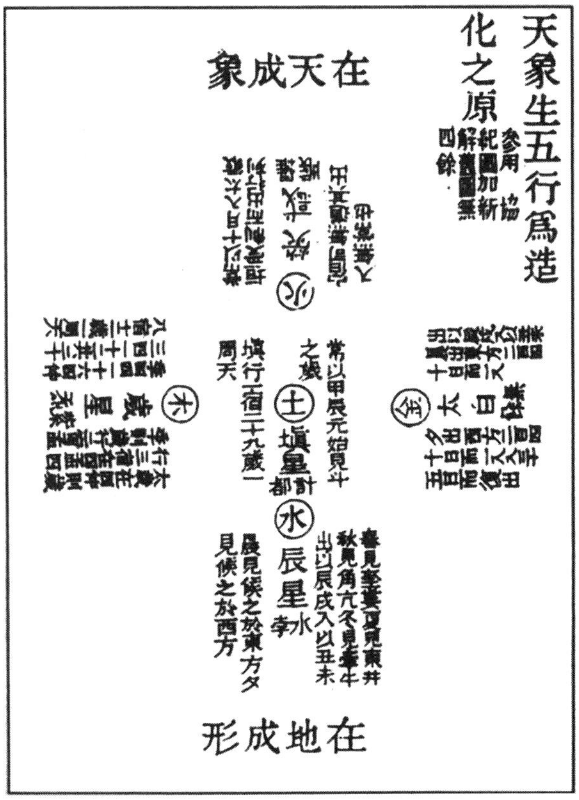

图 309　天象生五行为造化之原图

（冯道立《周易三极图贯》）

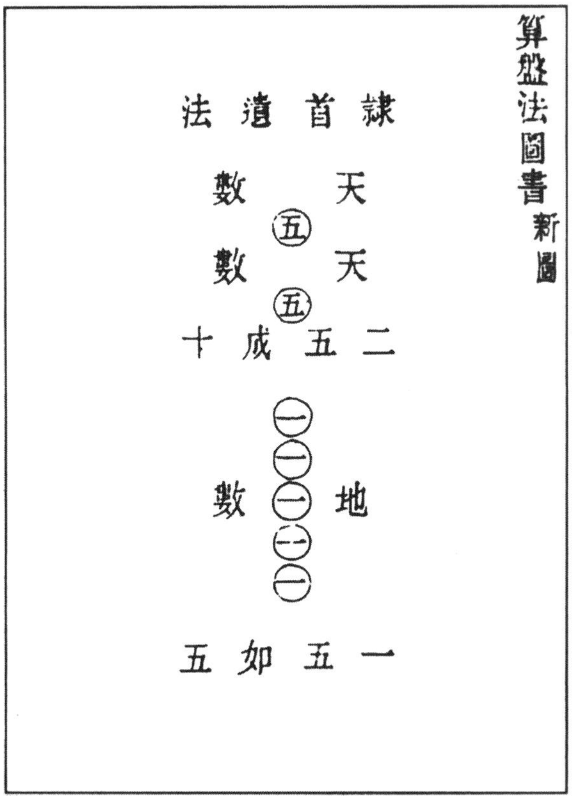

图 310　算盘法图书图

（冯道立《周易三极图贯》）

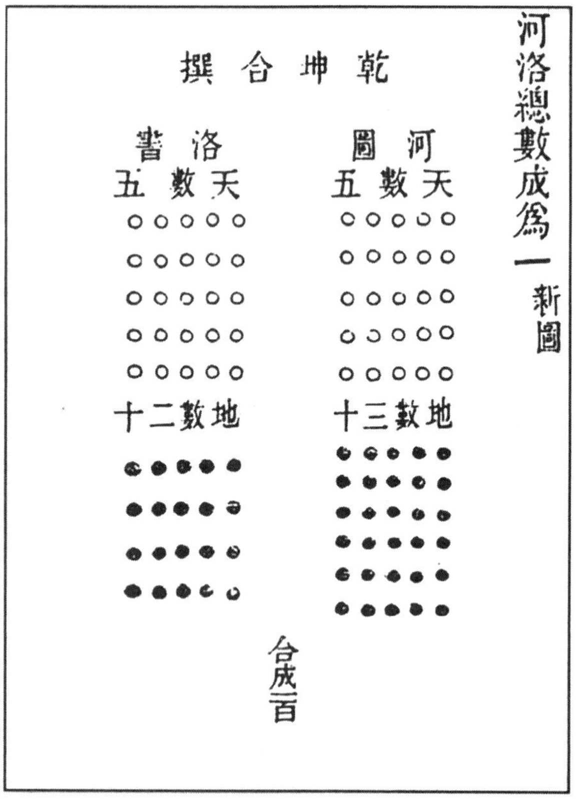

图 311　河洛总数成为阳爻图
（冯道立《周易三极图贯》）

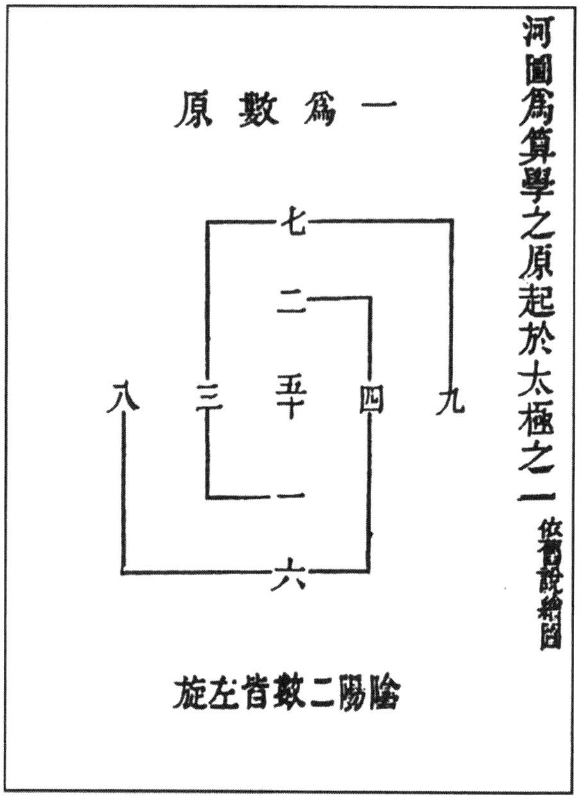

图 312　河图为算学之原起于太极之阳爻图
（冯道立《周易三极图贯》）

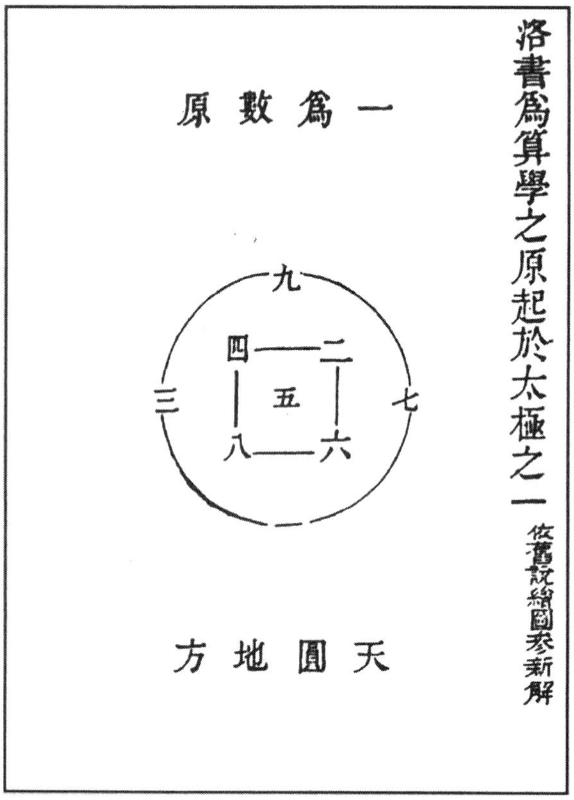

图 313　洛书为算学之原起于太极之阳爻图
（冯道立《周易三极图贯》）

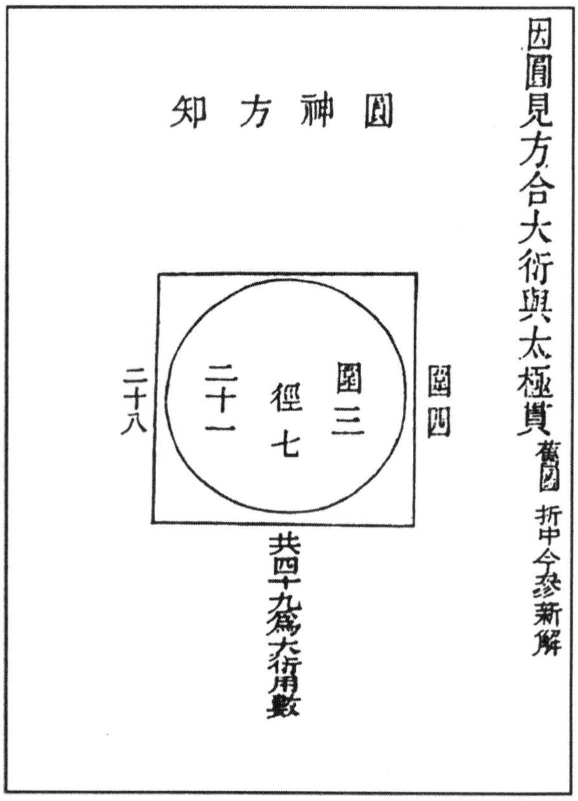

图 314　因圆见方合大衍与太极贯图
（冯道立《周易三极图贯》）

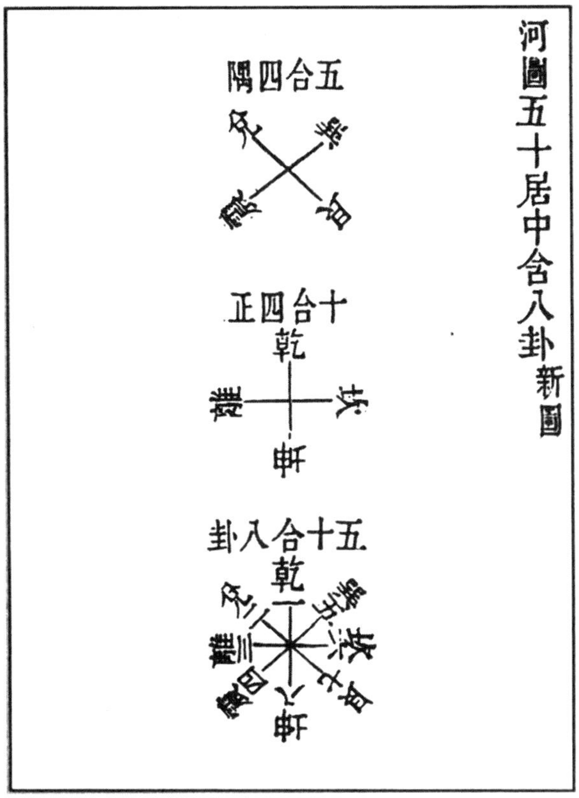

图 315　河图五十居中含八卦图

（冯道立《周易三极图贯》）

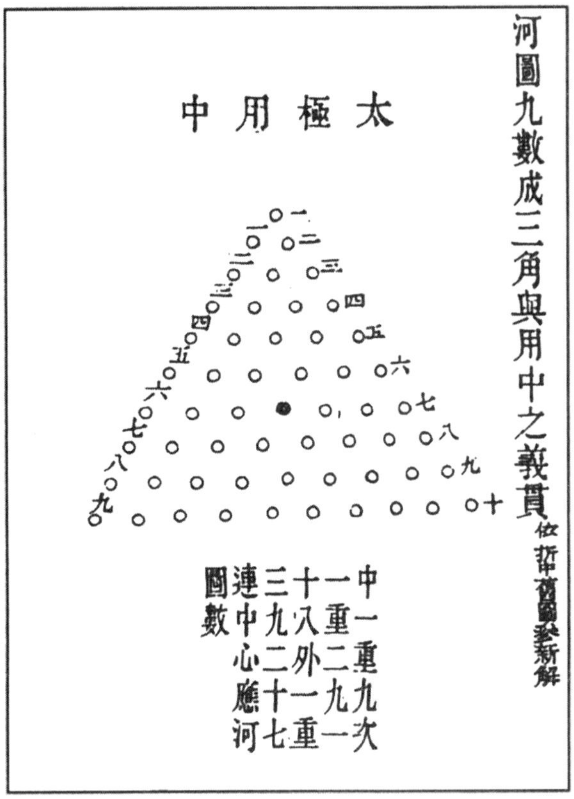

图 316　河图九数成三角与用中之义贯图

（冯道立《周易三极图贯》）

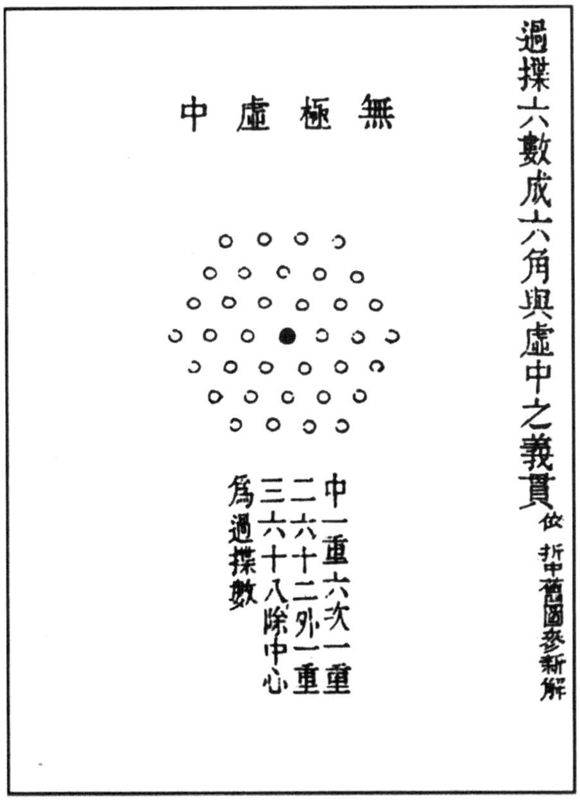

图 317　过揲六数成六角与虚中之义贯图

（冯道立《周易三极图贯》）

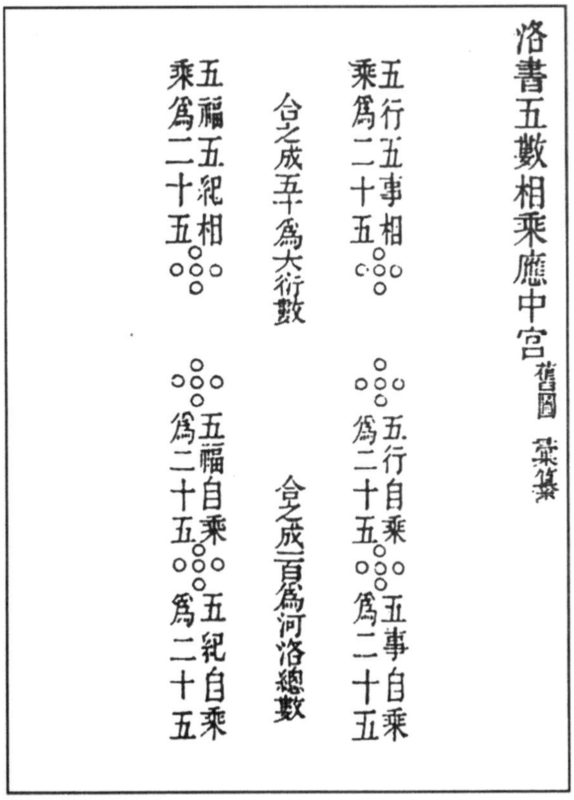

图 318　洛书五数相乘应中宫图

（冯道立《周易三极图贯》）

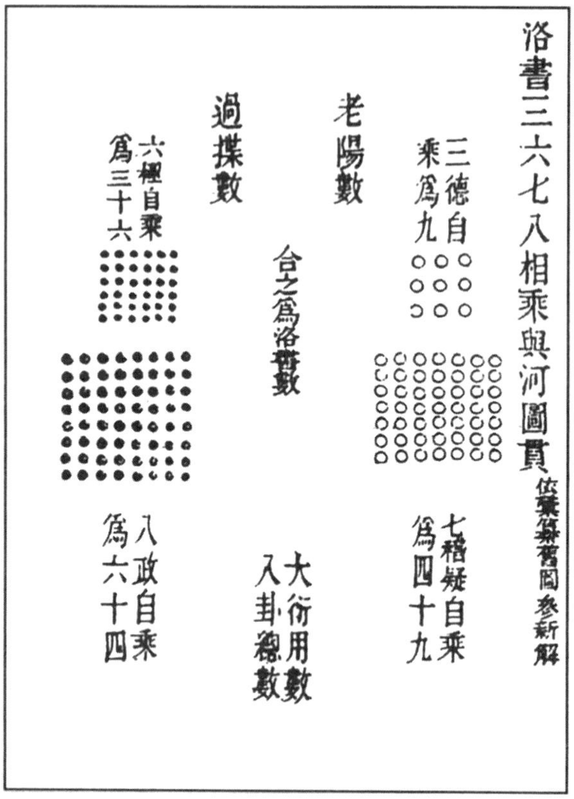

图 319　洛书三六七八相乘与河图贯图
（冯道立《周易三极图贯》）

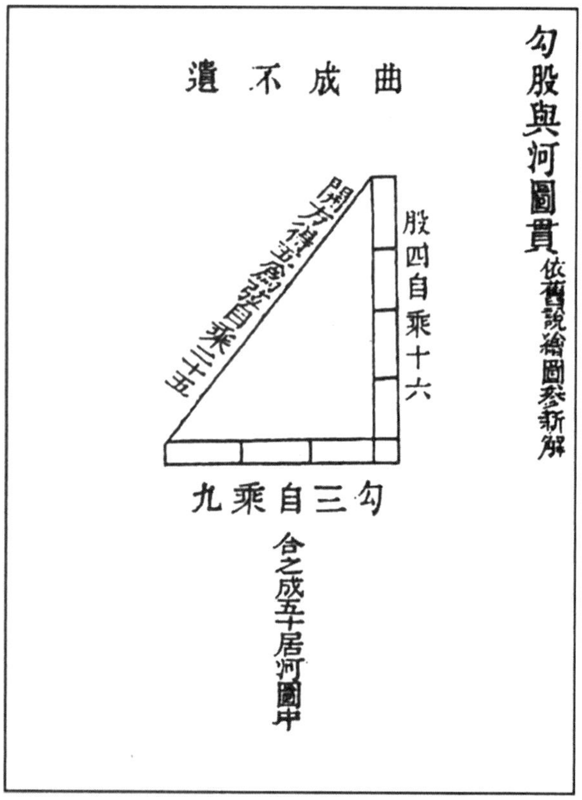

图 320　勾股与河图贯图
（冯道立《周易三极图贯》）

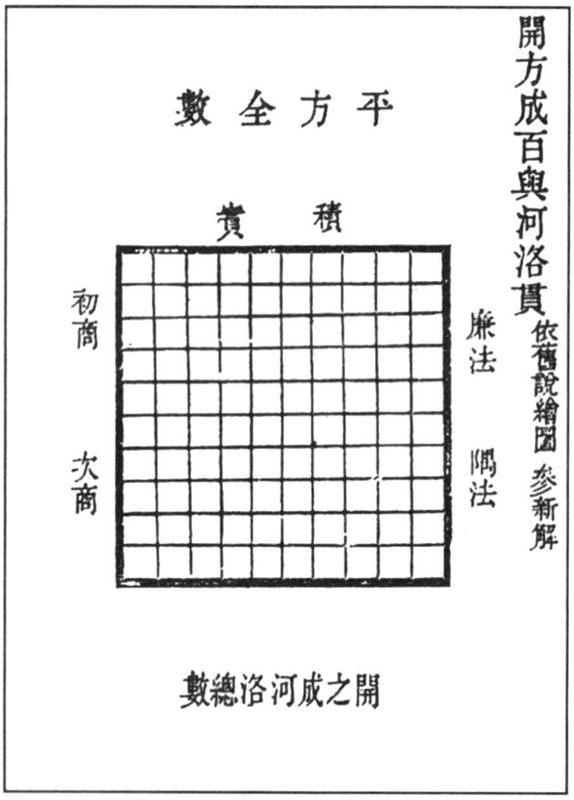

图 321　开方成百与河洛贯图
（冯道立《周易三极图贯》）

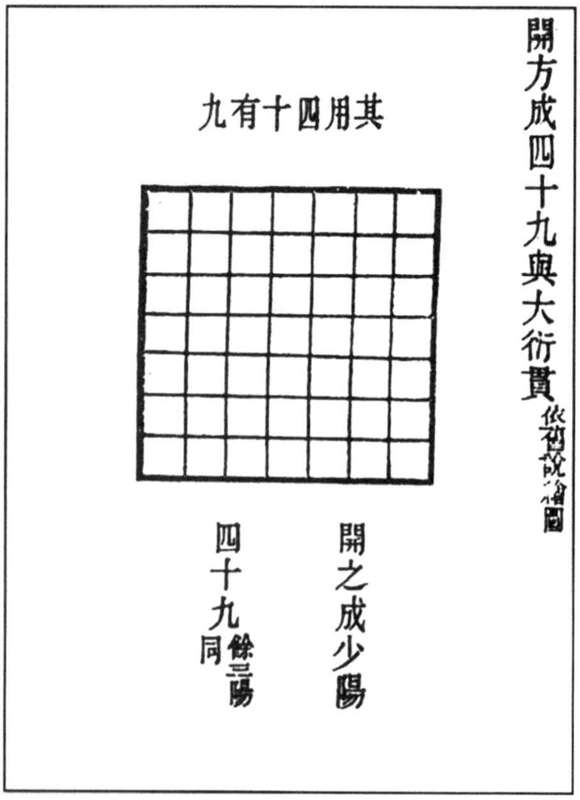

图 322　开方成四十九与大衍贯图
（冯道立《周易三极图贯》）

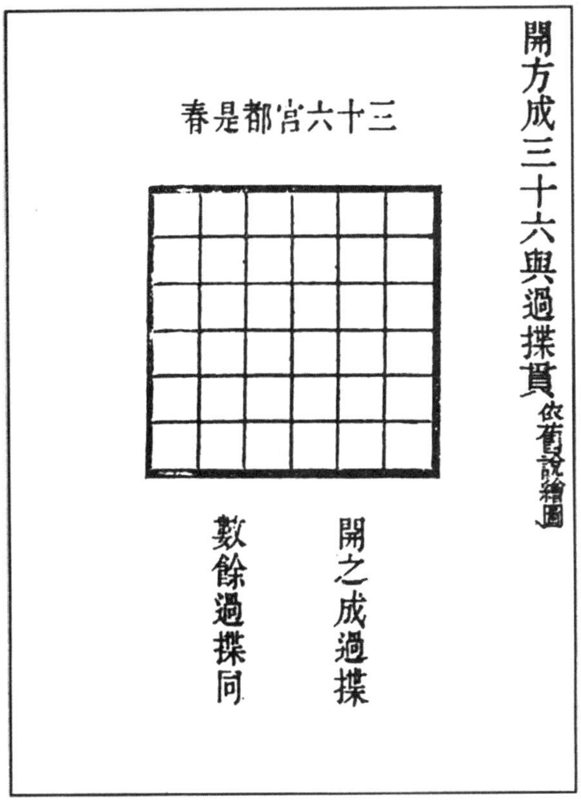

图 323 开方成三十六与过揲贯图
（冯道立《周易三极图贯》）

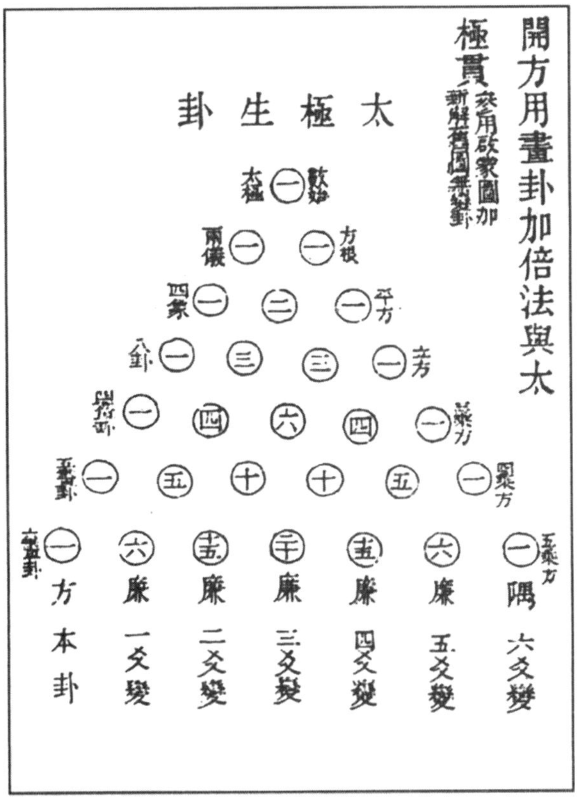

图 324 开方用画卦加倍法与太极贯图
（冯道立《周易三极图贯》）

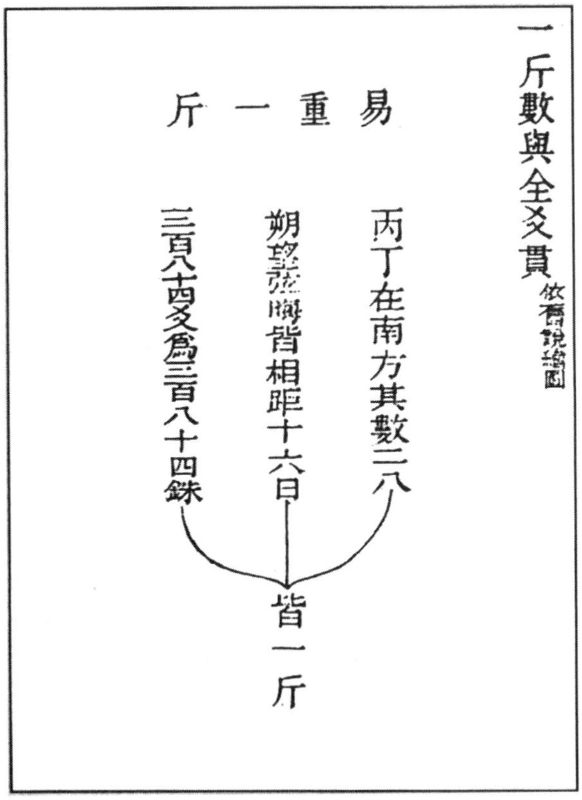

图 325 一斤数与全爻贯图
（冯道立《周易三极图贯》）

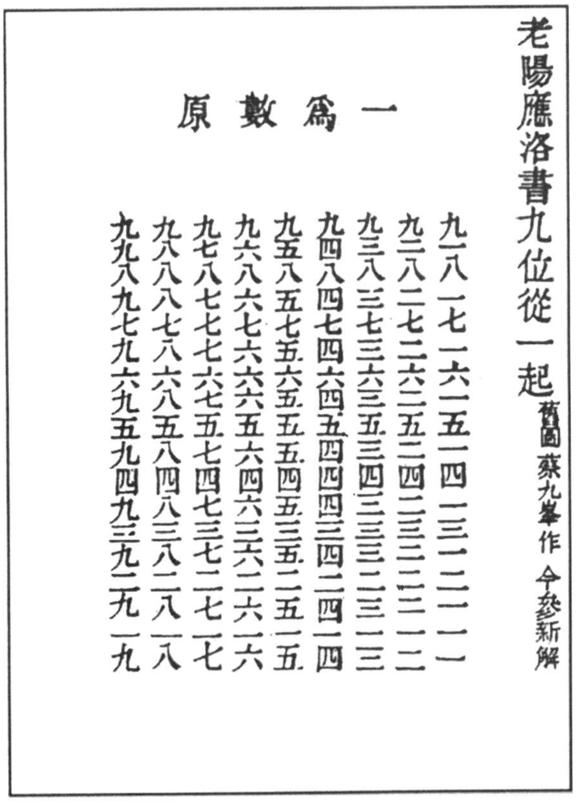

图 326 老阳应洛书九位从一起图
（冯道立《周易三极图贯》）

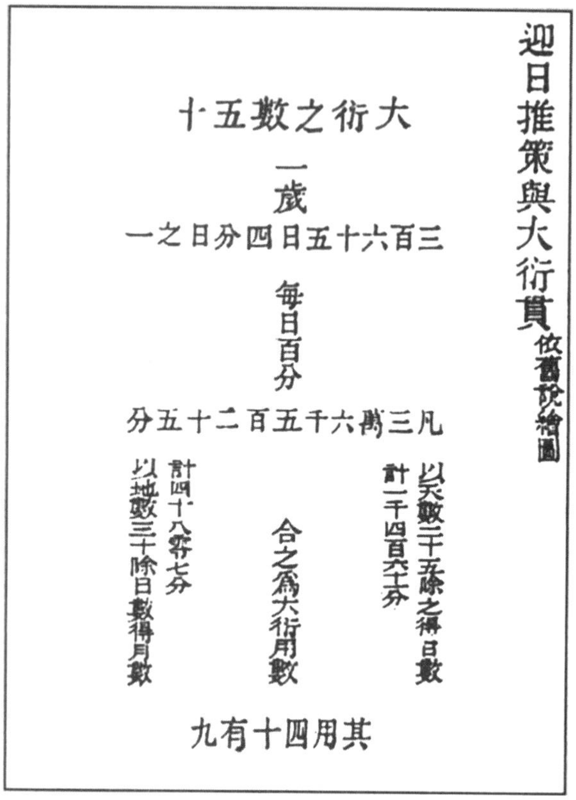

图 327　迎日推策与大衍贯图
（冯道立《周易三极图贯》）

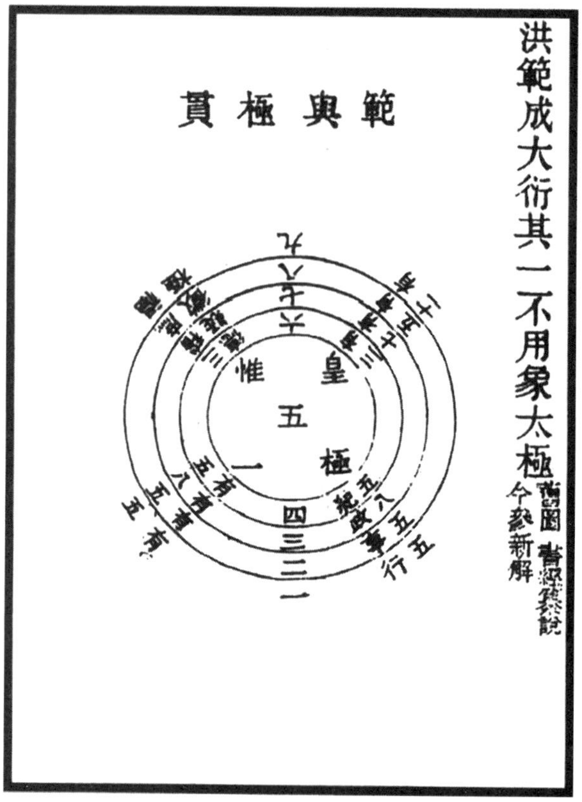

图 328　洪范成大衍其一不用象太极图
（冯道立《周易三极图贯》）

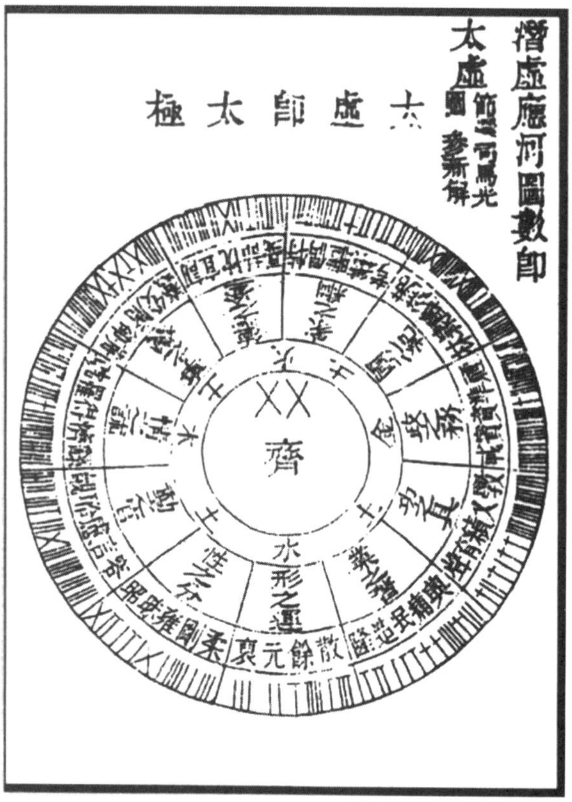

图 329　潜虚应河图数即太虚图
（冯道立《周易三极图贯》）

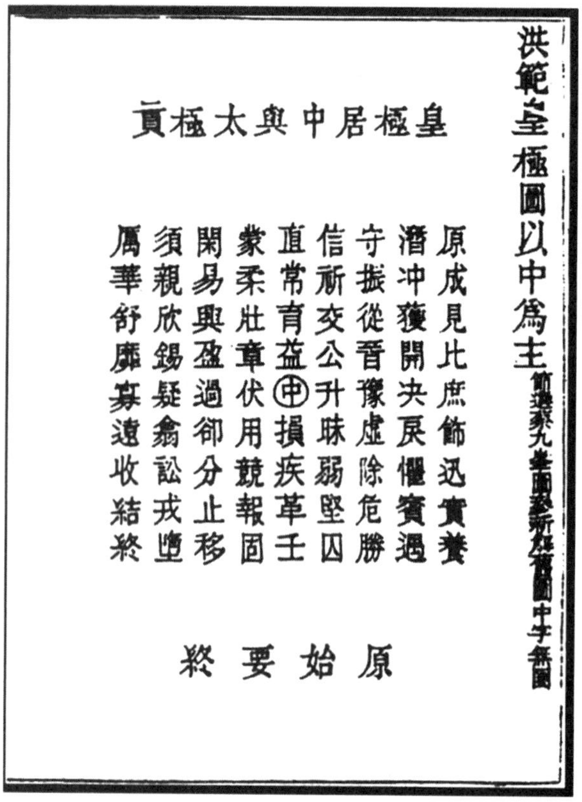

图 330　洪范皇极图以中为主图
（冯道立《周易三极图贯》）

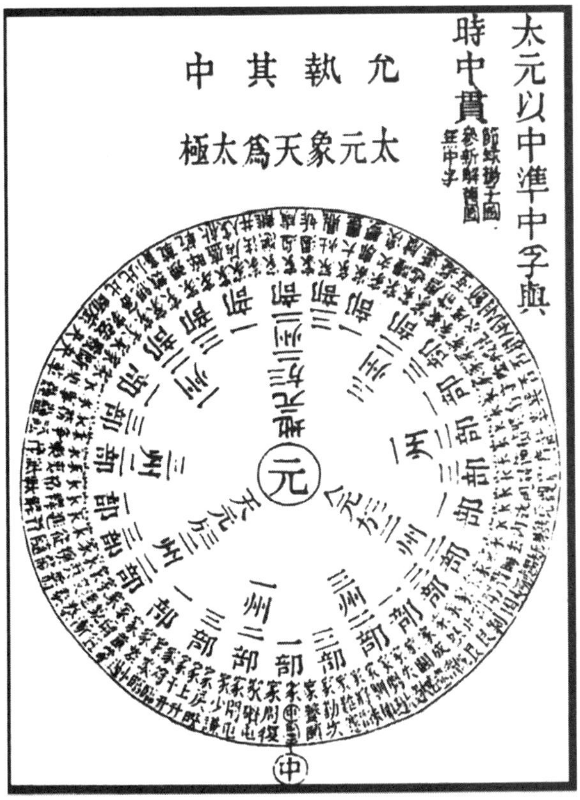

图 331　太元以中准中孚与时中贯图
（冯道立《周易三极图贯》）

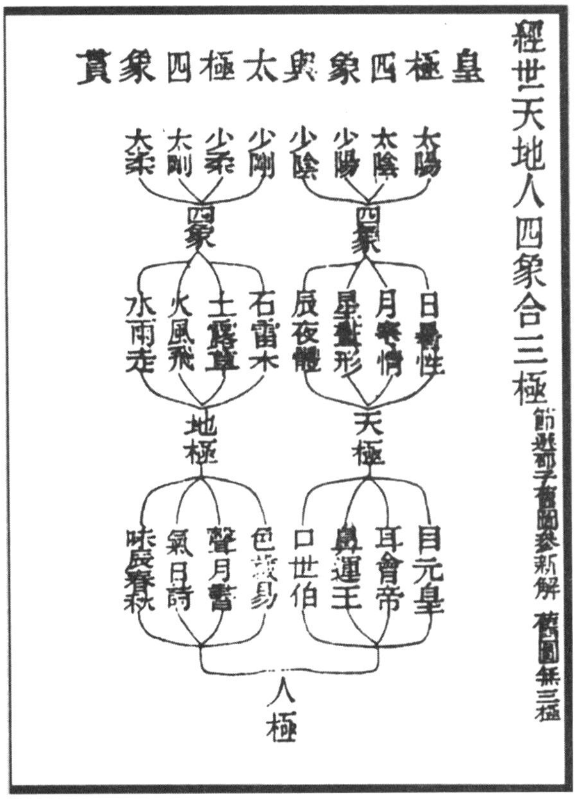

图 332　经世天地人四象合三极图
（冯道立《周易三极图贯》）

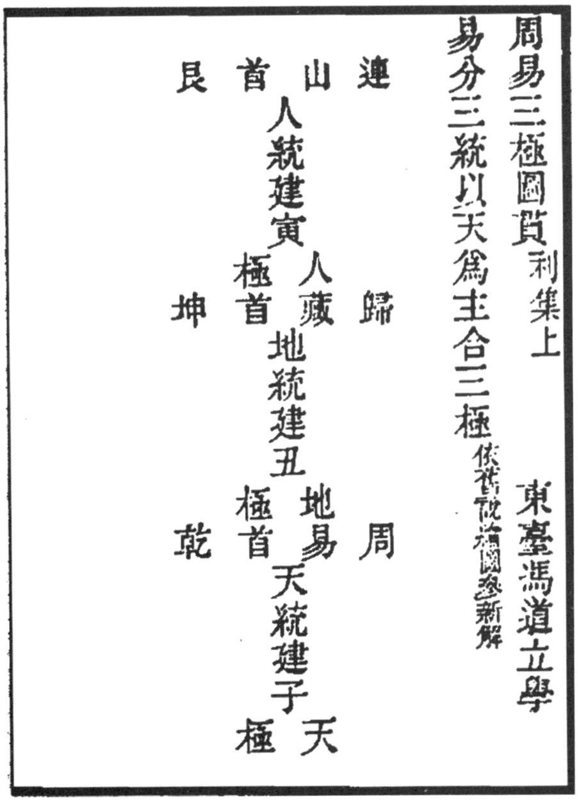

图 333　易分三统以天为主合三极图
（冯道立《周易三极图贯》）

萧寅显(1783—1851)

字仲虎,清湖南善化(今湖南长沙)人。家贫授徒,不事功名,究心《周易》。著有《易象阐微》五卷,《大易图解》一卷等。现存有《周易》图像八幅。

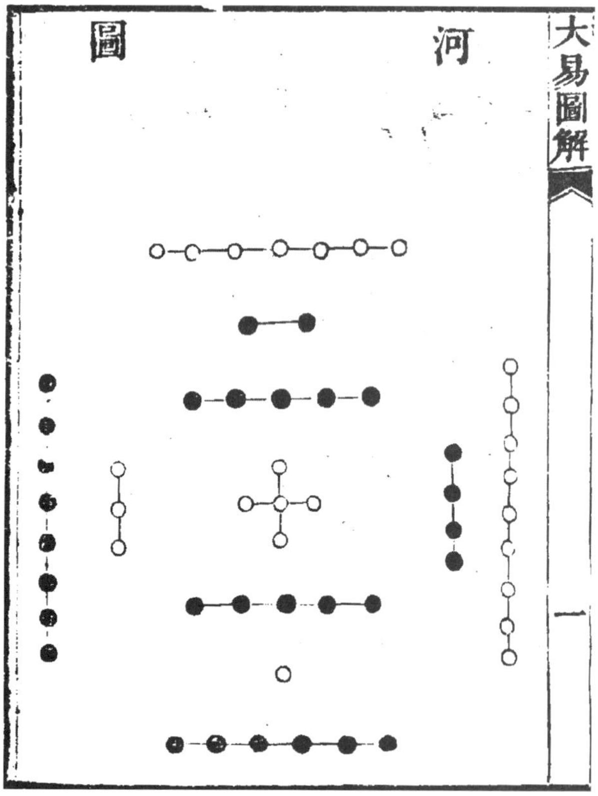

图1 河图
(萧寅显《大易图解》)

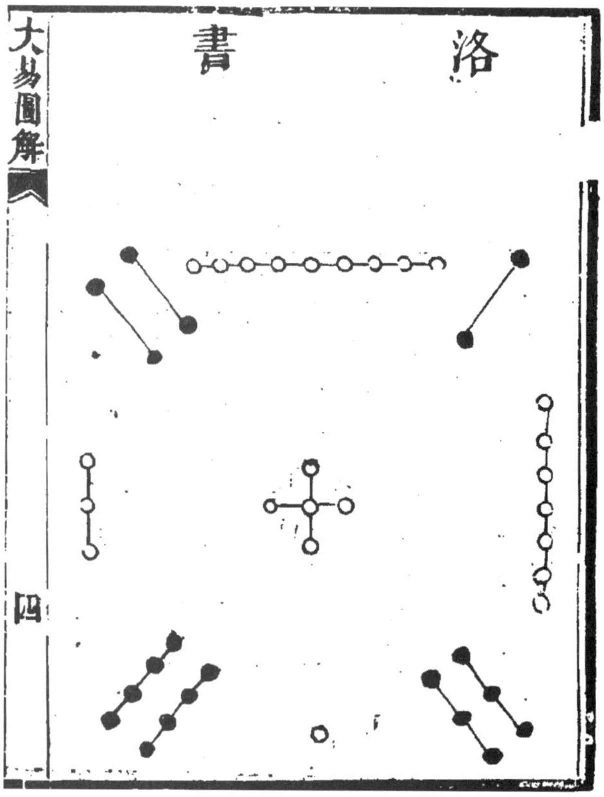

图2 洛书
(萧寅显《大易图解》)

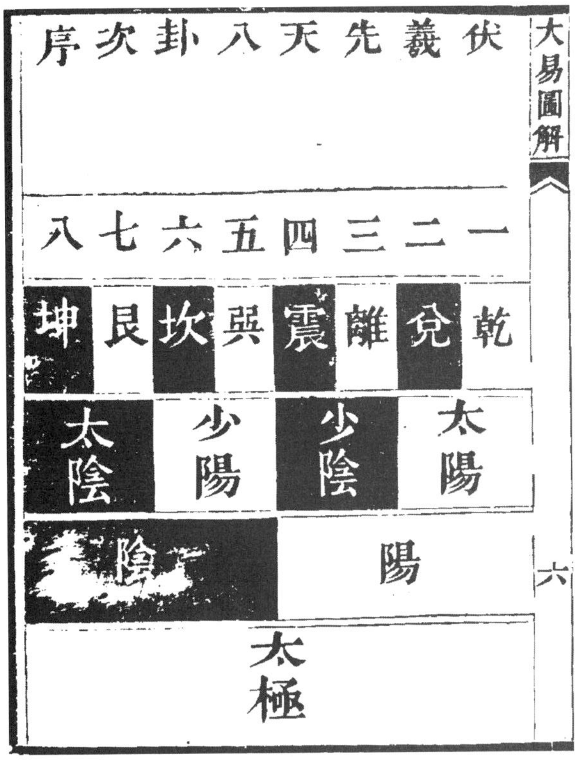

图 3　伏羲先天八卦次序图
（萧寅显《大易图解》）

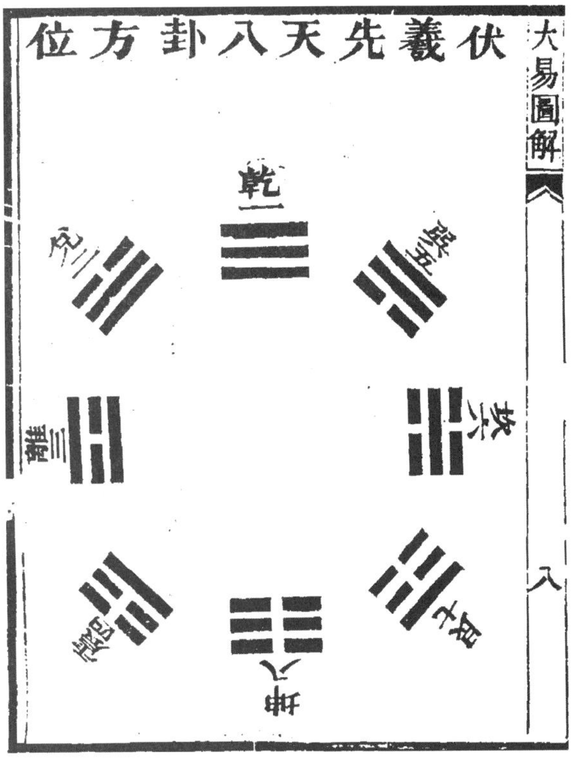

图 4　伏羲先天八卦方位图
（萧寅显《大易图解》）

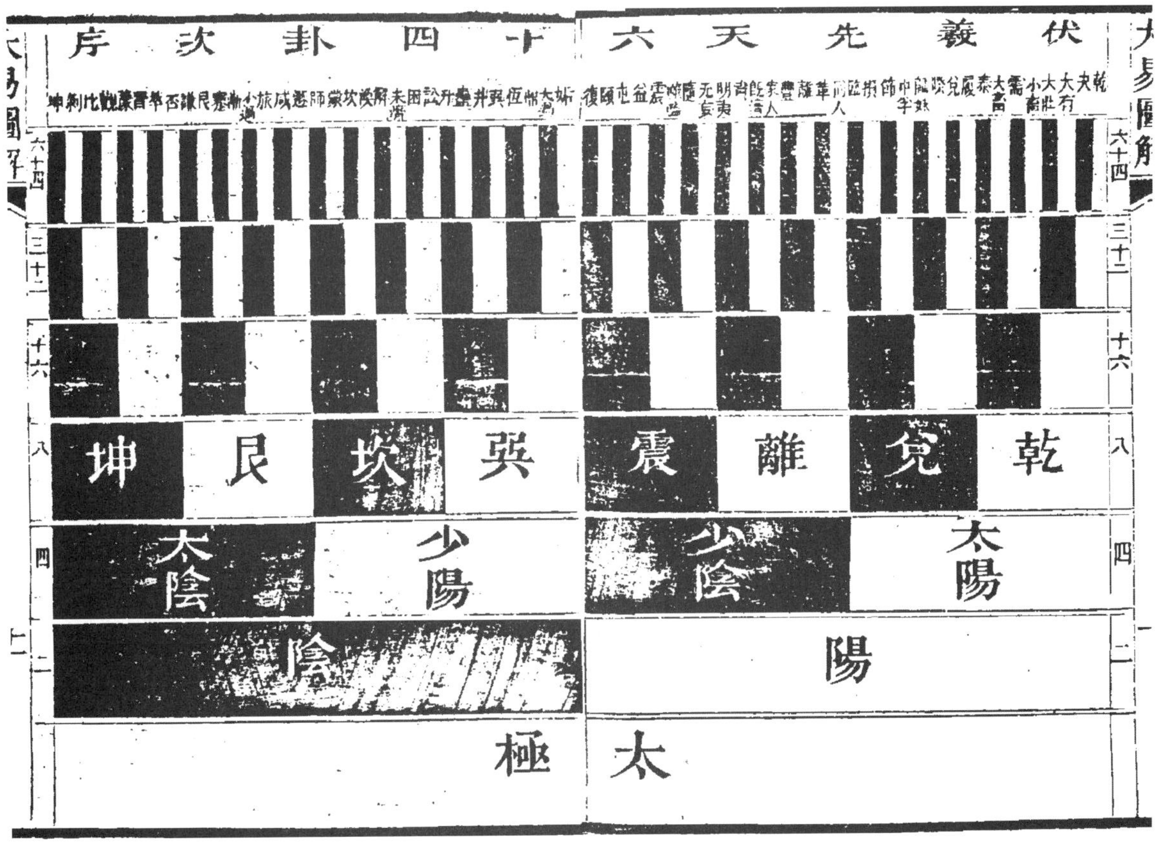

图 5　伏羲先天六十四卦次序图
（萧寅显《大易图解》）

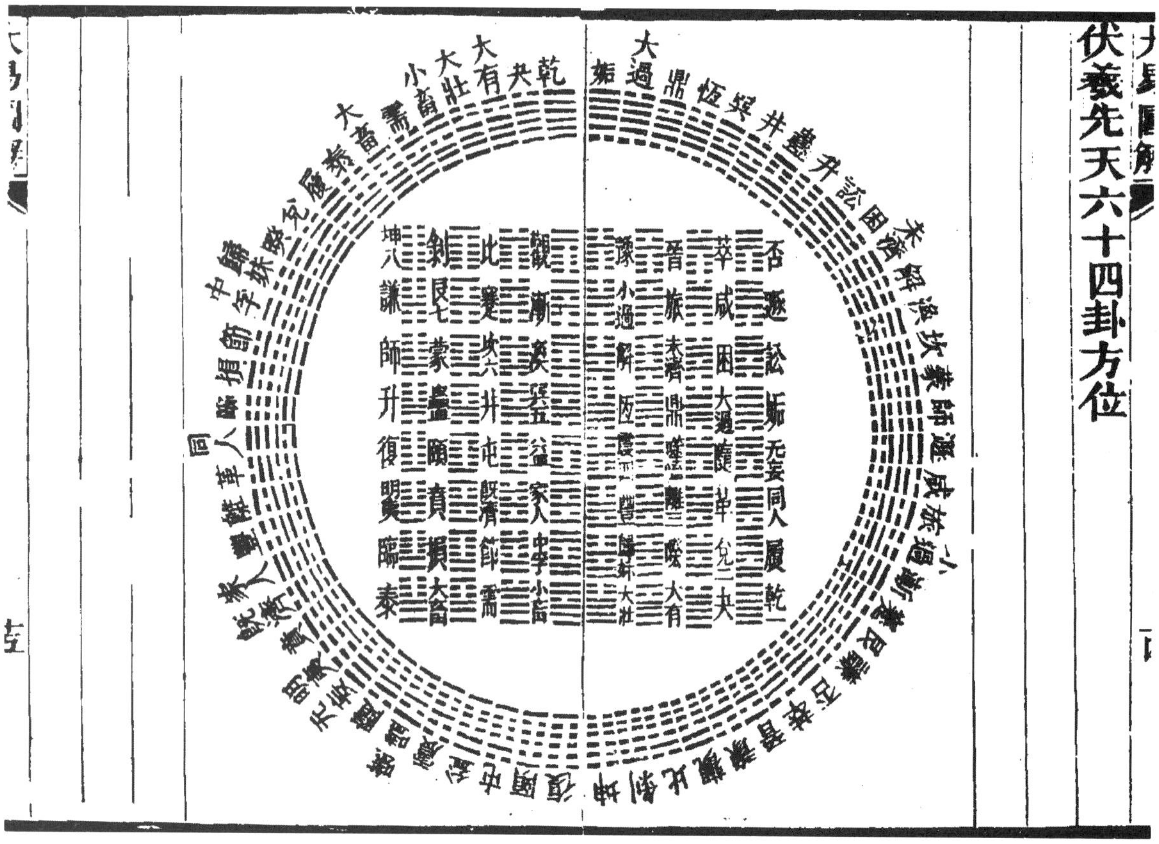

图 6　伏羲先天六十四卦方位图
（萧寅显《大易图解》）

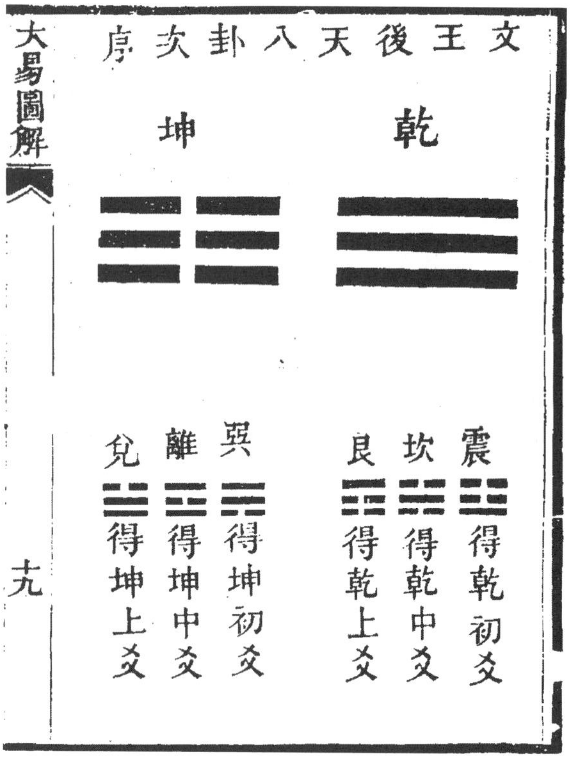

图 7　文王后天八卦次序图
（萧寅显《大易图解》）

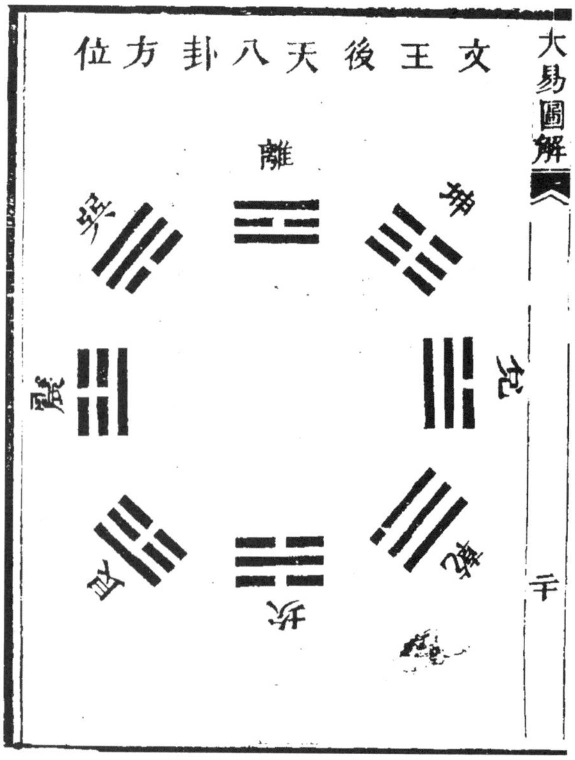

图 8　文王后天八卦方位图
（萧寅显《大易图解》）

陈世镕（1785—1872）

字大冶，又字雪炉，清安徽怀宁人。道光十五年（1835）进士，授甘肃知县。后入安徽巡抚、两江总督陶澍幕，时与魏源结交，后多次同游茅山、宝华山，于《易》《诗》《书》《春秋》《礼》皆有注说。著有《周易廓》二十四卷、《求志居集》三十四卷等。现存有《周易》图像十一幅。

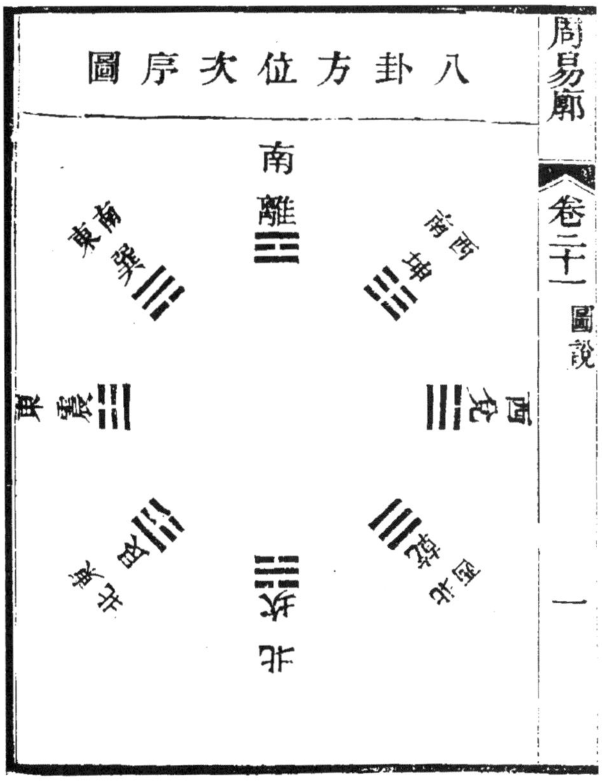

图 1　八卦方位次序图
（陈世镕《周易廓》）

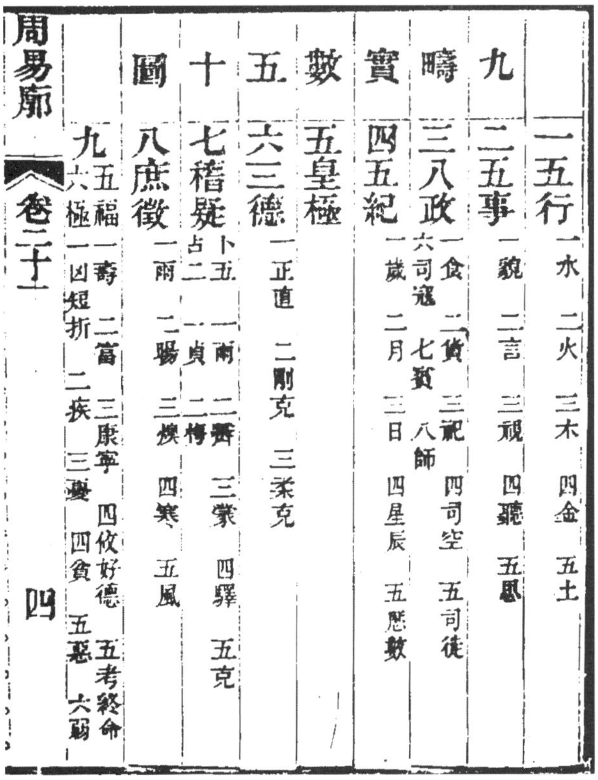
周易廓 卷二十 四

九疇實數五十圖

一五行 一水 二火 三木 四金 五土
二五事 一貌 二言 三視 四聽 五思
三八政 一食 二貨 三祀 四司空 五司徒 六司寇 七賓 八師
四五紀 一歲 二月 三日 四星辰 五歷數
五皇極
六三德 一正直 二剛克 三柔克
七稽疑 卜五 一雨 二霽 三蒙 四驛 五克 占二 一貞 二悔
八庶徵 一雨 二暘 三燠 四寒 五風
九五福 一壽 二富 三康寧 四攸好德 五考終命 六極 一凶短折 二疾 三憂 四貧 五惡 六弱

图 2　九畴实数五十图
（陈世镕《周易廓》）

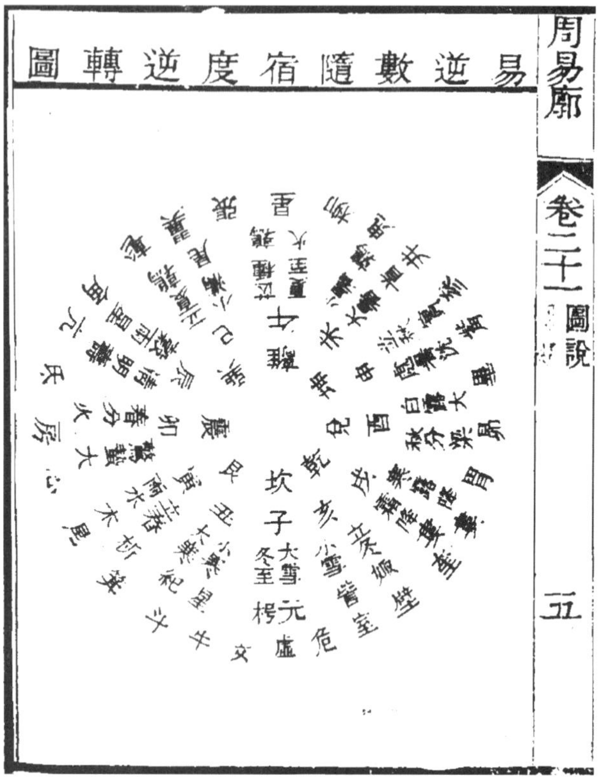

图 3　易逆数随宿度逆转图
（陈世镕《周易廓》）

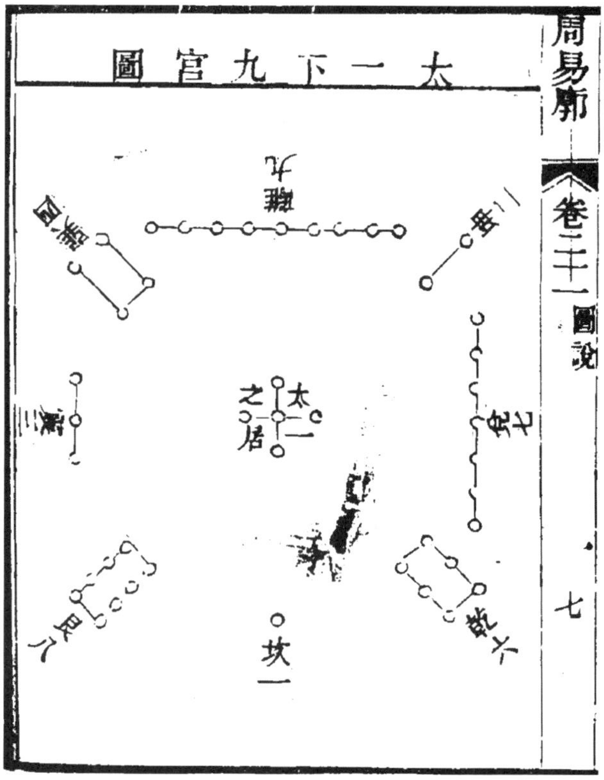

图 4　太一下九宫图
（陈世镕《周易廓》）

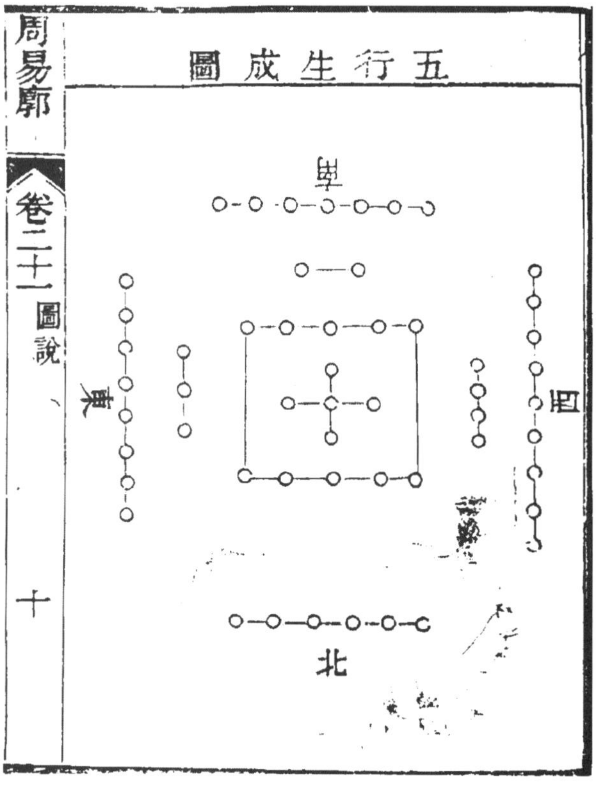

图 5　五行生成图
（陈世镕《周易廓》）

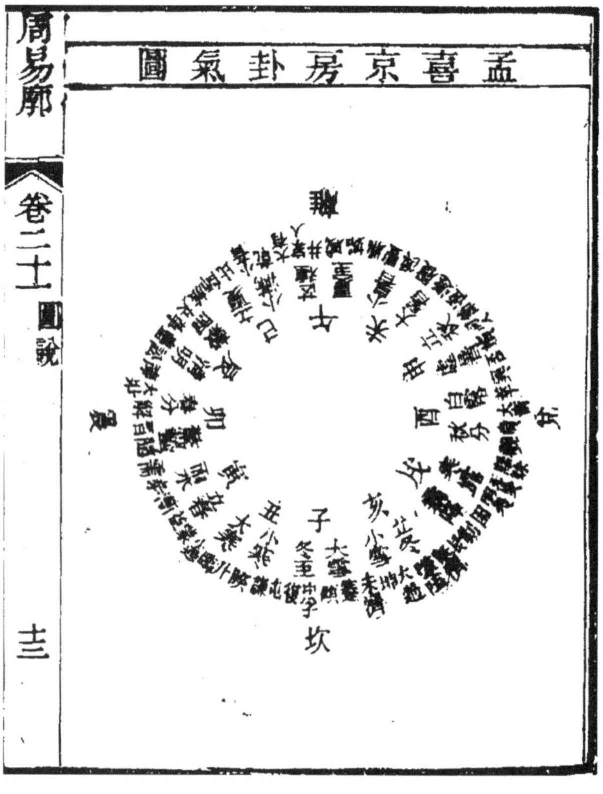

图 6　孟喜京房卦气图
（陈世镕《周易廓》）

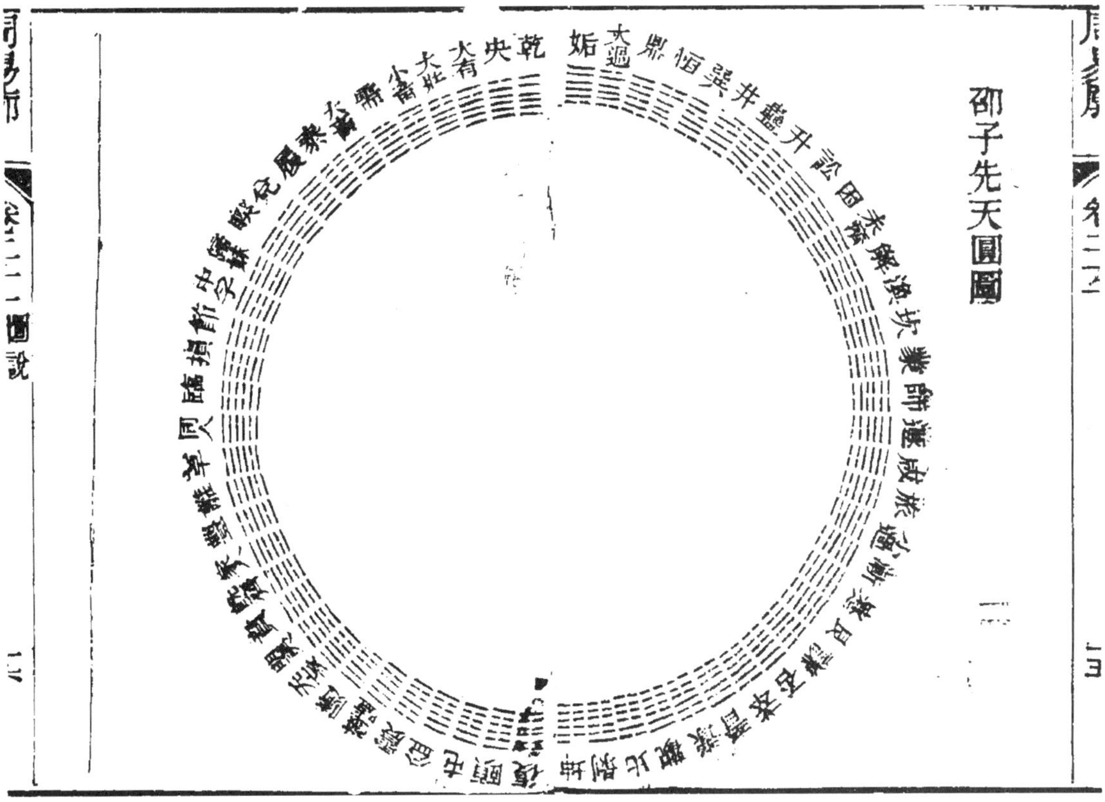

图 7　邵子先天圆图

（陈世镕《周易廓》）

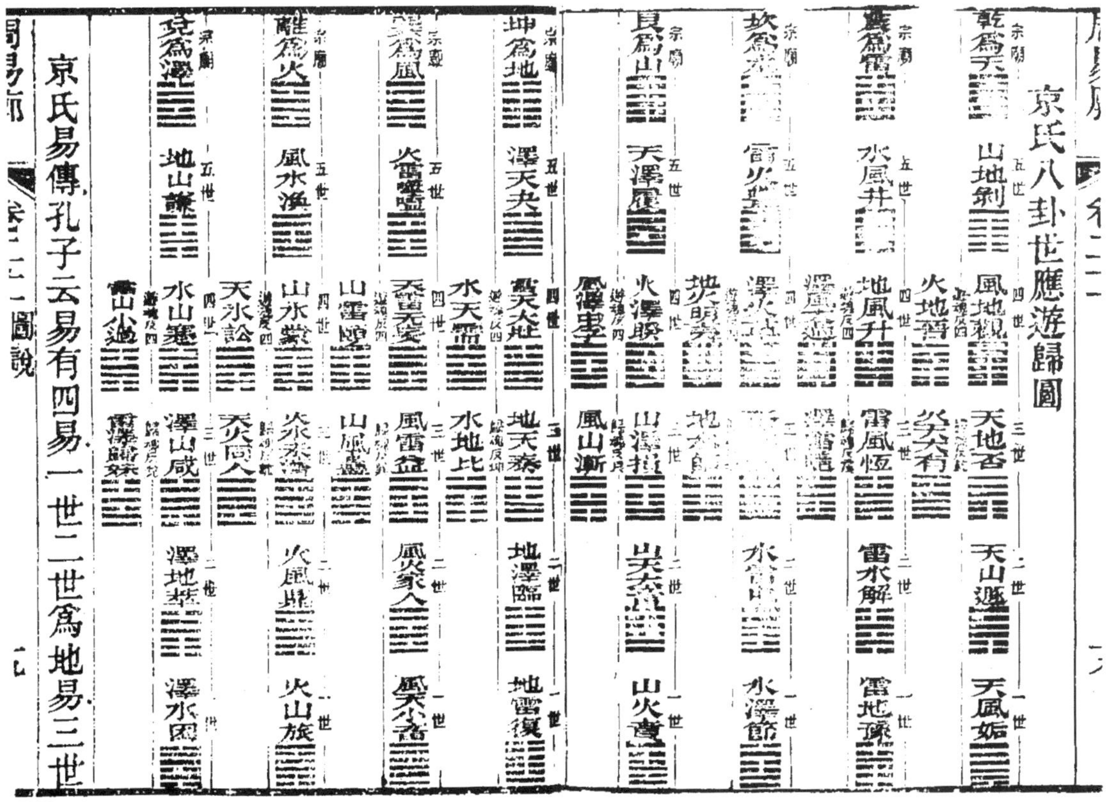

图 8　京氏八卦世应游归图

（陈世镕《周易廓》）

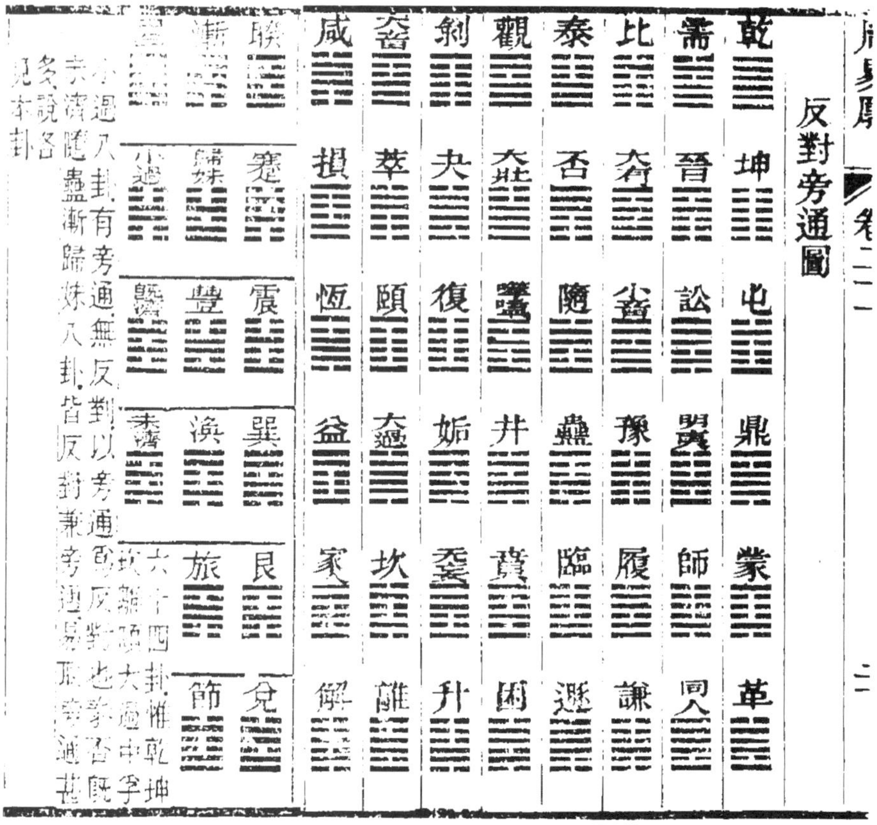

图 9　反对旁通图

（陈世镕《周易廓》）

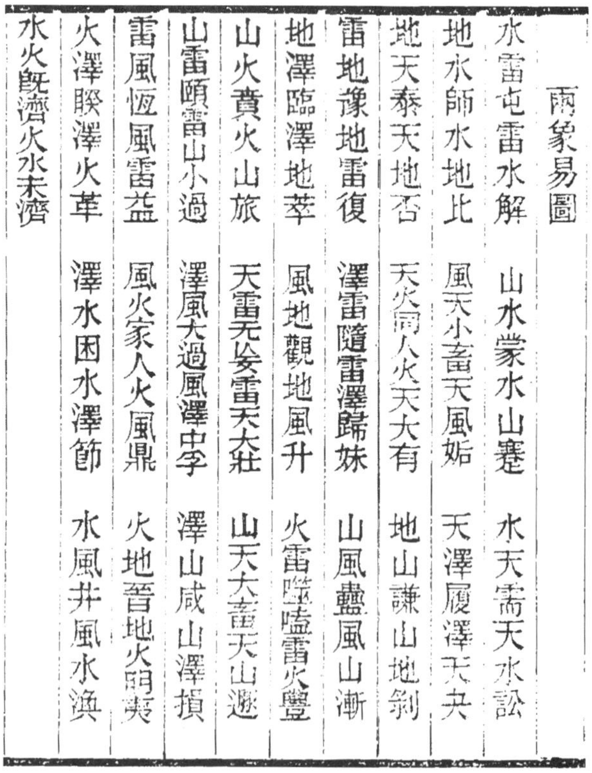

图 10　两象易图

（陈世镕《周易廓》）

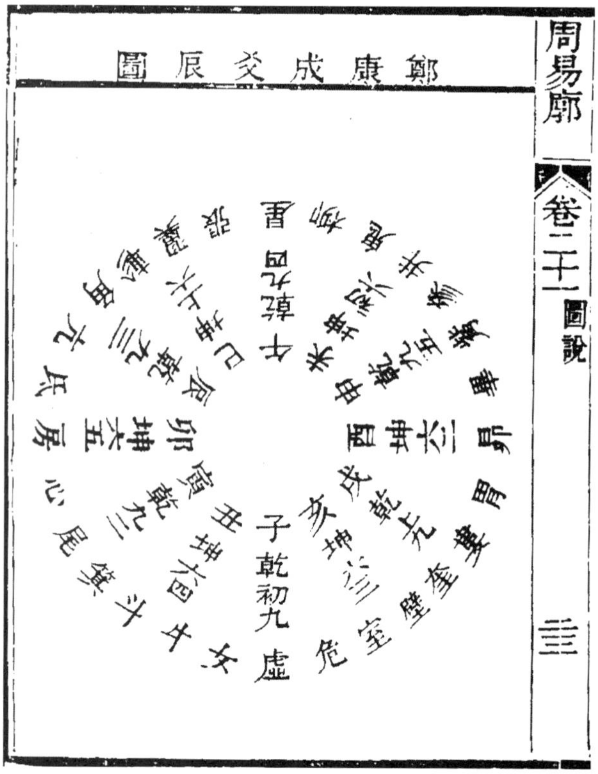

图 11　郑康成爻辰图

（陈世镕《周易廓》）

蔡绍江(1787—?)

字伯澄，号清夫、小沙，清湖北蕲水人。嘉庆二十四年(1819)进士，历官户部主事、刑部四川司主事，升山东司员外郎，充则例馆纂修，享有文名，晚年专研程朱之学。著有《周易本义补说》六卷、《学庸章义》、《宋名臣言行录补编》八卷、《漕运河道图考》二卷、《泳左诗箴》二卷等。现存有《周易》图像十三幅。

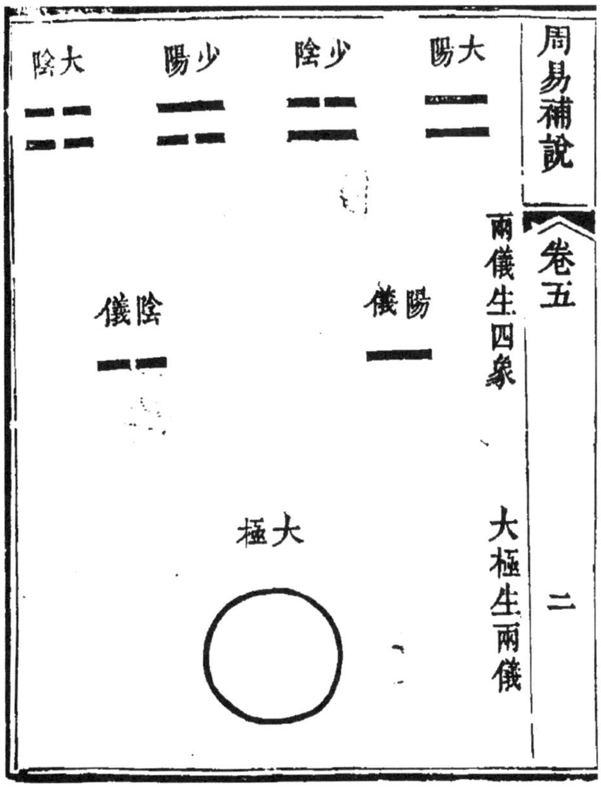

图1　太极生两仪、两仪生四象图
(蔡绍江《周易本义补说》)

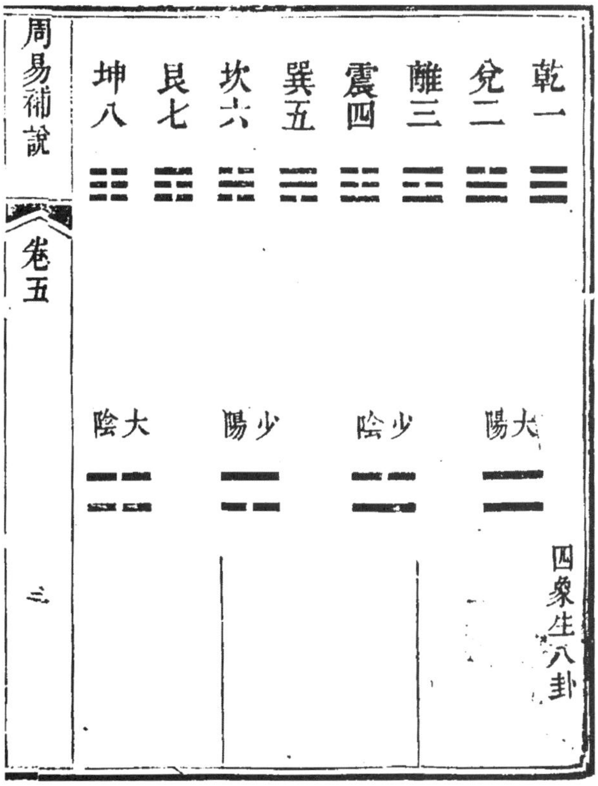

图2　四象生八卦图
(蔡绍江《周易本义补说》)

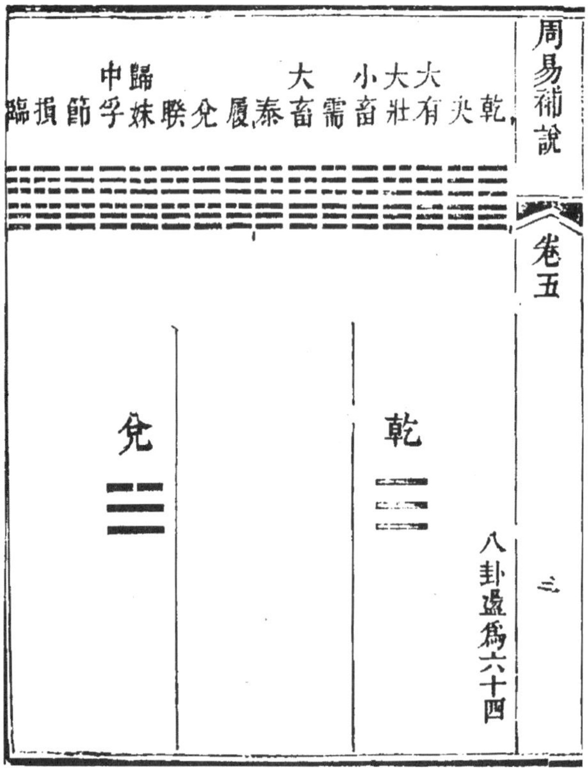

图 3-1　八卦荡为六十四图
（蔡绍江《周易本义补说》）

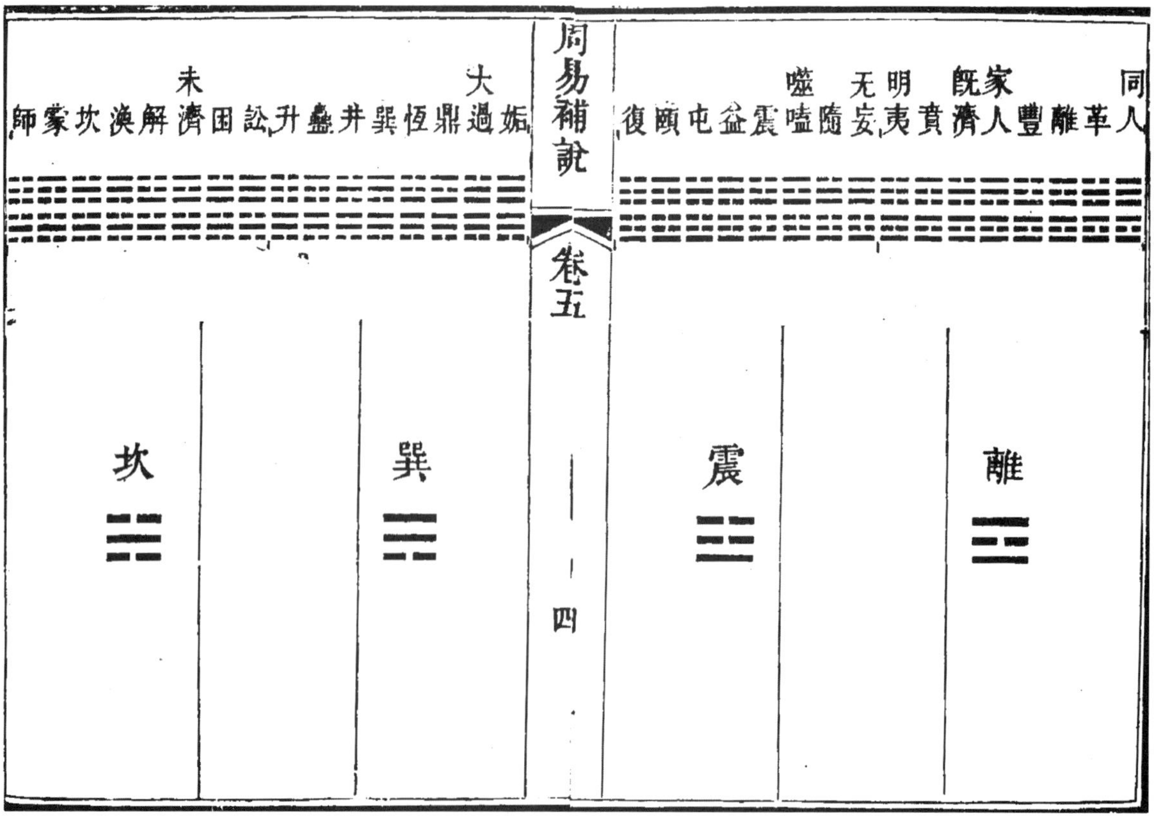

图 3-2　八卦荡为六十四图
（蔡绍江《周易本义补说》）

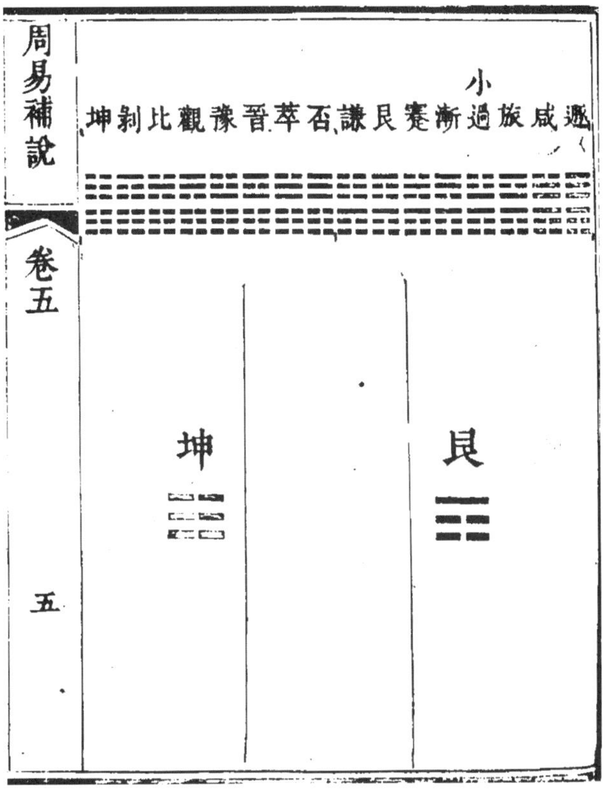

图 3－3　八卦荡为六十四图
（蔡绍江《周易本义补说》）

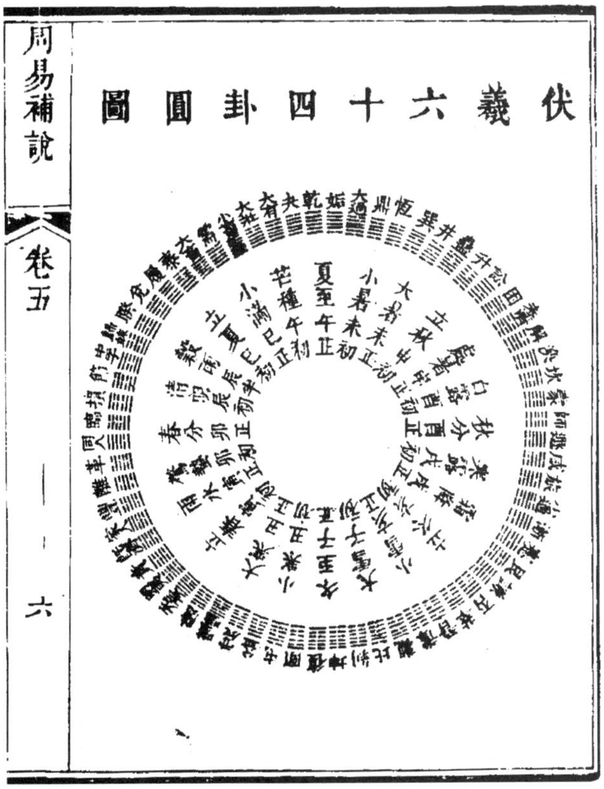

图 4　伏羲六十四卦圆图
（蔡绍江《周易本义补说》）

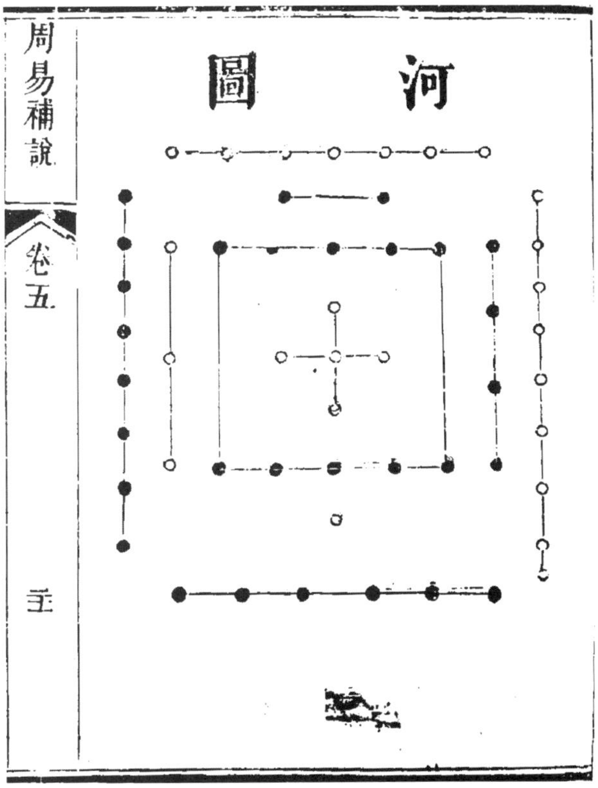

图 5　河图
（蔡绍江《周易本义补说》）

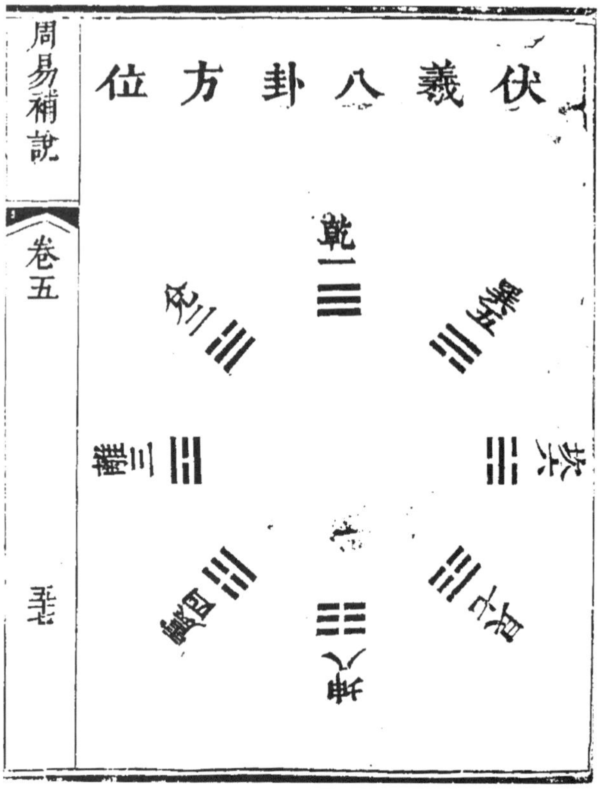

图 6　伏羲八卦方位图
（蔡绍江《周易本义补说》）

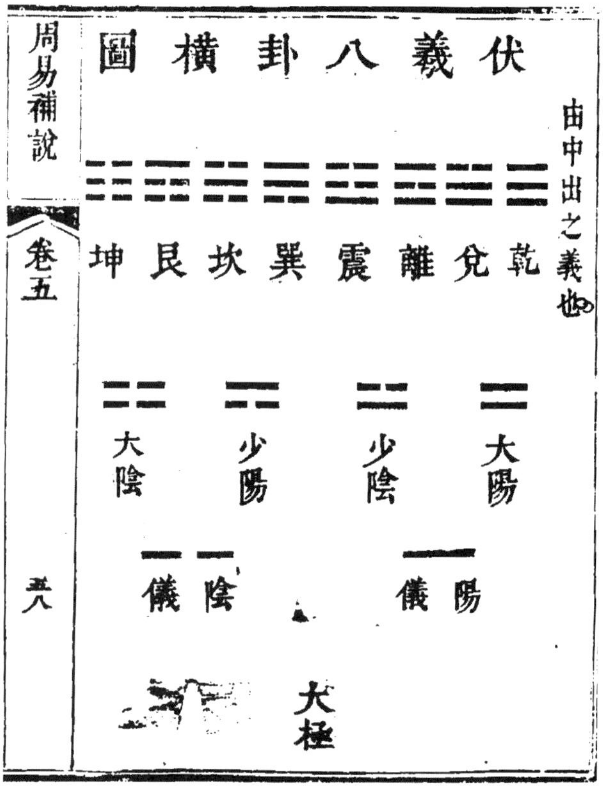

图 7　伏羲八卦横图
（蔡绍江《周易本义补说》）

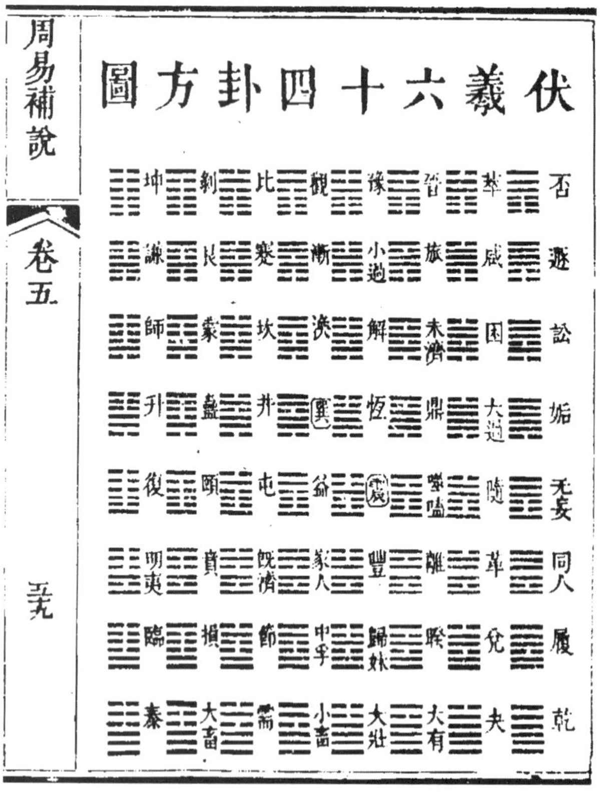

图 8　伏羲六十四卦方图
（蔡绍江《周易本义补说》）

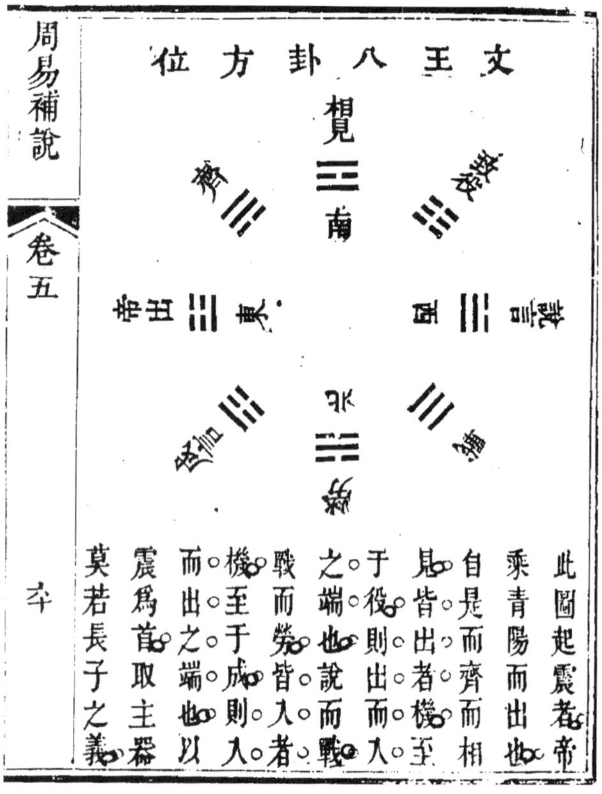

图 9　文王八卦方位图
（蔡绍江《周易本义补说》）

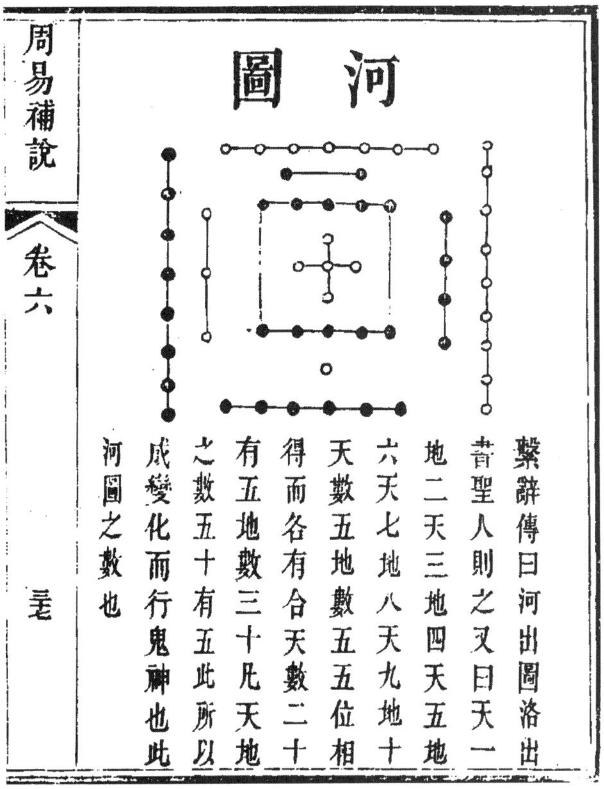

图 10 河图
（蔡绍江《周易本义补说》）

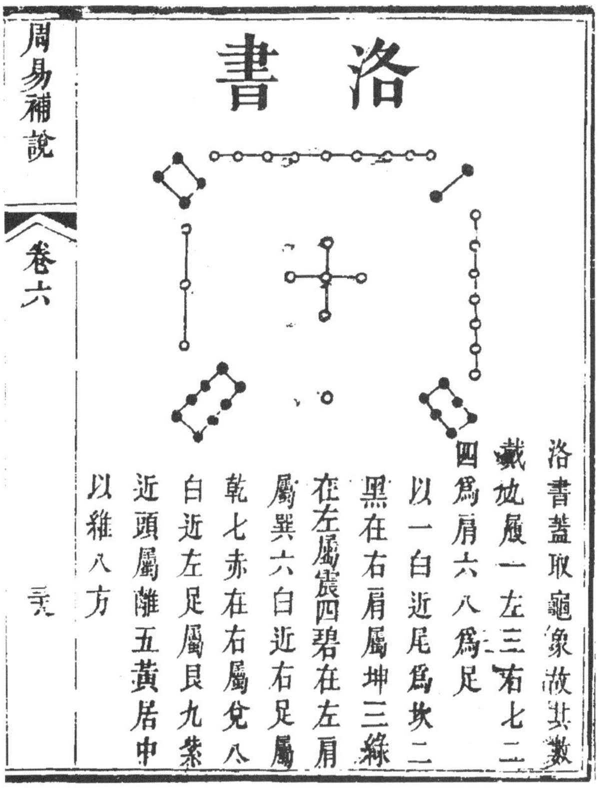

图 11 洛书
（蔡绍江《周易本义补说》）

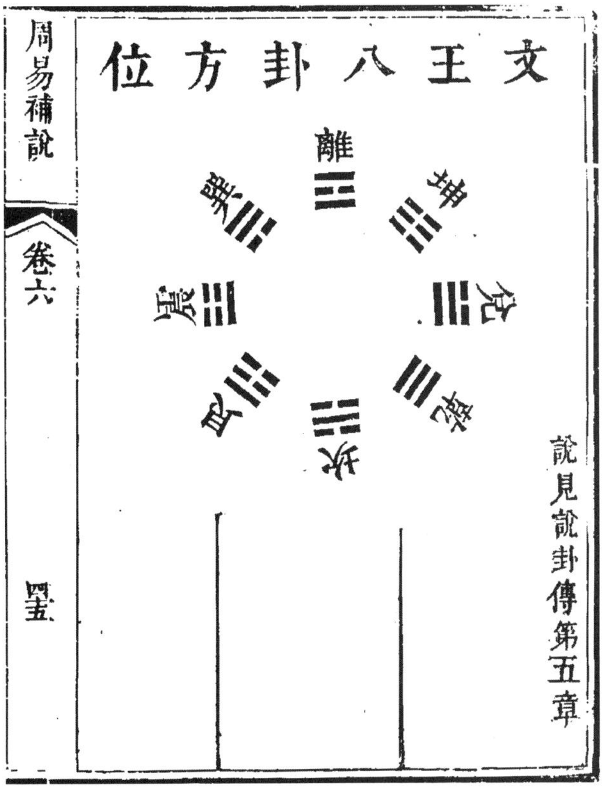

图 12 文王八卦方位图
（蔡绍江《周易本义补说》）

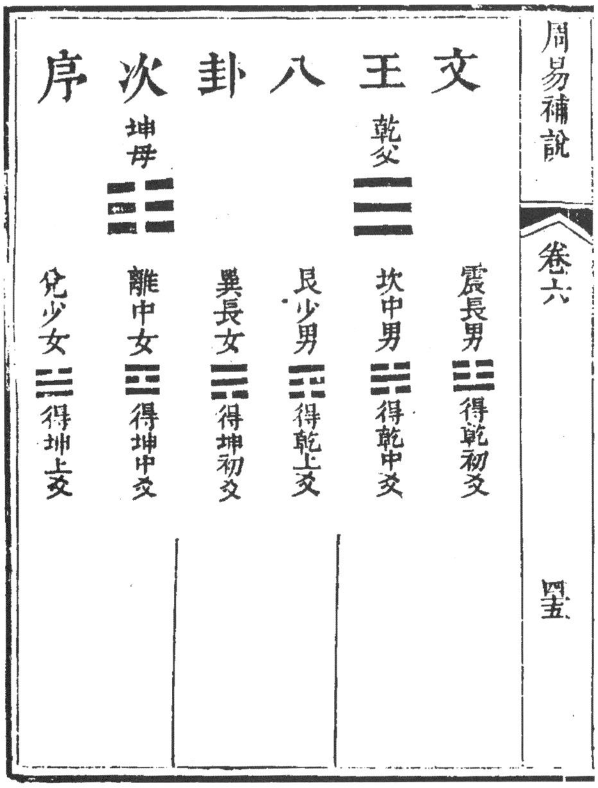

图 13 文王八卦次序图
（蔡绍江《周易本义补说》）

李道平(1788—1844)

字遵王,号远山、蒲眠,又号涢上先生,清湖北安陆人。嘉庆十三年(1808)考中秀才,十八年举拔贡,候选直隶州州判,二十三年举人,获拣选知县。道光十二年(1832)进士,挑取国史馆誊录官。晚年官嘉鱼县教谕。著有《周易集解纂疏》十卷、《易筮遗占》一卷等。现存有《周易》图像三幅。

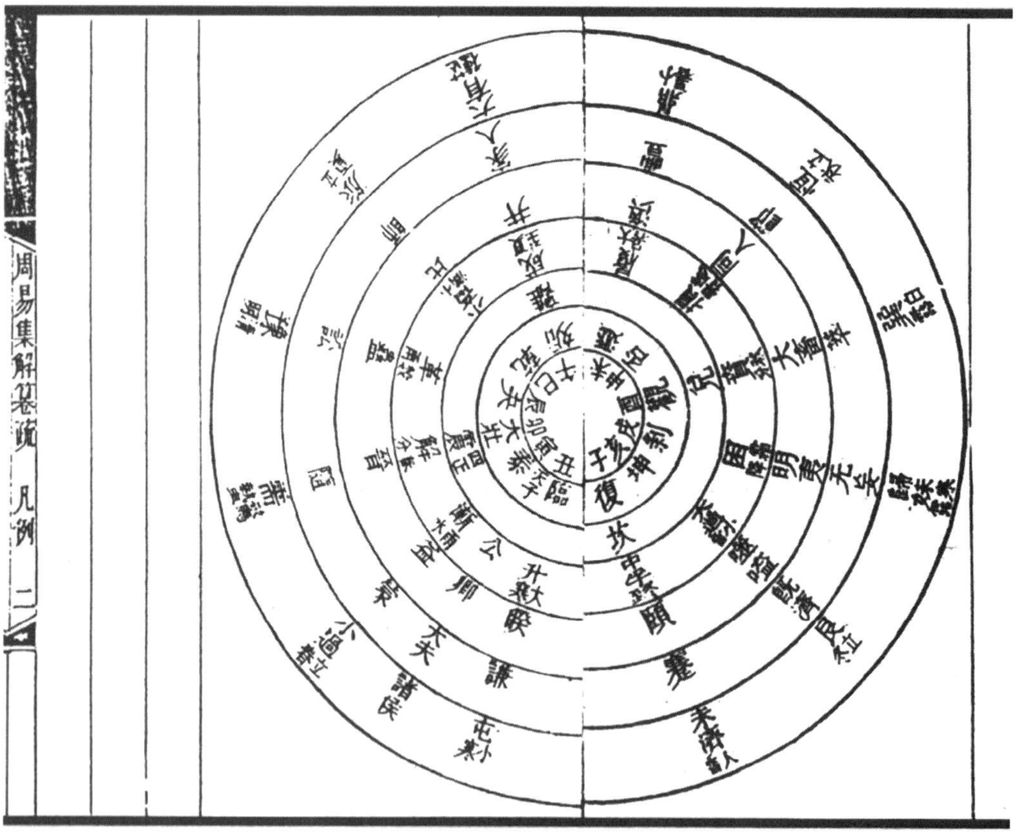

图1 孟京卦气图

(李道平《周易集解纂疏》)

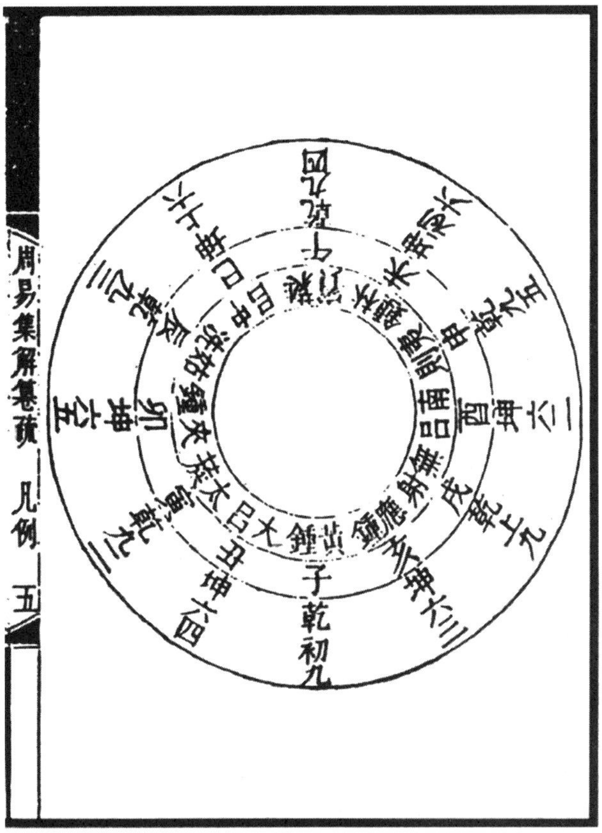

图 2　郑氏爻辰图

（李道平《周易集解纂疏》）

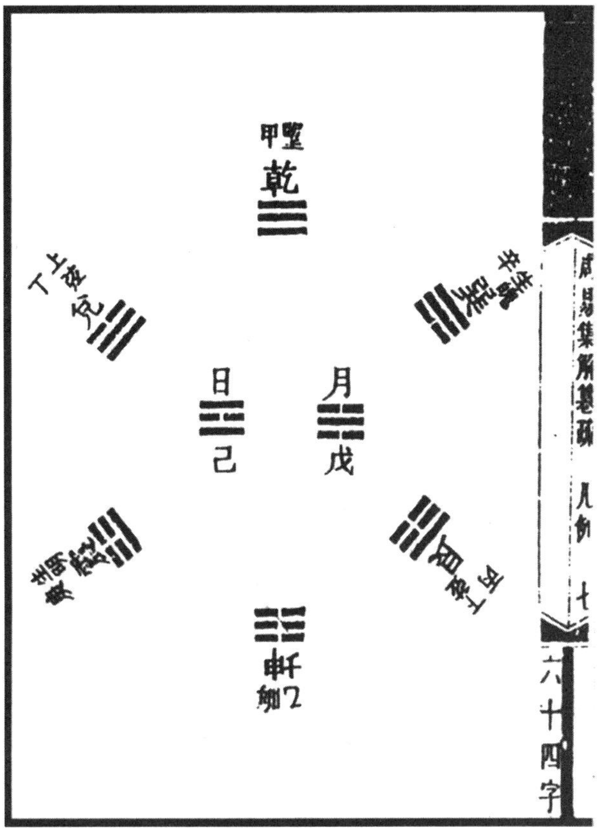

图 3　八卦纳甲图

（李道平《周易集解纂疏》）

黄式三(1788—1862)

字邦恪,号薇香、儆居,清浙江鄞县(今浙江宁波)人。幼承庭训,博览群经,尤长于三礼,著作丰硕。著有《易释》四卷、《尚书启幪》五卷、《诗序说通》二卷、《诗传笺考》二卷、《春秋释》四卷、《周季编略》九卷、《儆居集·经说》五卷、《史说》七卷、《读子集》四卷、《论语后案》二十卷、《杂著》六卷等。现存有《周易》图像八幅。

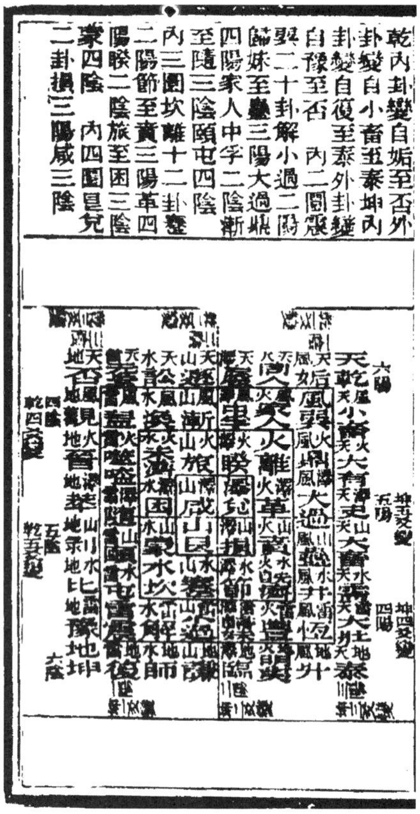

图 1　卦变图
(黄式三《易释》)

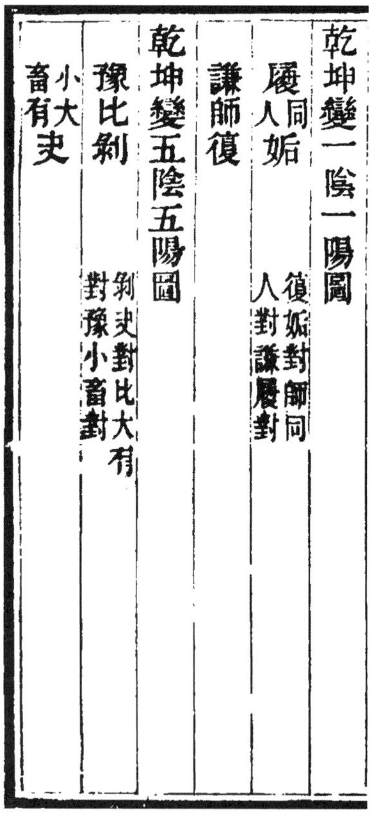

图 2　乾坤变一阴一阳图
图 3　乾坤变五阴五阳图
(黄式三《易释》)

易釋　卷四　五　之一　儆居遺書

乾坤變二陰二陽圖
无妄訟遯　臨遯對訟明夷　對无妄升對
升明夷臨
乾坤變四陰四陽圖
萃晉觀　觀大壯對晉需　對萃大畜對
大畜需大壯
乾坤生三男外卦重三男圖
頤屯震
解蒙坎

图 4　乾坤变二阴二阳图
图 5　乾坤变四阴四阳图
图 6　乾坤生三男外卦重三男图
（黄式三《易释》）

易釋　卷四　五　之一　儆居遺書

小過蹇艮
乾坤生三女外卦重三女圖
大過鼎巽　震巽對屯鼎　對頤大過對
家人革離　坎離對蒙革　對解家人對
中孚睽兌　艮兌對小過中　孚對蹇睽對
乾坤生否內變三男外重三女圖
隨噬嗑益否　益恆對未濟既濟對咸　損對噬嗑井對困賁對
渙困未濟　漸歸妹對隨蠱對　渙豐對旅節對
旅漸咸

图 7　乾坤生三女外卦重三女图
图 8　乾坤生否内变三男外重三女图
（黄式三《易释》）

彭蕴章(1792—1862)

字琮达,一字咏莪,清江苏长洲(今江苏苏州)。道光十五年(1835)进士,官至武英殿大学士,乞休,旋起,署兵部尚书,兼左都御史,卒谥文敬。著有《老学庵读书记》四卷、《归朴庵丛稿》十二卷《续稿》四卷、《松风阁诗钞》二十六卷、《瓜蔓词》一卷等。现存有《周易》图像一幅。

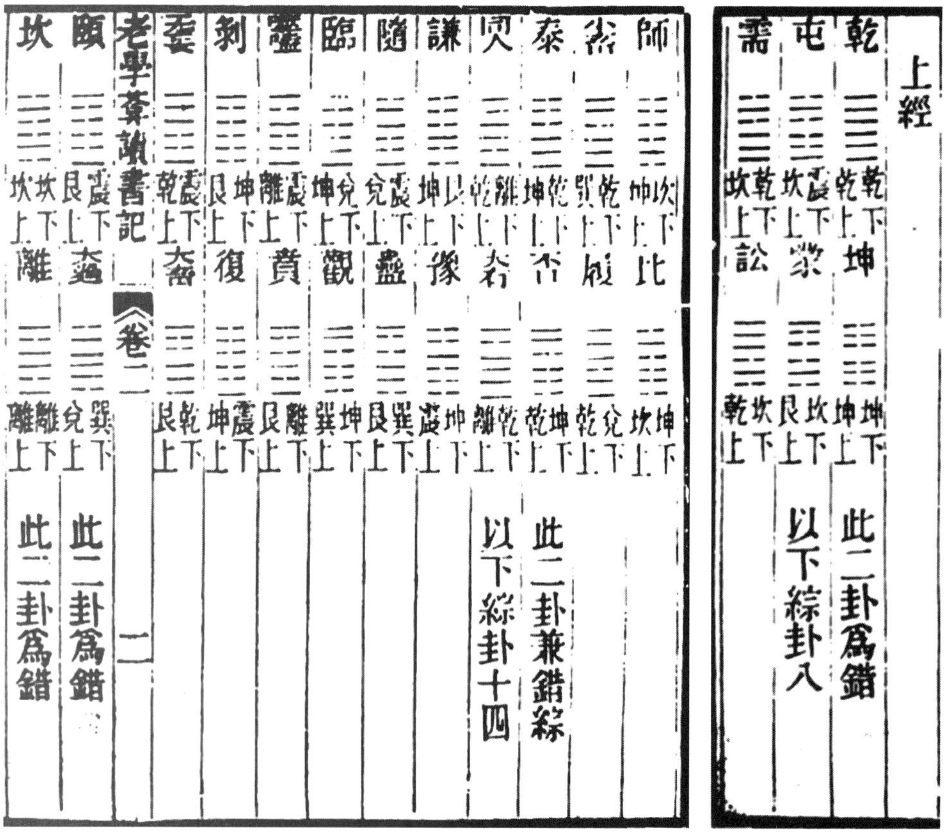

图 1-1　易错综卦图

(彭蕴章《老学庵读书记》)

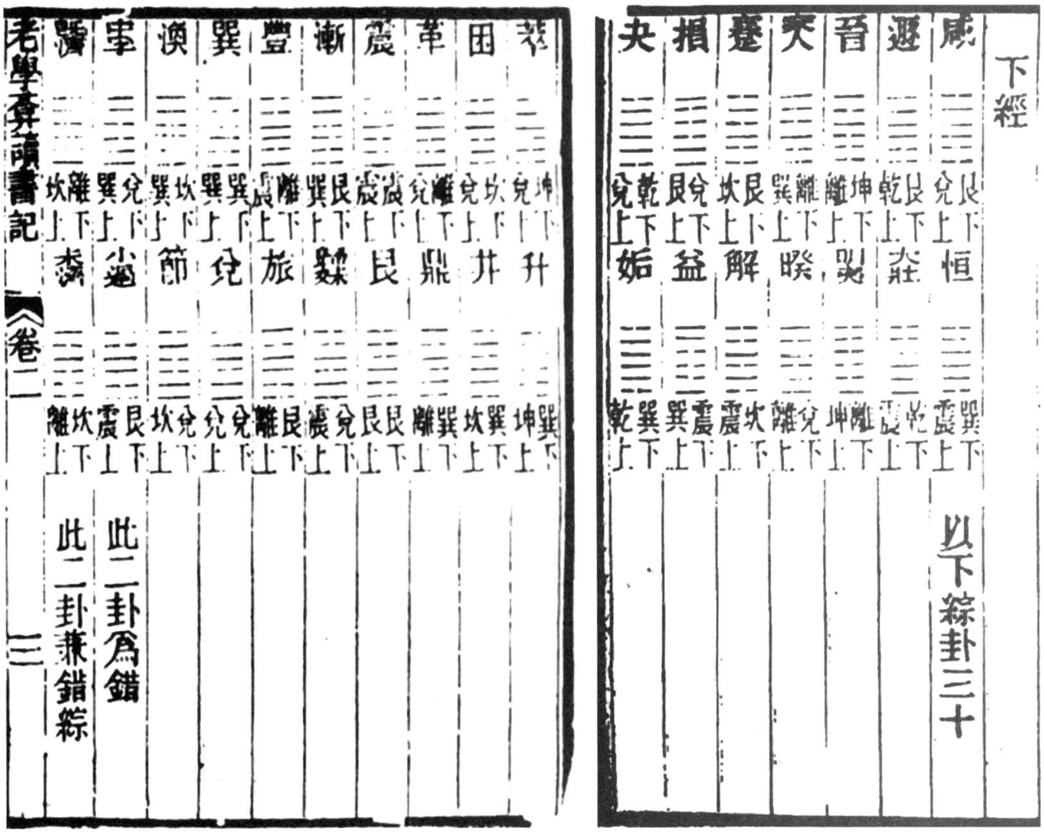

下經

咸 艮下兌上　恒 巽下震上
遯 艮下乾上　大壯 乾下震上
晉 坤下離上　明夷 離下坤上
家人 離下巽上　睽 兌下離上
蹇 艮下坎上　解 坎下震上
損 兌下艮上　益 震下巽上
夬 乾下兌上　姤 巽下乾上

以下綜卦三十

萃 坤下兌上　升 巽下坤上
困 坎下兌上　井 巽下坎上
革 離下兌上　鼎 巽下離上
震 震下震上　艮 艮下艮上
漸 艮下巽上　歸妹 兌下震上
豐 離下震上　旅 艮下離上
巽 巽下巽上　兌 兌下兌上
渙 坎下巽上　節 兌下坎上
中孚 兌下巽上　小過 艮下震上　此二卦為錯
既濟 離下坎上　未濟 坎下離上　此二卦兼錯綜

老學齋讀書記　卷二　三

图 1－2　易错综卦图

（彭蕴章《老学庵读书记》）

蒋湘南(1795—1854)

字子潇，清河南固始人。道光十五年(1835)举人，选虞城教谕，不就。治学涉及象纬、律历、舆地、农田、礼制、兵法、刑名、考工以及释道藏，甚至西方科学。著有《周易郑虞通旨》十二卷、《卦气表》、《七经楼文钞》六卷、《春晖阁诗选》六卷、《游艺录》一卷等。现存有《周易》图像一幅。

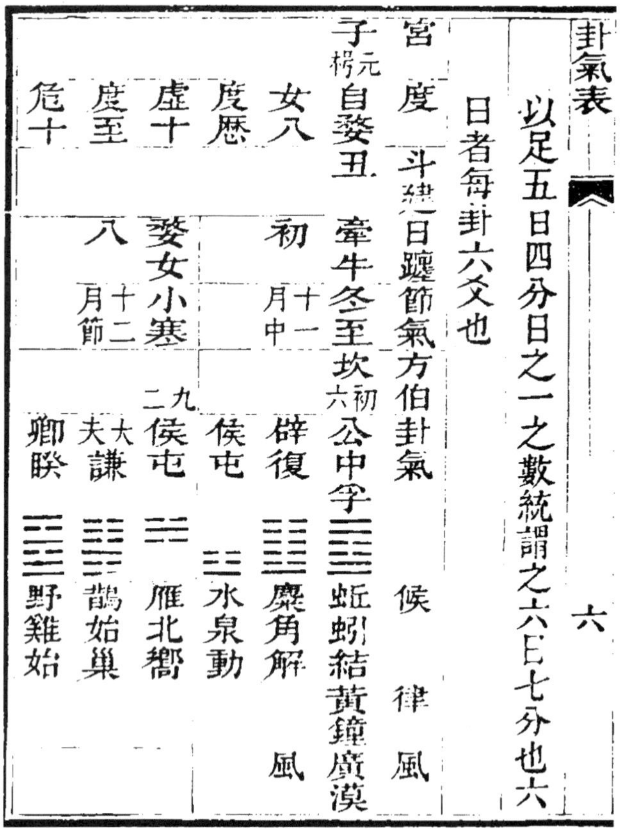
卦氣表　六
以足五日四分日之一之數統謂之六日七分也六
日者每卦六爻也
宮度　斗建日躔節氣方伯卦氣　候　律　風
子（元枵）自癸丑　牽牛冬至坎初六公中孚　蚯蚓結　黃鍾廣漠
女八度歷　初　十一月中　辟復　麋角解　風
虛十度至　婺女小寒　九二侯屯　雁北鄉
危十　八　十二月節　大夫謙　鵲始巢
侯屯　水泉動
卿睽　野雞始

图 1－1　卦气表图
(蒋湘南《卦气表》)

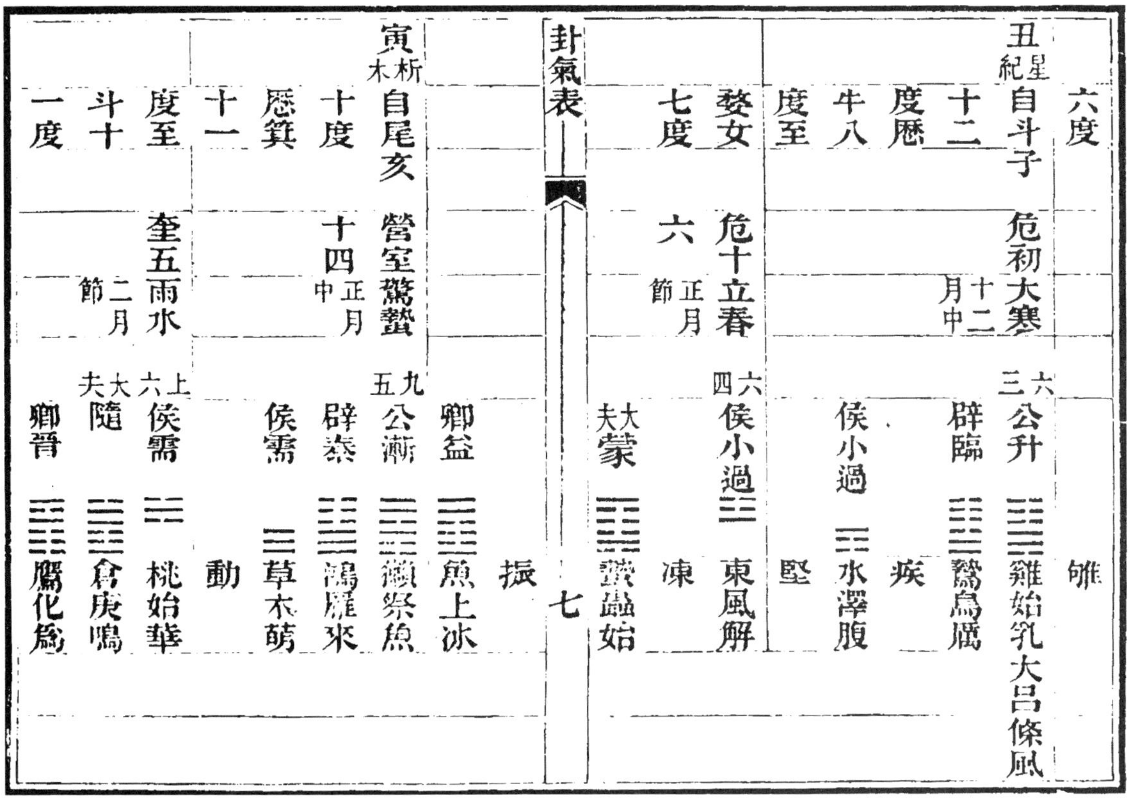

六度　雊
丑星紀自斗子　危初大寒　六三公升　雞始乳大呂條風
十二　十二月中　辟臨　鷙鳥厲
度歷　疾
牛八　侯小過　水澤腹
度至　堅
婺女　危十立春　六四侯小過　東風解
七度　六　正月節　凍
大夫蒙　蟄蟲始
卦氣表　七
振
卿益　魚上冰
寅析木自尾亥　營室驚蟄　九五公漸　獺祭魚
十度　十四　正月中　辟泰　鴻雁來
歷箕　侯需　草木萌
十一　動
度至　奎五雨水　上六侯需　桃始華
斗十　二月節　大夫隨　倉庚鳴
一度　卿晉　鷹化爲

图 1－2　卦气表图

（蒋湘南《卦气表》）

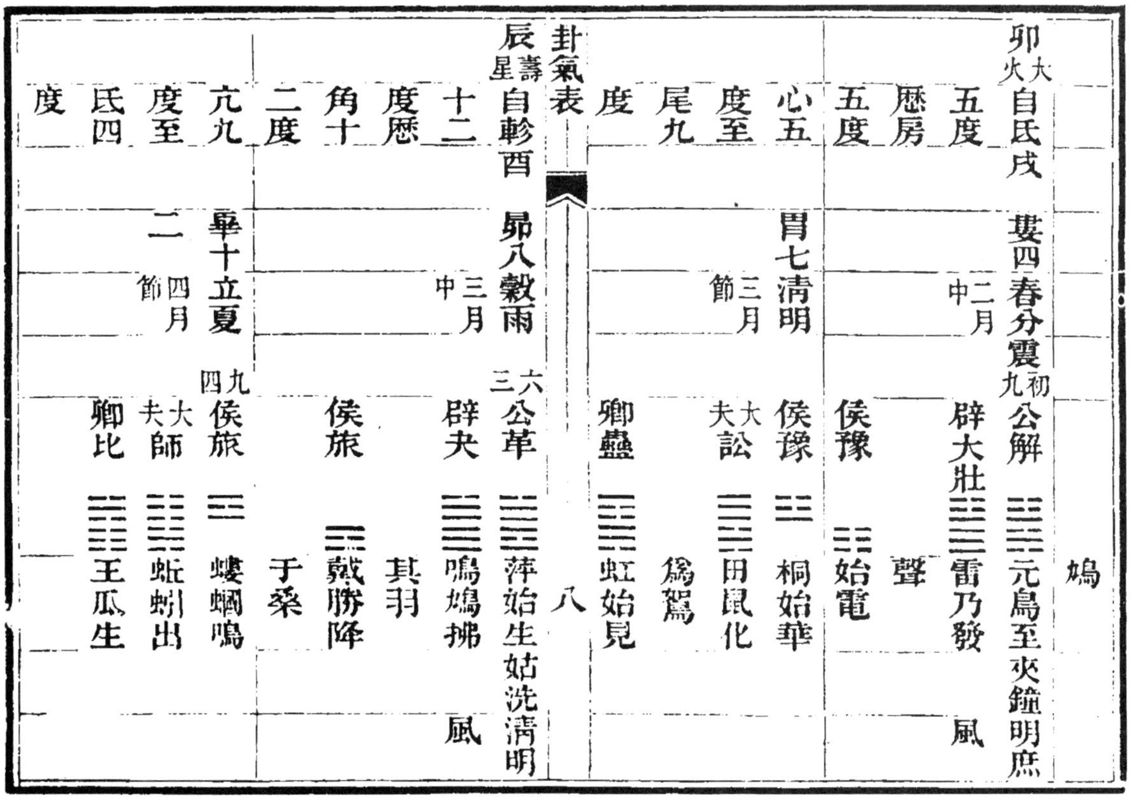

鴂
卯大火自氐戌　婁四春分震　初九公解　元鳥至夾鐘明庶
五度　二月中　辟大壯　雷乃發　風
歷房　聲
五度　侯豫　始電
心五　胃七清明　侯豫　桐始華
度至　三月節　大夫訟　田鼠化
尾九　爲鴽
度　卿蠱　虹始見
卦氣表　八
辰壽星自軫酉　昴八穀雨　六三公革　萍始生姑洗清明
十二　三月中　辟夬　鳴鳩拂　風
度歷　其羽
角十　侯旅　戴勝降
二度　于桑
亢九　畢十立夏　九四侯旅　螻蟈鳴
度至　二　四月節　大夫師　蚯蚓出
氐四　卿比　王瓜生
度

图 1－3　卦气表图

（蒋湘南《卦气表》）

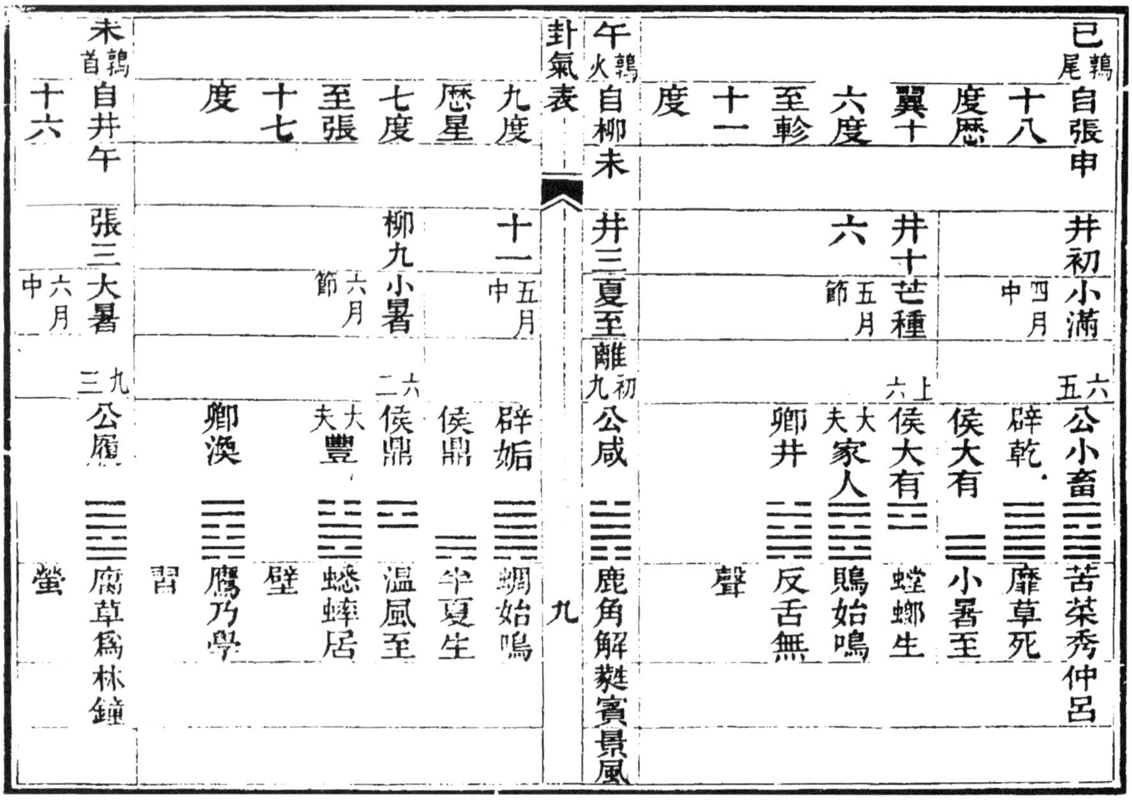
巳 鶉尾 自張申 十八度歷翼十六度至軫十一度
井初 小滿 四月中 六五 公小畜 苦菜秀 仲呂
辟乾 靡草死
侯大有 小暑至
井十六 芒種 五月節 上六 侯大有 螳螂生
大夫家人 鵙始鳴
卿井 反舌無聲
午 鶉火 自柳未 井三 夏至 離初九 公咸 鹿角解 蕤賓 景風
卦氣表 九
九度歷星七度至張十七度
十一 五月中 辟姤 蜩始鳴
侯鼎 半夏生
柳九 小暑 六月節 六二 侯鼎 溫風至
大夫豐 蟋蟀居壁
卿渙 鷹乃學習
未 鶉首 自井午 十六
張三 大暑 六月中 九三 公履 腐草為螢 林鐘

图 1－4　卦气表图

（蒋湘南《卦气表》）

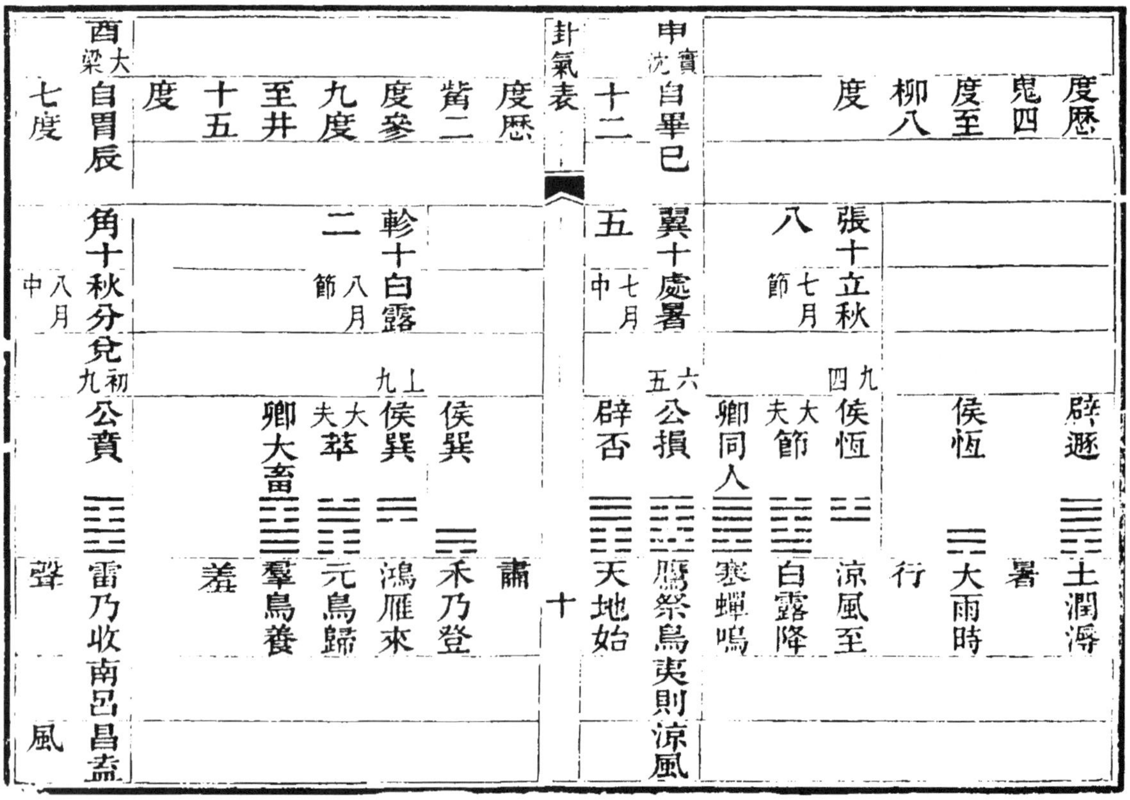
度歷鬼四度至柳八度
辟遯 土潤溽暑
侯恆 大雨時行
張十八 立秋 七月節 九四 侯恆 涼風至
大夫節 白露降
卿同人 寒蟬鳴
申 實沈 自畢巳 十二
翼十五 處暑 七月中 六五 公損 鷹祭鳥 夷則 涼風
辟否 天地始肅
卦氣表 十
度歷觜二度參九度至井十五度
侯巽 禾乃登
軫十二 白露 八月節 上九 侯巽 鴻雁來
大夫萃 元鳥歸
卿大畜 羣鳥養羞
酉 大梁 自胃辰 七度
角十 秋分 八月中 兌初九 公賁 雷乃收聲 南呂 昌盍風

图 1－5　卦气表图

（蒋湘南《卦气表》）

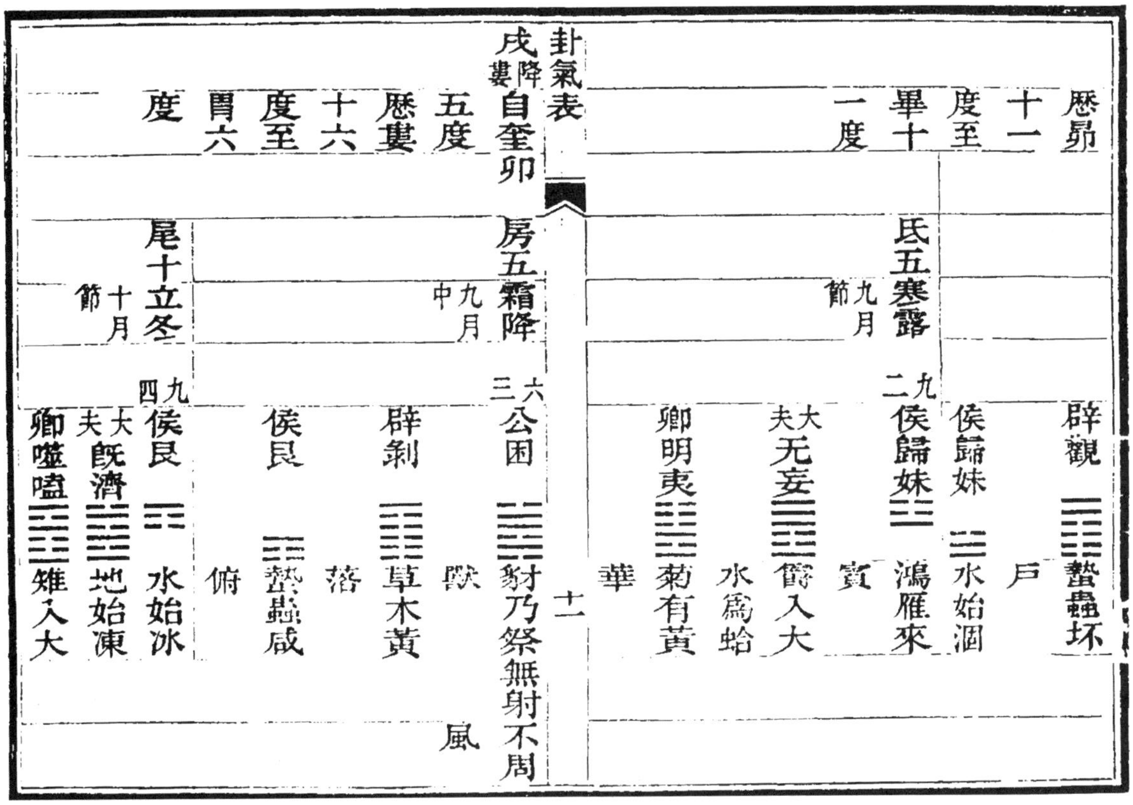

图 1－6　卦气表图

（蒋湘南《卦气表》）

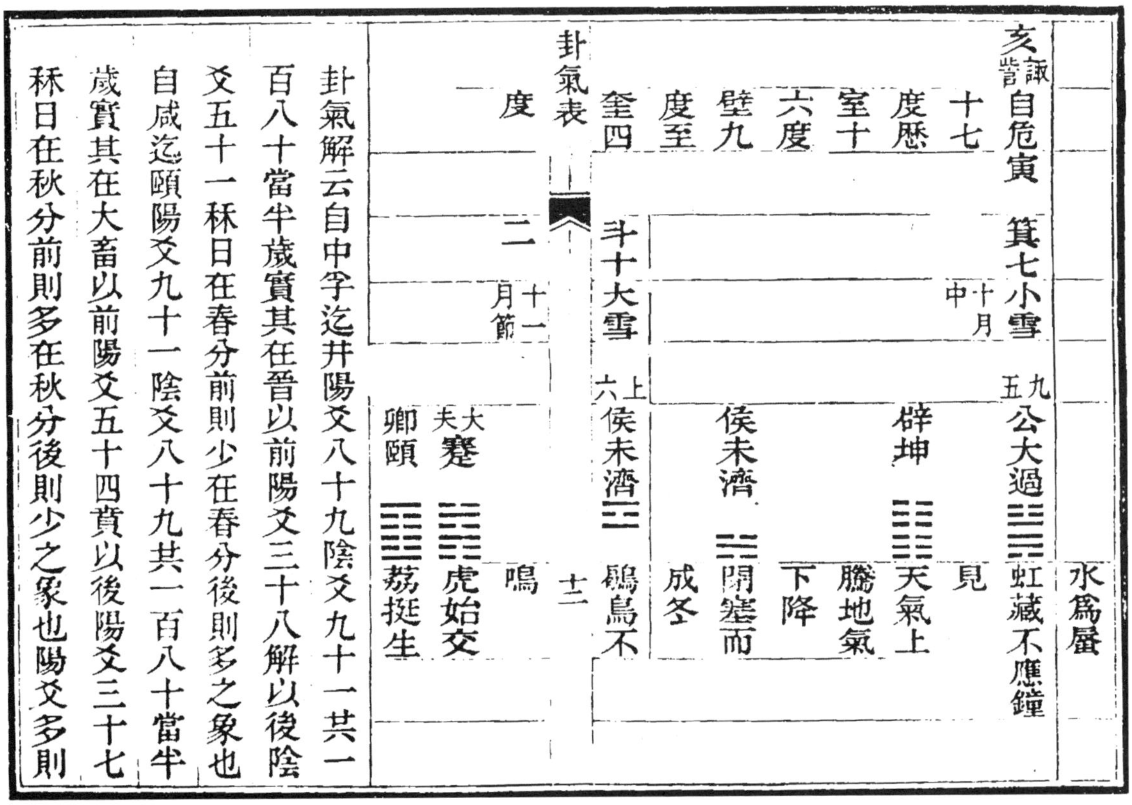

图 1－7　卦气表图

（蒋湘南《卦气表》）

陈克绪

生卒年不详，字易庵，清河北文安人。嘉庆十二年(1807)副榜，平生喜读《周易》，手不释卷。著有《读易录》十八卷。现存有《周易》图像十一幅。

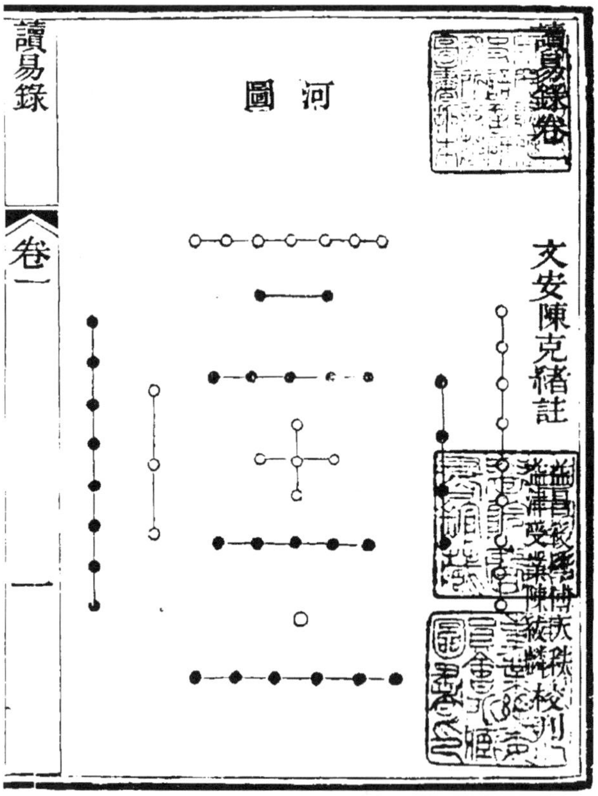

图1　河图
(陈克绪《读易录》)

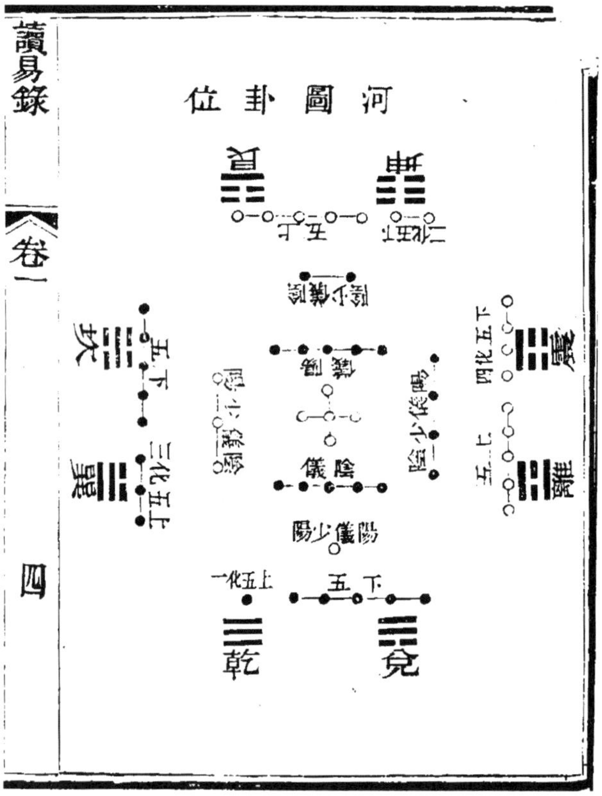

图2　河图卦位图
(陈克绪《读易录》)

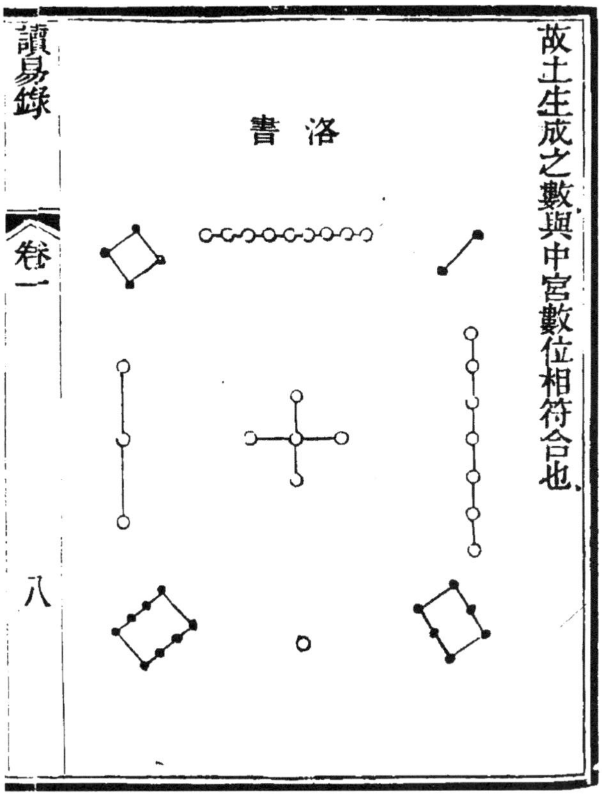

图3　洛书
（陈克绪《读易录》）

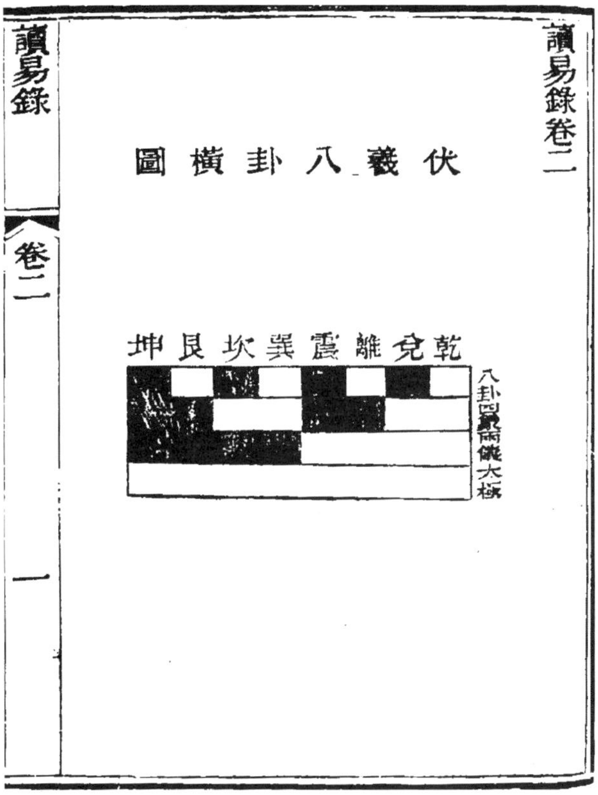

图4　伏羲八卦横图
（陈克绪《读易录》）

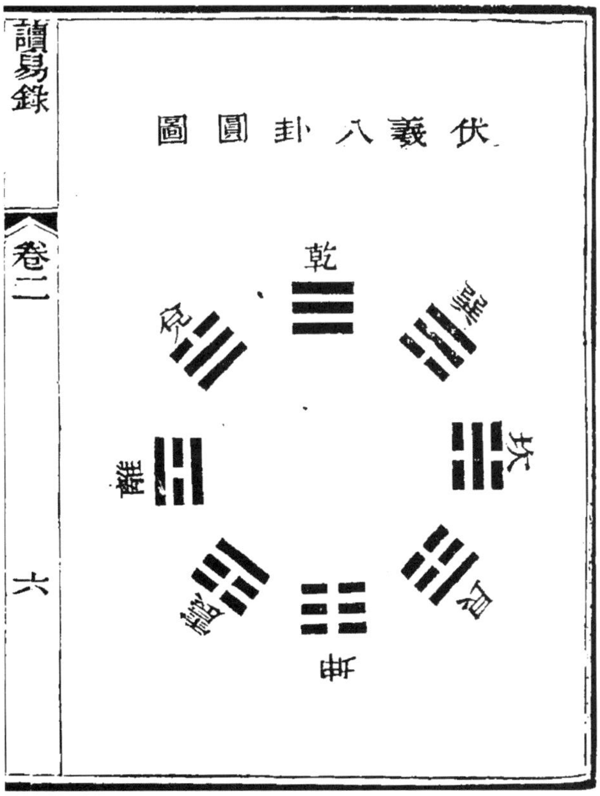

图5　伏羲八卦圆图
（陈克绪《读易录》）

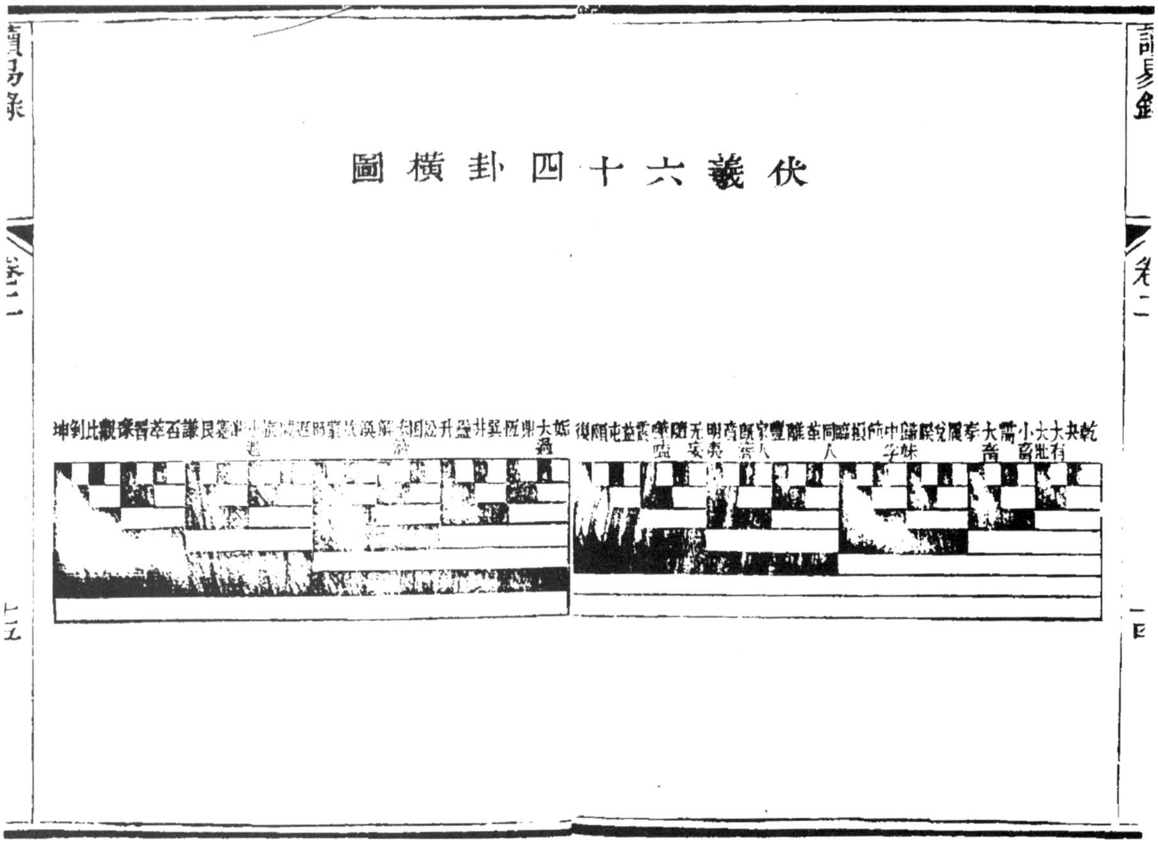

图 6　伏羲六十四卦横图
（陈克绪《读易录》）

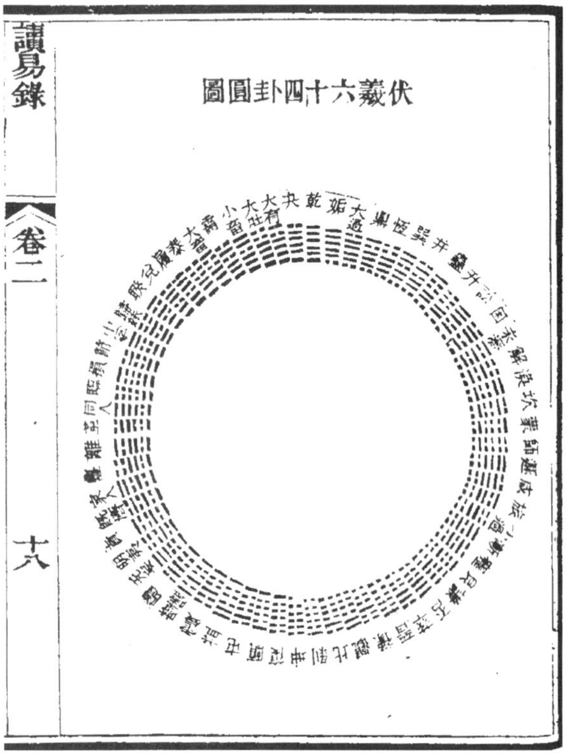

图 7　伏羲六十四卦圆图
（陈克绪《读易录》）

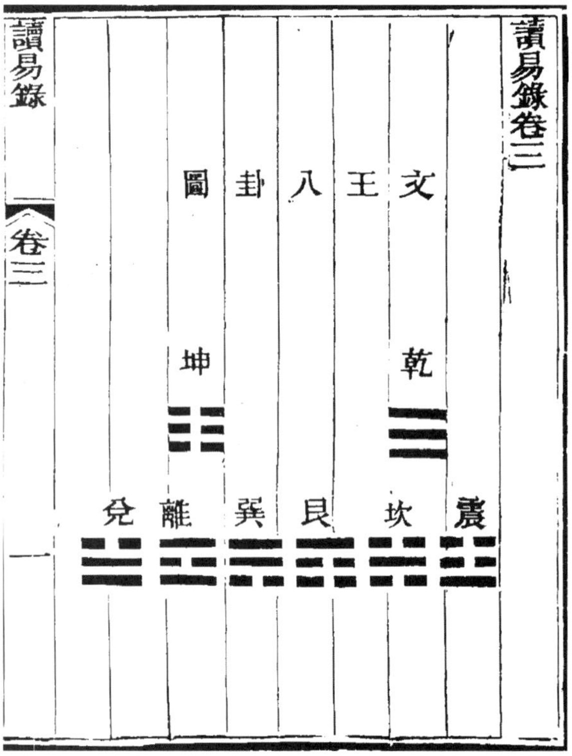

图 8　文王八卦图
（陈克绪《读易录》）

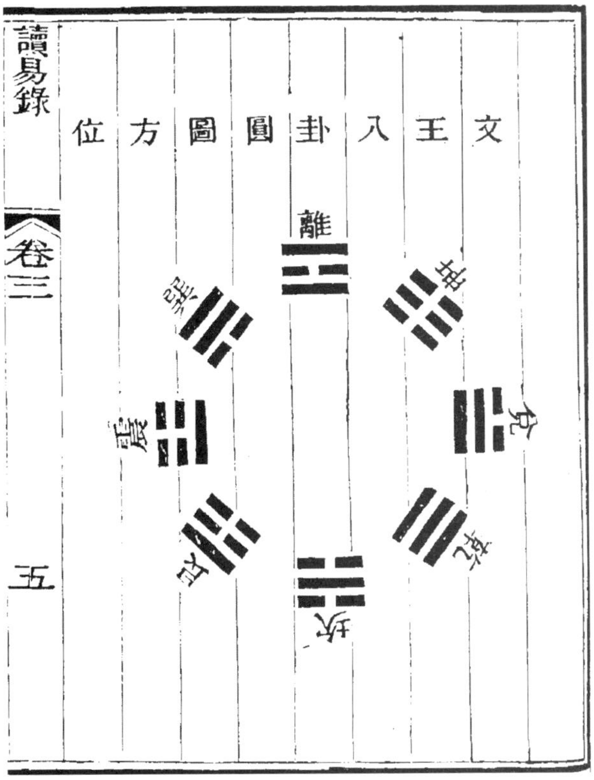

图 9　文王八卦圆图方位图

（陈克绪《读易录》）

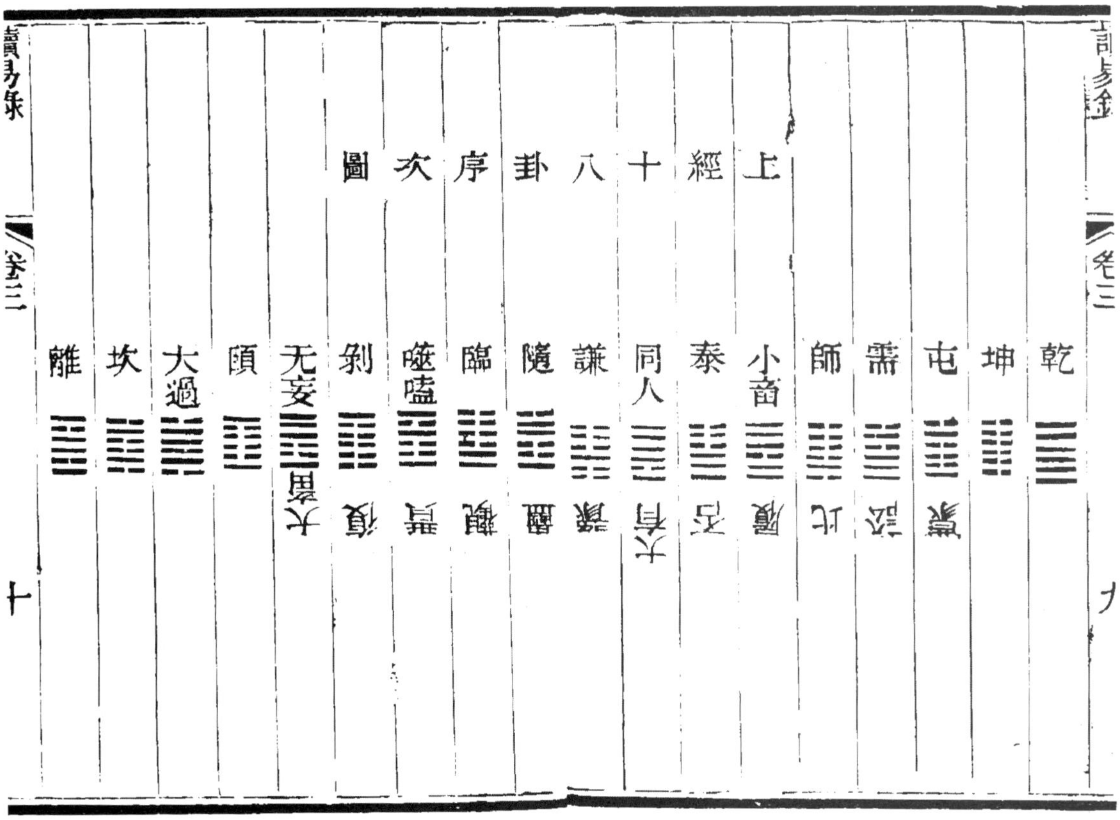

图 10　上经十八卦序次图

（陈克绪《读易录》）

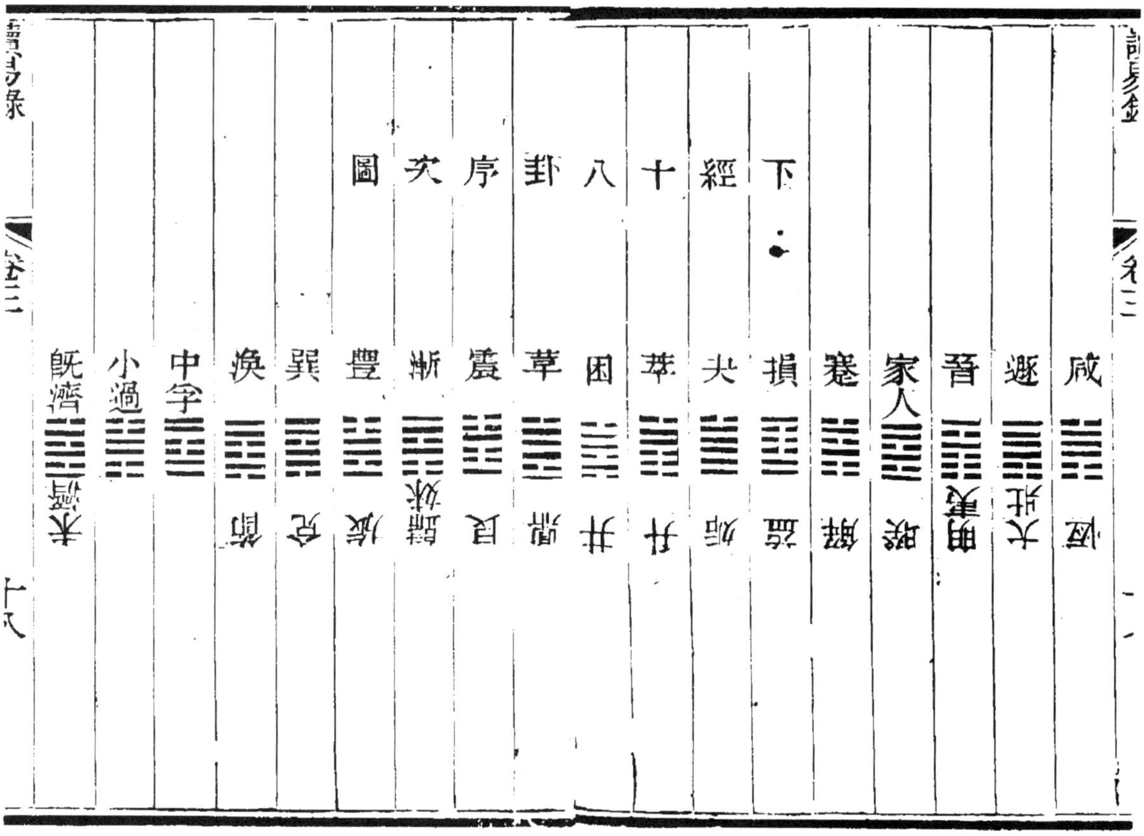
讀易錄 卷二
下經十八卦序次圖
咸 恆
遯 大壯
晉 明夷
家人 睽
蹇 解
損 益
夬 姤
萃 升
困 井
革 鼎
震 艮
漸 歸妹
豐 旅
巽 兌
渙 節
中孚
小過
既濟 未濟
讀易錄 卷二 十八

图 11 下经十八卦序次图

（陈克绪《读易录》）

王甗

生卒年不详，字瑶舟，清江苏阳湖（今江苏常州）人。嘉庆时诸生。终身不仕，治经学不依传注，著书以纂辑前人之说为主。著有《周易古本义》《周易纂象》《周易图賸》《周易辨占》《周易核字》（以上合称《学易五种》十四卷）《春秋王氏义》《梨云阁杂文》等。现存有《周易》图像二幅。

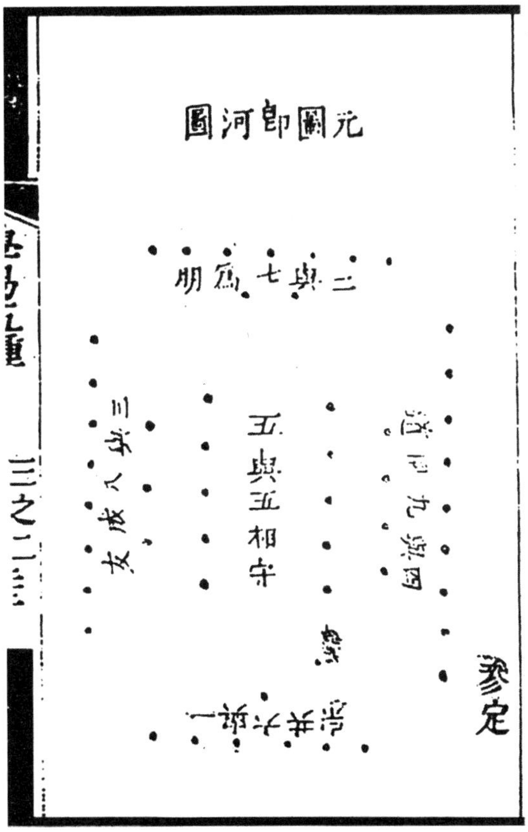

图 1　玄图即河图图

（王甗《学易五种》）

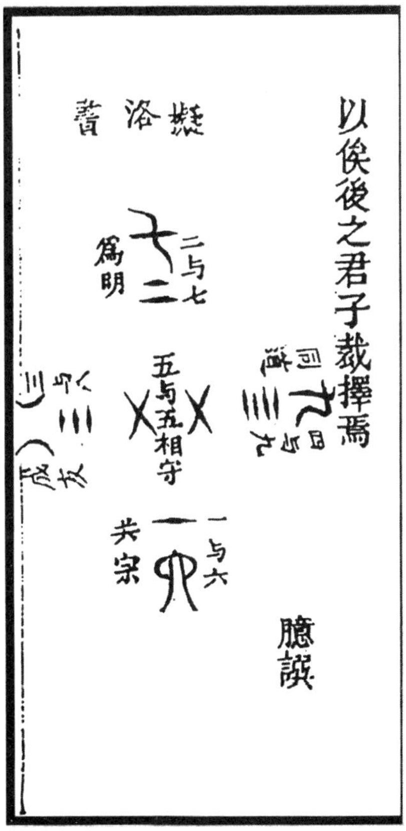

图 2　拟洛书图

（王甗《学易五种》）

任兆麟

生卒年不详，原名廷镂，字文田，一字心斋，清江苏震泽（今江苏吴江）人。嘉庆元年（1796）举孝廉方正。著有《有竹居集》十三卷、《述记》四卷、《毛诗通说》二十卷、《春秋本义》十二卷等。现存有《周易》图像一幅。

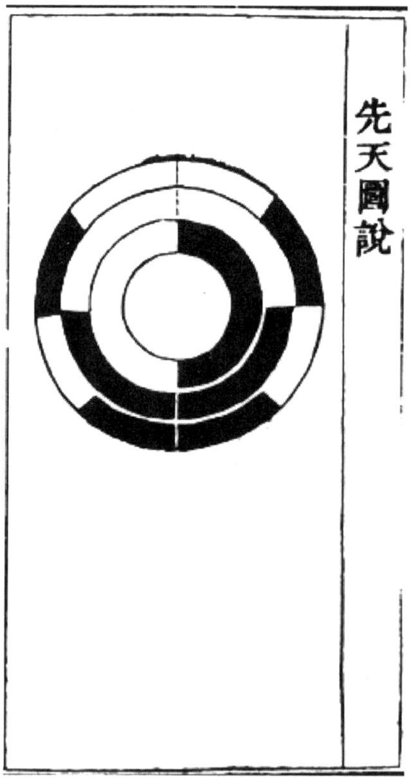

图1　先天图

（任兆麟《有竹居集》）

秦嘉泽

生卒年不详，字凤五，清四川合州（今重庆合川）人。著有《易学管窥》六卷。现存有《周易》图像十幅。

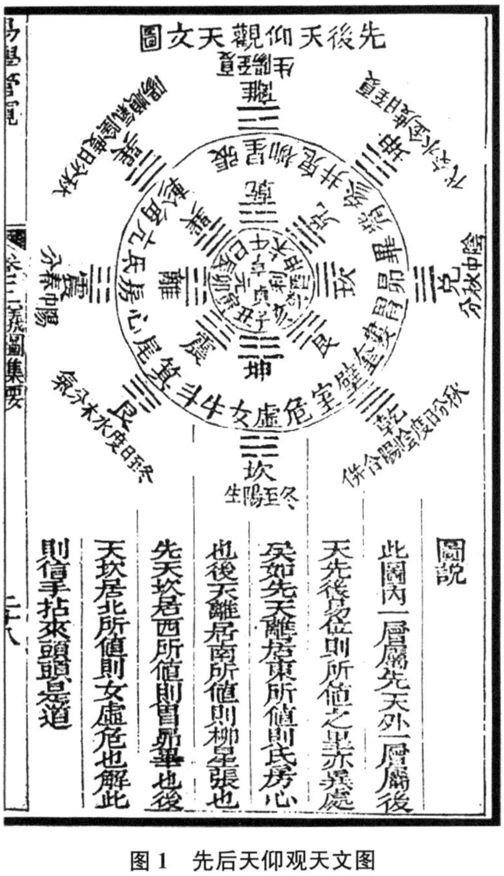

图 1　先后天仰观天文图
（秦嘉泽《易学管窥》）

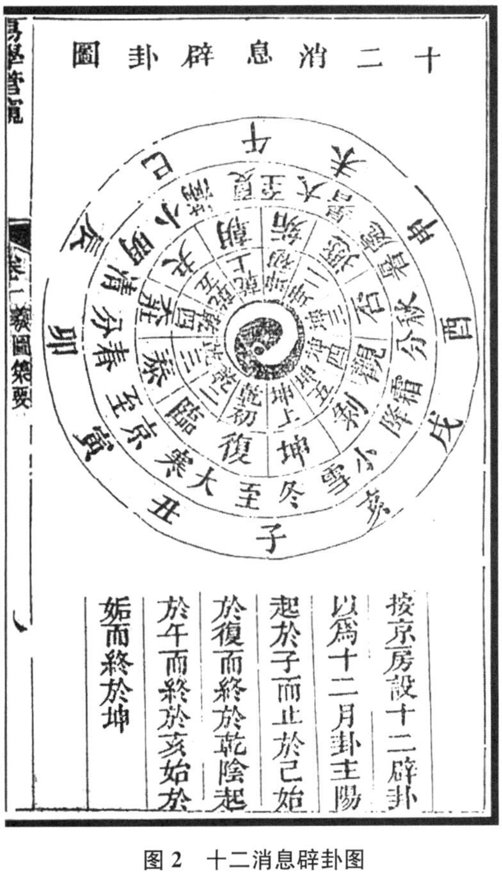

图 2　十二消息辟卦图
（秦嘉泽《易学管窥》）

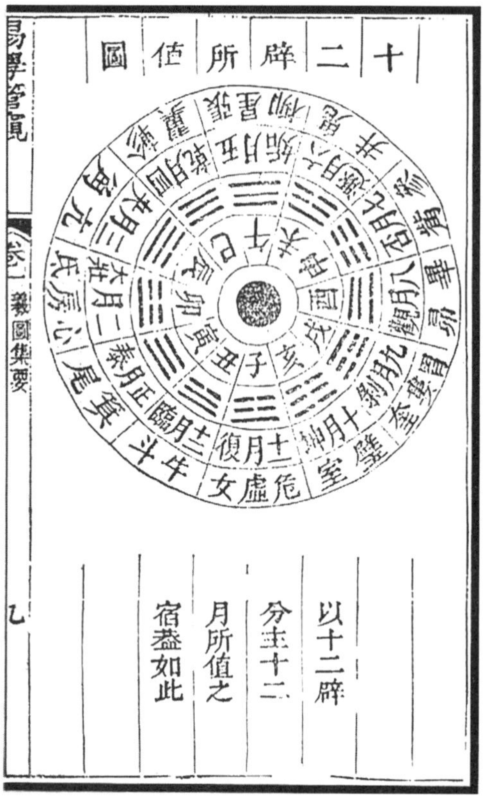

图 3　十二辟所值图

（秦嘉泽《易学管窥》）

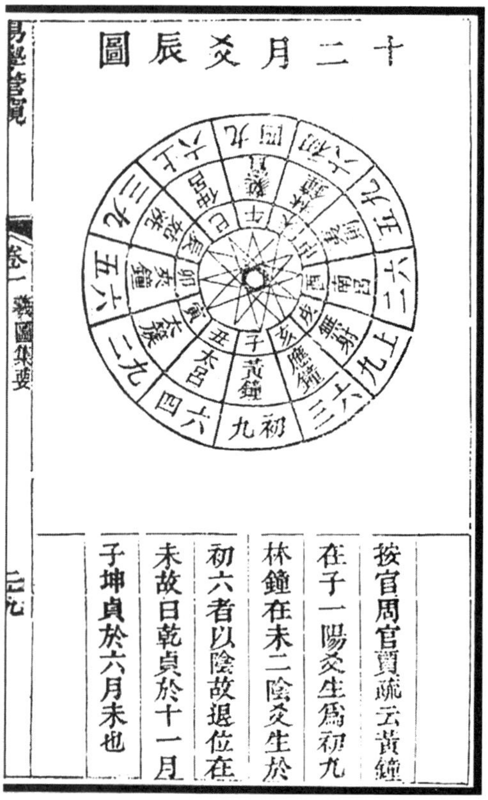

图 4　十二月爻辰图

（秦嘉泽《易学管窥》）

图 5　心易发微伏羲太极之图

（秦嘉泽《易学管窥》）

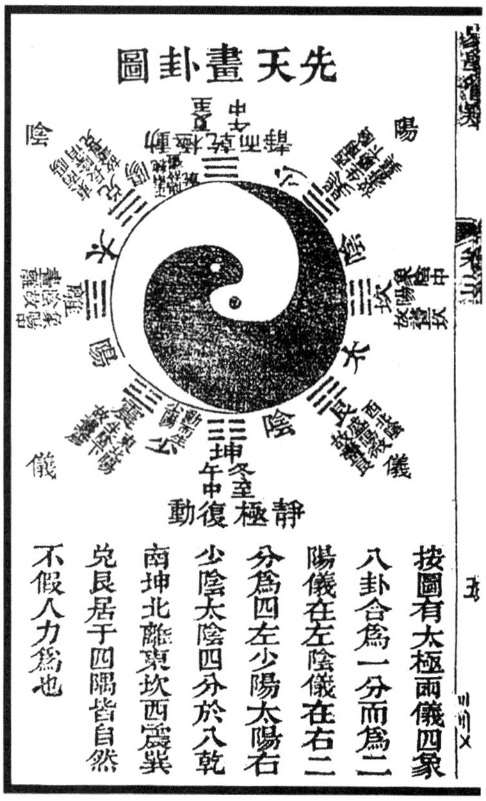

图 6　先天画卦图

（秦嘉泽《易学管窥》）

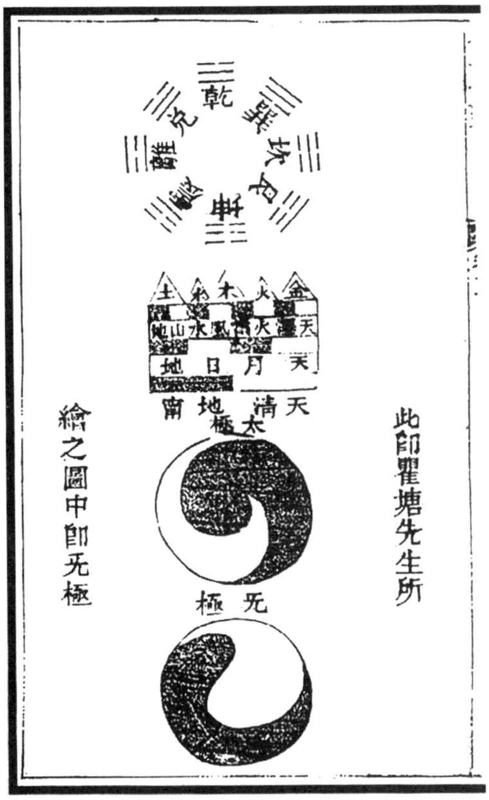

图 7　无极太极八卦图
（秦嘉泽《易学管窥》）

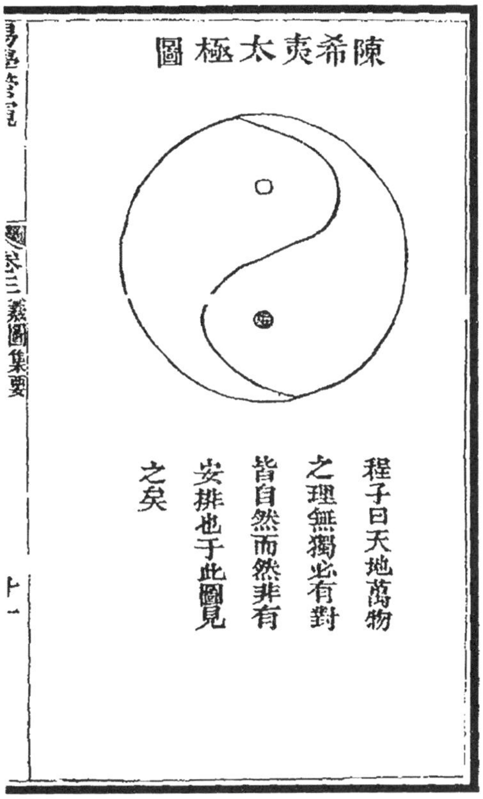

图 8　陈希夷太极图
（秦嘉泽《易学管窥》）

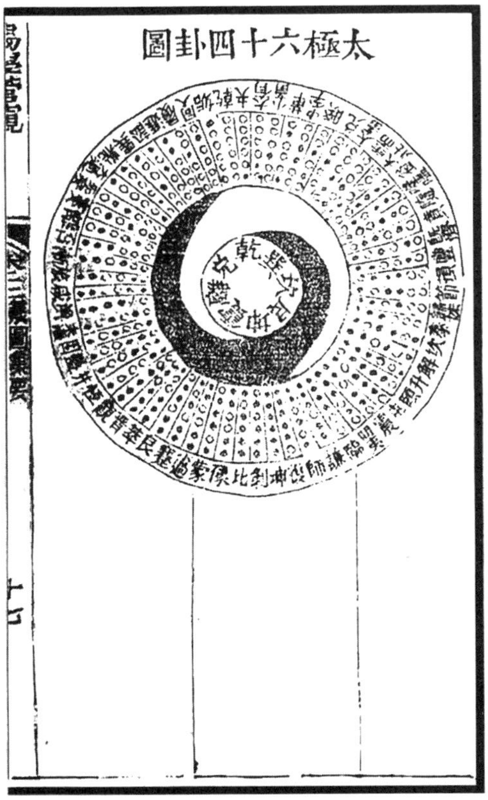

图 9　太极六十四卦图
（秦嘉泽《易学管窥》）

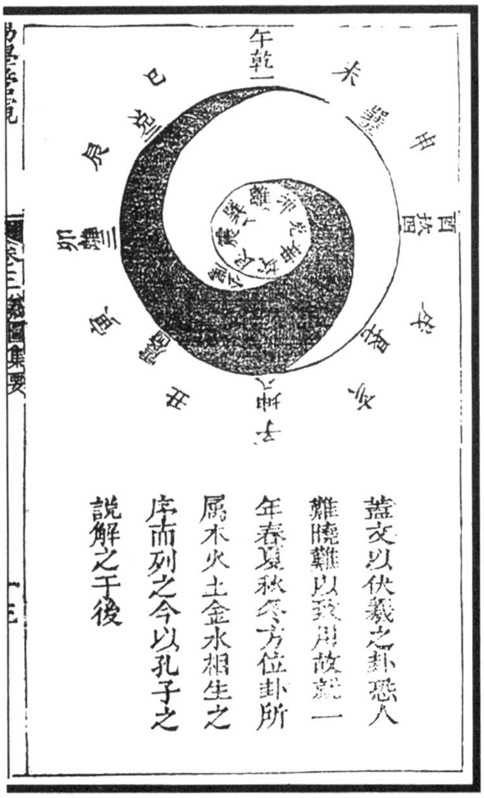

图 10　来氏太极八卦图
（秦嘉泽《易学管窥》）

戴棠(1804—1865)

字召亭,号芨庵,清江苏丹徒(今江苏镇江)人。著有《郑玄爻辰补》六卷。现存有《周易》图像三幅。

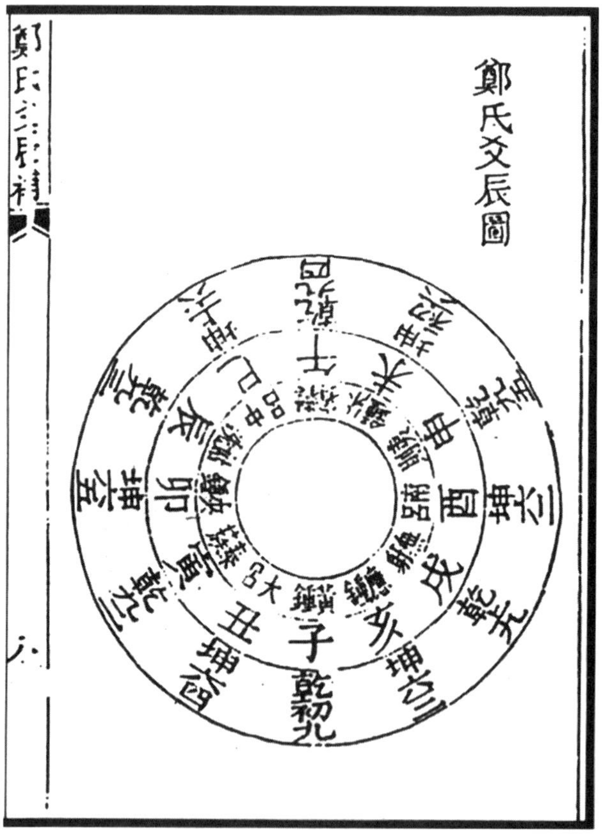

图1 郑氏爻辰图
(戴棠《郑玄爻辰补》)

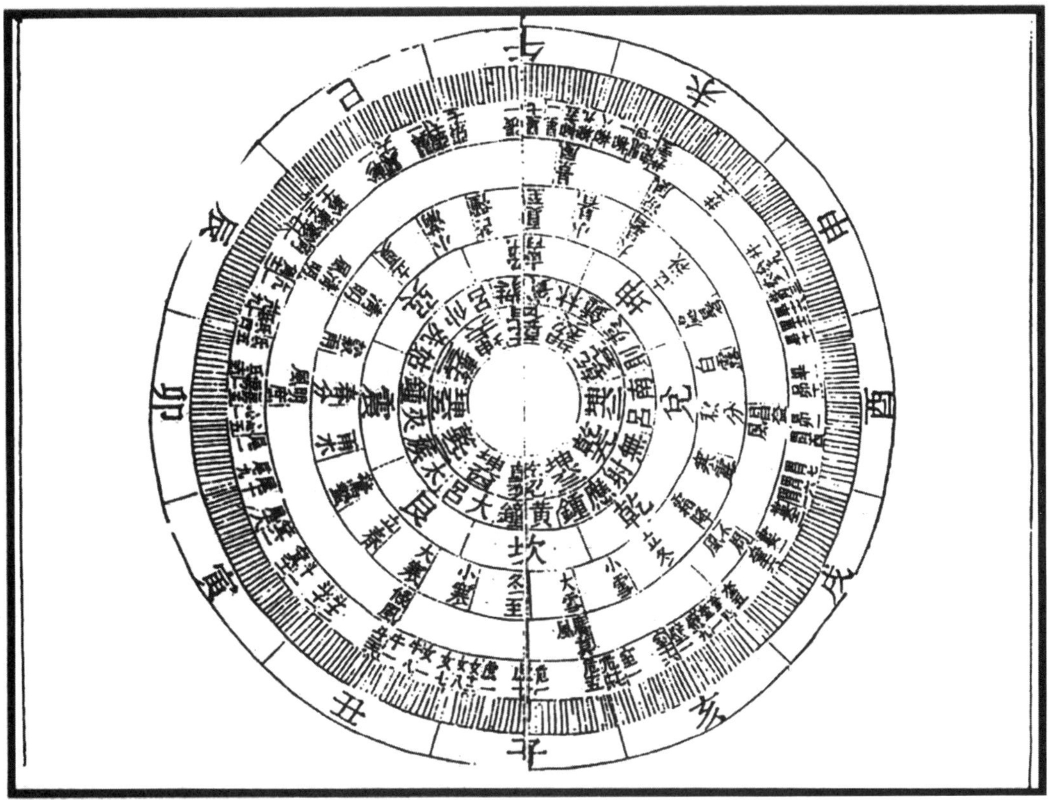

图 2　郑氏爻辰详图

（戴棠《郑玄爻辰补》）

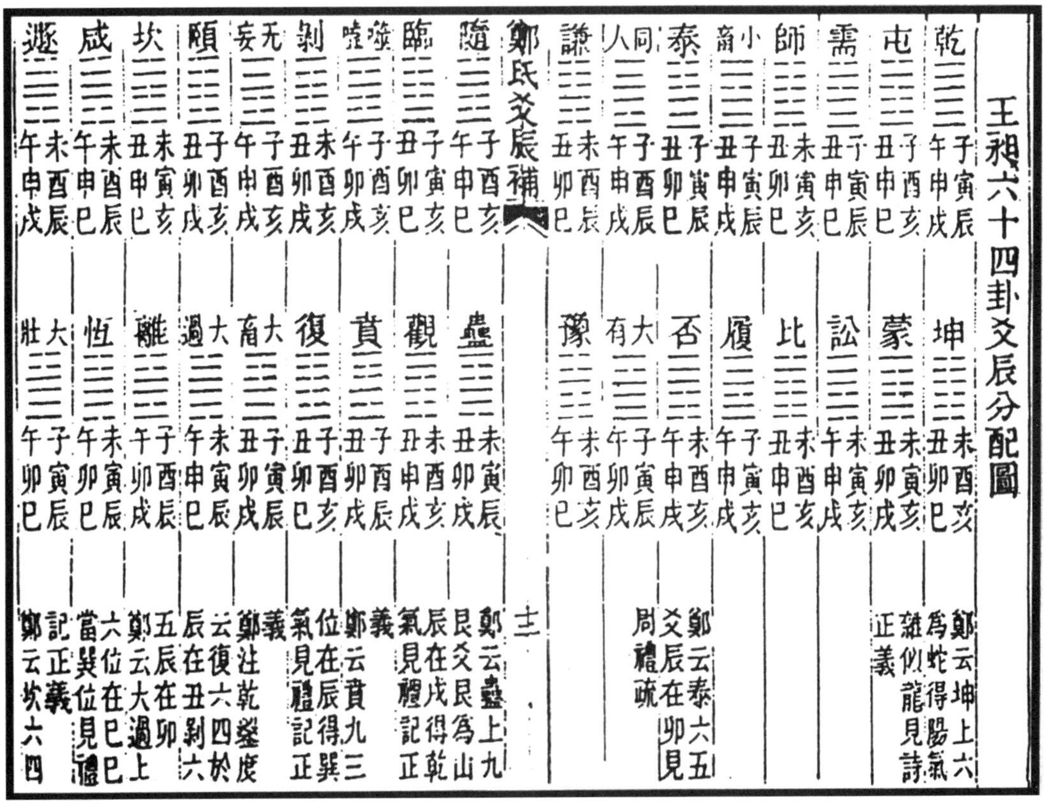

图 3－1　王衵六十四卦爻辰分配图

（戴棠《郑玄爻辰补》）

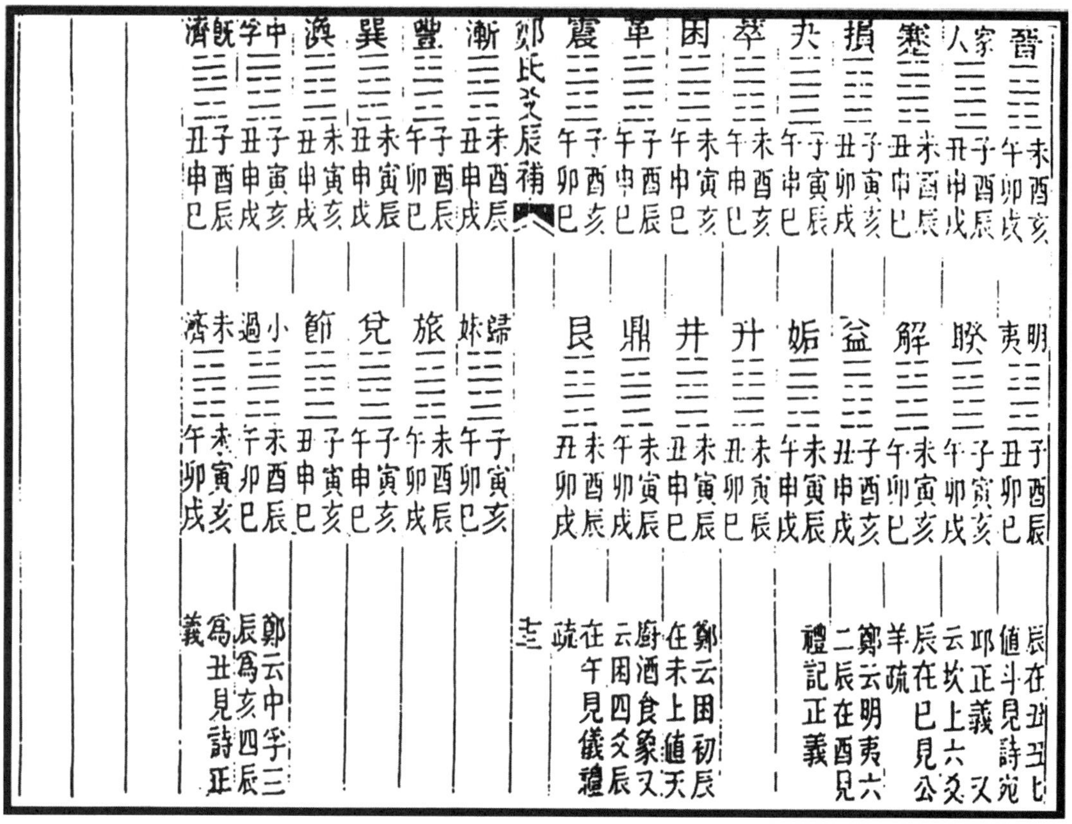

图 3－2　王袓六十四卦爻辰分配图

（戴棠《郑玄爻辰补》）

张鼎

生卒年不详，字守彝，清浙江海盐人。著有《易汉学举要》一卷、《易汉学订谈》一卷、《春晖楼读左日记》一卷、《春秋列国战守形势》一卷、《敬业编》一卷等。现存有《周易》图像一幅。

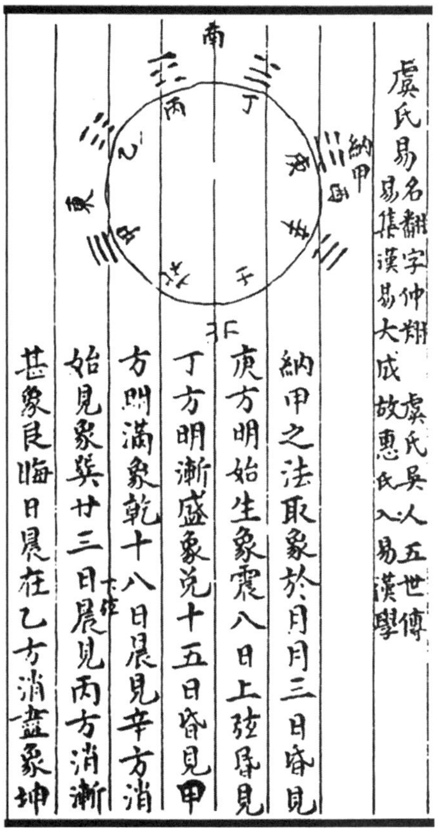

图 1　虞氏卦变图
（张鼎《易汉学举要》）

萧光远(1804—1885)

字吉堂,号鹿山,清贵州遵义人。道光五年(1825)举人,选青溪县教谕,未赴任。与莫友芝、郑珍等人结为挚友,主讲遵义湘川、育才、培英等书院。著有《周易属辞》十二卷、《易字便蒙》一卷、《周易属辞通例》五卷、《周易属辞通说》二卷等。现存有《周易》图像十八幅。

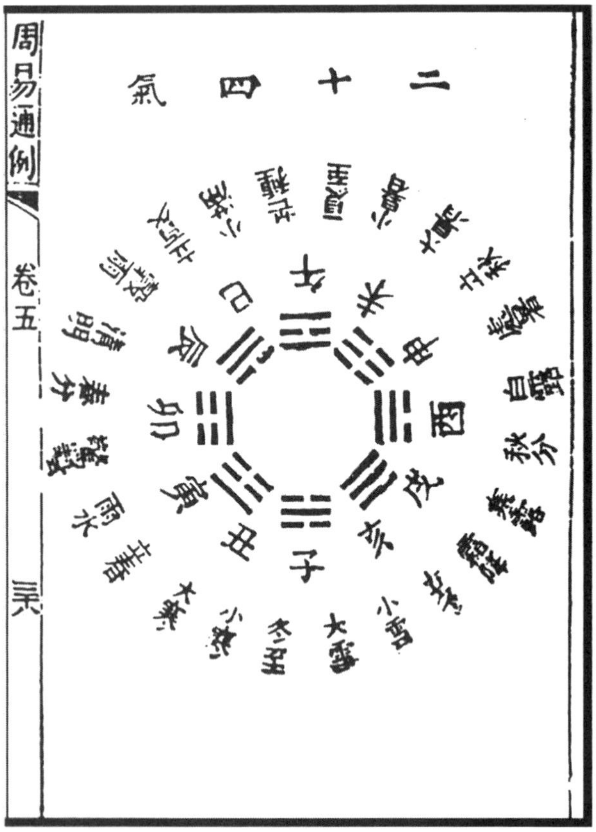

图1　二十四气图
(萧光远《周易通例》)

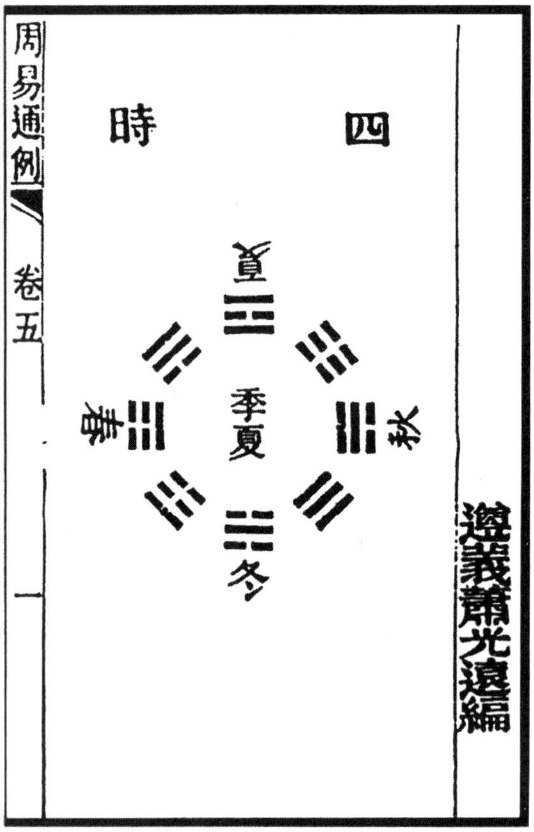

图2　四时图
(萧光远《周易通例》)

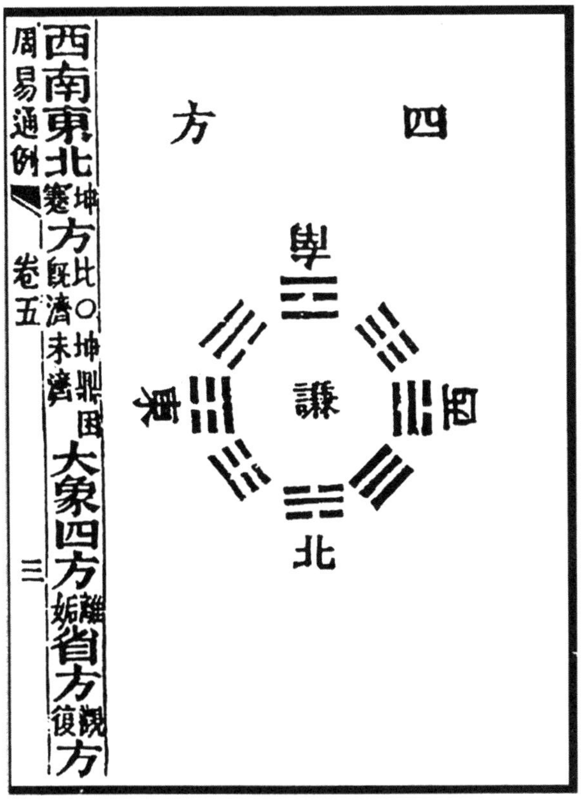

图 3　四方图
（萧光远《周易通例》）

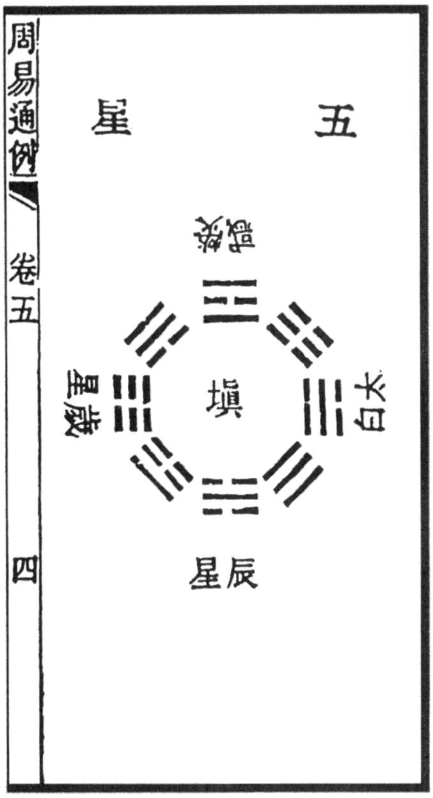

图 4　五星图
（萧光远《周易通例》）

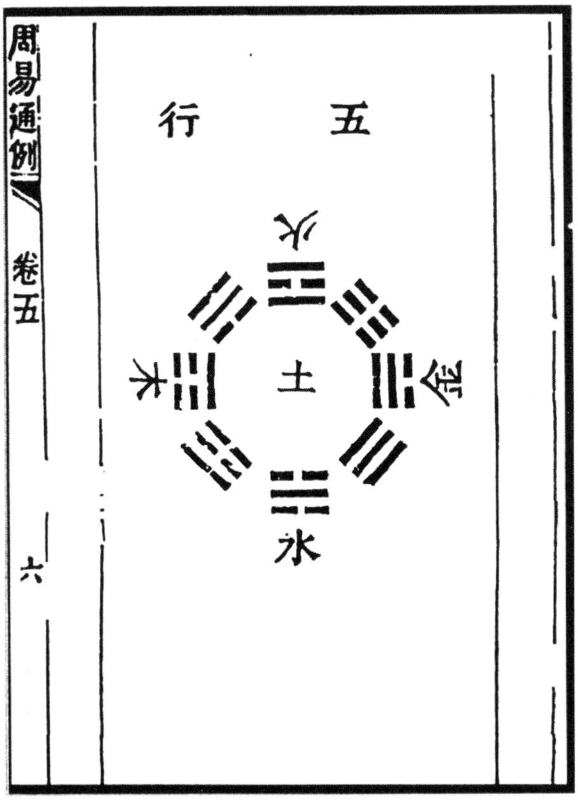

图 5　五行图
（萧光远《周易通例》）

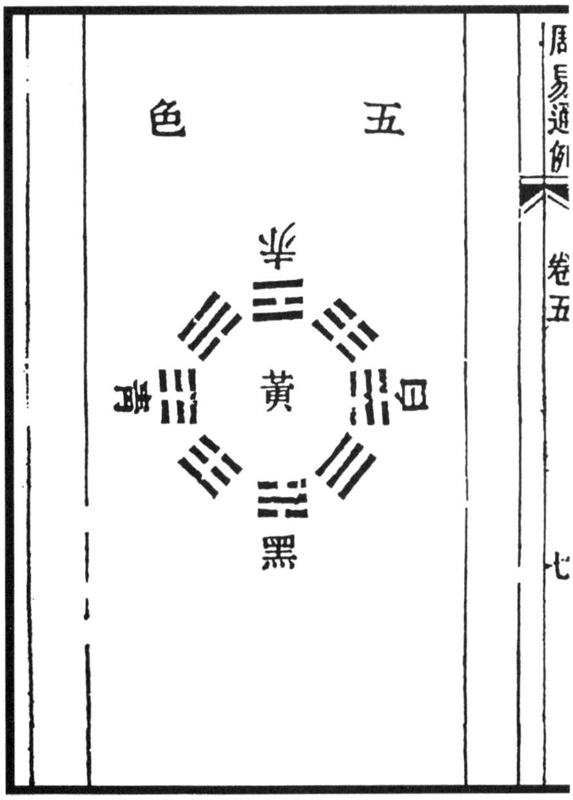

图 6　五色图
（萧光远《周易通例》）

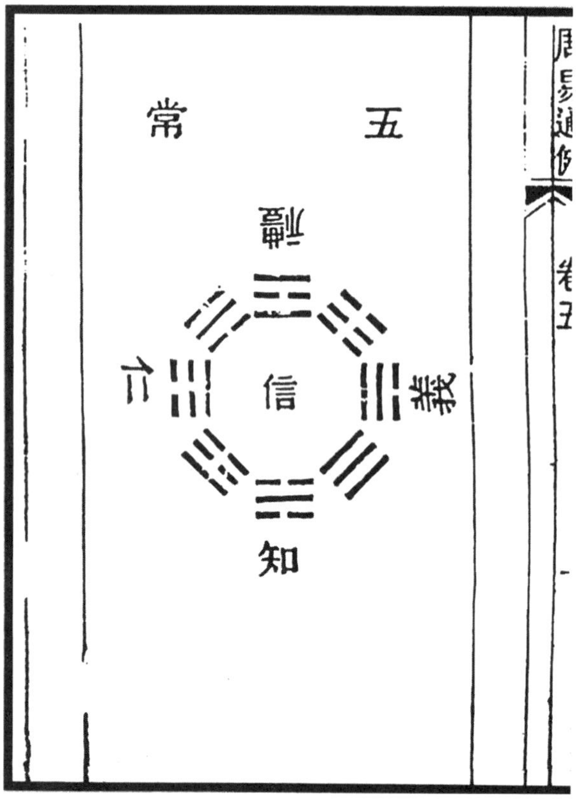

图 7　五常图
（萧光远《周易通例》）

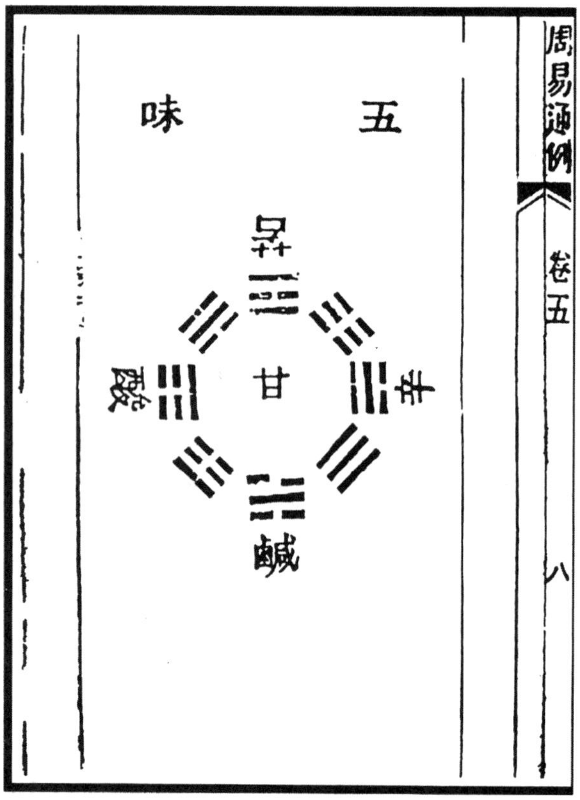

图 8　五味图
（萧光远《周易通例》）

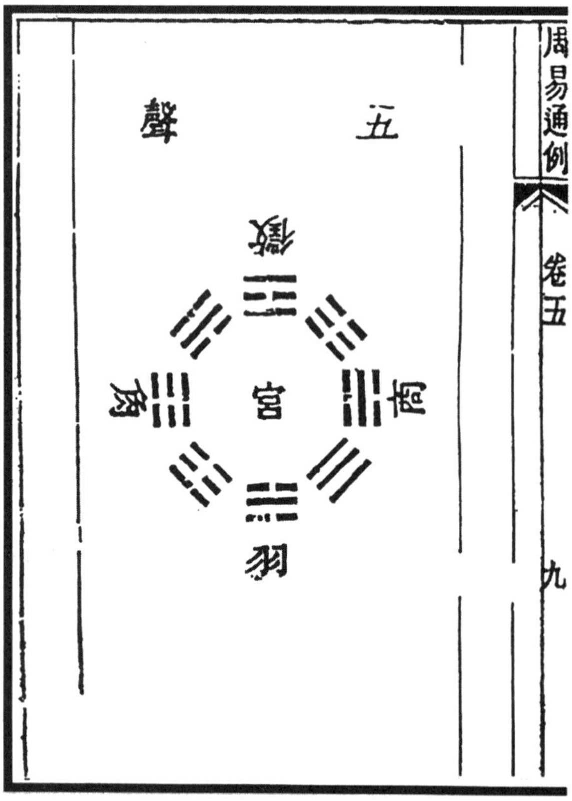

图 9　五声图
（萧光远《周易通例》）

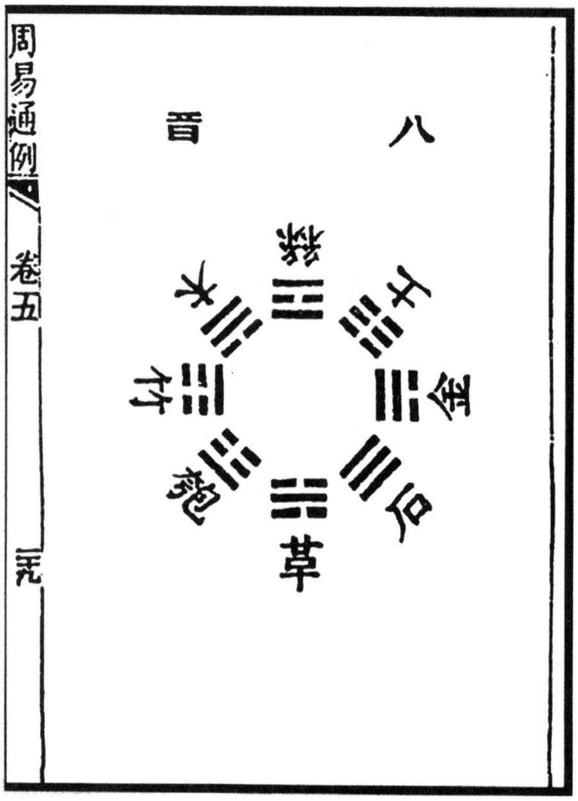

图 10　八音图
（萧光远《周易通例》）

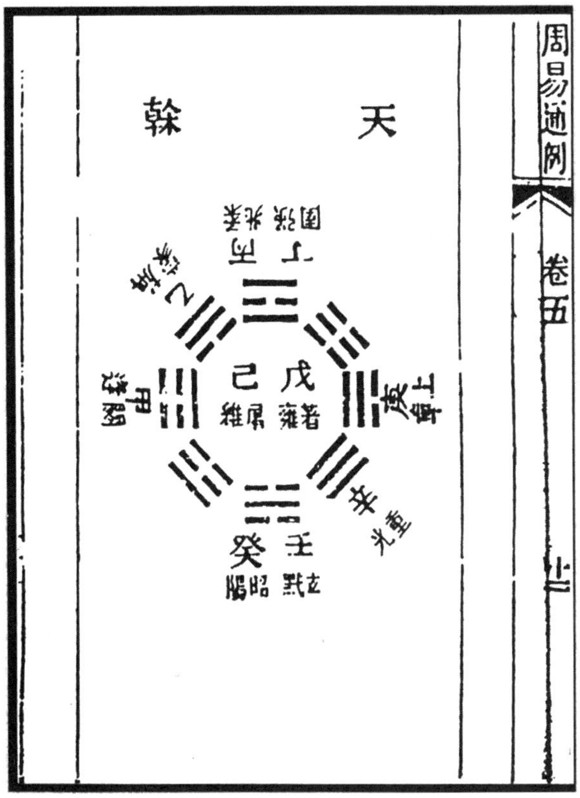

图 11　天干图
（萧光远《周易通例》）

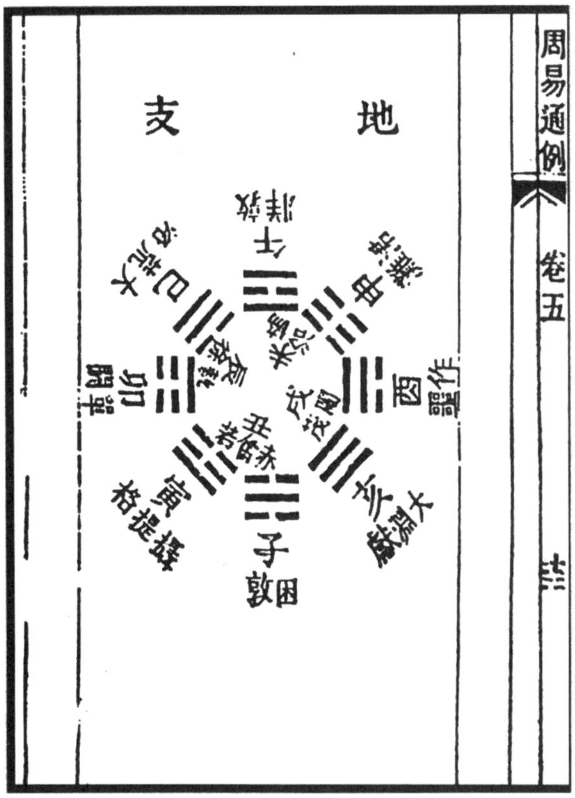

图 12　地支图
（萧光远《周易通例》）

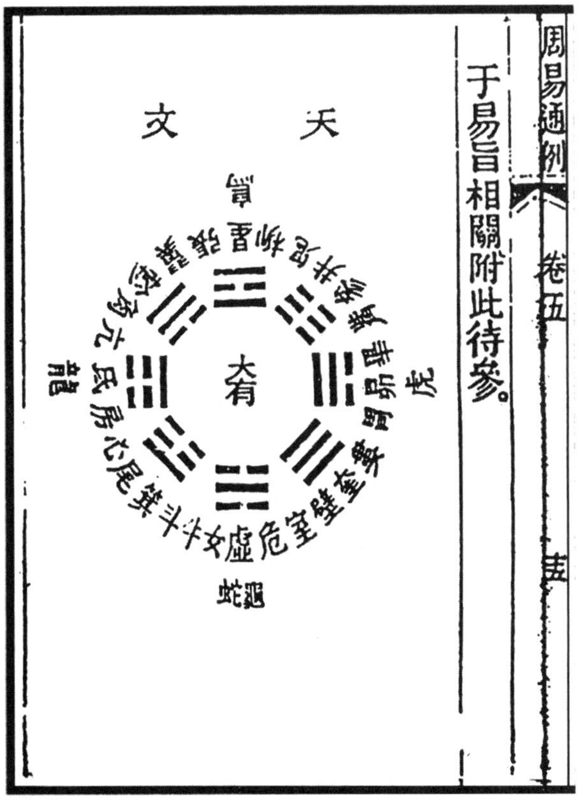

图 13　天文图
（萧光远《周易通例》）

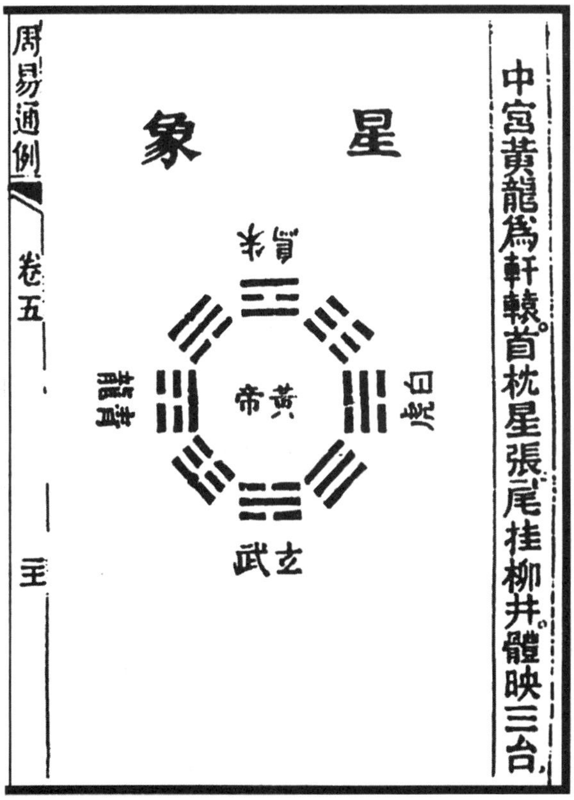

图 14　星象图
（萧光远《周易通例》）

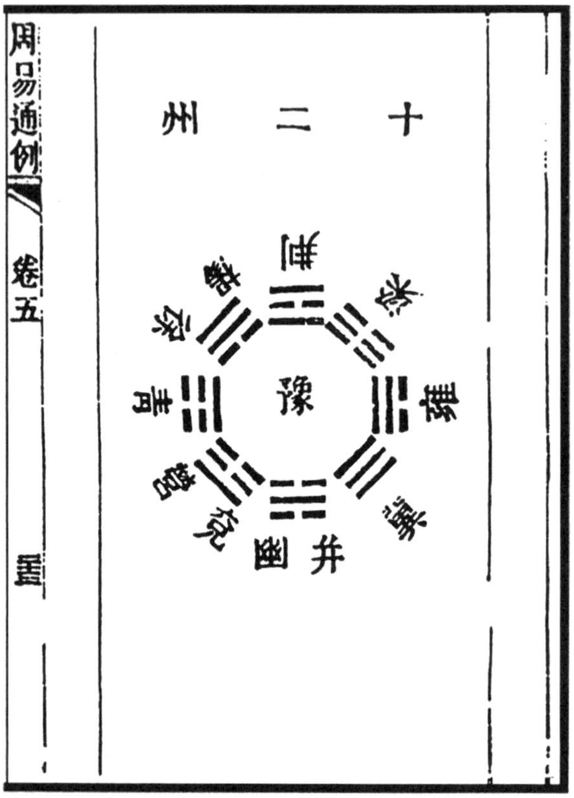

图 15　十二州图
（萧光远《周易通例》）

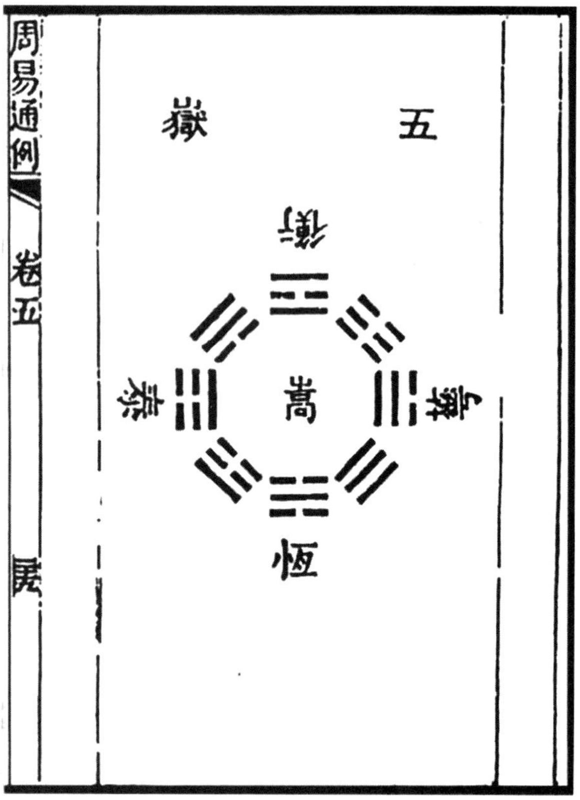

图 16　五岳图
（萧光远《周易通例》）

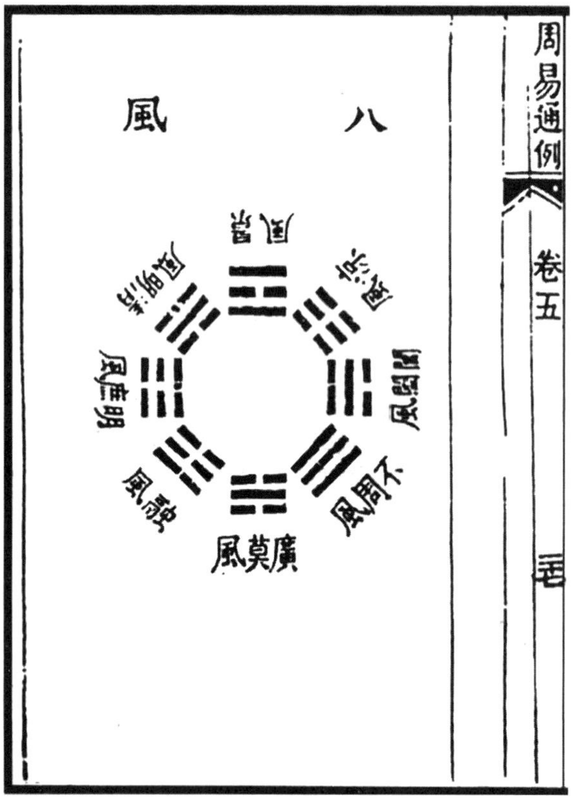

图 17　八风图
（萧光远《周易通例》）

图 18　十二辰图
（萧光远《周易通例》）

李佐贤(1807—1876)

字仲敏，号竹，清山东利津人。道光十五年(1835)进士，选为翰林院庶吉士。后为编修，历任文渊阁校理，国史馆总纂，福建汀州知府等职。著有《古泉汇》六十四卷。现存有《周易》图像一幅。

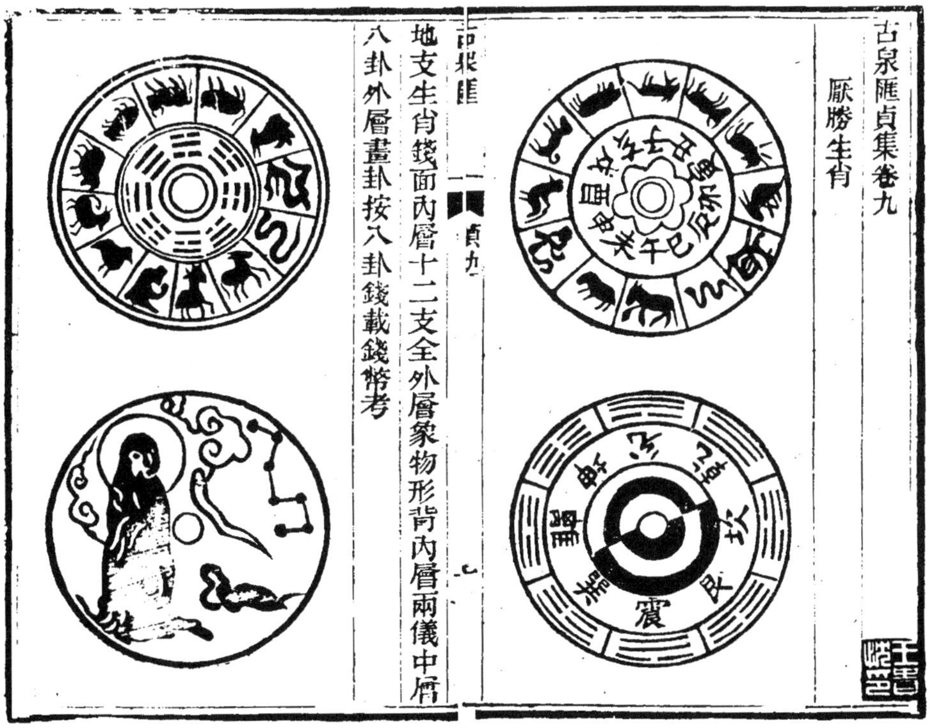
古泉滙貞集卷九
厭勝生肖
地支生肖錢面內層十二支全外層象物形背內層兩儀中層
八卦外層畫卦按八卦錢載

图 1-1　八卦生肖图
(李佐贤《古泉汇》)

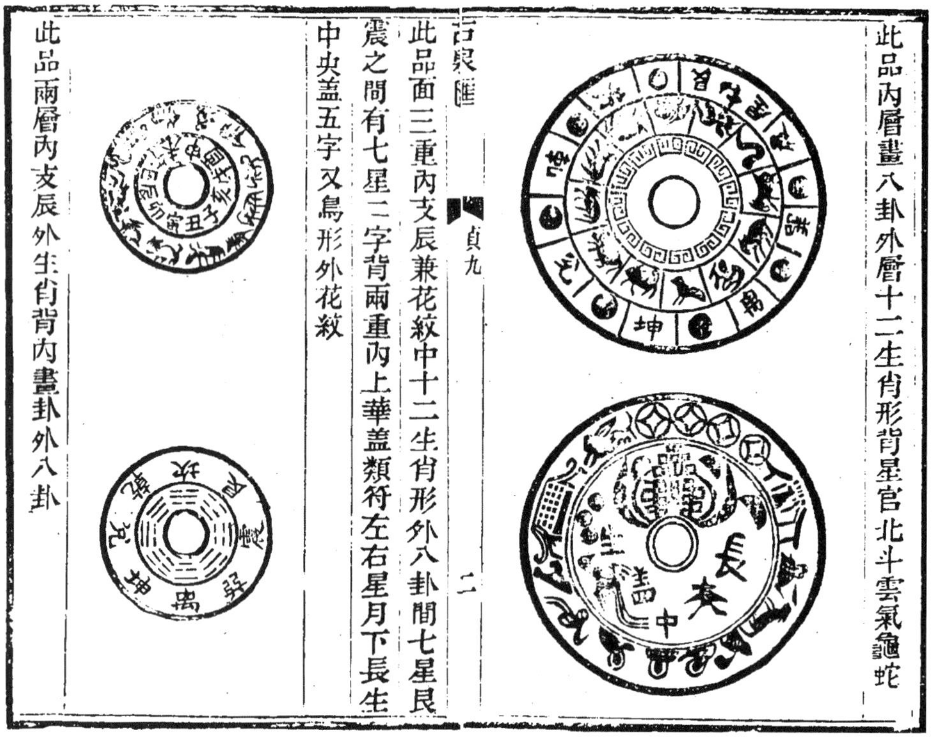
此品內層畫八卦外層十二生肖形背星宫北斗雲氣龜蛇
古泉匯
貞九
二
此品面三重內支辰兼花紋中十二生肖形外八卦間七星艮震之間有七星二字背兩重內上華盖類符左右星月下長生中央盖五字又鳥形外花紋
此品兩層內支辰外生肖背內畫卦外八卦

图1-2　八卦生肖图

（李佐贤《古泉汇》）

陈寿熊(1812—1860)

字献青，一字子松，清江苏吴江人。诸生。精于《易》，工诗文。著有《陈氏易说》四卷、《周易集义》、《读易汉学私记》一卷、《周易正义举正》、《周易本义笺》、《静远堂文集》一卷等。现存有《周易》图像一幅。

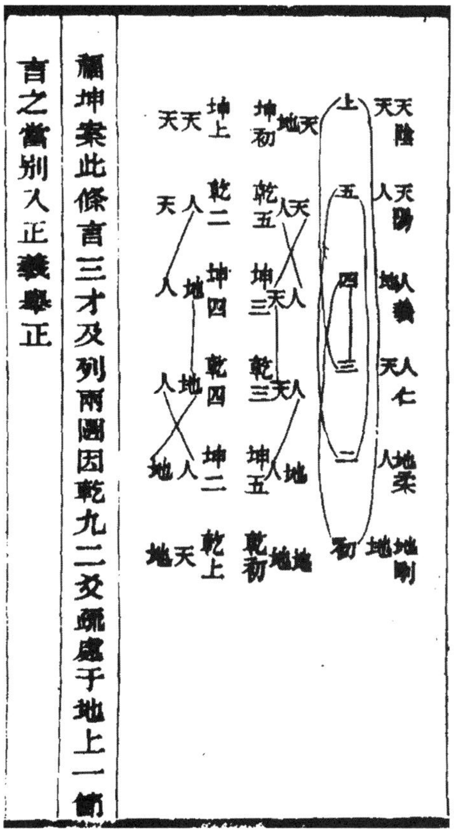
坤案此條言三才及列兩圈因乾九二爻疏處于地上一節
言之當別入正義舉正

图 1　天地人三才图
（陈寿熊《陈氏易说》）

郭嵩焘(1818—1891)

字伯琛，自号筠仙，晚号玉池老人，清湖南湘阴人。道光三十七年(1857)进士，授翰林院庶吉士，累官广东巡抚，光绪间转为兵部侍郎，充出使英、法大臣。工诗文，精于政事，通达世务，曾为曾国藩幕府。著有经学著作十一部，包括《周易异同商》十卷、《周易释例》、《周易内传笺》、《毛诗余义》、《尚书疑义》、《大学中庸章句质疑》、《礼记质疑》等；史学著作八种，包括《史记札记》、《湘军志平议》、《湘阴县图志》等，还有《庄子评注》、《管子评注》等，有《郭嵩焘日记》存世。现存有《周易》图像一幅。

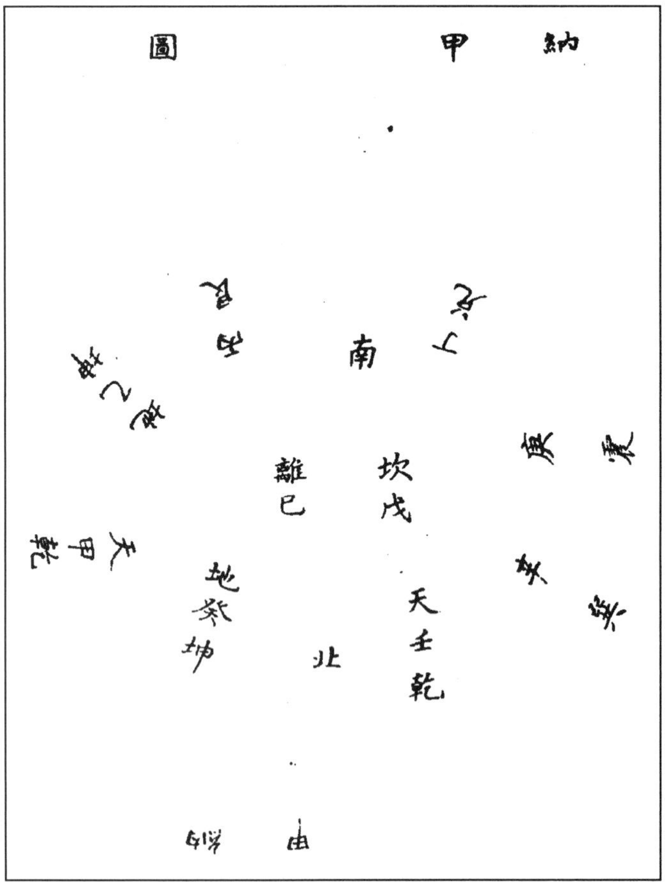

图 1　纳甲图
(郭嵩焘《周易异同商》)

张楚钟(1819—1878)

字石瓠,清江西泰和人。著有《易经晬语》、《易图管见》、《四书理话》四卷、《四书理画》三卷、《务实胜窝汇稿》二十四卷、《孟子长于比喻说》等。现存有《周易》图像二十二幅。

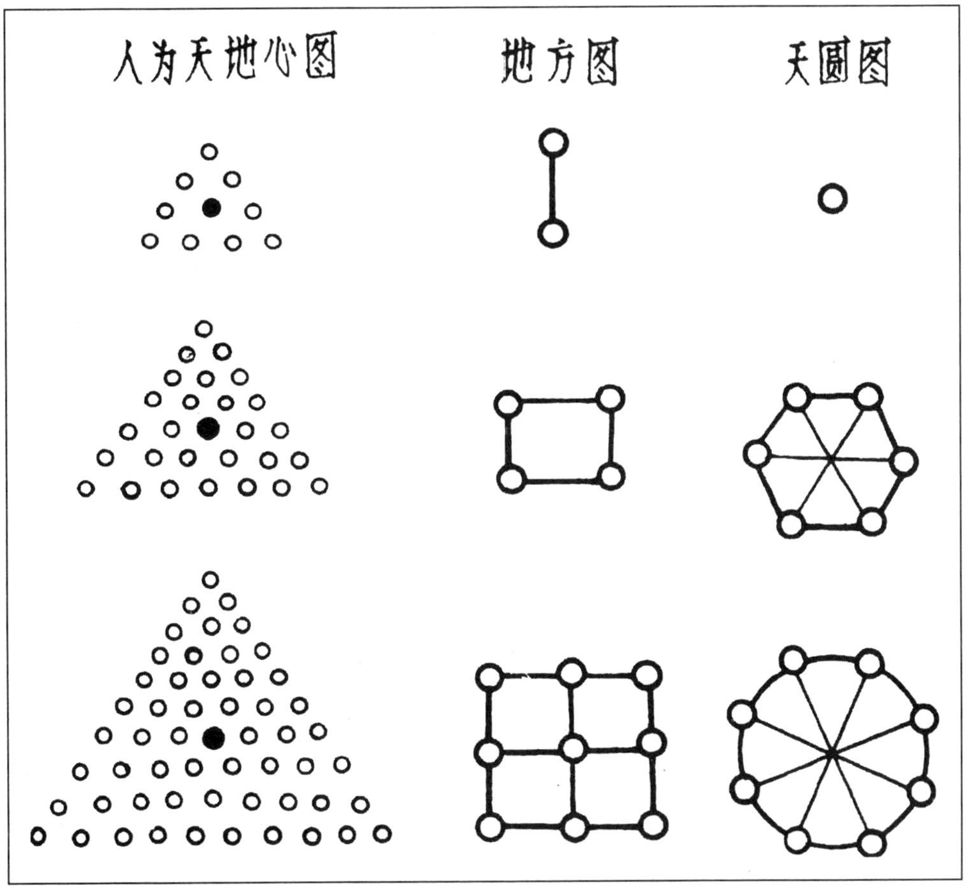

图 1　天圆图
图 2　地方图
图 3　人为天地心图
(张楚钟《易图管见》)

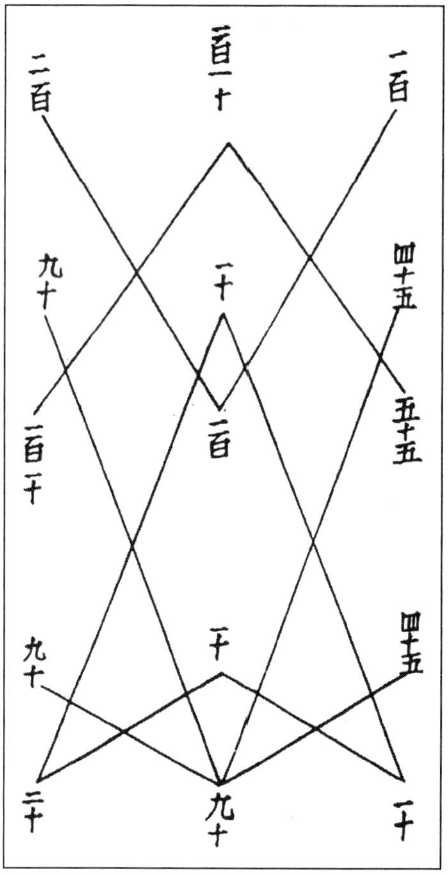

图 4　河洛数相和相较图
（张楚钟《易图管见》）

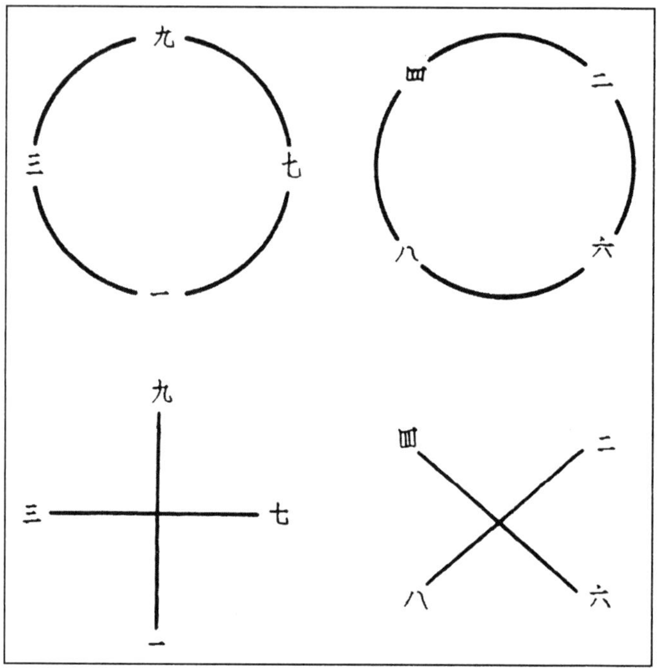

图 5　洛书四正四隅数连图
（张楚钟《易图管见》）

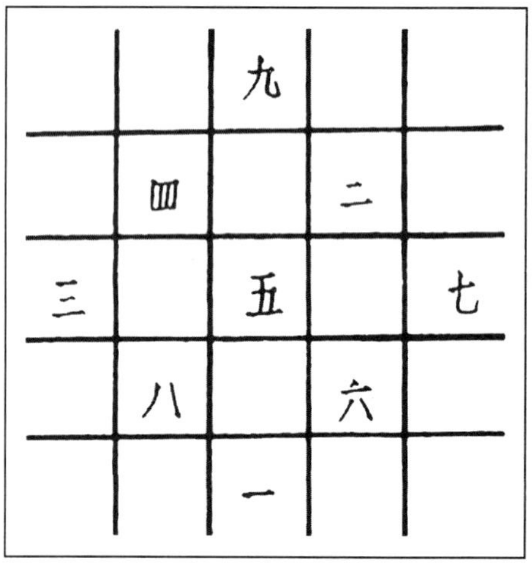

图 6　洛书中五统四方四隅图
（张楚钟《易图管见》）

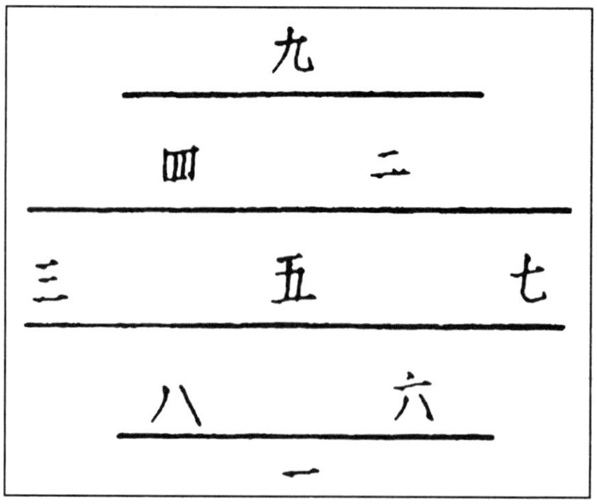

图 7　洛书数符合寒温热带图
（张楚钟《易图管见》）

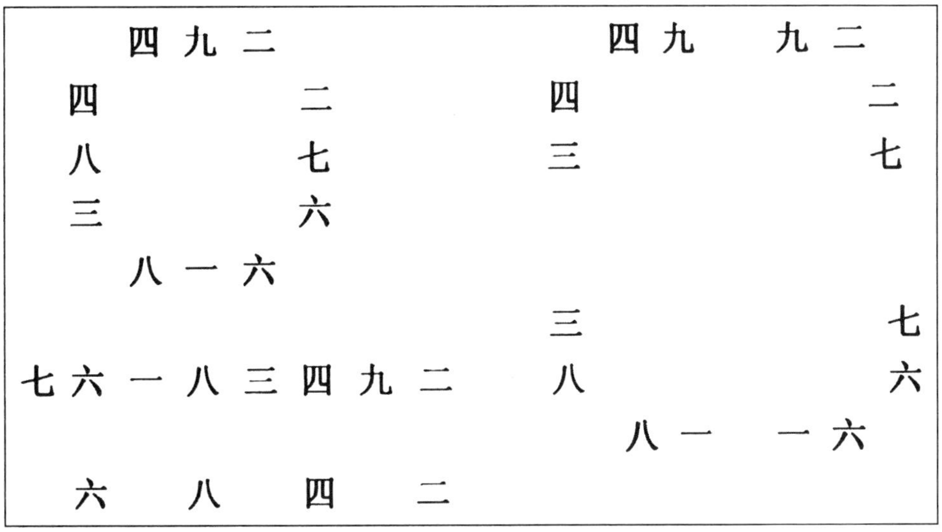

图 8　洛书方隅数等图

（张楚钟《易图管见》）

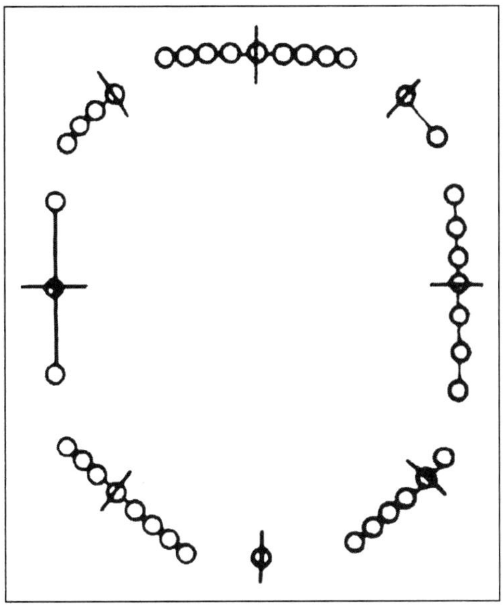

图 9　洛书上下左右数等图

（张楚钟《易图管见》）

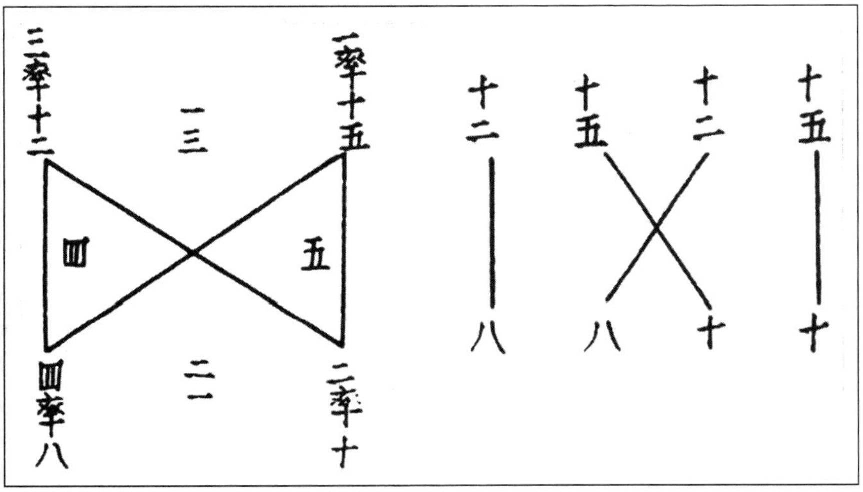

图 10　算家四率合四象图

（张楚钟《易图管见》）

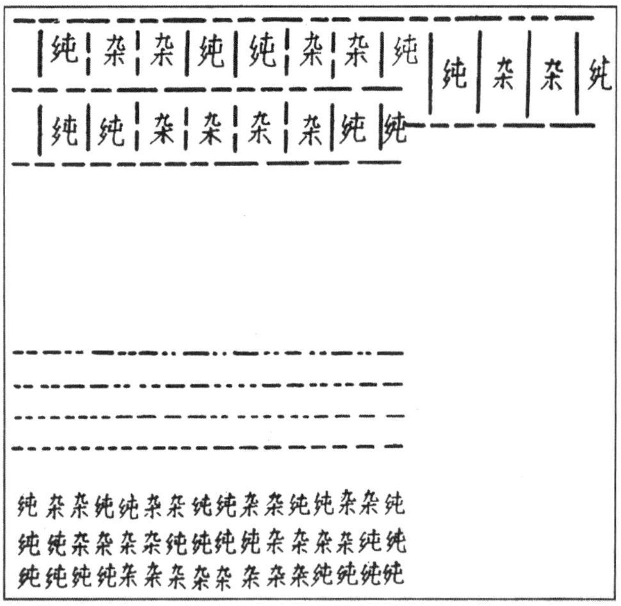

图 11　画间易图
（张楚钟《易图管见》）

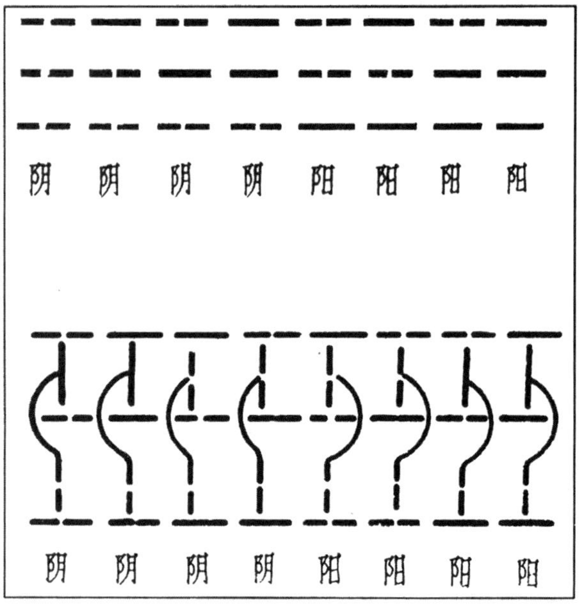

图 12　爻间纯杂阴阳图
（张楚钟《易图管见》）

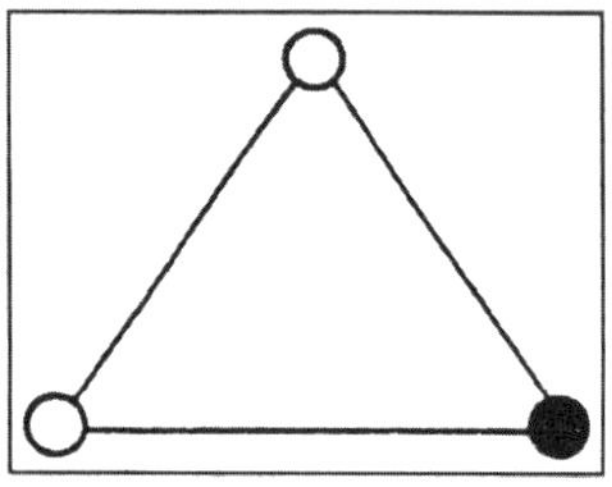

图 13　点线纯杂阴阳图
（张楚钟《易图管见》）

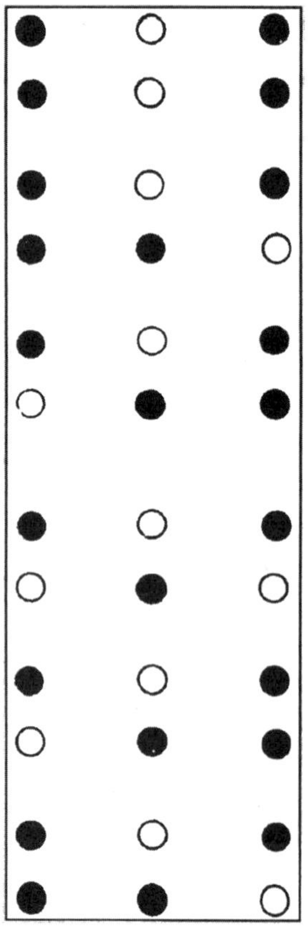

图 14　弦切阴阳纯杂图
（张楚钟《易图管见》）

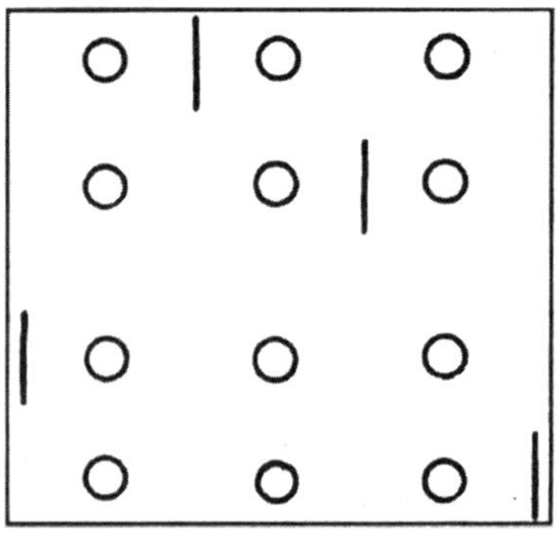

图 15　爻象左右相对图
（张楚钟《易图管见》）

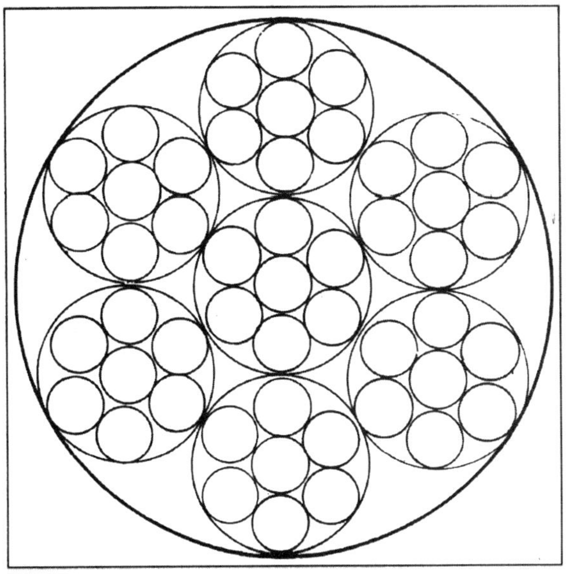

图 16　蓍德圆神图
（张楚钟《易图管见》）

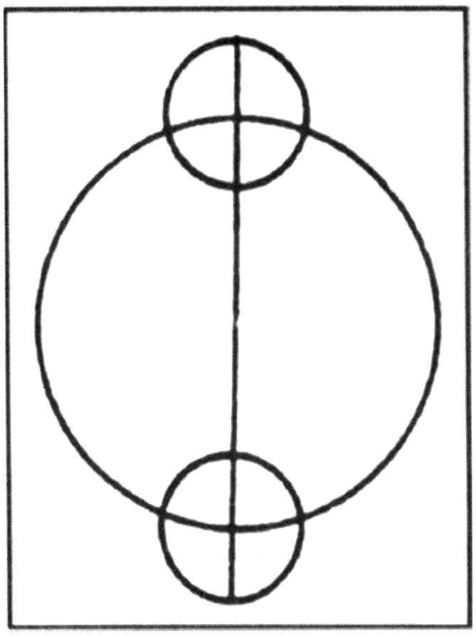

图 17　七曜高卑相和相较图
（张楚钟《易图管见》）

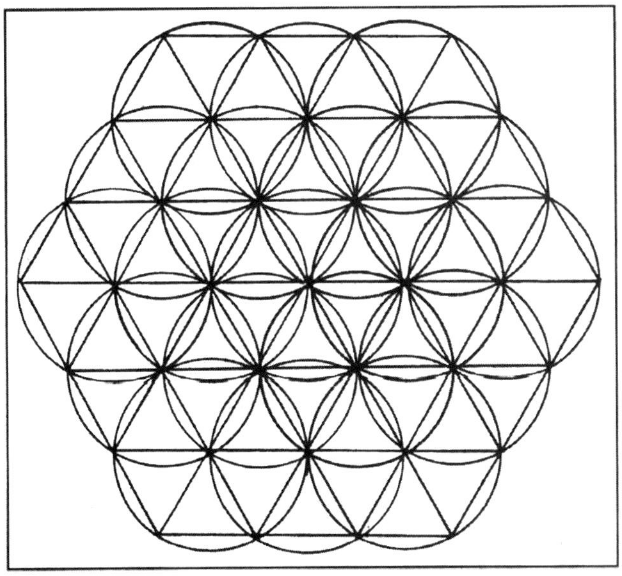

图 18　六角诸圆交割图
（张楚钟《易图管见》）

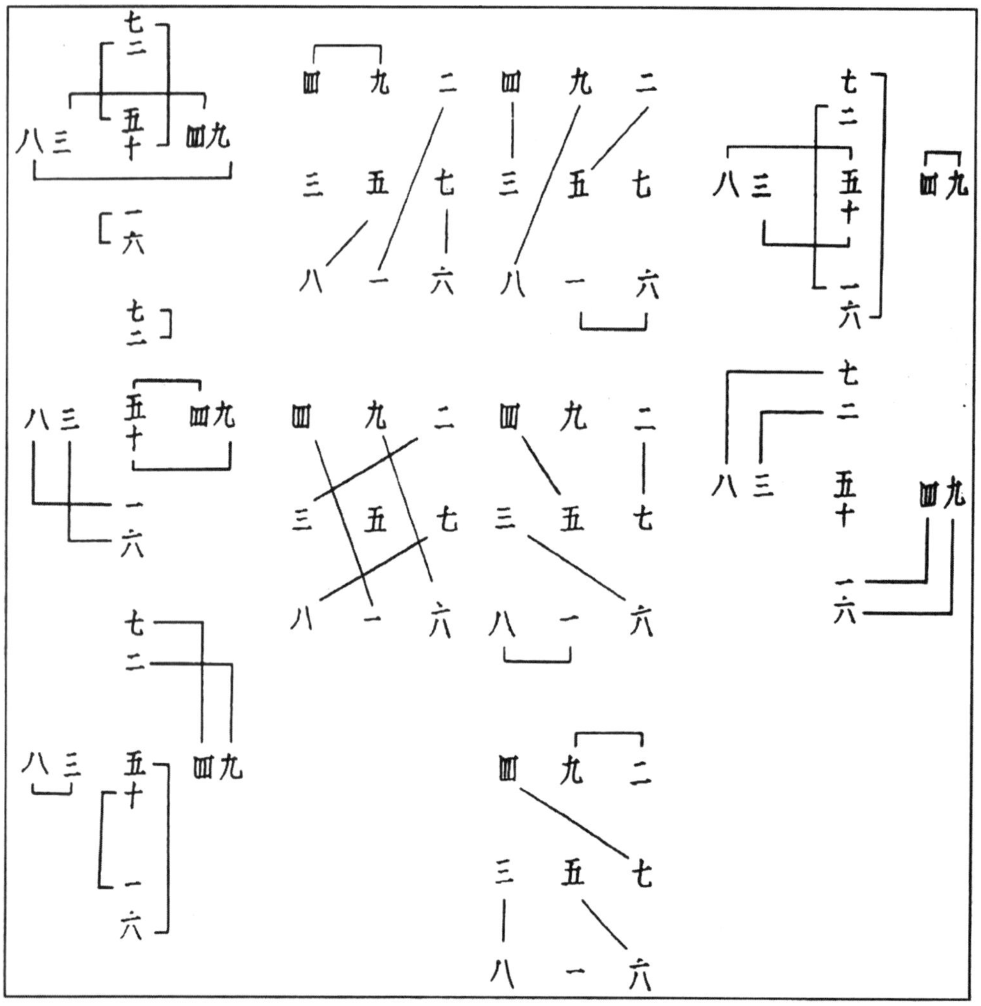

图 19　河洛数交变图
（张楚钟《易图管见》）

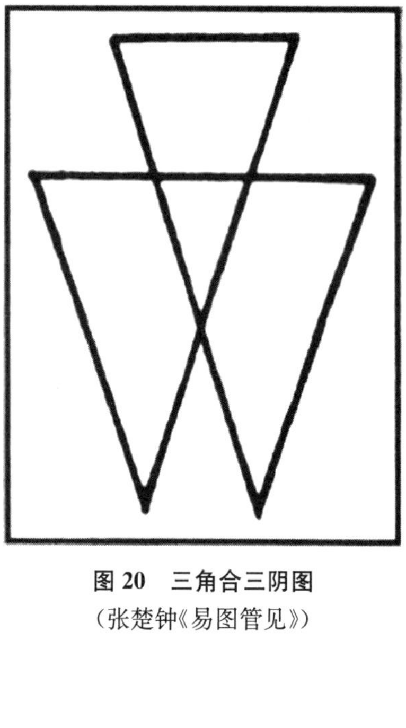

图 20　三角合三阴图
（张楚钟《易图管见》）

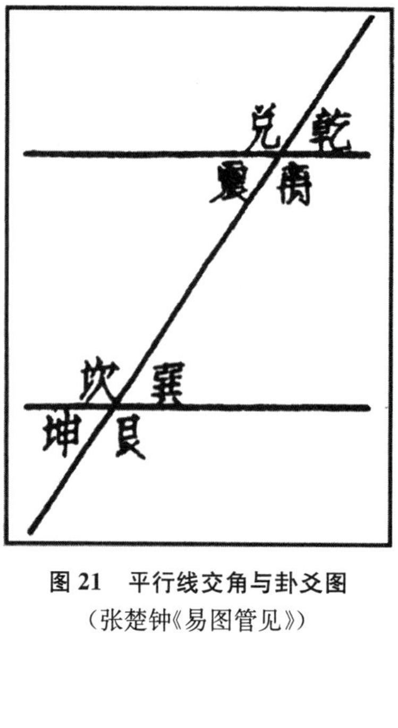

图 21　平行线交角与卦爻图
（张楚钟《易图管见》）

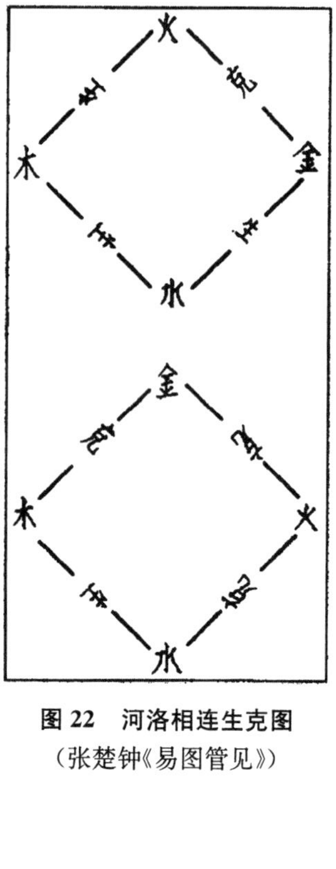

图 22　河洛相连生克图
（张楚钟《易图管见》）

何志高

生卒年不详，字西夏，清四川万县（今重庆万州）人。清道光年间廪生，著有《易经本意》五卷、《易经图说》一卷。现存有《周易》图像十二幅。

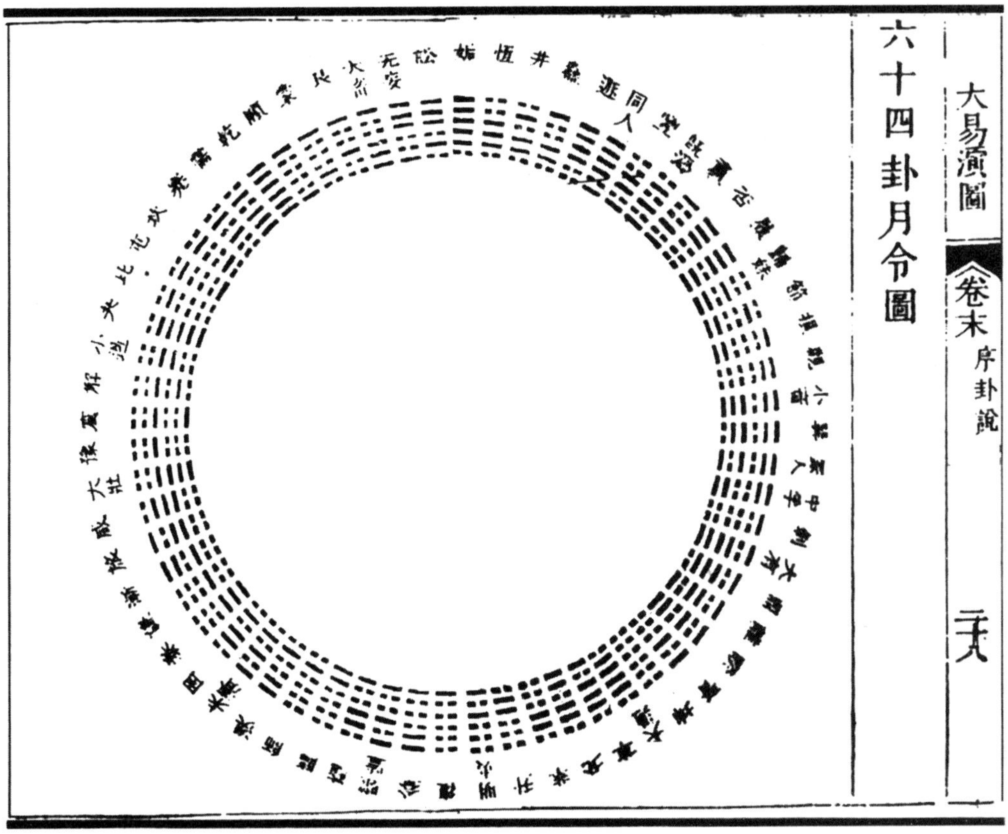

图1　六十四卦月令图
（何志高《易经本意》）

图 2-1　太极两仪四象图

（何志高《易经本意》）

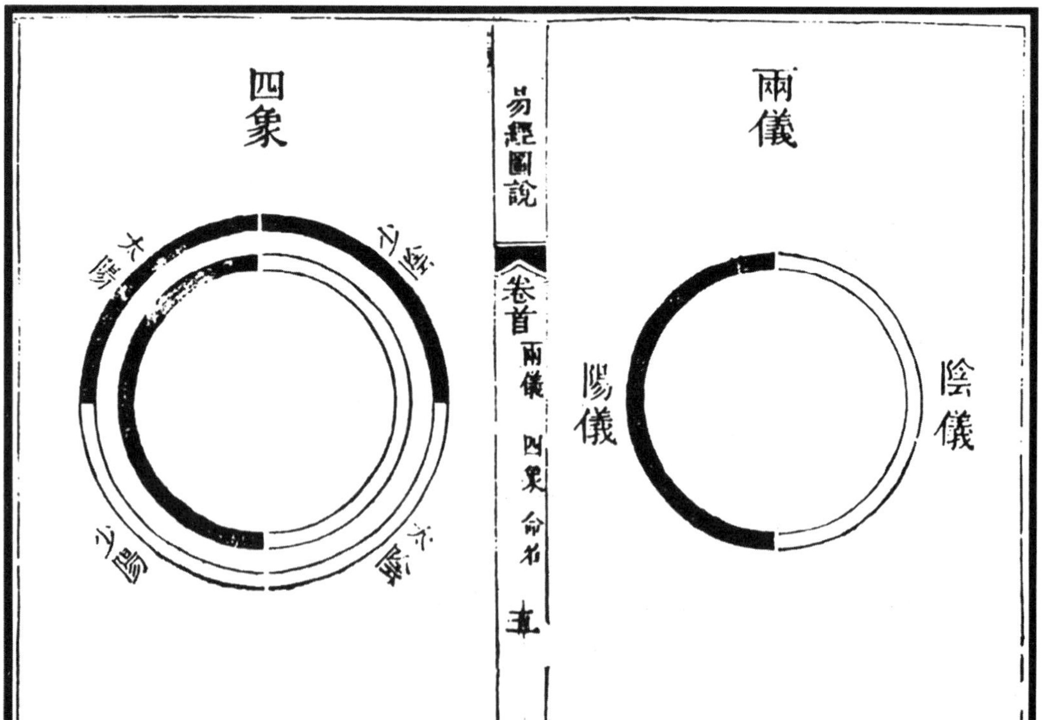

图 2-2　太极两仪四象图

（何志高《易经本意》）

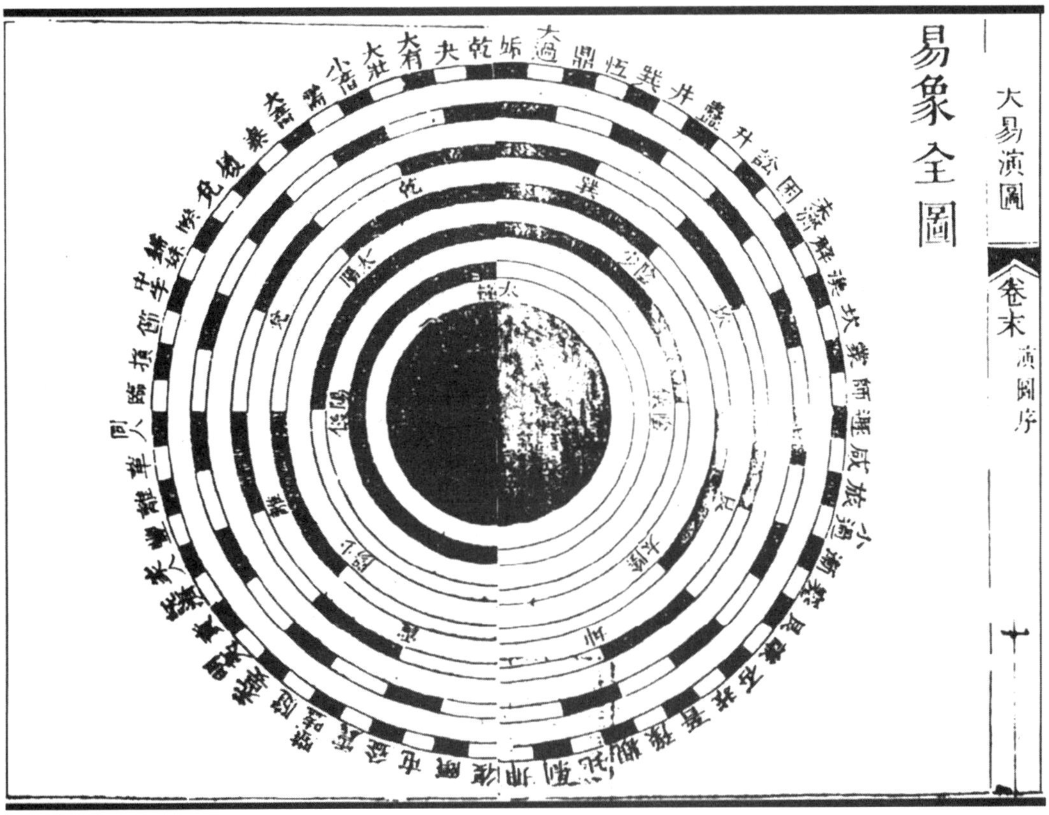

图 3　易象全图

（何志高《易经本意》）

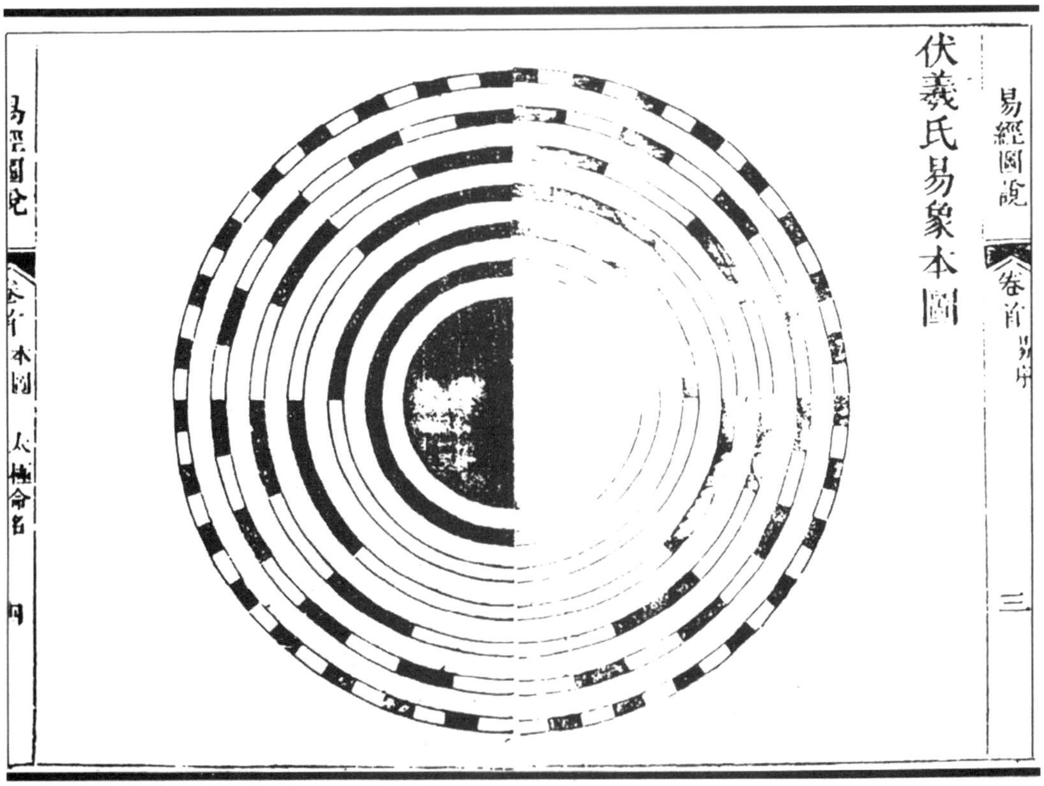

图 4　伏羲氏易象本图

（何志高《易经本意》）

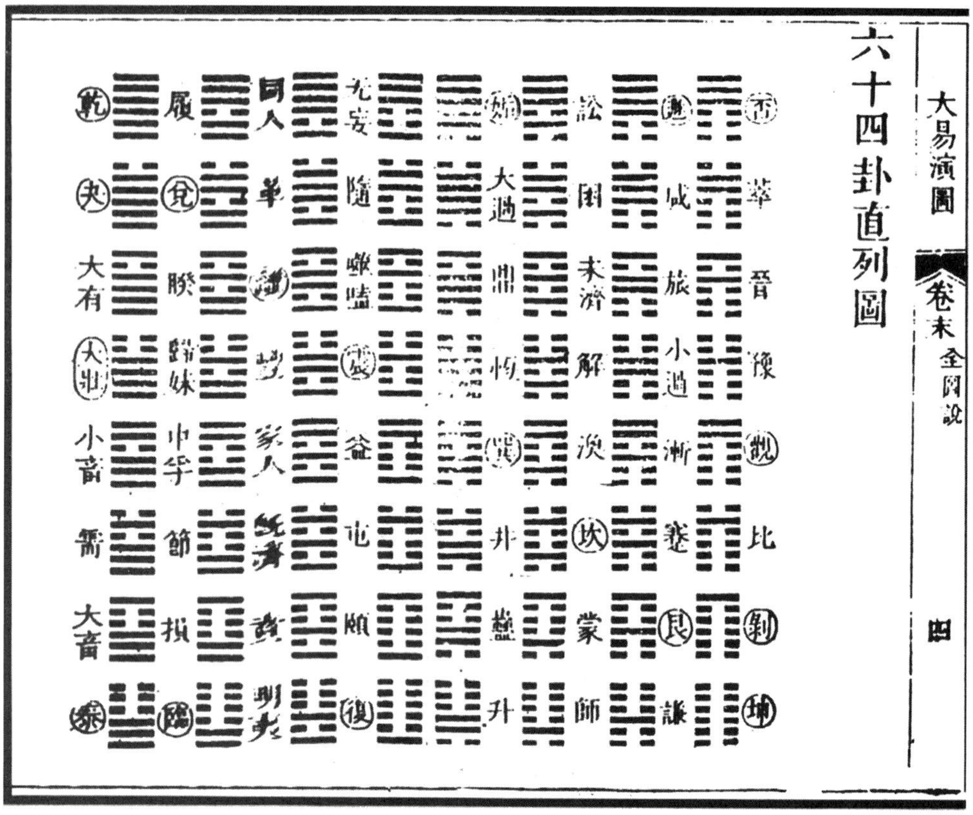

图 5　六十四卦直列图
（何志高《易经本意》）

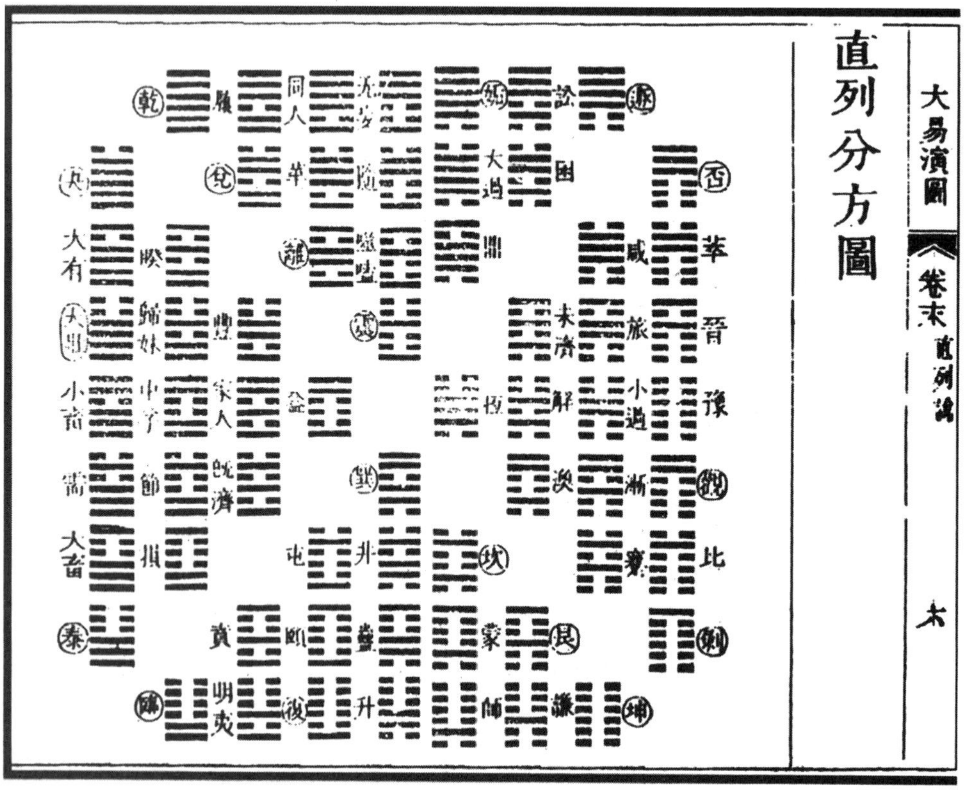

图 6　直列分方图
（何志高《易经本意》）

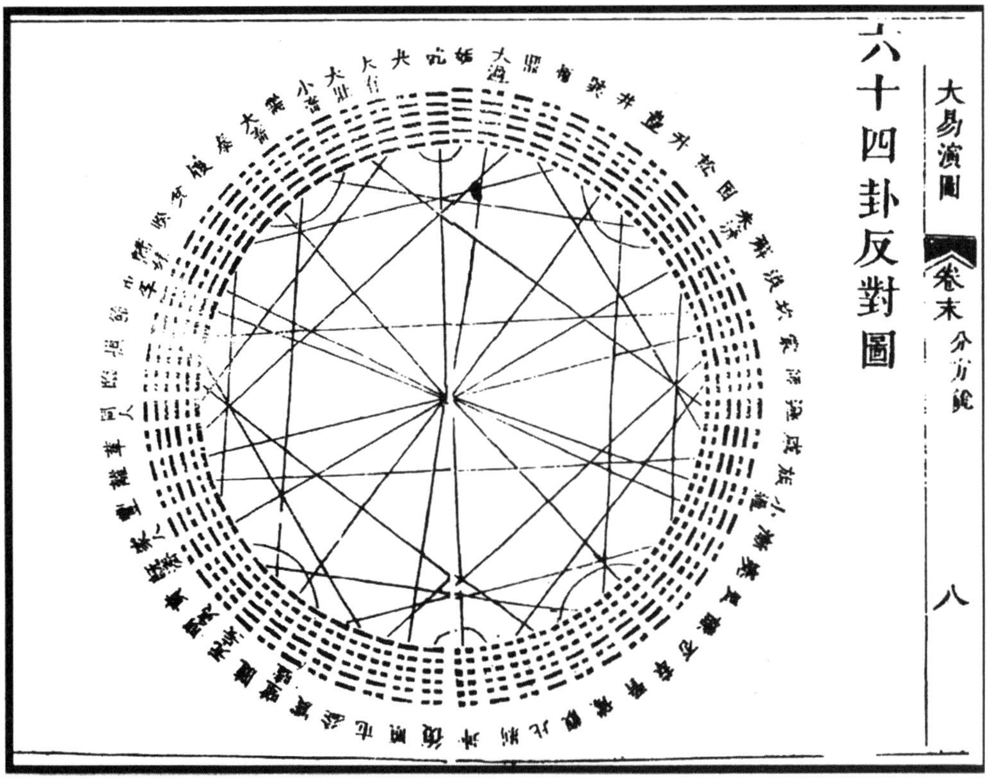

图 7　六十四卦反对图
（何志高《易经本意》）

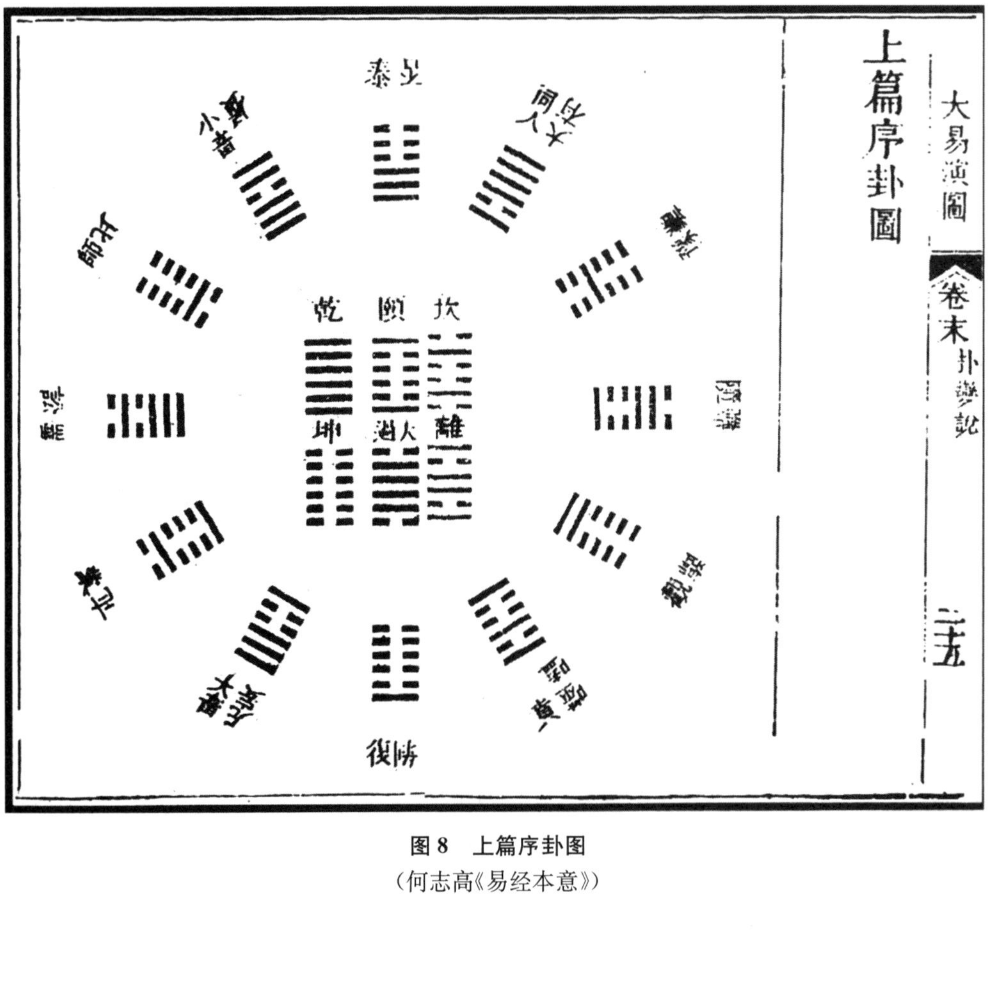

图 8　上篇序卦图
（何志高《易经本意》）

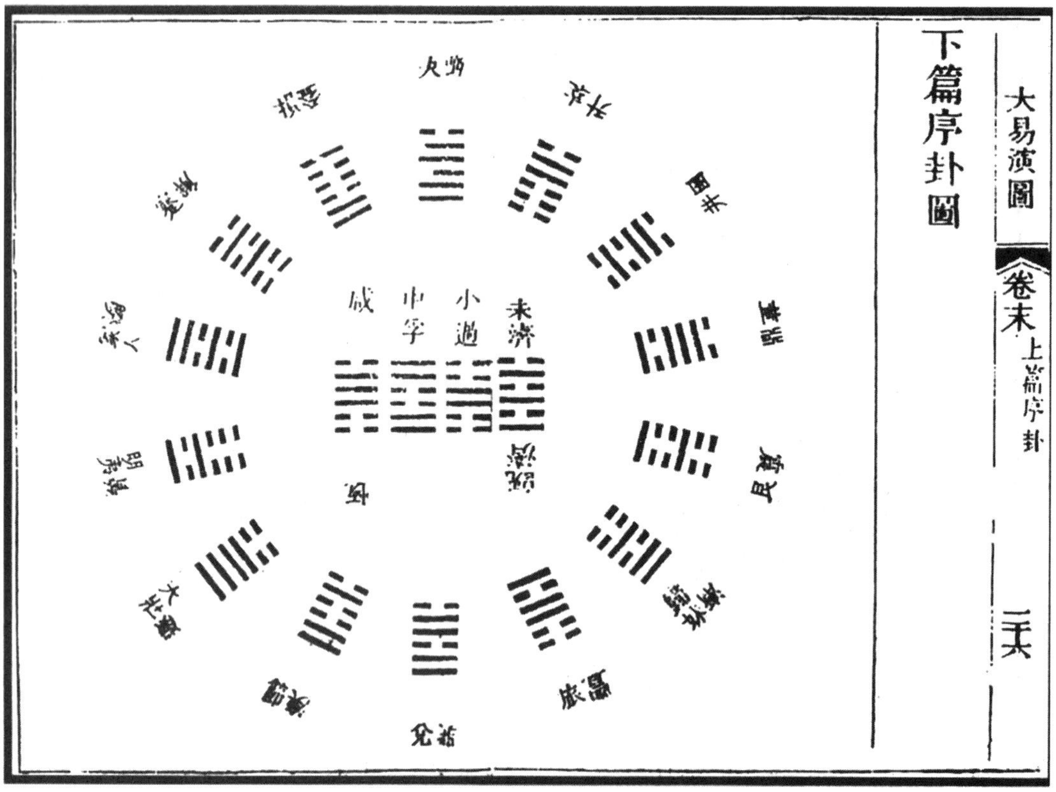

图 9　下篇序卦图

（何志高《易经本意》）

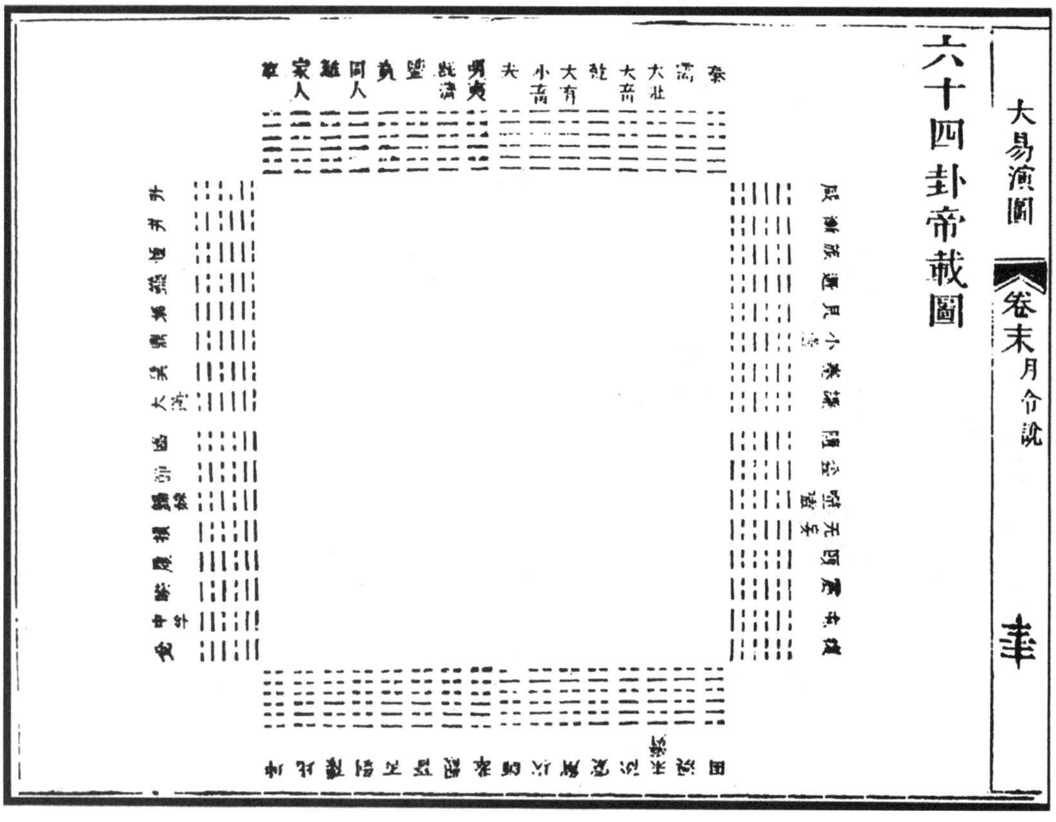

图 10　六十四卦帝载图

（何志高《易经本意》）

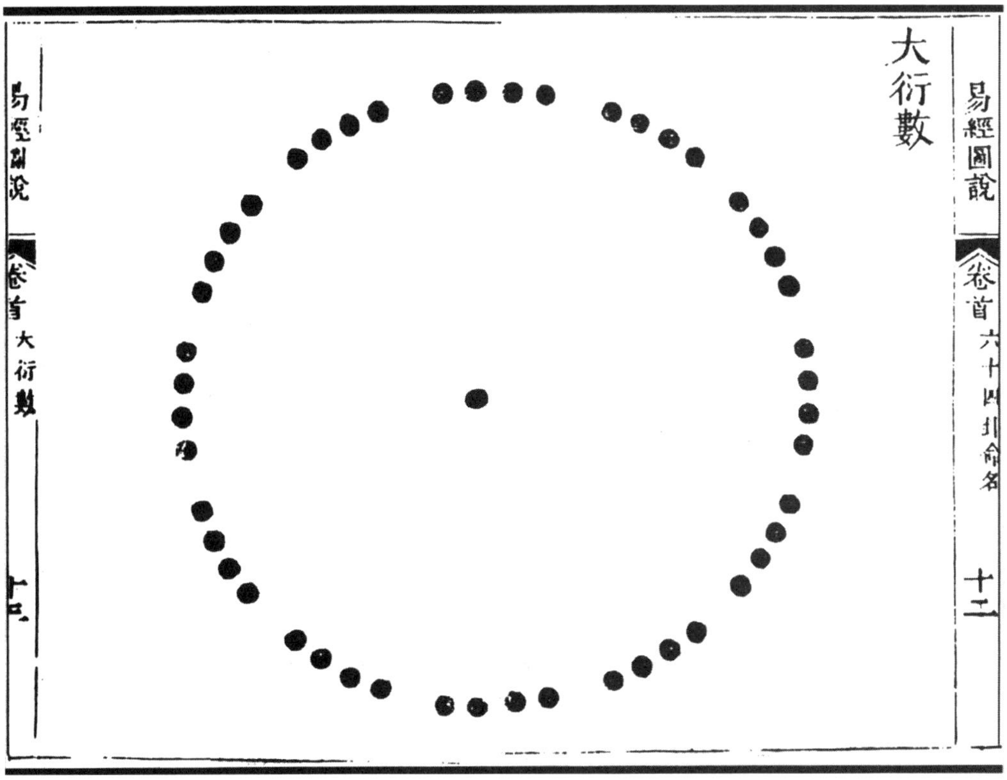

图 11　大衍数图

（何志高《易经本意》）

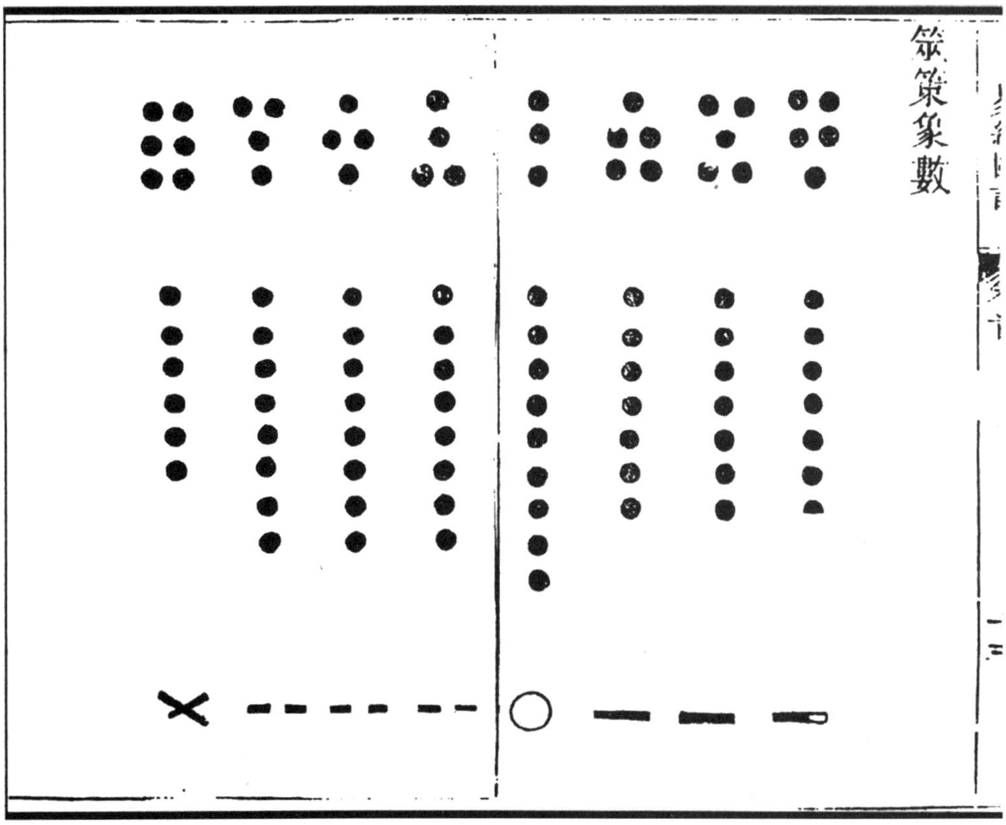

图 12　筮策象数图

（何志高《易经本意》）

黄守平

生卒年不详，字星阶，号莒田，山东即墨人。道光十八年(1838)岁贡生。著有《易象集解》十卷。现存有《周易》图像一幅。

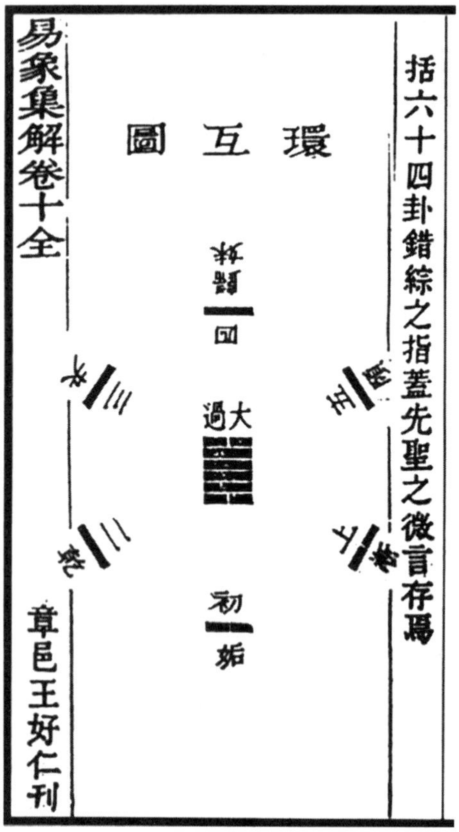
括六十四卦錯綜之指蓋先聖之微言存焉
環互圖
易象集解卷十全
章邑王好仁刊

图1　环互图
(黄守平《易象集解》)

徐通久

生卒年不详，号抱真，清浙江杭州人。道光间举人，任陕西泾阳、岐山知县。著有《周易辑说》五卷。现存有《周易》图像十二幅。

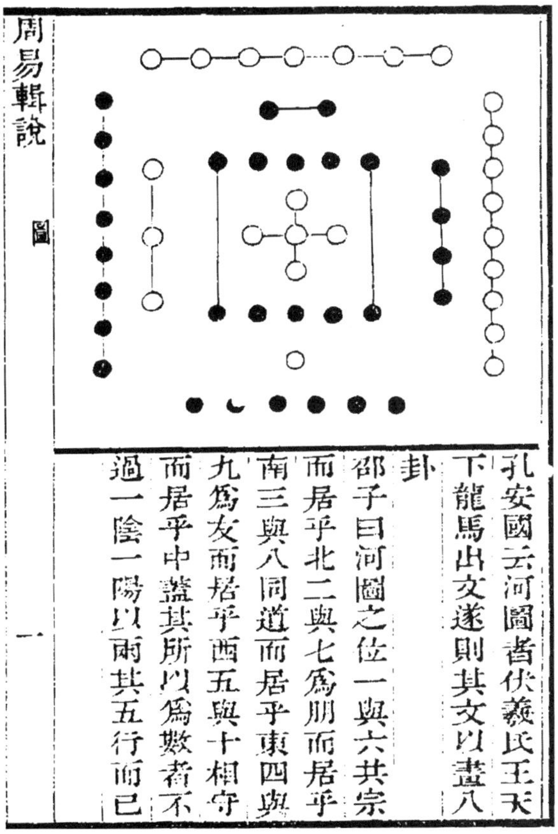
周易輯說　圖　一

孔安國云河圖者伏羲氏王天下龍馬出文遂則其文以畫八卦

邵子曰河圖之位一與六共宗而居乎北二與七爲朋而居乎南三與八同道而居乎東四與九爲友而居乎西五與十相守而居乎中蓋其所以爲數者不過一陰一陽以兩其五行而已

图 1　河图

（徐通久《周易辑说》）

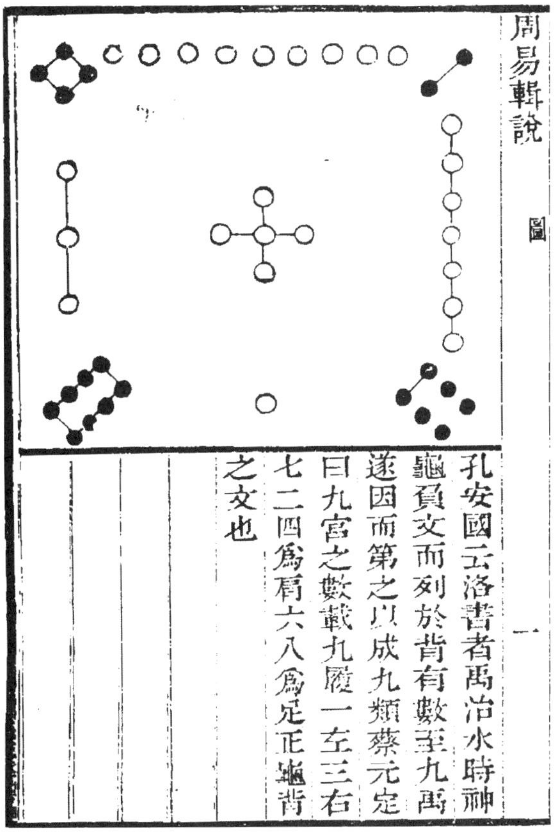
周易輯說　圖　一

孔安國云洛書者禹治水時神龜負文而列於背有數至九禹遂因而第之以成九類蔡元定曰九宮之數戴九履一左三右七二四爲肩六八爲足正龜背之文也

图 2　洛书

（徐通久《周易辑说》）

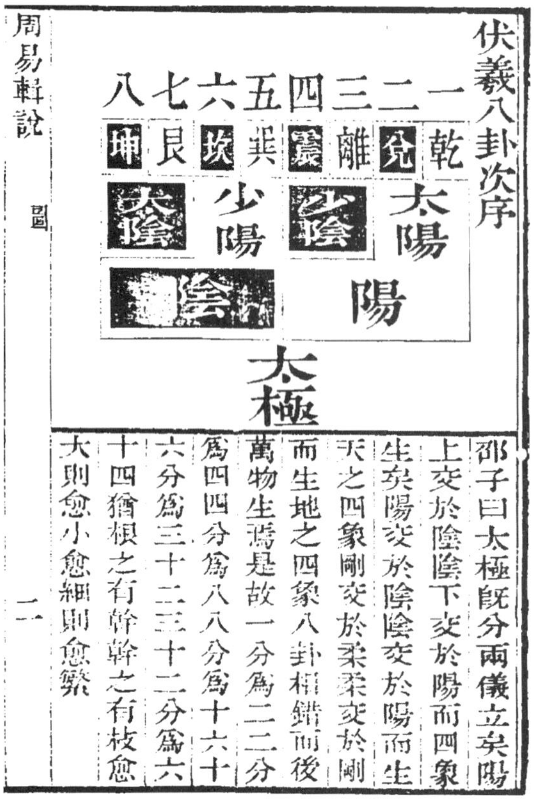
周易輯說
圖
二
伏羲八卦次序
一 二 三 四 五 六 七 八
乾 兌 離 震 巽 坎 艮 坤
太陽 少陰 少陽 太陰
陽 陰
太極
邵子曰太極既分兩儀立矣陽上交於陰陰下交於陽而四象生矣陽交於陰陰交於陽而生天之四象剛交於柔柔交於剛而生地之四象八卦相錯而後萬物生焉是故一分爲二二分爲四四分爲八八分爲十六十六分爲三十二三十二分爲六十四猶根之有幹幹之有枝愈大則愈小愈細則愈繁

图 3　伏羲八卦次序图
（徐通久《周易辑说》）

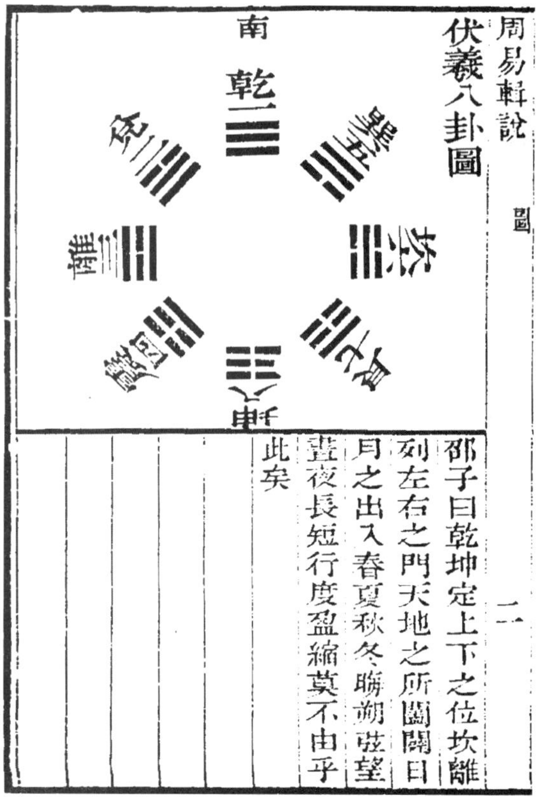
周易輯說
圖
二
伏羲八卦圖
南
乾
兌
離
震
巽
坎
艮
坤
邵子曰乾坤定上下之位坎離列左右之門天地之所闔闢日月之出入春夏秋冬晦朔弦望晝夜長短行度盈縮莫不由乎此矣

图 4　伏羲八卦图
（徐通久《周易辑说》）

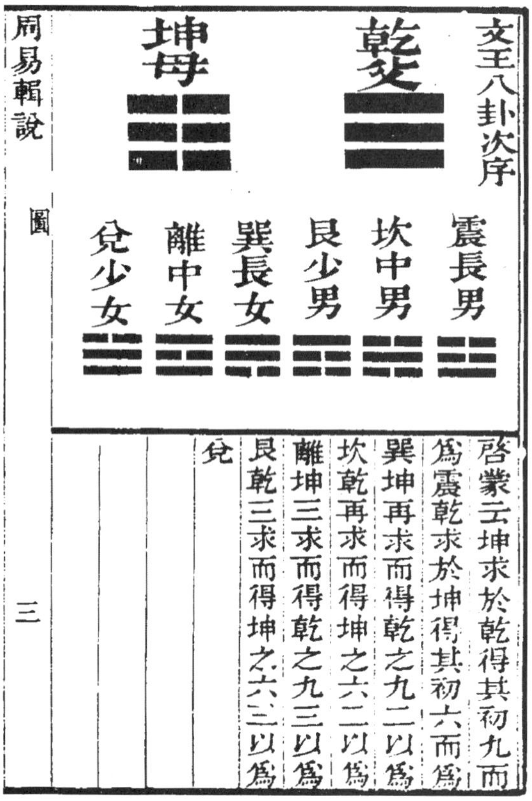
周易輯說
圖
三
文王八卦次序
乾 父
坤 母
震長男
坎中男
艮少男
巽長女
離中女
兌少女
啓蒙云坤求於乾得其初九而爲震乾求於坤得其初六而爲巽坤再求而得乾之九二以爲坎乾再求而得坤之六二以爲離坤三求而得乾之九三以爲艮乾三求而得坤之六三以爲兌

图 5　文王八卦次序图
（徐通久《周易辑说》）

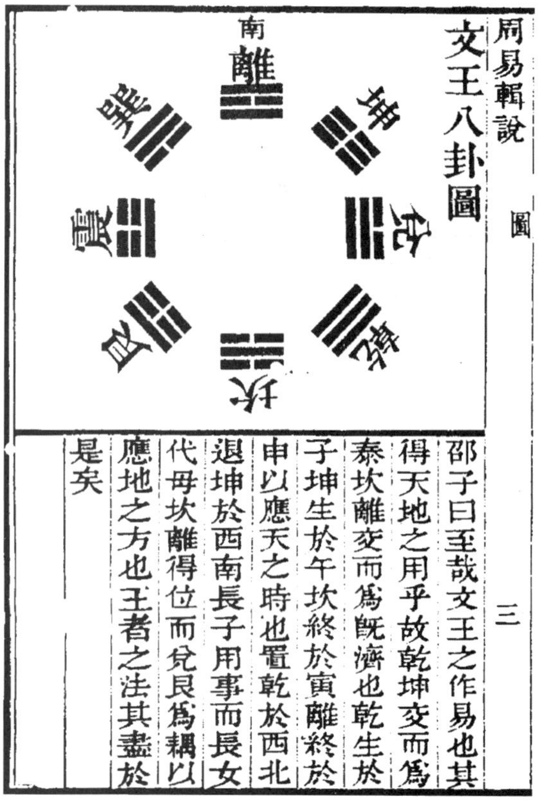
周易輯說
圖
三
文王八卦圖
南
離
坤
兌
乾
坎
艮
震
巽
邵子曰至哉文王之作易也其得天地之用乎故乾坤交而爲泰坎離交而爲既濟也乾生於子坤生於午坎終於寅離終於申以應天之時也置乾於西北退坤於西南長子用事而長女代母坎離得位而兌艮爲耦以應地之方也王者之法其盡於是矣

图 6　文王八卦图
（徐通久《周易辑说》）

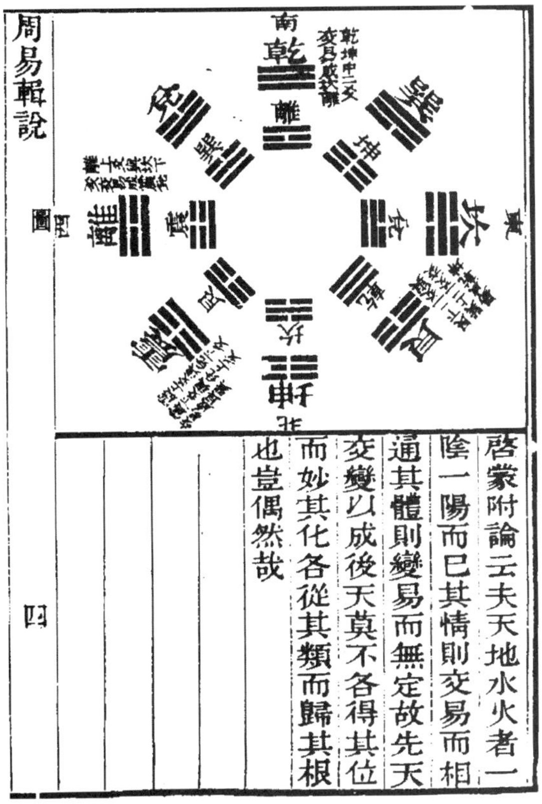

周易輯說　圖　四

啓蒙附論云夫天地水火者一陰一陽而已其情則交易而相通其體則變易而無定故先天交變以成後天莫不各得其位而妙其化各從其類而歸其根也豈偶然哉

图 7　先天交变以成后天图
（徐通久《周易辑说》）

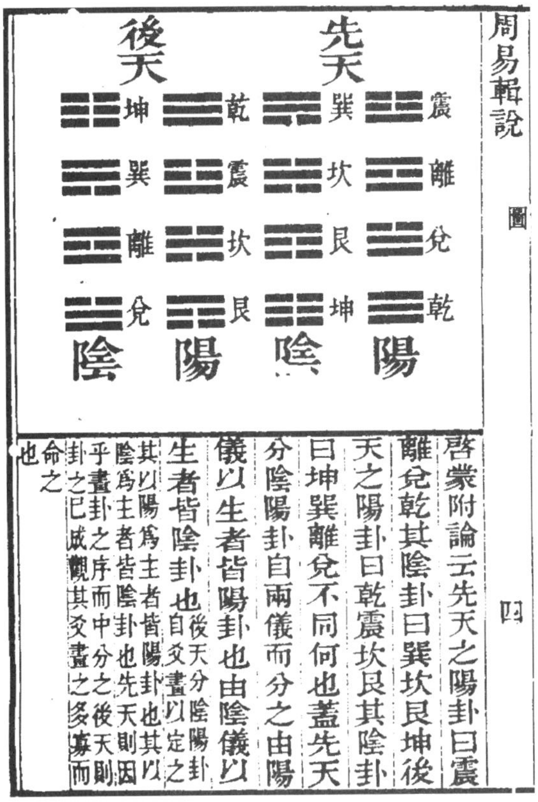

周易輯說　圖　四

啓蒙附論云先天之陽卦曰震離兌乾其陰卦曰巽坎艮坤後天之陽卦曰乾震坎艮其陰卦曰坤巽離兌不同何也蓋先天分陰陽卦自兩儀而分之由陽儀以生者皆陽卦也由陰儀以生者皆陰卦也後天分陰陽卦自交畫以定之其以陽爲主者皆陽卦也其以陰爲主者皆陰卦也先天則因乎畫卦之序而中分之後天則卦之已成觀其交畫之多寡而命之也

图 8　先后天分阴阳图
（徐通久《周易辑说》）

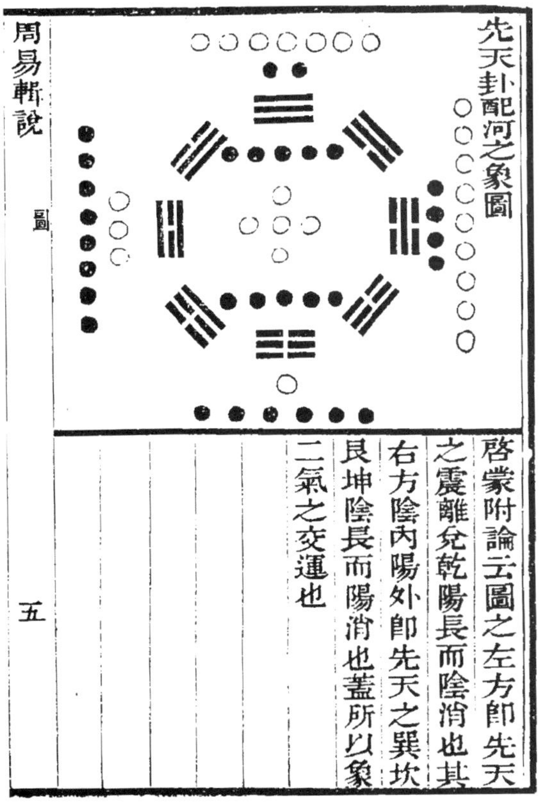

周易輯說　圖　五

先天卦配河之象圖

啓蒙附論云圖之左方卽先天之震離兌乾陽長而陰消也其右方陰內陽外卽先天之巽坎艮坤陰長而陽消也蓋所以象二氣之交運也

图 9　先天卦配河之象图
（徐通久《周易辑说》）

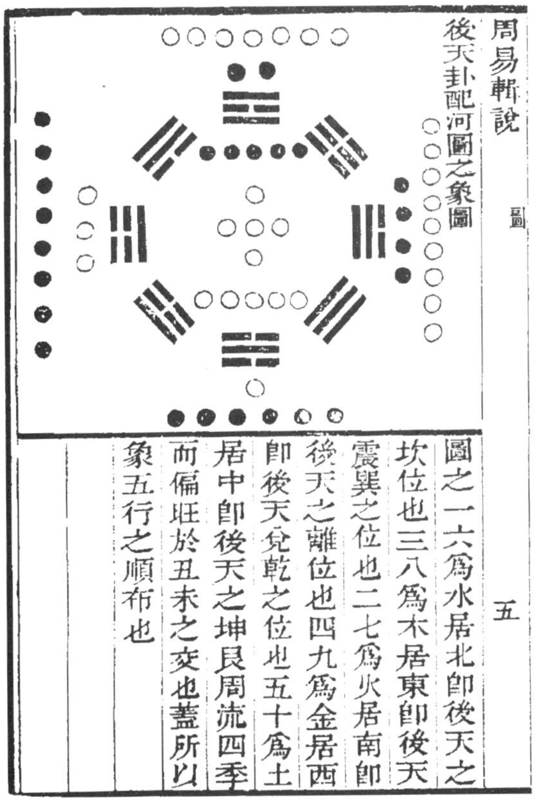

周易輯說　圖　五

後天卦配河圖之象圖

圖之一六爲水居北卽後天之坎位也三八爲木居東卽後天震巽之位也二七爲火居南卽後天之離位也四九爲金居西卽後天兌乾之位也五十爲土居中卽後天之坤艮周流四季而偏旺於丑未之交也蓋所以象五行之順布也

图 10　后天卦配河图之象图
（徐通久《周易辑说》）

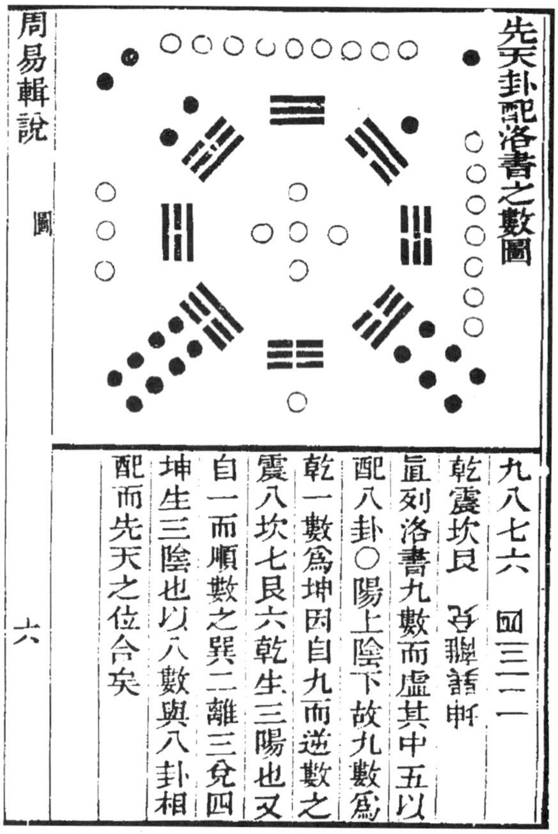

图 11 先天卦配洛书之数图
（徐通久《周易辑说》）

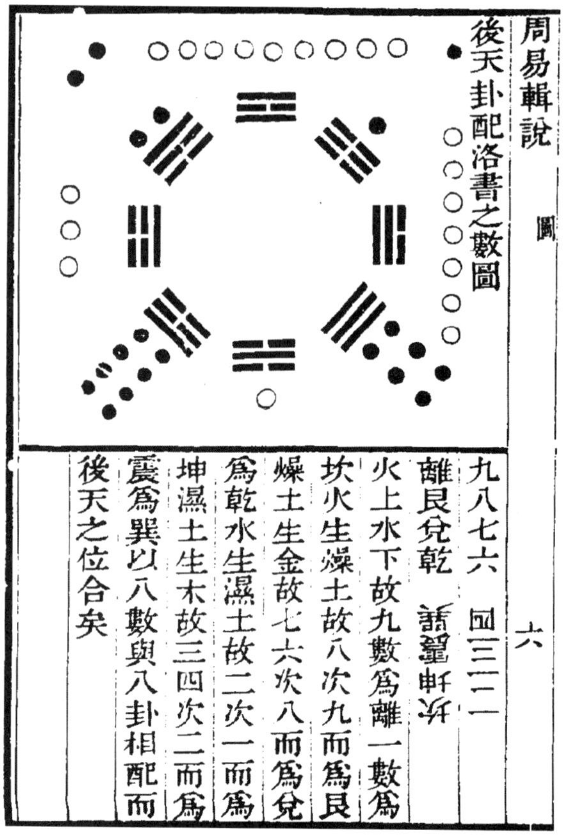

图 12 后天卦配洛书之数图
（徐通久《周易辑说》）

蒋本

生卒年不详，字根庵，清江苏毗陵（今江苏常州）人。著有《周易遵述》不分卷附《周易胜义》一卷。现存有《周易》图像二十六幅。

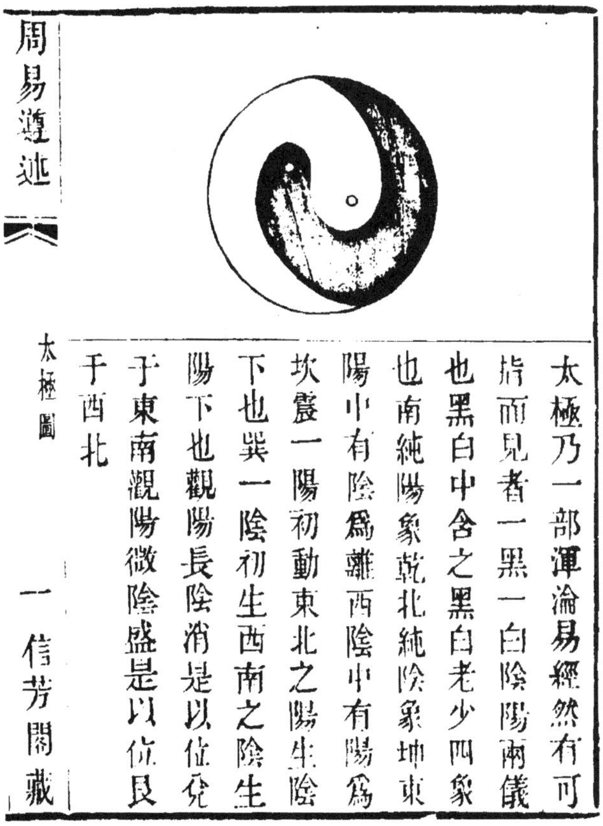
周易遵述

太極乃一部渾淪易經然有可指而見者一黑一白陰陽兩儀也黑白中含之黑白老少四象也南純陽象乾北純陰象坤東陽中有陰爲離西陰中有陽爲坎震一陽初動東北之陽生陰下也巽一陰初生西南之陰生陽下也觀陽長陰消是以位兌于東南觀陽微陰盛是以位艮于西北

太極圖　一　信芳閣藏

图 1　太极图

（蒋本《周易遵述》）

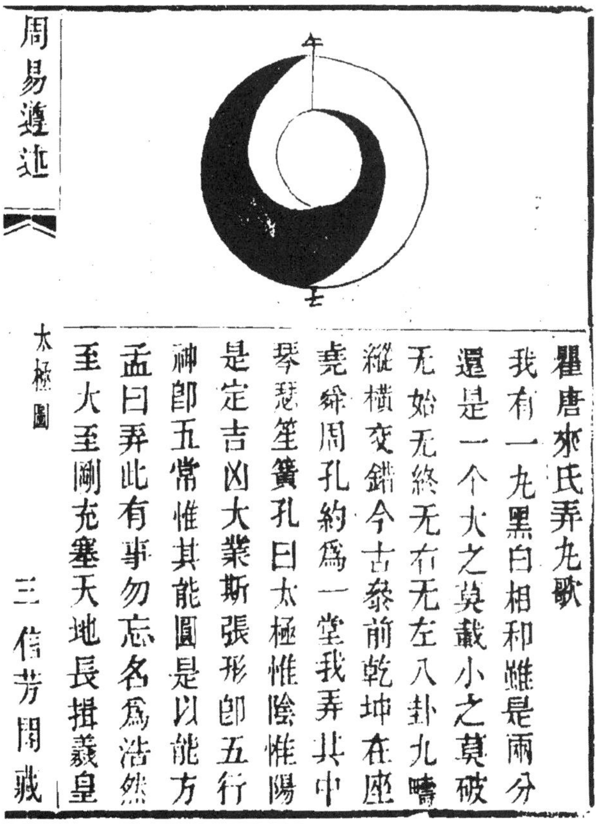

周易遵述

瞿唐來氏弄丸歌

我有一丸黑白相和雖是兩分還是一个大之莫載小之莫破无始无終无右无左八卦九疇縱横交錯今古參前乾坤在座堯舜周孔約爲一堂我弄其中琴瑟笙簧孔曰太極惟陰惟陽是定吉凶大業斯張形卽五行神卽五常惟其能圓是以能方孟曰弄此有事勿忘名爲浩然至大至剛充塞天地長揖羲皇

太極圖　三　信芳閣藏

图 2　太极图

（蒋本《周易遵述》）

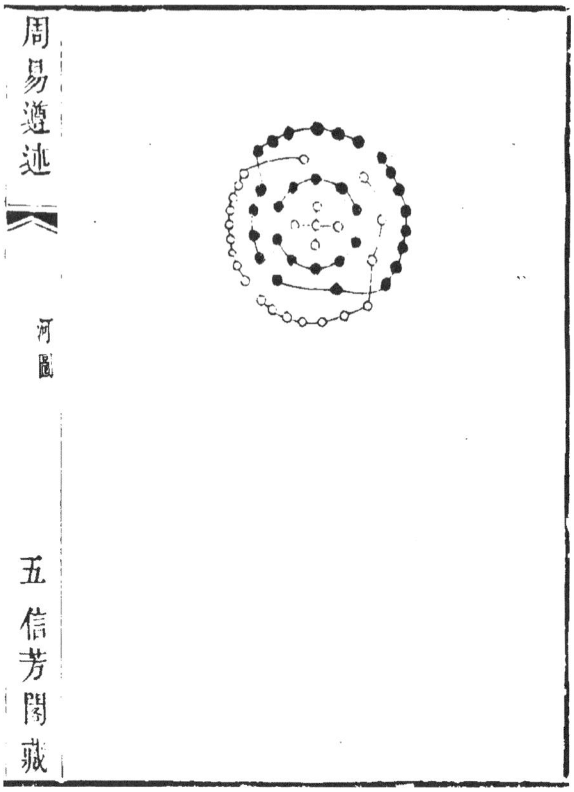

图 3　河图
（蒋本《周易遵述》）

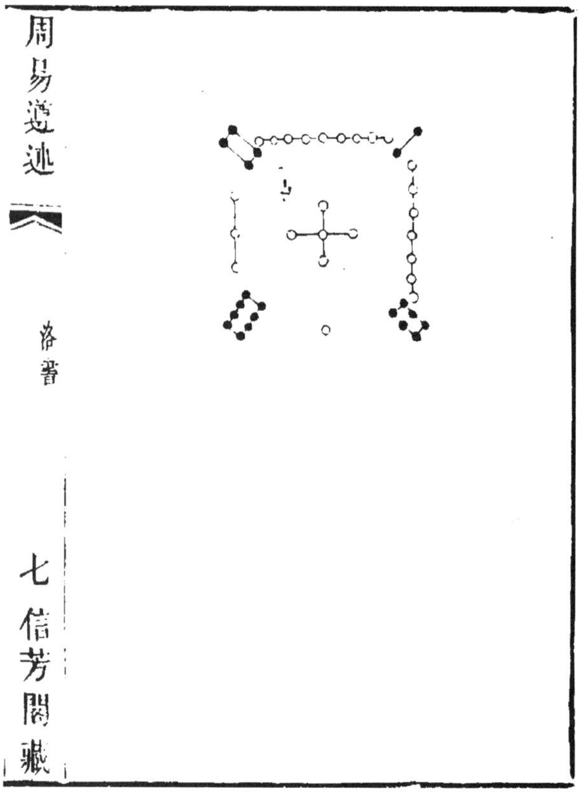

图 4　洛书
（蒋本《周易遵述》）

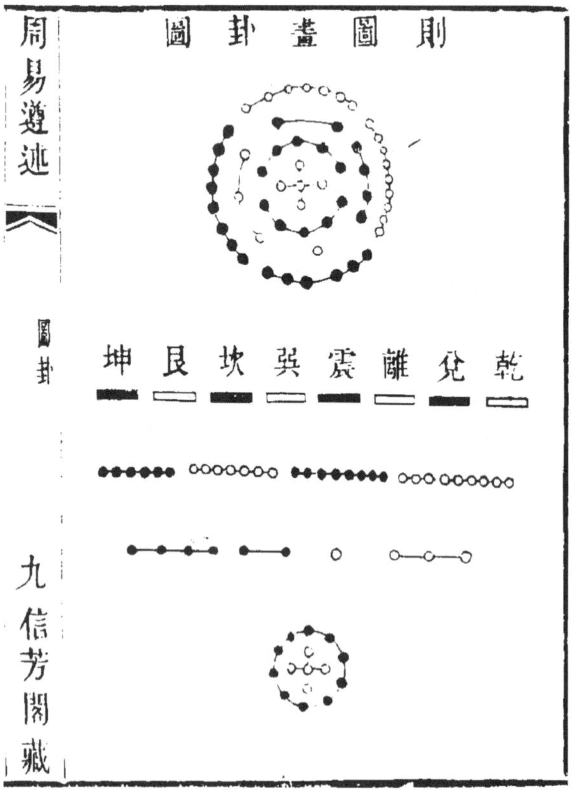

图 5　则图画卦图
（蒋本《周易遵述》）

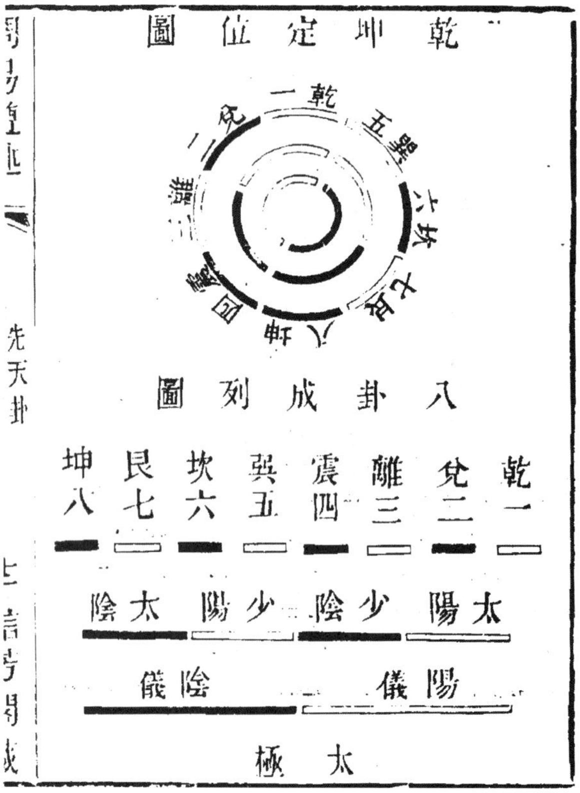

图 6　乾坤定位图
（蒋本《周易遵述》）

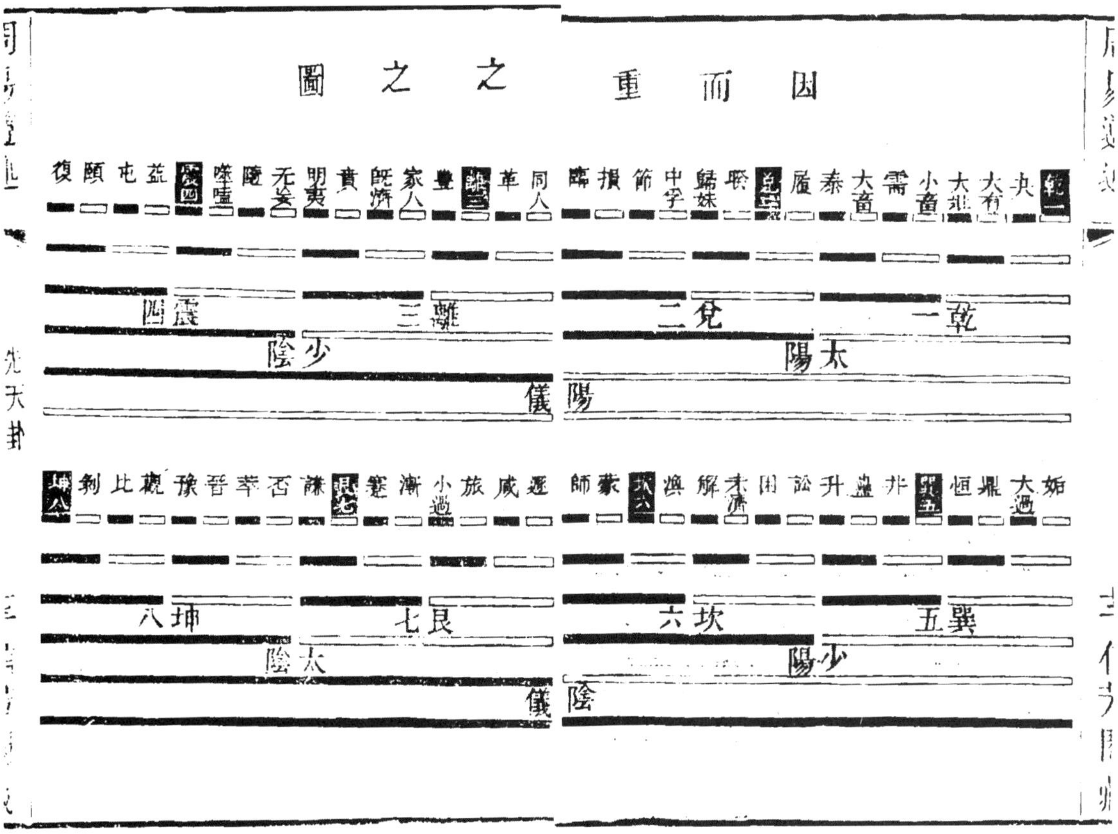

图 7　因而重之之图

（蒋本《周易遵述》）

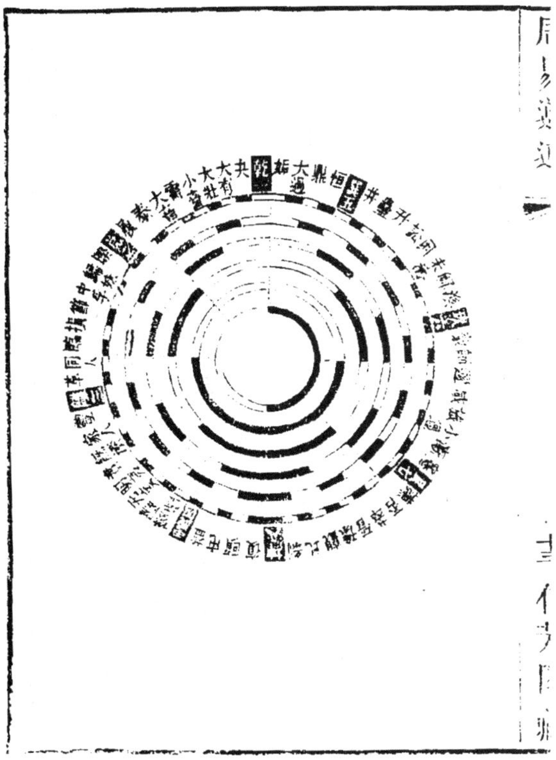

图 8　六十四卦圆图

（蒋本《周易遵述》）

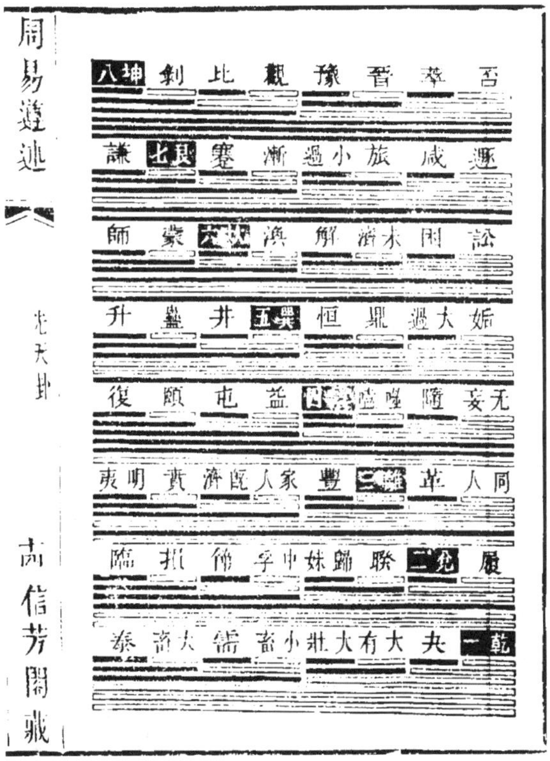

图 9　六十四卦方图

（蒋本《周易遵述》）

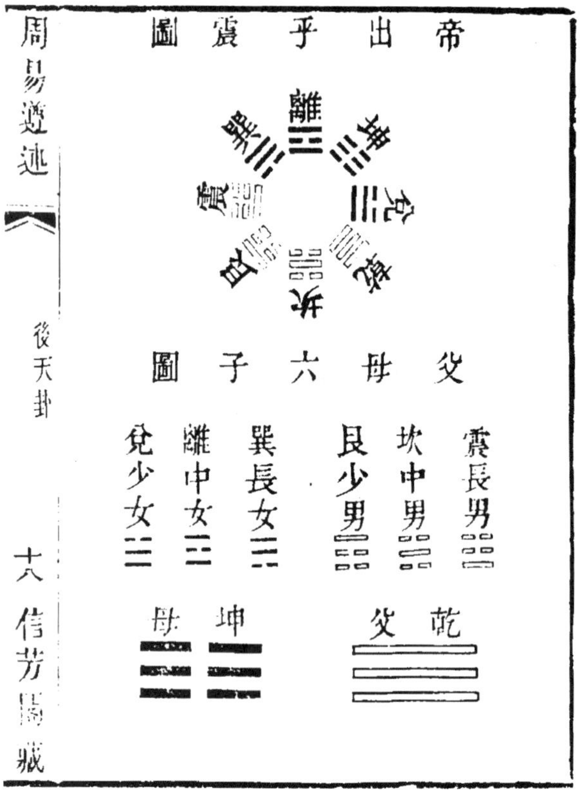

图 10　帝出乎震图、父母六子图
（蒋本《周易遵述》）

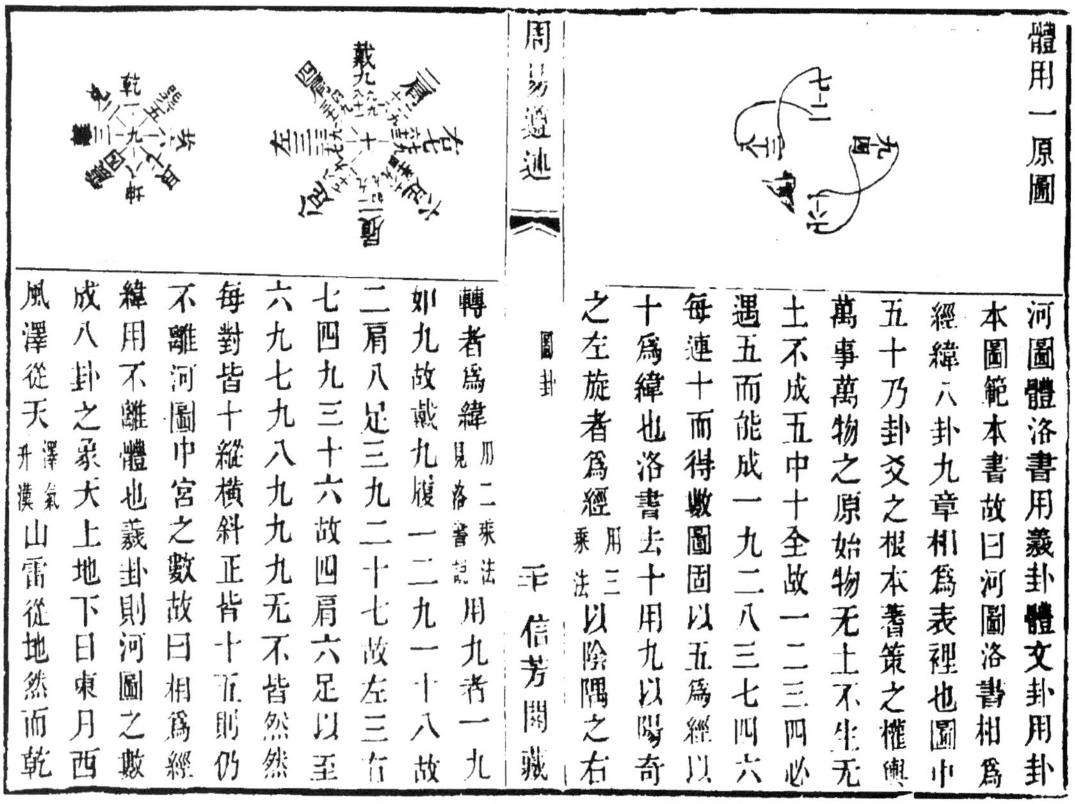

體用一原圖

河圖體洛書用羲卦體文卦用卦本圖範本書故曰河圖洛書相爲經緯八卦九章相爲表裡也圖中五十乃卦爻之根本蓍策之權輿萬事萬物之原始物无土不生无土不成五中十全故一二三四必遇五而能成一九二八三七四六每連十而得數圖固以五爲經以十爲緯也洛書去十用九以陽奇之左旋者爲經（用三乘法）以陰隅之右轉者爲緯（用二乘法見洛書說）用九者一九如九故戴九履一二九一十八故二肩八足三九二十七故左三右七四九三十六故四肩六足以至六九七九八九九九九无不皆然然每對皆十縱橫斜正皆十五則仍不離河圖中宮之數故曰相爲經緯用不離體也羲卦則河圖之數成八卦之象天上地下日東月西風澤從天（澤氣升漢）山雷從地然而乾

周易遵述　圖卦　信芳閣藏

图 11－1　体用一原图
（蒋本《周易遵述》）

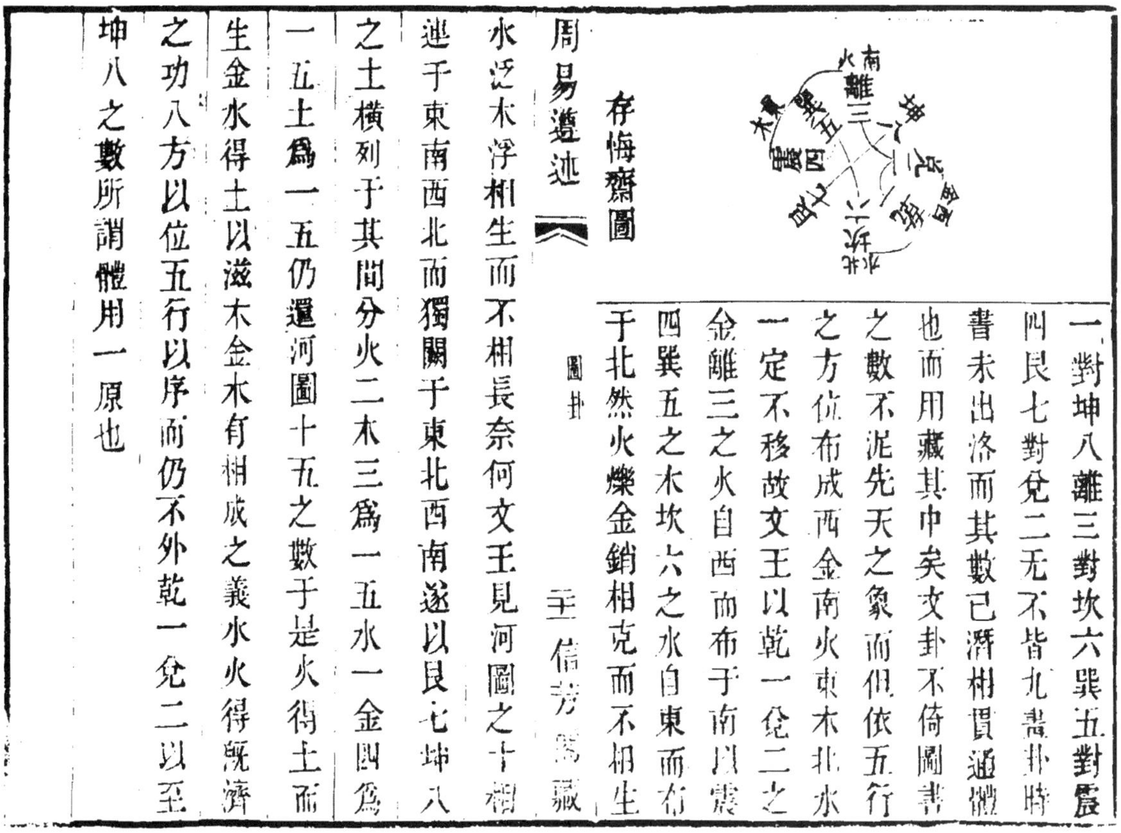
存悔齋圖

一對坤八離三對坎六巽五對震四艮七對兌二无不皆九畫卦時書未出洛而其數已濟相貫通體也而用藏其中矣文卦不倚圖書之數不泥先天之象而但依五行之方位布成西金南火東木北水一定不移故文王以乾一兌二之金離三之火自西而布于南以震四巽五之木坎六之水自東而右于北然火爍金銷相克而不相生水泛木浮相生而不相長奈何文王見河圖之十相逆于東南西北而獨關于東北西南遂以艮七坤八之土橫列于其間分火二木三為一五水一金四為一五土為一五仍還河圖十五之數于是火得土而生金水得土以滋木金木有相成之義水火得既濟之功八方以位五行以序而仍不外乾一兌二以至坤八之數所謂體用一原也

周易遵述　圖卦　王信芳閣藏

图 11－2　体用一原图

（蒋本《周易遵述》）

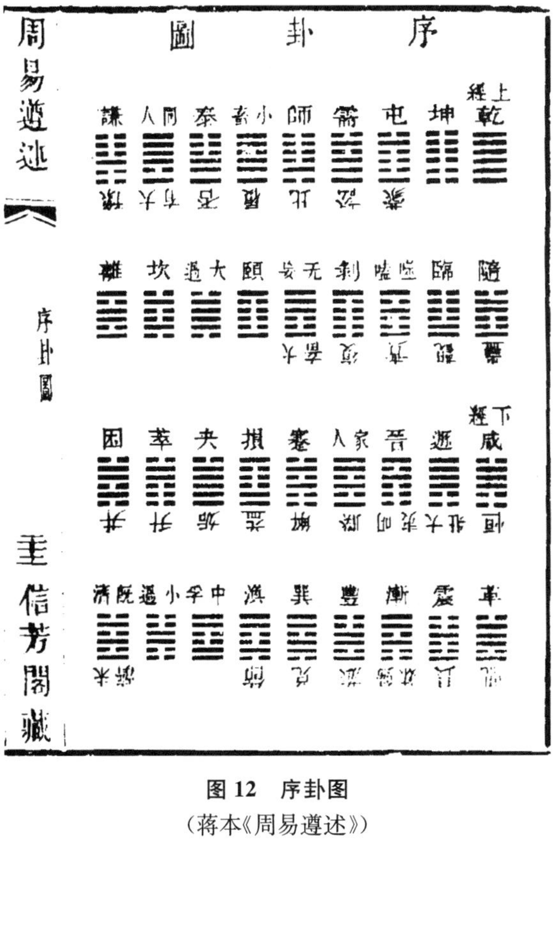

图 12　序卦图

（蒋本《周易遵述》）

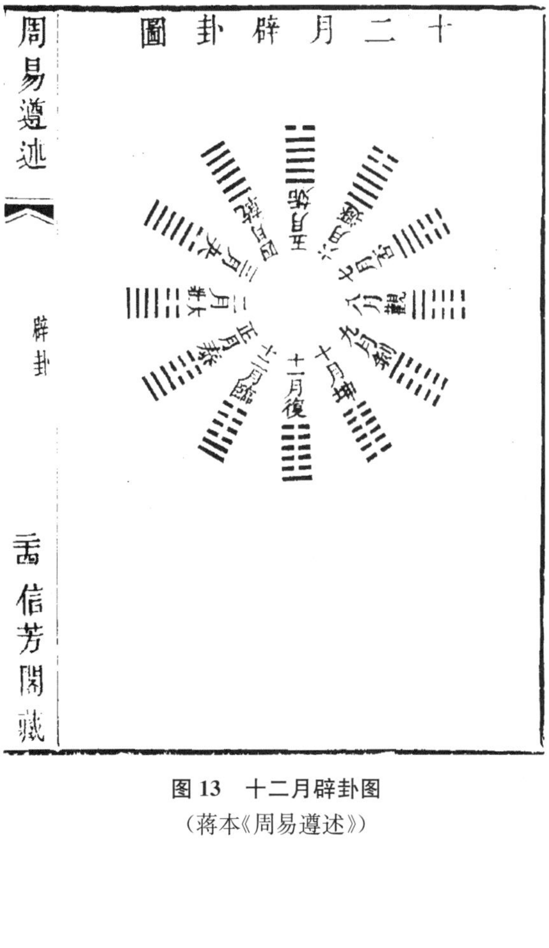

图 13　十二月辟卦图

（蒋本《周易遵述》）

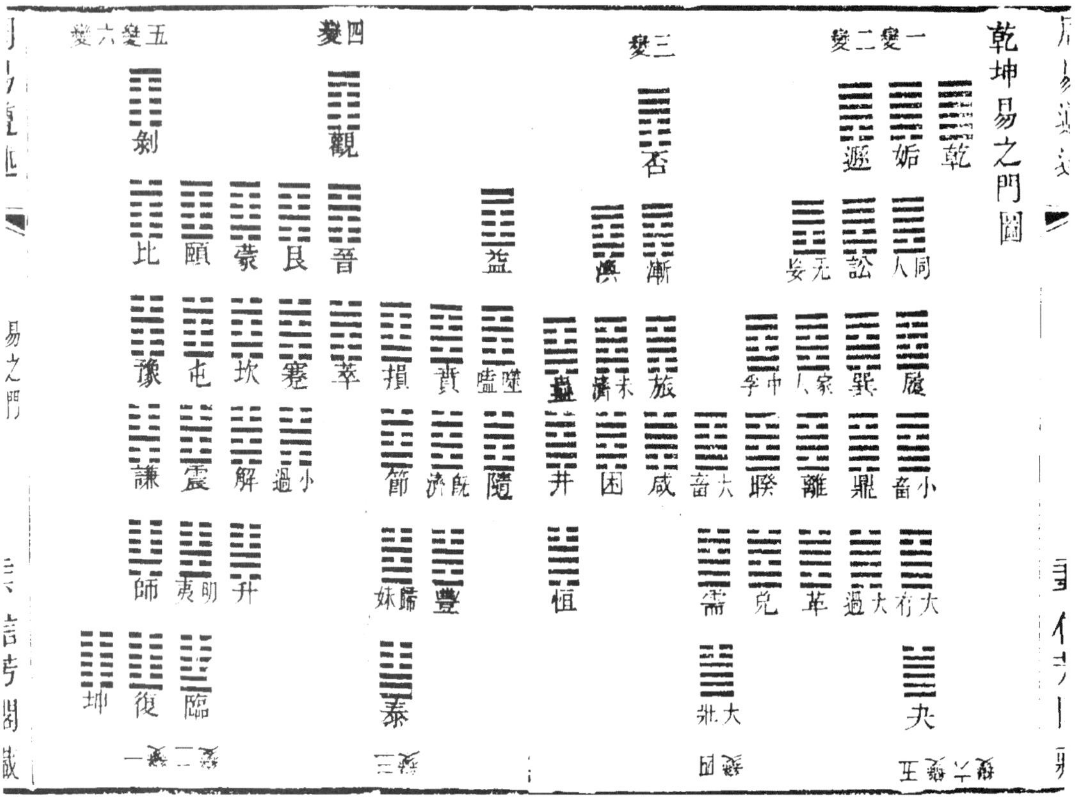

图 14　乾坤易之门图

（蒋本《周易遵述》）

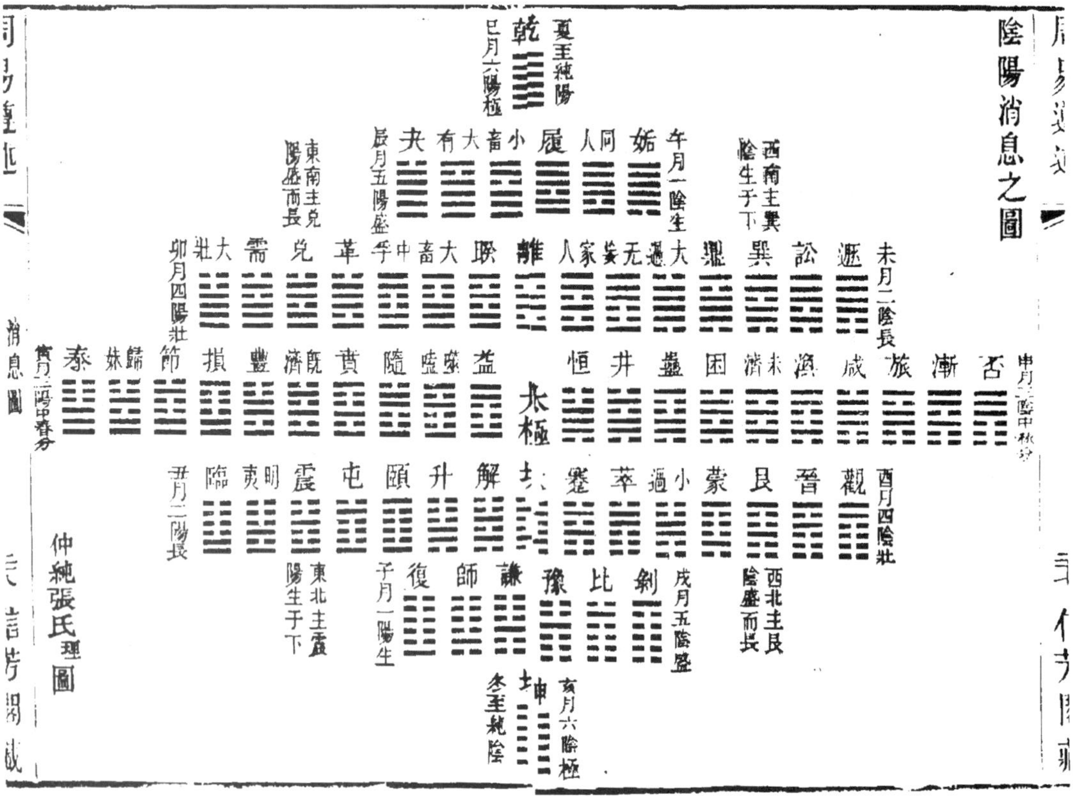

图 15　阴阳消息之图

（蒋本《周易遵述》）

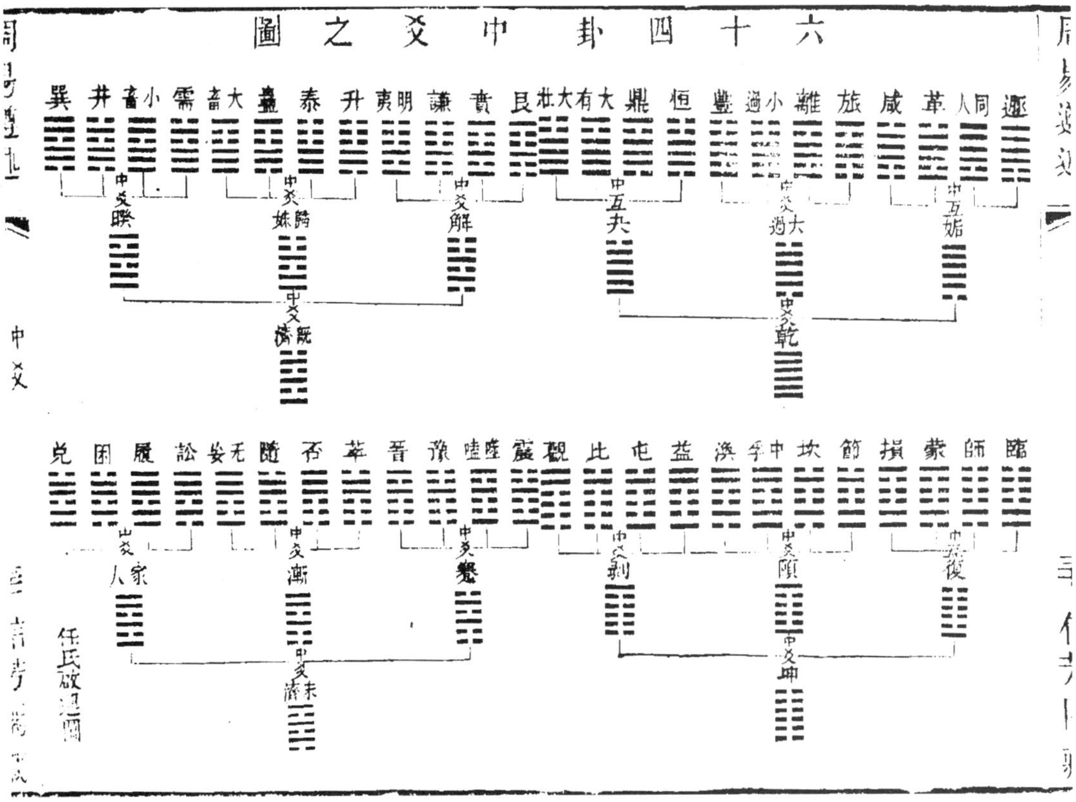

图 16　六十四卦中爻之图

（蒋本《周易遵述》）

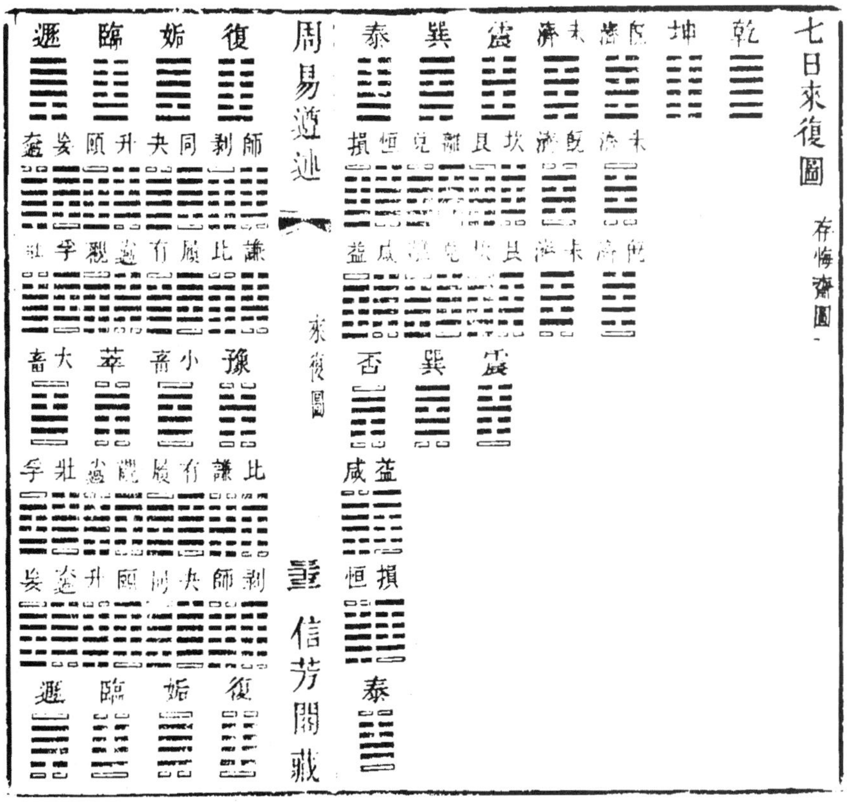

图 17　七日来复图

（蒋本《周易遵述》）

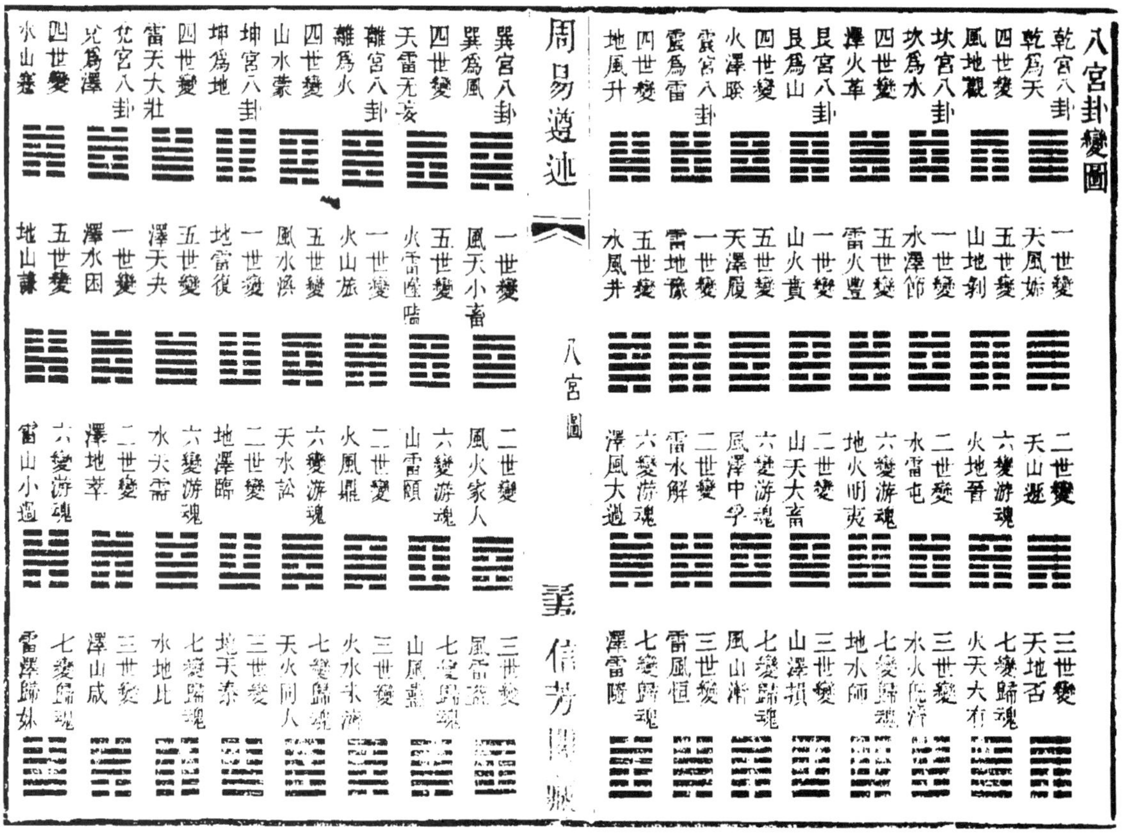

图 18　八宫卦变图

（蒋本《周易遵述》）

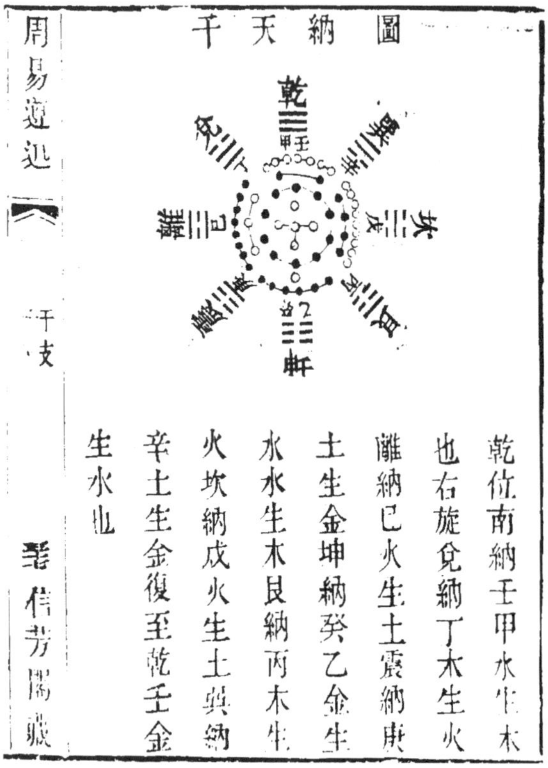

图 19　图纳天干图

（蒋本《周易遵述》）

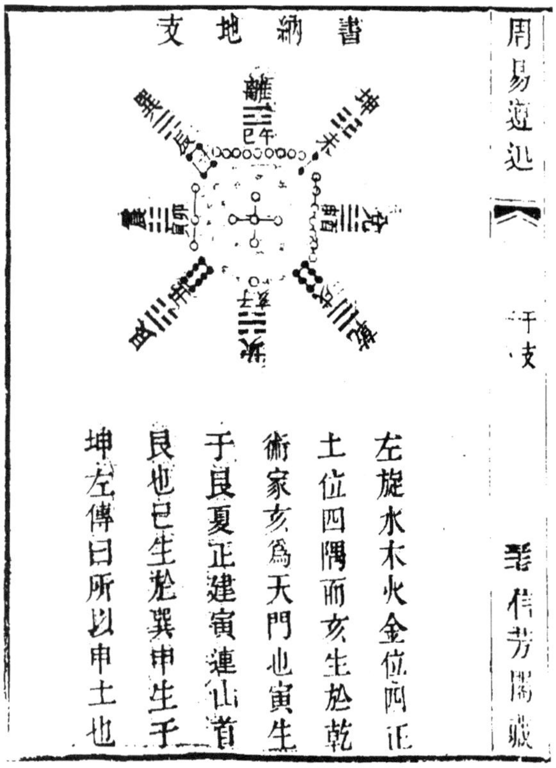

图 20　书纳地支图

（蒋本《周易遵述》）

八卦納甲法
沈存中圖
乾 甲
坤 乙
艮 丙
兌 丁
坎 戊
離 己
震 庚
巽 辛
乾 壬
坤 癸
乾坤列于上下六子包乎腹中
卦次自下而上干次自上而下
周易遵述 卷八
納甲
信芳閣藏

图 21　八卦纳甲法图
（蒋本《周易遵述》）

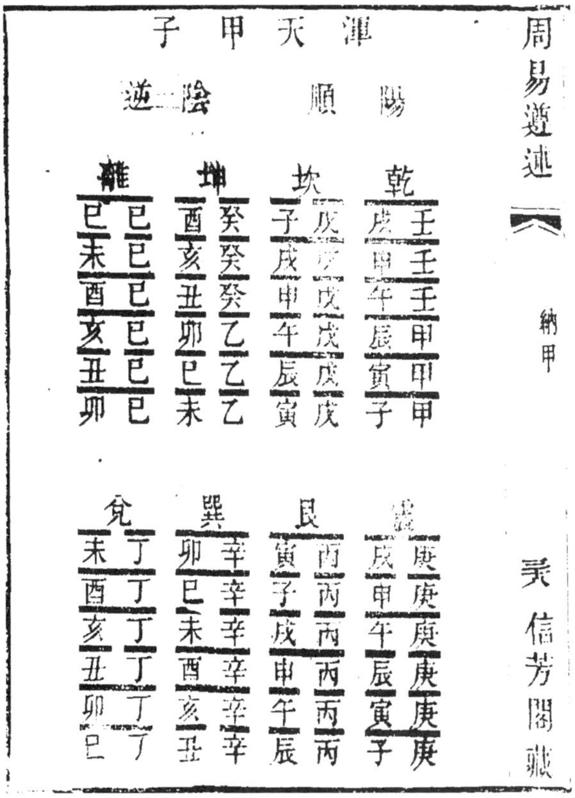
渾天甲子
陽順 陰逆
乾 壬戌 壬申 壬午 甲辰 甲寅 甲子
坎 戊子 戊戌 戊申 戊午 戊辰 戊寅
坤 癸酉 癸亥 癸丑 乙卯 乙巳 乙未
離 己巳 己未 己酉 己亥 己丑 己卯
震 庚戌 庚申 庚午 庚辰 庚寅 庚子
艮 丙寅 丙子 丙戌 丙申 丙午 丙辰
巽 辛卯 辛巳 辛未 辛酉 辛亥 辛丑
兌 丁未 丁酉 丁亥 丁丑 丁卯 丁巳
周易遵述 卷八
納甲
信芳閣藏

图 22　浑天甲子图
（蒋本《周易遵述》）

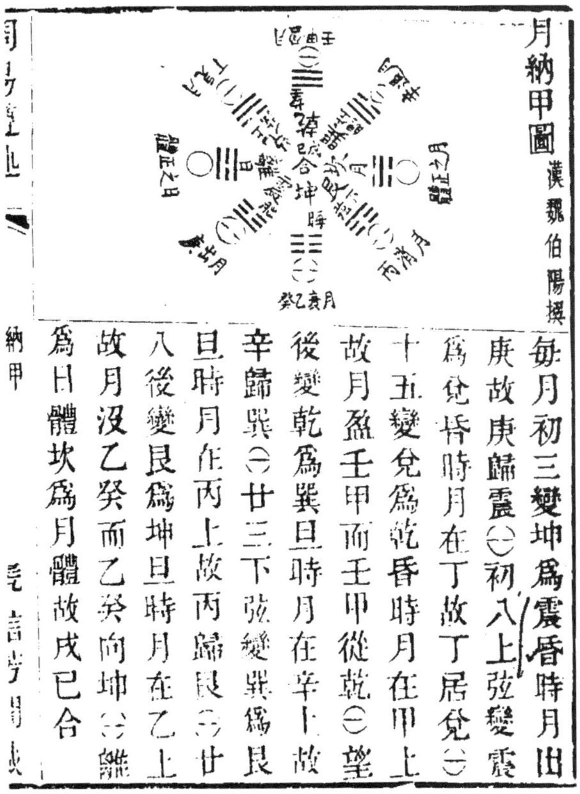
月納甲圖
漢魏伯陽撰
每月初三變坤爲震昏時月出庚故庚歸震㈠初八上弦變震爲兌昏時月在丁故丁居兌㈡十五變兌爲乾昏時月在甲上故月盈壬甲而壬甲從乾㈢望後變乾爲巽旦時月在辛上故辛歸巽㈣廿三下弦變巽爲艮旦時月在丙上故丙歸艮㈤廿八後變艮爲坤旦時月在乙上故月沒乙癸而乙癸向坤㈥離爲日體坎爲月體故戊己合
納甲

图 23　月纳甲图
（蒋本《周易遵述》）

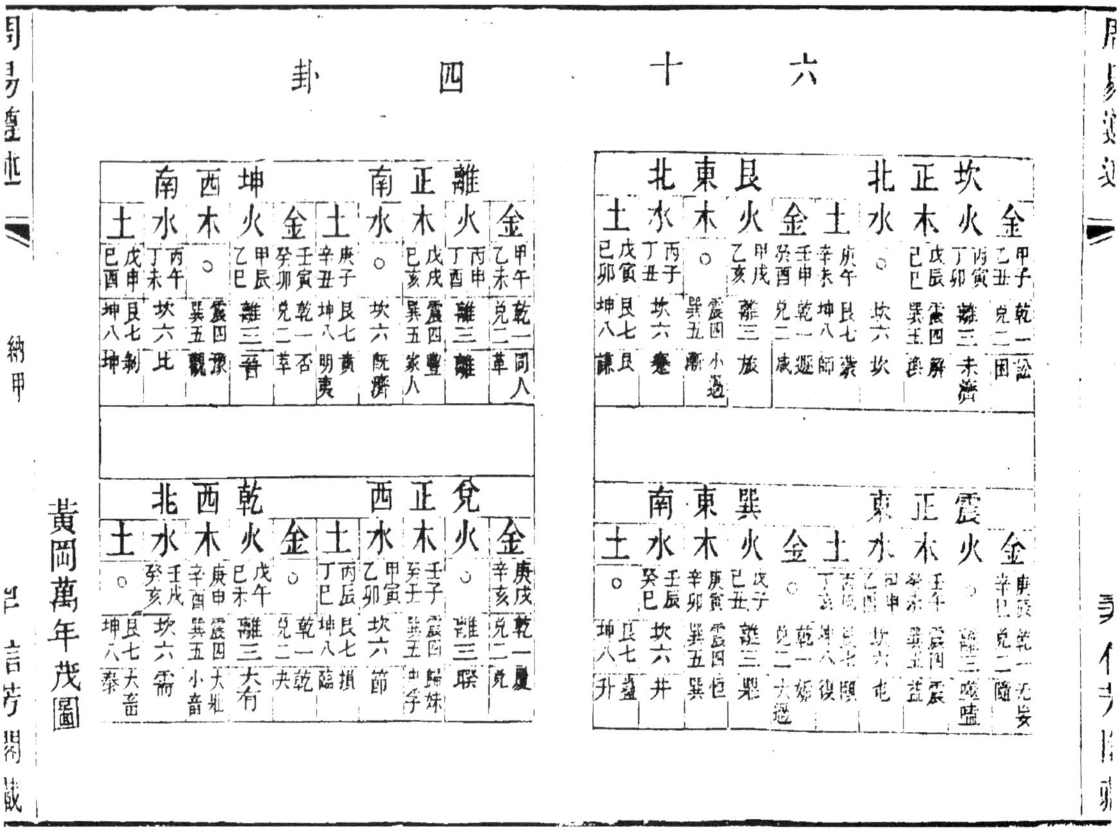

图 24　六十四卦图
（蒋本《周易遵述》）

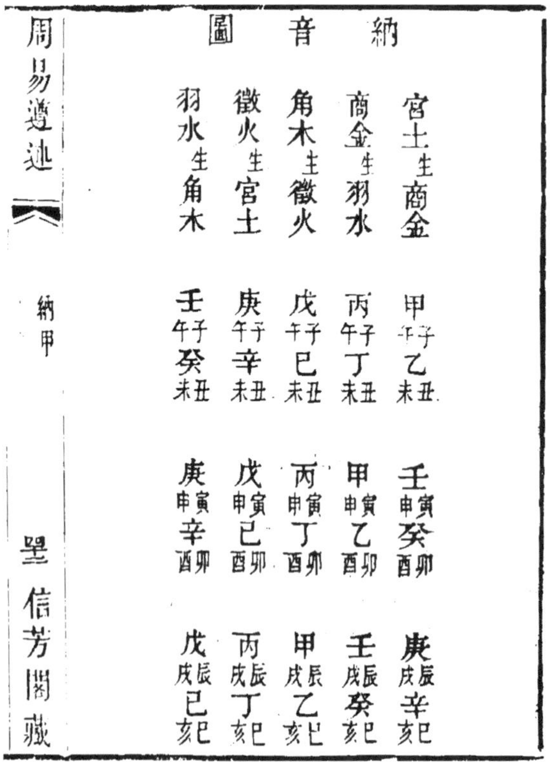

图 25　纳音图
（蒋本《周易遵述》）

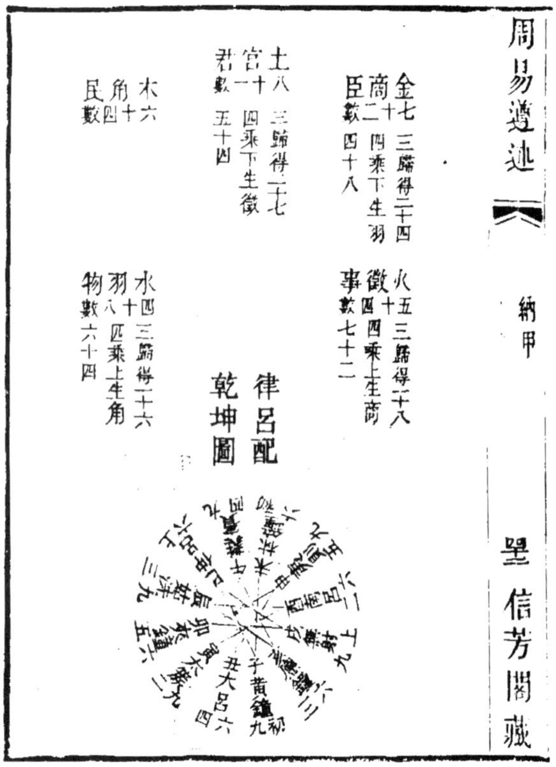

图 26　律吕配乾坤图
（蒋本《周易遵述》）

毛一丰

生卒年不详，字安洲，清江苏苏州人。著有《易用》五卷附一首。现存有《周易》图像一幅。

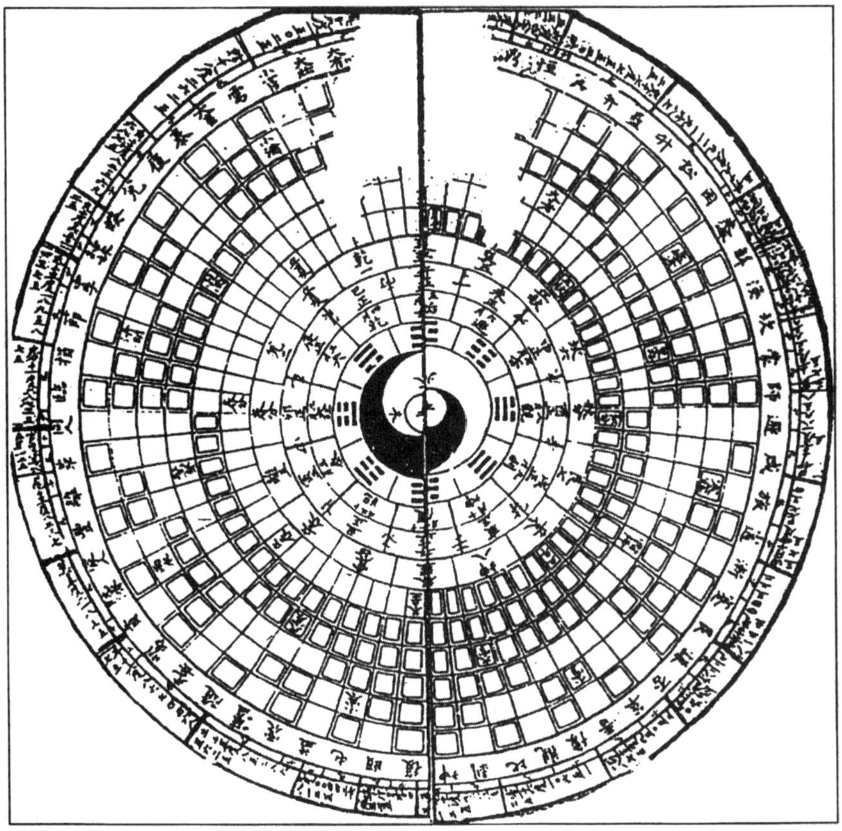

图 1　太极卦象星象图

（毛一丰《易用》）

何秋涛(1824—1862)

字愿船，清福建光泽人。道光二十四年(1844)进士，官刑部主事，升员外郎、懋勤殿行走。主笔刑部所撰《律例根源》，编纂《朔方备乘》考索北方边境历史，获谕旨褒奖。外艰离任后主讲保定莲池书院，不久离世。著有《孟子编年考》一卷、《王会篇笺释》三卷、《一镫精舍经解》、《一镫精舍诗文集》等。现存有《周易》图像一幅。

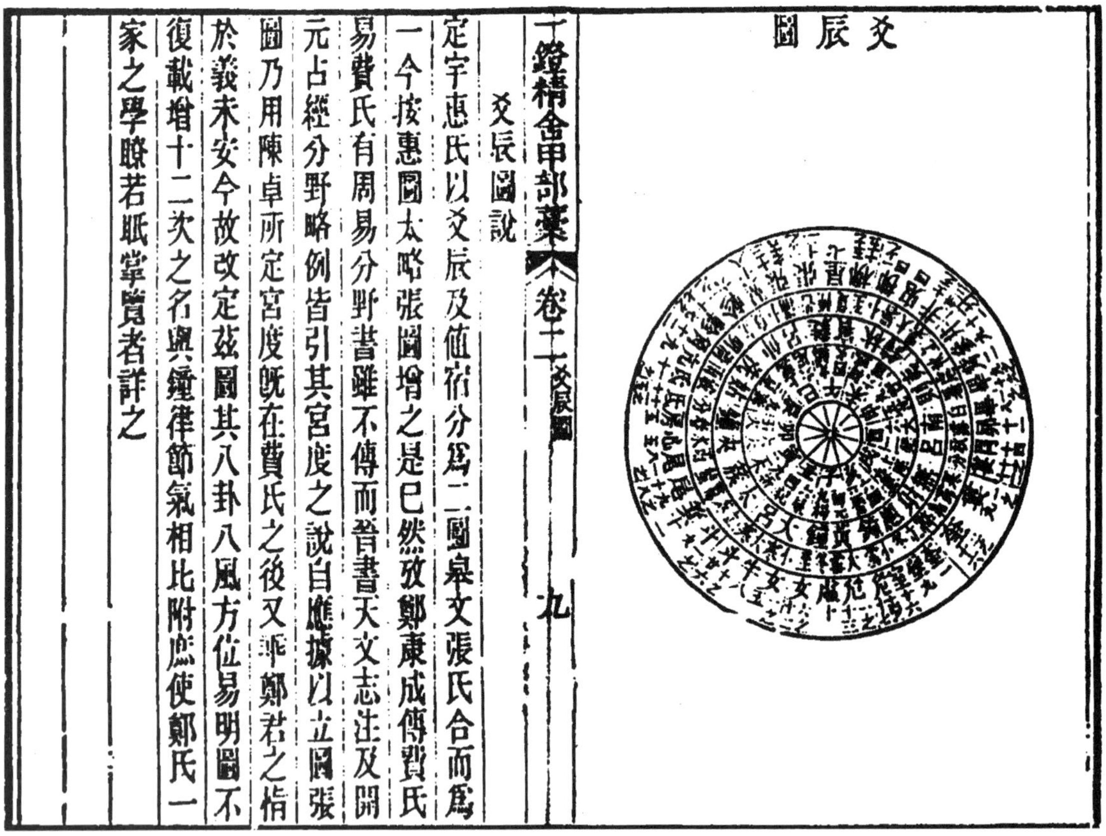

一鐙精舍甲部藁 卷二 爻辰圖 九

爻辰圖說

定宇惠氏以爻辰及值宿分爲二圖皋文張氏合而爲一今按惠圖太略張圖增之是已然攷鄭康成傳費氏易費氏有周易分野書雖不傳而晉書天文志注及開元占經分野略例皆引其宮度之說自應據以立圖張圖乃用陳卓所定宮度既在費氏之後又乖鄭君之指於義未安今故改定茲圖其八卦八風方位易明圖不復載增十二次之名與鐘律節氣相比附庶使鄭氏一家之學瞭若眡掌覽者詳之

图1　爻辰图
(何秋涛《周易爻辰申郑义》)

章楠

生卒年不详，字虚谷，清浙江会稽（今浙江绍兴）人。幼年多病，因而学医，潜心《内经》和《伤寒论》三十余年，融会贯通历代医家精要。著有《医门棒喝》四卷、《伤寒论本旨》（《医门棒喝》二集）九卷等。现存有《周易》图像一幅。

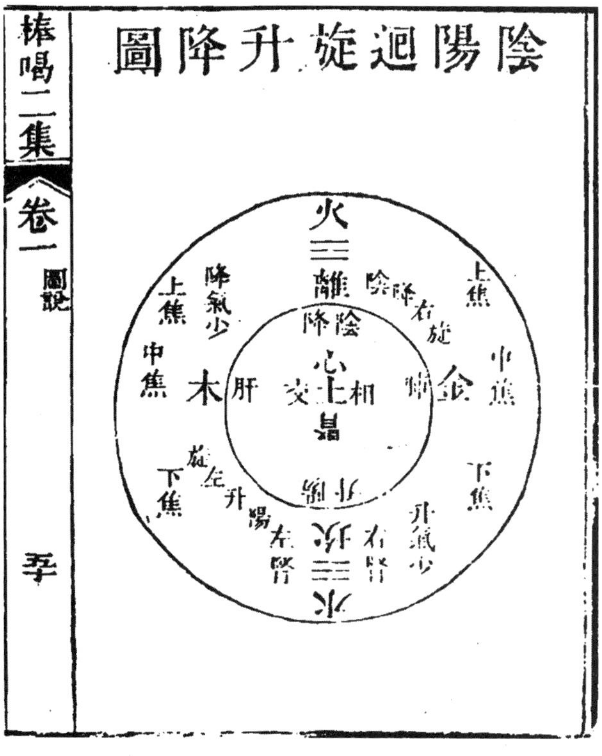

图 1　阴阳回旋升降图

（章楠《医门棒喝二集伤寒论本旨》）

庄忠棫(1830—1878)

字希祖,号中白,清江苏丹徒(今镇江)人。九岁捐资候选部郎,后改府同知。曾经校书淮南,性好治《易》。著有《周易通义》十六卷、《周易荀氏九家义》九卷、《周易荀氏例》二卷、《易纬通义》八卷、《周易繁露》五卷等。现存有《周易》图像四幅。

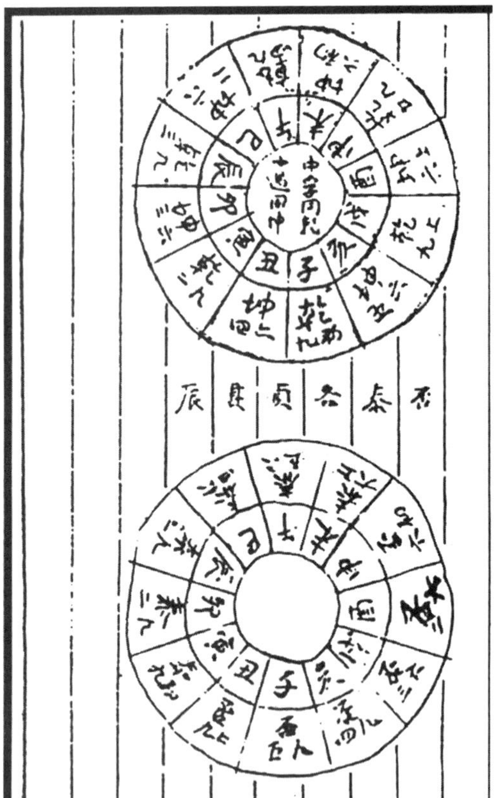

图1　否泰各贞其辰图
(庄忠棫《易纬通义》)

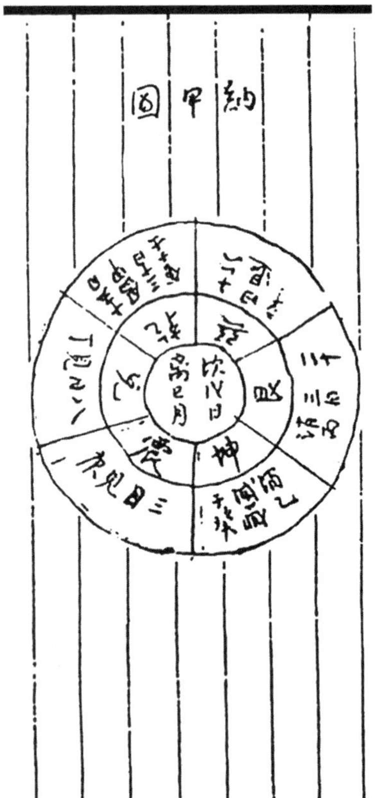

图2　纳甲图
(庄忠棫《易纬通义》)

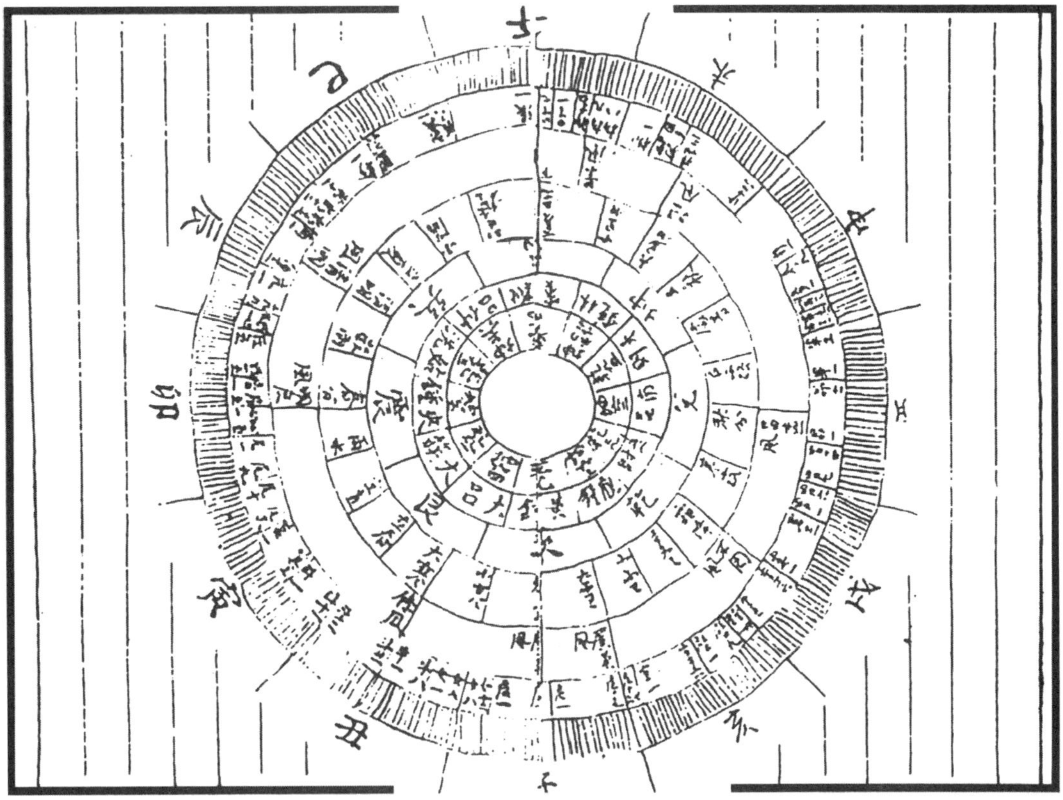

图 3　后天八卦卦气图
（庄忠棫《易纬通义》）

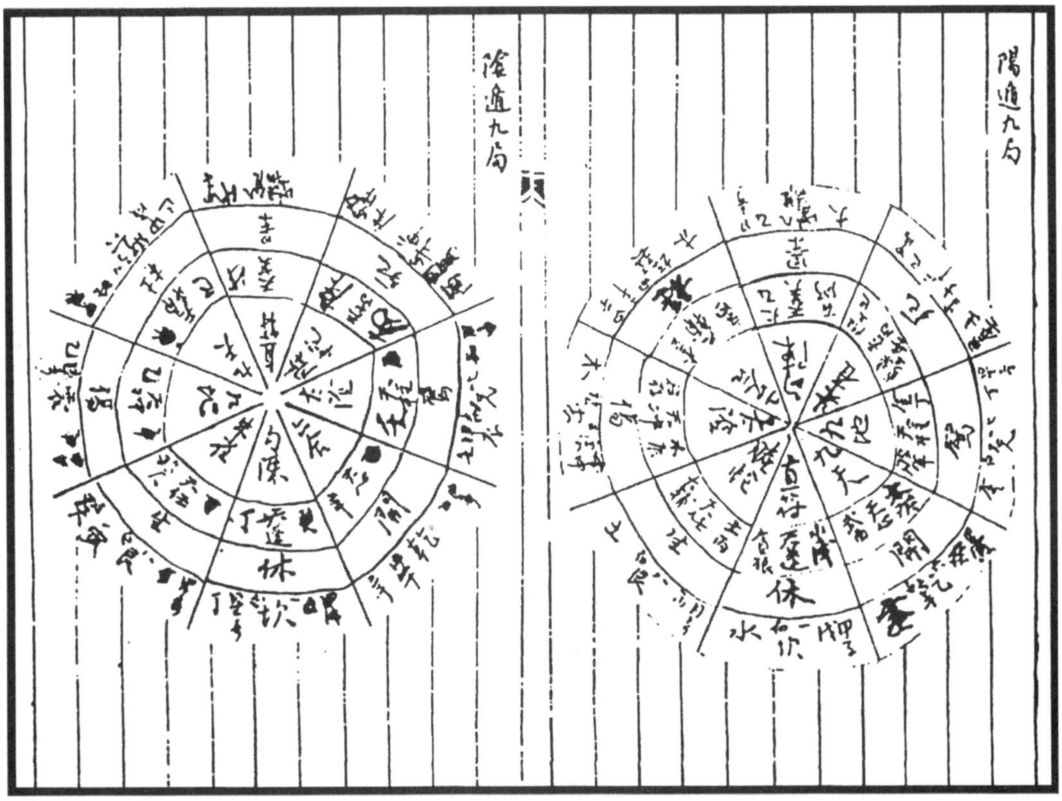

图 4　太乙遁甲图
（庄忠棫《易纬通义》）

沈善登(1830—1902)

字縠成,清浙江桐乡人。同治六年(1867)举人,七年进士,授翰林院庶吉士。早年师从钟文烝习《春秋谷梁》学,中年涉猎西方学说,又兼通佛学,晚年专研《周易》。著有《沈縠成易学》《沈氏改正揲蓍法》等。现存有《周易》图像四十幅。

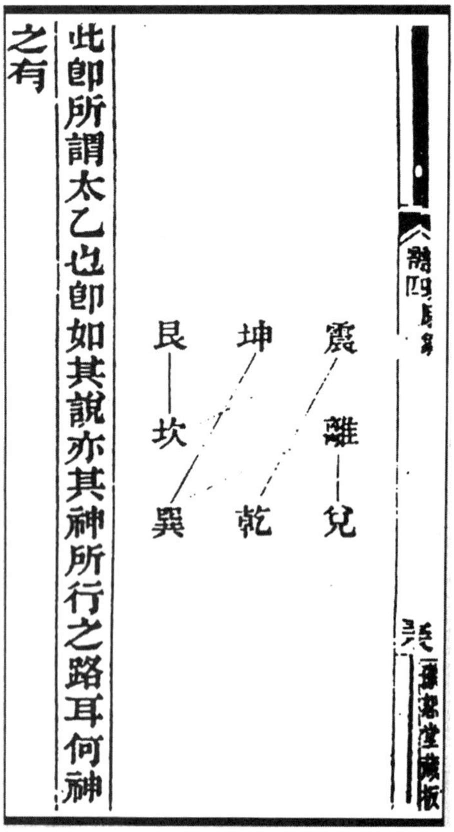
震
離
兑
坤
乾
艮
坎
巽
此即所謂太乙也即如其說亦其神所行之路耳何神之有

图1　太一所行图
(沈善登《需时眇言》)

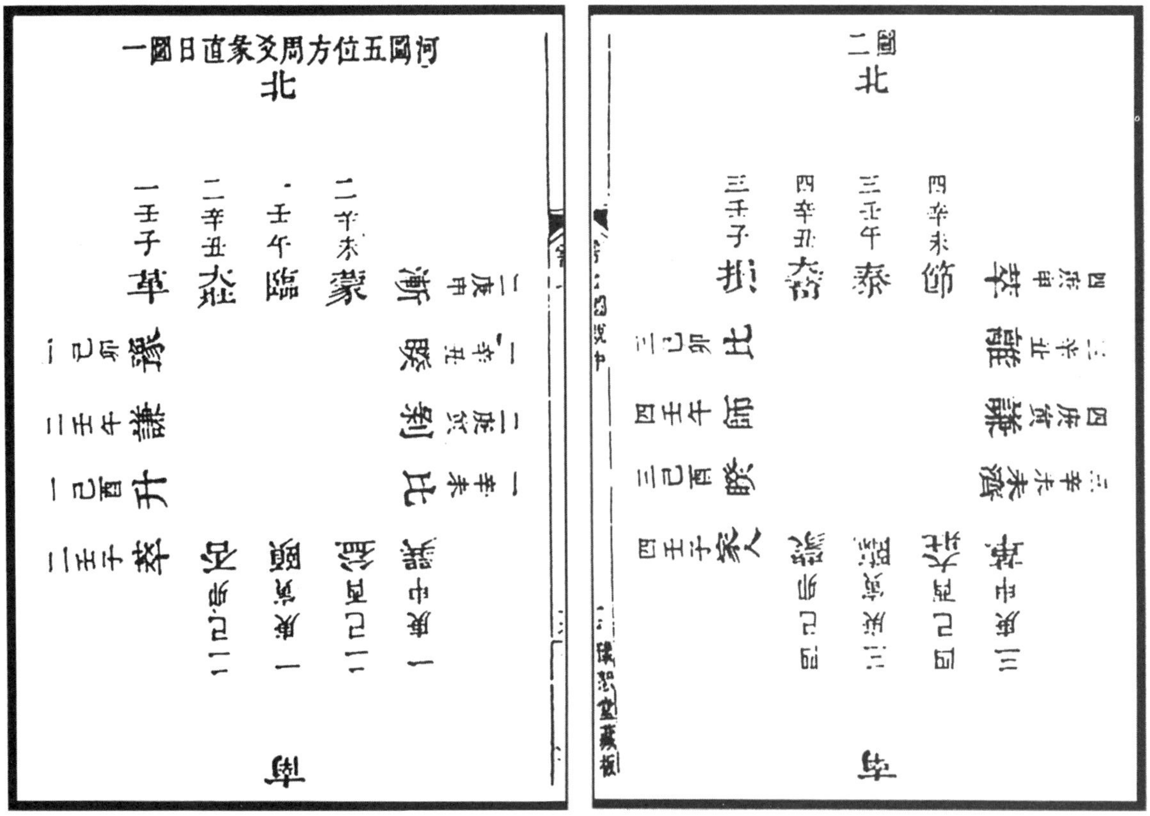

图 2　河图五位方周爻象直日二图
（沈善登《需时眇言》）

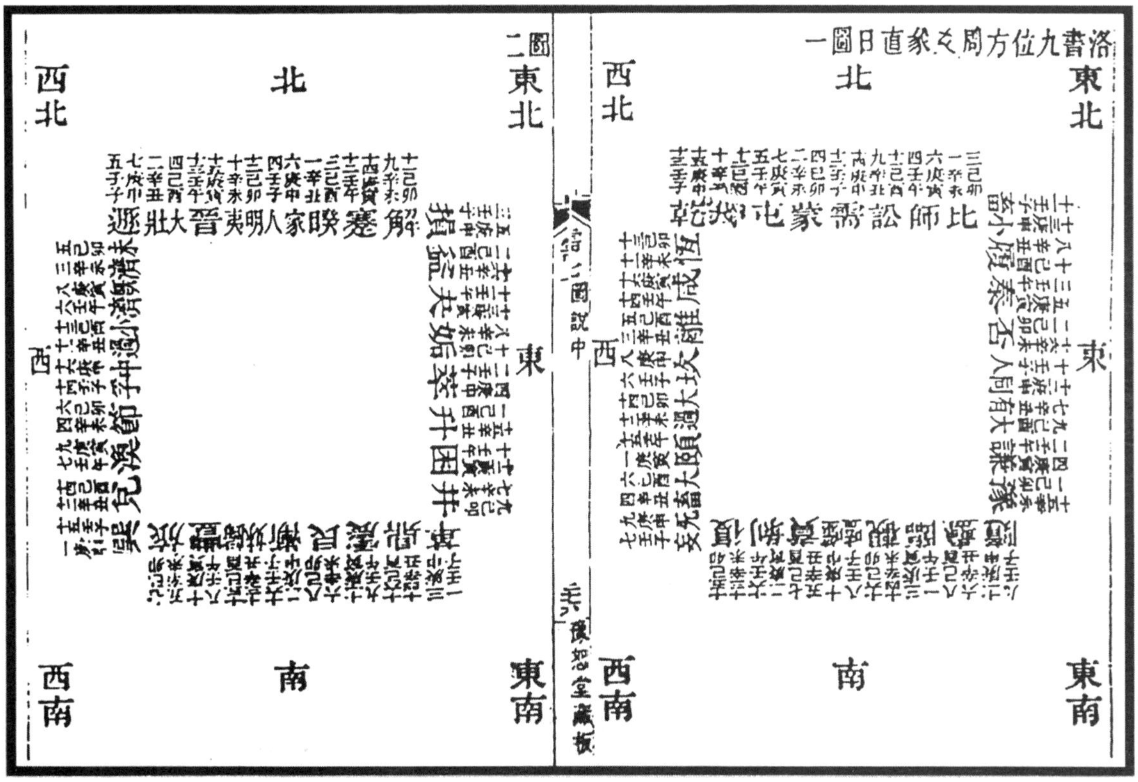

图 3－1　洛书九位方周爻象直日三图
（沈善登《需时眇言》）

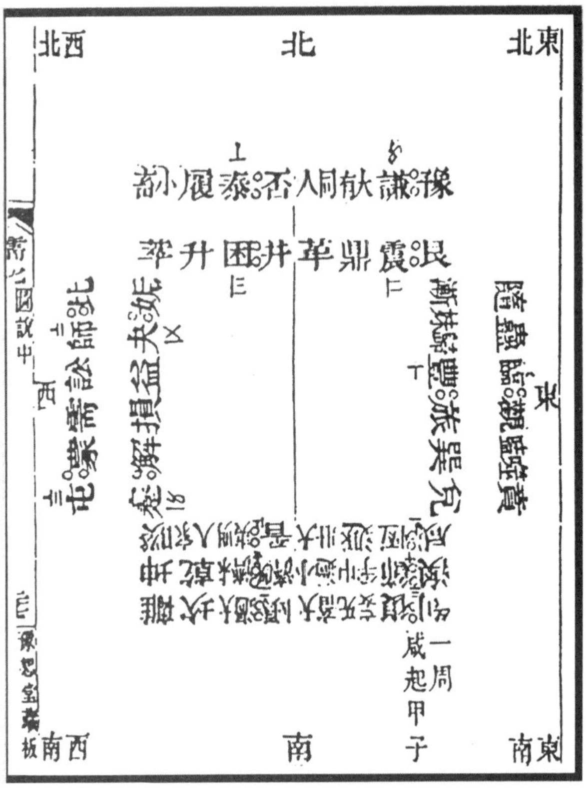
北
東北
西北
南
東南
西南
一周成起甲子

图 3 - 2　洛书九位方周爻象直日三图
（沈善登《需时眇言》）

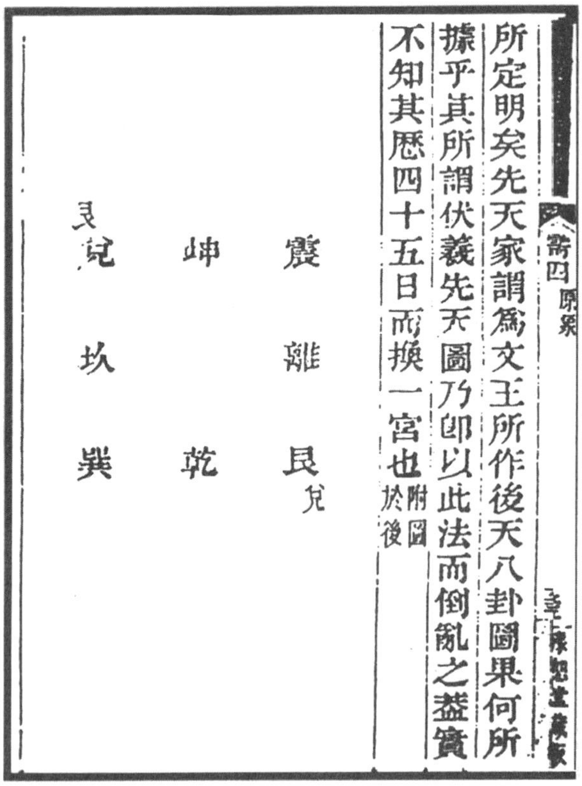
所定明矣先天家謂爲文王所作後天八卦圖果何所
據乎其所謂伏羲先天圖乃即以此法而倒亂之蓋實
不知其歷四十五日而換一宮也附圖於後
震　離　艮
坤　乾
兌　坎　巽

图 4　八卦方图
（沈善登《需时眇言》）

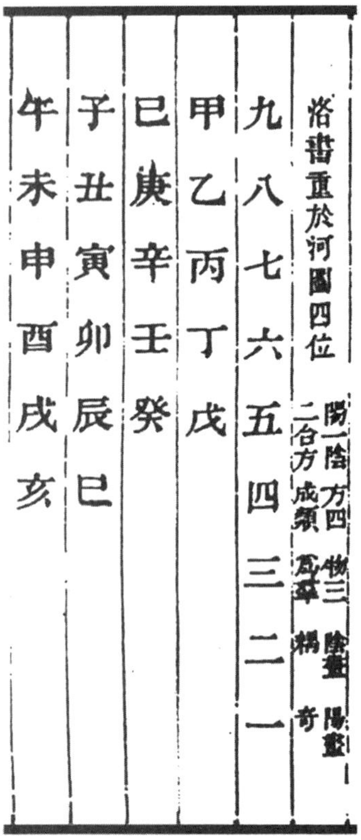
洛書重於河圖四位
九　八　七　六　五　四　三　二　一
甲　乙　丙　丁　戊
巳　庚　辛　壬　癸
子　丑　寅　卯　辰　巳
午　未　申　酉　戌　亥

图 5　干支配属图
（沈善登《需时眇言》）

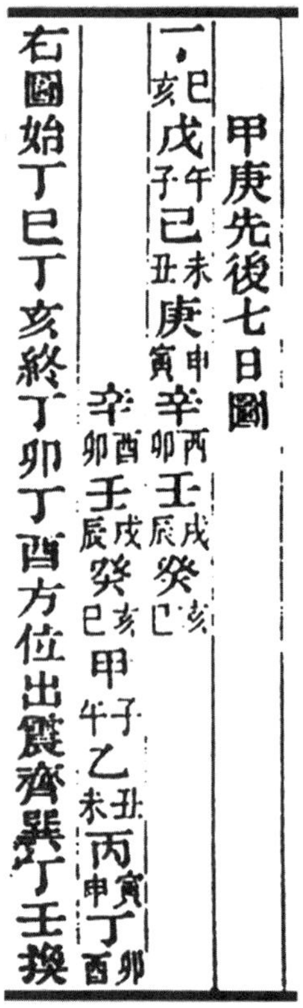
甲庚先後七日圖
右圖始丁巳丁亥終丁卯丁酉方位出震齊巽丁壬換

图 6　甲庚先后七日图
（沈善登《需时眇言》）

图 7　重卦流行甲庚十六周图谱图

（沈善登《需时眇言》）

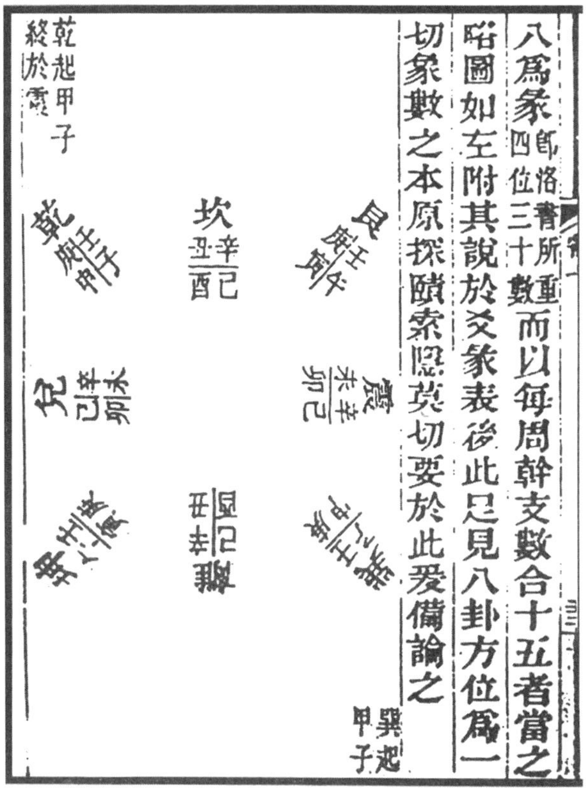
八爲象（四位洛書所謂三十數）重而以每周幹支數合十五者當之
昭圖如左附其說於爻象表後此已見八卦方位爲一
切象數之本原探賾索隱莫切要於此爰備論之

图 8　八卦方位图

（沈善登《需时眇言》）

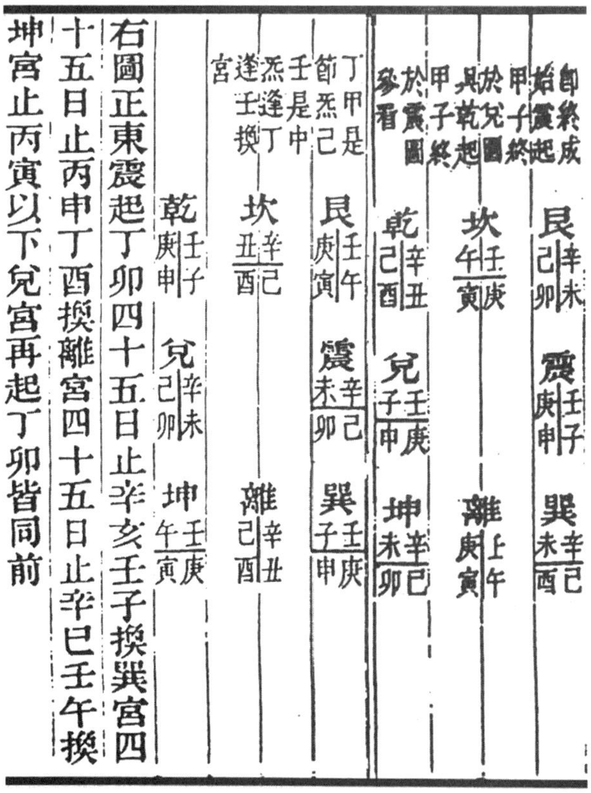
右圖正東震起丁卯四十五日止辛亥壬子換巽宮四
十五日止丙申丁酉換離宮四十五日止辛巳壬午換
坤宮止丙寅以下兌宮再起丁卯皆同前

图 9　八卦起止换宫图

（沈善登《需时眇言》）

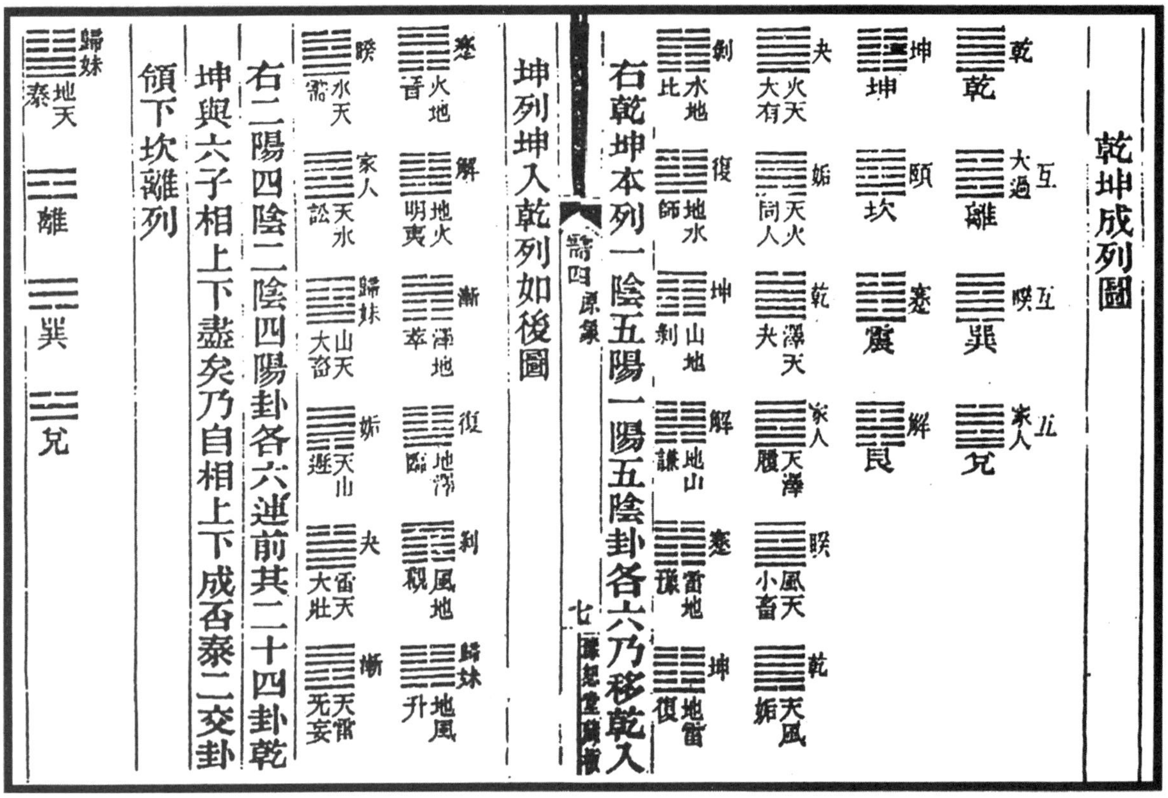

图 10－1　乾坤成列图

（沈善登《需时眇言》）

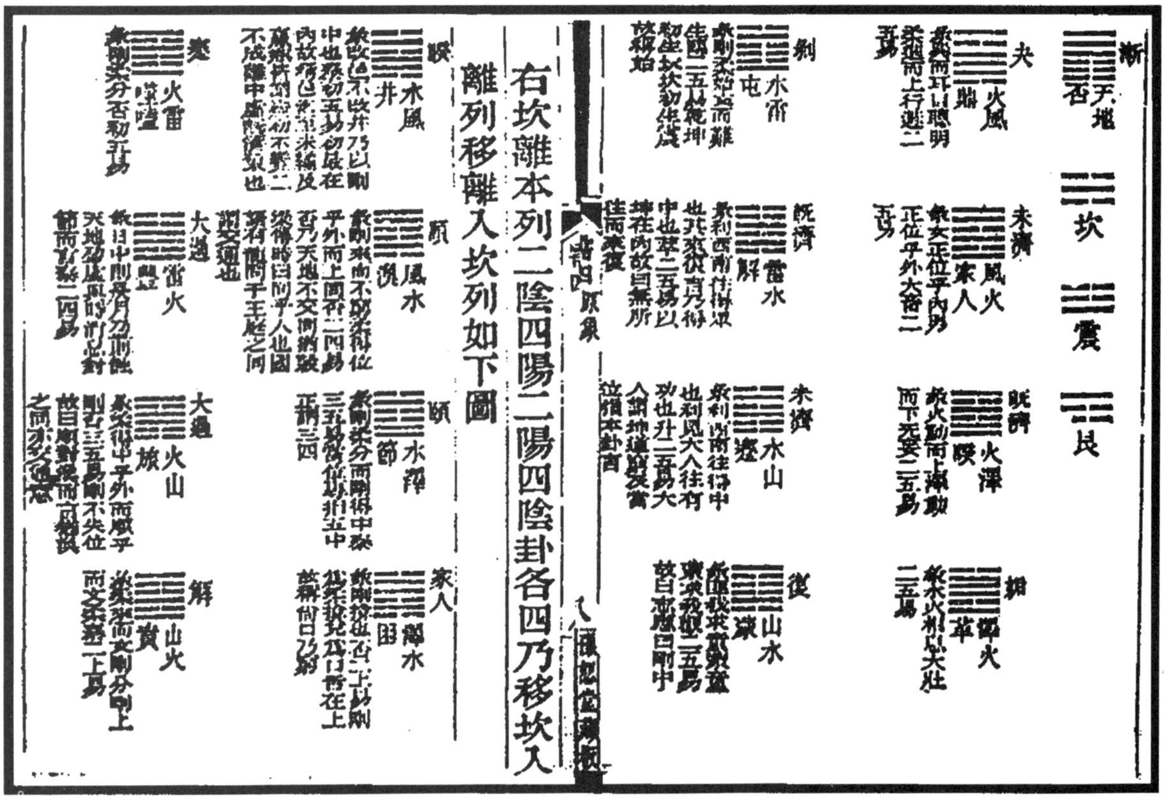

图 10－2　乾坤成列图

（沈善登《需时眇言》）

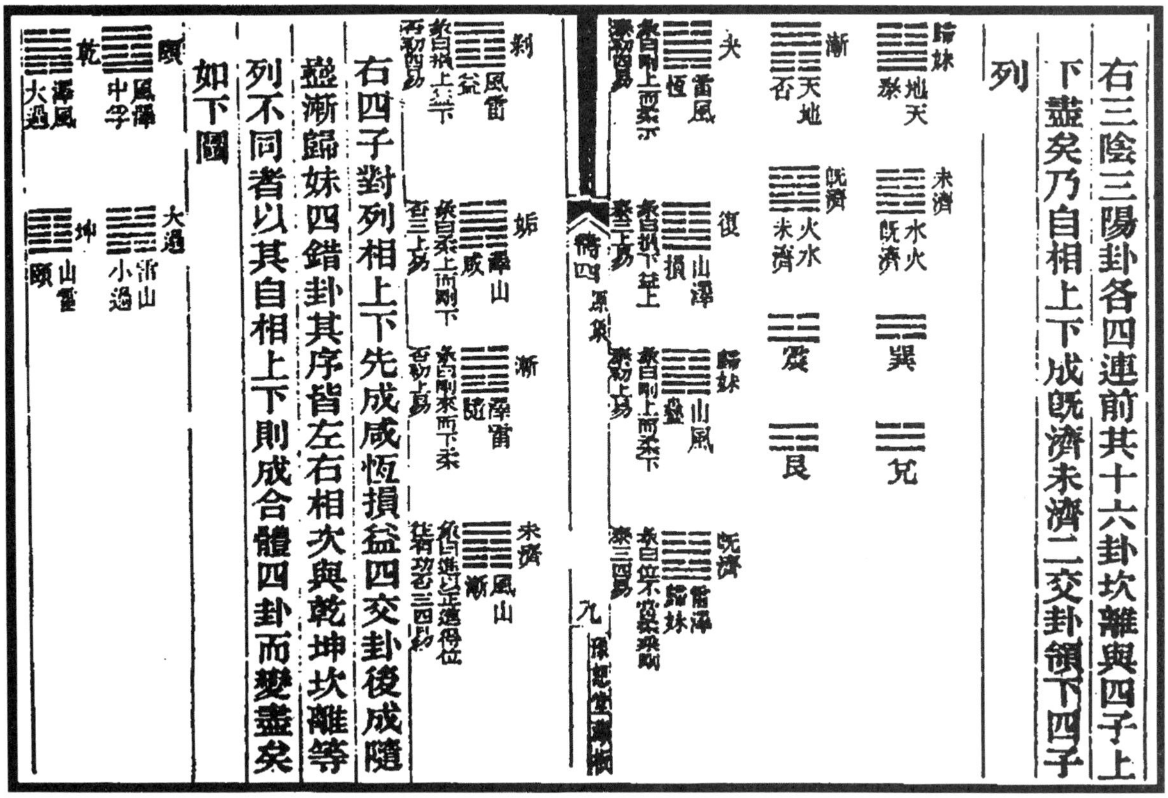
右三陰三陽卦各四連前其十六卦坎離與四子上
下盡矣乃自相上下成既濟未濟二交卦領下四子
列
歸妹 地天 泰
未濟 水火 既濟
巽
兌
漸 天地 否
既濟 火水 未濟
震
艮
夬 雷風 恆 彖曰剛上而柔下 泰初四易
復 山澤 損 彖曰損下益上 泰三上易
歸妹 山風 蠱 彖曰剛上而柔下 泰初上易
既濟 雷澤 歸妹 泰三四易
剝 風雷 益 彖曰損上益下 否初四易
姤 澤山 咸 彖曰柔上而剛下 否三上易
漸 澤雷 隨 彖曰剛來而下柔 否初上易
未濟 風山 漸 彖曰進以正進得位 否三四易
右四子對列相上下先成咸恆損益四交卦後成隨
蠱漸歸妹四錯卦其序皆左右相次與乾坤坎離等
列不同者以其自相上下則成合體四卦而變盡矣
如下圖
頤 風澤 中孚
大過 雷山 小過
乾 澤風 大過
坤 山雷 頤
需時眇言 卷四 九

图 10－3 乾坤成列图

（沈善登《需时眇言》）

前兩卦原屬乾離列上下互易後兩卦原屬坤坎列
上下互易彖辭皆無爻變象
其上八卦皆變自泰否來而仍以二濟領之者如蠱
即既濟初二易五上易歸妹即既濟二三易四五易
隨即未濟初二易五上易漸即未濟二三易四五易
卦變固無內外四爻互易者而二濟本即泰否二五
對易故其象如此
乾坤兩列二十八卦已賅全易六十四卦之象六十四
卦爲經必以十六互體爲緯全易之綱紐也傳因其初
難知其上易知本末也初辭擬之卒成之終若決雜物

图 10－4 乾坤成列图

（沈善登《需时眇言》）

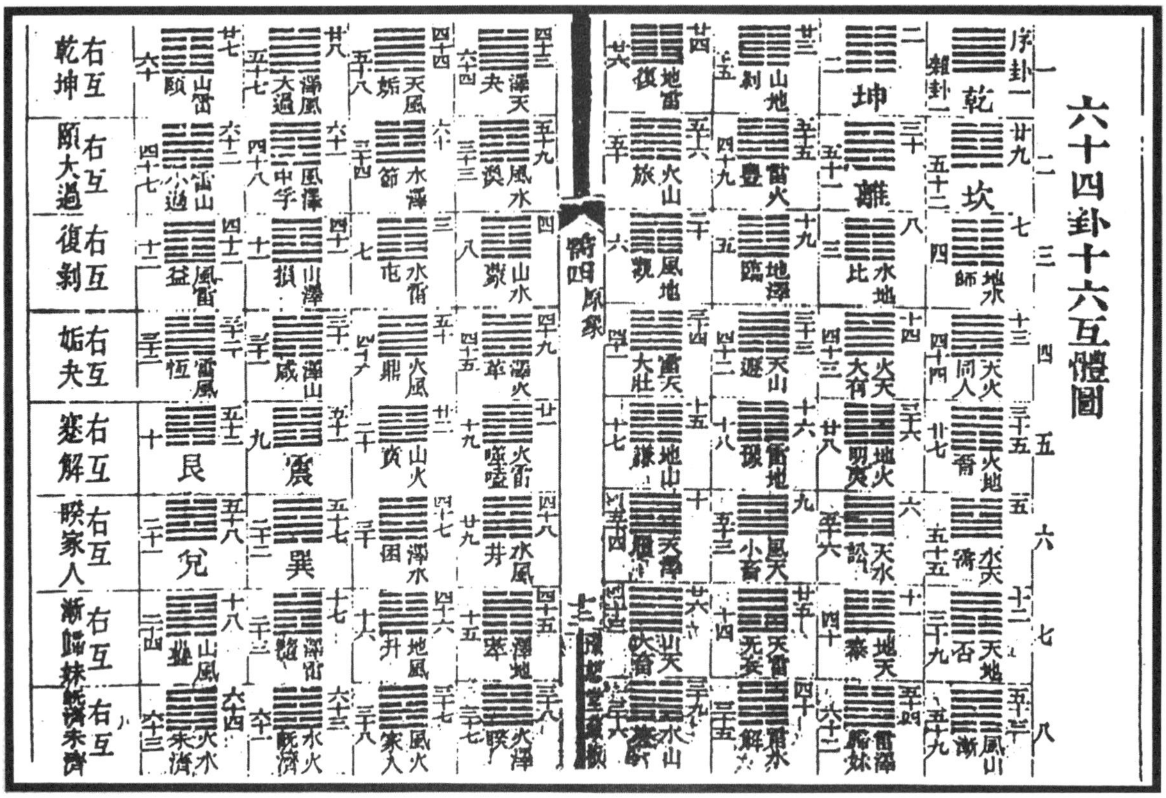
六十四卦十六互體圖
需四 原象

图 11　六十四卦十六互体图
（沈善登《需时眇言》）

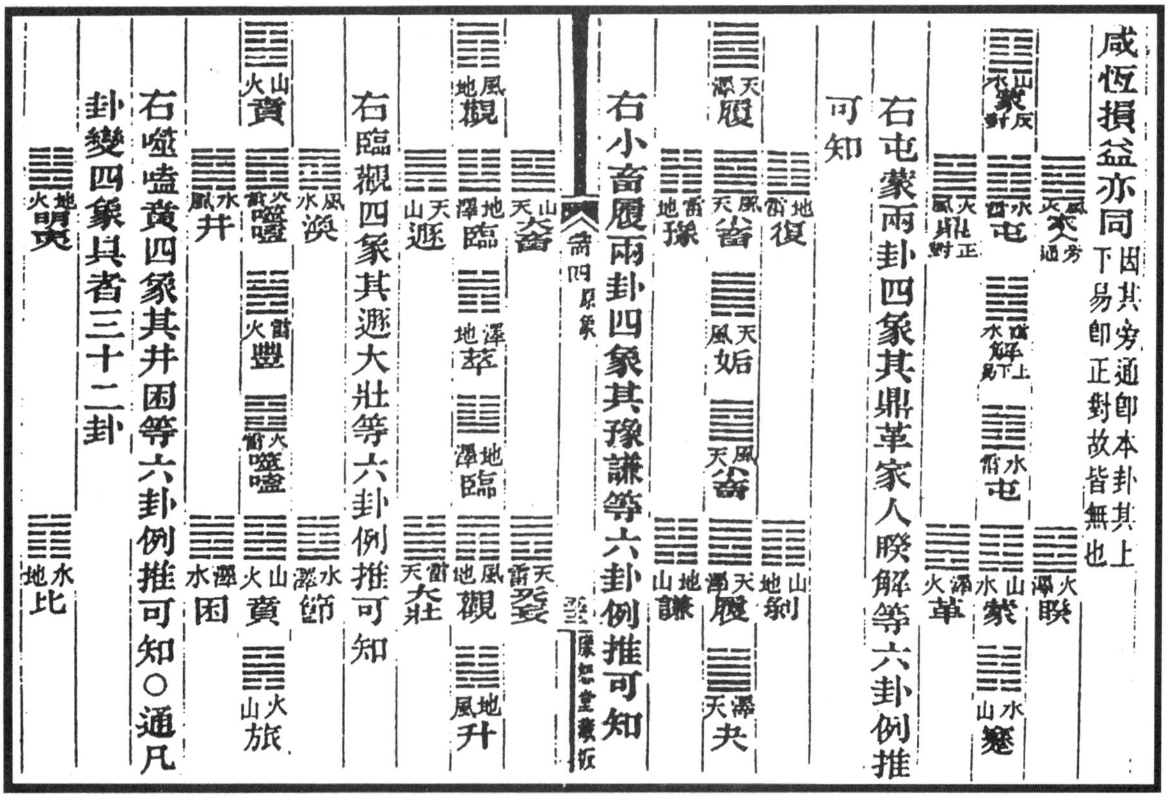
咸恆損益亦同 因其旁通即本卦其上下易即正對故皆無也
右屯蒙兩卦四象其鼎革家人睽解等六卦例推可知
右小畜履兩卦四象其豫謙等六卦例推可知
右臨觀四象其遯大壯等六卦例推可知
右噬嗑賁四象其井困等六卦例推可知○通凡卦變四象具者三十二卦
需四 原象
康熙堂藏板

图 12－1　卦变四象图
（沈善登《需时眇言》）

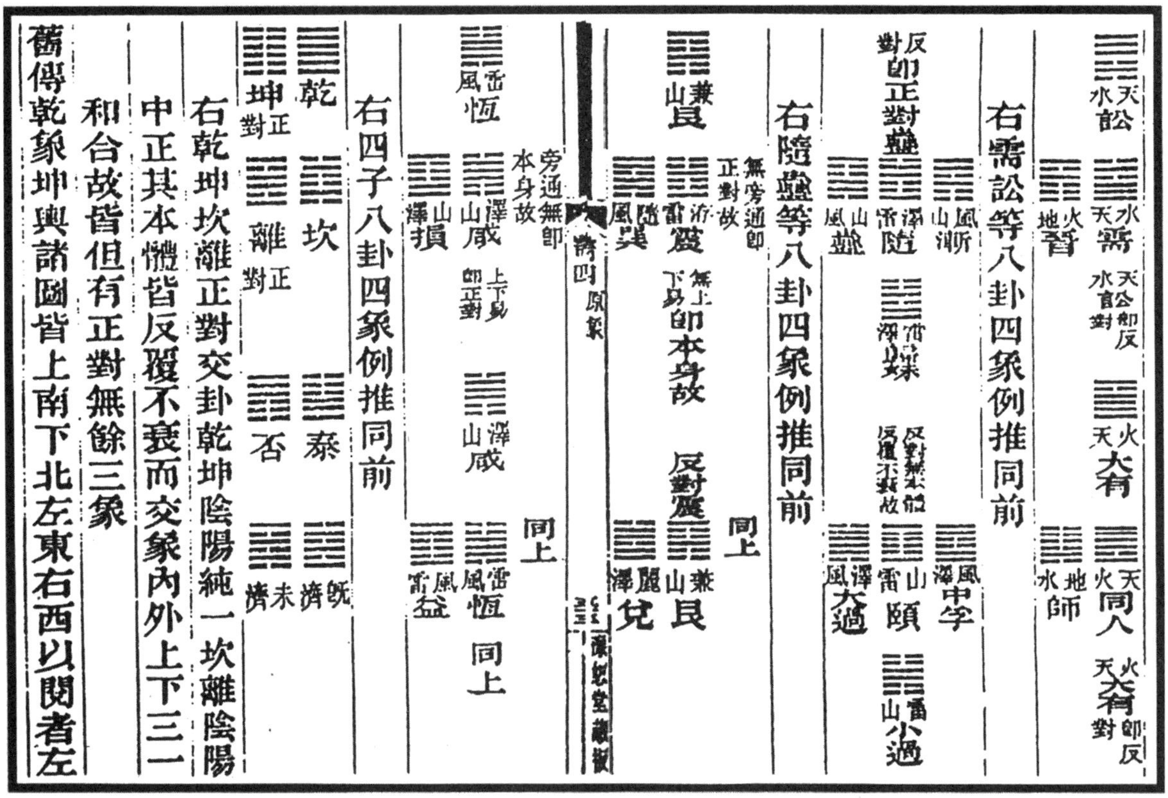
右需訟等八卦四象例推同前
右隨蠱等八卦四象例推同前
右四子八卦四象例推同前
右乾坤坎離正對交卦乾坤陰陽純一坎離陰陽
中正其本體皆反覆不衰而交象內外上下三一
和合故皆但有正對無餘三象
舊傳乾象坤與諸圖皆上南下北左東右西以閱者左

图 12－2　卦变四象图

（沈善登《需时眇言》）

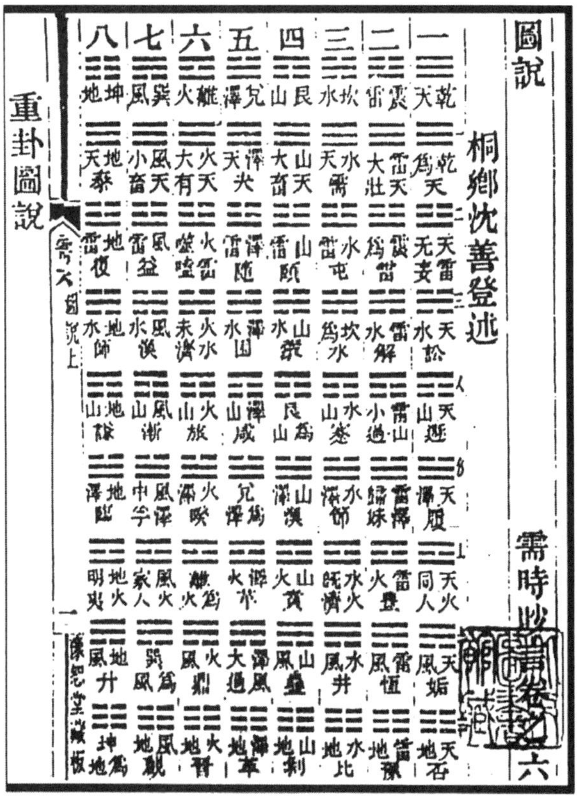
圖說
桐鄉沈善登述
需時眇言　六
重卦圖說
一 乾天
二 震雷
三 坎水
四 艮山
五 兌澤
六 離火
七 巽風
八 坤地

图 13　重卦图

（沈善登《需时眇言》）

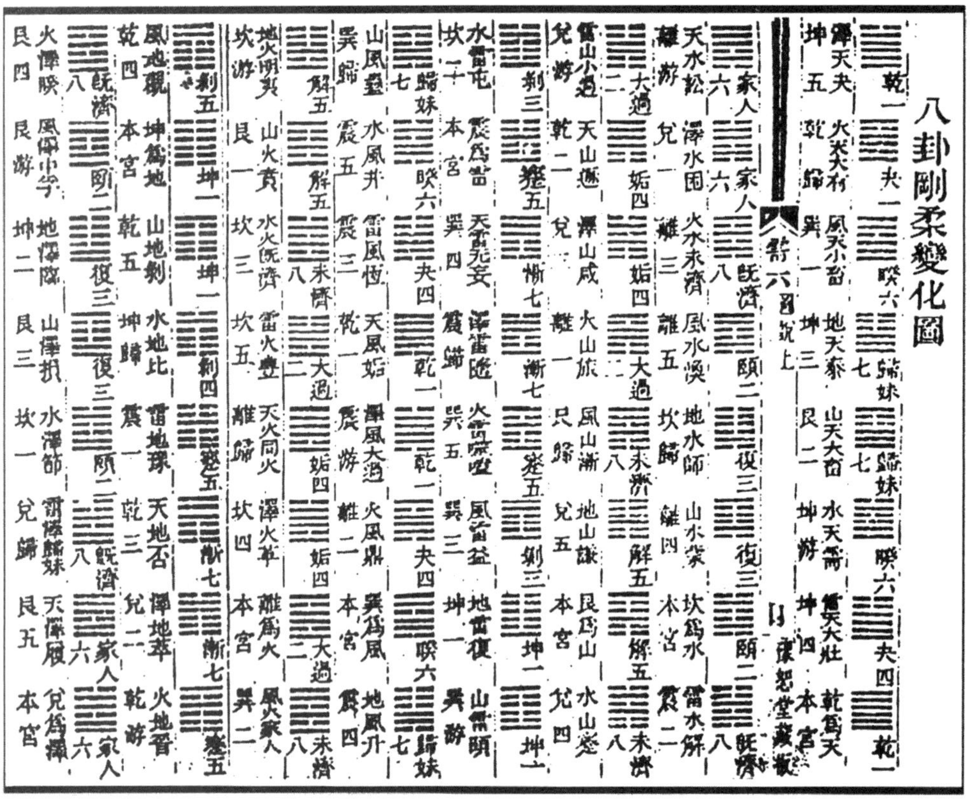

图 14　八卦刚柔变化图
（沈善登《需时眇言》）

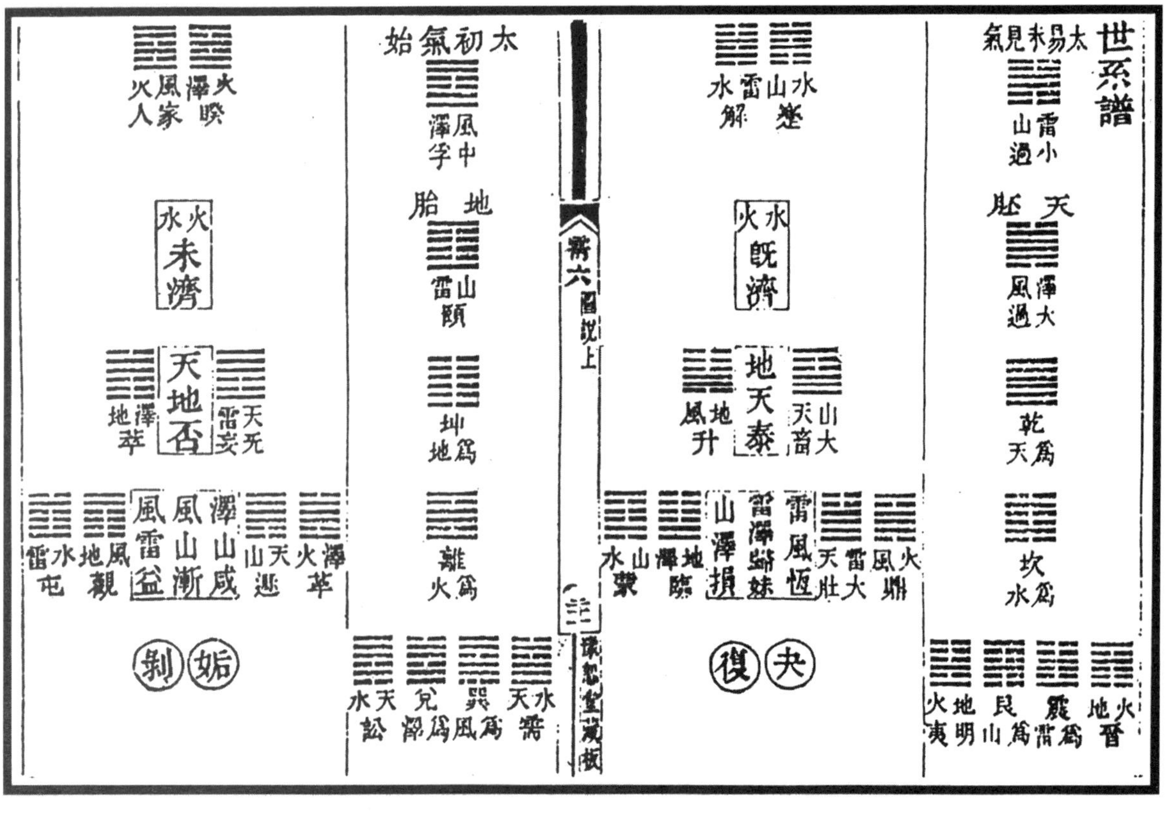

图 15－1　世系谱图
（沈善登《需时眇言》）

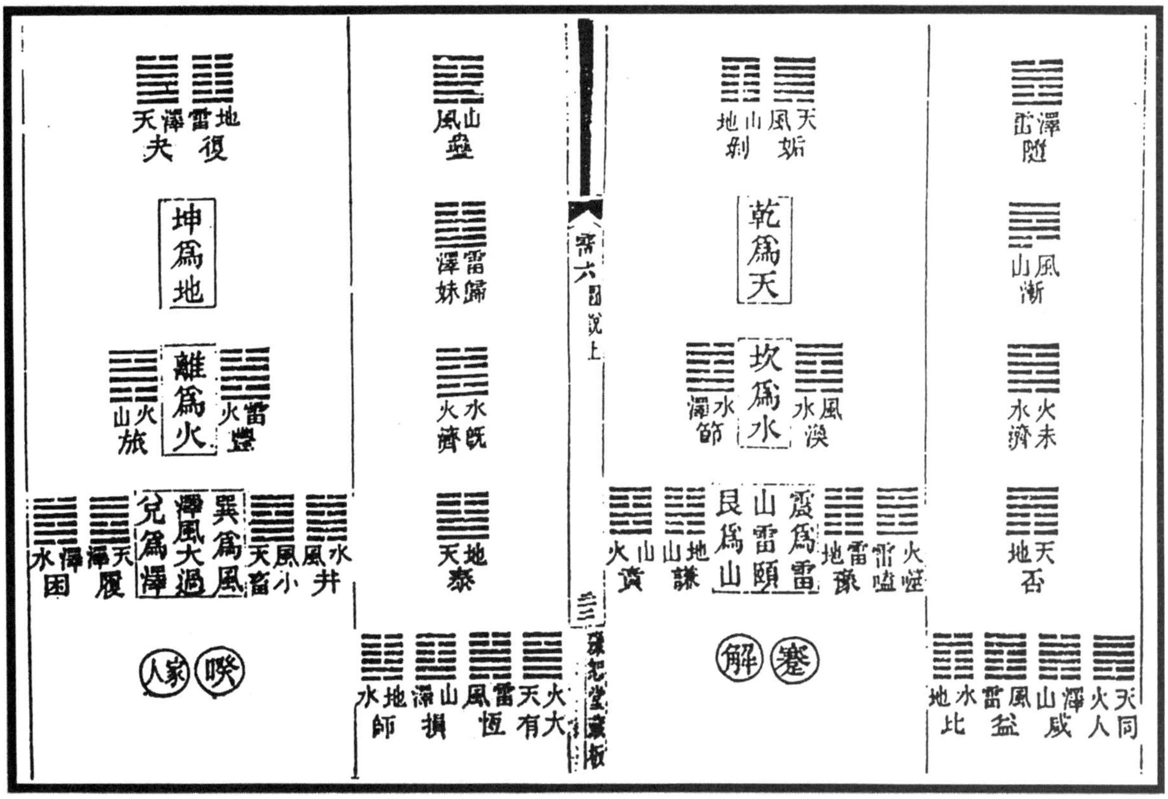

图 15－2　世系谱图

（沈善登《需时眇言》）

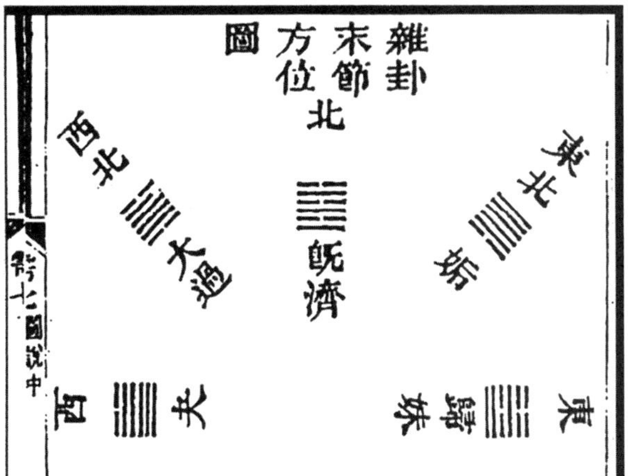

图 16　杂卦末节方位图

（沈善登《需时眇言》）

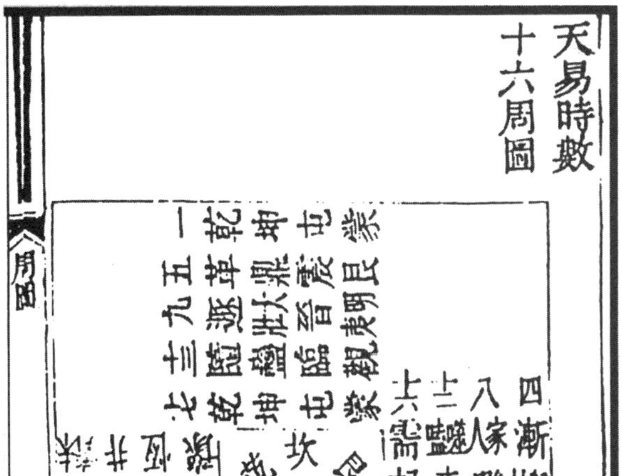

图 17　天易时数十六周图

（沈善登《需时眇言》）

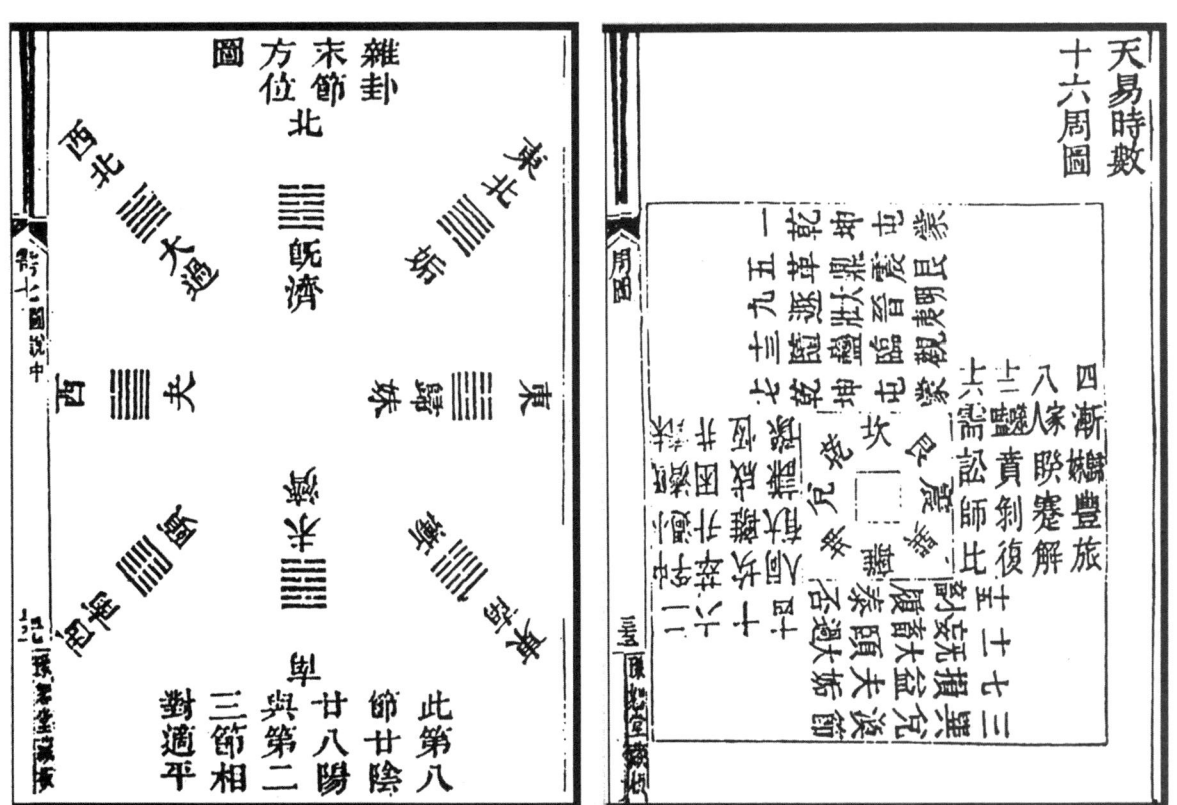

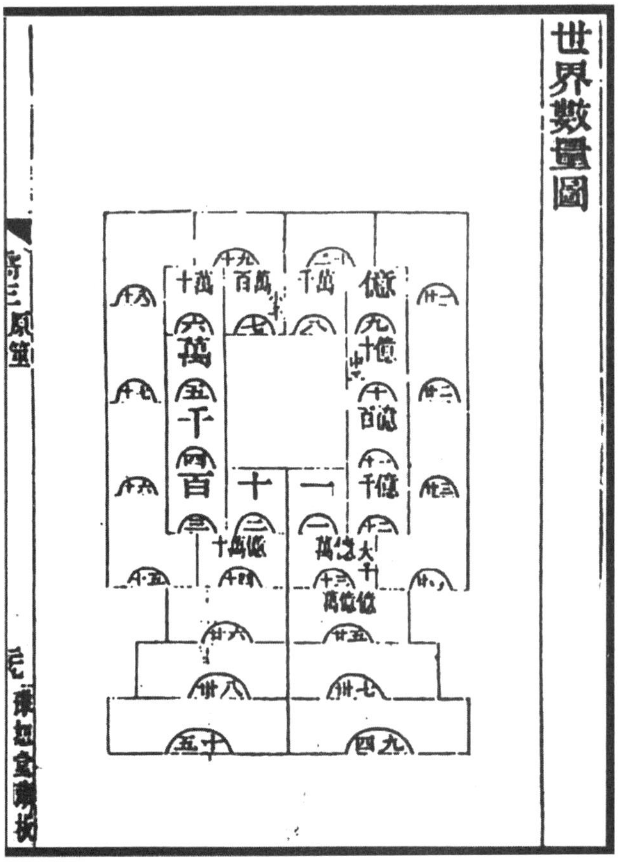

图 18　世界数量图
（沈善登《需时眇言》）

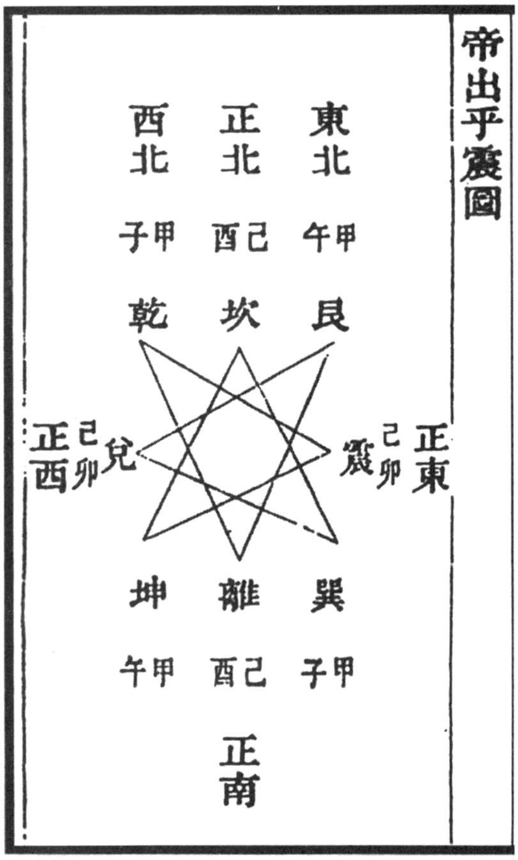

图 19　帝出乎震图
（沈善登《需时眇言》）

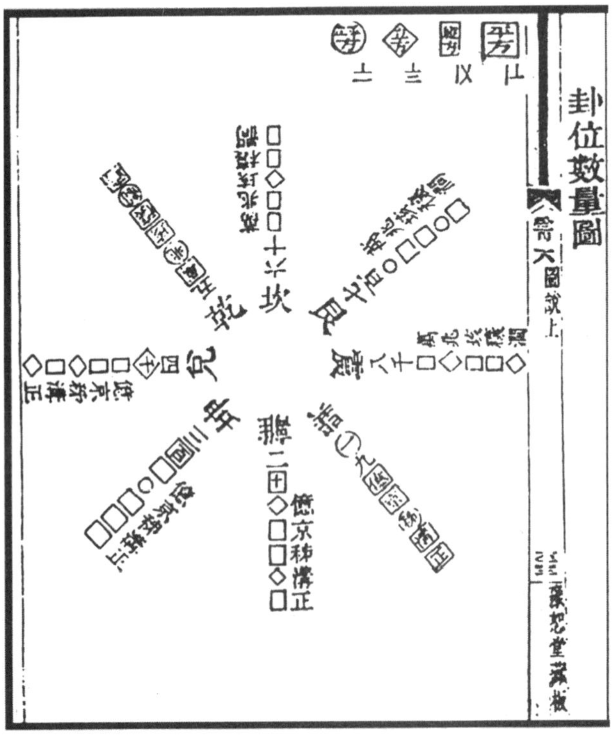

图 20　卦位数量图
（沈善登《需时眇言》）

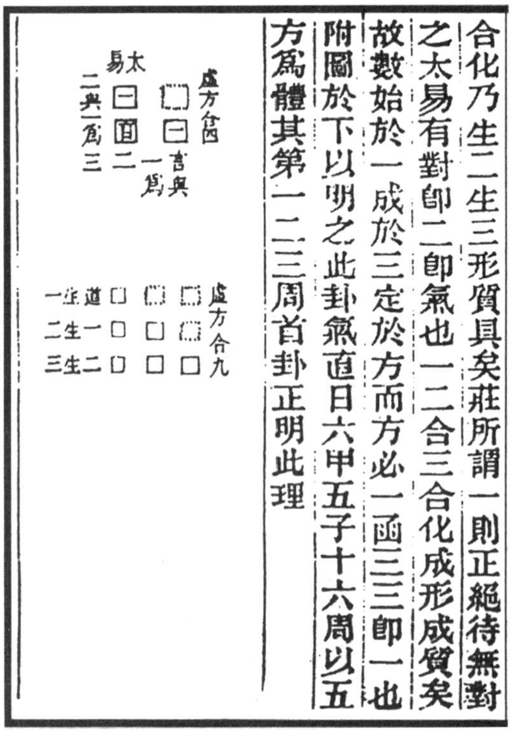
合化乃生二生三形質具矣莊所謂一則正絕待無對之太易有對即二即氣也一二合三合化成形成質矣故數始於一成於三定於方而方必一函三三即一也附圖於下以明之此卦氣直日六甲五子十六周以五方爲體其第一二三周首卦正明此理

图 21　太易道生图
（沈善登《需时眇言》）

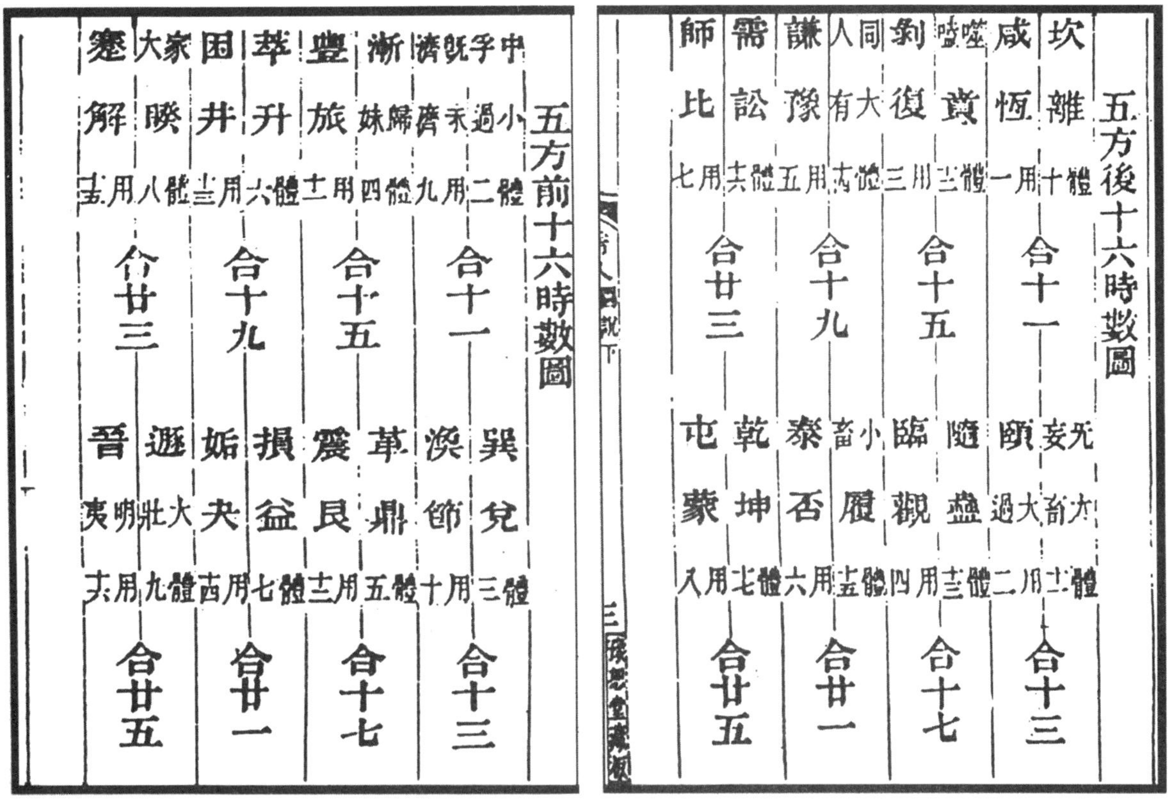

五方後十六時數圖

卦	體	卦	用	合
坎離	十體	咸恆	一用	合十一
噬嗑賁	十二體	剝復	三用	合十五
同人大有	十四體	謙豫	五用	合十九
需訟	十六體	師比	七用	合廿三
无妄大畜	十一體	頤大過	二用	合十三
隨蠱	十三體	臨觀	四用	合十七
小畜履	十五體	泰否	六用	合廿一
乾坤	十七體	屯蒙	八用	合廿五

五方前十六時數圖

卦	體	卦	用	合
中孚小過	二體	既濟未濟	九用	合十一
漸歸妹	四體	豐旅	十一用	合十五
萃升	六體	困井	十三用	合十九
家人睽	八體	蹇解	十五用	合廿三
巽兌	三體	渙節	十用	合十三
革鼎	五體	震艮	十二用	合十七
損益	七體	姤夬	十四用	合廿一
遯大壯	九體	晉明夷	十六用	合廿五

图 22　五方前后十六时数图

（沈善登《需时眇言》）

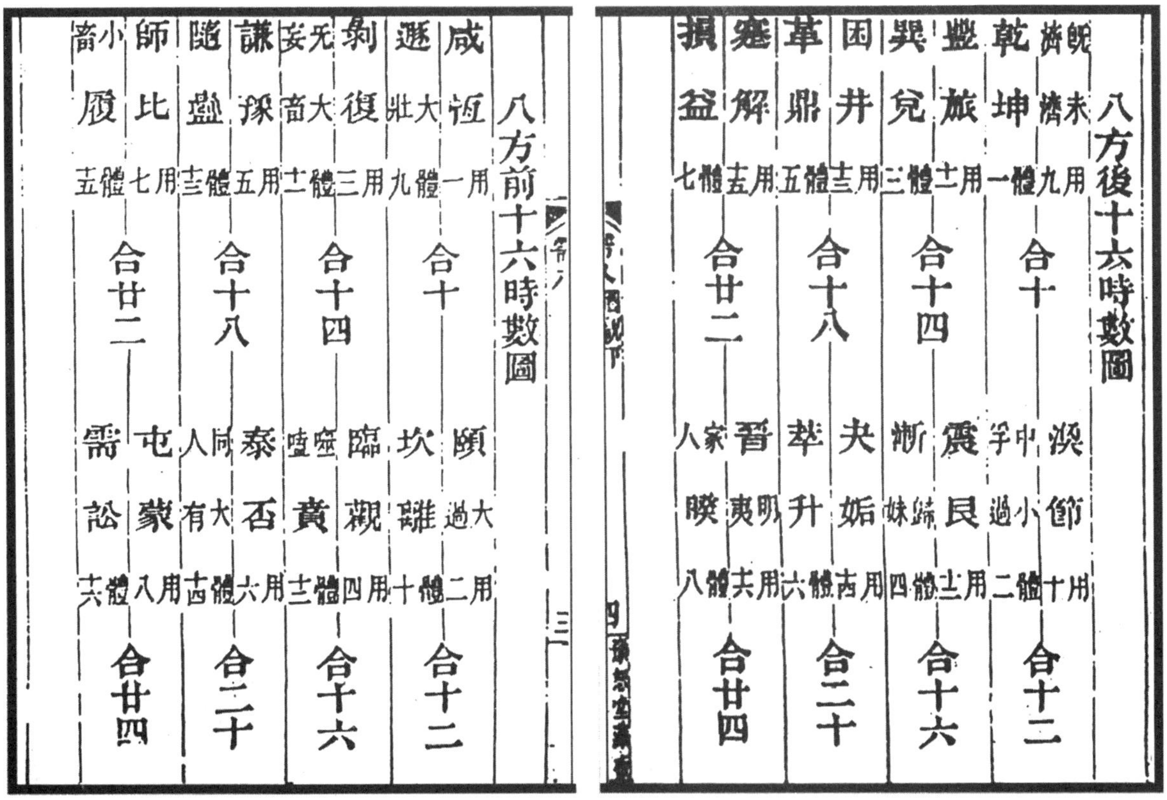

八方後十六時數圖

卦	用	卦	體	合
既濟未濟	九用	乾坤	一體	合十
豐旅	十一用	巽兌	三體	合十四
困井	十三用	革鼎	五體	合十八
蹇解	十五用	損益	七體	合廿二
渙節	十用	中孚小過	二體	合十二
震艮	十二用	漸歸妹	四體	合十六
夬姤	十四用	萃升	六體	合二十
晉明夷	十六用	家人睽	八體	合廿四

八方前十六時數圖

卦	用	卦	體	合
咸恆	一用	遯大壯	九體	合十
剝復	三用	无妄大畜	十一體	合十四
謙豫	五用	隨蠱	十三體	合十八
師比	七用	小畜履	十五體	合廿二
頤大過	二用	坎離	十體	合十二
臨觀	四用	噬嗑賁	十二體	合十六
泰否	六用	同人大有	十四體	合二十
屯蒙	八用	需訟	十六體	合廿四

图 23　八方前后十六时数图

（沈善登《需时眇言》）

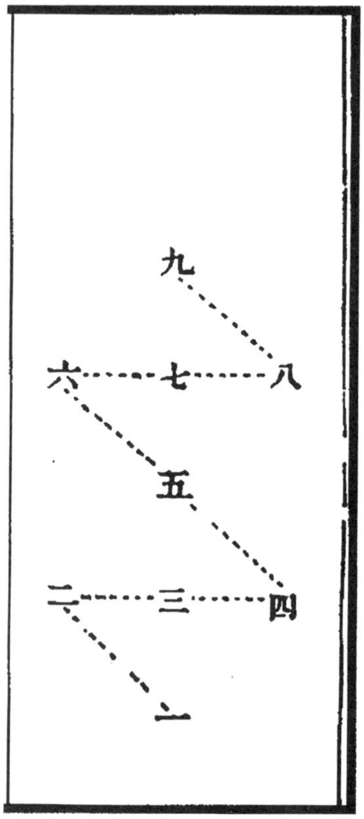

图 24　九数仿生图
（沈善登《需时眇言》）

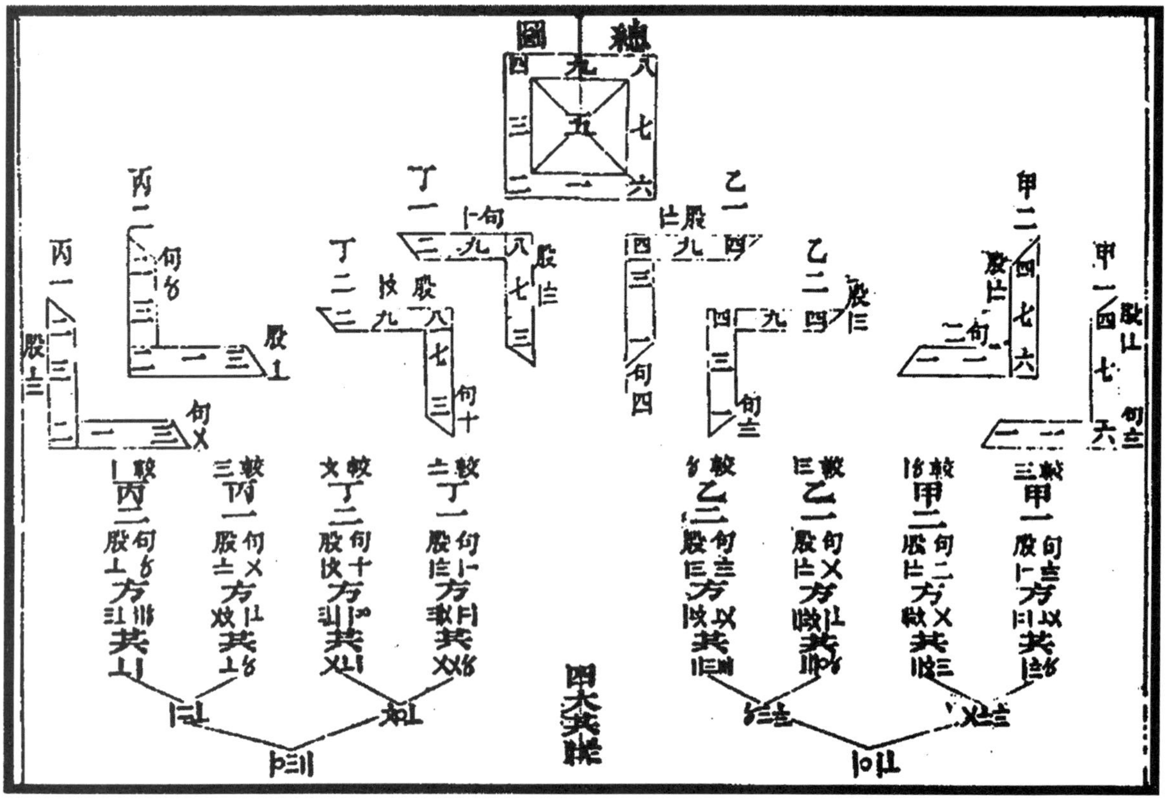

图 25　河图洛书总图
（沈善登《需时眇言》）

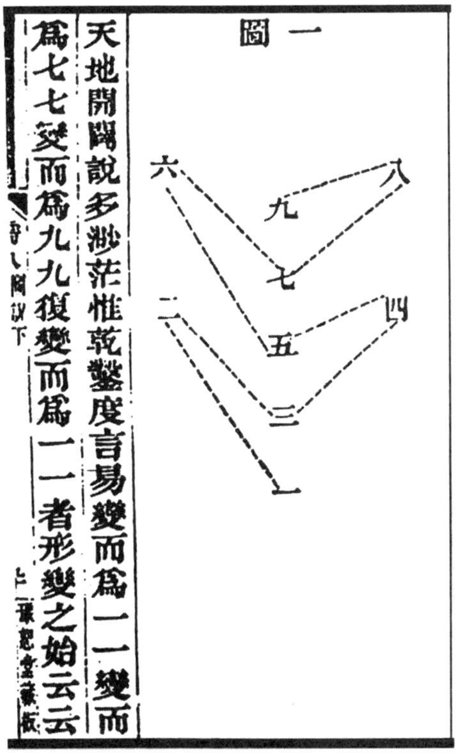
一圖
天地開闢說多渺茫惟乾鑿度言易變而爲一一變而
爲七七變而爲九九復變而爲一一者形變之始云云

图 26　天地开辟图一图
（沈善登《需时眇言》）

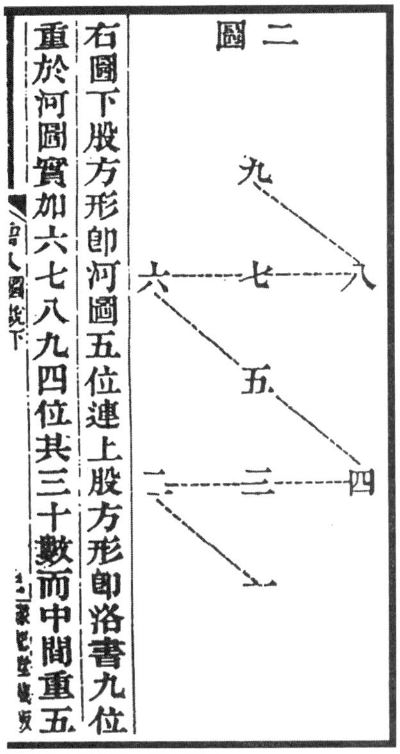
二圖
右圖下股方形卽河圖五位連上股方形卽洛書九位
重於河圖實加六七八九四位共三十數而中間重五

图 27　天地开辟图二图
（沈善登《需时眇言》）

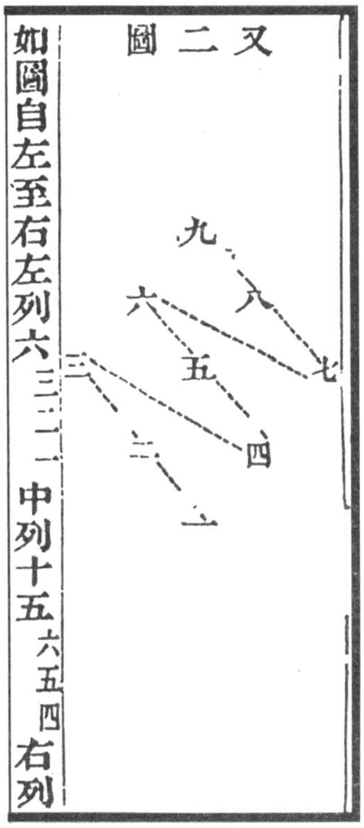
又二圖
如圖自左至右左列六三二一中列十五六五四右列

图 28　天地开辟图三图
（沈善登《需时眇言》）

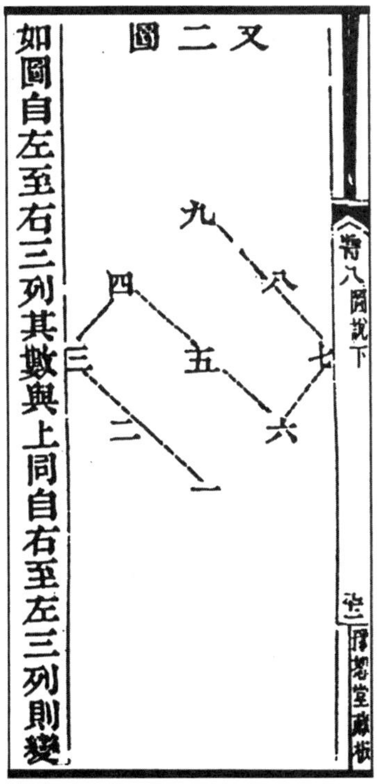
又二圖
如圖自左至右三列其數與上同自右至左三列則變

图 29　天地开辟图四图
（沈善登《需时眇言》）

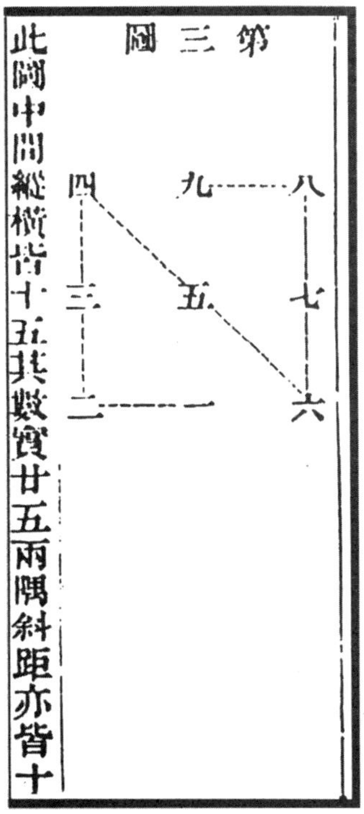
第三圖
此圖中間縱橫皆十五其數實廿五兩隅斜距亦皆十

图 30　天地开辟图五图
（沈善登《需时眇言》）

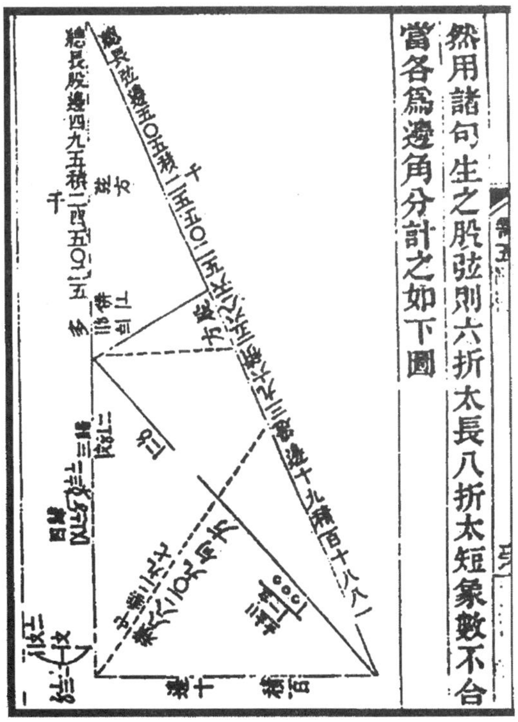
然用諸句生之股弦則六折太長八折太短象數不合
當各爲邊角分計之如下圖

图 31　变股作弦图
（沈善登《需时眇言》）

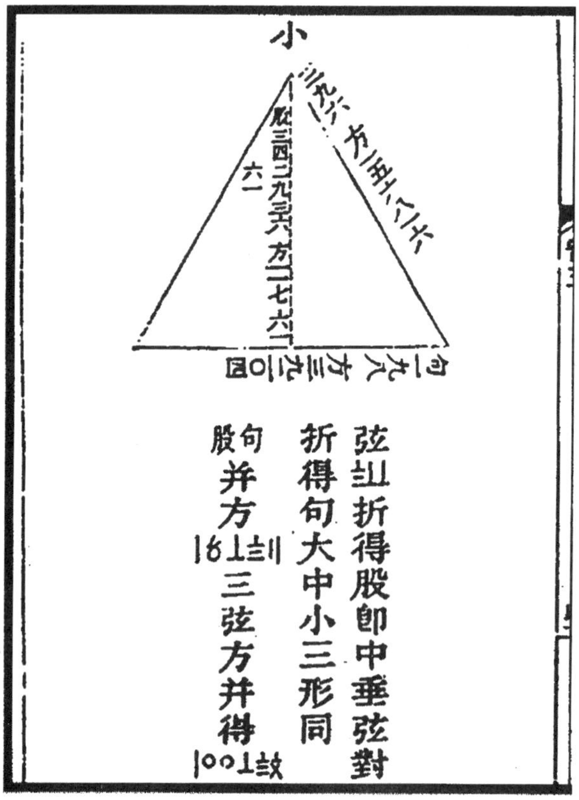

图 32－1　大衍求一勾股三图

（沈善登《需时眇言》）

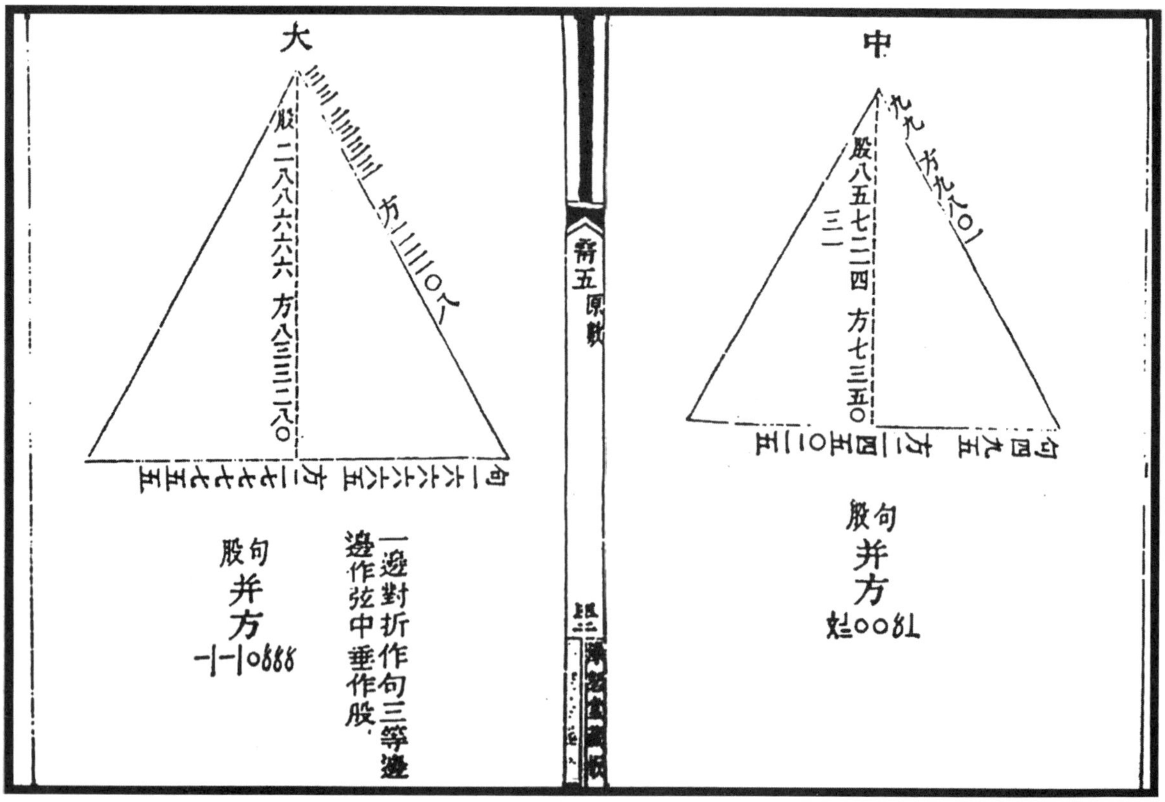

图 32－2　大衍求一勾股三图

（沈善登《需时眇言》）

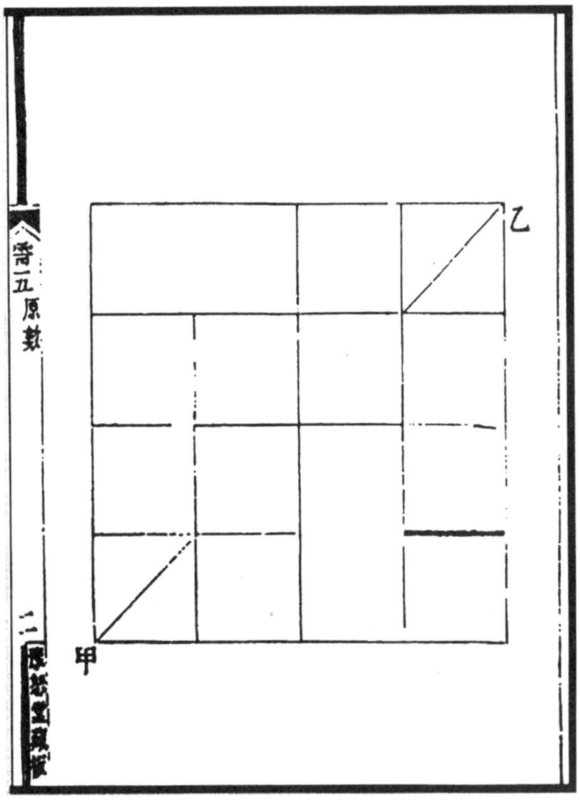
乙
甲

图 33　勾股正方图

（沈善登《需时眇言》）

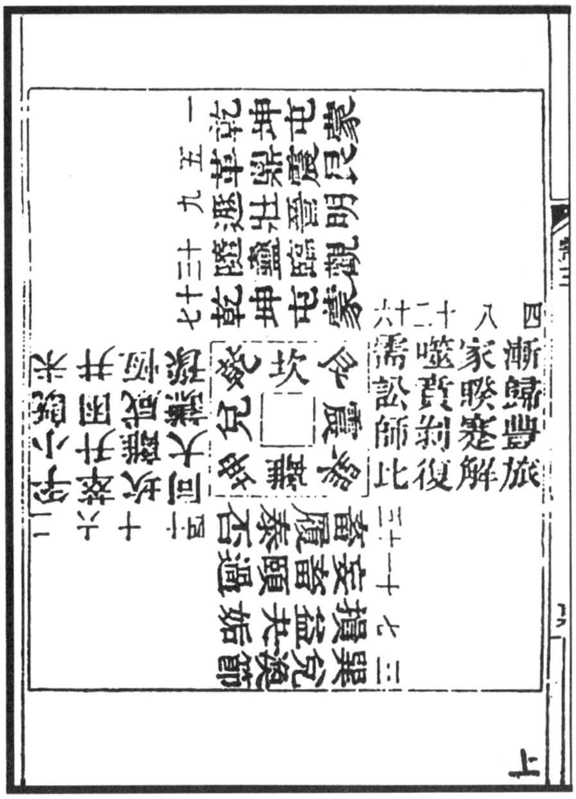

图 34　算家四因倍积开方图

（沈善登《需时眇言》）

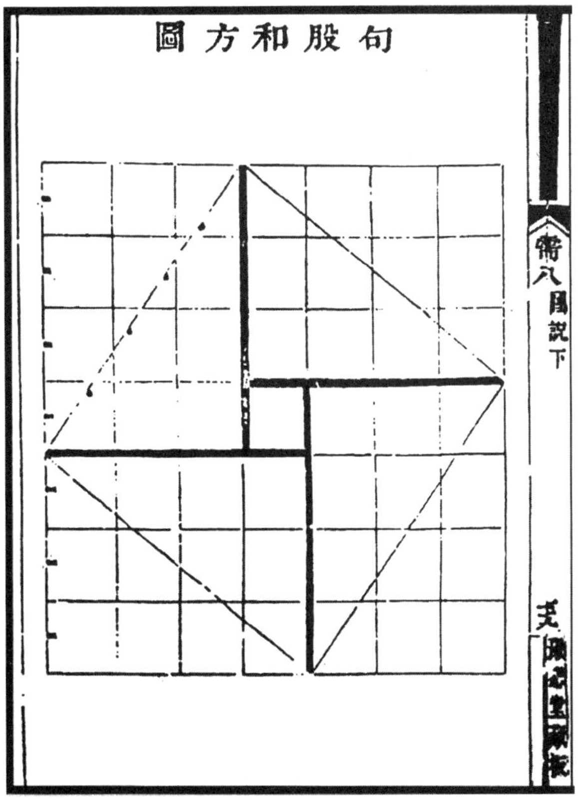
句股和方圖

图 35　勾股和方图

（沈善登《需时眇言》）

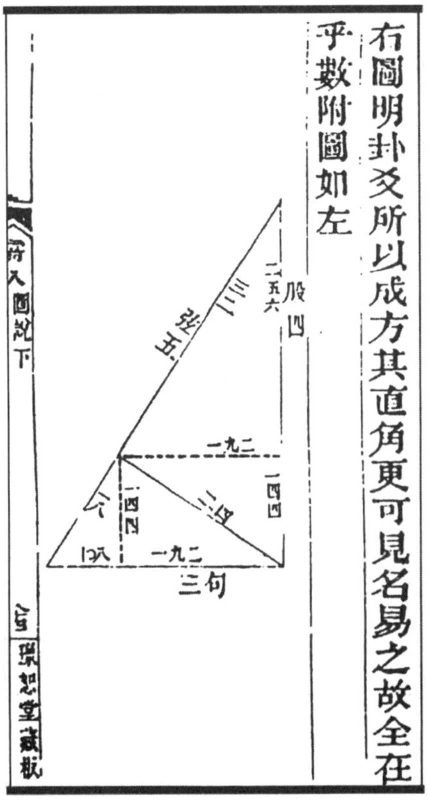
右圖明卦爻所以成方其直角更可見名易之故全在
乎數附圖如左
股四
弦五
句三

图 36　勾股名易图

（沈善登《需时眇言》）

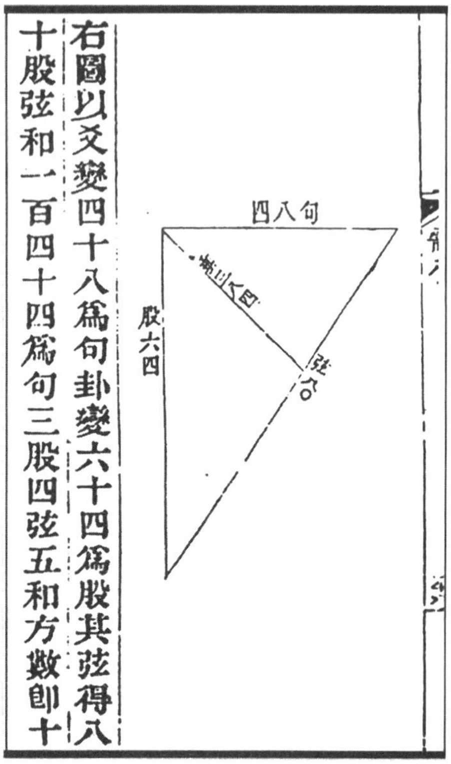
右圖以爻變四十八爲句卦變六十四爲股其弦得八
十股弦和一百四十四爲句三股四弦五和方數卽十

图 37　爻变四十八为勾图
（沈善登《需时眇言》）

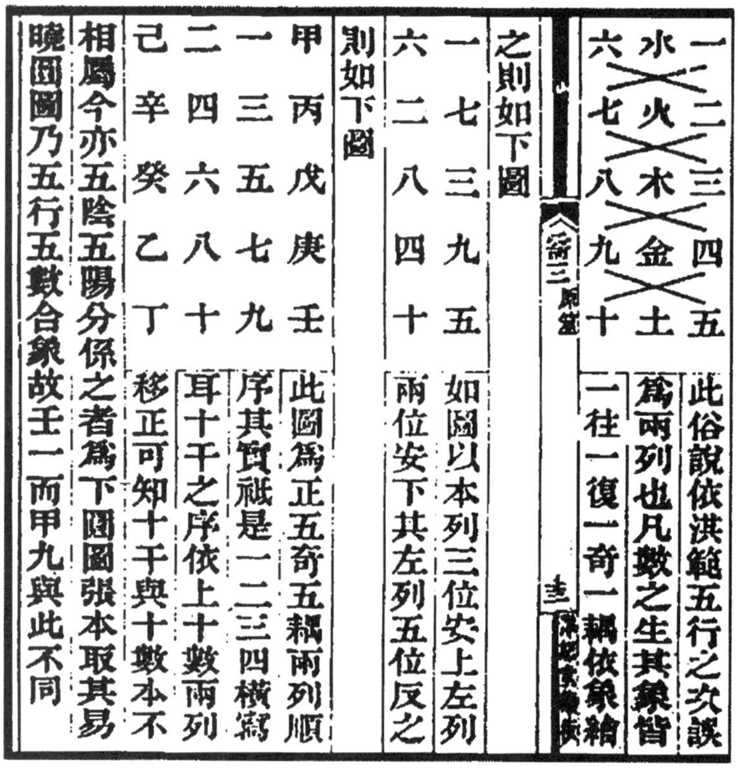
一二三四五
水火木金土
六七八九十
此俗說依洪範五行之次誤
爲兩列也凡數之生其象皆
一往一復一奇一耦依象給
之則如下圖
一七三九五
如圖以本列三位安上左列
六二八四十
兩位安下其左列五位反之
則如下圖
甲丙戊庚壬
此圖爲正五奇五耦兩列順
一三五七九
序其實祇是一二三四橫寫
二四六八十
耳十干之序依上十數兩列
己辛癸乙丁
移正可知十干與十數本不
相屬今亦五陰五陽分係之者爲下圓圖張本取其易
曉圓圖乃五行五數合象故壬一而甲九與此不同

图 38　五行十数图
（沈善登《需时眇言》）

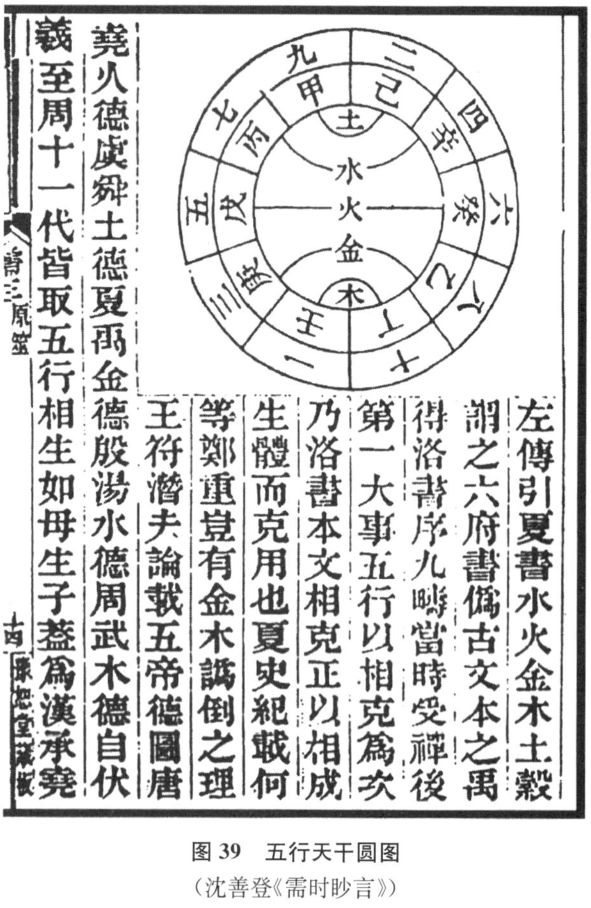

左傳引夏書水火金木土穀
謂之六府書僞古文本之禹
得洛書序九疇當時受禪後
第一大事五行以相克爲次
乃洛書本文相克正以相成
生體而克用也夏史紀載何
等鄭重豈有金木譌倒之理
王符潛夫論載五帝德圖唐
堯火德虞舜土德夏禹金德殷湯水德周武木德自伏
羲至周十一代皆取五行相生如母生子蓋爲漢承堯

图 39　五行天干圆图
（沈善登《需时眇言》）

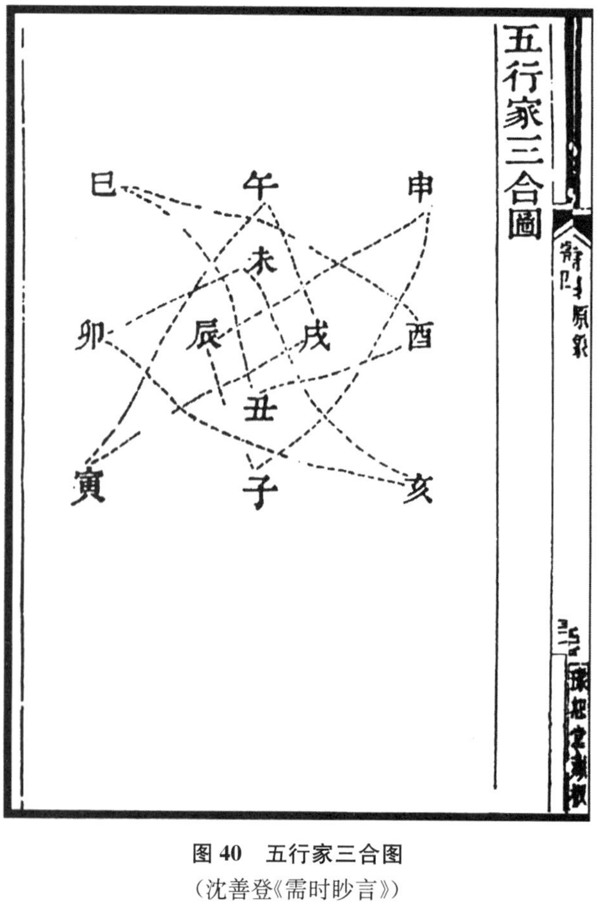
五行家三合圖

图 40　五行家三合图
（沈善登《需时眇言》）

雷丰(1833—1888)

字松存、少逸，晚年自号侣菊布衣，清福建浦城人。幼承父训，学本《内经》和《伤寒论》，吸纳温病学理论。著有《时病论》八卷、《雷少逸医案》、《医法心传》、《脉诀入门》，编有《灸法秘传》一卷等。现存有《周易》图像一幅。

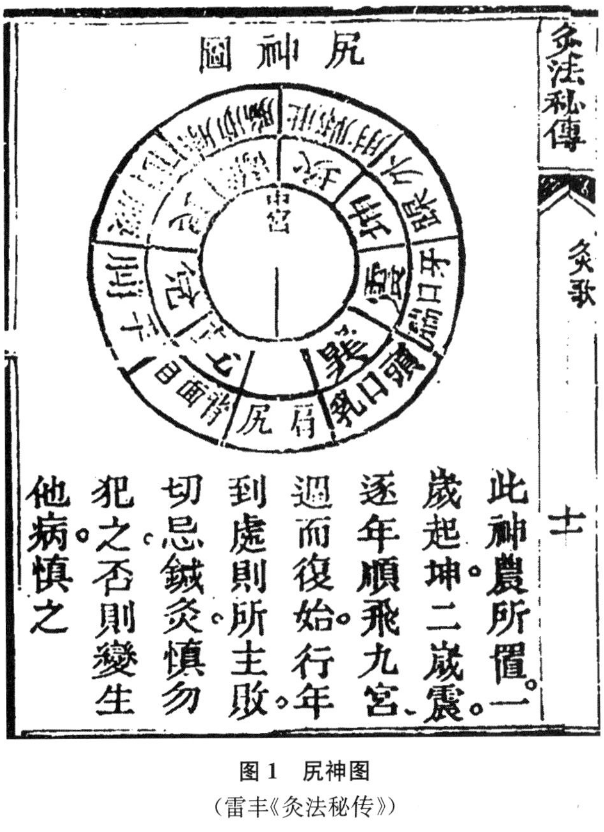
灸法秘傳
尻神圖
灸歌
此神農所置。一歲起坤。二歲震。逐年順飛九宮。週而復始。行年到處則所主敗。切忌鍼灸。慎勿犯之。否則變生他病。慎之

图1　尻神图
(雷丰《灸法秘传》)

沈绍勋(1849—1906)

字莲生,号竹礽,清浙江钱塘(今浙江杭州)人。著有《周易易解》十卷、《周易示儿录》三卷、《周易说余》一卷、《说卦录要》一卷、《沈氏玄空学》四卷、《地理辨正抉要》四卷、《灵城精义笺》一卷等。现存有《周易》图像十八幅。

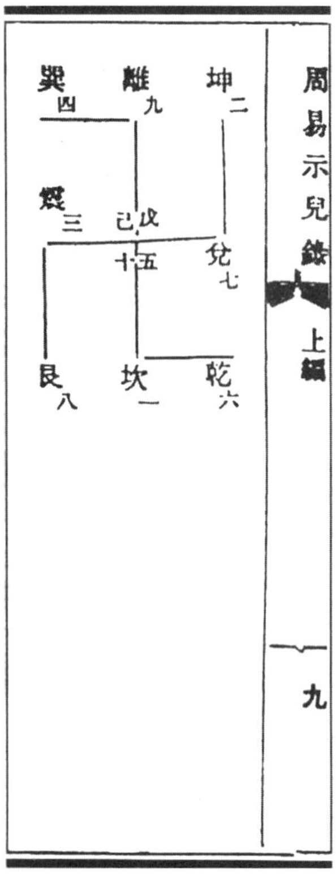

图 1　洛书大用图
(沈绍勋《周易示儿录》)

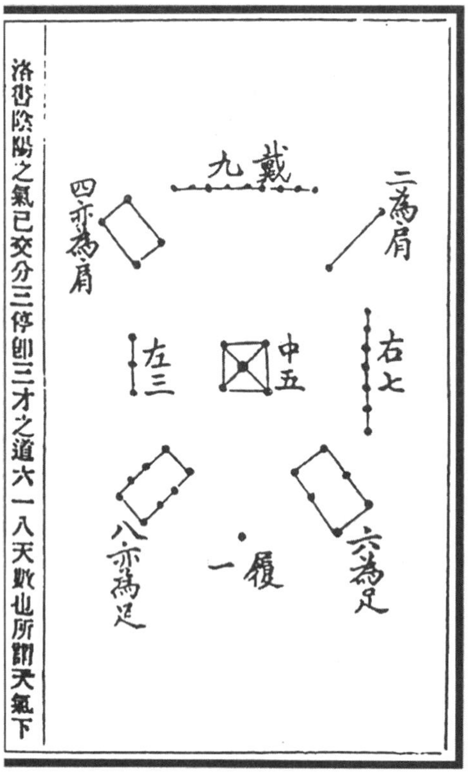

图 2　洛书阴阳气交图
(沈绍勋《周易示儿录》)

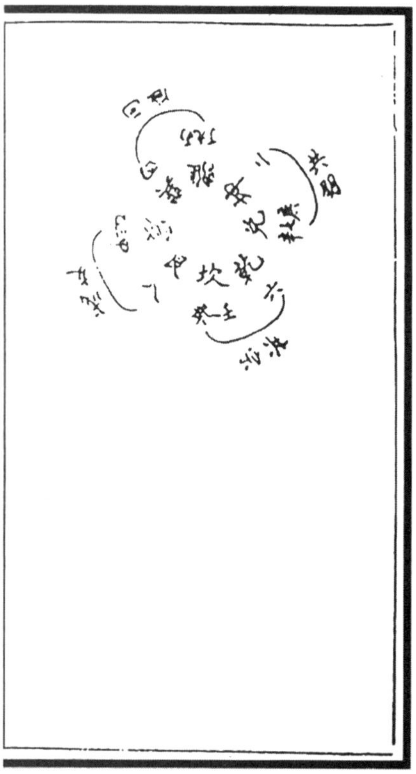

图 3　一六共宗图
(沈绍勋《周易示儿录》)

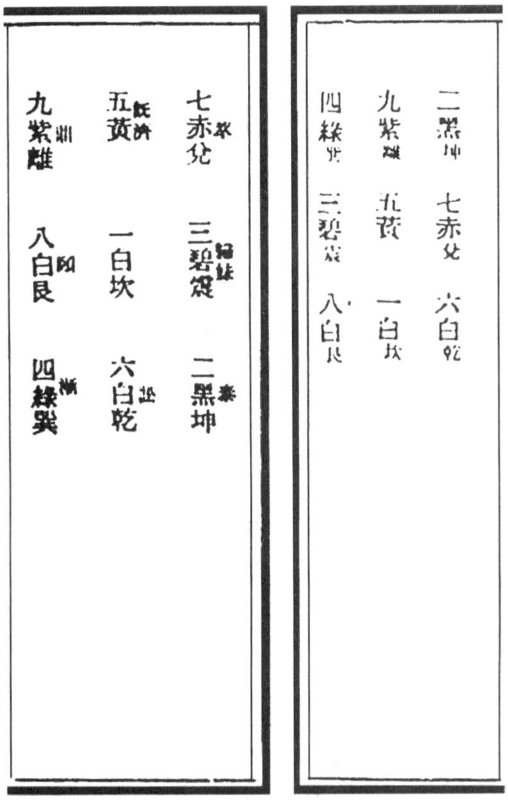

图 4　八卦九宫无别图
(沈绍勋《周易示儿录》)

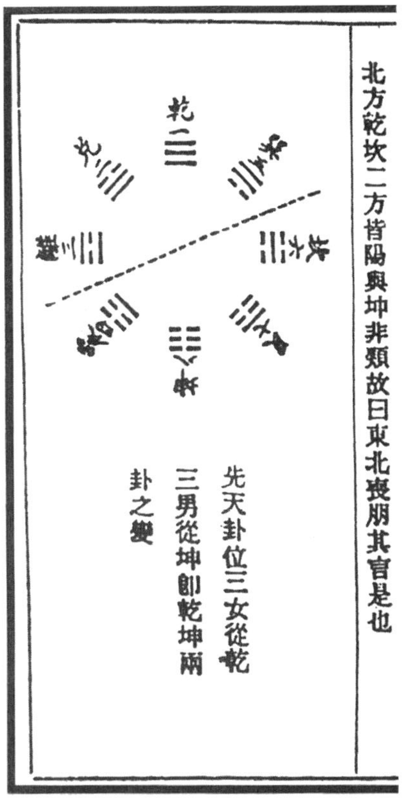

图 5　先天卦位图
(沈绍勋《周易示儿录》)

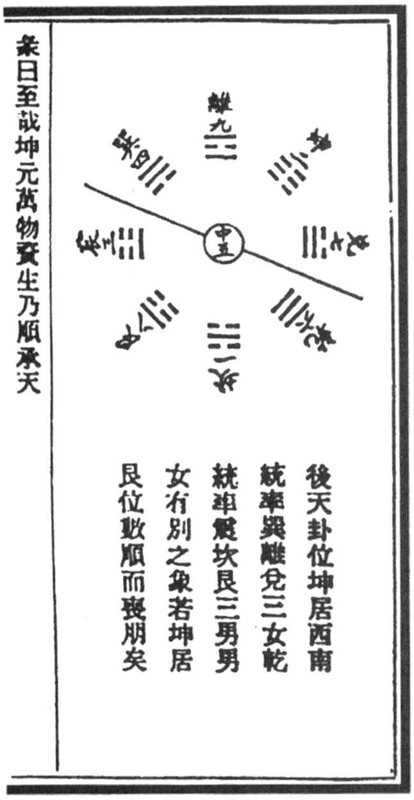

图 6　后天卦位中五图
(沈绍勋《周易示儿录》)

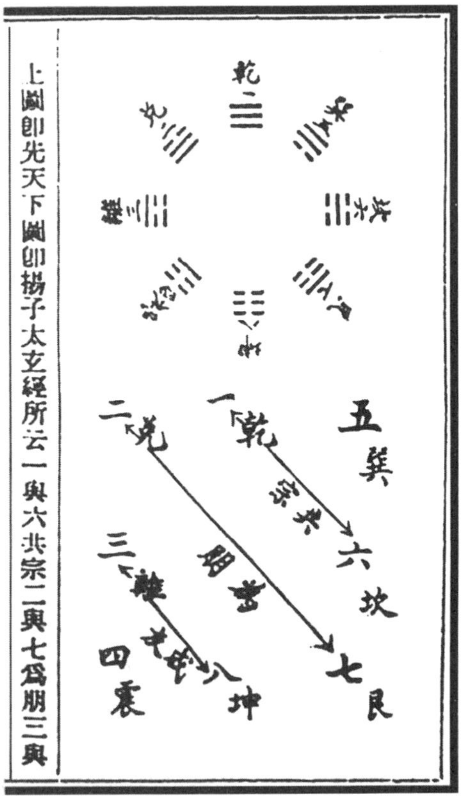

图 7　先天太玄图
(沈绍勋《周易示儿录》)

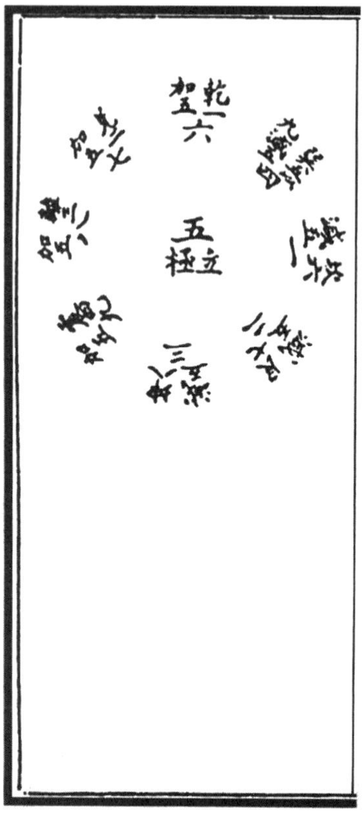

图 8　后天中五立极图

（沈绍勋《周易示儿录》）

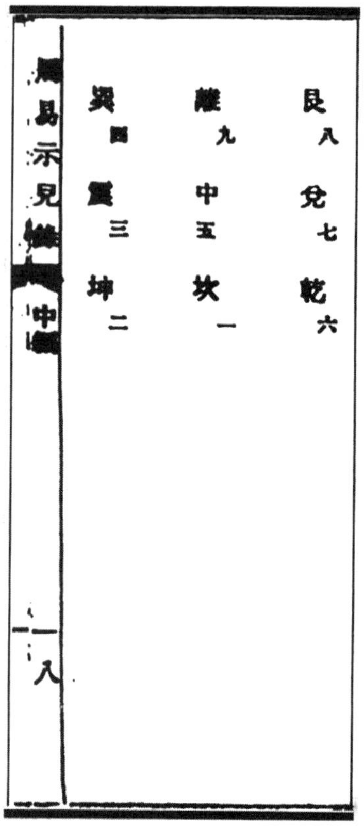

图 9　后天中五图

（沈绍勋《周易示儿录》）

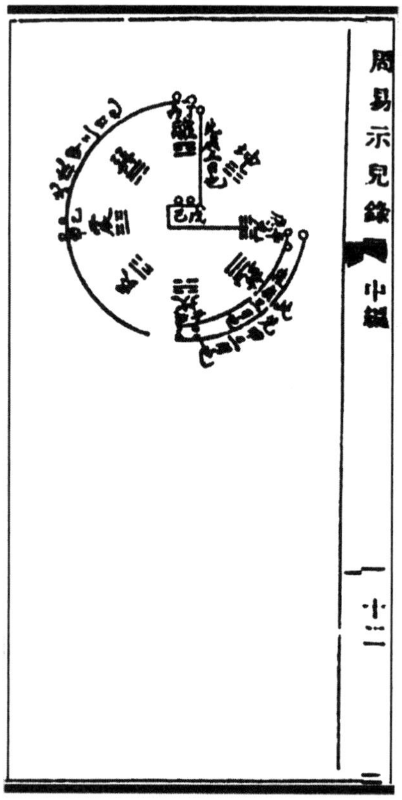

图 10　先甲后甲图

（沈绍勋《周易示儿录》）

图 11　八卦爻辰图

（沈绍勋《周易示儿录》）

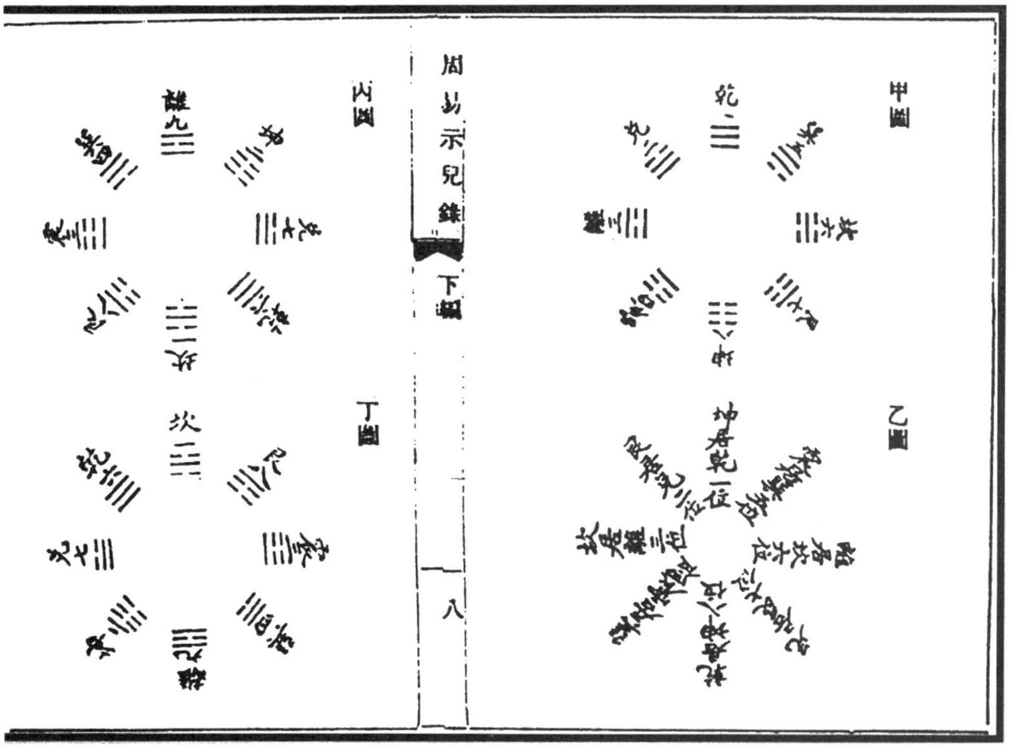

图 12　先天后天顺逆四图
（沈绍勋《周易示儿录》）

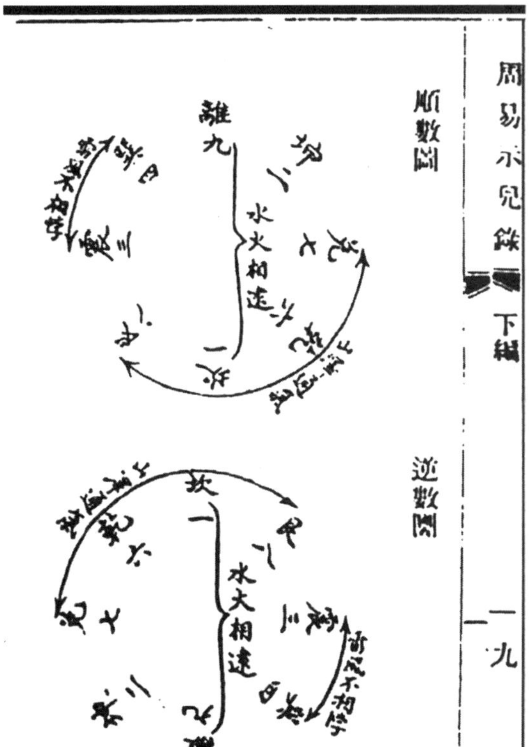

图 13　顺数逆数图
（沈绍勋《周易示儿录》）

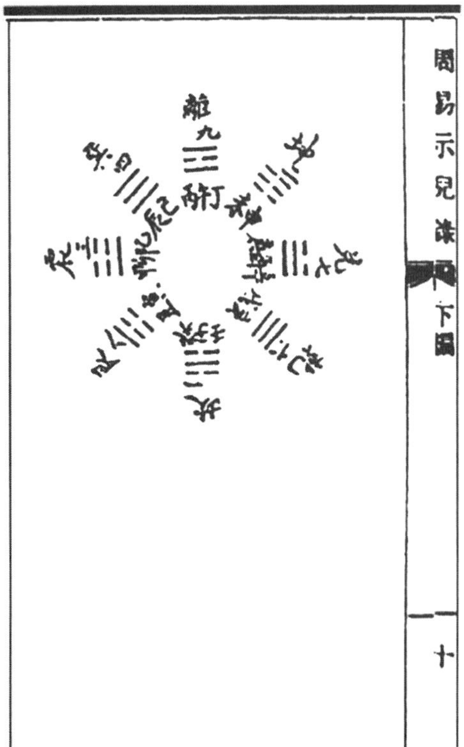

图 14　卦数干支图
（沈绍勋《周易示儿录》）

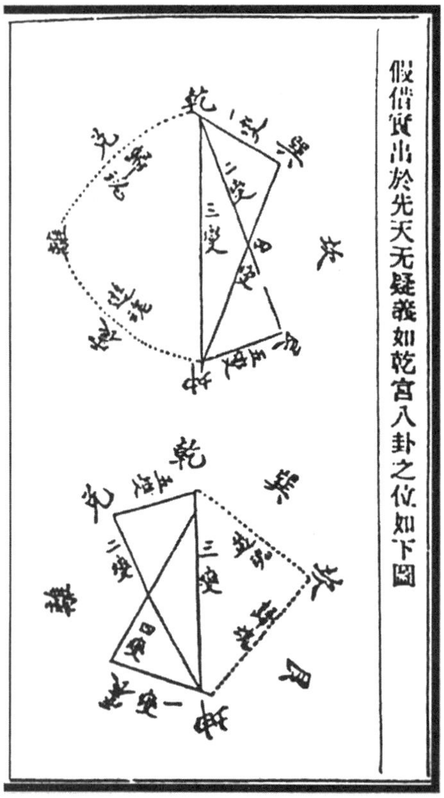
假借實出於先天无疑義如乾宮八卦之位如下圖

图 15　乾宫八卦位图
（沈绍勋《周易示儿录》）

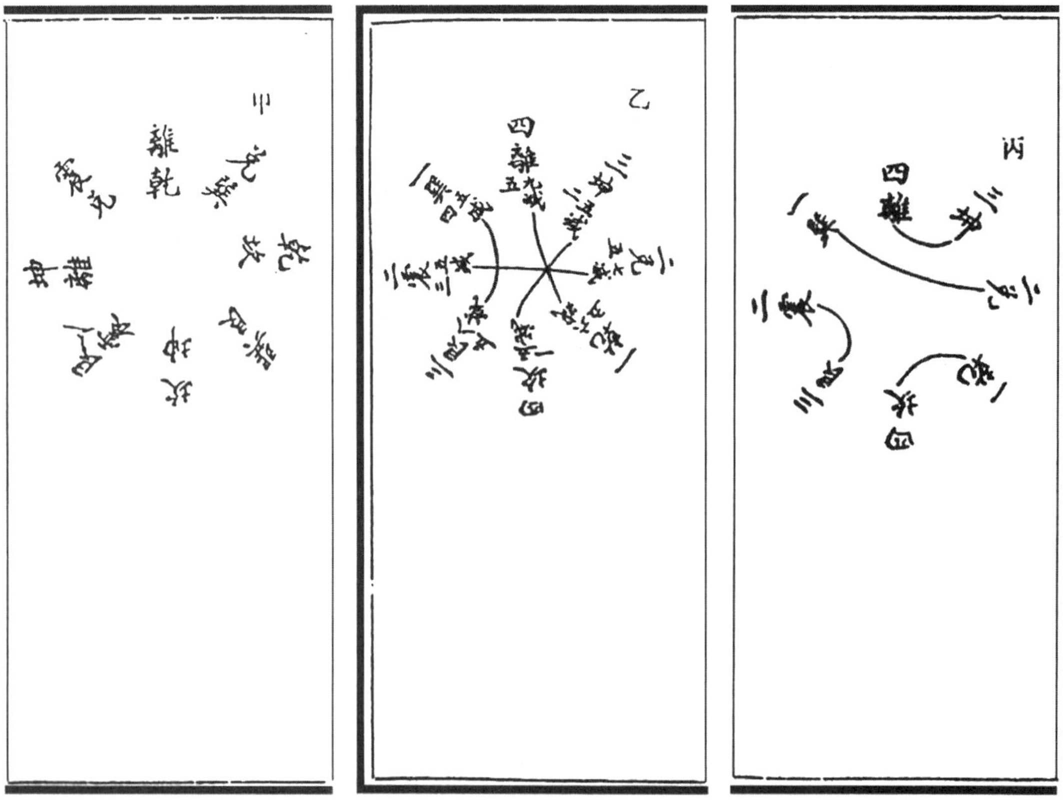

图 16　归魂三图
（沈绍勋《周易说余》）

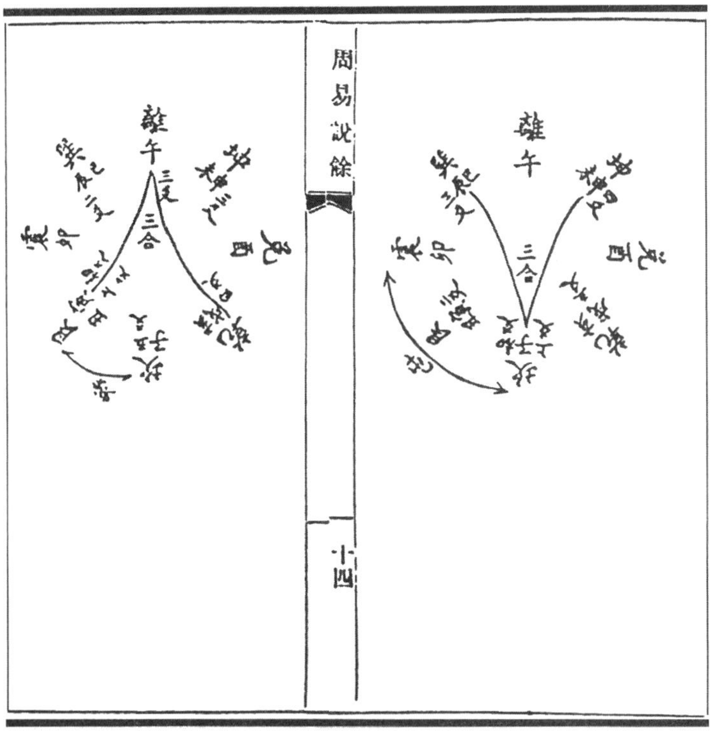

图 17　乾坤即坎离二图
（沈绍勋《周易说余》）

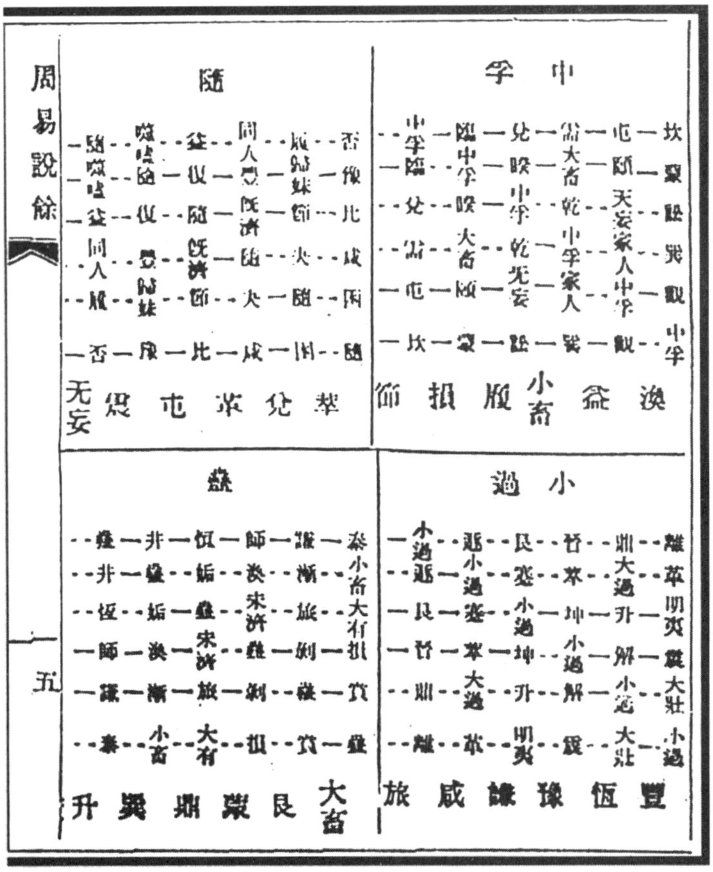

图 18　归游四卦图
（沈绍勋《周易说余》）

马其昶(1855—1930)

字通伯，晚号抱润翁，清安徽桐城人。出身翰墨世家，少从学于吴山、姚思赞，后受业于方东树、戴钧衡，又师事方宗诚、吴汝纶。三十岁以前，以古文名家。三十岁之后，研治群经，兼及子史，旁及佛典。著有《周易费氏学》八卷、《大学谊诂》一卷、《中庸谊诂》一卷、《孝经谊诂》一卷叙录一卷、《毛诗学》三十卷、《尚书谊诂》八卷、《礼记节本》六卷、《〈大学〉〈中庸〉〈孝经〉合谊》三卷等。现存有《周易》图像四幅。

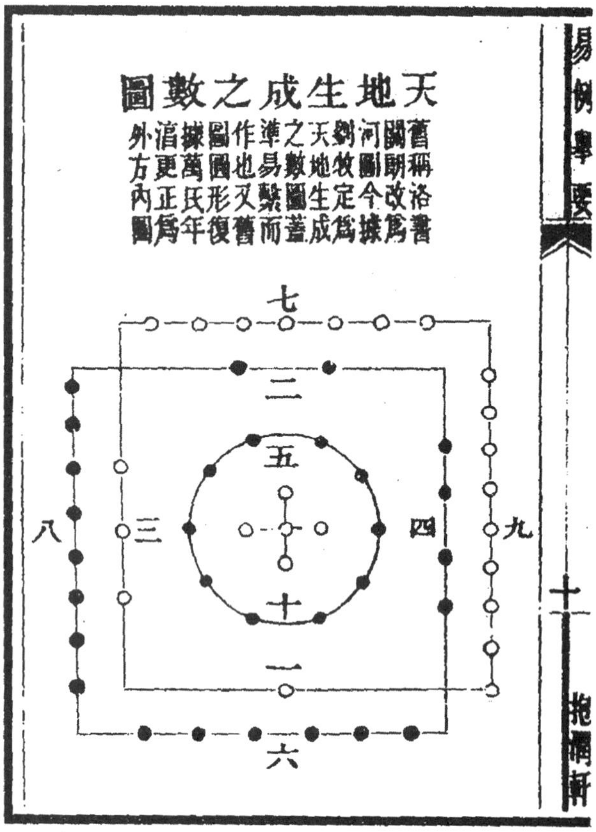

图 1　天地生成之数图
(马其昶《易例举要》)

图 2　倚数图
(马其昶《易例举要》)

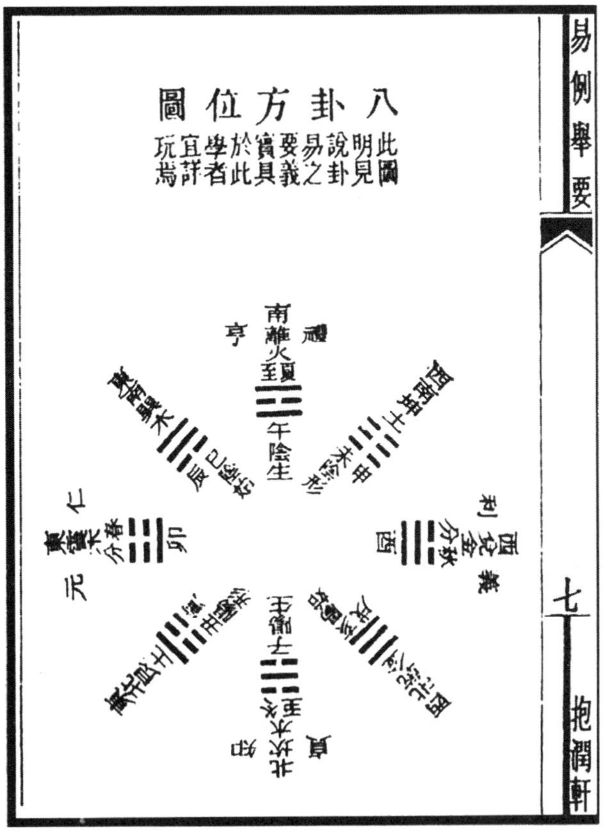
八卦方位圖
此圖明見說卦易之要義實具於此學者宜詳玩焉
易例舉要
七
抱潤軒

图 3　八卦方位图
（马其昶《易例举要》）

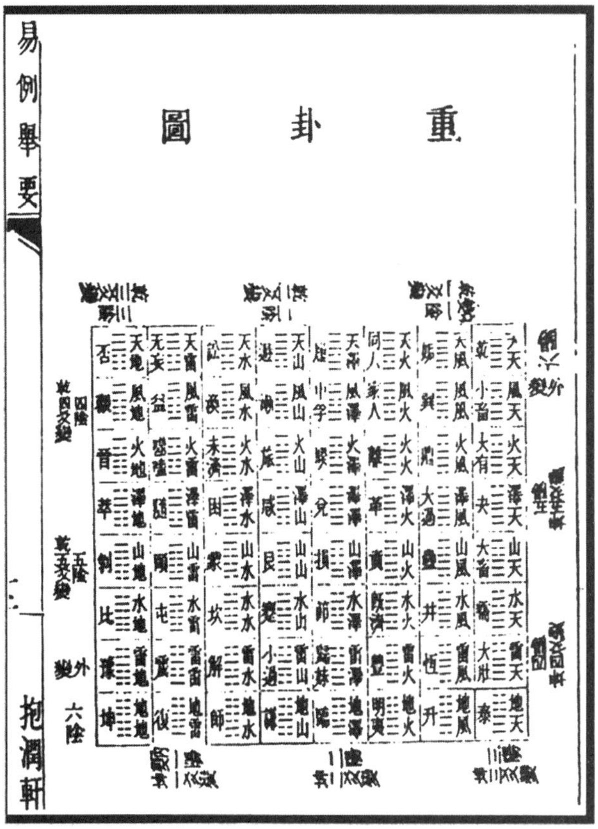
易例舉要
重卦圖
抱潤軒

图 4　重卦图
（马其昶《易例举要》）

纪磊

生卒年不详，字位三，号石斋，清浙江乌程（今浙江湖州）人。诸生，家贫力学。读易三十年，尤研精汉易。著有《周易消息》十六卷、《周易本义辩证补订》四卷、《虞氏易义补注》二卷、《汉儒传易源流》一卷、《风雨楼文集吟稿》、《纪氏诗录》等。现存有《周易》图像三幅。

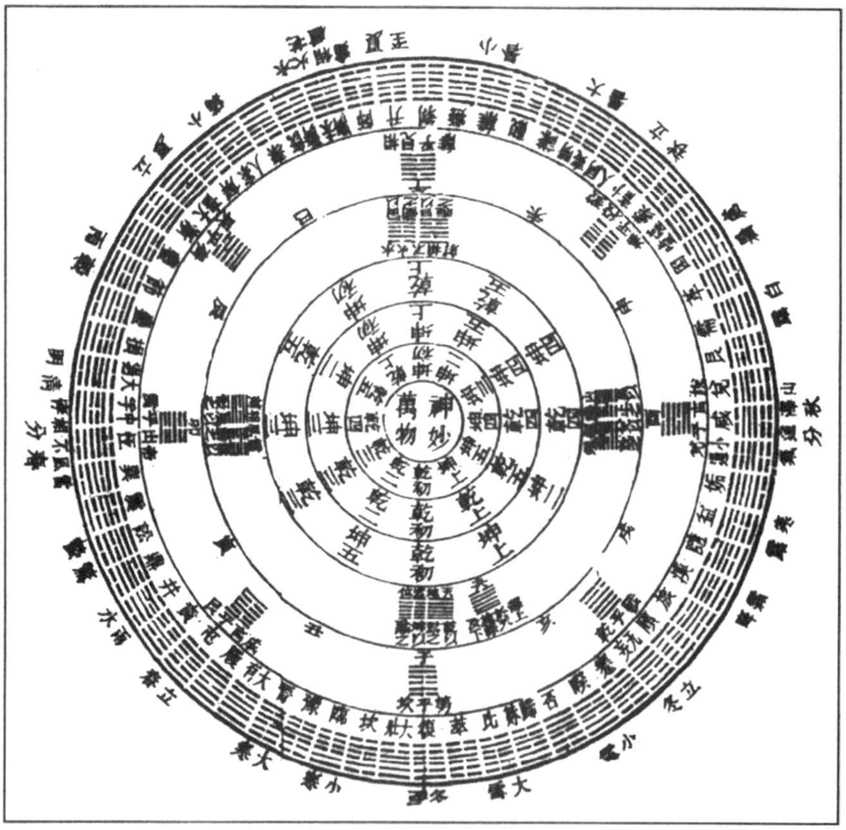

图 1　神妙万物卦气图

（纪磊《周易消息》）

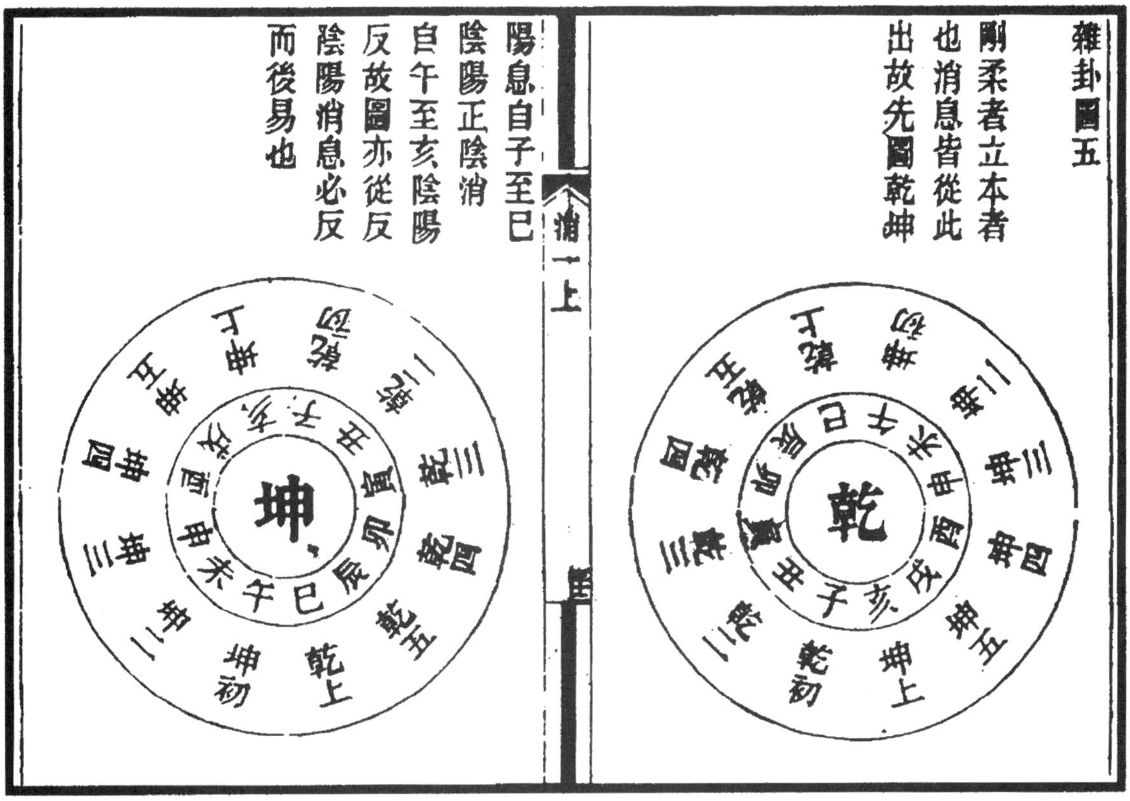

图 2-1　周易消息六十四图

（纪磊《周易消息》）

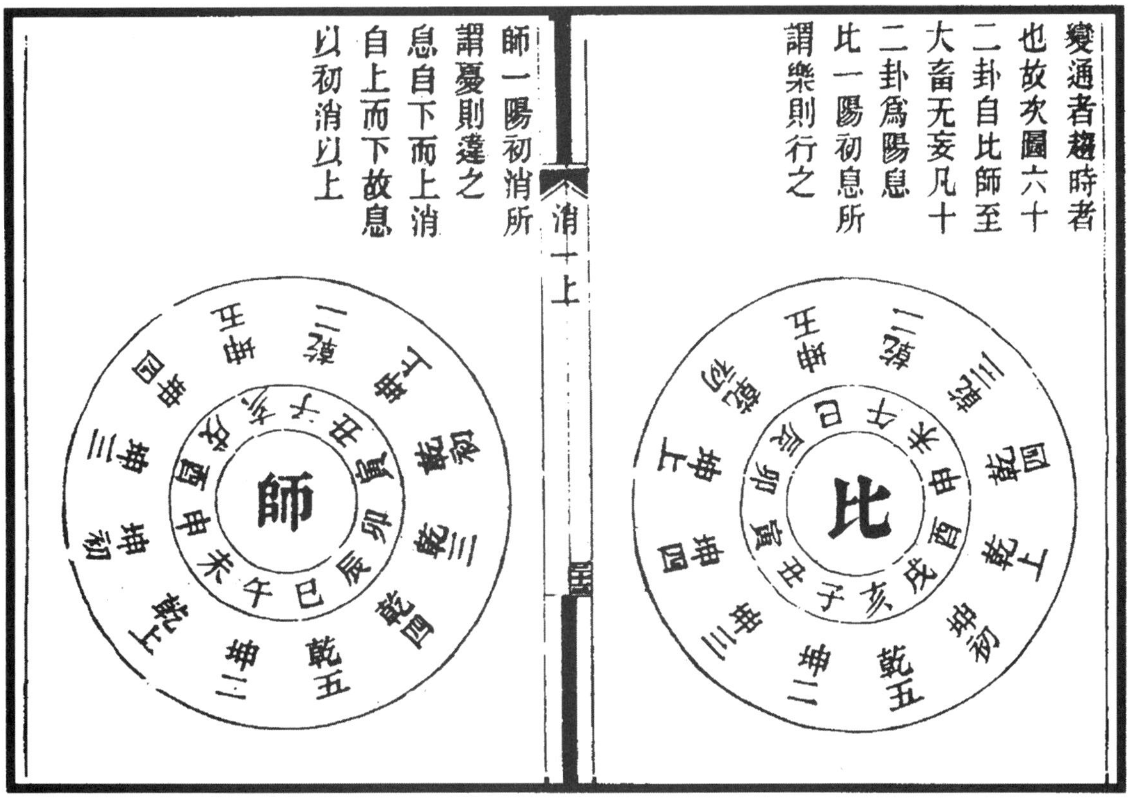

图 2-2　周易消息六十四图

（纪磊《周易消息》）

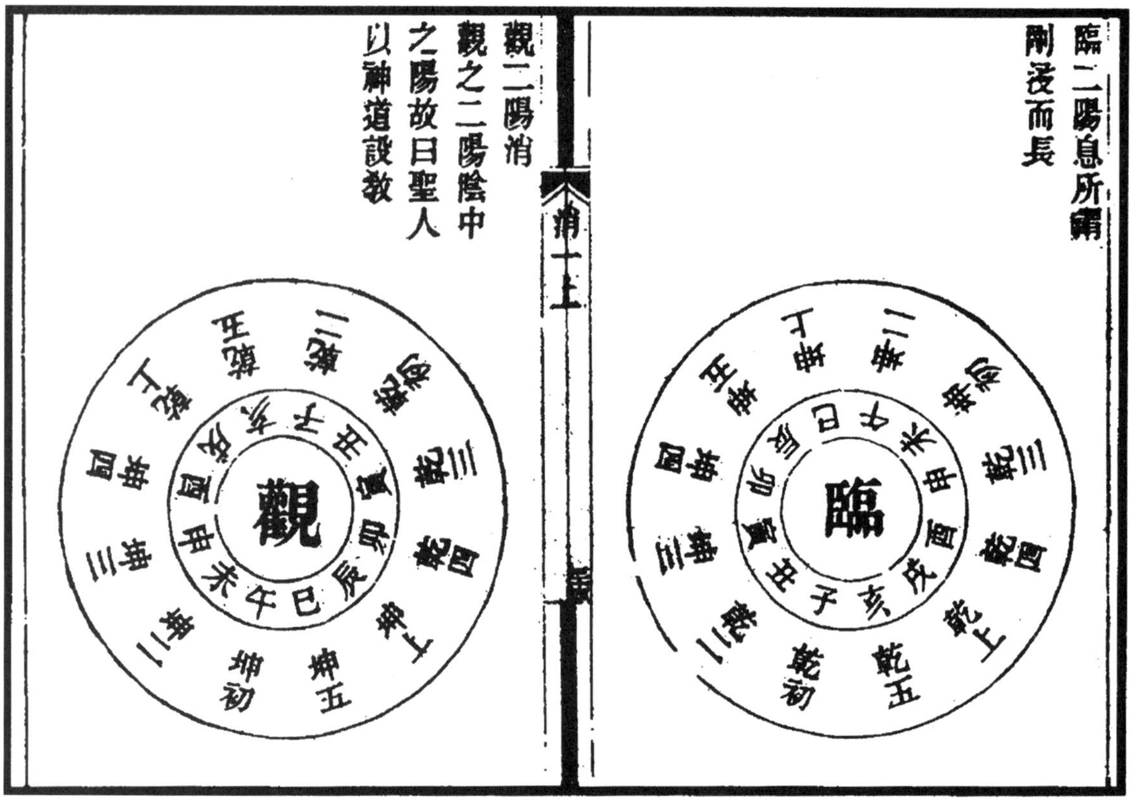

图 2-3　周易消息六十四图

（纪磊《周易消息》）

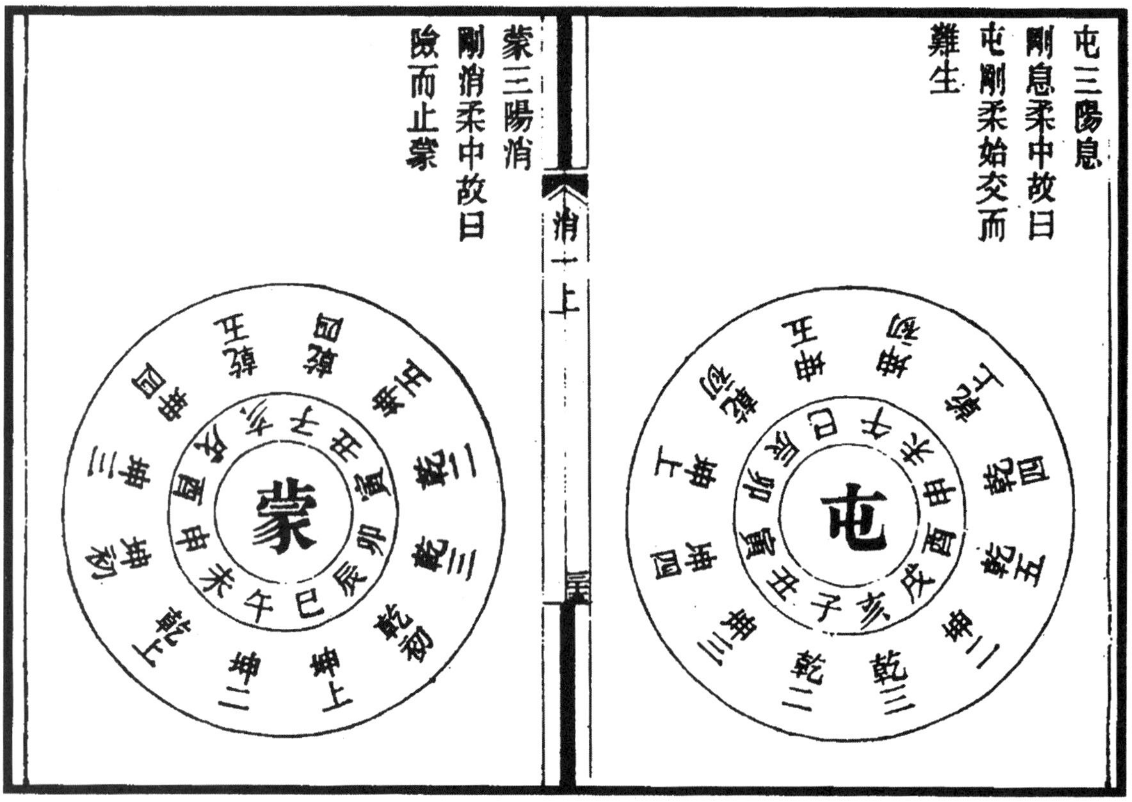

图 2-4　周易消息六十四图

（纪磊《周易消息》）

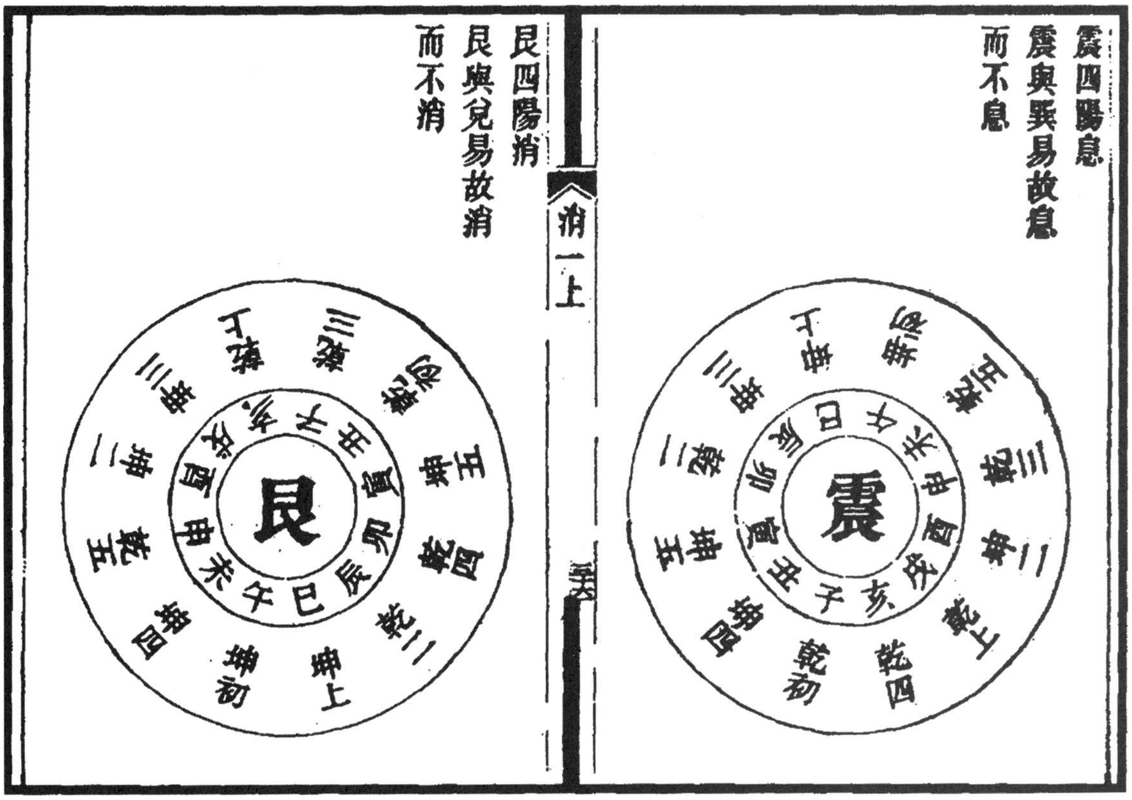

图 2-5　周易消息六十四图

（纪磊《周易消息》）

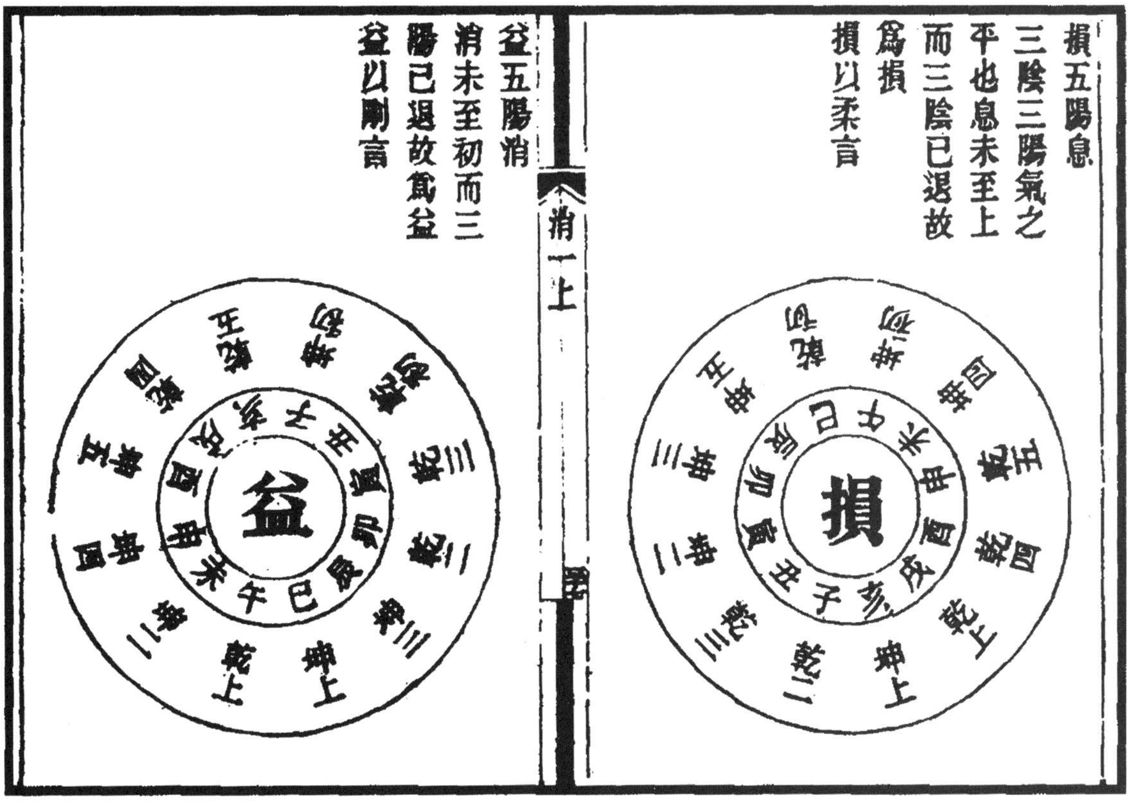

图 2-6　周易消息六十四图

（纪磊《周易消息》）

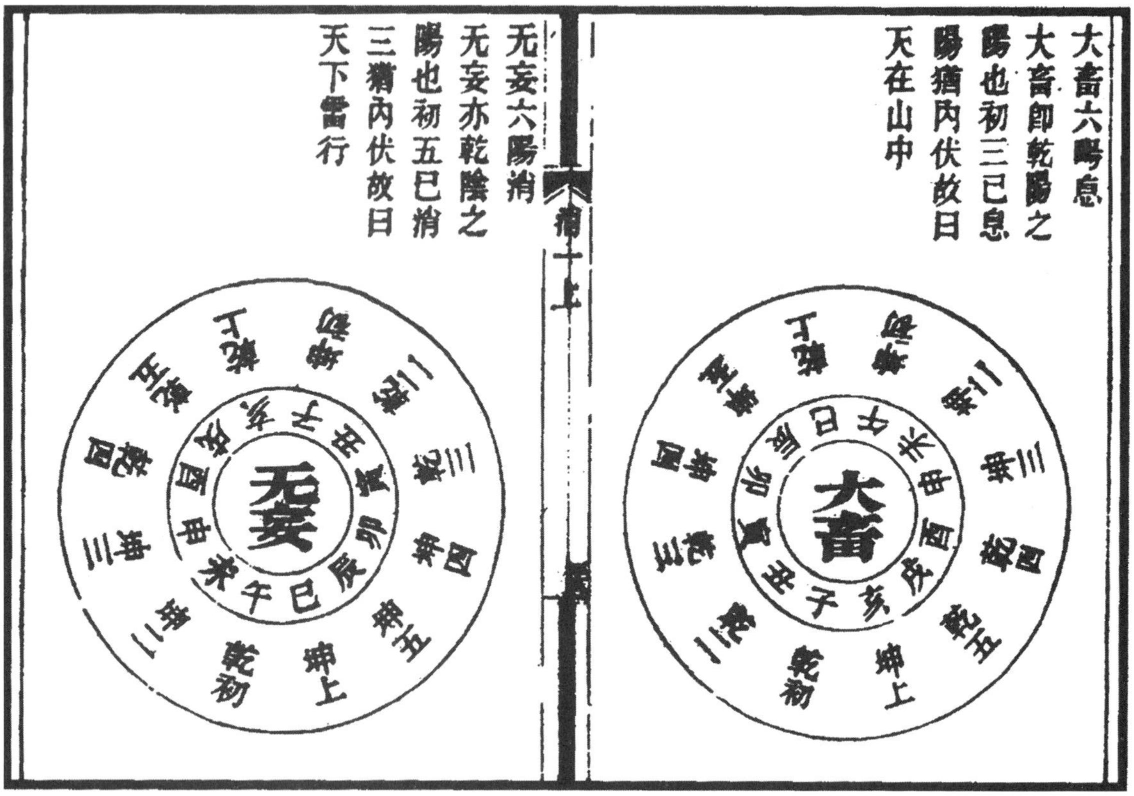

图 2-7　周易消息六十四图
（纪磊《周易消息》）

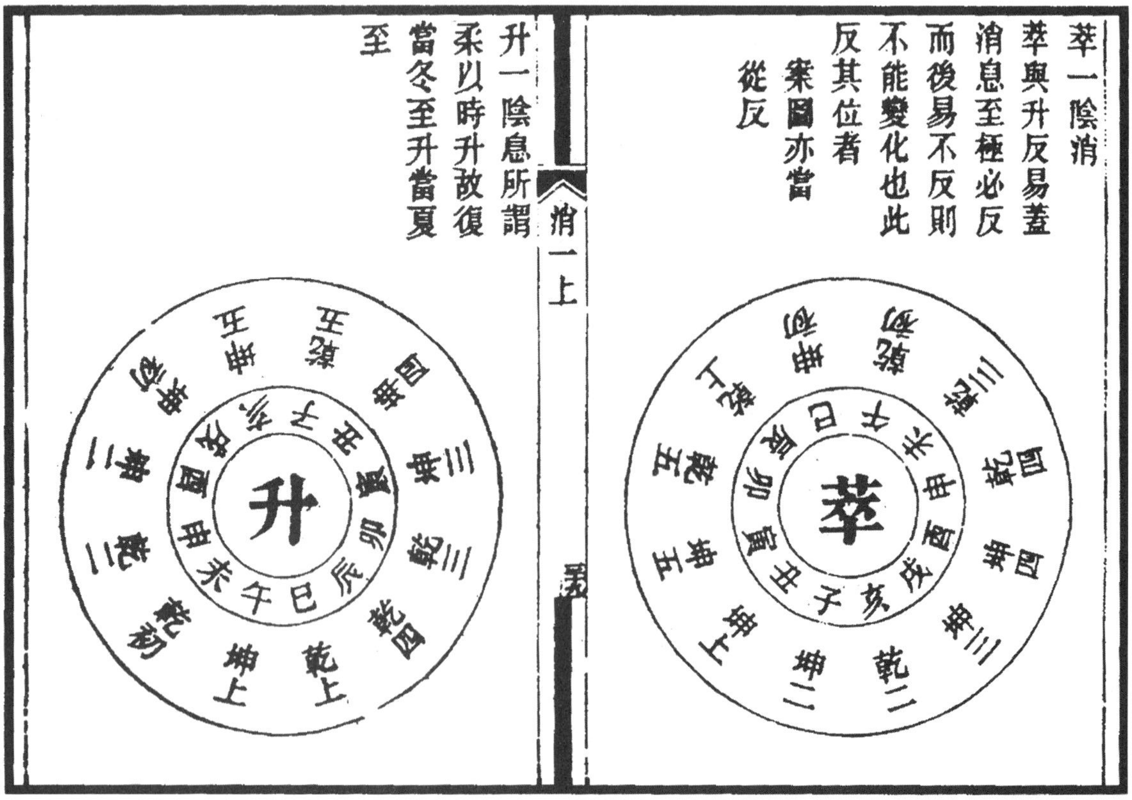

图 2-8　周易消息六十四图
（纪磊《周易消息》）

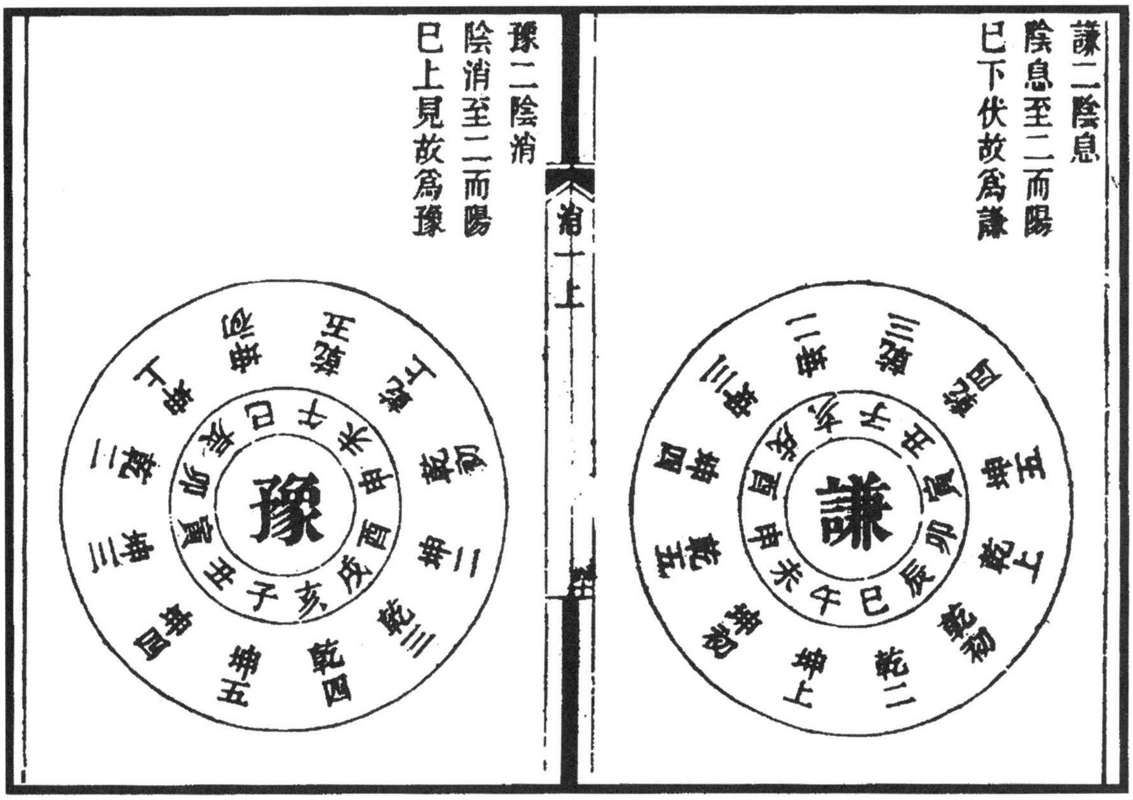

图 2 - 9　周易消息六十四图
（纪磊《周易消息》）

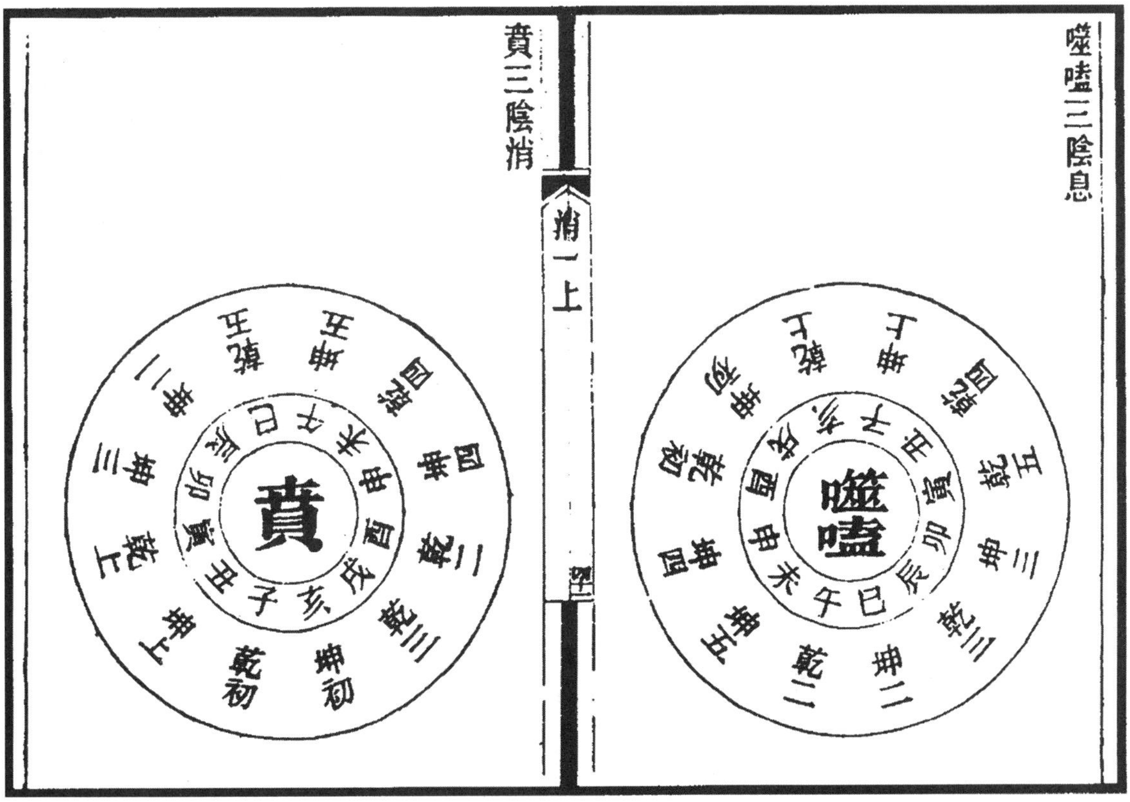

图 2 - 10　周易消息六十四图
（纪磊《周易消息》）

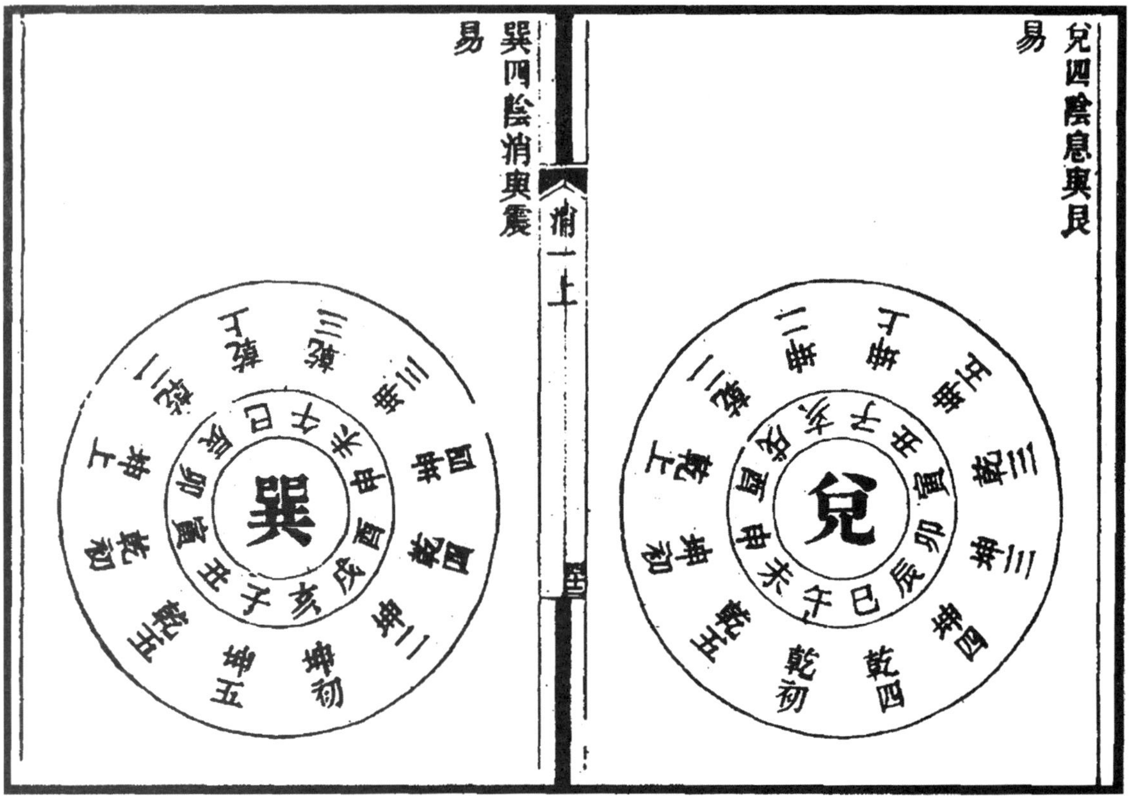
兌四陰息與艮易
兌
巽四陰消與震易
巽
消一上

图 2－11　周易消息六十四图
（纪磊《周易消息》）

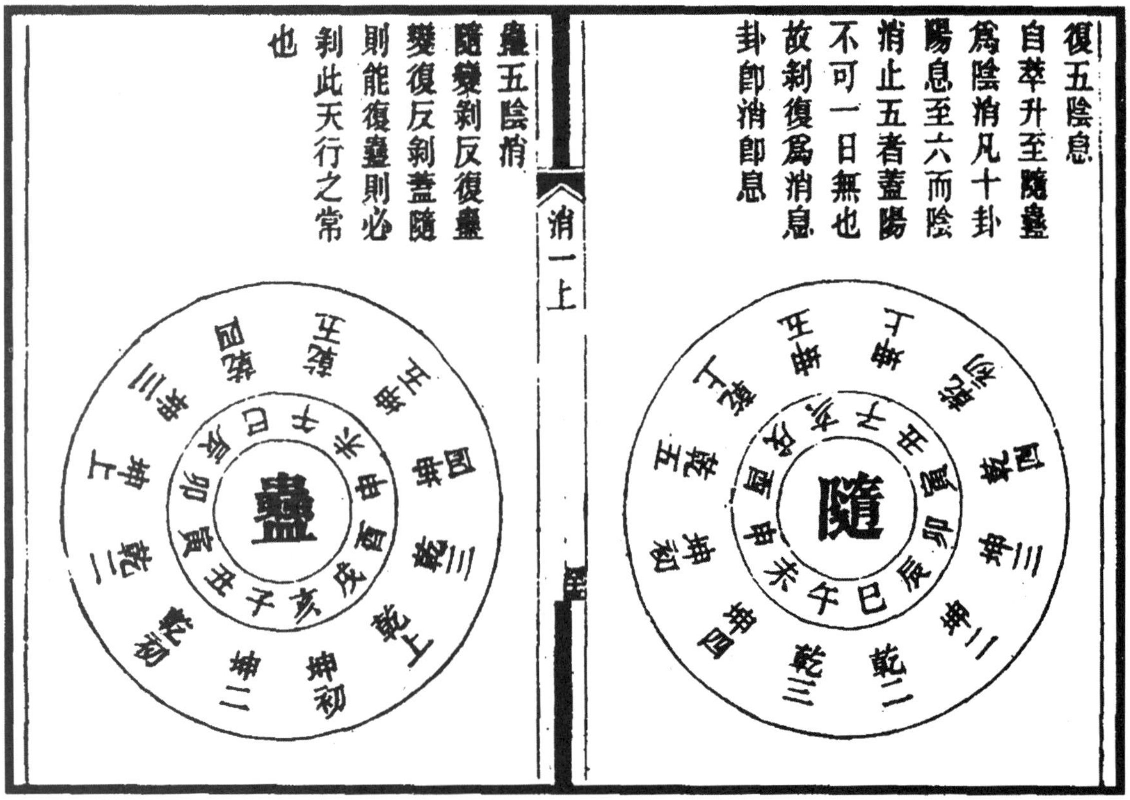
復五陰息自萃升至隨蠱爲陰消凡十卦陽息至六而陰消止五者蓋陽不可一日無也故剝復爲消息卦卽消卽息
隨
蠱五陰消隨蠱剝反復蠱變復反剝蓋隨則能復蠱則必剝此天行之常也
蠱
消一上

图 2－12　周易消息六十四图
（纪磊《周易消息》）

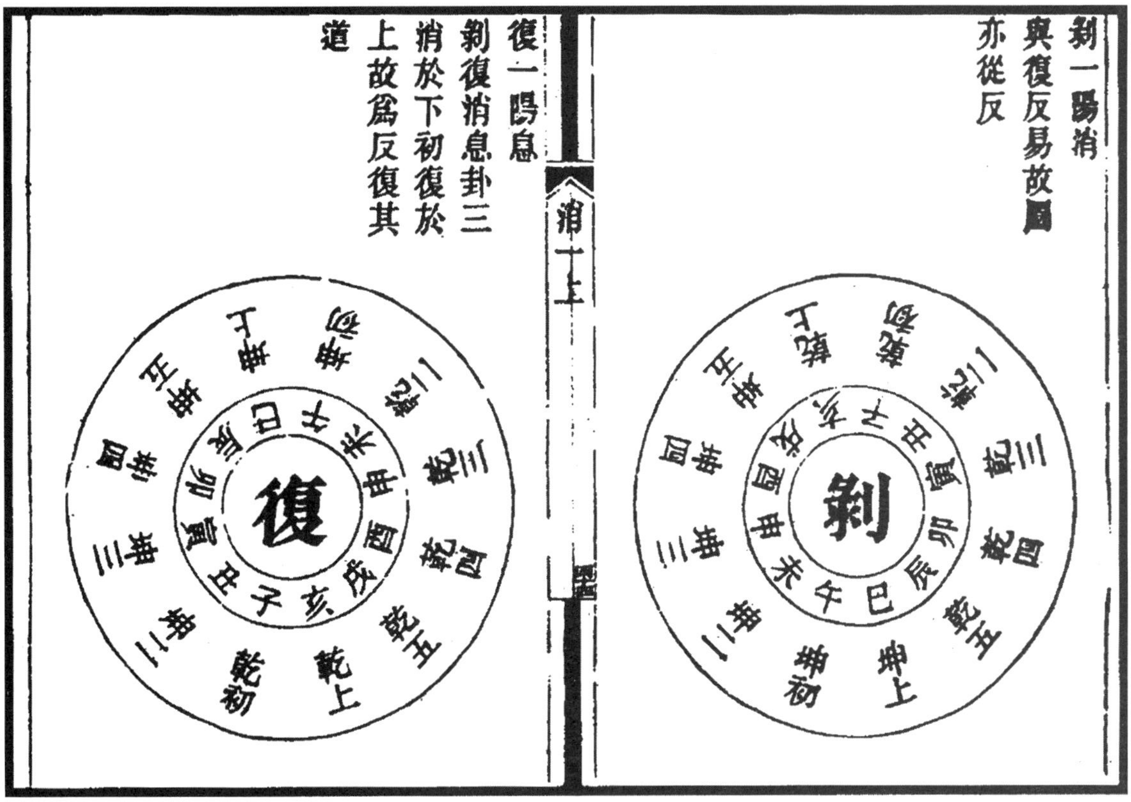

图 2－13　周易消息六十四图

（纪磊《周易消息》）

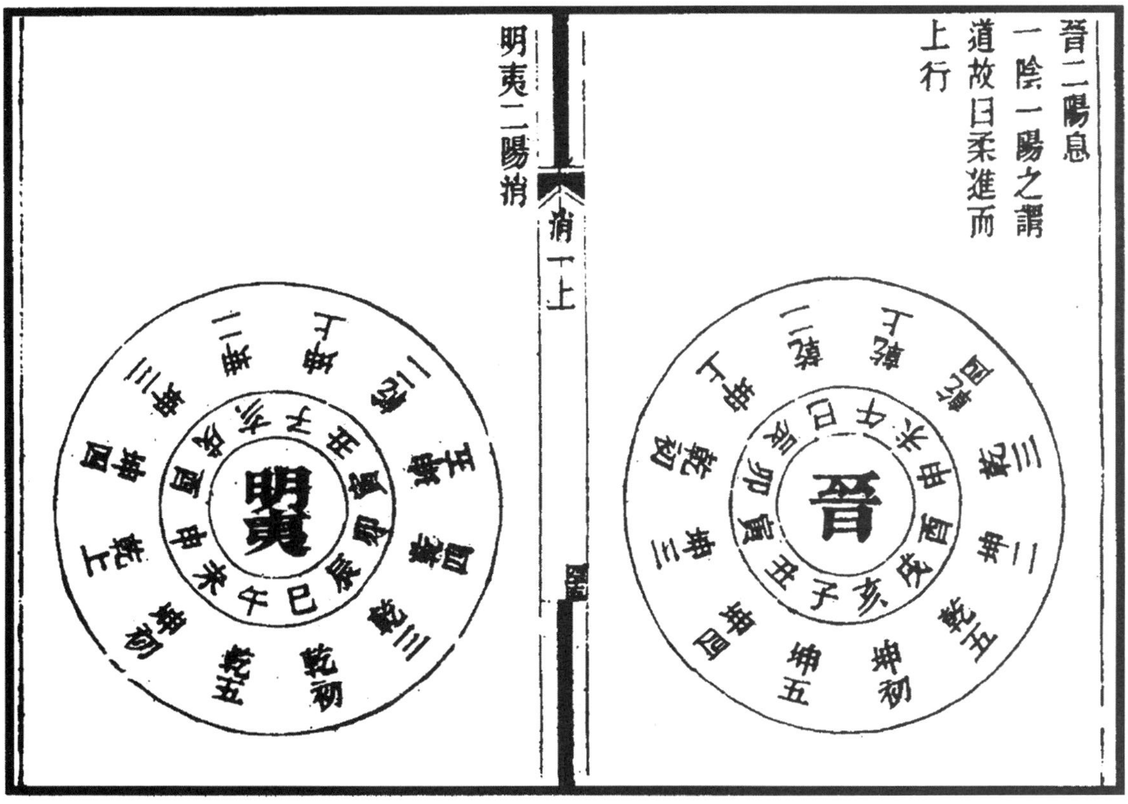

图 2－14　周易消息六十四图

（纪磊《周易消息》）

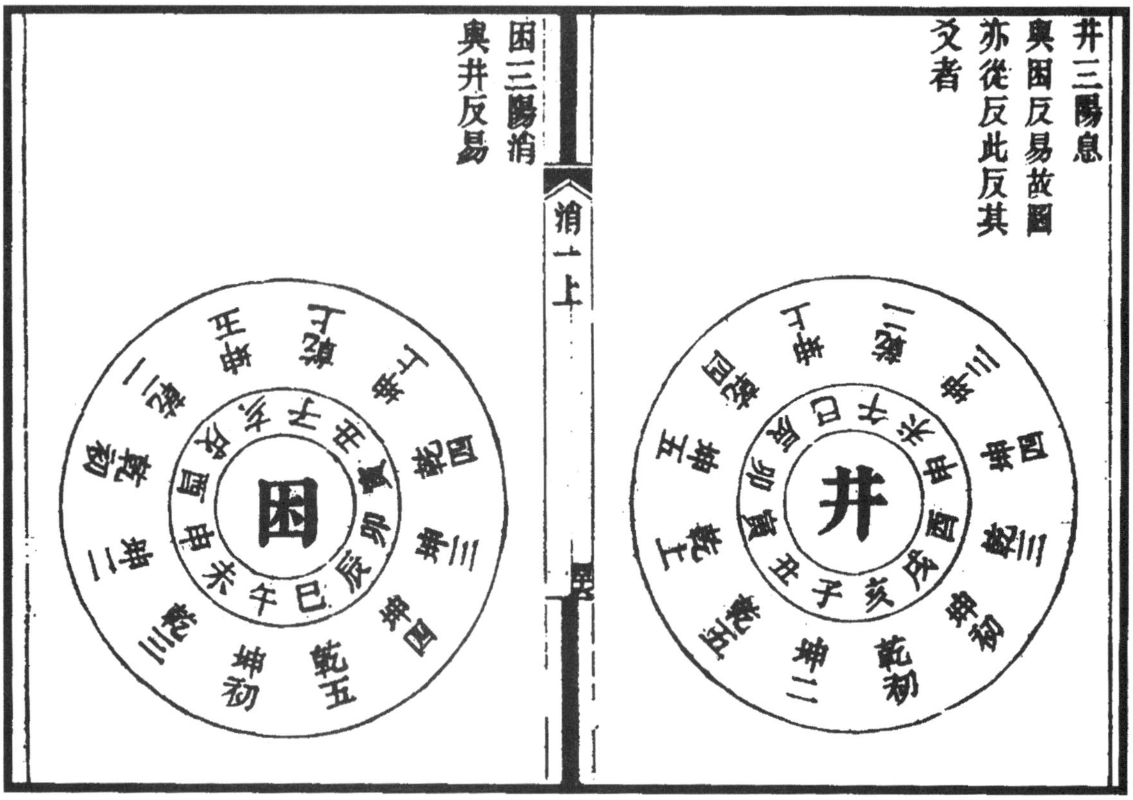

图 2 - 15　周易消息六十四图
（纪磊《周易消息》）

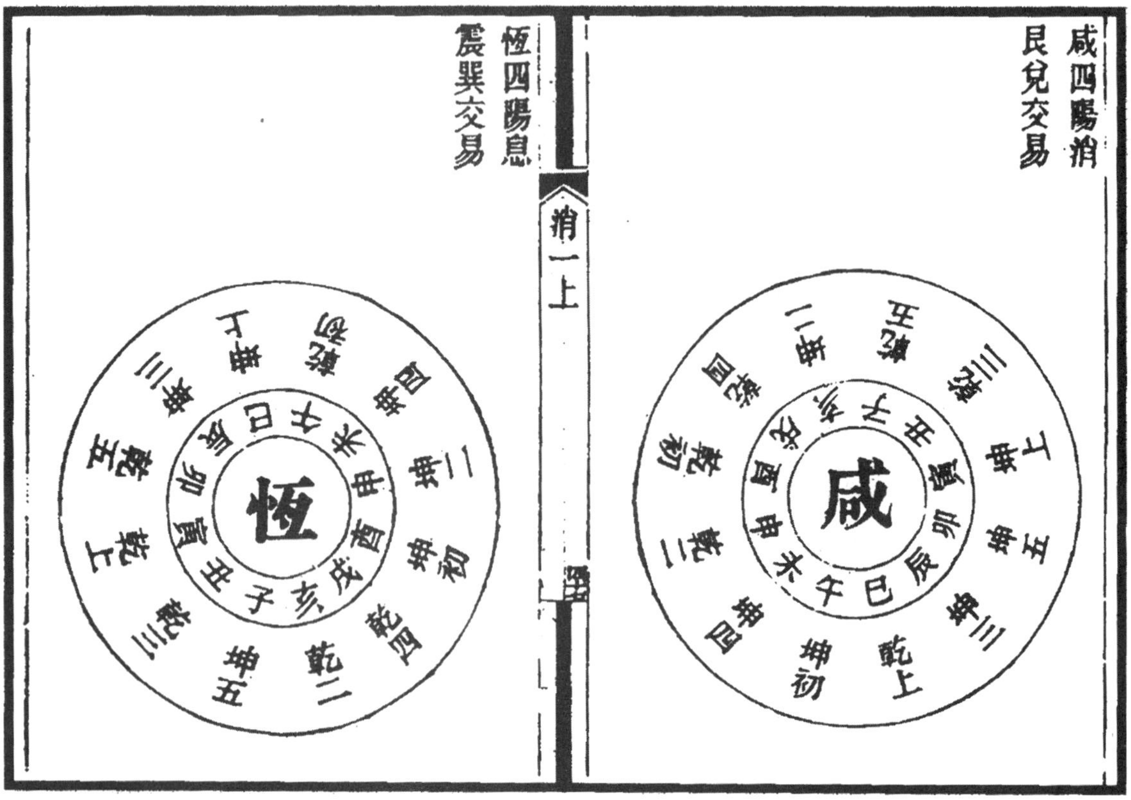

图 2 - 16　周易消息六十四图
（纪磊《周易消息》）

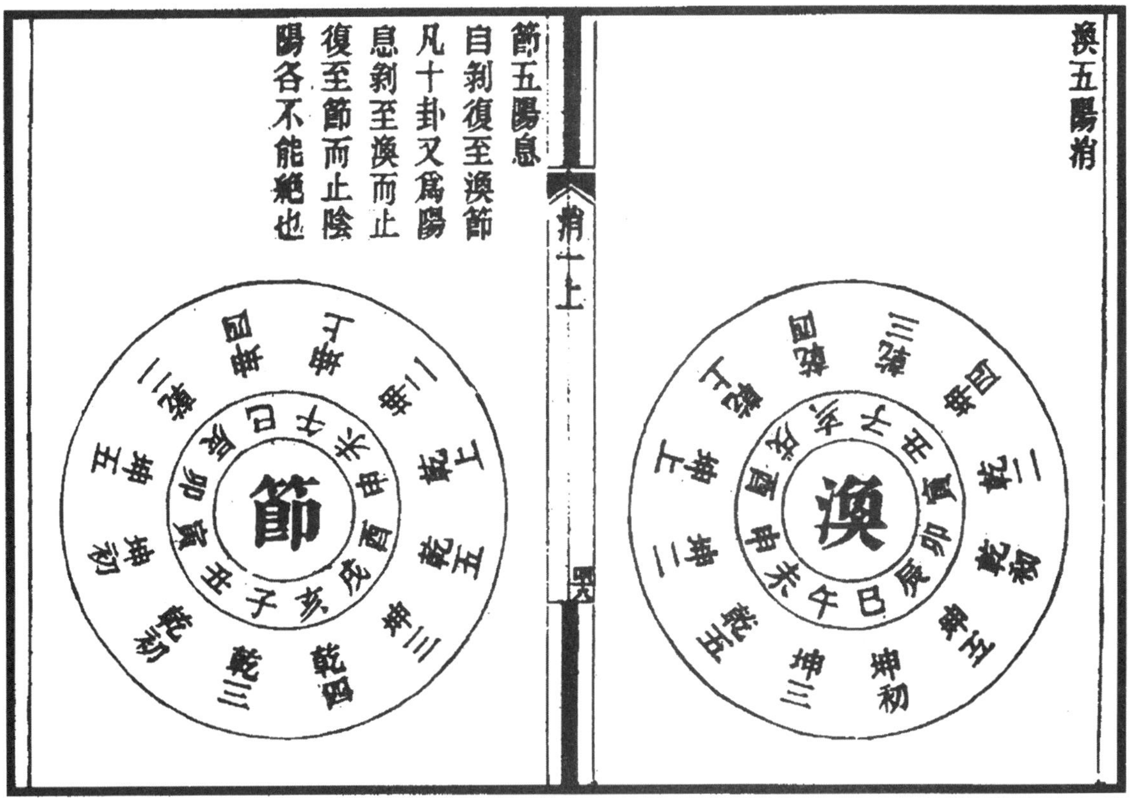

图 2 - 17　周易消息六十四图

（纪磊《周易消息》）

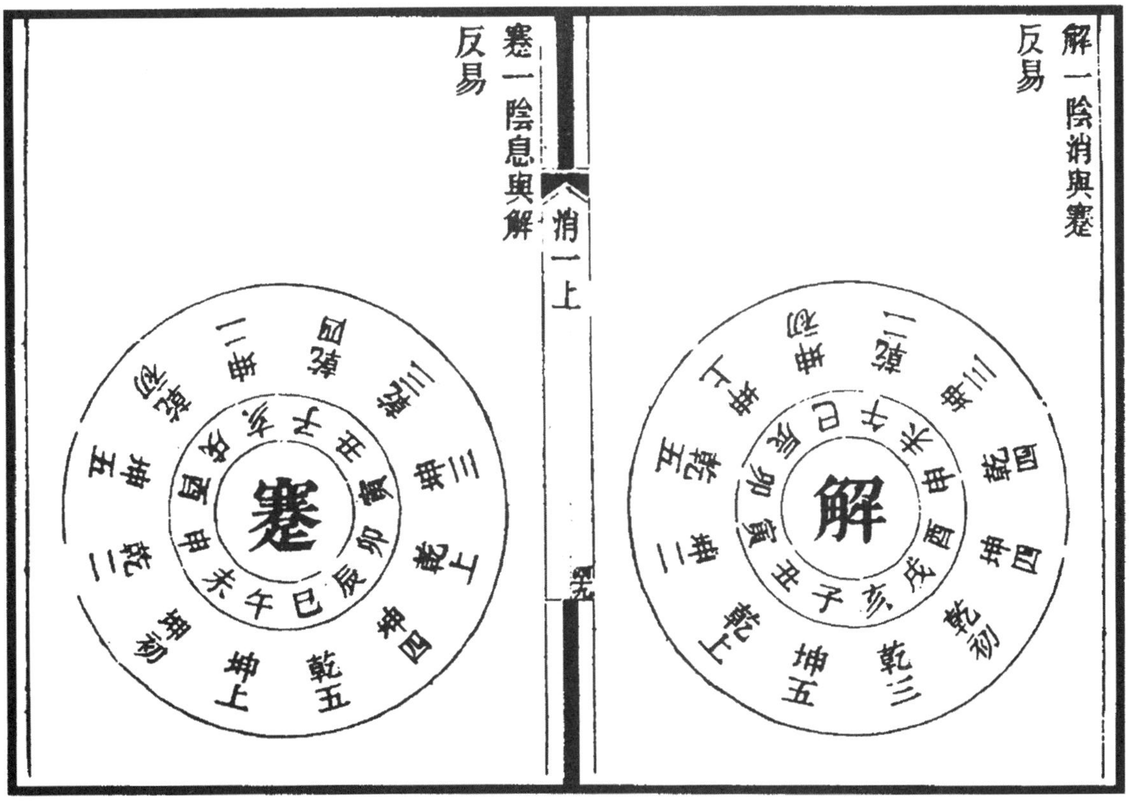

图 2 - 18　周易消息六十四图

（纪磊《周易消息》）

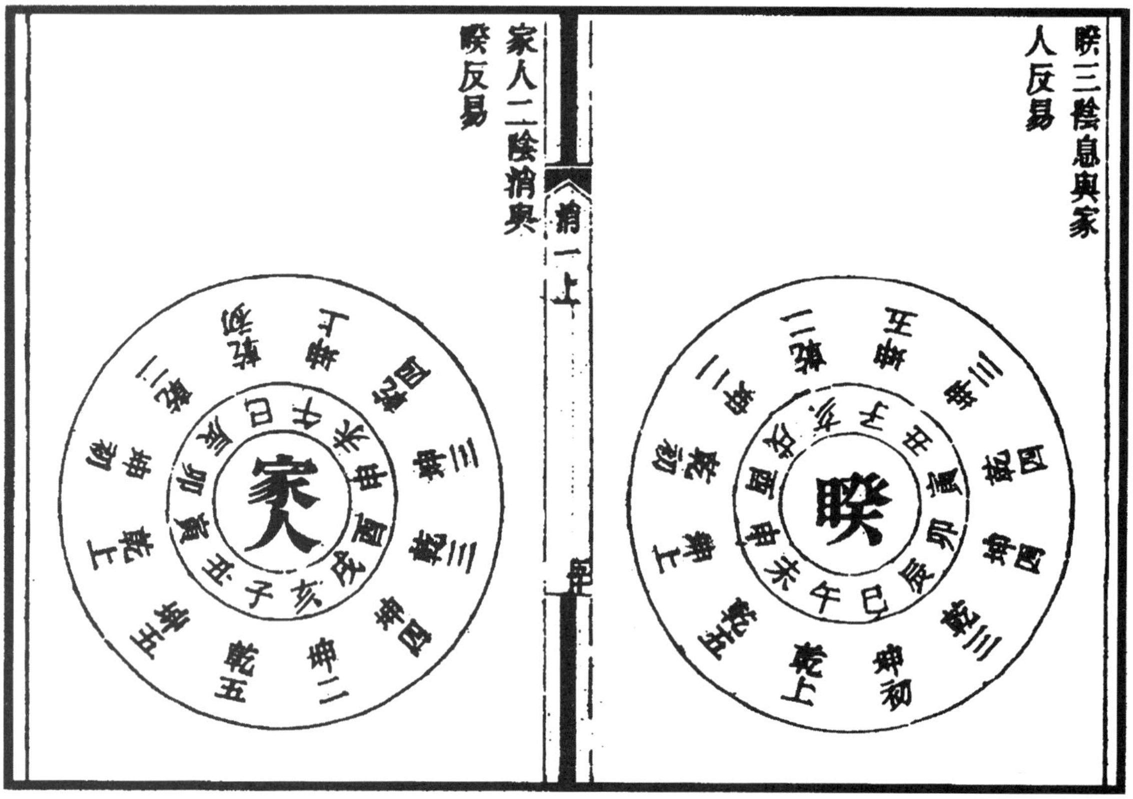

图 2-19 周易消息六十四图
（纪磊《周易消息》）

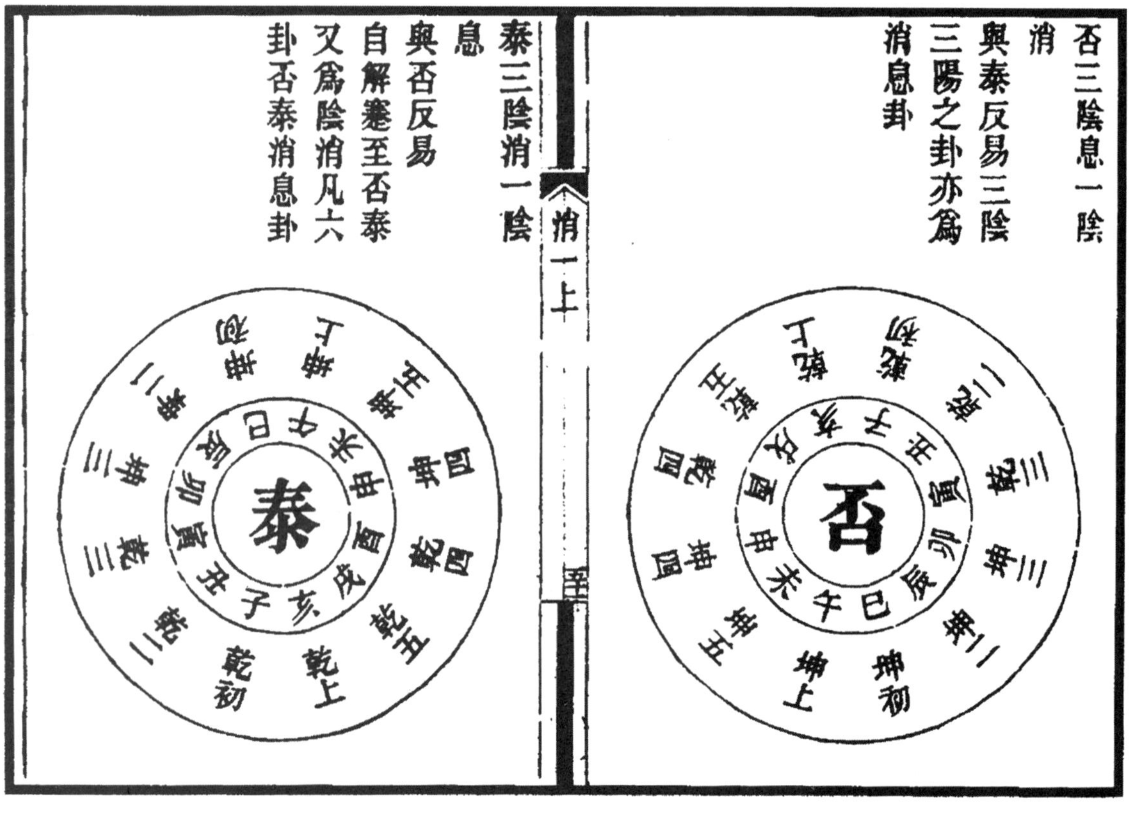

图 2-20 周易消息六十四图
（纪磊《周易消息》）

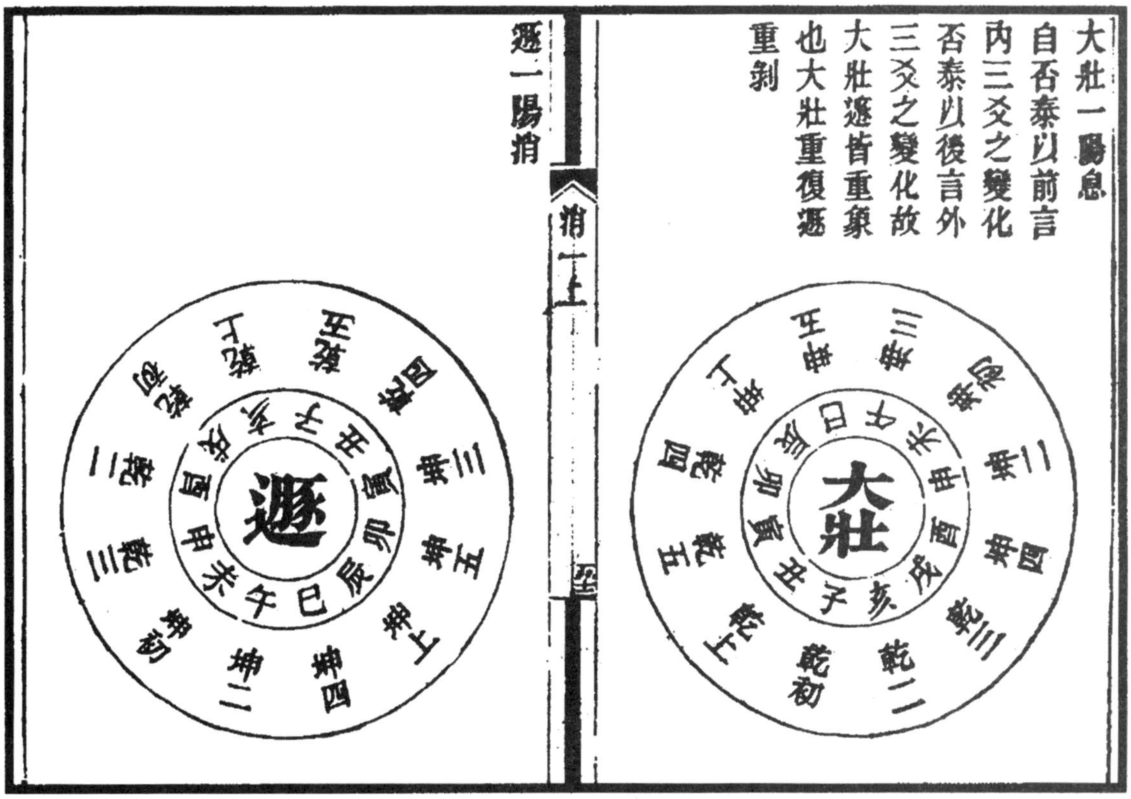

图 2－21　周易消息六十四图

（纪磊《周易消息》）

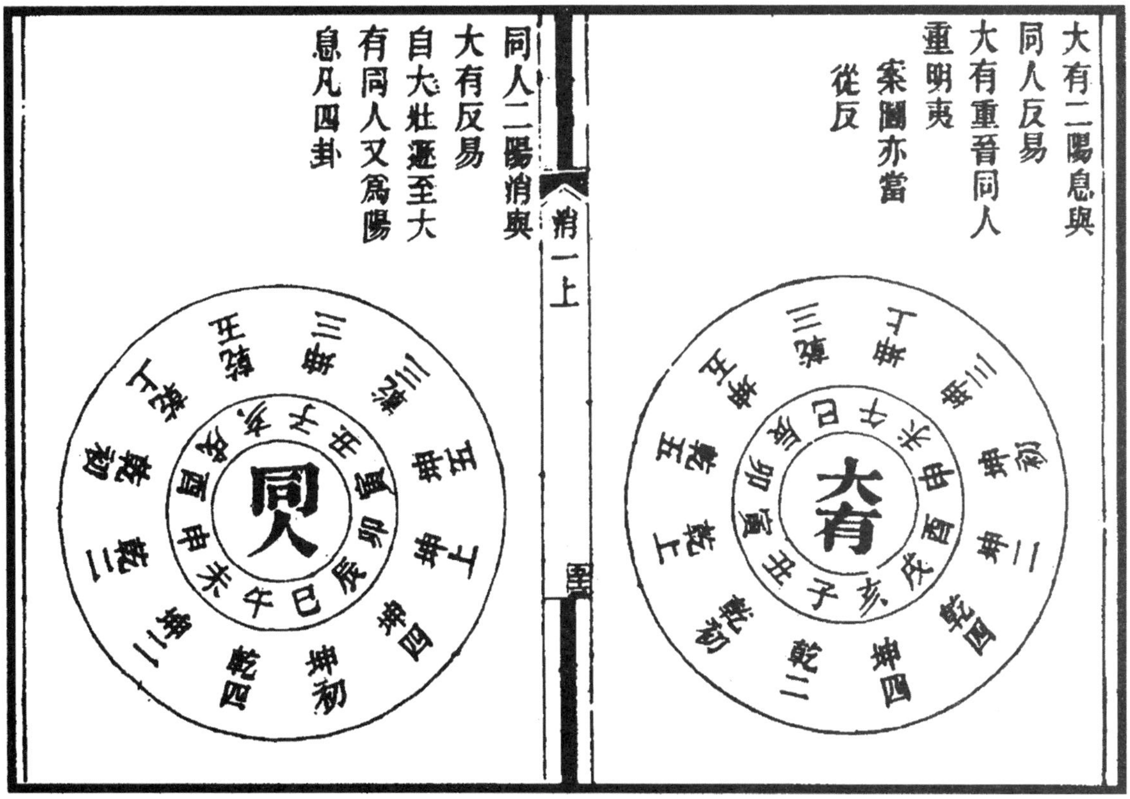

图 2－22　周易消息六十四图

（纪磊《周易消息》）

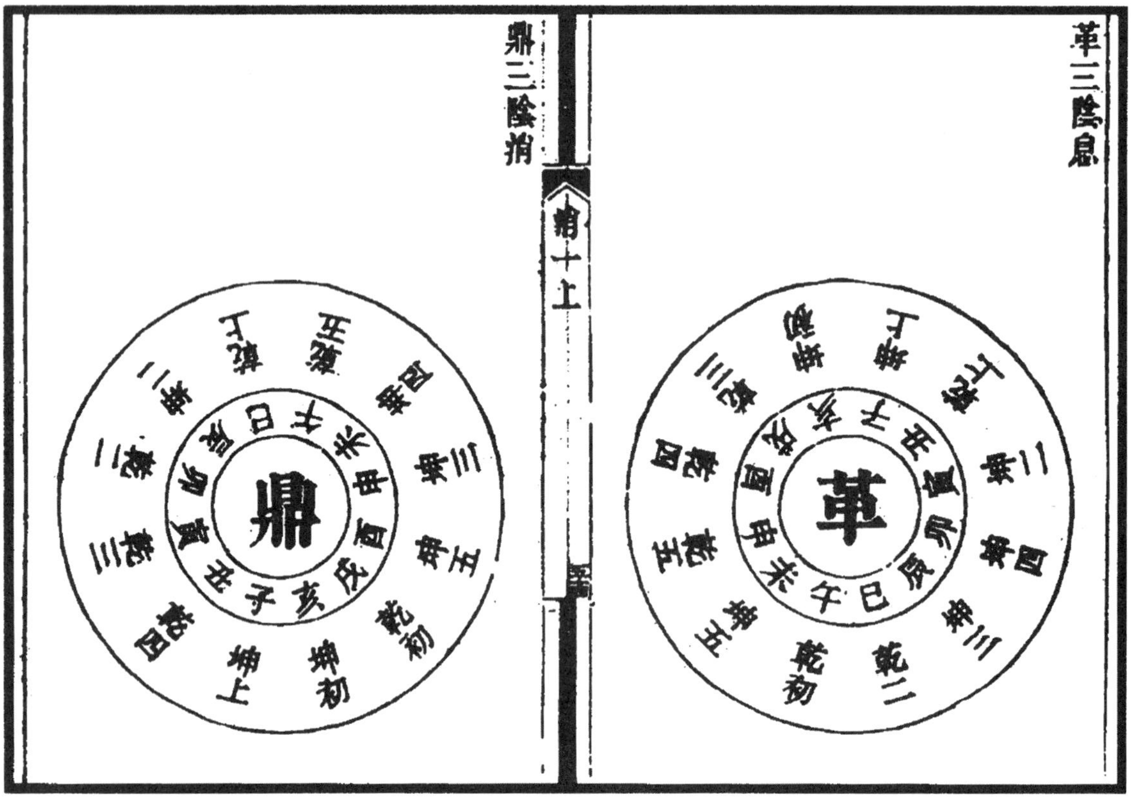

图 2-23　周易消息六十四图
（纪磊《周易消息》）

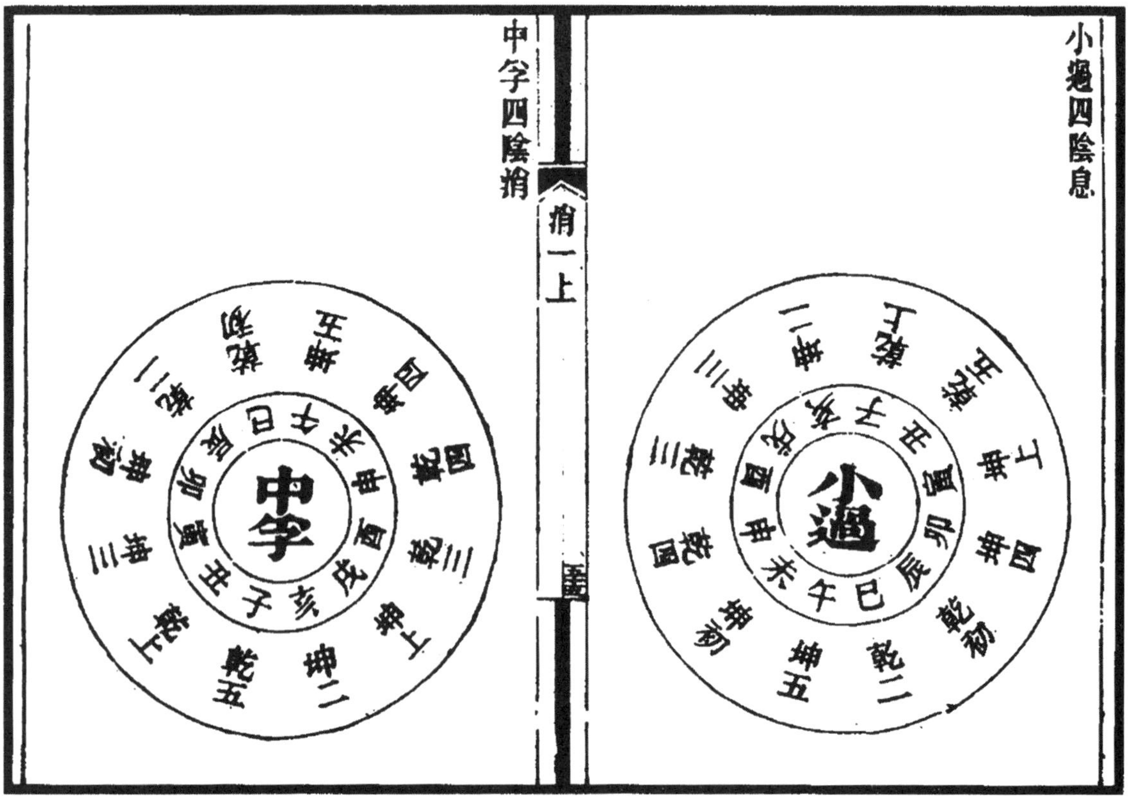

图 2-24　周易消息六十四图
（纪磊《周易消息》）

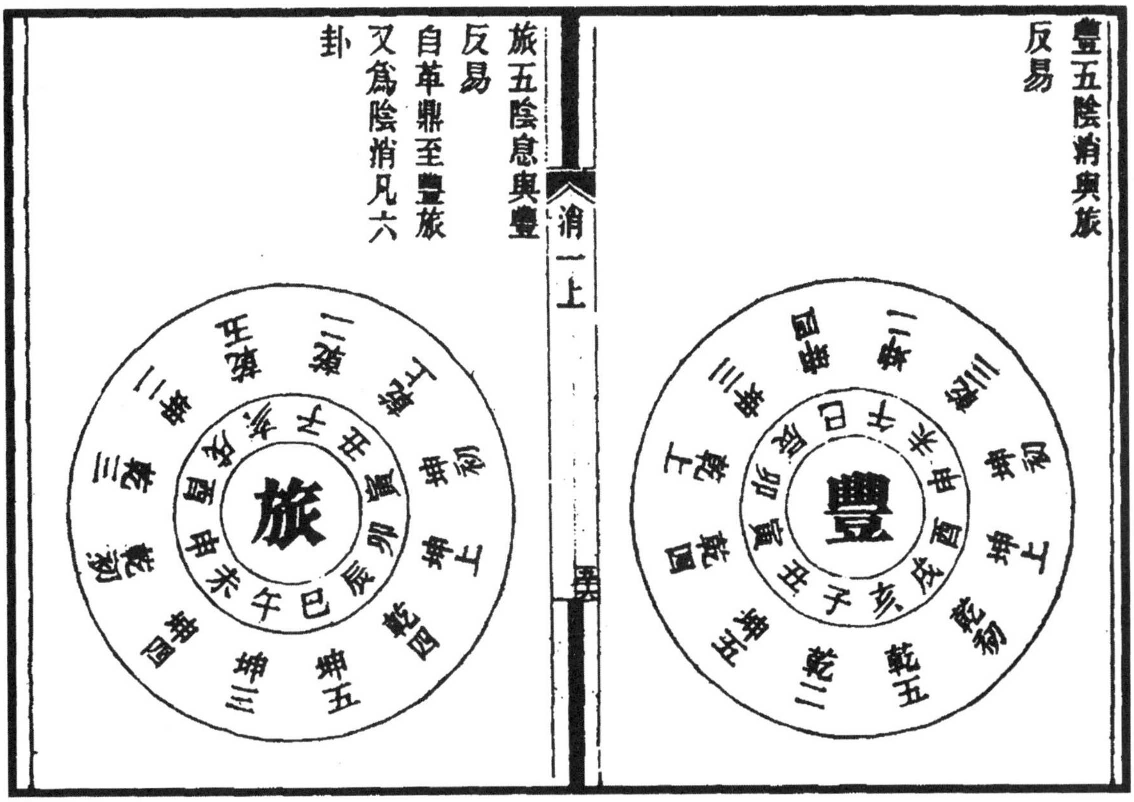

图 2 - 25　周易消息六十四图
（纪磊《周易消息》）

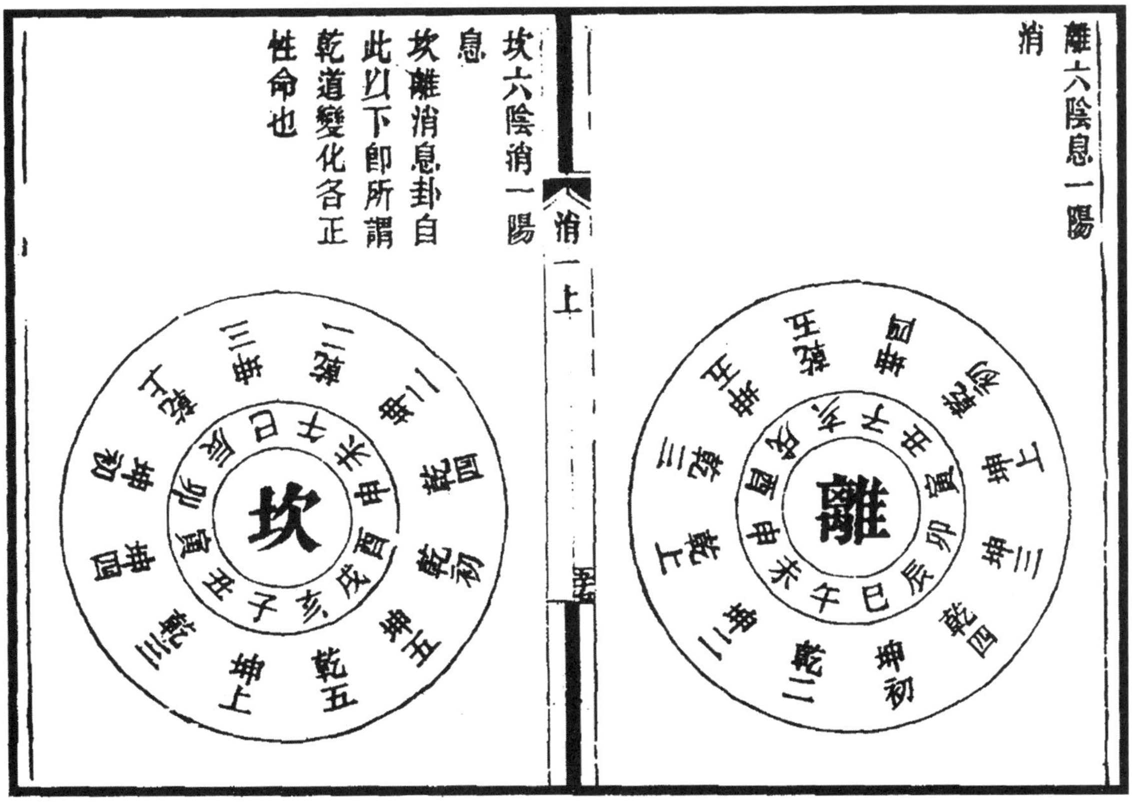

图 2 - 26　周易消息六十四图
（纪磊《周易消息》）

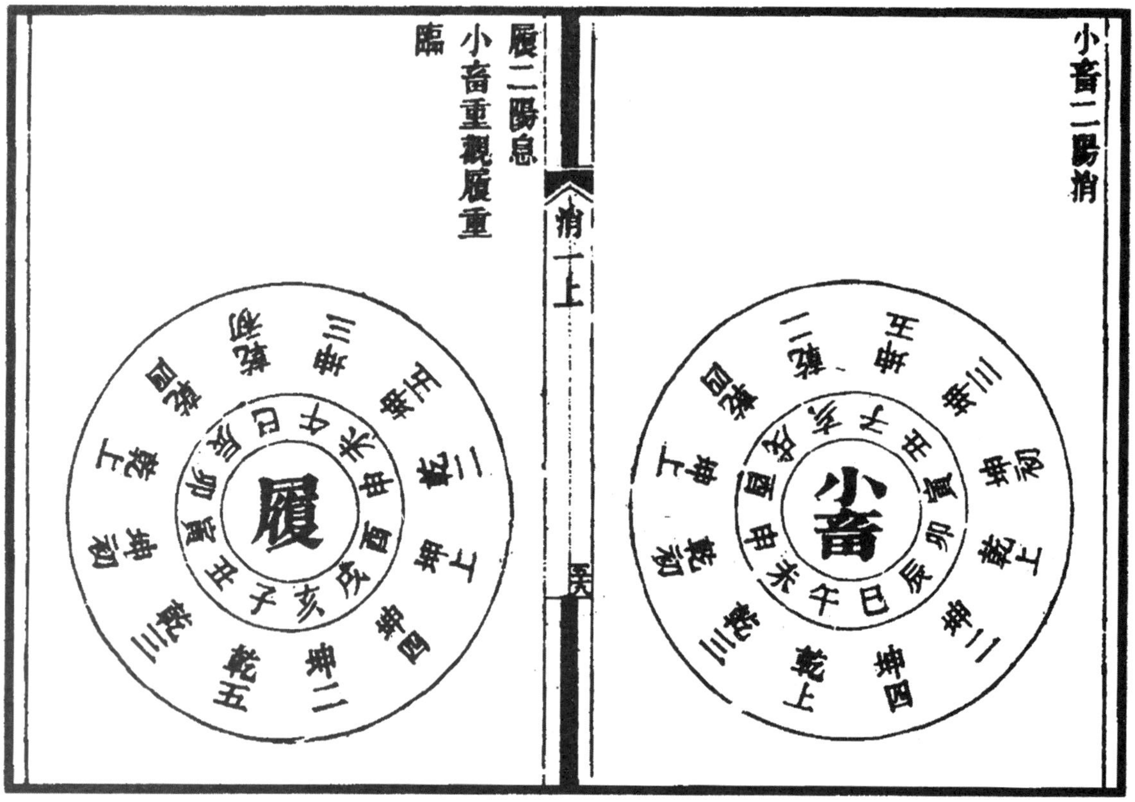

图 2-27　周易消息六十四图
（纪磊《周易消息》）

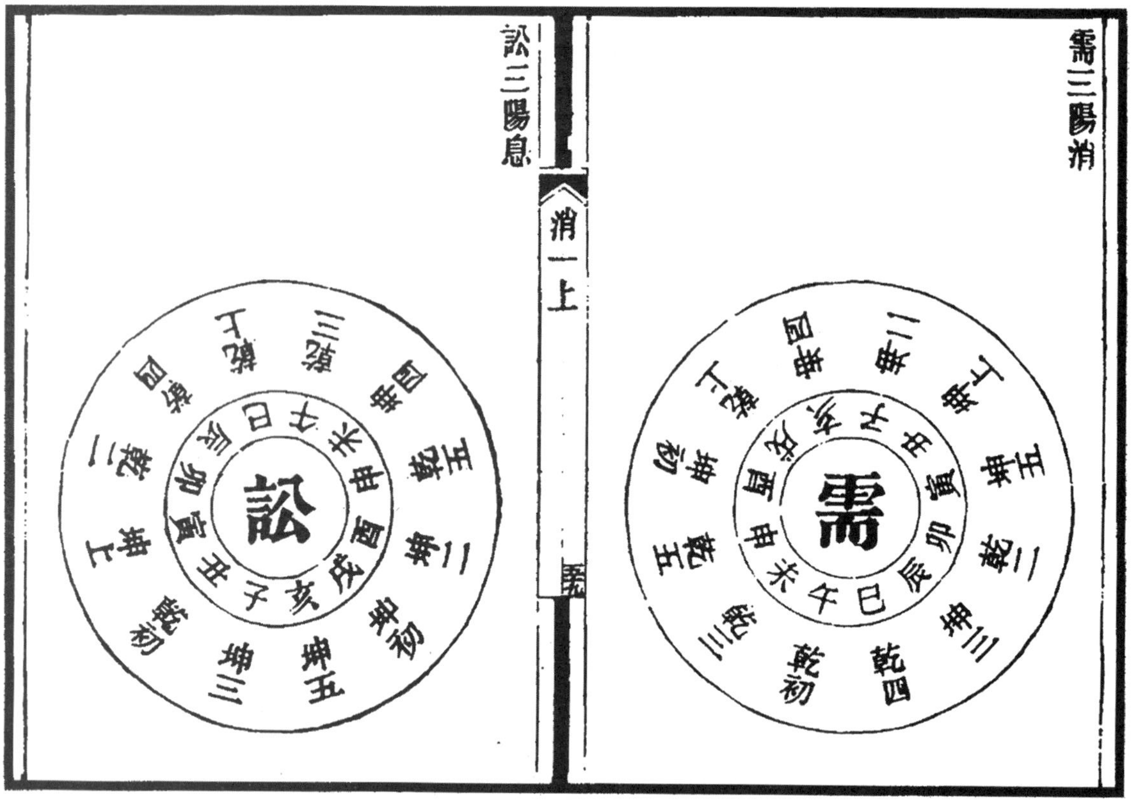

图 2-28　周易消息六十四图
（纪磊《周易消息》）

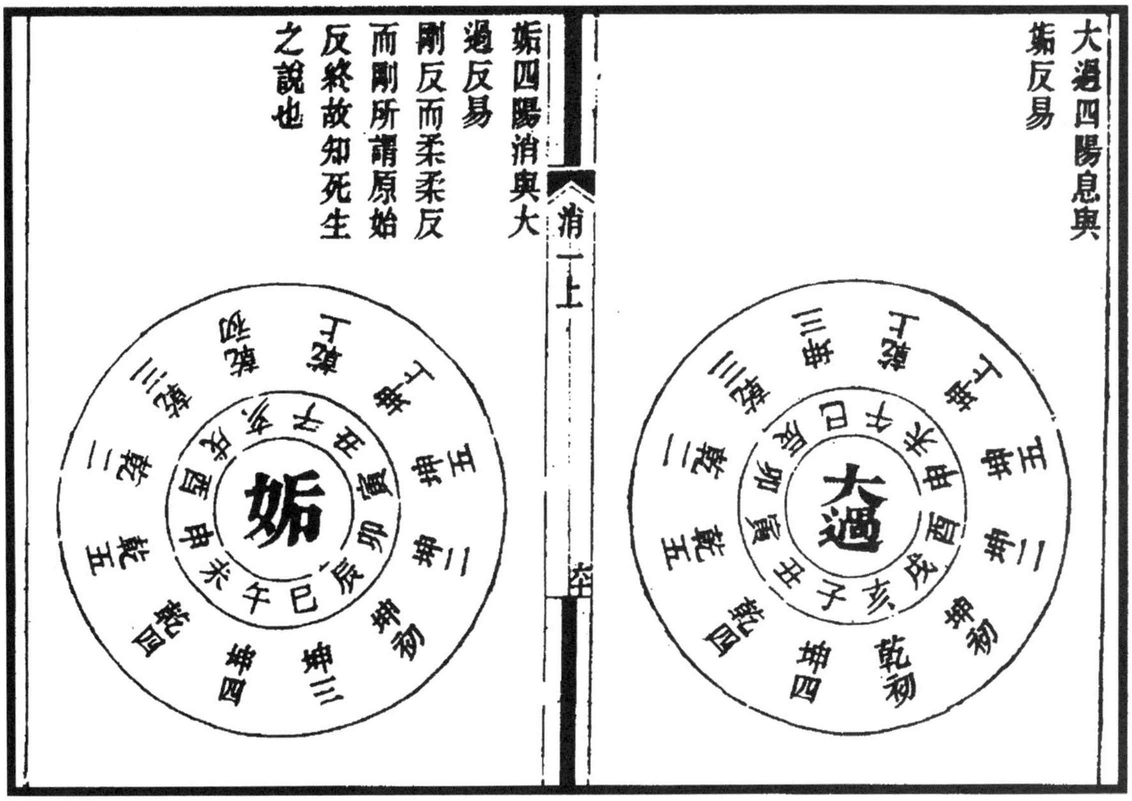

图 2－29　周易消息六十四图
（纪磊《周易消息》）

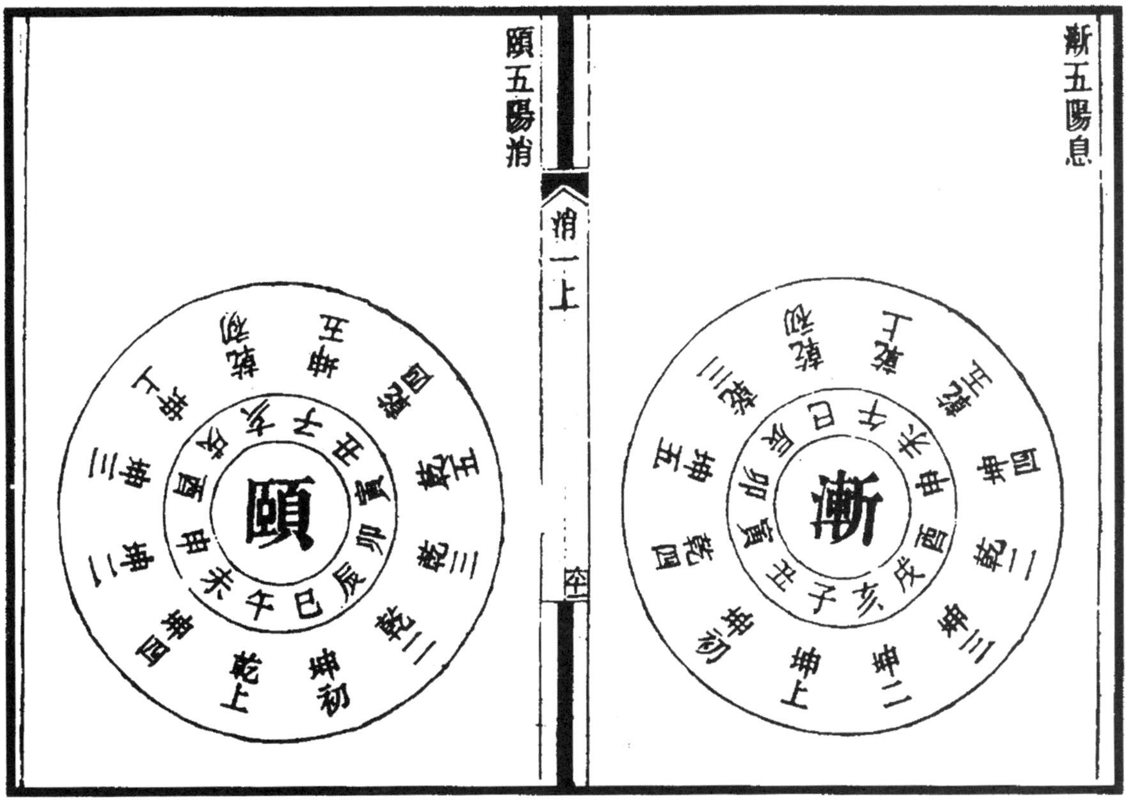

图 2－30　周易消息六十四图
（纪磊《周易消息》）

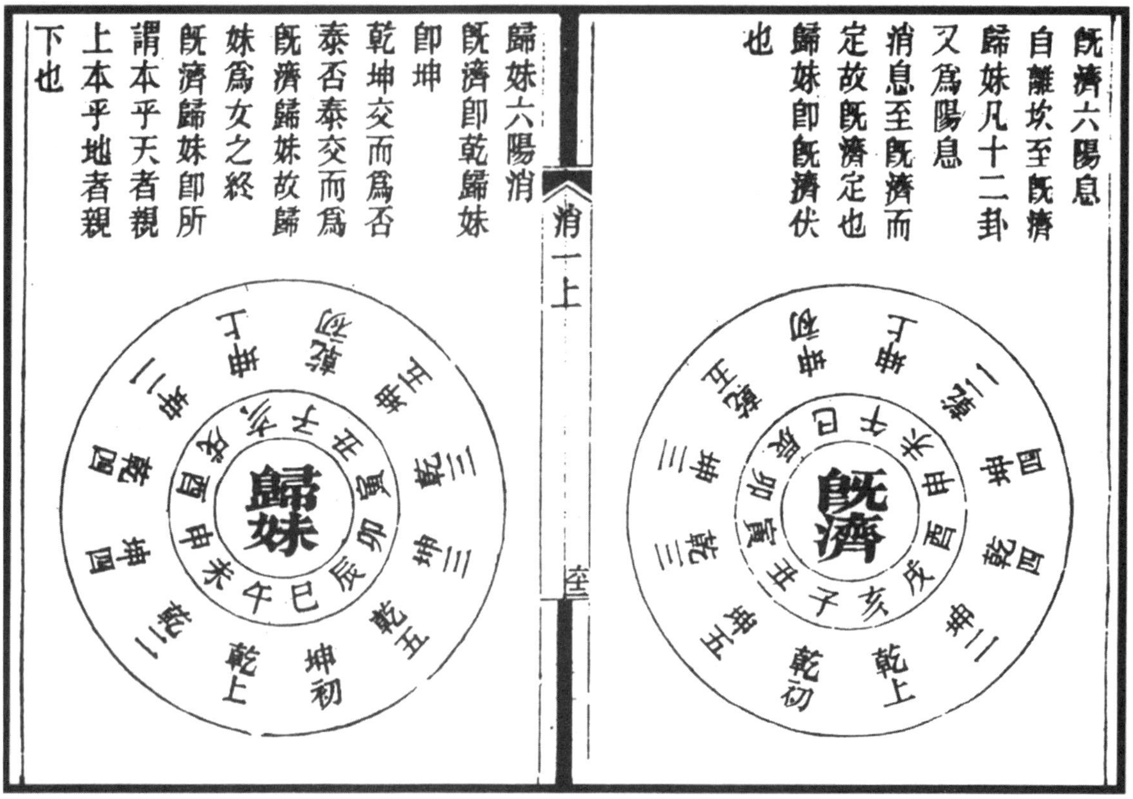
既濟六陽息自離坎至既濟歸妹凡十二卦又爲陽息消息至既濟而定故既濟定也歸妹卽既濟伏也
消一上
既濟
歸妹
歸妹六陽消既濟卽乾歸妹卽坤乾坤交而爲否泰否泰交而爲既濟歸妹故歸妹爲女之終既濟歸妹卽所謂本乎天者親上本乎地者親下也

图 2－31　周易消息六十四图

（纪磊《周易消息》）

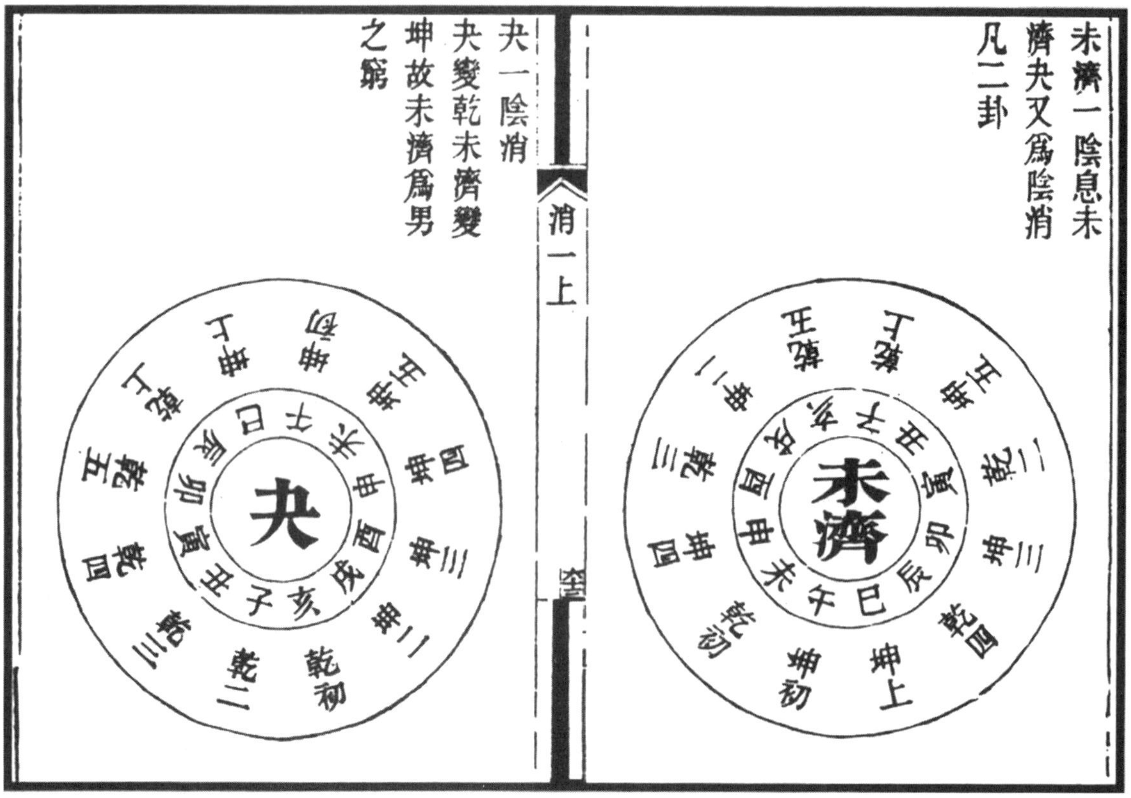
未濟一陰息未濟夬又爲陰消凡二卦
消一上
未濟
夬
夬一陰消夬變乾未濟變坤故未濟爲男之窮

图 2－32　周易消息六十四图

（纪磊《周易消息》）

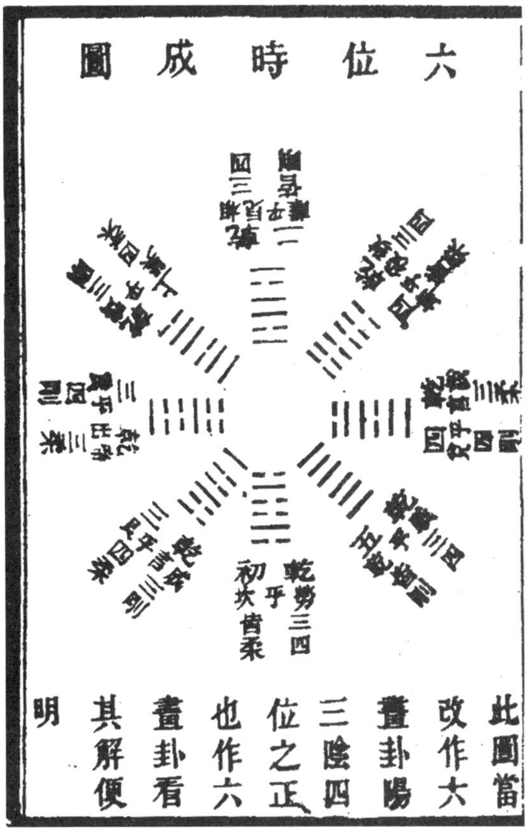
六位時成圖
此圖當改作大畫卦陽三陰四位之正也作六畫卦看其解便明

图 3　六位时成图

（纪磊辑《周易本义辨证补订》）

何其杰

生卒年不详，字俊卿，清江苏山阳（今江苏淮安）人。同治三年（1864）举人。官至内阁中书，委署侍读。著有《周易经典证略》十一卷、《说文字原引》卷等。现存有《周易》图像三幅。

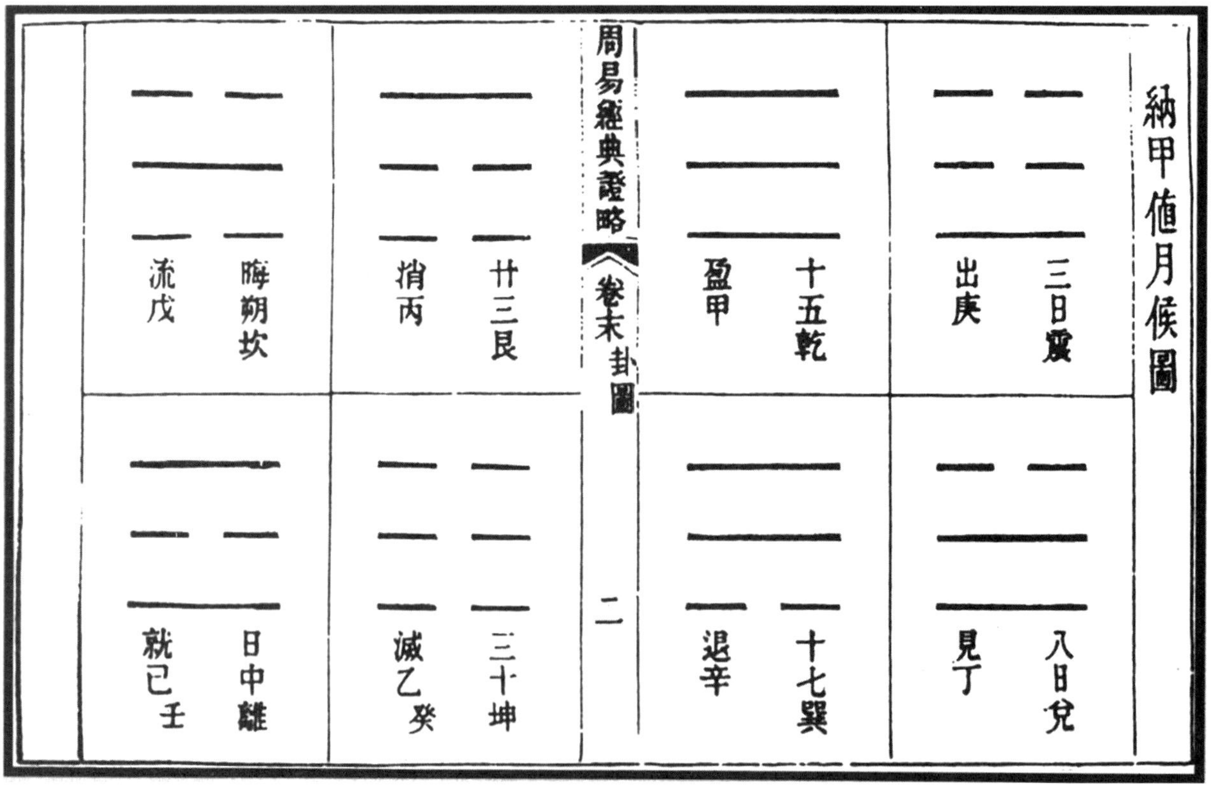

图 1　纳甲值月候图
（何其杰《周易经典证略》）

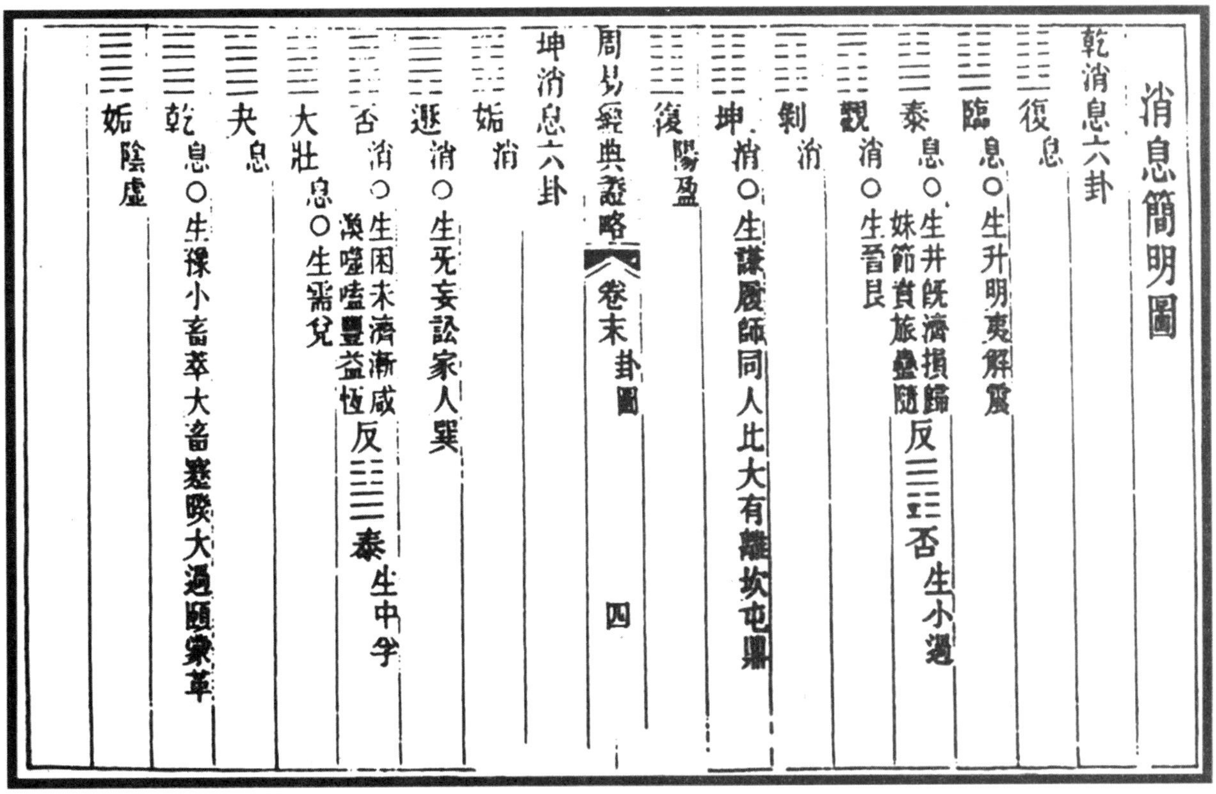
消息簡明圖
乾消息六卦
䷗復息
䷒臨息○生升明夷解震
䷊泰息○生井既濟損歸妹節賁旅蠱隨反䷋否生小過
䷓觀消○生晉艮
䷖剝消
䷁坤消○生謙履師同人比大有離坎屯鼎
䷗復陽盈
周易經典證略〈卷末卦圖　四
坤消息六卦
䷫姤消
䷠遯消○生无妄訟家人巽
䷋否消○生困未濟漸咸渙噬嗑豐益恆反䷊泰生中孚
䷡大壯息○生需兌
䷪夬息
䷀乾息○生豫小畜萃大畜蹇睽大過頤蒙革
䷫姤陰虛

图 2　消息简明图
（何其杰《周易经典证略》）

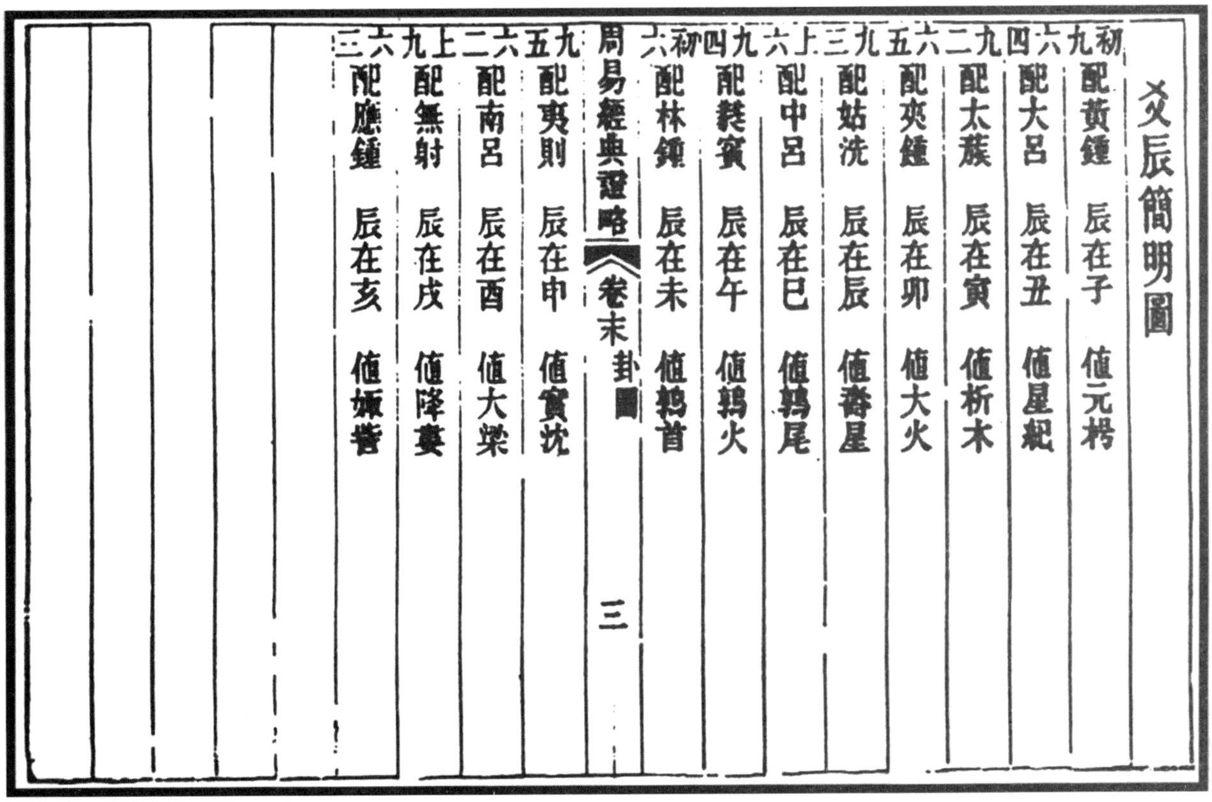
爻辰簡明圖
初九配黃鍾　辰在子　值元枵
六四配大呂　辰在丑　值星紀
九二配太蔟　辰在寅　值析木
六五配夾鍾　辰在卯　值大火
九三配姑洗　辰在辰　值壽星
上六配中呂　辰在巳　值鶉尾
九四配蕤賓　辰在午　值鶉火
初六配林鍾　辰在未　值鶉首
周易經典證略〈卷末卦圖　三
九五配夷則　辰在申　值實沈
六二配南呂　辰在酉　值大梁
上九配無射　辰在戌　值降婁
六三配應鍾　辰在亥　值娵訾

图 3　爻辰简明图
（何其杰《周易经典证略》）

朱昌寿

生卒年不详，字西泉，清浙江仁和(今浙江杭州)人。同治九年(1870)举人。博学多闻，兼通画理，学使万文敏督办军务，举为异才，晚年失聪，穷老无依，依书局以卒。著有《汉儒易义针度》四卷。现存有《周易》图像十四幅。

图 1　先天后天图
(朱昌寿《汉儒易义针度》)

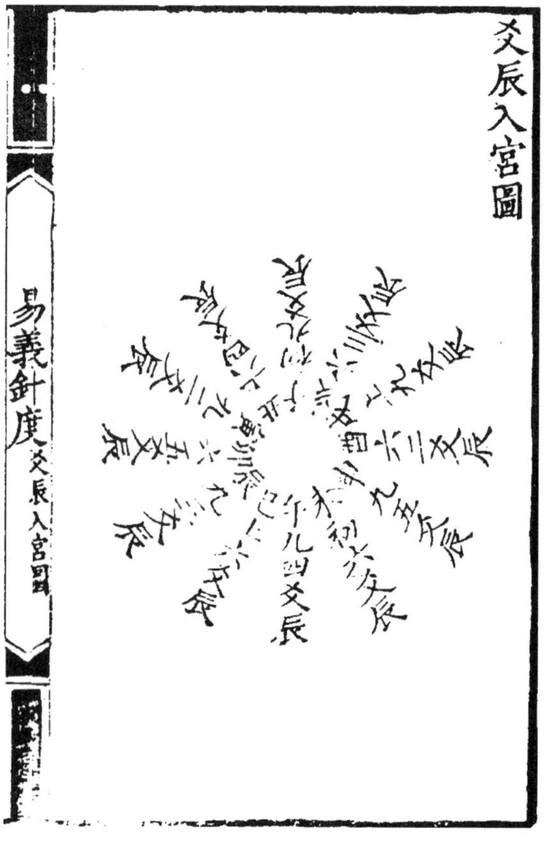

图 2　爻辰入宫图
(朱昌寿《汉儒易义针度》)

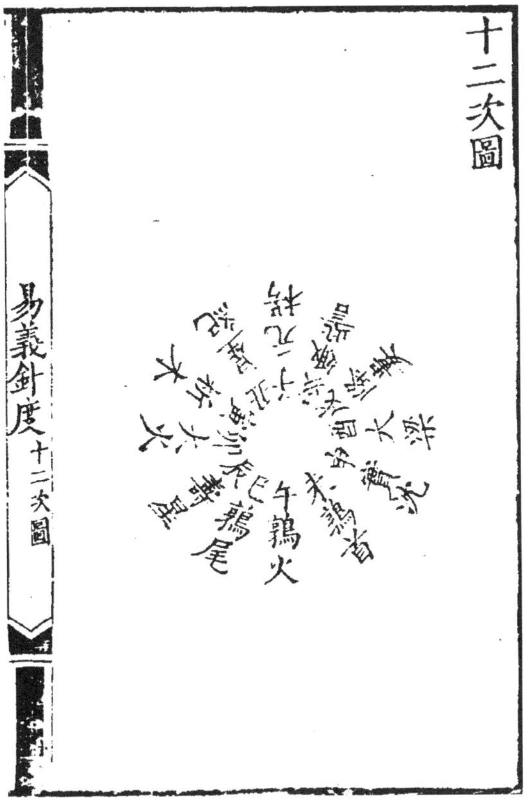

图3　十二次图

（朱昌寿《汉儒易义针度》）

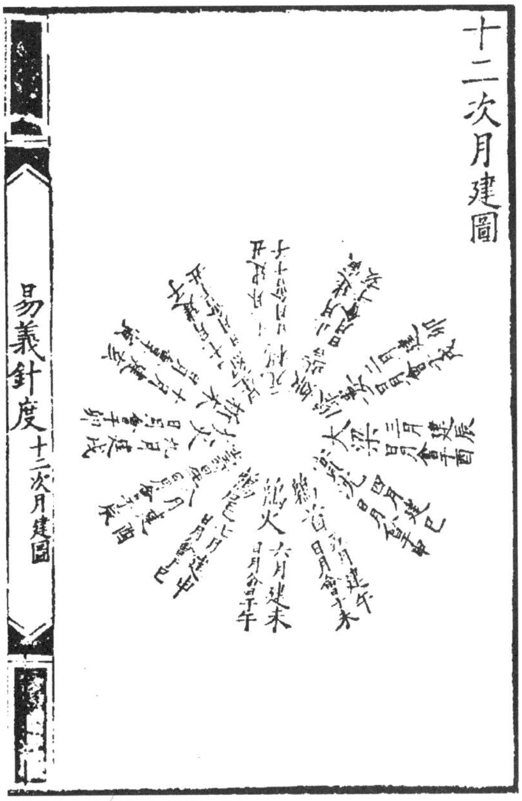

图4　十二次月建国图

（朱昌寿《汉儒易义针度》）

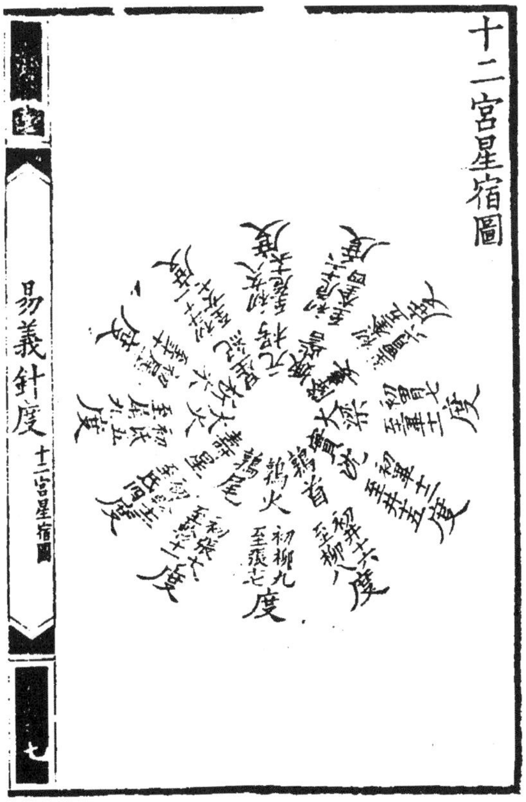

图5　十二宫星宿图

（朱昌寿《汉儒易义针度》）

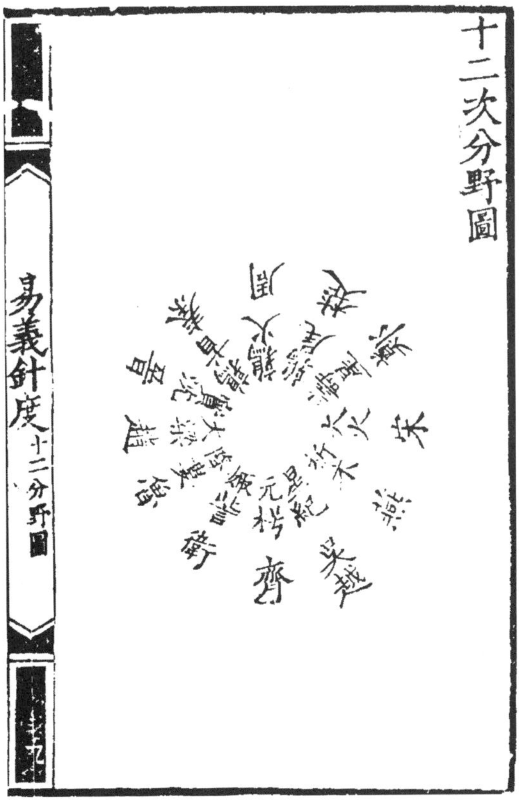

图6　十二次分野图

（朱昌寿《汉儒易义针度》）

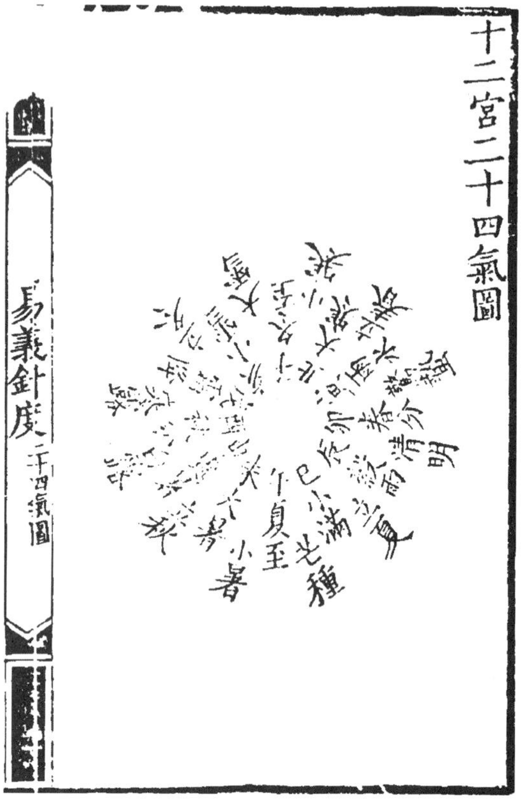

图 7　十二宫二十四气图
（朱昌寿《汉儒易义针度》）

图 8　十二律图
（朱昌寿《汉儒易义针度》）

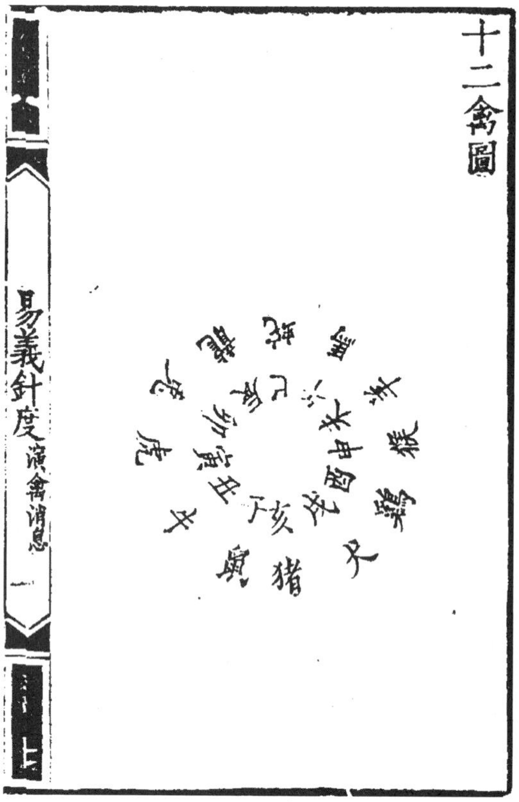

图 9　十二禽图
（朱昌寿《汉儒易义针度》）

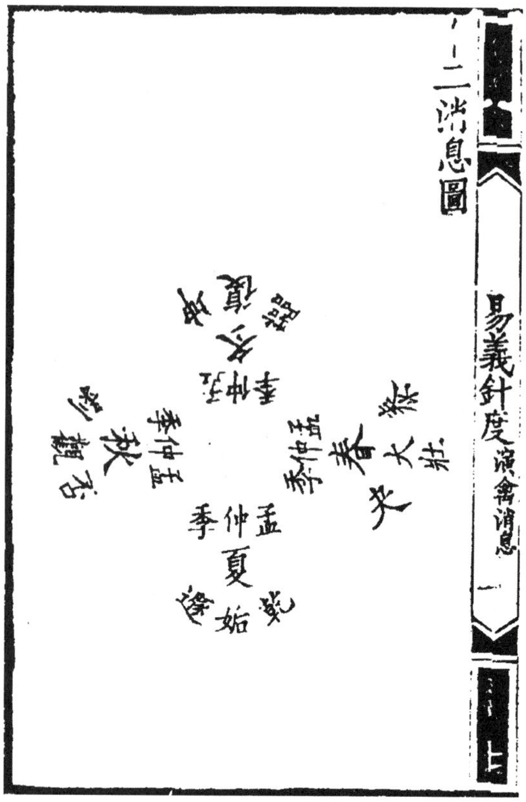

图 10　十二消息图
（朱昌寿《汉儒易义针度》）

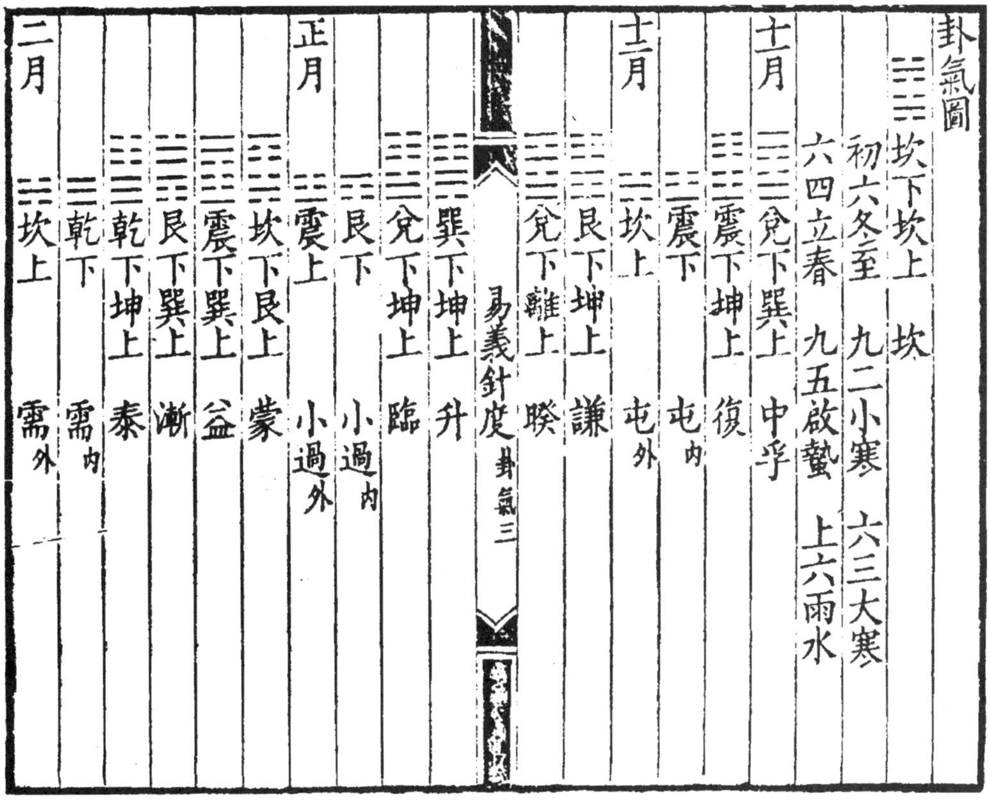
卦氣圖
坎下坎上 坎
初六冬至 九二小寒 六三大寒
六四立春 九五啟蟄 上六雨水
十一月 兌下巽上 中孚
震下坤上 復
震下 屯內
十二月 坎上 屯外
艮下坤上 謙
兌下離上 睽
易義針度 卦氣三
巽下坤上 升
兌下坤上 臨
艮下 小過內
正月 震上 小過外
坎下艮上 蒙
震下巽上 益
艮下巽上 漸
乾下坤上 泰
乾下 需內
二月 坎上 需外

图 11－1　卦气图

（朱昌寿《汉儒易义针度》）

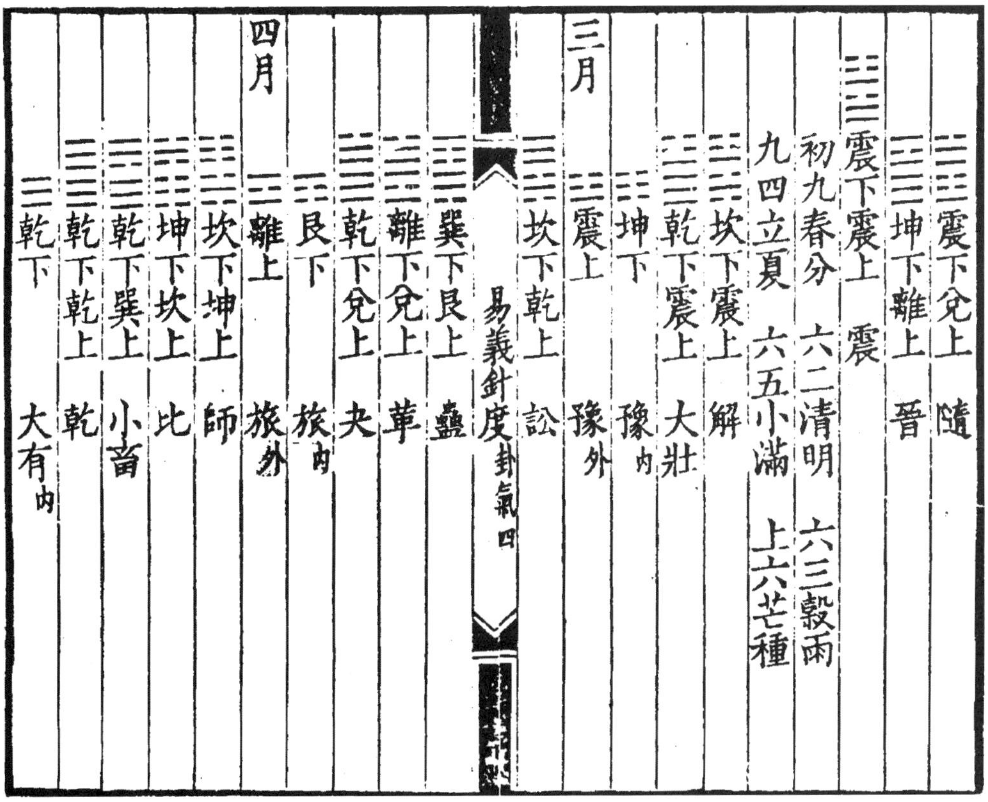
震下兌上 隨
坤下離上 晉
震下震上 震
初九春分 六二清明 六三穀雨
九四立夏 六五小滿 上六芒種
坎下震上 解
乾下震上 大壯
坤下 豫內
三月 震上 豫外
坎下乾上 訟
易義針度 卦氣四
巽下艮上 蠱
離下兌上 革
乾下兌上 夬
艮下 旅內
四月 離上 旅外
坎下坤上 師
坤下坎上 比
乾下巽上 小畜
乾下乾上 乾
乾下 大有內

图 11－2　卦气图

（朱昌寿《汉儒易义针度》）

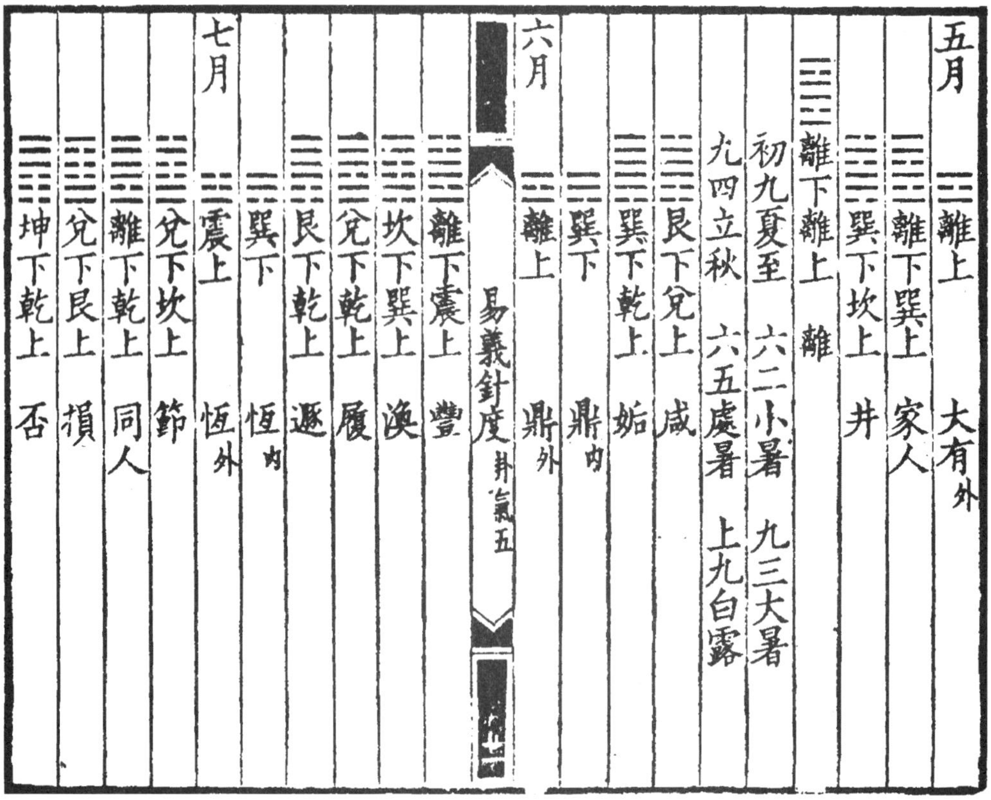

五月

離上　大有外

離下巽上　家人

巽下坎上　井

離下離上　離

初九夏至　六二小暑　九三大暑

九四立秋　六五處暑　上九白露

艮下兌上　咸

巽下乾上　姤

六月

巽下　鼎内

離上　鼎外

易義針度　卦氣五

離下震上　豐

坎下巽上　渙

兌下乾上　履

艮下乾上　遯

巽下　恆内

七月

震上　恆外

兌下坎上　節

離下乾上　同人

兌下艮上　損

坤下乾上　否

图 11－3　卦气图

（朱昌寿《汉儒易义针度》）

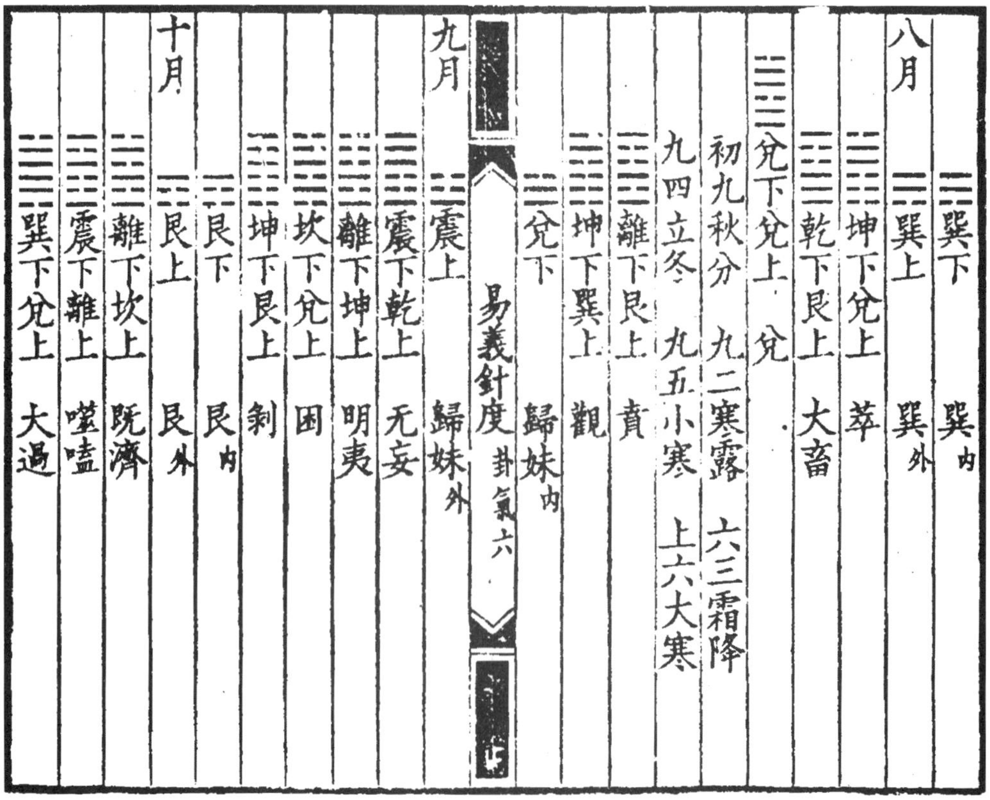

巽下　巽内

八月

巽上　巽外

坤下兌上　萃

乾下艮上　大畜

兌下兌上　兌

初九秋分　九二寒露　六三霜降

九四立冬　九五小寒　上六大寒

離下艮上　賁

坤下巽上　觀

兌下　歸妹内

九月

震上　歸妹外

易義針度　卦氣六

震下乾上　无妄

離下坤上　明夷

坎下兌上　困

坤下艮上　剥

艮下　艮内

十月

艮上　艮外

離下坎上　既濟

震下離上　噬嗑

巽下兌上　大過

图 11－4　卦气图

（朱昌寿《汉儒易义针度》）

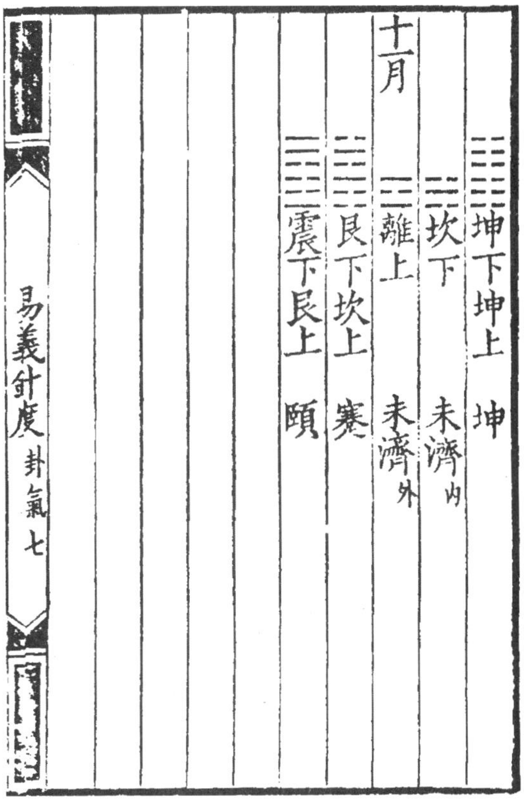

图 11－5　卦气图
（朱昌寿《汉儒易义针度》）

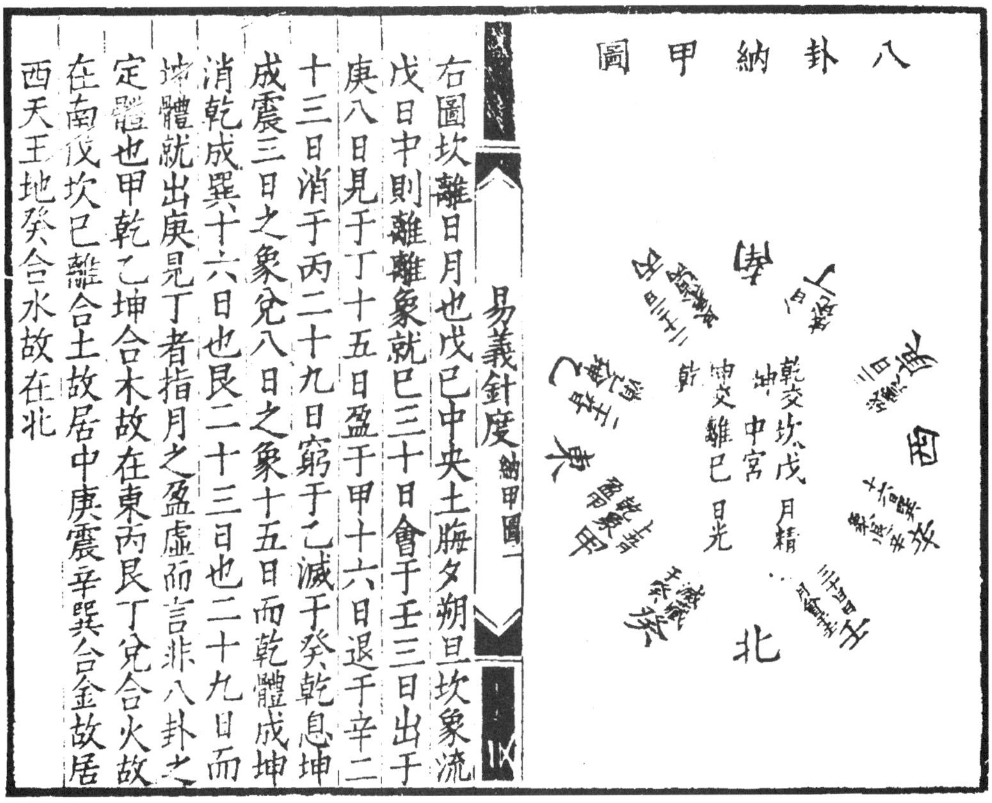

右圖坎離日月也戊巳中央土晦夕朔旦坎象流戊日中則離離象就巳三十日會于壬三日出于庚八日見于丁十五日盈于甲十六日退于辛二十三日消于丙二十九日窮于乙滅于癸乾息坤成震三日之象兌八日之象十五日而乾體成坤消乾成巽十六日也艮二十三日也二十九日而坤體就出庚見丁者指月之盈虛而言非八卦之定體也甲乾乙坤合木故在東丙艮丁兌合火故在南戊坎巳離合土故居中庚震辛巽合金故居西天王地癸合水故在北

图 12　八卦纳甲图
（朱昌寿《汉儒易义针度》）

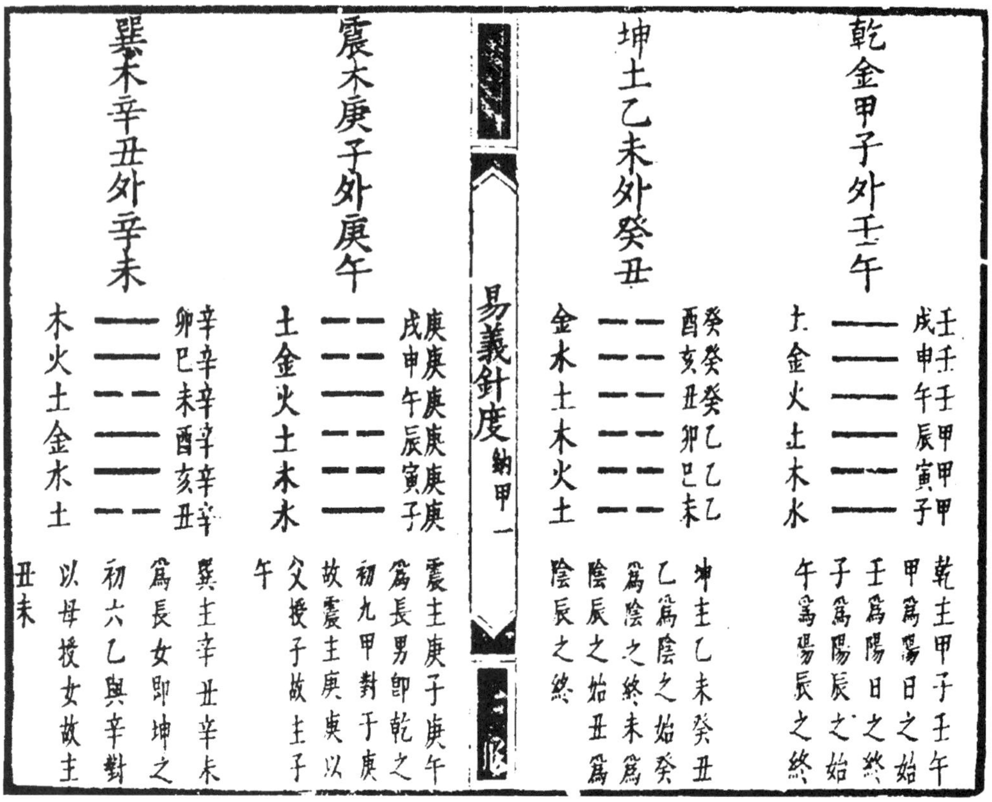
乾金甲子外壬午
壬戌 土
壬申 金
壬午 火
甲辰 土
甲寅 木
甲子 水
乾主甲子壬午甲爲陽日之始壬爲陽日之終子爲陽辰之始午爲陽辰之終
坤土乙未外癸丑
癸酉 金
癸亥 水
癸丑 土
乙卯 木
乙巳 火
乙未 土
坤主乙未癸丑乙爲陰之始癸爲陰之終未爲陰辰之始丑爲陰辰之終
易義針度 納甲一
震木庚子外庚午
庚戌 土
庚申 金
庚午 火
庚辰 土
庚寅 木
庚子 水
震主庚子庚午爲長男卽乾之初九甲對于庚故震主庚庚以父授子故主子午
巽木辛丑外辛未
辛卯 木
辛巳 火
辛未 土
辛酉 金
辛亥 水
辛丑 土
巽主辛丑辛未爲長女卽坤之初六乙與辛對以母授女故主丑未

图 13－1　纳甲图

（朱昌寿《汉儒易义针度》）

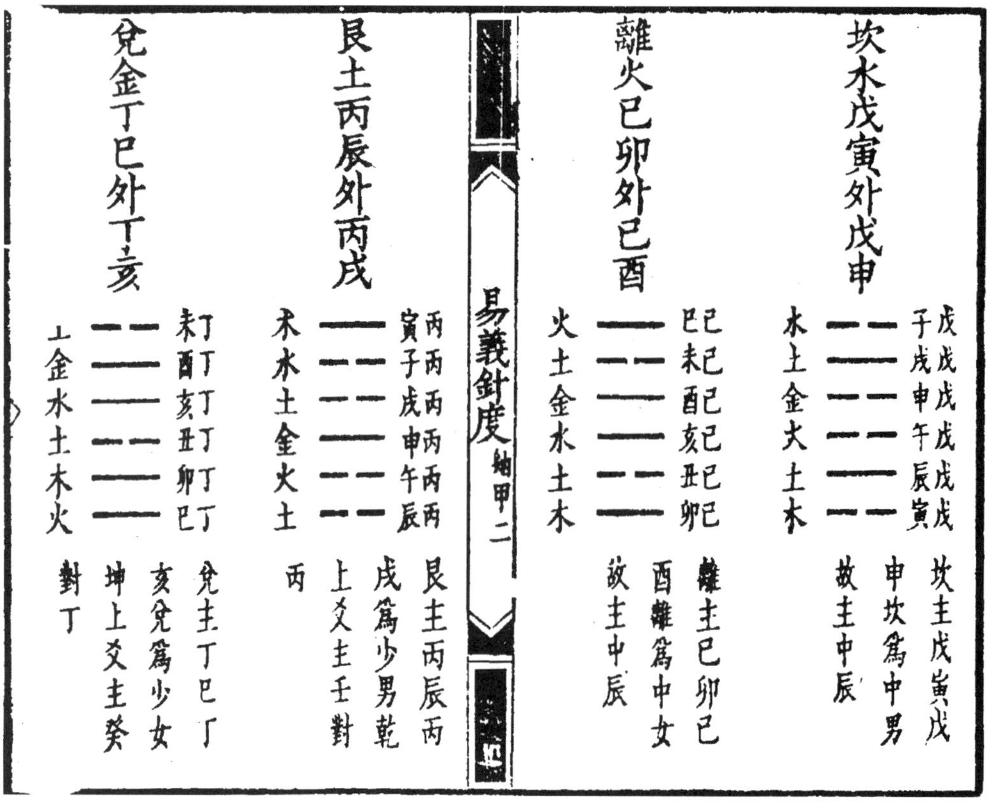
坎水戊寅外戊申
戊子 水
戊戌 土
戊申 金
戊午 火
戊辰 土
戊寅 木
坎主戊寅戊申坎爲中男故主中辰
離火己卯外己酉
己巳 火
己未 土
己酉 金
己亥 水
己丑 土
己卯 木
離主己卯己酉離爲中女故主中辰
易義針度 納甲二
艮土丙辰外丙戌
丙寅 木
丙子 水
丙戌 土
丙申 金
丙午 火
丙辰 土
艮主丙辰丙戌爲少男乾上爻主壬對丙
兌金丁巳外丁亥
丁未 土
丁酉 金
丁亥 水
丁丑 土
丁卯 木
丁巳 火
兌主丁巳丁亥兌爲少女坤上爻主癸對丁

图 13－2　纳甲图

（朱昌寿《汉儒易义针度》）

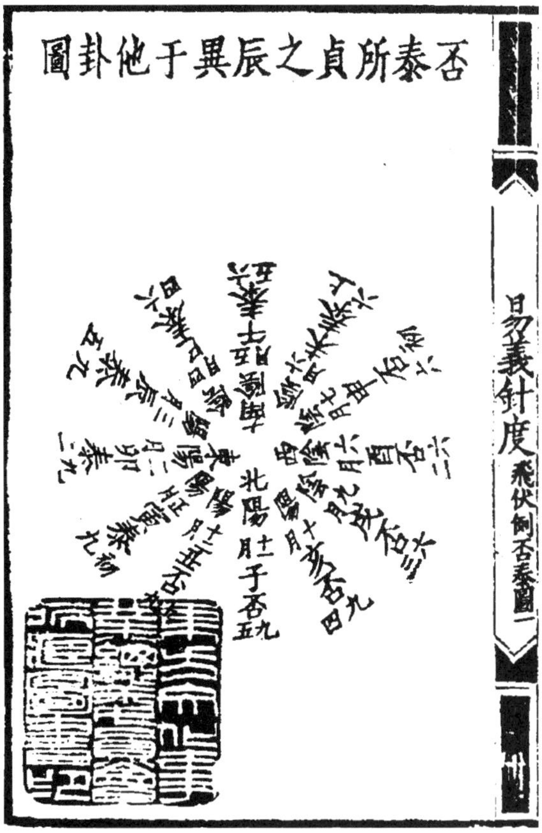

图 14　否泰所贞之辰异于他卦图

（朱昌寿《汉儒易义针度》）

胡泽漳

生卒年不详，字少珊，清湖南益阳人。诸生，性狷介，闭门研经，以布衣老。著有《易学一得录》四卷。现存有《周易》图像十二幅。

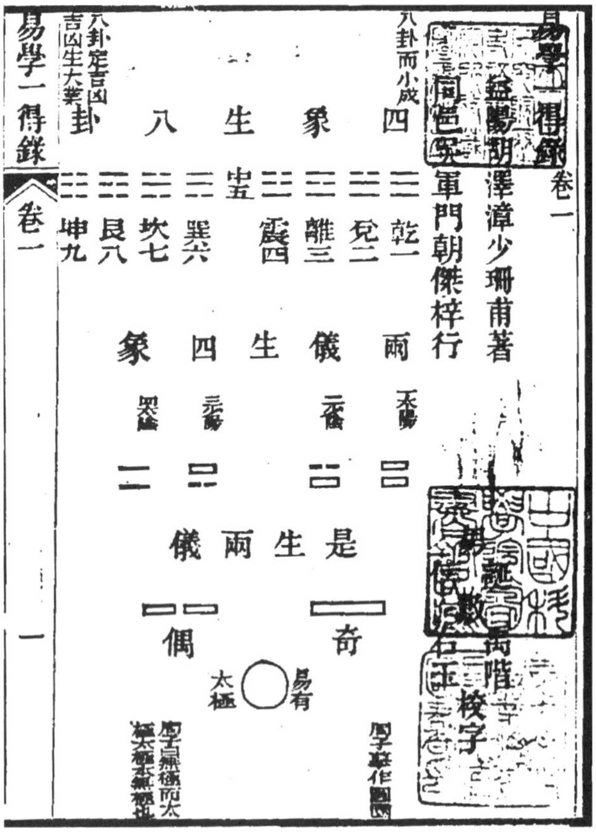

图 1　太极两仪四象八卦图
（胡泽漳《易学一得录》）

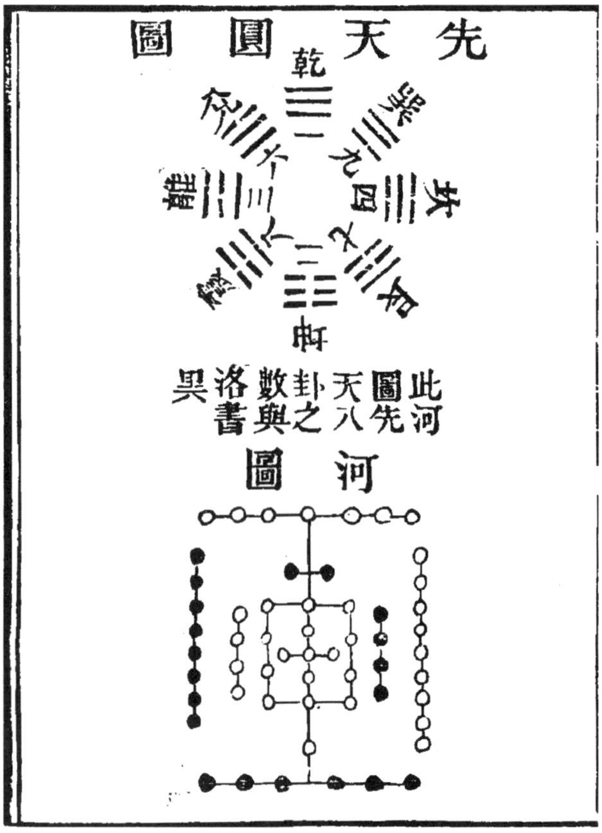

图 2　先天圆图
图 3　河图
（胡泽漳《易学一得录》）

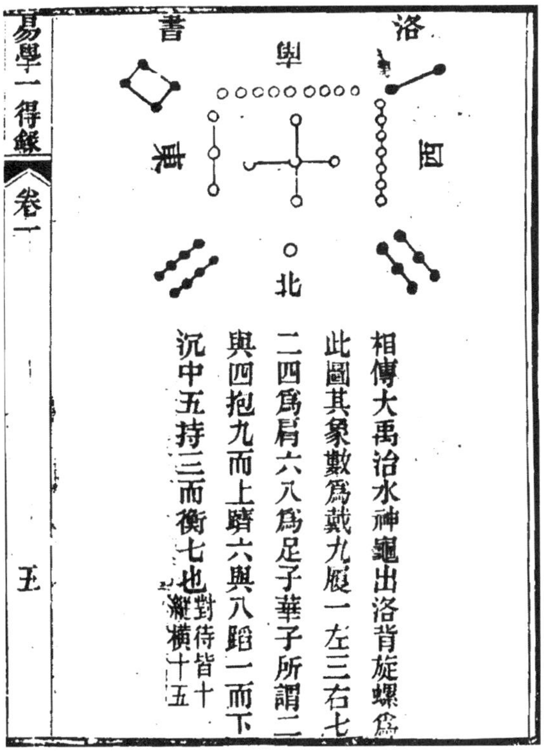
洛書
南
東
西
北
相傳大禹治水神龜出洛背旋螺爲此圖其象數爲戴九履一左三右七二四爲肩六八爲足子華子所謂二與四抱九而上躋六與八蹈一而下沉中五持三而衡七也縱橫十五對待皆十
易學一得錄 卷一

图 4　洛书

（胡泽漳《易学一得录》）

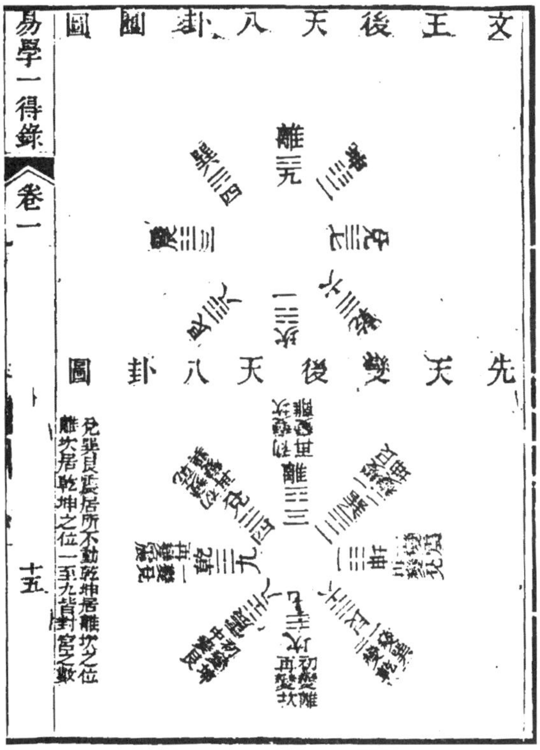
文王後天八卦圖
先天變後天八卦圖
易學一得錄 卷一

图 5　文王后天八卦圆图

图 6　先天变后天八卦图

（胡泽漳《易学一得录》）

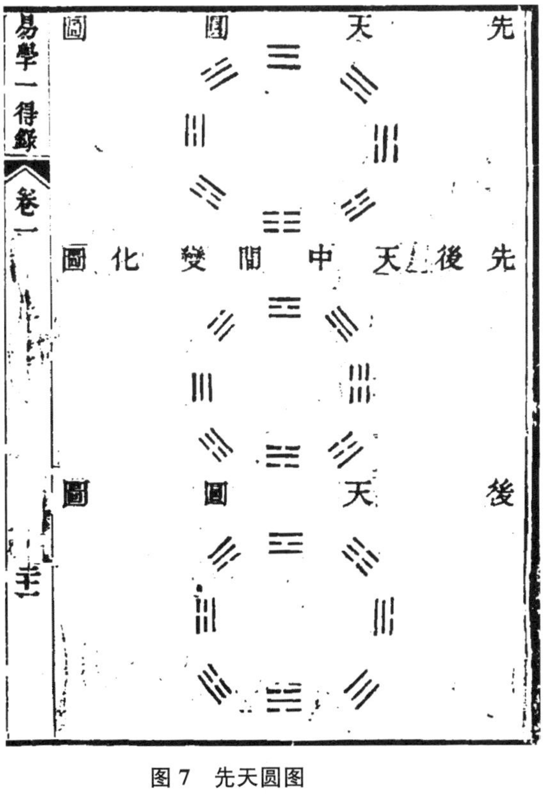
先天圓圖
先後天中間變化圖
後天圓圖
易學一得錄 卷一

图 7　先天圆图

图 8　先后天中间变化图

图 9　后天圆图

（胡泽漳《易学一得录》）

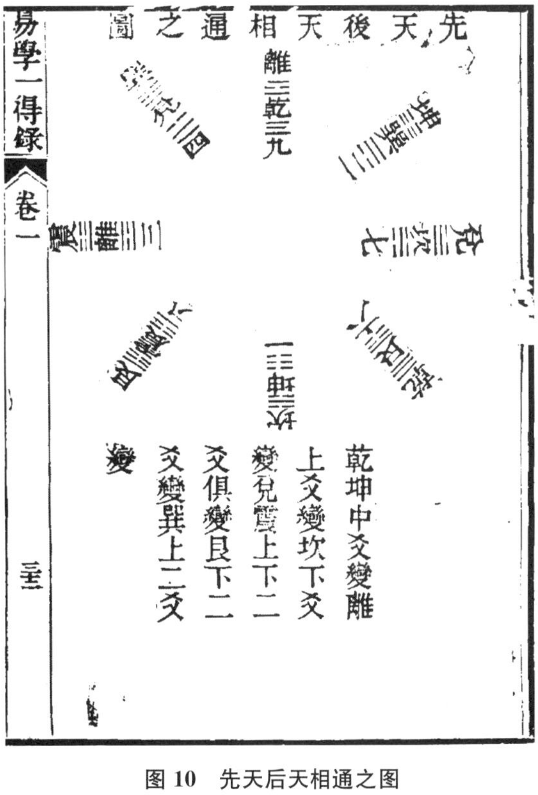
先天後天相通之圖
乾坤中爻變離
上爻變坎下爻
變兑震上下二
爻俱變艮下二
爻變巽上二爻
變
易學一得錄 卷一

图 10　先天后天相通之图

（胡泽漳《易学一得录》）

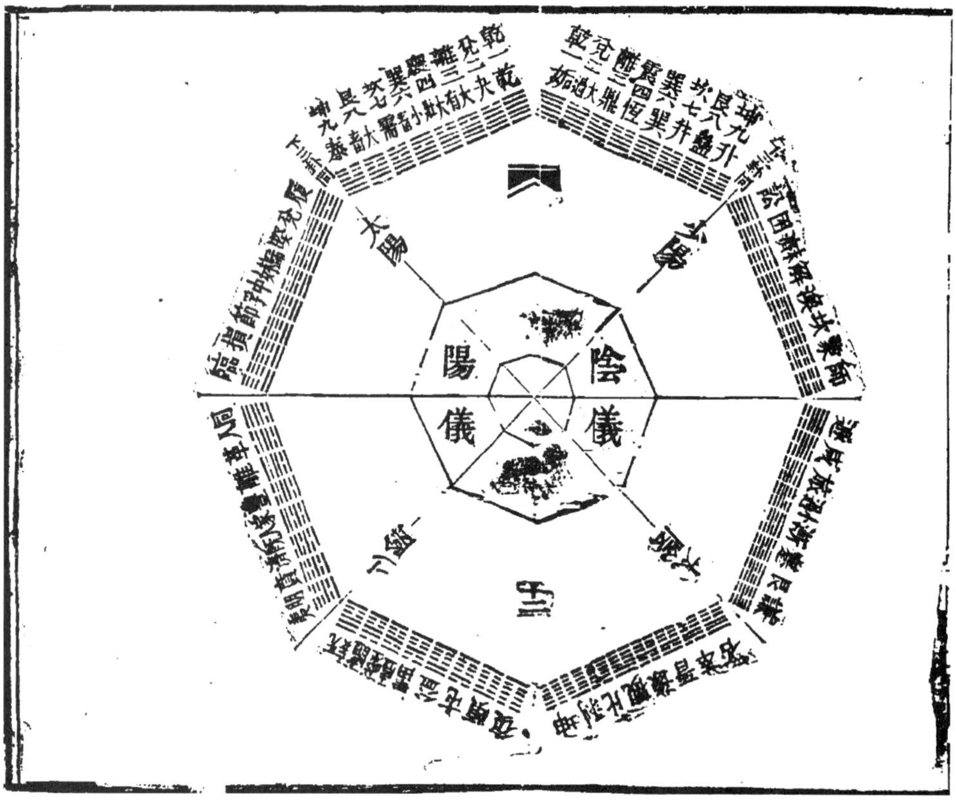
陽儀
陰儀

图 11　六十四卦阴阳消长图
（胡泽漳《易学一得录》）

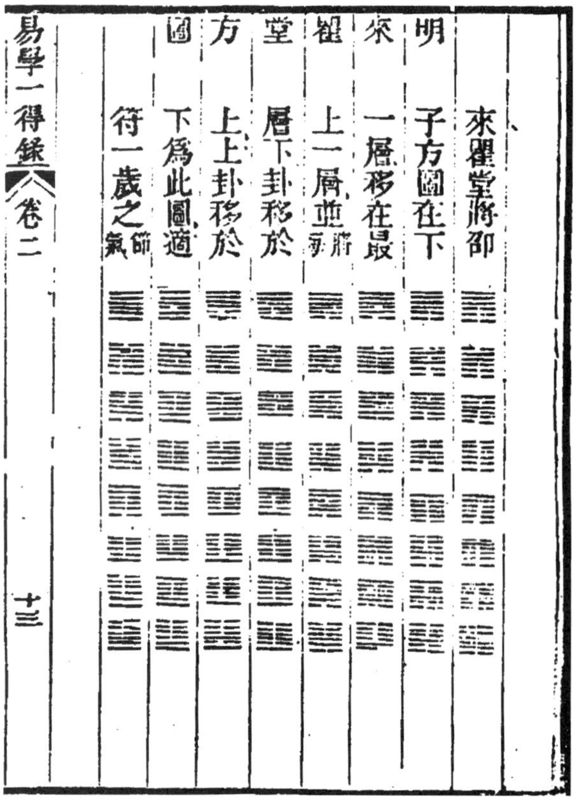
明來瞿堂方圖
來瞿堂將卲子方圖在下一層移在最上一層並將上層下卦移於上上卦移於下爲此圖適符一歲之節氣
易學一得錄　卷二
十三

图 12　明来瞿堂方图
（胡泽漳《易学一得录》）

汪乙然

生卒年不详，清代人。著有《周易理数贯》四卷。现存有《周易》图像四幅。

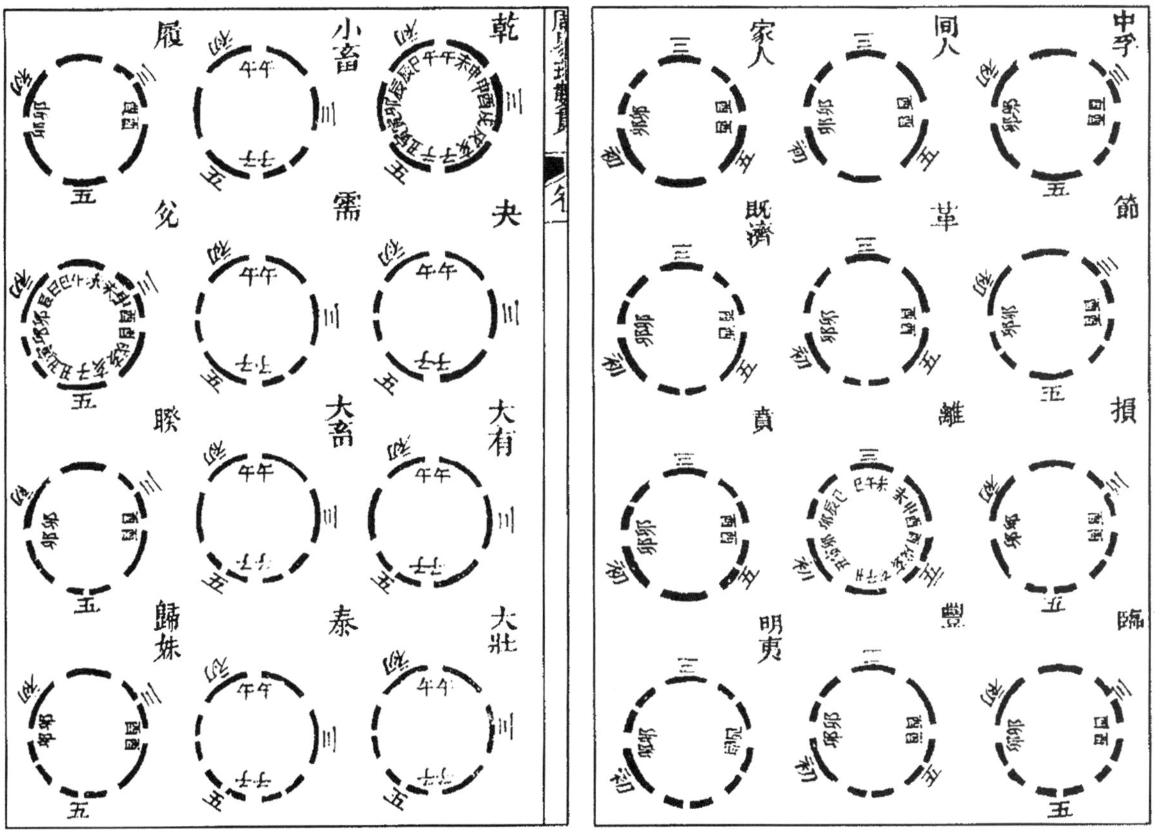

图 1-1　先天八八卦图

（汪乙然《周易理数贯》）

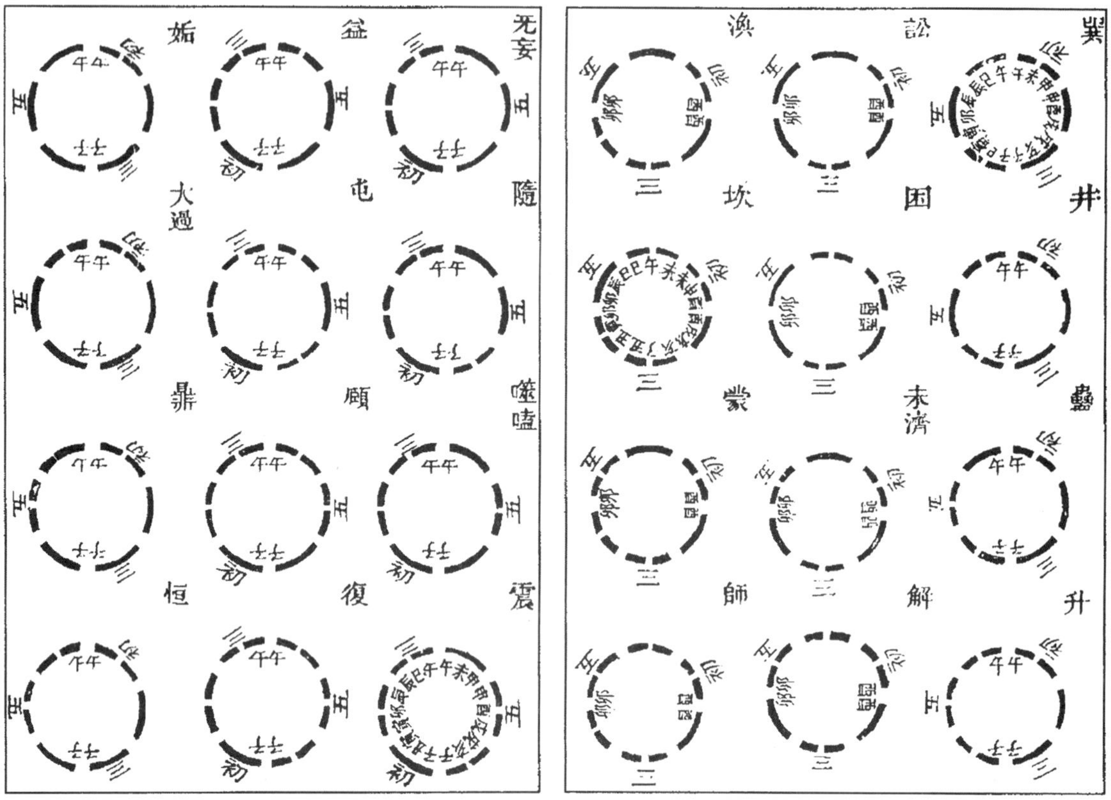

图 1－2　先天八八卦图
（汪乙然《周易理数贯》）

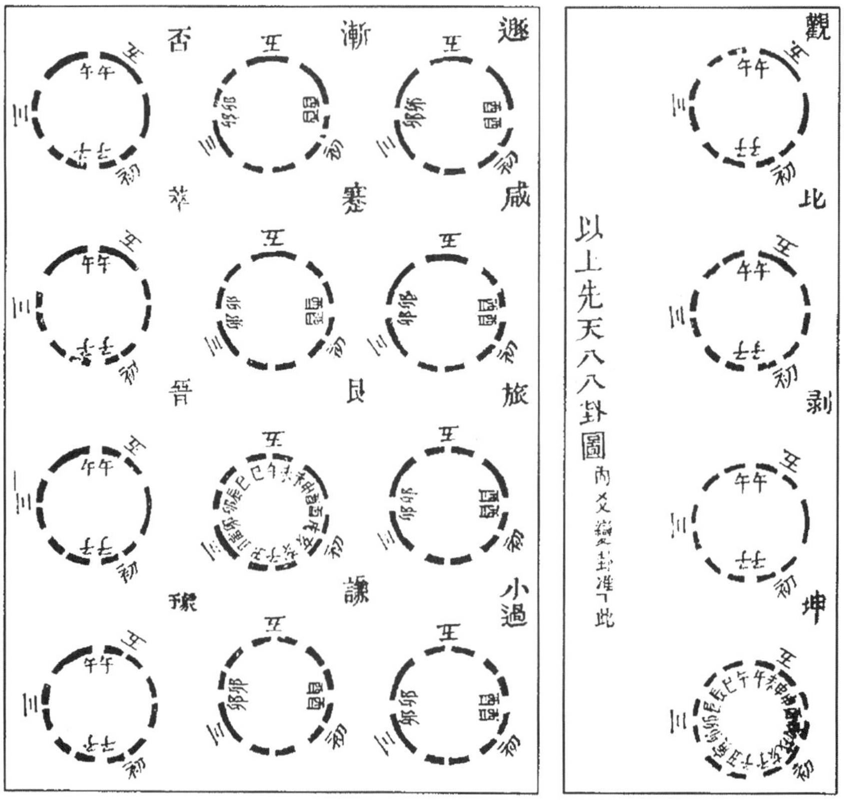

图 1－3　先天八八卦图
（汪乙然《周易理数贯》）

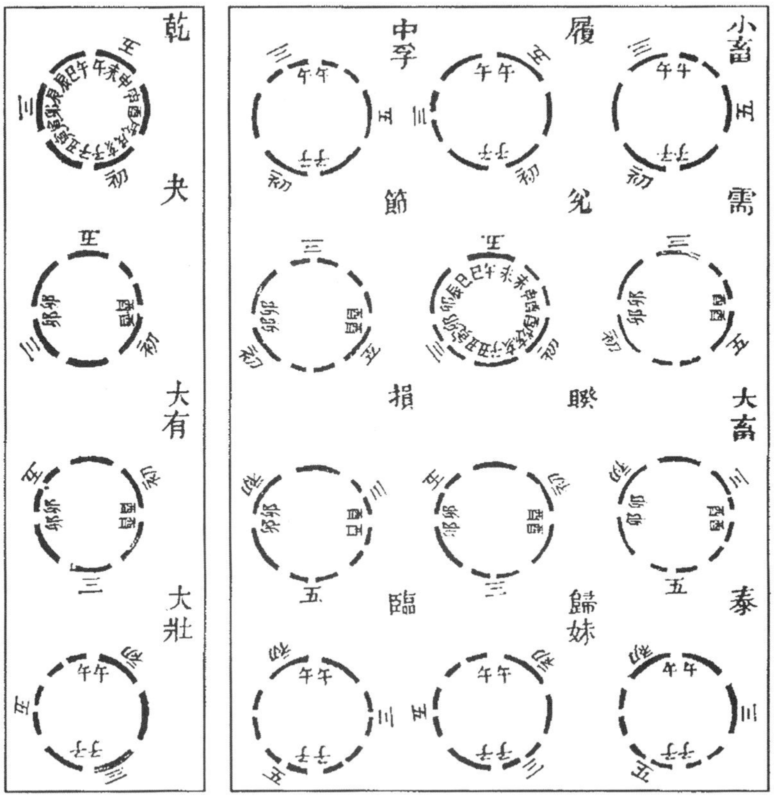

图 2-1　先天八八外卦变图
（汪乙然《周易理数贯》）

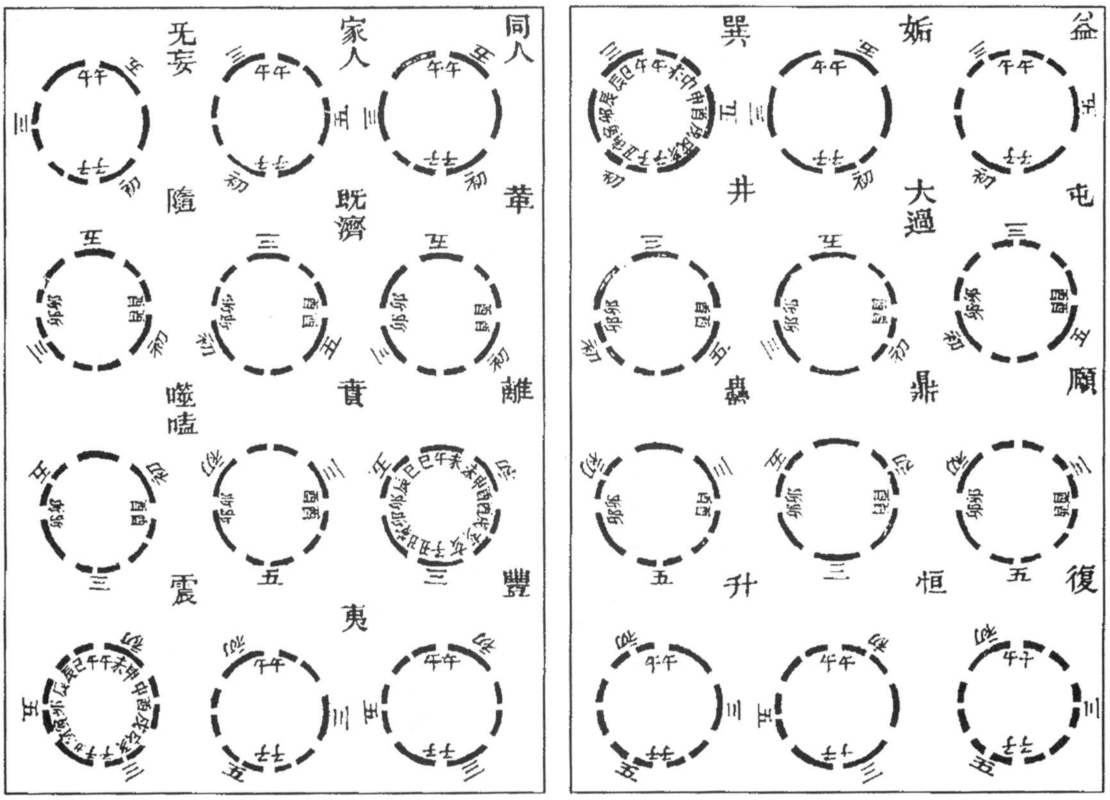

图 2-2　先天八八外卦变图
（汪乙然《周易理数贯》）

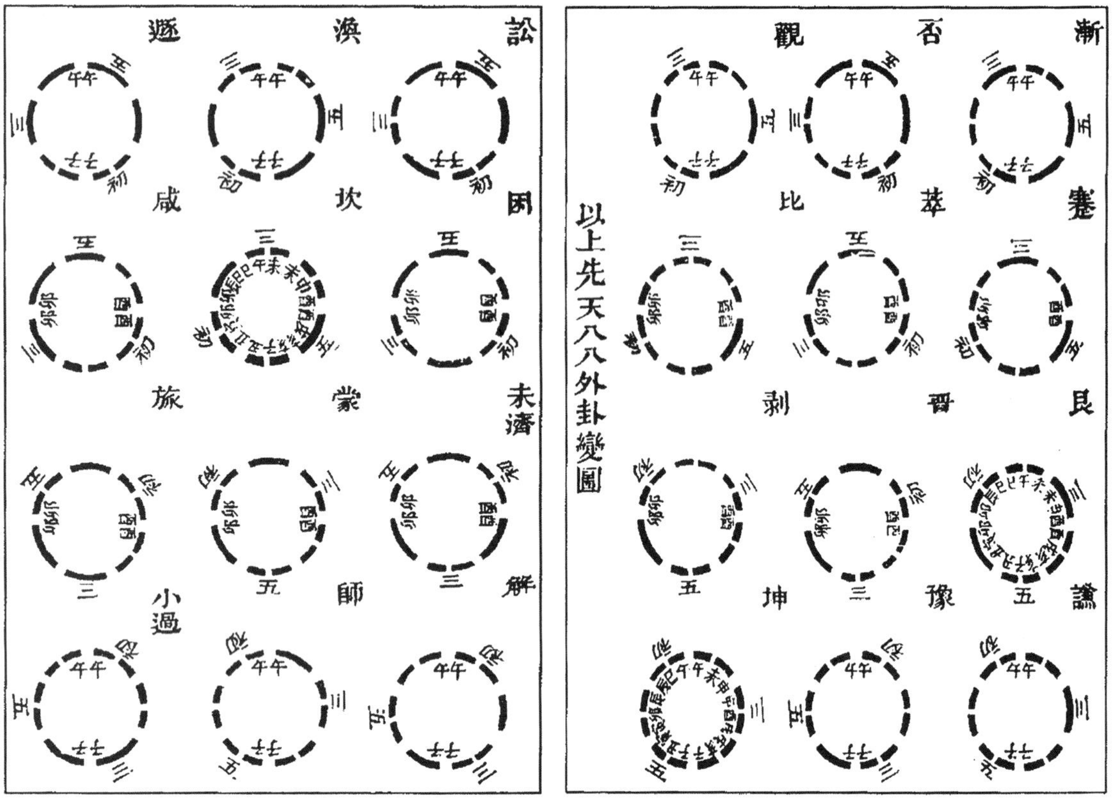

图 2 - 3　先天八八外卦变图

（汪乙然《周易理数贯》）

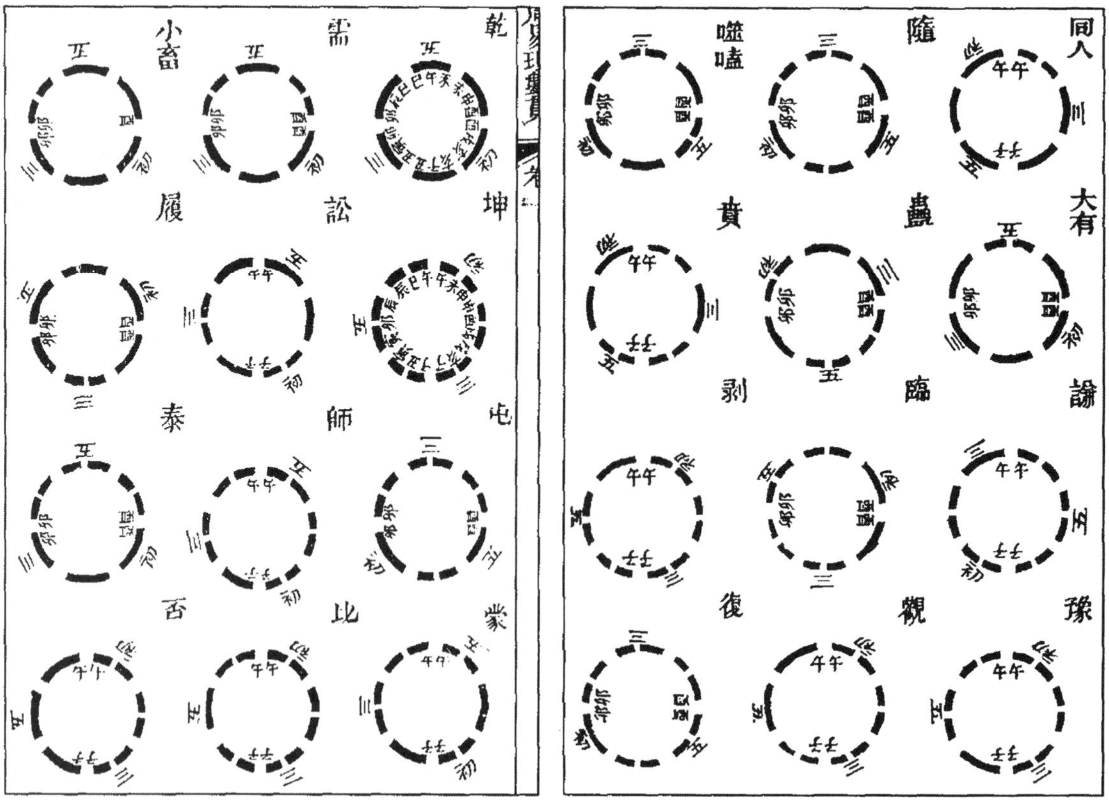

图 3 - 1　后天八八卦图

（汪乙然《周易理数贯》）

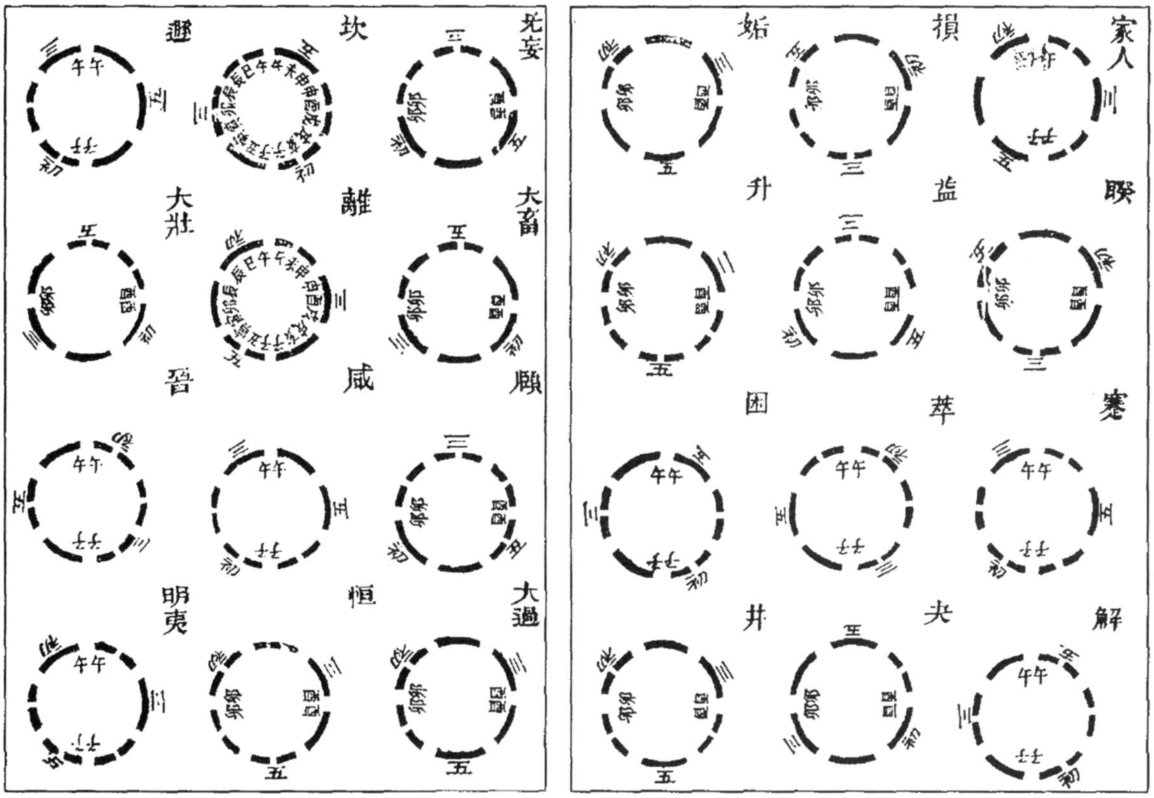

图 3-2　后天八八卦图

（汪乙然《周易理数贯》）

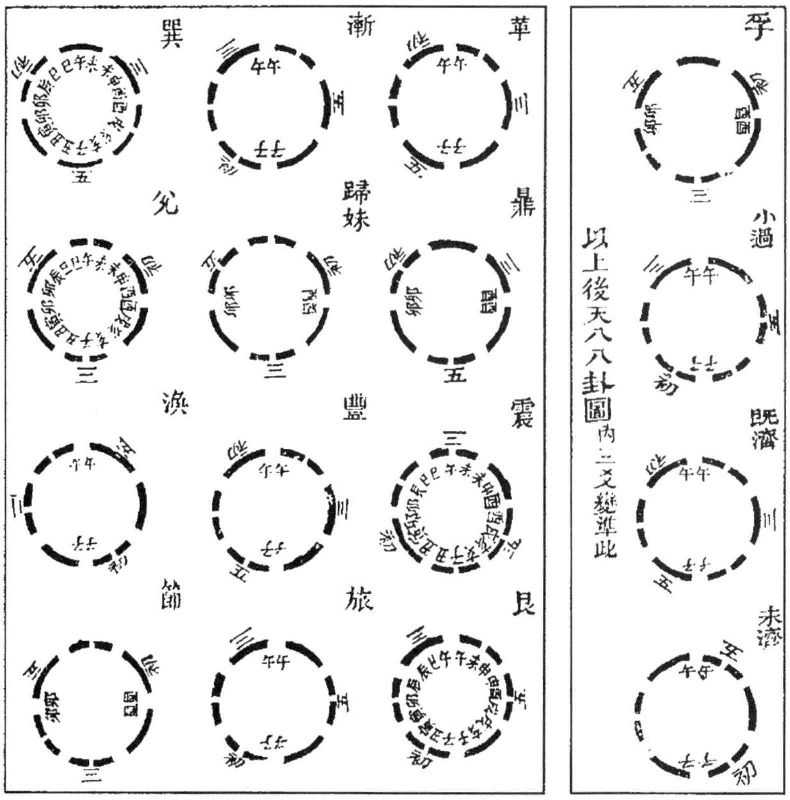
以上後天八八卦圖內二爻變準此

图 3-3　后天八八卦图

（汪乙然《周易理数贯》）

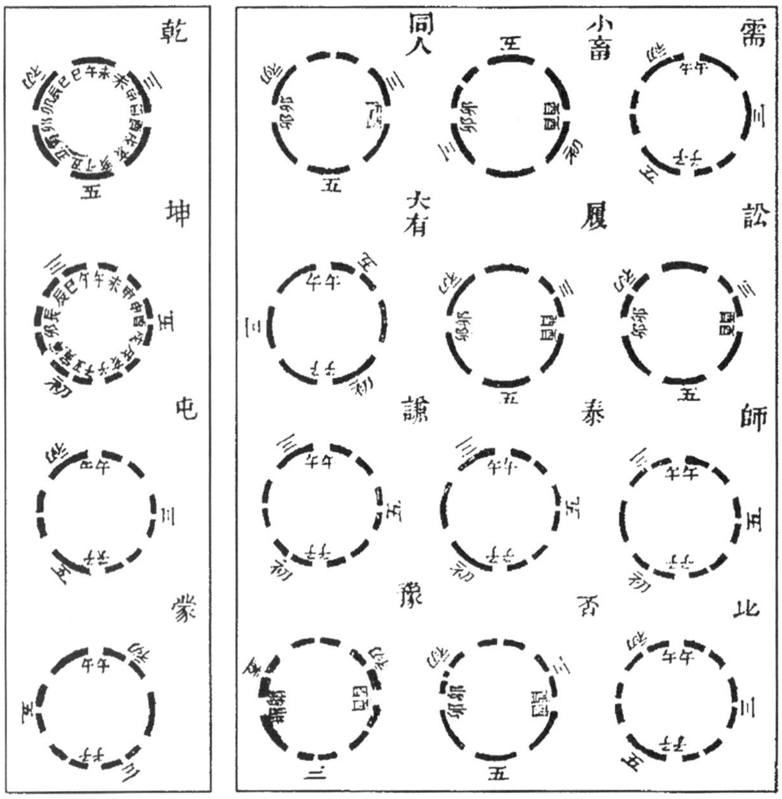

图 4-1 后天八八外卦变图

(汪乙然《周易理数贯》)

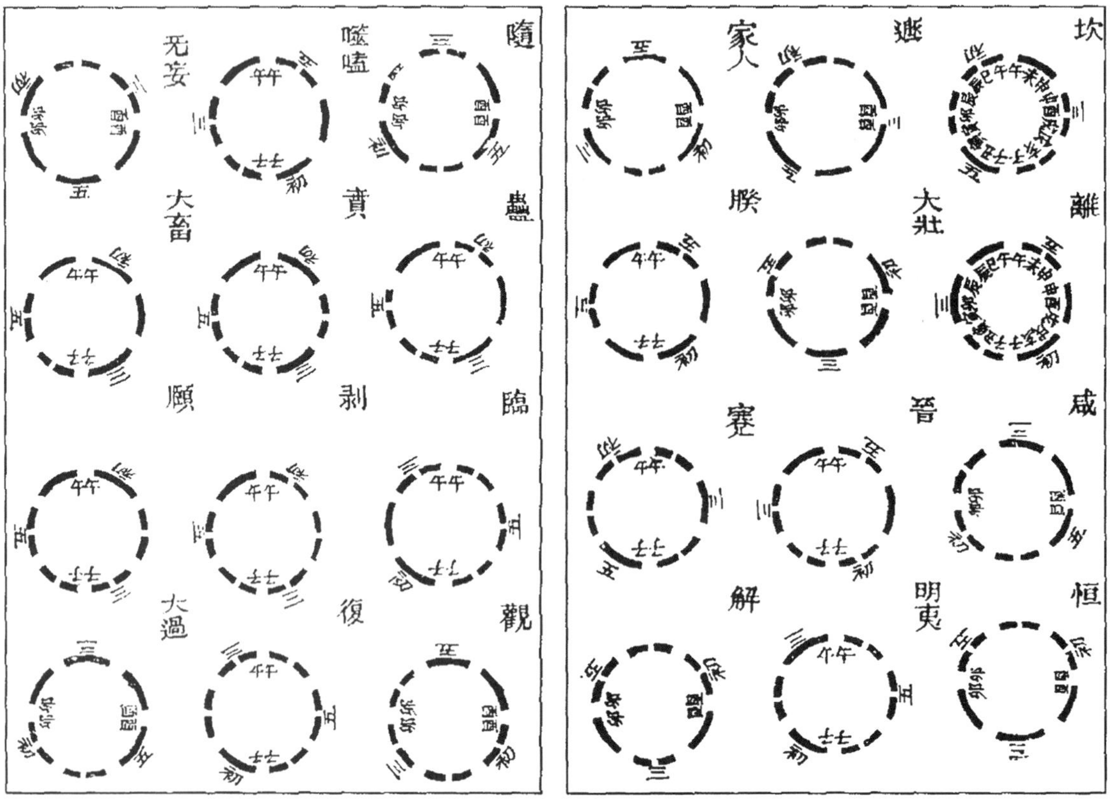

图 4-2 后天八八外卦变图

(汪乙然《周易理数贯》)

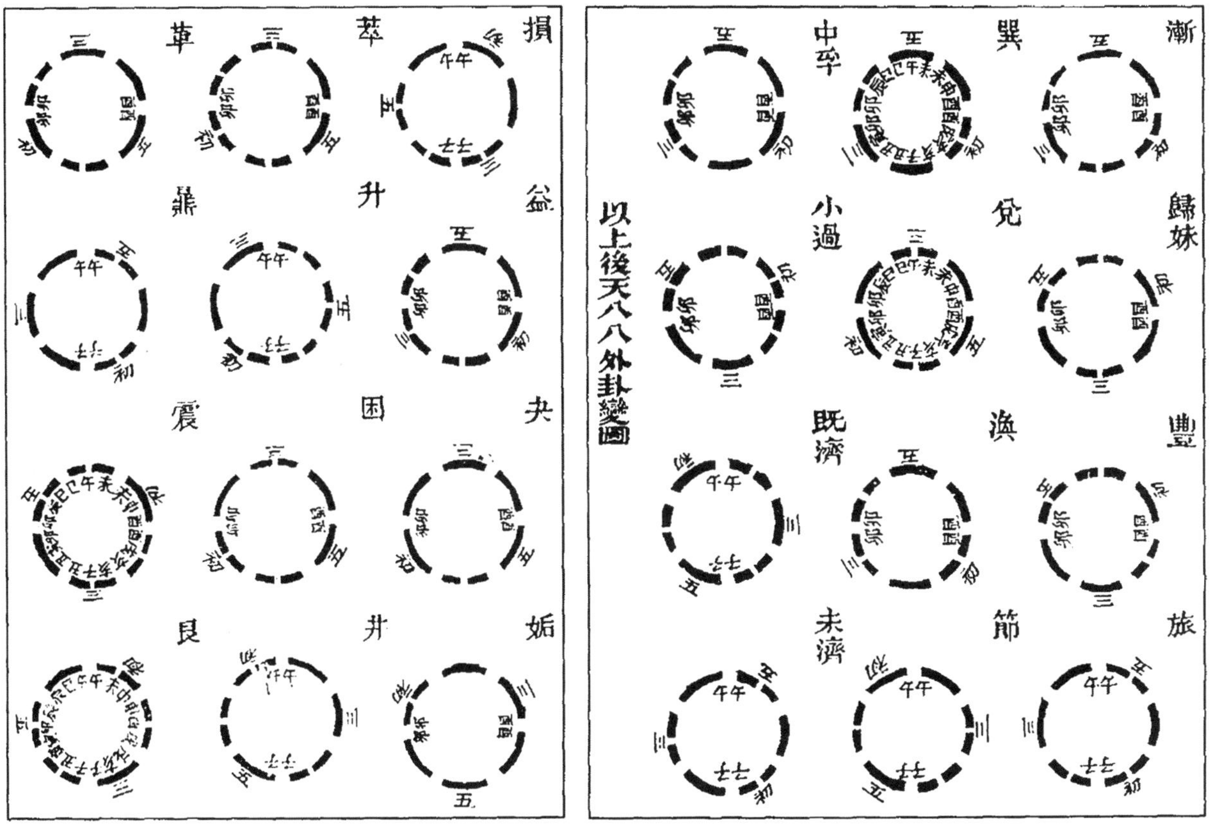

图 4-3　后天八八外卦变图

（汪乙然《周易理数贯》）

杭辛斋(1869—1924)

名慎修，又名凤元，别字一苇，清末浙江海宁人。自幼好易学，应童子试，从先生游学京师，充文渊阁校对，同文馆肄业，博通经史，兼治天文历算，学贯中西。建立"研几学社"专门研究和讲授《周易》，撰有讲义《易楔》六卷。著有《学易笔谈初集》四卷、《二集》四卷、《易数偶得》二卷、《读易杂识》一卷、《愚一录易说订》二卷、《沈氏改正揲蓍法》一卷，合称《杭氏易学七种》。现存有《周易》图像十二幅。

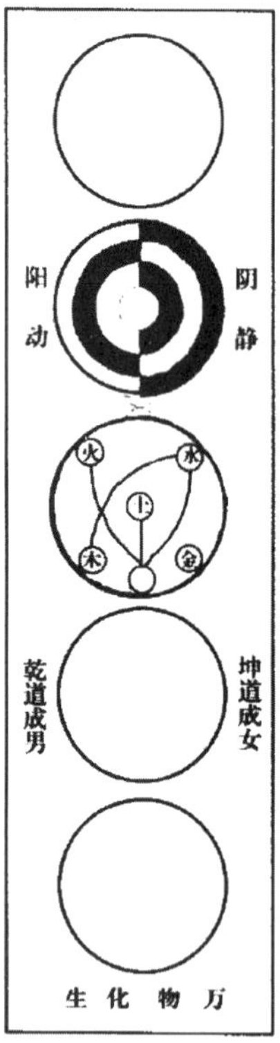

图 1　周濂溪之太极图
（杭辛斋《易楔》）

图 2　古太极图
（杭辛斋《易楔》）

图 3　来氏太极图
（杭辛斋《易楔》）

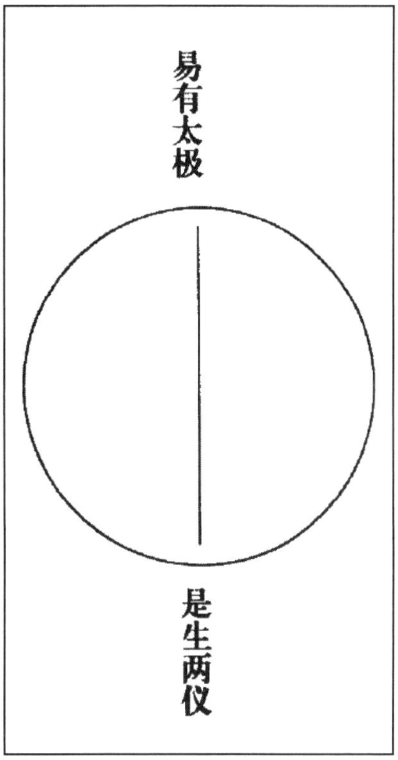

图 4　易有太极是生两仪图
（杭辛斋《易楔》）

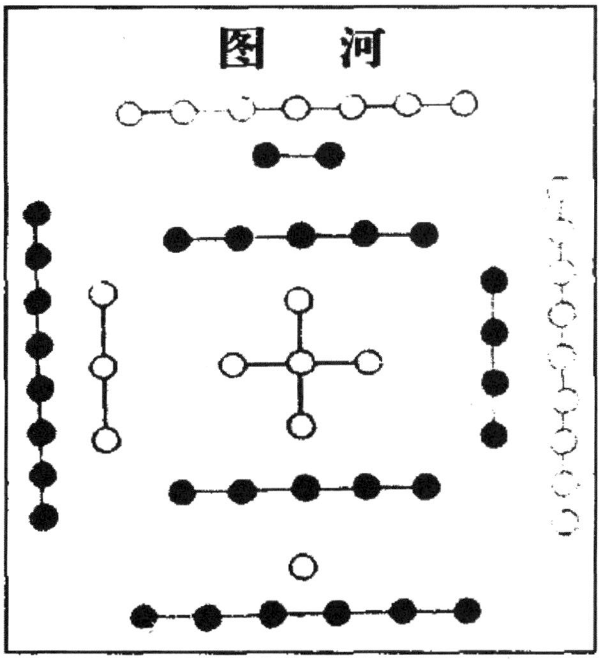

图 5　河图
（杭辛斋《易楔》）

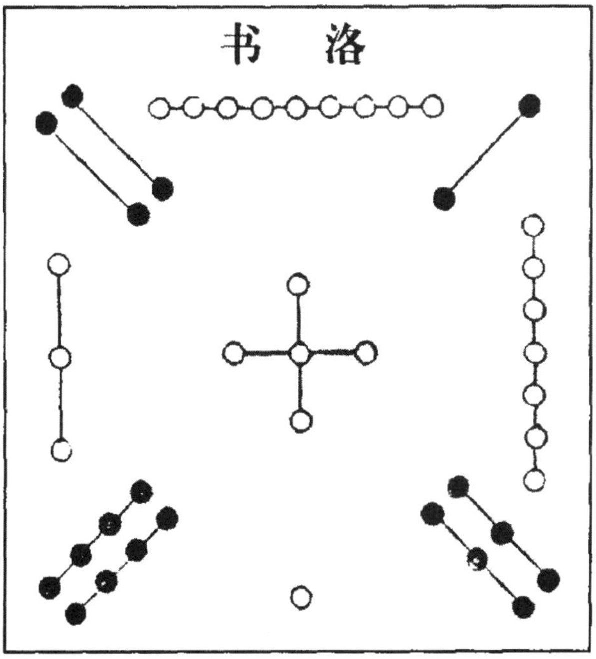

图 6　洛书
（杭辛斋《易楔》）

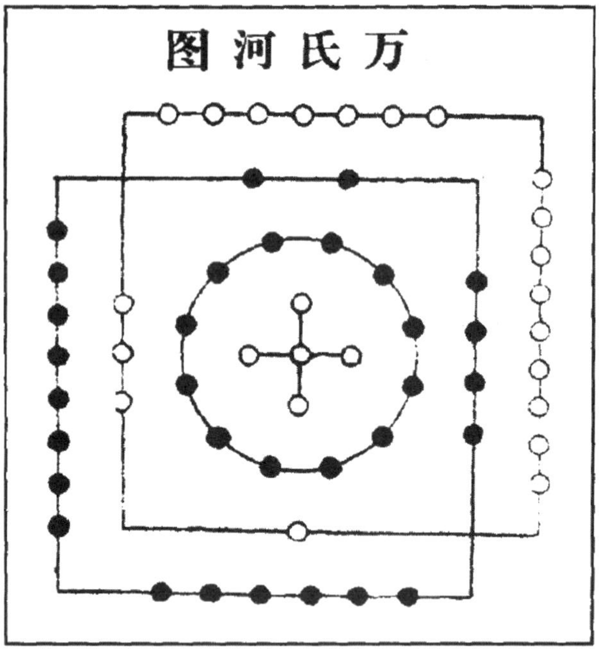

图 7　万氏河图
（杭辛斋《易楔》）

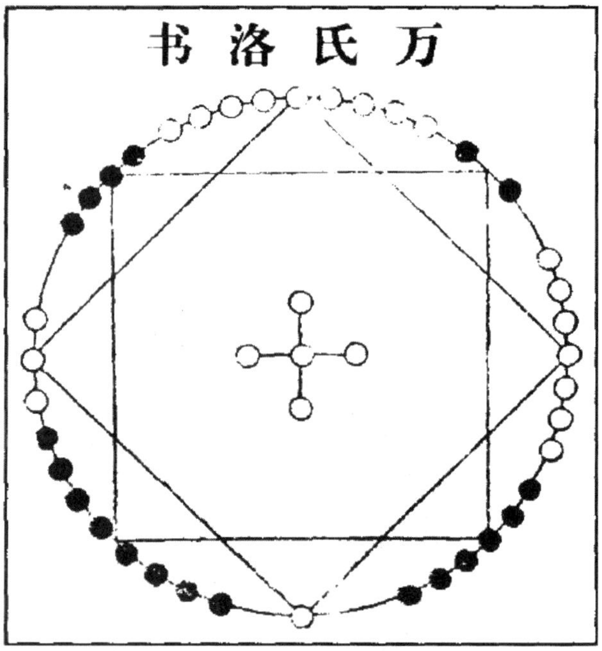

图 8　万氏洛书
（杭辛斋《易楔》）

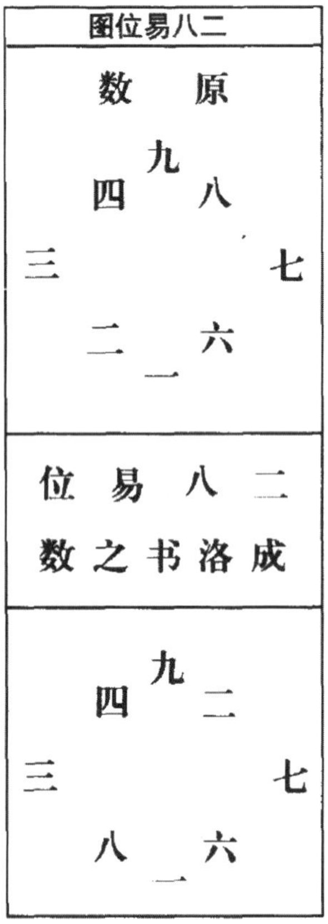

图 9　二八易位图
（杭辛斋《易楔》）

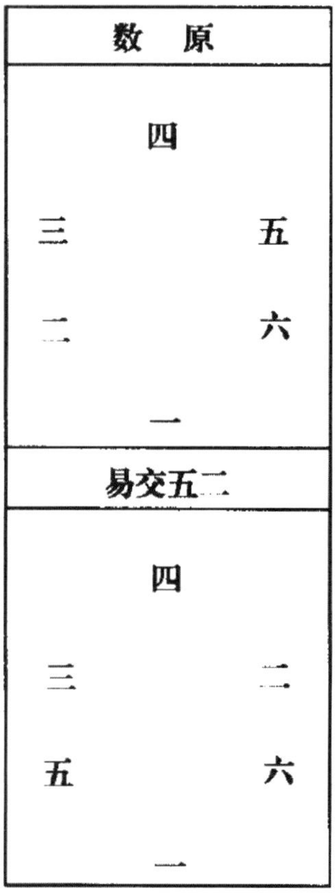

图 10　二五构精图
（杭辛斋《易楔》）

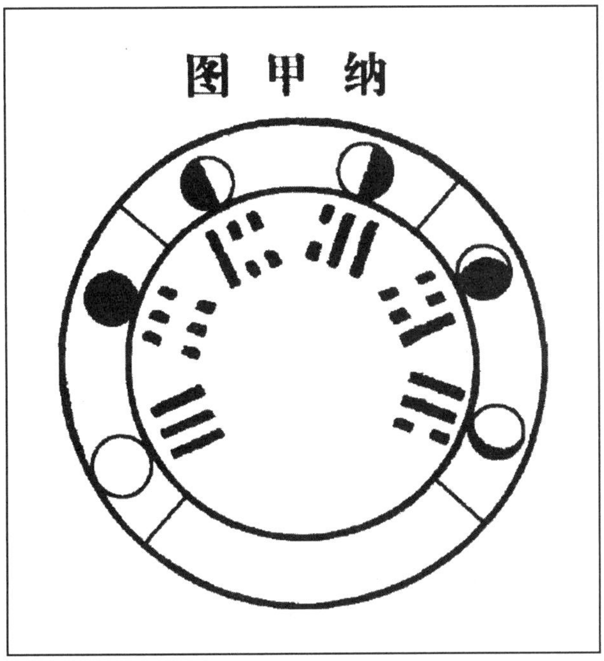

图甲纳

图 11　纳甲图

（杭辛斋《易楔》）

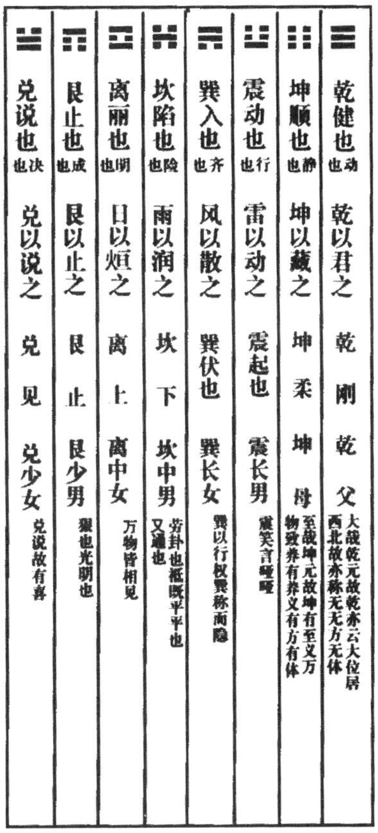

乾健也 动也　乾以君之　乾　刚　乾　父　大哉乾元故乾亦云大位居西北故亦称无方无体
坤顺也 静也　坤以藏之　坤　柔　坤　母　至哉坤元故坤有至义万物致养有养义有方有体
震动也 行也　雷以动之　震起也　震长男　震笑言哑哑
巽入也 齐也　风以散之　巽伏也　巽长女　巽以行权巽称而隐
坎陷也 险也　雨以润之　坎　下　坎中男　劳卦也祗既平平也又通也
离丽也 明也　日以烜之　离　上　离中女　万物皆相见
艮止也 成也　艮以止之　艮　止　艮少男
兑说也 决也　兑以说之　兑　见　兑少女　兑说故有喜

图 12　卦材图

（杭辛斋《易楔》）

黄元炳(1879—?)

字星若，室名忘我斋，清江苏无锡人。潜心励学，博涉多闻，尤精《周易》。著有《学易随笔》一卷、《易学探原》(包括《易学入门》《河图像说》《经传解》《卦气集解》四种)三卷，凡六十余万言，并附插图百余幅。现存有《周易》图像十一幅。

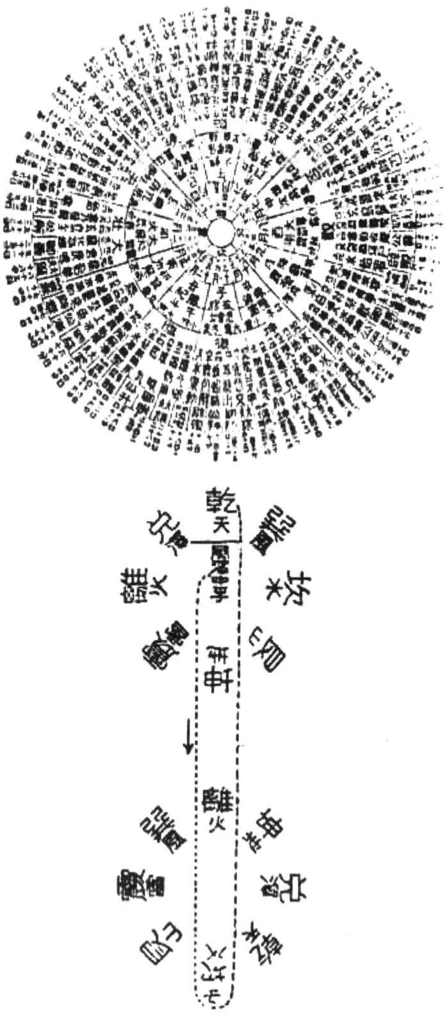

先天小象（一）

图1　先天小象图

(黄元炳《卦气集解》)

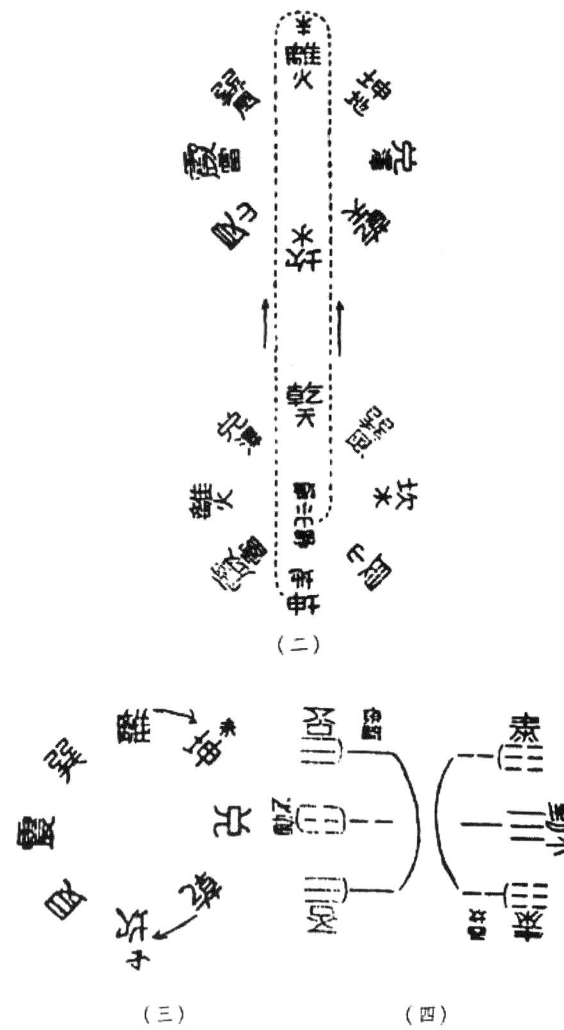

后天小象

图2　后天小象图

(黄元炳《卦气集解》)

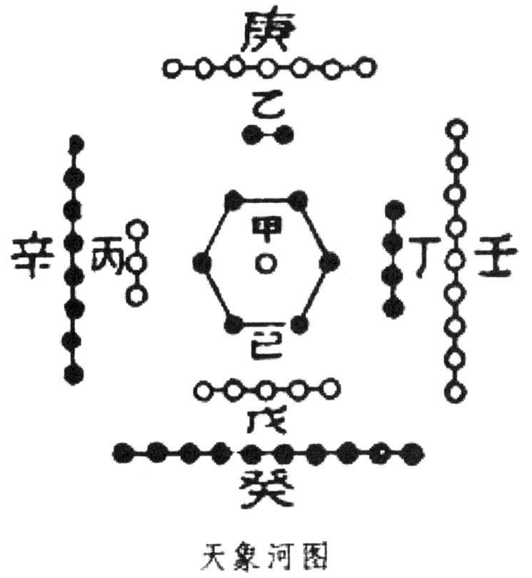

图 3　天象河图
（黄元炳《卦气集解》）

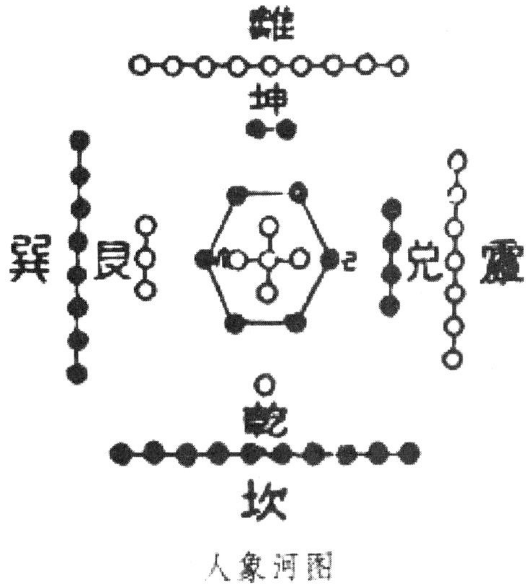

图 4　人象河图
（黄元炳《卦气集解》）

图 5　序卦象一图
（黄元炳《卦气集解》）

图 6　序卦象二图
（黄元炳《卦气集解》）

杂卦象（附象）

图7　杂卦象图

（黄元炳《卦气集解》）

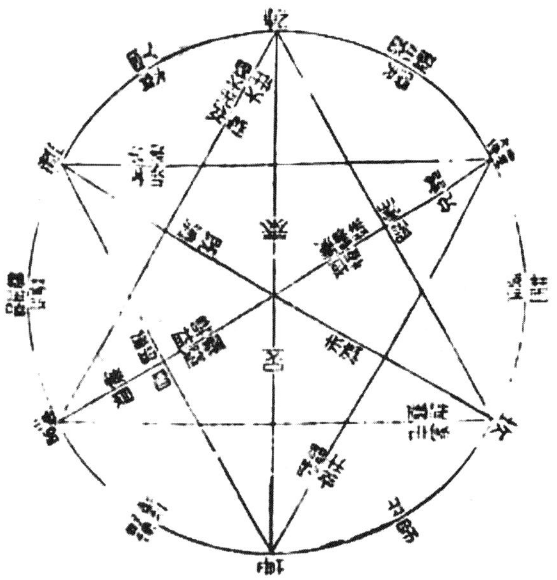

六体交象（附象）

图8　六体交象图

（黄元炳《卦气集解》）

纳音河图变数图（附象）

			西方四九金合三八木金克木而木生火	戊子己丑火 丙申丁酉火 甲辰乙巳火	戊午己未火 丙寅丁卯火 甲戌乙亥火			
南方二七火合四九金火克金而金生水	丙子丁丑水 甲申乙酉水 壬辰癸巳水	丙午丁未水 甲寅乙卯水 壬戌癸亥水	中央五十土土无克而即生金	甲子乙丑金 壬申癸酉金 庚辰辛巳金	甲午乙未金 壬寅癸卯金 庚戌辛亥金	北方一六水合二七火水克火而火生土	庚子辛丑土 戊申己酉土 丙辰丁巳土	庚午辛未土 戊寅己卯土 丙戌丁亥土
			东方三八木合一六水水无克而即生木	壬子癸丑木 庚申辛酉木 戊辰己巳木	壬午癸未木 庚寅辛卯木 戊戌己亥木			

图9　纳音河图变数图

（黄元炳《卦气集解》）

六十纳支以言定音图（附象）

乾坤 壬癸		一宫音	三征音	五羽音	七商音	九角音	位数
震巽 庚辛	未丑午子 林大蕤黄 律吕	辛庚 未丑午子 土	己戊 未丑午子 火	丁丙 未丑午子 水	乙甲 未丑午子 金	癸壬 未丑午子 木	上
坎离 戊己	酉卯申日 南夹夷蔟 律吕	己戊 酉卯申寅 土	丁丙 酉卯申寅 火	乙甲 酉卯申寅 水	癸壬 酉卯申寅 金	辛庚 酉卯申寅 木	中
艮兑 丙丁	亥巳戌辰 应仲无姑 律吕	丁丙 亥巳戌辰 土	乙甲 亥巳戌辰 火	癸壬 亥巳戌辰 水	辛庚 亥巳戌辰 金	己戊 亥巳戌辰 木	下
乾坤 甲乙		喉　音	舌　音	唇　音	齿　音	牙　音	

图 10　六十纳支以言定音图

（黄元炳《卦气集解》）

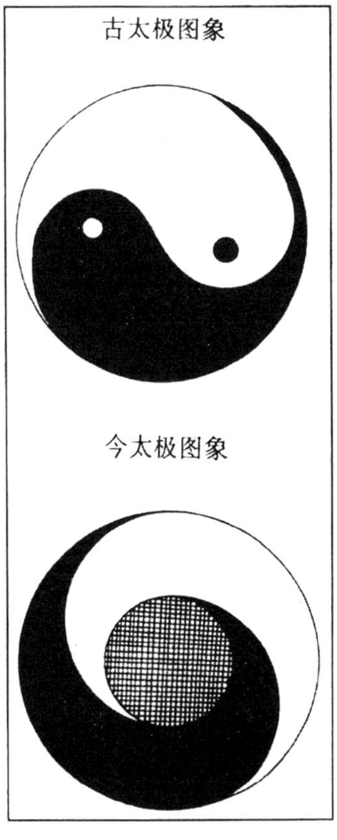

图 11　古今太极图象二图

（黄元炳《卦气集解》）

张恩霨

生卒年不详，字慈光，清江苏清河监生。曾官永定河南岸同知。著有《删定来氏易注象数图说》二卷、《孟子论略》一卷等。现存有《周易》图像十二幅。

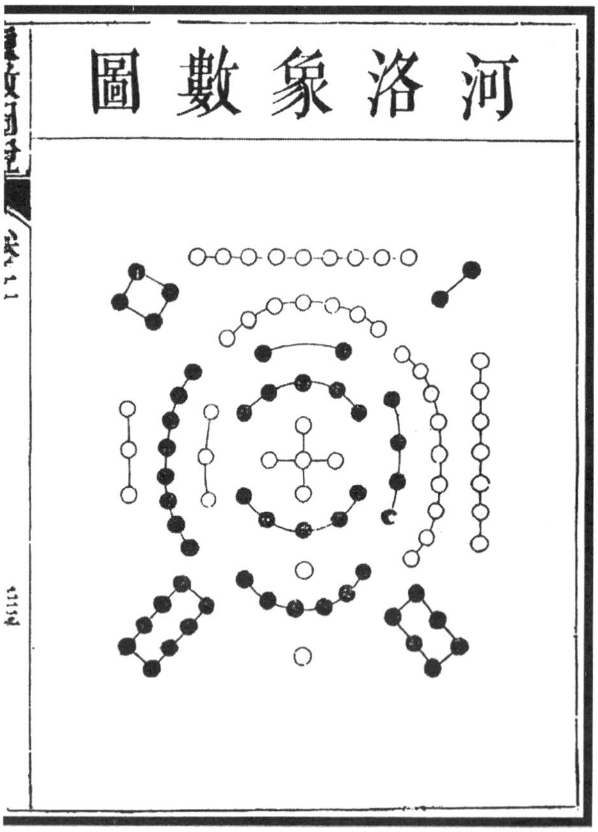

图 1　河洛象数图
（张恩霨《删定来氏易注象数图说》）

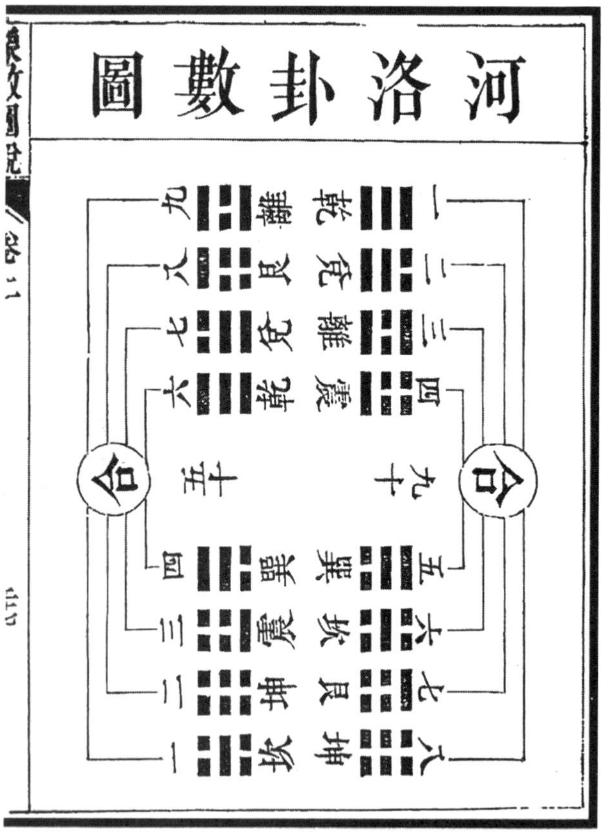

图 2　河洛卦数图
（张恩霨《删定来氏易注象数图说》）

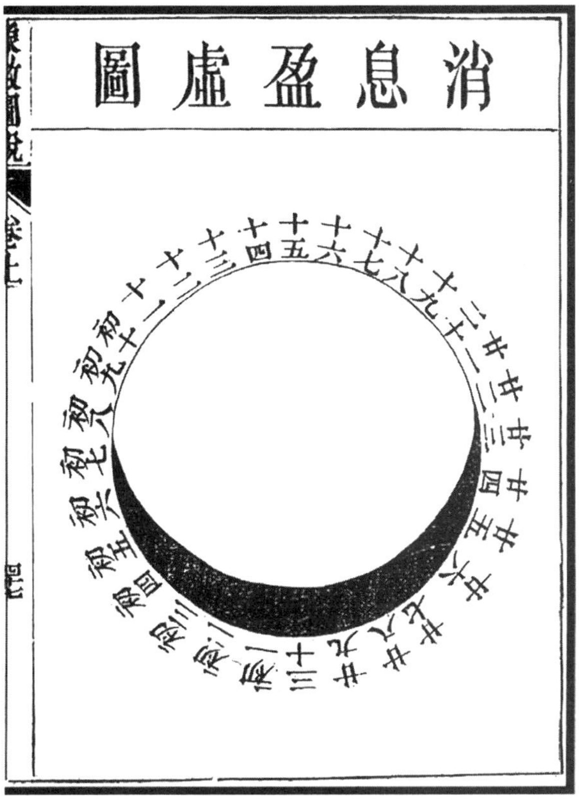

图 3　消息盈虚图
（张恩霨《删定来氏易注象数图说》）

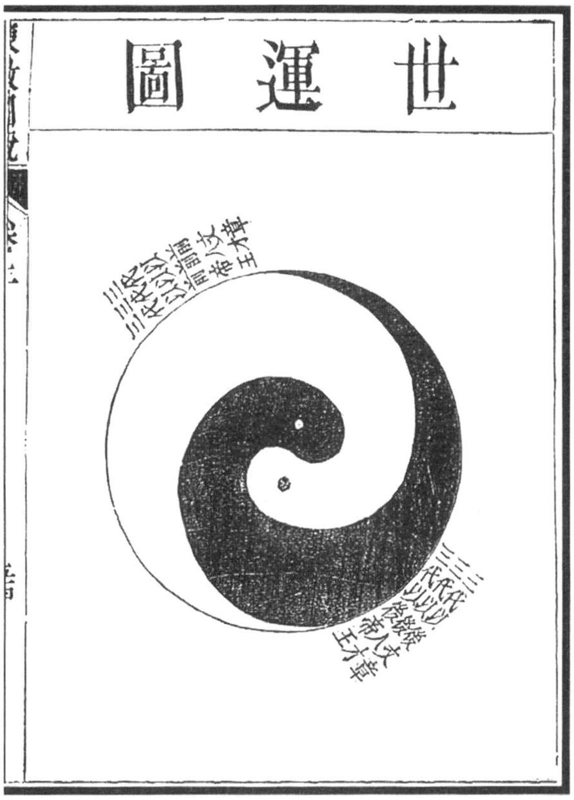

图 4　世运图
（张恩霨《删定来氏易注象数图说》）

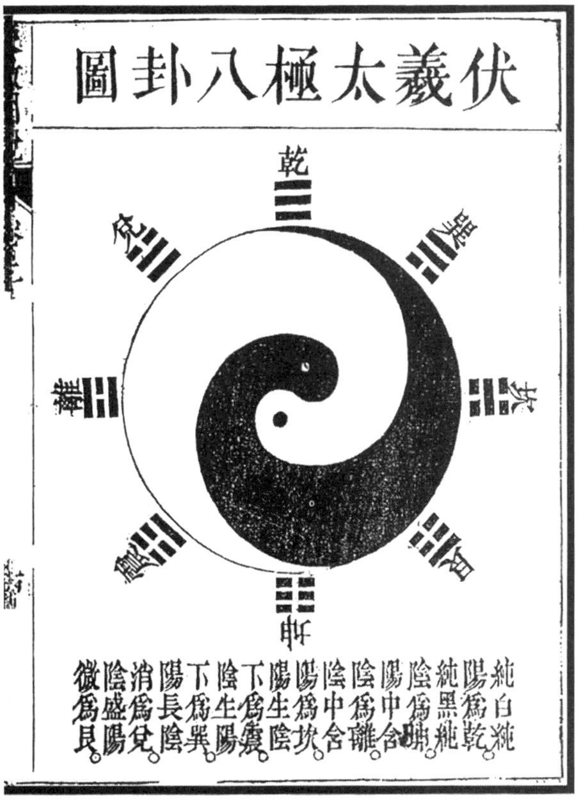

图 5　伏羲太极八卦图
（张恩霨《删定来氏易注象数图说》）

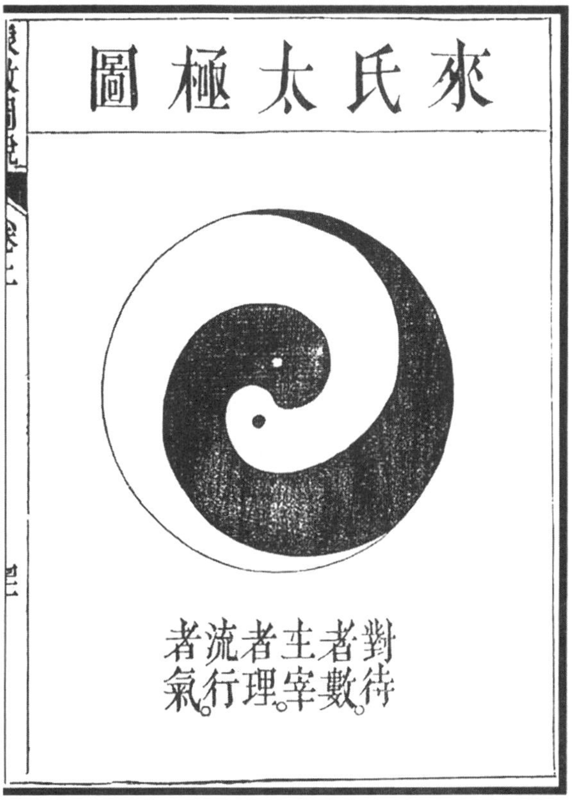

图 6　来氏太极图
（张恩霨《删定来氏易注象数图说》）

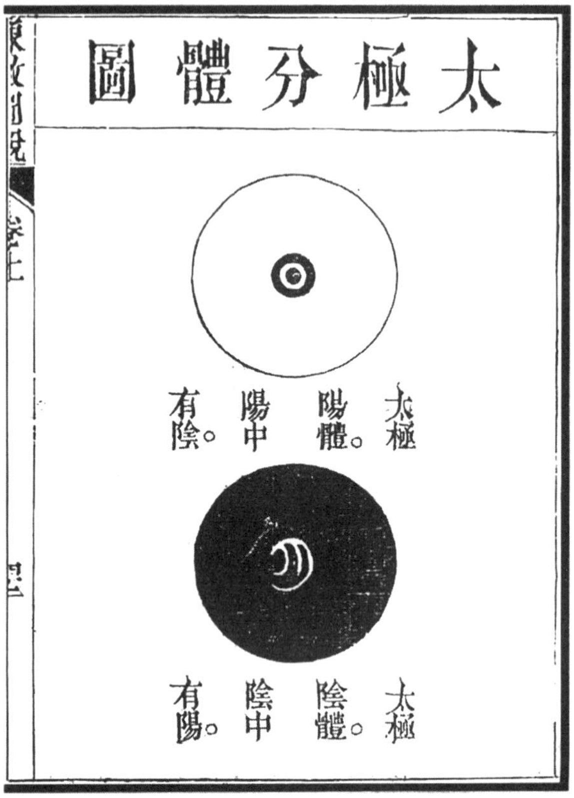

图 7　太极分体图
（张恩霨《删定来氏易注象数图说》）

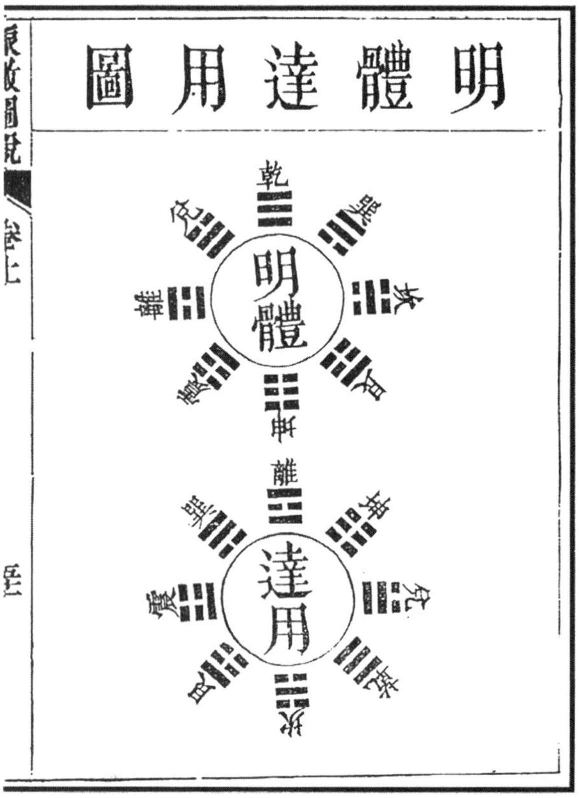

图 8　明体达用图
（张恩霨《删定来氏易注象数图说》）

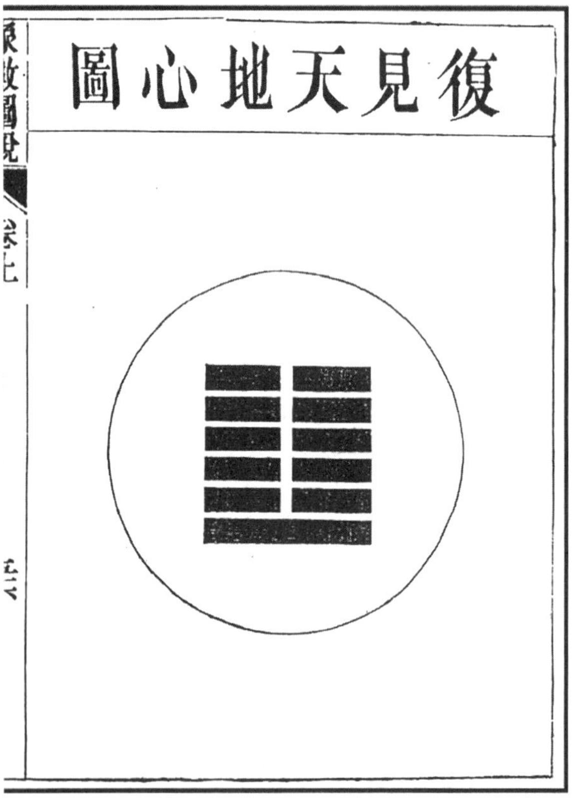

图 9　复见天地心图
（张恩霨《删定来氏易注象数图说》）

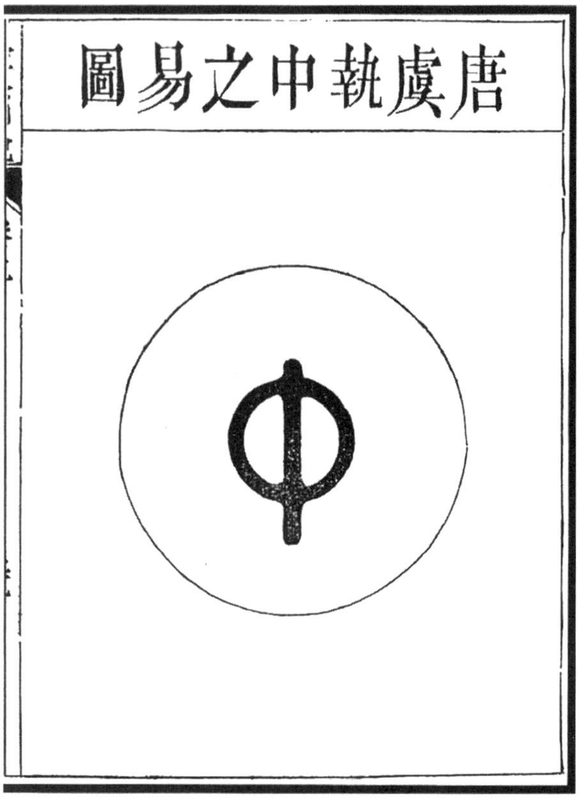

图 10　唐虞执中之易图
（张恩霨《删定来氏易注象数图说》）

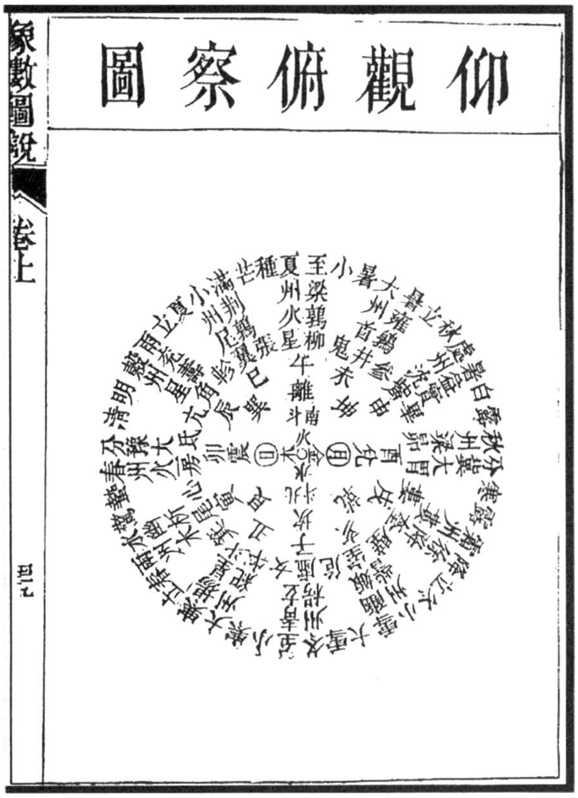

图 11　仰观俯察图
（张恩霨《删定来氏易注象数图说》）

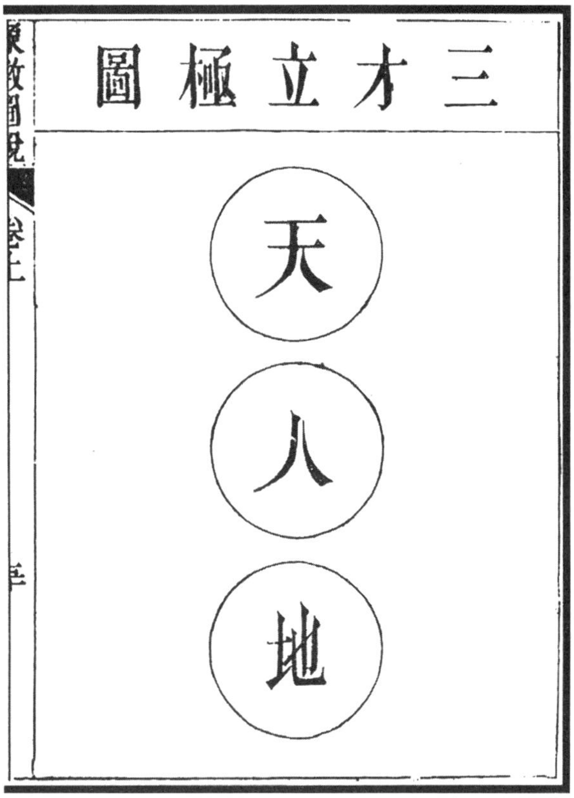

图 12　三才立极图
（张恩霨《删定来氏易注象数图说》）

不著撰者

不著撰者《春秋图说》，现存有《周易》图像二幅。

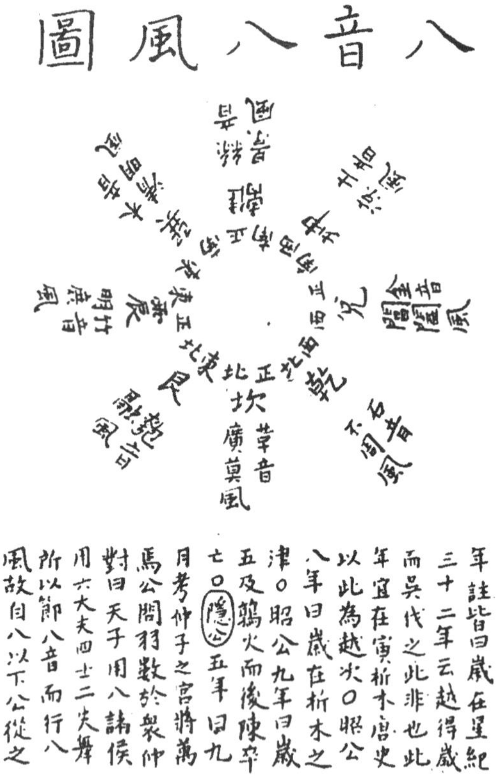

图1　八音八风图

（《春秋图说》）

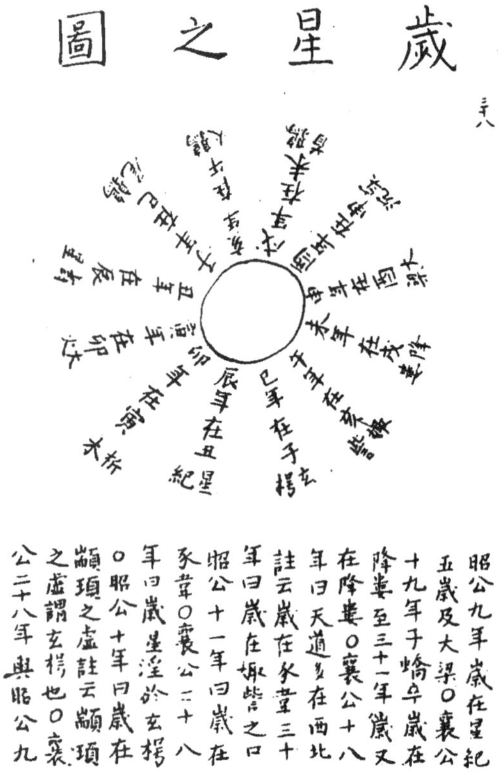

图2　岁星之图

（《春秋图说》）

不著撰者

不著辑者《纂图互注四子书》，现存有《周易》图像一幅。

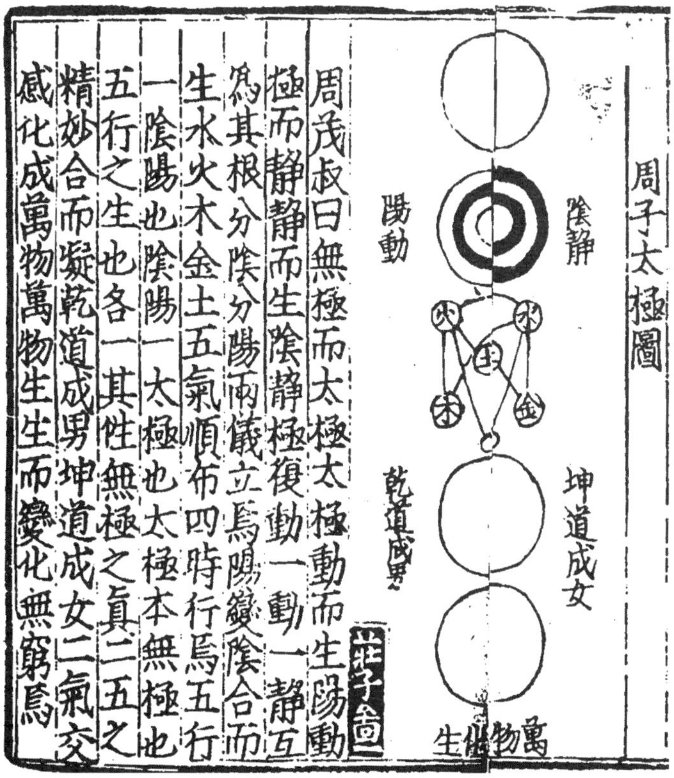
周子太極圖
陰靜
陽動
坤道成女
乾道成男
萬物化生
莊子
周茂叔曰無極而太極太極動而生陽動
極而靜靜而生陰靜極復動一動一靜互
為其根分陰分陽兩儀立焉陽變陰合而
生水火木金土五氣順布四時行焉五行
一陰陽也陰陽一太極也太極本無極也
五行之生也各一其性無極之眞二五之
精妙合而凝乾道成男坤道成女二氣交
感化成萬物萬物生生而變化無窮焉

图1　周子太极图

（《纂图互注四子书》）

周·易·图·像·汇·编

道藏所载周易图像

无量度人上品妙经旁通图

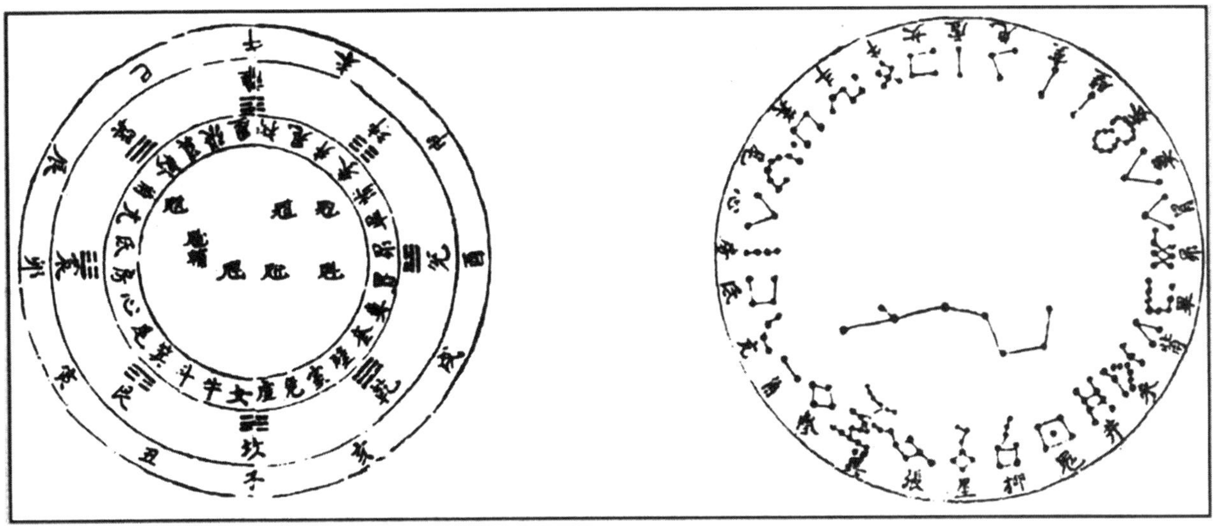

图 1　仰图图

（《无量度人上品妙经旁通图》）

黄帝阴符经讲义图说

图 1　日月圣功图
（《黄帝阴符经讲义图说》）

图 2　奇器万象图
（《黄帝阴符经讲义图说》）

修真太极混元图

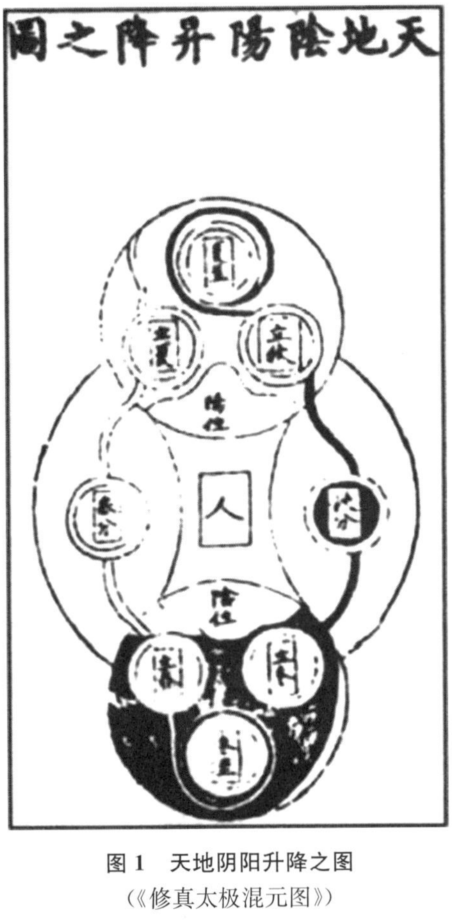

图 1　天地阴阳升降之图

（《修真太极混元图》）

金液还丹印证图

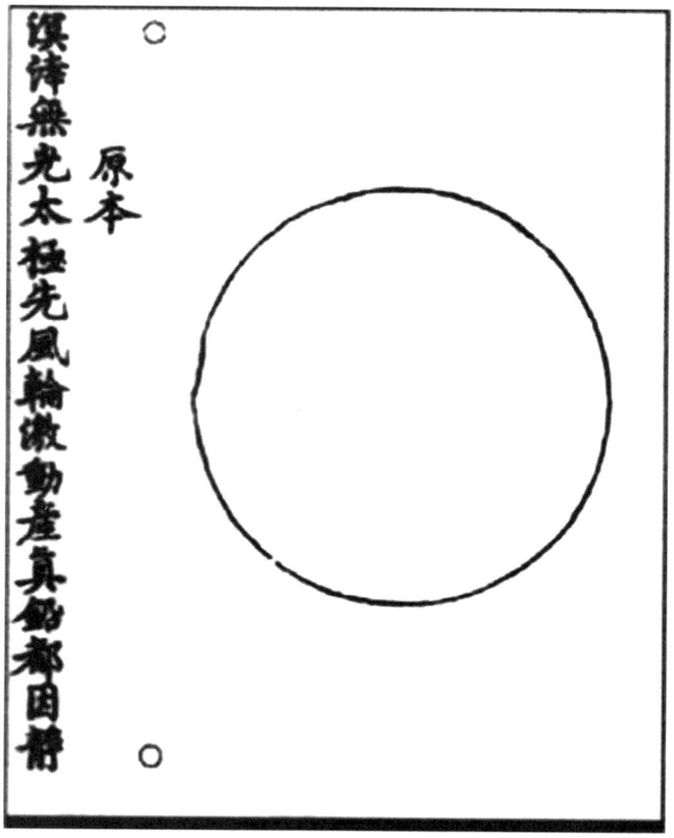
溟涬無光太極先風輪激動產真鉛都因靜
原本

图 1　太极原本图
（《金液还丹印证图》）

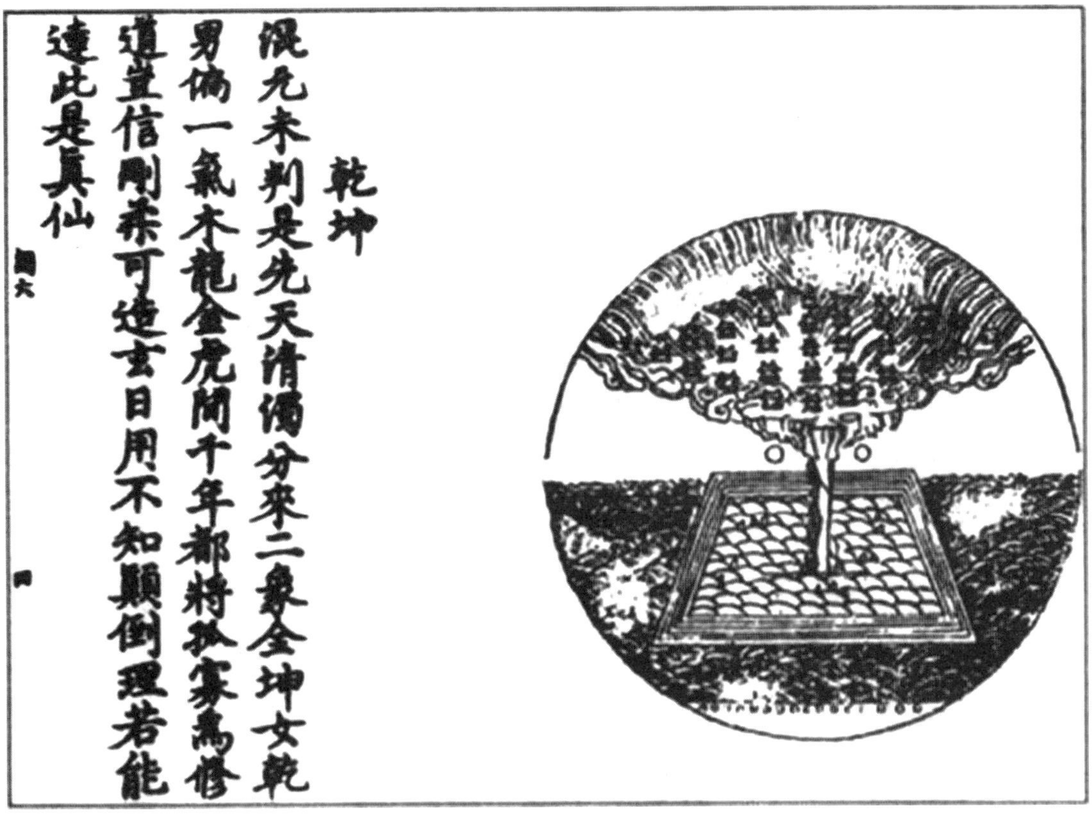
乾坤
混元未判是先天清濁分來二象全坤女乾
男倫一氣木龍金虎間千年都將孤寡為修
道豈信剛柔可造玄日用不知顛倒理若能
達此是真仙

图 2　乾坤图
（《金液还丹印证图》）

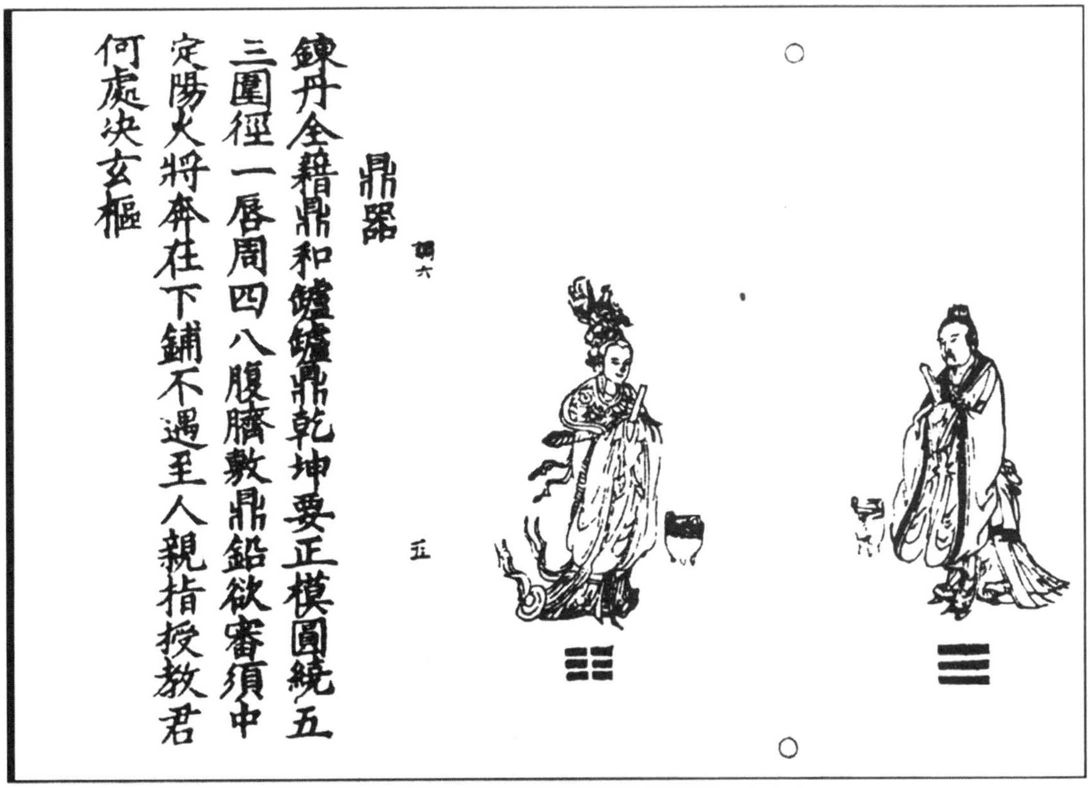
鼎器
鍊丹全藉鼎和爐爐鼎乾坤要正模圓繞五
三圍徑一唇周四八腹臍數鼎鉛欲審須中
定陽火將奔在下鋪不遇至人親指授教君
何處決玄樞

图 3　鼎器图
（《金液还丹印证图》）

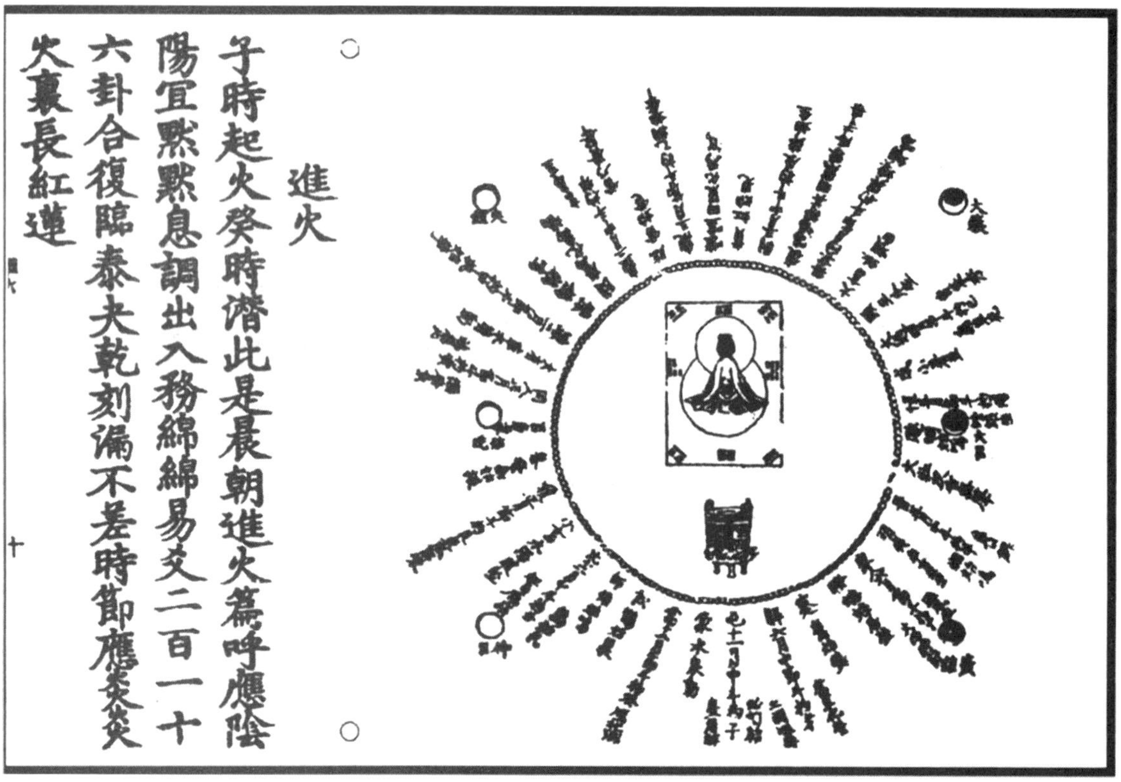
進火
子時起火癸時潛此是晨朝進火篇呼應陰
陽宜默默息調出入務綿綿易爻二百一十
六卦合復臨泰夬乾刻漏不差時節應炎炎
火裏長紅蓮

图 4　进火图

（《金液还丹印证图》）

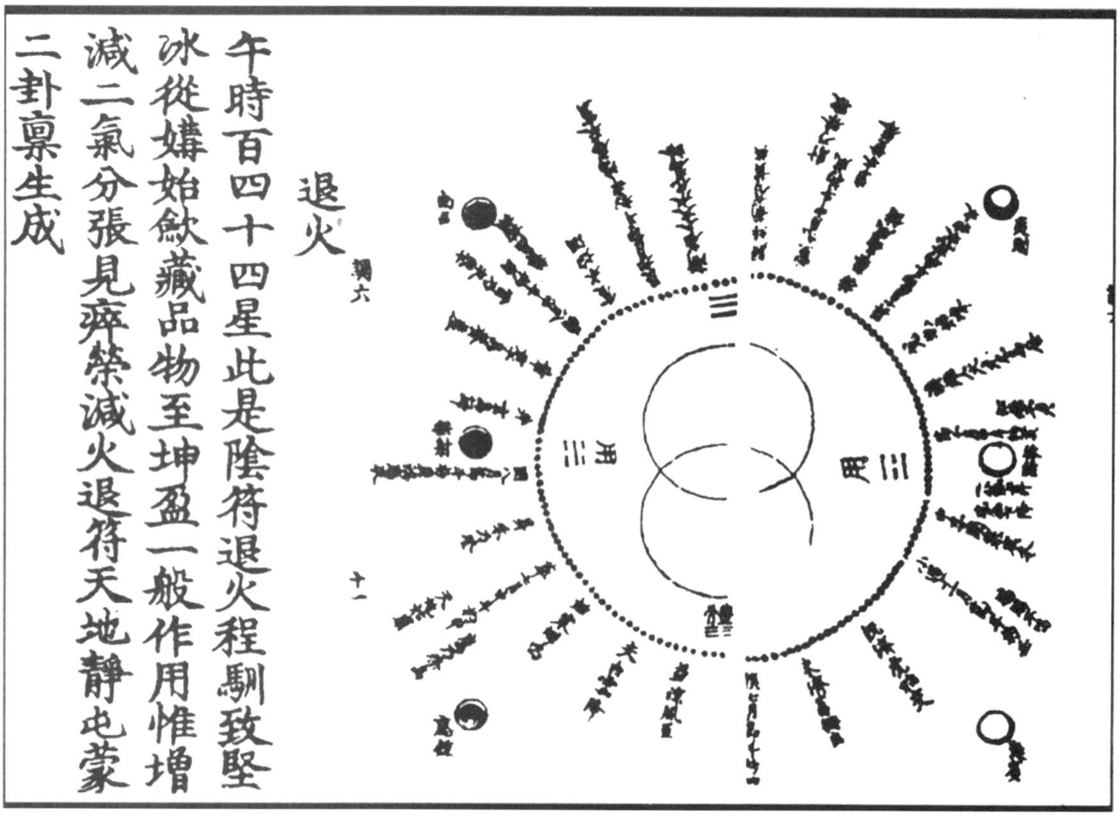
退火
午時百四十四星此是陰符退火程馴致堅
冰從姤始斂藏品物至坤盈一般作用惟增
減二氣分張見瘁榮滅火退符天地靜屯蒙
二卦稟生成

图 5　退火图

（《金液还丹印证图》）

朝元
形神俱妙道爲徒性命雙圓合太虛寶詔降
時騰鶴馭玉書拜後駕龍車仙官烜赫誰論
貫濁世煎熬且免居積德勤求終有遇問君
何事獨躊躇

图 6　朝元图

（《金液还丹印证图》）

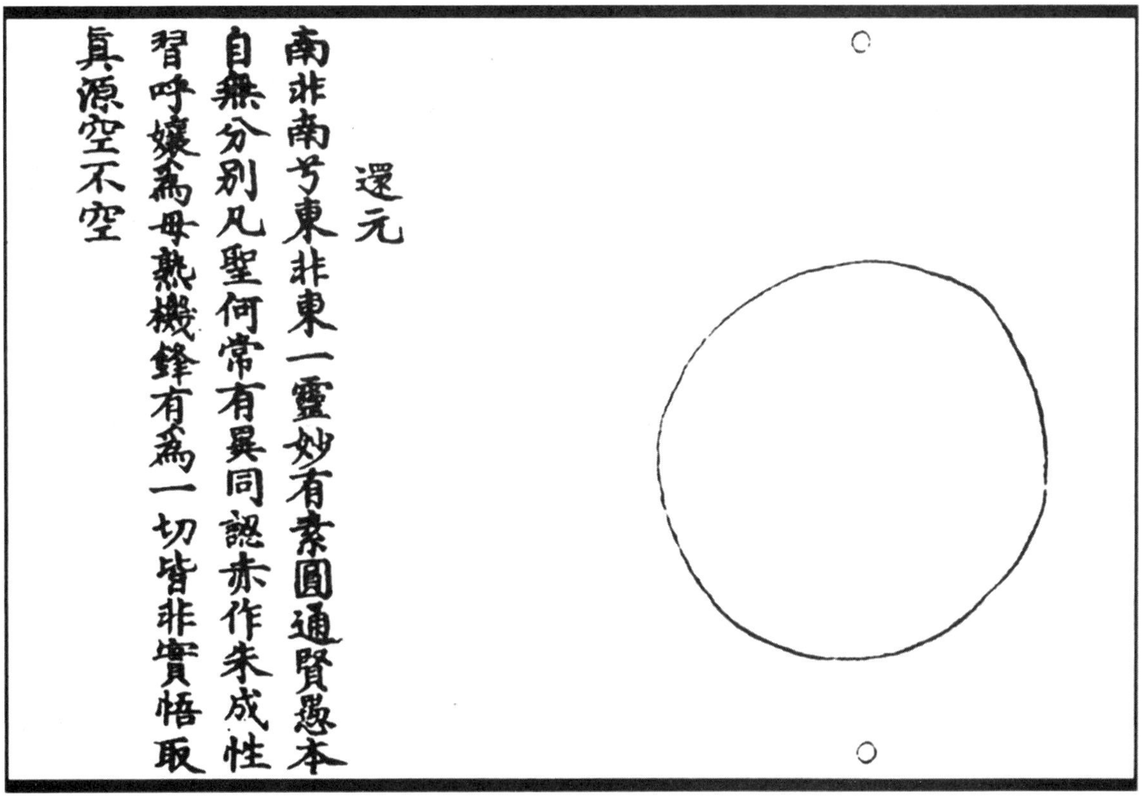
還元
南非南兮東非東一靈妙有素圓通賢愚本
自無分別凡聖何常有異同認赤作朱成性
習呼嬢爲母熟機鋒有爲一切皆非實悟取
真源空不空

图 7　还元图

（《金液还丹印证图》）

修真历验抄图

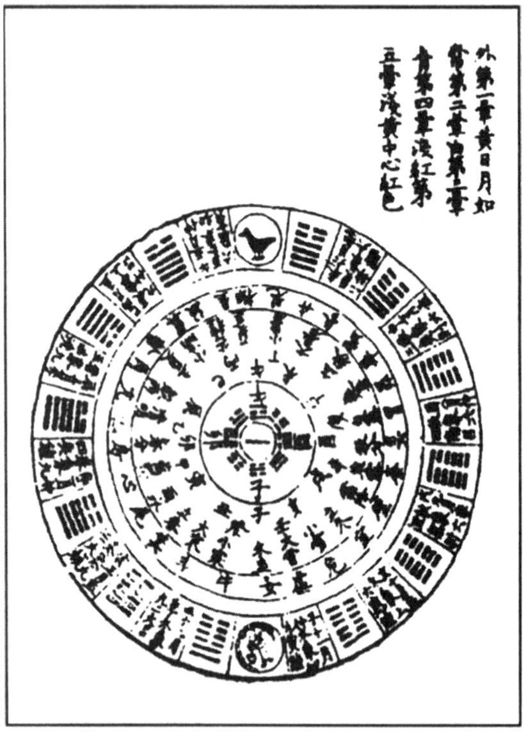

图 1　三十幅共一毂图
(《修真历验抄图》)

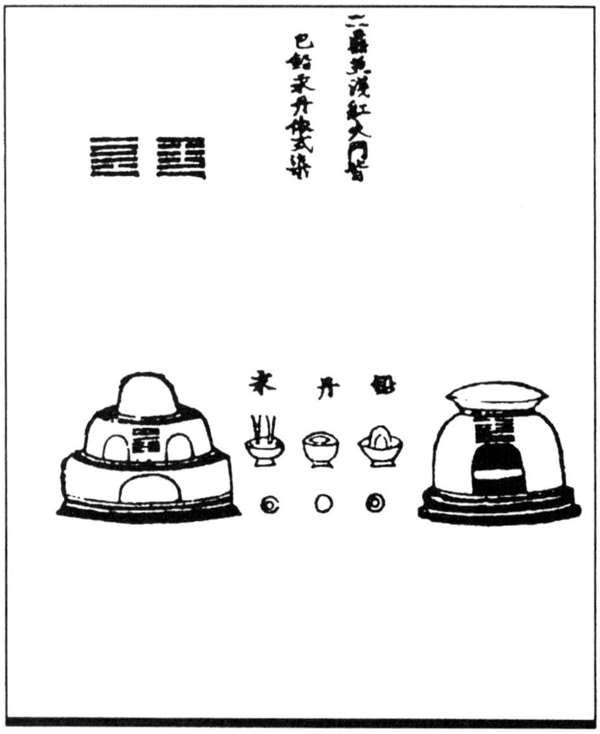

图 2　采真铅汞图
(《修真历验抄图》)

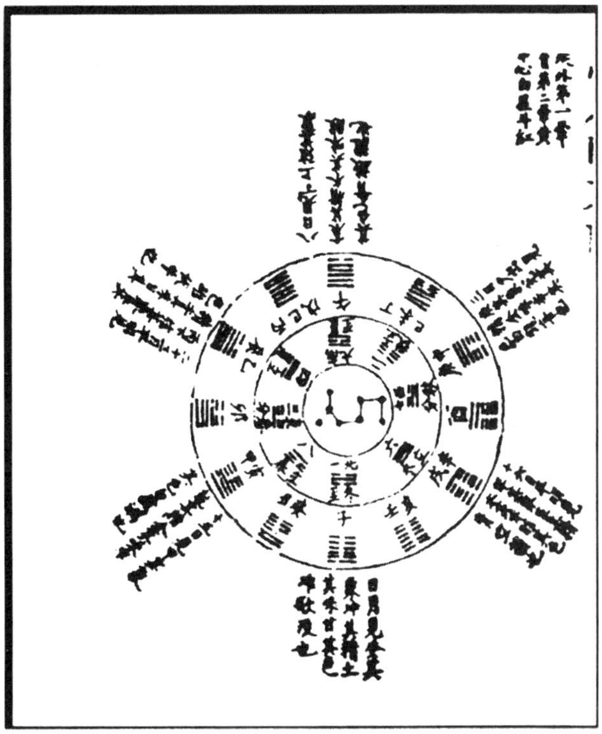

图 3　六通图
（《修真历验抄图》）

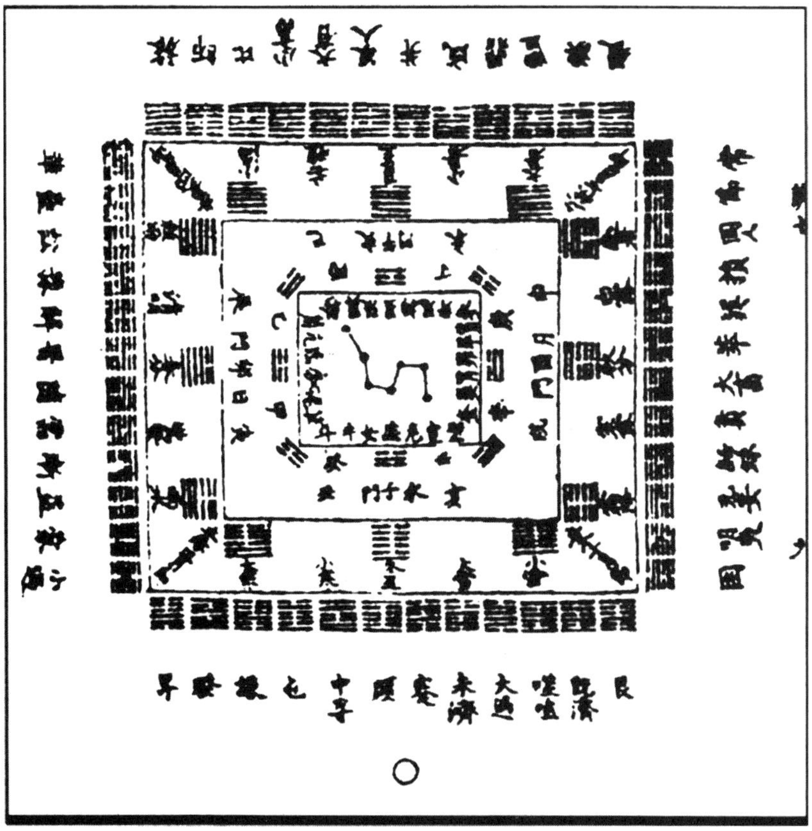

图 4　周易七十二候图
（《修真历验抄图》）

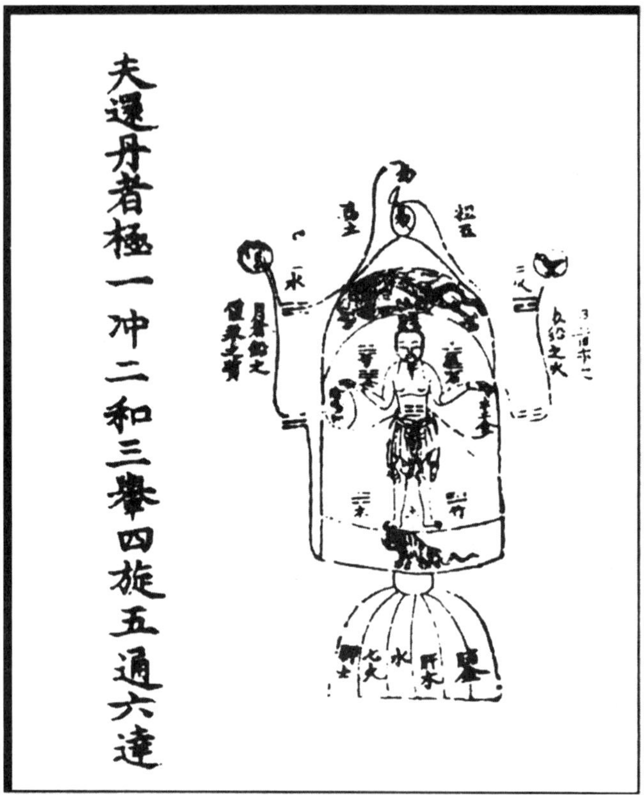
夫還丹者極一冲二和三擧四旋五通六達

图5　还丹五行功论图

（《修真历验抄图》）

龙虎手鉴图

图 1　龙虎手鉴图
（《龙虎手鉴图》）

上清太玄九阳图

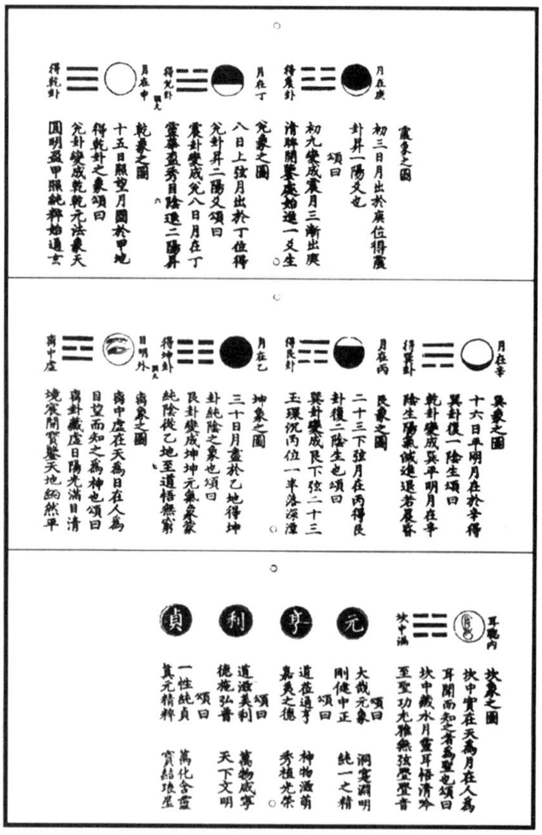

图 1　月体纳甲八象图

(《上清太玄九阳图》)

灵宝无量度人上经大法

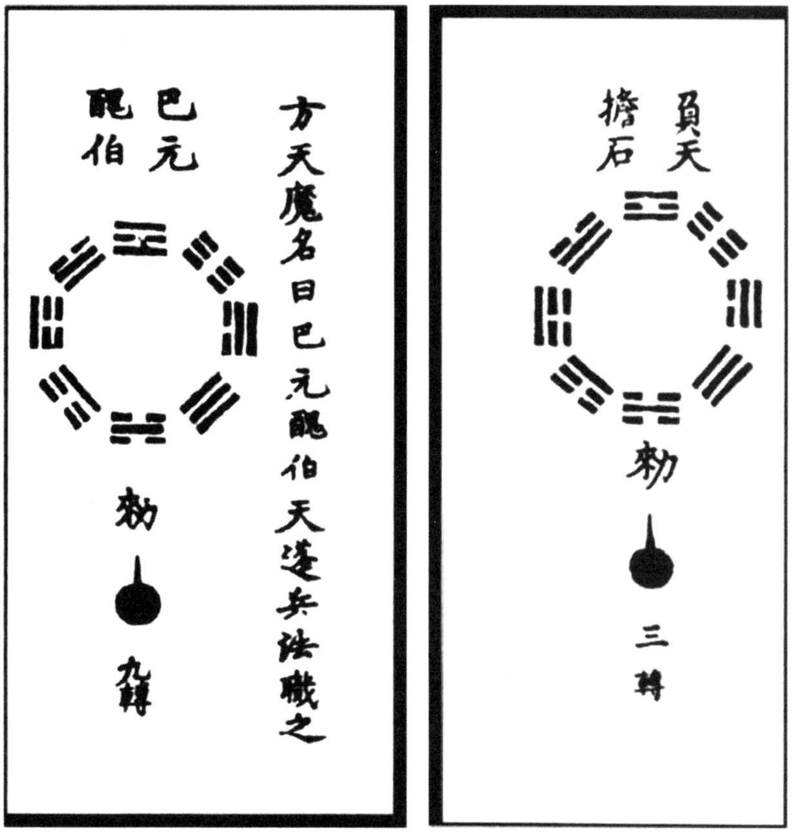

图 1－1　四帝四魔图

(《灵宝无量度人上经大法》)

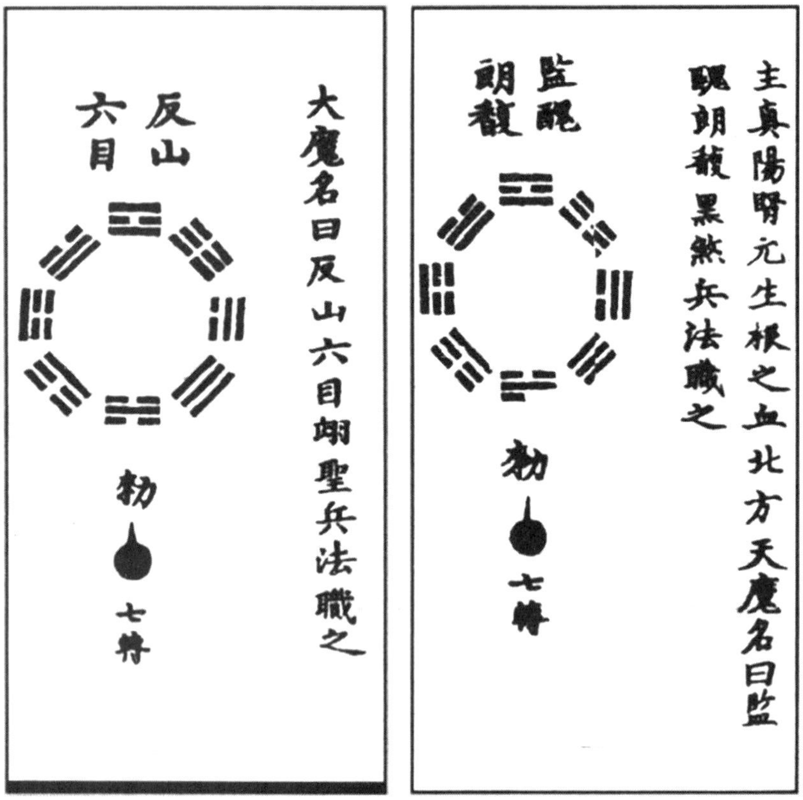
主真陽腎元生根之血北方天魔名曰監
醜朗馥黑煞兵法職之
監醜
朗馥
大魔名曰反山六目翊聖兵法職之
反山
六目

图 1 - 2　四帝四魔图
《灵宝无量度人上经大法》

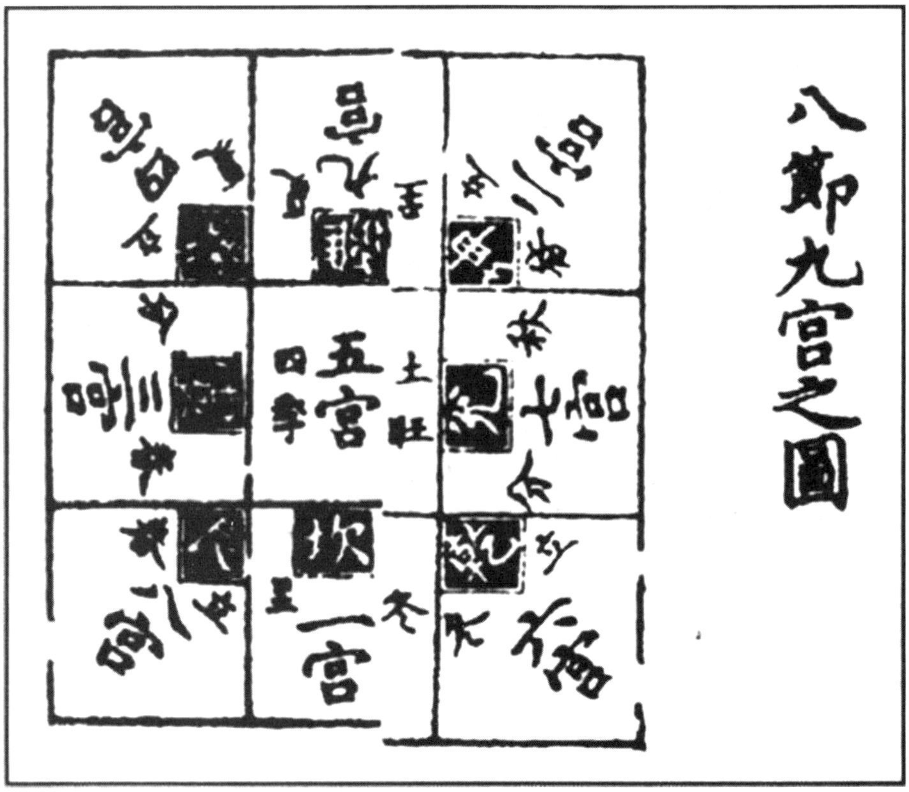
八節九宮之圖
五宮
一宮

图 2　八节九宫之图
《灵宝无量度人上经大法》

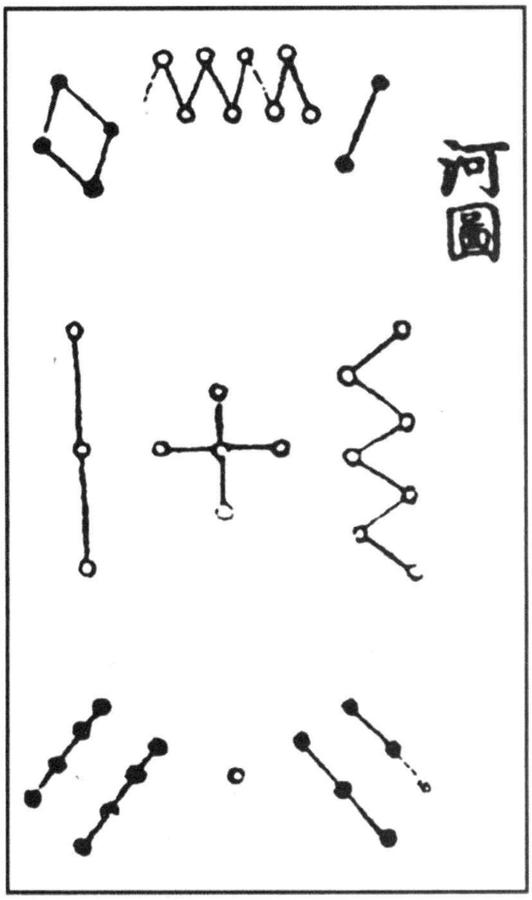

图 3　河图

（《灵宝无量度人上经大法》）

图 4　神虎召摄八门之坛图

（《灵宝无量度人上经大法》）

无上玄天三天玉堂大法

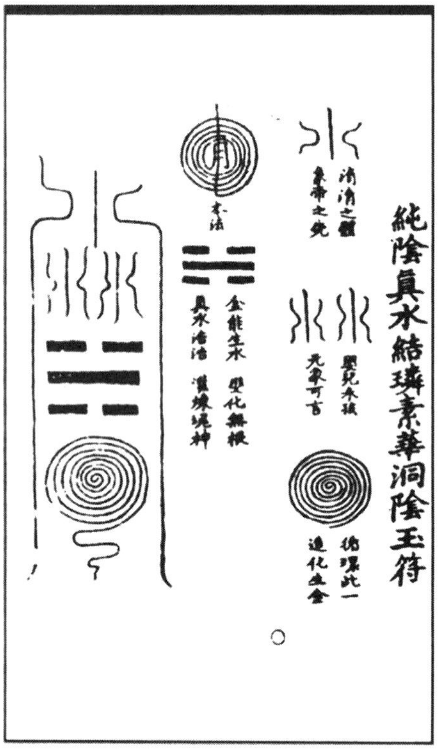

图 1　纯阴真水结璘素华洞阴玉符图
（《无上玄天三天玉堂大法》）

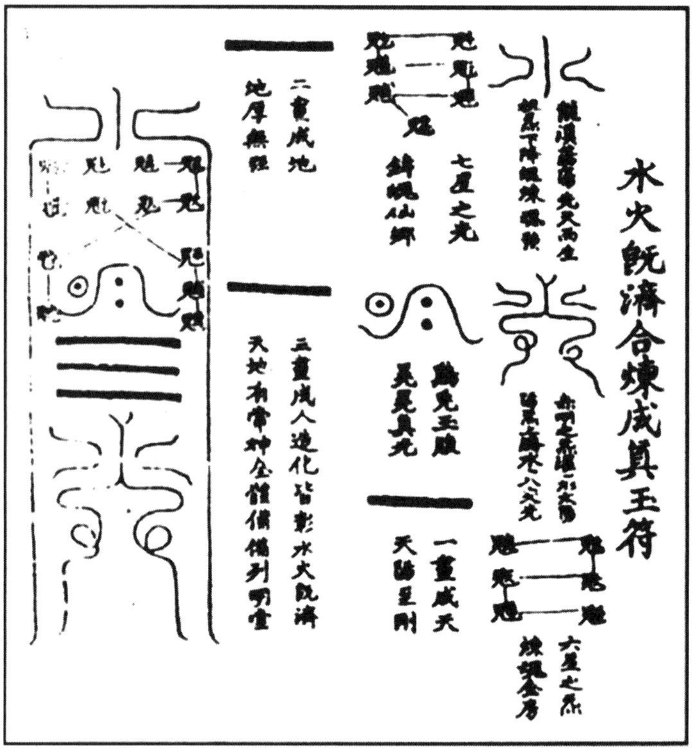

图 2　水火既济合炼成真玉符图
（《无上玄天三天玉堂大法》）

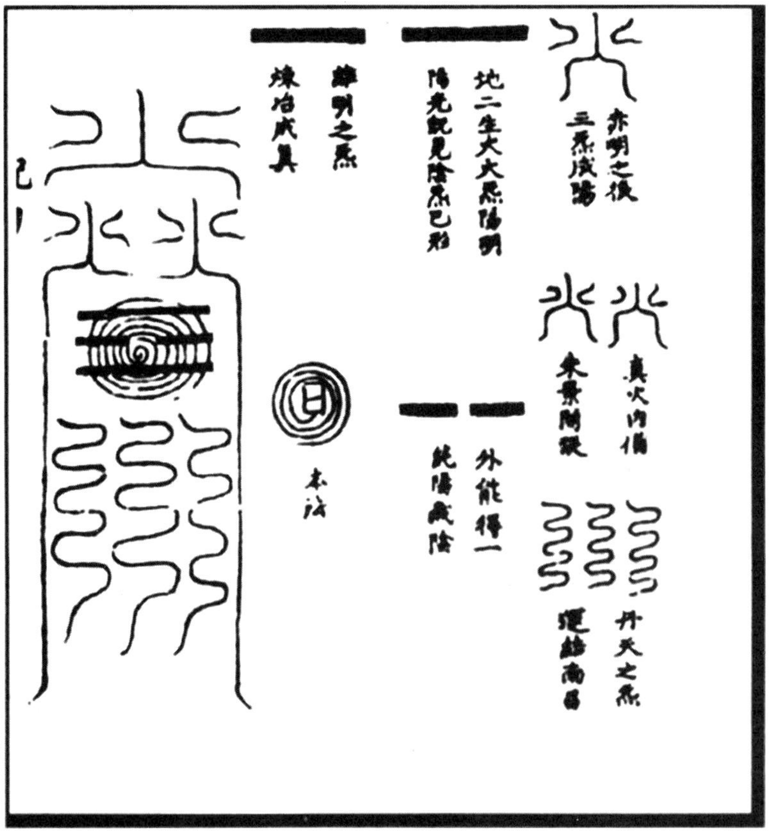

图 3　纯离火玉符图

（《无上玄天三天玉堂大法》）

清微神烈秘法

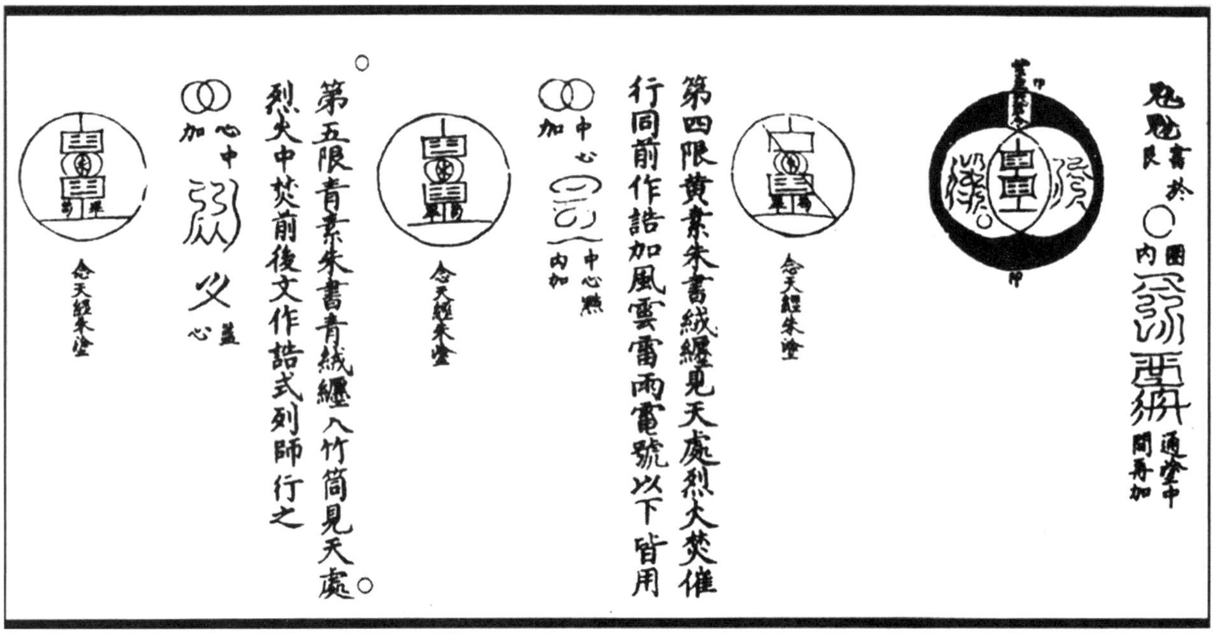

图 1　驱崇符图

（《清微神烈秘法》）

大丹直指

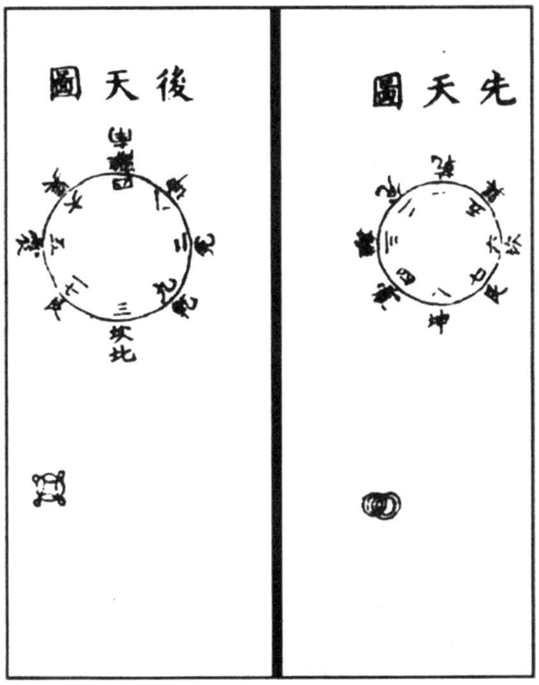

图 1　先天图
图 2　后天图
（《大丹直指》）

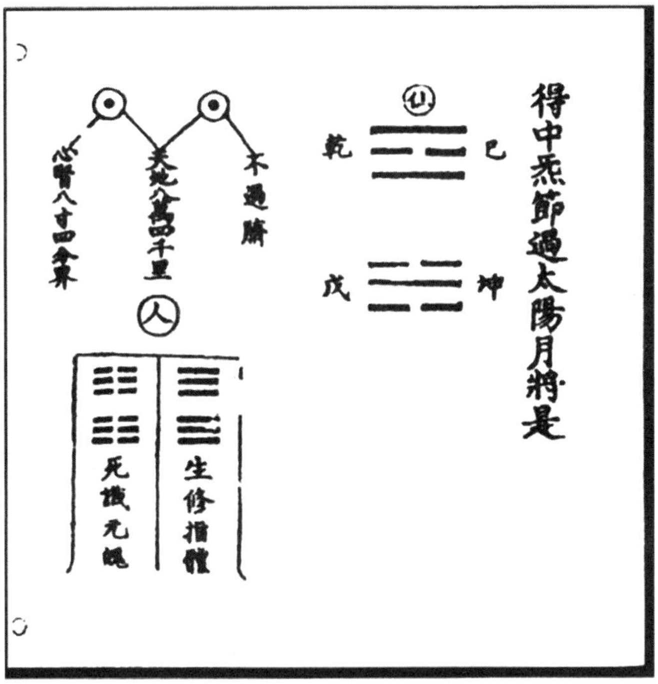

图 3　得中气节过太阳月将是图
（《大丹直指》）

玉溪子丹经指要

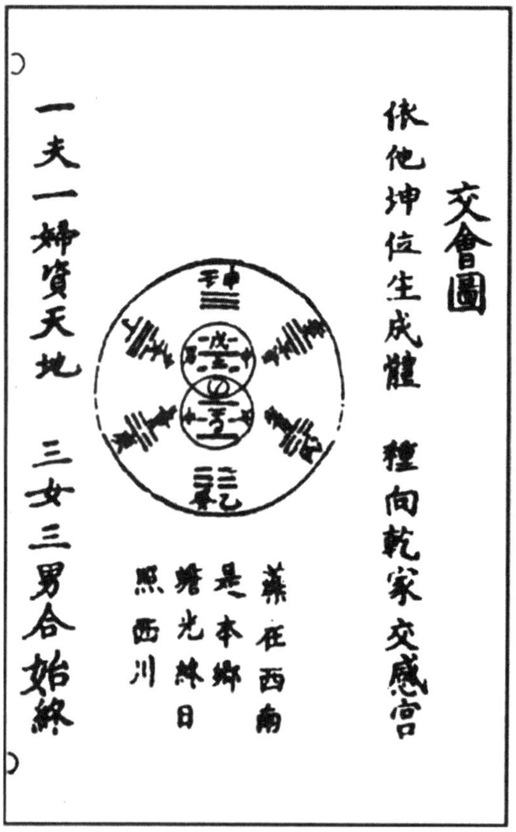

图 1　交会图
（《玉溪子丹经指要》）

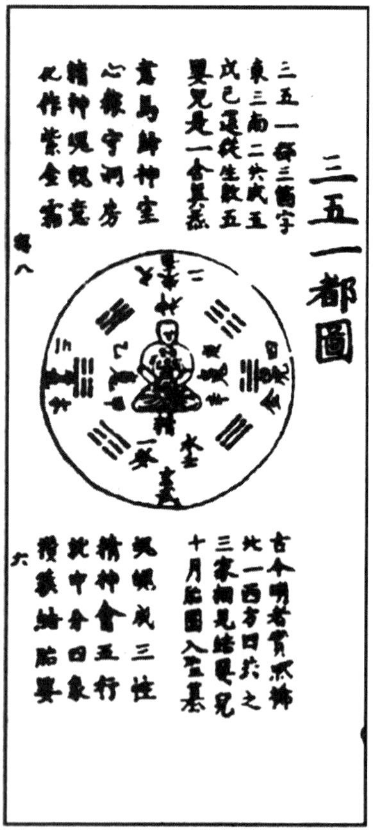

图 2　三五一都图
（《玉溪子丹经指要》）

会真记

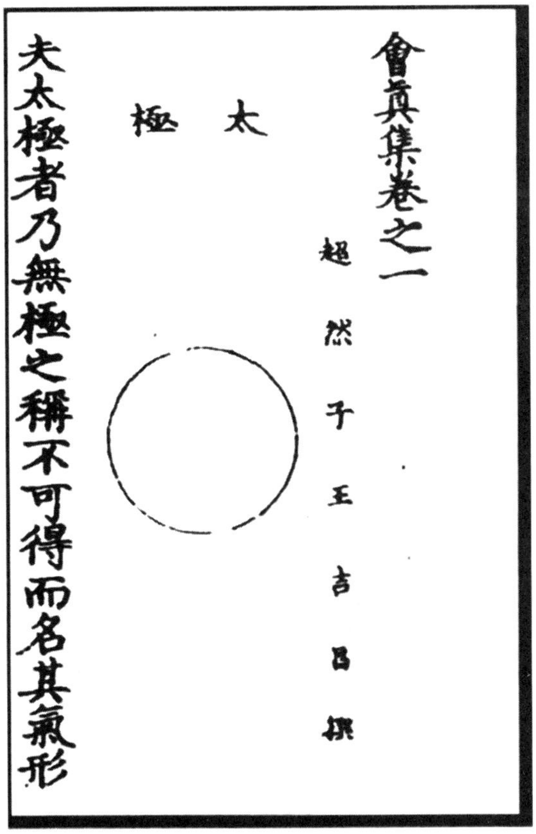
會真集卷之一
超然子王吉昌撰
太極
夫太極者乃無極之稱不可得而名其氣形

图 1　太极图
（《会真记》）

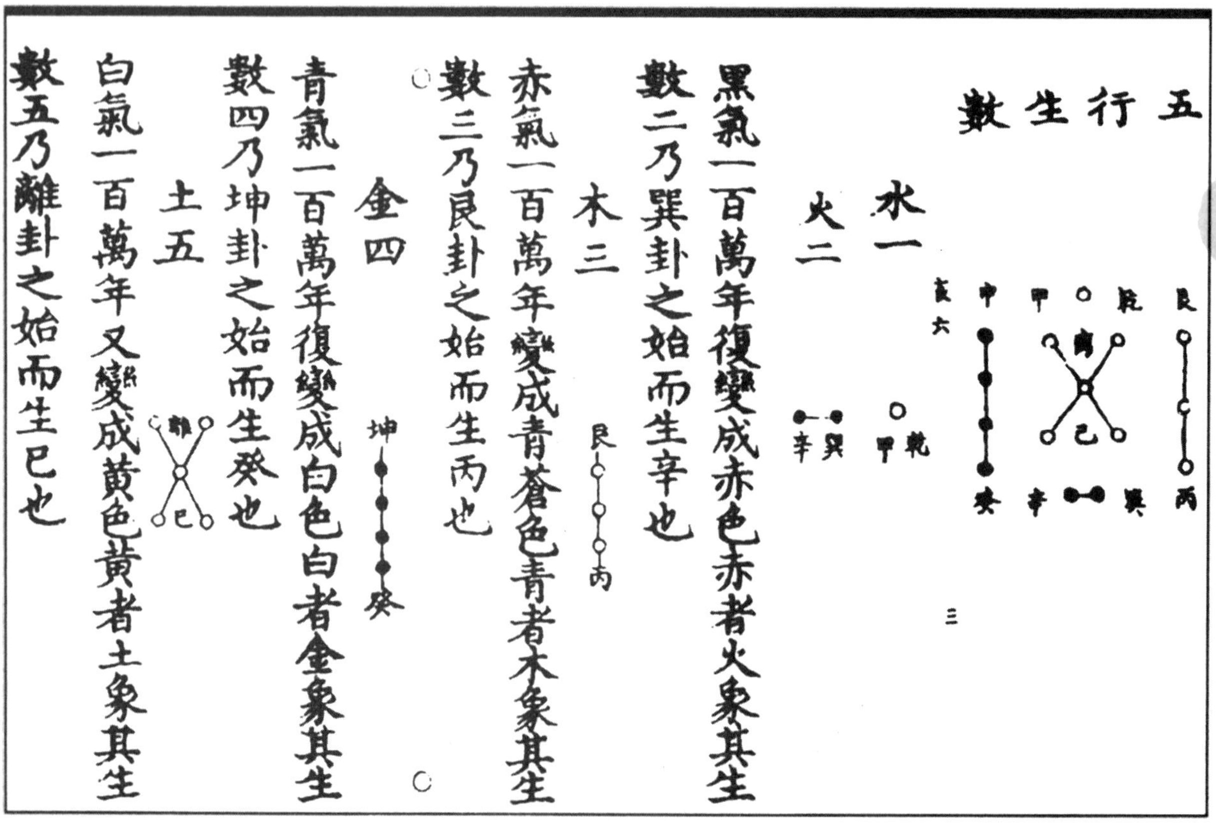

五行生數

水一

火二

黑氣一百萬年復變成赤色赤者火象其生數二乃巽卦之始而生辛也

木三

赤氣一百萬年變成青蒼色青者木象其生數三乃艮卦之始而生丙也

金四

青氣一百萬年復變成白色白者金象其生數四乃坤卦之始而生癸也

土五

白氣一百萬年又變成黃色黃者土象其生數五乃離卦之始而生巳也

图 2　五行生数图

（《会真记》）

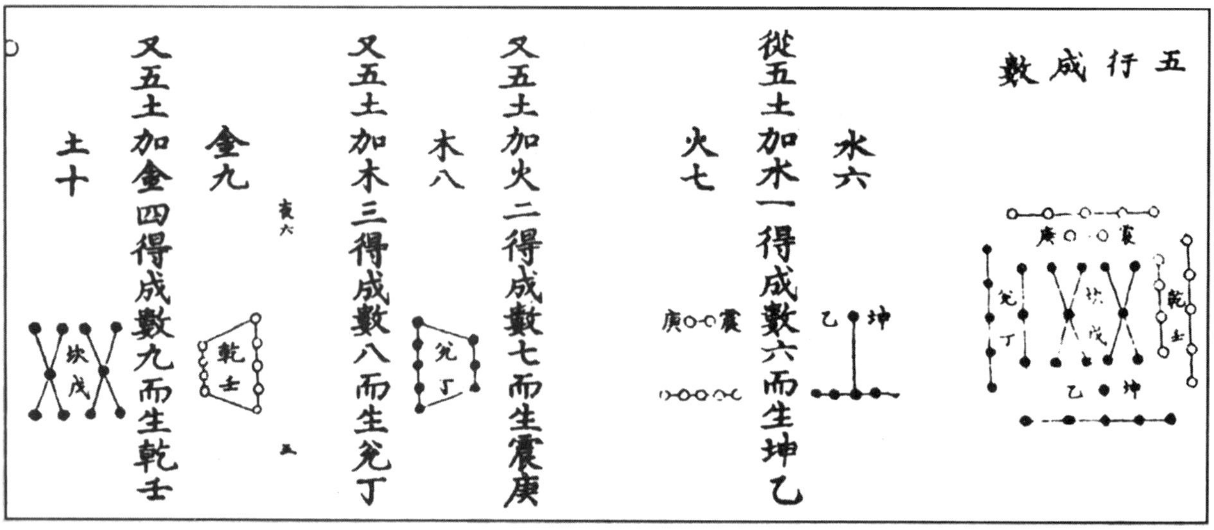

五行成數

水六

火七

從五土加水一得成數六而生坤乙

又五土加火二得成數七而生震庚

木八

又五土加木三得成數八而生兌丁

金九

又五土加金四得成數九而生乾壬

土十

图 3　五行成数图

（《会真记》）

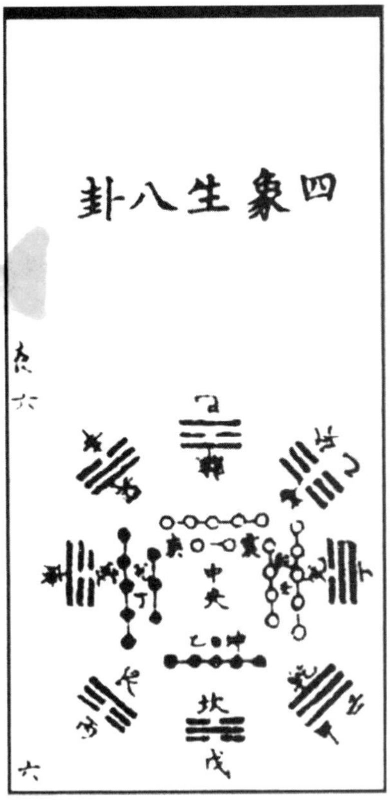

图 4　四象生八卦图
（《会真记》）

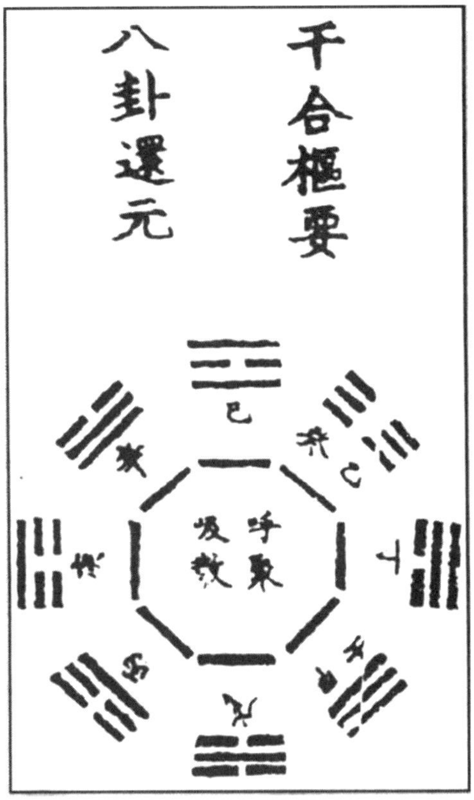

图 5　八卦还元图
（《会真记》）

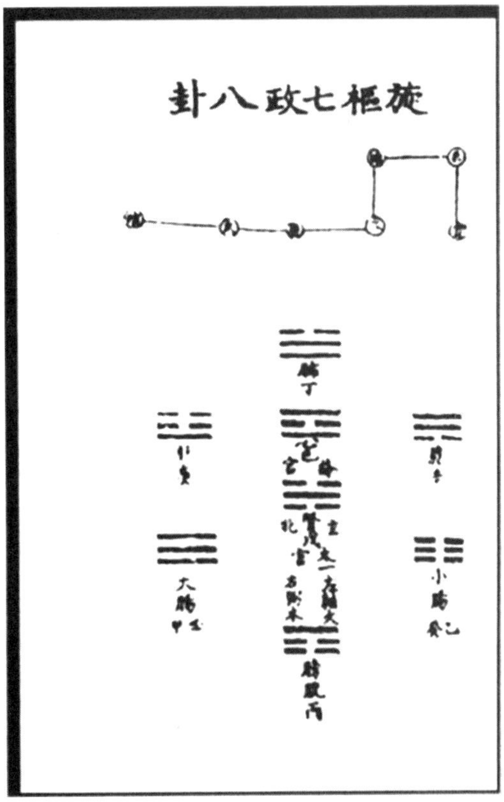

图 6　七政八卦图
（《会真记》）

谷神篇

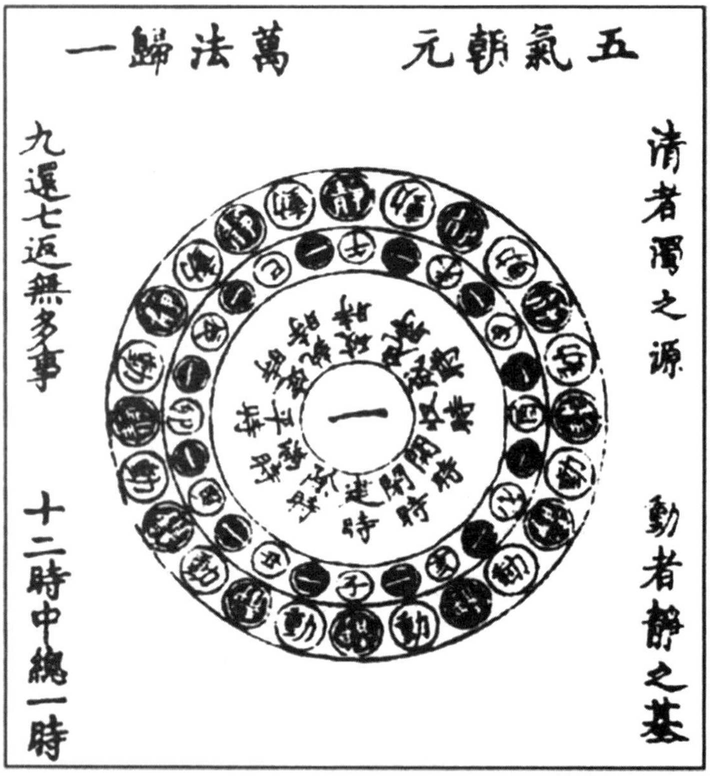

图1　五气朝元图
（《谷神篇》）

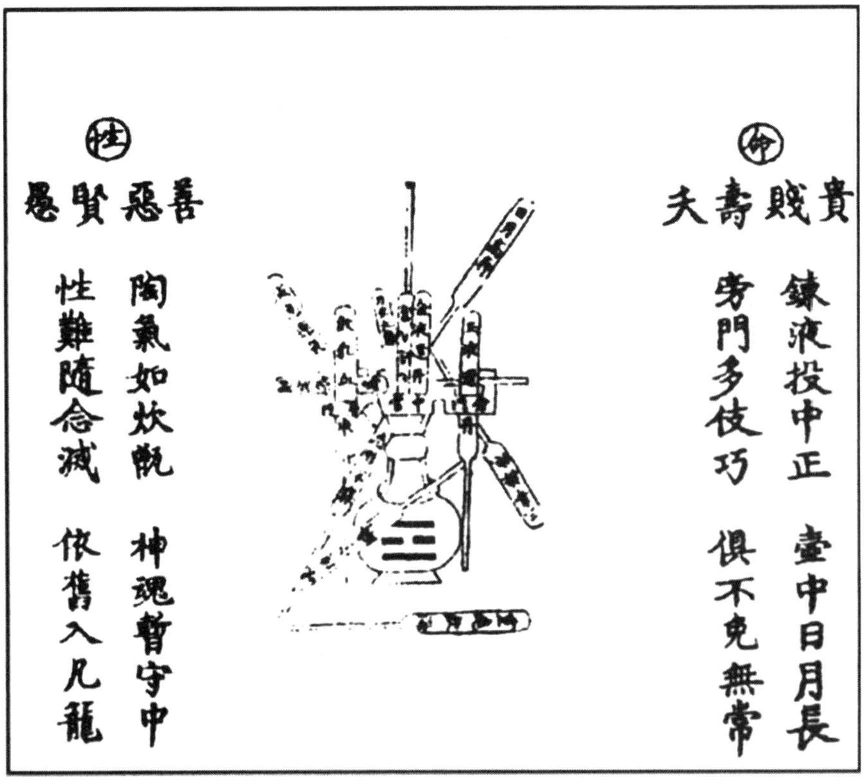

图 2　命性图

（《谷神篇》）

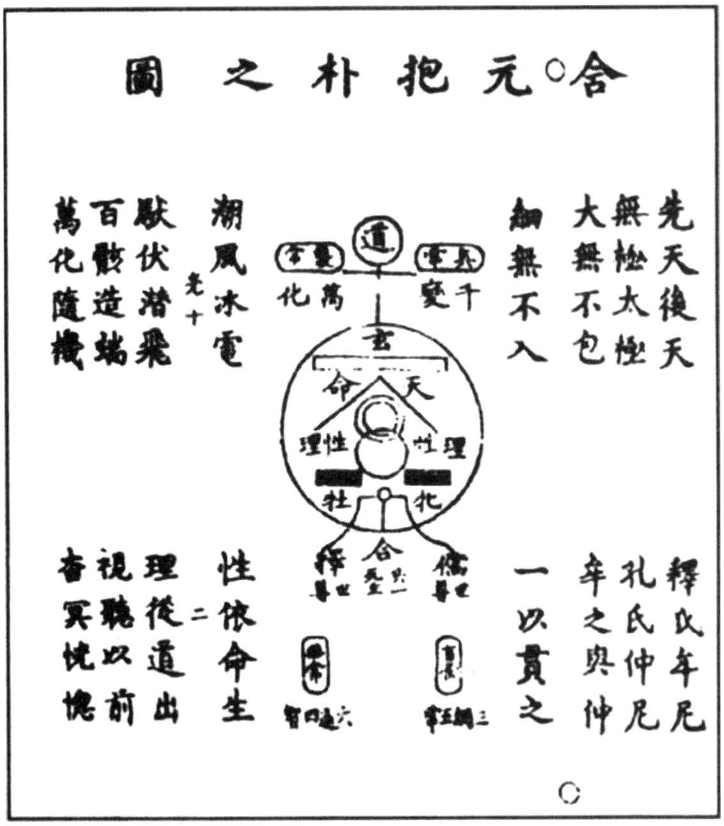

图 3　含元抱朴之图

（《谷神篇》）

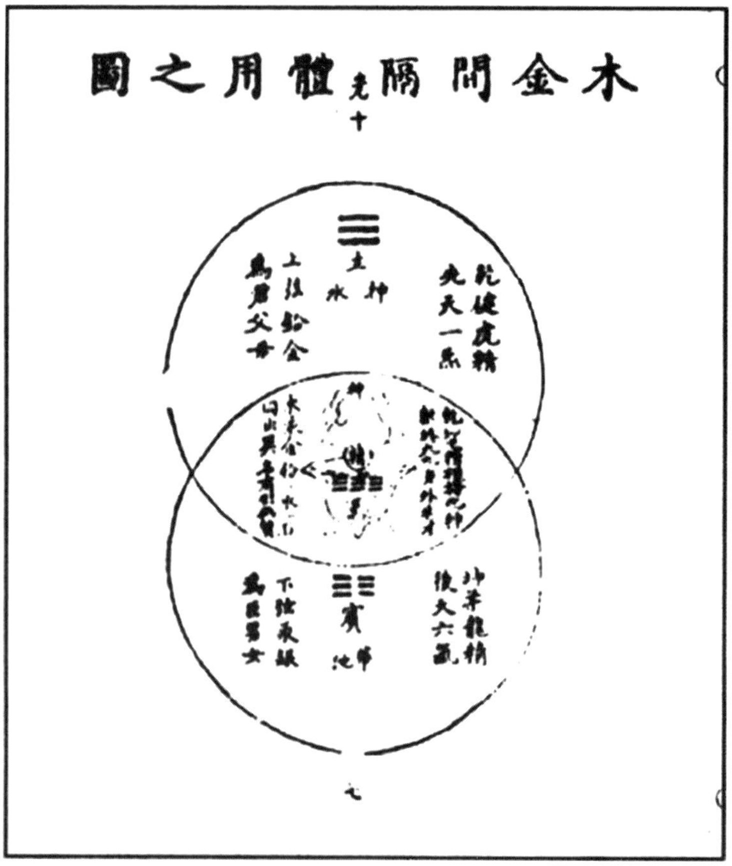

图 4　木金间隔体用之图
(《谷神篇》)

上乘修真三要

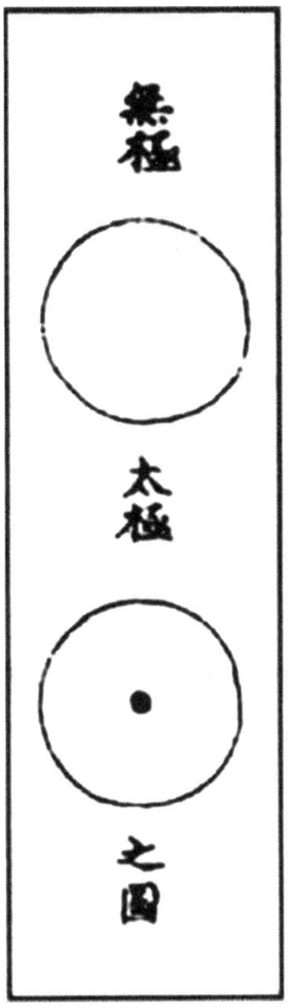

图 1　无极太极图
（《上乘修真三要》）

图 2　乾坤阴阳升降图
（《上乘修真三要》）

图 3　乾坤体用之图
（《上乘修真三要》）

图 4　乾坤三元真水火图
（《上乘修真三要》）

三极至命筌蹄

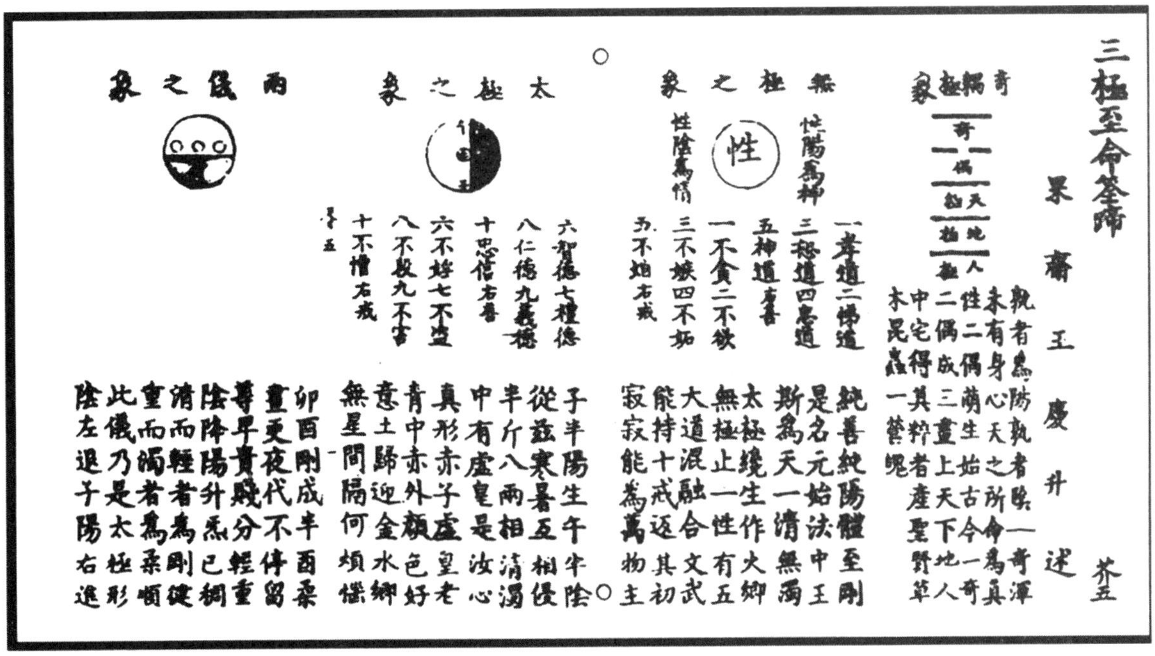

图 1-1　三极八卦九宫图
（《三极至命筌蹄》）

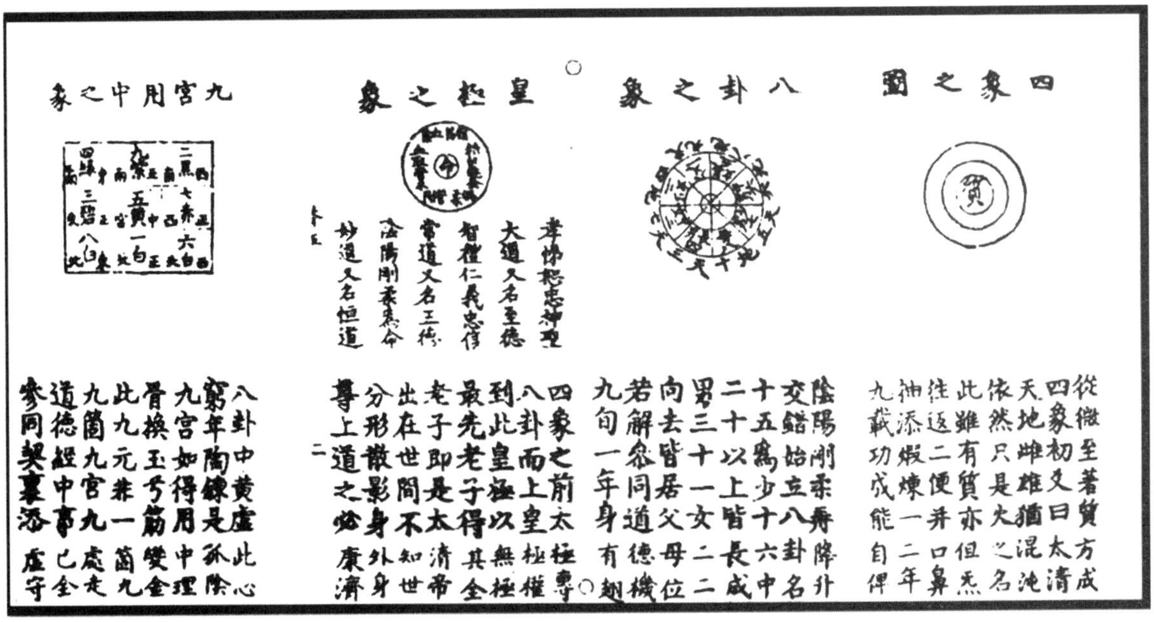

图 1-2　三极八卦九宫图
（《三极至命筌蹄》）

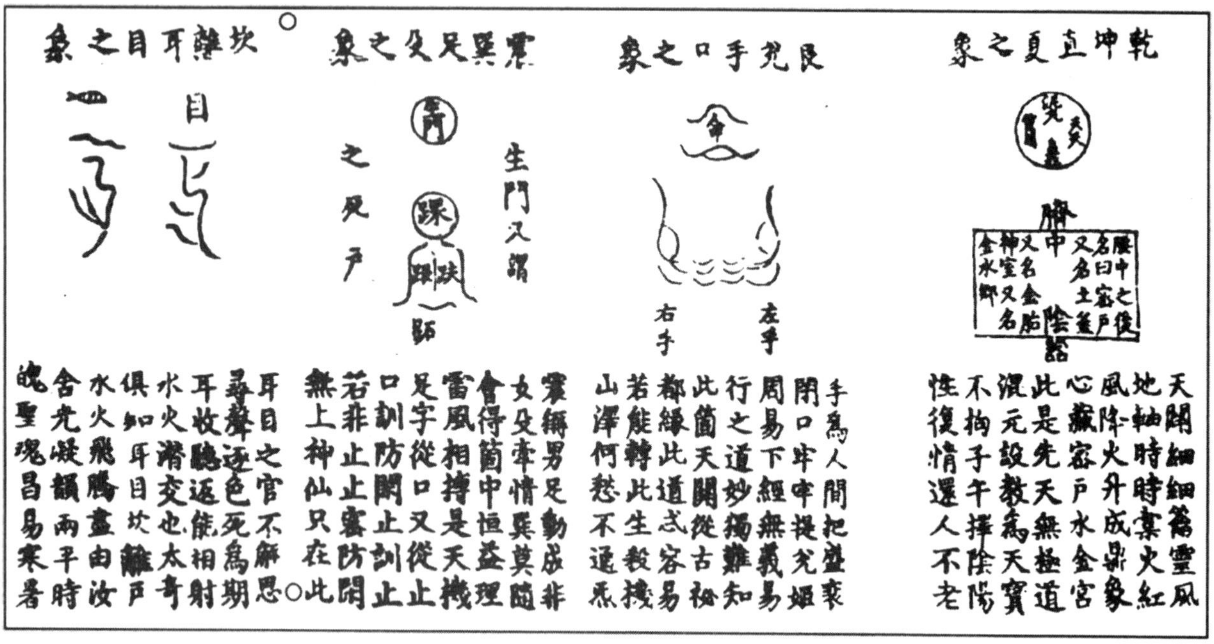

图 2　八卦八象身体图

（《三极至命筌蹄》）

清微丹诀

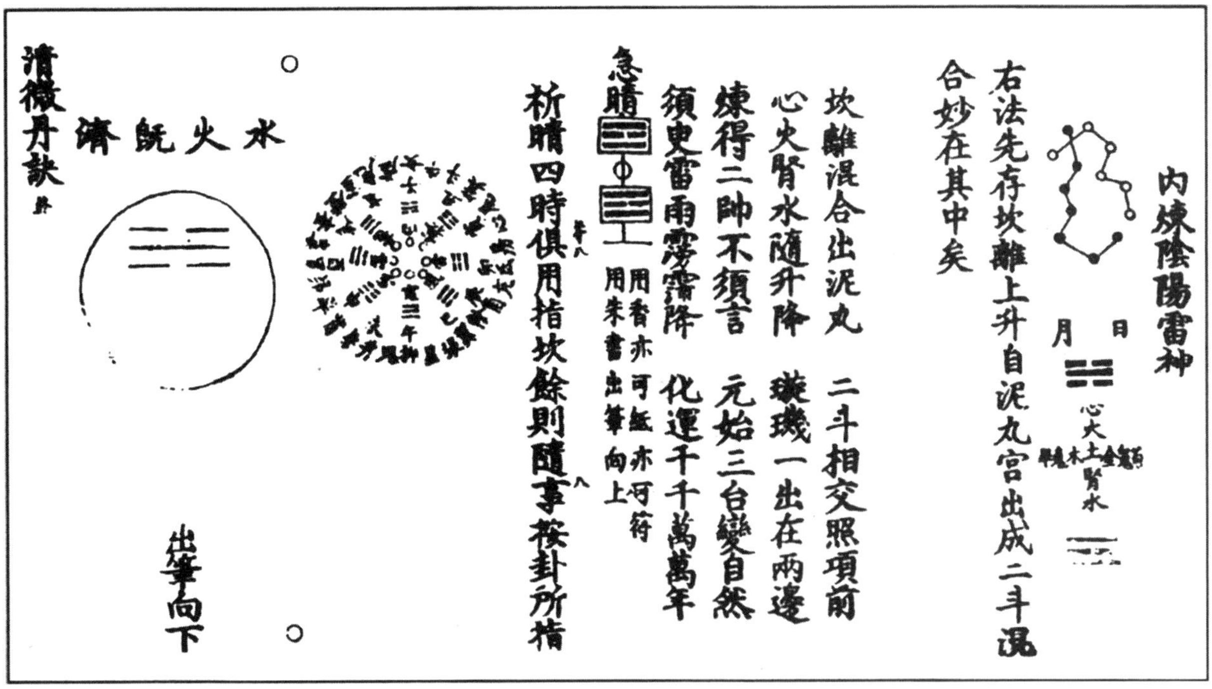
内煉陰陽雷神
月　日
右法先存坎離上升自泥丸宫出成二斗混
合妙在其中矣
坎離混合出泥丸　二斗相交照項前
心火腎水隨升降　璇璣一出在兩邊
煉得二帥不須言　元始三台變自然
須臾雷雨霶霈降　化運千千萬萬年
急晴
用香亦可紙亦可符
用朱書出筆向上
祈晴四時俱用指坎餘則隨事按卦所指
水火既濟
清微丹訣
出筆向下

图 1　内炼祈雨祈晴图

(《清微丹诀》)

黄帝宅经

生不死之術盡矣
金蟬脫殼
天仙之圖
離
坎
日
月
口訣曰凡修長生不死鍊龍虎金丹大藥之

图 1　金蝉脱壳天仙之图

（《黄帝宅经》）

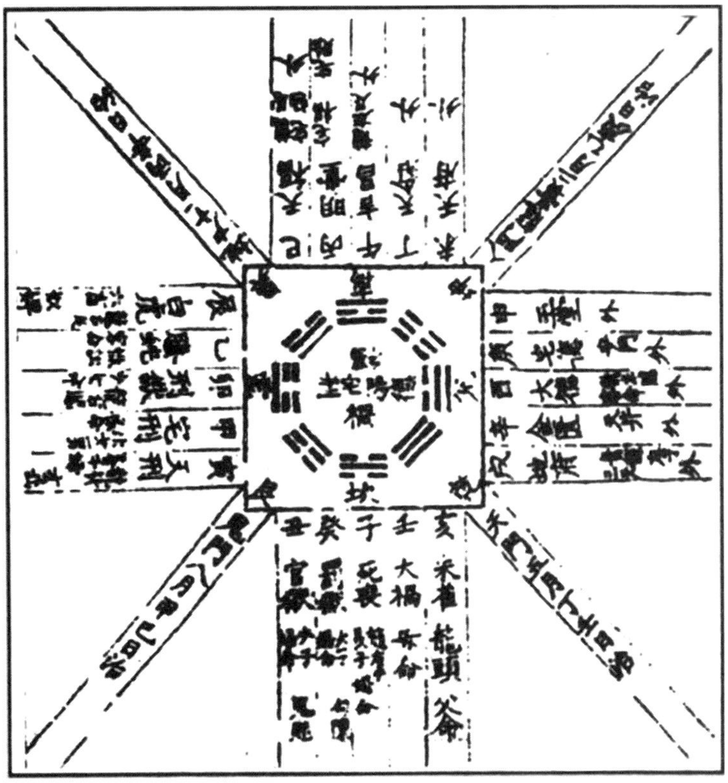

图 2-1　修建祈禳二图
（《黄帝宅经》）

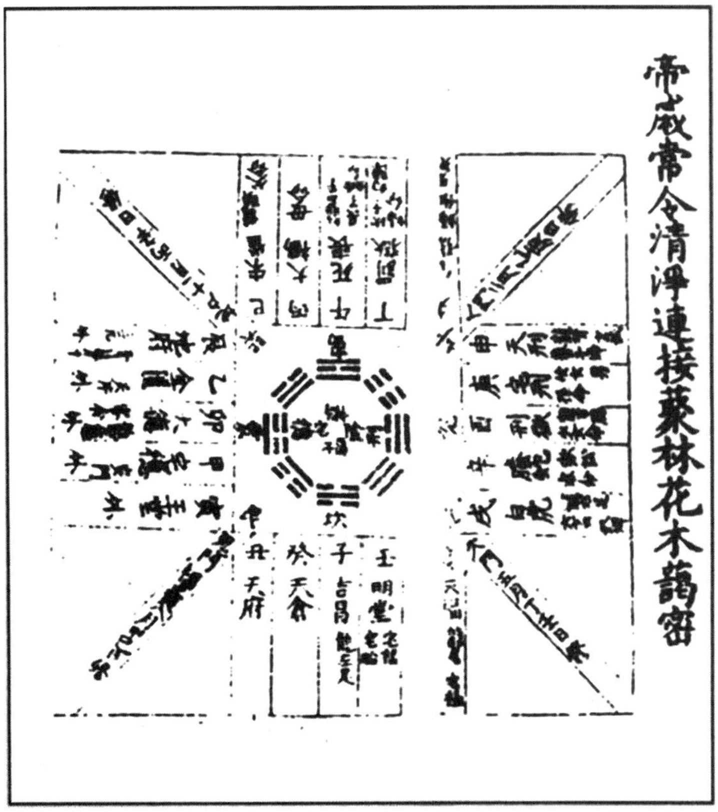

图 2-2　修建祈禳二图
（《黄帝宅经》）

上方大洞真元阴阳陟降图书后解

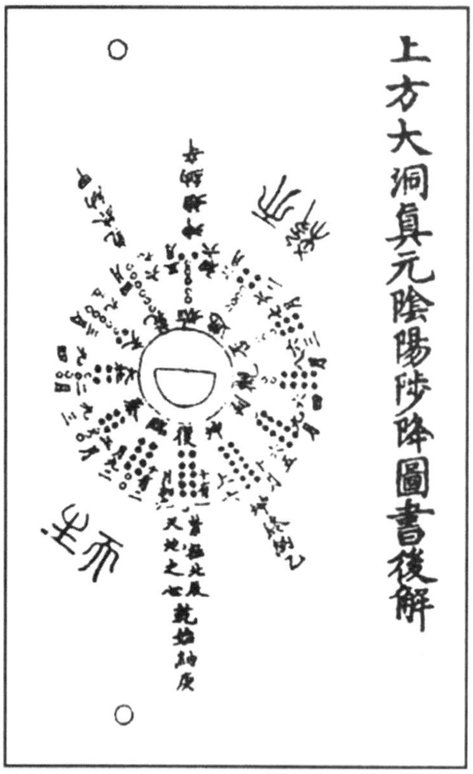

图1　上方大洞真元阴阳陟降图
（《上方大洞真元阴阳陟降图书后解》）

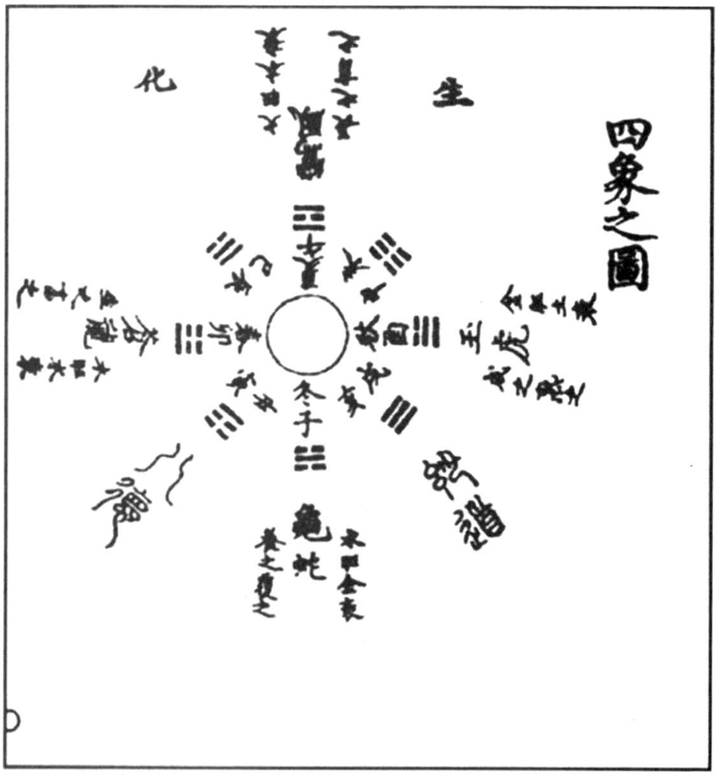

图2　四象之图
（《上方大洞真元阴阳陟降图书后解》）

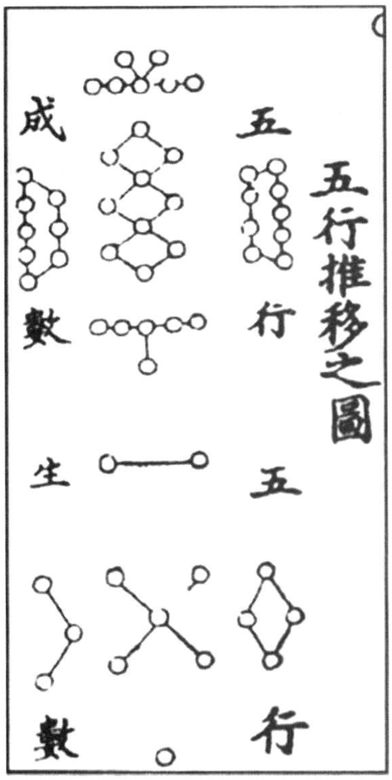

图 3　五行推移之图

（《上方大洞真元阴阳陟降图书后解》）

图 4　八卦六变之图

（《上方大洞真元阴阳陟降图书后解》）

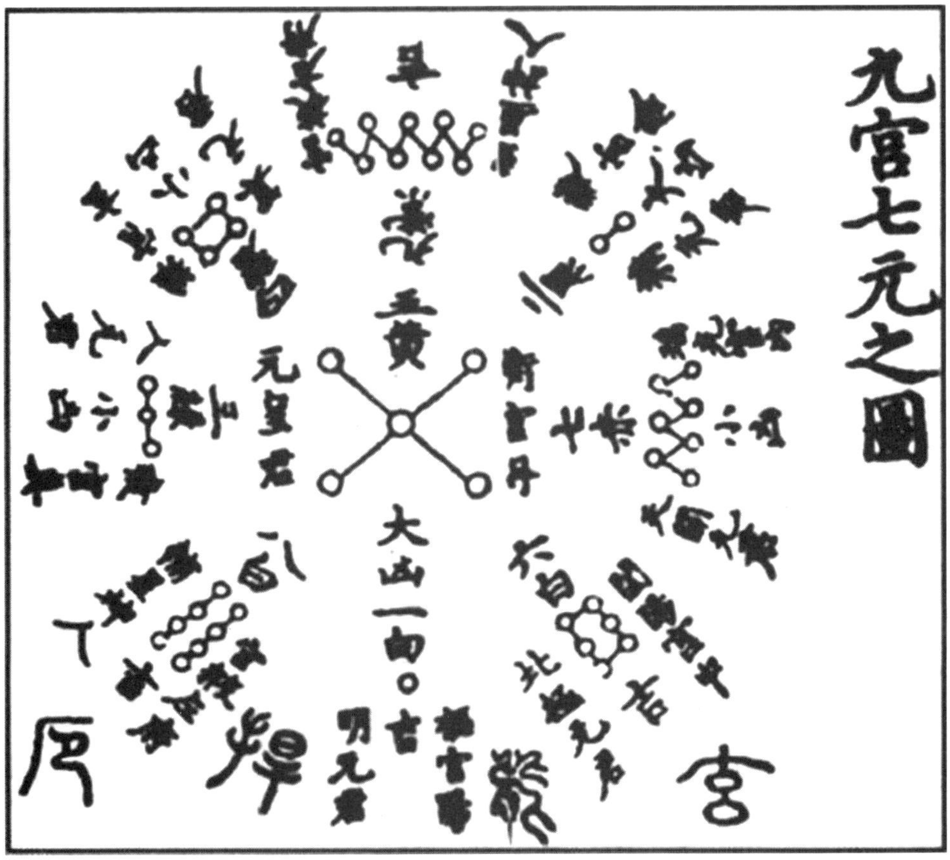

图 5　九宫七元之图

（《上方大洞真元阴阳陟降图书后解》）

还真集

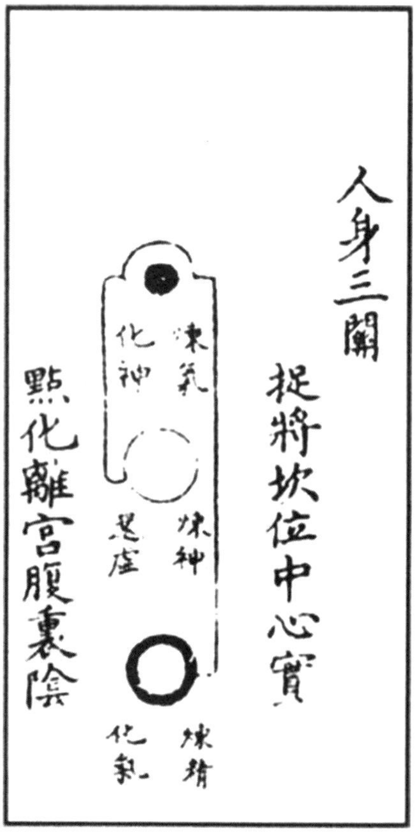

图 1　人身三关图
（《还真集》）

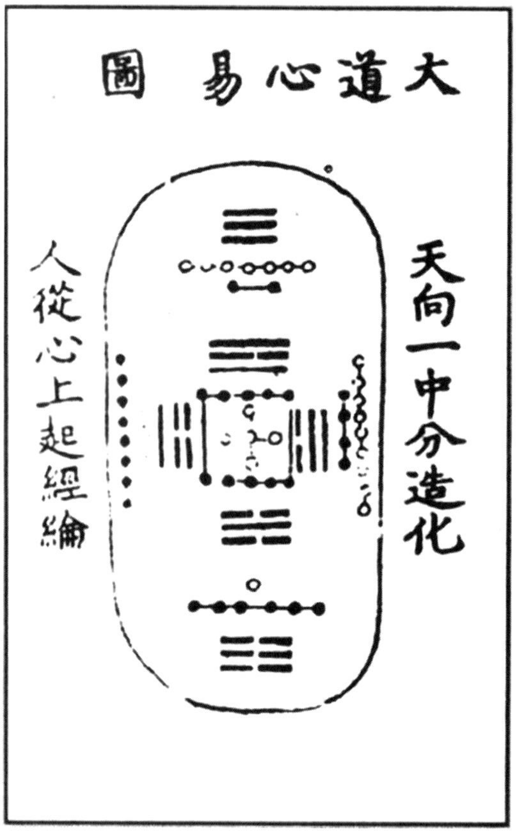

图 2　大道心易图
（《还真集》）

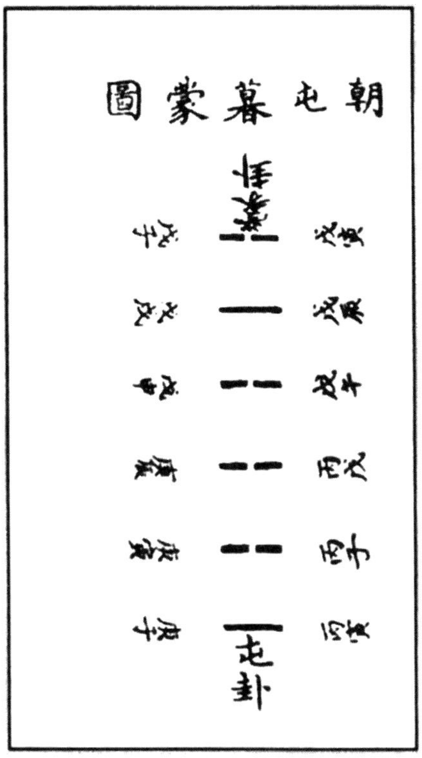

图 3　朝屯暮蒙图
（《还真集》）

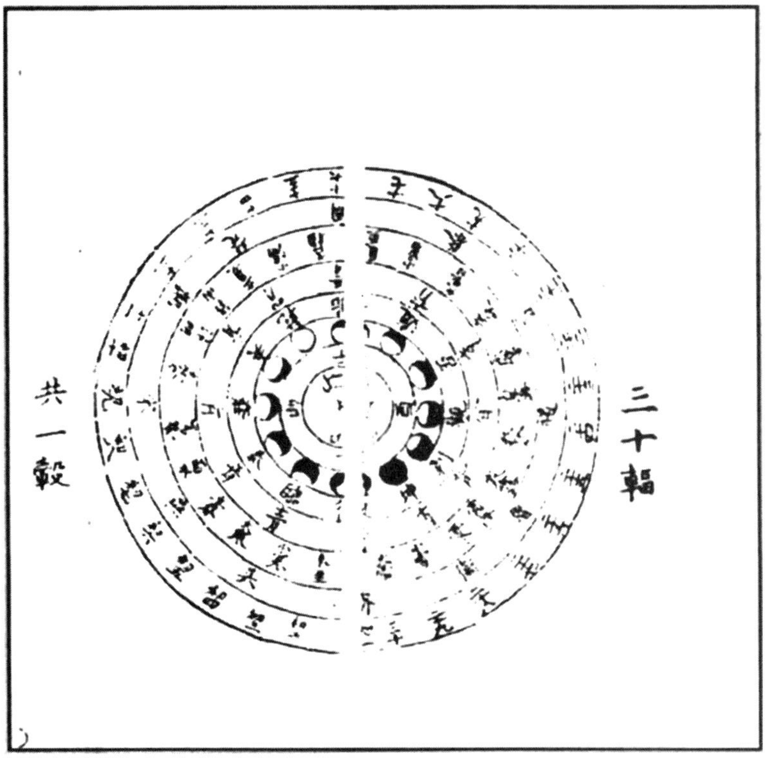

图 4　周天火候图
（《还真集》）

爱清子至命篇

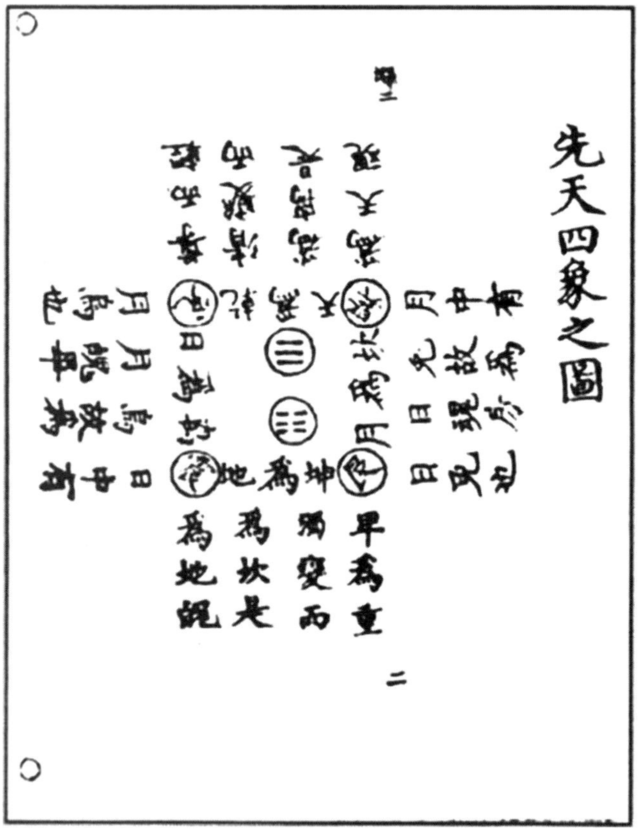

图 1　先天四象之图
（《爱清子至命篇》）

图 2　后天四象之图

（《爰清子至命篇》）

图 3　圆为阳方为阴图

（《爰清子至命篇》）

图 4　九转成功之图

（《爰清子至命篇》）

道法会元

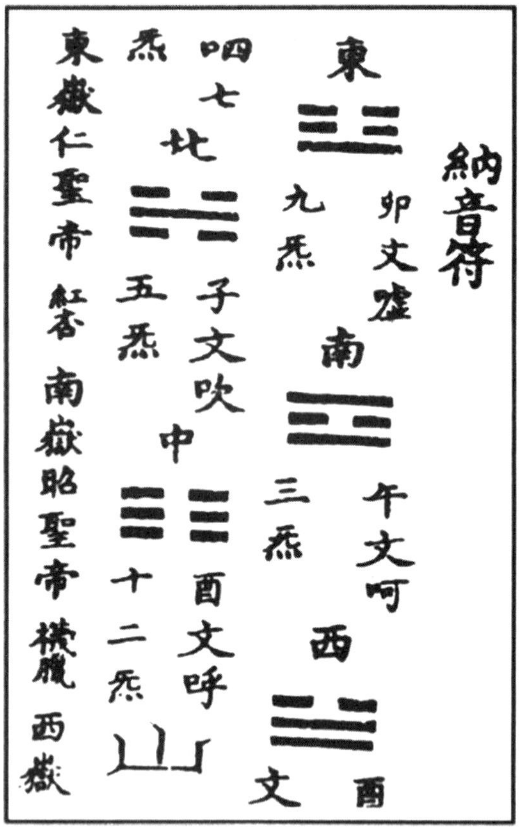

图 1　纳音符图

（《道法会元》）

图 2　召雷符图

（《道法会元》）

上清灵宝大法

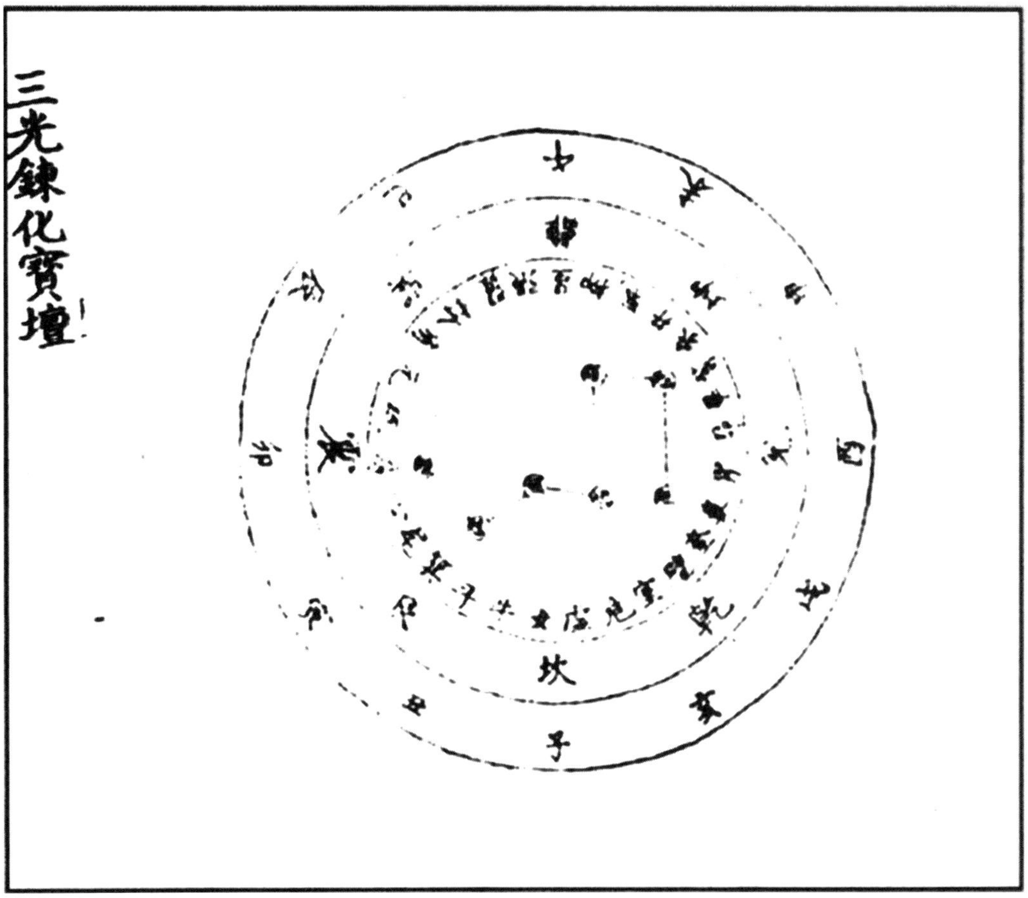

图 1　三光炼化宝坛图
（《上清灵宝大法》）

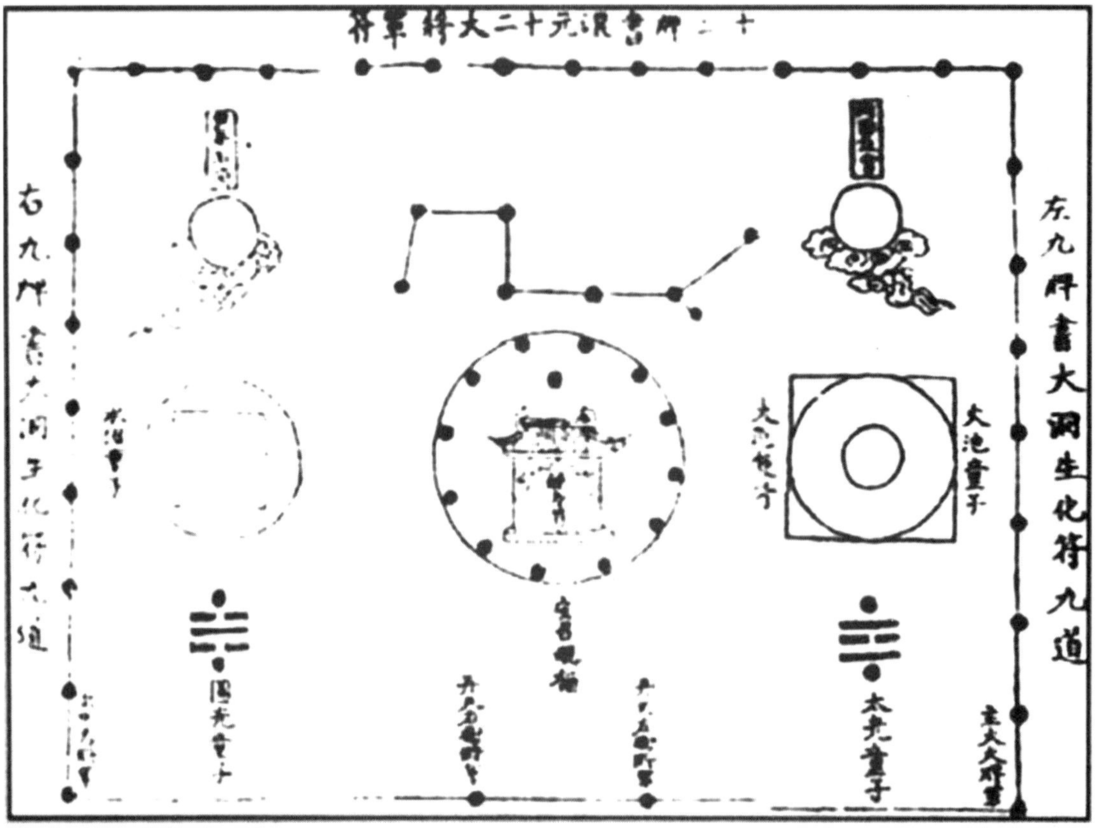

图 2　九牌书大洞生化符九道图
（《上清灵宝大法》）

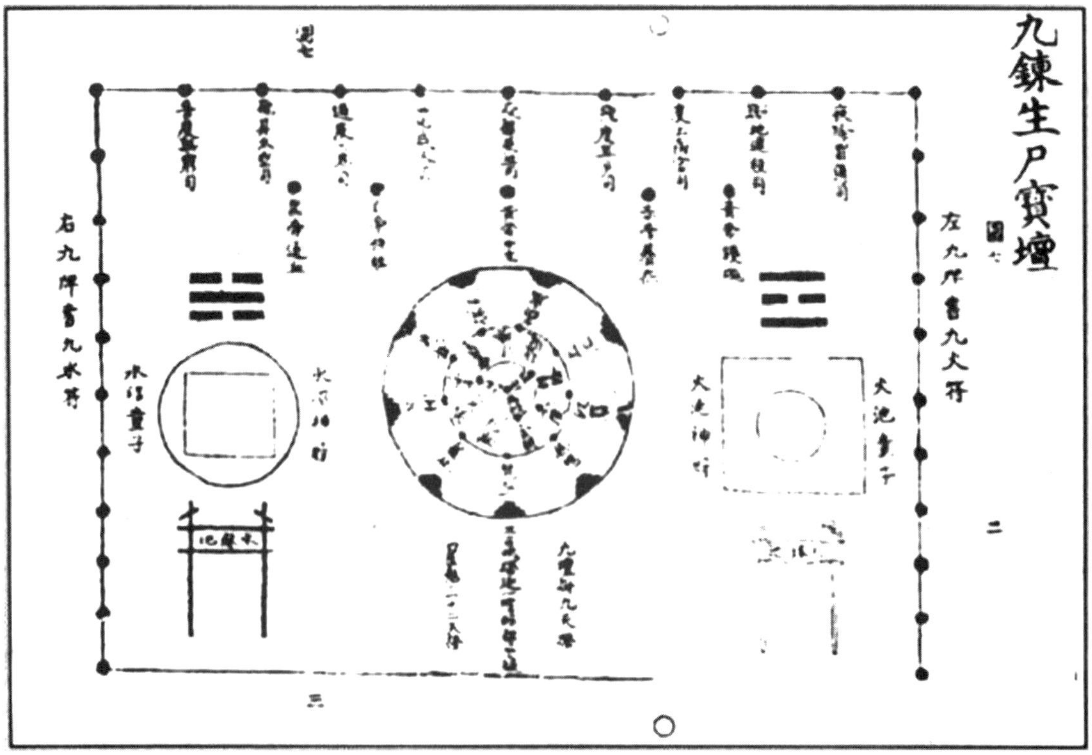

图 3　九炼生尸宝坛图
（《上清灵宝大法》）

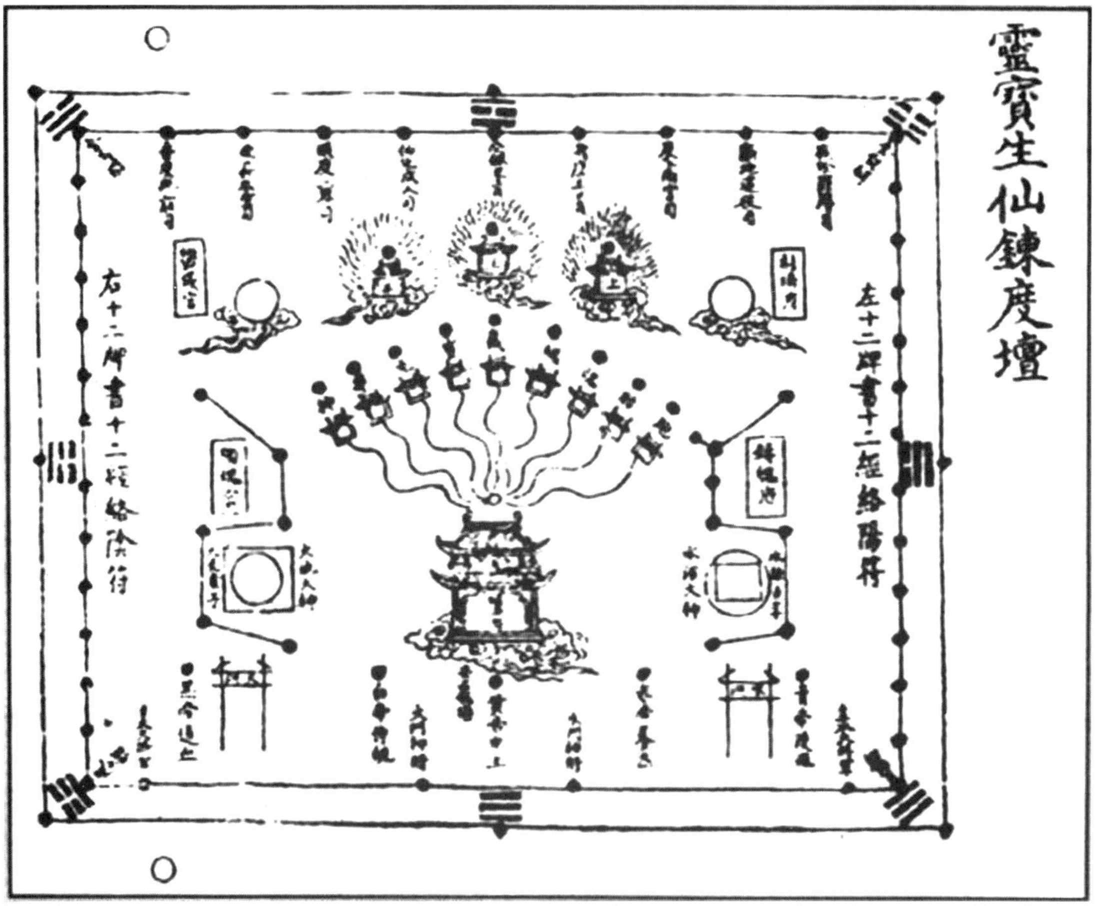

图 4　灵宝生仙炼度坛图

（《上清灵宝大法》）

全真坐钵捷法

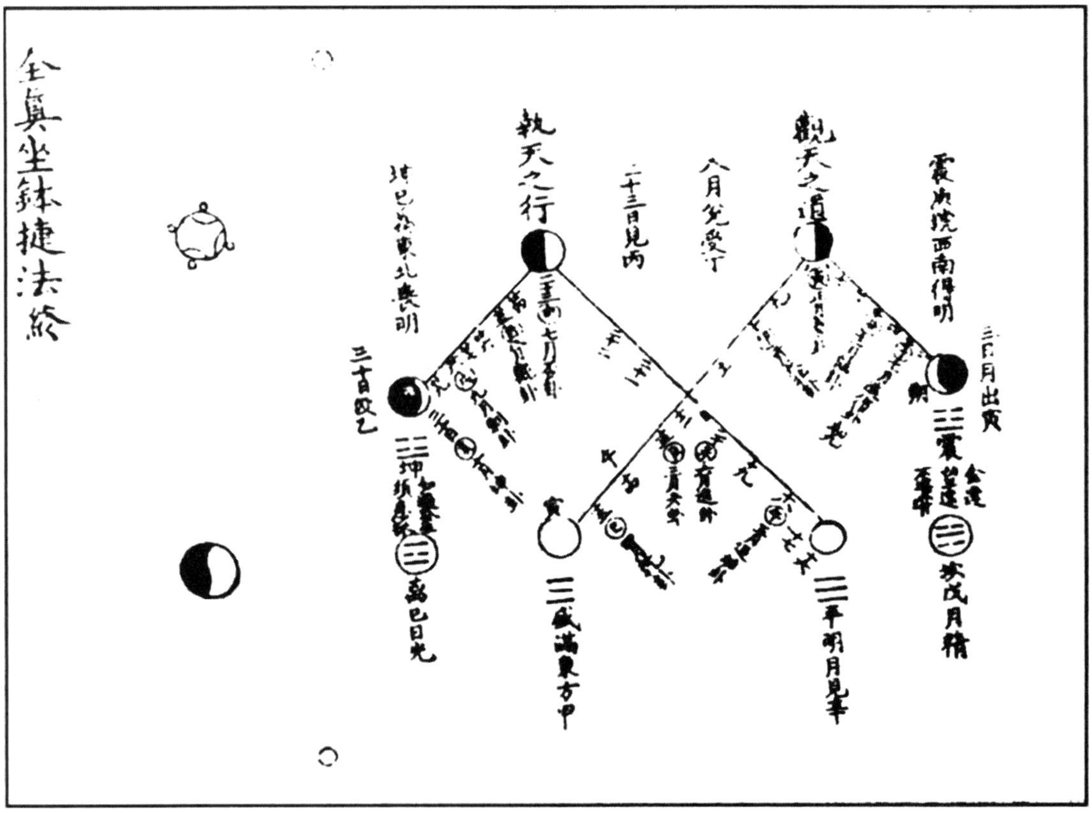

图 1　观天执天之图
（《全真坐钵捷法》）

道法宗旨图衍义

图 1　元始祖劫图
(《道法宗旨图衍义》)

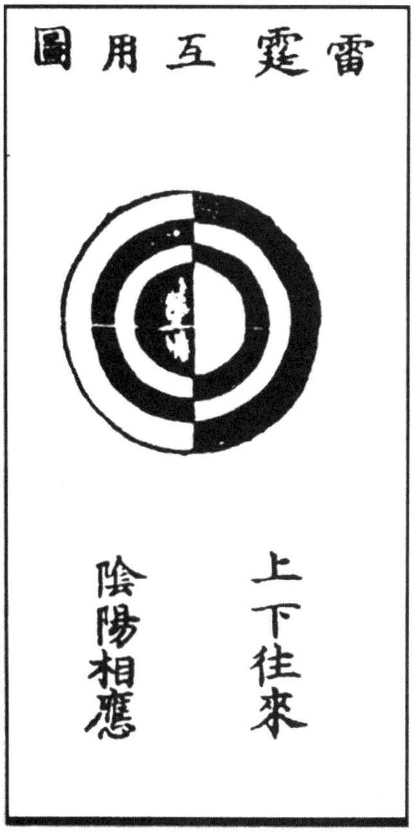

图 2　雷霆互用图
(《道法宗旨图衍义》)

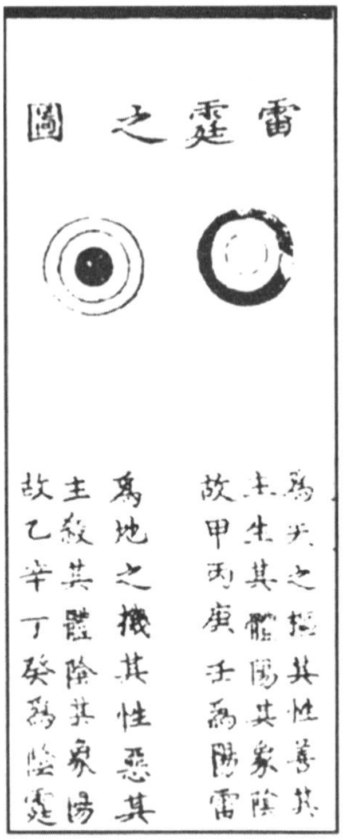

图 3　雷霆之图
（《道法宗旨图衍义》）

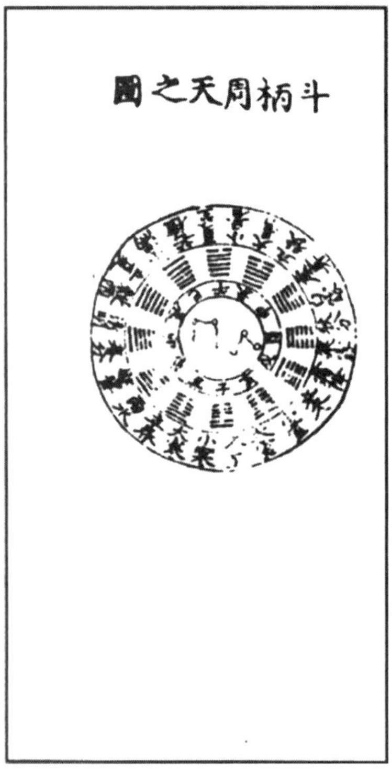

图 4　斗柄周天之图
（《道法宗旨图衍义》）

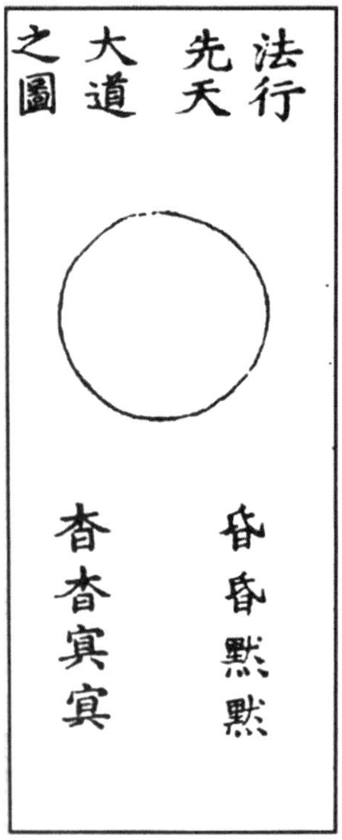

图 5　法行先天大道之图
（《道法宗旨图衍义》）

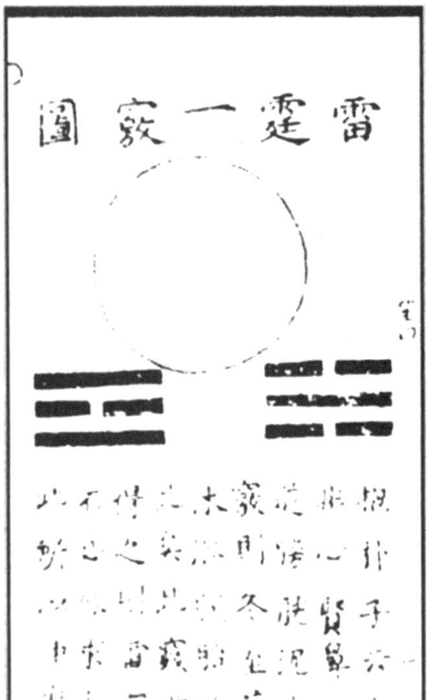

图 6　雷霆一窍图
（《道法宗旨图衍义》）

图 7　雷霆九宫图
（《道法宗旨图衍义》）

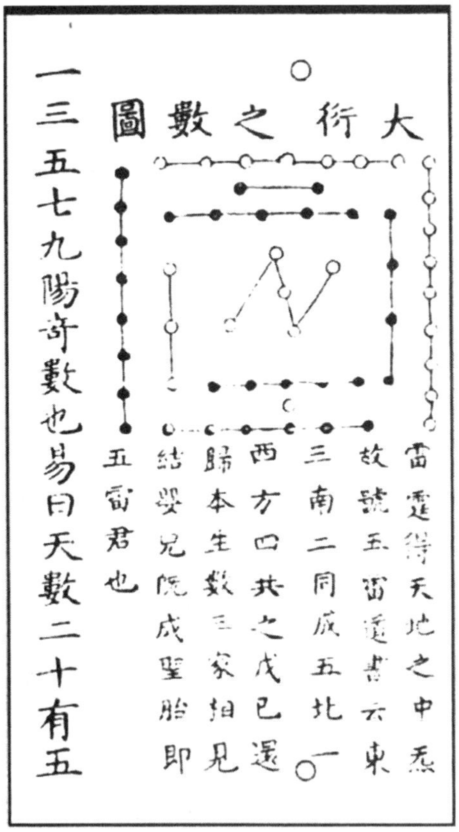
大衍之數圖
雷霆得天地之中炁故號五雷霆書云東三南二同成五北一西方四共之戊己還歸本生數五家相見結嬰兒既成聖胎即五雷君也
一三五七九陽奇數也易曰天數二十有五

图 8　大衍之数图

（《道法宗旨图衍义》）

古易考原

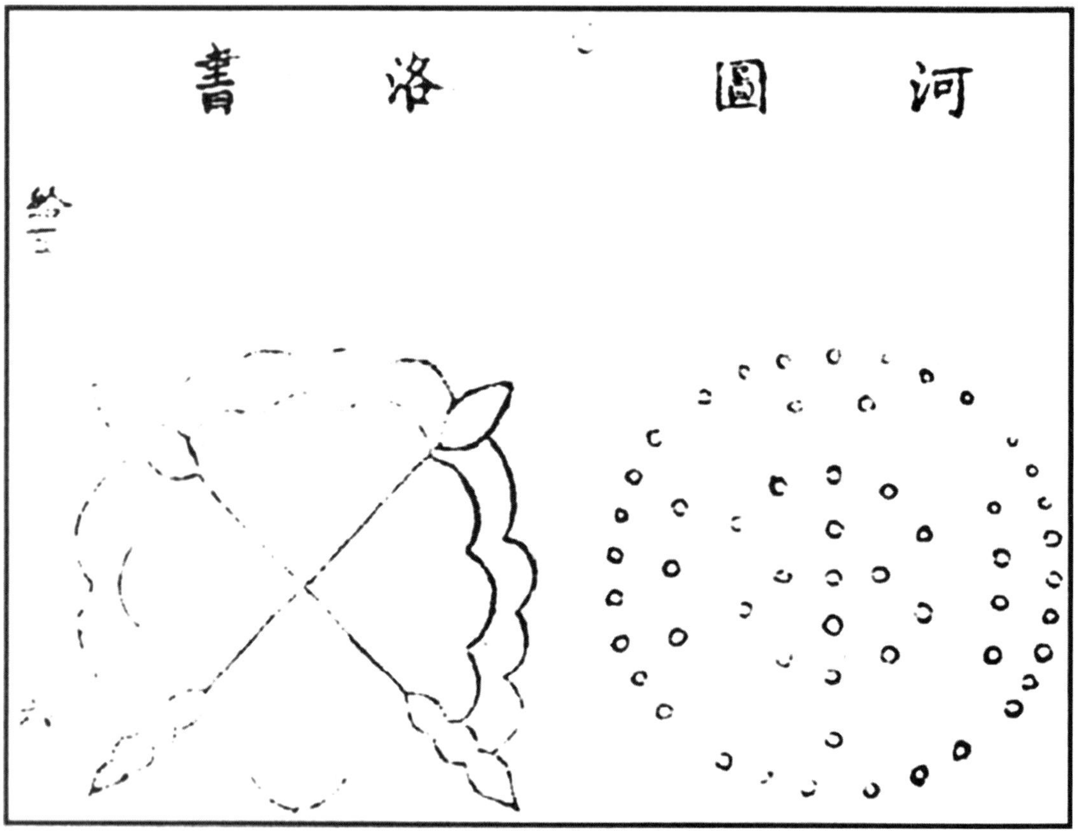

图1　河图
图2　洛书
(《古易考原》)

至道心传

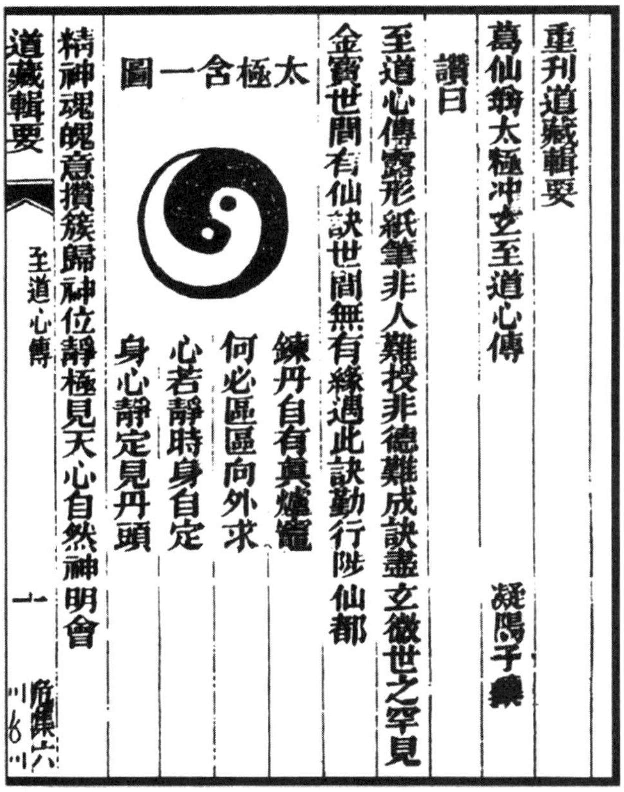
重刊道藏輯要

葛仙翁太極冲玄至道心傳　　凝陽子纂

讃曰

至道心傳露形紙筆非人難投非德難成訣盡玄微世之罕見

金寶世間有仙訣世間無有緣遇此訣勤行陟仙都

鍊丹自有真爐竈　何必區區向外求

心若靜時身自定　身心靜定見丹頭

太極含一圖

精神魂魄意攢簇歸神位靜極見天心自然神明會

道藏輯要　至道心傳　十一　危集六

图 1　太极含一图

(《至道心传》)

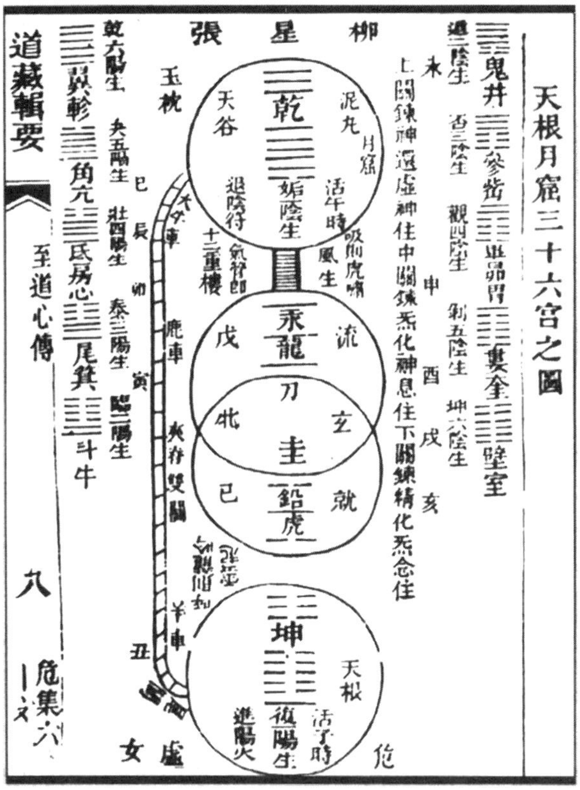

图 2　天根月窟三十六宫之图

(《至道心传》)

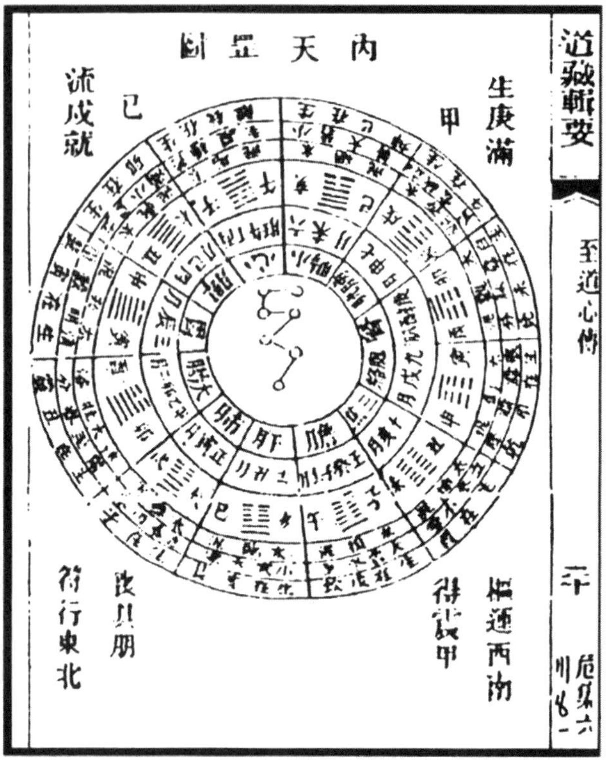

图 3　内天罡图
（《至道心传》）

易说图解

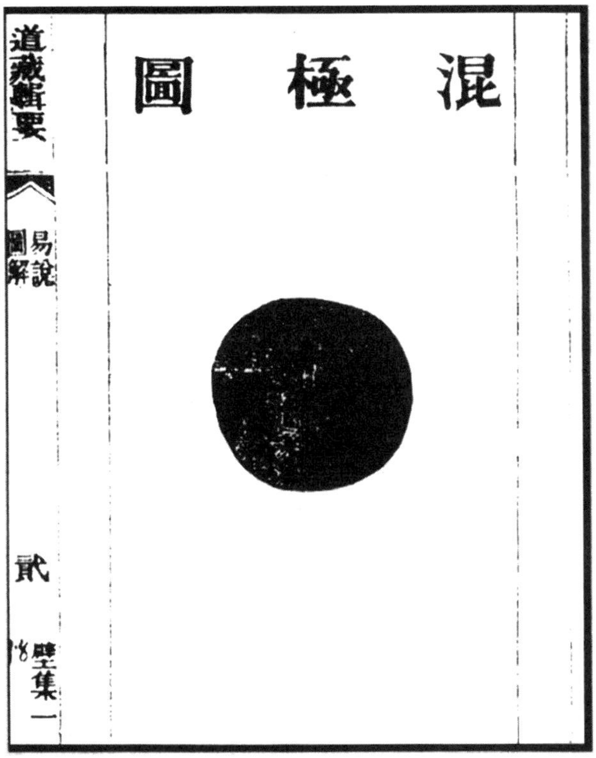

图 1　混极图
(《易说图解》)

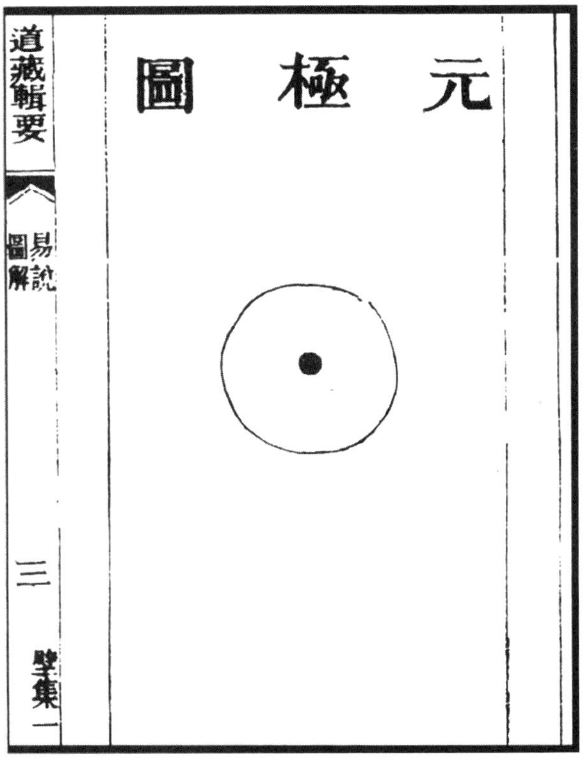

图 2　元极图
(《易说图解》)

图 3　灵极图
(《易说图解》)

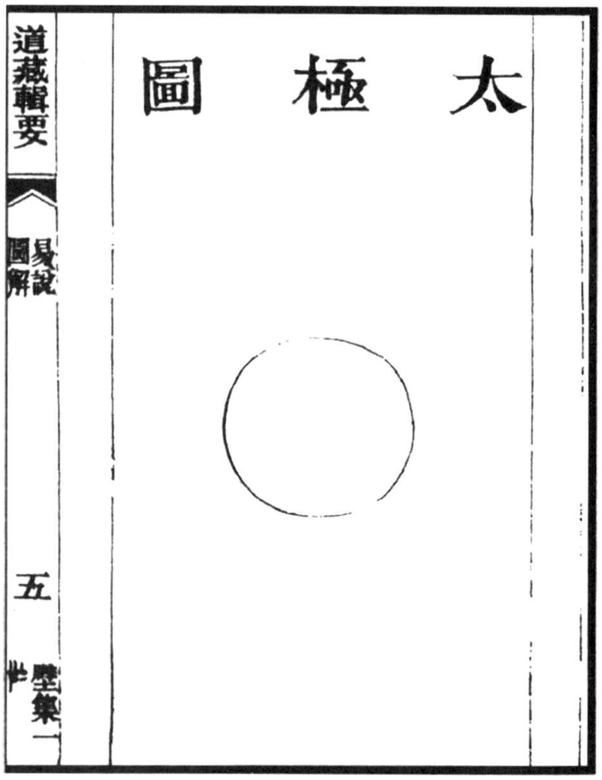

图 4　太极图
(《易说图解》)

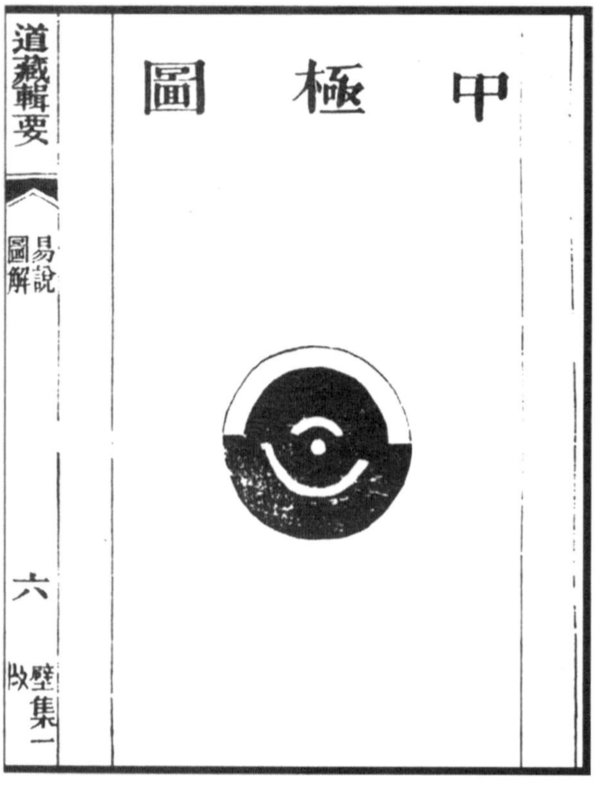

图 5　中极图
(《易说图解》)

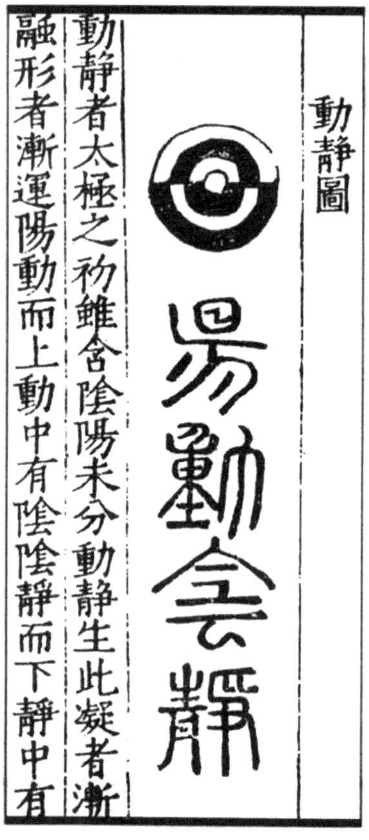

图 6　动静图
(《易说图解》)

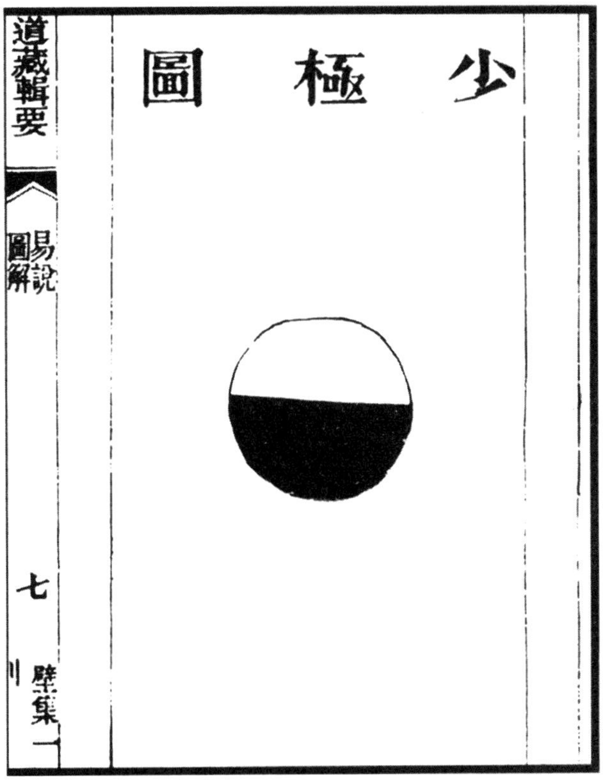

图 7　少极图
（《易说图解》）

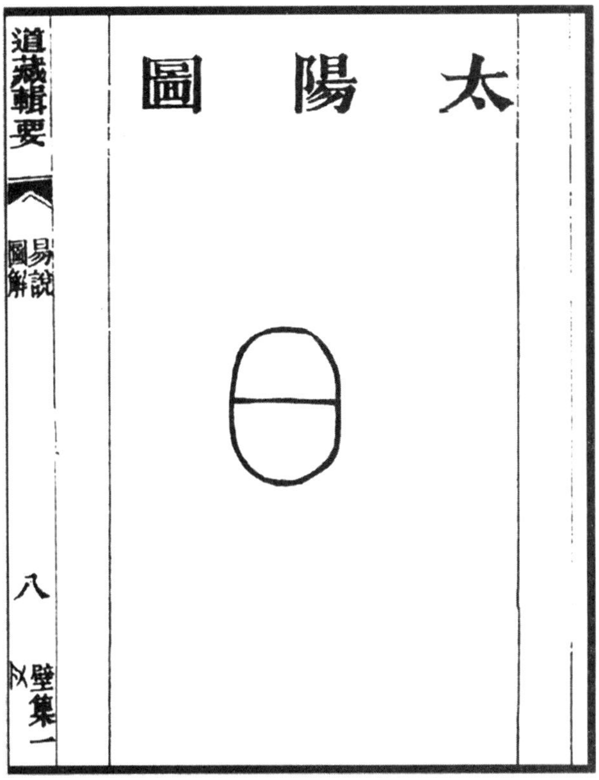

图 8　太阳图
（《易说图解》）

图 9　太阴图
（《易说图解》）

图 10　象明图
（《易说图解》）

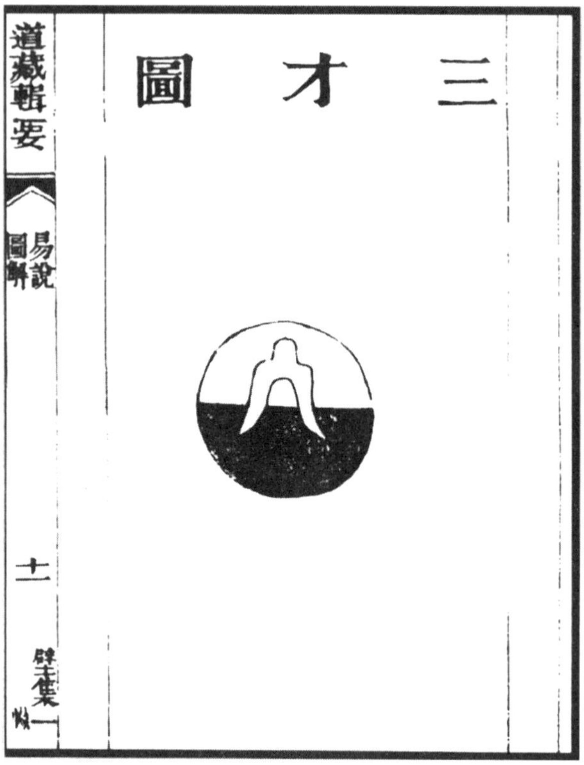

图 11　三才图
(《易说图解》)

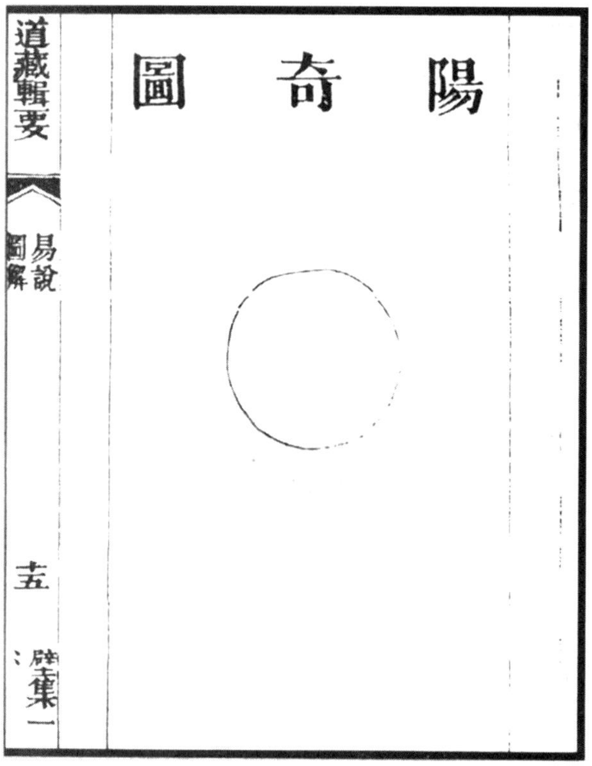

图 12　阳奇图
(《易说图解》)

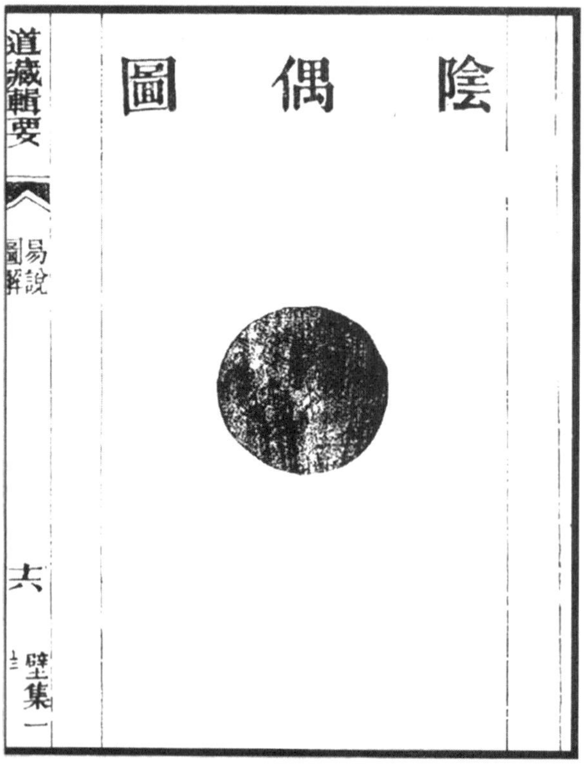

图 13　阴偶图
(《易说图解》)

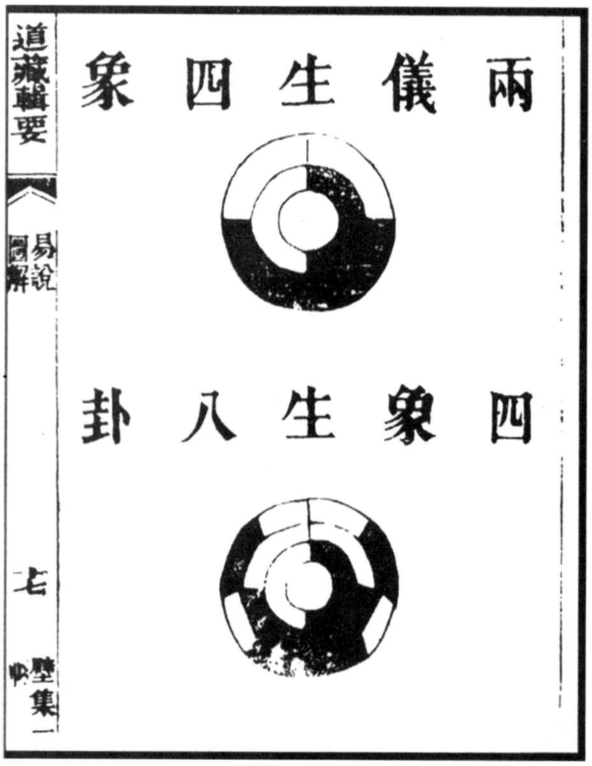

图 14　两仪生四象图
图 15　四象生八卦图
(《易说图解》)

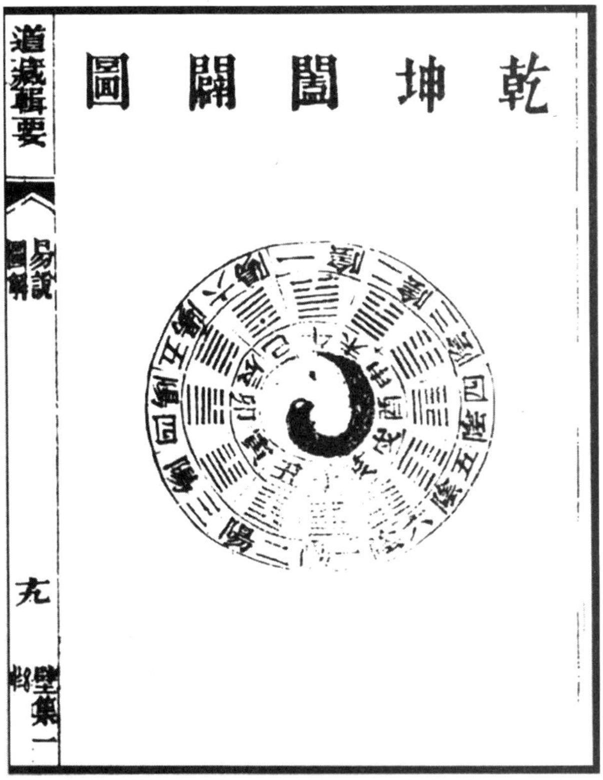

图 16　乾坤阖辟图
（《易说图解》）

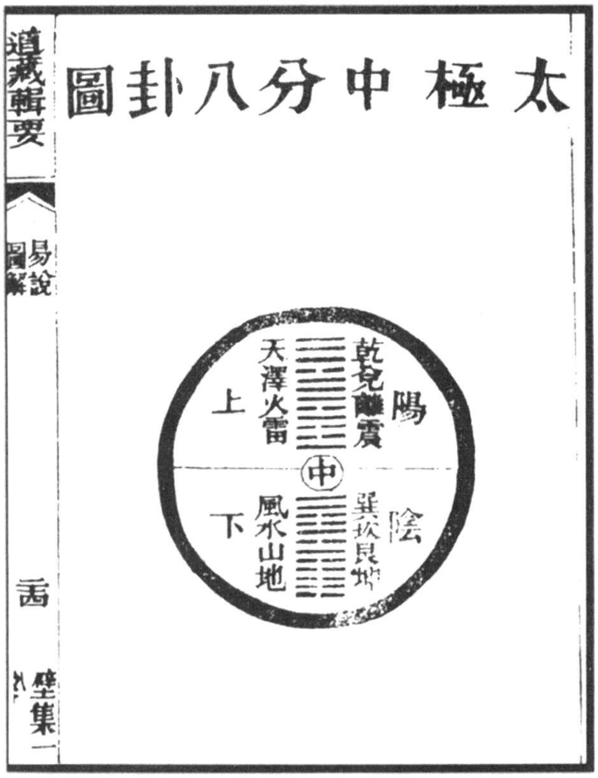

图 17　太极中分八卦图
（《易说图解》）

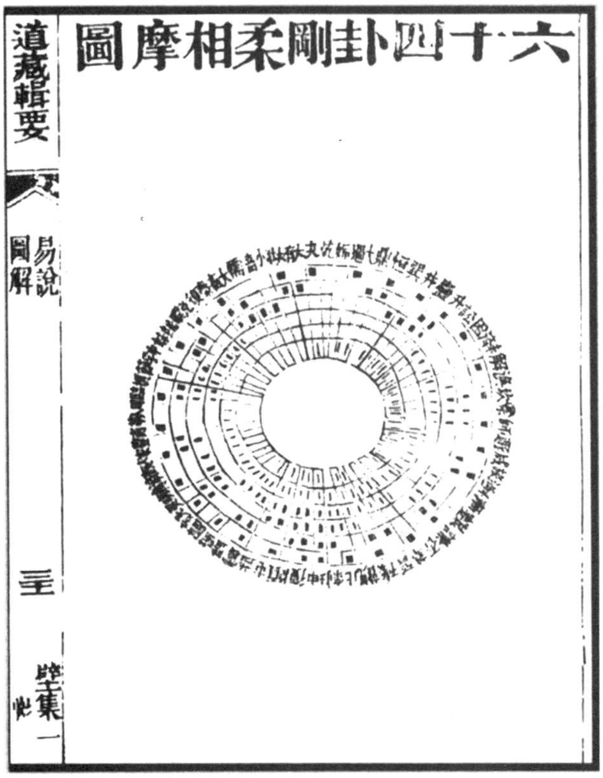

图 18　六十四卦刚柔相摩图
（《易说图解》）

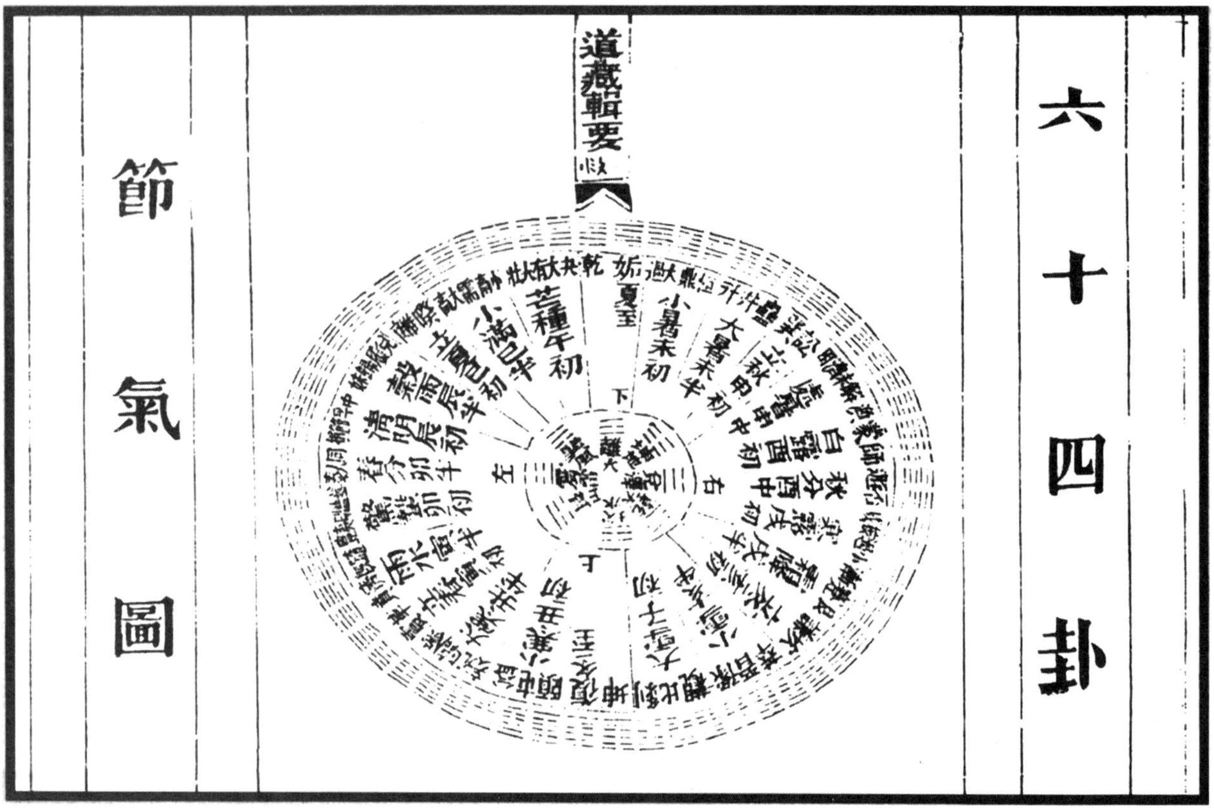

图 19　六十四卦节气图

（《易说图解》）

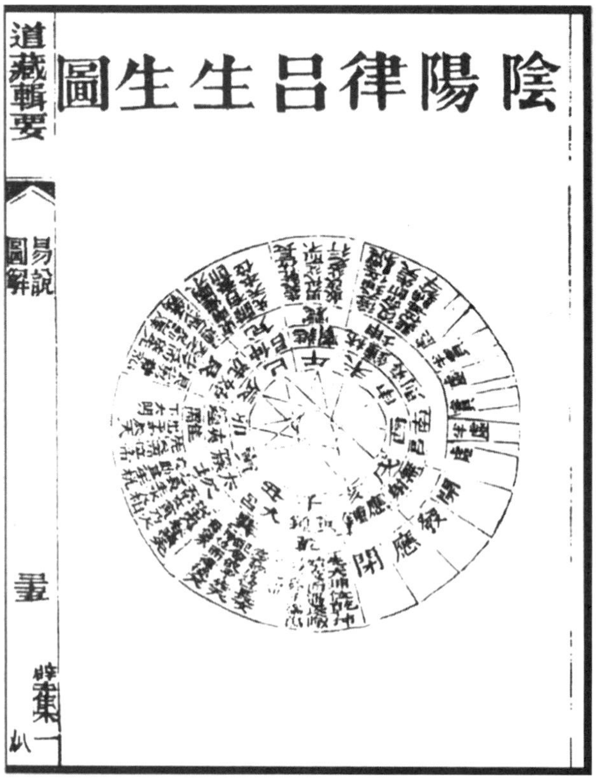

图 20　阴阳律吕生生图

（《易说图解》）

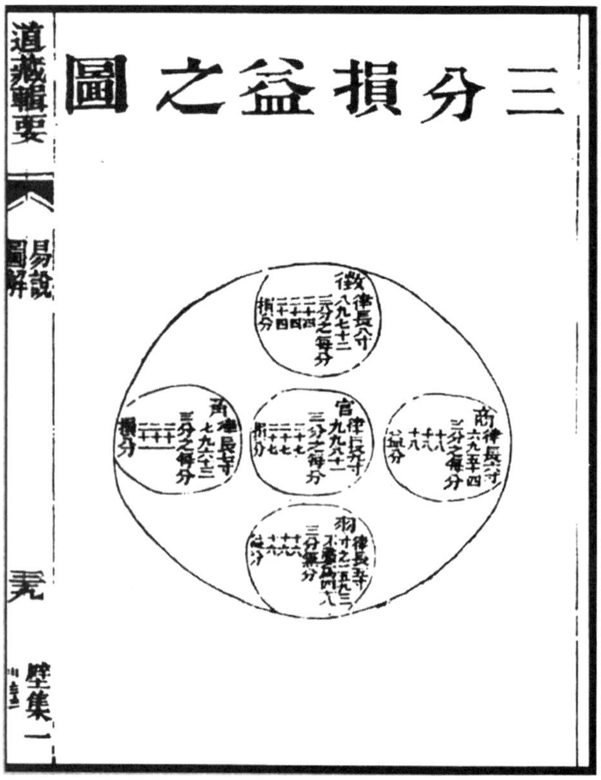

图 21　三分损益之图

（《易说图解》）

图 22　天根月窟图

（《易说图解》）

太古集

图 1　乾象图
（《太古集》）

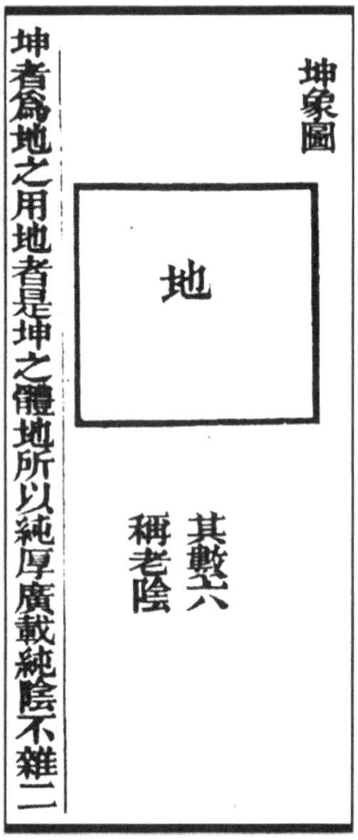

图 2　坤象图
（《太古集》）

图 3　日象图
（《太古集》）

图 4　月象图
（《太古集》）

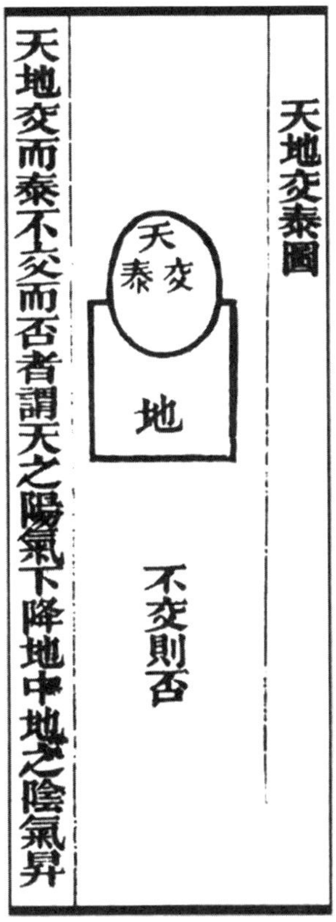

图 5　天地交泰图

(《太古集》)

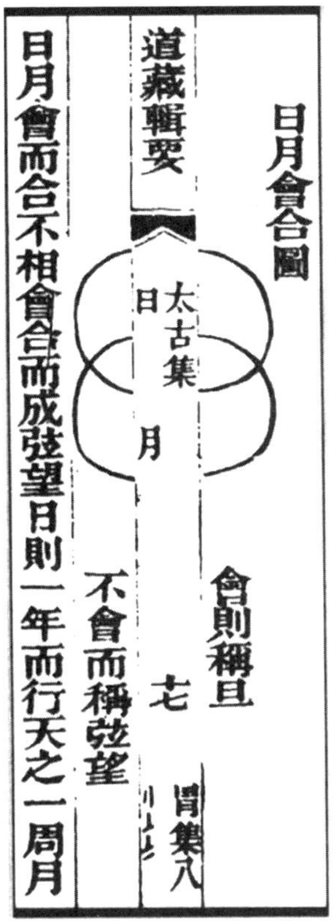

图 6　日月会合图

(《太古集》)

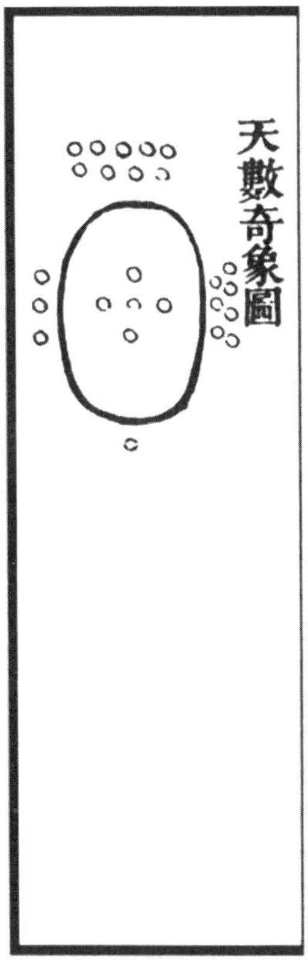

图 7　天数奇象图

(《太古集》)

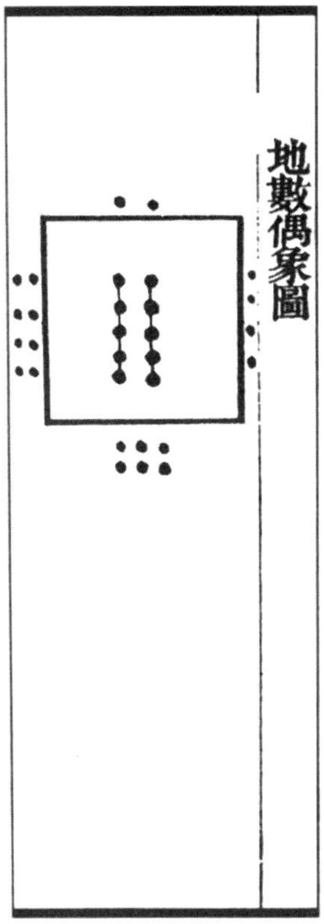

图 8　地数偶象图

(《太古集》)

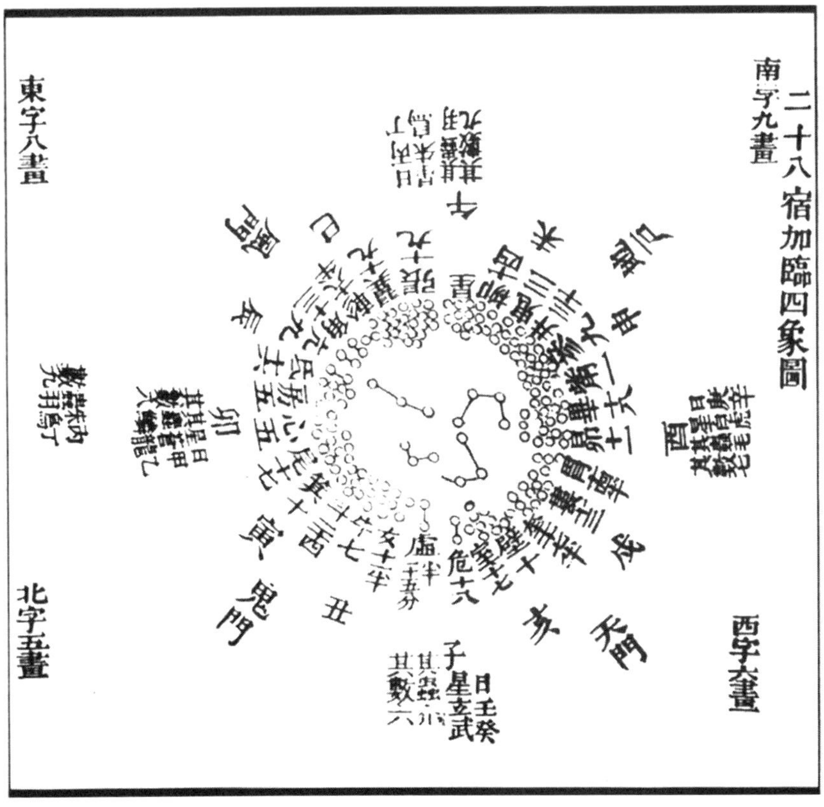

图 9　二十八宿加临四象图

(《太古集》)

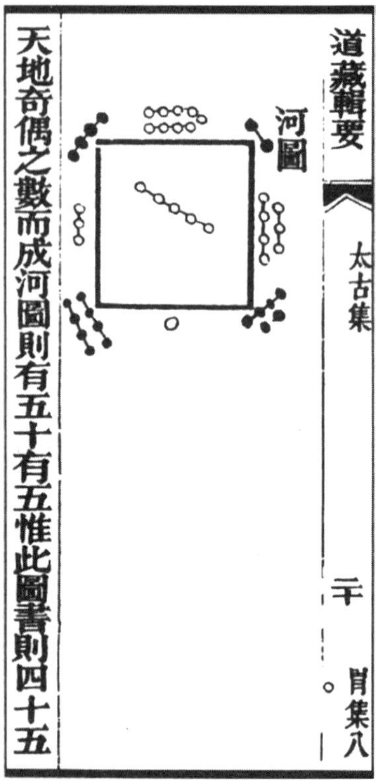

图 10　河图
(《太古集》)

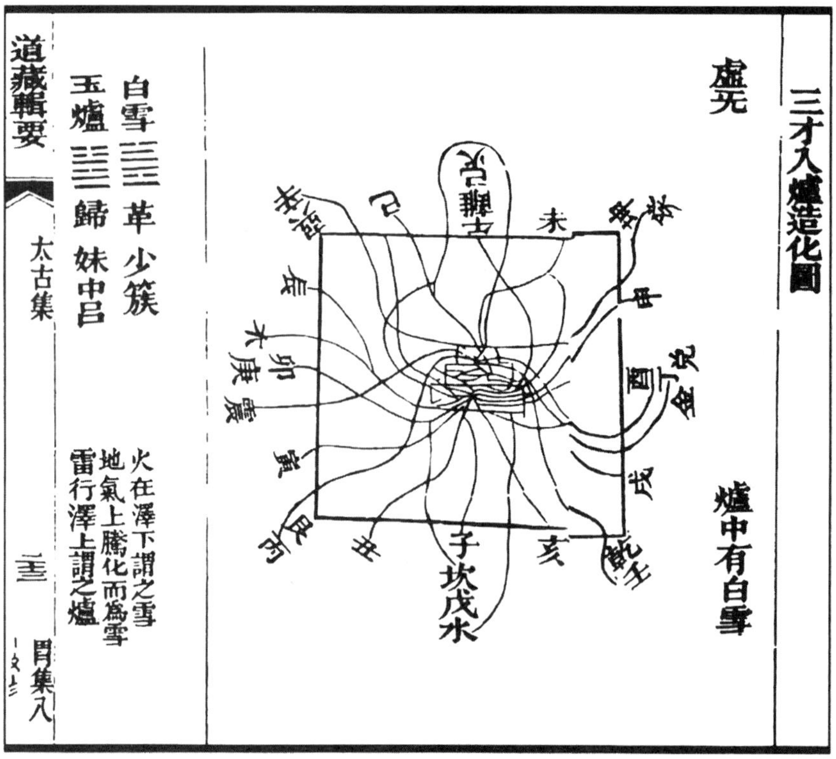

图 11　三才入炉造化图
(《太古集》)

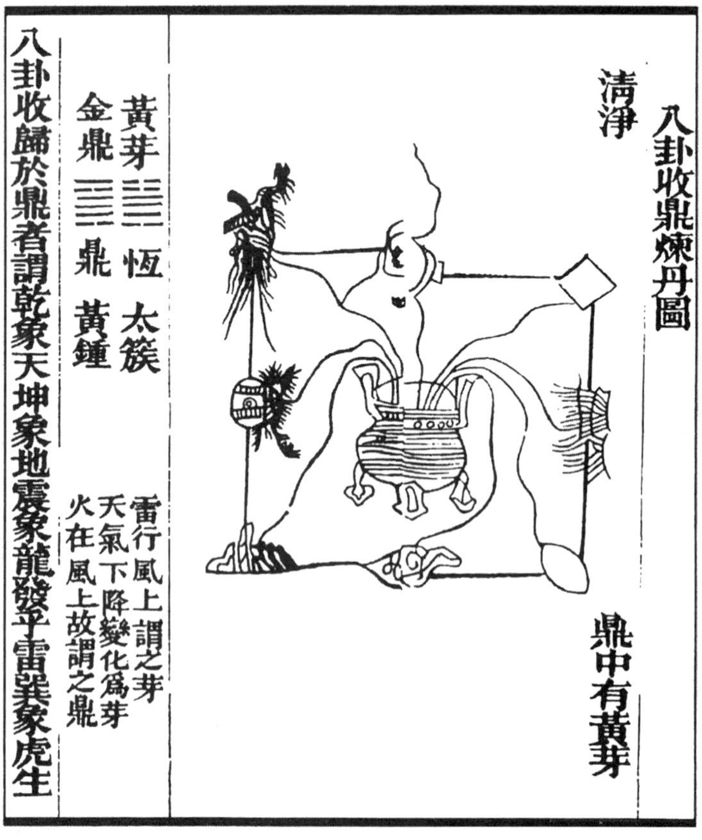

图 12　八卦收鼎炼丹图
(《太古集》)

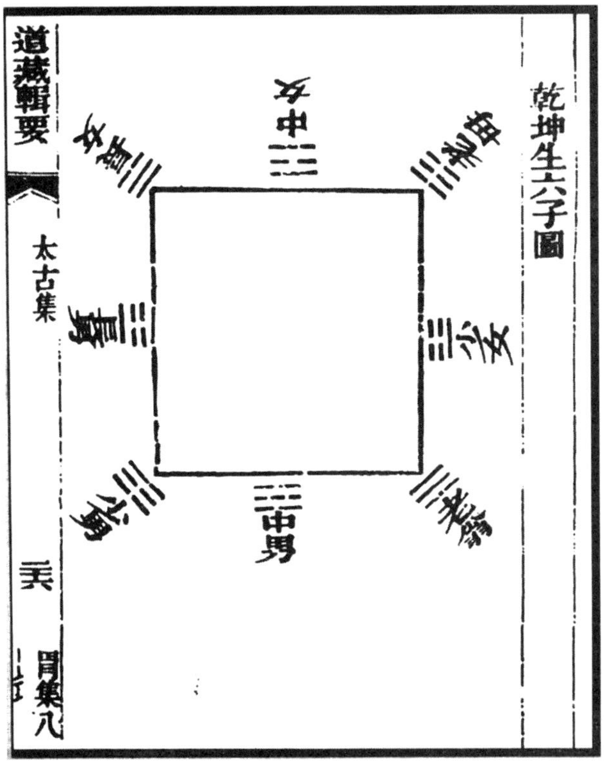

图 13　乾坤生六子图
(《太古集》)

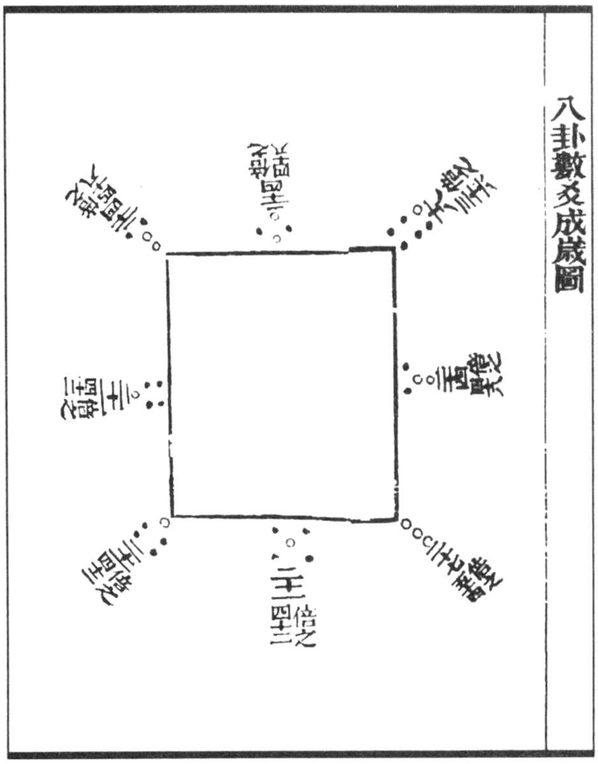

图 14　八卦数爻成岁图
(《太古集》)

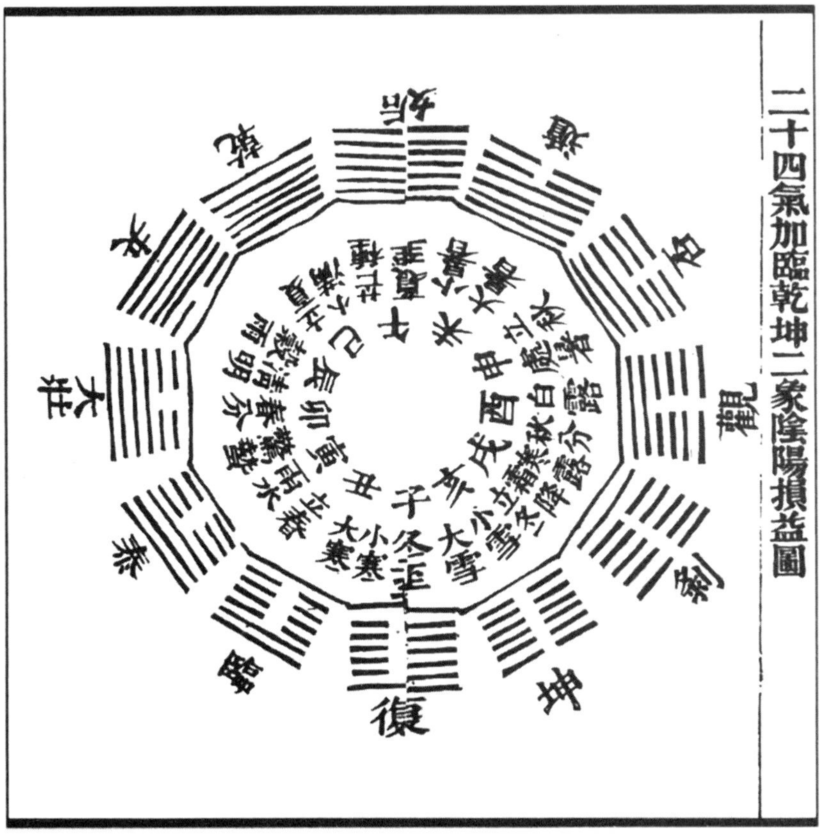

图 15　二十四气加临乾坤二象阴阳损益图
(《太古集》)

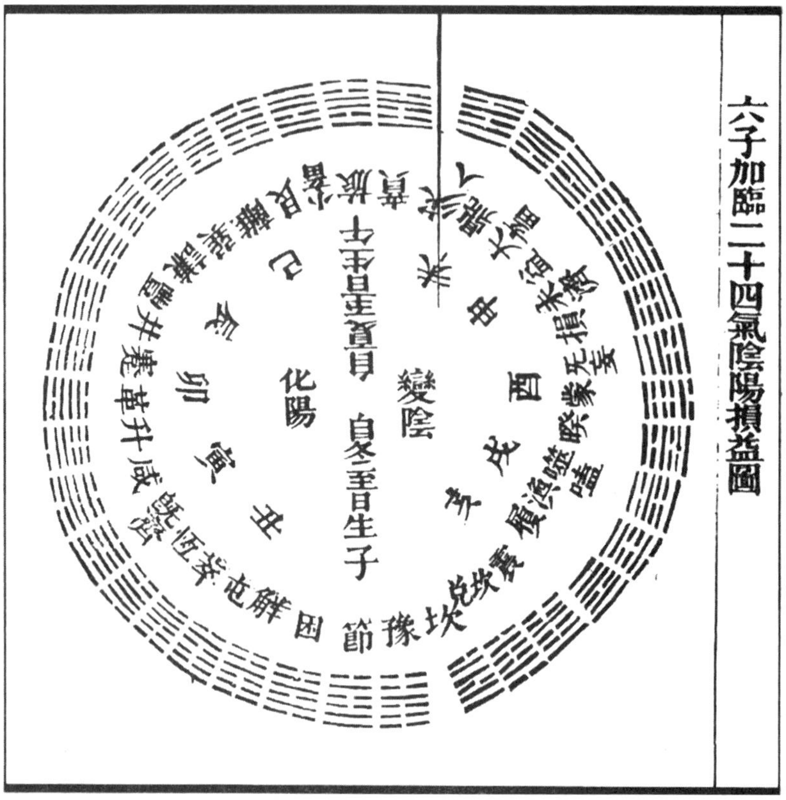

图 16　六子加临二十四气阴阳损益图

（《太古集》）

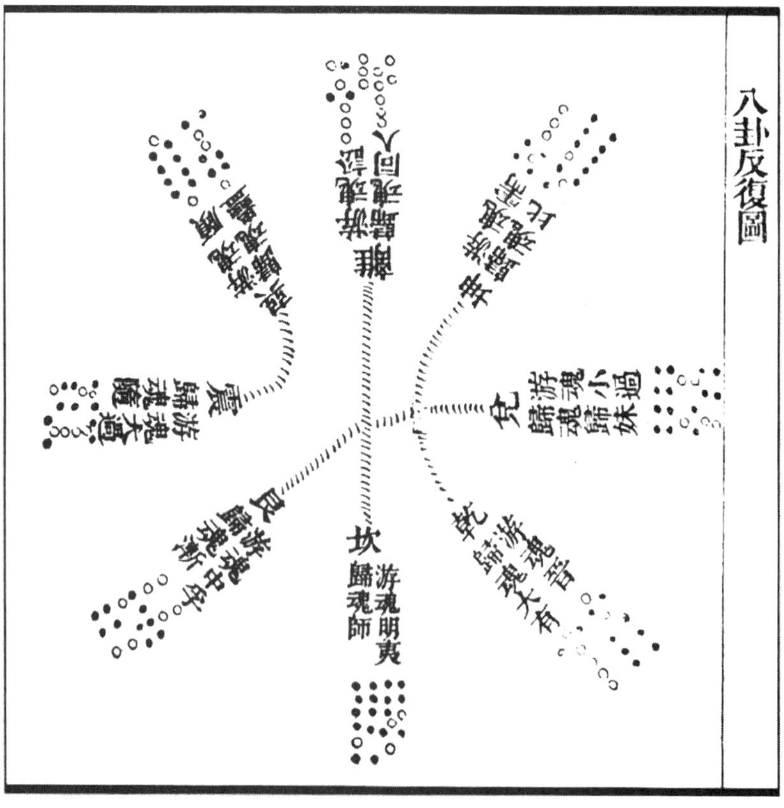

图 17　八卦反复图

（《太古集》）

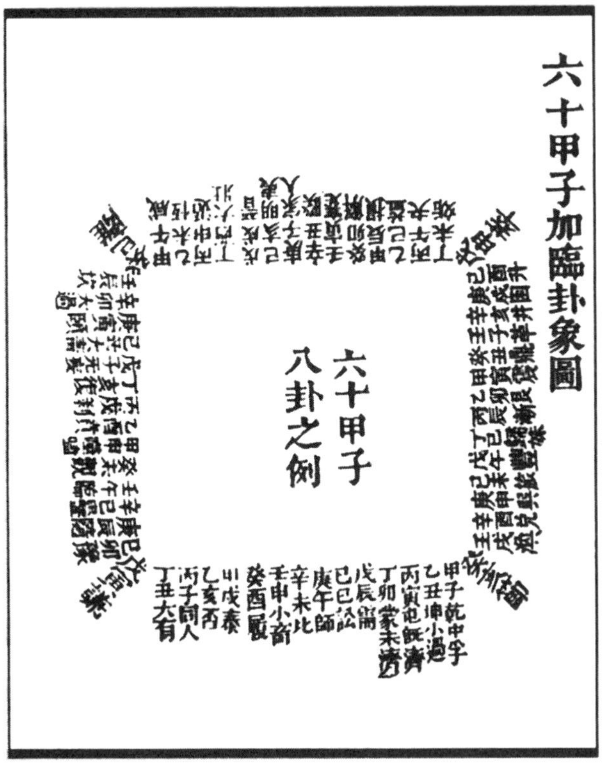

图 18　六十甲子加临卦象图
(《太古集》)

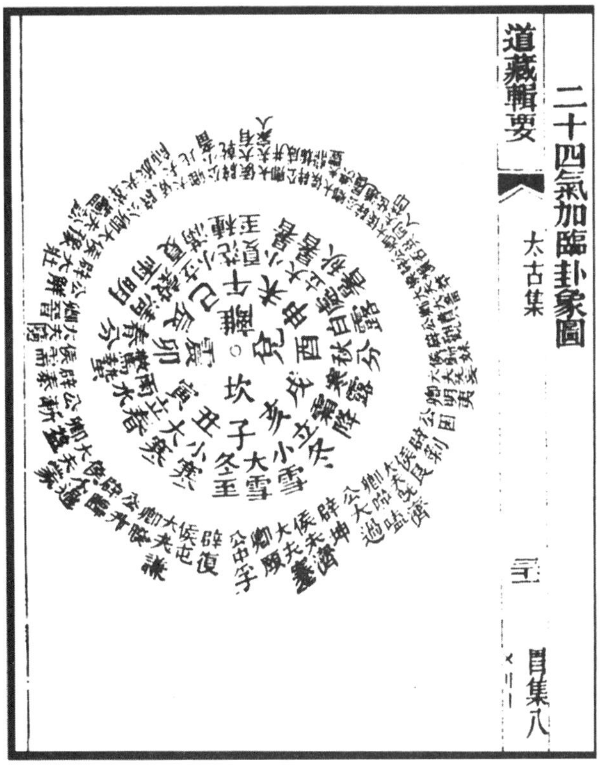

图 19　二十四气加临卦象图
(《太古集》)

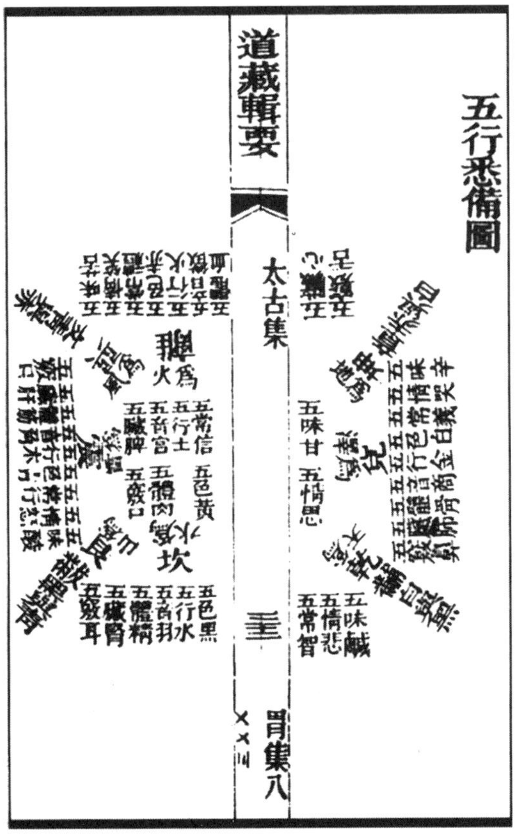

图 20　五行悉备图
(《太古集》)

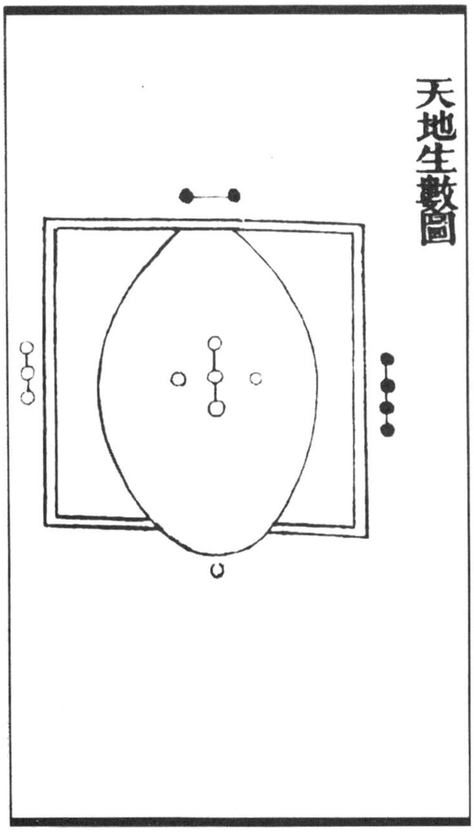

图 21　天地生数图
(《太古集》)

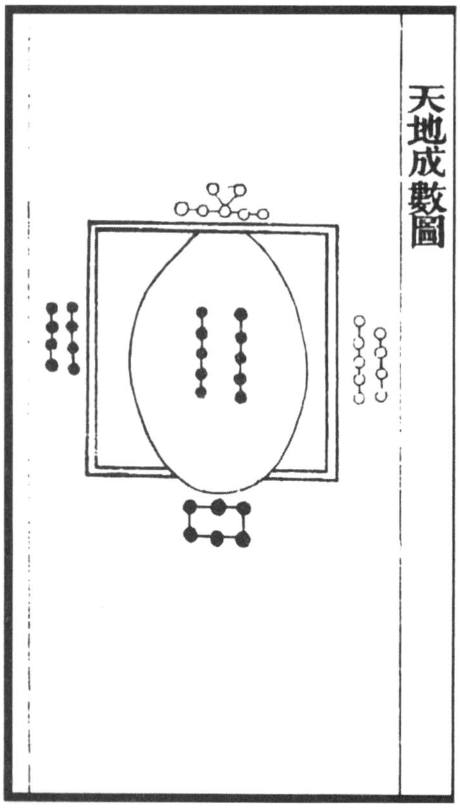

图 22　天地成数图
（《太古集》）

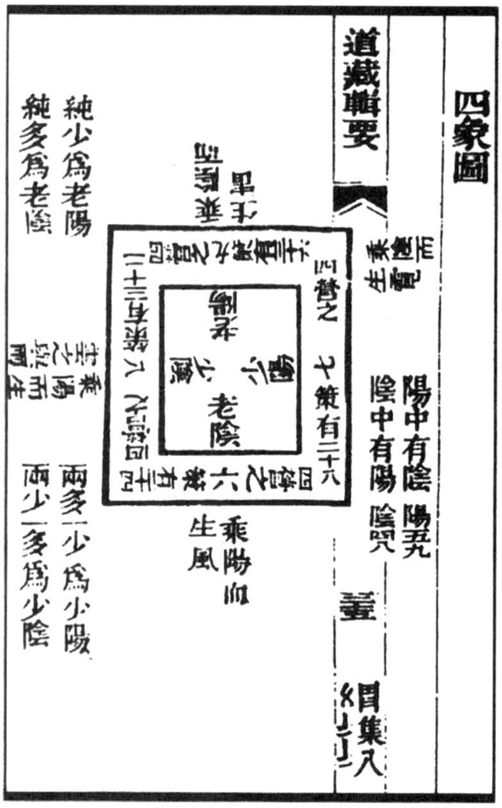

图 23　四象图
（《太古集》）

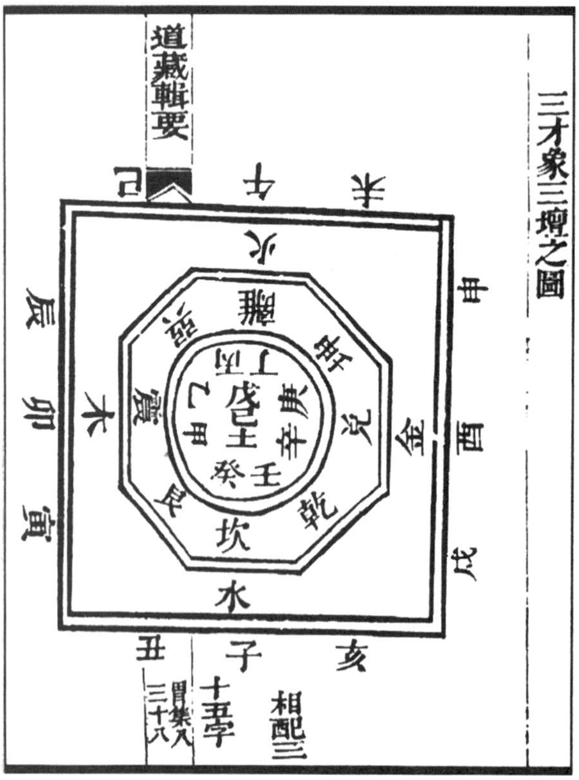

图 24　三才象三坛之图
（《太古集》）

心传述证录

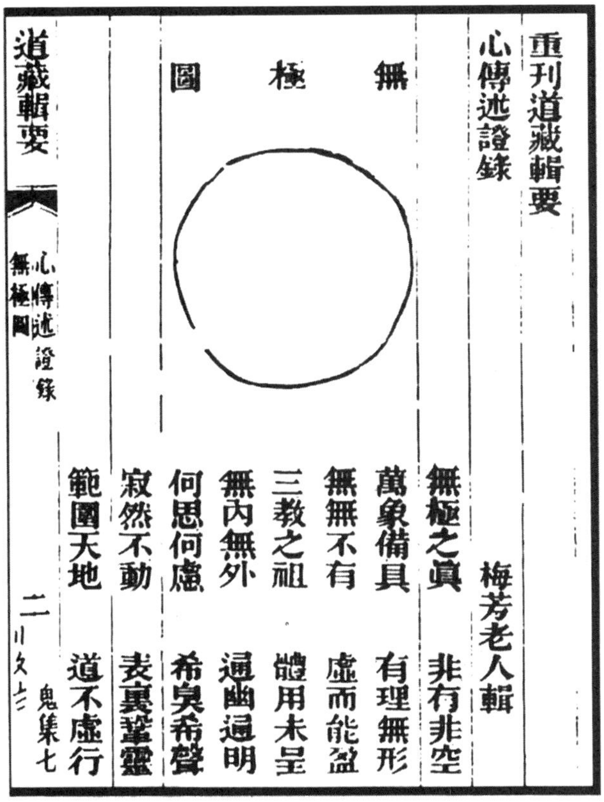
重刊道藏輯要
心傳述證錄
梅芳老人輯
無極圖
無極之眞　非有非空
萬象備具　有理無形
無無不有　虛而能盈
三教之祖　體用未呈
無內無外　通幽通明
何思何慮　希臭希聲
寂然不動　表裏瑩靈
範圍天地　道不虛行
道藏輯要　心傳述證錄　無極圖　二　鬼集七

图 1　无极图
(《心传述证录》)

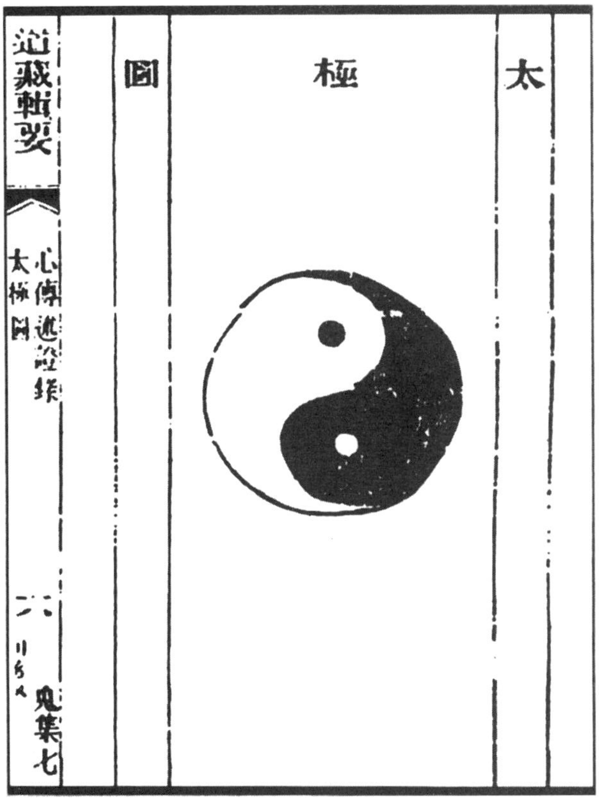

图 2　太极图
(《心传述证录》)

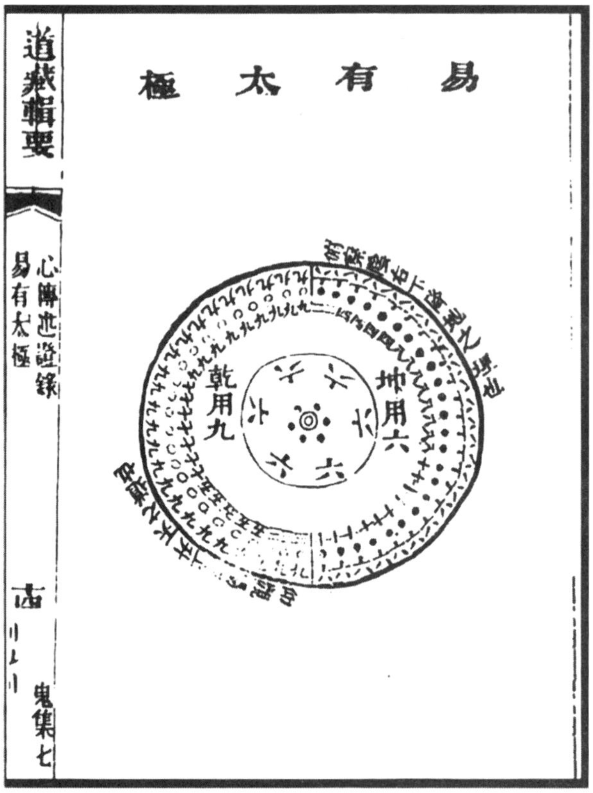

图 3　易有太极图
（《心传述证录》）

图 4　两仪图
（《心传述证录》）

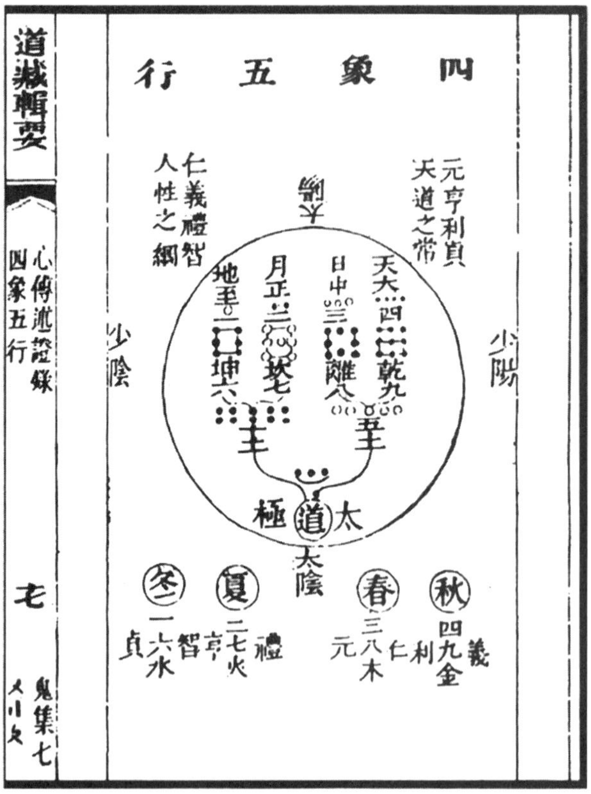

图 5　四象五行图
（《心传述证录》）

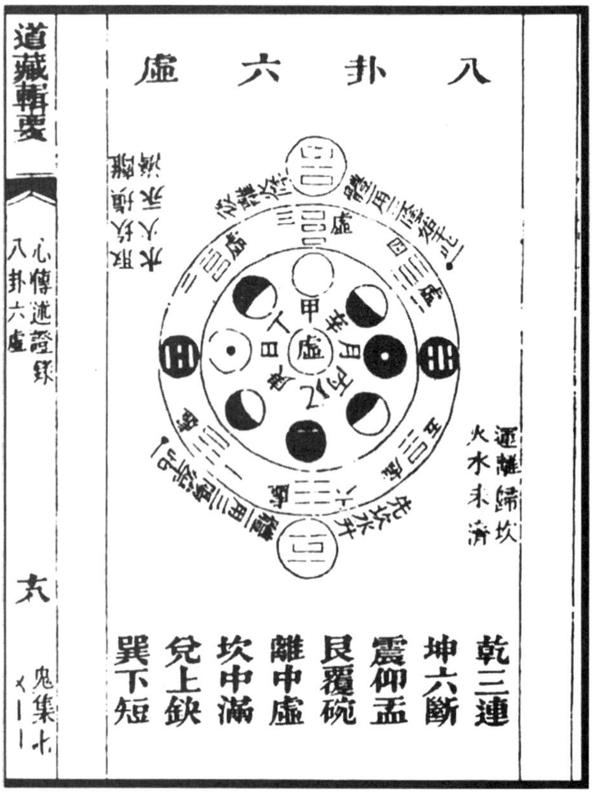

图 6　八卦六虚图
（《心传述证录》）

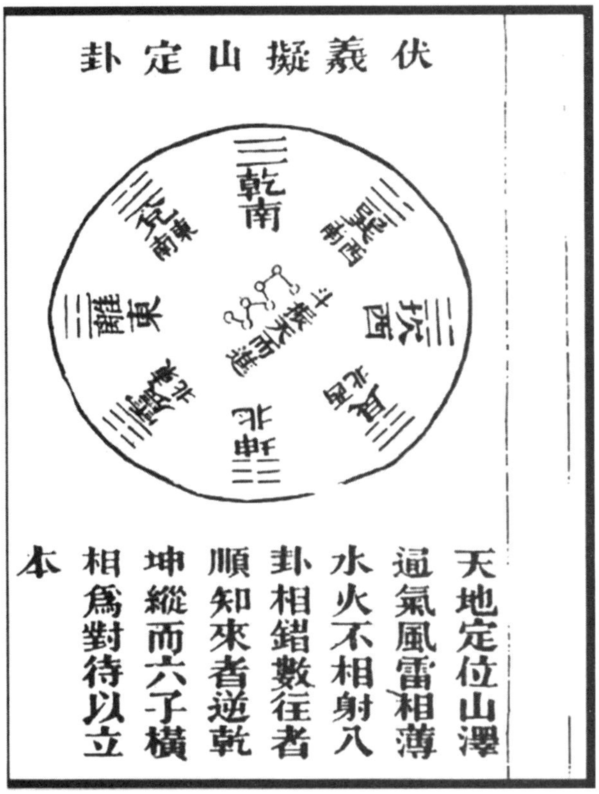

图 7　伏羲拟山定卦图
（《心传述证录》）

图 8　文王八卦易位图
（《心传述证录》）

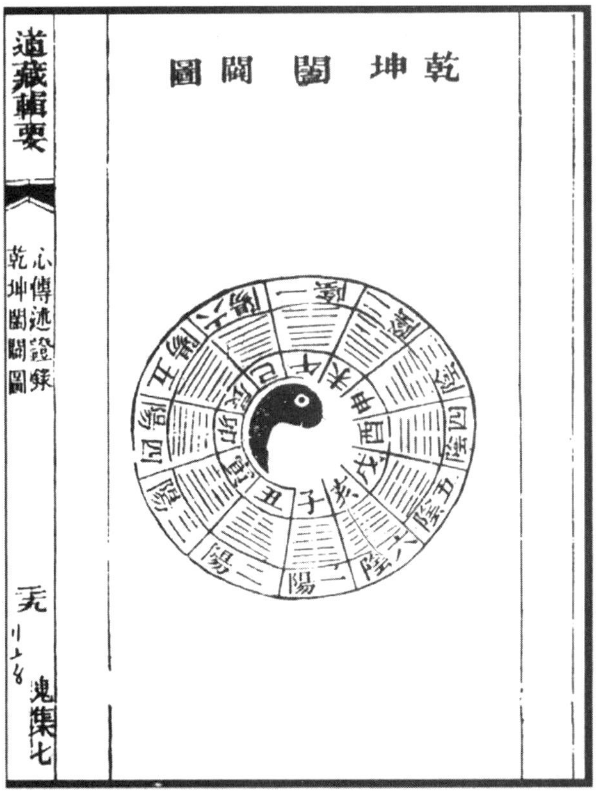

图 9　乾坤阖辟图
（《心传述证录》）

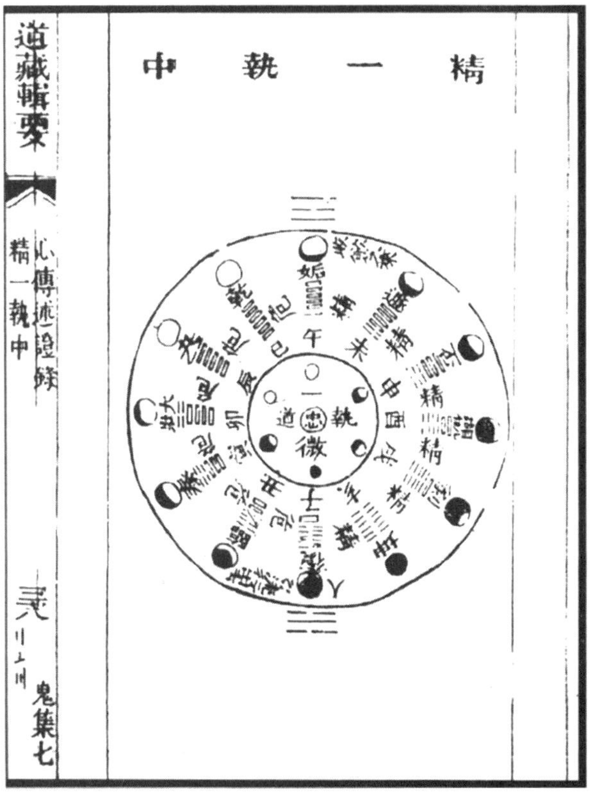

图 10　精一执中图
（《心传述证录》）

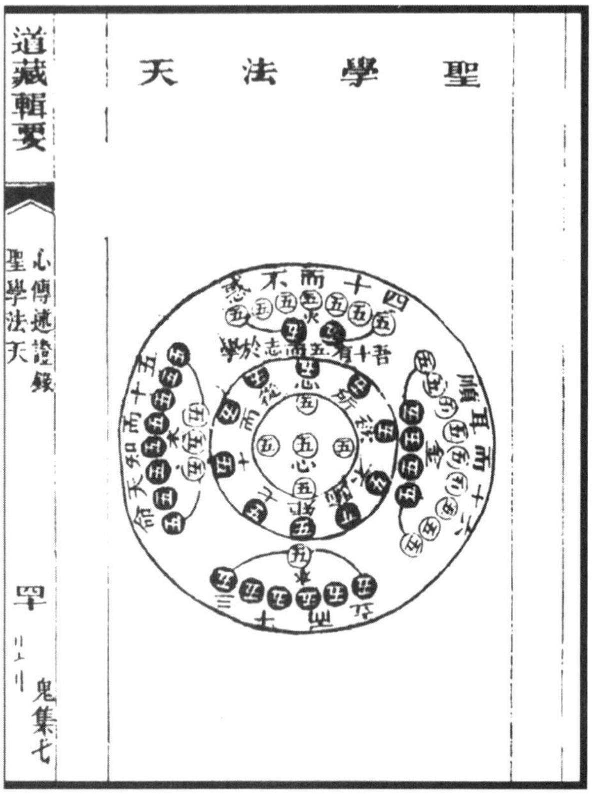

图 11　圣学法天图
(《心传述证录》)

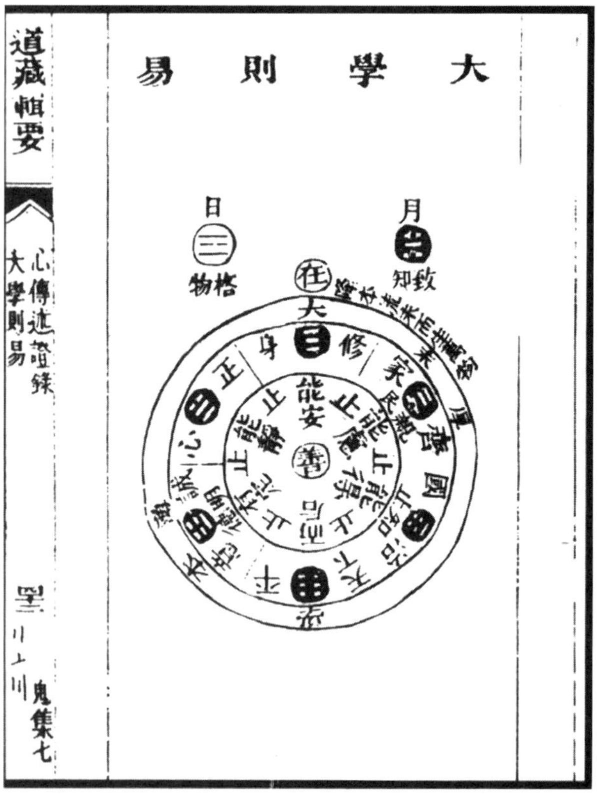

图 12　大学则易图
(《心传述证录》)

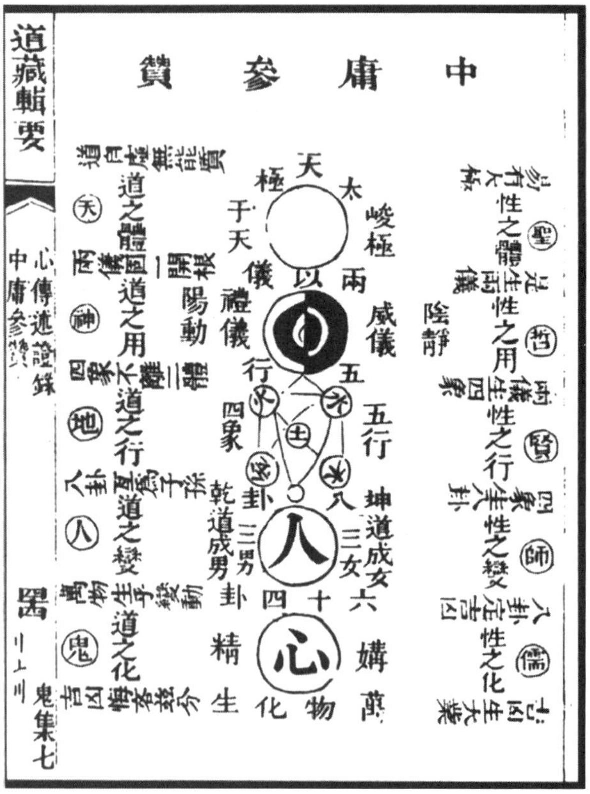

图 13　中庸参赞图
(《心传述证录》)

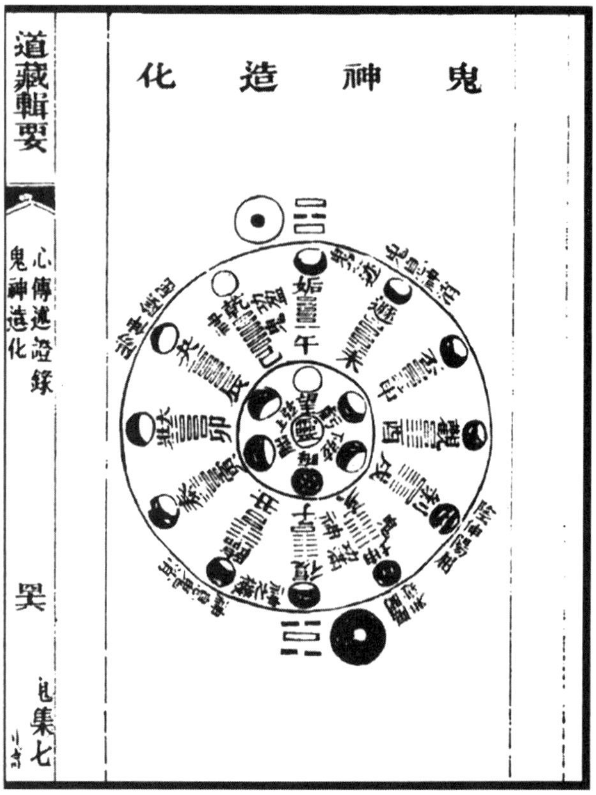

图 14　鬼神造化图
(《心传述证录》)

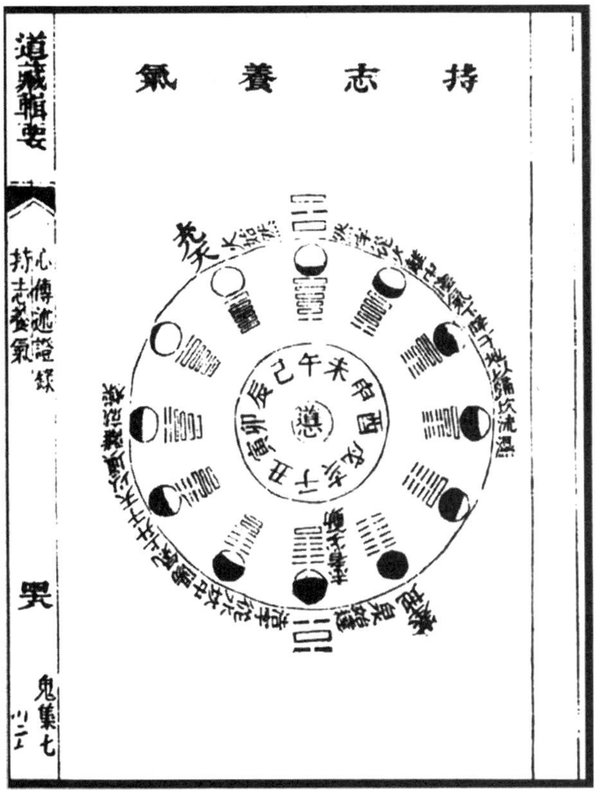

图 15　持志养气图
（《心传述证录》）

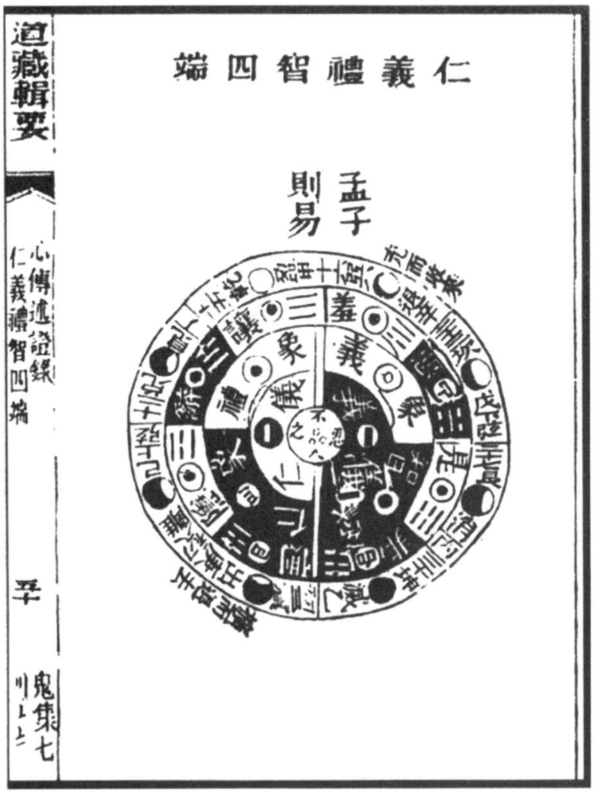

图 16　仁义礼智四端图
（《心传述证录》）

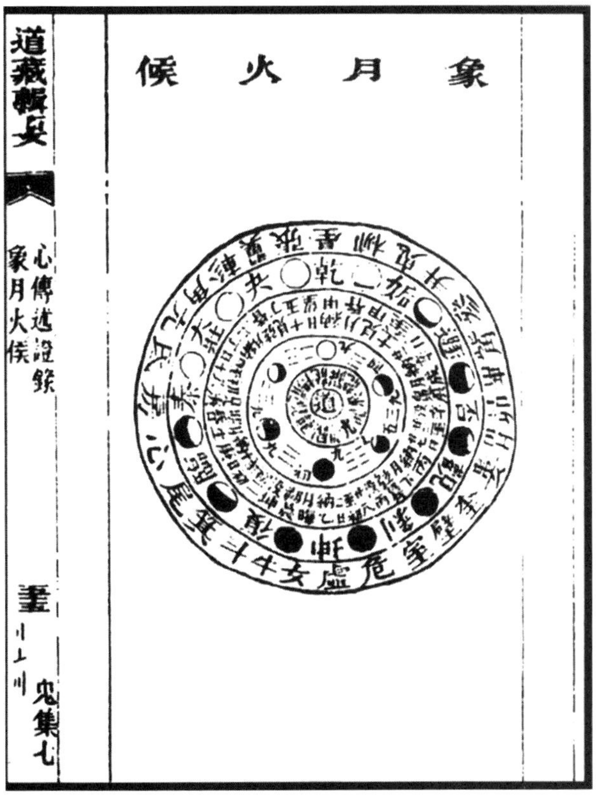

图 17　象月火候图
（《心传述证录》）

图 18　天根月窟图
（《心传述证录》）

道藏 心傳述證錄 虛無生道 鬼集七

道德經云道生一一生二二生三三生萬物萬物負陰而抱陽冲氣以爲和人之所惡惟孤寡不穀而王公以爲稱故物或損之而益或益之而損人之所教我亦教之强梁者不得其死吾將以爲教父又曰有物混成先天地生寂兮寥兮獨立而不改周行而不殆可以爲天下母吾不知其名字之曰道强爲之名曰大大曰逝逝曰遠遠曰反故道大天大地大王亦大域中有四大而王居其一焉人法地地法天天法道道法自然詩云上天之載無聲無臭至矣

图 19　虚无生道图

（《心传述证录》）

太上老君清静经图注

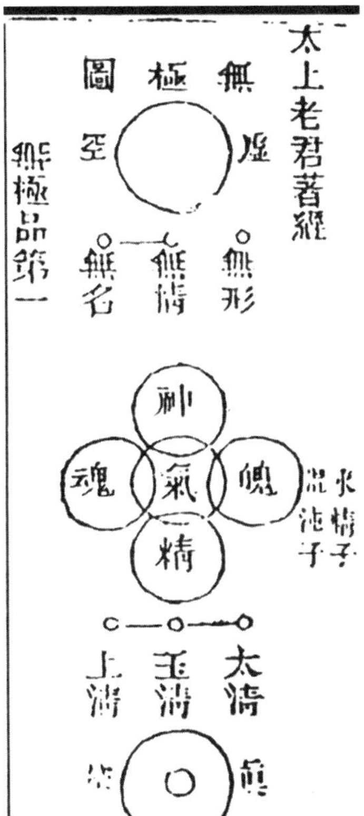

图 1　无极图
（《太上老君清静经图注》）

图 2　皇极图
（《太上老君清静经图注》）

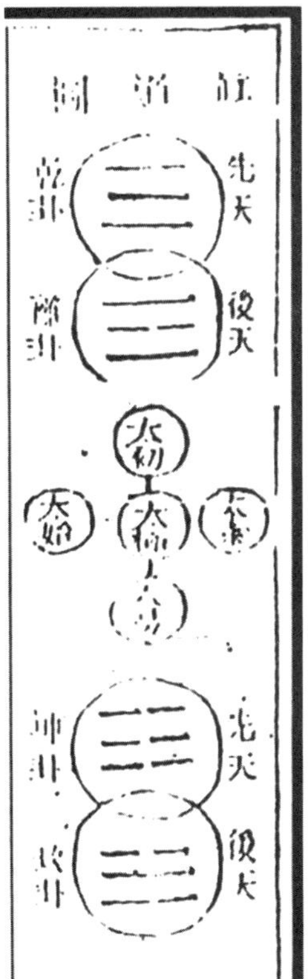

图 3　真道图
（《太上老君清静经图注》）

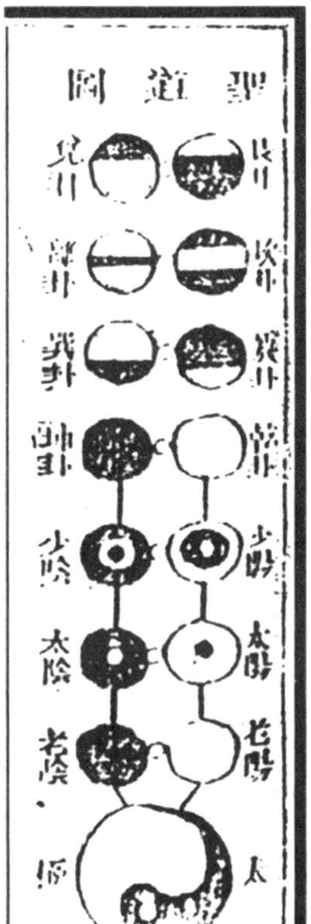

图 4　圣道图
（《太上老君清静经图注》）

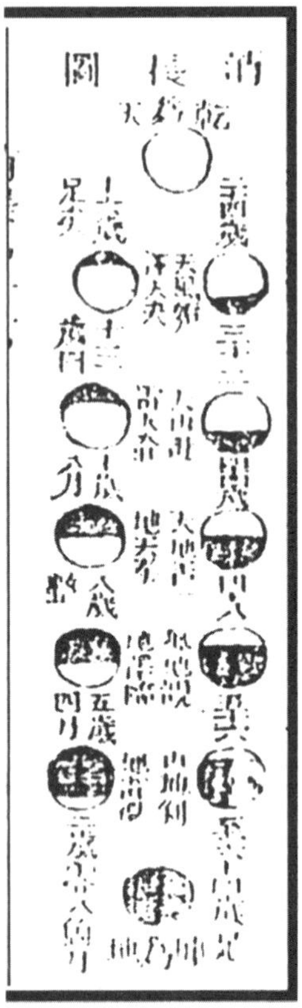

图 5　消长图
（《太上老君清静经图注》）

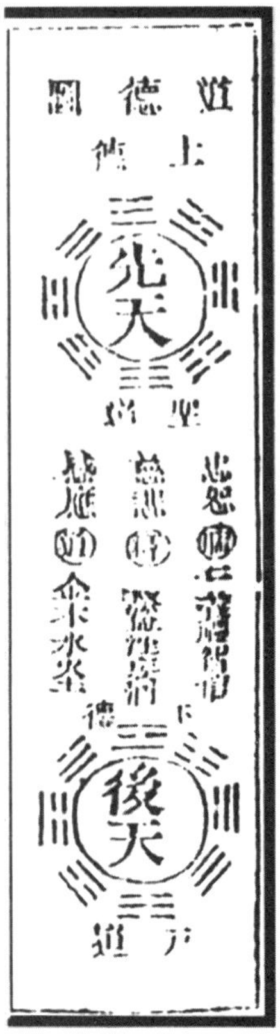

图 6　道德图
（《太上老君清静经图注》）

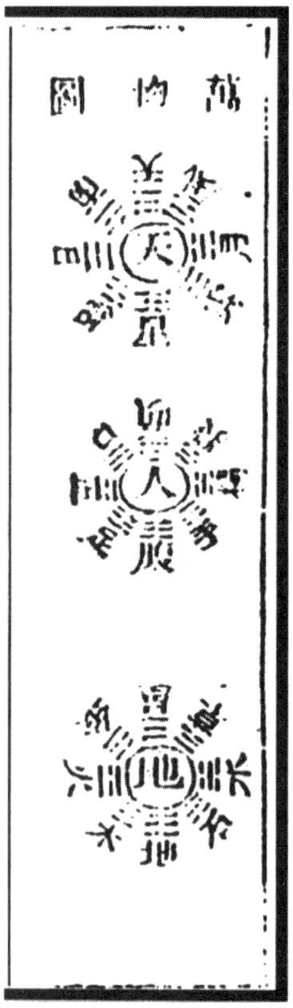

图 7　万物图
（《太上老君清静经图注》）

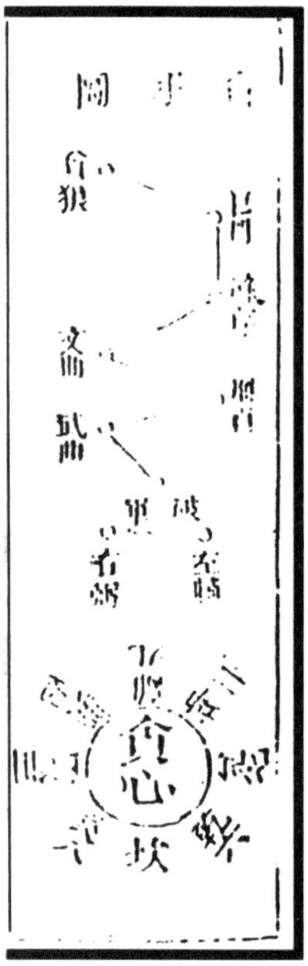

图 8　贪求图
（《太上老君清静经图注》）

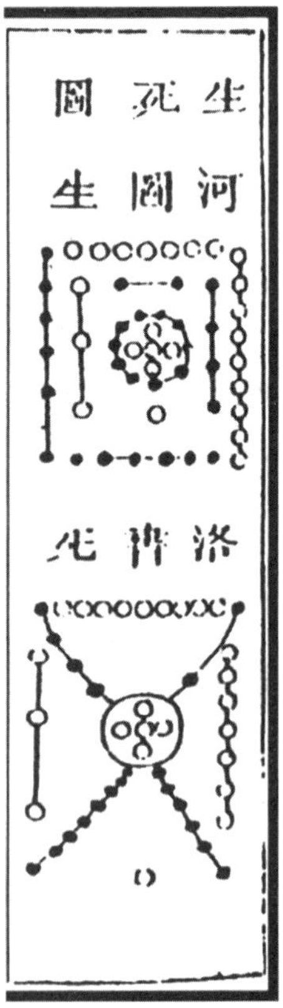

图 9　生死图
（《太上老君清静经图注》）

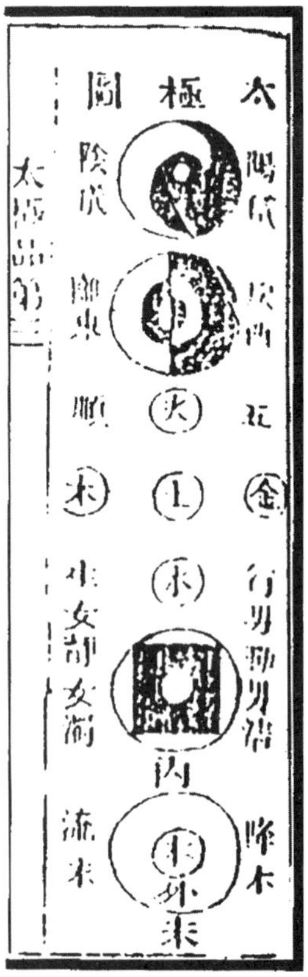

图 10　太极图
（《太上老君清静经图注》）

图 11　三才图
（《太上老君清静经图注》）

清净经原旨

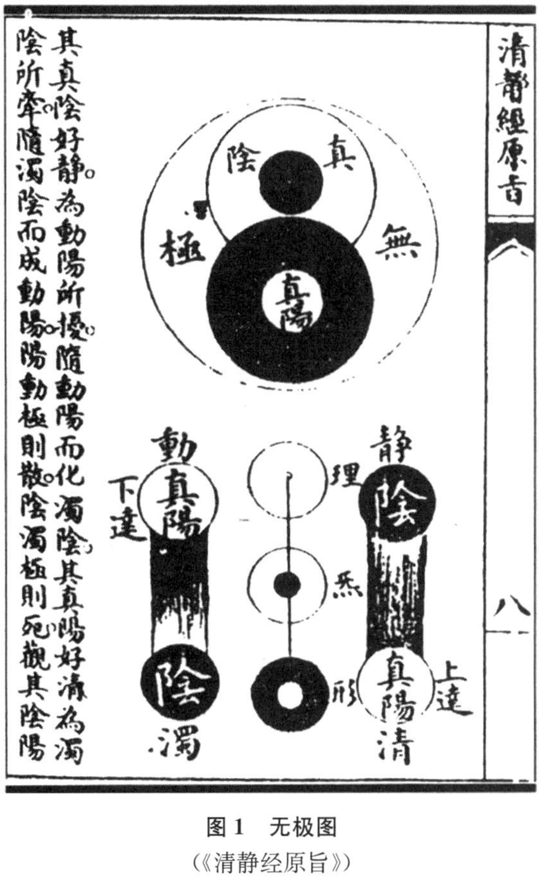

清靜經原旨
八
其真陰好靜。為動陽所擾。隨動陽而化濁陰。其真陽好清為濁
陰所牽。隨濁陰而成動陽。陽動極則散。陰濁極則死。觀其陰陽
真
陰
無
極
真陽
動
真陽
下達
陰
濁
理
炁
形
靜
陰
真陽
清
上達

图 1　无极图

（《清静经原旨》）

玉皇心印经注

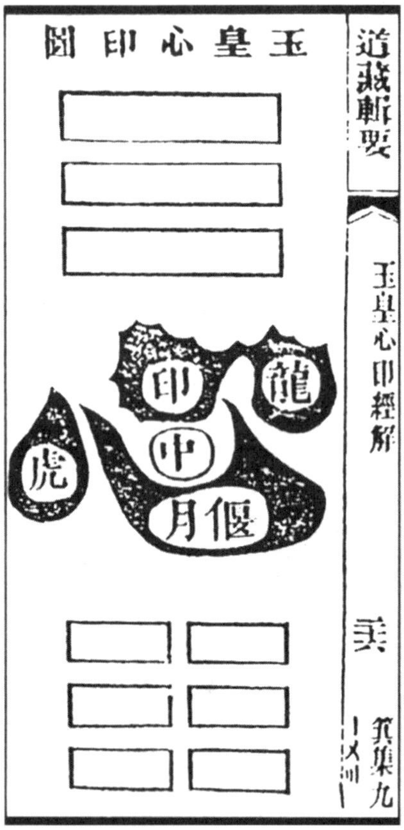

图 1　玉皇心印图

（《玉皇心印经注》）

金丹大旨论

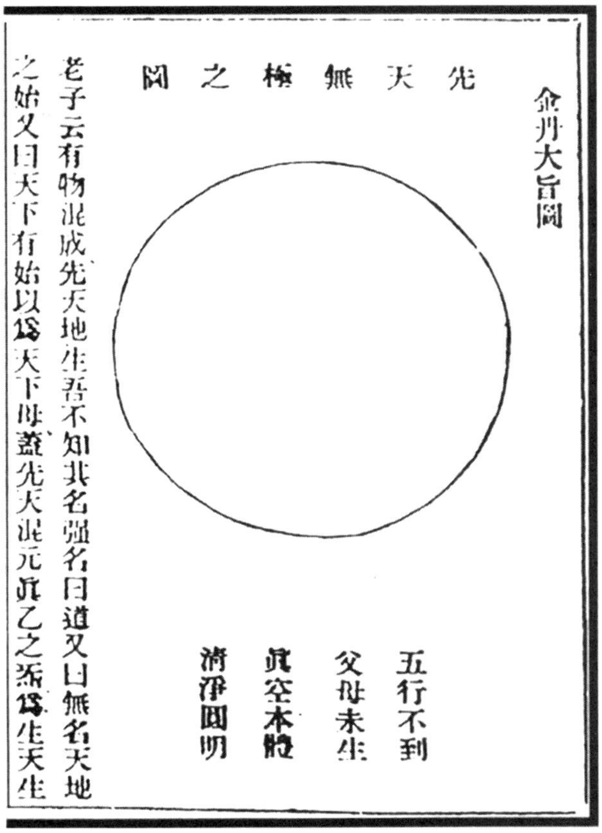

先天無極之圖

金丹大旨圖

五行不到
父母未生
眞空本體
淸淨圓明

老子云有物混成先天地生吾不知其名强名曰道又曰無名天地之始又曰天下有始以爲天下母蓋先天混元眞乙之炁爲生天生

图1　先天无极之图
(《金丹大旨论》)

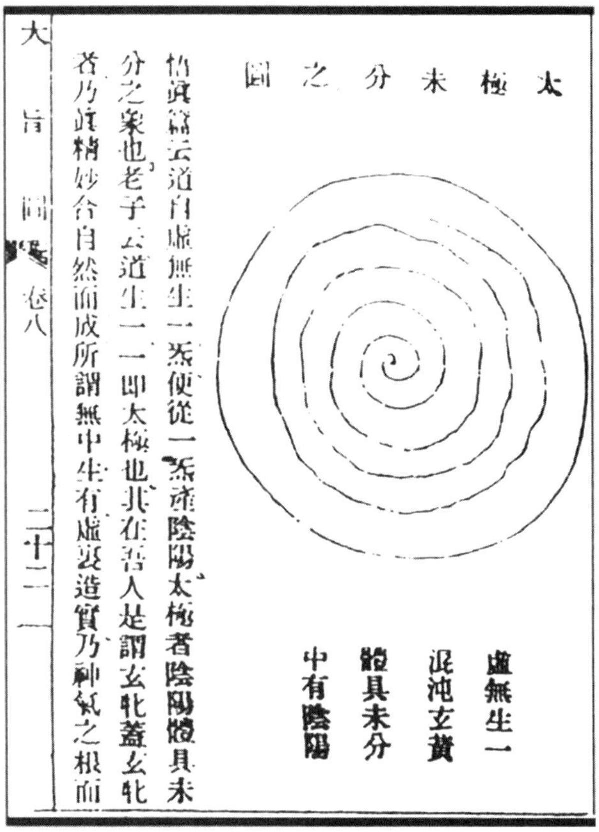

太極未分之圖

虛無生一
混沌玄黃
體具未分
中有陰陽

悟眞篇云道自虛無生一炁便從一炁產陰陽太極者陰陽體具未分之象也老子云道生一一即太極也其在吾人是謂玄牝蓋玄牝者乃眞精妙合自然而成所謂無中生有虛裏造實乃神氣之根而

大旨圖 卷八 二十二

图2　太极未分之图
(《金丹大旨论》)

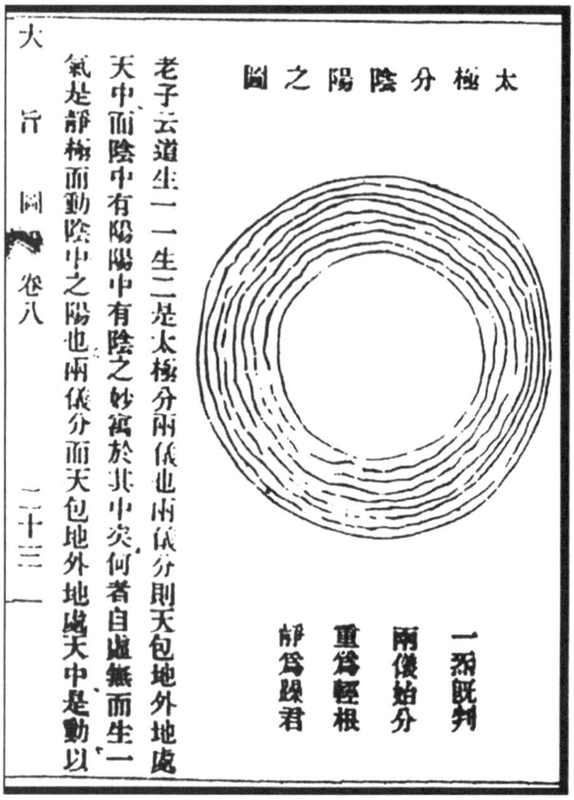
太極分陰陽之圖

老子云道生一一生二是太極分兩儀也兩儀分則天包地外地處天中而陰中有陽陽中有陰之妙寓於其中矣何者自虛無而生一氣是靜極而動陰中之陽也兩儀分而天包地外地處天中是動以

一炁既判
兩儀始分
重爲輕根
靜爲躁君

大旨圖 卷八 二十三

图 3　太极分阴阳之图
（《金丹大旨论》）

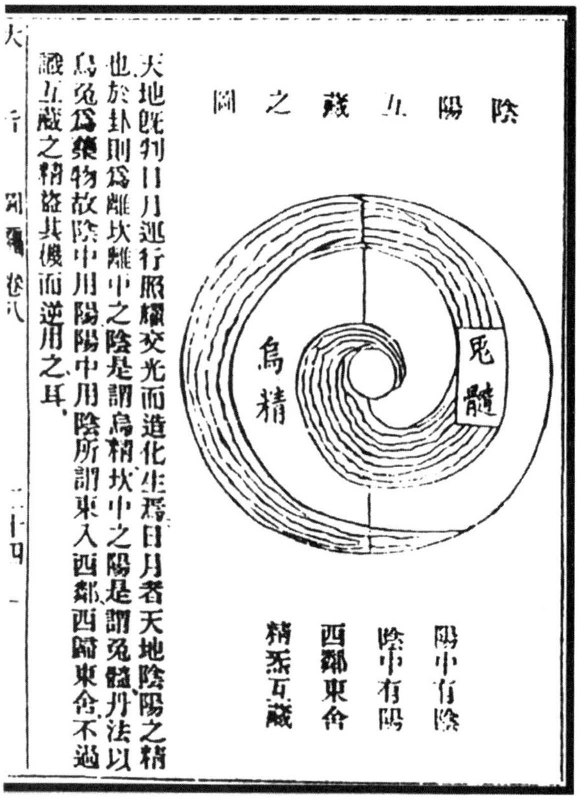
陰陽互藏之圖

天地既判日月運行照耀交光而造化生焉日月者天地陰陽之精也於卦則爲離坎離中之陰是謂烏精坎中之陽是謂兎髓丹法以烏兎爲藥物故陰中用陽陽中用陰所謂東入西鄰西歸東舍不過識互藏之精奪其機而逆用之耳

陽中有陰
陰中有陽
西鄰東舍
精炁互藏

大旨圖 卷八 二十四

图 4　阴阳互藏之图
（《金丹大旨论》）

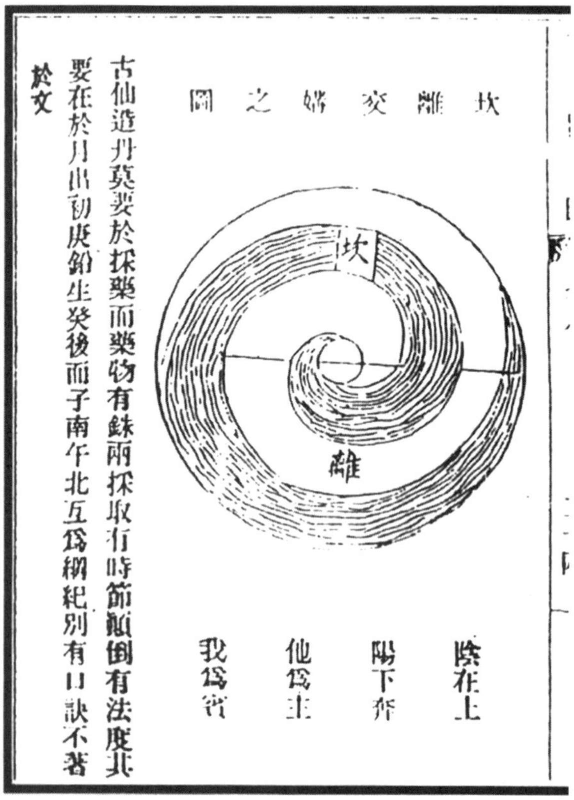
坎離交媾之圖

古仙造丹莫要於採藥而藥物有銖兩採取有時節顛倒有法度其要在於月出初庚鉛生癸後而子南午北互爲綱紀別有口訣不著於文

陰在上
陽下奔
他爲主
我爲賓

图 5　坎离交媾之图
（《金丹大旨论》）

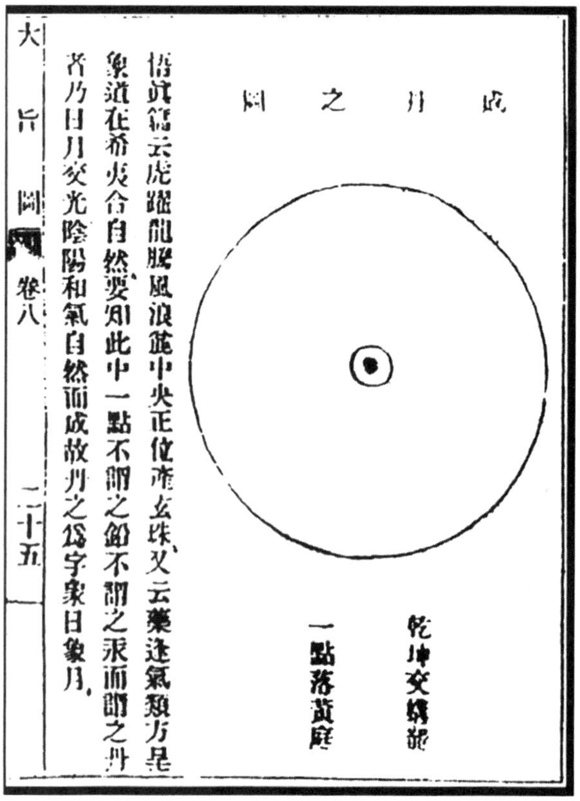
成丹之圖

悟眞篇云虎躍龍騰風浪麤中央正位產玄珠又云藥逢氣類方是象道在希夷合自然要知此中一點不謂之鉛不謂之汞而謂之丹者乃日月交光陰陽和氣自然而成故丹之爲字象日象月

乾坤交媾罷
一點落黃庭

大旨圖 卷八 二十五

图 6　成丹之图
（《金丹大旨论》）

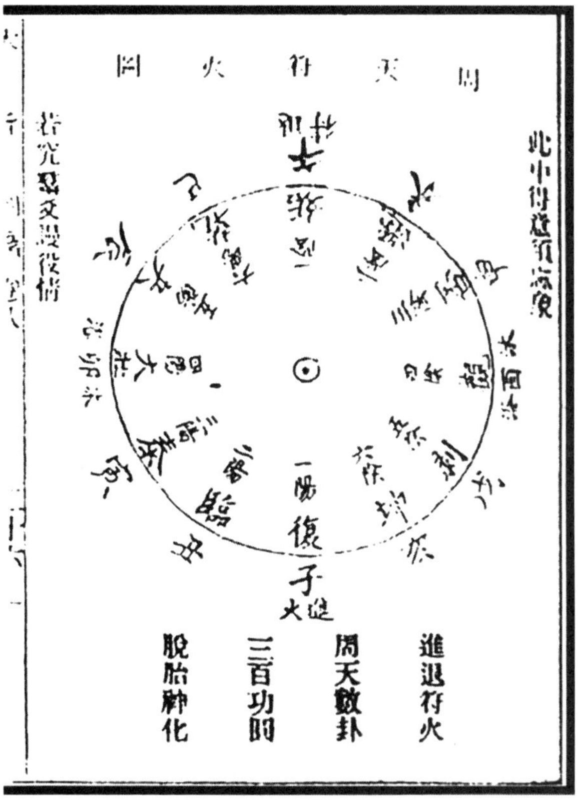

图 7　周天符火图

（《金丹大旨论》）

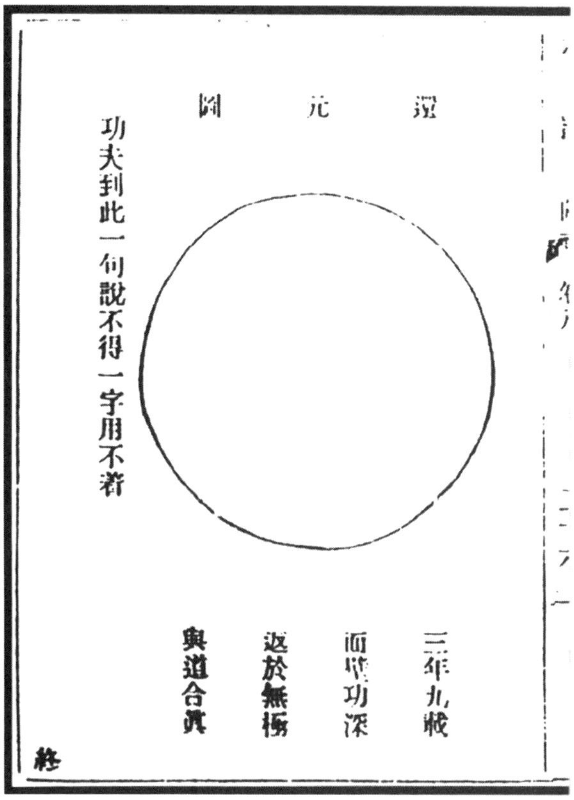

图 8　还元图

（《金丹大旨论》）

文昌大洞经

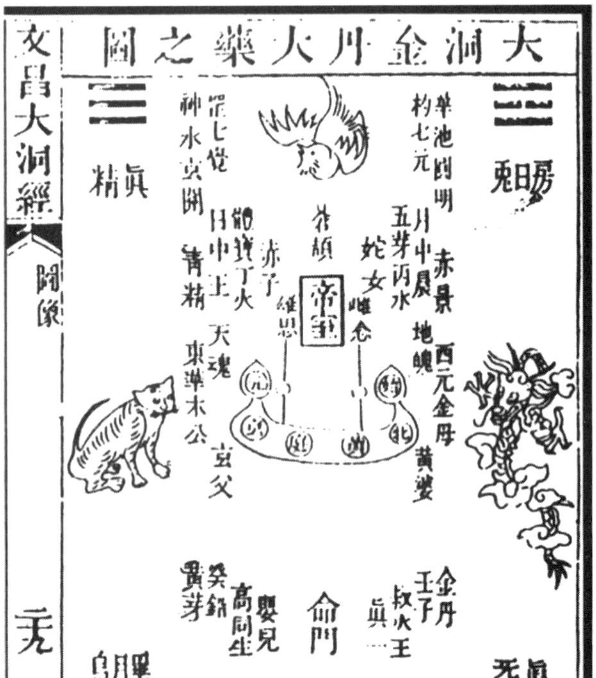

图 1　大洞金丹大药之图
（《文昌大洞经》）

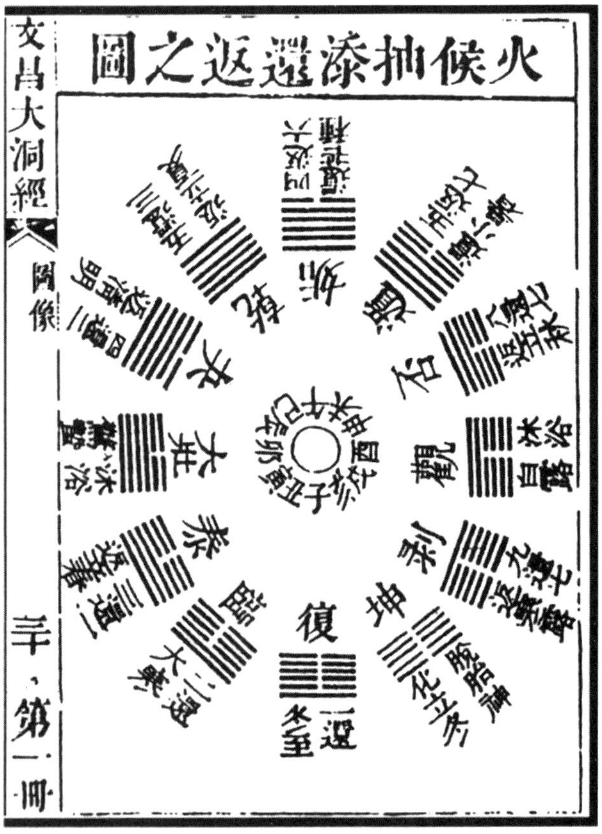

图 2　火候抽添还返之图
（《文昌大洞经》）

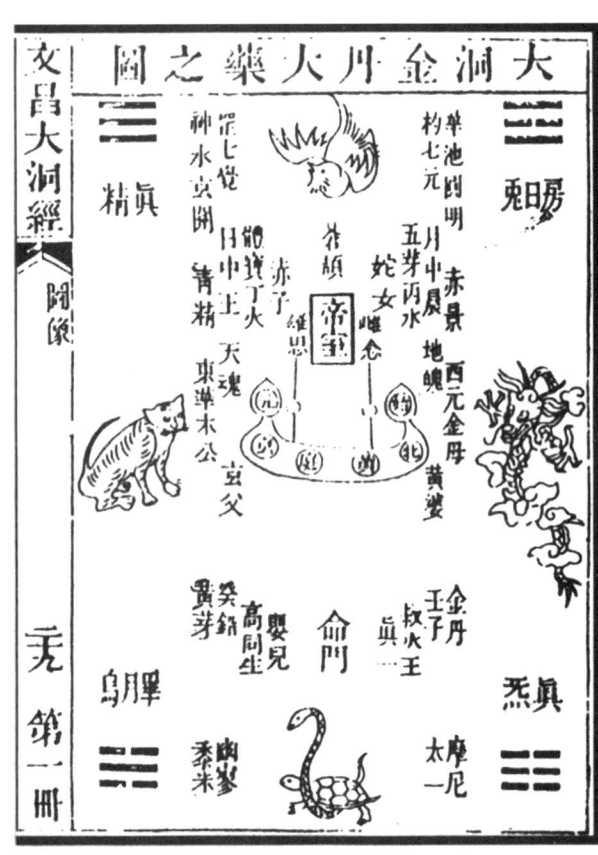

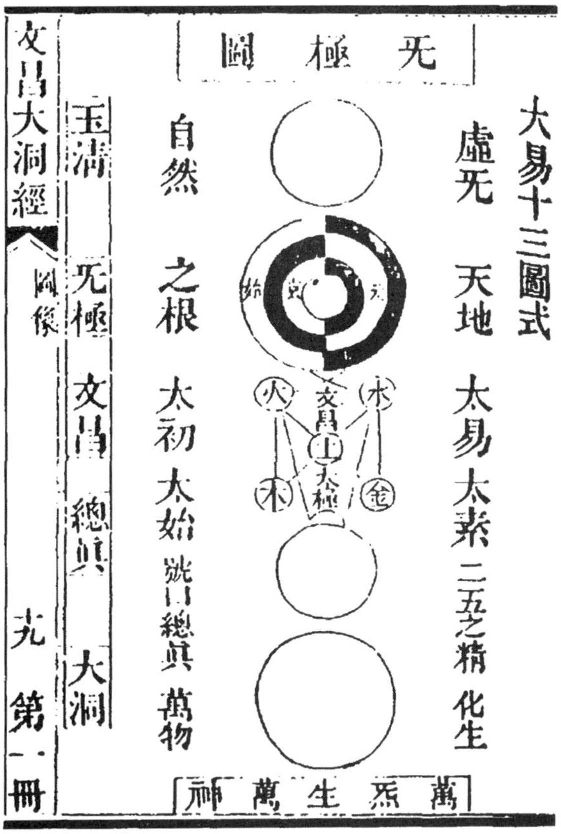
文昌大洞經
圖像
九
第一冊
玉清 无極 文昌 總真 大洞
无極圖
大易十三圖式
虛无 天地 太易 太素 二五之精 化生
自然 之根 太初 太始 號曰總真 萬物
萬彙生萬神

图 3　无极图
(《文昌大洞经》)

周易阐真

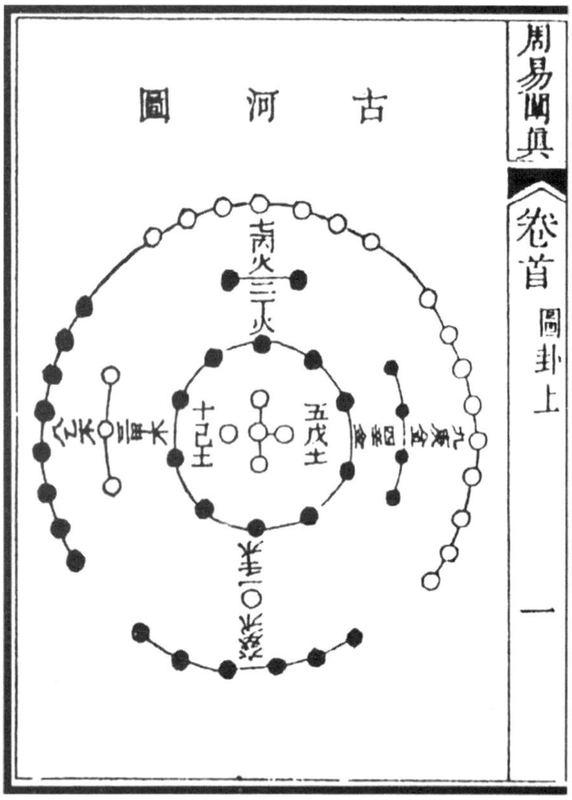

图 1　古河图
(《周易阐真》)

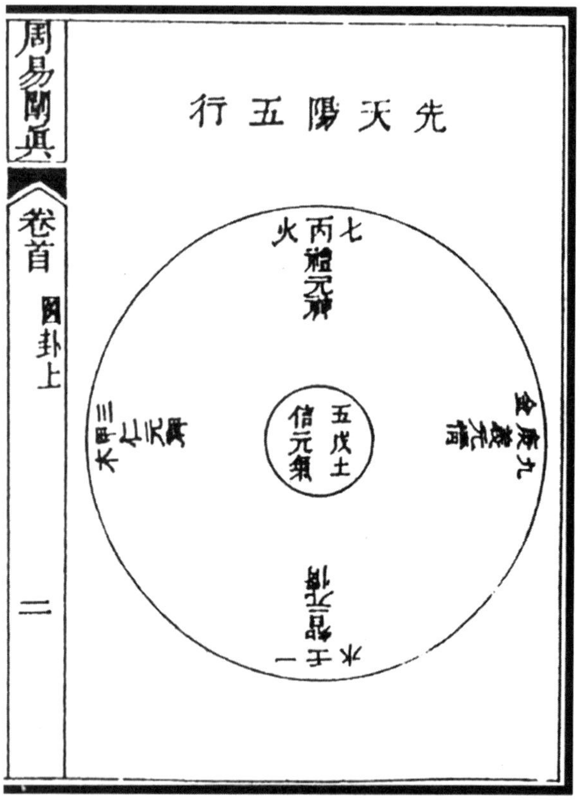

图 2　先天阳五行图
(《周易阐真》)

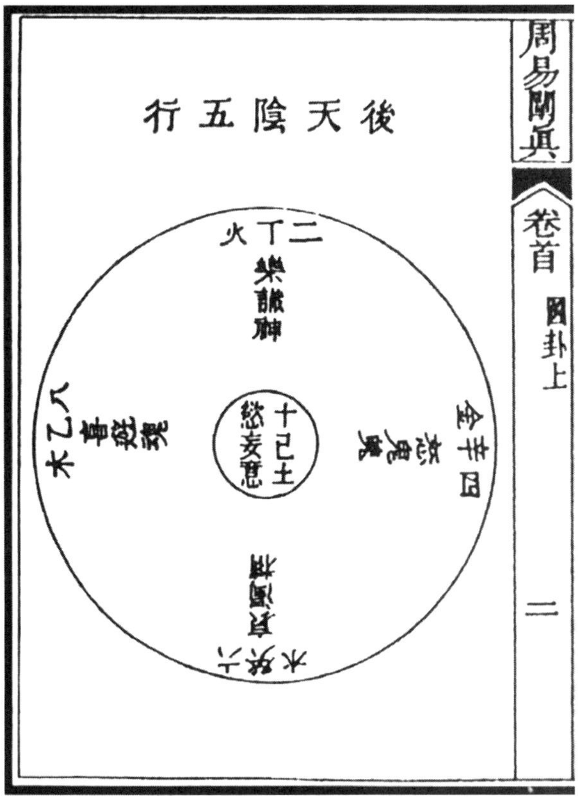

图 3　后天阴五行图
（《周易阐真》）

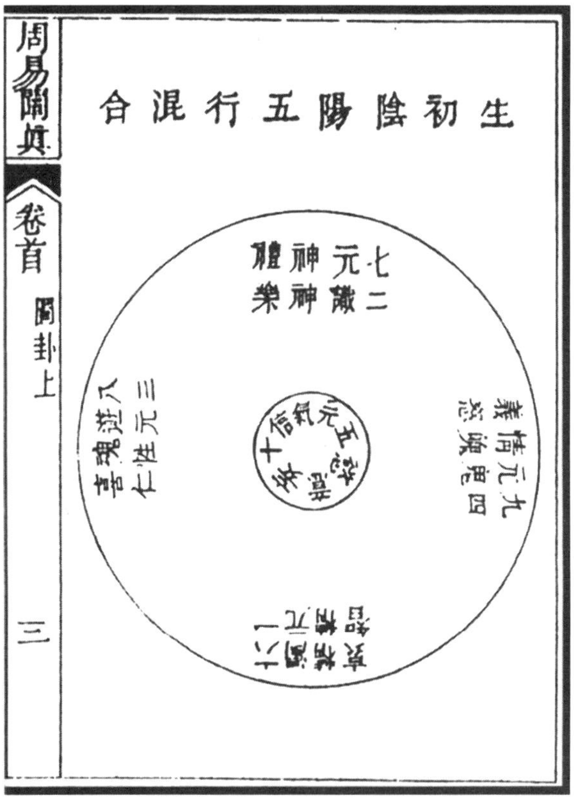

图 4　生初阴阳五行混合图
（《周易阐真》）

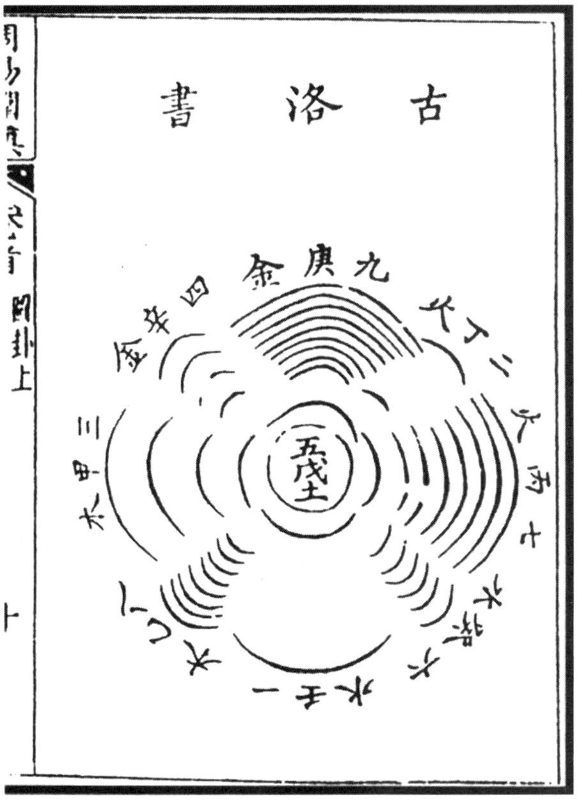

图 5　古洛书图
（《周易阐真》）

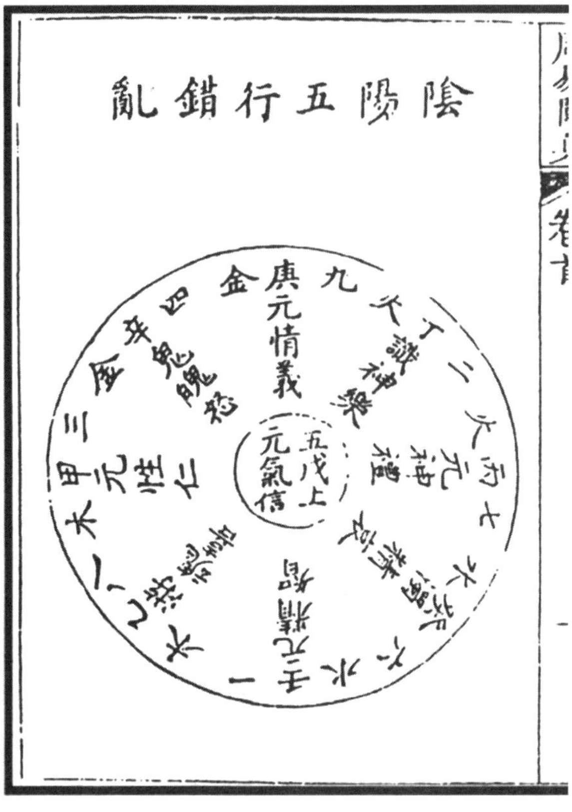

图 6　阴阳五行错乱图
（《周易阐真》）

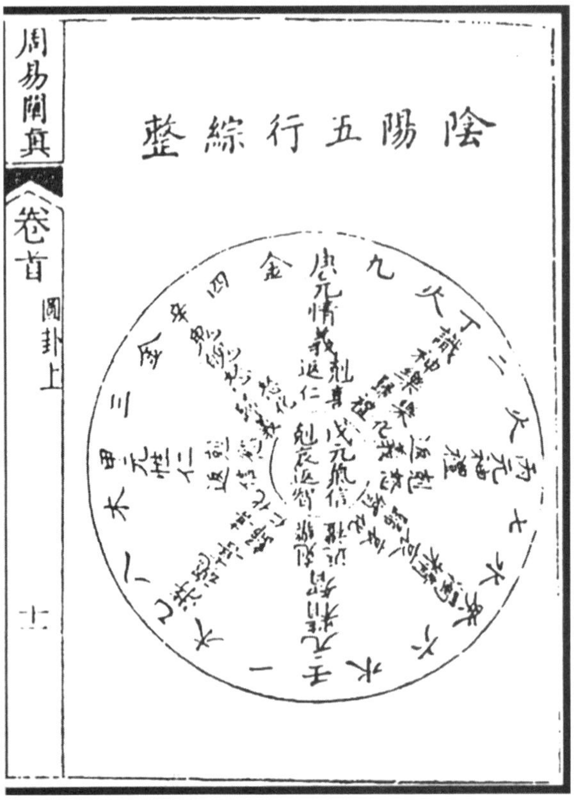

图 7　阴阳五行综整图
（《周易阐真》）

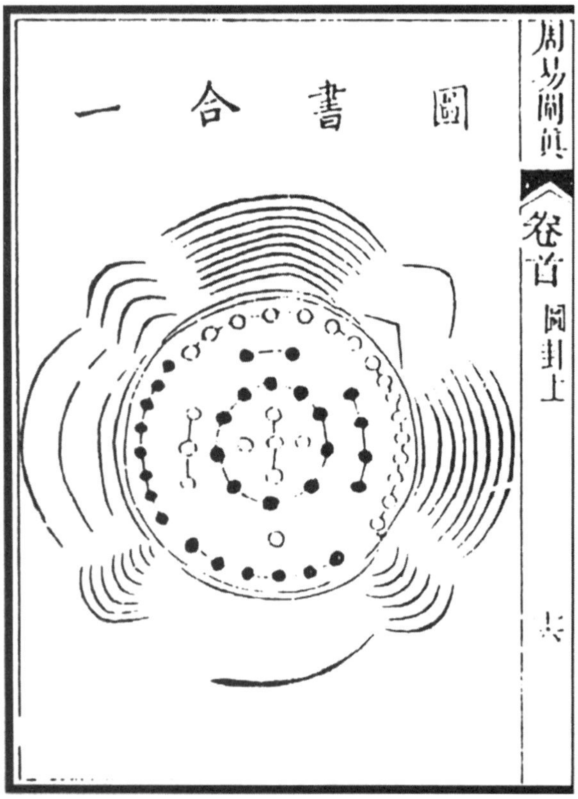

图 8　图书合一图
（《周易阐真》）

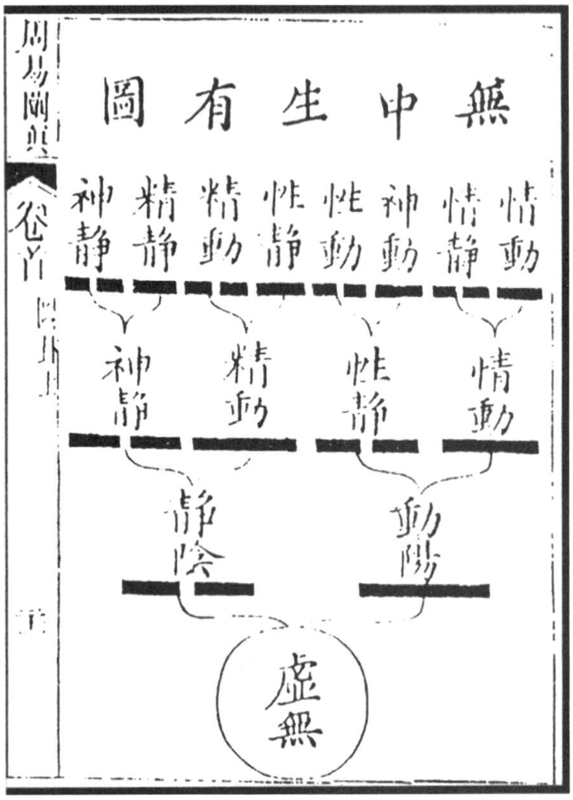

图 9　无中生有图
（《周易阐真》）

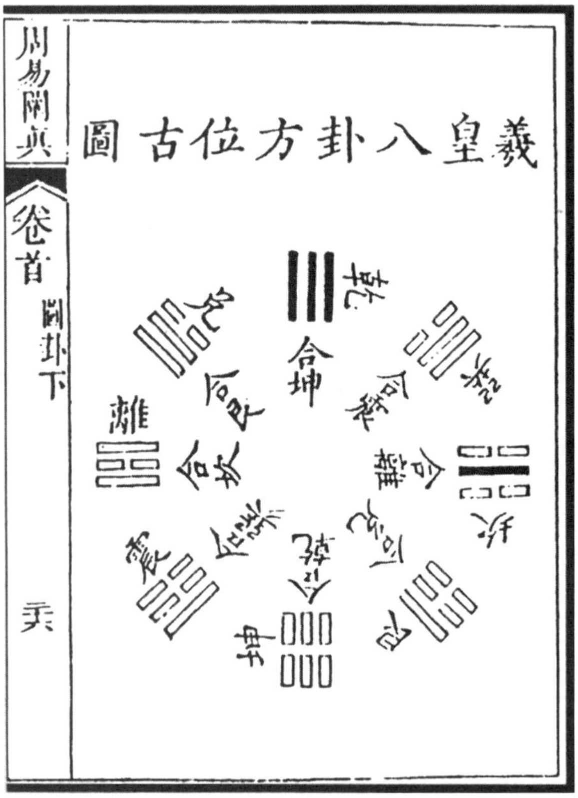

图 10　羲皇八卦方位古图
（《周易阐真》）

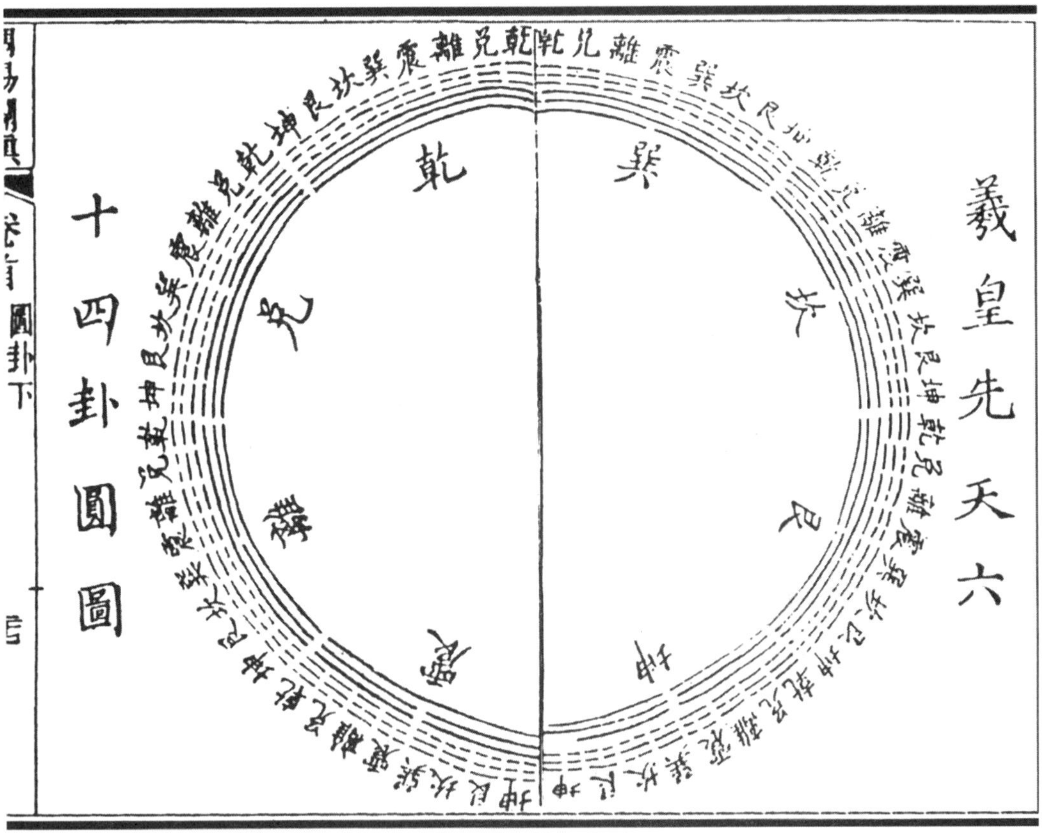

图 11　羲皇先天六十四圆图
（《周易阐真》）

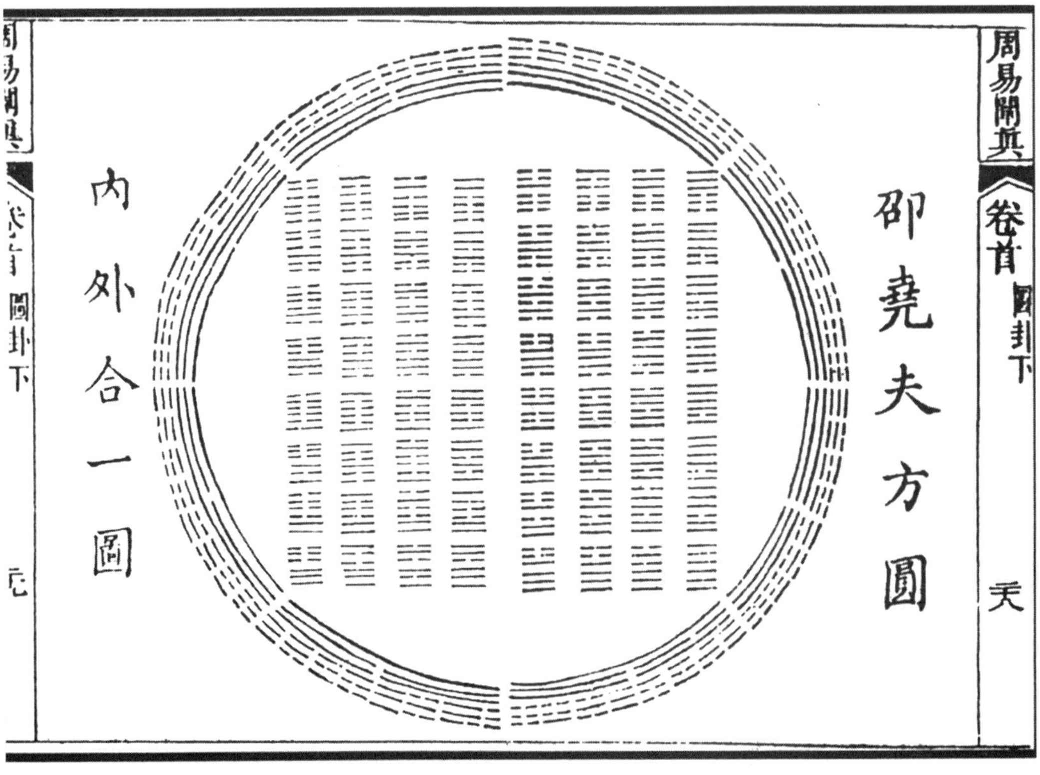

图 12　邵尧夫方圆内外合一图
（《周易阐真》）

图 13　先天阴阳混成图
（《周易阐真》）

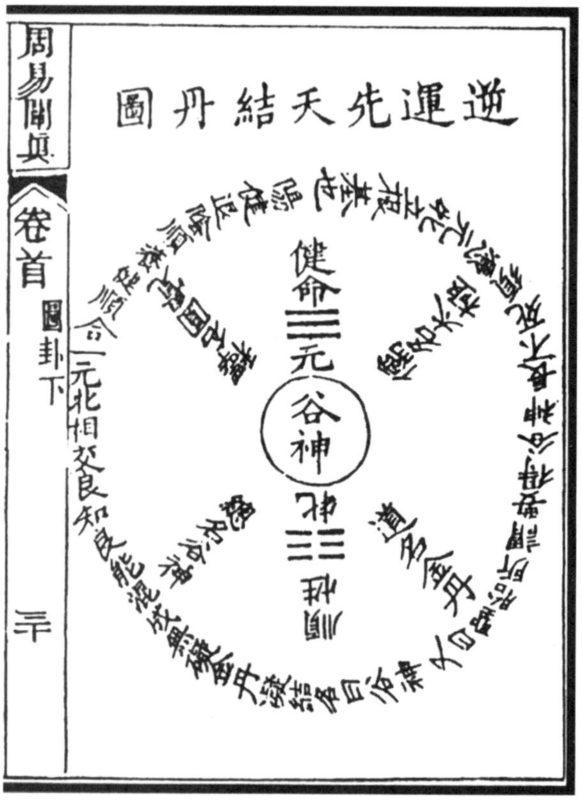

图 14　逆运先天结丹图
（《周易阐真》）

图 15　炼神还虚图
（《周易阐真》）

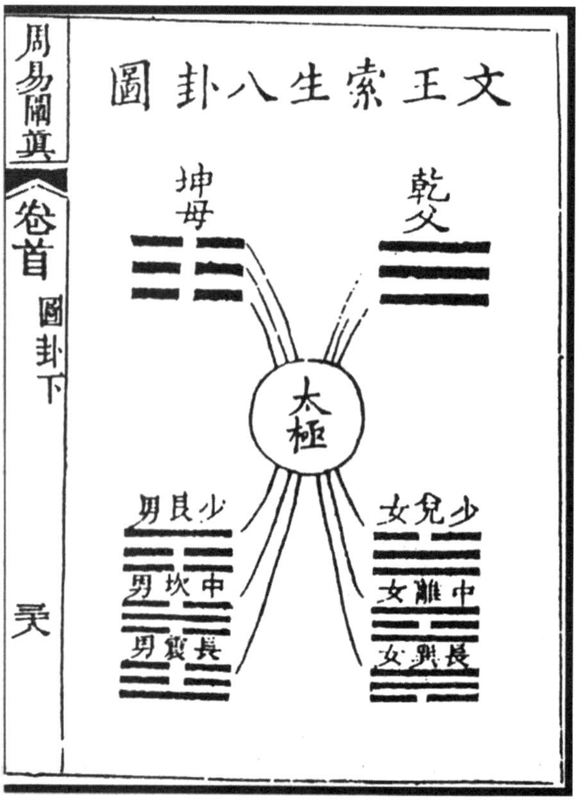

图 16　文王索生八卦图
（《周易阐真》）

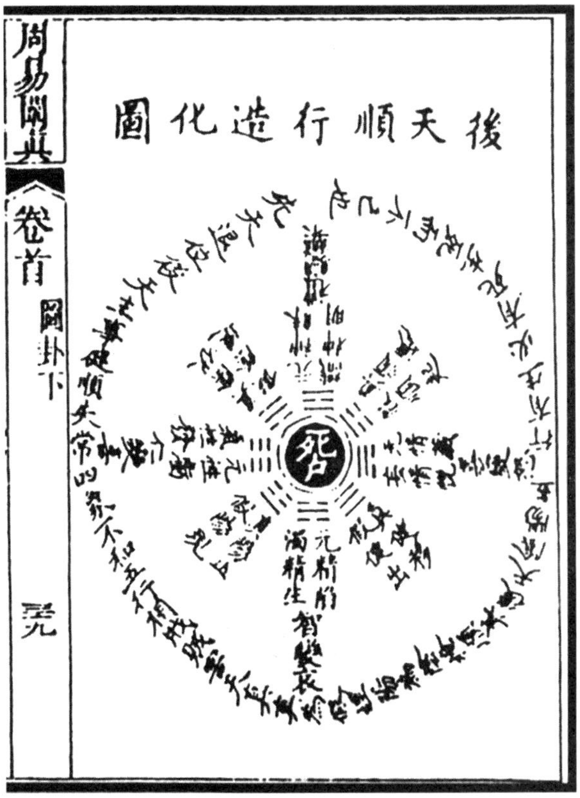

图 17　后天顺行造化图
（《周易阐真》）

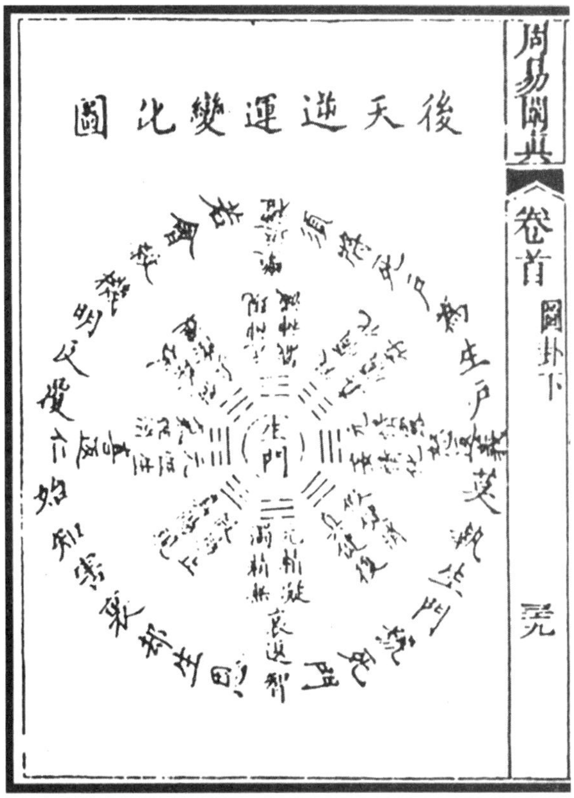

图 18　后天逆运变化图
（《周易阐真》）

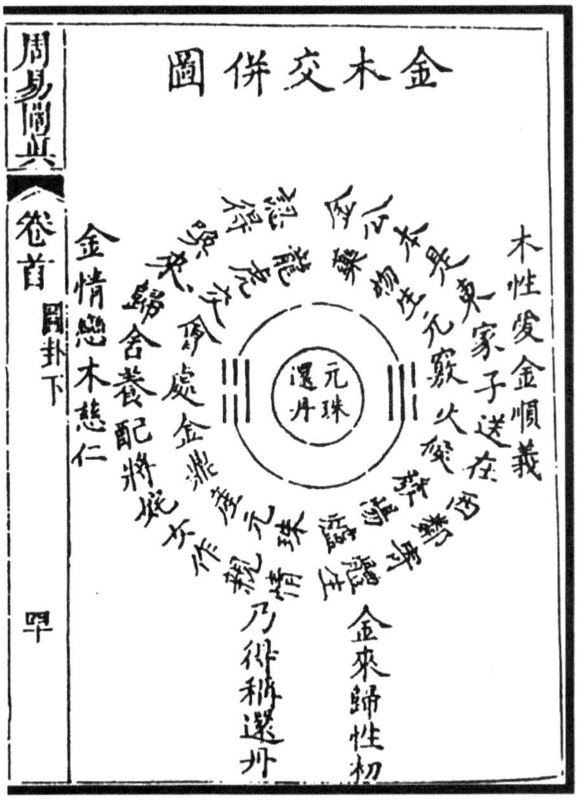

图 19　金木交并图
（《周易阐真》）

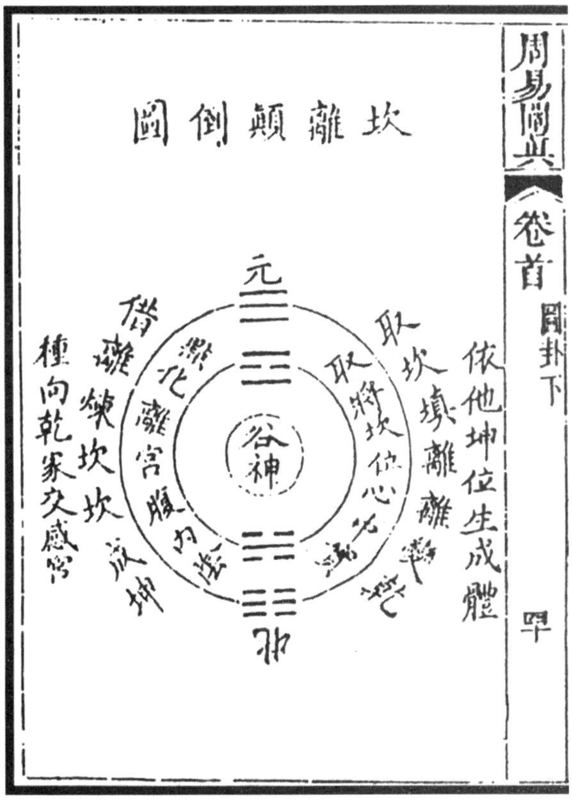

图 20　坎离颠倒图
（《周易阐真》）

图 21　乾坤颠倒图
(《周易阐真》)

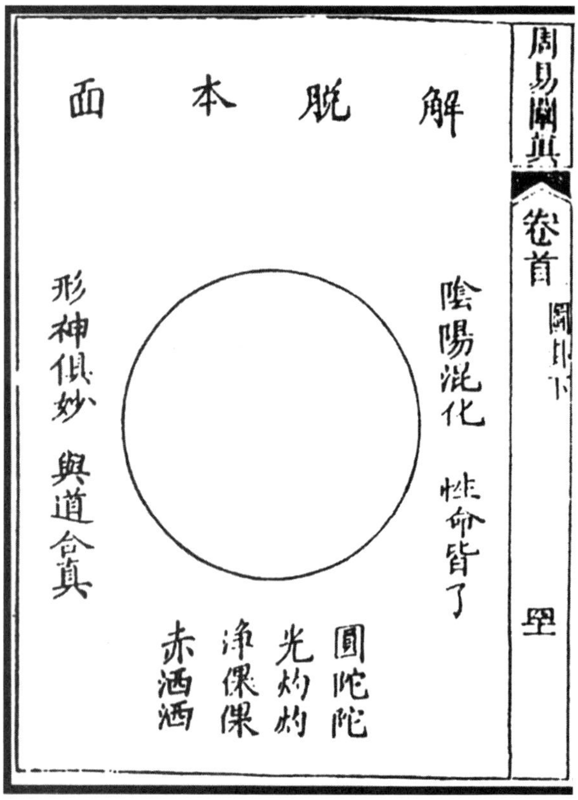

图 22　解脱本面图
(《周易阐真》)

图 23　先后八卦合一图
(《周易阐真》)

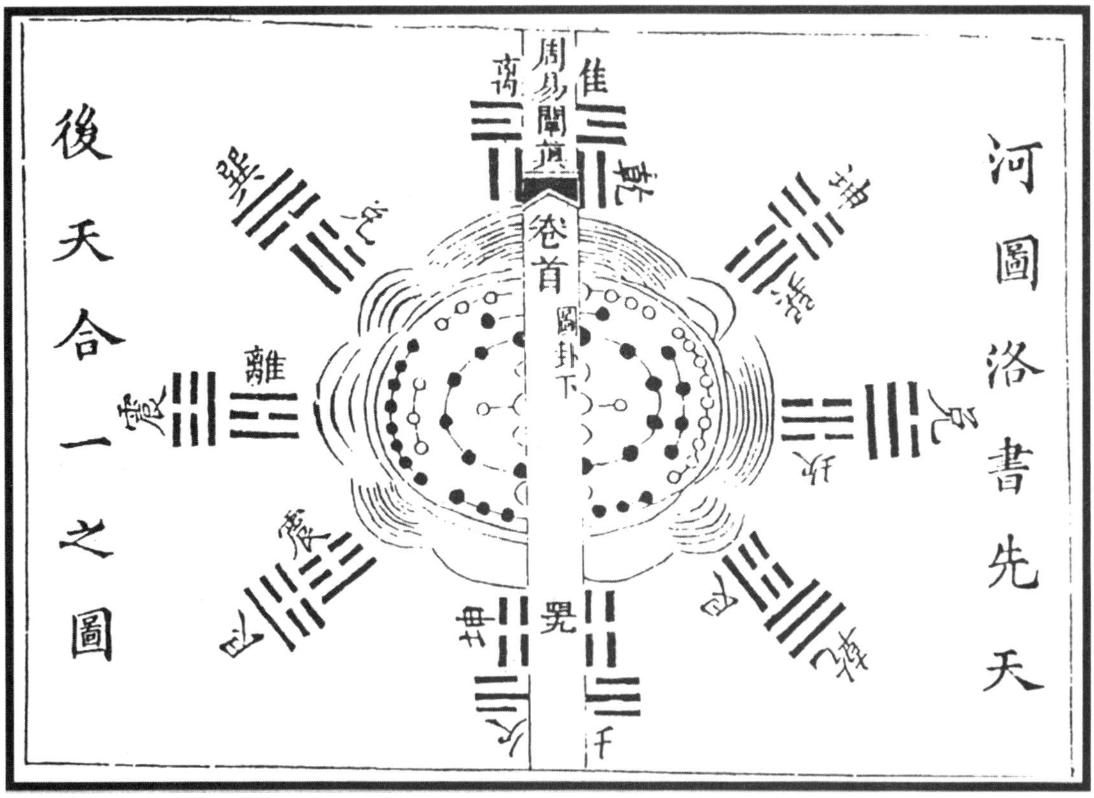

图 24　河图洛书先天后天合一之图
（《周易阐真》）

图 25　图中图
（《周易阐真》）

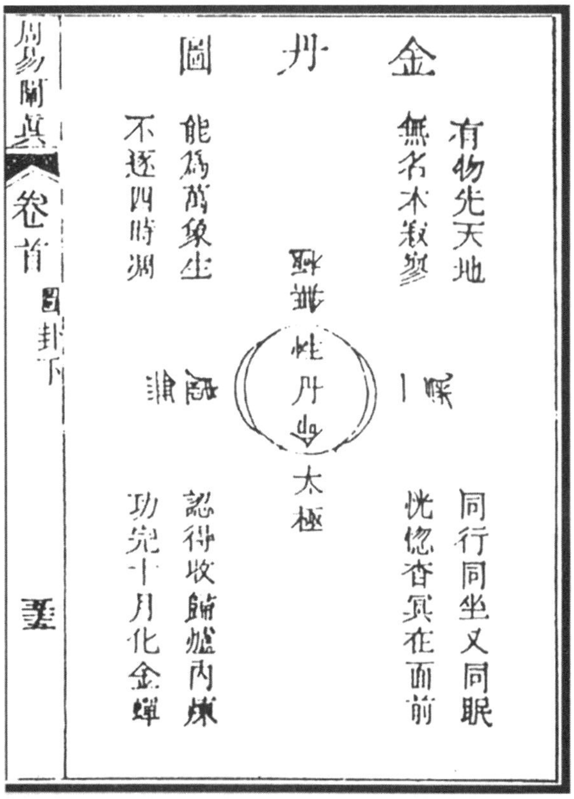

图 26　金丹图
（《周易阐真》）

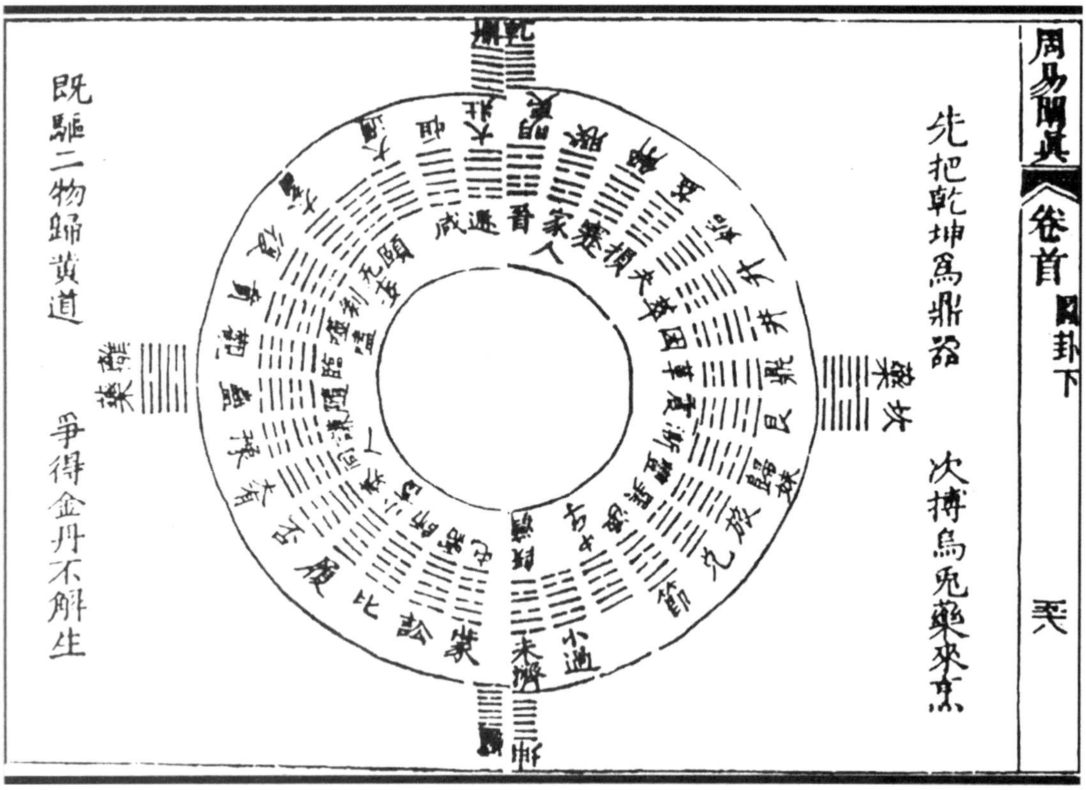

图 27 鼎炉药物火候六十四卦图
（《周易阐真》）

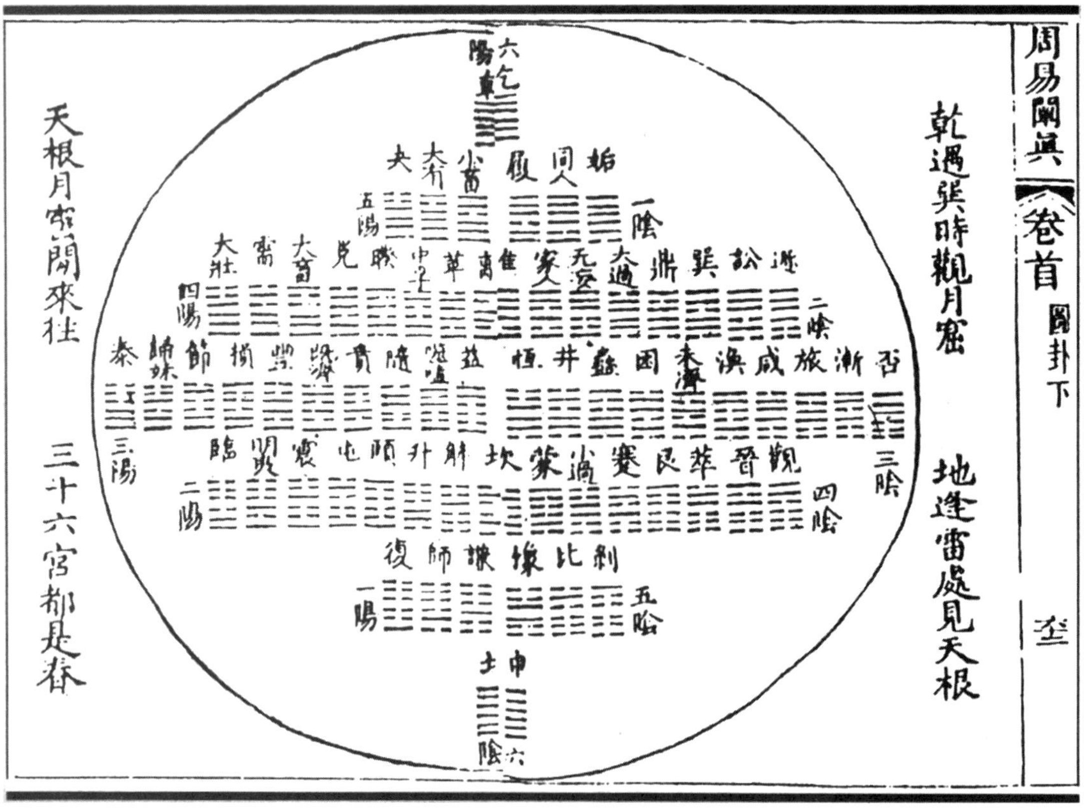

图 28 阳火阴符六阳六阴图
（《周易阐真》）

象言破疑

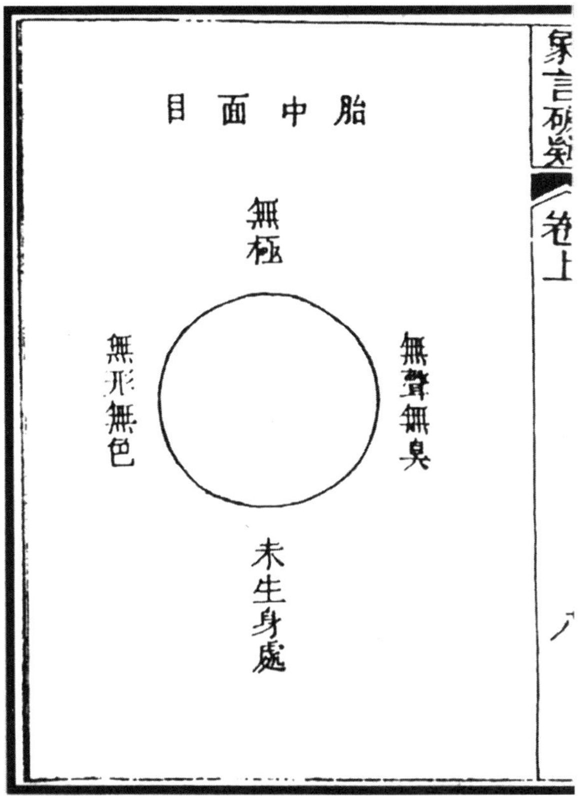

图 1　胎中面目图
（《象言破疑》）

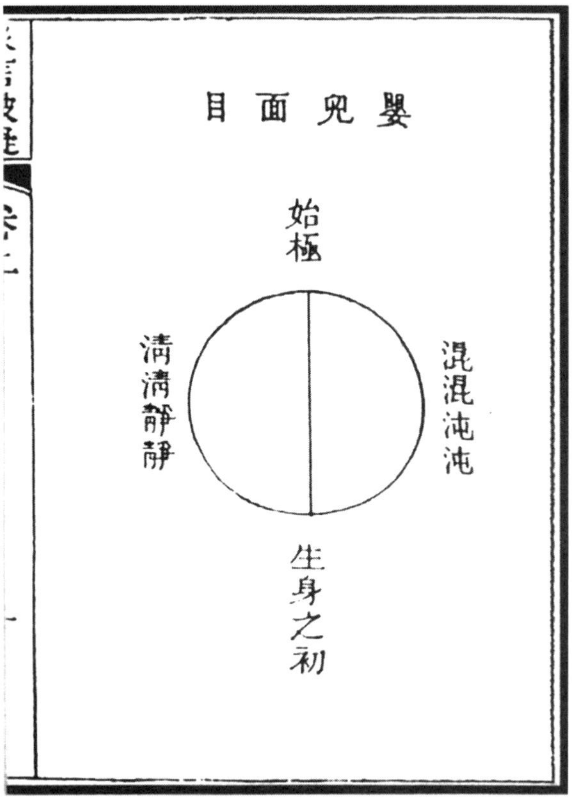

图 2　婴儿面目图
（《象言破疑》）

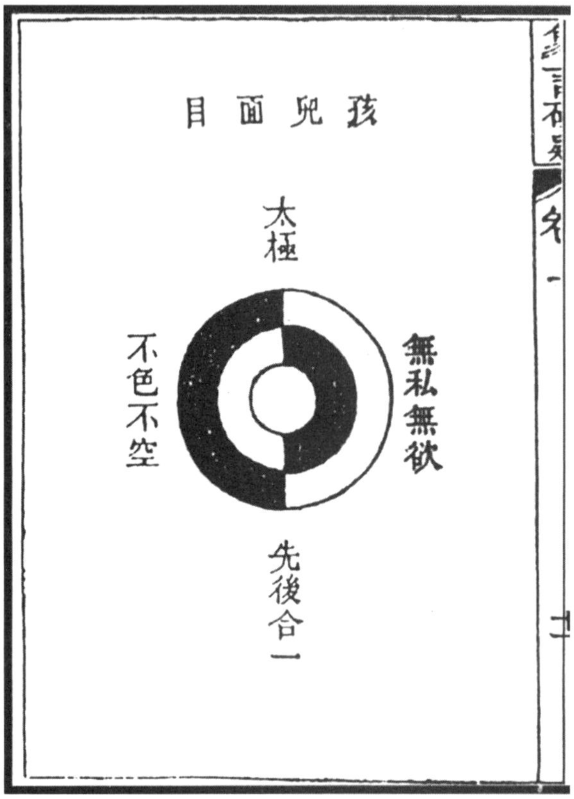

图 3　孩儿面目图
（《象言破疑》）

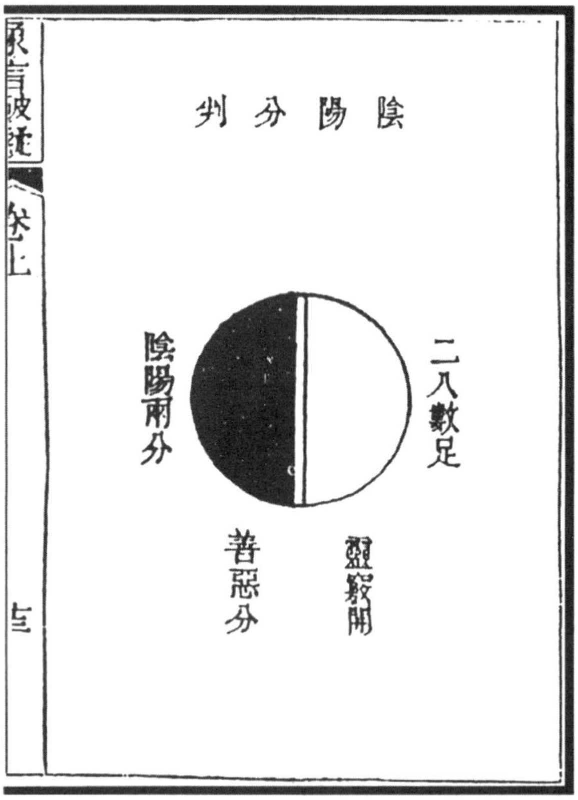

图 4　阴阳分判图
（《象言破疑》）

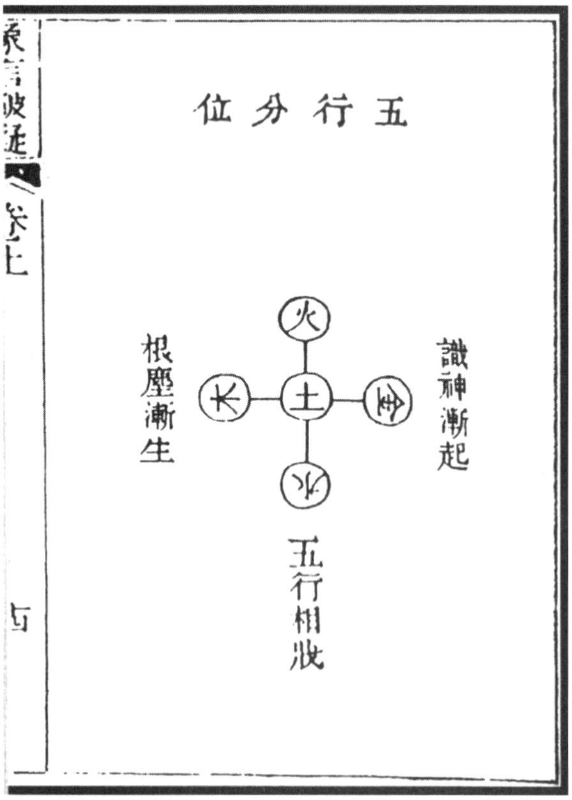

图 5　五行分位图
（《象言破疑》）

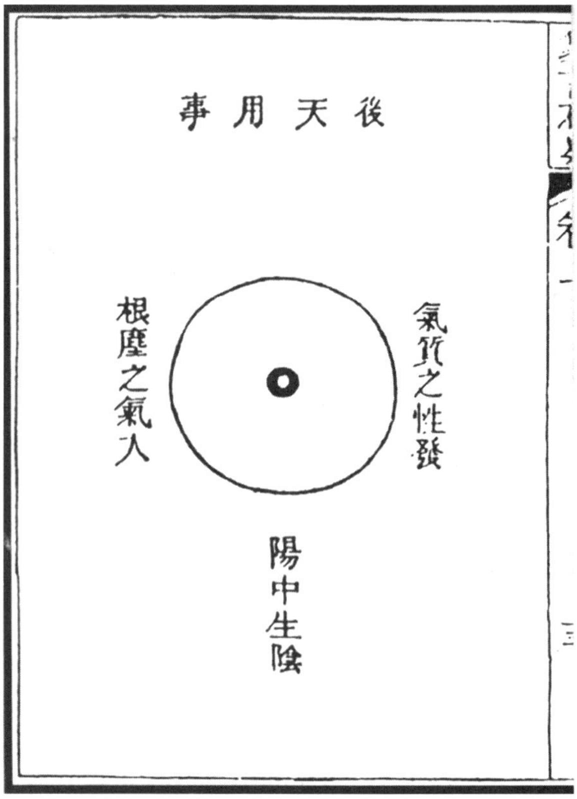

图 6　后天用事图
（《象言破疑》）

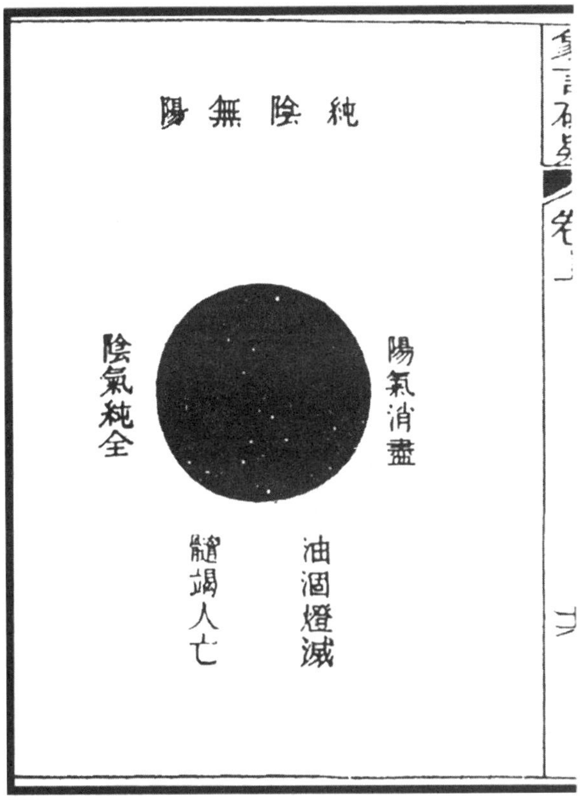

图 7　纯阴无阳图
(《象言破疑》)

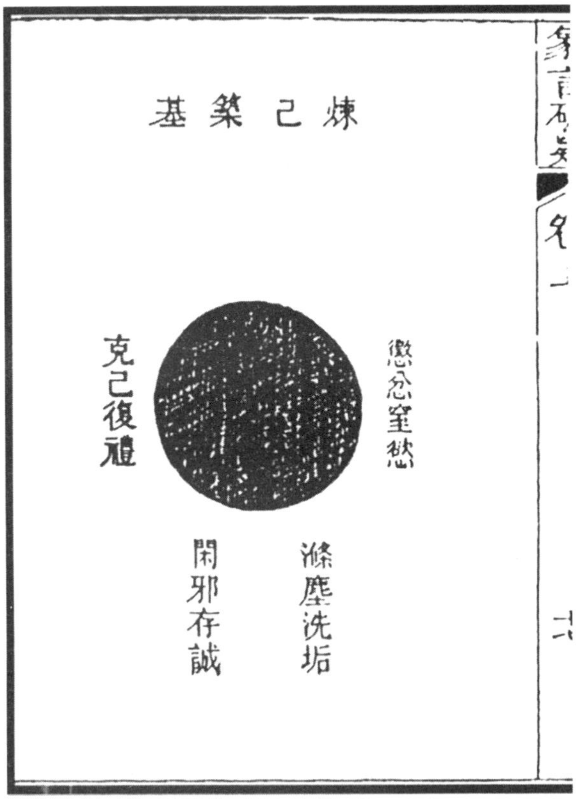

图 8　炼己筑基图
(《象言破疑》)

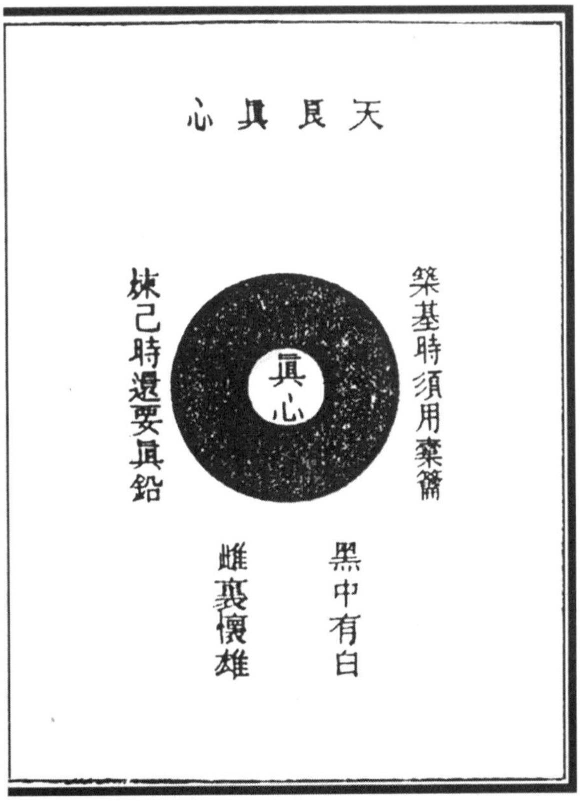

图 9　天良真心图
(《象言破疑》)

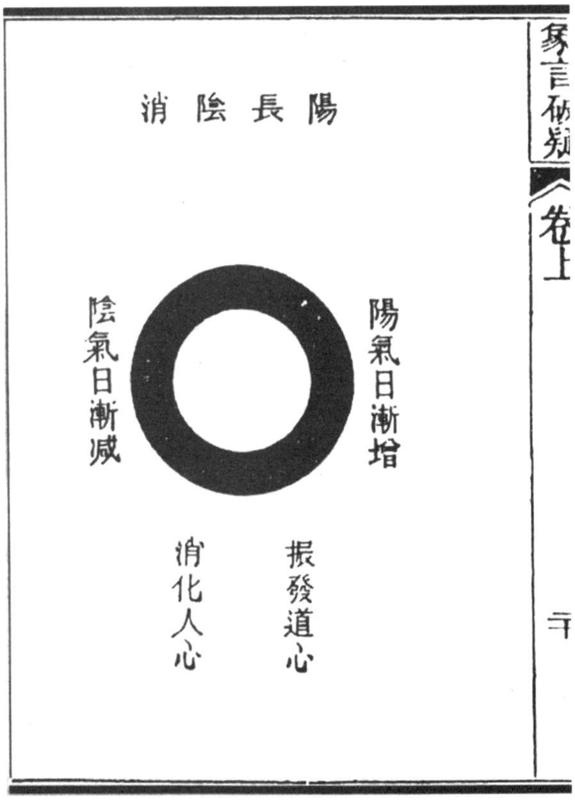

图 10　阳长阴消图
(《象言破疑》)

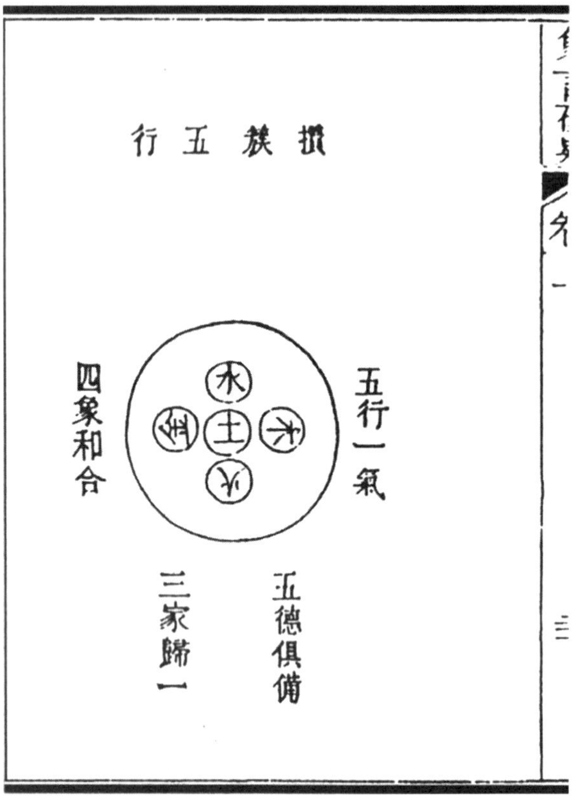

图 11　攒簇五行图
(《象言破疑》)

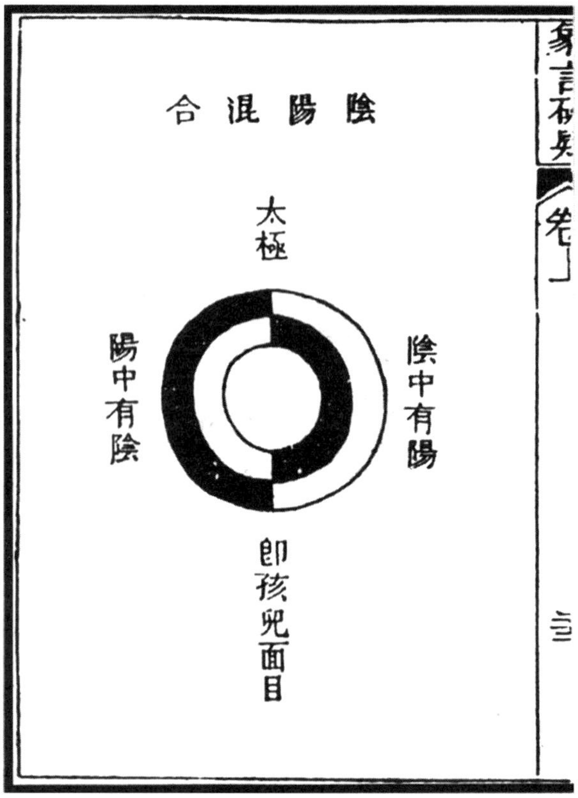

图 12　阴阳混合图
(《象言破疑》)

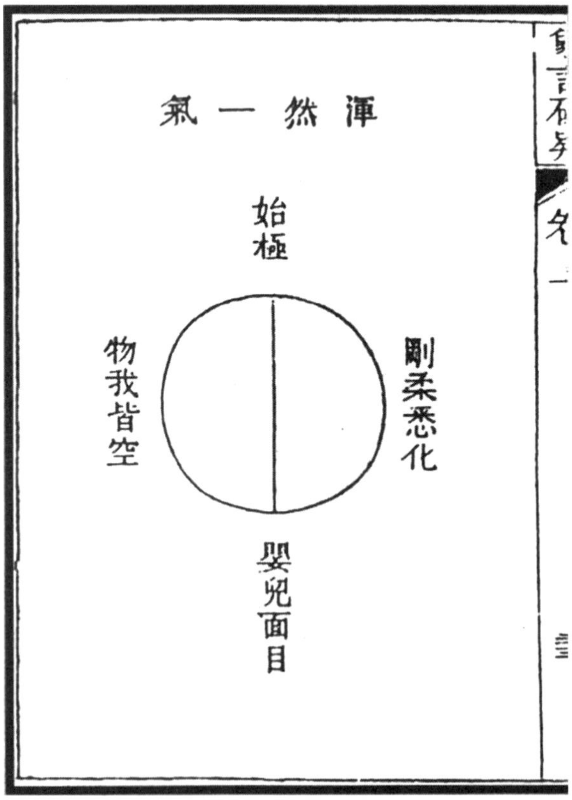

图 13　浑然一气图
(《象言破疑》)

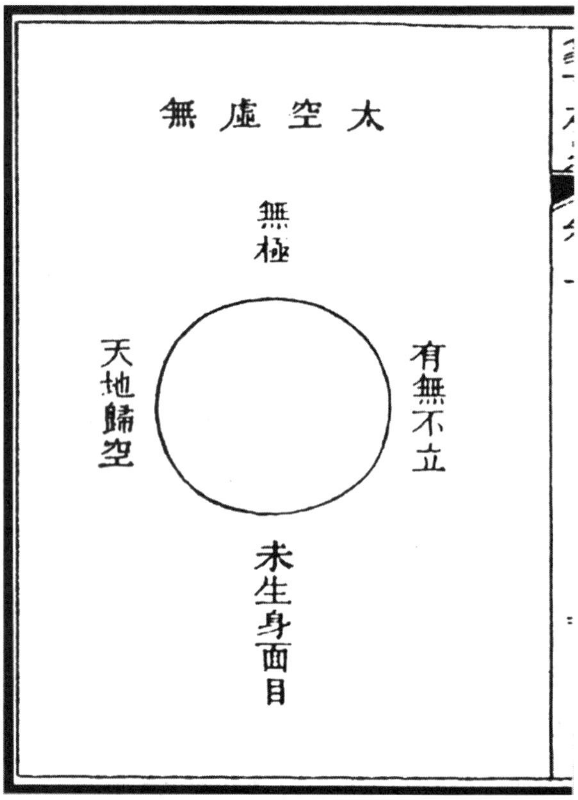

图 14　太空虚无图
(《象言破疑》)

图 15　金丹图
（《象言破疑》）

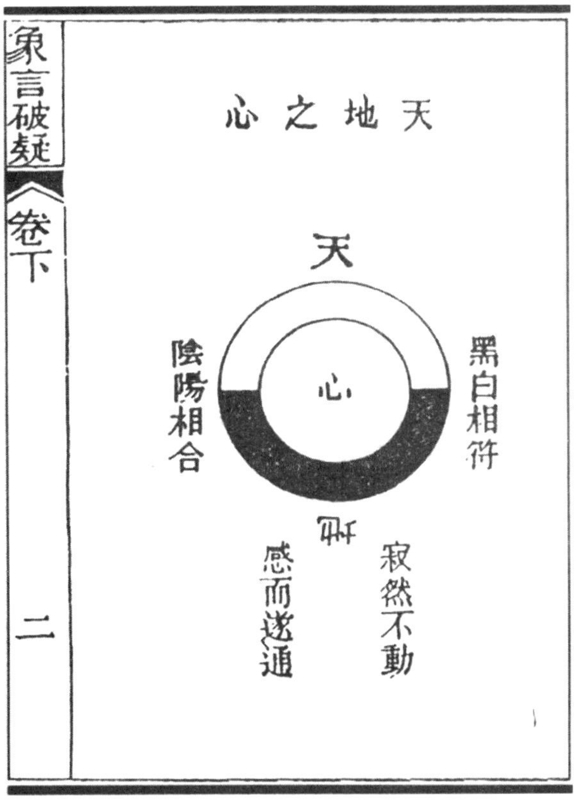

图 16　天地之心图
（《象言破疑》）

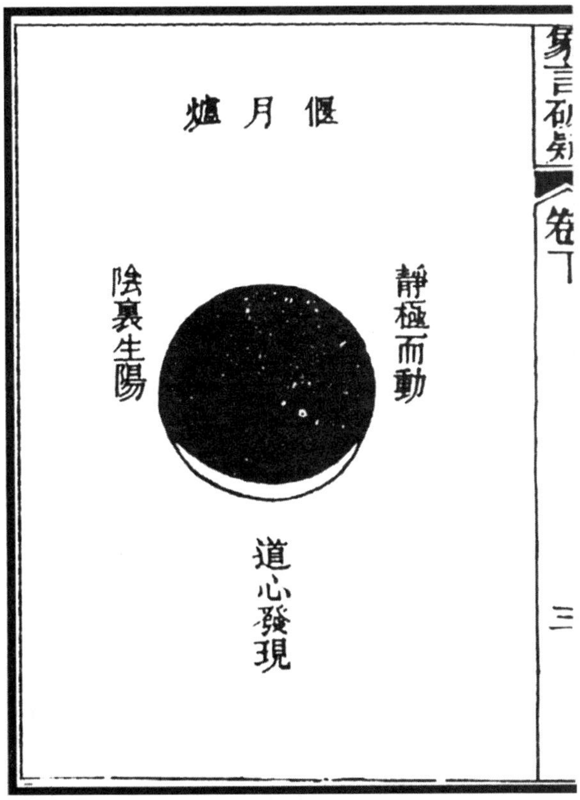

图 17　偃月炉图
（《象言破疑》）

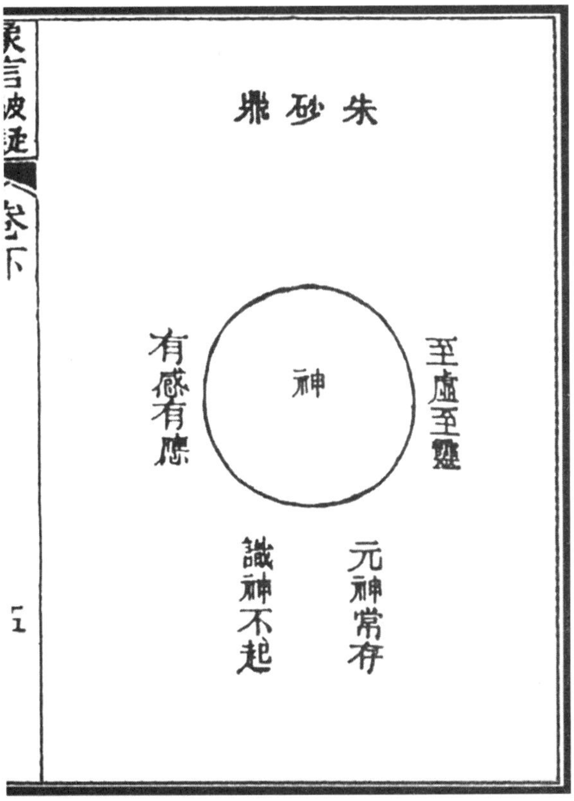

图 18　朱砂鼎图
（《象言破疑》）

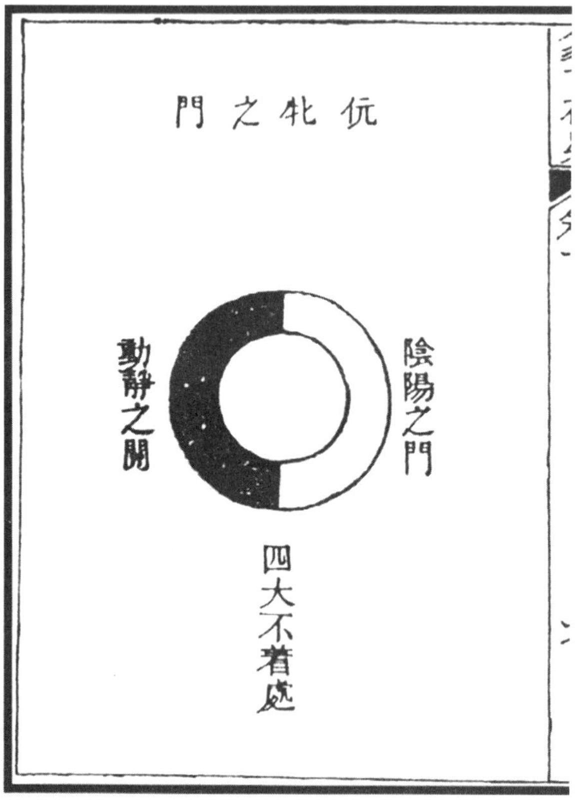

图 19　玄牝之门图
（《象言破疑》）

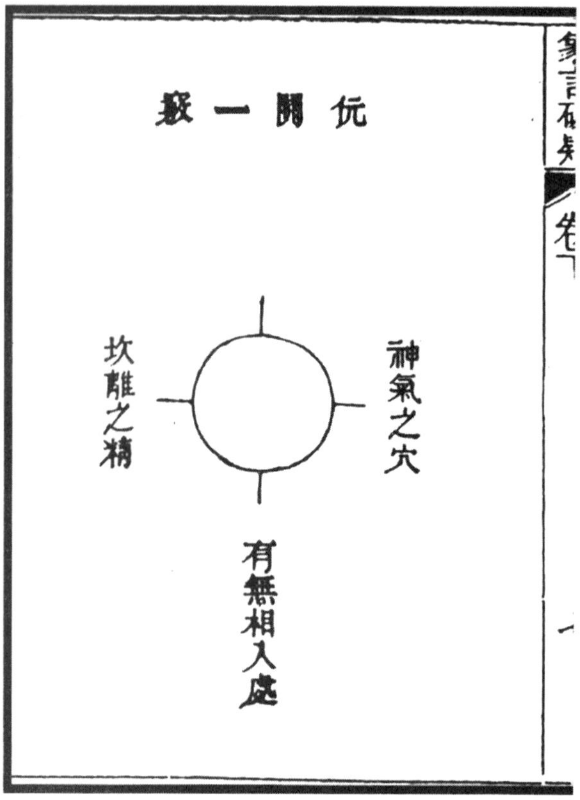

图 20　玄关一窍图
（《象言破疑》）

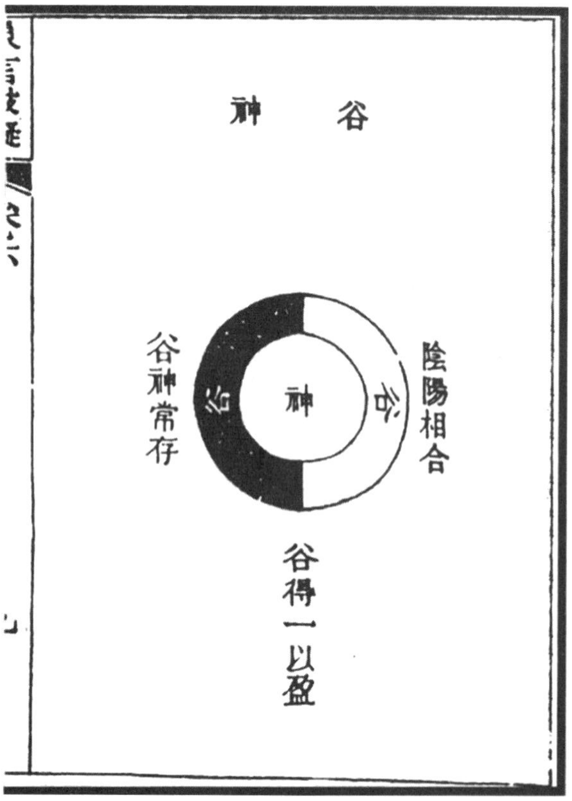

图 21　谷神图
（《象言破疑》）

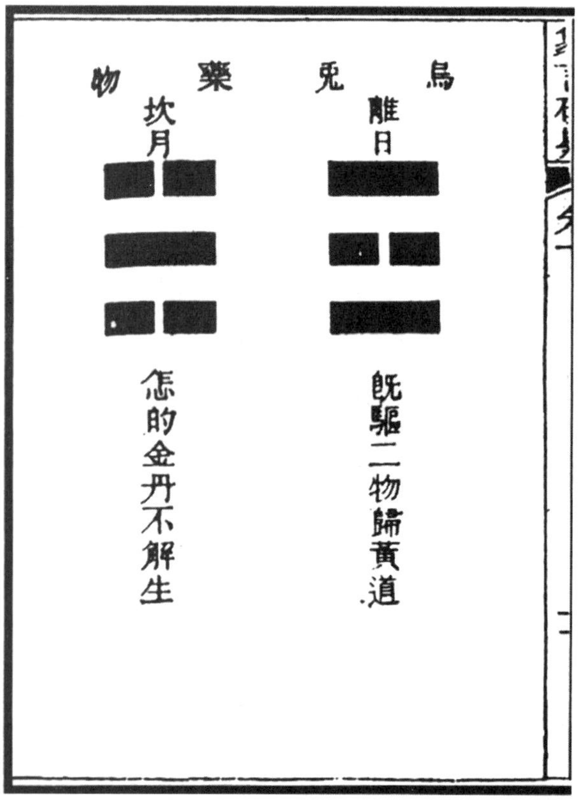

图 22　乌兔药物图
（《象言破疑》）

图 23　龙虎相会图

（《象言破疑》）

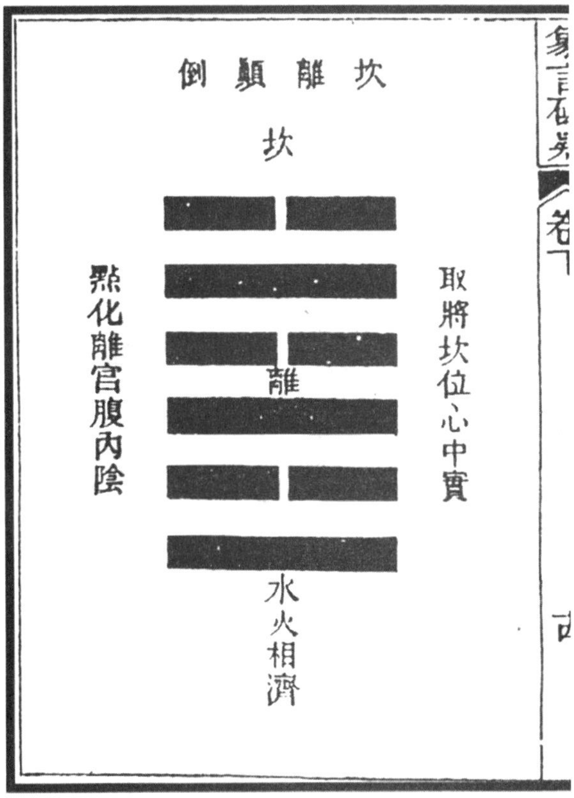

图 24　坎离颠倒图

（《象言破疑》）

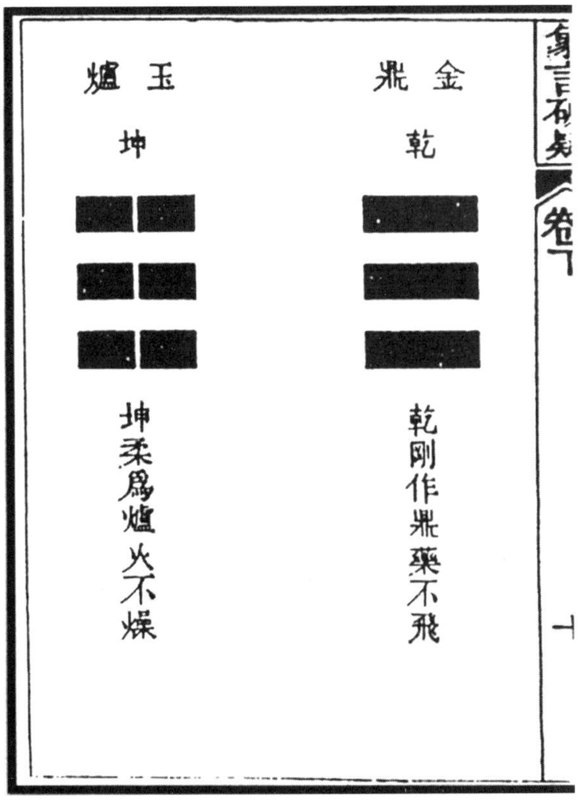

图 25　金鼎玉炉图

（《象言破疑》）

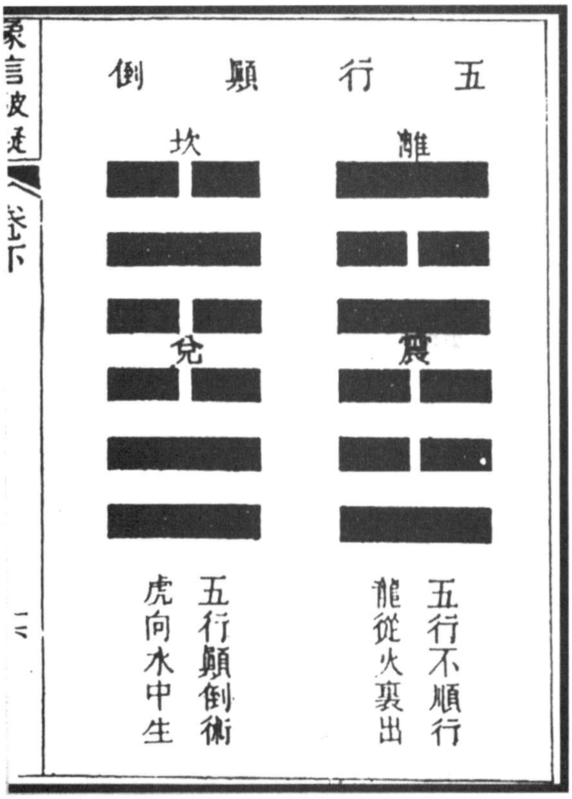

图 26　五行颠倒图

（《象言破疑》）

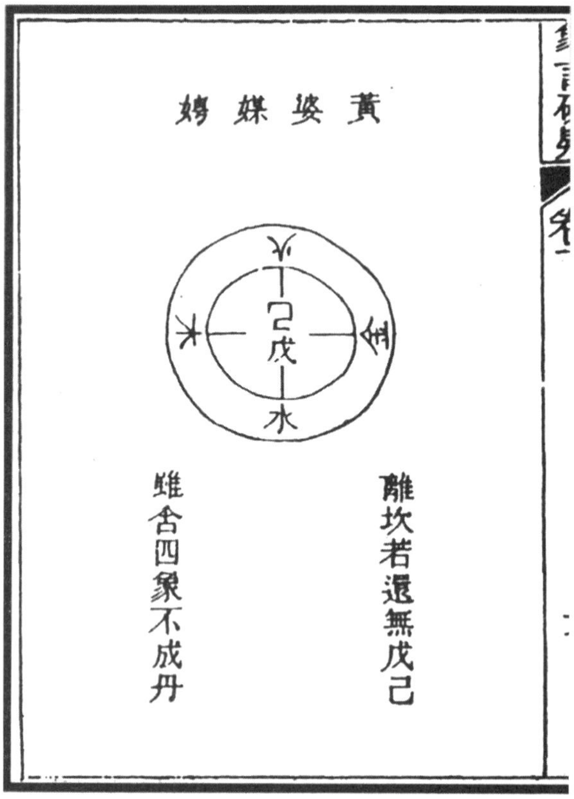

图 27　黄婆媒聘图
（《象言破疑》）

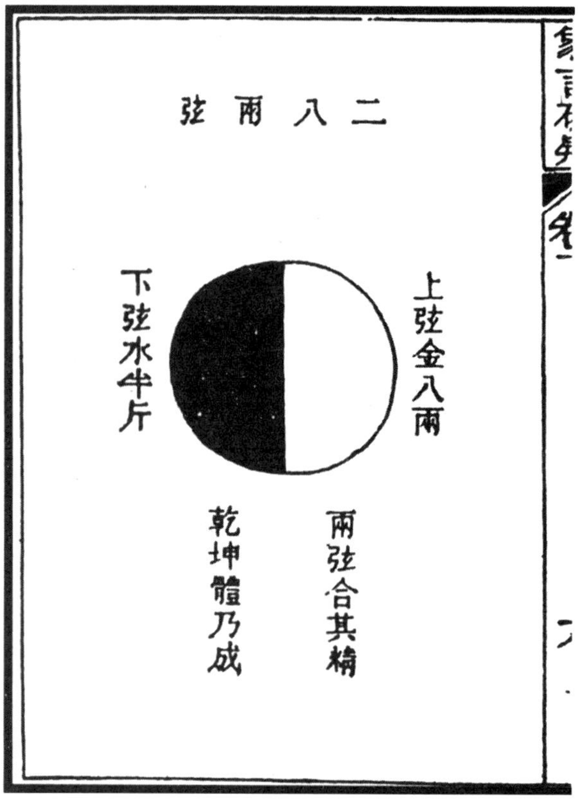

图 28　二八两弦图
（《象言破疑》）

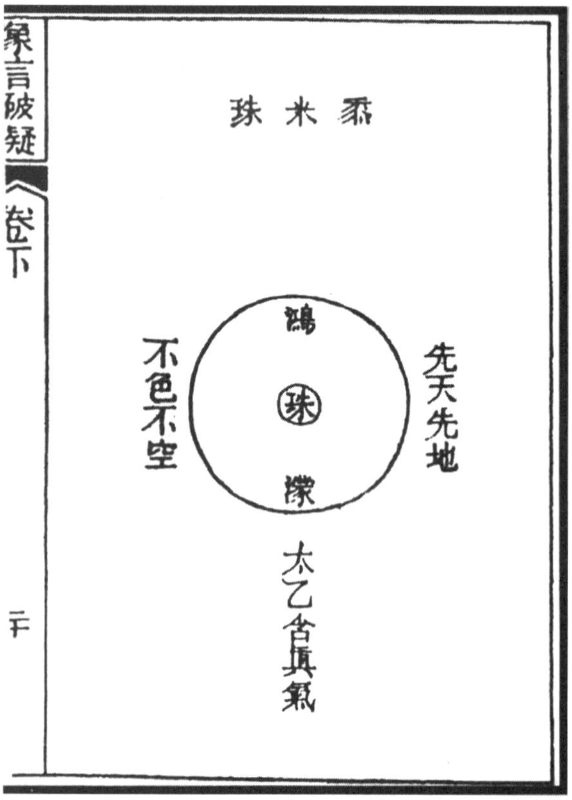

图 29　黍米珠图
（《象言破疑》）

图 30　火候卦象图
（《象言破疑》）

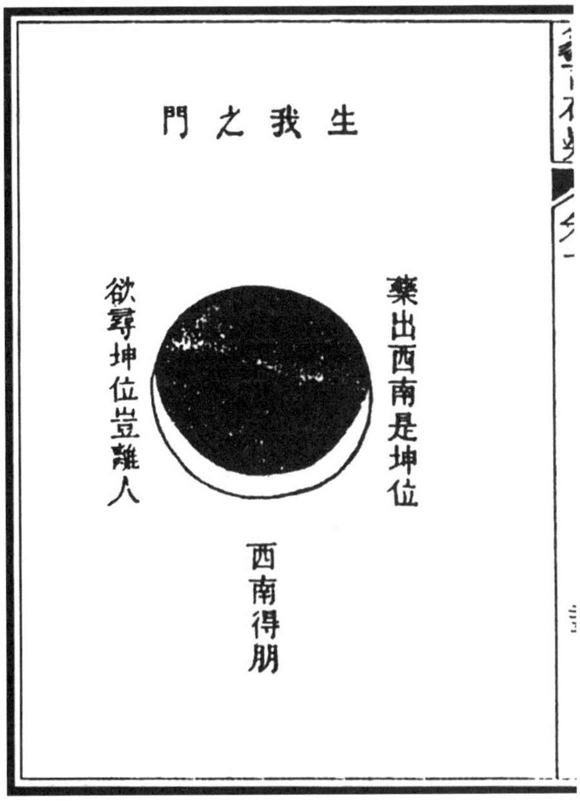

图 31　生我之门图
（《象言破疑》）

图 32　死我之户图
（《象言破疑》）

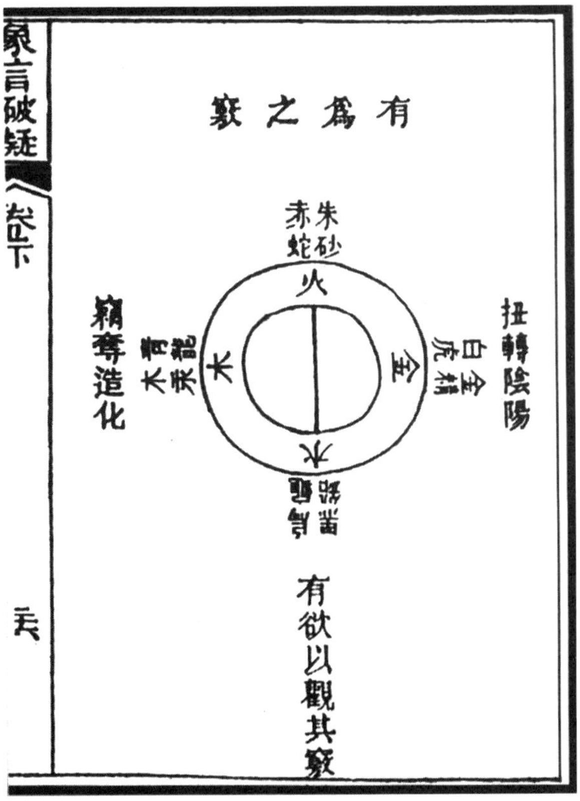

图 33　有为之窍图
（《象言破疑》）

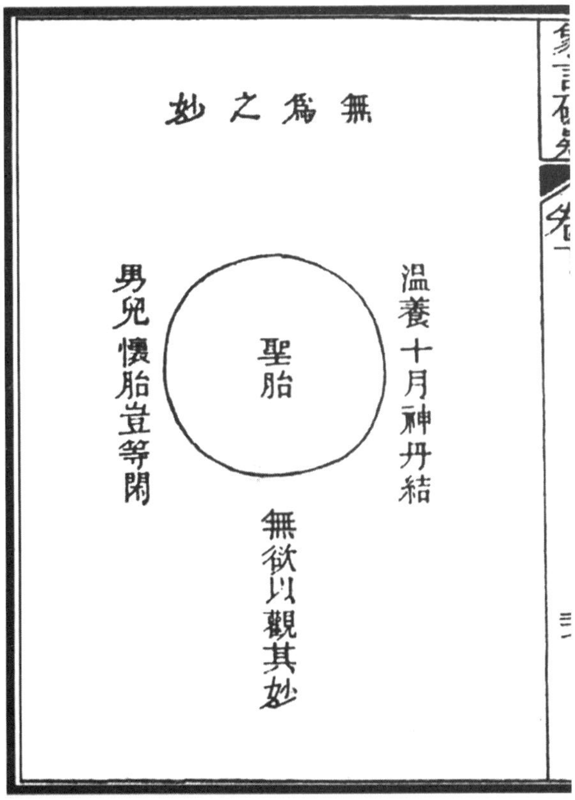

图 34　无为之妙图
（《象言破疑》）

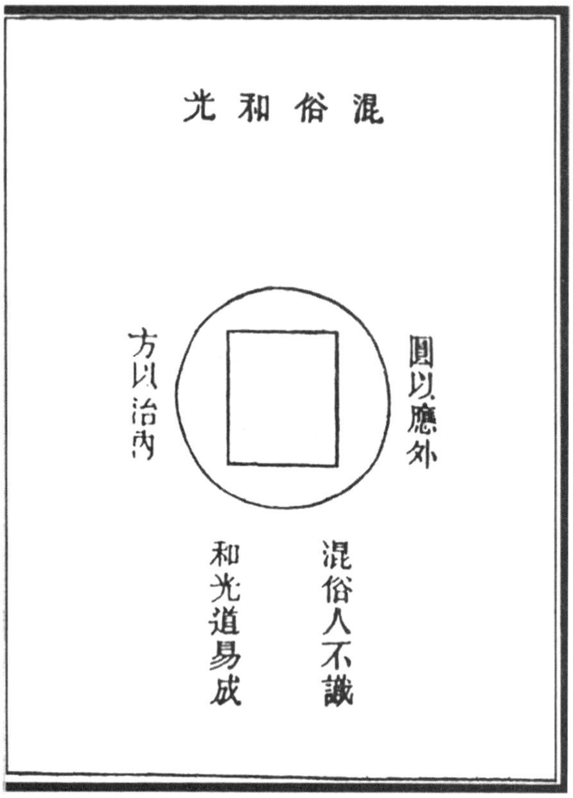

图 35　混俗和光图
（《象言破疑》）

图 36　药归土釜图
（《象言破疑》）

图 37　十月胎圆图
（《象言破疑》）

图 38　凝结圣胎图
（《象言破疑》）

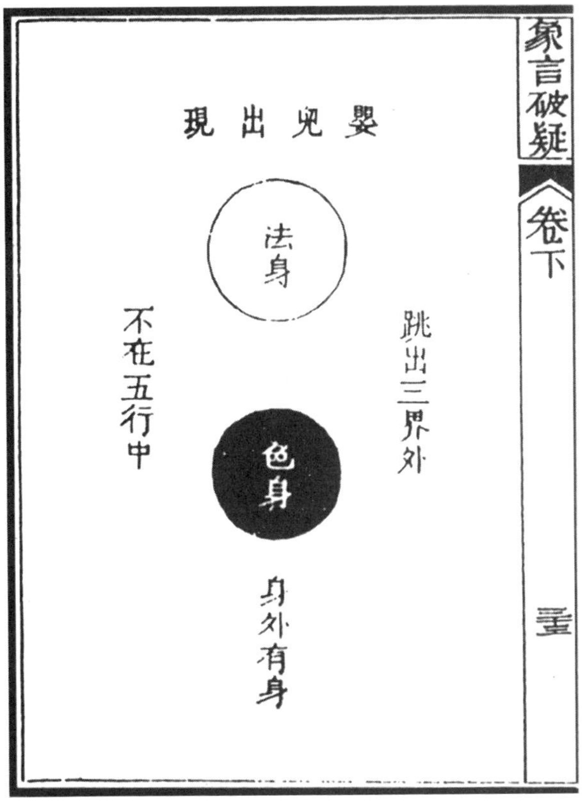

图 39　婴儿出现图
（《象言破疑》）

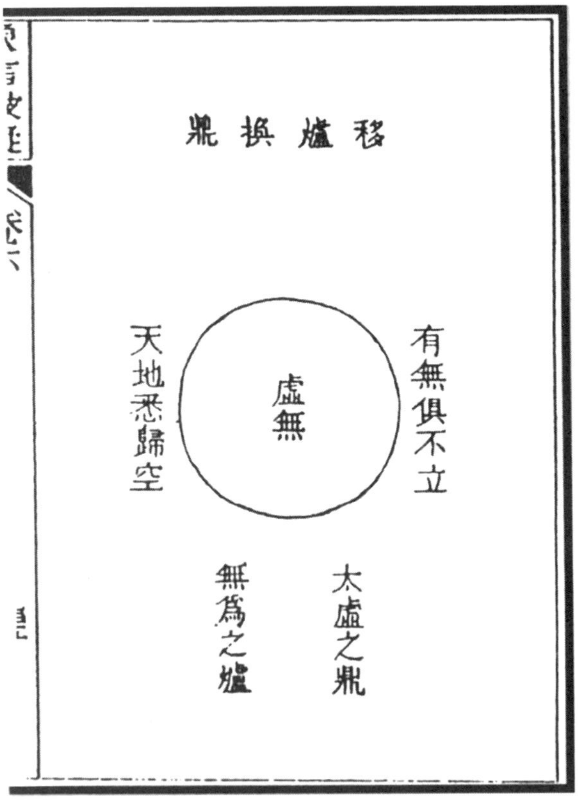

图 40　移炉换鼎图
（《象言破疑》）

参同契经文直指

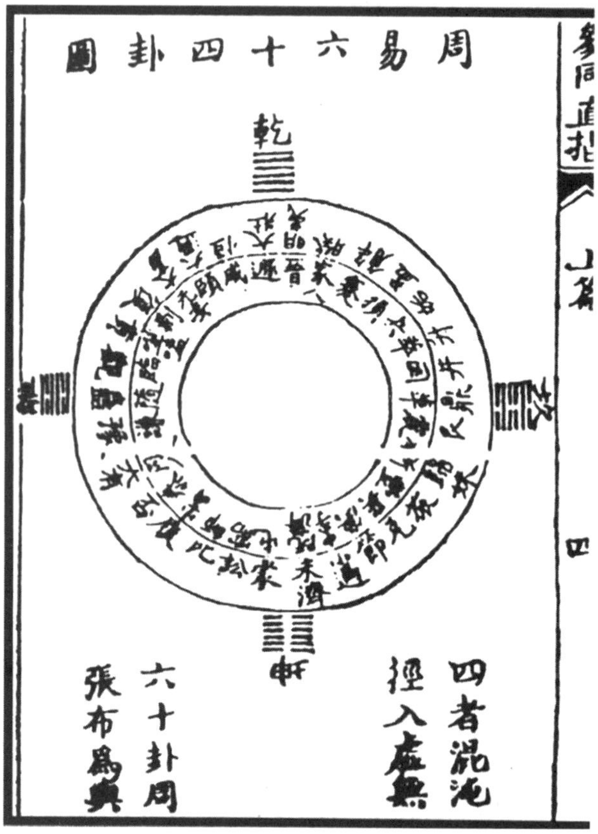

图 1　周易六十四卦图
(《参同契经文直指》)

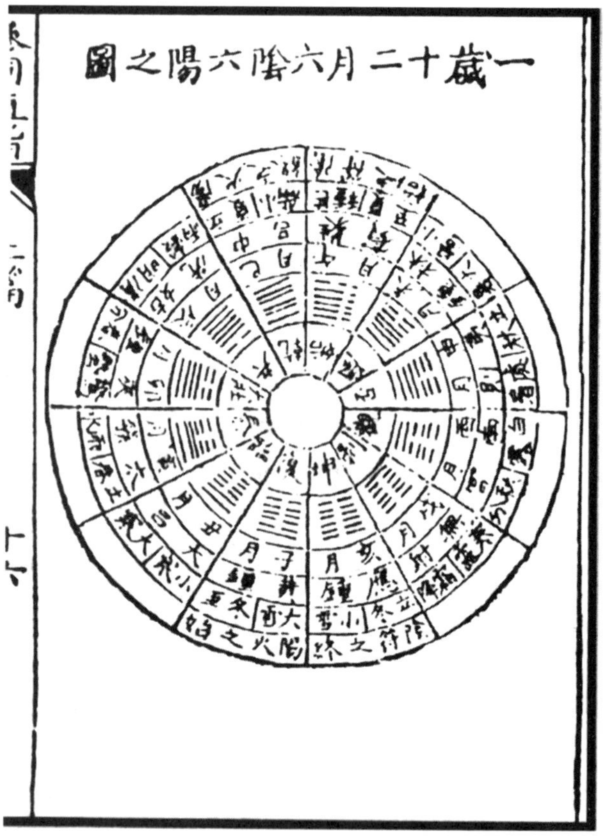

图 2　一岁十二月六阴六阳之图
(《参同契经文直指》)

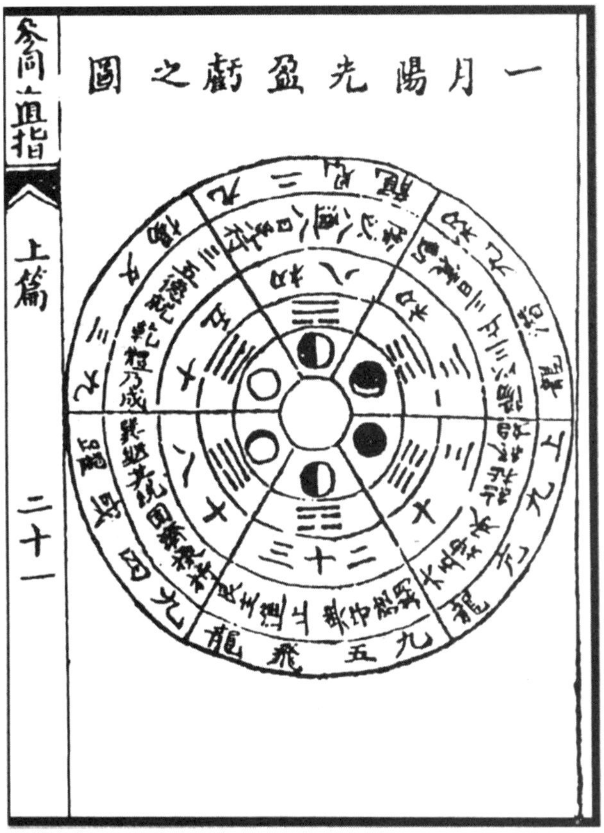

图 3　一月阳光盈亏之图

（《参同契经文直指》）

上清灵宝济度大成金书

图 1　血湖地狱灯图
（《上清灵宝济度大成金书》）

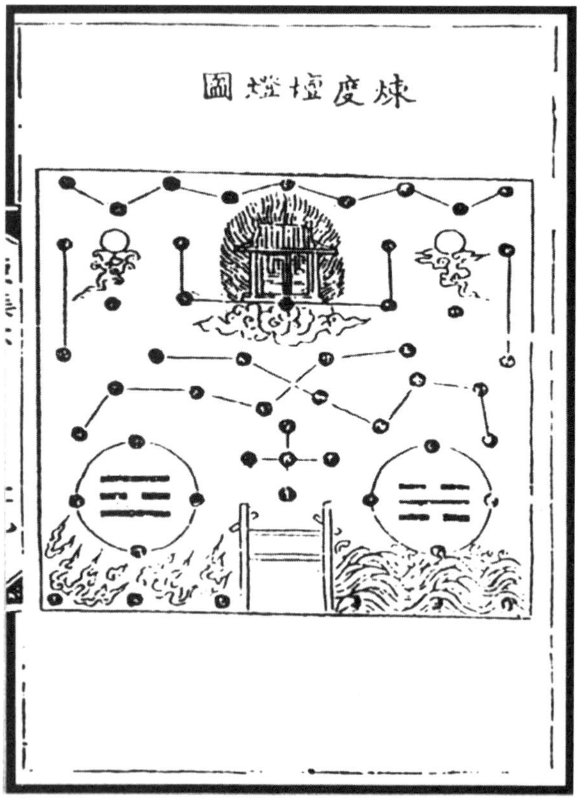

图 2　炼度坛灯图
（《上清灵宝济度大成金书》）

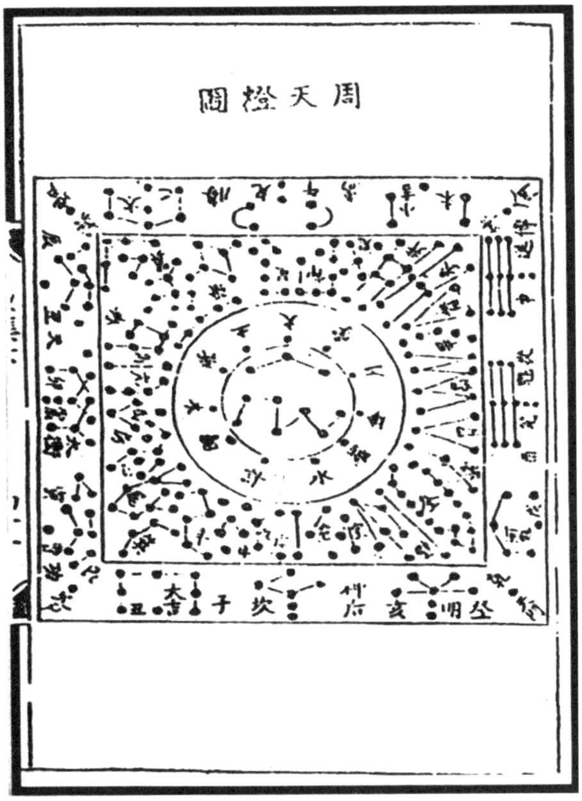

图3　周天灯图
（《上清灵宝济度大成金书》）

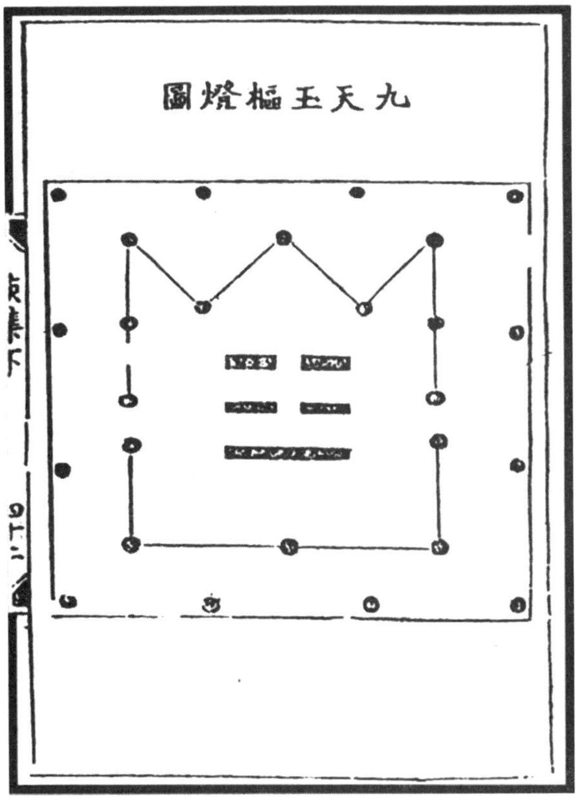

图4　九天玉枢灯图
（《上清灵宝济度大成金书》）

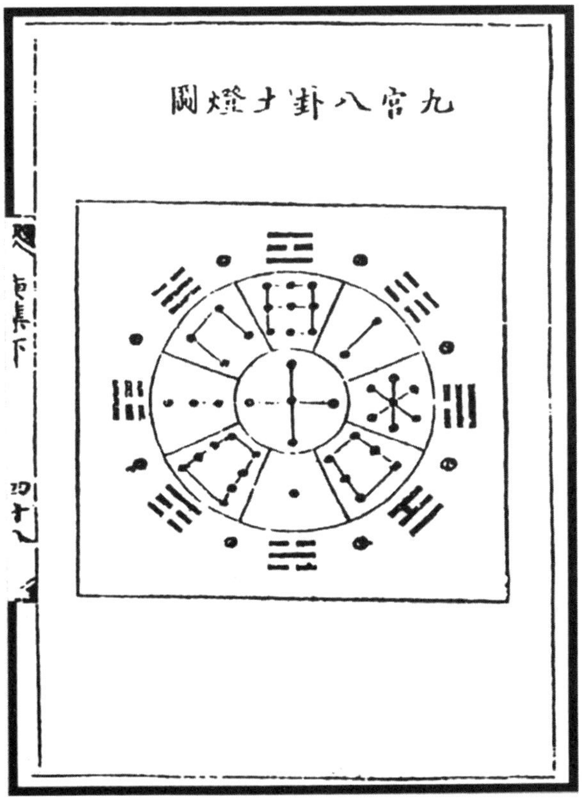

图5　九宫八卦土灯图
（《上清灵宝济度大成金书》）

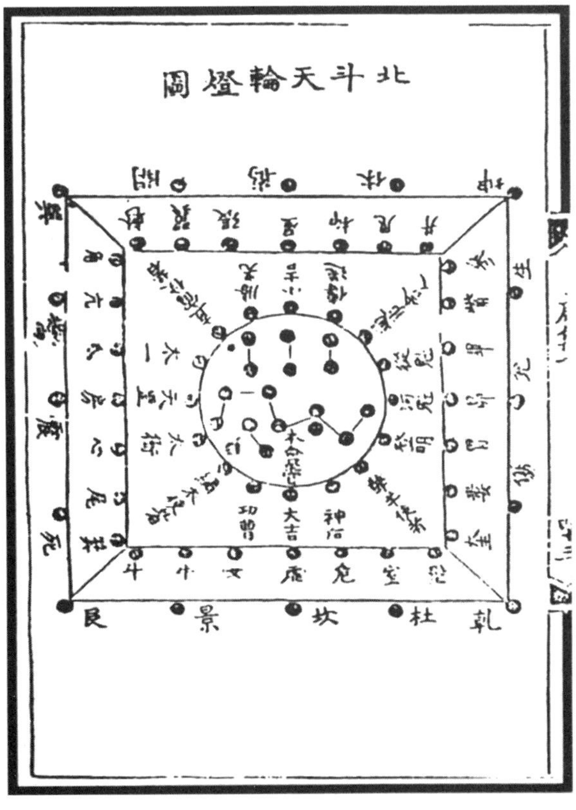

图6　北斗天轮灯图
（《上清灵宝济度大成金书》）

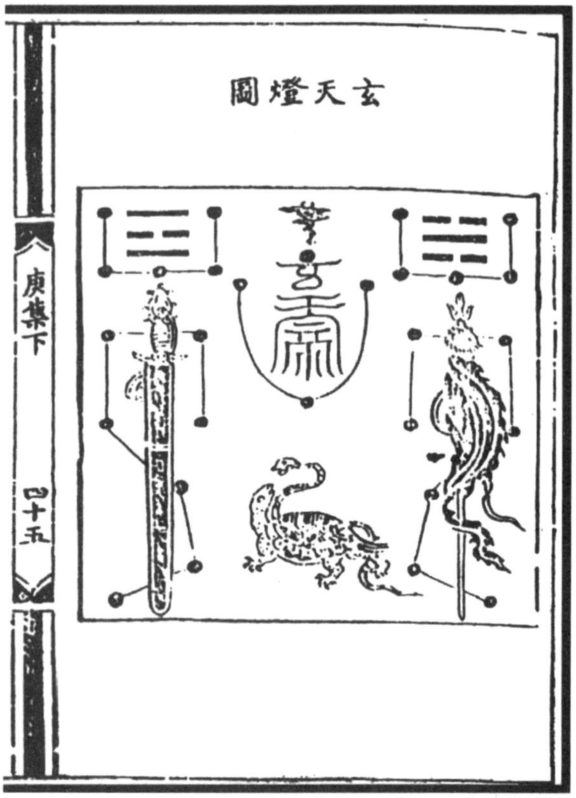

图 7　玄天灯图
(《上清灵宝济度大成金书》)

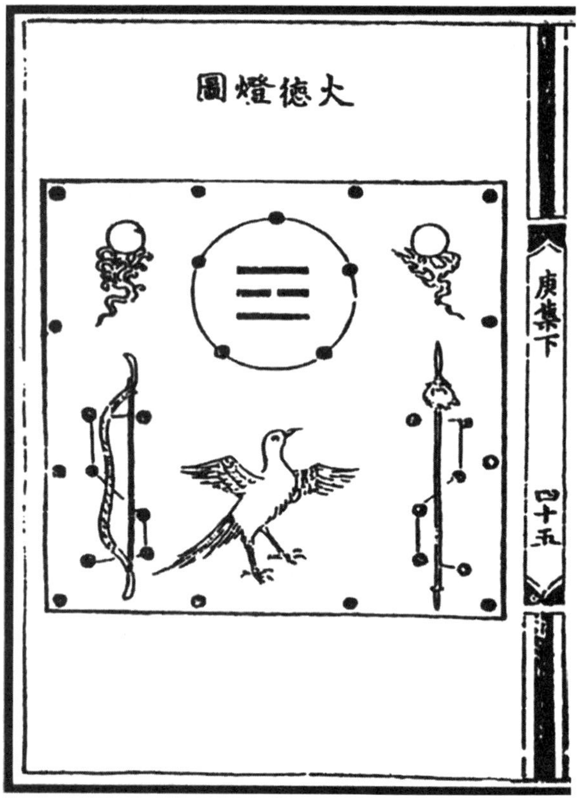

图 8　火德灯图
(《上清灵宝济度大成金书》)

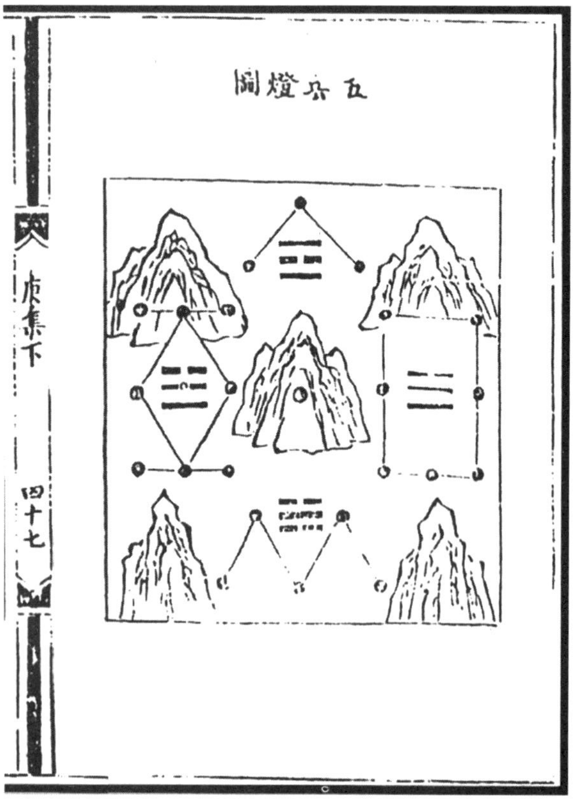

图 9　五岳灯图
(《上清灵宝济度大成金书》)

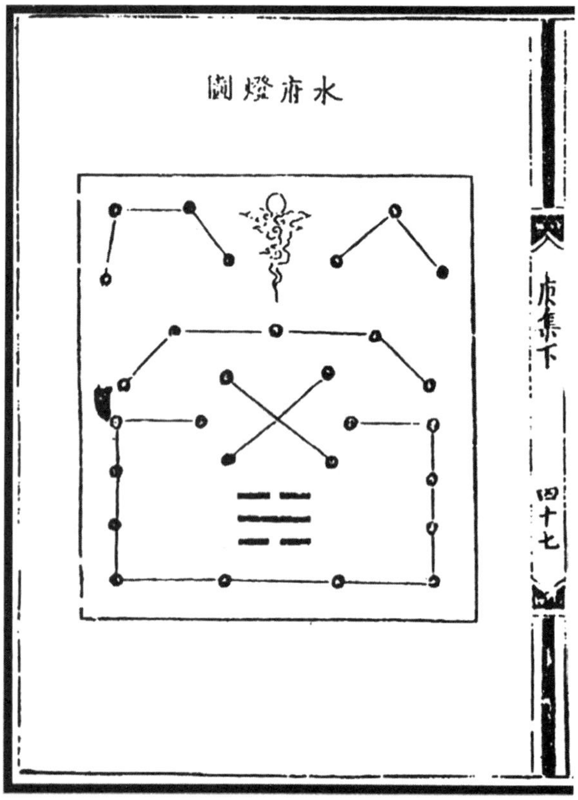

图 10　水府灯图
(《上清灵宝济度大成金书》)

玉帝正朝集

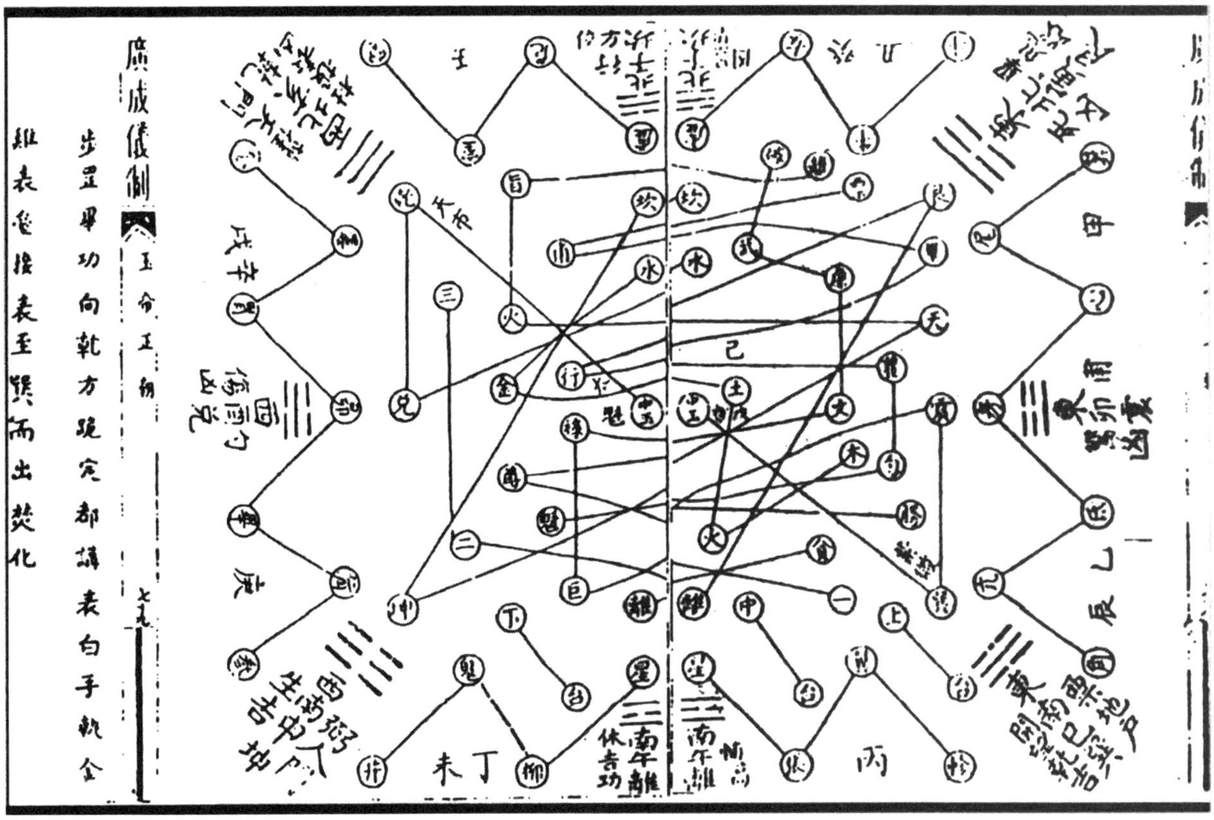

图1　步罡图

(《玉帝正朝集》)

秘藏周易参同契

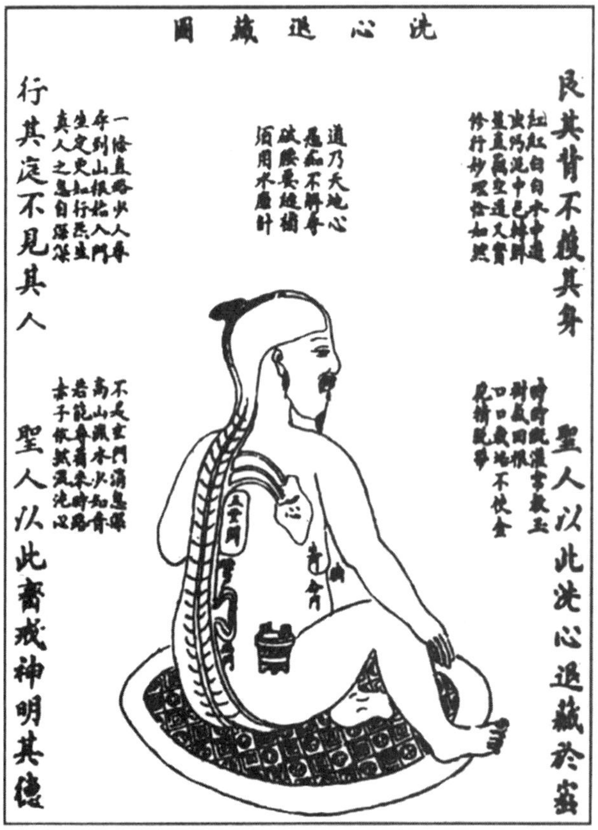

图 1　洗心退藏图
（《秘藏周易参同契》）

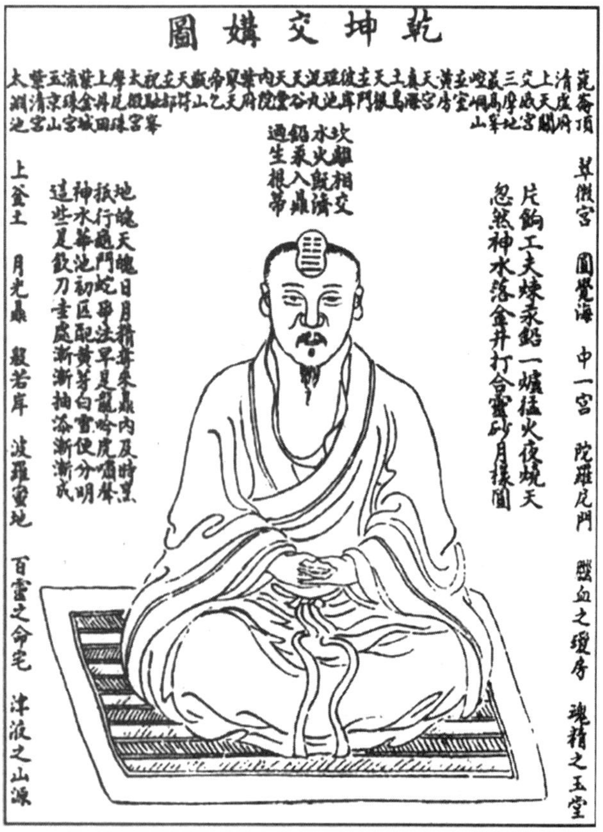

图 2　乾坤交媾图
（《秘藏周易参同契》）

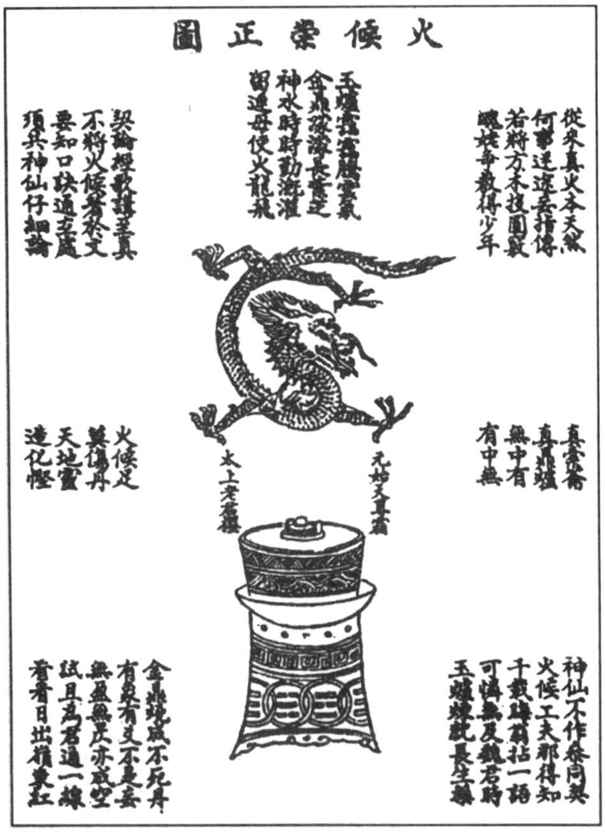

图3　火候崇正图

（《秘藏周易参同契》）

上方大洞真元妙经图

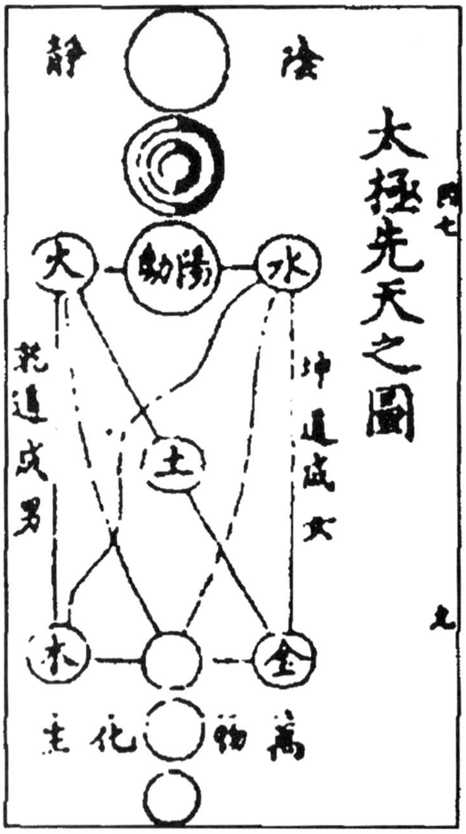

图 1　太极先天之图
(《上方大洞真元妙经图》)

图说

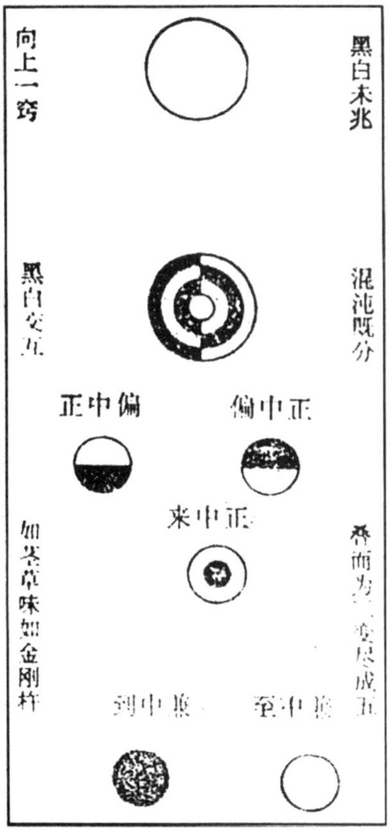

图 1　元贤五位图

(《图说》)

周易图

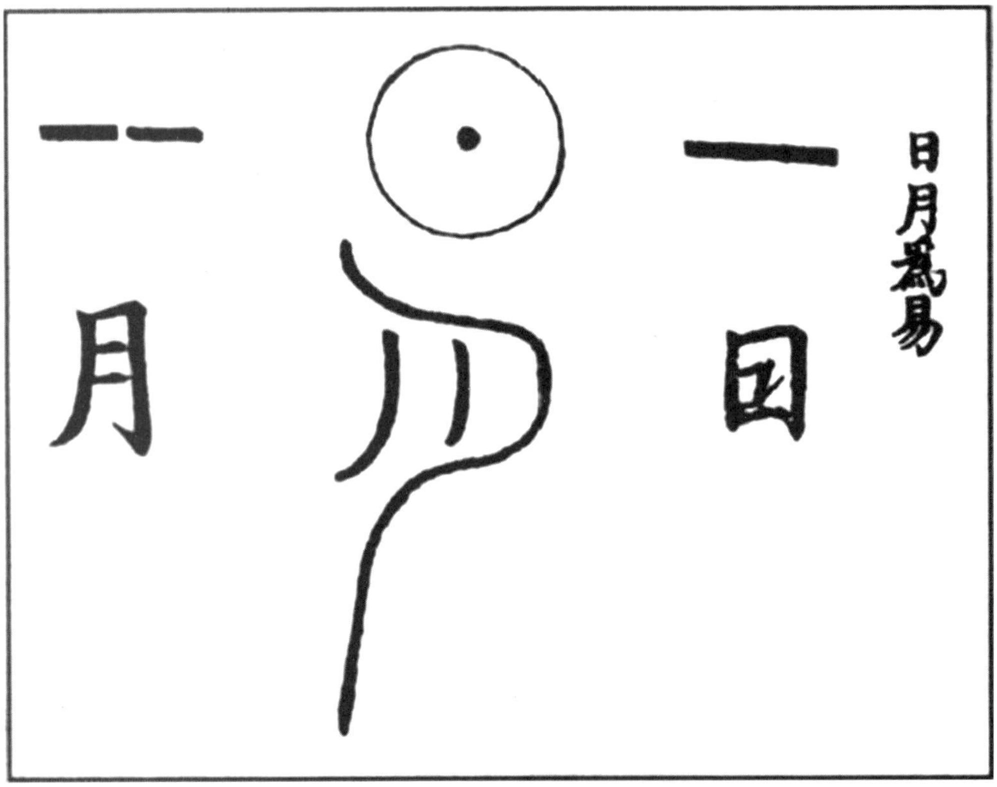

图 1　日月为易图

(《周易图》)

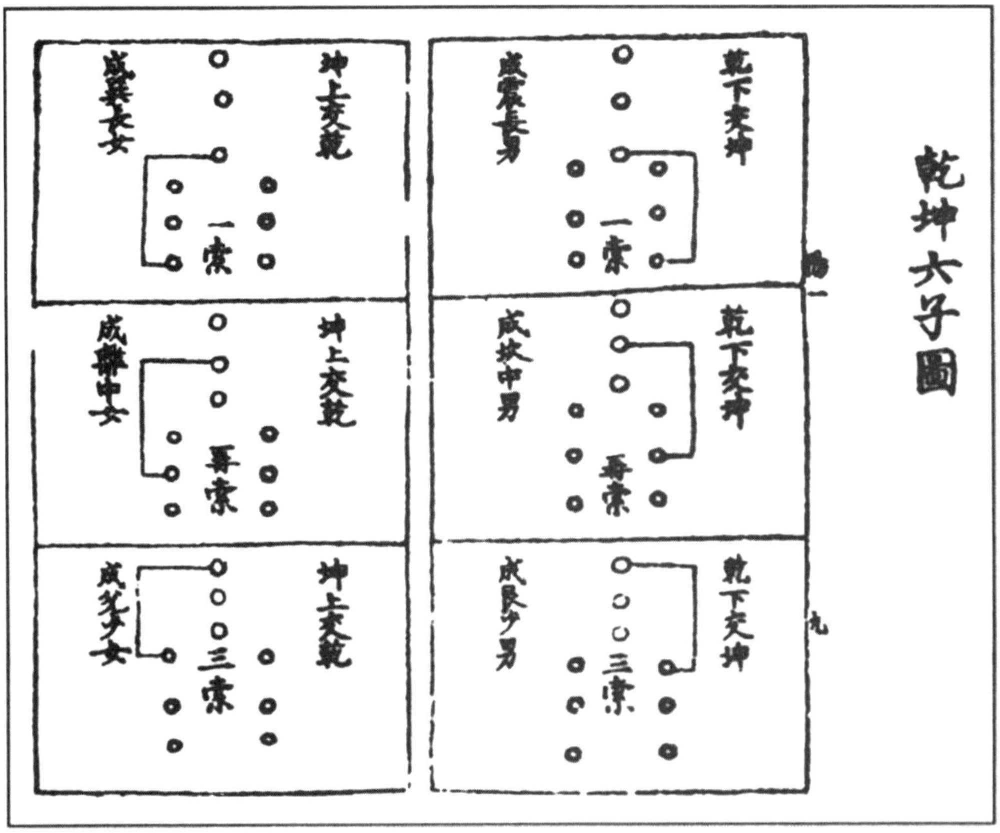

图 2　乾坤六子图

（《周易图》）

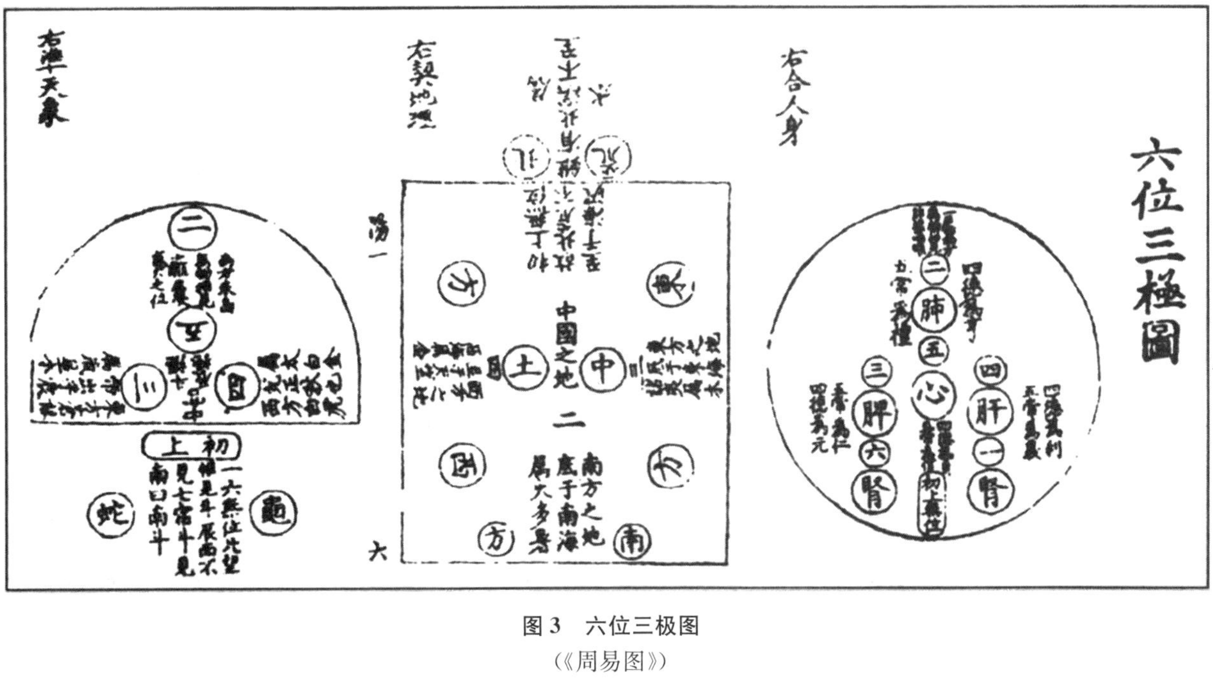

图 3　六位三极图

（《周易图》）

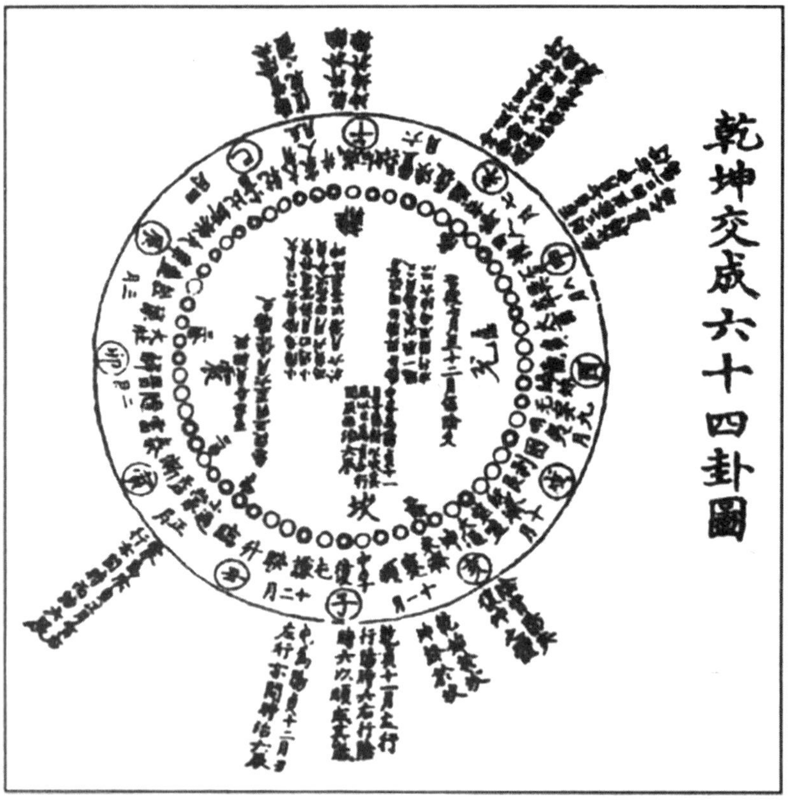

图 4　乾坤交成六十四卦图

（《周易图》）

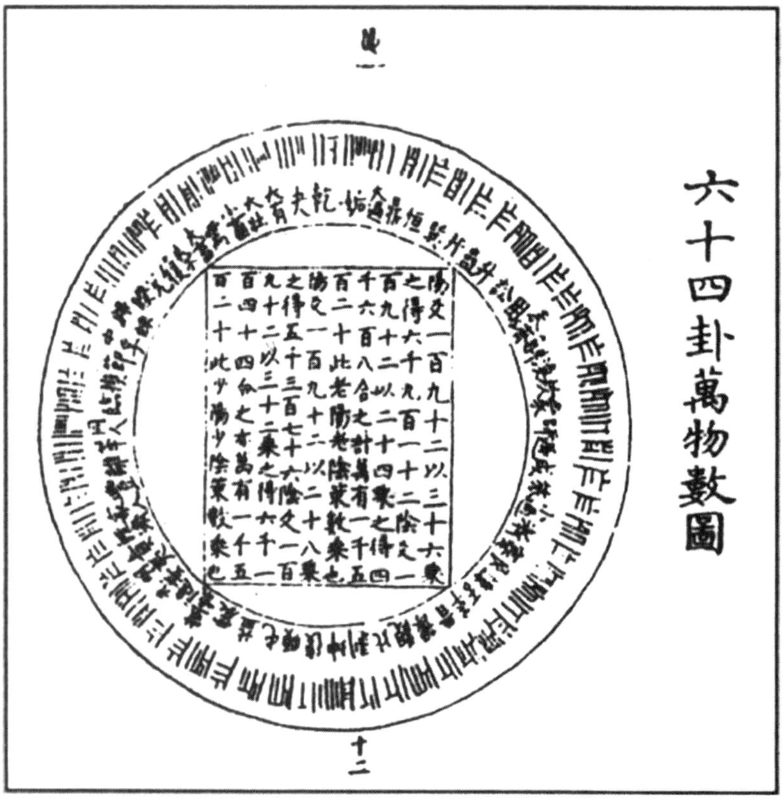

图 5　六十四卦万物数图

（《周易图》）

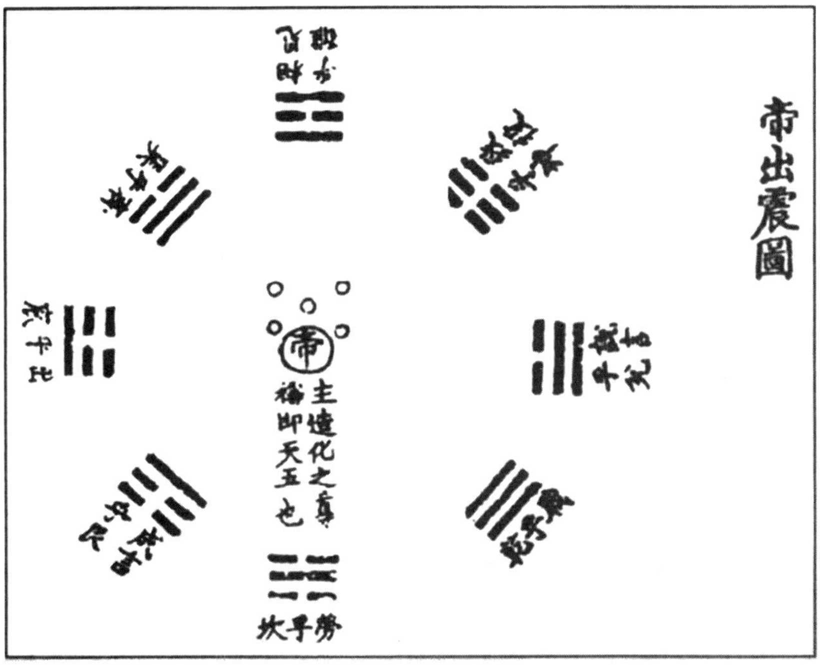

图 6　帝出震图
(《周易图》)

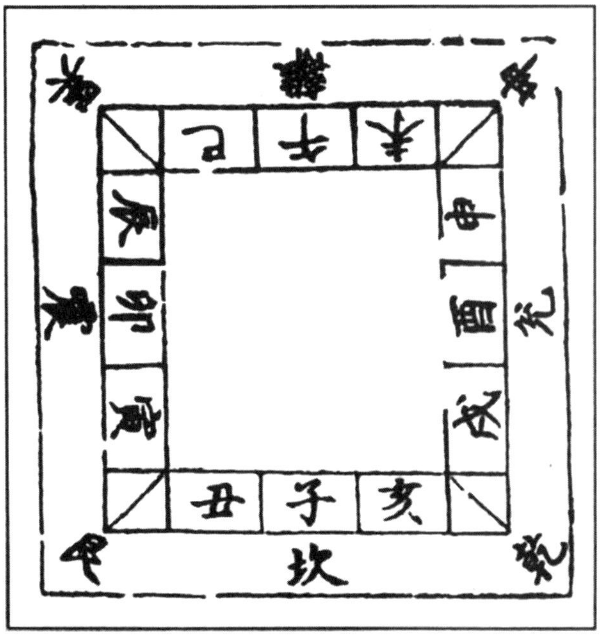

图 7　乾坤不居四正位图
(《周易图》)

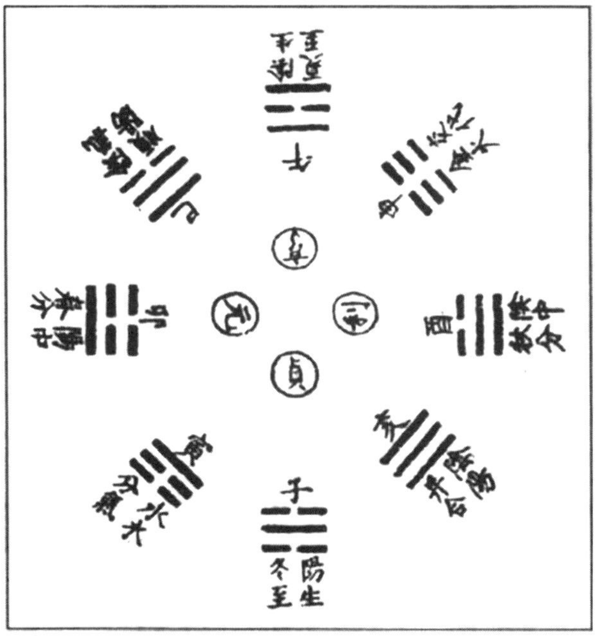

图 8　卦配方图
(《周易图》)

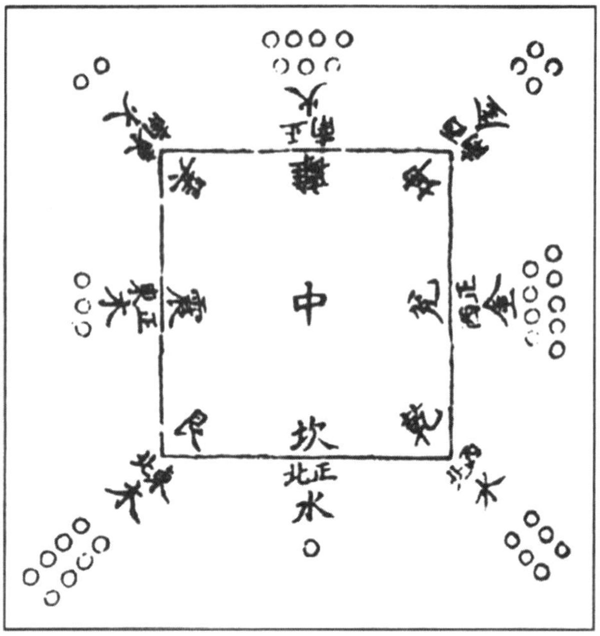

图 9　方以类聚图
(《周易图》)

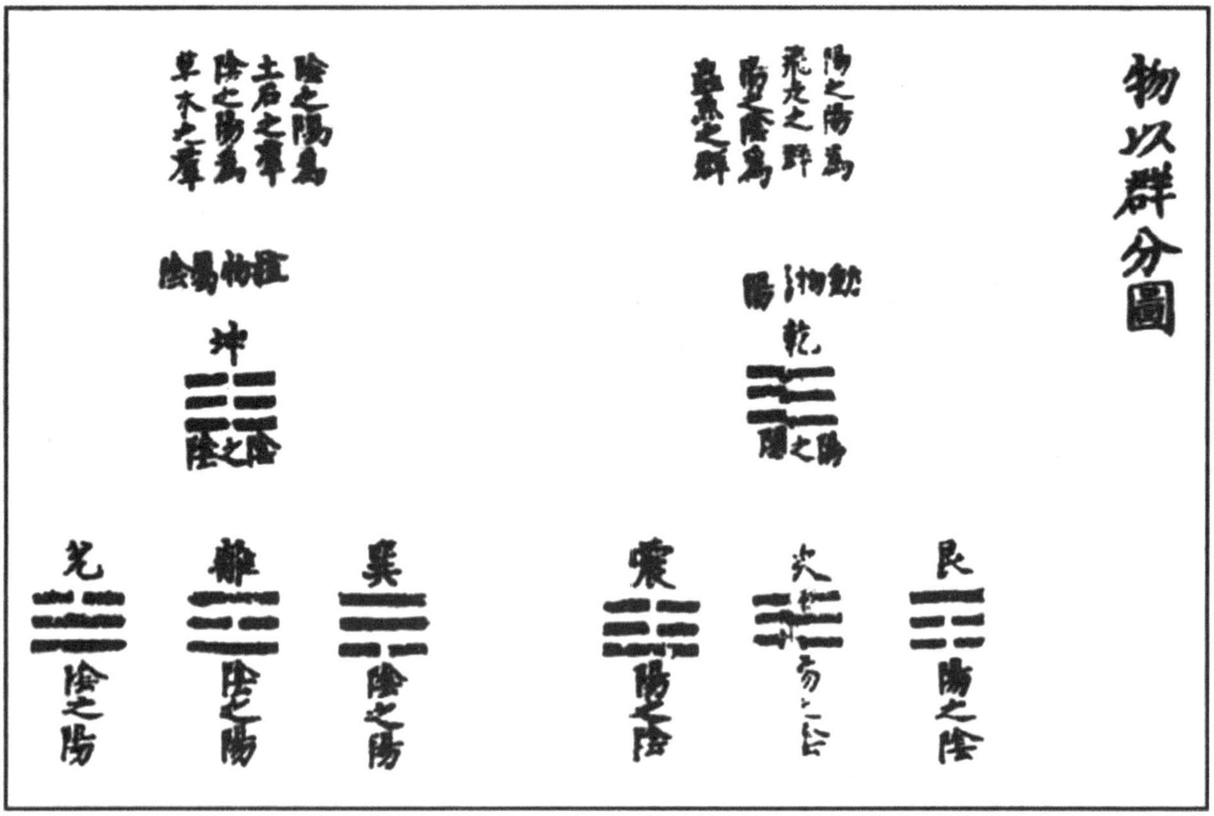

图 10　物以群分图
(《周易图》)

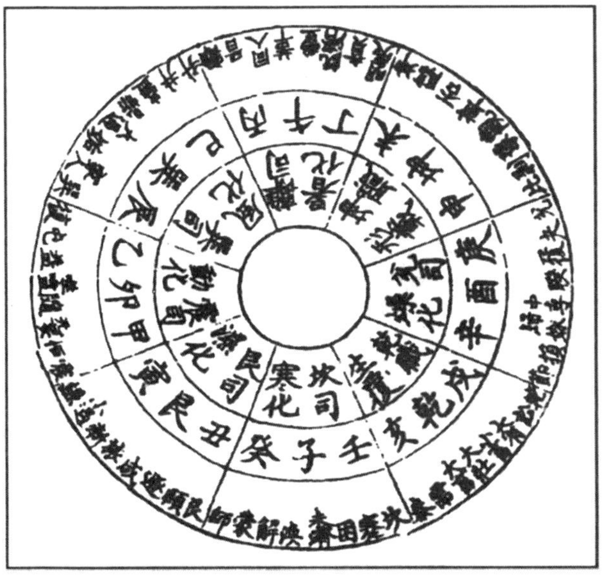

图 11　八卦司化图
（《周易图》）

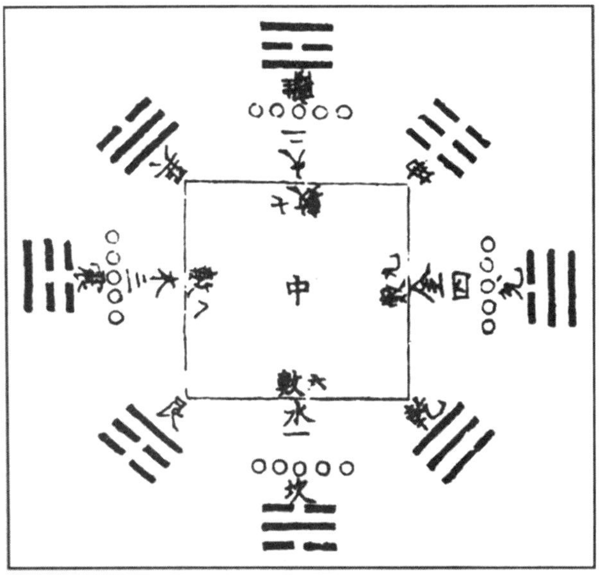

图 12　四象八卦图
（《周易图》）

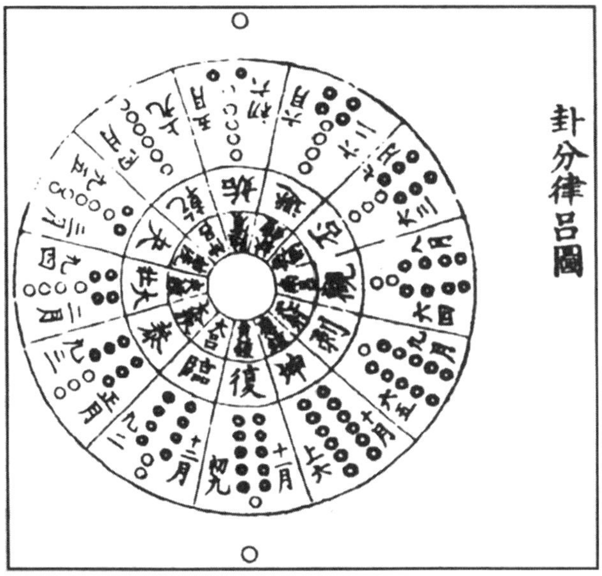

图 13　卦分律吕图
（《周易图》）

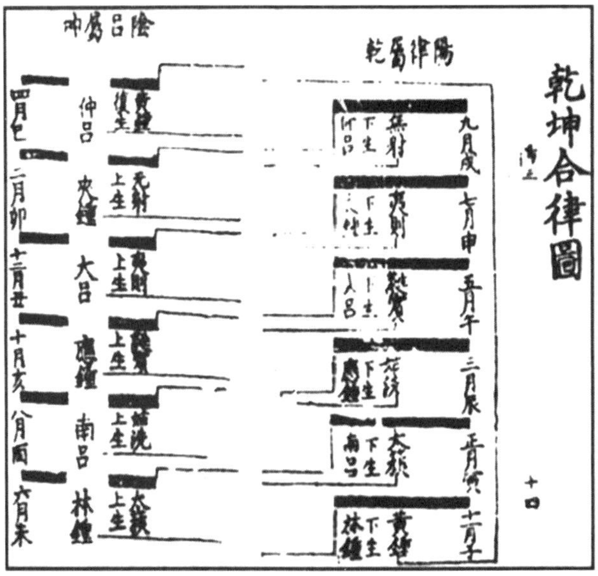

图 14　乾坤合律图
（《周易图》）

周易圖卷上
太極圖
太極未有象數惟一氣耳一氣既分輕清者爲天重濁者爲地是生兩儀也兩儀既分則金木水火四方之位列是生四象也水數六居坎而生乾金數九居兑而生坤火數七居離而生巽木數八居震而生艮是四象生八卦也
陽一

图 15　太极图

《周易图》

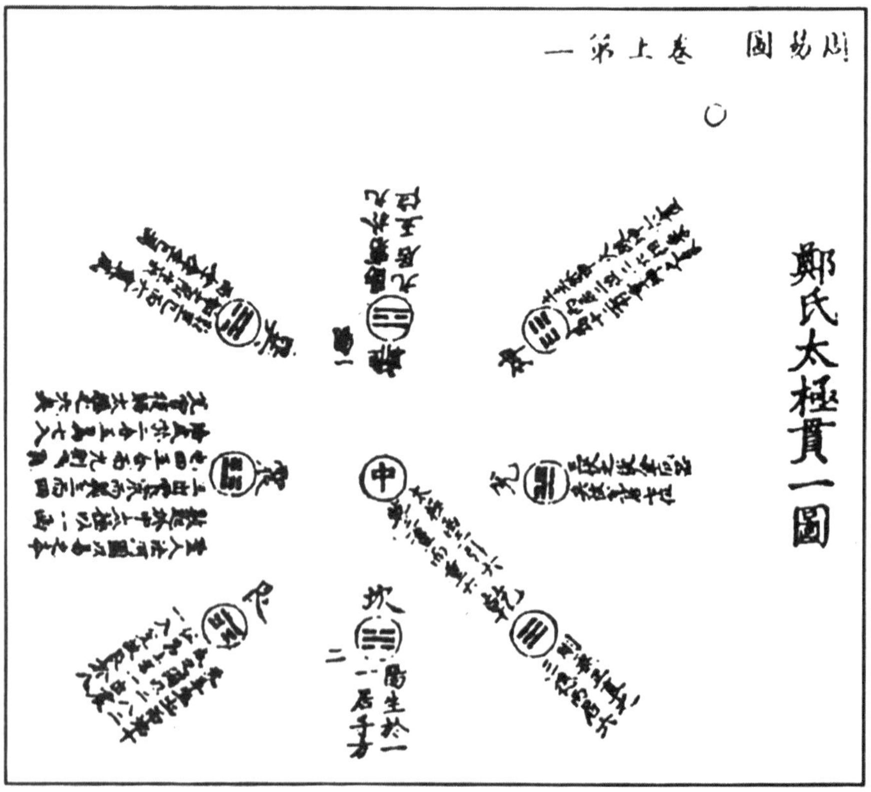
周易圖　卷上　第一
鄭氏太極貫一圖

图 16　郑氏太极贯一图

《周易图》

图 17　乾坤交成六十四卦横图
《周易图》

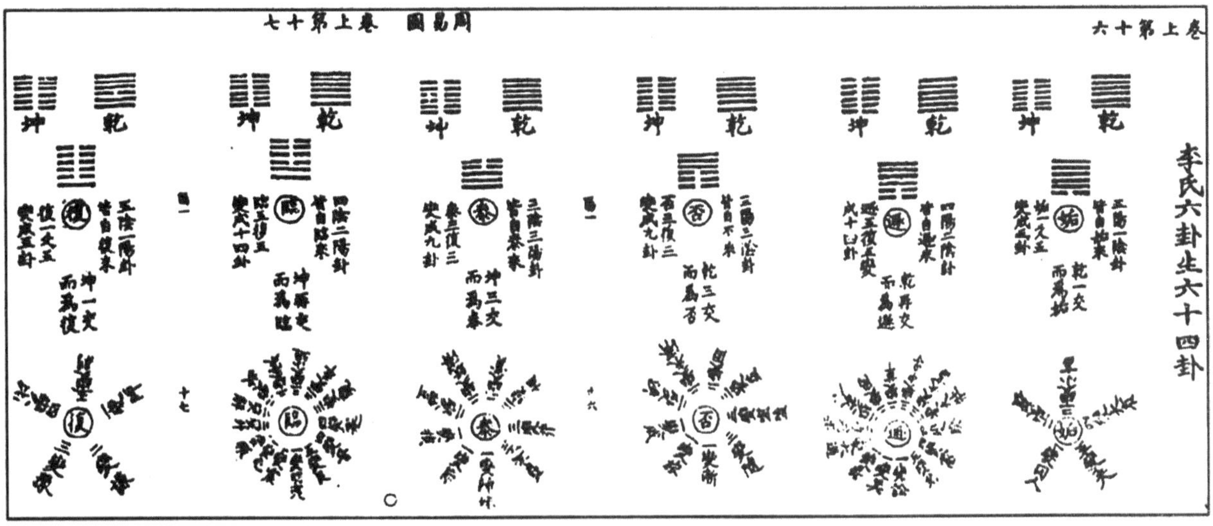

图 18　李氏六卦生六十四卦图
《周易图》

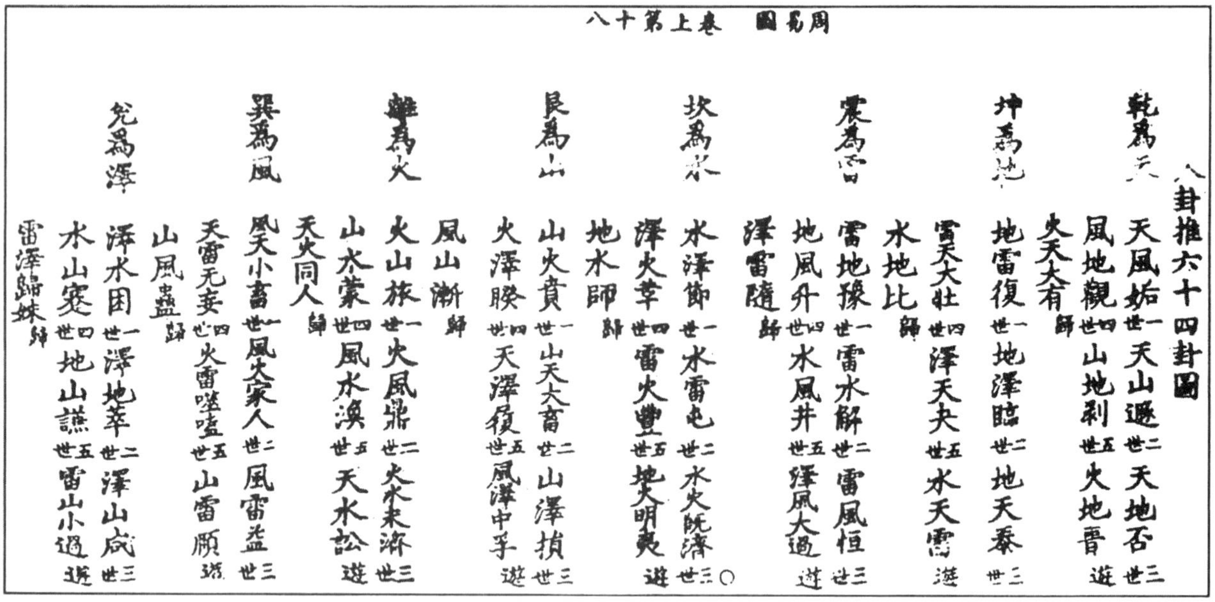
周易圖　卷上　第十八

八卦推六十四卦圖

本宮	一世	二世	三世	四世	五世	遊魂	歸魂
乾為天	天風姤	天山遯	天地否	風地觀	山地剝	火地晉	火天大有
坤為地	地雷復	地澤臨	地天泰	雷天大壯	澤天夬	水天需	水地比
震為雷	雷地豫	雷水解	雷風恒	地風升	水風井	澤風大過	澤雷隨
坎為水	水澤節	水雷屯	水火既濟	澤火革	雷火豐	地火明夷	地水師
艮為山	山火賁	山天大畜	山澤損	火澤睽	天澤履	風澤中孚	風山漸
離為火	火山旅	火風鼎	火水未濟	山水蒙	風水渙	天水訟	天火同人
巽為風	風天小畜	風火家人	風雷益	天雷无妄	火雷噬嗑	山雷頤	山風蠱
兌為澤	澤水困	澤地萃	澤山咸	水山蹇	地山謙	雷山小過	雷澤歸妹

图 19　八卦推六十四卦图

(《周易图》)

上清黄书过度仪

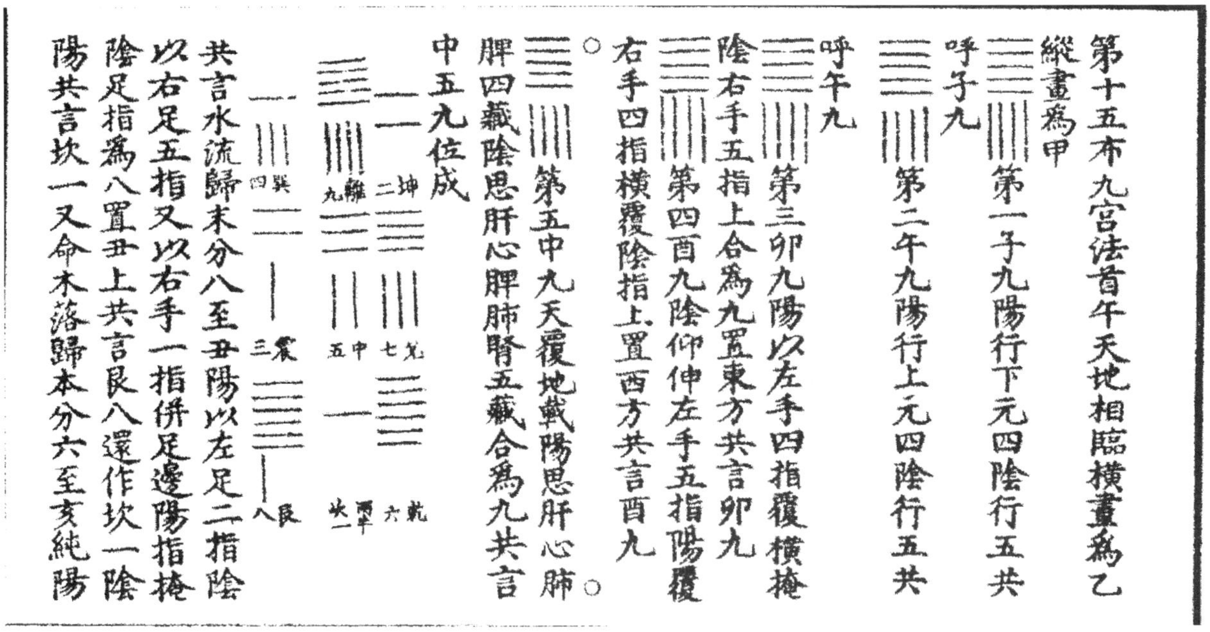
第十五布九宫法首午天地相臨橫畫爲乙縱畫爲甲
第一子九陽行下元四陰行五共呼子九
第二午九陽行上元四陰行五共呼午九
第三卯九陽以左手四指覆橫掩陰右手五指上合爲九置東方共言卯九
第四酉九陰仰伸左手五指陽覆右手四指橫覆陰指上置西方共言酉九
○第五中九天覆地載陽思肝心肺○脾四藏陰思肝心脾肺腎五藏合爲九共言中五九位成

共言水流歸末分八至丑陽以左足二指陰以右足五指又以右手一指併足邊陽指掩陰足指爲八置丑上共言艮八還作坎一陰陽共言坎一又命木落歸本分六至亥純陽

图1　九宫图

（《上清黄书过度仪》）

洞真黄书

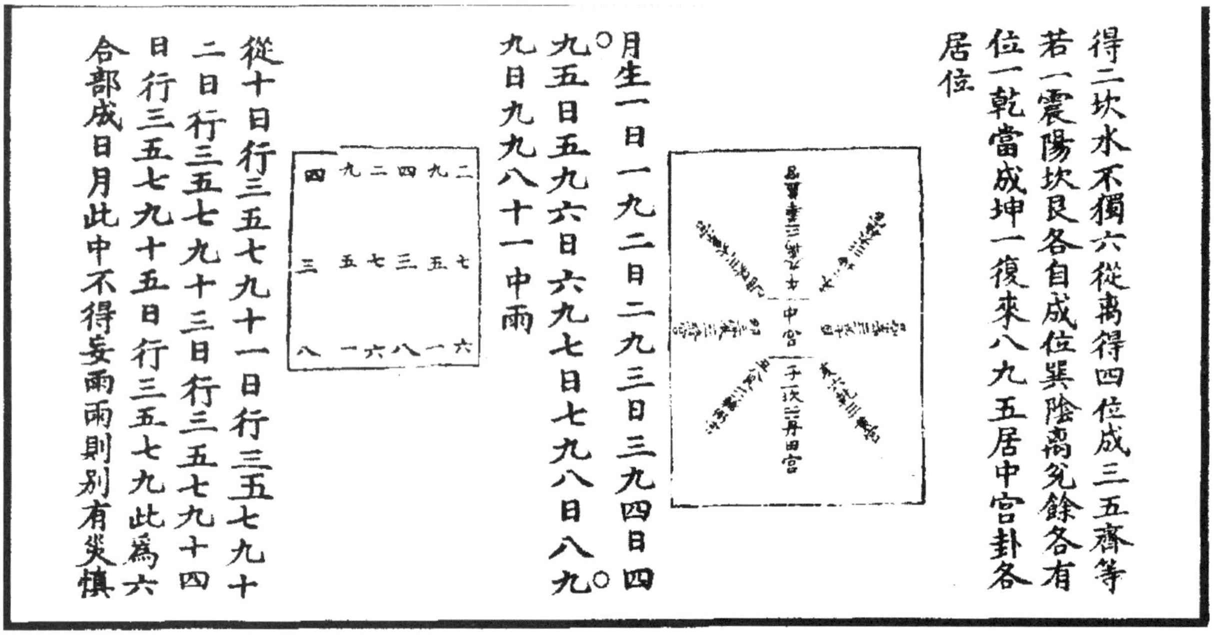
得二坎水不獨六從离得四位成三五齊等
若一震陽坎艮各自成位巽陰离兑餘各有
位一乾當成坤一復來八九五居中宮卦各
居位
月生一日一九二日二九三日三九四日四
○九五日五九六日六九七日七九八日八九○
九日九九八十一中雨
從十日行三五七九十一日行三五七九十
二日行三五七九十三日行三五七九十四
日行三五七九十五日行三五七九此爲六
合部成日月此中不得妄雨雨則別有災慎

图 1　九宫图

（《洞真黄书》）

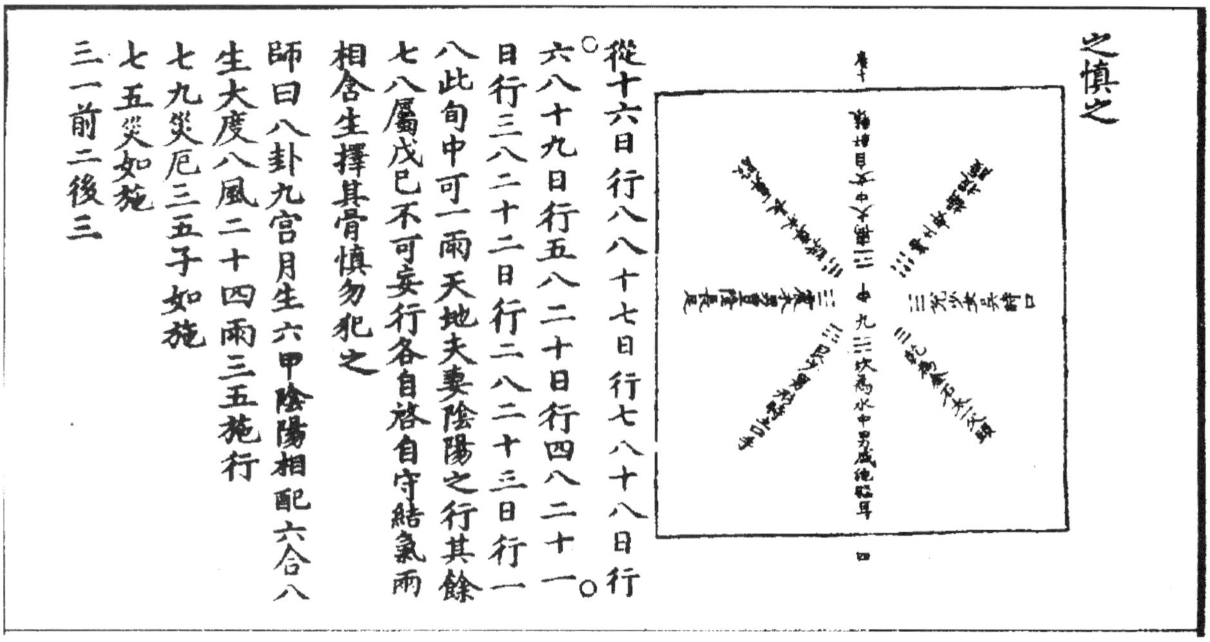
之慎之
從十六日行八八十七日行七八十八日行
○六八十九日行五八二十日行四八二十一○
日行三八二十二日行二八二十三日行一
八此旬中可一雨天地夫妻陰陽之行其餘
七八屬戊已不可妄行各自恪自守結氣雨
相含生擇其骨慎勿犯之
師曰八卦九宮月生六甲陰陽相配六合八
生大度八風二十四雨三五施行
七九災厄三五子如施
七五災如施
三一前二後三

图 2　九宫八卦中九图

（《洞真黄书》）

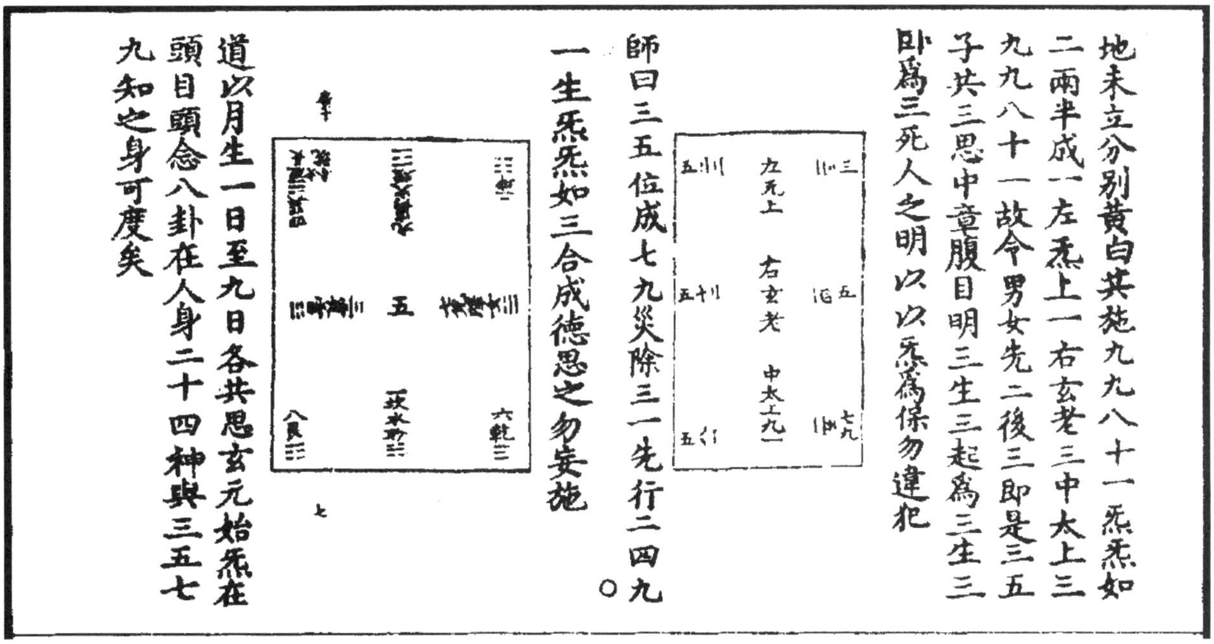

地未立分別黃白共施九九八十一炁炁如
二兩半成一左炁上一右玄老三中太上三
九九八十一故令男女先二後三即是三五
子共三思中章腹目明三生三起爲三生三
卧爲三死人之明以以炁爲保勿違犯

師曰三五位成七九災除三一先行二四九○
一生炁炁如三合成德思之勿妄施

道以月生一日至九日各共思玄元始炁在
頭目頭念八卦在人身二十四神與三五七
九知之身可度矣

图 3　八卦九宫中五图
(《洞真黄书》)

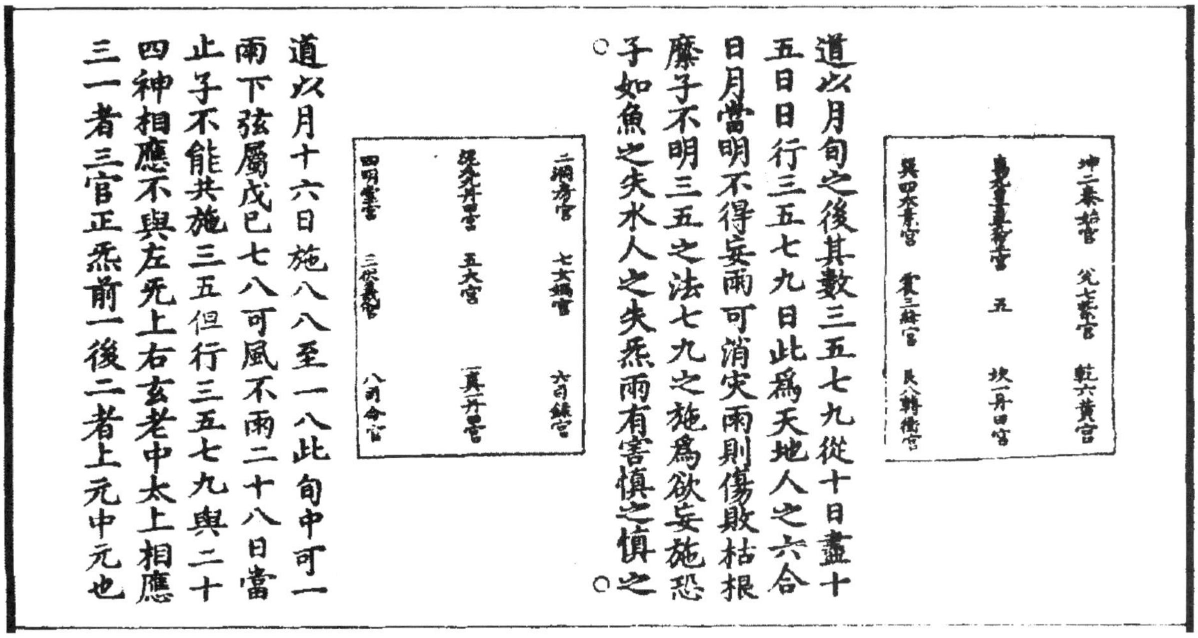

道以月旬之後其數三五七九從十日盡十
五日日行三五七九日此爲天地人之六合
日月當明不得妄雨可消災雨則傷敗枯根
靡子不明三五之法七九之施爲欲妄施恐
○子如魚之失水人之失炁兩有害慎之慎之○

道以月十六日施八八至一八此旬中可一
兩下弦屬戊巳七八可風不兩二十八日當
止子不能共施三五但行三五七九與二十
四神相應不與左元上右玄老中太上相應
三一者三官正炁前一後二者上元中元也

图 4　八卦九宫中五图
(《洞真黄书》)

上清长生宝鉴图

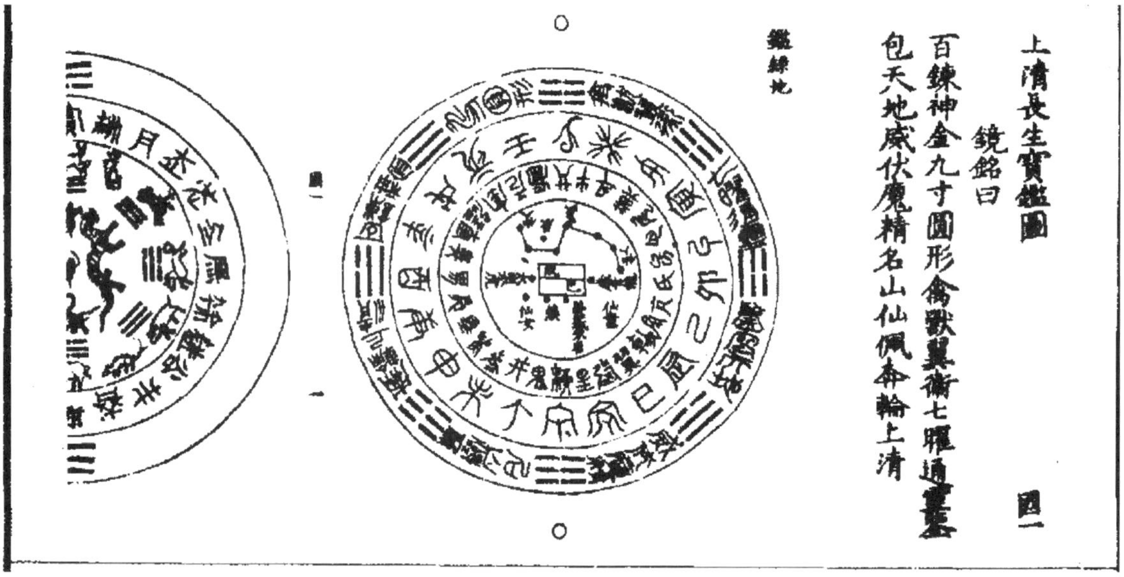
上清長生寶鑑圖
鏡銘曰
百鍊神金九寸圓形禽獸翼衛七曜通靈
包天地威伏魔精名山仙佩奔輪上清
圖一

图 1－1　上清长生宝鉴图
（《上清长生宝鉴图》）

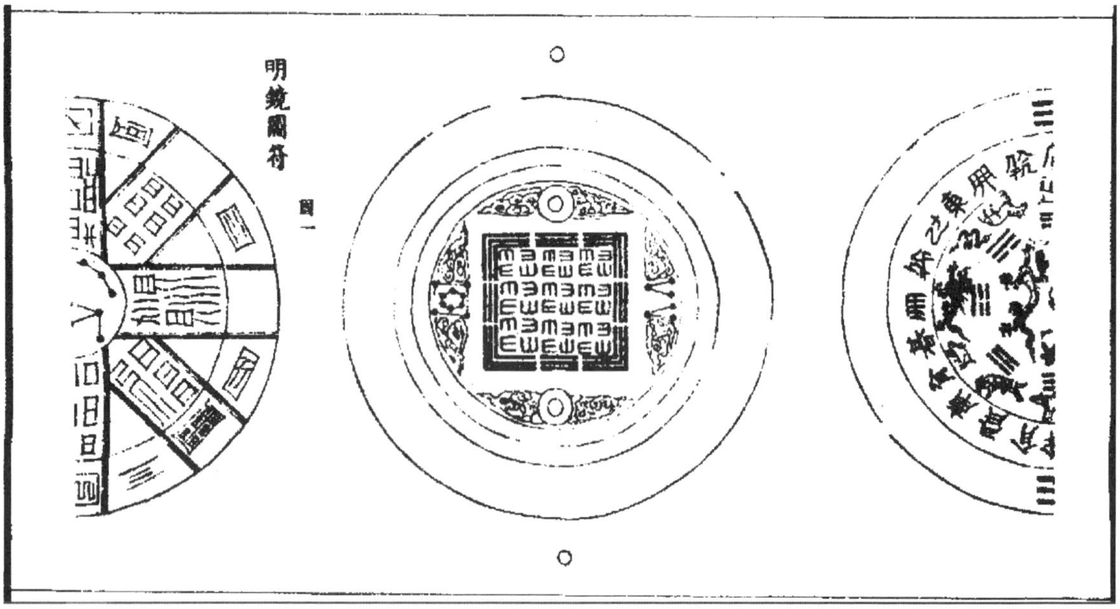
明鏡圖符

图 1－2　上清长生宝鉴图
（《上清长生宝鉴图》）

上清含象剑鉴图

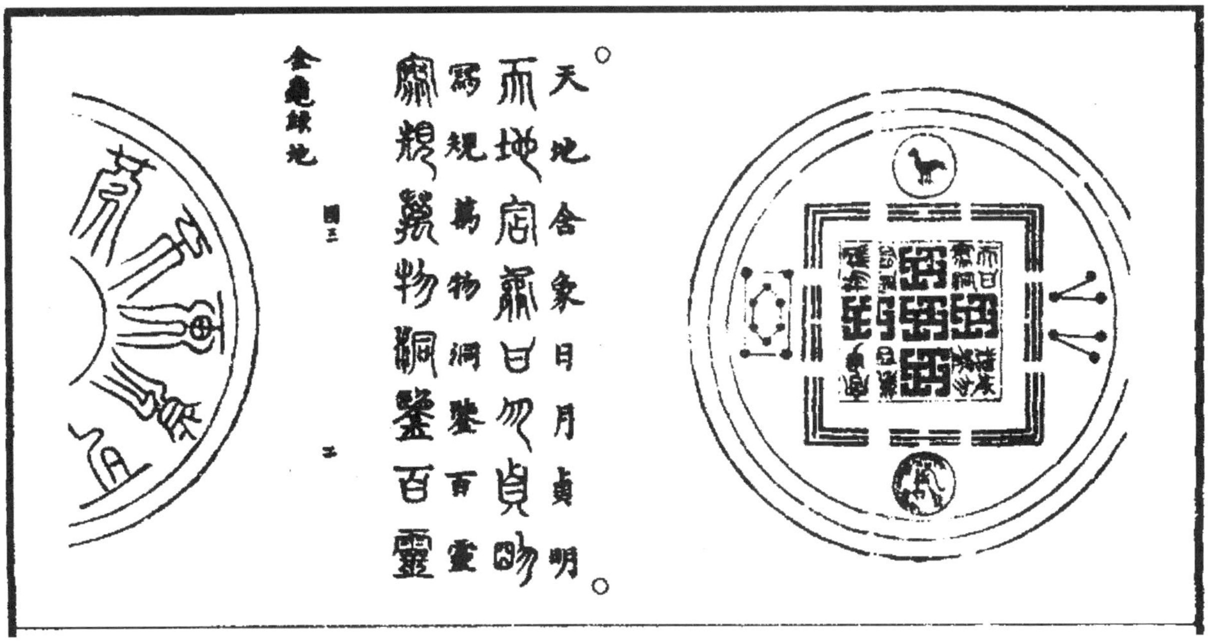

图 1　上清含象剑鉴图
（《上清含象剑鉴图》）

太清元极至妙神珠玉颗经

三百八十四爻之中大藥火候一斤分於周易六十四卦之內須得君臣定位夫婦同和主客尊卑皆隨火候尺寸與銖兩皆同升斗與爻辭不異列天地五十五數皆在鑪中分晝夜一百刻中晝在鼎內水中白虎感月魄而成形火內青龍含日光而應象鍊藥須分四序進火全在八門三光氣會煎熬百道紅漿十二樓前鍛鍊一池白雪轉八瓊於春朦之道運一氣上泥丸之宮玄珠落處池中開一朵紫金蓮聖石飛來鼎內長萬道白玉笋○

○七星樓下風雲發泄往來五色壇心水火交騰上下朔旦迴旋既未朝昏進退屯蒙陽奇乾位進爻在三十六中陰偶坤宮立象在二十四內方得木中火發土內金生烏龜噴刮地狂風赤鳳吐燒天猛焰金翁抱嬰兒入戶黃婆引奼女臨門周天分布四時中火候還元十二月置壇在後

年用周天一年四次行

春分日用震卦䷲八十一

仲春時在卯　進火發青陽　陽數終九九

图 1-1　年用周天一年四次行图

(《太清元极至妙神珠玉颗经》)

三返用爲良

夏至日用離卦䷝七十二

夏至時當午　南觀四六功　數分七十二

關節自然通

秋分日用兌卦䷹九十九

秋分居酉位　西向發神光　九十加九數

三返氣纔昌

冬至日用坎卦䷜一百八

冬至陽生子　行功坐北方　數成一百八

四九可能詳○

○行功訣曰望王相地隨時而坐春分日卯時面東望太陽坐夏至日午時面南望太陽坐秋分日酉時面西望太陰坐如不現即存想如見真形冬至日用坎卦子時面北望太陰坐如上法握固存神靜慮叩齒三十六通天鼓二十四下晝望太陽夜望太陰念呪

太陽呪曰

太陽流精　來保吾身　吾胎已靈　同合其真

急急如律令

太陰呪曰

图 1-2　年用周天一年四次行图

(《太清元极至妙神珠玉颗经》)

太陰正精　爲我胎靈　安其魂魄　永集至神
急急如律令
每念呪一遍取氣一口隨吸入便縮息閉
氣定數滿足一口氣作三咽念呪三遍取
氣三次一如上法了便叉雙手擦丹田熱
即止爲一用

月用周天一月一次行

月者地魄太陰水之精在下爲卑位屬坤巽
冬王夏衰晝短夜長中隱陽精内隱玉兔兔
者卯也以應東方草木能生其火陰中有隱
陽内境曰下焦爲地五臟曰腎兩腎中曰丹
田前有巽海即人之水府其位雖陰中含其
陽八卦曰坎坎者陷也受水之府故江湖歸
矣世俗之徒不知陰陽正位只以北方爲坎
南方爲離此理皆非坎者南方坤巽之位也
坎中奇陽者即南方午之火也離者北方乾
艮之位也離中偶陰者即北方亥子之水也
月者外陰而内陽外小人而内君子亦内如
鉛錫中產白銀砂石之中包赤金金之與銀
俱是陰中有陽謂之嬰兒上與丹砂之中太

图 1-3　年用周天一年四次行图
（《太清元极至妙神珠玉颗经》）

陰姹女合爲夫婦情類相戀凝而成砂坎爲
水海隱龍之宫亦喻帝王至尊位處北闕面
南稱尊月者地也地無陽炁萬物不生禀天
地而生萬物向陽而長此者天地常道矣夫
處世爲人先遵乎至道後順乎天道順天之
道也常存其身中元陽真一太和純粹自然
之炁自致長生久視故周天之用列於三十
日中一十二月卦計陰陽爻合爲七十二數
加五行爲用故成三百六十之數陽進陰退
周而復始

十一月地雷復卦
癸酉金　癸亥水　癸丑土　庚辰土　庚寅木　庚子水　火十數　水二十數
復卦初見一陽爻　坎男離女正當驕
滿堂金玉乾坤耀　透出霞光萬丈高

十二月地澤臨卦
癸酉金　癸亥水　癸丑土　丁丑土　丁卯木　丁巳火　火十一　水十九
九二生茲見節候　陽質漸漸轉相偷
此名大呂名臨卦　轉換身輕永不憂

正月地天泰卦
癸酉金　癸亥水　癸丑土　甲辰土　甲寅木　甲子水　火十二　水十八

图 1-4　年用周天一年四次行图
（《太清元极至妙神珠玉颗经》）

地天泰卦三陽寧　三花既艷定長生
我今修得明珠寶　九重城裏有誰爭
二月雷天大壯卦
庚戌 庚申 庚午 甲辰 甲寅 甲子 土 金 火 土 木 水 火十三　水十七
神室安鑪大壯號　卯酉門中龍虎嘯
天地開闔審細分　還丹漸漸燒成寶
三月澤天夬卦
丁未 丁酉 丁亥 甲辰 甲寅 甲子 土 金 水 土 木 水 火十四　水十六
五九交交以成陽　透出光輝見瑞祥
既然功至逍遙地　便見無為不死鄉
四月六陽乾卦
壬戌 壬申 壬午 甲辰 甲寅 甲子 土 金 火 土 木 水 火十五　水十五
退盡陰爻見六陽　天符到此火飛光
周天到日出東甲　金鼎丹砂藥自昌
五月天風姤卦
壬戌 壬申 壬午 辛酉 辛亥 辛丑 土 金 火 金 水 土 水十　火二十
天風姤卦一陰生　鑪中白雪漸飛昇
瓊花初放中宮產　天鼎流珠藥自增
六月天山遯卦
壬戌 壬申 壬午 丙申 丙午 丙辰 土 金 火 金 火 土 水十一　火十九

图 1-5　年用周天一年四次行图
（《太清元极至妙神珠玉颗经》）

二六循還藥可收　姹女因媒轉更修
宜下周天功力大　五行皆會在中洲
七月天地否卦
壬戌 壬申 壬午 乙卯 乙巳 乙未 土 金 火 木 火 土 水十二　火十八
三陽纔退覆三陰　鼎內丹砂雪色深
昇降符合天地否　九還燒就水中金
八月風地觀卦
辛卯 辛巳 辛未 乙卯 乙巳 乙未 木 火 土 木 火 土 水十三　火十七
陽滅陰加四六間　龍強虎踴過天關
九光霞散風雲會　一派銀波雪浪寒
九月山地剝卦
丙寅 丙子 丙戌 乙卯 乙巳 乙未 木 水 土 木 火 土 水十四　火十六
陽爻一位敵陰符　剝盡輕清重濁居
從此斗杓方建戌　會觀天道入仙都
十月六陰坤卦
癸酉 癸亥 癸丑 乙卯 乙巳 乙未 金 水 土 木 火 土 水十五　火十五
坤象陰符第一篇　始知鉛汞作還丹
如雞抱卵胎仙化　玉霄更胄出凡間
行功訣曰凡卦行金以兩臂相交先以左足
壓右卻以右壓左緊叉手兩手握於手心無

图 1-6　年用周天一年四次行图
（《太清元极至妙神珠玉颗经》）

令轉動逆日轉十二遭順日轉十三遭轆轤三轉運氣入腦凡卦行水以舌於牙齒外面著力緊轉先以向左轉十二遭次以向右轉十三遭漱至甘甜咽凡卦行木合口鼓顋十二鼓水滿口即咽凡卦行火閉氣數息候氣急即併三咽之行久閉氣息漸加數即約百息止凡卦行土先行火次水次木次金轆轤運至中脘定住以左手按之九轉每月月盡日夜三更先行了本月卦象次更行前項逐月水火數叩齒天鼓握固存神一如年用

日用周天一日行一卦須午前

天地配象乾坤建爻爻象符合水火進退水加火減陽捲陰舒盡在六十四爻之内以乾坤爲鼎器坎離爲藥鑪屯蒙爲始既未爲終以晦朔爲綱紀胎息成丈符周天之數一月爲滿如蟻循還周而復始參同契云火記六百篇所趣等不殊文字鄭重出俗人不熟思修内丹者先正其鑪鼎爲鼎之外垣即人身體是也中有長生藥者即神炁精液鑪分八門者即眼耳口鼻也爲視聽吐納之關是橐

图 2-1　日用周天一日行一卦图

(《太清元极至妙神珠玉颗经》)

籥開閉之門戸運動各取其宜常令固守勿使形色溢味八邪六賊傷於内真然可行功矣地鑪中造化故列丹鑪下項

一日水雷屯卦　腎傳肝

二日水天需卦　腎傳大腸

三日地水師卦　小腸傳腎

四日風天小畜卦　膽傳大腸

五日地天泰卦　小腸傳大腸

六日天火同人卦　大腸傳心

七日地山謙卦　小腸傳膀胱

八日澤雷隨卦　肺傳肝

九日地澤臨卦　小腸傳肺

图 2-2　日用周天一日行一卦图

(《太清元极至妙神珠玉颗经》)

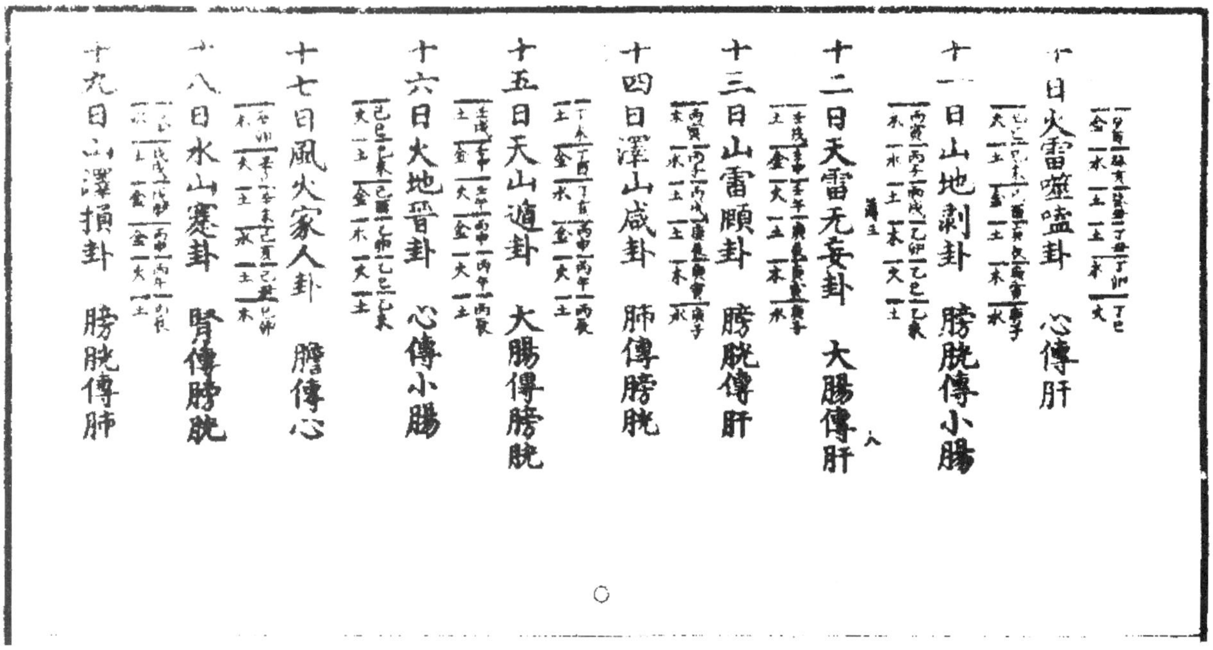
十日火雷噬嗑卦 心傳肝
十一日山地剝卦 膀胱傳小腸
十二日天雷无妄卦 大腸傳肝
十三日山雷頤卦 膀胱傳肝
十四日澤山咸卦 肺傳膀胱
十五日天山遯卦 大腸傳膀胱
十六日火地晉卦 心傳小腸
十七日風火家人卦 膽傳心
十八日水山蹇卦 腎傳膀胱
十九日山澤損卦 膀胱傳肺

图 2-3　日用周天一日行一卦图

(《太清元极至妙神珠玉颗经》)

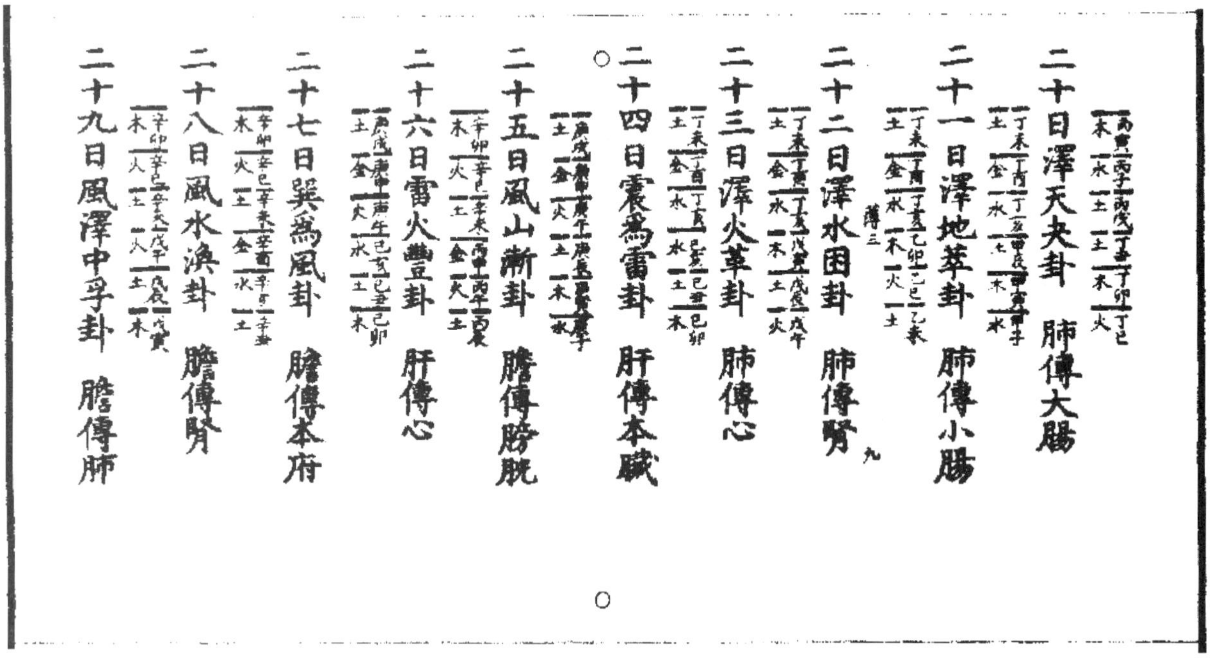
二十日澤天夬卦 肺傳大腸
二十一日澤地萃卦 肺傳小腸
二十二日澤水困卦 肺傳腎
二十三日澤火革卦 肺傳心
二十四日震爲雷卦 肝傳本臟
二十五日風山漸卦 膽傳膀胱
二十六日雷火豐卦 肝傳心
二十七日巽爲風卦 膽傳本府
二十八日風水渙卦 膽傳腎
二十九日風澤中孚卦 膽傳肺

图 2-4　日用周天一日行一卦图

(《太清元极至妙神珠玉颗经》)

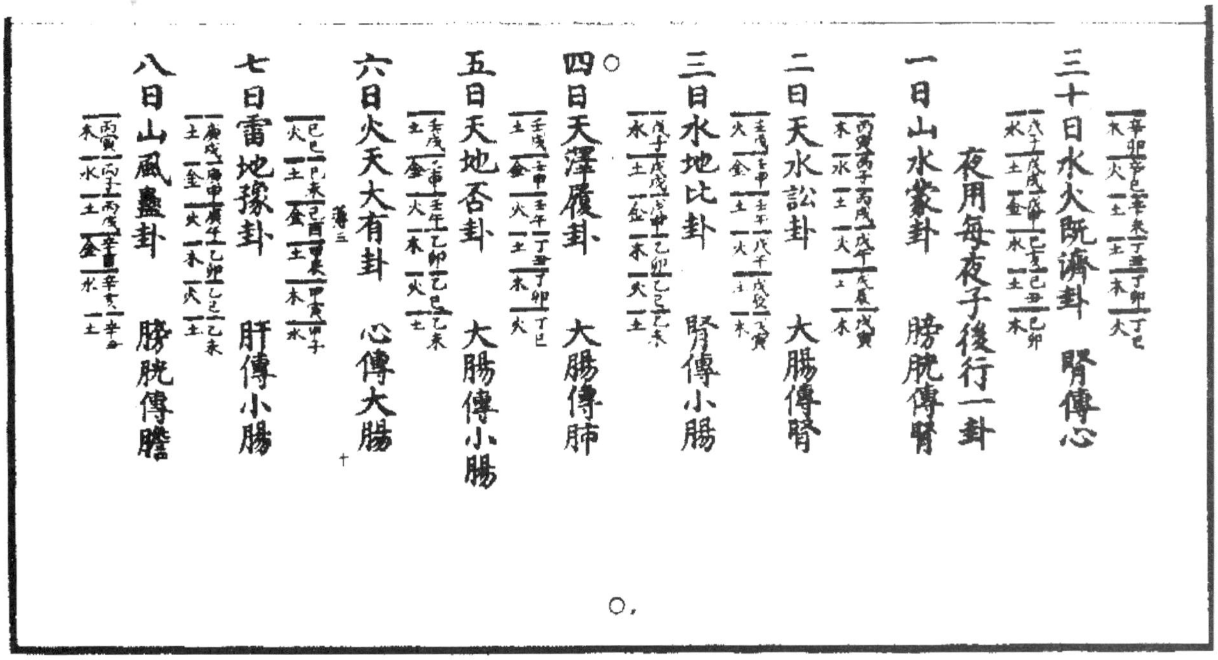
三十日水火既濟卦 腎傳心
夜用每夜子後行一卦
一日山水蒙卦 膀胱傳腎
二日天水訟卦 大腸傳腎
三日水地比卦 腎傳小腸
四日天澤履卦 大腸傳肺
五日天地否卦 大腸傳小腸
六日火天大有卦 心傳大腸
七日雷地豫卦 肝傳小腸
八日山風蠱卦 膀胱傳膽

图 2－5　日用周天一日行一卦图

（《太清元极至妙神珠玉颗经》）

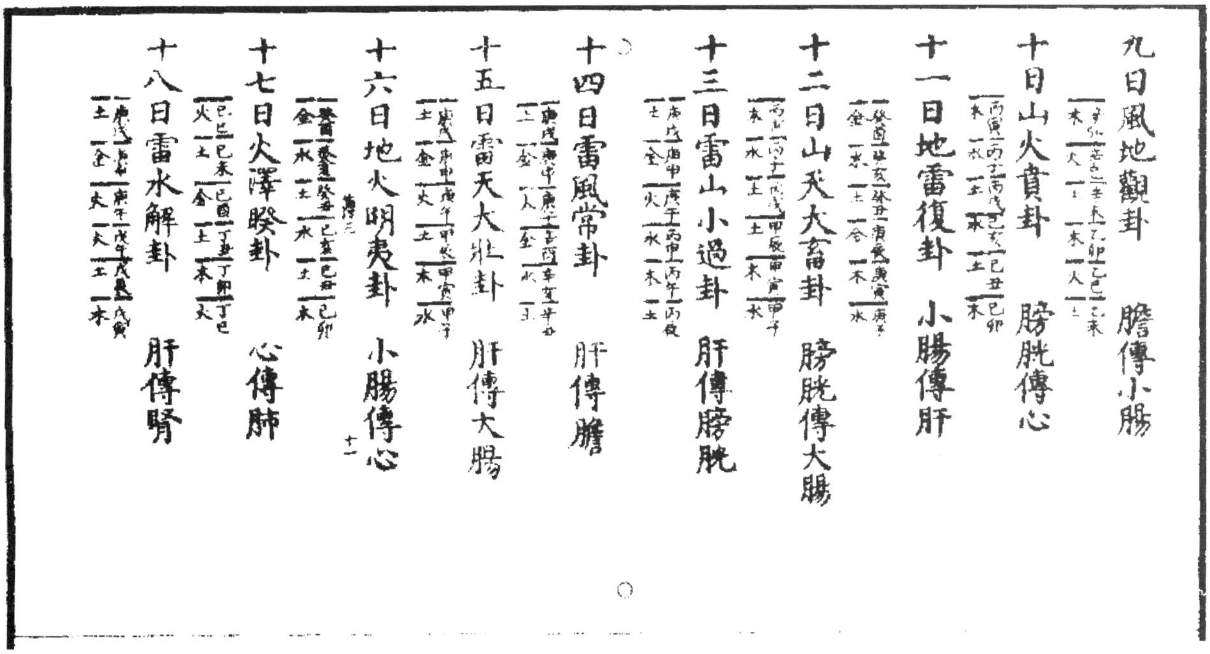
九日風地觀卦 膽傳小腸
十日山火賁卦 膀胱傳心
十一日地雷復卦 小腸傳肝
十二日山天大畜卦 膀胱傳大腸
十三日雷山小過卦 肝傳膀胱
十四日雷風常卦 肝傳膽
十五日雷天大壯卦 肝傳大腸
十六日地火明夷卦 小腸傳心
十七日火澤睽卦 心傳肺
十八日雷水解卦 肝傳腎

图 2－6　日用周天一日行一卦图

（《太清元极至妙神珠玉颗经》）

十九日風雷益卦 膽傳肝
二十日天風姤卦 大腸傳膽
二十一日地風昇卦 小腸傳膽
二十二日水風井卦 腎傳膽
二十三日火風鼎卦 心傳膽
二十四日艮為山卦 膀胱傳本府
二十五日雷澤歸妹卦 肝傳肺
二十六日火山旅卦 心傳膀胱
二十七日兌為澤卦 肺傳本臟
二十八日水澤節卦 腎傳肺

图 2-7 日用周天一日行一卦图
(《太清元极至妙神珠玉颗经》)

二十九日澤風大過卦 肺傳膽
三十日火水未濟卦 心傳腎
乾為金翁 ☰ 坤為黃婆 ☷
上鼎下鑪 中數為用 坎離為藥
離為姹女 ☲ 坎為嬰兒 ☵
行功訣曰卦中五行數依月用周天而行如是小盡二十九日卦了兼三十日卦行二十九夜卦兼三十日夜卦行

時用周天逐時水火

乾坤坎離四卦為之槖籥二十四爻主二十四氣應於節候之主前六十卦主三百六十爻故陽爻一百八十陰爻一百八十符合周天之數共成三百八十四爻一爻為一銖二十四銖為一兩三百八十四銖共成周天一斤火候之數也故內功一日應其天運一年昇降陰陽運行四序十二時中晝法春夏夜法秋冬晝夜始終天地交泰且以亥子丑時應天之冬陰昇於天心陽降於水府溫養於

图 3-1 时用周天逐时水火图
(《太清元极至妙神珠玉颗经》)

彩華麗輝煥霞明之色中有絳宮上通於目目爲泥丸宮門宮中有神神之無質天地之主萬物之靈號稱元始德合無爲凡欲修命先澄其神神清正則萬邪不干衆惡歸伏皆由其心爲萬法之根源長生之大藥心若不能自伏內生姦火亦如丹砂不死見火能飛故治心者生命之主也是故天有八極地有八方易有八卦人生八脉火行八門水鍊八瓊可以四時應象八卦同圖中合土功方成進退

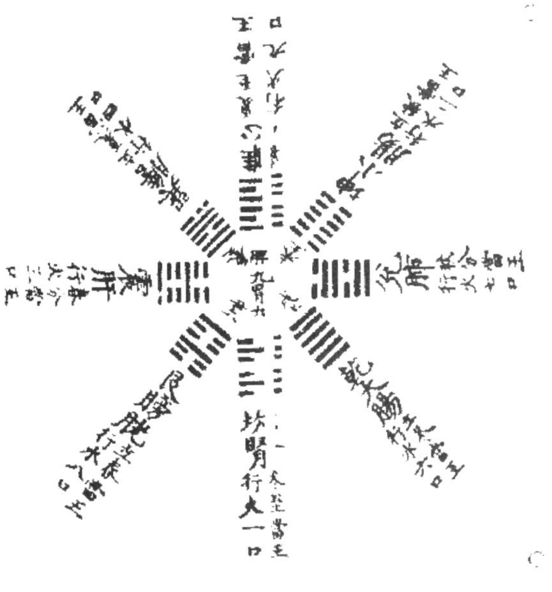

图 3－2　时用周天逐时水火图

（《太清元极至妙神珠玉颗经》）

二十四日陰銖六陽銖六
二十五日陰銖六陽銖六
二十六日陰銖六陽銖六
二十七日陰銖六陽銖六
二十八日陰銖六陽銖六
二十九日陰銖六陽銖六
三十日陰銖九陽銖九

行功訣曰陽銖閉九息而三咽陰銖閉六息而三咽

○入室周天○

周易云日往則月來月往則日來日月相推而明生焉寒往則暑來暑往則寒來寒暑相推而歲成焉故立陽爻屬乾陰爻屬坤老陽之數三十六應四九之象老陰之數二十四爲四六之象一時行一爻一用仍兩卦

第三　二十八

一日朝屯	寅時二十四	卯時三十六	辰時二十四	巳時二十四	午時二十四	未時三十六
夕蒙	申時三十六	酉時二十四	戌時二十四	亥時二十四	子時三十六	丑時二十四
二日朝需	寅時二十四	卯時三十六	辰時二十四	巳時三十六	午時三十六	未時三十六
夕訟	申時三十六	酉時三十六	戌時三十六	亥時二十四	子時三十六	丑時二十四
三日朝師	寅時二十四	卯時二十四	辰時二十四	巳時二十四	午時三十六	未時二十四

图 4－1　入室周天图

（《太清元极至妙神珠玉颗经》）

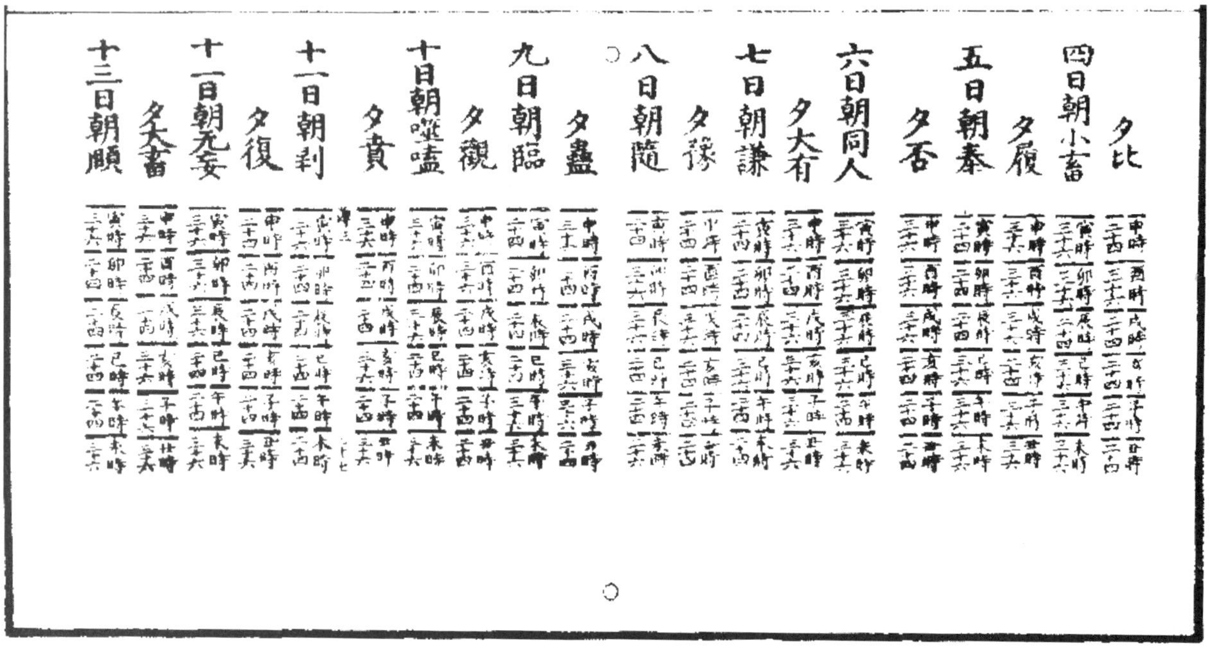

图 4－2　入室周天图
（《太清元极至妙神珠玉颗经》）

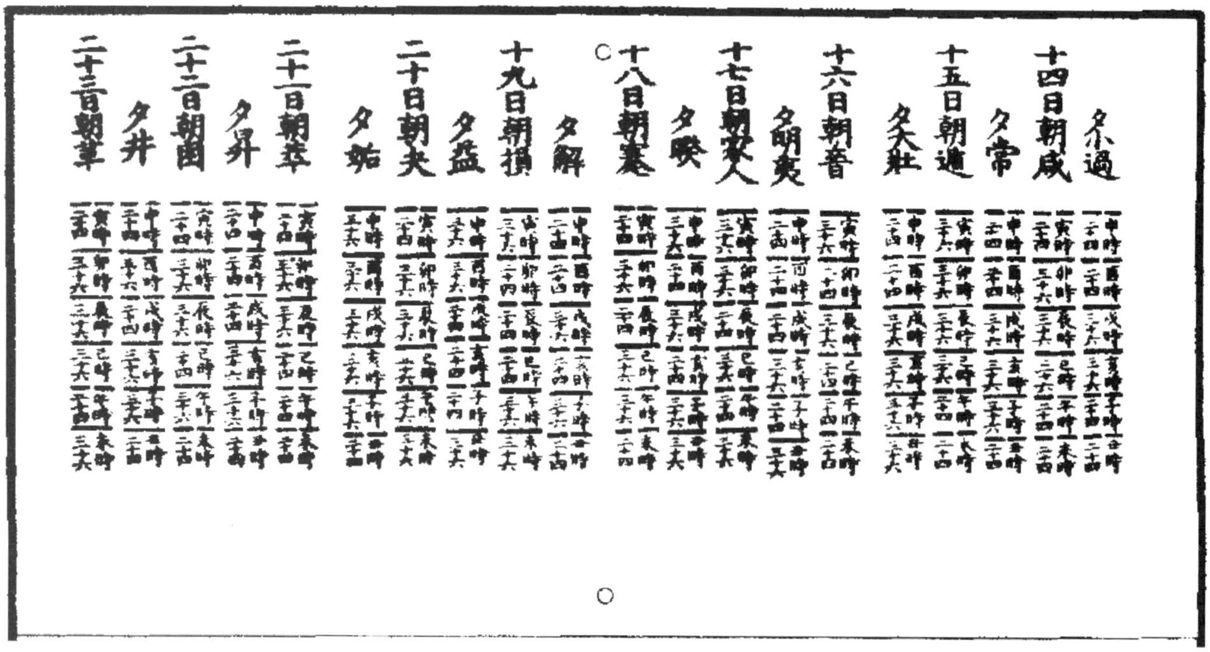

图 4－3　入室周天图
（《太清元极至妙神珠玉颗经》）

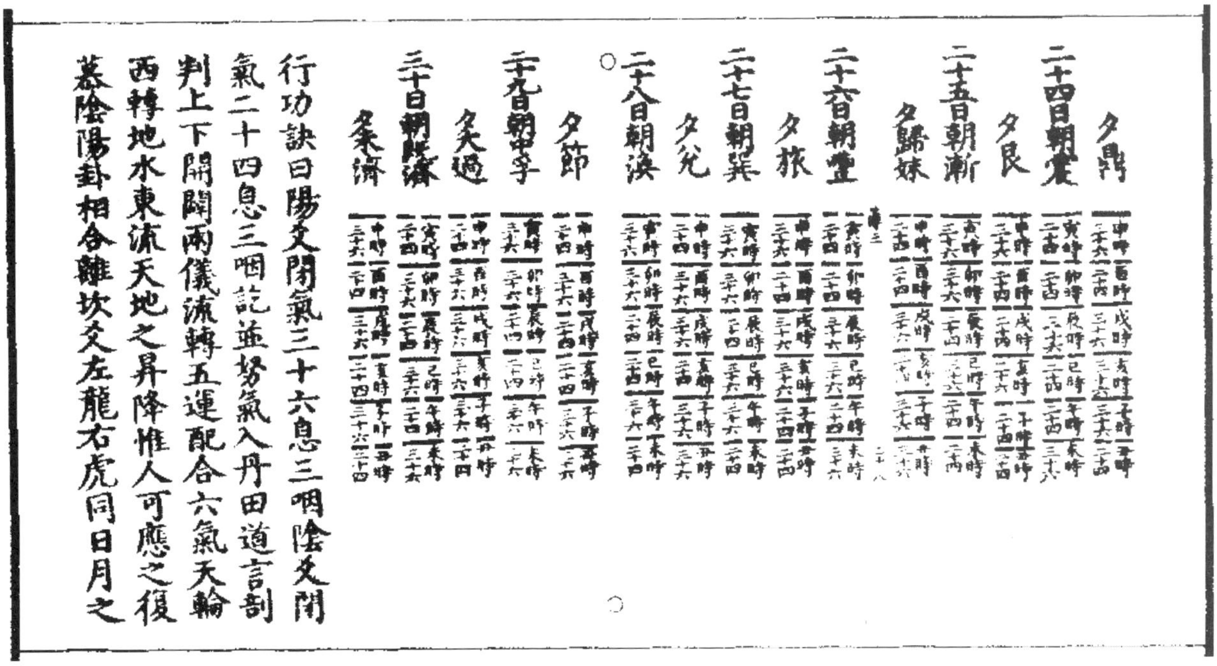
夕鼎
二十四日朝震
夕艮
二十五日朝漸
夕歸妹
二十六日朝豐
夕旅
二十七日朝巽
夕兌
二十八日朝渙
夕節
二十九日朝中孚
夕小過
三十日朝既濟
夕未濟
行功訣曰陽爻閉氣三十六息三咽陰爻閉氣二十四息三咽訖並勢氣入丹田道言剖判上下開闢兩儀流轉五運配合六氣天輪西轉地水東流天地之昇降惟人可應之復姤陰陽卦相合離坎交左龍右虎同日月之

图 4－4　入室周天图

（《太清元极至妙神珠玉颗经》）

太公阴符经

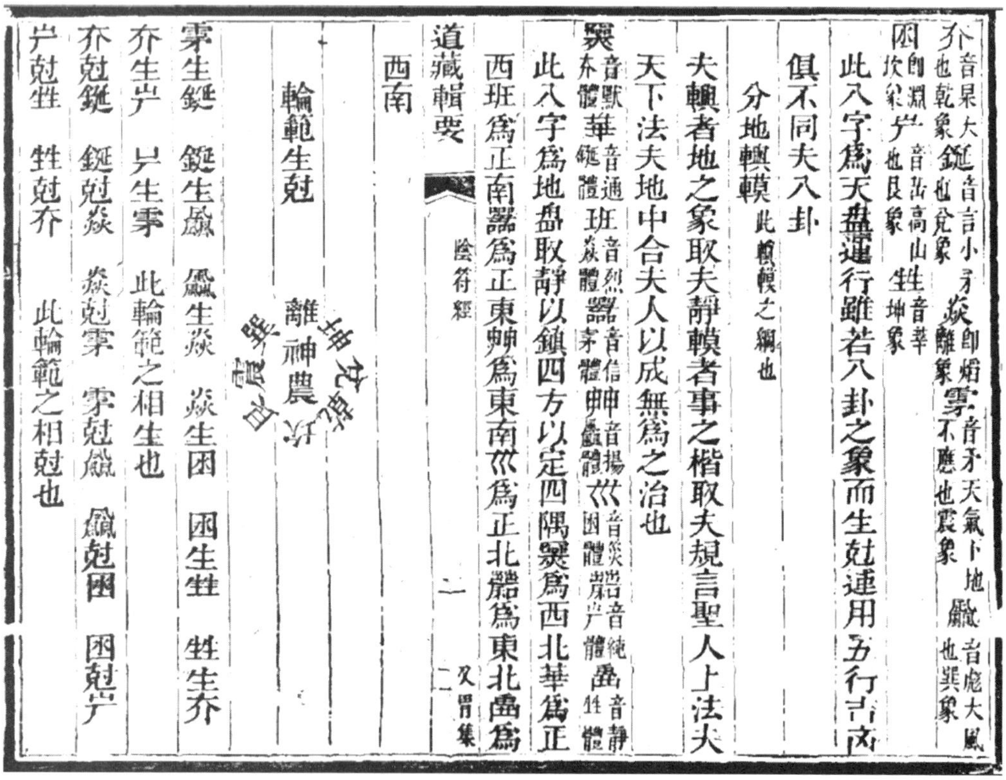

图 1　轮范生克图
(《太公阴符经》)

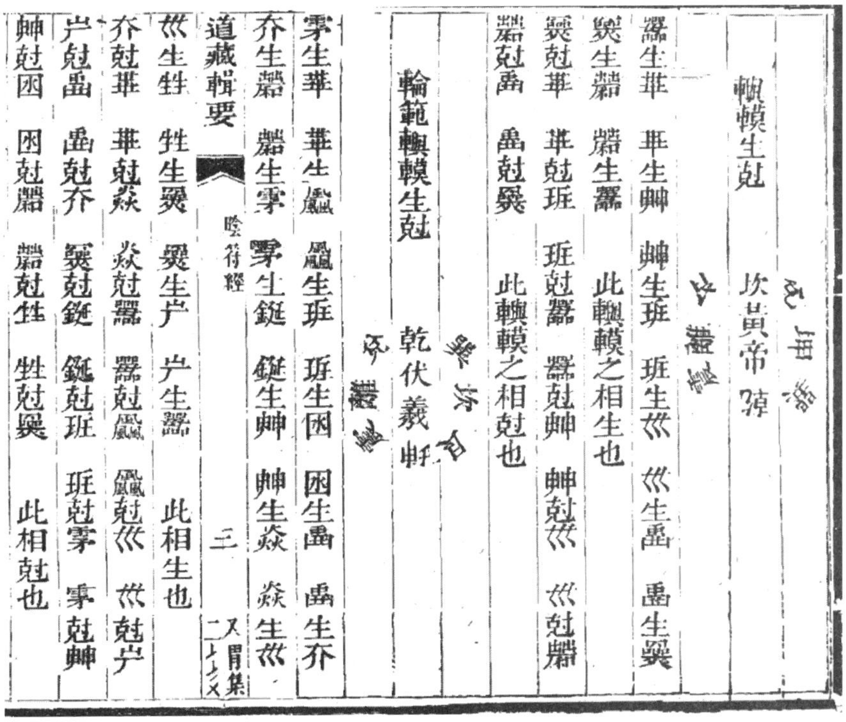

图 2　輈轅生克图

图 3　轮范輈轅生克图

《太公阴符经》

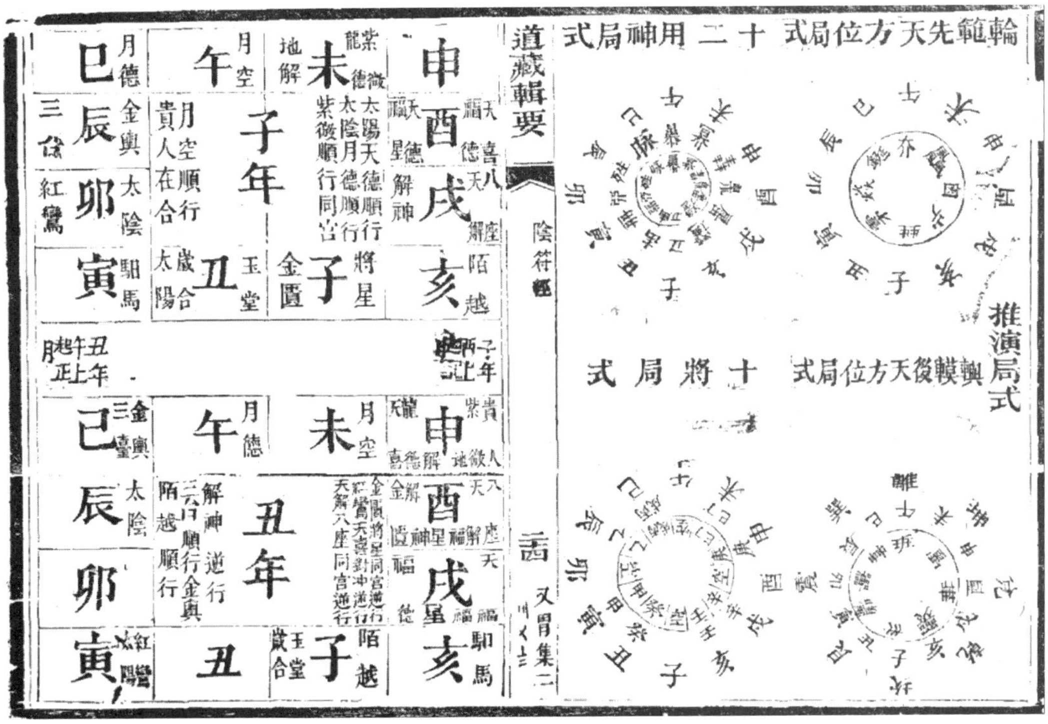

图 4　轮范先天方位局式图

图 5　輈轅后天方位局式图

图 6　用神局式图

图 7　十将局式图

《太公阴符经》

云笈七签

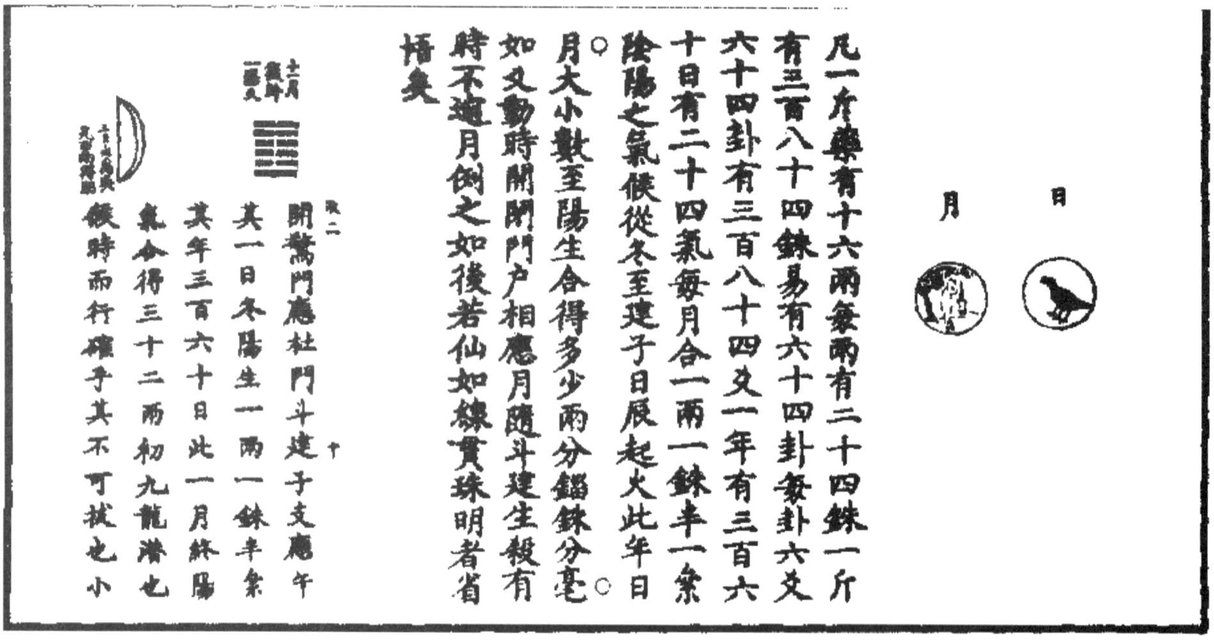

凡一斤藥有十六兩每兩有二十四銖一斤
有三百八十四銖易有六十四卦每卦六爻
六十四卦有三百八十四爻一年有三百六
十日有二十四氣每月合一兩一銖半一絫
陰陽之氣候從冬至建子日辰起火此年日
○月大小數至陽生合得多少兩分錙銖分毫○
如爻動時開閉門户相應月隨斗建生殺有
時不違月倒之如後若仙如線貫珠明者省
悟矣

開驚門應杜門斗建子支應午
其一日冬陽生一兩一銖半絫
其年三百六十日此一月終陽
氣合得三十二兩初九龍潛也
候時而行確乎其不可拔也小

图 1-1　火候图

(《云笈七签》)

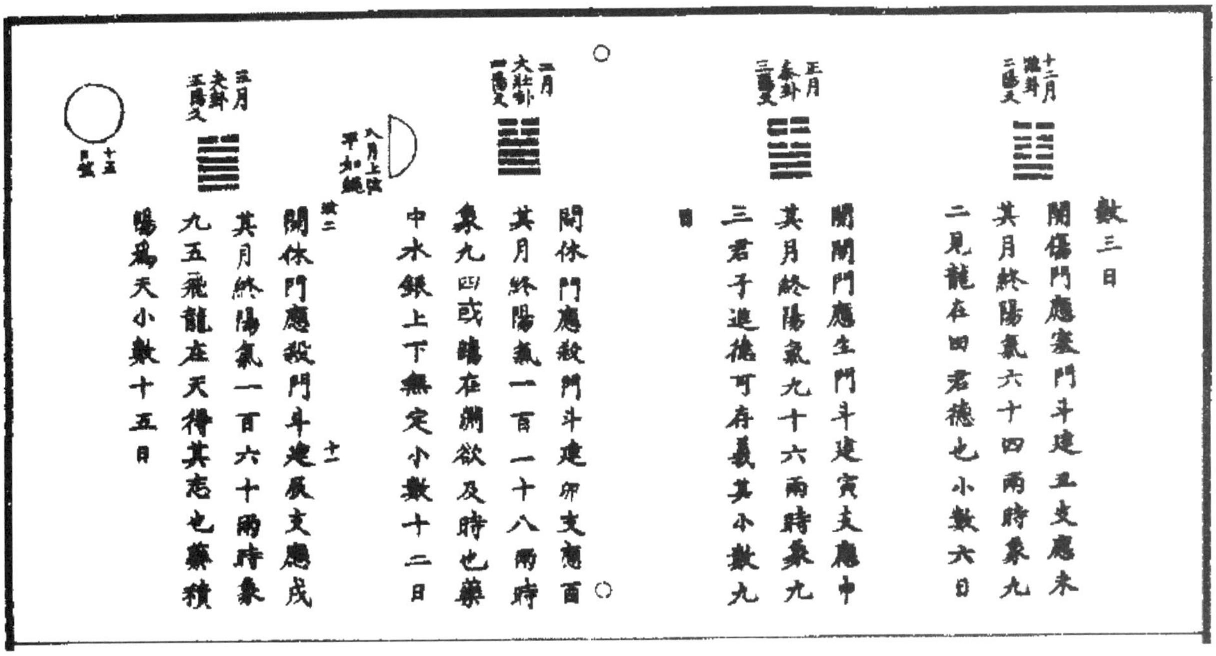
數三日
十二月 臨卦 二陽爻
開傷門應塞門斗建丑支應未
其月終陽氣六十四兩時象九
二見龍在田君德也小數六日
正月 泰卦 三陽爻
開開門應生門斗建寅支應申
其月終陽氣九十六兩時象九
三君子進德可存義其小數九
日
二月 大壯卦 四陽爻
開休門應殺門斗建卯支應酉
其月終陽氣一百一十八兩時
象九四或躍在淵欲及時也藥
中水銀上下無定小數十二日
八月上弦平如繩
三月 夬卦 五陽爻
開休門應殺門斗建辰支應戌
其月終陽氣一百六十兩時象
九五飛龍在天得其志也藥積
陽爲天小數十五日
十五日望

图 1－2　火候图

（《云笈七签》）

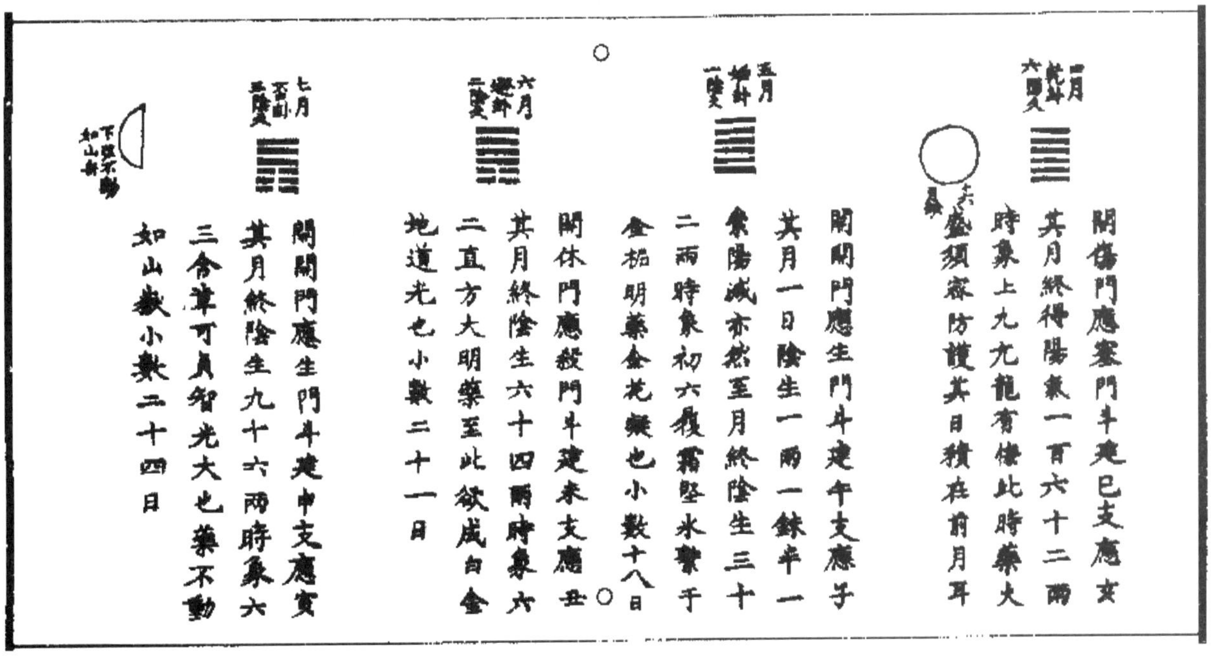
四月 乾卦 六陽爻
開傷門應塞門斗建巳支應亥
其月終得陽氣一百六十二兩
時象上九亢龍有悔此時藥大
盛須審防護其日積在前月耳
五月 姤卦 一陰爻
開開門應生門斗建午支應子
其月一日陰生一兩一銖半一
象陽減亦然至月終陰生三十
二兩時象初六履霜堅冰至于
金栖明藥金花凝也小數十八日
六月 遯卦 二陰爻
開休門應殺門斗建未支應丑
其月終陰生六十四兩時象六
二直方大明藥至此欲成白金
地道光也小數二十一日
七月 否卦 三陰爻
開開門應生門斗建申支應寅
其月終陰生九十六兩時象六
三含章可貞智光大也藥不動
如山數小數二十四日

图 1－3　火候图

（《云笈七签》）

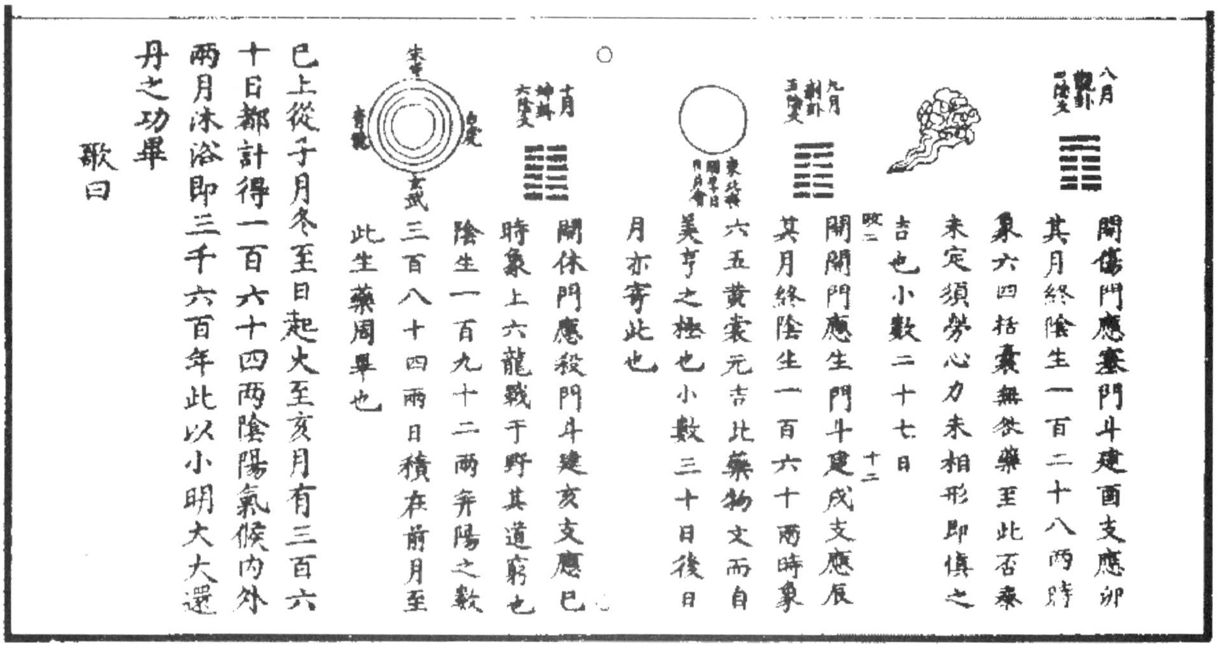
八月 觀卦 四陰爻
開傷門應塞門斗建酉支應卯
其月終陰生一百二十八兩時
象六四括囊無咎藥至此否泰
未定須勞心力未相形即慎之
吉也小數二十七日
九月 剝卦 五陰爻
吹二
開開門應生門斗建戌支應辰
其月終陰生一百六十兩時象
十二
六五黃裳元吉比藥物文而自
美亨之極也小數三十日後日
月亦寄此也
十月 坤卦 六陰爻
開休門應殺門斗建亥支應巳
時象上六龍戰于野其道窮也
陰生一百九十二兩奔陽之數
三百八十四兩日積在前月至
此生藥周畢也
朱雀
白虎
玄武
青龍
已上從子月冬至日起火至亥月有三百六
十日都計得一百六十四兩陰陽氣候內外
兩月沐浴即三千六百年此以小明大大還
丹之功畢
歌曰

图 1-4　火候图

（《云笈七签》）

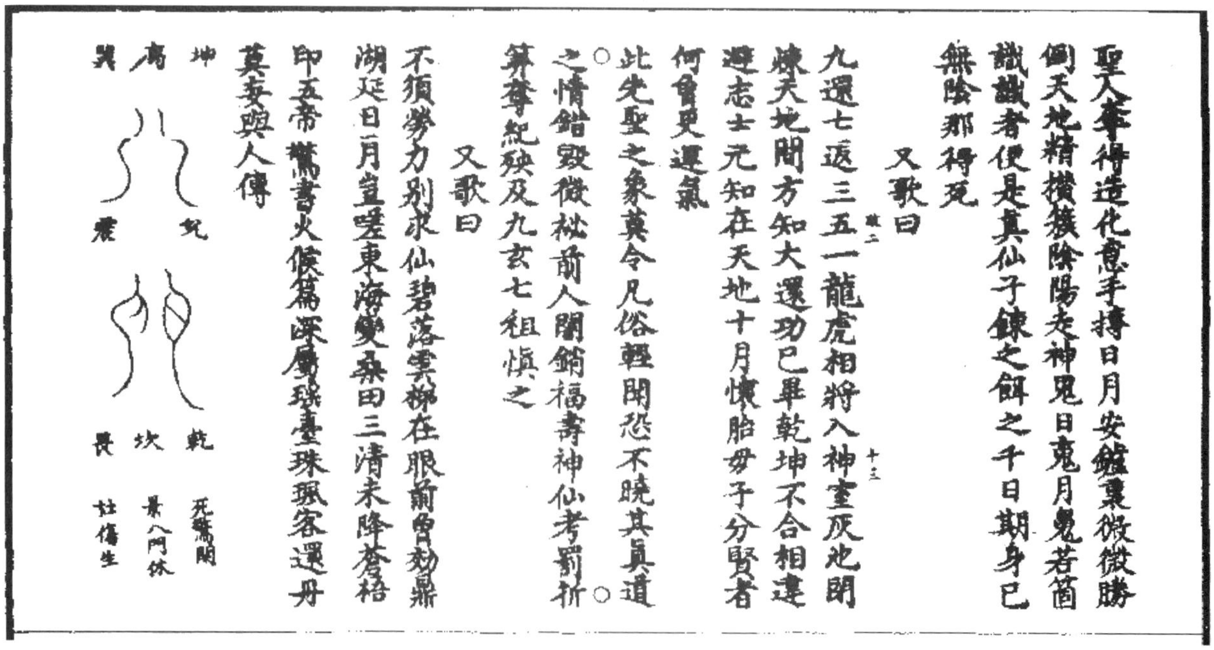
聖人奪得造化意手搏日月安鑪裏微微勝
倒天地精攢簇陰陽走神鬼日魂月魄若箇
識識者便是真仙子鍊之餌之千日期身已
無陰那得死
又歌曰
九還七返三五一龍虎相將入神室灰池閉
十三
歎二
鍊天地間方知大還功已畢乾坤不合相違
避志士元知在天地十月懷胎母子分賢者
何曾更還氣
此先聖之象莫令凡俗輕開恐不曉其真道
之情錯毀微祕前人開銷福壽神仙考罰折
算奪紀殃及九玄七祖慎之
又歌曰
不須勞力別求仙碧落雲梯在眼前曾劾鼎
湖延日月豈嗟東海變桑田三清未降香梧
印五帝驚書火候篇深屬琨臺珠珮客還丹
莫妄與人傳
坤
離
巽
兌
震
乾
坎
艮
死驚開
景入門休
杜傷生

图 2　三十辐共一毂图

（《云笈七签》）

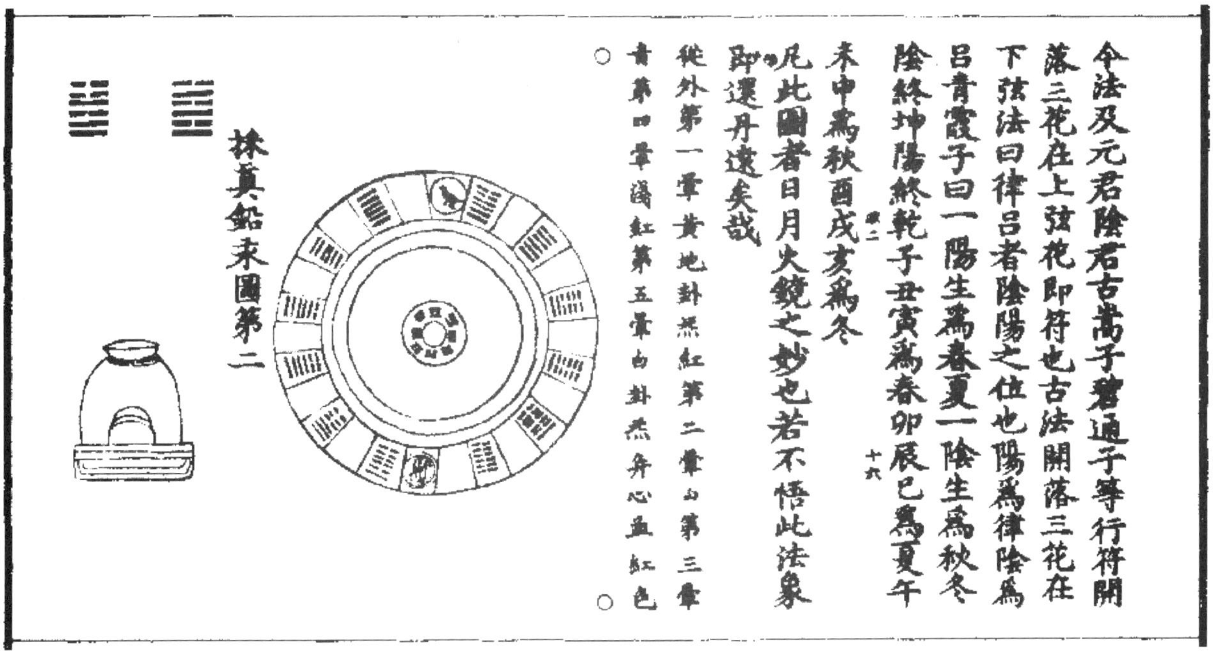
採真鉛汞圖第二

令法及元君陰君古萬子碧通子等行符開落三花在上弦花即符也古法開落三花在下弦法曰律呂者陰陽之位也陽爲律陰爲呂青霞子曰一陽生爲春夏一陰生爲秋冬陰終坤陽終乾子丑寅爲春卯辰巳爲夏午未申爲秋酉戌亥爲冬

凡此圖者日月火鏡之妙也若不悟此法象即還丹遠矣哉

從外第一暈黃地卦焉紅第二暈白第三暈青第四暈淺紅第五暈白卦焉并心並紅色

图 3 - 1　采真铅汞图

(《云笈七签》)

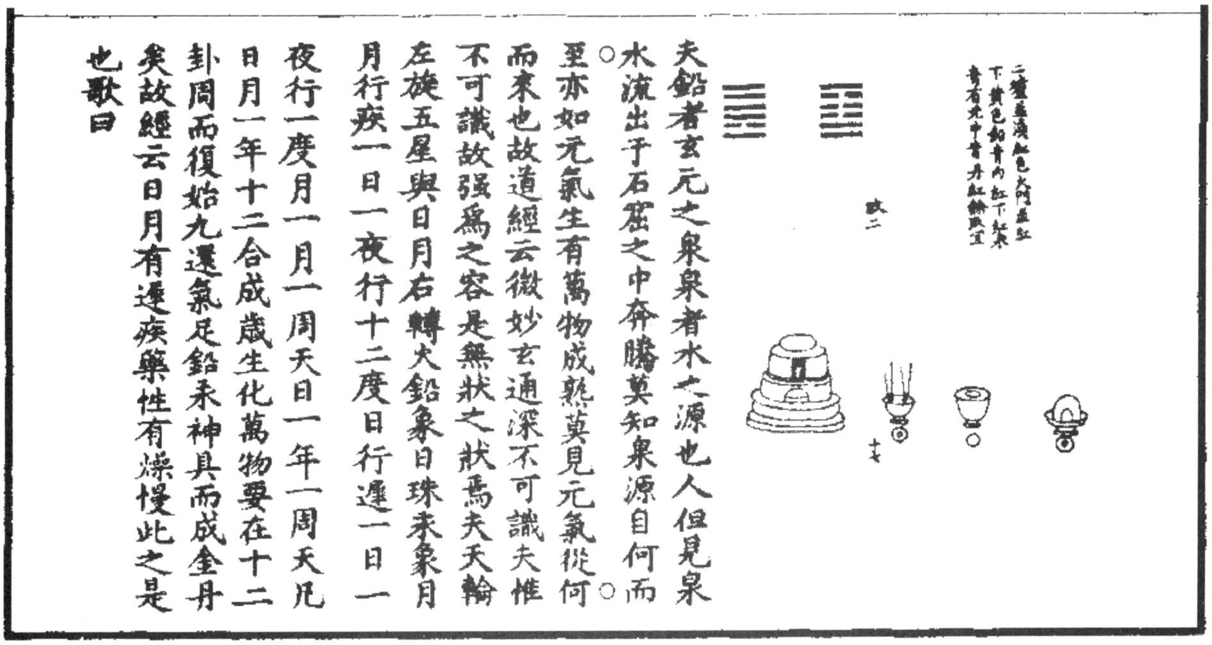
夫鉛者玄元之泉泉者水之源也人但見泉水流出于石竅之中奔騰莫知泉源自何而至亦如元氣生有萬物成熟莫見元氣從何而來也故道經云微妙玄通深不可識夫惟不可識故强爲之容是無狀之狀焉夫天輪左旋五星與日月右轉火鉛象日珠汞象月月行疾一日一夜行十二度日行遲一日一夜行一度月一月一周天日一年一周天凡日月一年十二合成歲生化萬物要在十二卦周而復始九還氣足鉛汞神具而成金丹矣故經云日月有遲疾藥性有燥慢此之是也歌曰

图 3 - 2　采真铅汞图

(《云笈七签》)

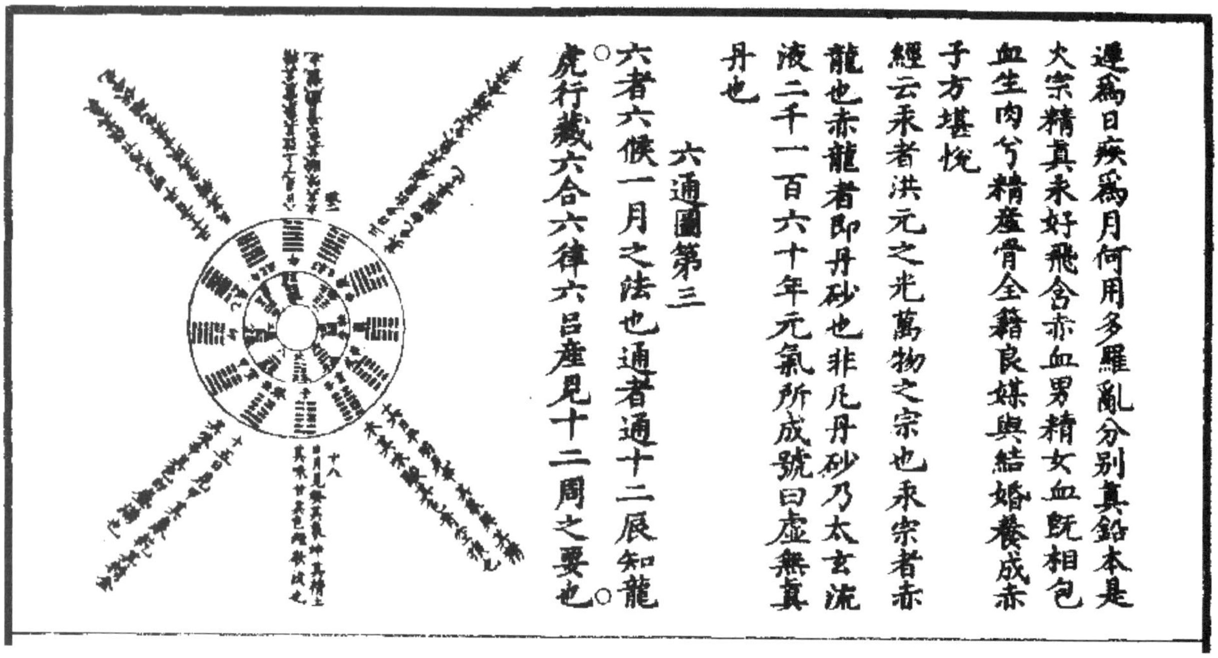

遲爲日疾爲月何用多羅亂分別真鉛本是
大宗精真秉好飛含赤血男精女血既相包
血生肉兮精産骨全籍良媒與結婚養成赤
子方堪悅
經云秉者洪元之光萬物之宗也秉宗者赤
龍也赤龍者即丹砂也非凡丹砂乃太玄流
液二千一百六十年元氣所成號曰虛無真
丹也
六通圖第三
〇六者六候一月之法也通者通十二辰知龍
虎行藏六合六律六呂産見十二周之要也〇

图 4　六通图

（《云笈七签》）

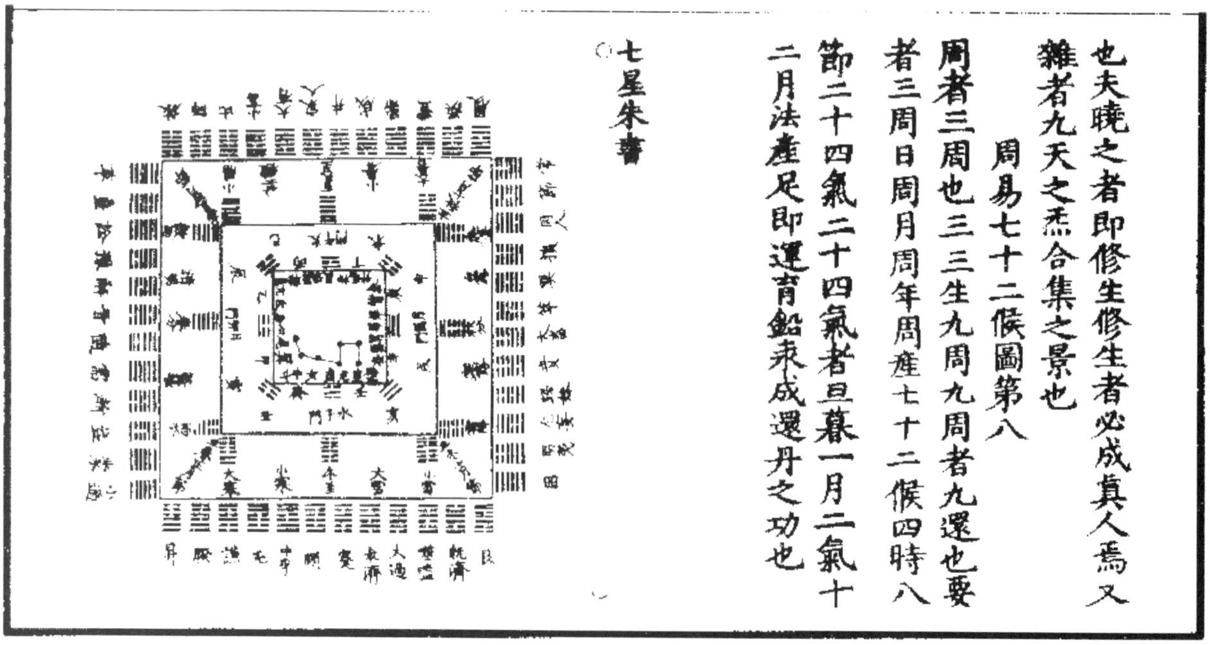

也夫曉之者即修生修生者必成真人焉又
雜者九天之炁合集之景也
周易七十二候圖第八
周者三周也三三生九周九周者九還也要
者三周日周月周年周産七十二候四時八
節二十四氣二十四氣者旦暮一月二氣十
二月法産足即運育鉛汞成還丹之功也
〇七星朱書

图 5　周易七十二候图

（《云笈七签》）

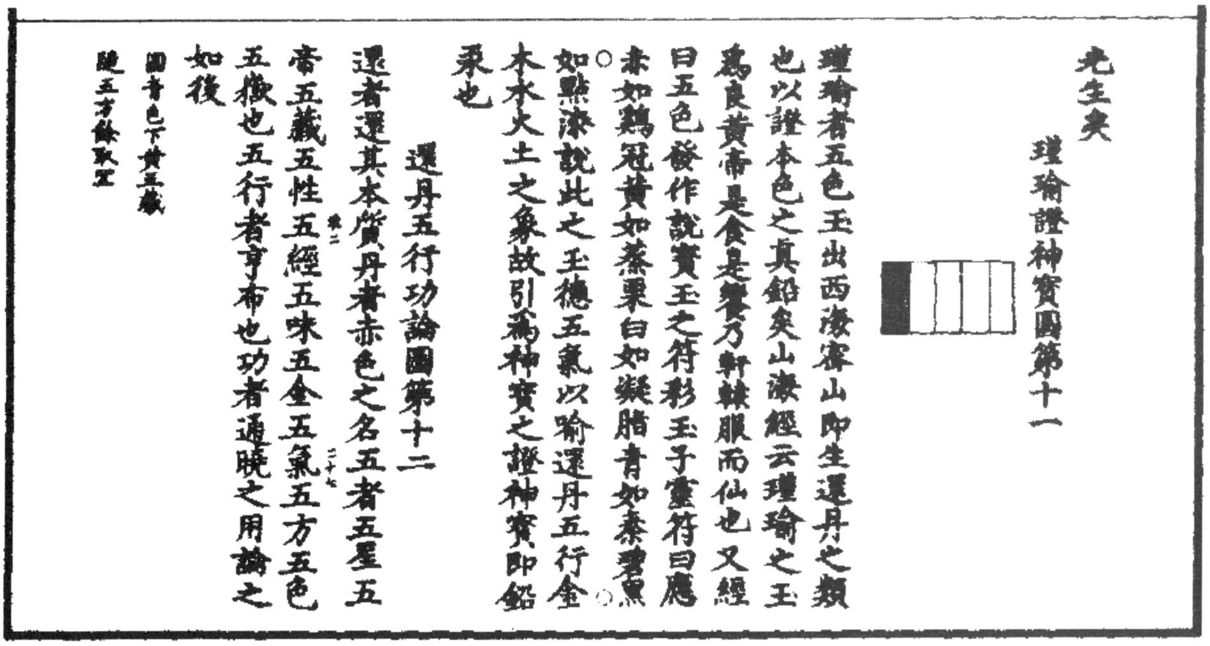

兑生矣

瑾瑜證神寶圖第十一

瑾瑜者五色玉出西濮寶山即生還丹之類也以證本色之真鉛矣山濮經云瑾瑜之玉爲良黄帝是食是饗乃軒轅服而仙也又經曰五色發作說寶玉之符彩玉子靈符曰應赤如鷄冠黄如蒸栗白如凝脂青如黍（？）黑如點漆說此之玉德五氣以喻還丹五行金木水火土之象故引爲神寶之證神寶即鉛汞也

還丹五行功論圖第十二

還者還其本質丹者赤色之名五者五星五帝五藏五性五經五味五金五氣五方五色五嶽也五行者亨布也功者通曉之用論之如後

圖青色下黄五藏

隨五方餘取望

图 6－1　还丹五行功论图

（《云笈七签》）

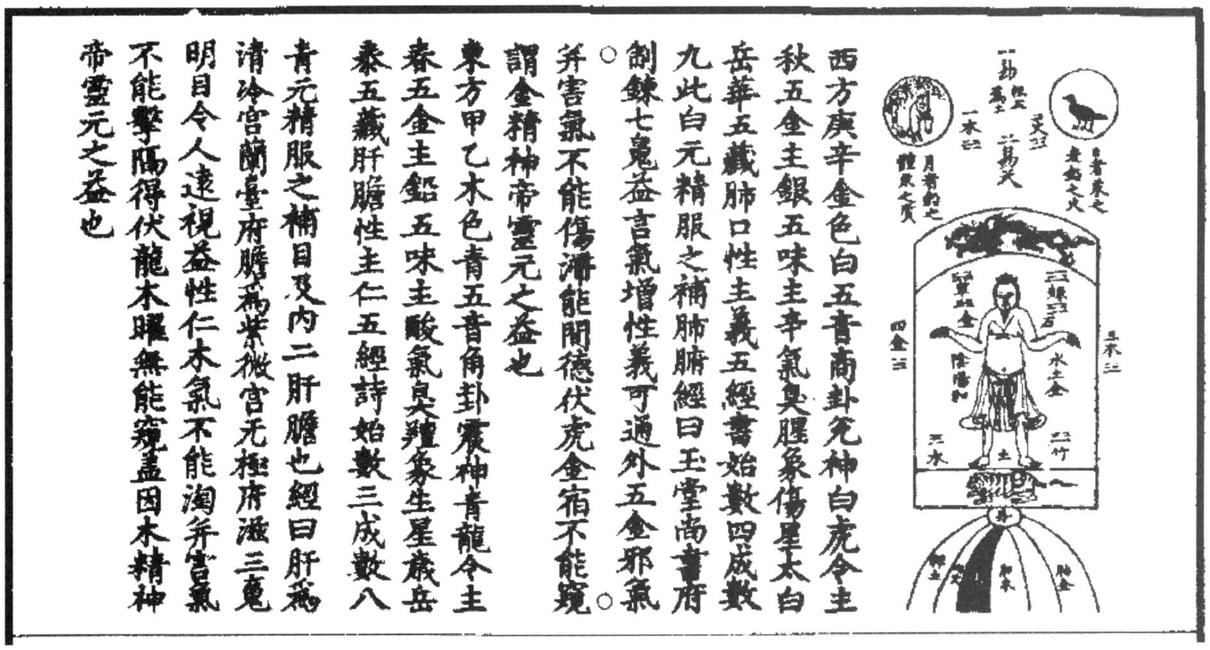

西方庚辛金色白五音商卦兑神白虎令主秋五金主銀五味主辛氣臭腥象傷星太白岳華五藏肺口性主義五經書始數四成數九此白元精服之補肺臓經曰玉堂尚書府制鍊七魄益言氣增性義可通外五金邪氣

并害氣不能傷滯能閒德伏虎金宿不能窺謂金精神帝靈元之益也

東方甲乙木色青五音角卦震神青龍令主春五金主鉛五味主酸氣臭羶象生星歲岳泰五藏肝膽性主仁五經詩始數三成數八青元精服之補目及内二肝膽也經曰肝爲清泠宫蘭臺府膽爲紫微宫无極府滅三魂明目令人遠視益性仁木氣不能淘并害氣不能擊隔得伏龍木曜無能窺盡因木精神帝靈元之益也

图 6－2　还丹五行功论图

（《云笈七签》）

年二十年或十年三年隨意而出當生之時
即更收血肉生津結液復質本胎成形濯
質乃勝於昔死之容也真人鍊身於太陰易
貌於三官者此之謂也太微天帝君詠曰
太陰鍊身形勝服九轉丹華容端且嚴面色
合靈雲上登太極關受書爲真人

太上肘後玉經方八篇

敘　樓子　盧　道　元

昔巢居子奉事東海青童君以節苦心寂奉
師禮具暑雨祁寒無懈無怠僅二十年乃口○
○授玄法手錄聖方曰若求跨鶴昇九霄未易
致也蓋優遊乾坤之內守顆然之氣容色不
改心目清朗壽數百年不歸可得矣然神仙
秘術不可傳失其人長安年中巢居子以寒
樓子賢人也使沐浴齋戒乃授其事至貞元
八年寒樓子以余不揆陋微游放自適所從
來者匪世俗之士無聲利之交若天與之正
性謂不虛授乃傳之余以隱樓子文華之士
昔登上科忽遺馳鶩息心道門僅六七年其
玄法秘術無不得之而至理之要曾似未遍

图 7-1　太上肘后玉经方八篇图

(《云笈七签》)

顧余有此遺禮留愛父之而言余知其志士
也心志爵祿遜時稱騷雅之什有而若無實
而若虛者哉必當羽化雲飛豈止龜鶴齊壽
實曆乙未歲賓隱樓子盧道元敬持太上八方
緗蘊玄實一軸以授隱樓龍君敬之哉戒之
哉

☰乾天父地母七精散方第一
☷坤風后四扇散方第二
☶艮王君河車方第三
☴巽靈臺王母四童散方第四
☲離彭君麋角粉方第五
☱兌夏姬杏金丹方第六
☵坎南嶽真人赤松子枸杞煎丸第七
☳震青精先生䬾米飯方第八

☰乾天父地母七精散方第一

竹實三大兩九蒸九曝主水氣日精地膚子
四大兩太陰之精主肝明目黃精四大兩戊
己之精主脾藏蔓菁子三大兩九蒸主邪鬼
明目松脂三大兩鍊令熟主風狂痺濕桃膠
四大兩五木之精主鬼忤菖蒲五大兩九曝

图 7-2　太上肘后玉经方八篇图

(《云笈七签》)

太清金阙玉华仙书八极神章三皇内秘文

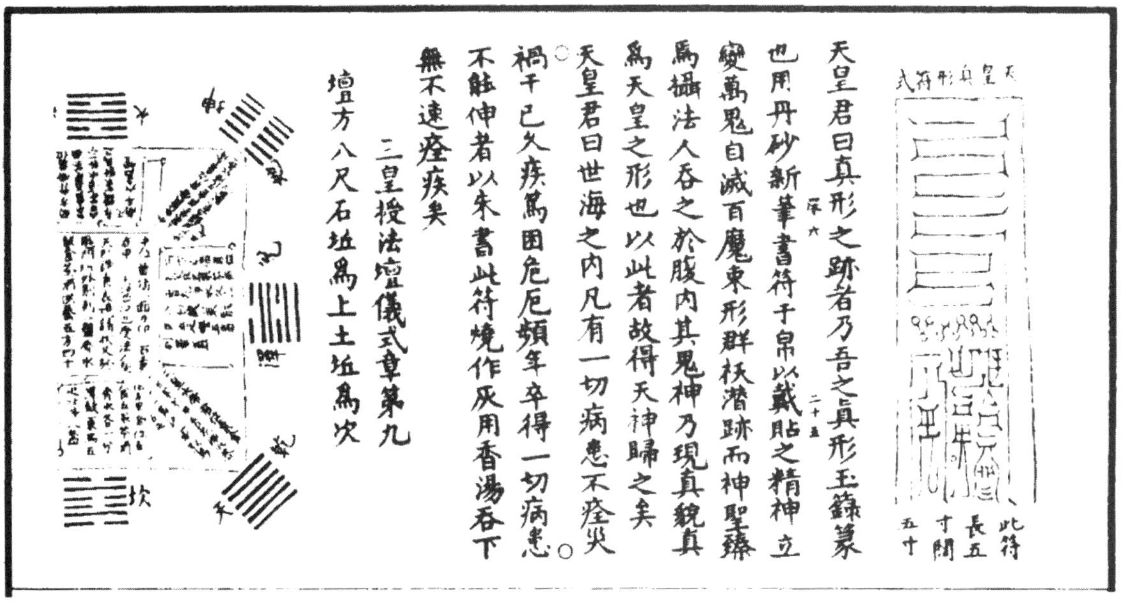

天皇真形符式

此符長五寸闊五十

天皇君曰真形之跡者乃吾之眞形玉籙篆也用丹砂新筆書符于帛以戴貼之精神立變萬鬼自滅百魔束形群袄潛跡而神聖臻焉攝法人吞之於腹內其鬼神乃現真貌真為天皇之形也以此者故得天神歸之矣

天皇君曰世海之內凡有一切病患不痊災禍千已久疾篤困危厄頻年卒得一切病患不能伸者以朱書此符燒作灰用香湯吞下無不速痊疾矣

三皇授法壇儀式章第九

壇方八尺石埏為上土埏為次

图 1－1　三皇授法坛图

（《太清金阙玉华仙书八极神章三皇内秘文》）

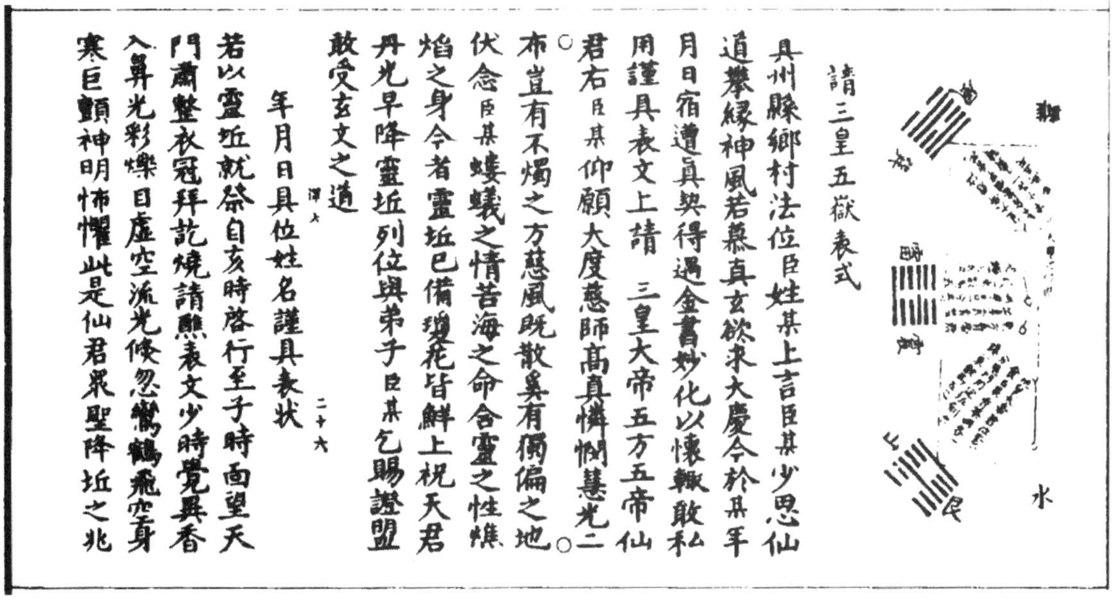

請三皇五嶽表式

具州縣鄉村法位臣姓某上言臣某少思仙道攀緣神風若慕真玄欲求大慶今於某年月日宿遭真契得遇金書妙化以懷輒敢私用謹具表文上請　三皇大帝五方五帝仙君右臣某仰願大度慈師高真憐憫慧光二布豈有不燭之方慈風既散奚有獨偏之地伏念臣某螻蟻之情苦海之命含靈之性燋焰之身今者靈埏已備瑞花皆鮮上祝天君丹光早降靈埏列位與弟子臣某乞賜證盟敢受玄文之道

年月日具位姓名謹具表狀

若以靈埏就祭自亥時啓行至子時面望天門肅整衣冠拜訖燒請熙表文少時覺異香入鼻光彩爍目虛空流光倏忽鸞鶴飛空身寒巨顫神明怖懼此是仙君衆聖降埏之兆

图 1－2　三皇授法坛图

（《太清金阙玉华仙书八极神章三皇内秘文》）

灵宝领教济度金书

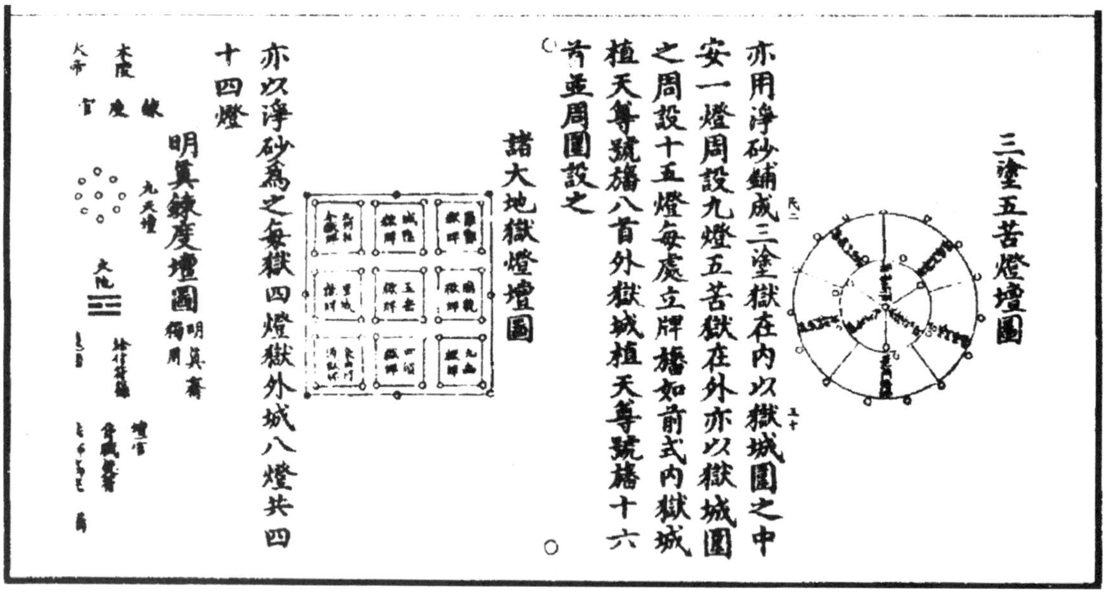
三塗五苦燈壇圖
亦用淨砂鋪成三塗獄在內以獄城圍之中安一燈周設九燈五苦獄在外亦以獄城圍之周設十五燈每處立牌旛如前式內獄城植天尊號旛八首外獄城植天尊號旛十六首並周圍設之
諸大地獄燈壇圖
亦以淨砂爲之每獄四燈獄外城八燈共四十四燈
明真鍊度壇圖 明真齋獨用

图 1－1　明真炼度坛图
(《灵宝领教济度金书》)

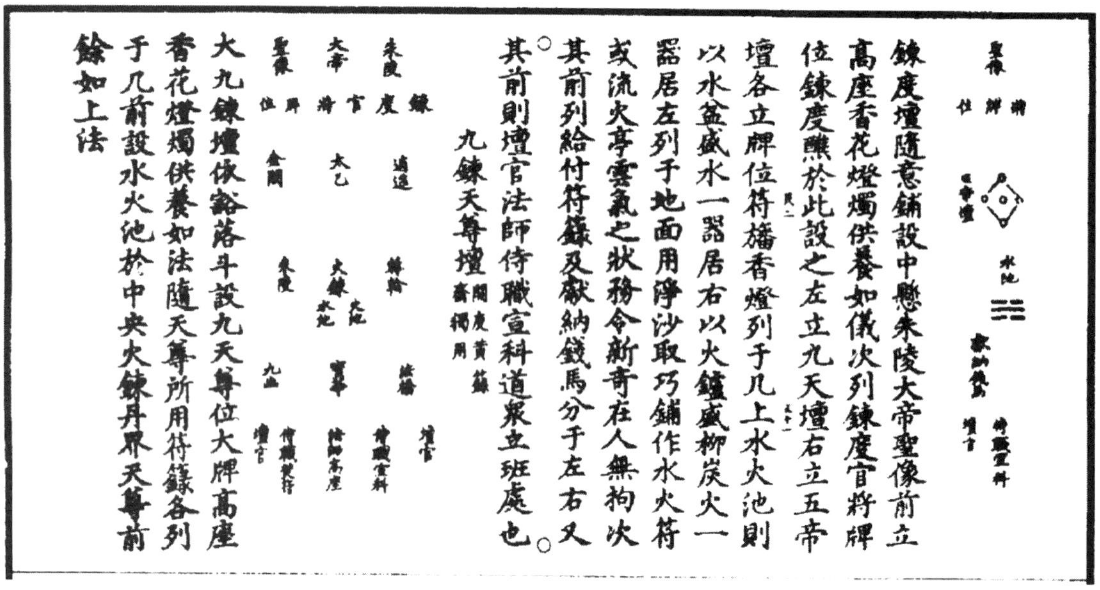
鍊度壇隨意鋪設中懸朱陵大帝聖像前立高座香花燈燭供養如儀次列鍊度官將牌位鍊度醮於此設之左立九天壇右立五帝壇各立牌位符旛香燈列于几上水火池則以水盆盛水一器居右以火鑪盛柳炭火一器居左列于地面用淨沙取巧鋪作水火符或流火亭雲氣之狀務令新奇在人無拘次其前列給付符籙及獻納錢馬分于左右又其前則壇官法師侍職宣科道衆立班處也
九鍊天尊壇 開度黃籙齋獨用
大九鍊壇依谿落斗設九天尊位大牌高座香花燈燭供養如法隨天尊所用符籙各列于几前設水火池於中央火鍊丹界天尊前餘如上法

图 1－2　明真炼度坛图
(《灵宝领教济度金书》)

孤矢燈六星以淨沙鋪之安於卓上周圍以
二十四燈鋪之若平常關祝則正鋪若修造
犯何方神殺興災則以矢向其方射之外周
設二十四燈凡按天象孤矢九星

九宮八卦燈壇圖

九宮八卦燈亦以淨沙鋪之凡五十三燈

七曜齋獨用

上層壇

壇上立七曜牌位附於十方天尊牌位之旁
日附東北月附東南土附西南木火金水則
附四正也

玄靈璇璣齋獨用

上層壇

壇上除十方天尊牌位不用別用九星牌位
貪狼南巨門東北祿存西文曲西北武曲東

图 2　九宫八卦灯坛图

（《灵宝领教济度金书》）

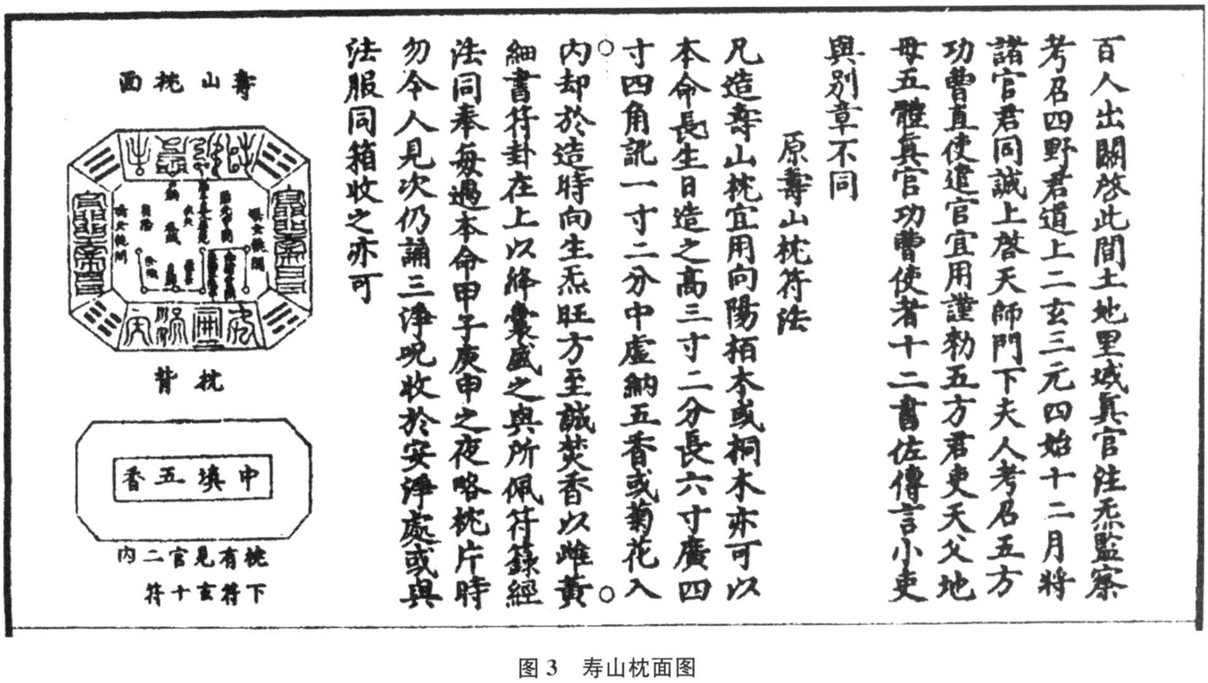

百人出關啓此間土地里域真官注炁監察
考召四野君道上二玄三元四始十二月將
諸官君同誠上啓天師門下夫人考召五方
功曹直使建官宜用謹勑五方君吏天父地
母五體真官功曹使者十二書佐傳言小吏
與別章不同

原壽山枕符法

凡造壽山枕宜用向陽栢木或桐木亦可以
本命長生日造之高三寸二分長六寸廣四
寸四角訖一寸二分中虛納五香或菊花入
內却於造時向生炁旺方至誠焚香以雌黄
細書符卦在上以絳囊盛之與所佩符籙經
法同奉每遇本命甲子庚申之夜略枕片時
勿令人見次仍誦三淨呪收於安淨處或與
法服同箱收之亦可

图 3　寿山枕面图

（《灵宝领教济度金书》）

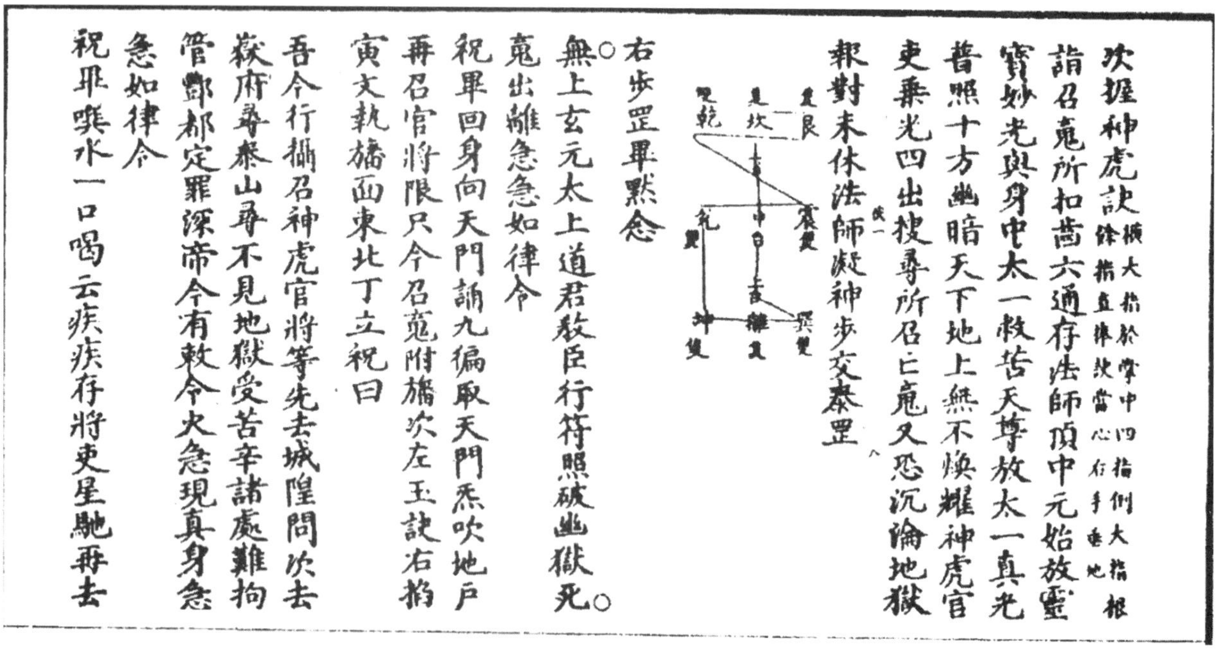
次握神虎訣横大指於掌中四指側大指根餘指直伸狀當心存手垂地
詣召魂所扣齒六通存法師頂中元始放靈
寶妙光與身中太一救苦天尊放太一真光
普照十方幽暗天下地上無不煥耀神虎官
吏乘光四出搜尋所召亡魂又恐沉淪地獄
報對未休法師凝神步交泰罡
右步罡畢默念
○無上玄元太上道君敕臣行符照破幽獄死○
魂出離急急如律令
祝畢回身向天門誦九徧取天門炁吹地户
再召官將限只令召魂附旛次左玉訣右掐
寅文執旛面東北丁立祝曰
吾今行攝召神虎官將等先去城隍問次去
嶽府尋泰山尋不見地獄受苦辛諸處難拘
管酆都定罪深帝令有敕令火急現真身急
急如律令
祝畢噀水一口喝云疾疾存將吏星馳再去

图 4　交泰罡图

(《灵宝领教济度金书》)

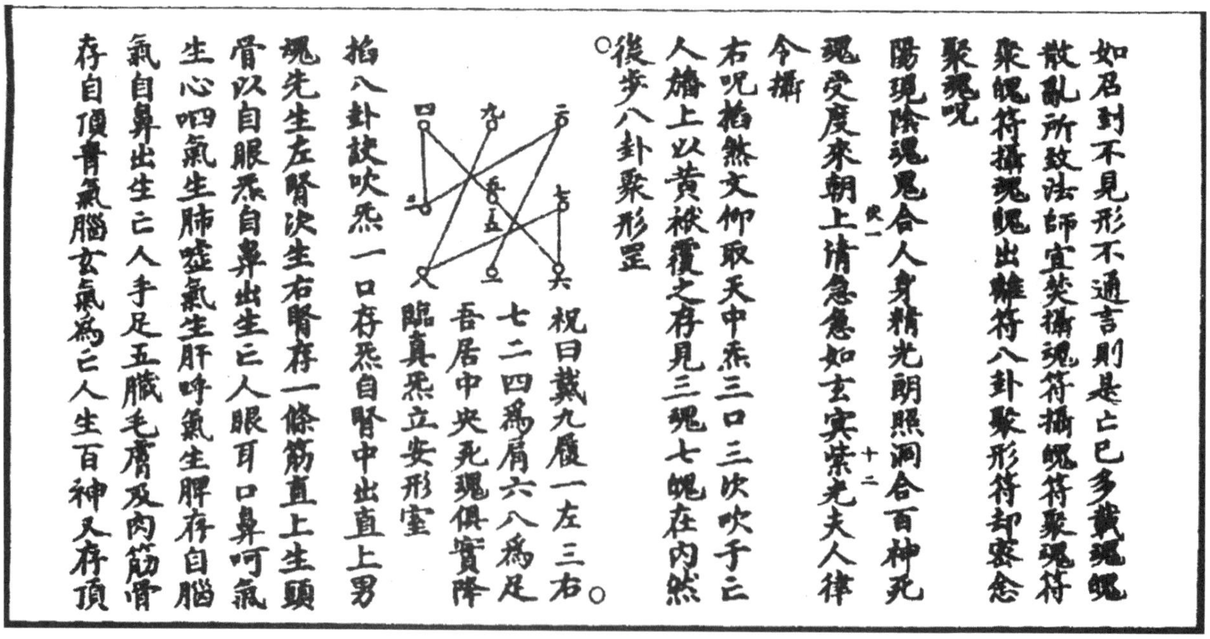
如召到不見形不通言則是亡已多載魂魄
散亂所致法師宜焚攝魂符攝魄符聚魂符
聚魄符攝魂魄出離符八卦聚形符却密念
聚魂呪
陽魂陰魂鬼合人身精光朗照洞合百神死
魂受度來朝上清急急如玄實紫光夫人律
令攝
右呪掐煞文仰取天中炁三口三次吹于亡
人旛上以黄袱覆之存見三魂七魄在内然
○後步八卦聚形罡
祝曰戴九履一左三右○
七二四爲肩六八爲足
吾居中央死魂俱實降
臨真炁立安形室
掐八卦訣吹炁一口存炁自腎中出直上男
魂先生左腎次生右腎存一條筋直上生頭
骨以自眼炁自鼻出生亡人眼耳口鼻呵氣
生心呬氣生肺噓氣生肝呼氣生脾存自腦
氣自鼻出生亡人手足五臟毛膚及肉筋骨
存自頂背氣腦玄氣爲亡人生百神又存頂

图 5　步八卦聚形罡图

(《灵宝领教济度金书》)

太上洞玄灵宝无量度人上品经法

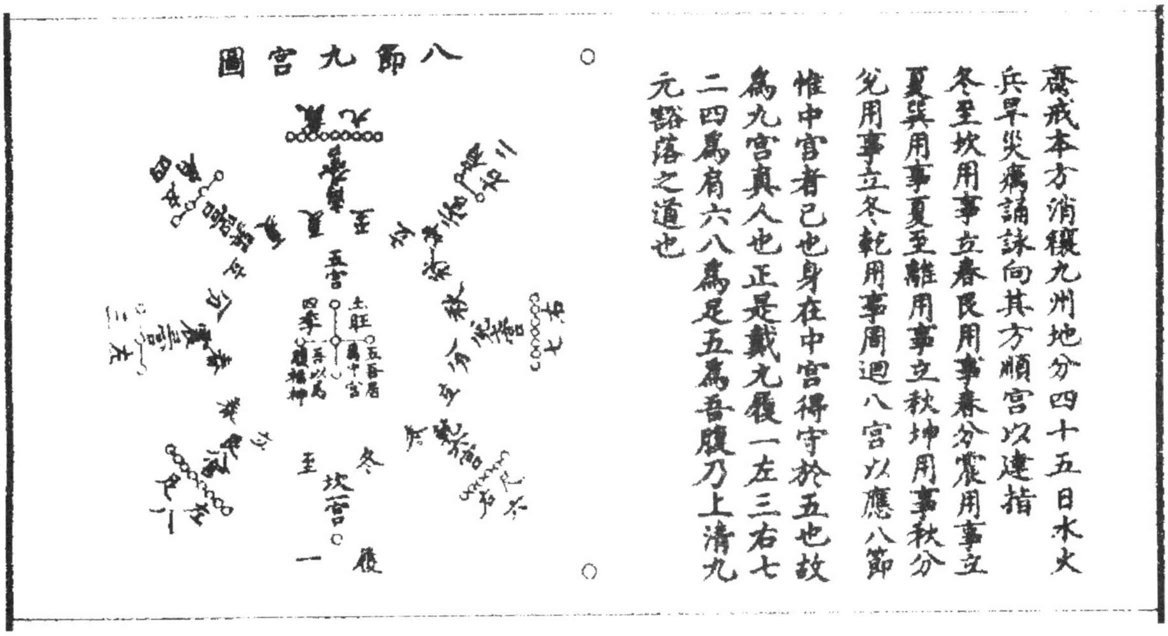

八節九宮圖

齋戒本方消禳九州地分四十五日水火兵旱災癘誦詠向其方順宮以建指冬至坎用事立春艮用事春分震用事立夏巽用事夏至離用事立秋坤用事秋分兌用事立冬乾用事周迴八宮以應八節惟中宮者己也身在中宮得守於五也故爲九宮真人也正是戴九履一左三右七二四爲肩六八爲足五爲吾腹乃上清九元豁落之道也

图 1　八节九宫图

（《太上洞玄灵宝无量度人上品经法》）

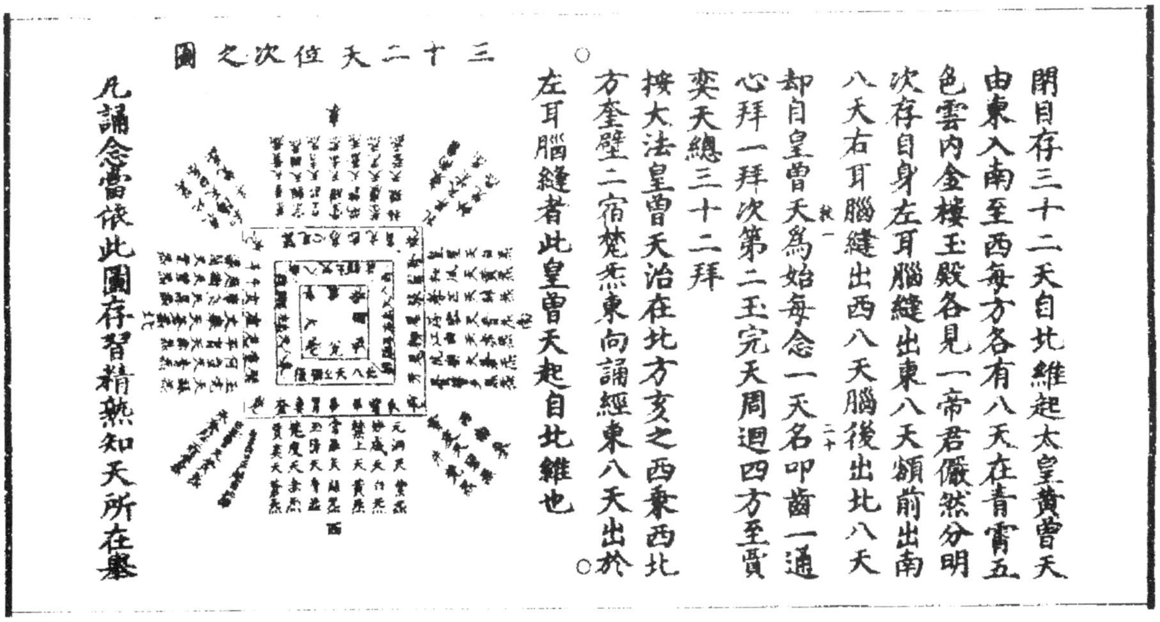

三十二天位次之圖

閉目存三十二天自北維起太皇黄曾天由東入南至西每方各有八天在青霄五色雲内金樓玉殿各見一帝君儼然分明次存自身左耳腦縫出東八天額前出南八天右耳腦縫出西八天腦後出北八天却自皇曾天爲始每念一天名叩齒一通心拜一拜次第二玉完天周迴四方至貫奕天總三十二拜

按大法皇曾天治在北方亥之西乘西北方奎壁二宿梵炁東向誦經東八天出於左耳腦縫者此皇曾天起自北維也

凡誦念當依此圖存習精熟知天所在處

图 2　三十二天位次之图

（《太上洞玄灵宝无量度人上品经法》）

性命圭指

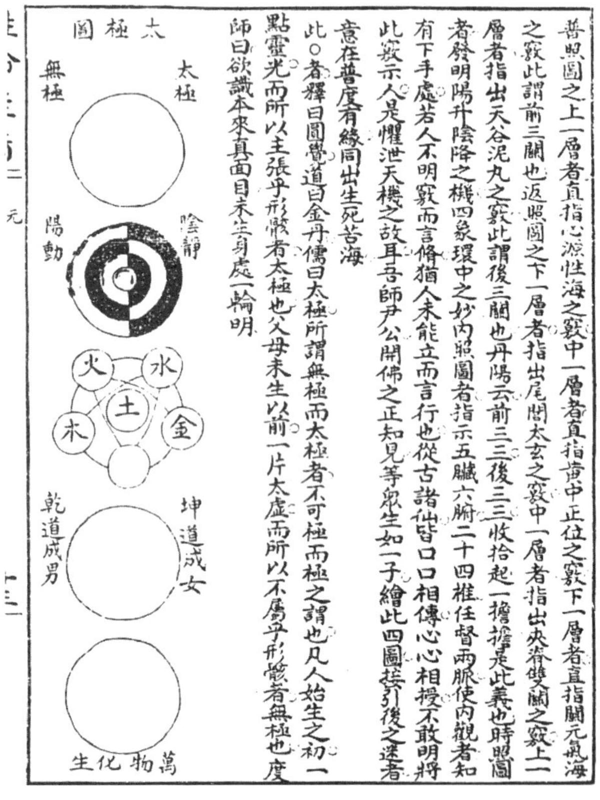

图 1　太极图
(《性命圭指》)

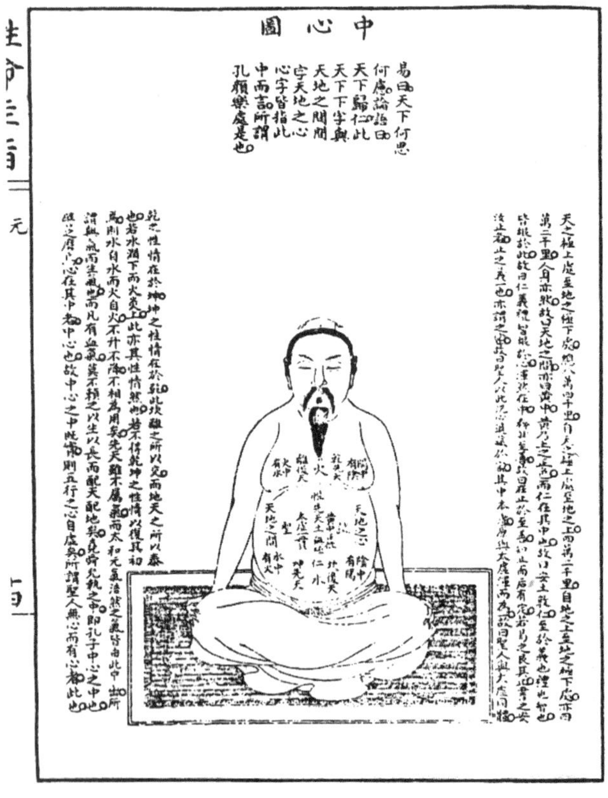

图 2　中心图
(《性命圭指》)

图 3　取坎填离图
（《性命圭旨》）

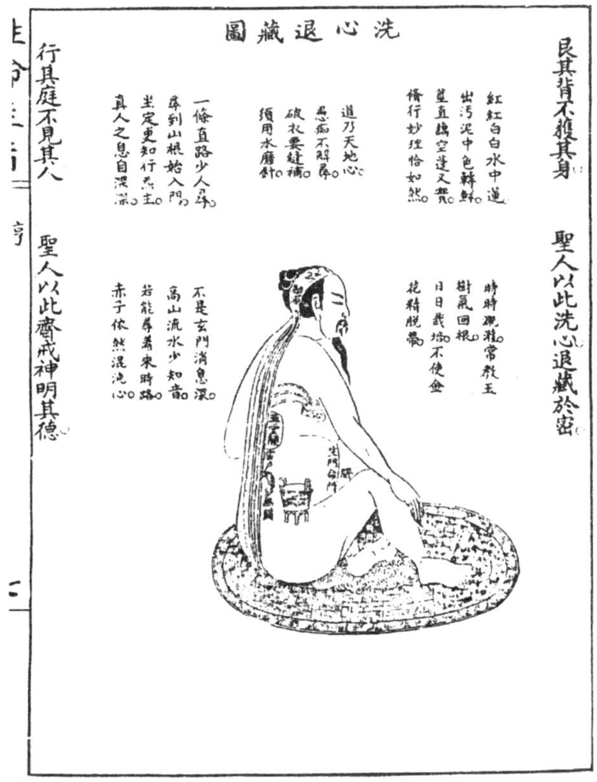

图 4　洗心退藏图
（《性命圭旨》）

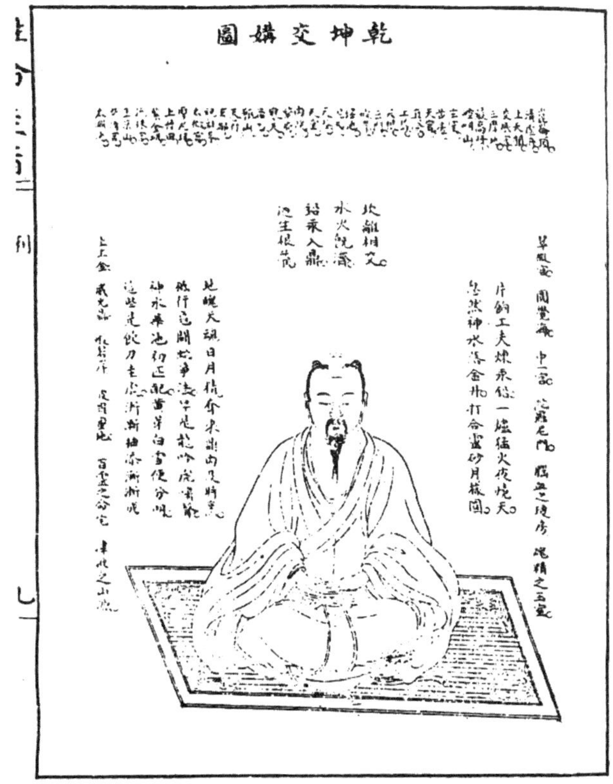

图 5　乾坤交媾图
（《性命圭旨》）

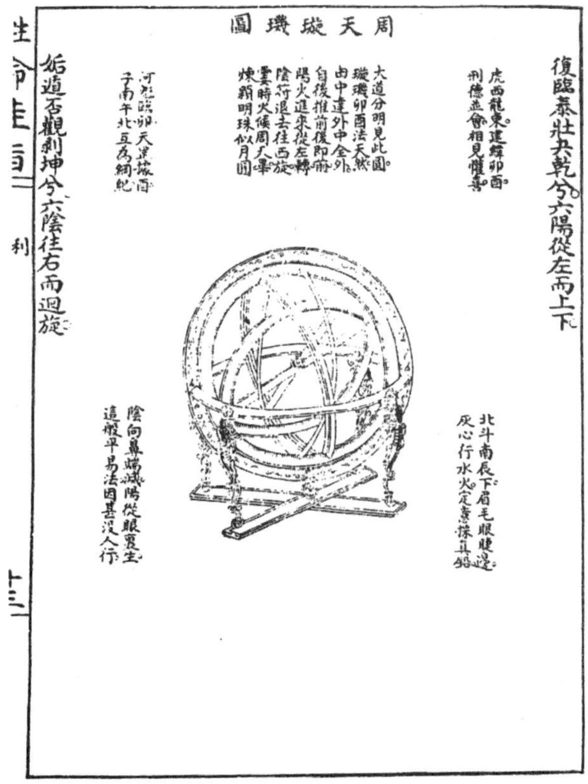

图 6　周天璇玑图
（《性命圭旨》）

法海遗珠

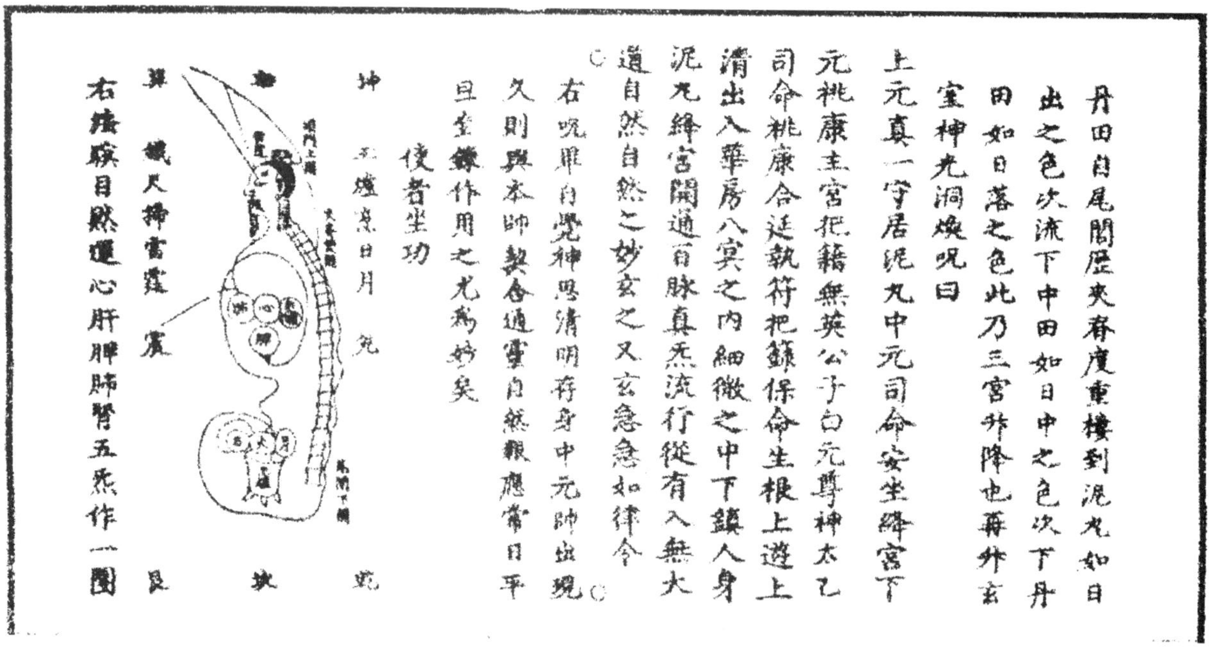
丹田自尾閭歷夾脊度重樓到泥丸如日
出之色次流下中田如日中之色次下丹
田如日落之色此乃三宮升降也再升玄
室神光洞煥呪曰
上元真一守居泥丸中元司命安坐絳宮下
元桃康主宮把籥無英公子白元尊神太乙
司命桃康合延執符把籥保命生根上遊上
清出入華房八寞之內細微之中下鎮人身
泥丸絳宮關通百脉真炁流行從有入無大
道自然自然之妙玄之又玄急急如律令
右呪畢自覺神思清明存身中元帥出現
久則與本帥契合通靈自然報應當日平
旦至靜作用之尤為妙矣
使者坐功
右按驗目賦運心肝脾肺腎五炁作一圖

图 1　使者坐功图
(《法海遗珠》)

灵宝玉鉴

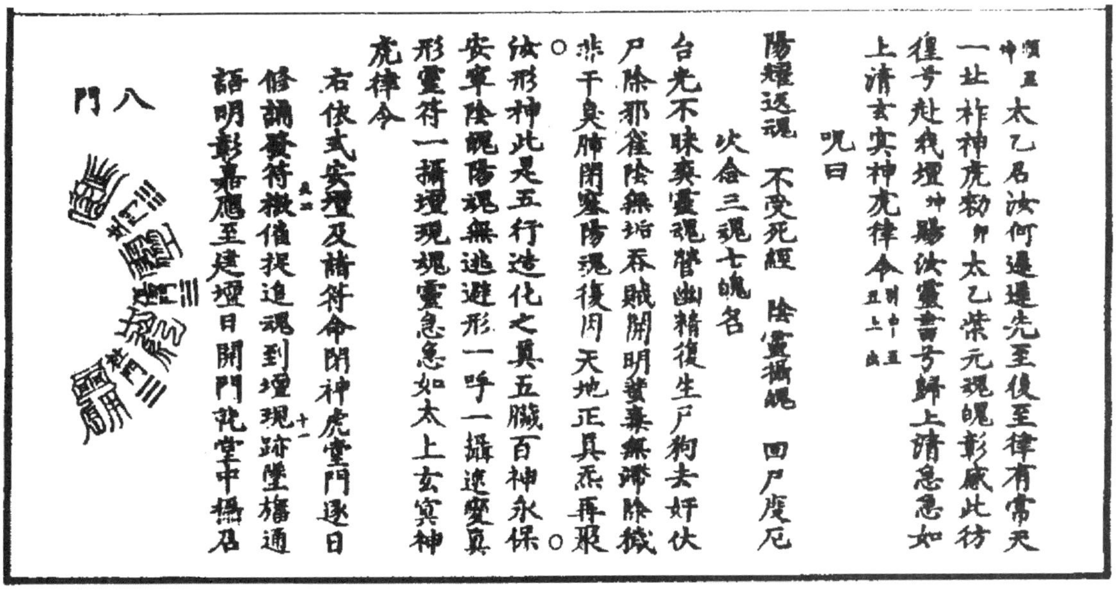
頂五中 太乙召汝何遲遲先至後至律有常天
一壯柞神虎勅卯太乙紫元魂魄彰厥此彷
徨兮赴我壇神賜汝靈書兮歸上清急急如
上清玄冥神虎律令頂中五五上出
呪曰
陽耀返魂　不受死經　陰靈攝魄　四尸度厄
次念三魂七魄名
台光不昧爽靈魂膋幽精復生尸狗去奸伏
尸除邪雀陰無垢吞賊開明蜚毒無滯除穢
非于臭肺閉塞陽魂復內天地正真悉再聚
○汝形神此是五行造化之真五臟百神永保○
安寧陰魄陽魂無逃避形一呼一攝速變真
形靈符一攝壇現魂靈急急如太上玄冥神
虎律令
右依式安壇及請符命開神虎堂門逐日
修誦發符檄催捉追魂到壇現跡墜旛通
語明彰嘉應至建壇日開門就堂中攝召

图 1－1　八门坛式图
(《灵宝玉鉴》)

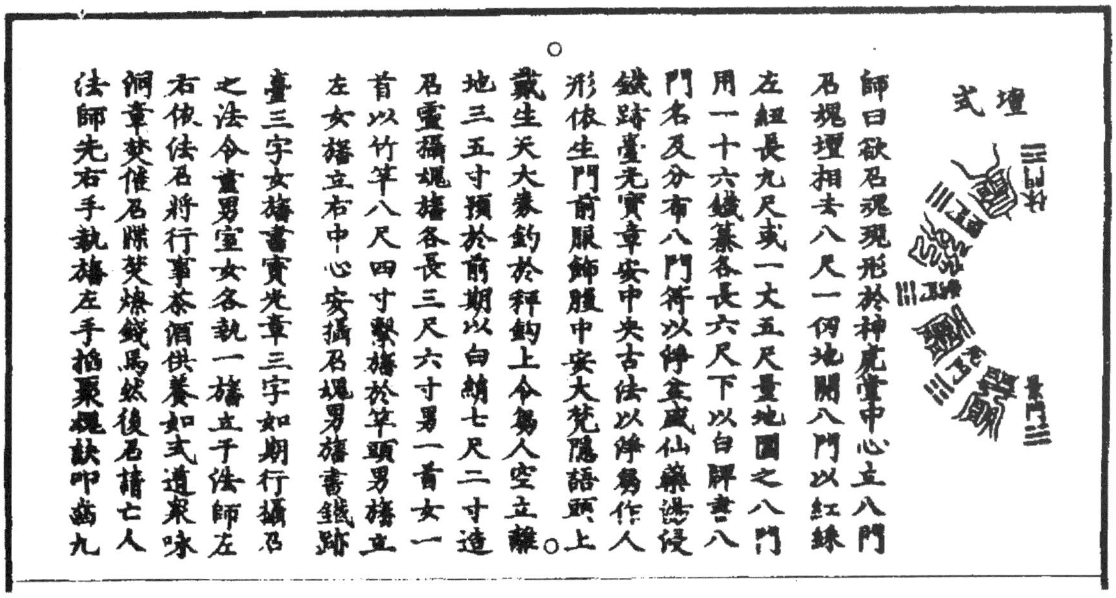

師曰欲召魂現形於神虎堂中心立八門
召魂壇相去八尺一例地開八門以紅綠
左紐長九尺或一丈五尺量地圓之八門
用一十六鐵纂各長六尺下以白牌書八
門名及分布八門符以降真威仙樂湯浸
鐵踏臺光寶章安中央古法以降芻作人
形依生門前脈飾體中安大梵隱語頭上
藏生天大泰鈎於秤鈎上令芻人空立離○
地三五寸預於前期以白綃七尺二寸造
召靈攝魄旛各長三尺六寸男一首女一
首以竹竿八尺四寸繫旛於竿頭男旛立
左女旛立右中心安攝召魂男旛書錢跡
臺三字女旛書寶光章三字如期行攝召
之法令童男室女各執一旛立于法師左
右依法召將行事茶酒供養如式道衆咏
洞章焚催召牒焚燒錢馬然後召請亡人
法師先右手執旛左手掐聚魄訣叩齒九

图 1－2　八门坛式图
(《灵宝玉鉴》)

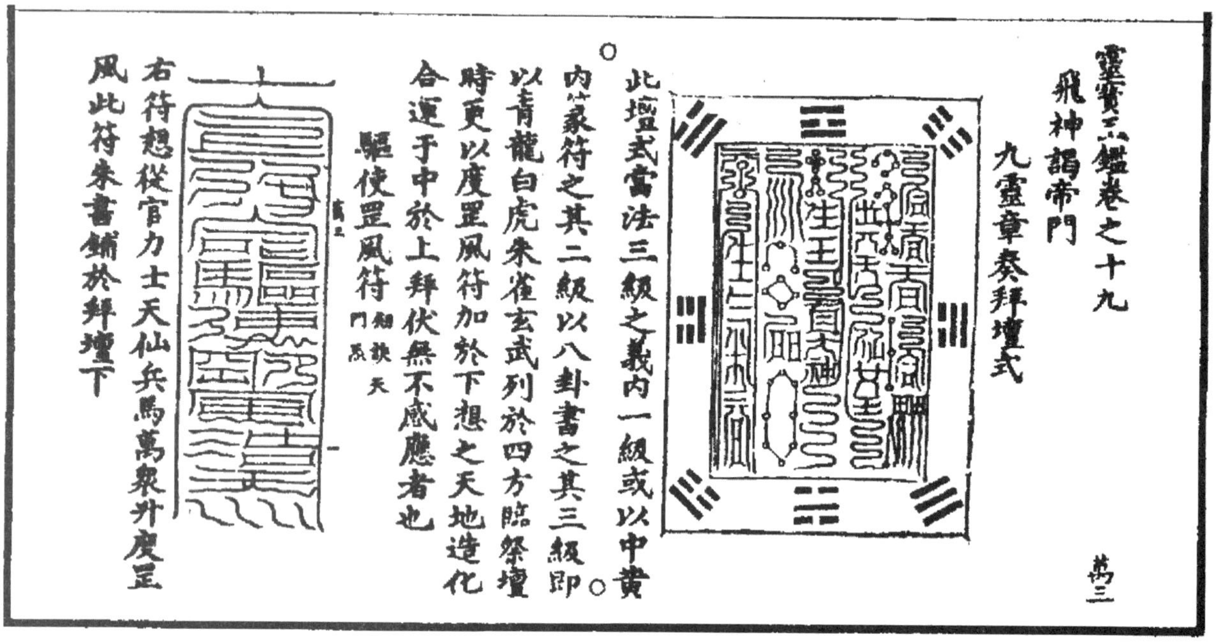
靈寶玉鑑卷之十九
飛神謁帝門
九靈章奏拜壇式
此壇式當法三級之義內一級或以中黄
內篆符之其二級以八卦書之其三級即
以青龍白虎朱雀玄武列於四方臨祭壇
時更以度罡風符加於下想之天地造化
合運于中於上拜伏無不感應者也
驅使罡風符
右符想從官力士天仙兵馬萬衆升度罡
風此符朱書鋪於拜壇下

图 2　九灵章奏拜坛式图

(《灵宝玉鉴》)

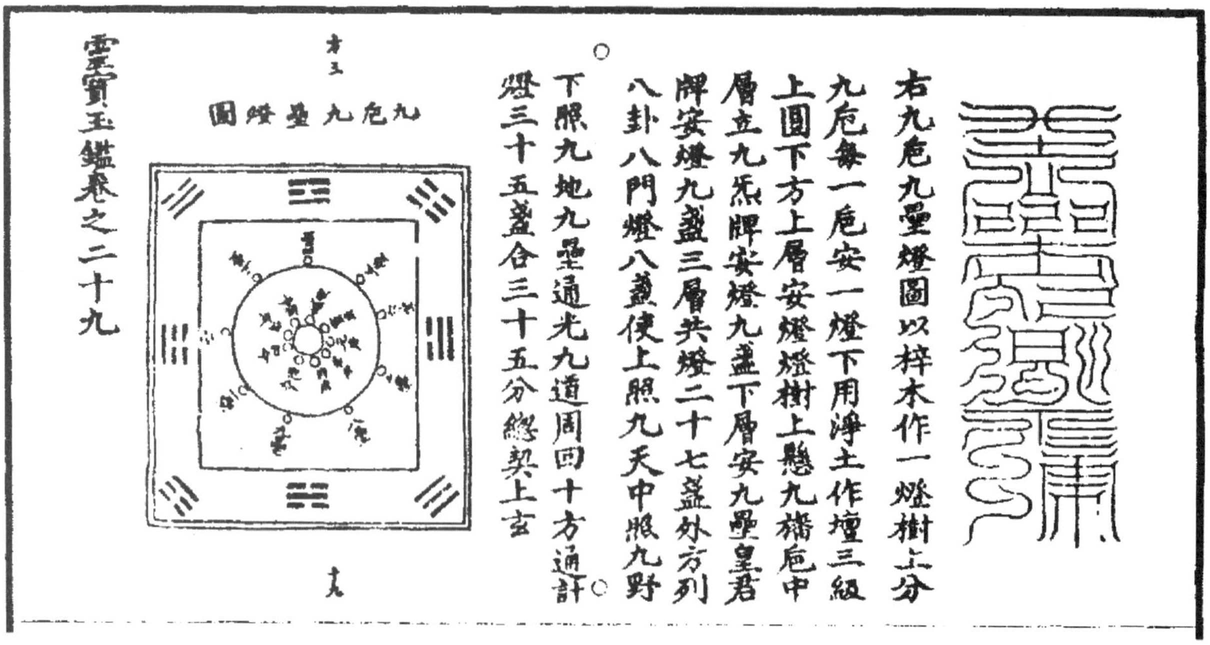
右九卮九壘燈圖以梓木作一燈樹上分
九卮每一卮安一燈下用淨土作壇三級
上圓下方上層安燈燈樹上懸九幡卮中
層立九炁牌安燈九盞下層安九壘皇君
牌安燈九盞三層共燈二十七盞外方列
八卦八門燈八盞使上照九天中照九野
下照九地九壘通光九道周回十方通計
燈三十五盞合三十五分總契上玄
九卮九壘燈圖
靈寶玉鑑卷之二十九

图 3　九卮九垒灯图

(《灵宝玉鉴》)

附录

周易图像名称索引

□□□□　1299
□□八卦次序图　1300
□□反对之图　1300
□子一元消长之图　785
□书变卦图　1299
□形为算法之原图、附图　1964

一画

〔一〕

一一本一图　1056
一二三四含五与十图　1308
一十三道太极充积成两间四象万物图　2022
一七九含二六八成八卦图　2312
一九相循环对待之图　2231
一三九图　819
一三五积为九反退为七　二四积为六反进为八图　626
一元消长之数图　1766
一元消长图　2097
一元消归之图　997
一元流行之图　748
一日气象图　776
一日百刻八卦图　1319
一日混沌图　1558
一中分造化方图　1547
一中分造化方图(先天重定图)　583
一中分造化方图(先天原图)　583
一中分造化方图(后天补定图)　583
一中分造化圆图　1547
一中分造化圆图(先天)　584
一中分造化圆图(先天重定)　584
一中分造化圆图(后天补定)　584
一气回环以成岁功之图　1000
一气图　1306
一斤数与全爻贯图　2355
一月六候图　1462
一月阳光盈亏之图　2617
一六共宗图　2454
一本万殊正太极之理图　2333
一玄都覆三方图　2138
一成之图　467
一至十环列、交对图　2170
一岁十二月六阴六阳之图　2616
一年气象图　776,1556
一阴一阳图　123,484,2066
一阴一阳谓道之图　587
一阴一阳谓道图　1548
一两七参图　1128
一卦加八卦以乾为例图　2300
一卦成八卦以屯为例图　2301
一卦变六十三卦以乾为例图　2301
一变余策图　1420
一参为三图　2086
一贯之数皆五得河洛中图　2300
一贯图　278
一顺一逆相加成洛书图　2212
一索二索三索图　1222
一圆于外包二之阴图　2086
一章十九岁七闰辨一闰再闰数图　354

二画

〔一〕

二十七畴图　1979
二十八阳卦互体次序图　2265
二十八宿见的图　2034
二十八宿加临四象图　2575
二十四气化工之图　2193
二十四气加临卦象图　2579
二十四气加临乾坤二象阴阳损益图　2577
二十四气图　2394
二十四气昼夜刻数消长图　1319
二十四节气分配二十四山图　2239
二十四向八刻二十分图　922
二十四向图　788
二十四位所属阴阳图　1305
二十四参图　1125
二八两弦图　2612
二八易位图　2502
二五妙合图　1616
二五构精图　2502
二五皆坤官之数图　2228
二气化生万物图　809
二气图　732

二气循环图　2173
二方于外包一之阳图　2086
二四八图　819
二四位说图　754
二仪得十成变化图　45
二仪得十变化图　120,485,2068
二老二少过揲当期物数图　318
二老六子闲居图　1320
二老包少中长图　1206
二至二分日出日入卦爻图　1340
二至还乡图　1365
二体错畴图　1983
二卦间时而治六辰图　2205
二宿图　1143
二喻显法图　1296
二篇卦画图　2181
十一爻尊一君之图　1415
十二支纳甲表　2225
十二月日行天图　1548
十二月日行天圆图　885
十二月爻辰图　1788,2388
十二月卦之图　583,1477
十二月卦气图　332,593,783,803,982
十二月卦图　1276,1554
十二月卦律图　1462
十二月卦消息图　2259
十二月辟卦阴阳消息图　2193
十二月辟卦图　1343,2233,2425
十二世经运图　1133
十二地支图　1056
十二年客气之图　833
十二向图　788,789
十二会图　1212
十二会经元图　1133
十二次分野图　2483
十二次月建国图　2483
十二次图　2483
十二州图　2398
十二辰分七政次第图　2238
十二辰分七政次第图旧图　2238
十二辰分七政次第图新图　2238
十二辰分四维四钩二绳三合隔八之图　2238
十二辰分属七政图　1501
十二辰用于十六位地常晦一图　149
十二辰交为十六位图　287
十二辰图　2398
十二辰数图　78
十二时分阴阳文王元堂式图　2192
十二卦气原图　1958
十二卦月分图　496
十二卦律图　1678
十二卦消息象两仪图　2287
十二函图　1124
十二经脉图　1216
十二经脉配六十四卦圆图　1216
十二律七音图　1841
十二律气运图　1842
十二律右旋起六十调图　1843
十二律生次图　1839
十二律阴阳辰位次第相生图　854
十二律图　2484
十二律相生图　80
十二律通五行八正之气图　81
十二律旋宫图　1839
十二律隔八相生图　1840
十二宫二十四气图　2484
十二宫图　1502
十二宫星宿图　2483
十二载图　1124
十二消息卦气图　2204
十二消息图　2484
十二消息辟卦图　2387
十二禽图　2484
十二辟卦上圆下方图　887
十二辟卦阴阳进退图　1286
十二辟卦图　1225
十二辟卦贯于太极图　2294
十二辟卦循环升降图　1345
十二辟所值图　2388
十二覆图　1124
十十图　1596
十八变策六十四状图　1218
十三卦取象图　116,453,2064,2123
十三卦备孟子王政之全图　2345
十三卦始终皆乾见万事总由于天图　2345
十三道浑合万变图　2023
十干纳卦循次序图　1808
十干流行对待图　2215
十五位图　1056
十日五行相生图　120,2068
十日生五行并相生图　56
十日数图　78
十月胎圆图　2614
十六分三十二中宫之兑艮应之图　1773
十六阳卦图　1591
十六卦互成四卦图　1490,2164
十六卦互乾坤既未济图　2265
十六卦生三十二卦图　1934
十六卦交不交图　134
十六卦环中交用图　1206
十有八变图　117,2066
十有三摄生无死图　517
十将局式图　2651
十数图　85
十辟图　2135
十翼应河图十数图　2329

丁氏大衍图　920
七十二子图　1597
七十二用卦上下定序图　1036
七十二用卦上下衡交图　1036
七十二用卦左右圆交图　1037
七十二用卦左右倚交图　1037
七十二卦反对体用定闰图　1043
七十二卦反对积实历年图　1043
七十二限行体用兼乘历年衡图　1041
七十二限行体卦自乘历年衡图　1042
七十二限行春秋体卦图　1048
七十二限诗用卦图　1049
七十二限乘体卦本数定位历年图　1040
七十二限乘体卦本数定序历年图　1040
七十二候分配二十四节气图　2239
七十九签目录图　757
七七图　1594
七八九六合数图　47
七三六四合十图　1234
七日来复图　53,2427
七爻拟议成变化之图　1415
七月中一日之图　997
七卦次序之图　1163
七始之图　464
七政八卦图　2539
七政花甲属二十八宿前后共二图　2035
七曜高卑相和相较图　2407

〔丨〕

卜筮旁通图　194

〔丿〕

八十一卦方圆图　577
八十一畴方图　1979
八十一畴图　1980
八十一畴圆图　1978
八十一数名图　324
八十四声图　1836
八七九六图　377,1453
八八图　1595
八干用起后天图　2193
八干配卦象数图释图　581
八门九星图　1825
八门坛式图　2667
八门调坛图　896
八分十六中宫之离坎应之图　1772
八分十六中宫之震巽应之图　1772
八风八音图　1334
八风八音配八卦之图　2229
八风龟图　522
八风图　2398
八方前后十六时数图　2447
八正卦图　134
八节九宫之图　2530
八节九宫图　2663
八节三奇图　1105
八字合八卦图　1500
八阵大成之图　1847
八阵握奇总图　1847
八际峙望中分互取图　1202
八纯之变图　1520
八卦八运八图　1667
八卦八音配八风之图　1477
八卦八宫八图　1206
八卦八配男女横图　1709
八卦八象身体图　2546
八卦九重图　2185
八卦九宫无别图　2455
八卦九宫中五图　2637
八卦九宫图　1835
八卦九道图　1210
八卦三才图　501
八卦三图　1073
八卦上下体并互体图　1467
八卦上下相综全图　588,1084
八卦小成图　1574
八卦之图　998
八卦之数图　2207
八卦子数图　135
八卦天地定位圆图　495
八卦五行图　819
八卦反复图　2578
八卦父母生六子图　497
八卦爻辰图　2456
八卦分三才图　1291
八卦分上下图　2307
八卦分天地四象图　1445
八卦分四时只兑言秋图　2326
八卦分奇耦图　1302
八卦分洛书九畴图　1333
八卦分宫与五行贯图　2321
八卦分属天地直图　1708
八卦六位图　1788
八卦六变之图　2551
八卦六宫图　1321
八卦六虚图　2582
八卦方位之图　36
八卦方位以指南针为定正对两极之中图　2327
八卦方位次序图　2361
八卦方位图　276,423,713,914,1818,2439,2461
八卦方位第三图　1531
八卦方图　2438
八卦方圆图　2180
八卦正位图　544,1270,2165,2176
八卦正位相错图　2176
八卦平衡交午之图　1168
八卦归太极图　1364
八卦四象四卦先阳后阴图　497

八卦生十六卦图　1933
八卦生六十四卦图　112,483,813,1277,1751,1848,2059
八卦生灭图　1250
八卦生克图　1335
八卦生肖图　2399
八卦用六图　1262
八卦用六诚明图　1250
八卦主二十四气以时为定图　2289
八卦立体图　2134
八卦司化图　118,486,819,831,2071,2112,2631
八卦加八卦方圆图　1553
八卦加八卦图　820
八卦加数图　2331
八卦对十数图　2170
八卦对待成序卦图　2303
八卦对待应老阳数图　2313
八卦对宫反易卦图　1321
八卦对宫交象之卦图　1321
八卦成六十四卦方图象地图　2283
八卦成六十四卦圆图象天图　2282
八卦成列之图　842
八卦成列图　430,1999,2172,2206
八卦成列象爻变动图　814
八卦成列横图　2251
八卦因贰第五图　1533
八卦因重图　1097,2109
八卦因重第四图　1532
八卦刚柔变化图　2444
八卦合河图数图　14
八卦合洛书图　14
八卦各重八卦为六十四卦图　2144
八卦交为十二辰图　287
八卦交错而成六十四卦方位图　744
八卦次序之图　35
八卦次序图　708,944
八卦阵图　611,1101
八卦收鼎炼丹图　2576
八卦运行图　2134
八卦还元图　2539
八卦体用图　2124
八卦体源先天图　2193
八卦身象图　817
八卦近取诸身图　2342
八卦应二十四气图　977
八卦纳干支图　2321
八卦纳甲之图　1787,2006
八卦纳甲方位图　1290
八卦纳甲取象日月合先天之位图　2281
八卦纳甲图　108,472,507,715,931,1654,1854,1885,2052,2116,2371,2487
八卦纳甲法图　2429
八卦纳甲皆由乾坤来图　1344
八卦纳甲象数体用图　580
八卦卦气图　2204
八卦取象图　121,477,665,714,2051,2111
八卦范围次序图　1317
八卦图　34,774,2202
八卦物象图　816
八卦往来之图　914
八卦变六十四卦图　113,1096,1277,2060
八卦变六十四图　58
八卦变游归宫之图　590
八卦变曜五行图　1218
八卦法象图　981
八卦河图所得之数图　1798
八卦河图数图　93
八卦性图　1749
八卦承乘图　1357
八卦始生之图　1797
八卦贯全经图　2331
八卦荡为六十四图　2366
八卦相生之序图　914
八卦相生贯四时图　2327
八卦相交用数图　165
八卦相交曲行乾位图　647
八卦相克贯四时图　2328
八卦相荡之图　752
八卦相荡图　110,478,1324,1898,2053
八卦相荡图意图　602
八卦相乘成序卦图　2303
八卦相推之图　813
八卦相推图　1096,2108
八卦相错之图　913
八卦相错图　1775
八卦皆乾坤之数图　2166
八卦竖图　810
八卦重为六十四卦之图　90
八卦重为六十四卦图　544
八卦顺对图　1024
八卦顺行图　1024
八卦帝出乎震圆图　495
八卦逆行图　1024
八卦既立图　1243
八卦统八节之图　937
八卦起止换宫图　2439
八卦配八阵与时中贯图　2327
八卦配五行西方缺金图　2305
八卦配四时图　178
八卦配河图天地四象位数图　2100
八卦配象之图　190
八卦原始反终图　1252
八卦圆图　1167,1268
八卦圆图之本象图　2043
八卦圆图本于一气合为一体之象图　2043
八卦圆图象太极之圆图　2282
八卦离明用九图　1250

八卦通皆乾坤之数图　775,1555
八卦推六十四卦图　2634
八卦乾坤大父母取配纳音之图　935
八卦符洛书图　1276
八卦得数图　1809
八卦象图　497
八卦象数图　120,477,2052,2111
八卦游魂为变图　1250
八卦错位图　2176
八卦数爻成岁图　2577
八卦旗图　1102
八卦横图　2174
八卦横图起于一生六十四卦图　2282
八卦横图象太极之阳爻图　2281
八音八风图　2512
八音图　2396
八宫六十四卦阖辟往来之图　811
八宫世应表图　2270
八宫世应图　1188
八宫各有所缺图　2299
八宫交午相对为洛书图　506
八宫交对为洛书图　2170
八宫卦图　1266
八宫卦变图　2428
八宫图　1106
八宫游归卦变图　1227
八宫游魂互用成错综乘图　2299
八数周流图　576
人与天合德图　2343
人与日月合明见格致诚意之学图　2316
人与地合德图　2343
人为天地心图　1491,1964,2341,2403
人正图　2151
人极贯天地图　2323
人肖天图　851
人身三关图　2552
人身正卦图　2179
人身合天地图　1228
人身卦气干气后图　1093
人身卦气干气前图　1093
人身督任脉手足经脉应洛书先天八卦图　1731
人易图　1246
人物统于太极图　288
人面耐寒之图　830
人皇卦图　693
人象河图　2505
人禀五行图　50
人室周天图　2647
几善恶分图　2031
几微过中之象图　721
九一周流不息图　384
九八七六分阴阳老少居河图中图　2298
九九开方图　2235
九九方数图　575,838
九九方数图、九九积数图　639
九九图　1592,1596
九九洪范圆数全图　1890
九九圆数图　575,838,1967
九九圆数循环之图　638
九九乘除图　2236
九九积数图　1967
九天玉枢灯图　2619
九六生七八图　178
九六合一之图　2232
九六明象图　1602
九六变卦十一图　1201
九为究数图　222
九仪方图　738
九仪圆图　738
九卮九垒灯图　2668
九灵章奏拜坛式图　2668
九卦又一图　1164
九卦图　1144,1416,1818
九卦修德图　1777
九卦说图　1338
九转成功之图　2555
九变归元图　1697
九星八卦之变图　2232
九星图　1404
九星配二十四山纳甲表图　2226
九炼生尸宝坛图　2558
九宫七元之图　2551
九宫八风图　362,926,983,1894,1917
九宫八卦土灯图　2619
九宫八卦中九图　2636
九宫八卦灯坛图　2661
九宫八卦图　939,1366
九宫八卦图局图　32
九宫八卦综成七十二数合洛书图　348
九宫之图　429,1585,2173
九宫分野图　922
九宫分野所司之图　84
九宫分属图　1982
九宫正错卦图　2178
九宫尻神禁忌图　514
九宫纵横斜十八图　380
九宫纵横斜十五图　380
九宫图　2635,2636
九宫参两图　2180
九宫配九畴起于五行图　2278
九宫配卦数图　1279
九部人神禁忌图　514
九畴八十一数节气图　1891
九畴分宫数之次序全图　1893
九畴方图　1978
九畴本大衍数之图　88

九畴本洛书数图　536,543,559,618,635,859,2080
九畴本洛书数图、附图　1965
九畴生八十一畴图　735
九畴吉凶分义图　1892
九畴吉凶悔吝图　559
九畴合八畴数之图　560,634
九畴合八畴数之图、附图　1966
九畴合大衍数图　868
九畴名次图　1968
九畴阵图　798
九畴图仪图　734
九畴实数五十图　2361
九畴相乘得数图　559,635,1965,2080
九畴圆图　1978
九畴虚五用十之图　560,634
九畴虚五用十之图、附图　1966
九畴错综图　1981
九畴数符大衍图附太乙九宫初式图　1697
九牌书大洞生化符九道图　2558
九道脉之图　829
九数吉凶立成图　561
九数仿生图　2448
九数合生成图　2178

〔乛〕

又十数图　85
又六十四体卦定位历年图　1038
又衍月令图　1075,1359

三画

〔一〕

三十二天位次之图　2663
三十二分六十四中宫之乾坤应之图　1773
三十二卦生六十四卦图　1934
三十二卦前后圆图　1207
三十六卦如一大卦图　2197
三十六卦错综图　1578
三十六宫八卦方图　886
三十六宫之图　2005
三十六宫六十四卦方图　886
三十六宫序卦图　982
三十六宫图　416,507,580,1147,1651,2165
三十六宫都是春图　1087
三十六宫根于太极之阳爻图　2298
三十六宫配卦图　1121
三十六宫配星图　1122
三十六综畴图　1980
三十六箨图　1126
三十运经会图　1133
三十幅共一毂图　2524
三十辐共一毂图　2654
三三图　1593
三才一太极易有太极合一之图　746
三才一气之图　23
三才入炉造化图　2576
三才之图　463,754,820
三才五行岁周图　2153
三才立极图　2511
三才交泰图　1980
三才图　14,53,769,2091,2570,2588
三才始中终之数分图　1993
三才始中终之数总图　1992
三才象三坛之图　2580
三王之世图　1473
三天图　1203
三五一图　343
三五一都图　2536
三五至精图　1455
三互图　334,1207,1227
三少阳成未济图　2311
三少阴成既济图　2311
三分损益之图　20,2572
三六九互生图　1981
三正三合图　2151
三百六十度配三百六十爻表图　2240
三光炼化宝坛图　2557
三阳三阴消息图　1704
三极八卦九宫图　2545
三极图　1270
三极定位之图　766
三极流行之图　766
三极肇生之图　765
三角合三阴图　2408
三角图　1979
三陈九卦之图　117,2065
三陈九卦全图　1163
三陈九卦图　843
三陈九德以损为修德之主图　2229
三陈九德以巽为制德之主图　2229
三画卦错综其数得六画卦图　1866
三轮六合八觚图　1211
三具全卦图　2180
三易图　848
三图方位四隅同符图　1517
三变八卦之策图　470
三变大成图　110,479,968,2055,2112
三变再变初变归奇过揲爻图　845
三变成少阳图　470
三变成少阴图　471
三变成老阳图　471
三变成老阴图　471
三垣二十八宿配六十四卦图　2240
三皇授法坛图　2659
三炼图　274
三索成形图　1696
三难画图　607
三教图　779

三章生九仪图　733
三叠分卦图　1295
干支生于卦图　1783
干支经星得河图中数图　2277
干支音律日月二十四气配卦图　2107
干支配属图　2438
干支流行属岁月日时纪算图　2031
干支维正河图图　1199
干枝分阴分阳图　1783
土旺四季图　889
下三十地数图　1927
下达之象图　723
下经十八卦反对图　1635
下经十八卦序次图　2384
下经之中图　21,1884
下经之初阴中之阳图　21
下经之初图　1884
下经之终图　22,1884
下篇入运图　1410
下篇序卦图　2414
大小运之数图　1763
大小畜吉凶图　438
大正周建图　2152
大生生图　1865
大过栋隆桡图　442
大有守位图　439
大成二篇之序图　1515
大成方布之位图　1515
大成圆运之位图　1514
大壮与孟子贯图　2347
大壮羊藩图　444
大运数分于既济图数图　159
大卦图　2134
大易阖辟往来图　188
大学则易图　2584
大禹九畴图　364
大禹因洛书衍成九畴图　2020
大禹则洛书以作《范》之图　600
大禹则洛书以作范图　338,793,904,1849
大禹则洛书以作洪范图　17
大禹则洛书作范图　537,655
大禹所增中五之图　1447
大禹治水神龟负文图　521
大禹叙书作范图　647
大禹凿龙门长阵斗罡图　267
大衍一百八十一数得三百八十五数图　358
大衍之数十图　952
大衍之数五十其用四十有九图　354
大衍之数五十图　56
大衍之数五图　952
大衍之数图　46,127,468,827,1092,2069,2172,2563
大衍之数定纳音表　2228
大衍天一生地二图　349
大衍天一至地十图　529
大衍天七生地八图　351
大衍天九生地十图　351
大衍天三生地四图　350
大衍天五生地六图　350
大衍天地数十五图　1212
大衍五十之数图　1753
大衍五十位数合用四十九图　359
大衍五行图　1810
大衍勾股之原图　1497
大衍本数五位究于九图　223
大衍归奇于扐以象闰图　361
大衍四十九用数合分至黄赤道图　359
大衍四十九蓍分奇挂策数图　360
大衍四十九蓍均奇挂策数图　360
大衍生少阳奇数图　352
大衍生少阳策数图　352
大衍生少阴奇数图　352
大衍生少阴策数图　353
大衍生老阳奇数图　351
大衍生老阳策数图　353
大衍生老阴奇数策数图　352
大衍生成合卦数图　355
大衍生乘数平方图　357
大衍生乘数圭方图　357
大衍生章图　358
大衍用四十九合成五十数图　358
大衍用数得策本体数图　356
大衍地二生天三图　349
大衍地八生天九图　351
大衍地六生天七图　350
大衍地四生天五图　350
大衍合数之图　356
大衍合数生四象图　354
大衍合数得乘数生四象图　355
大衍合数得乘数图　355
大衍求一勾股三图　2450
大衍图　1278
大衍图(则河图揲蓍)　951
大衍参天两地得老阴老阳互变图　355
大衍挂一生二篇策数图　356
大衍相得有合生闰数图　360
大衍洪范本数图　560,634,1966,2129
大衍洪范数图　559
大衍除挂四十八蓍合成四十九图　359
大衍配八卦图　1278
大衍圆方之原图　1497
大衍乘数开方总图　357
大衍乘数四方各得合数之图　358
大衍乘数生爻复得合数之图　356
大衍乘数生四象图　354
大衍积数赢实图　1656
大衍营数图　2336

大衍虚中得四象奇数图　353
大衍虚中得四象策数图　353
大衍揲蓍之图　192
大衍筮法图　2038
大衍廉隅周数总图　357
大衍新图　192
大衍数四十九用得五十数变图下　360
大衍数四十九用得五十数变图上　359
大衍数图　214,989,1273,2415
大洞金丹大药之图　2594
大圆图子午走半位图　1327
大象本河图　1027
大混沌图　1557
大道化生二图　523
大道心易图　2552
大横图　405
大横图为八卦因重所成图　1631
万夫之图　466
万氏河图　2502
万氏洛书　2502
万有一千五百二十积算图　2223
万物图　2588
万物随帝出入图　947
万象未然之图　148
〔丨〕
上二十五天数图　1927
上下一原图　1527
上下四方数各共十图　626
上下系配卦气图　2289
上下经不对反对分篇序卦之图　1176
上下经分阴阳图　2328
上下经首尾图　1336
上下篇互变造物生物卦图　220
上中下爻变成卦图　1317
上方大洞真元阴阳陟降图　2550
上方大洞真元妙经太极先天之图　1610
上古初经八卦图　218
上达之象图　723
上经十八卦反对图　1634
上经十八卦序次图　2383
上经下经阴阳交会图　510
上经之中阴阳之交图　21
上经之中图　1883
上经之初图　20
上经之终图　21,1883
上经序卦图　1897
上清长生宝鉴图　2638
上清含象剑鉴图　2639
上篇入运图　1409
上篇序卦图　2413
小大一原图　1526
小正周建图　2152
小生生图　1864
小过飞鸟图　1364
小成八纯之□图　1514
小成方位圆图　930
小直图　1233
口诀图　272
山泽通气图　330,1693
〔丿〕
川流之象图　725
〔丶〕
广易道同归图　1426
〔乛〕
巳后三次、寅前三次图　1234
巳宫三十度配卦星图　2242
巳宫六变五涵之图　1016
巳宫六经用卦之图　1010
子午三合图　382
子宫三十度配卦星图　2244
子宫六变五涵之图　1020
子宫六经用卦之图　1014
飞伏图　1344
飞宫禹步合洛书数图　1584
飞跳往来之图　981
习坎行险图　442
马图　582,902,1541

四画

〔一〕
丰日见斗之图　449
丰旅左右翼卦全图　1164
王脉之图　830
王昶六十四卦爻辰分配图　2391
开方用画卦加倍法与太极贯图　2355
开方成三十六与过揲贯图　2355
开方成四十九与大衍贯图　2354
开方成百与河洛贯图　2354
开伏羲圆图为先天八卦图　1706
开伏羲圆图为后天八卦图　1707
井鼎水火二用之图　447
井鼎取诸物图　859
井鼎取诸物象图　2118
天一下生地六图　43
天一至地十图　862
天一图　1309
天人之分之殊之图　749
天人授受之图　750
天三左生地八图　44
天干五分数图　1312
天干五运图　1598
天干先天纳甲随后天位配洛书数图　2192
天干纳甲图　276
天干图　2397
天干配河图图　2276
天干原于河图　934

天下混沌三教图　1559
天与日会圆图　886,1546
天上月轮图　1556
天门据始图　1200
天之运行图　71
天无二日应民无二王图　2310
天五合地十为土图　50
天五图　43
天壬地癸会于北方图　76
天文图　77,2397
天方图　1045,1211
天心以仁贯四德图　2325
天正图　2151
天生圣则图　1692
天生河图起于一合一贯之道图　2274
天生洛书起于一合一贯之道图　2274
天包地为太极图　2297
天包地图　1809
天市垣配坎卦图　2241
天地一元之数图　657
天地十数图　2174
天地人三才图　2401
天地之心图　2609
天地之交十之三图　1340
天地之数五位相合图　1093
天地之数四图　862
天地之数成河图从一起图　2275
天地之数图　45,125,467,1272,2001,2049,2113,2207
天地之数图一　624
天地之数图二、三　625
天地之数图八　626
天地之数图五　625
天地之数图六、七　625
天地之数图四　625
天地开辟图一图　2449
天地开辟图二图　2449
天地开辟图三图　2449
天地开辟图五图　2449
天地开辟图四图　2449
天地日月时候与人参同图　1275
天地日月图　377,1453
天地日月星辰错综为画卦序卦张本图　2325
天地水火为体用之图　2004
天地水火四正卦贯全经图　2306
天地水火成否泰既未济图　2306
天地气交之图　821,1261
天地气质之象图　720
天地节而四时成图　2305
天地四象八卦配合横图　2100
天地四象之图　595,711
天地生成之数图　2460
天地生成数四图　1692
天地生成数配律吕图　167
天地生数图　2579
天地圣人之图　562,657
天地有日月为太极生两仪图　2294
天地有自然易图　2300
天地成数图　2580
天地自然之乐图　853
天地自然之礼图　852
天地自然之图　1456
天地自然图　1318
天地自然河图　535,677
天地各四变图　646
天地交泰图　2575
天地交乾之图　987
天地设位图　430
天地阴阳升降之图　2519
天地阴阳升降始终之图　390,606
天地阴阳旋传分顺逆图　2307
天地阴阳数三图　2032
天地形象图　777,1557
天地极数图　1512
天地定位之图　896
天地定位阴阳妙合之象图　719
天地定位图　330,1637,1693,2206
天地始终之数图　1761
天地氤氲化醇图　1903
天地絪緼图　1316
天地阖辟图　1319
天地数十有五图　43
天行健以中星为主物物各有一太极图　2349
天位图　2151
天良真心图　2607
天纲地纪原小成图　1528
天易八卦三际略图　1251
天易八卦律吕徵图　1255
天易时数十六周图　2445
天易图　1245
天官志分星画野图　2035
天星四垣图　1404
天皇鳌极图　532
天津辇道兵卫之图　298
天根月窟三十六宫之图　2565
天根月窟见人极一中之理图　2299
天根月窟图　20,715,1325,2573,2585
天圆地方之图　290
天圆图　1964,2403
天盘九星天盘八门图　1608
天船积水垂象之图　296
天象以七为宗之图　2231
天象生五行为造化之原图　2351
天象河图　2505
天象逆交图　2176
天赐洪范九畴图　1985
天尊节图　2030

天尊地卑图　119,474,1271,2047
天道万物图　748
天道以节气相交图　71
天道性命图　1592
天数廿五图　1442
天数左行方图　644
天数左行圆图　643
天数地数五六居中之图　1835
天数奇象图　2575
天数图　45
元之象数图　1660
元元图(图象以致其用)　1423
元元图(竖象以立其体)　1422
元中一会之图　995
元气五变相交图　133
元气始终阴阳升降之图　409
元气胞图　696
元气流布图　383
元永贞图　2339
元会运世图　712
元极图　10,768,2567
元亨利贞图　748
元贤五位图　2625
元始祖劫图　2561
元音图　2038
元堂变易式图　2193
元数玄图　86
无中生有图　2598
无为之妙图　2613
无妄本中孚图　442
无极大道图　425
无极之象图　726
无极太极八卦图　2389
无极太极卦爻图(部分)　1066
无极太极图　399,2543
无极太极河图洛书八卦配合图　1714
无极而太极、太极生两仪　275
无极图　212,401,2581,2587,2589,2595
无极图说　987
无图名　1235,1236,1238
木火金水图　377,1453
木金间隔体用之图　2542
五十五积数图　866
五十音应大衍之数图　1728
五亿元图　1133
五之左右上下中一点图　623
五子归元图　277
五天五运图　922
五天气图　84
五五图　1594
五气之图　463,821,1261
五气五福之图　2039
五气生五色正变图　2032
五气变通之图　2038
五气朝元图　2540
五爻连体图　1895
五方前后十六时数图　2447
五生数含四象图　1307
五生数即此十五点图　1600
五生数图　2169
五生数统五成数图　614
五生数积二老图　1307
五代之世图　1474
五加四正、五加四隅、三隅积数、四隅积数图　2234
五圣制器尚象图　824
五行一阴阳,阴阳一太极图　942
五行一阴阳图　1308
五行十数图　2452
五行八卦司化六十四卦图　1674
五行人体性情图　680
五行之序四图　1511
五行天干圆图　2452
五行五体图　1598
五行支干之图　682
五行分位图　2606
五行分属六气图　680
五行六位图　1654
五行四季图冬　613
五行四季图春　613
五行四季图秋　613
五行四季图夏　613
五行生成图　1968,2362
五行生克比合名义图　1501
五行生数图　2538
五行用物属图　681
五行动物属图　681
五行成象之象图　719
五行成数图　922,1313,2538
五行事类凶图　682
五行事类吉图　681
五行图　2261,2395
五行变化图　1215
五行参两数图　579
五行相生之象图　719
五行相生图　2038
五行相生遇三致克之图　178
五行相克之象图　719
五行相克图　2038
五行相得各有合图　387
五行配五常图　2336
五行配性图　627
五行家三合图　2452
五行推移之图　2551
五行悉备图　2579
五行植物属图　681
五行数图　78

五行颠倒之图　409
五行颠倒图　2611
五色图　2395
五运二十八宿图　831
五运五天南北政图　831
五运五星图　831
五运六气图　891
五运约图　1216
五运应太极合人身图　2341
五运图　1313,1731,2197
五运配五音图　832
五声十二律数图　82
五声八音八风之图　1888
五声八音六律吕之图　1637
五声八音图　543,596,854,1239
五声图　2396
五声配河图从中起应万事本于黄钟图　2280
五位内外相合为河图　506
五位相合图　120,460,2053,2116
五位相得相合图　1055
五位总图　994
五奇五偶图　2085
五奇统五偶数图　616
五味图　2396
五岳灯图　2620
五岳图　2398
五岳真形图　839
五变成位图　1296
五星图　2395
五音本五行图　1843
五音相生之序图　1839
五音清浊本河图图　1530
五脏所司兼五行所属图　1145
五常图　2396
五数图　2202
五德之运分野图　2239
支干纳音图　277
支干旋转图　2153
支辰分野见天地同一太极图　2300
不易反易图　1316
不乘八卦图　2302
不庵学易图　1292
不综八卦图　2302
太一下九宫图　1279,2362
太一下行九宫图　1450
太一所行图　2436
太乙八阵图　610,1107
太乙九星图　1371
太乙天府之会图　1599
太乙所居九宫图　858
太乙遁甲图　2435
太上肘后玉经方八篇图　2658
太元之数定位表　2228
太元以中准中孚与时中贯图　2357
太元经卦图　554
太元准易图　2129
太中图　732
太玄拟卦日星节候图　319
太玄准易卦气图　130,489,835,2073
太玄准易卦名图　129,488,835,2073
太玄准易图　5,82
太玄准京氏卦气图　689
太阳少阴图　1443
太阳图　13,769,2569
太阴图　13,769,2569
太阴盈虚之图　849
太极一变图　198
太极十三道阴阳动静升降二十四气图　2023
太极八卦方圆图　924
太极三变图　199
太极与大学贯图　2347
太极之阳爻化圆图象天图　2295
太极之阳爻为数原图　2333
太极之阳爻生两仪为一贯之始图　2295
太极之阳爻生两仪四象图　2296
太极之图　434
太极之祖图　716
太极元气图　853
太极无象之体图　940
太极五行与河图贯图　2293
太极五行图　808,935
太极太极通变克积第四图　2024
太极中分八卦图　17,2571
太极化生圆图　747
太极分六十四卦图　2095
太极分阴阳之图　2592
太极分体图　2510
太极分判图　418
太极六十四卦图　618,810,1545,2389
太极六十四卦圆图　333,925
太极六十四卦颠倒图　1874
太极六变反生图　133
太极六变图　199
太极未分之图　2591
太极本无极图　1364
太极四生图　895,1636
太极生十二消息卦图　2286
太极生八卦图　411,621
太极生三章图　733
太极生六十四卦圆图　2257
太极生仪生象生卦之图　746
太极生两仪四象八卦先儒图　2024
太极生两仪四象八卦圆图　2257
太极生两仪四象八卦横图　2255
太极生两仪、两仪生四象图　2365
太极生两仪图　42,733,1222,2205,2218

太极动静两仪四象五行之图　270
太极再变图　198
太极先天之图　2624
太极先天内外顺逆之图　808,1080
太极先天后天总图　801,1083
太极先天图　684
太极自然图　1430
太极后天图　684
太极后图　641
太极合德图　402
太极阳包乎阴象地处天中图　2296
太极阳动阴静图　2025
太极阴阳中辨图　1082
太极阴阳生物分类图　2023
太极阴阳图　2090
太极阴阳兼体图　889
太极两仪四象八卦图　1260,1931,2490
太极两仪四象八卦总图　980
太极两仪四象八卦象数图　847
太极两仪四象化横为图生八卦图　2301
太极两仪四象图　1998,2410
太极、两仪图　2155
太极两仪图　2174
太极含一图　2565
太极妙化神灵混洞赤文图　211,530
太极卦象星象图　2431
太极枢纽图　1083
太极图　11,42,59,277,287,363,379,405,414,418,552,602,677,702,740,767,768,773,786,809,895,958,959,971,997,1274,1298,1402,1421,1489,1555,1612,1617,1636,1687,1795,1820,1830,1922,2022,2095,2096,2188,2198,2218,2272,2421,2537,2568,2581,2588,2632,2664
太极图、一阳图、二阴图、阴阳三交图　731
太极图意图　662
太极变卦　1299
太极单圆两仪合河图纳甲生卦为一贯图　2279
太极河图　809,1081
太极河图合图　1274
太极河图图　980
太极函八卦竖图　1082
太极函三自然奇偶之图　460
太极函三图　1082
太极函中图　1696
太极函生图　1082
太极贯一之图　435
太极贯一图　88,2104
太极顺生图　1463
太极顺逆之图　417
太极洛书图　980
太极原本图　2520
太极圆图天地交错为一贯图　2294
太极造化之关图　260
太极通变化生万物第一图　2023
太极通变克积第二图　2024
太极通变克积第三图　2024
太易不列于太学图　2328
太易道生图　2446
太空虚无图　2608
太衍之数全图　2229
太衍著原图　1262
太虚二图　921
太虚肇一图　515
太微生四为图　1108
太微垣合乾坤之象图　295
太微垣配离卦图　2241
太微御三十六宫图　1119
太微端门兵卫之图　298
太皞氏授龙马负图　56,1450
历代人材大混沌图　1559
历代人材图　778
历代文章大混沌图　1558
历代文章图　777
屯象之图　437
屯蒙二卦反对一升一降图　378,1454
屯蒙至履卦八卦图　1361
屯解震坎不同合四时之首图　2318
互邱先天卦序故卜无不验图　1054
互体图　501,1885
互体圆图　1833
互位图　1291
互卦归根图　1325
互卦全图　1753
互卦图　1268,1811,2135,2181,2216
互卦原归四卦相对相综图　1834
互卦圆图　1489,2165
互卦第六图　1535

〔丨〕

少阳二十状图　1604
少阳太阴图　1443
少阳图　46
少阳挂扐过揲图　1420
少阴二十八状图　1603
少阴图　46
少阴挂扐过揲图　1419
少阴积数成六十四从一起图　2291
少极图　12,769,2569
日之出入图　77
日父月母乾坤图　381
日月十二次为阴阳交会之所图　2350
日月九道图　596
日月之数图　2207
日月五星周天图　1559
日月升东而出降西以入九道之图　2034
日月为易图　122,316,334,475,820,859,1088,1258,2047,2113,2252,2626

日月为易定命之义图　2325
日月四象合老少阴阳四时五行生八卦为一贯之理图　2297
日月生十二辟卦内含六十四卦全数图　2281
日月生八卦合太极方位图　2294
日月生八卦俱贯于太极内图　2298
日月出入九道图　2034
日月圣功图　2518
日月在天成八卦象图　2250
日月行四时成四象图　2351
日月会合图　2575
日月会辰图　595
日月合壁图　382
日月运行一寒一暑卦气之图　473,2063
日月运行图　1202,1226,2006
日月纳甲与巽蛊庚甲贯图　2310
日月朔望对待会合与易随时变通图　2350
日月晦朔合符图　2260
日月晦朔弦望纳甲图　2223
日用周天一日行一卦图　2643
日出入赤道与北辰合时中图　2350
日行二十八舍图　78
日行十二位图　72
日合天符圆图　1528
日刻之图　83
日法合岁差图　1058
日圆图　1143
日象图　25,2574
日混沌图　778
日道出入昼夜长短天圆图　2033
日道出入昼夜长短方图　2033
冃数字图　1134
冃数宙图　1134
中十阴阳总并图　864
中人之象图　723
中人以下之象图　724
中之成数图　2169
中天卦次图　1030
中天图　404
中五与十阴阳配合图　865
中五之图　1441
中五阴阳统会图　864
中五胞孕河图全体图　1307
中爻之变图　1521
中爻互体图　1271
中爻互卦图　1895
中心图　2664
中古演经八卦图　218
中生图　684
中交图　1591
中军坐纛图　787,1102
中极图　12,2568
中孚小过卵翼生成图　450
中孚卦图　967
中孚抱卵图　1364
中宫戊已之功图　381
中庸参赞图　2584
内天罡图　2566
内外合为河图　2170
内外图二　1572
内外图三图四　1573
内贞外悔图　1875
内即先天方位外附后天图　2009
内经纳音图　1188
内药图　272,273
内炼图　1323
内炼祈雨祈晴图　2547
水火不相射图　329,1693
水火匡廓图　1456
水火既济合炼成真玉符图　2532
水府灯图　2620

〔丿〕

午会三十运卦图　1342
午宫三十度配卦星图　2242
午宫六变五涵之图　1017
午宫六经用卦之图　1011
手足三阴三阳图　1598
手足阴阳流注始终之图　390,606
气形质生五行图　406
气图　1923
气候图　147
升阶之图　446
仁义礼智四端图　2585
仁心已物立达图　2031
反对卦竖图　1086
反对图　412,1231,1438,2133
反对旁通图　2364
父母男女以中为主图　2344
爻辰入宫图　2482
爻辰应二十八宿见众星共辰图　2290
爻辰表图　2268
爻辰图　1293,2153,2208,2432
爻辰所直二十八宿之图　2142
爻辰所值二十八宿图　1788
爻辰简明图　2481
爻位图　1833
爻间纯杂阴阳图　2406
爻变四十八为勾图　2452
爻变图　629
爻象左右相对图　2406
爻象动迹图　257
爻象图　315
爻数图　71
今拟六十四卦圆图　670
今纳甲图　976
今河图位数图　1691

今洛书位数图　1691
分长二数图　136
分而为二以象两图　952
分而为二图　845
分两图　132
分两挂一图　469
分金图附　1024
分宫托位图　1696
分野图　1211,2197
月几望与纳甲贯图　2331
月之盈虚图　72
月六候象消息六卦图　2259
月生明候以昏图　2259
月生魄候以旦图　2259
月令图　1075,1359
月光圆缺之图　2032
月行九道与北辰合时中图　2351
月行九道图　1228
月会于辰证方图　1528
月体四象图　2259
月体纳甲八象图　2528
月体明魄图　1319
月纳甲图　2429
月卦图　1811
月受日光为画卦之原图　2325
月受日光图　376,1452
月象图　25,2574
风后握奇阵图　2236
丹道逆生图　1463
乌兔药物图　2610
勾三股四弦五与勾股幂图　1724
勾股与河图贯图　2354
勾股正方图　2451
勾股名易图　2451
勾股和方图　2451
勾股原图　1471

〔丶〕

六十二卦小运图　1221
六十三体卦反对历年图　1039
六十干支配卦与时偕行图　2327
六十甲子加临卦象图　2579
六十四子顺逆安置图　1597
六十四体卦上下分次图　1033
六十四体卦上下定位图　1032
六十四体卦上下圆图　1034
六十四体卦上下衡交图　1033
六十四体卦左右倚交图　1034
六十四体卦对积历年图　1039
六十四体卦初终定序图　1032
六十四体卦定序历年圆图　1038
六十四卦十六互体图　2442
六十四卦八卦相错圆图　495
六十四卦九重图　2185
六十四卦三才图　502
六十四卦大成衡图　1574
六十四卦大圆图　1999
六十四卦大横图次图　2256
六十四卦与时消息图　2287
六十四卦万物数图　126,480,818,1272,2056,2105,2628
六十四卦天地数图　126,480,1271,1272,2056
六十四卦天圆地方图次图　2256
六十四卦中之原归四卦圆图　1713
六十四卦中爻之图　2427
六十四卦中爻原归四卦方图　1834
六十四卦中四爻互卦图　1490,2164
六十四卦内方外圆图　840
六十四卦气候图　850
六十四卦反对合对互对乘承之例二图　2029
六十四卦反对图　291,503,810,2413
六十四卦反对变不变图　2248
六十四卦反对变图　116,451,1098,1271,2063,2110
六十四卦月令图　2409
六十四卦方中藏圆图　2216
六十四卦方位数图　1408
六十四卦方图　550,840,925,993,1268,1269,1568,2423
六十四卦方圆图　18,547,577,712,1243,1407,1633,1816,1930
六十四卦方圆象数图　1549
六十四卦正位方图　2184
六十四卦节气图　19,496,2572
六十四卦归藏方图　930
六十四卦生自两仪图　802,1554
六十四卦贞辰图　2205
六十四卦贞辰图与时中贯图　2290
六十四卦因重之图　433
六十四卦刚柔相摩图　19,2571
六十四卦各拱太极之图　244
六十四卦次序之图　36
六十四卦次序图　1534
六十四卦阳动阴静图　658
六十四卦阴阳交错无非阖辟之往来图　188
六十四卦阴阳倍乘之图　815,1274,1554
六十四卦阴阳消长图　2492
六十四卦两象易图　1916
六十四卦连山圆图　930
六十四卦纵横八卦图　1354
六十四卦卦气图　104,473,2064
六十四卦直列图　2412
六十四卦直图　1330
六十四卦易始生之图　1798
六十四卦图　2430
六十四卦变通之图　814,1099,1552,1849
六十四卦变通图　431
六十四卦独中孚以中名图　2314
六十四卦帝载图　2414
六十四卦配二十四气图　783

六十四卦配四时十二月六十律之图　1713
六十四卦配象谱图　191
六十四卦致用之图　814
六十四卦致用图　1085
六十四卦圆方位图　37
六十四卦圆图　911,992,2423
六十四卦旁通图　1916
六十四卦消息兼错综图　2288
六十四卦推荡图　1088
六十四卦惟既济阴阳得位图　2311
六十四卦循环之图　432,801
六十四卦循环图　1087
六十四卦错气方图　2184
六十四卦错气圆图　2184
六十四卦错气横图　2183
六十四卦横列对待象天地人事图　2026
六十四卦横图　493,1929,2156
六十四事图　1049
六十四限行用卦自乘历年衡图　1042
六十四限行体用兼乘历年衡图　1041
六十纳支以言定音图　2507
六十纳音归河图变数图　1728
六十卦大小筦运总图　1340
六十卦火候图　213,989,1462
六十卦用图　1679
六十律相生图　81
六十调图　1837
六子分中图　2314
六子加临二十四气阴阳损益图　2578
六子应六气图　1730,2342
六子图　121,1688
六日七分图　1787
六气司天在泉图　832
六气司天图　832
六气应太极合人身图　2341
六气图　1313
六壬天盘图　1190
六壬占诸一图　1191
六壬占诸二图　1191
六壬占诸十一图　1193
六壬占诸十二图　1194
六壬占诸十三图　1194
六壬占诸十五图　1194
六壬占诸十六图　1195
六壬占诸十四图　1194
六壬占诸十图　1193
六壬占诸七图　1192
六壬占诸八图　1193
六壬占诸九图　1193
六壬占诸三图　1191
六壬占诸五图　1192
六壬占诸六图　1192
六壬占诸四图　1192
六壬地盘图　1190
六壬贵人一图　1190
六壬贵人二图　1191
六爻三极图　109,457,1087,2053
六爻之位图　2007
六爻分中图　2340
六爻有应者八卦合错综图　2308
六爻定位图　2115
六爻皆互合论语独言大过图　2304
六爻摄义图　1297
六六图　1594
六书本义天地自然河图　727
六甲五子纳音图　1597
六甲六子纳音图　1214
六甲隔八生律吕人卦图　254
六合七曜图　1057
六阴六阳卦位之象图　718
六阴六阳消长卦图　817
六极反五福图　2039
六体交象图　2506
六位三极图　462,2627
六位分君臣图　2306
六位成章根于太极之阳爻图　2334
六位时成图　2479
六位图　108,2117
六角诸圆交割图　2407
六卦月象图　383
六卦生六十四卦图　804
六卦生六十四卦总图　1097
六卦阳君阴民图　503
六卦消息合太极之图　2254
六卦乾坤之神图　498
六画卦似三画卦图　2312
六律六吕图　596
六律唱和本洛书图　1530
六脉图　1729
六亲配五行图　2322
六候纳甲图　1462
六通图　2525,2656
六虚分阴阳图　502
六虚应太虚图　2322
六琯验卦气以时为定图　2292
六辞贯全经图　2348
六稽图　1127
文王十二月卦气图　310,312,668,671,1650
文王十二卦气图　1225
文王八卦之次图　2217,2219
文王八卦之图　604
文王八卦天文图　665
文王八卦天序图　1629
文王八卦父母六子图　668,1828
文王八卦方位之图　701,745,771,1060,1540
文王八卦方位之象图　2044

文王八卦方位坐河图之数图　1634
文王八卦方位图　18,65,281,307,528,542,593,650,664,705,763,776,784,942,946,1053,1069,1140,1180,1231,1269,1302,1330,1353,1414,1431,1434,1438,1459,1466,1556,1581,1629,1640,1650,1657,1685,1700,1717,1737,1819,1827,1921,1930,2093,2103,2246,2267,2368,2369
文王八卦方位配河图　1288
文王八卦地理图　665
文王八卦次序之图　701,745
文王八卦次序之象图　2044
文王八卦次序、文王八卦方位图　1137
文王八卦次序为乾道成男坤道成女图　1634
文王八卦次序合河图四象图　328
文王八卦次序图　18,65,184,280,527,542,593,650,664,705,763,783,947,1069,1140,1180,1231,1269,1300,1330,1352,1414,1434,1437,1459,1466,1540,1581,1640,1657,1700,1717,1737,1921,1930,2093,2103,2200,2267,2369,2418
文王八卦应天图　667
文王八卦应地图　667
文王八卦易位图　2583
文王八卦图　69,93,103,477,549,574,640,1148,1487,1613,1900,1911,1936,2030,2052,2158,2382,2418
文王八卦变易羲位图　2025
文王八卦配河图　2211
文王八卦配洛书　2211
文王八卦原图　1958
文王八卦圆图　1747,2089
文王八卦圆图方位图　1624,2085,2383
文王八卦乾坤六子图　1650
文王八卦乾坤生六子图　1176
文王八卦横图　2089
文王上下经六十四卦次序图　498
文王开为八卦图　1586
文王开为六十四卦图　1586
文王六十四卦反对图　308
文王六十四卦方位图　1668,2103
文王六十四卦次序图　308,594,651,784,1668,2220
文王六十四卦图　640
文王本乾坤二卦生六子图　2085
文王则河图作易图　1175
文王则河图图　669
文王则洛书图　669
文王后天八卦之图　1409
文王后天八卦方位图　610,1446,2200,2360
文王后天八卦次序图　2360
文王后天八卦卦序并方位图　936
文王后天八卦图　199,1052,2265
文王后天八卦圆图　1684,2491
文王后天之易宫位图　1220
文王后天卦位小圆图　1175
文王后天卦位图　1403
文王后天图　1600
文王观归藏象以设卦图　957
文王观先天象以设卦图　956
文王观后天象以设卦图　957
文王观连山象以设卦图　957
文王序卦反乘象天地日月上下图　2301
文王序卦方图　1791
文王序卦用综象天地日月上下图　2286
文王序卦图　1791
文王序卦相综圆图　1063
文王改易先天为后天图　307,1650
文王卦气图　2195
文王卦序反对圆图　1225
文王卦序横图　1208
文王画八卦图　172
文王易伏羲卦图妙旨图　1331
文王周公孔子六十四卦卦爻象图　499
文王周易方位图　919
文王周易次第图　920
文王重卦方位图　691
文王重易图　714
文王索生八卦图　2600
文王乾坤六子图　1747
文言用九六图　2335
文序上下相准之图　1086
文序先后一原图　588,1075,1548
文武火候图　384
文图交对一图　1657
文图交对二图　1658
文图交对三图　1658
方分图　1199
方以类聚图　823,1089,2630
方出于钜图　2235
方卦图卦合图　1573
方图　1760,1761,1811,2171
方图八卦相交七图　1858
方图八卦相交图一　1569
方图三十二卦配四正阵图　1862
方图三十二卦配四维阵图　1863
方图三十六卦配握奇义图　1863
方图之变图　1515
方图天地不交图一　1573
方图天地相交图二　1573
方图分二分四图　1079
方图分八图　1079
方图分内外四图　1860
方图分内外图　1572
方图分贞悔四图　1861
方图分层次图　1290
方图分宫图　1780
方图分统类图　1290
方图六十四卦纵横往来图　1649
方图四分四层图　37

方图四象相交成十六事图　1858
方图阳贞阴悔论图　1862
方图阳贞阴悔图　1572
方图纵横八卦图　1569
方图纵横贞悔图　1571
方图具分宫图　1780
方图经纬图　1569
方图错四图　1076
方圆一气图　2137
方圆分四层图　1329
方圆四分四层图　1231
方圆围加图　1213
方圆图　663
方圆相生图　121,168,461,1559,1592,2050,2116
方维错综图　1085
火候卦象图　2612
火候抽添还返之图　2594
火候图　273,398,1345,2652
火候崇正图　2623
火德灯图　2620
为生十六罡图　1109
斗建乾坤终始图　72
斗柄周天之图　2562
订疑河图　1240
心体之象图　722
心易发微伏羲太极之图　1555,2388
心性图　686
心象图　838,2031

〔乛〕

尺寸阴阳随呼吸出入上下始终图　607
尺寸阴阳随呼吸出入上引始终图　391
夬决之图　446
夬姤至革鼎八卦图　1363
丑、午、未重首图　1234
丑、午、未首重图　1234
丑宫三十度配卦星图　2241
丑宫六变五涵之图　1020
丑宫六经用卦之图　1014
孔子八卦之次图　2219
孔子八卦性情图　494
孔子三陈九卦图　1270
孔子互卦用中象天地日月时中图　2303
孔子中天之易历数图　1221
孔子六十四卦次序图　2220
孔子纳甲八卦直图　2224
孔颖达拱图　180
以日分四时测天乾卦象升图　1091
以日分四时测天乾卦象降图　1091
以日行分昼夜南北出入测天乾卦象图　1091
以月行测天乾爻象图　1092
以周家论小混沌图　1558
以周家论图　777
以秦始皇论图　778
以钱代蓍图　2322
双手诊候图　391
书之可以为图图　615
书纳地支图　2428
书数飞宫图　1198,2170
书数象天五气图　2019
书数象地五气图　2019

五画

〔一〕

玉皇心印图　2590
未济包既济图　1364
未宫三十度配卦星图　2243
未宫六变五涵之图　1017
未宫六经用卦之图　1011
正东东北正北西北四维历谱四图　1694
正对诀、斜对诀、隔对诀、联对诀、横对诀、直对诀、互对诀例图　937
正卦九数合十图　2179
正卦初数图　2177
正卦配数定位图　2177
正卦配数虚位图　2177
正偏回互图　1295
世中一年之图　996
世运图　2509
世运治乱定局图　1328
世系谱图　2444
世应分月图　2322
世界数量图　2446
世道升降之象图　721
古大极图　807
古太极图　685,717,807,978,1080,1274,1456,2260,2500
古太极图六　717
古太极图校图　718
古今太极图象二图　2507
古今易学传授图　129
古纳甲图　976
古河图　790,1070,1170,1542,1582,1756,2098,2596
古河图本文图　1428
古河图图　1258
古洛书　790,1071,1171,1543,1582,1757,2098
古洛书本文图　1428
古洛书图　1259,2597
古篆易从日从月图　901
节气之图　450
节气分爻图　1327
节气卦图　1605
本天枢即南北二极易有太极之图　885
本节文势图　754
左右上下中一点图　639
左右各四皆贞图　1875
左行五十六卦图　134,1767
右行四十八卦图　133,1767

龙马负图图　894
龙马图　876
龙马载河图　7
龙马真象图　677
龙马原图　1439
龙阳虎阴图　384
龙虎手鉴图　2527
龙虎交媾火候图　409
龙虎图　1312
龙虎相会图　2611
龙图上下位四图　1184
龙图天地已合之位图　428,1263,1450
龙图天地未合之数图　428,1263,1450
龙图天地生成之数图　1457
龙图天地生成数图　429
龙图数得先天图　1692
平行线交角与卦爻图　2408
平圆两勾股得整数图　1726
平衡取用图　506

〔丨〕

北斗天轮灯图　2619
北极出地随时处中图　2324
北辰为天地统贯之所北辰即太极图　2297
北辰为太极即人心图　2324
北辰以斗柄为用其心时贯于周天之中图　2324
北辰左行图　77
北辰执中而治图　2323
北辰居天心以星验中正图　2324
旧有此图　434
旧有此图(太极)　108
归于无极图　1516
归元还元图　713
归奇象闰以时为定图　2326
归妹君娣之袂图　449
归根复命图　519
归游四卦图　2459
归魂三图　2458
归藏八卦圆图　2012
归藏八卦横图　2012
归藏五行每行各具五行图　253
归藏气左旋象右转之图　252
归藏六十四卦方图　1712
归藏六十四卦方圆图　2015
归藏六十四卦横图　2013
归藏六甲纳音应六十四卦图　1784
归藏用卦四十八本八卦四十八爻图　253
归藏坤乾之图　251
归藏坤乾气左旋象右转图　1845
归藏坤乾图　1783
归藏坤乾图二　251
归藏易图　956
归藏圆图　1690
甲庚先后七日图　2438
申宫三十度配卦星图　2243
申宫六变五涵之图　1018
申宫六经用卦之图　1012
田有禽图　1142
由先天变后天图　1709
四十八数图　1213
四八图　2174
四九图　1663
四元一与太极之一贯图　2298
四分四层图　1209
四六图　1663
四方图　2395
四为本先天图　1108
四正四偏图　1210
四正四隅正对颠对合文王卦位图　1206
四正卦正对反对图　1023
四四图　1594
四仲二十八宿中星定位图　2034
四仲中星图(春、夏)　2033
四仲中星图(秋、冬)　2033
四仲月之卦图　2233
四行生数图　1123
四行克数图　1123
四合二偶图　2086
四杂卦交合图　1906
四杂卦交图　1906
四杂卦图　1906
四阳四阴变五图　1210
四时八卦六节之图　458
四时合中和图　2340
四时图　2394
四时配属之图　849
四余先天浑合图　2196
四角图　1329
四层包裹图　1329
四纯卦交合图　1906
四纯卦交图　1906
四纯卦图　1907
四纯图　1123
四卦合律图　127,478,2052
四卦言仁义皆根于天地图　2342
四卦配十二月图　977
四尚三至图　257
四易之易图　858,2006,2108
四季内体外用图　380
四季月之卦图　2234
四府之象图　720
四孟月之卦图　2234
四始图　516
四参画图　1126
四参图　1126
四柱合两仪四象图　1500
四面环拱中央五点图　1308

四帝四魔图 2529
四监司官分管二十四气图 1343
四营成卦图 257
四象十六位图 645,1766
四象八卦六师之图 459
四象八卦六体之图 458
四象八卦六位之图 458,1589
四象八卦六典之图 459
四象八卦六经之图 459
四象八卦六律之图 459
四象八卦六脉之图 458
四象、八卦图 2155
四象八卦图 2631
四象八卦适值数位图 1201
四象人十六位之图 286
四象之位图 622
四象之图 2550
四象之数图 623
四象五行图 2582
四象生八卦图 16,44,733,842,1301,1504,1751,1772,1792,1933,2206,2219,2365,2539,2570
四象生六十四卦图 2282
四象用数图 135,645,1765
四象加前后成六合图 1703
四象运行图 139
四象位连外朝内图 1312
四象位图 825
四象卦数图 1198
四象图 774,1617,2096,2189,2273,2580
四象变十六象图 137
四象变数图 645,1765
四象相交互十六卦图 2265
四象相交为十六事图 1491,2163
四象相交成十六事图 331
四象相交图 2004
四象浑分图 1198
四象珓卦全图 585
四象珓图 585
四象数图 825
四隅互卦图 1085
四隅双交图 1591
四隅交象八卦图 1322
四隅卦交泰尊卑图 1321
四隅卦含大关窍图 1322
四隅终始生藏图 2193
四端人心配合图 852
四德之象图 722
四德分贯各卦图 2337
四德图 943
四德旁通谱图 191
四德循环无端之图 749
四爵多卿大夫图 1235

〔丿〕

生生图 1866
生死图 2588
生成图 221
生成配合图 1311
生成数各类朝拱中央五点图 1308
生阳婴儿图 385
生阴姹女 385
生我之门图 2613
生初阴阳五行混合图 2597
生数阳居下左者图 614
生数参两图 2180
生数重卦五图 1810
丛蓍图 961
用九用六各得四爻对偶图 2029
用九图 954
用九重卦八图 1253
用六图 955
用图八图 1669
用神局式图 2651
卯、酉、辰、戌首图 1235
卯宫三十度配卦星图 2242
卯宫六变五涵之图 1015
卯宫六经用卦之图 1009
外先天内后天八卦图 800
外药图 272,273
冬三月维干支位图 1335
冬夏风雨图 1560
包牺氏先天八卦图 199

〔丶〕

主气流行应节气卦脉图 1731
主静图 413
立卦而作易之图 742
玄天灯图 2620
玄牝之门图 2610
玄牝图 212,398,988
玄关一窍图 2610
玄图即河图图 2385
汉上纳甲图 1455
汉志五行生克应河图之图 176
汉卦象鉴一图 1914
汉卦象鉴二图 1914
汉京房六十卦气今规圆作图 1343
汉律历志纳甲图 976
汉魏伯阳《参同契》图 1280
礼乐具天地德图 2319

〔乛〕

尻神图 907,2453
出兵日断图 1372
出震西北乾变图 1247
出震西南坤变图 1248
出震齐巽图 2251
出震阳统阴图 1913
出震图 1247,1913
召雷符图 2556

加倍变法图　1498
加减乘除原图　1471
圣人之心图　620
圣人则图生仪生象图　742
圣人则河图画卦图　1720
圣人则洛书列卦图　1720
圣人则洛书作范图　741
圣人设卦观象图　2030
圣人作易用易图　257
圣人作易君子学易之图　754
圣门传易图　2343
圣学之象图　725
圣学范围天地法象之图　908
圣学范围老氏法象之图　910
圣学范围释氏法象之图　909
圣学法天图　2584
圣道图　2587
对待八卦方位图　2190

六画

〔一〕

动静分配图　258
动静图　769,2568
吉凶图　259
吉凶悔吝相为循环之图　753
吉凶悔吝循环之图　999
考变占图　847
考变占乾坤图　472
考亭重上生图　1841
老少挂扐过揲进退图　317,844
老少挂扐定九八七六之数图　844
老阳十二状图　1602
老阳应洛书九位从一起图　2355
老阳图　47
老阳挂扐过揲图　1419
老阳数合方法图　1497
老阴四状图　1604
老阴老阳十二辟卦策图　1338
老阴图　47
老阴挂扐过揲图　1420
老阴数合勾股法图　1498
地二上生天七图　43
地与月会方图　886,1546
地上五行图　888
地上春秋二分图　138
地支五气顺布配河图数图　2192
地支六分数图　1312
地支方位图　1818
地支阳顺阴运纳甲流行变图　1360
地支图　2397
地支配洛书图　2276
地支原于洛书图　934
地方图　1964,2403
地以九九制会图　165
地正图　2152
地四右生天九图　44
地易八卦时位略图　1251
地易八卦律吕徵图　1255
地易图　1246
地承天气图　376,1453
地盘图　1105
地数三十图　1442
地数右行方图　644
地数右行圆图　644
地数图　45
地数偶象图　2575
地辟图　1782
扬子太玄拟易之图　785
扬子玄图　1449
扬雄太玄方州部家八十一首图　834
扬雄卦气图　679
扬雄积数纳音图　1189
过揲六数成六角与虚中之义贯图　2353
过揲阴阳老少之图　337
过揲阴阳进退之图　336
西方秋成诸星应仓廪图　294
戌宫三十度配卦星图　2243
戌宫六变五涵之图　1019
戌宫六经用卦之图　1013
在人之易图　1865
在师中图　1142
在邵子四图之外指为伏羲八卦次序者图　1480
有为之窍图　2613
有极图　132
列八纯之方位图　1517
列子九变图　177
列方图之方位图　1517
列圆图之方位图　1517
死我之户图　2613
成爻三图　953
成丹之图　2592
成列因重之图　1051
成列因重次序图　945
成列图　955
成位图　1809
成变化图　864
成性存存图　258
成除造化之图　408
成数不用十象太极图　2334
成数阴居下左者图　615
成数重卦五图　1810
尧典仲冬图　1257
尧典仲春图　1256
尧典仲秋图　1257
尧典仲夏图　1256
毕万遇屯之比图　1754

毕中和揲蓍图　180
〔丨〕
贞与一贯有吉凶之别图　2339
贞之象数图　1660
贞元会馆图　1314
贞悔无定体图　2330
师比御众图　438
师左次图　1142
师出以律图　1141
师卦九军阵图　608,948,990,1100
师或舆尸图　1142
同人之图　439
因而重之之图　2423
因而重之为六十四卦图　1878
因图数见天地万物形象图　2025
因圆见方合大衍与太极贯图　2352
岁十二月卦运图　1177
岁月日时图　850
岁星之图　2512
岁差图　1664
则图画卦图　2422
则河图作易图　1681
则河图画卦图　565
则洛书作范图　565
则洛书作易图　1681
刚柔迭兴图　389
刚柔相摩之图　751
刚柔相摩图　110,457,2053
〔丿〕
年中一月之图　996
年用周天一年四次行图　2640
朱子天地四象之图　601
朱子天地四象图　538
朱子太极图　1430
朱子先天卦配河图之象图　1955
朱子先天卦配洛书之数图　1955
朱子后天卦配河图之象图　1955
朱子后天卦配洛书之数图　1955
朱子所定周子太极图　1610
朱子河图　1429
朱子洛书图　1429
朱子配先天卦气图　1429
朱子辩古图　259
朱砂鼎图　2609
朱熹所传周敦颐太极新图　1280
先天一炁图　518
先天一变卦位图　2104
先天二变卦位图　2104
先天八八外卦变图　2495
先天八八卦图　2493
先天八卦小横图　696
先天八卦之图　998
先天八卦□化成后天八卦图　1168
先天八卦方位图　798,1880,2003,2283
先天八卦方位属象图　924
先天八卦方图　880
先天八卦本于河图图　1443
先天八卦用六图　642
先天八卦立体图　1779
先天八卦对待之图　431,802
先天八卦对待中含应天之象图　718
先天八卦对待图　1461,1587,2173
先天八卦后天八卦九宫分野总图　1894,1917
先天八卦合五行变化图　876
先天八卦合图书用九藏十图　1710
先天八卦合河图图　1707
先天八卦合河洛图十书九图　1710
先天八卦合洛书数之图　600
先天八卦合洛书数图　339,537,656,794,1072
先天八卦名顺来逆图　1546
先天八卦次序之图　1172
先天八卦次序合周天之象图　2284
先天八卦次序图　1551
先天八卦次序横图　1641,1683
先天八卦次图　805
先天八卦位次图　2253
先天八卦序次图　1406
先天八卦纵横之图　970
先天八卦图　711,1167,1203,1219,1676,1822,2096,2104,2168,2271
先天八卦往顺来逆图　590
先天八卦变后天八卦以中为正图　2284
先天八卦经纬图　1854
先天八卦竖图定上下之分图　2283
先天八卦圆图　877,1803
先天八卦乾尊于南图　1881
先天八卦横图　806,1804
先天八辟图　1743
先天三成图　1029
先天三纵一衡图　1204
先天三变卦位即后天卦位图　2104
先天小象图　2504
先天已交之洛书图　1588
先天天根月窟图　375
先天无极之图　2591
先天太玄图　2455
先天太极生生方位图　932
先天太极图　418
先天太极象数会通图释图　581
先天历年图　1031
先天中卦□图　1742
先天气行图　374
先天六十四卦方位之图　799,1551
先天六十四卦方图　328,1804
先天六十四卦方圆之图　604
先天六十四卦方圆图　91,1880

先天六十四卦归河图　1742
先天六十四卦生成次序方图　880
先天六十四卦生成次序圆图　878
先天六十四卦用三十六图　643
先天六十四卦男女圆图　879
先天六十四卦男女横图　882
先天六十四卦直图　376
先天六十四卦圆方象数图　877
先天六十四卦圆图　799,1551,1804
先天六十四卦雷霆风雨日月寒暑横图　882
先天六十四卦摩荡横图　881
先天六气消息图　2254
先天六卦图　1587,2168
先天方图　374
先天方图数变图一　163
先天方图数变图二　163
先天方图数变图七　165
先天方图数变图八　165
先天方图数变图三　164
先天方图数变图五　164
先天方图数变图六　164
先天方图数变图四　164
先天以圆涵方图　800
先天未交之河图图　1588
先天左图　1441
先天左旋四时错行之象图　2191
先天右转日月代明之象图　2191
先天右图　1442
先天四十杂卦图　1743
先天四象之图　2554
先天四象错综藏府配合之图　651
先天生气二吉图　1323
先天生数错综全图　1873
先天主生图　1577
先天对待图　745
先天再成图　1029
先天则河图方位图　688
先天则河图生数图　688
先天则河图图　366
先天刚柔摩荡圆图　878
先天、后天、五行、律吕损益图　1055
先天后天合一图　506,1881
先天后天易位图　975
先天后天图　303,708,2482
先天后天相通之图　2491
先天后天顺逆四图　2457
先天后天尊用图　507
先天合图书八卦生生图　928
先天合洛书图　688
先天亦一太极图　1752
先天交变以成后天图　2419
先天阳五行图　2596
先天阴阳混成图　2600
先天男女方图　881
先天位次图　974
先天位图　1111
先天近取诸身图　1216
先天序卦政官之位　1050
先天初成图　1028
先天层数取于横图图　1154
先天纳甲图　137,1781
先天环中图　169,1122
先天卦气运行之图　744
先天卦气图　538,1187
先天卦分二十四气图　1673
先天卦分阴阳图　1775
先天卦阴阳纵图　1155
先天卦阴阳横图　1154
先天卦位、后天卦位图　683
先天卦位图　756,2455
先天卦变六轮图　1867
先天卦变后天卦图　1487,1614,1738,1823
先天卦变图　1866
先天卦配天地水火图　2292
先天卦配河之象图　2419
先天卦配河图之象图　1484,1614,1822,2160
先天卦配河图之象图、附图　1964
先天卦配河图图　1576
先天卦配洛书之数图　1485,1615,1823,2160,2420
先天卦配洛书之数图、附图　1965
先天卦配洛书图　659,1577
先天卦乾上坤下图　377,1452
先天卦象乾南坤北图　216
先天卦数加河图东南皆阴西北皆阳之图　1156
先天画卦图　799,808,1555,2388
先天易图　955
先天图　92,162,171,218,403,1023,1242,2003,2386,2535
先天图合大衍数五十用四十九图　349
先天图配卦气与时中贯图　2291
先天变后天八卦图　2491
先天变后天之象图　1999
先天变后天成序卦图　2286
先天变后天体用一气图　1776
先天变后天图　332,688,975,1073
先天河图之数图　936
先天相克凶图　1323
先天重卦之图　2004
先天复姤小父母图　880
先天衍河图万物数图　369
先天洛数错综全图　1872
先天圆者序卦之根图　2162
先天圆图　905,1147,2490,2491
先天圆图中之方图　1602
先天圆图配河图图　327
先天圆图配洛书图　327
先天造物图　156

先天通期历年图　1031
先天乾上坤下图　803
先天乾坤十六卦方圆图　643
先天乾坤大父母图　879
先天乾坤坎离生万物男女图　1902
先天乾尊后天震用图　877
先天雷霆风雨日月寒暑方图　880
先天雷霆风雨日月寒暑圆图　879
先天数图　403
先天数衍图　579
先天震兑艮巽男女交图　1903
先天摩荡方图　881
先甲后甲图　124,2067,2114,2456
先后八卦合一图　2602
先后八卦德合之图　432
先后天八卦方图　884
先后天八卦配元亨利贞图　1075
先后天八卦圆图　883
先后天八卦横图　884
先后天日月居四方主六十四卦图　2310
先后天中间变化图　2491
先后天内卦十六图　1204
先后天分中图　2339
先后天分阴阳图　2293,2419
先后天六十四卦方图　884
先后天六十四卦圆图　884
先后天六十四卦横图　885
先后天则图书画卦皆四对图　876
先后天仰观天文图　1092,2387
先后天仰观俯察图　1548
先后天合图　1905
先后天阴阳卦图　1485,2161
先后天表里河洛逆顺相生图　2192
先后天卦义合一图　1154
先后天卦生序卦杂卦图　1489,2161
先后天卦合图　1903
先后天卦位合图　1905
先后天卦数相加东南皆阴西北皆阳之图　1155
先后天图　1499
先后天俯察地理图　1092
先后中天总图　801,2104
先后甲庚图　1905
先后两图同取横图之图　1154
乔中和太极图　978
伏员与文员图　1074
伏横文员二图　1074
伏横员二图　1074
伏羲一画而圆　716
伏羲八卦之次图　2217,2219
伏羲八卦之图　603
伏羲八卦中起生卦圆图　1151
伏羲八卦见天地万物声色象数图　2025
伏羲八卦方位之图　541,699,700,744,745,771,1059,1068,1229,1465,1538
伏羲八卦方位坐洛书之数图　1631
伏羲八卦方位图　18,63,183,208,280,306,526,592,690,704,773,942,961,1053,1136,1139,1179,1265,1302,1318,1351,1406,1431,1433,1436,1451,1544,1580,1639,1657,1699,1716,1733,1737,1759,1818,1826,1918,1929,2092,2101,2212,2267,2368
伏羲八卦方位配河图　1288
伏羲八卦方图　762,946,1628
伏羲八卦正位图　89
伏羲八卦各生序图　664
伏羲八卦次序之图　541,699,1068,1229,1465,1538
伏羲八卦次序为小圆图顺往逆来之本图　1631
伏羲八卦次序图　18,63,108,183,208,280,366,525,662,703,1136,1139,1179,1265,1314,1350,1433,1436,1458,1580,1620,1639,1656,1699,1716,1737,1745,1825,1929,2091,2101,2200,2212,2267,2418
伏羲八卦次序原本图　1919
伏羲八卦次第图　1623
伏羲八卦图　69,93,103,364,373,477,548,572,640,1148,1486,1612,1622,1910,1935,2051,2158,2418
伏羲八卦次序指为文王八卦次序者图　1480
伏羲八卦竖立分三才图　2218
伏羲八卦重为六十四卦图　1733
伏羲八卦配三才之图　2218
伏羲八卦配河图　2211
伏羲八卦配洛书　2211
伏羲八卦圆图　650,762,782,946,1151,1413,1628,1644,1747,2082,2088,2381
伏羲八卦属五行例图　233
伏羲八卦横图　649,761,781,1412,1627,1645,2082,2088,2263,2368,2381
伏羲大方图　1354
伏羲太极八卦图　2509
伏羲太极生两仪图　1702
伏羲太极两仪四象八卦方图　1705
伏羲太极两仪四象八卦横图　493
伏羲太极图　709
伏羲氏易象本图　2411
伏羲六十四卦大圆图　1621
伏羲六十四卦分内外层图　609
伏羲六十四卦方位其圆图布象天图　1174
伏羲六十四卦方位图　64,183,209,282,527,542,961,1069,1137,1140,1180,1230,1267,1326,1352,1434,1437,1459,1539,1581,1640,1700,1717,1734,1827,1920,2093,2102
伏羲六十四卦方位圆图　1757
伏羲六十四卦方图　341,592,600,705,712,762,783,1466,1621,1628,1649,1684,1738,2215,2368
伏羲六十四卦方圆二图相应之法图　1666
伏羲六十四卦方圆之图　1413
伏羲六十四卦方圆图　307,648,1326,1545,1746,2088,2264

伏羲六十四卦方圆象天地图　2022
伏羲六十四卦以八卦为经以坎离为大用之图　2217
伏羲六十四卦节气图　340
伏羲六十四卦外圆内方原图　1956
伏羲六十四卦次序之图　700
伏羲六十四卦次序本原图　1920
伏羲六十四卦次序图　64,182,208,281,525,541,663,703,1136,1139,1173,1179,1230,1265,1324,1351,1406,1433,1436,1452,1465,1539,1580,1619,1639,1658,1699,1716,1746,1825,2092,2102,2220
伏羲六十四卦次序横图　805,1068,1412,1552
伏羲六十四卦次第图　1624
伏羲六十四卦图　340,373,549,572,620,1486,1613,1623,1910,1935
伏羲六十四卦相错圆图　1060
伏羲六十四卦圆方合一图　2083
伏羲六十四卦圆位图　1437
伏羲六十四卦圆图　210,556,592,699,705,712,740,762,772,782,1289,1466,1628,1648,1683,1738,1759,2215,2367,2382
伏羲六十四卦圆图方图　2158
伏羲六十四卦消息方图　1706
伏羲六十四卦消息图　1705
伏羲六十四卦属五行例图　233
伏羲六十四卦横图　649,761,782,1627,1646,1878,2083,2264,2382
伏羲六十卦方位图　1445
伏羲六十卦方圆图　210
伏羲方图　1687
伏羲四象生八卦图　1704
伏羲生卦次第图　916
伏羲师卦图　608,1100
伏羲则图作易图　591,647,781
伏羲则河图之数定卦位图　227
伏羲则河图以作易图　16,338,537,793,1849
伏羲则河图以作《易》图　599
伏羲则河图作易图　655,734,1173
伏羲则洛书之数定卦位图　227
伏羲先天八卦方位图　1444,2200,2359
伏羲先天八卦次序图　2359
伏羲先天八卦卦序并方位图　936
伏羲先天八卦图　1052
伏羲先天八卦圆图　1641
伏羲先天八卦圆图方位图　1620,1682
伏羲先天小成圆图　919
伏羲先天之易节候图　1220
伏羲先天六十四卦方位图　2360
伏羲先天六十四卦次序图　2359
伏羲先天因重六十四卦生成次第衡图　916
伏羲先天卦位图　1403
伏羲先天卦圆图　2264
伏羲先天卦值小圆图　1173
伏羲先天图　102,476,2050
伏羲先天始画之图　407
伏羲先天圆函方图　918
伏羲拟山定卦图　2583
伏羲两仪生四象图　1703
伏羲作卦图　521
伏羲纵布八卦图　609,948,990
伏羲规方为圆图　1353
伏羲卦位圆图　1899
伏羲卦图　773,1544
伏羲画八卦四图　2021
伏羲画卦小成横图　1900
伏羲画卦用错象天地日月配偶图　2285
伏羲画卦先后图　1927
伏羲画卦次序图　897
伏羲画卦易一生二至有八卦图　599
伏羲画卦图　1616
伏羲画卦横图　2214
伏羲始作八卦图　305,666
伏羲始画八卦之图　89
伏羲始画八卦为文字祖图　535
伏羲始画八卦图　544,1733,1758,1877
伏羲始画六十四卦之图　231
伏羲重卦图下　306
伏羲重卦图上　305
伏羲神农黄帝尧舜十三卦制器尚象图　316
伏羲圆图(相错一左一右谓之错)、文王卦图(相综一上一下谓之综)　706
伏羲增中五與十图　1440
伏羲横图卦位图　1267
伏犧八卦小圆图　2041
伏犧八卦小横图　2041
伏犧六十四卦大方圆图　2042
伏犧六十四卦大横图　2041
伏犧六十四卦圆图分配甲子图　2043
伏犧六十四卦圆图外阖闢内交错图　2042
仲尼譬天地为人极主图　2323
仰观天文图　125,464,825,1334,1404,2005,2051,2113
仰观俯察图　296,2511
仰图图　2517
自咸至益为下经之初、自夬至鼎为下经之中、自震至未济为下经之终图　893
自乾至讼为上经之初、自师至豫为上经之中、自随至离为上经之终图　892
血气亏盈图　263
血气交会不足图　263
血湖地狱灯图　2618
后天八八外卦变图　2498
后天八八卦图　2496
后天八卦十二月二十四气图　1335
后天八卦入用图　1781
后天八卦与河图贯图　2279
后天八卦与洛书贯图　2280
后天八卦月令图　1333

后天八卦方位之图　289
后天八卦方位图　840,1881,2003,2254
后天八卦方图　800,1073
后天八卦本于河图图　1446
后天八卦本先天方圆图　883
后天八卦合五行变化图　876
后天八卦合河图四象图　327
后天八卦合河图数之图　600
后天八卦合河图数图　339,537,656,793,1072
后天八卦合洛书图　1333,1708
后天八卦次序与先天分体用图　2283
后天八卦次序图　840,883
后天八卦应勾股图　1725
后天八卦纵横之图　970
后天八卦卦气图　2435
后天八卦图　711,883,926,999,1168,1219,1331,1677,1822,2097,2169,2271
后天八卦经纬图　1854
后天八卦配明堂方位图　2254
后天八卦圆图　1805
后天八卦圆图象天图　2285
后天八卦流行之图　432
后天八卦流行中含应地之象图　718
后天八卦流行图　1461
后天八卦辅天干地支以定二十四位图　1304
后天八卦震用于东图　1881
后天八辟图　1744
后天三纵一衡图　1204
后天小象图　2504
后天太极图　418,1079
后天中五立极图　2456
后天中五图　2456
后天中卦图　1744
后天反对八卦实六卦图　219
后天反复图　1718
后天六十四卦起涣图　1348
后天六十四卦圆图　1806
后天六十四卦圆图象天图　2285
后天六十四卦横图象阳爻图　2285
后天六十卦配干支图　2292
后天六气图　1216
后天六宫交图　240
后天方位合五行相生图　332
后天方位合五行相克图　333
后天方位图　1203
后天以方涵圆图　800
后天四正卦合河图四正点图　1332
后天四时十二月卦浑沦一气图　2196
后天四象之图　2555
后天用事图　2606
后天主克图　1577
后天地平内外图　2196
后天地理之图　1414
后天则洛书图　366
后天合生生八卦图　928
后天杂卦十变为九图　1744
后天杂卦图　1508
后天亦一太极图　1752
后天阴五行图　2597
后天位次图　974
后天位卦图　411
后天位图　1112
后天序对之图　1414
后天序卦政官之位　1050
后天层数取于横图图　1154
后天纳甲图　1781
后天纳卦图　1224
后天纵横图　1718
后天环中图　1123
后天卦气四时相成图　1446
后天卦以天地水火为体用图　1487,1723,1823,2161
后天卦合河图生成图　1333
后天卦次图　1030
后天卦阴阳纵图　1155
后天卦阴阳横图　1155
后天卦位五行相生图　1446
后天卦位中五图　2455
后天卦位图　756
后天卦变序衍图　1207
后天卦皆居旺地图　1331
后天卦配天地水火图　2292
后天卦配河图之象图　1484,1822,2160,2419
后天卦配河图之象图、附图　1965
后天卦配河图图　1576
后天卦配洛书之数图　1485,1721,1823,2160,2420
后天卦配洛书之数图、附图　1965
后天卦配洛书图　1577
后天卦离南坎北图　377,1452
后天卦象离南坎北图　216
后天卦属五行图　1776
后天易图　956
后天图　404,2003,2535
后天图杂卦之根四图　1488
后天周易序卦图　220
后天相次先天相对图　331
后天复对准先天变对之图　237
后天复对准先天变对之横图　238
后天顺行造化图　2601
后天逆运变化图　2601
后天洛书之数图　936
后天致用卦图　660
后天圆者杂卦之根图　2162
后天圆图　1152,1621,2491
后天离南坎北图　803
后天流行图　745
后天乾元四阳卦生四象配纳甲图　2284

后天乾元四阳象生八卦配纳甲图　2284
行天之健、应地无疆图　386
行图变图与解图　323
行鬼神图　863
行数图　1992
全体心天之图　587
会中一运之图　996
会这个么图　554
合二爻于初爻图　2167
合三爻成八象图　2167
合三图以序周易图　1517
合元插精图　1678
合先后天乾坤图　1360
合诸图之变系周易图　1521
众星共辰物物共有一太极图　2349
杂互一源图　890
杂兵家奇变八门阵图　1107
杂卦三十六宫第一图　1793
杂卦三十六宫第二图　1794
杂卦反对图　1482
杂卦末节方位图　2445
杂卦末主环交图　2017
杂卦自大过至夬不反对说图　1907
杂卦次序丰旅左右翼卦细分之图　1166
杂卦次序图　1044
杂卦次序咸恒左右翼卦细分之图　1165
杂卦次序萃升左右翼卦细分之图　1165
杂卦表图　2222
杂卦图　118,1417,1661,1778,1887,2072,2112
杂卦定位历年图　1045
杂卦定序历年图　1044
杂卦虚八不用交错羲图之法图　1661
杂卦第七图　1535
杂卦象图　2506
杂卦篇终八卦次序图　1835
杂卦牖中天易图　1181
名图　322,1925,2127

〔丶〕

亦天圆含地方之图　2026
亦古太极图　685
交午取用图　506
交会图　2536
交图三十六卦分隶上下经例图　242
交图三十六卦分隶六宫之图　243
交图三十六卦策数循环图　339
交图两位相对衍三百六十数图　240
交泰图　138
交泰罡图　2662
次为论并图　4
次为图论图　835
亥宫三十度配卦星图　2244
亥宫六变五涵之图　1019
亥宫六经用卦之图　1013
关子明拟元洞极经图　2128
关子明拟玄洞极经图　4,835
关朗天地人图　2170
字母配河图之图　1721
字母配河图应三十六宫图　2280
安炉、立鼎、还丹、返本图　271
许洞八卦阵图　1101
论二十八宿分属七政图　1502
论八卦图　94
论五行三合图　1501
论五行偏正图　1501
论四象图　94
论两仪图　93
讼象之图　437

〔乛〕

艮七坤八图　1444
艮上八卦、坤上八卦图　629
艮中玄秘图　1336
艮为少男图　52
艮丙图　382
艮来丙向图　31
艮卦图　965
艮背象之图　448
艮巽坤乾图　1673
阳无十阴无一图　380
阳中阴阴中阳图　487,1315
阳中阴图　48,124,2069
阳长阴消图　2607
阳方奇合偶阴方偶合奇图　1311
阳火阴符六阳六阴图　2604
阳生自下阴消自上全图　589,1547
阳仪阴仪图　1442,1612
阳动阴静图　658
阳、阴图　1236,1237
阳卦顺生图　114,455,2061
阳卦总爻图　1591
阳直阴直图　1556
阳直图　775
阳奇图　15,769,2570
阳图　149
阳变阴合而生五行图　942
阳始于亥形于丑图　1023
阳显阴藏图　256
阳律阴吕合声图　80
阳律阴吕通变克谐调五声八音和平图　2038
阳施阴布统诸图　1513
阳起阴起图　1236
阳夏、阳春、阴冬、阴秋图　1237
阳数二百五十六位撮要图　157
阴中阳图　48,125,2069
阴阳一十八局图　1366
阴阳二气如环图　1225
阴阳三种消长图　940

阴阳之合图　622,825
阴阳之原图　622,824
阴阳五行变化图　823
阴阳五行综整图　2598
阴阳五行错乱图　2597
阴阳太少位数图　865,869
阴阳互根图　2219
阴阳互藏之图　2592
阴阳互藏其宅图　865,869
阴阳互藏其宅图之一　624
阴阳互藏其宅图之二　624
阴阳互藏其宅图之三　624
阴阳气质异序图　1309
阴阳升降之图　290
阴阳升降得二五之中与时中贯图　2304
阴阳爻老变少不变图　504
阴阳分判图　2606
阴阳分奇偶之象图　2214
阴阳分变成互卦图　2304
阴阳分限始终图　1783
阴阳生成先始图　866
阴阳生成配合图　866
阴阳生数之图　870
阴阳动静图　1365
阴阳老少图　187
阴阳回旋升降图　2433
阴阳刚柔生人体器官图　137
阴阳合十五数图　1279
阴阳合变成互卦图　2304
阴阳两极两仪图　1817
阴阳闲居图　1320
阴阳君民图　117,485,817,2067,2115
阴阳局顺逆图　1105
阴阳奇偶图　118,485,817
阴阳奇耦图　2068,2115
阴阳图　921
阴阳变化图　520,2134
阴阳变合消长图　858
阴阳变易成洛书图　349
阴阳始生互根图　1309
阴阳始终是一贯之理图　2328
阴阳律吕生生图　20,2572
阴阳律吕图　58
阴阳总会图　622,824
阴阳既配各以中五加之图　1601
阴阳配合图　1904
阴阳消长图　744,1320
阴阳消长盈虚分四卦图　2293
阴阳消息之图　2426
阴阳得其配图　388
阴阳混合图　2608
阴阳遁太乙图　1371
阴抗阳之象图　721
阴卦逆生图　114,484,2061
阴直图　775
阴图　153
阴降寒阳升暑成四气八图　2027
阴逊阳之象图　721
阴海阳海图　852
阴符遁甲河图　1022
阴符遁甲洛书　1022
阴符遁甲洛书图　1199
阴偶图　15,769,2570
阴数二百五十六位撮要图　157
阴静图　260
观天文察时变之图　657
观天执天之图　2560
观风察政取乎巽图　2319
观鸟兽之文图　2195
观玩图　256
观国之光图　440
观变玩占图　2335
纪元图　1423

七画

〔一〕

寿山枕面图　2661
形物相感之图　420
进火图　2522
进退一原图　1526
远取诸物图　1688
运气先后天图　1598
运气相临之图　1470
运会历数图　123,481,1275,2057,2129
坛图　6
折矩以为勾股图　2235
坎为中男图　52
坎为水图　49
坎生复卦图　53
坎来癸向图　31
坎卦图　963
坎宫天津渡河汉图　296
坎宫杵臼之象图　299
坎宫虚危哭泣诸星图　301
坎离十六卦图　135
坎离小父母图　269
坎离天地之中图　73,1270
坎离互用之图　409
坎离中气图　2178
坎离升降图　1345
坎离为天道人事之纲维图　1911
坎离左右翼全卦细分之图　1159
坎离左右翼卦全图　1157
坎离四位互体成十六卦合先天图　135
坎离伏象图　1895
坎离全数图　2179

坎离交变十二卦循环升降图　378,1454
坎离交媾之图　2592
坎离终始图　1589,2168
坎离相交图　1273
坎离颠倒图　2601,2611
拟洛书图　2385
极仪象卦合为八纯图　1516
极仪象卦合为方图　1516
极仪象卦合为圆图　1516
极数知来起于阳爻图　2333
李氏六卦生六十四卦图　2633
李溉卦气图　70
杨氏太极图　528
杨雄太玄八十一家应六十四卦图　1346
两天两地相合图　1262
两仪、四象、八卦图　700
两仪四象八卦图　971,979
两仪、四象之图　998
两仪四象图　1267,2090
两仪四象数图　1798
两仪生四象之图　746
两仪生四象、四象生八卦　275
两仪生四象图　16,44,1222,1503,1751,1772,1932,2205,2219,2249,2570
两仪阵变图　1105
两仪图　773,1617,2096,2189,2249,2272,2582
两地图　1592
两图险阻图　1153
两顺相加成河图　2212
两象易图　2364
酉宫三十度配卦星图　2243
酉宫六变五涵之图　1018
酉宫六经用卦之图　1012
辰宫三十度配卦星图　2242
辰宫六变五涵之图　1016
辰宫六经用卦之图　1010
否泰主岁含乾坤图　2290
否泰各贞其辰左行相随图　2205
否泰各贞其辰图　2434
否泰含巽艮兑震图　2312
否泰往来图　438
否泰所贞之辰异于他卦图　1787,2489
还元图　2523,2593
还丹五行功论图　2526,2657
来子太极图　2089
来氏太极八卦图　2389
来氏太极图　2501,2509
来知德圆图　772
连山八卦圆图　2011
连山八卦横图　2011
连山小成图　930
连山六十四卦圆图　1711
连山应中星之图　248
连山易卦位合河图图　249
连山易卦位合洛书图　249
连山易图　956,1689
连山易图书卦位合一之图　250
连山首艮之图　1844
连山圆图　1689

〔丨〕

步八卦聚形罡图　2662
步天图　1664
步罡图　2621
时用周天逐时水火图　2646
时行图　1776
吴草庐互先天图　1187
呕轮吐萌图　1677
男女有相反图　830
男女媾精化生图　1904
困蒺藜葛藟株木图　447
别图一　1474
别图二　1475

〔丿〕

利之象数图　1660
利见大人指九五定一卦之尊图　2338
利西南三见合消息之理图　2338
利有攸往合为学之道图　2338
利涉大川取乾巽二卦图　2338
秀灵图　413
每年主气之图　832
体四用三图　1125
体用一原卦图　1084
体用一原图　2186,2424
体用一源卦图　586,903,1546
体图　1924,2127
体图四图　1669
位与画皆对九图　1315
位育之象图　726
身之之象图　723
佛氏卐字心轮图　400
近世揲蓍后二变不挂图　342,539,1625
近取诸身图　1688
役天序图　1111
余数归根图　1665
希夷龙图　730
希夷先天卦图　411
谷神图　2610
含元抱朴之图　2541
龟书　582,902
龟书图　1542
龟图　2020
迎日推策与大衍贯图　2356
系辞九卦合论语见雅言之教图　2347
系辞无坎离图　2332

〔丶〕

亨之象数图　1660

序上下经图　111,479,2054
序有对有翻图　1777
序卦大方图　1157
序卦大圆图　1156
序卦与系辞九卦贯图　2303
序卦上篇横图、序卦下篇横图　1900
序卦互见图　1207
序卦见互图　890
序卦反正之图　1659
序卦反对图　839,1481
序卦四正不易分上下经图　2302
序卦四正次第合为方图　1162
序卦四偏次第合为圆图　1162
序卦四隅反易成为易图　2302
序卦合先天图　1777
序卦各有精义归之于中图　2287
序卦次第坎离相对全图　1161
序卦次第乾坤相对全图　1161
序卦表图　2222
序卦图　118,488,1777,2072,2111,2425
序卦顺逆之图　1659
序卦圆图　1489,1902,2162
序卦乾坤坎离兑震六卦为主图　1903
序卦象一图　2505
序卦象二图　2505
闰月定时成岁之图　1419
闰月定时成岁图　595
闰年合爻数图　2326
兑丁图　381
兑为少女图　52
兑为金图　50
兑来丁向图　30
兑卦图　965
兑宫大陵诸星图　300
兑宫天弓之象图　299
兑宫佃渔网罟之象图　293
兑宫卷舌主口舌象图　301
兑宫诸星之图　297
兑象之图　450
沦溺之象图　724
沈存中纳甲胎育图　1185
宋邵康节六十卦气图　1339
宋绍兴间所进周子太极原图　1281
宋神宗一图　1106
宋神宗二图　1106
宋神宗三图　1106
宋神宗车图　1107
穷理尽性至命图　258
灾祥倚伏之象图　722
良知之象图　725
启蒙蓍衍图　1217
补七十二龙纳音图　269
补八卦纳甲坎离小父母图　934
补干支配纳六十之图　935
补定一中分造化圆图　904
补戴九履一洛书之图　270
初七图　954
初八图　954
初九图　954
初上二爻相易图　1328
初六图　953
初变、二变、三变之象图　1812
〔乛〕
君子小人成否泰图　2345
君子有终合天地人三极为一贯图　2321
君子尽性之图　749
君子明易之图　750
君子法天之图　562,657
灵光图　554
灵极图　11,768,2568
灵宝生仙炼度坛图　2559
改七七图与再改七七图　1595
改八八图　1595
改正黑白点位图　1279
陈抟所传伏羲六十四卦次序图　1610
陈抟所传伏羲先天八卦图　1609
陈抟所传河图洛书图　1609
陈希夷太极图　2389
陈希夷传授李挺之图　1337
陈图南本图　1242
陈侯遇观之否图　1755
陈策分六层为六图　1202
附载启蒙方图　1805
附载易象图说方图　1805
邵子三十六宫图　1175
邵子小衍图　1600,2169
邵子天地四象之图　601,785
邵子天地四象图　341,538
邵子六十四卦方图　494
邵子方圆图指为伏羲六十四卦方位者图　1479
邵子本图　1202
邵子先天图指为伏羲八卦方位图　1480
邵子先天圆图　2363
邵子传授先天图　232
邵子后天图指为文王八卦方位图　1480
邵子卦气直日图　671
邵子卦气图　1226
邵子经世六十四卦数图　829
邵子经世书图　1322
邵子经世衍易图　1339
邵子皇极经世衍易图　673,804
邵子横图指为伏羲六十四卦次序者图　1479
邵氏皇极经世图　107,489,2076,2125
邵尧夫方圆内外合一图　2599
邵康节经世六十四卦数图　1836
邵康节经世变化图　1853

驱祟符图 2534
纯杂一原图 1527
纯杂卦交错总图 1907
纯阴无阳图 2607
纯阴真水结璘素华洞阴玉符图 2532
纯卦交卦纲领之图 2145
纯卦纳十二辰图 1185
纯离火玉符图 2533
纲目成式图 561
纲卦图 1005
纳甲于合数亦合图 1344
纳甲之图 1403
纳甲分六十四卦图 2281
纳甲分东西图 2225
纳甲分对待图 2224
纳甲分卦图 1205
纳甲合数图 976
纳甲纳十二支图 1499,1828
纳甲纳音之图 335
纳甲表图 2269
纳甲直图 1498
纳甲图 73,382,673,888,1079,1226,1724,2402,2434,2488,2503
纳甲法图 311,1226
纳甲相连成序卦图 2286
纳甲配五气图 932
纳甲圆图 1498,1828
纳甲值月候图 2480
纳甲横图 2225
纳辰成卦图 1185
纳音五行分三元应乐律隔八相生图 1500
纳音五行母子数图 1728
纳音五行图 1500
纳音纳甲之图 2035
纳音取象类列图 1785,1844
纳音图 1228,2430
纳音河图变数图 2506
纳音配六十四卦合时字图 2289
纳音配六十调图 1729
纳音原于八卦隔八相生分三元之图表 2228
纳音符图 2556
纳虚图 1205
纵横右斜左斜图 1543
纵横图二 1571
纵横图三 1571
纵横图四 1572
纵横皆十五四环相加皆五十图 2213

八画

〔一〕

环互图 2416
环中一元之图 995
环中一世之图 996
环中七十二变由下生上五积之位图 1003
环中七十二变由下生上五积之数图 1004
环中七十二变由中生出之位图 1002
环中七十二变由中生出之数图 1003
环中七十二变由中生出之德图 1004
环中七十二变经卦命爻之图 1006
卦八方图 1273
卦之德方以知图 849
卦气七十二候图 1786
卦气太元合图 1768
卦气升降图 2186
卦气四图 1512
卦气乐律图 1058
卦气主七十二候图 2258
卦气每月五卦阳画图 1236
卦气每月五卦阴画图 1236
卦气表图 2269,2376
卦气直日图 311,887,1205,1588
卦气图 38,652,888,1026,1588,2152,2485
卦气图四图 2194
卦气贯七十二候以时为定图 2289
卦气映月图 2008
卦气起中孚与时中贯图 2288
卦气验日永短贯四时图 2288
卦气象数图释图 579
卦爻命义四图 748
卦爻律吕图 127,481,1275,2057
卦爻配干枝图 1782
卦爻配天地水火图 2305
卦爻旁通尚中道图 2307
卦分九位图 1695
卦分律吕图 2631
卦分精气形图 2315
卦以九五为尊明君臣之义图 2344
卦扐过揲总图 601
卦扐图 1936
卦目图 2131
卦对图解一图 1282
卦对图解二图 1283
卦对竖图 1285
卦对横图 1285
卦名卦德图 1688
卦各有指以时为主图 2340
卦材图 2503
卦极一图 2273
卦极二图 2273
卦体内赢月闰追数图 1035
卦体外赢日闰追象图 1035
卦位生六十四卦图 1792
卦位图 509,1793
卦位相对图 1152
卦位数量图 2446
卦身配五行图 2323

卦序之变图　1521
卦序内反对卦图　678
卦序方圆律气图　1214
卦序图　325
卦画刚柔往来图　1896
卦画图　433
卦画定方之图　2175
卦画象数会通图　578
卦变十二轮周流六虚反对图　1871
卦变四象图　2442
卦变合归藏图　933
卦变合先天图　931
卦变合后天图　931
卦变合连山图　933
卦变合羲文图　1871
卦变图　932,1277,2372
卦变参伍错综成文定象图　1562
卦变相得有合图　1870
卦变圆图　1026
卦法河图之象图　1908
卦终未济图　57
卦象言筮见易为卜筮书图　2313
卦起中孚归奇象闰图　1203
卦配天度图　148
卦配方图　816,2629
卦配地理图　148
卦候之图　187
卦象天地图　816
卦象太极图(圆图)　1653
卦象太极图(横图)　1652
卦象互包图　887
卦象分言图　2330
卦象立成图　673
卦象图　312,728
卦畴相为表里图　1984
卦辞见别卦名图　2348
卦数干支图　2457
卦数之图　1148
卦数图　79,85,509,1885
卦数涵老阳图　260
卦数涵畴数图　261
卦德卦象各相贯图　2316
坤乙图　382
坤上六天地玄黄图　74
坤上交乾图　51
坤后六卦皆坎取天一生水之义图　2309
坤艮分南北两戒图　2239
坤来乙向图　30
坤作成物图　122,474,822,1332,2046
坤作图　1332
坤初六图　77
坤卦包六子图　1360
坤卦图　962
坤卦履霜之图　190
坤画三位图　48
坤独阴图　49
坤宫天关兵卫之图　298
坤消数图　648
坤乾象数合一之图　252
坤象图　2574
坤策图　1663
拆先天八卦二爻图　2166
拆先天八卦三爻图　2167
拆先天八卦初爻图　2166
拆先天圆图之虚中而为太极图　1587
拆先天圆图虚中为太极图　2166
其用四十有九图　46,468
取坎填离图　2665
取策图　415
范畴名次纲目图　1970
范数之图　558,638,837
范数分列图　1972
范数次叙总图　1971
范数图　729,1967
直列分方图　2412
林至太极五图　1831
画间易图　2406
奇门总图　854
奇门遁甲用后天图　1224
奇乏偶赢图　626
奇多偶少图　627
奇偶成数图　561
奇偶两画三重为八卦图　2143
奇偶图　220
奇偶参天两地图　1604
奇器万象图　2518
轮范生克图　2650
轮范輣輵生克图　2651
轮范先天方位局式图　2651

〔丨〕

肾与命门之图　851
具爻应二十四气纳虚图　1588
明生岁成纳甲气朔之图　1203
明夷箕子图　444
明来瞿堂方图　2492
明体达用图　2510
明变论并图　3
明变图论图　836
明真炼度坛图　2660
明乾图　751
明堂九室图　1280,1449
明堂方图　1209
明蓍策图　469,845
明魄朔望图　595
明镜之图　25,421
明镜图　24

易一生二积数一生一之图　1005
易十二卦应十二月图　2147
易与五经贯图　2346
易与中庸贯图　2347
易专考图　94
易中心字合太极图　2314
易中言元为善之长图　2337
易中言亨有通字义通即是贯图　2337
易分三统以天为主合三极图　2357
易六画六位六龙之图　190
易以画图　1071
易以点图　1070
易龙图应二十四气与时中贯图　2280
易有太极、太极生两仪、两仪生四象、四象生八卦图　939
易有太极旧图　2046
易有太极合一贯之道图　2295
易有太极图　333,370,423,474,889,959,1300,1430,1503,1622,1750,1771,1932,2045,2101,2249,2582
易有太极图一　585,903,1081
易有太极图二　585,903,1081
易有太极图(朱熹)　1832
易有太极法象图　197
易有太极、是生两仪、两仪生四象、四象生八卦、八卦分奇偶图　565
易有太极是生两仪、两仪生四象、四象生八卦图　628
易有太极是生两仪图　2501
易列图　1065
易则图之三图　1064
易多以数取义图　2333
易阴阳消长之图　189
易别传先天六十四卦直图　1460
易言大欲合三卦图　2345
易言习与论语时习贯图　2346
易言天地万物之情图　2315
易言无妄合诚意图　2316
易言齐家之政在反身图　2317
易言德业分三极图　2343
易序图　2032
易纳甲图　186
易卦八宫阖辟往来之图　811
易卦飞伏图　1208
易卦变化成日月寒暑之象之图　743
易卦变化成形之图　753
易卦变化成象之图　743
易卦旁通图　2209
易具一寒一暑之图　746
易具日月运行之图　743
易图　2268
易制图　1066
易知来数往图　808,1080,1089
易备五伦为人极主图　2344
易变卦图　189
易贯三义图　2329
易贯三象图　2330
易贯四尚图　2329
易贯图　1617
易重大小过图　2320
易重长子有中正之道图　2317
易衍图　1065
易首三大政图　2318
易首四卦具五位图　2317
易逆数图　807
易逆数随宿度逆转图　2362
易索图　1066
易原图　255
易兼图　1065
易教不用三四图　2334
易乾卦四德图　191
易象三极图　256
易象之图　551,558
易象全图　2411
易象图　770
易道开合图　258
易道交明图　256
易道尚吉以理言图　2346
易道尚谦忌盈图　2320
易道重时中见孔门传授之法图　2339
易错综卦图　2374
易辞互见各相贯图　2348
易辞分类图　2335
易简图　1754
易数图　1065
易数图及阴图　395
罗经图　1637
图之可以为书图　615
图中图　2603
图书之变图　1520
图书五奇数应五藏部位图　1731
图书内外相加两奇成偶之图　1153
图书可以相通图　874
图书生左右旋规之图　1198
图书合一图　1261,2598
图书虚其中皆四十五图　873
图形合洛书为象法之原图　1485
图纳天干图　2428
图数全归中五图　1899
图数象天地三图　2019

〔丿〕

制蓍图一　951
制器尚象十三卦图　1415
知以藏往图用减法图　2213
知来者逆图　1775
物以群分图　823,1089,2630
物生大成图　1774
物生图　1776,1782
使者坐功图　2666

往顺来逆图 411
径围合天地图 755
所以成变化图 621
金木交并图 2601
金水炼丹图 383
金丹八卦之图 420
金丹三五一图 418
金丹大药诀图 60,987
金丹五行之图 418
金丹火候诀图 60,987
金丹四象之图 419
金丹合潮候图 224
金丹图 2603,2609
金丹鼎器药物火候万殊一本图 378
金火相交生药之图 205
金鼎玉炉图 2611
金蝉脱壳天仙之图 2548
金精鳌极五行图 1218
命门图 767,1796
命图 323,1925
命性图 2541
爻十六端图 1127
爻六十四端图 1128
采团图 394
采真铅汞图 2524,2655
贪求图 2588
周子五行配邵子阴阳老少与河图贯图 2293
周子太极合易系太极图 781
周子太极阴阳五行图 941
周子太极图 528,594,807,941,978,1274,1291,1448,2260,2513
周子太极图与《易系辞》表里相合图 594
周子太极原一图 685
周子气化形化图 941
周子图 717
周天子太极图 554
周天历象节气之图 491,826
周天日月节候卦律分野总图 826
周天火候图 213,2553
周天灯图 2619
周天卦候乘建六十甲子图 660
周天符火图 2593
周天璇玑图 2665
周公六爻动应之图 1922
周公乾坤二用图 1711
周氏五行图 1205
周氏太极图 991
周茂叔图 1242
周易二篇分体图 1518
周易二篇合体五图 1518
周易二篇总体图 1520
周易七十二候图 2525,2656
周易八卦圆图 2017
周易八卦横图 2010
周易三十六宫卦图 1665
周易下经序卦图 1150
周易下经序卦例图 241
周易与数学图 2036
周易上下经各十八卦之图 245
周易上经序卦图 1149
周易上经序卦例图 241
周易上经首乾一下经首兑二之图 246
周易口诀图 1921
周易互卦合河图变数之图 230
周易互卦合洛书变数之图 231
周易水火结局图 1336
周易反对取则河图之图 245
周易六十四卦方圆图 2011
周易六十四卦外天内地图 1712
周易六十四卦图 2616
周易古经上篇图 221
周易传受大略之图 764
周易序卦上下经纪纲总图 1160
周易序卦图 841
周易卦序阴阳消长之图 1666
周易卦序图 508,1882
周易参同契金丹鼎器药物火候万殊一本之图 1454
周易消息六十四图 2463
周敦颐太极图 1187
周濂溪之太极图 2500
周濂溪太极图 410
周濂溪先生太极图 1672
咎字解不同图 2346
备卦圆图 2016
备卦横图 2015

〔丶〕

变占之图 2106
变卦图 512
变股作弦图 2449
变数之图 561
变数图 1989
京氏八卦世应游归图 2363
京氏月建图 1186
京房卦气直日图 672,806
京房卦气值日图 1806
郑氏太极贯一图 2632
郑氏爻辰图 2371,2390
郑氏爻辰详图 2391
郑氏易十二月爻辰图 2141
郑氏周易爻辰图 2136
郑康成爻辰图 2364
炎宋之世图 1474
法行先天大道之图 2562
法洛书制明堂图 1722
法洛书蓍策用三百六十整度之理图 1721
法象图 389

泄天符火候图　988
河山两戒图　1529
河图　9,33,54,62,68,173,175,181,217,226,279,304,326,363—365,372,395,410,422,492,505,524,540,553,555,563,564,612,646,659,683,692,698,702,709,739,760,779,780,791,860,894,904,906,912,923,938,944,950,960,1021,1054,1067,1135,1138,1146,1171,1178,1197,1232,1241,1259,1298,1306,1349,1405,1411,1432,1435,1464,1478,1502,1509,1537,1565,1579,1583,1611,1626,1638,1655,1681,1686,1698,1701,1715,1732,1736,1747,1797,1817,1820,1824,1876,1898,1919,1928,1931,2018,2040,2081,2091,2094,2099,2154,2187,2199,2201,2210,2247,2252,2263,2266,2358,2367,2369,2380,2417,2422,2490,2501,2531,2564,2576
河图一六释图　1249
河图十五生成之象图　1585
河图十位成大衍数用图　346
河图十位自乘之图　345
河图七八九六之数图　171
河图八卦五行位数图　794
河图八卦图　55,428,791,1169,1451
河图九宫七色图　973
河图九数成三角与用中之义贯图　2353
河图大衍之用图　1742
河图大衍之体图　1741
河图大衍图　1288
河图与太极贯图　2295
河图之阳图　1510
河图之阴图　1510
河图之图　536,591,1402
河图之数回环相加成洛书之图　2213
河图之数图　170,794
河图之数配卦象图　1601
河图天地十五数图　427
河图天地之象图　732
河图天地四象配合八卦之图　2100
河图天地交图　791,1071,1261,1583,2171
河图天地交洛书日月交图　1513
河图天地数图　54
河图天数二十五即洛书图　302
河图天数地数全图　1265
河图五十五〇函太极两仪四象八卦图　867
河图五十五数衍成五十位图　344
河图五十五数乘为四十九图　347
河图五十居中含八卦图　2353
河图五气之行各含五方气数图　2086
河图五行与纳甲四象贯图　2277
河图五行左旋相生图　1441
河图五行生成之分图　1440
河图五行生成之合图　1441
河图五行所生之图　1440
河图五行所成之图　1440
河图五行相生图　794
河图五行相克之图　176
河图五声图　853
河图五位方周爻象直日二图　2437
河图五位用生成相配图　347
河图五位相得有合与纳甲贯图　2277
河图五音本数图　1726
河图五音变数图　1727
河图五音顺序相生图　1727
河图支干位数图　798
河图太极之全体图　941
河图中十图　861,1510
河图中五一〇含天地阴阳五行图　867
河图中五一〇函太极两仪四象八卦图　867
河图中五十图　2210
河图中五中央一图　860
河图中五图　2210
河图中五前后左右四图　861
河图中心即北极图　2275
河图中宫图　1287
河图中数用九用六图　1741
河图分挂揲扐图　1742
河图分衍图　1287
河图分数先天八卦图　1739
河图分数先天变后天图　1741
河图分数后天八卦图　1740
河图方百数母图　1262
河图为大衍本图　1655
河图为物理根源图　1722
河图为洛书之乘数图　1630
河图为算学之原起于太极之阳爻图　2352
河图本数图　185
河图左旋本图　1912
河图左旋相生洛书右旋相克图　1310
河图右旋图　1912
河图四十征误之图　283
河图四方一三七九图　861
河图四方二四六八图　861
河图四方成十图　2275
河图四象之图　427
河图四象以中宫五十相减生八卦图　2278
河图四象以中宫五数相加生八卦图　2279
河图四象即河图图　302
河图四象图　55,382,1264,1451
河图生十天干图　857
河图生四象数图　1656
河图生出八卦图　1314
河图生克图　564
河图生数统成数图　871
河图用九各拱太极之图　229
河图加减之原图　1493,1605,1960
河图对待反克洛书对待反生图　1311
河图对待为流行图　871

河图百六数图　102,486,1314,2070
河图成大衍符用中之理图　2276
河图成五行图　2276
河图先天大衍之体图　1743
河图先天后天洛书变化总图　974
河图先天图　734
河图后天内外四层图　609
河图后天图　734
河图合八卦对待图　929
河图合八卦流行图　929
河图合太极生两仪四象八卦图　927
河图合数先天八卦图　1740
河图合数后天八卦图　1740
河图亦一太极图　1751
河图亦可为范之图　742
河图交八卦之图　228
河图交九数之图　227
河图交午相合图　875
河图阳动阴静图　1492,1960,2159
河图阳静阴动图　1492,1960,2159
河图阴阳老少四象之图　2099
河图阴阳迭进图　1311
河图进退变化图　929
河图运行图　616
河图两仪图　1451
河图体用营阵奇正图　949
河图作丹图　1675
河图位数交生先天八卦图　327
河图位数图　972,2001
河图含八干四维十二支二十四向方图　1722
河图含八干四维十二支二十四向圆图　1723
河图含八卦五行天干图　1722
河图含历闰法图　1313
河图应五星高下图　1724
河图序乾父坤母六子之图　229
河图序数图　687,1850
河图即太极图　2253
河图、附图　1959
河图卦位图　2380
河图画卦从中生于五成于十图　867
河图奇与偶合图　792,1544
河图奇乏偶赢图　872
河图奇圆图　1821
河图具太极两仪四象八卦图　1739
河图具洛书用数图　1251
河图具数之图　796
河图易四正为四隅图　1643
河图易卦大衍之用图　1744
河图易数图　1620
河图图　1756,2087
河图所属五行一生一成之图　2099
河图变动易卦流行图　1743
河图变后天八卦图　1723
河图变体合十一数图　1720
河图变体图　1720
河图始数益洛书成数图　428
河图参两参伍之图　1072
河图参两参伍图　792
河图相生寓相克图　873
河图顺运图　1249
河图、洛书　1620
河图洛书十与十五常相连图　617,873
河图洛书十五生成之象图　795
河图洛书与先天合一图　133
河图洛书未分未变图　1821
河图洛书先天后天合一之图　2603
河图洛书合一图　506,875,1877
河图洛书合数图　1585
河图洛书阴阳太少五行分配图　874
河图洛书阴阳生成纯杂图　872
河图洛书□□图　1022
河图洛书皆中五图　873
河图洛书总图　2448
河图洛书第八图　1536
河图洛书数用图　1212
河图起加减法图　2234
河图配八卦五行图　1072
河图配天干图　969
河图原图　1954
河图流行八卦图　1315
河图虚中图　616
河图象卦图　1642
河图象图　915
河图象数之图　531
河图象数图　87,207,557,1671
河图旋毛五形五图　1542
河图旋毛如星点之图　1642
河图联十图　1850
河图循环反复图　973
河图错综参伍图　928
河图解图　661
河图数　215
河图数与纳甲贯图　2277
河图数明纳甲图　1724
河图数图　86,101,426,796,827,2048,2079
河图数起一六图　795,1260,1544
河图数起止图　796
河图数偶合奇图　871
河图数偶图　614
河洛一原图　1526
河洛十五生成之象图　430
河洛八卦图　174
河洛太极两仪四象八卦图　1511
河洛未分未变三角图　1495,1606,1719
河洛未分未变三角图、附图　1962
河洛未分未变方图　1495,1606,1719

河洛未分未变方图、附图　1962
河洛合一中各虚五之图　2231
河洛阴阳生成纯杂图　1543
河洛位数流变五图　2020
河洛纵横十五之象图　1457
河洛卦位合图　586
河洛卦位层布图　1072
河洛卦数图　2508
河洛图　1543
河洛相连生克图　2408
河洛皆显于明夷图　2320
河洛总数成为阳爻图　2352
河洛配合五行六气之图　2255
河洛捷式图　2009
河洛象数图　2508
河洛数合变十二图　1200
河洛数交变图　2408
河洛数相和相较图　2404
治历明时图　850
治刑取乎离为向明而治图　2319
治兵取乎坤见寓兵于农图　2319
性之之象图　722
性图　322,1924,2128
性命之理则一之图　750
性命图　61
性理太极图　1653
宝珠之图　419
宝镜三昧图　1294
定之以中正仁义见太极之理图　2315
定位左旋图　1912
定位右旋图　1912
定限今交图　1235
实画大圆图　2084
实画方图　2084
宓羲画八卦图　172
诗斗差图　1046

〔乛〕

弥纶天地图　2240
弦切阴阳纯杂图　2406
孟氏卦气六日七分之图　2258
孟京卦气图　2370
孟喜京房卦气图　2362
始末图　1233
始尾末尾图　1233
参天两地图　119,475,1089,1125,1261,1273,1307,1682,2047,2171,2206
参天两地倚数之图　284,755
参天两地数图　1213
参天图　1592
参订大衍之数未加未减之图　1958
参订上下经交会图　1958
参订文王六十四卦外圆内方图　1956
参订伏羲因重六十四卦之图　1957
参同契月受日明图　1781
参同契纳甲五行图　2224
参同契纳甲图　1455
参伍以变图　119,818,1087,1090,2065,2299
参伍以变错综数图　284
参伍错综图　1081,1091
参两一原图　1526
参两生卦本于太极之阳爻图　2313
参两图　951,1584
参两居河图中图　2334
参两倚数图　1134,1512,1968
参两错综会变总图　285
参两数图　1316
线河图　1721
经世一元消长之数图　548,1673,1735,1853
经世一元消长之数图(邵子定)　1422
经世八卦正位图　803
经世天地人四象合三极图　2357
经世天地四象图　39,91,674,804,1672,1734,1759,2126
经世天地始终之数图　674
经世历年图一　1047
经世历年图二　1048
经世六十四卦之数图　1735
经世六十四卦之数圆图　1760
经世六十四卦数图　547
经世声音图　2125
经世卦一图　40
经世卦气图以四变二百五十六卦图　157
经世衍易八卦图　1734,1758
经世衍易图　38,91,711,1672,2126
经世律吕声音变化图　678
经环五积图　1006
经星出没各适其中无过不及图　2349
经星考时验中与北极同图　2349
经脉合天文流注之图　830

九画

〔一〕

春分图　138
春秋元差图　1047
春秋齐桓晋文之世图　1473
春秋定哀之世图　1473
春夏秋冬四季图　797
春夏秋冬图　573
挂一图　139
挂扐过揲总图　342,539
挂扐阴阳进退之图　336
挂扐简图　335
持志养气图　2585
赵鞅遇泰之需图　1755
贲天文之图　441
指掌图　576
革卦图　968,985

革卦炉鞴鼓铸图　448
荣卫相生图　264,829
胡杨大衍图　920
南北互为纲纪图　384
南北阴阳图　1313
药火万殊一本图　1679
药归土釜图　2614
药物图　398
相生横图　2002
相对皆九图　1056,1322
相交图二　1569
相交图七　1571
相交图三　1570
相交图五　1570
相交图六　1570
相交图四　1570
相并图　1593
相减生阳图　1593
相减生阴图　1593
咸艮取诸身图　858,2117
咸取女见人道之正图　2318
咸朋从图　443
咸恒左右翼卦全图　1164
咸恒首下篇以二长二少继坎离图　379
咸恒损益分统十有六卦图　2146
咸恒第一图　1362
咸恒第二图　1362
咸恒第三图　1362

〔丨〕

背阴图　2130
战国之世图　1473
点线纯杂阴阳图　2406
点数应河图十位图　1496,1607
点数应河图十位图、附图　1963
临八月有凶见抑阴之道图　2332
临八月有凶图　73
临观至大畜八卦图　1361
临卦图　54
临象之图　440
竖图　587
竖筹算式　2237
是万为一图　260
是生两仪　1503
是生两仪、两仪生四象图　1301
是生两仪图　1750,1771,1932
星之五宫与土之九区方图　374
星象图　2397

〔丿〕

矩出于九九八十一图　2235
秋分图　138
重六十四卦推荡诀图　56
重为五画亦成两体图　1801
重为四画交错以成两体图　1799
重卦先天后天消息全图　589
重卦图　367,2443,2461
重卦流行甲庚十六周图谱图　2439
重易六爻图　111,454,2055
重定一中分造化圆图　903
复七日来复见扶阳之道图　2332
复七日来复图　74
复七日图　441
复见天地之心图　57,818
复见天地心图　2510
复姤小父母图　104,482,843,2058,2114
复姤之卦图　177
复姤图　1057,1328
复姤临遁泰否六卦生六十四卦图　114,455,847,2062,2105
顺往逆来图　1635
顺逆一原图　1526
顺逆图　1318
顺数逆数图　2457
修建祈禳二图　2549
保元济会图　263
保震制兑图　1904
皇极内篇八十一数名图　1846
皇极内篇九九圆数图　1845
皇极正数一图　2194
皇极老人图　1199,1585
皇极交数二图　2194
皇极次五九畴虚五用十图　868
皇极图　2587
皇极居次五图　560,634,1966
皇极经世十六位析为五百一十二位数图　158
皇极经世再变图　159
皇极经世先天数图　804,1554
皇极经世全变图　158
皇极经世全数图　105,2074
皇极经世图　157
皇建其极图　627
鬼神之象图　720
鬼神造化图　2584
禹则洛书叙畴图　734
禹步图　2203
禹步罡图　1107
禹叙九畴图　171
禹第八政宫生叙图　1986
禹第三德宫生叙图　1987
禹第五行宫生叙图　1985
禹第五纪宫生叙图　1987
禹第五事宫生叙图　1986
禹第皇极宫生叙图　1987
禹第洪范九畴图　1985
禹第庶征宫生叙图　1988
禹第福极宫生叙图　1989
禹第稽疑宫生叙图　1988

衍义图　2245
衍数用数图　1778
衍数图　414
衍数图及阴图　395
律月生图　1132
律吕分寸长短图　1840
律吕用合河图之图　1476
律吕当位居冲图　1842
律吕合爻图　2006
律吕合先天圆图　1829
律吕合河图洪范图　1560
律吕合洛书洪范图　1560
律吕运气附参同契图　1427
律吕体合洛书之图　1476
律吕图　2180
律吕相生卦气图　926
律吕相生图　1470
律吕起于冬至之气图　79
律吕配卦图　786
律吕配乾坤图　2430
律应卦气相生图　1215,1228,1597
叙本论并图　3
胎中面目图　2605
胎育图　137

〔丶〕

亭侯卦图　554
度数一图　465
度数二图　466
弈阵图　2236
奕图　1276
音律统同图　1529
音律辨异图　1529
帝王大混沌图　1558
帝王图　777
帝历八方图　1696
帝出乎震图　2202,2446
帝出乎震图、父母六子图　2424
帝出两仪生四象生八卦图　1234
帝出两仪生四象图　1234
帝出两仪图　1234
帝出震图　109,456,816,1023,2054,2629
帝黄帝六十二年始作甲子图　1427
类卦图　2223
类聚群分图　124,487,1088,2071
首四卦父母男女图　2317
逆交图　1591
逆运先天结丹图　2600
逆图　274
逆数图　946,1052
总括象数图　2107
炼己筑基图　2607
炼度坛灯图　2618
炼神还虚图　2600
洪范九九方数图　1890
洪范九九积数图　1890
洪范九畴之图　755
洪范九畴则洛书图　868
洪范九畴名数行成之图　635
洪范九畴图　596,710,785,1218,2079,2178
洪范九畴总图　604
洪范分象全图　1889
洪范吉凶排法八数相对图　1190
洪范成大衍其一不用象太极图　2356
洪范仿河图之图　1561
洪范合大衍数五十用四十九图　361
洪范并义图　255
洪范纳音五行表　2226
洪范图　955,1644
洪范皇极图　574
洪范皇极图以中为主图　2356
洪紫微迈六十四卦生自两仪图　371
洞极经配太极之一图　2291
洞极真经叙本论图　836
洗心退藏图　2622,2665
洛书　9,33,62,68,170,173,175,181,217,226,279,304,326,363—365,372,395,410,422,505,524,550,553,555,563,564,612,646,684,692,698,703,710,739,760,779,780,791,868,904,912,923,938,945,950,960,1021,1054,1067,1135,1138,1146,1172,1178,1197,1232,1241,1259,1260,1288,1299,1350,1405,1411,1432,1435,1464,1478,1502,1509,1537,1565,1579,1583,1611,1626,1638,1656,1698,1702,1715,1732,1736,1748,1807,1808,1817,1821,1824,1876,1899,1921,1928,1932,2018,2040,2082,2091,2095,2099,2154,2188,2199,2201,2211,2247,2253,2264,2266,2358,2369,2381,2417,2422,2491,2501,2564
洛书一九数行次第图　2255
洛书十干图　974
洛书十五图　870
洛书十图　870
洛书八位合五图　1310
洛书八卦次序图　1316
洛书八卦图　1168
洛书八音图　853
洛书九一相生图　1260
洛书九一相生数图　795
洛书九九图　1584
洛书九州图　1199
洛书九位方周爻象直日三图　2437
洛书九位成大衍数用图　347
洛书九位自乘之图　346
洛书九宫图　610
洛书九数乘为八十一图　348
洛书三六七八相乘与河图贯图　2354
洛书大用图　2454
洛书大衍易四隅为四正图　1643

洛书大衍图　1809
洛书上下左右数等图　2405
洛书小衍图　1643
洛书之文图　1981
洛书之图　543,592,603,741,1403
洛书之数图　795
洛书天干河图地支所属图　1312
洛书天地之象图　732
洛书天地交午数图　429
洛书天数二十五乘为四十九图　348
洛书五行十二支方位图　798
洛书五行右旋相克图　1447
洛书五行生数图　55,1457
洛书五行成数图　55,1457
洛书五行图　1872
洛书五兆九畴图　973
洛书五位用天数图　348
洛书五数相乘应中宫图　2353
洛书太一下九宫即一贯时中之理图　2278
洛书日月交图　792,1071,1261,1583,2171
洛书中五统四方四隅图　2404
洛书分二道图　2237
洛书分七政次第图　2237
洛书分九道图　2237
洛书勾股四法相因图　2235
洛书勾股图　1495,1606
洛书方隅数等图　2405
洛书为算学之原起于太极之阳爻图　2352
洛书古图　597
洛书本文图　522
洛书本位图　1980
洛书本数图　186
洛书平衡相对图　875
洛书四十九位得大衍五十数图　345
洛书四十五数衍四十九用图　344
洛书四十五数衍四十九位图下　345
洛书四十五数衍四十九位图上　345
洛书四勾股四图　1725
洛书四正四隅数连图　2404
洛书生十二地支图　857
洛书生八卦与太极四象纳甲贯图　2279
洛书生克图　564
洛书用十各拱太极之图　230
洛书用九图　1248
洛书用六图　1248
洛书句股图　1962
洛书对位成十互乘成百图　1494,1961
洛书对位皆十图　1310
洛书有五无十释图　1249
洛书成五行与河图贯图　2278
洛书同河图画卦图　874
洛书先天八卦图　1740
洛书先天图　735
洛书后天八卦图　1741
洛书后天图　735
洛书合生生八卦图　927
洛书合龟文图　1662
洛书合河图先天卦图　685
洛书合河图后天卦图　685
洛书亦一太极图　1752
洛书交八卦之图　228
洛书阳左阴右本图　1913
洛书阳右阴左图　1913
洛书阳动阴静图　1492,1960,2159
洛书阳静阴动图　1493,1960,2159
洛书阴阳气交图　2454
洛书进退变化图　929
洛书运行图　617
洛书作丹图　1676
洛书位数图　972,2002
洛书应十二律图　1727
洛书序义图　1778
洛书序乾父坤母六子之图　229
洛书序数图　687,1850
洛书即河图之除数图　1630
洛书即皇极图　2253
洛书、附图　1959
洛书纵横十五数图　429
洛书拆甲如字画之图　1643
洛书范数图　87,207,557,633
洛书画卦从中生于五成于十图　875
洛书奇多偶少图　792
洛书奇数统偶数图　871
洛书奇数得余图　1664
洛书奇赢偶乏图　872
洛书具河图体数图　1251
洛书固可为易之图　742
洛书图　215,1757,2087
洛书图合方卦位算数图　1055
洛书河图大衍五行全数图　196
洛书参伍参两之图　1072
洛书参伍参两图　793
洛书相对成十图　2275
洛书相克寓相生图　874
洛书逆运图　1249
洛书洪范图　1671
洛书起乘除法图　2234
洛书配八卦序八节图　576
洛书配支辰律吕应六合图　1727
洛书配地支图　970
洛书配先天卦位以定净阴净阳图　1305
洛书配先天卦位定二十四山净阴阳之图　532
洛书原图　1050,1954
洛书乘除之原图　1493,1605,1960
洛书积奇之数图　1664
洛书积偶之数图　1664

洛书流行为对待图　871
洛书虚中图　616
洛书偶方图　1821
洛书偶数得余图　1665
洛书象图　915
洛书联十数之图　227
洛书循环反复图　973
洛书释数图　939
洛书错综为河图　2213
洛书错综参伍图　928
洛书解图　661
洛书数九用十图　576
洛书数合先天八卦图　1448
洛书数合后天八卦图　1448
洛书数奇合偶图　872
洛书数奇图　615
洛书数图　86,101,427,2048,2079
洛书数变八图　1199
洛书数符合寒温热带图　2404
洛龟原图　1447
洛图　540
浑天六位与卦纳甲图　1551
浑天六位图　311,673,977,1277,2049
浑天甲子图　2429
浑天位图　454
浑天图　2173
浑天总象图　1863
浑然一气图　2608
恒久之图　443
客气加临司天在泉定局图　1730
神以知来图用加法图　2213
神关转鬼鬼关转神图　1310
神农连山中成圆图　919
神龟负洛书　7
神妙万物卦气图　2462
神妙万物图　1697
神虎召摄八门之坛图　2531
神鬼二关图　1309
神禹洛书图式　1889
神精魂魄、阴上阳下图　1815
(祝氏)圜中图　1828
说卦八方之图　435
说卦合先天八卦图　1852
说卦合后天八卦图　1852
说卦兑可为金图　2305
说卦配方图　457,2078

〔乛〕

退火图　2522
既济一卦含八卦原于太极图　2312
既济一卦贯天地四时图　2311
既济未济反对一升一降图　378,1454
既济未济合律之图　451
既济未济合律图　2117
既济包未济图　1364
既济图　149
既济鼎之图　988
既济鼎图　213
昼夜百刻之图　573
孩儿面目图　2606
姤遇之图　446
盈乏应卦图　1512
盈缺图　775
盈虚消息图　2238
彖传言阴阳以天地为主图　2306
彖传言来十九卦见序卦反易之理图　2326
彖传言消息统之以时图　2314
彖传赞时大图　2340
彖辞言心为正心之主图　2316
统体太极图　2262

十画

〔一〕

泰否左右翼全卦细分图　1158
泰否左右翼卦全图　1157
泰否共统十有六卦图　2146
泰否至随蛊八卦图　1361
泰否变损益图　1363
泰卦象人身分阴阳之位图　2341
起课不用易辞图　2321
损益用中图　445
晋康侯之图　444
真人闭六戊法图　32
真道图　2587
格物致知图　1618
根阴根阳图　959
配十二辟卦图　1118
配先天卦图　1114
配后天卦图　1116
配图书图　1112
夏正建寅图　1782
夏时首纯艮之图　250
原八卦纳甲取象太阴图　1304
原天干生于河图图　1303
原元吉儿君子有庆图　325
原支干纳卦图　1304
原支干配为六十甲图　1304
原古太玄准易图　1599
原本法象图　986
原地支生于洛书图　1303
原卦画图　848
逐日受病图　891
逐月安产藏衣并十三神行游法图　200

〔丨〕

圆方八卦本宫图　1778
圆为阳方为阴图　2555
圆本于横图　708

圆出于方图　2235
圆束图　1770
圆图　600,1274,1905
圆图二爻图　1567
圆图八卦阴阳顺逆二图　1644
圆图三爻图　1567
圆图上爻图　1568
圆图之变图　1515
圆图五爻图　1568
圆图太极生两仪象天地图　2296
圆图太极两仪生四象合天地图　2296
圆图分宫图　1780
圆图六十四卦二爻图　1855
圆图六十四卦三爻图　1856
圆图六十四卦上爻图　1857
圆图六十四卦五爻图　1857
圆图六十四卦四爻图　1856
圆图六十四卦四分图　1055
圆图六十四卦阴阳顺逆二图　1648
圆图六十四卦初爻图　1855
圆图左旋配节气图　1578
圆图右转生诸卦图　1566
圆图四爻图　1567
圆图杂撰图　1568
圆图阴阳对待图一　1566
圆图阴阳对待图二　1566
圆图初爻图　1567
圆图卦坎图　1566
圆图具分宫图　1779
圆倍乘方因重图　1550
〔丿〕
造化之几图　818
造化生成之数图　408
造化玄机复归无极之图　407,409
造化浑仪图　1692
造化象数体用之图　809
乘之分八阵配合河图数图　1101
乘之阵方为四层配合伏羲方卦图　609,1101
乘方图　1726
乘方法合画卦加倍法图　1726
乘承比应内外上下图　2307
积数叠法图　1293
积算闰余图　1513
倚数图　414,1835,2460
俯察地理图　125,465,826,2005,2051,2113
俯察地理、律吕图　1334
倍乘重卦之图　412
〔丶〕
准易变图　1132
离三震四图　1444
离上八卦、震上八卦、巽上八卦、坎上八卦图　628
离为中女图　52
离为火图　49
离生姤卦图　53
离来壬向图　30
离卦图　963
离卦偏正回互图　66
离宫弧矢之象图　299
离宫星象图　292
离宫室宿下兵卫之图　297
离宫诸星应狱市图　295
离继明图　443
唐二十八宿铁鉴图　96
唐十二辰铁鉴图　97
唐十二辰鉴图　1915
唐八角八卦铁鉴图　99
唐八卦方铁鉴图　98
唐八卦龟凤铁鉴图　98
唐八卦铁鉴一图　97
唐八卦铁鉴二图　97
唐千秋万岁铁鉴图　99
唐日月铁鉴图　97
唐凤龟八卦铁鉴图　98
唐四灵八卦铁鉴图　98
唐四神八卦鉴　1790
唐尧朔易图　1200
唐卦象鉴图　1915
唐真元品太极先天合一之图　1281
唐虞之世图　1472
唐虞方图　1689
唐虞执中之易图　2510
旅次舍图　449
益卦诸星应农具图　293
消长图　2588
消息一原图　1526
消息之象图　720
消息卦以太极居中见阴阳配合图　2288
消息卦图　75
消息盈虚图　2509
消息简明图　2481
涣躬之图　450
流行八卦方位图　2190
流行平局图　1694
悟玄图　393
家人卦图　852
家人象图　444
容民畜众卦图　819
诸图　1909
诸家易示十四图　1205
诸葛亮八阵下营图　610
诸儒卦气图　2196
〔乛〕
剥为阳气种图　441
通书太极图　605
通乎昼夜图　124,824,2070,2114
通知昼夜之图　587,1090,1549

通知昼夜图二　1090
通知昼夜图三　1090

十一画

〔一〕

理义象数一以贯之图　1514
掛一以象三图　953
推演五行数图　383
聊陈两象图　381
黄赤道居南北极之中日月与时偕行图　2350
黄钟空围九分图　1215
黄帝六甲入伏羲六十四卦例图　235
黄帝六甲纳音一例图　247
黄帝六甲纳音二例图　247
黄帝六甲纳音三例图　248
黄帝方图　1689
黄帝归藏大成方图　919
黄晦木原图　1244
黄婆媒聘图　2612
萃升左右翼卦全图　1164
萃聚之图　446
乾一位八卦当第一变图　286
乾一兑二图　1443
乾七子兑六子图　644
乾七子坤六子图　645
乾下交坤图　51
乾上八卦、兑上八卦图　628
乾之大有图　984
乾之同人图　984
乾元用九坤元用六图　462
乾元坤元图　1475
乾长数图　648
乾父坤母图　925,1408
乾六爻图　74
乾甲图　74,381
乾用九坤用六图　76
乾来甲向图　30
乾卦图　962
乾卦备五常图　2337
乾卦圆图　748
乾坤二用合大衍图　2335
乾坤二用图说图　1590
乾坤二体图　1590
乾坤二卦分损益图　2310
乾坤二卦进退消长之图　2007
乾坤十六卦图　134,1767
乾坤三元真水火图　2544
乾坤三索得天地中图　2313
乾坤大父母图　103,219,482,843,2058,2114
乾坤之卦图　176
乾坤之变图　1520
乾坤之策图　109,476,1272,2049,2114
乾坤元西亨南利东贞北总图　1360
乾坤无定位与时中贯图　2308
乾坤不居四正位图　2629
乾坤中有咸恒图　2309
乾坤父母生六子图　2257
乾坤分上下图　2308
乾坤分管四时策数盈亏图　1338
乾坤六子之图　822,1088
乾坤六子图　463,1589,2049,2101,2167,2627
乾坤六子联珠图　1866
乾坤六爻为十二消息图　2287
乾坤六爻新图　166
乾坤六位图　75
乾坤生三女外卦重三女图　2373
乾坤生三男外卦重三男图　2373
乾坤生六子图　50,276,1688,2577
乾坤生六卦图　1097
乾坤生坎离见日月代天地行道图　2308
乾坤生否内变三男外重三女图　2373
乾坤代谢图　2218
乾坤包六子成太极图　2331
乾坤包六子图　1360
乾坤主岁合以阴从阳之道图　2290
乾坤司八节之图　246
乾坤共统八卦图　2146
乾坤成列图　430,842,2172,2214,2440
乾坤合体图　697
乾坤合律图　2117,2631
乾坤交成六十四卦图　2628
乾坤交成六十四卦横图　2633
乾坤交变十二卦循环升降图　377,1453
乾坤交索图　219
乾坤交错成六十四卦图　70
乾坤交媾图　2622,2665
乾、坤、艮、兑、离、震、坎、巽图　1238
乾坤阴阳升降图　2543
乾坤、坎兑、震离、艮巽图　1237
乾坤坎离图　377,1453
乾坤体用之图　2544
乾坤含胞与图　2342
乾坤含既未济包全经图　2309
乾坤即坎离二图　2459
乾坤易之门图　1416,2426
乾坤易简之图　436
乾坤易简图　815
乾坤图　2521
乾坤备八卦图　2309
乾坤变一阴一阳图　2372
乾坤变二阴二阳图　2373
乾坤变五阴五阳图　2372
乾坤变四阴四阳图　2373
乾坤法象图　986
乾坤定位图　2422
乾坤函三引六之图　815

乾坤始于奇偶图　1317
乾坤首上篇屯蒙以三男继乾父坤母图　379
乾坤神用六子图　1227
乾坤既未济相隔之数图　2332
乾坤配天干图　1360
乾坤配地支二图　1360
乾坤消长图　136,1767
乾坤寒暑消长之图　190
乾坤阖辟图　16,2571,2583
乾坤颠倒图　2602
乾画三位图　47
乾易知险坤简知阻图　1417
乾知大始图　474,822,1331
乾知太始图　121,2046
乾知图　1332
乾居西北坤不居东南图　2000
乾南坤北图　2202
乾独阳图　48
乾宫八卦位图　2458
乾宫八卦,兑宫八卦,离宫八卦,震宫八卦,巽宫八卦,坎宫八卦,艮宫八卦,坤宫八卦图　1879
乾宫奎壁图书之象图　301
乾宫室壁宫室之图　300
乾象图　2574
乾旋坤转图　713
乾策坤策图　1492
乾策图　1663
乾道成男坤道成女图　1774
乾道图　2029

〔丨〕

虚一九图　1662
虚二九图　1662
虚七九图　1662
虚八九图　1662
虚九九图　1662
虚三九图　1662
虚无生道图　2586
虚五九图　1663
虚中九图　1663
虚六九图　1663
虚四九图　1663
虚画为变三十二卦图　1937
晦朔弦望图　574
蛊象之图　440
罣生六十四□图　1109
崔杼遇困之大过图　1755
婴儿出现图　2615
婴儿面目图　2605

〔丿〕

移炉换鼎图　2615
第一品图　22
第一畴八十一象图　1046
第二品图　22
第八品图　23
第三品图　22
第五品图　23
第四品图　22
偃月炉图　2609
偏正合外圆内方之图　1163
偏正、监辟图　1234
得中气节过太阳月将是图　2535
得合图　259
彩凤衔天书　8
脱误图　2348
象月火候图　2585
象用图　266,1264
象形一致图　2108
象体图　266,1263
象明图　14,770,2569
象变中具造化之象之图　754
象变具造化影图　753
象象易各有取义图　2329
象辞分体用图　2330
象辞相类图　1337
象数图　2148

〔丶〕

庶八征图　627
商正建丑图　1784
商卦象卣　95
商卦象卣图　100
商高积矩图　1213
旋转立成六十四卦图　174
清华简人体八卦图一　26
清华简人体八卦图二　26
清浊动静之图　419
鸿渐南北图　448
渐归妹图　1363
渐卦图　967
混极图　10,2567
混俗和光图　2614
寅申阴阳出入图　388
寅宫三十度配卦星图　2241
寅宫六变五涵之图　1015
寅宫六经用卦之图　1009
宿度图　1211
密行河图洛书十一图　1198
密衍之图　2169

〔乛〕

隋十六符铁鉴图　96
随卦系失图　440
维天之命图　620
综图八图　1077

十二画

〔一〕

揲之以四以象四时图　845,953

揲四归奇图　469
揲法六图　1094
揲法图二　952
揲蓍一变中八卦图　1025
揲蓍之法图　128,2069
揲蓍式图　1817
揲蓍求卦用策用变占图　511,1886
揲蓍图　415
揲蓍所成老少之别图　1807
揲蓍所得挂扐之策图　317
揲蓍所得掛扐之策图　843
揲蓍倚数本河图　1289
揲蓍第一图　179
揲蓍第二图　179
揲蓍第三图　179
揲数应全爻图　2336
握机奇正图　1846
联先天八卦二爻图　2166
联先天八卦三爻图　2167
联先天八卦初爻图　2166
联拆先天八卦图　1851
葛洪纳音图　1189
落陷之象图　724
朝元图　2523
朝屯暮蒙图　2553
〔丨〕
紫阳丹房宝鉴之图　421
紫宫天厨养民之象图　293
紫清金丹火候之诀图　421
紫微卦座即先天图之变图　905
紫微咒步罡图　268
紫微垣合乾坤之象图　295
紫微垣即太极图　2297
紫微垣配乾坤二卦图　2240
紫微阊阖门兵卫图　297
鼎卦图　966
鼎炉药物火候六十四卦图　2604
鼎器三五图　387
鼎器图　2521
鼎器歌图　384
畴象合图　1028
畴数错综应洛书四十五点图　1983
〔丿〕
黍米珠图　2612
策数图　257
焦延寿卦气直日图　672,806
遁甲占八诈门阳图　1196
遁甲占八诈门阴图　1196
遁甲占天盘八门图　1195
遁甲占天盘九星图　1195
遁甲占地盘图　1195
遁壮至蹇解八卦图　1362
遁卦图　54
遁象之图　443
循环太极图　1589,2168
循环互卦图　1491,2165
循环内变通图　1550
循环图　686
释爻图　2119
释象图上、释象图下　2118
〔丶〕
敦化之象图　725
痘成功图　263
痘交会图　262
痘始形图　262
尊卑长幼之伦图　1624
道心人欲图　385
道生一图　516
道生万物图　424
道生德畜图　515
道德图　2588
温公潜虚拟元图　2126
温公潜虚拟玄图　490,2077
温公潜虚拟玄图(气图)　130
温公潜虚拟玄图(名图)　130
温公潜虚拟玄图(体图)　131
幂形为算法之原图　1497
幂形应洛书九位图　1496,1607
幂形应洛书九位图、附图　1963
谦象之图　439
〔乛〕
屡迁一原图　1527
巽五坎六图　1444
巽为长女图　51
巽来辛向图　31
巽床下图　449
巽辛图　381
巽卦图　964
巽宫长沙诸星图　300
巽宫翼轸济不通图　296
巽离兑六位图　75
巽象人身前后图　1094
隔八相生图　1888

十三画

〔一〕
蓍七卦八方圆图　513
蓍七圆图　1273
蓍之德圆而神图　834
蓍用七八九六图　171
蓍卦之图　1096
蓍卦之往图　2054
蓍卦之德图　128,469
蓍变奇偶图　503,1229
蓍变得爻图　504
蓍法三图　1513

蓍法之变图　1520
蓍揲应岁运图　2336
蓍数太极图　1651
蓍数图　85
蓍数揲法图　58,1096
蓍德圆神图　2407
墓龙变运表　2227
蒙象养正图　437
颐灵龟图　442
颐卦至坎离四卦图　1362
雷风中央起化图　1315
雷风相薄图　329,1693
雷出地奋正王者布政之始图　2318
雷动风散图　2030
雷霆一窍之图　531
雷霆一窍图　2562
雷霆九宫图　2562
雷霆之图　2562
雷霆互用图　2561
雷霆得中图　520
〔丨〕
虞氏义图　76
虞氏卦变图　2393
〔丿〕
错卦十数合九图　2179
错卦方图　2184
错卦坎离居中图　2183
错卦配数位图　2177
错卦圆图　2182
错卦乾坤用六子图　2183
错卦错畴八九相函图　1985
错卦错畴综卦综畴九图　1984
错综之根图　1983
错综成序卦式图　2086
错综图　1718
辞占中具人事之象之图　754
筹位图　2236
筮者位图　1811
筮具三图　29
筮法河图之数图　1908
筮策象数图　2415
签易位次图　747
解出坎险图　445
解卦图　966
解脱本面图　2602
〔丶〕
新创文王卦序图　900
新补伏羲初画先天大圆图　1586
新补伏羲初画先天小圆图　1586
新画八卦圆图　656
新画六十四卦圆图　656
新定月体纳甲图　1455
数占图　2039
数用图　265,1264
数体图　265,1264
数图　2172,2230
数往者顺图　1775
数往知来图　2030
数定其中而环左右图　1601
〔乛〕
群数祖先天图　136
辟卦应一元从时起图　2291
叠字卦图　2320
缝卦顺布图　2168
缝卦逆布图　2168

十四画

〔一〕
聚五聚八图　1596
聚六图　1314
聚六攒九图　1596
聚散常理图　206
蔡九峰皇极八十一名数图　837
蔡子范数图　575
蔡氏九九方数图　1967
蔡氏河图　1458
蔡氏洪范皇极之图　786
蔡氏洛书　1458
蔡先生新图　598
蔡沈九九数方圆象天地图　2039
蔡沈九九数图　680
蔡墨称乾之同人图　1755
需须之图　437
〔丨〕
睽卦象图　445
〔丿〕
箕子九畴本于龟图　1447
箕子所陈八政章畴叙图　1987
箕子所陈三德章畴叙图　1987
箕子所陈五行章畴叙图　1986
箕子所陈五纪章畴叙图　1987
箕子所陈五事章畴叙图　1986
箕子所陈庶征章畴叙图　1988
箕子所陈福极章畴叙图　1989
箕子所陈稽疑章畴叙图　1988
箕子洪范九畴之图　560,634,658,1966
算事物成败声音起卦数例图　1342
算家四因倍积开方图　2451
算家四率合四象图　2405
算盘法图书图　2351
〔丶〕
遮隔之象图　724
精一执中图　2583
演极后图　412
演极图　412
〔乛〕
熊氏太极图　529

十五画

〔一〕

横图　684
横图八卦阴阳顺逆二图　1645
横图应气血流注图　1730
横圆合一图　2100
震为木图　49
震为长男图　51
震动心迹之图　448
震合坎离为乘时布令图　2344
震艮二宫箕杵星象图　299
震艮左右翼全卦细分之图　1159
震艮左右翼卦全图　1158
震艮至涣节十卦图　1363
震艮巽兑分统八卦图　2146
震坎艮六位图　75
震来庚向图　31
震兑甲庚图　1904
震卦图　964
震庚图　76,381
震宫天门兵卫之图　298
震宫房心宫室之图　300
震宫诸星之图　297
震宫诸星应狱市图　294
震巽居中方图　1210

〔丨〕

墨书朱书生数成数图　614

〔丿〕

稽览图卦气图　2196
稽类图　259
稽疑卜筮图　193
箕中书三关图　855,856
僻数祖先天图　646
德行原于乾坤图　2315
德事相因皆本奇偶之图　461

〔丶〕

潜虚应河图数即太虚图　2356
潜虚性图　2078
潮水应月图　1320

〔乛〕

履虎尾之图　438
豫象之图　439

十六画

〔丨〕

噬嗑身口象图　441
圜图　1810

〔丶〕

凝结圣胎图　2614
辨阴阳卦图　57
羲文二卦合综图　1074
羲文八卦交易图　2211
羲文合一图　1752,1865
羲文卦位交合成卦图　1875
羲文图　1548
羲文错综全图　1870
羲易左右相错图　1061
羲图方列象地图　1174
羲图交对一二图　1657
羲图交对三图　1657
羲图竖起象人图　1175
羲皇八卦方位古图　2598
羲皇先天六十四圆图　2599
羲皇全图气朔正闰定象图　1327
羲皇画八卦小成图　1899

十七画

〔一〕

藏府出生次序本八卦图　651
藏府既成配十六卦之图　652

〔丿〕

犧画　951
魏伯阳月体纳甲图　1185

〔丶〕

蹇往来之图　445

十八画

〔一〕

覆互一原图　1527

〔乛〕

璧卦图　2219

十九画

〔一〕

攒簇五行图　519,2608
攒簇火候图　396
攒簇周天火候之图　204

〔丿〕

犨鉴图　985

廿画

〔乛〕

譬喻图　272

廿画以上

〔一〕

轒輼生克图　2651
轒輼后天方位局式图　2651

周易图像作者姓名索引

二画

〔一〕

丁易东　344

〔乛〕

刁包　1146

三画

〔一〕

万年淳　2210

〔乛〕

卫琪　401
马一龙　696
马之龙　2272
马其昶　2460
马莳　983

四画

〔一〕

丰坊　692
王一宁　553
王九思　606
王元晖　424
王世贞　780
王申子　410
王弘撰　1258
王艮　1292
王圻　857
王宏翰　1917
王玠　523
王杰　1914
王肯堂　905
王国端　514
王鸣鹤　990
王命岳　1181
王建常　1239
王俅　100
王洙　30
王栢　255
王惟一　518
王植　1732
王棠　1671
王道　204
王湜　92
王霆震　87
王皜　2045
王黼　95
王甗　2385
不著撰者　2512
不著撰者　2513

〔丿〕

毛一丰　2431
毛奇龄　1278
仇兆鳌　1461

〔丶〕

卞斌　2271
文安之　1059
文林　597
文翔凤　1108
方于鲁　984
方中履　1470
方以智　1197
方芬　1178
方实孙　215
方献夫　666

〔乛〕

邓有功　267

五画

〔一〕

左辅　641
石庞　1714
石泰　60

〔丨〕

卢浙　2199
卢翰　741
归有光　708
叶良佩　687
田艺蘅　768
史崧　362
冉觐祖　1464

〔丶〕

冯经　2009

冯柯　765
冯道立　2274

六画

〔丨〕

吕岩　9

〔丿〕

朱元昇　226
朱云龙　2094
朱升　505
朱长文　62
朱用行　1928
朱亦栋　1927
朱江　1619
朱昌寿　2482
朱宗洛　1897
朱谋垾　906
朱朝瑛　1167
朱端章　200
朱震　68
朱熹　181
乔大凯　1908
乔中和　972
乔莱　1478
任兆麟　2386
任启运　1701

〔丶〕

庄忠棫　2434
庄臻凤　1476
刘元龙　1616
刘文龙　1816
刘沅　2247
刘牧　42
刘秉忠　269
刘宗周　992
刘定之　556
刘祈穀　1626
刘绍攽　1824
刘惟永　515
刘琯　2081
刘斯组　1874
刘温舒　83
刘濂　690
关朗　3
江永　1719
江藩　2209
汤秀琦　1287
宇文邕　6
许伯政　1797
许桂林　2268

〔乛〕

孙一奎　767
孙从龙　739
孙宗彝　1219
孙星衍　2198
牟庭相　2203
纪大奎　2191
纪磊　2462

七画

〔一〕

贡渭滨　1931
苏天木　1923
李开先　702
李元纲　206
李长茂　938
李文炤　1715
李本固　915
李光地　1484
李佐贤　2399
李奇玉　927
李国木　1298
李荣陛　1912
李钧简　2187
李修吉　969
李锐　2250
李道平　2370
李道纯　271
李塨　1609
李简　365
李鹏飞　385
李駉　390
李靓　33
杨方达　1830
杨甲　101
杨向春　709
杨名时　1611
杨时乔　860
杨维德　32
杨辉　395
杨魁植　2098
杨履泰　1293
来知德　771
来集之　1153
连斗山　1954

〔丨〕

吴仁杰　196
吴启昆　1562
吴脉鬯　1170
吴惟顺　948
吴隆元　1642
吴德信　1428
吴澄　372

〔丿〕

邱维屏　1233
何志高　2409

何其杰　2480
何秋涛　2432
何梦瑶　1758
佟国维　1537
余为霖　1439
余本　642
余洞真　393

〔丶〕

汪乙然　2493
汪三益　1365
汪邦柱　江柟　944
汪师韩　1895
汪浩　2154
汪绂　1756
汪婉　1282
汪敬　578
汪璲　1435
沈可培　2136
沈廷劢　1641
沈昌基　2090
沈泓　1138
沈绍勋　2454
沈善登　2436

〔乛〕

张元谕　727
张元蒙　991
张仁浃　1622
张介宾　921
张六图　1918
张兰皋　1876
张行成　132
张问达　1431
张宇初　530
张沐　1432
张学尹　2263
张矩　2266
张叙　1750
张祖武　2087
张恩霨　2508
张理　426
张惠言　2204
张鼎　2393
张楚钟　2403
张德纯　1691
张瓒昭　2261
陆奎勋　1687
陆森　521
陈元靓　363
陈世镕　2361
陈本礼　2137
陈冲素　396
陈寿熊　2401
陈克绪　2380
陈言　698
陈应选　1636
陈应润　422
陈实功　907
陈显微　387
陈真晟　562
陈致虚　417
陈梦雷　1565
陈第　897
邵嗣尧　1630
邵雍　35

八画

〔一〕

范尔梅　1864
茅元仪　1100
林之翰　1894
林迈佳　995
林至　197
林光世　292
林自然　224
林应龙　728
林绍周　895
林栗　173
杭辛斋　2500
郁文初　1405

〔丨〕

罗明祖　1141
罗登标　1820

〔丿〕

牧常晁　399
季本　670
岳元声　908
金诚　2040
周大枢　1791
周世金　1655
周敦颐　59

〔丶〕

郑旒　1306
郑敷教　1135
郑樵　170

九画

〔一〕

赵世对　1411
赵世迥　2018
赵本学　俞大猷　608
赵台鼎　855
赵汝楳　265
赵振芳　1509
赵继序　2010
赵谦　535
郝经　278

郝敬　912
胡一桂　304
胡广　536
胡方　1579
胡方平　338
胡世安　1070
胡泽漳　2490
胡居仁　582
胡翔瀛　1472
胡渭　1449
胡献忠　981
胡煦　1582

〔丿〕

保巴　402
俞琰　375

〔丶〕

姜兆锡　1698
姜震阳　892
洪守美　1053
祝泌　286

〔乛〕

姚文田　2201
姚章　1638
贺贻孙　1151
贺登选　1067
骆问礼　788

十画

〔一〕

秦嘉泽　2387
秦镛　1360
袁天罡　7
袁仁林　1815
聂崇义　29
顾世澄　1795
顾堃　2141
顾懋樊　1349

〔丿〕

钱一本　902
钱大昕　1916
钱义方　492
钱澄之　1224
倪元璐　1064
倪象占　2131
徐三重　940
徐之镆　934
徐在汉　1531
徐师曾　760
徐体乾　730
徐通久　2417
徐爌　716

〔丶〕

高奣映　1541
郭嵩焘　2402
唐仲友　185
唐秉钧　2130
浦龙渊　1686
浦起龙　1888

〔乛〕

陶素耜　1675

十一画

〔一〕

黄元炳　2504
黄公望　407
黄式三　2372
黄守平　2416
黄芹　655
黄宗炎　1241
黄宗羲　1184
黄超然　289
黄道周　1027
黄慎　1402
黄端伯　1021
萧云从　1054
萧汉中　416
萧光远　2394
萧廷芝　212
萧应叟　211
萧寅显　2358
曹庭栋　1808
曹端　552
戚继光　787

〔丨〕

崔述　2143

〔丶〕

章如愚　207
章楠　2433
章潢　790
阎斌　1998
涵蟾子　986
梁诗正　1790
梁锡玙　1771

十二画

〔一〕

彭晓　24
彭蕴章　2374
董养性　1240
董说　1245
董楷　279
蒋本　2421
蒋珣　2262
蒋湘南　2376
韩万钟　563
韩邦奇　612

惠栋　1786

〔丿〕

程大位　894
程大昌　175
程子颐　1371
程延祚　1754
程君房　958
程迥　166
程宗舜　731
税与权　217
傅仁宇　1145
傅文兆　950
舒宏谔　661
舒俊鲲　1959
释元贤　994
释行策　1294
释慧洪　66

〔丶〕

童能灵　1739
谢济世　1749

十三画

〔一〕

雷丰　2453
雷学淇　2148
雷思齐　283

〔丿〕

鲍宁　591
鲍作雨　2251
鲍泰　659

〔丶〕

窦默　262

十四画

〔一〕

蔡绍江　2365
蔡清　599
蔡鼎　1051

〔丶〕

谭秀　2246

〔乛〕

熊禾　326
熊良辅　524
熊朋来　302
熊宗立　557

十五画

〔丿〕

黎世序　2252
黎温　603
黎曙寅　2001
德沛　1745

〔丶〕

潘士权　1889
潘元懋　1681
潘植　85

十六画

〔一〕

薛侃　683
薛雪　1736
霍济之　343

十七画

〔一〕

戴棠　2390
戴虞皋　1685

〔丿〕

魏了翁　168

周易图像引书书名索引

二画

〔一〕

十驾斋养新录　1916

〔丿〕

儿易外仪　1064—1066
九经图　2098—2129

三画

〔一〕

三才图会　857—859
三元延寿参赞书　385,386
三极至命筌蹄　2545,2546
三极通　765,766
三易备遗　226—254
大丹直指　2535
大易则通　1070—1099
大易合参讲义　1928—1930
大易图解　2358—2360
大易象数钩深图　426—428,434—457,460—465,467—469,472—491
大易阐微录　2081—2086
大易缉说　410—415
大定新编　713—715
大衍索隐　344—361

〔丨〕

上方大洞真元阴阳陟降图书后解　2550,2551
上方大洞真元妙经图　2624
上乘修真三要　2543,2544
上清天心正法　267,268
上清太玄九阳图　2528
上清长生宝鉴图　2638
上清含象剑鉴图　2639
上清灵宝大法　2557—2559
上清灵宝济度大成金书　2618—2620
上清黄书过度仪　2635

〔乛〕

卫生家宝产科备要　200—203

四画

〔一〕

王元士文集　553—555
王翰林集注黄帝八十一难经　606,607
天心复要　659,660
天原发微各类图　591—596
元图大衍　696,697
元始无量度人上品妙经内义　211
元始无量度人上品妙经通义　530,531
无上玄天三天玉堂大法　2532,2533
无上秘要　6
无量度人上品妙经旁通图　2517
云笈七签　2652—2658
太上老君说常清静妙经纂图解注　523
太上老君说常清静经注　424,425
太上老君清静经图注　2587,2588
太上洞玄灵宝无量度人上品经法　2663
太公阴符经　2650,2651
太古集　2574—2580
太玄阐秘　2137—2140
太极后图说　641
太极图说述解　552
太极图说遗议　1280,1281
太清元极至妙神珠玉颗经　2640—2649
太清金阙玉华仙书八极神章三皇内秘文　2659
太微经　1108—1134
历代道学统宗渊源问对　603—605

〔丨〕

内传天皇鳌极镇世神书　532
水村易镜　292—301

〔丿〕

长生指要篇　224,225
今文周易演义　760—764
勿轩易学启蒙图传通义　326—337

〔丶〕

六书本义　535
六经图　101—131,2045—2080
六经奥论　170—172
文昌大洞经　2594,2595
文房肆考　2130
方氏墨谱　984,985
心传述证录　2581—2586

〔乛〕

孔门易绪　1691—1697

双桂堂稿　2193—2197
书经大全　536,543

五画

〔一〕

玉灵聚义　521,522
玉皇心印经注　2590
玉帝正朝集　2621
玉清无极总真大洞文昌仙经注　401
玉溪子丹经指要　2536
古太极测　716—726
古今释疑　1470,1471
古文周易传义约说　666—669
古文周易参同契注　1815
古文集成　87—91
古本参同契集注　1461—1463
古易世学　692—695
古易汇诠　1816—1819
古易考原　2564
古经天象考图说　2148—2153
古泉汇　2399,2400
石松堂集　1439—1448
龙虎手鉴图　2527

〔丨〕

田间易学　1224—1232
四圣一心录　904
四诊抉微　1894
四诊脉鉴　1917

〔丿〕

外科正宗　907

〔丶〕

玄宗直指万法同归　399,400
汉上末言　1143,1144
汉上易传卦图　68—82
汉儒易义针度　2482—2489
宁寿鉴古　1790

〔乛〕

圣贤事业图集说　206
圣学范围图说　908—911

六画

〔一〕

考订河洛理数便览　2192,2193
老学庵读书记　2374,2375
地理大全　1298—1305
西清续鉴　1914,1915
有竹居集　2386
至道心传　2565,2566

〔丨〕

师白山房讲易　2263—2265
吕子易说　9—22
吕祖师三尼医世说述　23

〔丿〕

先天易贯　1616—1618
先天金丹大道玄奥口诀　343
伏羲图赞　897—901
全真坐钵捷法　2560
会真记　2537—2539
杂著指玄篇　60,61

〔丶〕

安正忘筌集　85,86

〔乛〕

观易外编　2191,2192
观物篇解　286—288
观象居易传笺　1895,1896
纪效新书　787

七画

〔一〕

芸窗易草　1998—2000
医门棒喝二集伤寒论本旨　2433
医旨绪余　767
还真集　2552,2553
来易增删　2087—2089

〔丿〕

兵镜　948,949
邱邦士文集　1233—1238
身易实义　1641
谷神篇　2540—2542
删定来氏易注象数图说　2508—2511
删定易图序论　33,34
灸法秘传　2453

〔丶〕

宋元学案　35—41,1187
启蒙意见　612—627,639,640

〔乛〕

灵宝无量度人上经大法　2529—2531
灵宝玉鉴　2667,2668
灵宝领教济度金书　2660—2662
陆堂易学　1687—1690
陈氏易说　2401
陈剩夫集　562

八画

〔一〕

环中一贯图　995—1020
武备志　1100—1107
武备要略　1371—1401
规中指南　396—398
卦气表　2376—2379
卦气集解　2504—2507
卦极图说　2272,2273
抱一函三秘诀　407—409
范衍　904
事林广记　363,364
郁冈斋笔麈　905
郁溪易纪　1405—1410

〔丨〕

易义无忘录　2262
易义附篇　2261
易义随记　1611—1615
易见　1931
易见启蒙　1931—1953
易心存古　1918—1922
易占经纬　628—633
易用　2431
易外别传　375—379
易汉学　1786—1789
易汉学举要　2393
易发　1245—1257
易存　1054—1058
易传阐庸　892,893
易辰图　1067—1069
易序图说　1360—1364
易附录纂注　312—315,325
易纬通义　2434,2435
易纬略义　2205
易卦考　1865—1873
易卦图说　2143—2147
易拇　2210—2245
易或　1531—1536
易图识漏　655—658
易图明辨　1449—1460
易图定本　1630—1635
易图亲见　1153—1166
易图说　196
易图通变　283—285
易图解　1745—1748
易图管见　2403—2408
易例举要　2460,2461
易学　92—94
易学一得录　2490—2492
易学启蒙小传　217—223
易学启蒙订疑　1240
易学启蒙补　1771—1785
易学启蒙通释　338—342
易学图说会通　1830—1854
易学图说续闻　1835,1854—1863
易学象数论　1184—1196
易学阐微　1820—1823
易学蓍贞　1411—1427
易学管窥　2387—2389
易宗集注　1219—1223
易经中说　741—746,748—755
易经本意　2409—2415
易经会通　944—947
易经如话　1756,1757
易经来注图解　1541—1561
易经告蒙　2018—2039
易经补义　1178—1180
易经图释　556
易经详说　1464—1469
易经贯一　2040—2044
易经渊旨　708
易经释义　2090—2093
易经蒙引　602
易经解　62—65
易经解醒　1053
易经辨疑　1431
易贯　1750—1753
易钞图说　992,993
易俟　1478—1483
易宪　1138—1140
易说图解　2567—2573
易酌　1146—1150
易原　175—180,1509—1530
易准　1808—1814
易通　1754,1755
易通变　132—161,163—165
易象正　1027—1049
易象图说　428—434,458,459,463—467,469—472,491
易象钞　582—590
易象集解　2416
易象解　690,691
易深　1797—1807
易续考　1912,1913
易确　2268—2270
易雅　265,266
易释　2372,2373
易疏　1021—1026
易楔　2500—2503
易像抄　902—904
易俑　1059—1063
易触　1151,1152
易解拾遗　1655—1670
易解简要　2266,2267
易意参疑　739,740
易数钩隐图　42—58
易源奥义　403—406
易裨传　197—199
易赘　1292
易蔡系传　1051,1052
易疑　698—701
易纂言　373
易纂言外翼　372,374
罗纹山全集　1141—1143
图书质疑　683—686
图书编　790—854
图学辩惑　1241—1244
图说　2625

〔丿〕

岱南阁集　2198
金丹大成集　212—214

金丹大旨论　2591—2593
金丹大要　417—421
金丹正理大全诸真玄奥集成　986—989
金液还丹印证图　2520—2523
金碧古文龙虎上经注疏　204,205
周子通书训义　402,403
周先生濂溪集　59
周易三极图贯　2274—2357
周易大全　540—542
周易广义　1135—1137,1681—1684
周易义丛　687—689
周易井观　1791—1794
周易不我解　730
周易爻辰申郑义　2432
周易爻变易蕴　422,423
周易引经通释　2187—2190
周易示儿录　2454—2458
周易正解　912—914
周易去疑　661—665
周易古本全书汇编　915—920
周易古占法　166,167
周易本义　181—184
周易本义引蒙　1638—1640
周易本义补说　2365—2369
周易本义述蕴　1698—1700
周易本义拾遗　1715—1718
周易本义阐旨　1579—1581
周易本义集成　524—529
周易本义辩证补订　2479
周易四同别录　670—682
周易汇统　1537—1540
周易传义附录　279—282
周易传注　1609,1610
周易全书　860—891
周易异同商　2402
周易观玩篇　1897—1907
周易观澜　1908—1911
周易折中　1484—1498,1502—1508
周易拟象　2001—2008
周易时论合编　1197—1218
周易启蒙翼传　304—312,316—325
周易卦象汇参　2246
周易拨易堂解　1874,1875
周易择言　2251
周易析疑　1876—1887
周易述补　2209
周易尚占　275—277
周易图　4,5,2626—2634
周易图书质疑　2010—2017
周易图说　492—504
周易图说述　1258—1277
周易郑荀义　2208
周易浅述　1565—1578
周易详说　1824—1828
周易函书约存　1582—1608
周易参同契发挥　380—384
周易参同契通真义　24,25
周易参同契解　387—389
周易经义审　2199,2200
周易经传集解　173,174
周易经典证略　2480,2481
周易洗心　1701—1713
周易恒解　2247—2249
周易说余　2458,2459
周易索诂　2131—2135
周易倚数录　1293
周易衷翼集解　2154—2186
周易旁注　505—513
周易消息　2462—2478
周易通义　289—291
周易通例　2394—2398
周易通解释义　2271
周易理数贯　2493—2499
周易略解　2009
周易象义　807,839
周易象义合参　1428—1430
周易象通　906
周易阐真　2596—2604
周易阐理　1685
周易剩义　1739—1744
周易集注　771,772
周易集解增释　1622—1625
周易集解纂疏　2370,2371
周易疏略　1432—1434
周易辑说　2417—2420
周易虞氏消息　2204—2207
周易虞氏略例　2250
周易廓　2361—2364
周易粹义　1736—1738
周易遵述　2421—2430
周易辨画　1954—1958
周易辩　1686

〔丶〕

疡医大全　1795,1796
郑氏爻辰图　1788
郑氏易谱　1306—1348
郑玄爻辰补　2390—2392
法海遗珠　2666
河上易注　2252—2260
河图洛书原舛图　1278—1280
河图道原　2094—2097
河洛私见　599—602
河洛精蕴　1719—1731
泺源问答　2136
性命圭指　2664,2665
性理大全书　537—540,544—551

性理要解　602
学易五种　2385
学易讨原　2201,2202
学易记　365—371
学易象数举隅　578—581
宝镜三昧本义　1294—1297
审视瑶函　1145
〔乛〕
参同契经文直指　2616,2617
参同契脉望　1675—1680
参筹秘书　1365—1370
经外杂抄　168,169

九画

〔一〕
春秋图说　2512
胡峄阳先生遗书　1472—1475
研几图　255—261
〔丿〕
钝翁续稿　1282—1286
适情录　728,729
重刻来瞿唐先生日录　773—779
重修宣和博古图　95—99
重校正地理新书　30,31
重校宋窦太师疮疡经验全书　262—264
重镌罗经顶门针简易图解　934—937
修真太极混元图　2519
修真历验抄图　2524—2526
信古余论　940—943
皇历经世　981,982
皇极经世心易发微　709—712
皇极经世书发明　1828,1829
皇极经世书解　1732—1735
皇极经世观物外篇释义　642—654
皇极经世易知　1758—1770
律吕图说　1239
爰清子至命篇　2554,2555
脉望　855,856
〔丶〕
帝王经世图谱　185—195
类经附翼　923—926
类经图翼　921,922,926
娄山易轮　1864,1865
前八品仙经　22,23
洪范九畴数解　557—561
洪范补注　1889—1893
洪范明义　1050
洪范图说　1959—1991,1993—1997
洪范图说附繇辞　1992
洪范图解　618,633—639
洪范浅解　731—738
洞上古彻　994
洞极真经　3,4
洞真黄书　2636,2637
觉非盦笔记　2141,2142
扁鹊神应针灸玉龙经　514
说易　972—980

十画

〔一〕
素问入式运气论奥　83,84
耻躬堂文集　1181—1183
桂林点易丹　1349—1359
索易臆说　1562—1564
〔丿〕
秘藏周易参同契　2622,2623
留青日札　768—770
〔丶〕
悟玄篇　393,394
读易考原　416
读易约编　1619—1621
读易近解　1287—1291
读易质疑　1435—1438
读易录　2380—2384
读易举要　379,380
读易略记　1167—1169
读易管见　1754
读易管窥　1642—1654
读易辩疑　702—707
读易纂　991
〔乛〕
陵川集　278

十一画

〔一〕
理学迩言　969—971
琅琊漫抄　597,598
黄帝八十一难经注义图序论　390—392
黄帝内经灵枢注证发微　983
黄帝宅经　2548,2549
黄帝阴符经讲义图说　2518
黄帝素问灵枢集注　362
梅庄遗集　1749
梅村初集　1714
雪园易义　927—933
雪泥书屋杂志　2203
〔丨〕
啸堂集古录　100
〔丿〕
象言破疑　2605—2615
〔丶〕
清庵先生中和集　271—274,277
清微丹诀　2547
清微神烈秘法　2534
清静经原旨　2589
淙山读周易　215,216

寂音尊者智证传附云岩宝镜三昧　66,67
〔乛〕
续古摘奇算法　395
续羊枣集　788,789
续武经总要　608—611

十二画

〔一〕
琴学心声谐谱　1476,1477
〔丿〕
程氏墨苑　958—968
遁甲符应经　32
御纂性理精义　1489
〔丶〕
道法心传　518—520
道法会元　2556
道法宗旨图衍义　2561—2563
道德真经集义大旨　515—517
〔乛〕
登坛必究　990

十三画

〔一〕
蓬底浮谈　727
〔丿〕
签易　747,756—759
〔丶〕
新刊风洲先生签题性理精纂约义　780—786
新刊指南台司袁天罡先生五星三命大全　7,8
新刊理气详辩纂要三台便览通书正宗　895,896
新定三礼图　29
新编性理三书图解　563—577
新编秘传堪舆人天共宝　1402—1404
新镌陈氏河洛理气藏书　1636,1637
〔乛〕
群书札记　1927
群书考索　207—210

十四画

〔一〕
榕村别集　1498—1502
需时眇言　2436—2452
〔丿〕
算法统宗　894
算海说详　938,939
〔乛〕
熊氏经说　302,303

十五画

〔一〕
增订周易本义补　1626—1629
增辑易象图说　1170—1177
〔丿〕
镌地理参补评林图决金备平沙玉尺经　269,270
〔丶〕
潜虚述义　1923—1926

十六画

〔一〕
燕在阁知新录　1671—1674
〔丶〕
羲经十一翼　950—957

十七画

〔乛〕
翼玄　162

廿画

〔丿〕
纂图互注四子书　2513

廿四画

〔一〕
醸蜜集　1888